人民日报评论年编·2020

人民论坛

人民日报社评论部 编

人民日报出版社
北京

图书在版编目（CIP）数据

人民日报评论年编 . 2020. 人民论坛、人民时评、评论员观察 / 人民日报社评论部编 . —北京：人民日报出版社，2021.1

ISBN 978-7-5115-6713-0

Ⅰ.①人… Ⅱ.①人… Ⅲ.①《人民日报》－时事评论－2020－文集 Ⅳ.① D609

中国版本图书馆 CIP 数据核字（2020）第 230681 号

书　　名：	人民日报评论年编·2020·人民论坛
	RENMIN RIBAO PINGLUN NIANBIAN·2020·RENMIN LUNTAN
编　　者：	人民日报社评论部

出 版 人：刘华新
责任编辑：曹　腾　高　亮
封面设计：阮全勇

出版发行：人民日报出版社
社　　址：北京金台西路 2 号
邮政编码：100733
发行热线：（010）65369527　65369509　65369510　65369846
邮购热线：（010）65369530　65363527
编辑热线：（010）65369523
网　　址：www.peopledailypress.com
经　　销：新华书店
印　　刷：涞水建良印刷有限公司

开　　本：710mm×1000mm　1/16
字　　数：1325 千字
印　　张：92
版次印次：2021 年 1 月第 1 版　2021 年 1 月第 1 次印刷

书　　号：ISBN 978-7-5115-6713-0
定　　价：218.00 元（共三册，含光盘）

编辑说明

评论是报纸的旗帜和灵魂。2020年,人民日报评论紧紧围绕党和国家工作大局,聚焦宣传重大主题,充分发挥舆论引领作用;坚持问题导向,从热点事件、现象中提炼、设置议题,在答疑解惑、润物无声中凝聚共识;弘扬主旋律、传播正能量,以恒定价值对话社会舆论,以主流声音构建主流叙述,在党心和民意的同频共振中保持朝气、锐气;注重思想高度和理论深度,坚持创新表达,让舆论引导更接地气,让党报声音更加响亮,体现了人民日报"中流砥柱"和"定海神针"的作用。

本书汇集了"人民论坛""人民时评""人民观点""评论员观察"四个专栏2020年刊发的全部文章,其中"人民论坛"198篇,"人民时评"255篇,"人民观点"65篇("人民观点"文章的作者均为人民日报评论部,不再一一标明),"评论员观察"98篇,并附有电子版,敬请读者参阅、指正。

人民日报社评论部
2021年1月

目 录

从中华文明中汲取复兴力量　　　　　　　　　康　岩／1
努力成为领导构建新发展格局的行家里手　　　陈　凌／3
提升国民经济体系整体效能　　　　　　　　　周人杰／5
极不平凡的一年见证强大自信　　　　　　　　李　拯／7
中国减贫故事为何如此动人　　　　　　　　　李　斌／9
探月精神激荡奋斗豪情　　　　　　　　　　　余建斌／11
当为事业长见识　　　　　　　　　　　　　　苏　超／13
"教育兴则国家兴"　　　　　　　　　　　　　张　凡／15
保持"历史耐心"　　　　　　　　　　　　　　徐文秀／17
"把中国人的饭碗牢牢端在自己手中"　　　　　石　羚／19
以好奇心助力基础研究　　　　　　　　　　　周珊珊／21
培厚工匠精神的土壤　　　　　　　　　　　　石　羚／23
用奋斗诠释劳动精神　　　　　　　　　　　　陈　凌／25
让劳模精神不断发扬光大　　　　　　　　　　李浩燃／27
优先保障人民健康　　　　　　　　　　　　　李　斌／29
做廉洁自律的模范　　　　　　　　　　　　　李炎溪／31
"谋创新就是谋未来"　　　　　　　　　　　　李浩燃／33
"人类社会总是要前进的"　　　　　　　　　　李洪兴／35
"最重要最现实的使命担当"　　　　　　　　　李　斌／37
把家国情怀融入不懈奋斗　　　　　　　　　　马祖云／39

用好节俭传家宝	荣 翌 / 41
"以过硬本领展现作为、不辱使命"	李炎溪 / 43
用改革为新征程积势蓄力	石 羚 / 45
为新征程汇聚"排山倒海的磅礴力量"	亓玉昆 / 47
永葆"干"的作风	石 羚 / 49
永葆"创"的劲头	彭 飞 / 51
永葆"闯"的精神	李浩燃 / 53
中国经济的深层优势和韧性活力	李 拯 / 55
"多打大算盘、算大账"	辛士红 / 57
新征程呼唤新作为	李 斌 / 59
经济暖意彰显治理智慧	李 拯 / 61
为美好的未来吹响奋斗号角	石 羚 / 63
用奋斗向英烈致敬	达 仁 / 65
凝聚团结奋进的文化力量	田 霞 / 67
保持"乘风破浪"的姿态	向贤彪 / 69
行"正"致远	顾伯冲 / 71
组织优势是制胜法宝	徐文秀 / 73
同心协力谱写精神史诗	石 羚 / 75
"大道不孤,大爱无疆"	陈 凌 / 77
"秉持科学精神、科学态度"	魏 寅 / 79
"危急时刻,又见遍地英雄"	白 龙 / 81
"把个人冷暖、集体荣辱、国家安危融为一体"	李秦卫 / 83
"我们什么都可以豁得出来"	石 羚 / 85
展现青春激昂的风采	盛玉雷 / 87
汲取众志成城的奋进力量	何 娟 / 89
致敬伟大抗疫精神	李浩燃 / 91
挺起新时代的民族精神脊梁	李 斌 / 93
弘扬伟大的抗战精神	石 羚 / 95
凝铸砥砺奋进的精神伟力	于 石 / 97
让勤俭节约精神代代相传	吴 金 / 99

为抗疫英雄点赞	周珊珊 / 101
勇当改革开放的尖兵	李　斌 / 103
惟俭者兴　惟勤者进	马祖云 / 105
激扬奋勇向前的精神力量	李浩燃 / 107
用信念引领人生选择	刘根生 / 109
用确定性战胜"不确定"	李浩燃 / 111
锐意进取　拥抱创新	向贤彪 / 113
勤俭节约是传家宝	李　斌 / 115
以奋斗姿态扬起时代风帆	程聚新 / 117
大兴勤俭节约之风	张　凡 / 119
培厚创新的土壤	魏　寅 / 121

"真理的味道非常甜"
　　——纪念《共产党宣言》中文首译本出版一百周年①
　　　　　　　　　　　　　　　　　　　　李　斌 / 123

"用信仰之力开创美好未来"
　　——纪念《共产党宣言》中文首译本出版一百周年②
　　　　　　　　　　　　　　　　　　　　盛玉雷 / 126

"不忘初心，方得始终"
　　——纪念《共产党宣言》中文首译本出版一百周年③
　　　　　　　　　　　　　　　　　　　　桂从路 / 128

"我们的道路必将越走越宽广"
　　——纪念《共产党宣言》中文首译本出版一百周年④
　　　　　　　　　　　　　　　　　　　　李洪兴 / 130

"为人类作出新的更大的贡献"
　　——纪念《共产党宣言》中文首译本出版一百周年⑤
　　　　　　　　　　　　　　　　　　　　石　羚 / 132

"只有中国共产党才能领导中国"
　　——纪念《共产党宣言》中文首译本出版一百周年⑥
　　　　　　　　　　　　　　　　　　　　达　仁 / 134

"危中有机，唯创新者胜"　　　　　　　　李　拯 / 136

中国抗疫树立人权典范	常　盛 / 138
"企业家有祖国"	何　娟 / 140
奋力激扬决胜力	马祖云 / 142
砥砺"恒心"　建树"恒业"	李　斌 / 144
加劲冲刺，决胜"最后一公里"	石　羚 / 146
"站在历史正确的一边"	吴　强 / 148
军民团结　坚如磐石	李　斌 / 150
让党旗在防汛救灾第一线高高飘扬	李浩燃 / 152
始终把保障人民生命财产安全放在第一位	任　平 / 154
由负转正，中国经济将持续复苏	李　拯 / 157
奋斗，成功者的"通行证"	徐文秀 / 159
激荡中国经济新气象	盛玉雷 / 161
努力追寻崇高的精神境界	向贤彪 / 163
涵养赤诚奉献的时代品格	廖建华 / 165
善于识变求变应变	任　平 / 167
善于积势蓄势谋势	任　平 / 169
夯实对党忠诚的家风基石	李　斌 / 171
读懂中国经济的信心和底气	吴秋余 / 173
"不竭的力量源泉" 　　——写在"七一"之际①	李　斌 / 175
"我们可以不惜一切代价" 　　——写在"七一"之际②	何　娟 / 177
"全面小康大家一起走" 　　——写在"七一"之际③	邹　翔 / 179
"不慕虚荣，不务虚功，不图虚名" 　　——写在"七一"之际④	桂从路 / 181
砥砺奋进当鼓"气"	马祖云 / 183
荒唐的闹剧	任　平 / 185
世上无难事　只要肯登攀	葛其恒 / 187
涵养"收放自如"的本领	许庆光 / 189

正确对待功过得失	郭舒然 / 191
把亲和清统一起来	李洪兴 / 193
让流量时代的阅读更有深度	张涛甫 / 195
事实是最好的辟谣者	任　平 / 197
奉公守法，何惧之有？	王　尧 / 199
稳定有保障　香港更繁荣	芦　樵 / 202
把群众冷暖放在心上	邹　翔 / 205
苦练内功　化危为机	徐　遥 / 207
为"生命至上"倾尽全力	任　平 / 209
用发展的办法解决发展中的问题	吴秋余 / 211
"减负"与"增责"	安　民 / 213
连续作战，不获全胜不收兵	桂从路 / 215
控制住疫情才是"硬道理"	任　平 / 217
"把为民造福作为最重要的政绩"	徐文秀 / 219
集中力量啃下脱贫硬骨头	李洪兴 / 221
疫情暴露美国民主实质	任　平 / 223
"扶一把老百姓"	王　品 / 226
民法典标注法治中国新界碑	贺小荣 / 228
更加务实灵活推动经济发展	李　拯 / 230
激扬团结一心的力量	魏　寅 / 232
中国式民主行得通很管用	彭　飞 / 234
蓄积不畏难的攻坚精神	桂从路 / 236
"最难对付"需要空前团结	任　平 / 238
以科学精神抵制"政治病毒"	任　平 / 240
让历史文物"活起来"	周人杰 / 242
有书便是艳阳天	向贤彪 / 244
清除阴谋论的"政治病毒"	任　平 / 246
冲劲　韧劲　实劲	安　民 / 248
挽紧团结合作的臂膀	彭　飞 / 250
永葆共产党人的先锋本色	马祖云 / 252

| 团结合作是最有力的武器 | 杨　煌 / 254 |

让青春枝头绽放绚丽之花
　　——写在五四青年节　　　　　　　　李浩燃 / 256
使命在肩　奋斗有我　　　　　　　　　李　斌 / 258
假期放松心情不能放松防护　　　　　　陈　凌 / 260
凝聚起"爱卫同行"的强大力量　　　　黄昆仑 / 262
抓落实关键要解决问题　　　　　　　　安　民 / 264
从浦东看志气心气朝气　　　　　　　　李泓冰 / 266
心无旁骛抓落实　　　　　　　　　　　安　民 / 268
我国经济长期向好的基本面没有改变
　　——全面辩证长远看待我国发展①　任　平 / 270
以积极作为应对不确定性
　　——全面辩证长远看待我国发展②　任　平 / 272
善于化危为机　捕捉创造机遇
　　——全面辩证长远看待我国发展③　任　平 / 274
激发国内市场强大活力潜力
　　——全面辩证长远看待我国发展④　任　平 / 276
在抗疫斗争中感悟制度威力　　　　　　方　光 / 278
让干部有更多时间和精力抓落实　　　　任　平 / 280
集体主义绽放新光芒　　　　　　　　　李洪兴 / 282
让合作的阳光驱散疫情的阴霾　　　　　石　羚 / 284
舱实　船稳　帆正　　　　　　　　　　孙洋洋 / 286
善于化危为机　　　　　　　　　　　　李　斌 / 288
发扬爱国卫生运动优良传统　　　　　　张述存 / 290
健康中国的源头活水　　　　　　　　　曹　原 / 292
无声的关爱　满满的感动　　　　　　　魏　寅 / 294
永远与人民共情　　　　　　　　　　　汪晓东 / 296
跑在时间前面　　　　　　　　　　　　李　斌 / 299
在春天里忘我奋斗　　　　　　　　　　陈鲁民 / 301
从火线提拔看"为"与"位"　　　　　邓　勇 / 303

防止疫后放松的心情提前到来	纪东冲 / 305
保持如履薄冰的谨慎	张家玮 / 307
守土有责　守土有方	李　斌 / 309
危难时刻见精神	张志锋 / 311
带头是最有力的动员	尉承栋 / 313
珍爱春光贵在勤	向贤彪 / 315
让青春在坚守初心中绽放	王逸鸣 / 317
讲好中国抗疫故事	徐文秀 / 319
一切为了人民	余清楚 / 321
争当美德传承者践行者	李洪兴 / 323
携手维护全球公共卫生安全	任　平 / 325
加强疫情防控必须慎终如始	任　平 / 327
疫情防控要抓重点	任　平 / 329
火线上激扬青春力量	汪晓东 / 331
铿锵玫瑰最美丽	曹　原 / 333
疾风知劲草	史鹏飞 / 335
求实效必戒虚功	李　斌 / 337
用好中医瑰宝	李红梅 / 339
医者仁心　人间大爱	谭介辉 / 341
中国脊梁压不弯	暨佩娟 / 343
人民军队为人民	桂从路 / 345
"我是党员，我先上！"	柳　杰 / 347
应收尽收　应治尽治	任　平 / 349
让基层干部全身心投入抗疫一线	彭　飞 / 351
把为民职责体现到疫情防控各环节	赵增连 / 353
科学防治　战胜疫情	王君平 / 355
坚定信心就能取胜	石　羚 / 357
交出经得起检验的答卷	傅　殷 / 359
消除侥幸心理	李洪兴 / 361
责任是防控疫情的堤坝	尚俊颖 / 363

把落实工作抓实抓细	马望原 / 365
医者仁心，不辱使命	盛玉雷 / 367
"党员必须先上，没有商量！"	石　羚 / 369
只争朝夕，不负韶华	李　拯 / 371
奋斗创造历史，实干成就未来	李　斌 / 373
感受春节文化魅力	李浩燃 / 375
"君子检身，常若有过"	尉承栋 / 377
新风正气从哪里来	李　斌 / 379
走好新时代的长征路	宫广宇 / 381
让制度红利不断"显化"	
——坚定中国经济发展信心	李　拯 / 383
用转型升级激发长远动力	
——坚定中国经济发展信心	刘志强 / 385
把外部压力转化为改革动力	
——坚定中国经济发展信心	王　珂 / 387
倡导"办事不求人"的风气	林治波 / 389
科技创新筑牢强国之基	
——坚定我们的制度自信⑮	任　平 / 391
永葆人民军队性质宗旨本色	
——坚定我们的制度自信⑯	任　平 / 393
说说"年代感"	李　斌 / 395
以普通人的平凡书写不平凡的人生	李　斌 / 397
让我们一起奔跑	李浩燃 / 399
历史性成就的深刻启示	彭　飞 / 401

从中华文明中汲取复兴力量

康 岩

全国实施考古发掘项目 4260 项，发掘面积约 341.9 万平方米；良渚古城遗址申遗成功；许多大学设立考古、文博或文物保护专业，考古文博人才培养呈现出蓬勃态势……"十三五"期间，经过考古人不断奋斗，我国考古事业发展壮大，取得了重大成就，延伸了历史轴线，增强了历史信度，丰富了历史内涵，活化了历史场景。

参天之木，必有其根；怀山之水，必有其源。任何国家和民族，都有其根之所系、脉之所维，这个根脉就是历史和文明，而考古学正是认识这个根脉的重要工具。习近平总书记深刻指出："考古工作是展示和构建中华民族历史、中华文明瑰宝的重要工作。"文物和古迹中不仅蕴藏着中华文明、中华文化的起源和特质，也透射着当今中国发展繁荣的文化密码、力量源泉。考古发现不仅展示了中华文明的灿烂成就，也展示了中华文明对世界文明的重大贡献。

考古工作是一项重要文化事业，也是一项具有重大社会政治意义的工作。加强考古工作和历史研究，有着深刻的历史文化价值和现实意义。历史长河里的文明遗珠，如同洪荒烈火淬炼出的精金、亘古风霜琢磨过的美玉，激励中华儿女开拓创新、自强不息。做好我国考古工作和历史研究，将为弘扬中华优秀传统文化、增强文化自信提供坚强支撑。

加强考古工作和历史研究，是满足新时代人民群众精神文化需求、推动高质量发展的必然要求。如今，考古工作和历史研究同经济社会发展的联系越来越密切，文物和遗址的研究阐释、活化利用，直接带动了文化事业和文化产业的繁荣发展。600岁紫禁城衍生出的文创产品层出不穷，让丰富的历史文化知识以更年轻的姿态"飞入寻常百姓家"。历史文化遗产不仅生动述说着过去，也深刻影响着当下和未来；不仅属于我们，也属于子孙后代。推动中华文明创造性转化和创新性发展，让收藏在博物馆里的文物、陈列在广阔大地上的遗产、书写在古籍里的文字都活起来，民族复兴和现代化建设就有了强大的文化滋养。

不忘本来，方能开辟未来。"观察历史的中国是观察当代的中国的一个重要角度"。"十三五"收官、"十四五"起航，中国将进入新发展阶段，文化建设的重要性更加凸显。作为一项文化事业，考古工作承担着研究中华文明史、塑造全民族历史认知的使命。作为中华民族的一分子，保护历史文化遗产，学习掌握历史文化知识，是我们每个人的责任。只有重视历史、研究历史、借鉴历史，才能获得更多了解昨天、把握今天、开创明天的智慧。中华儿女以自强不息、厚德载物的精神接续奋斗，一定能不断创造出新的辉煌。

（2020年12月30日）

努力成为领导构建新发展格局的行家里手

陈 凌

某地在引进发展急需的半导体企业时，曾四处碰壁，被认为"不懂半导体"。于是，邀请专家过来反复授课，相关负责人一点点学、一点点抠，历经一年时间，设计制作了一张半导体产业框架图，材料、设备、厂商等都一一标注。这也让不少企业、专家感受到了当地真正把发展半导体产业当事业来做的热情和诚意，许多顾虑一扫而空。从一开始吃闭门羹，到后来被视为"半个半导体专家"，这样的故事正说明，领导干部做好经济工作，要努力提高专业化能力，使自己成为懂行人、内行人。

构建以国内大循环为主体、国内国际双循环相互促进的新发展格局，要从蓝图变为现实，也对各级领导干部做好经济工作的能力水平提出了更高要求。中央经济工作会议明确要求，"各级领导干部要提高专业化能力，努力成为领导构建新发展格局的行家里手。"没有金刚钻，揽不了瓷器活。构建新发展格局，是一项重大任务，也是一个系统工程，需要很强的业务水平和工作能力才能做好。广大领导干部要提高专业化能力，才能胜任领导构建新发展格局的工作。

努力成为行家里手，要自觉做政治上的明白人。"知之愈明，则行之愈笃。"加快构建新发展格局，是以习近平同志为核心的党中央根据我国发展阶段、环境、条件变化，审时度势作出的重大决策。构建新发展格局是事关全局的系统性、深层次变革，是立足当前、着眼长远的战略谋划。广大领导干部善于用政治眼光观察和分析经济社会问题，需要切实提高政治站位，从进入新发展阶段的高度来认识构建新发展格局的重大意义、科学内涵。惟有如此，才能真正做到"心明眼亮"，更好地把党中央决策部署贯彻到经济工作各方面。

努力成为行家里手，要自觉做经济社会管理的内行人。习近平总书记强调，"领导工作要有专业思维、专业素养、专业方法"。构建新发展格局，不仅是政治性要求，而且是知识性、专业性要求。"不一则不专，不专则不能。"不断提高专业化能力，是做好任何一项工作的前提。构建新发展格局，紧紧扭住供给侧结构性改革这条主线，注重需求侧管理，同时也要以深化改革开放增强发展内生动力。落实好这些任务，都需要提升经济社会发展的知识水平和治理能力。增强补课充电的紧迫感，加快知识更新、优化知识结构、不断拓宽视野，才能与构建新发展格局的要求相适应。

努力成为行家里手，还要自觉做狠抓落实的实干家。专业知识不等于专业能力。专业能力的培养，一靠学习提高，二靠实践磨炼。构建新发展格局，是一项崭新的课题，前人没有做过，没有现成的经验可学，没有现成的模式可搬。路是走出来的，事业是拼出来的，成功是奋斗出来的。起而行之、狠抓落实，在学中干、在干中学，在实践中培养专业精神、丰富专业知识、提高专业能力，方能不断提高贯彻新发展理念、构建新发展格局的能力和水平。

"志不求易者成，事不避难者进。"明年是我国现代化建设进程中具有特殊重要性的一年，经济工作任务艰巨繁重，但只要我们勤学苦干、多思善悟，不断提高专业化能力，就一定能在构建新发展格局上"迈好第一步，见到新气象"。

（2020年12月29日）

提升国民经济体系整体效能

周人杰

即将过去的 2020 年是新中国历史上极不平凡的一年。面对严峻复杂的国际形势、艰巨繁重的国内改革发展稳定任务特别是新冠肺炎疫情的严重冲击，在以习近平同志为核心的党中央坚强领导下，我国经济在高质量发展上迈出新步伐，国民经济体系经受住了风险挑战考验。完备的产业体系，特别是制造业体系，为新冠肺炎疫情防控提供了重要物质保障；强大的动员组织和产业转换能力，要素保障、产销对接的加强，为扎实做好"六稳"工作、全面落实"六保"任务保驾护航，使得国民经济体系能在逆风中前行。

中央经济工作会议强调"构建新发展格局明年要迈好第一步，见到新气象"，其中一个重要方面就是"提升国民经济体系整体效能"。这既是对过去一年经济发展的经验总结，更为做好明年经济工作提出了要求。一年来，我们实施了制造业核心竞争力提升工程和产业基础再造工程，创新要素市场配置机制，推动经济结构持续优化。一年来，我们不断培育发展新动能，5G 等新型基础设施加快建设，推进国家实验室建设，"科技创新 2030—重大项目"加快组织实施，数字经济发展和产业数字化转型提速，产业基础和现代化水平日益提升。历史和现实都告诉我们，必须牢牢把握经济工作主动权，加快发展现代产业体系，着力提升国民经济体系的整体效能。

经济社会是一个动态循环系统。构建新发展格局,关键在于实现经济循环流转和产业关联畅通。根本要求是提升供给体系的创新力和关联性,解决各类"卡脖子"和瓶颈问题,畅通国民经济循环。新一轮科技革命和产业变革正深入推进,我们应对变局、开拓新局,就是要坚持创新驱动发展,建设现代化经济体系,让供给与需求匹配更好,让要素资源配置更高效,让生产过程更提质增效。

国民经济是一个有机整体,一边是广大微观主体的活力、创造力,一边是消费升级、民生改善的迫切需求。提升供给体系对国内需求的适配性,形成需求牵引供给、供给创造需求的更高水平动态平衡。过去不紧迫的需求,现在要提速跟上;过去看似超前的供给,现在要做供不应求的准备。在今后的发展实践中,加快培育完整的内需体系要同深化供给侧结构性改革有机结合起来,就能实现供需良性互动,从而形成基于全球最大最有潜力市场的强大生产能力,促进更高水平的供需动态平衡。

要更加注重宏观经济治理体系的健全与完善。一方面,要靠继续深化"放管服"改革、优化要素资源配置,提高社会劳动生产率。另一方面,要在调控中用好"指挥棒",科学制定并运用好产业政策,深化新一代信息技术与制造业融合发展,逐步在关系国家安全的领域和节点实现自主可控、安全可靠,我们就能跨越关口,塑造新的竞争优势。

适应新发展阶段、贯彻新发展理念、构建新发展格局,必须加强党的全面领导。各级领导干部要善于用政治眼光观察和分析经济社会问题,真抓实干把党中央决策部署贯彻到经济工作各方面。同时,也要提高专业化能力,努力成为领导构建新发展格局的行家里手。坚持整体推进改革开放,完善宏观经济治理体系,强健国民经济体魄,以新发展理念推动高质量发展,我们一定能牢牢把握经济工作主动权,让社会主义制度优越性充分体现,全面解放和发展社会生产力,在新发展阶段乘风破浪、行稳致远。

(2020年12月28日)

极不平凡的一年见证强大自信

李 拯

近日,国家相关部门陆续公布 11 月经济数据,中国经济表现亮眼:11 月,我国外贸出口增长 21.1%,社会消费品零售总额同比增长 5%;全国规模以上工业增加值同比增长 7.0%……一系列宏观数据表明,国民经济运行延续恢复态势。

2020 年是极不平凡的一年,但"惟其艰难,才更显勇毅;惟其笃行,才弥足珍贵"。面对严峻复杂的国际形势、艰巨繁重的国内改革发展稳定任务特别是新冠肺炎疫情的严重冲击,以习近平同志为核心的党中央保持战略定力,准确判断形势,精心谋划部署,果断采取行动,团结带领全党全军全国各族人民付出艰苦努力,交出了一份人民满意、世界瞩目、可以载入史册的答卷。抗击新冠肺炎疫情,展示了中国特色社会主义的制度优势;一系列减税降费等政策,展示了中国实现高质量发展的决心。"我国成为全球唯一实现经济正增长的主要经济体",这充分说明,中国经济基本面长期向好、韧性十足,以习近平同志为核心的党中央具有驾驭中国经济、处理复杂局面的高超智慧和娴熟能力。

明年是我国现代化建设进程中具有特殊重要性的一年,做好经济工作意义重大。在肯定成绩的同时,必须清醒看到,疫情变化和外部环境存在诸多不确定性,我国经济恢复基础尚不牢固。我们既要充满信心,也要保持清醒。在当前形势下,我们要以推动高质量发展为主题,以深化供给侧结构性改革为主线,以改革创新为根本动力,以满足人民日益增长的美好生活需要为根本目的,实现经济行稳致远、社会安定和谐,确保"十四五"开好局,以优异成绩庆祝中国共产党成立100周年。

立足新发展阶段,我们要加快构建新发展格局。中央经济工作会议要求:"加快构建以国内大循环为主体、国内国际双循环相互促进的新发展格局,要紧紧扭住供给侧结构性改革这条主线,注重需求侧管理"。从国际比较看,我国既是全球第二大经济体和制造业第一大国,同时也具有超大规模市场优势,在生产端和消费端都具有巨大的体量优势。扭住供给侧结构性改革这条主线,注重需求侧管理,打通堵点,补齐短板,贯通生产、分配、流通、消费各环节,形成需求牵引供给、供给创造需求的更高水平动态平衡,就能提升国民经济体系整体效能。

面向更长远未来,我们要全面贯彻新发展理念。2019年我国人均GDP达到10276美元,预计2020年国内生产总值突破100万亿元……可以说,中国经济发展呈现出速度变化、结构优化、动力转换三大特点,发展中的矛盾和问题集中体现在发展质量上。中央经济工作会议布置的明年重点工作,都体现着新发展理念,与高质量发展密切相关。把新发展理念贯穿发展全过程和各领域,推动质量变革、效率变革、动力变革,就能实现更高质量、更有效率、更加公平、更可持续、更为安全的发展。

历史将记住极不平凡的2020年。这一年,我们历经磨难而保持定力、应对变局并开创新局。面向未来,有以习近平同志为核心的党中央坚强领导,有亿万人民齐心协力、开拓进取,我们必将一往直前、战无不胜,铸就新的辉煌。

(2020年12月22日)

中国减贫故事为何如此动人

李 斌

在人类减贫经验国际论坛上,一位国际人士赞叹:"因为经历过贫困,我深深感到,贫困不仅会在物质上,也会在精神上削弱人们的能力,让人失去自我价值认同。正因如此,消除贫困才显得如此重要,中国成功的减贫故事才如此动人。"中国脱贫攻坚取得令世界刮目相看的重大胜利,不仅彰显了坚持人民至上、以人为本的理念,也为人类社会治理贫困问题贡献了中国智慧和中国力量。

"天地之大,黎元为先。"党的十八大以来,以习近平同志为核心的党中央把消除贫困摆在治国理政更加突出的位置,全面打响脱贫攻坚战。从实施精准扶贫方略,到形成中国特色脱贫攻坚制度体系,从支持和鼓励全社会采取灵活多样的形式参与扶贫,到在抗击新冠肺炎疫情斗争中对脱贫攻坚进行再动员、再部署,一系列具有原创性、独特性的重大举措,为打赢这场人类历史上规模最大、力度最强的脱贫攻坚战提供了有力保障。有国际人士指出,中国扶贫事业的成功离不开中国共产党的领导和中国人民的奋斗。我们在脱贫攻坚领域取得了前所未有的成就,彰显了中国共产党领导和我国社会主义制度的政治优势。

如果要探寻中国减贫的奥秘是什么,坚持以人民为中心的发展思想是一个重要根源。中国减贫故事不单单是一个地区的发展故事、一家一户的打拼故事,更贯穿着中国共产党密切联系群众、努力让人民过上好日子的初心故事、信仰故事、奋斗故事。党的十八大以来，习近平总书记最牵挂的是困难群众，倾注精力最多的是扶贫工作，考察调研最多的是贫困地区。不久前，中央宣传部相继授予用工作实绩践行新时期好干部标准的黄诗燕、带领村民凿石铺就"绝壁天路"的毛相林、扎根边疆教育一线40余年的张桂梅"时代楷模"称号。三位楷模，是无数在广袤田野辛勤耕耘的基层扶贫干部的杰出代表。消除绝对贫困和区域性整体贫困，近1亿贫困人口实现脱贫，成为中国共产党为中国人民谋幸福、为中华民族谋复兴的初心使命的有力写照。

从人类发展视角看，中国减贫故事也蕴含着重要借鉴价值。习近平主席在致人类减贫经验国际论坛的贺信中强调："中国愿同世界各国一道，携手推进国际减贫进程，推动构建人类命运共同体。"当前，消除贫困依然是当今世界面临的最大全球性挑战，开展扶贫交流合作对全球减贫事业至关重要。国际人士认为，中国让数亿贫困人口摆脱贫困，是一项伟大成就，为其他发展中国家提供了宝贵的减贫经验。开发式扶贫、保障性扶贫、精准扶贫……中国减贫的许多成功探索，已经受到发展中国家的广泛关注。

讲信重诺、说到做到，真抓实干、吹糠见米，精准扶贫、精准脱贫，中国减贫故事创造了以实干成就美好未来的生动范例。如期完成新时代脱贫攻坚目标任务，中国还将继续巩固和拓展脱贫攻坚成果，扎实推进共同富裕，不断提升民生福祉水平。奋进新时代，共筑中国梦，减贫故事将激励我们在新征程中奋勇前进，创造更多让世人刮目相看的发展奇迹。

（2020年12月21日）

探月精神激荡奋斗豪情

余建斌

北京时间2020年12月17日凌晨，在内蒙古四子王旗预定着陆区域，人们冒着零下20多摄氏度的严寒，怀着火热心情迎回了一位"太空返客"——嫦娥五号返回器。

这是一趟不负众望的科学探索，也是一次贡献卓著的无畏探险。习近平总书记代表党中央、国务院和中央军委祝贺探月工程嫦娥五号任务取得圆满成功，勉励探月工程任务指挥部并参加嫦娥五号任务的全体同志"大力弘扬追逐梦想、勇于探索、协同攻坚、合作共赢的探月精神，一步一个脚印开启星际探测新征程，为建设航天强国、实现中华民族伟大复兴再立新功，为人类和平利用太空、推动构建人类命运共同体作出更大的开拓性贡献。"嫦娥五号任务的圆满成功，凝结着中国航天人的宝贵智慧，展示着中国实现科技自立自强的决心勇气。追逐梦想、勇于探索、协同攻坚、合作共赢的探月精神，丰富了中华民族的精神家园，激荡起每一个中国人内心油然而生的奋斗豪情。

伟大事业始于伟大梦想。嫦娥五号任务承续探月梦想，实现了我国首次月面采样与封装、月面起飞、月球轨道交会对接、携带样品再入返回等多项重大突破，收获了研究月球乃至太阳系行星的宝贵科学样品，其成功实施标志着我国探月工程"绕、落、回"三步走规划如期完成。正如习近平总书记深刻指出的，"这是发挥新型举国体制优势攻坚克难取得的又一重大成就,标志着中国航天向前迈出的一大步,将为深化人类对月球成因和太阳系演化历史的科学认知作出贡献"。

自立自强的旋律最动听,勇于探索的精神尤可贵。发射升空,抵达月球,采集月球物质,由月面点火起飞,再从月球轨道返回地球……从发射到归来的20余天里,嫦娥五号任务的每一步都牵动人心,每一个动作都让人击节喝彩。人们惊叹,来自月球的2千克月壤展示着一个国家对科技创新的追求。当嫦娥五号探测器在月球上展开五星红旗,闪耀月面的"中国红"映照出追求科技自立自强的中国决心。60多年的中国航天发展历程表明,只有通过独立自主的探索攻关,才可以让中国人探索太空的脚步迈得更稳更远。

嫦娥五号任务的圆满成功,显示出协同攻坚的强大力量。发射场指挥员喊出清脆口令,长征五号遥五运载火箭拔地而起,背后是发射团队无数次的演练。在38万公里之遥"指挥"月球轨道交会对接,地面支持团队早已为航天器研发出激光雷达、微波雷达等设备。作为国内迄今最为复杂的航天器之一,嫦娥五号探测器更是倾尽了技术团队的心血。嫦娥五号点亮了航天人无数个不眠之夜,聚合了方方面面的大力支持,折射出中国创新的熠熠光辉。参加嫦娥五号任务的全体同志的卓越功勋,祖国和人民将永远铭记。

中国一贯致力于和平利用外空,积极开展有关国际交流与合作,分享航天发展成果。从国际航天史的角度审视,探索浩瀚宇宙是全人类的共同梦想。中国的行星探测计划——向着月球、火星乃至更远,是人类探索外太空的重要组成部分。大力弘扬追逐梦想、勇于探索、协同攻坚、合作共赢的探月精神,中国必将谱写出更加壮美的航天乐章。

(2020年12月18日)

当为事业长见识

苏 超

党员干部如何历练为领导经济社会发展的行家里手？青年才俊如何成长为担当大任的栋梁之材？增长见识是一个重要途径。

何谓见识？见识是实践中得来的知识，是一种作出识别和判断的能力，一种善于发现问题、分析问题、解决问题的本领。没有见识，学识再多，人的胸襟和眼界难免因脱离实践而受限。没有见识，胆识再大，一旦偏离科学规律就会越错越远。应对棘手问题、处理复杂矛盾，有见识是关键的能力要求。富有见识，意味着善于抓住问题的"牛鼻子"，能够对症下药、化解矛盾。可以说，见识深刻，是一名优秀领导干部的必备素质。

有见识，方能全面分析"时"与"势"。没有对问题的深刻见识，便不会有对形势的准确判断，更不会有对工作的正确决断。富有见识，就能看到刚刚露出的"桅杆顶"，见微知著，未雨绸缪，既解决已经出现的问题，也处理萌芽中的问题，防患于未然。富有见识，才能善观大势、常思大局，审时度势，因势利导，抓好战略谋划，有效化解风险。

有见识，方能辩证把握"危"与"机"。一个有着丰富社会阅历的人，在成长的过程中必然会遭遇各种矛盾困难和风险挑战。所以那些见多识广的人，往往遇到风浪不会惊慌失措、自乱阵脚，碰到问题心中有数，应对自如。我们要在危机中育先机、于变局中开新局，必须提高跳出问题看要害、透过现象看本质的本领，全面评估风险，科学排兵布阵，准确识变、科学应变、主动求变。

实践出真知，实干长才干。提高见识的途径有很多，最根本的是到实践中经风雨、见世面、壮筋骨。越是吃劲岗位、艰苦环境，越能磨砺品质、增长才能。只有经历严格的思想淬炼、政治历练、实践锻炼、专业训练，经历复杂斗争考验、严峻工作挑战，才能真正练出"大心脏""宽肩膀"，做到见多识广、胸有成竹。也只有在实践中，才能深刻体会中国道路的成功密码，感受中国奇迹的逻辑必然，增长识变之智、应变之方、求变之勇。

增长见识的目的全在于运用，又在运用中得到进一步增长。习近平总书记强调："我们党领导人民干革命、搞建设、抓改革，都是为了解决我国的实际问题。"见多识广，不仅要体现在议事决策上，也要体现在抓落实、见成效上。把已经出现的问题和矛盾解决好，是一种本事；把萌芽中的问题和矛盾解决好，是一种更大的本事。是否有见识，一个重要体现就在于能否对事关战略全局、事关长远发展、事关人民福祉的紧要问题，进行科学统筹、优先解决。增长见识，就要把问题想深、想细、想透，有什么问题就解决什么问题。

在国际格局加速演变、我国即将开启新征程的当下，我们必须善于抓好战略谋划，掌握工作主动，防范和规避风险。在长见识上下更大功夫、在长本领上有更大收获，我们定能勇开顶风船，走好上坡路，谱写全面建设社会主义现代化国家新篇章。

（2020年12月17日）

"教育兴则国家兴"

张 凡

截至今年11月30日,全国义务教育阶段辍学学生由台账建立之初的约60万人降至831人,其中20万建档立卡辍学学生已经实现动态清零……教育部发布的数据显示,我国基本实现"义务教育有保障"的目标,成为"十三五"时期我国教育事业发展的一个生动缩影。

习近平总书记指出:"教育兴则国家兴,教育强则国家强。""十三五"时期,在以习近平同志为核心的党中央坚强领导下,我国教育各项事业实现长足发展,在提高质量、促进公平等方面成效显著,教育普及水平实现历史性跨越,教育方面人民群众获得感明显增强。经过"十三五"期间的努力,全国共有中小学幼儿园51万所,在校、在园的学生总数达到2.26亿人,国家财政性教育经费支出占GDP比例连续8年保持在4%以上……这样的数字,见证着我国教育不平凡的发展历程,勾勒出通过知识改变命运、通过教育创造美好生活的图景。

扶贫先扶智,教育是阻断贫困代际传递的重要途径。今年高考,四川省凉山彝族自治州雷波县坪头乡彝族少年阿杜拉林通过国家专项计划,考进西南石油大学,成为乡里第一位考上重点大学的学生。"十三五"时期,我国教育事业发展始终聚焦困难群体、薄弱环节,瞄准农村、山区和贫困地区,努力让每个孩子都能享有公平而有质量的教育。从加强控辍保学、大力改善贫困地区薄弱学校基本办学条件,到实施重点高校招收农村和贫困地区学生专项计划,从5年来资助各类家庭经济困难学生3.9亿人次,到每年约4000万名农村学生享受营养餐补助,各级党委和政府致力于让每一个孩子都能"上得起学""上好学",不让一个学生因家庭经济困难而失学。

"十三五"时期,全方位深化教育领域综合改革,让更公平、更有质量的教育点亮了无数人的人生梦想。得益于随迁子女在流入地参加高考政策的不断完善,今年夏天,广东省东莞长安中学的高三学生李慧与25.6万名随迁子女考生一道,在流入地参加了高考。这一数字,比2013年的4000余人增长了57倍。近年来,教育改革奏响华彩篇章。加强学前教育改革、推动义务教育均衡发展,缓解"入园难、入园贵"压力,破解"乡村弱、城镇挤"困局;稳步推进新高考改革,探索更加科学公正的人才选拔制度,着力打破"唯分数论""一考定终身"模式;大力推进"双一流"建设,吹响高等教育质量提升的奋进号角……一次次改革,一项项举措,为"更好的教育"筑基,也让教育发展成果更多更公平惠及全体人民。

"国势之强由于人,人材之成出于学。"今天,我国教育事业取得巨大成就,教育面貌正在发生格局性变化。面向未来,科技进步日新月异,国际竞争日趋激烈,对教育发展提出了更高要求。党的十九届五中全会明确提出到2035年建成教育强国的目标。团结奋进、锐意进取,加快推进教育现代化,建设高质量教育体系,办好人民满意的教育,我们一定能不断蓄积走向未来的力量,不断为国家和民族赢得发展新优势。

(2020年12月15日)

保持"历史耐心"

徐文秀

进一步推动京津冀协同发展有关工作,加强对黄河流域生态保护和高质量发展的领导,推动长三角一体化发展不断取得成效……"十三五"时期,以习近平同志为核心的党中央谋划部署一系列重大国家战略,不仅完善了新时代改革开放的布局、增强了高质量发展的动能,也树起了既谋划长远又干在当下的实干风范,展现出非凡的历史耐心和战略定力。

党的十八大以来,习近平总书记在京津冀协同发展座谈会、扎实推进长三角一体化发展座谈会、全面推动长江经济带发展座谈会等重要场合,多次强调要保持"历史耐心"。历史耐心是一种时间观、事业观:从时间观上说,是用实功实效对历史负责,不驰于空想,不骛于虚声;从现实实践看,要笃实干事、久久为功,不急躁冒进,不急于求成。历史耐心意味着政贵有恒、不急不躁,只争朝夕地干而又不只看朝夕成败,淡定从容又持续不断地有所作为。保持历史耐心,就要鼓实劲、出实招、办实事、求实效,一张蓝图绘到底,一茬接着一茬干。

我们党自成立之来,作出一个个伟大的历史性贡献,创造一笔笔丰厚的历史功绩,靠的正是历史耐心。那些具有标志性和里程碑意义的奋斗实践,从建设三峡工程、南水北调、西气东输等重大工程,到决胜全面建成小康社会、决战脱贫攻坚,都是发扬钉钉子精神、保持历史耐心持续推进的结果。正如习近平总书记强调的,"伟大梦想不是等得来、喊得来的,而是拼出来、干出来的"。今天,中国正行进在中华民族伟大复兴之路关键一程上,从全面建成小康社会到基本实现现代化,再到全面建成社会主义现代化强国,远大理想、宏伟蓝图都需要脚踏实地的改革、开放、创新来成就。

保持历史耐心,并非一味等待、无所作为,而是要以负责任的态度积极作为、乘势而上。历史和现实告诉我们,缺乏历史耐心容易违背实践规律,心浮气躁、急功近利不仅难以干成事,反而会受其拖累。保持历史耐心,意味着要有不贪功好利的清醒自觉,要有锲而不舍、积小胜为大胜的意志品质。保持历史耐心得有"功成不必在我、功成必定有我"的胸襟和境界,牢固树立正确的政绩观、发展观;得有"千磨万击还坚劲,任尔东西南北风"的定力和韧劲,踩着自己既定的步伐,百折不挠去奋斗;得有"不畏浮云遮望眼""乱云飞渡仍从容"的眼光和坚毅,善于登高望远,勇于爬坡过坎。

不久前,党的十九届五中全会审议通过了《中共中央关于制定国民经济和社会发展第十四个五年规划和二〇三五年远景目标的建议》,这是开启全面建设社会主义现代化国家新征程、向第二个百年奋斗目标进军的纲领性文件。开启新征程,我们保持历史耐心,用接续不断的奋斗绘就蓝图,用对子孙后代负责的态度苦干实干,就能不断朝着既定奋斗目标砥砺前进。历史潮流浩浩荡荡,那些具有历史耐心的奋斗,必将积淀成经得起历史和人民检验的千秋伟业。

(2020年12月08日)

"把中国人的饭碗牢牢端在自己手中"

石 羚

"三丘田算术平均数亩产是 911.7 公斤！"不久前，听到湖南衡南传来的喜讯，袁隆平院士高兴极了。这意味着第三代杂交水稻早晚双季稻平均亩产突破 1500 公斤，再创历史新高。近年来，从海水稻接连突破亩产 600 公斤、700 公斤、800 公斤大关，到"巨人稻"等新品种问世，中国水稻不断带来惊喜。

习近平总书记强调，"确保国家粮食安全，把中国人的饭碗牢牢端在自己手中。""十三五"时期，我国粮食生产交出亮丽成绩单。看总量，粮食年产量连续 5 年稳定在 1.3 万亿斤以上；看人均，我国人均粮食占有量达到 472 公斤，高于世界平均水平；看自给率，水稻、小麦自给率保持在 100% 以上，玉米自给率超过 95%……粮食安全根基不断筑牢，为经济社会发展发挥了"压舱石"作用。

据预测，今年粮食平均亩产提高近两公斤。近两公斤看似不多，却能预计带来约 35 亿公斤的粮食总产增量，足够 2300 多万人一年的粮食消费。其背后，归功于这样若干个"新"。滩涂、沙地成"良田"，新种子是"密码"；从镐锄镰犁到全程农机，从凭经验干活到靠数据种田，这是新机械、新设备的普及；稻蟹共生、稻鸭共生取得生态效益和经济效益双赢，源自新模式的推广。"十三五"时期，我国从政策扶持、资金投入等方面提高农业技术装备和信息化水平，为粮食生产持续注入新动能。

事实证明，耕地面积有限，技术进步无限；资源要素有限，创新潜力无限。

"十三五"时期，我国粮食生产突出了"稳"。其中，稳政策是稳面积、稳产量的前提。5年来，我们严守18亿亩耕地红线，落实15.46亿亩以上永久基本农田特殊保护制度，守住了粮食生产的"命根子"；我们稳定完善扶持粮食生产政策举措，完善粮食主产区利益补偿机制等，稳住了全国人民的"粮袋子"。从中央到地方，一系列强农惠农富农措施增强了广大农民的获得感、幸福感和安全感，也充分调动起他们的积极性、主动性和创造性，让粮食安全的根基稳如泰山。

土地从不辜负辛勤的汗水。忙碌在田间的农民，服务一线的农技员，"把论文写在大地上"的科学家……一份份努力，守护着春种秋收夏耘冬藏。今年，面对春耕备耕的"疫情关"，农户及时下田备种育秧，确保抗疫生产两不误；面对水稻双抢时的"洪涝关"，人们不分昼夜抢种补种改种，"水退到哪里，就种到哪里"；面对秋收前的"台风关"，科技人员及时改装机械，确保颗粒归仓……当全球粮食市场波动，我们闯关夺隘、不惧风雨，靠辛勤努力浇灌出来之不易的农业果实，为维护世界粮食安全作出贡献。

党的十九届五中全会明确提出，要保障国家粮食安全，提高农业质量效益和竞争力。对我们这样一个有着14亿人口的大国来说，农业基础地位任何时候都不能忽视和削弱，手中有粮、心中不慌在任何时候都是真理。面向未来，我国中长期粮食产需仍将维持紧平衡态势，稳定发展粮食生产压力较大。健全农业支持保护制度，深入实施藏粮于地、藏粮于技战略，推进优质粮食工程，完善粮食主产区利益补偿机制，开展粮食节约行动，我们就能为端牢中国饭碗不断增添信心和力量。

稻飘香、黍金黄、豆荚鼓、谷满仓……最是丰收悦人心。奋进新征程，我们坚信，中国人民有能力把粮食安全紧紧抓在手上、扛在肩上，以丰收的硕果迎接更美好的明天。

（2020年12月04日）

以好奇心助力基础研究

周珊珊

像潺潺雨声，像汽船鸣笛，像心脏跳动……中国科学院大学在寄送本科生录取通知书时附赠一张黑胶光盘，其中刻录着一组"来自宇宙深处的声音"。这段声音是"中国天眼"FAST捕获的脉冲星信号，经过处理转换成音频。这种为学子寄送"宇宙声音"的方式，点燃了他们探索科学奥秘的好奇心。

为什么要重视好奇心？因为好奇心是科学精神的体现，不仅可以让一个人从科学研究中收获乐趣，还可以成为推开真理之门的助推器。习近平总书记不久前主持召开科学家座谈会时指出："科学研究特别是基础研究的出发点往往是科学家探究自然奥秘的好奇心。"基础研究是科技创新的源头，从科学发现自身规律看，基础研究一方面要通过解决重大科技问题来推动，另一方面很多时候也要依靠探索世界奥秘的好奇心来驱动。而从实践观之，凡是取得突出成就的科学家，都是凭借执着的好奇心、事业心，终身探索成就事业的。禾下乘凉梦想让袁隆平培育出高产的籼型杂交水稻，对植物分类学的极大兴趣让屠呦呦打下了发现全新抗疟疾药物青蒿素的基础，好奇心驱动科学发现的例子比比皆是。

新奇想法和求知欲望越强烈，探索和钻研的劲头就越足。只有树立敢于创造的雄心壮志，敢于提出新理论、开辟新领域、探索新路径，在独创独有上下功夫，才能多出高水平的原创成果。当然，从单纯感到好

奇到实现科研突破之间，会有很长一段路要走。有研究表明，科学家的优势不仅靠智力，更主要的是专注和勤奋，经过长期探索而在某个领域形成优势。科学探索之路漫漫而修远，少不了"吾将上下而求索"的毅力和定力。正是靠着对未知放射性物质的好奇，居里夫妇花费近4年时间，在极其简陋的环境中，从数吨沥青铀矿渣中提炼出氯化镭。大学本科期间对量子物理产生好奇的潘建伟，潜心研究量子技术、建设科研团队，终于在量子纠缠领域形成了世界级研究成果，成为我国量子卫星首席科学家。这说明，新奇想法只有通过刻苦探索才能成为现实。

好奇心是人与社会、人与自然、人与宇宙"打交道"的必然结果。尚处襁褓之中，一个人就会试着用眼睛、手和嘴巴来"向外探索"；咿呀学语之后，婴幼儿便不知疲倦地发问：天空为什么是蓝的？人是从哪里来的？正因如此，对科学兴趣的引导和培养要从娃娃抓起，使他们更多了解科学知识，掌握科学方法，厚植科学素养。从呵护好奇心、激发科学兴趣，到掌握研究方法、提升科研能力，再到培养具备科学家潜质的科研后备人才，好奇心的培养可以说是科学研究的基础。

中国人民是具有伟大创造精神的人民，古往今来，好奇心驱动着中华民族完成了无数享誉世界、影响人类发展进程的发明创造。中国特色社会主义进入新时代，党和国家不断改善科技创新生态，激发各类人才创新创造活力，努力给广大科学家和科技工作者搭建施展才华的舞台。广大科技工作者激发好奇心、坚定自信心，勇登科学最高峰，勇闯科技"无人区"，一定能为实现中华民族伟大复兴作出应有贡献。

（2020年12月03日）

培厚工匠精神的土壤

石 羚

习近平总书记在全国劳动模范和先进工作者表彰大会上指出，在长期实践中，我们培育形成了"执着专注、精益求精、一丝不苟、追求卓越的工匠精神"。迈向新征程，扬帆再出发，亟待一大批具有工匠精神的劳动者挥洒汗水、奉献智慧。

推崇工匠精神已成为社会共识。"择一事终一生"的执着专注，"干一行专一行"的精益求精，"偏毫厘不敢安"的一丝不苟，"千万锤成一器"的卓越追求……这次受到表彰的全国劳动模范和先进工作者当中，许多人就是践行工匠精神的杰出代表，他们激励着更多劳动者特别是青年人走技能成才、技能报国之路，争做高技能人才和大国工匠。以此为契机，培厚工匠精神土壤，在全社会大力弘扬工匠精神，必将推动工人阶级和广大劳动群众用实干成就梦想，在平凡中彰显不凡，汇聚砥砺奋进的强劲动能。

这不平凡的背后，其实都有一些打动人心的故事。"80后"工程师陈亮刻苦攻关，把模具精度控制在1微米之内，相当于头发丝的1/60；高级技师周家荣三十年如一日研究钢丝绳，世界排名前100的大桥中，有40多座使用了他们团队生产的产品；原先专业不对口的精炼师潘从明从头学起，啃下100多本化学书籍，他的发明创造了不菲的经济效益……正所谓"技可进乎道"，他们以一流的技艺，做出一流的产品，托起一流的产业。如此一流技艺,源自从99%到99.99%的极致追求,源自从一天到一生的心无旁骛,映照着沉潜专注背后的钻劲和匠心。

胸怀匠心、摒除匠气,需要蓄积敢于创新的闯劲。拥抱创新,才能推动技艺发展,不断开掘新的道路。中国航发的产业工人洪家光花费5年时间,和团队终于研发出一套成熟的航空发动机叶片滚轮精密磨削技术,荣获国家科学技术进步二等奖。从技校毕业、从学徒做起的他,成为当之无愧的顶尖高技术人才,彰显了以改革创新为核心的时代精神。2016年以来,全国职工提出技术革新项目214.5万项,发明创造项目80.8万项,大大提升了生产效率,产生了巨大的经济社会效益。事实证明,最美的风景往往出现在人迹罕至处,科技进步、社会发展的潜力也蕴藏于前人未至之境。

鲜花因汗水而绽放,事业因实干而兴旺。高超娴熟的技能,精雕细刻的理念,最终要落实于奋发进取的干劲。"十三五"时期,从"嫦娥"奔月到"奋斗者"潜海,从港珠澳大桥飞架三地到京张高铁风驰电掣……大国重器、超级工程的诞生,离不开工匠们接续奋斗的实干,刻印着劳动者远望苍穹、探索深海、焊花闪烁、刀锋起舞的身影。立足岗位、奋发有为,把工匠精神倾注于一个个零件、一道道工序、一次次试验,我们就能在制造大国向制造强国、中国制造向中国创造的征程上汇聚强大力量。

新时代呼唤工匠精神。前不久,全国劳动模范和先进工作者发出倡议书,呼吁全国各行各业的同志们干一行爱一行,钻一行精一行,以勤学长知识、以苦练精技术、以创新求突破,努力成为知识型、技能型、创新型劳动者。广大劳动者自觉弘扬工匠精神,鼓足钻劲、闯劲、干劲,攻坚克难、顽强拼搏,就一定能在全面建设社会主义现代化国家新征程上书写新的不凡,创造新的辉煌。

(2020年12月02日)

用奋斗诠释劳动精神

陈 凌

"我的一位老班长曾经给我讲过一段话，他说：什么叫作不简单，什么叫作不容易，就是要长时期甚至用几十年的时间认认真真、持之以恒地做好一件事情，这就是不简单，就是不容易。"前不久，在国务院新闻办公室中外记者见面会上，获得全国劳动模范称号的贵州钢绳（集团）有限公司二分厂技术员、高级技师周家荣动情讲述了自己的成长之路。立足岗位、脚踏实地，干一行爱一行、钻一行精一行，周家荣等先进模范用拼搏奋斗实现人生梦想，以爱岗敬业弘扬劳动精神。

"劳动是一切幸福的源泉。"习近平总书记在全国劳动模范和先进工作者表彰大会上指出，在长期实践中，我们培育形成了崇尚劳动、热爱劳动、辛勤劳动、诚实劳动的劳动精神。人间万事出艰辛。人世间的美好梦想，只有通过诚实劳动才能实现；发展中的各种难题，只有通过诚实劳动才能破解；生命里的一切辉煌，只有通过诚实劳动才能铸就。崇尚劳动、热爱劳动、辛勤劳动、诚实劳动，是人生出彩的金钥匙，也是创造美好生活的必经之路。奋斗"十四五"、奋进新征程，我们必须大力弘扬劳动精神。

不可否认，随着经济社会发展，劳动的方式在发生变化，但"功崇惟志，业广惟勤"始终是不变的人生哲理。回首历史，从"走在时间前面的人"王崇伦到"当代雷锋"郭明义，从"铁路小巨人"巨晓林到"金牌焊工"高凤林……一代又一代热爱劳动、勤于劳动、善于劳动的高素质劳动者,用对事业的"痴"、对岗位的"爱"、对工作的"狂",垒筑起共和国的巍峨大厦,标注了建设者们的奋斗底色。个人向上,国家向前,他们在劳动中收获了个人成长,也为国家发展作出了贡献。

"一勤天下无难事。"有人曾问齐白石,画画秘诀是什么?他笑答:"要每日作画,不叫一日闲过!"他曾在一首诗中如此描写自己的艺术劳动:"铁栅三间屋,笔如农器忙;砚田牛未歇,落日照东厢。"肯花气力、肯下苦功、肯去钻研,方换来"功夫深处见天然"的精湛画艺。无论是体力劳动还是脑力劳动,无论是简单劳动还是复杂劳动,道理都是相通的。一切劳动者,只要肯学肯干肯钻研,练就一身真本领,掌握一手好技术,就能立足岗位成长成才,在劳动中发现广阔的天地,在劳动中体现价值、展现风采、创造生活。

三百六十行,行行出状元。如今,职业版图在不断拓展,人们的职业选择日益多元。大家的职业或许不同、岗位或许有别,但自己的双手、智慧和汗水,始终是美好生活最坚实、最可靠的依托。历史和现实充分证明,有坚定的理想信念,有不懈的奋斗精神,脚踏实地把每一件小事做好,一切平凡的人都可以赢得不平凡的人生,一切平凡的工作都可以成就不平凡的业绩。

"人民创造历史,劳动开创未来。"现在,"十三五"规划目标任务即将完成,全面建成小康社会胜利在望,中华民族伟大复兴向前迈出了新的一大步。新时代为每个人提供了无比广阔的人生舞台,呼唤人们通过诚实劳动、勤勉工作创造更加幸福美好的生活。崇尚劳动、热爱劳动、辛勤劳动、诚实劳动,不弃微末、久久为功,光荣必将属于我们,幸福必将属于我们。

(2020年12月01日)

让劳模精神不断发扬光大

李浩燃

庄严的人民大会堂内，气氛热烈、暖意融融。11月24日上午，全国劳动模范和先进工作者表彰大会在北京隆重举行。大家齐聚一堂，共同致敬新时代最美奋斗者，携手汇聚开启新征程、扬帆再出发的精神力量。

"劳动模范是民族的精英、人民的楷模，是共和国的功臣。"表彰大会上，习近平总书记发表重要讲话，强调要大力弘扬劳模精神、劳动精神、工匠精神，深刻指出劳模精神、劳动精神、工匠精神是以爱国主义为核心的民族精神和以改革创新为核心的时代精神的生动体现，是鼓舞全党全国各族人民风雨无阻、勇敢前进的强大精神动力。奋进新征程，我们尤应科学把握劳模精神的丰富内涵与当代价值，见贤思齐、向先进模范学习，大力弘扬劳模精神，推动全社会形成尊重劳动、劳动光荣的良好风尚，以卓越的劳动创造铸就通往美好明天的路基。

中华传统文化一向推崇对劳动实践的认同、对劳动精神的传承、对劳动文化的传播。劳动模范是亿万劳动者的杰出代表，集中体现了工人阶级和广大劳动群众的优良品质。从"边区工人一面旗帜"赵占魁、"兵工事业开拓者"吴运铎、"新劳动运动旗手"甄荣典等劳动模范，到"高炉卫士"孟泰、"铁人"王进喜、"两弹元勋"邓稼先等一大批先进模范，再到"蓝领专家"孔祥瑞、"新时代雷锋"徐虎、"马班邮路"王顺友等一大批劳动模范和先进工作者……在我们党团结带领人民进行革命、建设、改革各个历史时期，劳动模范始终是我国工人阶级中一个闪光的群体，享有崇高声誉，备受人民尊敬。

最是精神动人心。习近平总书记指出，"在长期实践中，我们培育形成了爱岗敬业、争创一流、艰苦奋斗、勇于创新、淡泊名利、甘于奉献的劳模精神"。这次受到表彰的全国劳动模范和先进工作者，是千千万万奋斗在各行各业劳动群众中的杰出代表。他们在生产一线书写人生传奇，通过锐意创新体现劳动价值，于风险考验中彰显坚强意志。他们在平凡的岗位上创造了不平凡的业绩，以实际行动诠释了中国人民具有的伟大创造精神、伟大奋斗精神、伟大团结精神、伟大梦想精神。

现实是此岸，理想是彼岸，奋斗则是通往理想彼岸的桥梁。站在"两个一百年"奋斗目标的历史交汇点上，党的十九届五中全会擘画了"十四五"时期发展蓝图，引领我们迈向全面建设社会主义现代化国家新征程。今天，我们已走过千山万水，仍需要跋山涉水。立足新发展阶段，贯彻新发展理念，构建新发展格局，推动高质量发展，在危机中育先机、于变局中开新局，必须紧紧依靠工人阶级和广大劳动群众，开启新征程，扬帆再出发。以劳模精神为镜，高扬奋斗之帆、紧握奋斗之桨，在做好每一件小事、完成每一项任务、履行每一项职责中见精神，才能以奋斗成就梦想，在奔跑中开创未来。

在实践中体悟劳模精神，用苦干实干诠释劳模精神，像广大劳动模范那样"干一行、爱一行、专一行、精一行"，让劳模精神不断发扬光大，我们就能攻坚克难、勇毅前行，汇聚起风雨无阻向前进的强大精神力量。

（2020年11月30日）

优先保障人民健康

李 斌

没有全民健康,就没有全面小康。5年前,党的十八届五中全会作出"推进健康中国建设"重大部署。今天当我们梳理"十三五"时期经济社会发展取得的历史性成就,健康中国无疑成为一个厚重而醒目的关键词。

人均预期寿命从2015年的76.3岁提高到2019年的77.3岁,主要健康指标总体上优于中高收入国家平均水平;基本医疗保险参保人数超过13.5亿人,织就世界上规模最大的基本医疗保障网;公共卫生防线更牢固,取得抗击新冠肺炎疫情斗争重大战略成果,最大限度保护了人民生命安全和身体健康;贫困地区卫生环境和群众健康状况明显改善,实现832个贫困县每个县至少有1家公立医院,累计近1000万因病致贫返贫户脱贫……"十三五"期间,我国推动以治病为中心向以健康为中心转变,卫生健康事业改革发展取得显著进展,城乡居民健康水平持续提高,健康中国建设取得良好开局。

马克思主义认为,健康是促进人的全面发展的必然要求。以习近平同志为核心的党中央对健康中国建设的深谋远虑和扎实推进,体现的正是对人民健康福祉的高度重视、对实现人的全面发展的不懈探寻。从坚持用中国式办法解决医药卫生体制改革这个世界性难题到坚定不移贯彻预防为主方针,从继承和发扬爱国卫生运动优良传统到下大力气保障食品药品安全,党和国家全方位、全周期地保障人民健康,托举起广大人民群众的健康幸福生活。在教育文化卫生体育领域专家代表座谈会上,习近平总书记强调"要把人民健康放在优先发展战略地位"。党的十九届五中全会提出的到二〇三五年基本实现社会主义现代化远景目标,其中就包括建成健康中国。人民至上、生命至上,成为"中国之治"最根本的价值取向、最深层的政治伦理,成为中国面对世所罕见疫情取得抗疫斗争重大战略成果的关键因素。

把保障人民健康放在优先发展的战略位置,也折射出发展理念和发展方式的深刻变革。习近平总书记深刻指出:"加快提高卫生健康供给质量和服务水平,是适应我国社会主要矛盾变化、满足人民美好生活需要的要求,也是实现经济社会更高质量、更有效率、更加公平、更可持续、更为安全发展的基础。"面对人民群众持续快速增长的多层次多样化健康需求,面对我国多重疾病负担并存、多重健康影响因素交织的复杂状况,只有优先保障人民健康,统筹发展与安全,统筹经济发展与社会建设,才能不断增强人民群众的健康获得感。"将健康融入所有政策"的治理思路,"强化提高人民健康水平的制度保障"的改革谋划,"构建起强大的公共卫生体系"的发展愿景,"人民共建共享"的积势蓄力,为加快形成有利于健康的生活方式、生产方式、经济社会发展模式和治理模式,实现健康和经济社会良性协调发展,指明了行动方向。

广场舞、健步走等运动掀起全民健身热潮,"卡路里经济学"让健康饮食理念得到推广,分餐制、公筷制带动卫生习惯改善更新……放眼今日中国,关注健康、守护健康已成为全社会的共同行动。全面推进健康中国建设,承载着党对人民的郑重承诺,蕴涵在党把人民对美好生活的向往作为始终不渝的奋斗目标之中。展望未来,人民群众健康福祉将得到更好守护,实现中华民族伟大复兴的中国梦将获得更为强劲的"健康"动力。

(2020年11月24日)

做廉洁自律的模范

李炎溪

"一个人廉洁自律不过关,做人就没有骨气。"一体推进不敢腐、不能腐、不想腐,不仅是反腐败斗争的基本方针,也是新时代全面从严治党的重要方略。为官从政必须严格要求自己,努力做廉洁自律、廉洁用权、廉洁齐家的模范。

清廉是福,贪欲是祸。拒腐防变不是一件容易的事情,党的干部任何时候都不能放松对自己的严格要求,任何时候都要稳得住心神、管得住行为、守得住清白。慎始慎终,好的开端非常重要。在严以律己和廉洁从政问题上,年轻干部尤其要时时刻刻、事事处处都有一根弦,牢牢管住、管好每一个可能出现问题的地方,让清廉伴随一生,用廉政造福人民。

"全面从严治党首先要从政治上看"。政治建设是党的根本性建设,政治能力是干部干好工作所需的第一位的能力。年轻干部要自觉加强政治历练,增强政治自制力,始终做政治上的"明白人""老实人"。铁的纪律,首要是政治纪律。每一个党员对党的政治纪律和政治规矩都要心存敬畏、严格遵守,增强"四个意识",坚定"四个自信",做到"两个维护",始终在政治立场、政治方向、政治原则、政治道路上同党中央保持高度一致。

从内在上说,能不能廉洁自律,是由世界观、人生观、价值观所决定的,说到底是个修养问题、党性问题。大量事实说明,年轻无权时就把名利看得重的人,担任重要领导职务后,往往很容易被腐败击倒。年轻干部在名利上一定要淡化,暂时的名利算不了什么,只有严格要求、扎实工作、强化修养,才能在履职尽责中释放才能,在服务对象和群众心中留下良好印象。淡泊名利、清爽做事,是对各级领导干部工作和生活作风的具体要求,也是人民群众评判一个干部是否值得信赖的重要依据。

《关于新形势下党内政治生活的若干准则》明确规定,"领导干部特别是高级干部必须注重家庭、家教、家风"。家庭、家教、家风不是个人小事、家庭私事,是领导干部作风的重要表现。家里什么事情都不管,既失去了关爱之情,也丢掉了管理之责。切实做到廉洁自律、廉洁齐家,必须重视家人亲友管理,尽到严格家风和家教的责任。哪些能做、哪些不能做,哪些人能见、哪些人不能见,哪些地方能去、哪些地方不能去,无论对自己还是对家人都要有明确要求。家人亲友的形象体现着领导干部的形象,家人亲友的自律映射着领导干部的自律,对此必须更加重视。

"不能胜寸心,安能胜苍穹"。年轻干部行得端、走得正,外在靠规范约束,内在靠信念引领。涵养纪律意识、道德操守,明纪以自守,怀德以自重,保持坚定的理想信念,砥砺严肃的生活作风,培养健康的生活情趣,才能防止歪风邪气近身附体,才能行稳致远、有所作为,不辜负党和人民的信任和期望。

(2020年11月20日)

"谋创新就是谋未来"

李浩燃

刺破苍穹,直奔寰宇。近日,长征六号一箭13星发射成功,圆满完成长征系列运载火箭的第351次飞行,为我国航天事业发展标注了新的刻度。

"航天科技是科技进步和创新的重要领域,航天科技成就是国家科技水平和科技能力的重要标志。"近年来,我国航天科技水平不断提升,已进入高密度发射常态化阶段。仅2019年一年,我国就实施了34次航天发射,成功将78颗卫星发射入轨。与此同时,载人航天硕果累累,航天科技的牵引作用越来越显著,不断为我国经济社会发展注入新动能。科技是国之利器,国家赖之以强,企业赖之以赢,人民生活赖之以好。航天科技日新月异,无疑是我国科技创新日益深化的一个生动缩影,也映照着全社会的创新动力更趋强劲。

"墨子号"量子科学实验卫星首次实现千公里级基于纠缠的量子密钥分发,北斗三号全球卫星导航系统正式建成开通,5G基站数量超过60万个……今年是"十三五"规划收官之年,我国科技创新捷报频传。习近平总书记深刻指出,抓创新就是抓发展,谋创新就是谋未来。"十三五"时期,随着创新驱动发展战略深入实施,我国科技创新取得重大成就。5年来,创新资源投入、科技活动产出、科技成果转化等方面保持良好发展态势,科技创新对经济社会发展的支撑和引领作用不断增强,有力推动我国经济实力、科技实力、综合国力跃上新的大台阶。

惟创新者进,惟创新者强,惟创新者胜。"十三五"以来,我国不断加大基础研究支持力度,突出"从0到1"的原始创新,基础研究的源头作用正日益凸显;我国在关键核心技术上取得一系列重大突破,高铁、5G移动通信、第三代核电等进入世界前列。"十三五"时期,科技创新给予高质量发展有力支撑,通过加强高新技术的重点布局,新动能不断成长壮大。数据显示,5年来,我国的科技进步贡献率从55.3%提升到59.5%,重大科技成果不断涌现,在全球131个经济体创新能力排名中升至第十四位。事实充分证明,强化创新发展理念,坚持创新驱动发展,有利于激发创新活力,全面塑造发展新优势。

当今世界正经历百年未有之大变局,新一轮科技革命和产业变革深入发展。今天,科技创新活动已不断突破地域、组织、技术的界限。应该看到,在一代代人刻苦攻关、顽强拼搏下,经过多年努力,我国科技整体水平大幅提升,一些重要领域跻身世界先进行列,某些领域正由"跟跑者"向"并行者""领跑者"转变。但也应清醒认识到,我们在科技创新方面还存在短板和薄弱环节。正如党的十九届五中全会所指出的,我国创新能力不适应高质量发展要求。现在,我国经济社会发展和民生改善比过去任何时候都更加需要科学技术解决方案,都更加需要增强创新这个第一动力。面向未来,我们只有始终坚持创新在我国现代化建设全局中的核心地位,把科技自立自强作为国家发展的战略支撑,攻坚克难、接续奋斗,才能让科技创新释放更加强大的发展动能。

科技改变世界,创新让生活更美好。前不久,国家统计局发布的2019年中国创新指数测算结果显示,2019年中国创新指数比上年增长7.8%,延续较快增长态势。以更大气力抓创新、谋创新,我们拥抱的,必将是一个更具活力的创新中国。

(2020年11月17日)

"人类社会总是要前进的"

李洪兴

时代大潮风云际会,历史大势浩荡前行。黄浦江畔,第三届中国国际进口博览会 11 月 10 日落下帷幕,又一次精彩的"东方之约",让八方宾朋乘兴而来、满意而归。我们再次向世界宣示,中国开放的大门不会关闭,只会越开越大。

"从历史上看,不管遇到什么风险、什么灾难、什么逆流,人类社会总是要前进的,而且一定能够继续前进。"在开幕式主旨演讲中,习近平主席的判断高屋建瓴。历史发展大势是不依人的意志为转移的,人类可以认识、顺应、运用历史规律,但无法阻止历史规律发生作用。在历史前进的逻辑中前进、在时代发展的潮流中发展,乘历史大势而直上,走人间正道而致远,是人类社会需要遵循的发展规律。

"观水有术,必观其澜"。观察大江大河的走势,一定要从波澜壮阔处着眼。习近平总书记曾以大江大河为例,深刻揭示"经济全球化是历史潮流"。无论是长江、黄河,还是尼罗河、亚马孙河,即便会有逆风逆流、险滩暗礁,总是不舍昼夜、奔腾向前,这是地势高低使然,也是自然规律使然。

只有善于察大势、明大道,才能开启未来之门。当今世界正经历百年未有之大变局,新冠肺炎疫情全球大流行使这个大变局加速演进。人类社会发展趋势是波浪式前进、螺旋式上升的。各国是休戚与共的命运共同体,重大危机面前没有谁能够独善其身,团结合作是应对挑战的必然选择。无论面对怎样的曲折迂回,规律就是规律,不能一遇到发展难题就简单归因于经济全球化,继而猜忌、挥拳、谩骂,搞贸易与投资的保护主义。有风险、遇灾难、遭逆流不可怕,关键是各国要团结合作,以各国共同利益为重,推动经济全球化朝着更加开放、包容、普惠、平衡、共赢的方向发展。

越是面临严峻挑战,越要坚定信心、增强勇气、共克时艰。在庆祝改革开放40周年大会上,习近平总书记纵观中国"数千年大历史",认为"变革和开放总体上是中国的历史常态"。秉持开放、合作、团结、共赢信念的中国,坚定不移全面扩大开放,致力于推进合作共赢、合作共担、合作共治的共同开放。尽管受到疫情影响,今年中国扩大开放的步伐仍在加快。今年前10个月,我国货物贸易进出口总值25.95万亿元,比去年同期增长1.1%。拥有14亿人口、中等收入群体超过4亿的中国,是当之无愧的全球最具潜力的大市场。一名进博会参展商说,这一平台让他们有机会"推进共同开放,创造互惠共赢的美好未来"。中国市场,是世界的市场、共享的市场、大家的市场,会张开双臂为国际社会注入更多正能量。

未来有不确定性,但未来如何,终究由我们塑造。"四叶草"中,一个"乐造星球"备受瞩目。这一高2.7米、整体直径2米的球体,由62750块积木颗粒组成。对于宇宙中的这颗蓝色星球,每个人、每个国家也犹如积木颗粒,开放包容、紧密相连是必然的选择。潮起东方,在背靠长江水、面向太平洋的上海,人们领略开放之美、共享开放之利。未来,中国也一定会继续与世界同向同行,共创人类更加美好的明天。

(2020年11月11日)

"最重要最现实的使命担当"

李 斌

迎着复兴曙光,承载人民期盼,党的十九届五中全会审议通过的《中共中央关于制定国民经济和社会发展第十四个五年规划和二〇三五年远景目标的建议》,描绘了我国进入新发展阶段的发展蓝图,是开启全面建设社会主义现代化国家新征程、向第二个百年奋斗目标进军的纲领性文件,是今后5年乃至更长时期我国经济社会发展的行动指南。

这是一个继往开来的历史时刻。在以习近平同志为核心的党中央坚强领导下,全党全国各族人民砥砺奋进,"十三五"规划目标任务即将完成,全面建成小康社会胜利在望。回首百年来的风雨历程,中国共产党一经成立就义无反顾肩负起实现中华民族伟大复兴的历史使命,到如今即将全面建成惠及十几亿人口的更高水平的小康社会,取得了彪炳史册的伟大胜利。中国人民创造了人类发展史上的伟大传奇,中华民族伟大复兴向前迈出了新的一大步,社会主义中国以更加雄伟的身姿屹立于世界东方。

这是一次团结奋进的伟力凝聚。即将进入新发展阶段,中国共产党将以怎样的精神状态和奋斗姿态开辟事业新局面,牵动全世界的关注目光。党的十九届五中全会将"十四五"规划与2035年远景目标统筹考虑,做好"两个一百年"奋斗目标有机衔接,对"十四五"时期我国发展作出系统谋划和战略部署。经济发展取得新成效、改革开放迈出新步伐、社会文明程度得到新提高、生态文明建设实现新进步、民生福祉达到新水平、国家治理效能得到新提升,一幅"十四五"时期经济社会发展的美好图景展现在世人面前。在新时代的伟大征程上,中国人民有决心、有能力谱写"两大奇迹"新篇章。

站在实现"两个一百年"奋斗目标的历史交汇点上,人们更加深刻地认识到,做好中国的事情关键在党,实现中华民族伟大复兴关键在党。在当代中国,国家发展有科学谋划,人民奋斗有方向指引,风险挑战能有力应对,原因就在于以习近平同志为核心的党中央坚强领导。我们党作为百年大党,志在书写中华民族千秋伟业,团结带领人民进行革命、建设、改革,根本目的就是"为了让人民过上好日子"。把人民立场作为根本政治立场,把人民利益摆在至高无上的地位,是我们党坚持不懈的实际行动、始终不渝的发展实践。

初心致远,使命敦行。习近平总书记强调:"党的十九大提出的'两个一百年'奋斗目标,是人民对美好生活向往的集中体现,是当代中国共产党人最重要最现实的使命担当。"为中国人民谋幸福、为中华民族谋复兴的初心和使命,激励共产党人栉风沐雨、不断前进。奋进新时代、开启新征程,不断叩问初心、守护初心,不断坚守使命、担当使命,定能凝聚团结奋斗的磅礴伟力。抖擞精神再出发,我们必须强化理论武装、深化自我革命、勇于担当作为,为实现新时代党的历史使命不懈奋斗。

"乘风好去,长空万里,直下看山河。"瞻望中华民族伟大复兴的光明前景,其趋势不可逆转,其潮流不可阻挡,其力量不可战胜。全体中华儿女砥砺奋斗精神,共襄盛世伟业,必能为中国开辟更加繁荣昌盛的前景,为中华民族创造更加幸福美好的未来。

(2020年11月09日)

把家国情怀融入不懈奋斗

马祖云

仰望历史的天空，家国情怀熠熠生辉；跨越时间的长河，家国情怀绵绵不断。从历史到现实，家国的书写、大我的境界，始终激励着人们勇毅前行。

在全国抗击新冠肺炎疫情表彰大会上，习近平总书记深刻指出："社会主义核心价值观、中华优秀传统文化所具有的强大精神动力，是凝聚人心、汇聚民力的强大力量。"面对突如其来、来势汹汹的疫情，亿万人民所展现出的炽热而深沉的家国情怀，激荡人心、振奋人心，给人以无穷的奋进力量。

不畏困难、不惧牺牲，心系家国、舍生取义。家国情怀，映照着奋斗者的赤子之心——无论经受何种考验，都能永葆初心；彰显着奋斗者的顽强意志——无论遇到何等艰难，都能坚忍不拔；体现着奋斗者的奉献精神——无论作出何种牺牲，都能无怨无悔。浓郁的家国情怀，背后是深厚的家国责任、强烈的家国担当。

至真至深的家国情怀，根植于精神的沃土。精神是一个人的立身之本，也是一个民族、国家的繁盛之基。艰苦卓绝的革命战争年代，舍生忘死、前赴后继、无坚不摧的精神伟力，激励着共产党人谱就了长征史诗、赢得了抗战胜利、推翻了蒋家王朝，开辟出"一唱雄鸡天下白"的新天地。新中国成立以来，接力奋斗、艰苦奋斗、顽强奋斗、共同奋斗的精神基因，感召着中华儿女成功研制"两弹一星"，实现了"嫦娥"探月、"蛟龙"入海、"北斗"组网，不断开创中国特色社会主义事业新局面。奋斗书写辉煌，奋斗砥砺精神，奋斗强国是最值得赞美的壮歌。

至真至深的家国情怀，沉淀于艰辛的付出。收获总是与耕耘相伴，胜利总是与拼搏同行。为了强国梦想，在日夜攻关的实验室里，科学家呕心沥血、奉献自我；在大型工程的施工现场，大国工匠筚路蓝缕、连续奋战；在抢收抢种的田野上，农民兄弟风雨无阻、昼夜劳作；在练兵备战的训练场上，战士们无惧疲劳、苦练硬功。烈日下，袁隆平一次次潜心试验，以汗水浇灌杂交水稻；风雨中，南仁东一趟趟勘探重峦洼地，为"中国天眼"殚精竭虑；病房里，林俊德头冒虚汗，用生命的最后时间整理出宝贵的科研资料。奋斗者的经历表明："看似寻常最奇崛，成如容易却艰辛"。

至真至深的家国情怀，升华于忘我的奉献。无私而忘我的奋斗，是奋斗者永远的座右铭。为祖国建功业、为人民谋幸福，其中有奉献牺牲。从站起来、富起来到强起来的历史性飞跃，刻印着共产党人为民族解放、国家独立、人民幸福而英勇献身、无私奉献的奋斗史。从舍身炸敌碉堡的董存瑞，到拼上老命也要改变兰考面貌的焦裕禄；从甘做默默无闻人的黄旭华，到殉职在脱贫攻坚路上的黄文秀……无数先锋楷模用热血与忠诚诠释家国情怀，启示后来者用坚韧和行动守卫我们的国、守护我们的家。

鲁迅先生说过："惟有民魂是值得宝贵的，惟有他发扬起来，中国才有真进步。"弘扬伟大抗疫精神，把家国情怀内化于心、外化于行，激扬"敢教日月换新天"的豪迈气概，相信奋斗、依靠奋斗、持续奋斗，我们就一定能为实现中华民族伟大复兴的中国梦书写出无愧于时代、无愧于人民、无愧于历史的绚丽篇章。

（2020年11月03日）

用好节俭传家宝

荣 翌

有的餐厅推出机器人小锅炒菜、"智能光盘套餐",通过精准定量、科学配比,引导节约用餐;有的单位食堂使用订餐码,鼓励员工线上预订,并根据当日订餐情况精准把控菜品供应量。最近,一些地方积极运用科技手段减少餐饮浪费、倡导节约,令人眼前一亮。

餐桌上的新风尚,映照着深植于中华传统文化的"节俭基因"。无论是"克勤于邦,克俭于家"的劝勉,还是"俭节则昌,淫佚则亡"的告诫,有关俭与奢的箴言,沉淀着历史的启迪,牵动着中国人对家风与国运的思考。崇俭戒奢的思想,凝结着中国哲学智慧。从孔子"饭疏食饮水,曲肱而枕之,乐亦在其中"的幸福观,到老子"去甚、去奢、去泰"的思辨,再到墨子对"节用"理念的提倡……有关节俭的表达,寄托着对人与自然良性关系的期待,也蕴藉着人与社会的相处之道。

励精图治、勤俭建国,是我们党的优良传统和治国经验。毛泽东同志睡衣上的 73 个补丁,周恩来同志"一片菜叶抹碗底"的简朴饮食,刻印着老一辈无产阶级革命家艰苦奋斗的精神品格。正如方志敏同志所说:"清贫,洁白朴素的生活,正是我们革命者能够战胜许多困难的地方!"节俭能提振精气神,为攻坚克难提供不竭动力。焦裕禄同志起草的《干部十不准》中,有多条内容都涉及节约粮食粮款。习近平总书记强调"在全社会营造浪费可耻、节约为荣的氛围"。党的十八大以来,从中央八项规定扎紧"厉行勤俭节约"的制度篱笆，到反"四风"对享乐主义和奢靡之风说"不"，再到"光盘行动"狠刹舌尖上的浪费，节俭之风大兴，成为观察党风政风社风的一扇窗口。

节俭文化中的谦逊与珍惜，反映了对劳动成果的敬畏。从一株秧苗到一碗米饭，从一粒黄豆到一瓶酱油，从一颗蓼蓝种子到一匹蓝印花布，都要历经几十道工序。人们欣羡田园生活，本质上则是对朴素生活的向往、对劳动创造的赞叹。品鲈鱼美，勿忘"出没风波里"的艰辛；食盘中餐，须记"田家秋作苦"的汗水。万物生长，每一分倾注时光与汗水的劳动都不容辜负，而节俭正是尊重劳动的应有姿态。

提倡节俭并非抵制消费，而是强调树立科学理性的消费观念，践行绿色文明的生活方式，更好实现资源的优化配置。节能家电、共享单车、二手物品售卖平台……近年来，以资源节约为特点的创新，顺应了大众消费趋势，为相关行业拓展了市场空间，催生了许多新业态。新形势下，用好勤俭节约这个"传家宝"，有助于激发新的经济价值，创造更大的社会效益。

《训俭示康》有言："吾心独以俭素为美"。节俭不仅是一种美德，也是一种生活美学。近年来，"极简主义""断舍离"等概念被不少年轻人推崇，绿色环保的服饰家居设计备受青睐，追求简约适度的生活理念渐成潮流。在物质丰盈的今天，洗尽铅华、摆脱心为物役的束缚，才能更接近生活的本真。

伟大的事业，离不开锐意进取的开拓，也需要戒骄戒奢的奋斗。面向未来，持之以恒、久久为功、不弃微末，就能让"浪费可耻、节约为荣"在全社会蔚成风尚。

（2020年11月02日）

"以过硬本领展现作为、不辱使命"

李炎溪

"培养选拔优秀年轻干部是一件大事，关乎党的命运、国家的命运、民族的命运、人民的福祉，是百年大计。"党的十八大以来，以习近平同志为核心的党中央高度重视年轻干部培养选拔工作，以一系列部署为年轻干部成长指明了路径、优化了环境。广大干部尤其是年轻干部必须持之以恒加强思想淬炼、政治历练、实践锻炼、专业训练，在牢记初心使命、勇于担当作为、善于攻坚克难中不断提高解决实际问题能力，更好肩负起新时代的职责和使命。

多学习研究理论，解决好信仰问题。学习理论对年轻干部成长而言绝不是可有可无的事情，必须常抓不懈、锲而不舍。习近平新时代中国特色社会主义思想是马克思主义中国化的最新成果，是当代中国的马克思主义，为党和国家事业发展指明了前进方向，为发展马克思主义作出了中国的原创性贡献。广大干部特别是年轻干部要在常学常新中加强理论修养，在真学真信中坚定理想信念，在学思践悟中牢记初心使命，在细照笃行中不断修炼自我，在知行合一中主动担当作为，保持对党的忠诚心、对人民的感恩心、对事业的进取心、对法纪的敬畏心。理论学习也是提高政治敏锐性和政治鉴别力之必需，注重提高马克思主义理论水平，有助于透过现象看本质，做到眼睛亮、见事早、行动快。

多接受文化熏陶，解决好修养问题。政治忠诚，党性历练，必须建立在人格完善的基础上。修养人格,要做到诚、善、正。诚是中华民族的优良传统。"诚者,天之道也;思诚者,人之道也。"人无信不立,事无诚不成。对年轻干部来说,要弘扬忠诚老实、公道正派、实事求是、清正廉洁等价值观。"上善若水,水善利万物而不争",这既是对善的理念的诠释,也体现出对择善而从、臻于至善的劝导。对年轻干部来说,必须有善良之心、容人之量。正,是正道直行、守正不阿,有鲜明的是非观念和坚定的原则性。处事要公道,对人要公正,严格按规矩办事,只有做到这些,年轻干部才能更好地为党的事业不断增添正能量。

多到基层中去,解决好实践问题。进入新发展阶段,贯彻新发展理念,构建新发展格局,需要解决的问题会越来越多样、越来越复杂,对干部尤其是年轻干部的能力本领要求也越来越高。能力本事是在实践中磨炼出来的,不经过千锤百炼,基础再好的年轻干部也难有真本事、大作为。年轻干部应主动投身基层一线,了解国情、深入群众、经受历练、处理难题,在栉风沐雨中长本事,在为民服务中砥砺初心。近些年来,许多年轻干部投身打赢脱贫攻坚战的最前线,政治能力、调查研究能力、科学决策能力、改革攻坚能力、应急处突能力、群众工作能力、抓落实能力得到扎实锤炼。由此而言,越是有志向、有学识的年轻干部,越要到艰苦环境中摔打锤炼,到改革发展前沿增长阅历。什么才是"年轻有为"?那定是念好实践之书,谱好为民之歌,把才智挥洒在祖国大地上。

习近平总书记强调:"年轻干部要起而行之、勇挑重担,积极投身新时代中国特色社会主义伟大实践,经风雨、见世面,真刀真枪锤炼能力,以过硬本领展现作为、不辱使命。"广大干部特别是年轻干部当深思之、笃行之,在大有可为的新时代大有作为。

(2020年10月29日)

用改革为新征程积势蓄力

石 羚

改革是什么？是河长制推行后焕然一新的绿水青山，是土地流转后不断迸发的生产潜力，是科技体制完善后愈发畅通的成果转化路径……"十三五"时期，全面深化改革从夯基垒台、立柱架梁，到全面推进、积厚成势，再到系统集成、协同高效，一路蹄疾步稳、勇毅笃行，在新起点上实现了新突破。一大批改革成果，化作人民群众的笑靥、经济发展的暖意，凝聚起决胜全面建成小康社会的磅礴之力。

早在"十三五"规划建议公布之初，习近平总书记就要求各项改革任务、制度建设向全面建成小康社会这个目标聚焦。在"四个全面"战略布局中，全面建成小康社会是战略目标，全面深化改革是战略举措，推动全面建成小康社会如期实现，必须发挥好改革的突破和先导作用。"十三五"时期的5年，全面深化改革全面发力、多点突破，重要领域和关键环节改革取得决定性成果。5年间，中央全面深化改革委员会（领导小组）先后召开30多次会议，一批批带有顶层设计性质的综合改革实施方案相继出台，一项项具有标志性、关键性、引领性作用的重大改革举措陆续推出，推动全面建成小康社会胜利在望。

发展出题目，改革做文章。改革为引领高质量发展注入强大动力。全面建成小康社会，最根本最紧迫的任务是解放和发展社会生产力，而改革正是解放和发展社会生产力的关键。从2019年新产业、新业态、新商业模式经济占GDP比重增至16.3%,到营商环境全球排名跃升至第三十一位,再到"十三五"期间全国化解钢铁产能约两亿吨,全面深化改革尤其是发挥经济体制改革的牵引作用充分彰显,助力高质量发展之路越走越宽。全面建成小康社会进入决胜时刻,我们必须鼓足改革勇气、释放各方活力,全力以赴跑出好成绩。

人民有所呼,改革有所应。改革有力回应了人民群众的美好生活期待。从促进公平正义的社会体制改革、健全国家治理体系的党和国家机构改革,到解决就医难的公立医院改革、推进城乡义务教育一体化发展的教育体制改革,都是得民心、顺民意、惠民生的务实之举。改革为了人民,小康属于人民。以人民为中心,是推动改革的重要理念,也是全面小康的内在价值。从群众最关心最现实的利益问题切入,让发展成果更多更公平地惠及人民,改革必将托举起14亿人的小康梦想,使各族群众在幸福路上携手前行。

在深圳经济特区建立40周年庆祝大会上,习近平总书记强调,改革不停顿,开放不止步。"十三五"收官在即,"十四五"即将开启,迈入新发展阶段,构建新发展格局,我们要坚定改革决心、激荡改革智慧、落实改革部署,让发展的质量更好、效益更高、结构更优。改革是推动国家发展的根本动力,也是应对风险挑战的关键一招。面对发展不平衡不充分的矛盾问题,面对国际形势的冲波逆折,我们更需要以穿越风雨的勇气和勇往直前的豪情,依靠改革应对变局、开拓新局,依靠改革应对挑战、把握机遇。

惟改革者进,惟创新者强,惟改革创新者胜。规划建设雄安新区、设立海南自贸港、推动深圳建设中国特色社会主义先行示范区,新时代改革开放不断开辟发展新境界。改革永远在路上,改革之路无坦途。坚定各方面深化改革的决心和信心,必能为开启全面建设社会主义现代化国家新征程积势蓄力,为实现中华民族伟大复兴的中国梦注入强大动力。

(2020年10月28日)

为新征程汇聚"排山倒海的磅礴力量"

亓玉昆

前段时间,"十四五"规划编制工作开展网上征求意见活动,这在我国五年规划编制史上还是第一次。广大人民群众积极参与,建言超过101.8万条,为做好"十四五"规划编制工作提供了有益参考。发挥互联网在倾听人民呼声、汇聚人民智慧方面的作用,为经济社会发展集思广益、凝心聚力,成为坚持人民立场和人民主体地位的生动写照。

我们党来自人民、植根人民、服务人民,人民立场是党的根本政治立场,为人民谋幸福、让人民过上好日子是贯穿"十三五"时期的一条鲜明主线。5年前的党的十八届五中全会鲜明提出要坚持以人民为中心的发展思想。5年来,习近平总书记高瞻远瞩、谋篇布局,指出推动经济发展,"根本还是要不断解决好人民群众普遍关心的突出问题";强调尊重人民主体地位,"充分激发蕴藏在人民群众中的创造伟力";部署全面深化改革,"把有利于增强人民群众获得感的改革放到更加突出位置来抓";要求全党不忘初心使命,"永远保持建党时中国共产党人的奋斗精神,永远保持对人民的赤子之心"……以满足人民对美好生活的向往和实现人的全面发展为价值旨归,无疑是"十三五"时期经济社会发展迈上新台阶的重要动力与保障。

回望人类发展史,没有一个国家、民族的现代化是顺顺当当实现的。同人民风雨同舟、血脉相通、生死与共,是我们党战胜一切困难和风险的根本保证。无论是在一穷二白基础上建立独立的比较完整的工业体系和国民经济体系，还是仅仅用几十年时间走完发达国家几百年走过的工业化历程，抑或是在新时代推动高质量发展、引领中国进入新发展阶段，光辉成就无不是广大人民群众在党的领导下用勤劳、智慧、勇气干出来的。特别是今年以来，面对突如其来的新冠肺炎疫情，14亿人民铸成守护家国无恙的铜墙铁壁，推动我国疫情防控和经济复苏走在全球前列。历史和现实一次又一次表明，只要紧紧依靠人民、一切为了人民，我们党就能唤起蕴藏在人民群众之中的伟力，不断创造中华民族新的历史辉煌。

《管子》里讲："以众人之力起事者，无不成也。"中国特色社会主义，是亿万人民自己的事业。实现中华民族伟大复兴的中国梦，是每个中国人的梦。习近平总书记深刻指出："在我们这么一个有着14亿人口的国家，每个人出一份力就能汇聚成排山倒海的磅礴力量，每个人做成一件事、干好一件工作，党和国家事业就能向前推进一步。"决胜全面建成小康社会、乘势而上开启全面建设社会主义现代化国家新征程，每个人都是主角，每个人都有责任，每个人都不能缺席。各行各业都来发挥积极性、主动性、创造性，从一点一滴做起，把小事当大事干，踏踏实实把正在做的事情做好，必能创造壮丽事业，成就出彩人生，共同为"中国号"巨轮驶入更广阔的蓝海提供强劲动能。

"十三五"规划即将收官、"十四五"规划正在编制。认真贯彻党中央部署，乘势而上推动"两个一百年"奋斗目标有机衔接，奋力前行为全面建设社会主义现代化国家开好局、起好步，正是当前必须完成好的重要任务。在中国共产党坚强领导下，团结一心的中国人民，必将在新征程上奏响更加雄浑壮阔的奋斗乐章。

（2020年10月26日）

永葆"干"的作风

石 羚

深圳广大干部群众披荆斩棘、埋头苦干,用40年时间走过了国外一些国际化大都市上百年走完的历程。这是中国人民创造的世界发展史上的一个奇迹。习近平总书记在深圳经济特区建立40周年庆祝大会上发表重要讲话,勉励经济特区广大干部群众永葆"干"的作风,努力创造让世界刮目相看的新的更大奇迹。

昼夜不息、啃下核心技术"硬骨头"的科学家,白手起家、矢志抢占行业制高点的企业家,奋力赶超、屡屡刷新钢结构建筑新高度的工程师,辛勤耕耘、用明德引领风尚的教师和文艺工作者……在经济特区建立40周年之际,深圳决定表彰一批勇立时代潮头、锐意改革创新、敢于实践探索的创新创业人物和先进模范人物。40年、40人,代表着千千万万特区建设者。深圳的辉煌,正是靠特区广大建设者脚踏实地、一点一滴"干"出来的。

"社会主义是干出来的"。埋头苦干是特区精神的重要方面,也是各行各业建设者的生动写照。从上海浦东高楼大厦拔地而起,到海南跻身国际旅游岛,再到厦门成为创新创业之城,人民群众用汗水浇灌出改革开放的中国奇迹。正如有人感叹,中国的改革开放是一场实实在在的"勤劳革命"。"凿井者,起于三寸之坎,以就万仞之深。"改革开放在认识和实践上的每一次突破和深化,改革开放中每一个新生事物的产生和发展,改革开放每一个领域和环节经验的创造和积累,无不来自亿万人民的智慧和实践,无不需要持之以恒的实干笃行。

大道至简,实干为要。反对空谈、崇尚实干、注重落实,是我们党的优良传统。邓小平同志在改革之初曾告诫全党:"世界上的事情都是干出来的,不干,半点马克思主义都没有。"推进伟大事业,离不开思想解放、观念创新,更需要埋头苦干、真抓实干。涵养实干的品格,葆有实干的姿态,坚持以行动自觉深化思想自觉,以实绩实效检验初心使命,才能战胜前进道路上的一切艰难险阻。

干劲不可松懈,击楫中流更须奋进。当前,世界百年未有之大变局加速演进,我国发展的内部条件和外部环境正在发生深刻复杂变化。"十四五"时期我国将进入新发展阶段,需要解决的问题会越来越多样、越来越复杂。同时,改革进入攻坚期和深水区,推进改革的复杂程度、敏感程度、艰巨程度不亚于40多年前。实干是最质朴的方法论。站在"两个一百年"奋斗目标的历史交汇点上,我们尤须牢记"空谈误国、实干兴邦"的警训,重温"时间就是金钱,效率就是生命"的格言,实字当头、以干为先,努力出实招、干实事、创实绩,凝聚改革开放再出发的磅礴伟力。

解放与发展生产力,需要充分发挥人的主观能动性。习近平总书记指出,"为实干者撑腰,为干事者鼓劲,以昂扬的精神状态推动改革不停顿、开放不止步。"新征程上,培厚滋养实干的土壤,让干部群众想干愿干积极干、能干会干善于干,就能凝聚众智、集聚众力。要为实干者"兜住底",激励更多科学家刻苦攻关、企业家拼搏商海、工人掌握技能、农民练就本领、学生增长才干,共同投身改革开放的伟大事业,在各个领域奋勇向前、再立新功。

星光不问赶路人,时光不负实干者。在深圳市委门口,一尊"拓荒牛"雕塑昂然挺立,象征着埋头苦干、脚踏实地的精神生生不息。永葆"干"的作风,始终保持永不懈怠的精神状态和一往无前的奋斗姿态,我们一定能用实干成就梦想,在新时代书写改革开放更加壮丽的篇章。

(2020年10月23日)

永葆"创"的劲头

彭 飞

曾创造"三天一层楼"建设速度奇迹的深圳,如今跑出了"三天一项制度""一天51件发明专利"的创新加速度。"敢为天下先",是深圳一以贯之的风格与气质。在深圳经济特区建立40周年庆祝大会上,习近平总书记勉励经济特区广大干部群众永葆"创"的劲头,这激励鼓舞着我们把创新意识和能力赓续传承下去,努力续写更多"春天的故事"。

时间是最客观的见证者。回溯既往,深圳等经济特区在党中央坚强领导和全国大力支持下,解放思想、改革创新,勇担使命、砥砺奋进,创造了举世瞩目的成就。从敲响土地使用权拍卖第一槌,到率先引进外资、发展混合所有制经济,再到率先构建以企业为主体、以市场需求为导向的技术创新体系⋯⋯一项项"第一""首创",映照着改革决心,激扬着创新活力。

改革开放以来,无论遇到怎样的困难,我们都注重解放思想、破旧立新,善于通过改革创新应对挑战、化解风险。当前,从国际看,世界正经历百年未有之大变局,新冠肺炎疫情全球大流行使这个大变局加速演进,有机遇也有挑战;从国内看,改革又到了一个新的历史关头,很多都是前所未有的新问题,推进改革的复杂程度、敏感程度、艰巨程度不亚于40年前。新形势需要新担当,新征程呼唤新作为。改革越是步入深水区,越需要大胆尝试、锐意进取,保持"创"的韧劲,把改革发展之路越走越宽广。

葆有"创"的劲头，就应永不懈怠、永不停滞，坚定艰苦奋斗再创业的意志。创业维艰，守成不易，改革更难。然而，以守维成则成难继，因创兴业则业自达。今天，我们已走过千山万水，但仍需跋山涉水。方此"船到中流浪更急、人到半山路更陡"之时，在这个千帆竞发、百舸争流的时代，我们绝不能有半点骄傲自满、固步自封，也绝不能有丝毫犹豫不决、徘徊彷徨。抱持强烈的信心和决心，保持一往无前的奋斗姿态、风雨无阻的精神状态，勇立潮头、奋勇搏击，才能有所作为、有所创造，不断抵达改革新境界、发展新高度。以一种永不止步的进取，矢志闯新路、开新局，定能在奋进中继承事业，在创新中光大事业。

葆有"创"的劲头，还应勇于变革、勇于创新，淬炼想干事、能干事、干成事的本领。推进改革创新，既要有"亦余心之所善兮，虽九死其犹未悔"的豪情，也要有"日日行，不怕千万里；常常做，不怕千万事"的执着，更要有不断掌握新知识、熟悉新领域、开拓新视野的自觉。新长征路上，还有许多"娄山关""腊子口"等待我们去攻克，惟有善于学习、加快成长、练就高强本领，努力适应变化的世界，积极应对形势任务发展带来的挑战，才能推陈出新、攻坚克难，不断赢得主动、赢得优势、赢得未来，成为时代的胜利者。

习近平总书记指出："改革，最本质的要求就是创新。"一个"创"字，凝结着那么一股敢为人先的拼劲、追求卓越的韧劲。站在新的历史起点上，大胆探索、勇于创新，不负时光、接续奋斗，我们必能推动改革开放不断向纵深发展，创造新的更大奇迹。

（2020年10月22日）

永葆"闯"的精神

李浩燃

"闯",彰显无惧风浪、一往无前的气概,体现勇于担当、积极作为的态度,激扬不甘平庸、开拓创新的精气神。敢闯敢试的姿态,总能感染心灵、润泽心田,给人以勇气,给人以力量。

"在新起点上,经济特区广大干部群众要坚定不移贯彻落实党中央决策部署,永葆'闯'的精神、'创'的劲头、'干'的作风,努力续写更多'春天的故事',努力创造让世界刮目相看的新的更大奇迹!"习近平总书记在深圳经济特区建立40周年庆祝大会上发表的重要讲话,极大鼓舞和激励着广大干部群众勇当新时代的"拓荒牛",奋力续写在更高起点上推进改革开放的新篇章。

四十载披荆斩棘,四十载砥砺奋进。回首波澜壮阔的不凡征程,深圳人民在蛇口开山炮声中昂扬起步,大胆开拓、争分夺秒,推动这座崭新城市快速长大长高。习近平总书记深刻指出,"深圳等经济特区一路走来,每一步都不是轻而易举的,每一步都付出了艰辛努力。"这"成如容易却艰辛"的每一步,靠的正是"闯"字当头、敢想敢干。试想,如果没有"闯"的信念和劲头,深圳何以能首创1000多项改革举措,把一个个不可能变为可能?如果没有"闯"的恒心与毅力,深圳如何能够持续解放和发展社会生产力,实现由一座落后的边陲小镇到具有全球影响力的国际化大都市的历史性跨越?可以说,"闯"是深圳的独特基因与鲜明标识，也是深圳干部群众一以贯之的精神气质。

当今世界正经历百年未有之大变局，我国正处于实现中华民族伟大复兴的关键时期。永葆"闯"的精神，是总结经济特区建设经验得出的一个重要启示，也是我们战胜风险挑战、推进改革开放的底气所在。站在"两个一百年"奋斗目标的历史交汇点上，只有继续"闯"才有大作为，才能干出新事业。

矢志不渝"闯"下去，就要保持乘风破浪的气概。早在改革开放之初，邓小平同志就说过，"没有一点闯的精神，没有一点'冒'的精神，没有一股子气呀、劲呀，就走不出一条好路，走不出一条新路，就干不出新的事业"。"闯"意味着啃"硬骨头"、接"烫手山芋"，需要敢做"第一个吃螃蟹"的人，干常人未曾干过的事。这样的精神状态，照应的正是"闯"的意义与价值。

意气风发"闯"下去，还要涵养高出一筹的改革智慧。"闯"蕴藏着无限可能，往往可以打开通向更美好未来的大门。但与此同时，"闯"应当立足实际、把握规律，绝非盲目、冒进、蛮干。全面深化改革行进至今，"低垂的果子"早已摘完，在新的起点上，要想攻克体制机制上的顽瘴痼疾，突破利益固化的藩篱，既需要超乎以往的勇毅，也需要充满智慧的头脑。聚焦现实问题，大胆想、勇敢闯、科学干，向着改革难点、堵点发力，以"闯"的姿态当好改革促进派和实干家。

只有敢于走别人没有走过的路，才能收获别样的风景。今天，在更高起点上推进改革开放，乘势而上开启全面建设社会主义现代化国家新征程、向第二个百年奋斗目标进军，需要亿万人民顽强拼搏、团结奋进。振奋"杀出一条血路来"的改革精神，激扬逢山开路、遇水架桥的闯劲儿，争做新时代改革闯将，我们必定能打开改革新境界，闯出发展新天地。

（2020年10月21日）

中国经济的深层优势和韧性活力

李 拯

19日,国家统计局公布三季度经济数据,一系列亮眼的数据表明中国经济正延续稳定复苏态势。前三季度经济增长由负转正,同比增长0.7%;第三季度经济增速加快,同比增长4.9%。在新冠肺炎疫情全球蔓延、世界经济低迷的大背景下,中国经济逆势上扬的发展成绩难能可贵。

从一系列指标来看,"由负转正"是一个共同趋势。三季度社会消费品零售总额增长0.9%,季度增速年内首次转正;前三季度全国固定资产投资(不含农户)同比增长0.8%,增速年内首次由负转正;前三季度,货物进出口总额同比增长0.7%,增速年内首次由负转正……一个个"转正"数据,一条条"V型"反弹曲线,说明各项经济指标正在快速修复。有国际媒体表示,"中国将向世界展示,其经济正在进一步摆脱新冠肺炎疫情造成的鸿沟";国际货币基金组织则预测,中国将是世界主要经济体中今年唯一保持正增长的国家。可以说,三季度的经济数据,展现了中国经济的深层优势和韧性活力,增强了各方面对中国经济的信心。

在总量指标不断恢复的同时,结构优化也在进一步深化,展现静水深流的长期潜力。前三季度,高技术制造业、装备制造业增加值同比分别增长5.9%、4.7%,工业机器人、集成电路产量同比分别增长18.2%、14.7%,都保持着较快增长速度;服务业实现稳步复苏,信息传输、软件和信息技术服务业,金融业等现代服务业行业增加值分别增长15.9%、

7.0%，现代服务业增势较好；全国网上零售额同比增长9.7%，增速比上半年加快2.4个百分点，表明线上销售、数字经济等活力强劲。这说明，疫情并未改变中国发展动力转换、经济结构优化、发展方式变化的大势，而结构优化可以为中长期经济复苏和高质量发展提供持续支撑。

在重大冲击面前的表现，更能检验一个国家经济发展的成色。无论是总量的恢复，还是结构的优化，中国经济在疫情冲击面前展现出强大韧性和潜力，这背后是我国国家制度的显著优越性和强大生命力。中国在全球范围内率先控制住疫情蔓延，既最大限度保护了人民群众生命安全，也为经济稳定复苏创造了前提条件。与此同时，一系列宏观政策组合拳出台，尤其是把扶持中小微企业作为重点；结构性货币政策实现精准滴灌，在实施常态化货币政策前提下为企业提供流动性支持。这些不仅说明中国经济基本面健康、基本盘稳固，更说明中国的宏观调控制度体系和治理能力日益成熟，以习近平同志为核心的党中央具有驾驭中国经济、处理复杂局面的高超智慧与娴熟能力。

同时要清醒认识到，国际环境仍然复杂严峻，不稳定性不确定性较多；国内疫情防控外防输入、内防反弹的压力不小，经济仍处在恢复进程中，持续复苏向好基础仍需巩固。一些结构性问题也需要引起注意。比如，三季度全国规模以上工业增加值同比增长5.8%，但社会消费品零售总额三季度增长0.9%，这说明生产和供给的恢复速度快于消费和需求，接下来更需要注重供需匹配。既要保持乐观、增强信心，也要针对结构性问题继续用好宏观政策工具，逐步形成以国内大循环为主体、国内国际双循环相互促进的新发展格局，增强经济发展的后劲和活力，确保全年经济发展好成绩。

经历风雨而见彩虹，中国经济发展具有开顶风船、走上坡路的能力。我们完全有理由、有条件、有底气预期，中国经济在四季度将延续稳定复苏态势，在这个特殊的年份交上一份特殊的答卷。

（2020年10月20日）

"多打大算盘、算大账"

辛士红

不谋全局者，不足谋一域。习近平总书记在中央党校（国家行政学院）中青年干部培训班开班式上强调："领导干部想问题、作决策，一定要对国之大者心中有数，多打大算盘、算大账，少打小算盘、算小账，善于把地区和部门的工作融入党和国家事业大棋局，做到既为一域争光、更为全局添彩。"这一明确要求，激发广大中青年干部更好肩负起职责使命的决心信心。

多打大算盘、算大账，是共产党人应有的思想境界和党性原则，也是衡量领导干部政治智慧和能力水平的重要内容。历史和现实充分说明，领导干部只有立足于国家、民族的整体利益思考问题、推进工作，多些"功成不必在我"的气度胸怀和"功成必定有我"的责任担当，处理好局部和全局、当前和长远、重点和非重点的关系，才能作出科学决策、干出"硬核"政绩。

打大算盘、算大账，要善于观大势。"虽有智慧，不如乘势。""势"是一种客观存在，标示着事物发展的形势、态势、趋势。认清形势、感知态势、洞悉趋势，不仅有利于从整体上把握方向、找准方位，也有助于在行动上精准发力、乘势而上，牢牢掌握工作主动权。领导干部在想问题、作决策时，应善于把事业放在时代大潮、历史长河、全球风云中来思考谋划，深刻体察世情国情党情，时刻观大势、想大势、因应大势，做到因势而谋、应势而动、顺势而为。

打大算盘、算大账，要善于顾大局。大局决定着事物存在发展的整个局面、整体态势。毛泽东同志说过："没有全局在胸，是不会真的投下一着好棋子的。"领导干部在想问题、作决策时，应识大体、顾大局，自觉把工作实践与"两个大局"联系起来，同贯彻落实党中央重大决策部署一致起来。对于那些有利于党和人民、有利于长远发展的事情，就要坚决做、马上办、干到位，使各项工作既为一域争光、又为全局添彩。我们必须增强全局思维，善于从整体上全面地而不是片面地、系统地而不是零散地、普遍联系地而不是单一孤立地观察事物。

打大算盘、算大账，要善于谋长远。做到科学决策，首先要有战略眼光，站得高、看得远、想得深。所谓战略眼光，就是要着眼长远、谋划长远。比如，既要对"立竿见影"的显绩十分用力，也要善于谋划潜绩，谋长远之策，行固本之举，干好那些打基础、管长远的项目；又如，对待本地的落后产能、污染企业，能不能痛下决心整治，将直接影响实现高质量发展的进度。领导干部只有具备战略眼光，才能以计天下利、创千秋业的思维和胸怀定规划、绘蓝图、抓实效，不断积小成为大成，积小胜为大胜。

增强大局意识、全局思维，关键在于知行合一，从实际工作中实现心中的大局与实际中的大局融合归一。党员干部在"全局之图"中找准个人坐标，服从大局、把握大势、干好大事，必能建功新时代，为党和人民作出经得起历史检验的业绩。

（2020年10月19日）

新征程呼唤新作为

李 斌

如果说时间是发展的空间,那么时间节点就是开拓发展新空间的阶梯。在深圳经济特区建立40周年庆祝大会上,习近平总书记郑重宣布新时代党中央赋予深圳的历史使命:"建设好中国特色社会主义先行示范区,创建社会主义现代化强国的城市范例,提高贯彻落实新发展理念能力和水平,形成全面深化改革、全面扩大开放新格局,推进粤港澳大湾区建设,丰富'一国两制'事业发展新实践,率先实现社会主义现代化"。"轻舟已过万重山"的深圳,踏上了在更高起点上推进改革开放的新征程。

时间的价值,从来都弥足珍贵。在深圳特区建立之初,"时间就是金钱,效率就是生命"的巨型标语牌第一次矗立在蛇口工业区最显眼的地方。这一突破思想束缚、具有强大感召力的改革口号,极大改变了人们的发展意识和时间观念。地区生产总值从1980年的2.7亿元增至2019年的2.7万亿元,外贸进出口总额由1980年的0.18亿美元跃升至2019年的4315亿美元,2019年居民人均可支配收入6.25万元,比1985年增长31.6倍……短短40年光阴,深圳走过了国外一些国际化大都市上百年走完的历程,让世界见证了中国改革开放的"时间效率",展示了中国特色社会主义的光明前景。

有人形容,"时间乃是最大的革新家"。换个角度看,改革是时间的亲密挚友,层出不穷的变革和创新,让时间变得有意义、有效率、有收获。

习近平总书记深刻指出："深圳是改革开放后党和人民一手缔造的崭新城市，是中国特色社会主义在一张白纸上的精彩演绎。"从最早兴办出口加工区，到率先进行市场取向的经济体制改革，再到如今提出建设中国特色社会主义先行示范区……敢闯敢干、敢为人先、埋头苦干的深圳，如同一艘改革开放大潮中的引航船，不断劈波斩浪，不断开创新局。在深圳蛇口改革开放博物馆中，观众们最喜欢干的一件事就是在博物馆里找"中国第一"。40年来，深圳特区创造了敲响土地拍卖的"第一槌"、成为首个创建国家创新型城市试点等1000多项"中国第一"。几乎每一年、每一月、每一天都在吐故纳新、推陈出新，深圳没有虚掷时间，没有辜负党和人民寄予的厚望。

"再没有什么比利用时间和机会更能促进我们事业的兴旺"。回首40多年来的改革开放历程，"我们要赶上时代，这是改革要达到的目的"的铮铮宏愿，如今已化为社会主义中国巍然屹立在世界东方的瑰丽图景。正是有了改革开放的伟大觉醒，中国特色社会主义道路越走越宽广；正是以改革开放为发展进步的活力之源，中国实现了从"赶上时代"到"引领时代"的伟大跨越。特别是党的十八大以来，以习近平同志为核心的党中央开启了全面深化改革、系统整体设计推进改革的新时代，推动党和国家事业取得历史性成就、发生历史性变革。在新时代的中国大地上，坚定有力的改革担当，全面系统的改革部署，蹈厉奋发的改革气质，凝聚起不可阻挡的筑梦力量。"改革永远在路上"，正是中国人面向时间、面对未来最为豪迈的宣示。

时间一往无前，新形势需要新担当，新征程呼唤新作为。走过"万水千山"收获锦绣繁华，无限美好仍需"跋山涉水"来绘就。"中华民族伟大复兴必将在改革开放的进程中得以实现"，我们每个人都将是贡献者、见证者。

（2020年10月15日）

经济暖意彰显治理智慧

李 拯

国庆中秋双节同至、家国同庆,全国共接待国内游客6.37亿人次,按可比口径同比恢复79.0%;国庆档票房达39.2亿元;国内旅游收入4665.6亿元;全国零售和餐饮重点监测企业销售额约1.6万亿元。黄金周火爆的大众消费、回暖的各类数据,既展现着疫情防控的成效,更彰显了中国经济的韧性和活力。

宏观数据的背后,是一个个具体而微的富有生机和活力的场景:在各个景区,游客排起了长队;在城市街巷,餐饮店门前人头攒动;在电影院,人们共度美好时光。美国彭博新闻社网站报道称,在这个"十一"黄金周,很多人乘坐飞机出行,"显示出中国对经济复苏和疫情防控的信心"。

今天的成绩说明,集中精力打赢疫情防控的人民战争、总体战、阻击战,这一决策是多么正确而富有远见。对于关闭离汉通道,习近平总书记强调,"作出这一决策,需要巨大政治勇气,但该出手时必须出手,否则当断不断、反受其乱。"正是因为中国果断有力阻击疫情,集中力量夺取全国抗疫斗争重大战略成果,才为经济社会的长期稳定发展创造了条件。统筹全局、谋划长远,其中不仅蕴含着高超的治理智慧,更需要巨大的决断魄力。

今天的成绩说明,坚持统筹疫情防控和经济社会发展,这一部署是完全正确的,也彰显着我们的制度优势。中国始终从总体上把握疫情防控和经济社会发展的关系,不是把二者割裂开来,而是致力于将二者统筹兼顾、统筹推进。疫情防控好了,可以为经济社会发展创造条件;经济稳定复苏,则可以为疫情防控提供物质基础。事实证明,坚持疫情防控和经济社会发展"两手抓",在两者之间找到统筹兼顾的路径,就一定能够实现"双胜利"。

中国古人讲,岁寒,然后知松柏之后凋也。看待一个国家的发展同样如此,不仅要看风平浪静时的样子,更要看风狂雨骤时的表现。中国经济经历了疫情的"压力测试",充分说明中国经济具有强大的韧性和抵御风险的能力,充分证明以习近平同志为核心的党中央具有驾驭经济发展、处理复杂局面的高超智慧与娴熟能力。当前,疫情全球大流行使得世界百年未有之大变局加速变化,我国还会面对更多逆风逆水的外部环境,但克服疫情影响并推动经济稳定复苏的发展成绩说明,中国完全可以走上坡路、开顶风船,历经风浪最终抵达梦想的彼岸。

回顾历史,中国经济一直都是在克服困难中发展壮大的。汹涌而至的疫情不仅没有冲垮中国经济,反而让中国经济在经历冲击后变得更加健壮,让中国社会更有凝聚力、更有自信心。面对风险挑战,中国经济将继续逆风飞翔,延续长期向好的态势。

(2020年10月12日)

为美好的未来吹响奋斗号角

石 羚

"今夜月明人尽望"的团圆佳节,"三山五岳歌盛世"的家国盛典,当中秋与国庆相遇,人伦亲情与家国大爱相融,激发出浓浓的节日气氛。

今年突如其来的新冠肺炎疫情,让人们经历了太多的担忧与思念、忙碌与守候。在如今疫情防控常态化背景下,共度幸福团圆节成为大家的共同期待。"但愿人长久,千里共婵娟。"苏轼的这句词在今年国庆、中秋多了一层祈愿山河无恙、人间皆安的祝福之意。长假期间,酝酿许久的家庭聚会如愿实现,筹划多日的旅游攻略派上用场,积攒许多的消费需求热烈释放。更重要的是,中秋、国庆双节同至为人们创造了一个深悟家国文化、砥砺爱国心报国志的契机。置身红旗飘飘的场景,回味阖家赏月的节俗,参与吟诵诗词、主题演出等活动,大家衷心祝愿国泰民安,根植心底的家国情怀愈发深厚。

节日期间,全国许多地方邀请战疫英雄、行业代表讲述抗疫故事,弘扬生命至上、举国同心、舍生忘死、尊重科学、命运与共的伟大抗疫精神。抗击疫情的伟大斗争,让中华儿女的情感纽带更加牢固,为人民群众上了一堂生动的家国情怀课。回望中国的抗疫斗争,总有许多记忆,让人心潮澎湃。在春节前夕,湖南支援湖北医疗队队员洪余德告别年迈的父亲,毅然赶赴一线,在给父亲的信中,他说:"同为父亲,我的不舍与眷恋和您一样,但没有国泰民安,哪有家庭幸福。"从"天使白""橄榄绿""守护蓝""志愿红"迅速集结,到普通群众顾全大局居家抗疫,无数人抱定"一家不圆万家圆,万家圆时心方安"的决心,让炽热的家国情怀为中国抗疫斗争注入深沉力量。

今日中国,已经站在实现"两个一百年"奋斗目标的历史交汇点上,国内外环境的深刻变化既带来一系列新机遇,也带来一系列新挑战。全国各族人民在中国共产党领导下,继续向着全面建设社会主义现代化国家的新征程奋勇前行。我们的国家,积累了坚实的综合国力,形成了显著的制度优势,这是迈向新发展阶段的底气所在,也是抵御风险、再创佳绩的根本保证。更恢弘的事业,更壮阔的胜利,正待我们用新的奋斗去开启。一名基层工人的国庆感言说得好:"每个人进步积累起来就是时代的进步,把本职工作做好做精,就是对祖国最好的献礼。"微小的努力,乘以14亿,就能聚起磅礴伟力;风险和挑战,除以14亿,都可以迎刃而解。各族人民同心同德,亿万家庭同向而行,将个人奋斗、家庭幸福汇入国家发展、民族复兴的洪流中,我们就有了勇往直前、续写伟业的底气。

节日是时间的坐标,为美好的未来吹响奋斗号角。共赏中秋圆月,共护祥和中华,千百年来早已融入中国人的血脉基因。家是最小国,国是千万家。乘着新时代的东风,中华儿女必将以筑梦家国的最美姿态,在民族复兴的跑道上跑出新的好成绩。

(2020年10月09日)

用奋斗向英烈致敬

达 仁

9月30日是烈士纪念日,一个值得铭记于心的日子。深沉缅怀,致敬英魂。致敬那些为民族独立、人民解放和国家富强、人民幸福捐躯的烈士,致敬那些为抗击新冠肺炎疫情而英勇献身的烈士!

天地英雄气,千秋尚凛然。中华民族历来崇尚英雄、敬仰英雄,中华民族也历来英雄辈出、群英云集。据不完全统计,近代以来我国烈士总数约有2000万名。习近平总书记指出:"中华民族能够经历无数灾厄仍不断发展壮大,从来都不是因为有救世主,而是因为在大灾大难前有千千万万个普通人挺身而出、慷慨前行!"全民族抗战的同仇敌忾,渡江战役的横扫千军,抗美援朝的英勇无畏,抗洪抢险的勇往直前,抗疫斗争的逆行出征……在中华民族从站起来、富起来到强起来的伟大飞跃中,处处都有着气壮山河的英雄史诗,处处都有着凯歌以行的英风浩气。

"国庆勿忘祭先烈"。在国庆前夕开展烈士公祭活动,重温革命志士的精神遗产,缅怀英雄烈士的历史功勋,为的是以史为鉴、以史为师,坚定中国特色社会主义道路自信、理论自信、制度自信、文化自信。从英烈永垂不朽的精神里,我们读懂了"未惜头颅新故国,甘将热血沃中华"的以身许国,读懂了"砍头不要紧,只要主义真"的舍生取义,读懂了"挽狂澜于既倒,扶大厦之将倾"的勇于担当。从英烈彪炳史册的功勋里,我们深刻认识到红色政权来之不易、新中国来之不易、中国特色社会主义来之不易。

民族大义藏于胸、人民利益举过顶，每一次对英烈的缅怀，都是一次砺初心、担使命、永奋斗的庄严洗礼。英烈可歌可泣的故事启示我们，个人的命运与国家兴衰息息相关，只有万众一心、矢志如一的奋斗，才能筑起坚不可摧的长城。特别是在今年，当疫情汹汹袭来，危急时刻英雄们以生命赴使命，用大爱护众生，书写下可歌可泣、荡气回肠的壮丽篇章，激励人们在新时代的伟大征程上一路向前。崇尚英雄才会产生英雄，争做英雄才能英雄辈出。在全社会大力弘扬伟大抗疫精神，使之转化为全面建设社会主义现代化国家、实现中华民族伟大复兴的强大力量。

"真心为中国的人，不要说一句推诿的话，今天，此时，便即刻把自己的担子挑了起来。"革命烈士恽代英的肺腑之言发人深省。可以告慰先烈的是，从百年沉沦到百年复兴，我们即将开启全面建设社会主义现代化国家新征程。争做真心英雄，勇当逐梦先锋，这是奋进新时代的号角。英雄前辈昂首开辟了历史，我们更应该不忘初心、牢记使命，以更加勇毅而沉稳的步伐迈向美好未来！

（2020年09月30日）

凝聚团结奋进的文化力量

田 霞

还记得那次武汉人共同唱响国歌的情景吗？抗击新冠肺炎疫情最紧张的时候，一天晚上，居家隔离的武汉人纷纷推开窗户，共同唱响国歌。歌声传递出不屈的斗志、胜利的信念，传递出对疫情防控部署的高度信任、坚定支持。

还记得那幅医患同看落日余晖的照片吗？医生刘凯送王欣老人做 CT 检查后返回病房的路上，两人一起沐浴夕阳，共赏美景。

在抗疫斗争中，无数生动的照片、优美的诗篇、感人的歌曲、昂扬向上的美术作品涌现出来，化作一种文化养分，播撒在全体中国人的心间。

文化是一个国家、一个民族的灵魂，无形而有力，须臾不可少。习近平总书记强调："文化自信是一个国家、一个民族发展中最基本、最深沉、最持久的力量。"在这次抗疫斗争中，扶危济困、守望相助，一方有难、八方支援，迎难而上、化危为机等文化因子持续迸发，14亿中国人民显示出高度的责任意识、自律观念、奉献精神、友爱情怀，铸就起团结一心、众志成城的强大精神防线，成为打赢疫情防控人民战争、总体战、阻击战的制胜法宝。全国抗疫斗争取得重大战略成果，无比生动地表明："社会主义核心价值观、中华优秀传统文化所具有的强大精神动力，是凝聚人心、汇聚民力的强大力量。"

紧紧依靠人民、一切为了人民，中国疫情防控所展现出的高效能，不仅是制度优势的有力彰显，其实也是民族品格和文化特性的生动写照。中国人历来抱有家国情怀，崇尚天下为公、克己奉公，信奉天下兴亡、匹夫有责，强调和衷共济、风雨同舟，倡导守望相助、尊老爱幼，讲求自由和自律统一、权利和责任统一。正是这种文化人格、文化自信，让中国人民面临灾难而不屈、追求美好而不辍。在全社会大力弘扬伟大抗疫精神，坚持以社会主义核心价值观引领文化建设，战胜疫情就有了强大精神武器，共建美好家园就能获得宝贵精神文化财富。

没有中华文化繁荣兴盛，就没有中华民族伟大复兴。坚定文化自信，提升文化软实力，是一项系统工程、长期任务。习近平总书记在教育文化卫生体育领域专家代表座谈会上强调："统筹推进'五位一体'总体布局、协调推进'四个全面'战略布局，文化是重要内容；推动高质量发展，文化是重要支点；满足人民日益增长的美好生活需要，文化是重要因素；战胜前进道路上各种风险挑战，文化是重要力量源泉。"把文化建设放在全局工作的突出位置切实抓紧抓好，我们一定能够建设好全国各族人民的精神家园，筑牢中华儿女团结奋进、一往无前的思想基础。

"风也有，雨也有，风雨无阻向前走。几千年的脚步从未停留，历史的接力手牵手。"大型纪录片《同心战"疫"》主题曲这样唱道。文化的自信彰显，思想的引领带动，精神的弘扬激发，落脚点都在于行动。全体人民同心同德、团结奋进，民族复兴便有了无比强大的凝聚力，国家发展便能获得无比坚强的意志力。走在新时代的伟大征程上，中华民族将以更加自信、更加自强的姿态屹立于世界民族之林。

（2020年09月29日）

保持"乘风破浪"的姿态

向贤彪

一段时间以来,"乘风破浪"成为热词。乘风破浪,体现为一种豪迈的志向,彰显着一种不畏艰险、勇往直前的精神。或许,这个词非常适合形容时下人们的心境和姿态。抗击新冠肺炎疫情的逆行者乘风破浪,他们以奉献精神和求实态度击退了疫魔;北斗的研制者乘风破浪,他们以自主创新的力量为中国人争了气;各行各业的建设者乘风破浪,他们立足平凡岗位拼搏进取,有一分热、发一分光……无数个"我"集合成"我们",乘风破浪、砥砺奋进,为同心筑梦写下一个个生动注脚。

乘风破浪,亦可用来描绘人们在大江大河中游泳的英姿。当汹涌的波涛奔袭而来之时,只有稳住神、屏住气,迎风而上、踏浪前行,才能将浪花抛在身后,体味进击的愉悦。现实生活中,并非所有人都有畅游大江大河的经验,但在人生和事业的旅途中,同样有风雨来袭,甚至会遭遇惊涛骇浪。面对风浪考验的最好办法,就是保持战略定力,坚定必胜信心,激扬乘风破浪、奋勇前进的精气神。

"不管风吹浪打,胜似闲庭信步"。这既是一种定力,也是一种自信力,积蓄着乘风破浪的底气。风雨来袭,如果自己先慌了神、乱了方寸,还怎么去破浪前行?今天,我们正处在一个飞速发展的变革时代,面对诸多不确定性,如果缺乏定力,不能正确对待外部环境的变化,就容易心绪不宁、人云亦云,甚至随波逐流。涵养定力和自信力,才能"不畏浮云遮望眼",把世界看真切,把事物看透彻,不为任何表象所迷惑;才能"何妨吟啸且徐行",在沉潜中让自己更加强大,从容办好自己的事情。

"夹岸高山,皆生寒树。负势竞上,互相轩邈;争高直指,千百成峰"。回顾我国近年来的发展,百舸争流、千帆竞发的场面蔚为壮观,多个领域都正在发生着绿色、智能等为特征的技术革命;人们都以时不我待、只争朝夕的精神奋力奔跑。满怀"越是艰险越向前"的英雄气概,激扬"狭路相逢勇者胜"的斗争精神,一往无前,愈挫愈奋,再接再厉,我们就能踏准时代节拍、一路高歌猛进,在新时代创造新的更大奇迹。

李大钊同志曾说:"历史的道路,不全是坦平的,有时走到艰难险阻的境界,这是全靠雄健的精神才能够冲过去的。"在前进道路上,我们仍然会面临各种各样的风险挑战,会遇到各种各样的荆棘坎坷。保持"乘风破浪"的姿态,拿出"中流击水"的劲头,以压倒一切困难而不为困难所压倒的决心和勇气,敢于斗争,善于创造,锲而不舍为实现中华民族伟大复兴而奋斗,我们必将抵达"直挂云帆济沧海"的境界,夺取一个又一个胜利。

(2020年09月28日)

行"正"致远

顾伯冲

"光明磊落、坦荡无私,是共产党人的光辉品格,也是干部应该锤炼的品质修养""要坚守正道、弘扬正气,坚持以信念、人格、实干立身"……习近平总书记曾在不同场合多次强调"修养"和"正道""正气"的重要性。为政之道,修身为本。而修身的目标,就在于为政持正,在于坚守正道、弘扬正气。

不论是中华民族优秀政德传统,还是中国共产党的政治文化,都向来推崇大公无私、看重公道正派、主张清正廉洁。1937年,毛泽东表兄文运昌因家庭生活困难,致信毛泽东希望到延安谋一份薪水丰厚的差事。毛泽东却写信回绝了这个要求,并说:"我们的党专为国家民族劳苦民众做事,牺牲个人私利,故人人平等,并无薪水。"焦裕禄因为孩子看了一场"白戏",便严厉批评并立即把票钱如数送到戏院,建议县委起草《干部十不准》,规定领导干部不能搞特殊化。各个历史时期,我们党都涌现出无数优秀共产党人,襟怀坦荡、做人正直、做事正派,以忠诚、干净、担当的崇高品质,团结广大人民群众,推动党和人民事业不断从胜利走向新的胜利。

品行端正,做人才有底气,做事才会硬气。对共产党人而言,身正才能行稳,德高才能致远,因为行得端、走得正,所以行得稳、走得远。正所谓,"公生明、廉生威"。公道正派才能出清风正气,廉洁自律才能塑良好形象。公道正派、人格高尚的党员干部，无论在哪个岗位上都能赢得群众的信任和拥护，进而施展才华，一展作为。

"人生的道路虽然漫长，但紧要处常常只有几步。"诚哉斯言，每个人的人生之路有上坡也有下坡、有平地也有高山、有缓流也有激流。但无论如何高低曲直、环境多变，都要守住自律自省自重的底线。揆诸现实，举凡在为政用权上出问题的人，大多缺乏行"正"致远的意识和定力。比如对待入党，如果用"工具理性主义"态度来看待党员身份，动机不纯、作风不正，无视群众冷暖，不顾信念宗旨，早晚会在工作生活中跌跟头。又如对待升迁，若是总嫌自己进步慢、职务低，想着法子"弯道超车"，什么"红灯""警戒线"都敢闯，结果必是"翻车"于人生中途。古人警示，"德不配位，必有灾殃"。只有"正"字当先，保持清醒的头脑，才能不会被种种陷阱迷惑，始终保持人生航船的正确方向。

行得正并不是一味地求"稳当"，更不是要圆滑世故。稳是为了远，但离开了正而单纯求稳，就可能在四平八稳中走偏了道路，反而难以致远。正是前提，是方向；稳是节奏，是保障。在一定意义上讲，正与稳相辅相成。没有稳，正就无法体现；没有正，稳就无所凭借。心底无私天地宽，表里如一襟怀广，才是值得发扬的正与稳。正与稳的辩证法，正是永葆共产党人政治本色的重要参照。

"物格而后知至，知至而后意诚，意诚而后心正，心正而后身修，身修而后家齐，家齐而后国治，国治而后天下平"。做人正直、做事正派，是立身之本、处事之基。树立正确的权力观、地位观、利益观，任何时候都要稳得住心神、管得住行为、守得住清白，方能不为虚名所累，不为利益所动，不断抵达理想人生的新高度。

（2020年09月25日）

组织优势是制胜法宝

徐文秀

"抗疫展现中国高效动员力组织力协调力"。一位学者这样评价中国战疫。全国抗击新冠肺炎疫情斗争之所以能取得重大战略成果，一个根本政治保障在于我们党拥有上下贯通、执行有力的严密组织体系。

习近平总书记在全国抗击新冠肺炎疫情表彰大会上深刻指出："抗疫斗争伟大实践再次证明，中国共产党所具有的无比坚强的领导力，是风雨来袭时中国人民最可靠的主心骨。"在新冠肺炎疫情防控中，我们党充分发挥总揽全局、协调各方的领导核心作用，把各级各地各方面组织调动起来、把广大党员凝聚起来、把亿万群众动员起来，构筑起疫情防控的坚固防线。从战洪水、防非典、抗地震，到化危机、应变局、抗疫情，历史和现实充分表明，坚持和完善党的领导，抓好党的组织体系建设，就能把广大人民群众紧紧团结在党的周围，从容应对各种复杂局面和风险挑战。

严密的组织体系，是马克思主义政党的优势所在、力量所在。回顾我们党走过的近百年征程，注重发挥组织的作用是一个鲜明特征。党的二大通过的《关于共产党的组织章程决议案》开宗明义地讲到，党不是"知识者所组织的马克思学会"，也不是"少数共产主义者离开群众之空想的革命团体"，而应当是"无产阶级中最有革命精神的广大群众组织起来为无产阶级之利益而奋斗的政党"。今天，我们党建立了包括党的中央组织、地方组织、基层组织在内的严密组织体系，其中地方党委3200多个，党组、工委14.5万个，基层党组织468.1万个。这是世界上任何其他政党都不具有的强大优势。

在抗疫斗争中，以习近平同志为核心的党中央坚持把人民生命安全和身体健康放在第一位，中央政治局常委会、中央政治局召开21次会议研究决策，领导组织党政军民学、东西南北中大会战，形成了全面动员、全面部署、全面加强疫情防控的战略格局。面对当今世界百年未有之大变局，面对错综复杂的国内外风险挑战，人们深刻认识到：维护习近平总书记党中央的核心、全党的核心地位，维护党中央权威和集中统一领导，是推动新时代中国特色社会主义不断发展前进的根本政治保证。

如身使臂，如臂使指。党的全面领导、党的全部工作要靠党的坚强组织体系去实现。从重症病房争分夺秒的救治，到城乡社区挨家挨户的排查；从工厂车间加班加点的生产，到科研实验室夜以继日的攻关……面对疫情，3900多万党员干部不分昼夜，460多万基层党组织高效运转，近400名党员干部献出生命，充分展现了共产党人的担当和风骨。新征程上，我们必须贯彻落实好新时代党的组织路线，有效实现党的组织和党的工作全覆盖，把各级党组织建设成为实现党的领导的坚强战斗堡垒，使广大党员在改革发展稳定中充分发挥先锋模范作用。

大风泱泱，大潮滂滂。实现中华民族伟大复兴，最根本的保证还是加强党的全面领导。党的中央组织、地方组织、基层组织都坚强有力、充分发挥作用，党的组织体系的优势和威力就能充分体现出来，中国人民就没有过不去的坎、战胜不了的困难。

（2020年09月23日）

同心协力谱写精神史诗

石 羚

在全国抗击新冠肺炎疫情表彰大会上,有很多个感人瞬间。在雄壮的《向祖国英雄致敬》乐曲声中,习近平总书记为国家勋章和国家荣誉称号获得者颁授勋章奖章;在庄严的人民大会堂内,1499名个人、500个集体受到表彰。这些英雄身上,展现出崇高的精神境界。人们崇尚英雄,更是致敬英雄身上所代表的伟大抗疫精神。

习近平总书记深刻指出,在这场同严重疫情的殊死较量中,中国人民和中华民族以敢于斗争、敢于胜利的大无畏气概,铸就了生命至上、举国同心、舍生忘死、尊重科学、命运与共的伟大抗疫精神。面对百年来全球发生的最严重的传染病大流行,面对新中国成立以来我国遭遇的传播速度最快、感染范围最广、防控难度最大的重大突发公共卫生事件,中国人民正是以伟大抗疫精神构筑起坚不可摧的钢铁长城。犹记病毒来袭之时,举目四望,"天使白""橄榄绿""守护蓝""志愿红"迅速集结;侧耳倾听,"疫情不退我不退""把我派到最危险的地方"的出征誓言铿锵有力。在以习近平同志为核心的党中央坚强领导下,医生、护士、人民子弟兵、社区工作者、下沉干部、志愿者……亿万人民团结一心、相互配合,形成了战胜病毒的强大合力,共同夺取全国抗疫斗争重大战略成果,同心协力谱写下气壮山河的精神史诗。

常态化疫情防控仍在继续,伟大抗疫精神已融入亿万中国人的心灵,丰富了中华民族的精神世界。共和国勋章获得者钟南山回忆武汉战疫的艰难时刻,想起小区居民唱着国歌高喊"武汉加油"的场景,语带哽咽地说道:"什么都压不倒中国人。"在5000多年的历史长河中,中华民族从未被困难压倒。在此次抗疫斗争中,中华民族不仅没有被压倒,反而迸发出强大的精神力量。从这个意义而言,在代代相传、前后相继的历程中,伟大抗疫精神拓展着、延续着中国精神的谱系。正如习近平总书记指出:伟大抗疫精神,同中华民族长期形成的特质禀赋和文化基因一脉相承,是爱国主义、集体主义、社会主义精神的传承和发展,是中国精神的生动诠释,丰富了民族精神和时代精神的内涵。

面对中华民族伟大复兴的战略全局和世界百年未有之大变局,面对全面建成小康社会和全面建设社会主义现代化国家新征程,面对前进道路上各种可以预料和难以预料的困难、风险和挑战,我们尤须大力弘扬伟大抗疫精神,使之转化为"乱云飞渡仍从容"的自信,转化为"千磨万击还坚劲"的韧劲,转化为越是艰险越向前的行动,转化为实现中华民族伟大复兴的强大力量。从复工复产的劳动者,到重回课堂的学生,从穿梭在田间地头的扶贫干部,到奔忙在救死扶伤战线的医务人员,每个人将奋斗的涓滴汇入发展的江河,我们就一定能穿越风雨,创造一个又一个崭新奇迹。

一个国家的繁荣,离不开榜样的引领;一个民族的强盛,离不开精神的支撑。致敬英雄,礼赞榜样,让伟大抗疫精神不断绽放光芒,从苦难辉煌中一路走来的中国人民和中华民族必将在新时代的伟大征程上一路向前,写下更壮丽的篇章。

(2020年09月22日)

"大道不孤,大爱无疆"

陈 凌

"中国抗疫医疗专家组是维护世界人民健康的使者!"前不久,中国医疗专家组在几内亚开展抗疫援助工作,毫无保留分享中国抗疫经验,将抗疫知识倾囊相授,赢得了由衷称赞。临回国前,专家组还就几内亚当前医疗资源及疫情形势等进行反馈,并将一万余字的中英文工作报告递交当地政府官员。这是中国为全球抗击新冠肺炎疫情贡献智慧和力量的一个生动缩影。

在全球抗疫的关键时刻,从向32个国家派出34支医疗专家组、向150个国家和4个国际组织提供283批抗疫援助,到承诺中国新冠疫苗研发完成并投入使用后将作为全球公共产品,再到尽一切努力为其他国家采购医疗防护物资提供方便……中国始终与世界人民并肩抗疫、携手前行。从3月15日至9月6日,中国总计出口口罩1515亿只、防护服14亿件、护目镜2.3亿个、呼吸机20.9万台、检测试剂盒4.7亿人份、红外测温仪8014万件,有力支持了全球疫情防控,帮助挽救了全球成千上万人的生命。

"大道不孤,大爱无疆。"中国人民秉承"天下一家"的理念,用新中国成立以来援助时间最集中、涉及范围最广的紧急人道主义行动,谱写了同舟共济、守望相助的大爱篇章,展现了中国人己立立人、己达达人的价值追求,为全球抗疫注入了中国力量、中国信心。正如习近平总书记深刻指出的："命运与共，集中体现了中国人民和衷共济、爱好和平的道义担当。"

中国有句老话，"患难见真情"。在中国疫情防控形势最艰难的时候，国际社会给予了中国人民宝贵的支持和帮助。巴基斯坦紧急调集全国医疗储备驰援中国，伊朗向中国提供数百万只医用口罩，俄罗斯、白俄罗斯出动军机向中国护送防疫专家和援助物资……"山川异域，风月同天"的温暖，"中国加油""武汉加油"的呐喊，世界各地点亮"中国红"的祈愿，中国人民始终铭记于心。投我以木桃，报之以琼瑶，这是中华民族赓续千载的优良传统，也是流淌在中华民族血脉里的道德基因。在自身疫情防控面临巨大压力的情况下，中国迅速展开行动，向其他出现疫情的国家和地区提供力所能及的援助，充分展示了讲信义、重情义、扬正义、守道义的大国形象，生动诠释了为世界谋大同、推动构建人类命运共同体的大国担当。

"我们是同海之浪，同树之叶，同园之花"。人类只有一个地球，各国共处一个世界。病毒没有国界，疫情不分种族。新冠肺炎疫情以一种特殊形式告诫世人，人类是休戚与共的命运共同体，重大危机面前没有任何一个国家可以独善其身。中国主张携手抗疫、共克时艰，倡导共同构建人类卫生健康共同体，就是因为中国人民深知"人的生命是最宝贵的"，中国人民坚信"团结合作才是人间正道"。在未来的征途上，各种传统安全和非传统安全问题还会不断带来新的考验，人类惟有团结起来才能战而胜之。

阳光总在风雨后。历史将铭记中国人民在抗击疫情时所展现的风雨同舟、众志成城的英雄伟力，也将铭记世界各国守望相助、携手应对危机的共同担当。大道不孤，人类必胜！

（2020年09月21日）

"秉持科学精神、科学态度"

魏 寅

导诊、消毒、清扫等各类机器人，配送、测温、巡逻等各式无人机，还有多功能防护面屏、移动手术车、负压病房……2020年全国科技活动周期间，网络云展厅呈现的科技抗疫装备成为关注焦点。不少观众感慨：终于以科普的方式现场见证了科技抗疫的"硬核"实力！

抗击新冠肺炎疫情，科技担当了至关重要的角色。病毒有何特征？要以科学精神来求索答案。应该怎样战"疫"？要按科学规律来探寻办法。"面对前所未知的新型传染性疾病，我们秉持科学精神、科学态度，把遵循科学规律贯穿到决策指挥、病患治疗、技术攻关、社会治理各方面全过程。"在全国抗击新冠肺炎疫情表彰大会上，习近平总书记深刻总结伟大抗疫精神，其中就包括"尊重科学"。回顾抗疫过程，我们秉持科学态度、尊重科学规律、坚守科学认知、实施科学举措，让科学精神的阳光穿透疫情阴霾的笼罩，汇聚起战胜疫情的坚实力量。

外媒如此评价："中国高科技抗疫堪称'参考范本'。"疫情防控期间，习近平总书记一再强调科学技术的重要性。从成功研制出检测试剂盒、快速分离出病毒毒株，到及时筛选有效药物、多次更新诊疗方案；从大数据溯源、健康码识别，到分区分级差异化防控……这些攻关之举、防控之策，无不闪耀着科技的"高光"，无不体现着科学精神、科学态度。如今，抗击新冠肺炎疫情斗争取得重大战略成果，我们的城市车水马龙、工厂机器轰鸣、乡村丰收忙碌，呈现出一派生机勃勃的繁荣景象。这是依靠科学所收获的不易成果，也是尊重科学的有力证明。

经此一役，人们也经受了科学精神的洗礼，提升了科学素养。面对疫情，各级科协组织利用数字科技馆等平台，对公众进行抗疫指导和心理疏导；钟南山、张伯礼、张定宇、陈薇等战疫英雄登上"云讲台"，在《开学第一课》上播撒信科学、懂科学、用科学的种子；张文宏等知名专家积极发声，引导公众辨明"伪科学"信息、抵制"反科学"行为。有网友感慨：按"赛先生"的意思办，抗疫必胜！面向未来，如果每个人都能秉持科学精神、科学态度，善用科学武装头脑，我们就能汇聚起攻坚克难的强大正能量。

回溯历史，人类与疫病的每一次较量，既是对科技水平的检验，也是对科技创新的促进。这次战疫，创新技术各显神通，充分彰显了我国长期积累的科技实力。关山初度尘未洗，策马扬鞭再奋蹄。当前，疫情仍在全球蔓延，国内零星散发病例和局部暴发疫情的风险仍然存在。慎终如始、毫不懈怠，继续做好科学防控、协同推进科研攻关，才能在科学精神的引领下集聚更大合力，赢得抗击疫情的最终胜利。

"科学本身就有诗意。"科技抗疫之旅，让我们真切感受到科学所蕴藏的潜力、散发的魅力。前进征程上，崇尚科学、热爱科学，如哲人所说的那样，"将之运用到一切人类思想领域中去"，我们就一定能更好激发和运用科学的力量，为推动民族进步和社会发展提供不竭动力。

（2020年09月18日）

"危急时刻，又见遍地英雄"

白 龙

国家功臣，人民英雄，国礼待之。在全国抗击新冠肺炎疫情表彰大会上，钟南山、张伯礼、张定宇、陈薇被颁授国家勋章和国家荣誉称号奖章。他们的身影，在网络社交平台持续刷屏。网友纷纷留言："国士无双，向英雄致敬""你们是最亮的星"。

"危急时刻，又见遍地英雄。"面对突如其来、来势汹汹的疫情，各条战线的抗疫勇士临危不惧、视死如归，困难面前豁得出、关键时刻冲得上。骑行4天3夜返回工作岗位的女医生，让人明白什么是"以生命赴使命"；周身挂满药袋、帮社区居民买药送药的网格员，让人懂得什么是"用大爱护众生"；永远无法再向妻子兑现婚礼承诺的丈夫、无法再向孩子道一声再见的妈妈，让人明白什么是"明知山有虎、偏向虎山行"……从一线的医护工作者到城乡社区的守护者，每个人都成为抗疫战士。千千万万个抗疫英雄，以舍生忘死的坚毅行动，书写下可歌可泣、荡气回肠的壮丽篇章。

不需要豪言壮语，却能凝聚起震撼人心的巨大力量，这正是精神的意义与价值。习近平总书记强调："舍生忘死，集中体现了中国人民敢于压倒一切困难而不被任何困难所压倒的顽强意志。"涓滴之力汇成滚滚暖流，点点微光铺就满天星河。在抗击疫情的斗争中，无数个平凡身影向险而行、攻坚克难，以越是艰险越向前的英雄气概，击退疫魔，换得山河无恙。人民是历史的创造者,人民是真正的英雄。面对前所未知的新型传染性疾病,一位位白衣天使将生死置之度外,一名名党员践行初心使命,一个个普通人坚守岗位,共同绘就了中国抗疫"群英谱",为伟大抗疫斗争标注了众志成城、不畏艰险的精神底色。

回溯过往,每逢危难之际,总有一位又一位平凡者无惧风浪、舍生忘死、勇往直前。作为天津市肺科医院的老专家,本可在家安享天年,但是裴鸿烈却坚持在抗击非典一线,为病人取血时不幸被病毒感染,以身殉职;汶川地震发生后,成都的"的哥的姐"不约而同驾车驶向了受灾严重的都江堰,出租车成了救护车、转运车;得知武汉抗击新冠肺炎疫情的消息,大年三十刚到重庆老家不到一天的武汉民警赵闯主动请战,驱车9小时辗转上千公里返回工作岗位;今年防汛救灾中,国防科技大学紧急集结一批师生奔赴一线,他们说:"在洪水面前,哪有什么博士硕士,我们上了堤坝,都是保卫人民的战士!"正如习近平总书记深刻指出的:"中华民族能够经历无数灾厄仍不断发展壮大,从来都不是因为有救世主,而是因为在大灾大难前有千千万万个普通人挺身而出、慷慨前行!"

当今世界正经历百年未有之大变局,新冠肺炎疫情全球大流行使这个大变局加速演进,世界进入动荡变革期,国内改革发展稳定任务艰巨繁重。站在"两个一百年"奋斗目标的历史交汇点上,我们所承载的使命无上光荣,我们所肩负的责任十分重大。前进征程上,既有"潮平两岸阔"的风景,也必然会有艰难险阻甚至惊涛骇浪。面对难以预知的风险挑战,面对可能出现的生死考验,激扬包括伟大抗疫精神在内的民族精神和时代精神,勇往直前以赴之、舍生忘死以从之,我们必能迸发出团结奋斗的澎湃动能,在新长征路上攻克一个个"娄山关""腊子口",不断创造中华民族新的历史辉煌。

(2020年09月17日)

"把个人冷暖、集体荣辱、国家安危融为一体"

李秦卫

举国同心,是伟大抗疫精神的一个关键词,也是我们取得抗击新冠肺炎疫情斗争重大战略成果的重要原因。

回顾抗疫斗争,中国人民风雨同舟、众志成城,构筑起疫情防控的坚固防线。正如习近平总书记所指出的,"全国人民心往一处想、劲往一处使,把个人冷暖、集体荣辱、国家安危融为一体"。历史必将永远铭记,在以习近平同志为核心的党中央坚强领导下,14亿中国人民同呼吸、共命运,肩并肩、心连心,绘就了团结就是力量的时代画卷。

这幅时代画卷,是如此气势恢宏:党中央运筹帷幄,坚持把人民生命安全和身体健康放在第一位,第一时间实施集中统一领导,中央政治局常委会、中央政治局召开21次会议研究决策,领导组织党政军民学、东西南北中大会战。这幅时代画卷,又如此真切感人:84岁的钟南山毅然奔赴抗疫最前线、神态坚毅,72岁的张伯礼因多日劳累做了胆囊摘除手术、笑言与武汉人民"肝胆相照",张定宇身患渐冻症、仍"总是伸出手,想尽力拉住那些即将远去的生命",陈薇为研发疫苗殚精竭虑、半年时间生出很多白发……

抗击疫情的日日夜夜,每个人都是同舟者。一个个平凡身影勇毅前行,以各种方式为疫情防控操心出力,一幕幕感人瞬间在时光中定格:寂静的工厂里,工人袁传伟为赶制消毒设备在整条生产线上一个人挑灯夜战；昏暗的路灯下，母亲突然去世的护士吴亚玲选择继续坚守岗位、默默奉献；一扇扇普通的窗口中，城乡居民响应号召，主动居家隔离……神州大地上，多少人枕戈待旦，把工作的负荷一加再加；多少人与家人聚少离多，把团圆的承诺一推再推。面对疫情，亿万人民唱响了"团结就是力量"的大合唱，每个人都能感受到自己与他人、个人与国家之间强烈的情感共鸣。

团结是一种精神、一种胸怀，也是一种觉悟、一种品格。从古至今，中华民族有追求团结统一的内生动力，人们视团结为美德。从"天时不如地利，地利不如人和"的经验，到"民齐者强，民不齐者弱"的启示；从"涓涓细流汇成大海，点点星光点亮银河"的观察，到"大厦之成，非一木之材也；大海之阔，非一流之归也"的思考……历史和现实告诉我们：面对风浪乃至狂风骤雨、惊涛骇浪，惟有同心同德才能共渡难关。

"团结就是力量。"回溯新中国成立以来的不凡征程，无论是白手起家"建设一个新世界"，还是勒紧裤腰带研制"两弹一星"；无论是修高铁、办奥运，还是实现"神舟"飞天、"嫦娥"探月、"蛟龙"入海；无论是战洪水、防非典、抗地震，还是这次抗击新冠肺炎疫情，面对风险挑战，中国人民总能迸发"比铁还硬、比钢还强"的团结之力，总能创造"人心齐，泰山移"的人间传奇。在前进的道路上，无论遇到多大的困难，无论遇到什么样的挑战，只要始终坚持团结一心、凝聚众力，14亿中国人民就没有跨越不了的沟坎、战胜不了的敌人。

"船的力量在帆上，人的力量在心上。"弘扬伟大抗疫精神，讲团结、护团结，举国同心向前进，我们就能乘风破浪、一往无前，书写更加壮丽的时代篇章。

（2020年09月16日）

"我们什么都可以豁得出来"

石　羚

　　人的生命是最宝贵的。在保护人民生命安全面前，"不惜一切代价"是我们党铿锵有力的承诺、坚定不移的行动。

　　"为了保护人民生命安全，我们什么都可以豁得出来！"在全国抗击新冠肺炎疫情表彰大会上，习近平总书记发表重要讲话，深刻指出"生命至上，集中体现了中国人民深厚的仁爱传统和中国共产党人以人民为中心的价值追求"。回顾抗疫斗争，"生命重于泰山""把人民群众生命安全和身体健康放在第一位""只要是为了人民的生命负责，那么什么代价、什么后果都要担当"……一句句激荡人心的话语，彰显着人民领袖的人民情怀，映照着百年大党的赤子之心。

　　挽救生命，可以不计成本。为了让患者得到及时救治，我们快速提高收治能力，实现应收尽收、应治尽治；筹措昂贵而稀缺的医疗设备，做到能买尽买，能调尽调；新冠肺炎患者和疑似患者的治疗费用无需个人承担，实行财政兜底、国家买单。为全力以赴战疫，武汉这座千万级人口城市史无前例按下"暂停键"，全国范围内严格控制人员流动与聚集，宁可一段时间内经济下滑甚至短期"停摆"。党中央一声令下，一场全方位的人力组织战、物资保障战、科技突击战、资源运动战在全国打响；数百万名医务人员战斗在抗疫一线，400多万名社区工作者日夜值守，7955.9万名党员自愿捐款，14亿多人民顾全大局，凝聚起护佑生命的中国力量。

抗击疫情,人人赴汤蹈火。"这回我把胆留在武汉了,与武汉人民肝胆相照了",这是张伯礼院士做完胆囊摘除术后的动人感言;"我跟他们说再不休息要出人命,他们坚决不走",这是火神山医院建设者的真实故事;"人民需要什么,我们就造什么",这是一家汽车企业转产口罩的勇敢跨界。为救助同胞,各行各业的战疫者放弃休息、连续奋战,甚至"豁出了生命"。刘智明、夏思思、尹祖川、李增运……他们以血肉之躯筑起生命堡垒,把生命定格在抗疫战场。一位位英雄不顾个人安危,一名名战士轻伤不下火线,千千万万人献涓滴之力、护山河无恙。

只要有一线希望,就要尽百分之百的努力——这是一个国家人民至上的价值坚守,一个执政党视民如伤的深挚情怀。中国共产党人深知,党团结带领人民进行革命、建设、改革,根本目的就是为了让人民过上好日子,无论面临多大挑战和压力,无论付出多大牺牲和代价,这一点都始终不渝、毫不动摇。正因如此,始终把人民放在心中最高位置,悉心呵护人的生命、人的价值、人的尊严,把造福人民的使命牢牢扛在肩上,是共产党人一以贯之的庄严承诺,也是中国抗击疫情的鲜明底色。

"同困难作斗争,是物质的角力,也是精神的对垒。"从湖北3000多名80岁以上老人治愈出院、武汉10多天完成全民核酸检测,到抗疫斗争取得重大战略成果、经济增长由负转正,这一切成果来之不易,得益于我国雄厚的物质基础、完整的产业体系、强大的科技实力、丰富的医疗资源。抗疫斗争有力证明,新中国成立70多年来、改革开放40多年来积累的坚实国力,是我们"豁得出来"的深厚底气。广大战疫者所展现的人民至上、生命至上的价值追求和舍生忘死的不屈意志,则是我们"豁得出来"的精神动力,必将深深融入中华民族的血脉之中。

疫情无情人有情。坚守人民至上、生命至上的价值理念,弘扬伟大抗疫精神,我们将传递更多温暖、收获更多感动,为创造美好生活汇聚更多正能量。

(2020年09月15日)

展现青春激昂的风采

盛玉雷

"青年一代不怕苦、不畏难、不惧牺牲,用臂膀扛起如山的责任,展现出青春激昂的风采,展现出中华民族的希望!让我们一起为他们点赞!"在9月8日举行的全国抗击新冠肺炎疫情表彰大会上,习近平总书记充分肯定青年一代的突出表现,高度赞扬朝气蓬勃的青春力量。

风雨里成长,磨砺中坚强。在过去8个多月的抗疫大战中,一个个年轻的身影不畏艰险、冲锋在前,以"小小的年纪"书写"大大的担当",让青春绽放绚丽之花。

面对严峻考验,一支支奋勇争先的青年突击队践行无悔的青春誓言,一张张稚气未脱的面庞集成抗疫的青春图谱。他们用行动证明,新时代的中国青年是好样的,是堪当大任的!

"少年负壮气,奋烈自有时。"曾经在有的人眼里,"90后""00后"是"长不大的孩子",经不住风浪、挑不起大梁。然而,在疫情防控吃劲的时候,在党和人民需要的地方,他们已经成为抢救生命的战斗员、疫情防控的宣传员、交通道口的守门员、物资转运的勤务员……因为目睹过前辈的舍生忘死,他们如今更加义无反顾:2003年非典的时候你们保护了我们,今天轮到我们来保护你们了。铿锵的话语,映照着挺身而出的青春担当,令人欣慰,让人感动。

世上没有从天而降的英雄,只有挺身而出的凡人。在重症病区,长时间佩戴防护用具会导致过敏红肿,但年轻的护士并不在意,"脸上的压痕,是最美的青春印记";在建设现场,一项项工作争分夺秒,年轻的战士毛遂自荐,"我有力气,重活让我来";在基层社区,登记排查、出入核验事无巨细,年轻的党员意志坚定,"疫情不退我不退"。风雨之中,他们积极乐观,以满腔热血诠释青春活力;困难面前,他们独当一面,用所学所长写就青春诗行。作为整个社会力量中最积极、最有生气的力量,青年担负的是国家的希望、扛起的是民族的未来。

青春由磨砺而出彩,人生因奋斗而升华。把梦想的种子撒在奋斗的土壤上,才能结出累累硕果。在不久前《开学第一课》节目中,"人民英雄"国家荣誉称号获得者张定宇对孩子们深情寄语:"生命就是我们要珍惜每一刻、每一分、每一秒"。志不求易者成,事不避难者进。无论遭遇什么样的困难和挑战,青年都应保持初生牛犊不怕虎、越是艰险越向前的刚健勇毅,在劈波斩浪中开拓前进,在披荆斩棘中开辟天地,在攻坚克难中创造业绩,勇做走在时代前列的奋进者、开拓者、奉献者。

把小我融入祖国的大我、人民的大我之中,青春的风采才会璀璨夺目;与时代同步伐、与人民共命运,青春的价值才能得到升华。从建功立业的人生际遇到志存高远的时代使命,从日常生活的尽职尽责到关键时刻的迎难而上,常怀忧国忧民之心,饱含爱国爱民之情,把自己的理想同祖国的前途、把自己的人生同民族的命运紧密联系在一起,青年就能以青春之我、奋斗之我,为民族复兴铺路架桥,为祖国建设添砖加瓦。

"同人民一起奋斗,青春才能亮丽;同人民一起前进,青春才能昂扬;同人民一起梦想,青春才能无悔。"弘扬伟大抗疫精神,展现青春激昂的风采,努力在为人民服务中茁壮成长、在艰苦奋斗中砥砺意志品质、在实践中增长工作本领,广大青年必将创造更加美好的未来。

(2020年09月14日)

汲取众志成城的奋进力量

何 娟

"革命就像火一样,任凭大雪封山,鸟兽藏迹,只要我们有火种,就能驱赶严寒,带来光明和温暖。"在中国人民抗日战争暨世界反法西斯战争胜利75周年之际,我们重温胜利历史,追溯胜利根源,汲取众志成城、排除万难、一往无前的奋进力量,任何人任何势力都不能阻挡中国人民实现更加美好生活的前进步伐。

在艰苦卓绝的抗日战争中,全体中华儿女为国家生存而战、为民族复兴而战、为人类正义而战,社会动员之广泛,民族觉醒之深刻,战斗意志之顽强,必胜信念之坚定,都达到了空前的高度。中华民族万众一心、众志成城,为抵御外来侵略、维护民族独立顽强抗争、浴血奋战,谱写了全体中华儿女勠力同心、以弱胜强的雄浑史诗。正义战胜邪恶、光明战胜黑暗、进步战胜反动,战场上较量的不仅是军事实力和经济实力,更有民族精神和国民意志。杨靖宇、赵尚志、左权、彭雪枫、佟麟阁、赵登禹、张自忠、戴安澜……一个个大义凛然的名字,一个个血染沙场的忠魂,永远为历史和后人所铭记。

回望历史,日本对华持续侵略是近代以来中国历史上最黑暗的一页。"莽莽神州,已倒之狂澜待挽;茫茫华夏,中流之砥柱伊谁?"在民族危亡的历史关头,中国共产党人勇敢战斗在抗日战争最前线,支撑起中华民族救亡图存的希望,成为全民族抗战的中流砥柱。正如习近平总书记在纪念中国人民抗日战争暨世界反法西斯战争胜利75周年座谈会上深刻指出的:"中国人民抗日战争胜利是中国共产党发挥中流砥柱作用的伟大胜利""中国共产党坚持动员人民、依靠人民,推动形成了全民族抗战的历史洪流"。解民于倒悬,扶大厦之将倾,中国共产党高举抗日民族统一战线的旗帜,坚决维护、巩固、发展统一战线,坚持独立自主、团结抗战,维护了团结抗战大局,让中国人民抱定了"我们万众一心,冒着敌人的炮火前进"的决心,抱定了血战到底、抗战到底的信念。

在中国人民抗日战争的壮阔进程中,形成了伟大的抗战精神,这是一笔弥足珍贵的精神财富,将永远激励中国人民克服一切艰难险阻、为实现中华民族伟大复兴而奋斗。抗战胜利75年来,从白手起家建设新中国,到实行伟大的改革开放,再到决胜全面小康、决战脱贫攻坚,中国取得的令世人瞩目的发展成就,是中国人民在中国共产党领导下同心同德、同心同向努力的结果。从抵御地震、洪水等自然灾害,到应对国际金融危机,再到抗击非典、新冠肺炎等重大疫情,中华民族不断战胜前进道路上各种各样的风险挑战、荆棘坎坷,靠的就是压倒一切困难而不为困难所压倒的决心和勇气。"天地英雄气,千秋尚凛然。"抗战先烈永远值得后人缅怀,抗战精神永远值得后世传承。

今天的中国,正处于实现中华民族伟大复兴关键时期,改革发展正处在攻坚克难的重要阶段。在新时代继承和弘扬伟大抗战精神,以"同心同德一戎衣"的情怀共同奋斗,以越是艰险越向前的精神奋勇搏击,定能跨越一切艰难险阻,不断从胜利走向新的胜利。"历史必将证明,中华民族走向伟大复兴的历史脚步是不可阻挡的。"

(2020年09月11日)

致敬伟大抗疫精神

李浩燃

人无精神则不立，国无精神则不强。精神的力量是无穷尽的，引领人昂扬向上，感召人发愤图强，激励人勇毅前行。

"在这场同严重疫情的殊死较量中，中国人民和中华民族以敢于斗争、敢于胜利的大无畏气概，铸就了生命至上、举国同心、舍生忘死、尊重科学、命运与共的伟大抗疫精神。"9月8日上午，全国抗击新冠肺炎疫情表彰大会在北京人民大会堂隆重举行，习近平总书记发表重要讲话，科学概括了伟大抗疫精神，深刻阐明了伟大抗疫精神的精神实质和丰富内涵，强调要在全社会大力弘扬伟大抗疫精神，使之转化为全面建设社会主义现代化国家、实现中华民族伟大复兴的强大力量。

"令出如山""生死阻击""坚强防线"……日前，6集纪录片《同心战"疫"》陆续播出，全景展现了中国人民抗击新冠肺炎疫情的历程，唤起了刻骨铭心的记忆。"我必须跑得更快，才能从病毒手里抢回更多病人"，这是身患渐冻症的张定宇同志说出的平实感言；"2003年非典的时候你们保护了我们，今天轮到我们来保护你们了"，这是"90后""00后"发出的青春誓言。从白衣为甲、逆行出征的医务人员到大爱无疆、无私奉献的志愿者，从临危受命、紧急攻关的科研人员到无惧寒暑、坚守岗位的社区工作者……长城内外、大江南北，在没有硝烟的战场上，处处都有冲锋陷阵的身影，处处都闪耀着伟大抗疫精神。

精神是一个民族赖以长久生存的灵魂。"唯有精神上站得住、站得稳,一个民族才能在历史洪流中屹立不倒、挺立潮头。"面对突如其来的疫情,在以习近平同志为核心的党中央坚强领导下,举国同心、众志成城,亿万人民谱写了威武雄壮、气壮山河的凯歌,为以爱国主义为核心的民族精神和以改革创新为核心的时代精神注入新的内涵,成为抗疫决胜的"硬核"支撑。正如习近平总书记所指出的,"伟大抗疫精神,同中华民族长期形成的特质禀赋和文化基因一脉相承,是爱国主义、集体主义、社会主义精神的传承和发展,是中国精神的生动诠释,丰富了民族精神和时代精神的内涵。"

"天行健,君子以自强不息。"同困难作斗争,是物质的角力,也是精神的对垒。在斗争中凝结升华的伟大抗疫精神,是我们不畏艰险战"疫"到底的强大动力,更是我们无惧风浪、砥砺前行的坚实支撑。当前,世界百年未有之大变局加速演进,国内改革发展稳定任务艰巨繁重,我国正处于实现中华民族伟大复兴关键时期。擦亮精神底色,激扬精神力量,在任何困难和风险面前都从来不放弃、不退缩、不止步,百折不挠为自己的前途命运而奋斗,这样的民族必将步履铿锵、拥抱光明前景,是任何人任何势力都无法阻挡的。

在这次表彰大会上,习近平总书记向钟南山等抗疫功勋模范人物颁授勋章奖章。庄严而温暖的一幕,成为对抗疫英雄的最高礼赞,启示着榜样的意义、精神的价值。伟大的斗争,能够写下彪炳史册的篇章,迸发激荡人心的精神力量。砥砺于磨难,丰富于实践,成长于斗争——秉持在战"疫"中锻造的信念,弘扬在斗争中淬炼的精神,我们必将在新长征路上征服一个个"娄山关""腊子口",夺取一个又一个新的胜利。

不久前,集纳66封书信的《战"疫"书简》出版发行,封面上的一句话蕴涵丰厚:"致敬从未被苦难驯服的我们"。今天,我们致敬伟大抗疫精神,就是致敬勠力同心、锐意进取,就是致敬不畏险阻、英勇斗争。而最好的致敬,莫如从我做起、躬身践行,以不弃微末、久久为功的姿态接续奋斗,把精神的力量转化为攻坚克难的澎湃动能!

(2020年09月09日)

挺起新时代的民族精神脊梁

李 斌

面对严峻的新冠肺炎疫情形势,在以习近平同志为核心的党中央坚强领导下,中国人民以一场众志成城、迎难而上的伟大壮举取得了人类抗击传染病历史上的重大胜利。制度资源与经济资源的高效协同,人文情怀与科学精神的交相辉映,群众力量与专业力量的融合统筹,成为战胜疫情的重要保障。坚持人民至上、紧紧依靠人民、不断造福人民、牢牢植根人民,成为战胜疫情的力量支撑。

没有什么文明标尺能比一个国家对生命的态度更有说服力。仅仅3个月,全国疫情防控取得重大战略成果,深刻表明了中国共产党领导和我国社会主义制度、国家治理体系具有强大生命力和显著优越性,充分展现出中华儿女众志成城、不畏艰险、愈挫愈勇的民族品格。国家因英雄辈出而繁荣富强,民族因精神挺立而兴旺发达,社会因正气浩荡而朝气蓬勃。

大疫无常,大义无价。病毒可能在瞬间击垮一个人的健康防线,但绝对动摇不了一个民族的精神防线。"虽然我们这个城市失去了往日的活泼,但人间的温暖比昔日更加浓烈",武汉客厅方舱医院一名患者在给白衣天使的信中这样感慨。一位送儿驰援湖北的山东母亲,叮嘱儿子一定要照顾好自己的身体。爱是亲情眷顾的"软肋",却也是抵御疫情的"铠甲",温暖和保护着每个家庭。

天下艰难际,时势造英雄。一名记者说,曾经以为,英雄离我们很远。直到这次来武汉参与抗击疫情的报道,我们才真正意识到,原来英雄,就是与我们擦肩而过的芸芸众生,就是那些如此平常的普通人。的确,正是那些发生在我们身边的感人至深的抗疫故事,让我们读懂了什么叫人间正气,什么叫国而忘家,什么叫互助友爱,什么叫平凡英雄。"美德好比宝石,它在朴素背景的衬托下反而更美丽。"千千万万中华儿女筑起守护生命安全的防线,创造了中国精神、中国力量的新时代佳话。

恩格斯深刻指出,每一次革命的胜利都带来道德上和精神上的巨大跃进。我们这个民族经得起苦难颠簸,我们这个国家挺得住风雨考验,根本原因就在于,在每个中国人的精神深处,道德的光芒永远闪耀,信心的旗帜永远不落。新冠肺炎疫情防控阻击战,不仅仅是一场同病魔较量的集体斗争,更是一次全体中国人精神文明的集纳展示、意志品质的集中锤炼、奋进状态的集合整队。这场大战大考的胜利,呈现社会主义中国众志成城、万众一心的凝聚力。一座自信自新、自奋自强的巍峨丰碑,耸立在每个中国人心中。

疫情防控中涌现的感人事迹、擦亮的治理智慧、证明的实践哲理,已然成为激励人们排除万难、再创辉煌的奋斗路标。疫情给中国造成巨大损失,但战胜了疫情的人们更加坚信:挺起新时代的民族精神脊梁,无论遇到什么困难中国都将风雨无阻,无论遇到任何逆境中国都能履险如夷。

(2020年09月08日)

弘扬伟大的抗战精神

石 羚

75年前,中国人民抗日战争暨世界反法西斯战争取得胜利。中国人民14年浴血奋战,军民伤亡超过3500万人,930余座城市被占,380万将士喋血疆场,直接经济损失1000亿美元,间接经济损失5000亿美元……一个个数字,记录着这场伟大斗争的艰苦卓绝。从爱国人士许德珩"团结救亡、奋起抗战"的奋力疾呼,到巾帼英雄赵一曼"未惜头颅新故国,甘将热血沃中华"的视死若归,亿万中华儿女同仇敌忾,以气壮山河的斗争谱写了保家卫国的伟大篇章。

抗日战争的伟大胜利,是和平力量、正义力量的胜利。这是一场全方位的斗争,中共中央1943年提出"十大政策",以军事斗争为中心,把政治、经济、文化等各条战线结合起来整体制敌。"四万万人齐蹈厉,同心同德一戎衣",这是一场全民族的抗争,4亿人民共御外敌。日本的一名历史学家说:"日本不仅仅是败给了中国,正确地说,是败给了中国人民"。这是一场全世界正义力量的奋战,加拿大医生白求恩救死扶伤,德国商人拉贝保护中国难民,波兰记者汉斯·希伯报道抗战壮举。中国人民永远不会忘记,世界上爱好和平与正义的国家和人民、国际组织对中国人民抗日战争给予的宝贵支持。

在亡国灭种的危机下,没有退路、唯有前行,没有妥协、只有斗争。母亲送儿抗日、妻子送郎从军、工人冒险生产、商界捐钱捐物、学生深入敌后的感人故事无时无刻不在发生。毛泽东同志曾说:"这个战争促进中国人民的觉悟和团结的程度,是近百年来中国人民的一切伟大的斗争没有一次比得上的。"从白山黑水的"村村烈士碑",到滇西抗战"十荡十决,甘死如饴",人人抱定敢死之心,汇聚起敢于斗争、敢于胜利的强大力量。穷凶极恶的日本军国主义侵略者并没有压垮中国人民,在中华民族危亡的时刻,中国人民的爱国热情像火山一样迸发出来。

在这场战争中,中国人民不仅展现着敢于斗争的精神,也锻造着善于斗争的本领。面对野蛮残暴的侵略者,从麻雀战、破袭战,到地道战、地雷战,人民群众探索出一系列富有特色、卓有成效的战争方式和斗争艺术。尤其是中国共产党人以自己的政治主张、坚定意志、模范行动,引领着夺取战争胜利的正确方向。率先吹响抗日号角,开辟广大敌后战场,将自己的主张转变为全国抗战的政治总路线,提出《论持久战》等战略理论……在中国共产党号召和引领下,中国人民激发智慧,以高超的斗争艺术取得了抗日战争的最终胜利。

习近平总书记指出:"在中国人民抗日战争的壮阔进程中,形成了伟大的抗战精神,中国人民向世界展示了天下兴亡、匹夫有责的爱国情怀,视死如归、宁死不屈的民族气节,不畏强暴、血战到底的英雄气概,百折不挠、坚忍不拔的必胜信念。"从抗战胜利出发,中国人民继续发扬伟大的抗战精神,敢于同一切艰难困苦斗争,推动这个曾经满目疮痍的国家,建立崭新的社会主义制度,实行伟大的改革开放,跻身世界第二大经济体,取得了举世瞩目的发展成就。当今世界正经历百年未有之大变局,新冠肺炎疫情全球大流行使这个大变局加速变化,今后一个时期,我们将面对更多逆风逆水的外部环境,必须做好应对一系列新的风险挑战的准备。今天,我们纪念抗战胜利,就是要弘扬抗战精神,继续拿出当年那种敢于同困难作斗争的精气神,在战胜各种风险挑战中书写民族复兴的新篇章。

75年前的那场胜利说明,只要中国人民团结一致、不畏艰险,就没有什么困难不能克服,没有什么挑战不能战胜。今天,弘扬伟大的抗战精神,我们将创造更多辉煌的业绩。

(2020年09月03日)

凝铸砥砺奋进的精神伟力

于 石

前不久,"众志成城——抗疫主题美术作品展"亮相国家博物馆。从《不朽丰碑》到《挺立风云》,从《等你凯旋》到《冬去春来》,近200件(套)美术作品集中展示。这些作品,给人以强烈的艺术冲击力和心灵感染力,生动刻画出中国人民抗击新冠肺炎疫情的艰辛历程。

拉长时间的镜头,更能体会疫情防控阻击战的不易。难忘医务工作者舍生忘死的付出,社区工作者日复一日的值守,工人们昼夜不息的奔忙……这场突如其来的疫情,让我们的国家、民族和人民又一次历经磨难,也让我们擦拭了心灵、迸发了精神、坚定了信心。伟大的民族精神凝聚升华,激励着亿万人民在挫折中不断奋起,在逆境中勇毅前行。在与疫情斗争的过程中,中国人民以团结一心的奋斗,凝聚起无坚不摧的精神伟力。

这是一种什么样的精神?是满页红手印旁,写下"若有战、召必回、战必胜"的铿锵与豪迈;是荆楚大地上,4万多名"白衣战士"逆行出征,驰援抗疫一线的坚毅与刚强;是方舱医院里,患者静静看书和翩翩起舞的乐观与从容;是大雪纷飞时,基层工作人员全身皆白依然坚守岗位的责任与担当。敢于斗争、敢于胜利的信念,众志成城、守望相助的情怀,甘于奉献、大爱无疆的品格,不屈不挠、勇毅坚韧的气概……这一切,汇聚成抗击疫情的伟大中国精神,构筑起中华民族的又一座精神丰碑。

"历史长河奔腾不息,有风平浪静,也有波涛汹涌。我们不惧风雨,也不畏险阻。"从某种意义上说,中华民族浩浩荡荡的发展史,也是中国人民英勇顽强、攻坚克难的奋斗史。抗击疫情斗争所迸发出的精神伟力,生长在历史风雨中,繁茂于神州天地间。曾经,我们依靠这样的精神战洪水、防非典、抗地震、化危机;今天,它依然标示着民族复兴征程上的精神航向,指引我们越过一个又一个艰难险阻,激励我们书写一次又一次伟大胜利。

前进征程上,我们已经走过千山万水,但仍需跋山涉水。放眼神州大地,如期全面打赢脱贫攻坚战、全面建成小康社会的目标近在咫尺,常态化疫情防控的弦仍然需要绷紧。面对难以预料的各种风险挑战,现在正是咬紧牙关的时候,正是屏息聚力的时候,正是比拼意志的时候。在抗击疫情中淬炼的伟大精神、涵养的精神伟力,无疑是我们驾驭复杂局面、应对风险挑战的宝贵经验。新长征路上,我们翻越每一座高山,跨过每一个沟坎,步伐必将更加坚实,也必将激发更强大的力量。

"精神是一个民族赖以长久生存的灵魂,唯有精神上达到一定的高度,这个民族才能在历史的洪流中屹立不倒、奋勇向前。"无论国家、社会还是个人,都离不开精神的支撑与滋养。让我们坚定这不屈的意志,激扬这豪迈的气概,将伟大抗疫精神更好转化成披荆斩棘、砥砺奋进的动能,努力创造新的更大奇迹。

(2020年09月02日)

让勤俭节约精神代代相传

吴　金

有这样一个"半截粉笔"的故事：徐特立在湖南第一女子师范学校当校长时，从不用新粉笔，用的都是每天巡视校园捡来的粉笔头。有学生觉得他太"小气"，为什么要爱惜"没有多大用处"的半截粉笔？徐特立的回答是，积少成多，集小成大，也可以节省一点办公费用。为此，他特意写了一首诗教育学生："半截粉笔犹爱惜，公家物件总宜珍。诸生不解余衷曲，反谓余为算细人。"

做这样的"算细人"，今天依然具有重要的启示意义。勤俭节约是中华民族的美德，也是我们党的光荣传统。不论公私，物件都宜珍惜爱护，因为它们都是劳动人民的创造。只有精打细算、充分利用，才能用更小的成本办更多的事情，实现高效发展、绿色发展。更进一步讲，要让勤俭节约成为自觉行动，必须将其落细在日常生活中，落实在青少年品德养成中。从青少年抓起，从小处着手，重习惯养成，才能让勤俭节约精神永远散发光芒。

在一档青少年倾诉心声的电视节目中，一些青少年"吐槽"长辈们较多的一件事，就是"太节俭""太抠门"：爷爷为省电房间舍不得开灯，奶奶舍不得倒剩饭剩菜，爸爸经常"淘"出各种旧物件……然而，当长辈们现身说法，无一不是语重心长地跟孩子讲艰苦奋斗、勤俭节约的重要性。艰苦奋斗、勤俭节约精神如何在青少年一代传承，已成为发展起来之后、富裕起来之后必须重视的重要课题。

"谁知盘中餐,粒粒皆辛苦。"习近平总书记一直高度重视粮食安全和提倡"厉行节约、反对浪费"的社会风尚,多次强调要制止餐饮浪费行为,并针对部分学校存在食物浪费和学生节俭意识缺乏的问题,对切实加强引导和管理,培养学生勤俭节约良好美德等提出明确要求。青少年是祖国的未来,养成勤俭节约生活习惯,意义绝不只在减少浪费,更重要的是夯实未来社会风气的基础、个人奋斗的基石。"俭则约,约则百善俱兴;侈则肆,肆则百恶俱纵。"铺张浪费、奢靡挥霍,糟蹋的不仅是物质财富,更会侵蚀民族精神大厦,腐蚀社会风气。节约是美德,节约是财富,拒奢尚俭无论对国家还是对个人而言都是不可或缺的价值支柱。

有人这样说:"节约与勤勉是人类两个名医。"节俭惜物不仅是一种"待物之德",也是一种惜物谨身、惕励自做的精神修养之道。如果一个人自小养成艰苦朴素、勤俭节约的生活习惯,就会懂得自我约束、知道感恩馈赠,就能在人格方面不断丰满,在精神层面不断强健,从而炼就吃苦耐劳、不屈不挠的意志品质,成为一个敢于直面任何困难、迎接任何挑战的人。静以修身,俭以养德。青少年自小树立"浪费可耻、节约为荣"理念,从思想认识上深化,在行为习惯中养成,无论对个人成长还是对良好社会风尚形成,都大有裨益。

"不论我们国家发展到什么水平,不论人民生活改善到什么地步,艰苦奋斗、勤俭节约的思想永远不能丢。"艰苦奋斗、勤俭节约是中华民族的"传家之宝",不仅在物资匮乏的年代要做到,在生活优渥的时候更加需要坚守。当节俭美德、节约行动获得更为持久的生命力和影响力,我们的生活一定会更加幸福美好,我们的祖国一定会更加繁荣富强。

(2020年08月31日)

为抗疫英雄点赞

周珊珊

前不久,国家主席习近平签署主席令,授予钟南山"共和国勋章",授予张伯礼、张定宇、陈薇"人民英雄"国家荣誉称号。党中央决定,表彰一批在抗击新冠肺炎疫情斗争中涌现出的先进个人和先进集体。网友评价,"他们是全体中华儿女的榜样,是国家和人民的功臣"。中华民族的精神家园,因为一大批抗击新冠肺炎疫情先进典型的脱颖而出更显璀璨。

受表彰的功勋模范人物,正是这样为国为民鞠躬尽瘁的抗疫英雄。不管是面对非典还是新冠,钟南山都义无反顾逆行出征,始终在党和人民最需要的地方冲锋陷阵。已经84岁高龄的他本可以休息,但他仍觉重担在肩,必须主动担当。争分夺秒研制疫苗,面对危险绝不退缩,陈薇的理由再简单不过:"穿上这身军装,一切都是我应该做的。"张伯礼屡次进入隔离病房亲自为患者会诊,劳累过度摘除胆囊仍不离抗疫工作。身患渐冻症的张定宇,得知妻子不幸感染新冠肺炎,仍忍痛坚守抗疫一线、连续奋战30多天,带领医护团队救治数千名患者。人们感动于抗疫英雄"愿得此身长报国"的忠诚,敬佩于抗疫英雄"越是艰险越向前"的担当,铭记下抗疫英雄"散作甘霖润九州"的奉献。

鲁迅说:"我们从古以来,就有埋头苦干的人,有拼命硬干的人,有为民请命的人,有舍身求法的人……这就是中国的脊梁。"当世所罕见的新冠肺炎疫情汹汹来袭，舍小家为大家、讲忠诚敢牺牲、乐奉献能付出的崇高品质在无数人身上得到体现。从医疗和科研战线的逆行者，到坚守在社区村镇疫情防控一线的执勤者，再到风雨无阻保障人民群众基本生活的服务者，都有一个共同的特点，那就是立足平凡的工作岗位，展现出不计得失、不惧风险、不怕辛苦的高尚品格，成就了守护人民健康安全的不平凡业绩。钟南山等功勋模范人物，是所有抗疫英雄的杰出代表，他们的优秀品质，成为中华儿女众志成城、不畏艰险、愈挫愈勇的民族品格的生动展示。

一位英雄就是一个标杆，一群英雄就是一片高原，榜样的力量是无穷的、永恒的。国家勋章和国家荣誉称号是国家最高荣誉，不仅是获奖者个人的荣耀，也凝结着全国人民的感佩与热望，记录着中国人民、中华民族的奋斗与坚强。党和国家褒奖抗疫英雄，就是要强化对抗疫英雄的国家尊崇与民族记忆，就是要弘扬他们忠诚、担当、奉献的崇高品质，营造见贤思齐、崇尚英雄、争做先锋的社会氛围。伟大时代呼唤伟大精神，崇高事业需要榜样引领。英雄模范精神越光大，我们的国家就越有力量，我们的事业就越辉煌。扬起信念风帆、树立模范标杆，让社会主义核心价值观蔚然成风，让新气象新作为不断展现，就一定能汇聚起实现"两个一百年"奋斗目标的磅礴力量。

"中华民族是崇尚英雄、成就英雄、英雄辈出的民族，和平年代同样需要英雄情怀。"对于英雄人物和英雄精神，最好的学习是践行，最好的致敬是传承。在祖国辽阔的大地上，在各行各业的岗位中，无数赤胆忠心的英雄人物正在涌现，无数可歌可泣的英雄故事正在发生。每个人虽然岗位、行业不同，能力、水平各异，但只要心怀英雄梦、争做英雄事，就能在平凡岗位上创造不平凡的业绩。人人崇尚英雄，人人争做英雄，人人亦皆可成为英雄。英雄的中国人民，必将创造更新更大的中国奇迹。

（2020年08月28日）

勇当改革开放的尖兵

李 斌

"时间不等人！历史不等人！时间属于奋进者！历史属于奋进者！"成立40周年的深圳经济特区，正是这一深邃哲理的生动写照。

1980年8月26日，第五届全国人大常委会第十五次会议批准了《广东省经济特区条例》，标志着深圳经济特区的建立。兴办经济特区，是我们党和国家为推进改革开放和社会主义现代化建设作出的重大决策。40年斗转星移，高楼林立取代了茅屋竹棚，智能制造取代了打鱼农耕，深圳经济特区从一片农田荒滩中崛起为一座现代化国际都市，谱写出激动人心的"春天的故事"。40年砥砺前行，党中央举旗定向，党员干部铁肩担当，人民群众奋发实干，成就来之不易，经验殊可宝贵。

习近平总书记在深圳前海考察时给予高度评价，"这是梦开始的地方，如火如荼的这40年，我们都是见证者"。改革与开放相得益彰，山的巍峨与海的辽阔相映生辉，特区深圳已成为改革中国的"试验田"、创新中国的"先行者"。曾经人烟稀少、贫穷落后，如今一派繁荣、流光溢彩；曾经科技资源"一穷二白"，如今全社会研发投入越来越高；曾经小本买卖、小小渔村，如今营商环境好、宜居水平高……不可能成为可能，深圳创造了人类发展史上快速实现工业化、城市化、现代化的传奇，成为中国共产党为什么"能"、马克思主义为什么"行"、中国特色社会主义为什么"好"的生动有力的证明。

因改革开放而生，因改革开放而兴。从探索行政管理体制改革到建设社会主义市场经济体制，从全面深化经济、政治、文化、社会、生态文明体制改革到努力创建社会主义现代化国家的城市范例，在改革开放的历程中，深圳扮演了重要的角色。过去人们称道"三天一层楼"的深圳速度，如今人们点赞打造高质量发展高地的深圳高度，改革不已、创新不止，这才是深圳。改革开放初期"时间就是金钱，效率就是生命"的精神振奋全国，新时代新征程敢于啃硬骨头、敢于涉险滩的气魄震撼世界，敢为人先、勇挑重担，这才是深圳。深圳的成功源于改革开放，深圳的使命在于改革开放，深圳的未来系于改革开放。

风鹏正举，百舸争流，时间中蕴藏无限可能。当新时代改革开放在很多领域进入深水区，仍然需要逢山开路、遇水架桥；当经济发展面临土地空间限制、环境承载压力等瓶颈性制约，迫切需要走高质量发展的新路。在实践中求真知，在探索中找规律，不断形成新经验、深化新认识、贡献新方案，经济特区责任重大、使命光荣。对深圳而言，今年是建设粤港澳大湾区和中国特色社会主义先行示范区全面铺开、纵深推进的关键之年，只有以更大格局、更大担当、更大作为推动改革不停顿、开放不止步，把特区办得更好、办出水平，才能不辜负党和人民的期待，不辜负历史和时代的机遇。

"任重而道远者，不择地而息。"对过往最隆重的纪念，是创造新的历史；对当下最豪迈的誓言，是进行新的奋斗；对未来最真挚的许诺，是创造新的奇迹。新时代走在前列、新征程勇当尖兵，深圳改革开放再出发，努力创建社会主义现代化国家的城市范例，一定会创造让世界刮目相看的新的更大奇迹！

（2020年08月27日）

惟俭者兴　惟勤者进

马祖云

习近平总书记对制止餐饮浪费行为作出重要指示以来，全社会积极响应、认真落实。科学膳食、合理消费，成为餐饮业对消费者的倡导提示；厉行节约、反对浪费，成为机关和企事业单位食堂的用餐规矩；勤俭持家、理性花销，越来越成为传承优良家风的社会共识……阵阵新风，扑面而来。

在中华文化传统语境中，如果挥金如土、过度享乐，即便再富有的家族也会坐吃山空、败光家业。"奢靡之始，危亡之渐"，这是历史的深刻昭示。有鉴于此，自古以来，不少仁人志士留下名言警示后人。从"静以修身，俭以养德"到"历览前贤国与家，成由勤俭败由奢"……这些哲言警句，都指向持家立业的朴实道理：兴家犹如针挑土，败家好似浪淘沙。

勤俭节约是中华民族的传统美德，也是我们党一以贯之的优良作风。早在革命年代，毛泽东同志就提出，"节省每一个铜板为着战争和革命事业，为着我们的经济建设"；新中国成立后，他又强调，"执行厉行节约、反对浪费这样一个勤俭建国的方针"。周恩来同志用餐，桌上的一粒米饭要捡起食尽，碗里的汤汁都吃完。老一辈革命家言传身教、以上率下，带领我们党铸就了艰苦奋斗的革命传统，从而砥砺了坚不可摧的如磐意志，创造了彪炳史册的辉煌成就。一项项伟大成就，是依靠党领导人民千辛万苦干出来的,也是一寸钢、一尺布、一分钱那样省出来的。没有艰苦奋斗,哪能收获辉煌;没有勤俭立业,哪来民富国强。

改革开放40多年来,国家面貌日新月异,人民生活蒸蒸日上,社会变化气象万千。时代在发展,观念有更新。然而,变化中有不变:变的是生活水平,不变的是生活美德;变的是消费能力,不变的是消费习惯;变的是生活方式,不变的是文明素养。

眼下,我们正奋进在决胜全面小康、决战脱贫攻坚的关键阶段,中华民族千百年来"民亦劳止,汔可小康"的憧憬将变为现实。全面小康的实现必将振奋人心,同时也意味着新的奋斗起点。建造幸福大厦,需要筚路蓝缕的精神;拓展康庄大道,更待开启山林的意志。新长征路上,需要赓续艰苦奋斗的优良传统,激扬滚石上山、攻坚克难的精气神。去奢崇俭、弃侈尚节、顽强拼搏,努力创造更加美好的生活,更好造福子孙后代。

惟俭者兴,惟勤者进。勤俭节约应是我们砥砺奋进的一种精神气质。

(2020年08月26日)

激扬奋勇向前的精神力量

李浩燃

危急关头显斗志,艰难困苦见精神。在时光的河流中跋涉,精神的力量弥足珍贵,激励人发愤图强,引领人砥砺前行。

回顾中国人民抗击新冠肺炎疫情的艰苦斗争,许多场景已在岁月中定格,令人记忆犹新。医疗队员写下"若有战,召必回,战必胜",人民子弟兵哪里需要就奔赴哪里,医务工作者在重症病区连续奋战,民警坚守防控一线、守护群众安全,社区工作者手持测温枪风里来雨里去,"90后""00后"冲锋在前、勇于担当,工人们开足马力抢建火神山医院、雷神山医院……一位位"逆行者",传递着众志成城、共克时艰的精神力量。

最近《查医生援鄂日记》在上海书展上引发关注,其封面上的一句话启人思考:"这世上可能确实没有超级英雄,不过是无数人都在发一份光,然后萤火汇成星河。"一双双手紧握在一起,精神的溪流汇成江海。面对突如其来且来势汹汹的未知病毒,我们举国同心、同舟共济,迅速打响疫情防控的人民战争、总体战、阻击战,用较短时间有效遏制了疫情蔓延势头,推动全国疫情防控阻击战取得重大战略成果。亿万人团结一心、携手并进,汇聚起一个民族的精神伟力,构筑起又一座精神路标。

伟大斗争孕育伟大精神。观察中国的疫情防控,世界卫生组织总干事高级顾问布鲁斯·艾尔沃德说:"最让我震撼的是,每一个中国人都有很强烈的责任担当和奉献精神,愿意为抗击疫情作出贡献。"剑桥大学教授艾伦·麦克法兰感慨:"中华民族在数千年的历史中展现出不畏牺牲的精神。如今,我再次看到了这种精神。"千磨万击还坚劲,越是艰险越向前。这场与疫情的殊死较量,如同一座丰碑,镌刻着不屈不挠、顽强搏击的精神品格;如同一座灯塔,照亮了继往开来、壮阔豪迈的前进道路。在这场伟大斗争中,中国精神的内涵得到充分诠释,为世界所瞩目;中华民族在经受斗争考验时迸发出强大的精神力量,激励着中国,也鼓舞着世界。

"精神是一个民族赖以长久生存的灵魂,唯有精神上达到一定的高度,这个民族才能在历史的洪流中屹立不倒、奋勇向前。"回溯既往,中华民族历经磨难而愈加奋勇,每一次考验都如同一次淬火,只会让人民变得更加团结,让民族精神变得更为强健。面对困难,我们始终同舟共济、守望相助,高扬精神的旗帜。大庆精神、红旗渠精神、"两弹一星"精神、特区精神、抗洪精神、抗震救灾精神、载人航天精神、抗疫精神……精神之光熠熠生辉,标注着一段段奋斗征程,始终指向民族复兴的光荣梦想。抗击疫情中所展现的精神风貌、涵养的精神气质,必将成为我们面向未来、开拓进取的宝贵财富。

精神的力量是无穷的,蕴藏着创造历史的澎湃势能。一个拥抱未来的民族,不仅要有仰望星空的精神高度,也要有根深千尺的精神厚度。经过全党全国各族人民团结奋斗,我们即将夺取全面建成小康社会伟大胜利,踏上实现第二个百年奋斗目标的新征程。面对前进道路上的艰难险阻、浅滩暗礁,燃烧精神的火炬,勇于担当、甘于奉献,定能凝聚起攻坚克难的智慧和力量。扬起精神的风帆,不畏艰难、顽强拼搏,定能发出光和热,收获精神的成长。

历史前行的每一步,都需要精神的滋养;风雨无阻的每一程,都饱含精神的磨砺。永葆赤子之心,激扬无惧风浪、奋勇向前的强大精神力量,每个人前进的脚步,终将汇聚为中华民族伟大复兴的壮阔征程。

(2020年08月24日)

用信念引领人生选择

刘根生

从同一扇窗户看出去,眼睛向上是天空,眼睛向下是大地。世界呈现什么模样,往往取决于你的视角。

"太山之高,背而弗见;秋毫之末,视之可察。"王泽山院士当年求学时选择了火炸药专业,身边人都说这个专业太冷僻,但他坚信专业无冷热,"只要祖国需要,任何专业都可以光芒四射"。时间是最好的见证者,我国火炸药领域果然因他而"光芒四射"。果树栽培专家糜林一心富民,哪里穷就往哪里跑,农民需要什么就研究什么。30多年来,他帮助大量贫困群众脱贫致富,自己却不幸倒下。选择无所不在,但一个人如何选择与担当,很大程度上取决于看世界看人生的角度。

有人说,一个精神灿烂的人,可以活成一座花园。这样的灿烂,源自生活的态度。"人民楷模"王继才数十年如一日,坚持在开山岛上升五星红旗,早晚例行巡岛。为了减少岸上补给,王继才夫妇还在岛上开辟出"格子田"。面对困境,正因将目光聚焦于"家就是岛,岛就是国",王继才把"靠自己""不抱怨"作为人生信条,留下了宝贵的精神财富。如今,开山岛已成精神花园,年轻人接过了守岛接力棒,一批批党员干部来到这里重温入党誓词。

人在事上练,刀在石上磨,人才是"用"出来的。完成任务的过程,伴随着本领和才干的增长。今天,在不同的领域和行业,"90后""95后"

甚至"00后"已陆续走上工作岗位。我们应当把目光投向年轻人,为他们创造广阔的发展舞台、良好的成长环境,用其所长、补其所短,多压担子。平台好,人才聚。少些学历、资历等"先验视角",多看实绩、潜力,方能助力"后浪"乘风破浪、一往无前,创造更多精彩。

面对疾风骤雨,有人抱怨"老天爷",苏轼却留下动人诗篇:"竹杖芒鞋轻胜马,谁怕?一蓑烟雨任平生。"面对赞誉,航天英雄景海鹏说:"每一次飞天有太多人在托举着我们,我们的背后是祖国"。凝视的目光,呼应内心坐标,照见格局胸怀。超越名利的羁绊,常思以身许国,就能用信念引领人生选择;就能无惧困境、愈战愈勇,不会怨天尤人、气馁懈怠;就能初心如磐、使命在肩,不会忘记为什么出发。

欲穷千里目,更上一层楼。站在高远之处看世界看人生,深悟他者即自身,掌握"舍"与"得"的辩证法——一个有"眼量"而精神灿烂的人,必将拥抱更多美好。

(2020年08月21日)

用确定性战胜"不确定"

李浩燃

许多人渴望拥有确定性、获得安定感,然而现实生活却时常"出乎预料",令人不得不面对种种"不确定"。

当前,新冠肺炎疫情仍在全球持续蔓延,确诊病例和死亡人数持续攀升。新冠病毒突然袭击人类,就是世界各国共同面临的一个极大的"不确定"。如何面对"最狡猾的病毒",怎样应对突如其来的"不确定",考验各国治理能力与真功。过去几个月,在这场没有参考答案、没有先例可循的"闭卷考试"中,我们交上了令人感佩的"中国答卷"。回顾这场疫情防控的人民战争、总体战、阻击战,在以习近平同志为核心的党中央坚强领导下,14亿中国人民同时间赛跑、与病魔较量,以"上下一条心"的坚强意志、"全国一盘棋"的举国体制、"一竿子插到底"的有力落实,筑起了抗击疫情的钢铁长城,谱写了力挽狂澜的英雄赞歌。

这次抗疫斗争,我们党经受了严峻考验,得到了群众的衷心拥护和信任。人民对中国特色社会主义制度的显著优势和巨大优越性有了更加深刻的体认。事实充分证明,这样的制度优势及其优越性,是我们最大的确定性,也是面对未知、迎接挑战的信心之源。

遭遇难以预料的情形、凡事不尽然在预期之中,乃是社会生活的常态。以更广阔视野观之,在历史的航道上,人类社会的航船并非总是行进于潮平岸阔的水域。当此之际,环顾寰宇,"黑天鹅""灰犀牛"可能不期而至，逆全球化思潮暗流涌动，霸权主义、冷战思维卷土重来，人类再次站在了历史的十字路口。国际形势趋于严峻复杂，国内改革发展稳定任务依然艰巨繁重，我们党执政兴国所面临的风险挑战在上升。新长征路上，着眼中华民族伟大复兴战略全局和世界百年未有之大变局，面对世情国情党情深刻变化，惟有咬定青山不放松、越是艰险越向前，用确定性战胜"不确定"。

拥抱确定性，重要的是坚定信仰信念信心，保持战略定力。大江大河波涛奔涌，冲波逆折处更显壮阔澎湃。应当看到，面对百年未有之大变局，我国发展一时一事会有波动，但着眼长远依然东风浩荡，时与势必将都在我们一边。历史已经并将继续证明，在中国共产党引领下，中国号巨轮不惧一切惊涛骇浪，经得起任何风雨洗礼，狂风打不倒，巨浪掀不翻！无论风云如何变幻，从苦难的土壤里汲取教训和智慧，在自强的信念中凝聚勇气和力量，中国人民一定能，中国一定行！

强化确定性，可贵的是坚持实干苦干奋斗，激扬精神力量。"想，都是问题；做，才是答案。"船到中流、人到半山，我们无惧风雨、意志如磐，也决不能喘口气歇歇脚。时代不会忘记实干家，历史不会辜负奋进者。坚定"无限风光在险峰"的信念，保持"为者常成，行者常至"的勇毅，激扬永远奋斗的精气神，在变化中把握确定性，在斗争中提升确定性，在改革中增强确定性，在发展中保持确定性，在开放中维护确定性，我们就能用确定性战胜"不确定"，描绘新时代中国更新更美的图画。

时节如流，击鼓催征。站立于"两个一百年"奋斗目标的历史交汇点上，奋进在民族复兴的关键一程，未来的确定性将始终牢牢握在我们自己手中。

（2020年08月20日）

锐意进取　拥抱创新

向贤彪

锐意进取、改革创新，对新生事物秉持开放、理性、包容的态度，是当今的社会共识。对于符合事物发展规律、具有强大生命力和远大前途的新生事物，人们总是抱有更高期待。

不久前，习近平总书记主持召开中央全面深化改革委员会第十四次会议时强调，"对待新事物新做法，要加强鼓励和引导，让新生事物健康成长，让发展新动能加速壮大"。这深刻启示我们，越是形势复杂多变，越应当拥抱创新；越是改革向纵深发展，越需要注重新生力量。

"新故相推，日生不滞"。世界每时每刻都处在变化之中，新陈代谢是自然规律。在充满矛盾和变化的现实生活中，新事物不断涌现并不断替代旧事物，这是不以人的意志为转移的客观规律。回溯改革开放以来波澜壮阔的不凡历程，层出不穷的新生事物，极大影响并改变了我们的生活。可以说，新事物的出现、生长、壮大，体现着社会的进步，也为改革发展注入了源源不断的生机活力。

新生事物每时每刻都在孕育、涌现。对此，有的人能敏锐观察、迅疾捕捉，有的人却视而不见，这其中的差别在哪里？关键在眼力，而决定眼力的是思想。历史上，瓦特在改良蒸汽机的过程中投入很多，幸得有识之士及时伸出援手、提供经费支持，终于获得成功，将人类文明带入蒸汽时代。事实证明，摒弃短视思维，以长远眼光看待和支持创新创造,往往能激发难以想见的可能性。

"创新是从根本上打开增长之锁的钥匙。"譬如,新冠肺炎疫情对传统行业造成了很大冲击,但疫情防控期间,智能化浪潮由线上向线下奔涌,5G、大数据、云计算、人工智能等数字技术与传统产业加快融合,孕育着经济发展的新动能。这其中,既有对新的增长模式的探索,也有对新的发展机遇的创造。面向未来,只要我们主动作为、努力求变,勇于创造机遇,善于捕捉机遇,让新事物健康发展,不仅能最大限度化解疫情造成的影响,还能为产业转型升级提供新路径,有力推动经济高质量发展。

新生事物的萌芽、成长,离不开人的创造力。对待新生事物的态度,其实也是对待人的态度。我国北斗穿云,星耀全球。北斗初期的"全数字化"方案,是3位20岁出头的小伙子在10多平方米的仓库攻关出来的;领先全球的星间链路,是29岁的康成斌提出并验证的;被称为"北斗专列"的长征火箭,其总体设计团队,平均年龄不到30岁……今天,当初的北斗年轻人已挑起了我国航天事业的大梁。有人统计,在自然科学领域,人的"最佳创新年龄区"在25—45岁。正因此,我们要用欣赏和赞许的眼光看待青年创新创业,敢于放手支持青年人在关键岗位担当大任,让创新人才、创新成果如雨后春笋般涌现出来。

时代的荣耀属于创新者。放开"思维缰绳",打破思维定势,以宽广的眼光看待新生事物,以宽容的态度对待新生事物,以进取的精神培育新生事物,那些"才露尖尖角"的"小荷"就能得到滋养、向阳生长,终成"接天莲叶无穷碧"的壮美景象。

(2020年08月19日)

勤俭节约是传家宝

李 斌

近日,不少地方发起倡议,制止浪费成为商家和顾客的共识;宣扬大吃大喝、暴饮暴食的直播不见了,推广绿色健康饮食理念的直播受到追捧;节约粮食和资源,杜绝任何形式的浪费,成为许多家庭家风家教的重要内容……连日来,习近平总书记对制止餐饮浪费行为的重要指示得到全社会热烈响应,凝聚起崇俭抑奢、反对浪费的强大正能量。

风俗者,天下之大事也。从"坚决制止餐饮浪费行为"的严厉要求,到"坚决杜绝食用野生动物的陋习"的令行禁止,再到"垃圾分类工作就是新时尚"的热情动员,习近平总书记高度重视倡导文明健康绿色环保的生活方式。正如习近平总书记深刻强调的,"通过生活方式绿色革命,倒逼生产方式绿色转型"。生活习惯和饮食风尚不是小事,通过这个小切口,可以推动价值理念的大革新、经济活动的大升级,可以更好满足人民对美好生活的需求和向往。以绿色发展理念为指引,以健康生活为目标,来一场饮食文化"绿色革命",可谓正当其时。

让饮食文化简朴俭约起来。《资治通鉴》里讲:"俭约,所以彰其美也。"苏轼感慨:"口腹之欲,何穷之有?每加节俭,亦是惜福延寿之道。"穷奢极欲、暴殄天物素为中国人所反对,物尽其用、利用厚生素为中国文化所提倡。勤俭节约这个中华民族弥足珍贵的"传家宝",无论国家发展到什么水平、人民生活改善到什么地步,都不能丢。当下一些地方餐饮浪费现象仍然存在,"触目惊心、令人痛心!"只有驰而不息坚决制止餐饮浪费行为,不断扭转讲排场、比阔气的错误观念,清除未富先奢、炫富竞奢的土壤,才能力戒奢侈浪费和不合理消费。

让饮食文化绿色低碳起来。恩格斯在《自然辩证法》中深刻指出:"我们对自然界的整个统治,是在于我们比其他一切动物强,能够认识和正确运用自然规律。"坚持人与自然和谐共生是新时代生态文明建设的题中之义,也应成为生活方式和饮食文化的重要指导原则。我们必须把尊重自然、保护自然融入日常生活,提倡绿色、低碳、环保、可持续,戒除滥食野生动物等破坏生态平衡的饮食陋习。

让饮食文化文明健康起来。"纵口欲而百病生",饮食与健康关系密切。暴饮暴食、油大味重、荤素失衡,诸如此类问题直接或间接导致了各类病症的发生。不科学不健康饮食习惯还可能加剧医疗负担、引发资源浪费和环境污染,影响不可小觑。健康中国,离不开健康饮食。如今生活条件改善了,忍饥挨饿、缺吃少穿、生活困顿一去不复返了,"吃得对、吃得好、吃得健康"理应是高品质生活关注的重点。生熟食分开存放和加工,添加公筷公勺、实行分餐制,合理膳食、荤素搭配、营养平衡,这些健康科学的生活理念,正在被越来越多的家庭所接受。

全面小康既是物质丰盛的小康,更是饮食健康、饮食环保的小康。让我们一起行动起来,践行绿色健康的生活方式,涵养简约文明的饮食文化。

(2020 年 08 月 18 日)

以奋斗姿态扬起时代风帆

程聚新

近日,北斗三号全球卫星导航系统正式开通。由我国建成的独立自主、开放兼容的卫星导航系统,从此走向了服务全球、造福人类的时代舞台。

自上世纪90年代以来,一代代北斗人传承着"两弹一星"前辈们留下的宝贵精神财富,以"祖国利益高于一切、党的事业大于一切、忠诚使命重于一切"的责任担当,克服了各种难以想象的艰难险阻,用信念之火点燃了北斗之光。26年时间,400多家单位、30余万名科研人员参研参建,一路披荆斩棘、不懈奋斗,推动北斗卫星导航系统实现了从无到有、从有到优、从区域到全球的跨越。"追求卓越"是新时代北斗精神的重要内涵,而崇尚奋斗,正是为了更好实现自主创新、矢志追求卓越。

人们仰望星空、关注北斗,正是因为奋斗的底色历久弥新,更是因为梦想和奋斗始终是人生关键词,崇尚奋斗是不变的主旋律。航空航天科技团队守着"大漠孤烟直,长河落日圆"的寂寞,收获了"上九天揽月,下五洋捉鳖"的豪情。其实,奋斗也可以是每一个普通人的人生状态。一把木凳,百万粉丝,过亿播放,"阿木爷爷"做木工,"这辈子就把这件事情干好、干细致就行了",道出了"书痴者文必工,艺痴者技必良"的匠心。宏大如国家复兴梦想,细微如个人幸福梦想,奋斗是筑梦逐梦的底色,也是每个人敢梦能梦的底气。"我们都在努力奔跑,我们都是追梦人"。奔跑追梦正是奋斗的姿态,之于个体,决定着人生的高度和广度;对于家庭,是改变命运最明确也最受肯定的路径;置于国家和民族大局,则是汇聚每一份力量、凝结社会发展推动力的活力源泉。

"一代人有一代人的奋斗,一个时代有一个时代的担当。"数字经济时代,互联网、大数据创造了一个更加开放、普惠的环境,为更多人通过奋斗实现梦想提供了机会。从"电商主播""带货网红"到"互联网营销师",从"线上辅导""网课老师"到"在线学习服务师",新职业的诞生、新机会的涌现,搭建起经济发展新业态和群众生活新期待的全新舞台,也为每个人打开新的筑梦空间。时代前行,每个人都是见证者、开创者、建设者。施展才华,成就自我,只争朝夕,不负韶华,将个人奋斗融入社会发展,亿万人的人生出彩,就能支撑起一个国家的梦想成真。

2020年注定不凡,决胜全面小康,决战脱贫攻坚,我们感受到"天时人事日相催"的紧迫感,更要有"人间万事出艰辛"的自信心。当今世界正经历百年未有之大变局,我国发展的内部条件和外部环境正在发生深刻复杂变化。推动经济高质量发展,维护社会稳定大局,努力完成全年经济社会发展目标任务,都需要弘扬奋斗精神,用亿万个微观个体的奋斗,汇聚成中国昂扬前行的动力。

"奋斗本身就是一种幸福。"时代的长河变动不居,人生的航船不能随波逐流,当以奋斗精神作为压舱之石,当以奋斗姿态扬起前行风帆。因为唯有永不放弃永不懈怠,永久奋斗永久超越,才能把我们的工作写进生命的航程里,把我们的力量沉淀在社会的河床上,把我们的梦想定格在国家和民族前进的方向。

(2020年08月17日)

大兴勤俭节约之风

张 凡

"历览前贤国与家，成由勤俭败由奢。"习近平总书记近日对制止餐饮浪费行为作出重要指示，强调要进一步加强宣传教育，切实培养节约习惯，在全社会营造浪费可耻、节约为荣的氛围。

俗话说，人无俭不立。勤俭节约不仅是一种生活习惯，更体现着一个人的道德修养。《左传》有言："俭，德之共也；侈，恶之大也。"诸葛亮诫子："静以修身，俭以养德。"在中国人长久以来的价值观里，俭朴不仅是一种行为方式，更是一种大的德行，是培养良好道德的基础。因为一个勤俭节约的人，一定是一个自知、自律、自省的人。今天我们提倡节约，不仅是要倡导一种健康适度的生活方式，更是要让人们在厉行节约中涵养"恒念物力维艰"的道德品质，去除骄奢淫逸的不良之风，在举手投足间展现深植于心的素养，去拥抱更美好的生活。

浪费还是节约，这看似是个人的行为选择，却照鉴着一个社会的文明品质。现实中，一些人缺乏节约意识，有意无意地浪费粮食、糟蹋粮食，一些人爱面子、讲排场，不同程度地过度消费、攀比铺张，造成社会财富的巨大浪费，这些都与社会文明背道而驰。文明，在于"人人相善其群"的公德意识，在于敬畏自然、尊重劳动的自律自觉，在于重视公共利益的价值尺度……由此而言，了解"一粒米千滴汗"的辛劳，进而感恩大自然的馈赠和劳动者的付出；懂得"取之有度，用之有节"的道理，所以尽己所能减少浪费以节约资源、保护环境。这种敬畏自然、尊重劳动、顾及群体的价值选择，值得我们提倡和坚守。

"奢靡之始，危亡之渐"。对于国家来说，提倡勤俭节约之风，也要增强危机意识、赓续艰苦奋斗精神。今天，我们拥有的这份"家底"，是几代人筚路蓝缕、拼搏奋斗才攒下的，决不能在挥霍浪费中白白断送。正如习近平总书记所指出的，"即使生活一天天好了，也没有任何权利浪费！"因为无论是面对资源相对不足、生态环境脆弱的现实国情，还是面对宏伟的奋斗目标、复杂的内外环境，都需要我们时刻葆有艰苦奋斗的精神、勤俭节约的作风。"常将有日思无日，莫待无时思有时"，节约每一粒粮食，节约每一点资源，聚沙成塔、集腋成裘，我们才能拥有抵御风险的深厚底气、迎战困难的强大力量。

勤俭节约，是个人涵养优良品德的重要内容，是推动国家发展、社会进步的有效途径。环顾我们身边，"舌尖上的浪费"现象虽然有所改观，但一些地方餐饮浪费仍然存在，光怪陆离的"消费主义"盛行，一些人陷入"挥霍浪费""透支消费"的怪圈，这显然与我们所需要、所期待的社会风尚大相径庭。"习惯之初如蛛丝，习惯之成如绳索"，如果任由铺张浪费成为根深蒂固的习惯，成为在全社会蔓延的不良之风，就有可能积习难改、积重难返。当此之时，我们有必要重申"厉行节约、反对浪费"的深刻意义，让更多人自省自励、引为镜鉴。

由俭入奢易，由奢入俭难。在全社会大兴勤俭节约之风，需要我们每个人把艰苦奋斗、勤俭节约付诸实践、见诸行动，更需要持之以恒、久久为功，让"克勤克俭""戒奢以俭"的价值理念真正深入人心、蔚然成风。

（2020年08月14日）

培厚创新的土壤

魏 寅

如果把科技创新的过程比作"发现之旅",那么对于颠覆性创新而言,探寻的就是"奇伟、瑰怪、非常之观"。

与渐进式、累积性创新不同,颠覆性创新需要彻底的突破,往往体现为突破常规思维的异想天开、跳出传统模式的另辟蹊径、超越既有领域的开疆拓土。中国历史上的"四大发明",西方近代的蒸汽机技术和电气技术,都可谓"从0到1"的创新。这样的创新,不仅改变了生产生活模式,甚至加速了人类文明发展进程,其意义和影响都是颠覆性的。

然而,颠覆性创新的"非常规"特性,使其在刚刚出现时难以被理解和认可。新事物从"遭冷遇"到"受热捧",往往存在一定延迟,而颠覆性创新更是如此。另一方面,创新很多时候九死一生,颠覆性创新作为"创新的顶峰",成功的概率更是微乎其微。既面临外界的压力,又存在失败的风险,进行颠覆性创新的挑战之大、困难之大,不难想见。进而言之,要想推动颠覆性创新,就必须涵养鼓励创新、宽容失败的良好生态。

近年来,我国频频向创新高地发起冲锋。"天河"创造超算纪录,"墨子"领跑量子科技,"北斗"完成全球组网,5G赋能百业千行……我们已在一些前沿领域领先发展,无法再靠追随获取进步、谋求突破。惟有以自主创新能力为依托,以关键核心技术为指向,着力培厚科技创新"金种子"的成长土壤,方能收获更多"硬核产品",从而在新一轮全球科技竞争中掌握战略主动。

鼓励创新,才有活力涌流。一项颠覆性的新理论、新技术,在刚刚问世的时候往往不被看好。但恰是此类项目,最需要政策的帮扶,最渴望得到"第一桶金"的支持。否则,非凡的创意就可能被磨去棱角,甚至干涸枯竭。这就要求破除观念藩篱和制度障碍,完善"非共识"项目的遴选资助机制,让有志于颠覆性创新的研究者获得足够的"风险投资",不用为缺少支持而发愁、不用为暂时出不了成果而焦虑。提供环境、搭建平台、呵护创造,最大限度释放创新潜能,是全社会共同的责任。

宽容失败,才有从容探索。钱学森曾说:"没有大量错误作台阶,也就登不上最后正确结果的高座"。对"探索性失败"的每一次宽容,都可能孕育着下一次创新的成功。不久前,科技部等印发《新形势下加强基础研究若干重点举措》,明确"对自由探索和颠覆性创新活动建立免责机制"。重视试错的价值,树立容错的导向,探索"为失败买单"的合理办法,为勇于创新者解除后顾之忧,"失败是成功之母"的箴言就能照进现实,凝聚起更多的创新力量。

科技是国家强盛之基,创新是民族进步之魂。回首新中国成立以来的发展历程,"两弹一星"、载人航天等一系列重大科技突破,极大提升了我国影响力,增强了民族自豪感。展望未来,更好发挥新型举国体制优势,加快科技改革步伐,给颠覆性创新一片成长沃土,我们必将打造更多支撑国家安全和发展的"大国重器",早日实现建设世界科技强国的奋斗目标。

(2020年08月13日)

"真理的味道非常甜"

——纪念《共产党宣言》中文首译本出版一百周年①

李 斌

"真理的味道非常甜。"习近平总书记多次讲述了陈望道在翻译《共产党宣言》时"蘸着墨汁吃粽子，还说味道很甜"的故事。回望《共产党宣言》中文首译本出版 100 年来中国大地上发生的翻天覆地的巨变，真理的味道有多甘甜，中国共产党和中国人民最有话语权。

时间是真理的挚友，历史是现实的源头。百年前，受尽列强凌辱、濒临危亡的旧中国，犹如孤海扁舟，"上有风雨之摧淋，下有狂涛之荡激"。如何救民于水火，扶大厦之将倾？从中国共产党的诞生成为"开天辟地的大事变"到新中国的成立开辟"历史新纪元"，从改革开放成为"决定当代中国命运的关键一招"到中国特色社会主义进入新时代党和国家事业取得历史性成就、发生历史性变革，中华民族之所以实现从站起来、富起来到强起来的伟大飞跃，奇迹之根源、力量之根本皆在于马克思主义。如今，中国共产党带领中国人民一路乘风破浪，"从小船一直划到巨轮上，驶向光辉的彼岸"。

"不可能成为了可能"，这就是真理的力量。历史已经证明，除了信奉马克思主义的中国共产党，其他各种政治力量都无力领导中国人民实现救亡图存和民族独立、解放与复兴。在经历君主立宪制、议会制、总统制等的失败尝试后，中国最终选择了社会主义道路。这是历史的选择、人民的选择。从"国基未固,百制抢攘"转而建立社会主义制度,从"有被开除出球籍的危险"转而创造"当惊世界殊"的发展成就,对马克思主义的信仰,对社会主义和共产主义的信念,指引中国共产党带领人民求得民族独立和人民解放,努力实现国家富强、民族振兴、人民幸福。近代以来"失去的二百年",在中国共产党和中国人民的团结奋斗中逐渐找了回来,无可辩驳地说明,马克思主义"确实是真理,确能救中国"。

"更好的日子还在后头",这就是真理的召唤。在《共产党宣言》中,人民群众在推动历史前进中的伟大作用得到热情讴歌,实现人的自由而全面的发展成为共产主义的理想追求。中国共产党的人民立场,体现在全心全意为人民服务的根本宗旨中,体现在坚持以人民为中心的发展思想中。人均GDP超过1万美元,全球最大规模的中等收入群体,覆盖城乡的社会保障体系,"全面建成小康社会,一个都不能少"……革命先辈所预想的"黄金时代""可爱的中国",如今已经和正在成为现实。"我们党没有自己特殊的利益,党在任何时候都把群众利益放在第一位",这是中国共产党作为马克思主义政党从胜利走向胜利的政治逻辑,更是14亿中国人全面建成小康社会、开启全面建设社会主义现代化国家新征程的胜利保证。

马克思、恩格斯曾科学预见"中国社会主义"的出现,取名"中华共和国"。为什么《共产党宣言》所设想的人类社会美好前景,能成为中国大地上的生动图景?一个重要原因在于,中国共产党始终坚持马克思主义与中国实际相结合,"用发展着的马克思主义指导新的实践"。全面把握世界百年未有之大变局和中华民族伟大复兴战略全局,以全面深化改革推进国家治理体系和治理能力现代化,以新发展理念和新发展格局打造发展新优势,以生态文明理念推动生态环境保护发生历史性转变,以推动构建人类命运共同体创造人类美好未来……当代中国的伟大社会变革,因为马克思主义中国化不断推进、马克思主义新的时代内涵不断丰富而气象万千、前途似海。

美国著名记者埃德加·斯诺曾说,"红星照耀中国"。开辟了"通向真理的道路"的马克思主义,将继续指引中国共产党和中国人民团结一心向前进。到马克思、恩格斯发表《共产党宣言》200周年之时，中国全面建成社会主义现代化强国之际，中国的马克思主义必将展现出更强大、更有说服力的真理力量！

（2020年08月03日）

"用信仰之力开创美好未来"

——纪念《共产党宣言》中文首译本出版一百周年②

盛玉雷

1939年底,毛泽东同志对一位刚调到延安马列学院学习的同志说,"《共产党宣言》,我看了不下一百遍,遇到问题,我就翻阅马克思的《共产党宣言》,有时只阅读一两段,有时全篇都读,每阅读一次,我都有新的启发。"从《共产党宣言》中汲取信仰之力,为共产主义事业奋斗终身,成为一代代共产党人的共同选择。

习近平总书记强调:"用理想之光照亮奋斗之路,用信仰之力开创美好未来"。对马克思主义的信仰,对社会主义和共产主义的信念,是共产党人的政治灵魂,是共产党人经受住任何考验的精神支柱。回首峥嵘岁月,我们党历经挫折而不断奋起、历尽苦难而淬火成钢,归根到底在于千千万万党员心中的远大理想和革命信念始终坚定执着、闪耀光芒。为了民族独立和人民解放,信仰火炬点亮革命曙光;面对改革发展的任务,远大理想指引奋斗方向;面临突如其来的风险挑战,理想信念凝聚化危为机的力量。无数先进分子汇聚在马克思主义的旗帜下,努力做"最不知疲倦、无所畏惧和可靠的先进战士"。马克思主义这个"拯救中国的导星",成为中国共产党带领中国人民进行革命、建设、改革的强大思想武器,使中国这个古老的东方大国创造了人类历史上前所未有的发展奇迹。

"石可破也,而不可夺坚;丹可磨也,而不可夺赤。"理想信念的确立,是一种理性的选择，而不是一时的冲动，需要纯洁的目的、朴素的感情，更需要有深厚的信仰作支撑。为什么共产党人的信仰坚定而执着、纯粹而无私？习近平总书记曾语重心长地指出："我们坚定，是因为我们追求的是真理。我们坚定，是因为我们遵循的是规律。我们坚定，是因为我们代表的是最广大人民根本利益。"共产党人的理想信念建立在科学真理的基础之上。认识真理、掌握真理、信仰真理、捍卫真理，继而为实现最广大人民根本利益和人的自由而全面的发展不懈奋斗，这就是共产党人战胜困难、赢得胜利的力量之源。

理想信念既是战胜千难万险的"胜利之钥"，也是淬炼奋斗决心的"精神之钙"。陈望道在翻译《共产党宣言》后被反动派列入了"黑名单"，多次险遭毒手，但信仰坚定的他并不后悔自己的选择，"我这人是不大知道怕的"。真正的信仰镌刻在灵魂深处，经得住岁月的尘埃，抵得过风浪的侵袭。方志敏就义之前慷慨陈词："为着共产主义牺牲，为着苏维埃流血，那是我们十分情愿的啊！"无数烈士大义凛然、壮烈牺牲，就是因为他们是"马克思主义笃诚的信仰者"，坚信"苏维埃可以救中国，革命必能得最后的胜利"。时至今日和平年代，同样是坚定的信仰支撑着不懈奋斗的共产党员。不管是下沉到每家每户助脱贫，还是防控新冠肺炎疫情、抵御滔滔洪水，各条战线上的共产党员或冲锋一线，或坚守岗位，或捐款捐物，以逆行者、守望者、奉献者的形象被人们铭记。共产党员以其握指成拳的爱国之志，枝叶关情的为民之心，赢得中国人民的衷心点赞。一名小学校长在疫情防控期间给孩子们寄语："假以时日，你们长大了，如果听到祖国召唤，一定要站出来，这是使命，更是担当！"

"在学思践悟中坚定理想信念，在奋发有为中践行初心使命"。在给复旦大学《共产党宣言》展示馆党员志愿服务队全体队员的回信中，习近平总书记对广大党员特别是青年党员寄予厚望。为理想奋斗者最快乐，为人民奉献者最高尚。抱定理想信念锲而不舍地实干、驰而不息地奋斗，中国共产党必能风雨无阻向前进，不负历史和人民。

（2020年08月04日）

"不忘初心，方得始终"

——纪念《共产党宣言》中文首译本出版一百周年③

桂从路

为人民谋幸福、为民族谋复兴的初心使命，自我们党诞生之日起就牢牢熔铸进共产党员的血脉基因。亲历抗击新冠肺炎疫情的大战大考之后，复旦大学"85后"医生王相诗在参加朗诵《共产党宣言》活动时表示："你看共产党员不惧危险、冲锋在前的样子，不就是宣言精神的现实写照吗？"的确，这正符合马克思、恩格斯在《共产党宣言》中所宣布的政治立场："无产阶级的运动是绝大多数人的，为绝大多数人谋利益的独立的运动。"中国共产党的初心使命，建立在马克思主义所要求的为最广大人民谋利益的价值追求之上。从一辈子为国为民甘洒热血的革命志士，到在抗疫、抗洪最前线挺立的逆行勇士，《共产党宣言》的真理之光穿越百年，给予一代代共产党人思想滋养、奋斗支撑。

"让党旗在防汛救灾第一线高高飘扬"。在防汛救灾中，抗洪抢险争分夺秒，保障人民群众生命财产安全不容有失，广大党员干部和人民子弟兵身挡千层风浪，肩负万钧重量，挺立在人民群众最需要的地方。手脚磨出血泡，皮肤晒到脱皮，浑身沾满泥水，他们毫不在意。精神的力量打动人心，信仰的旗帜高高飘扬。

事实有力证明，《共产党宣言》的真理力量是永恒的。实践也生动表明，中国共产党是《共产党宣言》精神的忠实传人。"每一个共产党员，不论职位多高，都是人民的勤务员。"习近平总书记要求全党，把人民群众放在心中最高位置，始终保持同人民群众的血肉联系，把为人民谋幸福作为根本职责。在抗击疫情中，4.2万医护人员逆行出征，一支支党员先锋队、突击队战斗在最前沿；上到108岁的老人，下到刚出生的孩子，不惜一切代价全力以赴救治。英国剑桥大学高级研究员马丁·雅克感慨，中国非凡而果断的决策得到了中国人民非凡而积极的响应，这是政府与人民上下一心、通力合作的经典案例。"人民至上、生命至上"的抗疫实践生动说明："我们党没有自己特殊的利益，党在任何时候都把群众利益放在第一位。"

事业发展永无止境，共产党人的初心永远不能改变。"不忘初心，方得始终"。从旧中国"人民五亿不团圆"到新时代同心共筑中国梦，从国家羸弱、一穷二白到跻身世界第二大经济体，唯有不忘初心、朝着民族复兴勇往直前，方可告慰历史、告慰先辈。做好"六稳"工作、落实"六保"任务，决战脱贫攻坚，决胜全面建成小康社会，不断满足人民对美好生活的向往，唯有把为民造福的事业推向前进，方可赢得民心、不负时代。面对风险考验保持头脑清醒，克服脱离群众这个最大危险，更要砥砺初心、强体魄于伟大的自我革命，在永远奋斗中保持永远年轻。初心如磐，使命在肩，"人民"重若千钧，"人民"就是一切。

初心使命不仅仅是一种政治追求，更是坚不可摧的政治优势。老百姓看得最真切、说得最实在："共产党就是自己有一条被子，也要剪下半条给老百姓的人。"学者的研究同样表明："在当代中国，只有中国共产党才具有这样的历史担当和领导能力，带领中国人民克服各种困难、战胜一切艰难险阻，实现自己的宏伟目标。"一个深深扎根人民、紧紧依靠人民，与人民血肉相连、血脉相通的政党，必然不可战胜，必将所向披靡！

（2020年08月05日）

"我们的道路必将越走越宽广"

——纪念《共产党宣言》中文首译本出版一百周年④

李洪兴

历史中有大势,历史中有未来。1920年8月,《共产党宣言》中文首译本在上海出版,几乎同时,上海早期党组织也宣告成立,取名"中国共产党"。《共产党宣言》的译介,传播了马克思主义,历史地推动了中国共产党的成立。波澜壮阔的奋斗征程,改天换地的历史影响,正是在这之后。

从旧中国"事事皆落人之后"到新中国"天翻地覆慨而慷",从筚路蓝缕"赶上时代"到意气风发"引领时代",从风雨飘摇的"泥足巨人"到行稳致远的"东方巨轮",史诗般巨变的源头,就在于以《共产党宣言》为代表的马克思主义的传入,奠定了中国共产党这一先进政党的理论基石,为探索"中国向何处去""中华民族何以复兴"等一系列重大问题指明了方向。如今的中国,用几十年时间走完了发达国家几百年走过的发展历程,即将实现现行标准下农村贫困人口全部脱贫、贫困县全部摘帽,嫦娥四号、雪龙2号、北斗导航等大国重器不断涌现。历史和现实无不表明,只有社会主义才能救中国,只有中国特色社会主义才能发展中国。中国走上社会主义道路,发展出中国特色社会主义理论和实践,是历史的选择、人民的选择。

"凡贵通者,贵其能用之也。"马克思主义基本原理的实际运用,一如马克思、恩格斯在《共产党宣言》序言中指出的那样，"随时随地都要以当时的历史条件为转移"。从提出坚持以人民为中心的发展思想到把握新时代社会主要矛盾的变化，从确定坚持和发展中国特色社会主义的总任务到部署中国特色社会主义事业总体布局和战略布局……靠着理论创新、实践创新、制度创新、文化创新以及其他各方面创新的不断推进，当代中国经历着我国历史上最为广泛而深刻的社会变革，也正在进行着人类历史上最为宏大而独特的实践创新。回顾百年奋斗历程不难发现，中国共产党之所以能够历经艰难困苦而不断发展壮大，重要原因就是我们党始终重视思想建党、理论强党，紧密结合新的时代条件和实践要求不断推动马克思主义中国化、坚持和发展中国特色社会主义。

习近平总书记讲述过这样一个故事："红军过草地的时候，伙夫同志一起床，不问今天有没有米煮饭，却先问向南走还是向北走。这说明在红军队伍里，即便是一名炊事员，也懂得方向问题比吃什么更重要。"中国特色社会主义的发展道路、理论体系、制度模式、文化优势，直接关乎国家前途、民族命运、人民幸福，无论任何时候、无论任何条件下都必须牢牢坚持。越知昨日艰辛，越要珍惜今日美好。从全面建成小康社会到基本实现现代化，再到全面建成社会主义现代化强国，是新时代中国特色社会主义发展的战略安排，凝聚着广大共产党员和人民群众的期盼与决心。砥砺志不改、道不变的坚定，甩开膀子实干，同心同德奋斗，历史的机遇期、发展的主动权，都将牢牢掌握在中国人自己手中。

航向一经标定，航道无限广阔。"明天会更好！"对"更好"的自信，不只是因为目睹了中国巨变，亲身参与着美好生活的实现，更是因为，在共产主义远大理想和中国特色社会主义共同理想指引下，中国人民具有无比广阔的舞台，中国发展具有无比深厚的潜力，中华民族具有无比强大的定力。乘风破浪，扬帆远航，更辉煌的成就等待着中国。正如习近平总书记指出的："随着中国特色社会主义不断发展，我们的制度必将越来越成熟，我国社会主义制度的优越性必将进一步显现，我们的道路必将越走越宽广。"

（2020年08月06日）

"为人类作出新的更大的贡献"

——纪念《共产党宣言》中文首译本出版一百周年⑤

石 羚

大道不孤,德必有邻。100年前,《共产党宣言》从遥远的欧洲传入中国,浙江义乌见证了中文首译本的诞生。100年后的今天,当新冠肺炎疫情在全球肆虐,由义乌出发的中欧班列满载防疫物资持续开行。义乌和其他许多城市一起,响应党和国家号召推进全球抗疫合作,为构建人类卫生健康共同体写下生动注脚。回望百年,变化的是时代主题,不变的是历史大势,闪耀的是《共产党宣言》的真理光辉。

《共产党宣言》的问世是人类思想史上的一个伟大事件,对人类历史进程和东西方经济社会发展均产生了重大影响。当前,世界多极化、经济全球化、社会信息化、文化多样化深入发展。《共产党宣言》对马克思主义政党的国际主义精神的深刻阐述,为中国共产党造福人类,共同创造美好世界提供了科学理论依据。从"自由人联合体"到"人类命运共同体",从"世界市场"到"一带一路",从马克思主义经典论断到习近平新时代中国特色社会主义思想,共产党人为人类谋福祉、为世界求大同的追求从未改变。

党的十九大是一个关键节点,坚持推动构建人类命运共同体在大会报告中被列入新时代坚持和发展中国特色社会主义的基本方略。实现中国梦想、守护地球家园、探索人类社会理想,中国共产党和中国人民决

心坚定、恒心不移。东非第一条高速公路、马尔代夫第一座跨海大桥、白俄罗斯第一家轿车生产企业……中国的发展离不开世界，发展起来的中国有意愿和诚意回馈世界，欢迎各国搭乘中国发展的顺风车。面对新冠肺炎疫情，从及时公开透明向世界发布疫情信息，到积极主动同世卫组织和国际社会开展合作，从保障防疫物资供应、守护国际产业链安全，到主动与国际社会分享治疗经验、防控方案，中国始终坚持把加强疫情防控国际合作作为发挥负责任大国作用、推动构建人类命运共同体的重要体现。既致力于让中国人民过得好，也不断帮助各国人民过得好，这就是中国共产党的初心和追求。

居天下之广居，立天下之正位，行天下之大道。面对国家间、文化间的差异，中国主张求同存异、开放包容、互学互鉴；面对经济全球化大潮，中国致力于共建开放合作、开放创新、开放共享的世界经济；面对人类共同挑战，中国秉持共商共建共享的全球治理观，倡导国际关系民主化……习近平总书记强调："我们要洞察时代风云，把握时代大势，站在人类发展前沿，积极探索关系人类前途命运的重大问题，为应对当今世界面临的全球性挑战、解决人类面临的共性问题贡献中国智慧、中国方案。"当"合作共赢"和"人类命运共同体"被写入联合国大会决议，当共商共建共享的理念成为"一带一路"沿线国家和地区的共识，中国智慧、中国主张、中国行动赢得了国际社会的高度认可。

历史和现实有力说明，"中国发展是属于全人类进步的伟大事业"。新时代的中国共产党和中国人民，愿意与世界人民肩并肩共同应对难题、手牵手共同缔造繁荣、心连心共同擘画明天。肩负"为人类作出新的更大的贡献"的使命，中国对未来满怀信心！

（2020 年 08 月 07 日）

"只有中国共产党才能领导中国"

——纪念《共产党宣言》中文首译本出版一百周年⑥

达 仁

纵览过去百年历史，中华民族由战乱频仍、民不聊生到根本扭转命运、持续走向繁荣富强是一个鲜明标识、主脉主线。引领这一历史大趋势的政治力量，是始终把马克思主义作为行动指南，并坚持在实践中不断丰富和发展马克思主义的中国共产党。

陈望道在 1920 年翻译出版的《共产党宣言》，鲜明指出共产党在实际方面是"各国劳动阶级中最进步最果决的一派"，在理论方面"狠能了解劳动运动底进路，情势，以及最后的结果"。从诞生之日起，中国共产党就把实现共产主义作为党的最高理想和最终目标，义无反顾肩负起实现中华民族伟大复兴的历史使命。中国人民发愤图强、艰苦创业，创造了"当惊世界殊"的发展成就，实现了从站起来、富起来到强起来的伟大飞跃……伟大成就不是天上掉下来的，更不是别人恩赐施舍的，而是中国共产党带领中国人民用鲜血、汗水、泪水写就的。有了中国共产党，中国人民谋求民族独立、人民解放，实现国家富强、人民幸福就有了主心骨、领路人。

"党政军民学，东西南北中，党是领导一切的。"中国特色社会主义最本质的特征是中国共产党领导，中国特色社会主义制度的最大优势是中国共产党领导。面对新冠肺炎疫情这一全球性危机，中国勇毅扛起疫情防控的大旗，展开了疫情防控的人民战争；面对经济发展不确定性和保护主义上升、世界经济低迷、全球市场萎缩的外部环境，中国统筹常态化疫情防控和经济社会发展工作，提出加快形成以国内大循环为主体、国内国际双循环相互促进的新发展格局。如今，中国在疫情防控和经济恢复上都走在世界前列，这些都有力说明，中国共产党领导和我国社会主义制度、我国国家治理体系具有强大生命力和显著优越性，能够战胜任何艰难险阻，能够为人类文明进步作出重大贡献。

放眼万里征程，心怀千秋伟业，根本目的都是为了"让人民过上好日子"。马克思和恩格斯在《共产党宣言》中设想共产主义社会前景，强调"每个人的自由发展是一切人的自由发展的条件"。党的十八大以来，习近平总书记多次宣示"人民对美好生活的向往，就是我们的奋斗目标"，强调"坚持以人民为中心的发展思想"，要求"更好满足人民在经济、政治、文化、社会、生态等方面日益增长的需要"，是对马克思主义关于人的全面发展理论的最新发展，指引着中国共产党和中国人民为夺取新时代中国特色社会主义新胜利而团结奋斗。根基在人民、血脉在人民、力量在人民，是中国共产党在百年奋斗历程中跨过一道又一道沟坎、战胜一切风险挑战的胜利密码，是中国共产党领导中国革命、建设、改革的根本逻辑。

"只有中国共产党才能领导中国"，这个历史结论、伟大真理，永远颠扑不破。面对"大就要有大的样子"的管党治党要求、"大也有大的难处"的问题挑战任务，中国共产党坚持以伟大自我革命引领伟大社会革命，努力把党的创新理论转化为推进新时代中国特色社会主义伟大事业的实践力量。大道如砥，行者无疆。在中国共产党坚强领导下，亿万中国人民同心同德，同向同行，同力同为，就一定能战胜一切艰难险阻，实现中华民族伟大复兴。这就是社会主义中国屹立东方的底气所在，这就是中华民族开辟美好未来的自信所在！

（2020年08月10日）

"危中有机,唯创新者胜"

李 拯

新冠肺炎疫情冲击、外部环境变化,可谓艰难。但惟其艰难,才更显勇毅。疫情防控期间,直播带货、在线办公、云旅游等新业态新消费蓬勃生长,高科技企业登陆科创板、涌动创新热情。广大市场主体用创新的勇气,书写着逆风飞翔、转危为机的故事。

"企业家创新活动是推动企业创新发展的关键""大疫当前,百业艰难,但危中有机,唯创新者胜。"在不久前召开的企业家座谈会上,习近平总书记勉励企业家要做创新发展的探索者、组织者、引领者,勇于推动生产组织创新、技术创新、市场创新,重视技术研发和人力资本投入,有效调动员工创造力,努力把企业打造成为强大的创新主体,在困境中实现凤凰涅槃、浴火重生。市场活力来自于人,特别是来自于企业家,来自于企业家精神。在经济管理中,对于"企业家"有很多种定义,但有一个基本共识是,企业家是生产活动的组织者,最基本的职能就是实现创新。道理很简单,一个产品达到市场饱和后,企业家就要进行创新,才能创造新的供给,推动经济持续增长。由此看来,"创新是引领发展的第一动力",这既是大势判断,更有着深厚的微观基础。

改革开放以来,我国经济发展取得举世瞩目的成就,同广大企业家大力弘扬创新精神是分不开的。回顾 40 多年发展历程,多少企业从一间小屋出发,成长为全球 500 强企业;多少互联网公司,从 10 多人的创业团队，跻身世界级企业之列。社会主义市场经济体制逐步建立，为企业家充分利用自身的认知和洞察进行发明创造打开了空间，各个微观的市场主体进行着分散化的经营决策，不断创造着坐在办公室不可能计划出来的新事物、新产品和新的可能性，释放出巨大的经济活力。

更应看到，创新不仅是实现高质量发展特别需要弘扬的品质，同样是应对疫情冲击、走出经营困境的不二法门。某制鞋企业率先推动数字化转型，实现企业级数据智能驱动业务、数据资源化和数据服务化，在疫情防控期间网上销量增幅明显；某主营烧烤的餐饮企业在最严重的时候全国近150家门店被迫关闭堂食，通过发力线上消费场景，获得10倍的外卖销售增长，仅仅用了60天时间就度过危机。这说明，把危机当成创新的契机，充分运用大数据、云计算、人工智能等新一代数字技术为实体经济、传统产业赋能，就能为企业插上"数字翅膀"，在困境中逆势生长。

对企业家而言，创新并不止于技术应用领域，还包括生产组织创新、市场运营创新。打造更加扁平化的敏捷组织，推动技术从0到1突破，以及探索新的商业模式，这些都可以说是创新。要成为创新发展的探索者、组织者、引领者，企业家还需要有效调动员工创造力，努力把企业打造成为强大的创新主体。对政府部门而言，如果说创新是发展的新引擎，那么改革就是必不可少的点火器。激发企业家的创新精神，需要打造市场化、法治化、国际化营商环境，完善各类市场主体公平竞争的法治环境；需要营造"亲""清"新型政商关系，支持企业家心无旁骛、长远打算；需要加大政策支持力度，激发市场主体活力，使广大市场主体不仅能够正常生存，而且能够实现更大发展。

习近平总书记强调，"改革创新最大的活力蕴藏在基层和群众中间，对待新事物新做法，要加强鼓励和引导，让新生事物健康成长，让发展新动能加速壮大。"对待企业家创新，也需要有这样一份尊重与包容，才能让创新活力竞相迸发、充分涌流，用无数微观主体的创新汇聚成"创新驱动发展"的洪流。

（2020年07月31日）

中国抗疫树立人权典范

常 盛

在新冠肺炎疫情防控期间,"人民至上、生命至上",成为全社会的最大共识,彰显着世界上最大规模执政党的价值理念。"疫情防控阻击战也是一场'人权保卫战'。"中国举全国之力抗击疫情,充分彰显着以人民为中心的人权理念。

判断一个国家有多尊重人权,就要看在危急面前有多尊重生命、捍卫生命。当新冠肺炎疫情袭来,世人看到,习近平总书记亲自指挥、亲自部署,要求把人民群众的生命安全和身体健康放在第一位;世人看到,生命至上的理念贯穿始终,救治费用全部由国家承担,最大程度提高了检测率、治愈率,最大程度降低了感染率、病亡率;世人看到,全国对口支援湖北,10天时间建成火神山医院,以平均一天半一座的速度建成16家方舱医院……一个马克思主义执政党人民至上、生命至上的理念彰显于此,一个社会主义国家维护人权的努力凝聚于此。党和国家举国动员保护生命安全,更说明人权是个人人权与集体人权的有机统一,个人权利只有与集体权利统一起来,才能实现人权的最大化。

更应看到,衡量一个社会的文明水位和人权保障水平,一个重要方面就是看如何对待困难群体。"我很想看看当初救我的大夫!"4月16日下午,95岁的老人徐明来到武汉市中医院汉阳分院,当面向救治他的医生致谢。医生回答:"我们不会放弃任何一位患者!"这个细节具有直抵人心的力量，正因为对老人生命的珍视，折射出人权保护的分量。不仅如此，下发困难群众救助补助资金、延长公益性岗位政策实施期限……一系列帮助困难群体的措施陆续出台实施，增强了困难群体抵御风险的能力。

生存权、发展权是首要的基本人权。生存权利的有效保障、生活质量的不断提高，是享有和发展其他人权的前提和基础。在全力抗击疫情的同时，更注重基本民生保障。习近平总书记在武汉考察时叮嘱："武汉人喜欢吃活鱼，在条件允许的情况下应多组织供应。"总书记的话，暖了武汉人民的心，传递着深厚的人民情怀。疫情防控期间，从确保基本的民生供应，到拿出"真金白银"援企稳岗，再到战疫不误战贫，疫情防控既紧紧依靠人民，又着眼增进人民福祉，为保障人民各项权利的实现创造了基础条件。

己立立人，己达达人。中国维护人权，更体现在构筑人类命运共同体的努力。第一时间向世卫组织报告疫情，第一时间分享病毒基因序列；截至5月底，同全球180个国家、10多个国际和地区组织分享疫情防控和诊疗方案，先后向有紧急需求的国家派遣医疗专家组，向近150个国家和4个国际组织提供紧急援助，尽一切努力为其他国家在华采购紧缺医疗物资和设备提供便利……中国为世界抗疫赢得宝贵时间的同时，彰显着大国担当，生动诠释了可贵的国际人道主义精神。

人民的幸福生活就是最大的人权，而幸福生活的最大前提是人的生命和健康。中国动员举国力量、不惜付出巨大代价，保卫人民群众的生命安全，这是对保障人权最好的诠释。中国抗疫，不仅创造了人类传染病防治史上的奇迹，更书写了人类人权事业的辉煌篇章，推动了世界人权事业发展进步。

（2020年07月30日）

"企业家有祖国"

何 娟

为了改变旧中国国弱民贫之境况，清末民初实业家张謇兴办大生纱厂，躬身"棉铁主义"救国实践三十余载；为了支援抗日救亡，"华侨旗帜"陈嘉庚投资设立制药厂为前线供应药品，积极组织捐款献物；创办近代化学厂、带头进行公私合营、毅然投身改革开放大潮，企业家王光英在革命、建设和改革各个历史时期始终与国家发展大势同频共振……爱国是中华民族的精神基因，是近代以来我国优秀企业家的光荣传统。

"企业营销无国界，企业家有祖国。"在企业家座谈会上，习近平总书记勉励企业家对国家、对民族怀有崇高使命感和强烈责任感，把企业发展同国家繁荣、民族兴盛、人民幸福紧密结合在一起，主动为国担当、为国分忧。企业是国民经济的细胞，企业家是推动经济社会发展的重要力量之一。企业家在实现个人创业抱负的同时增强爱国情怀，自觉将个人理想、企业发展与国家前途、民族命运结合在一起，一定能推动企业实现质量更好、效益更高、竞争力更强、影响力更大的发展，更好造福国家和人民。

常言道，民无商不活，国无商不兴。一个国家走向富强，往往伴随着一批杰出企业的生根开花。新时代中国这片生机勃勃的土地，为各类企业成长创造了前所未有的广阔天地和宝贵机遇。从充分发挥市场在资源配置中的决定性作用，更好发挥政府作用，到打造市场化、

法治化、国际化营商环境,从依法保护企业家合法权益,到加强产权和知识产权保护,不断完善的市场体系、不断健全的体制机制为企业家干事创业创造了沃土。有多大的视野,就有多大的胸怀,就能实现多大的发展。只有与国家发展同频共振、与人民需要同心同向,顺应时代趋势、服务市场所需,企业才有机会成长为参天大树,企业家出彩的舞台才会越来越大。

爱国从不是空泛的,深厚的爱国情、高远的强国志,落脚点在于务实的报国行。正所谓,"利于国者爱之,害于国者恶之"。革命年代实业兴国、救亡图存,建设时期勇挑重担、艰苦奋斗,在改革开放大潮中敢闯敢干、锐意进取,在抗震救灾、抗击疫情等重要时刻捐资捐物、奉献报国,一代代企业家脚踏实地、不尚空谈,把深沉的家国情怀倾注在实实在在报效国家的行动中。习近平总书记深刻指出,"企业家爱国有多种实现形式,但首先是办好一流企业"。无论是大力推动科技创新,加快关键核心技术攻关,还是提高国际市场开拓能力,在更高水平的对外开放中实现更好发展,"非常之功"正待"非常之人"。企业家带领企业奋力拼搏、力争一流,心无旁骛创新创造,踏踏实实办好企业,就是在爱国、报国。

"目的只有一个,就是希望国家兴旺、民族富强。我始终没有忘记自己是一个中国人,我愿尽我之所能,为国家的繁荣昌盛多办些实事。"著名爱国人士、香港知名实业家霍英东先生曾这样吐露自己在内地多方投资、捐赠的心声。全面建成小康社会,实现中华民族伟大复兴的中国梦,离不开优秀企业的支撑,离不开更好发挥企业家作用。牢牢把握新时代爱国主义的内涵,肩负起产业报国、实业强国的重任,在爱国、创新、诚信、社会责任和国际视野等方面不断提升,当代企业家一定能带领企业勇立时代潮头,为实现国强民富作出更大贡献。

(2020 年 07 月 28 日)

奋力激扬决胜力

马祖云

今年是决战决胜脱贫攻坚和全面建成小康社会的收官之年。在以习近平同志为核心的党中央坚强领导下，经过7年多精准扶贫、接续奋战，我国农村贫困人口从2012年底的9899万人减少到去年底的551万人。巨大的减贫成就，举世瞩目。然而，大局已定不等于大功告成，容不得任何松劲懈怠。收官战，既是披荆斩棘的攻坚战，也是乘势而上的决胜战。坚定意志、聚精会神、再接再厉，奋力激扬决胜力，才能汇聚无坚不摧的磅礴力量，一往无前、锁定胜局。

激扬决胜力，当坚定信心、舍我其谁。体育竞技中，信心满满、全心投入、状态极佳的选手，往往能登上领奖台。干事创业也是如此，尤须树立必胜的信念，坚定不屈的意志。山再高，往上攀，总能登顶；路再长，走下去，定能到达。全面建成小康社会，是我们党向人民、向历史作出的庄严承诺。立下承诺，彰显党的初心使命；兑现承诺，检验共产党人的责任担当。面对复杂严峻的国际国内形势，面对意料之中或者难以预见的艰难险阻，保持"不获全胜不收兵"的决心，初心如磐、使命在肩，是我们应有的奋斗姿态。

激扬决胜力，就要尽锐出战、全力以赴。精准扶贫推进到今天，剩下的都是贫中之贫、困中之困，特别是在新冠肺炎疫情的冲击下，打赢脱贫攻坚战的难度更大。只有集中优势兵力，出动精锐之师，才能打赢

这场攻坚战。实践中，有的贫困地区把单独派驻村干部扩充为汇聚各类人才的驻村推进小组，将单一脱贫办法迭代升级为产业扶助、专业培训、专人包带等"组合套装"，注重激发群众主动性、创造性，成功终结了脱贫返贫的"拉锯状态"，攻克了贫困堡垒。事实证明，越是决胜阶段，越需要不惜力、出硬招。

激扬决胜力，还需精谨细腻、涵养耐心。围棋收官中，双方先后进入读秒，但高手取胜之道，在于沉稳有序、缜密计算、处变不惊。否则，便可能一着不慎，功败垂成。打赢脱贫攻坚的收官战，既要时不我待、只争朝夕，更要蹄疾步稳、丝丝入扣。面对临近"交账"的紧迫，慢不得、松不得、耗不得，同时也不能草率从事、粗枝大叶、敷衍塞责，必须下足绣花之功，又好又快地取得实效。下足苦功、精心细致，不浮躁、有静气，方能做到针针精巧、线线妙连。也只有这样，才能打造经得起时间检验的脱贫样板。

"逆水行舟，一篙不可放缓；滴水穿石，一滴不可弃滞。"方此决战决胜的紧要关头，惟有提振精气神、激扬决胜力，迎难而上、坚韧不拔，奋力书写更新更美的图画，定能确保脱贫攻坚圆满收官。

（2020年07月27日）

砥砺"恒心" 建树"恒业"

李 斌

"千方百计把市场主体保护好",一句深切嘱托,让亿万市场主体感受到来自党中央的关怀和支持。7月21日下午,习近平总书记主持召开企业家座谈会并发表重要讲话。在我国疫情防控取得重大战略成果、经济发展呈现稳定转好态势之际召开的这次企业家座谈会,对于保护和激发市场主体活力,推动我国经济劈波斩浪、行稳致远,具有重大指导意义。

孟子曾说过:"民之为道也,有恒产者有恒心,无恒产者无恒心。"要实现国家长治久安、人民安居乐业,"恒心"和"恒业"无疑是两个关键因子。改革开放以来,我国逐步建立并不断完善社会主义市场经济体制,不仅造就了一大批质量好、效益高、竞争力强、影响力大的一流企业,更激活了蕴藏在人民群众之中的创造伟力、创新活力、创业动力,开启了当代中国的伟大社会变革。"富有之谓大业,日新之谓盛德。"今天,1亿多市场主体是我国经济活动的主要参与者、就业机会的主要提供者、技术进步的主要推动者,成为国家发展的宝贵财富、人民幸福的重要依托。

新冠肺炎疫情对我国经济和世界经济产生巨大冲击,我国很多市场主体面临前所未有的压力。保市场主体就是保社会生产力,把市场主体保护好,才能为经济发展积蓄基本力量。习近平总书记强调:"要支持企业家心无旁骛、长远打算，以恒心办恒业，扎根中国市场，深耕中国市场。"加大对市场主体的政策支持力度，为的就是激发他们打造"恒业"的信心、决心、恒心，使广大市场主体不仅能够正常生存，而且能够实现更大发展。对各类市场主体而言，当务之急是增强发展信心、创业恒心，积极复工复产、奋力自救，努力在困境中实现凤凰涅槃、浴火重生。各级党委政府和领导干部是"千方百计把市场主体保护好"的直接责任人，务须落实好纾困惠企政策，帮助各类企业和个体工商户解决实际困难，打造市场化、法治化、国际化营商环境，真心实意亲商、安商、富商。

支持企业家以恒心办恒业，是新时代坚持社会主义基本经济制度的生动体现。基本经济制度是经济制度体系中具有长期性和稳定性的部分，改革开放以来，我们党在坚持基本经济制度上的观点是明确的、一贯的，从来没有动摇。党的十九届四中全会强调，公有制为主体、多种所有制经济共同发展，按劳分配为主体、多种分配方式并存，社会主义市场经济体制等社会主义基本经济制度，既体现了社会主义制度优越性，又同我国社会主义初级阶段社会生产力发展水平相适应，是党和人民的伟大创造。健全支持民营经济、外商投资企业发展的法治环境，健全支持中小企业发展制度等内容写入十九届四中全会决定，充分显示出激发各类市场主体活力的制度定力和改革决心。

"工贵其久，业贵其专。"从实践角度看，"恒心"和"恒业"，都是在栉风沐雨中成长、在搏击风浪中壮大的。事物发展总是与各种矛盾相伴相生，有矛盾有风险本身并不可怕，关键要有化解矛盾和排除风险的决心和办法，要有担当重任、肩负使命的自觉和自励。党和国家聚力改革、锐意图新，包括广大企业家在内的全社会同心筑梦、奋斗开拓，中国经济必将风雨无阻、再攀高峰。

（2020 年 07 月 24 日）

加劲冲刺，决胜"最后一公里"

石 羚

时间是万物的尺度，也丈量着我们迈向全面小康的步履。当前，广大扶贫干部尽锐出战，成为跑好脱贫攻坚"最后一公里"的中坚力量。"上万名贫困群众亟待返岗，缓不得、等不起""我要站好最后一班岗""市挂牌，县督战，我们有压力更有动力"……朴实的话语，写照着争分夺秒、苦干实干的劲头，传递着行则将至、做则必成的信心。

习近平总书记深刻指出，打好脱贫攻坚战，关键在人，在人的观念、能力、干劲。摆脱贫困的征程上，中华民族已越过层层峰峦，再进一步就能迎来梦想成真的高光时刻。然而，在最后的冲刺跑中，仍有贫中之贫、困中之困的障碍，还有数百万人存在返贫致贫风险，更有疫情叠加、双线作战的考验。越是关键时刻，越需要激发斗志；越是任务艰巨，越需淬炼队伍。紧紧抓住"人"这个关键要素，充分调动广大党员干部的积极性、主动性、创造性，方能跑好关键一程，以实绩赢得百姓认可。

人是生产力中最重要的因素，人的观念是实践的先导。党员干部的思想认识水平和实际工作能力，影响着扶贫工作的成效。在脱贫攻坚战的收官阶段，既要看到任务的艰巨性、风险性，更要看到成功的现实性、必然性。坚持人民至上的崇高理念，初心如磐、使命在肩，就能让脱贫事业更好造福群众。

面对脱贫攻坚这项点多面广线长的系统工程，学习永无止境，能力

更无上限。从政策宣传到调查研究，从产业发展到精准帮扶，哪里有短板、有盲区，哪里就需要我们通过学习补齐短板、减少盲区。不久前，云南省18万余名扶贫干部通过在线课堂"云充电"，聚焦重点难点进行学习，力争使扶贫工作帮到点上、扶到根上。冲刺期就是提高本领的黄金期，脱贫战场正是增长才干的练兵场。全方位提升工作能力，成为联系群众的贴心人、带动发展的领头羊、专业技能的好把式，这是攻坚克难、拔除穷根的实际需要。

目标在前、使命催征，惟有实干笃行。申纪兰老人曾带领西沟村民在土坷垃里刨出粮食，靠奋斗过上了好日子。她感慨：我是太阳底下晒出来的，不是办公室里坐出来的。扶贫不在嘴皮上、表格中、文件里，而在工厂车间的生产线上、直播带货的信息流中、易地搬迁的施工现场。出实绩、见实效，必须拿出真抓的实劲、敢抓的狠劲、善抓的巧劲、常抓的韧劲，硬碰硬去闯、实打实去干，向贫困堡垒发起总攻。以实干引领实干，用担当带动担当，才能激扬敢于斗争、勇于冲锋的精气神，为战胜贫困凝聚起更强大的合力。

"凡作事，将成功之时，其困难最甚。"坚定必胜的信心，激发顽强的斗志，慎终如始、蓄力奔跑，永不懈怠、一往无前，我们就一定能锻造更加坚强的队伍，创造更加光辉的业绩。

（2020年07月23日）

"站在历史正确的一边"

吴 强

从工业现代化到经济全球化,历史发展有其规律,人的主动性就在于,把握历史发展大势,抓住时代变革时机,进而推动人类社会不断向前发展。

"现在国际上保护主义思潮上升,但我们要站在历史正确的一边,坚持多边主义和国际关系民主化,以开放、合作、共赢胸怀谋划发展,坚定不移推动经济全球化朝着开放、包容、普惠、平衡、共赢的方向发展,推动建设开放型世界经济。"前不久,习近平总书记在看望参加全国政协十三届三次会议的经济界委员时这样强调。当今世界正在经历新一轮大发展大变革大调整,人类面临的不稳定不确定因素依然很多,特别是今年以来新冠肺炎疫情持续蔓延,给人类健康和全球经济造成重大威胁。人类社会该向何处去?归结起来看,"站在历史正确的一边"就是答案。科学把握和顺应世界大势,坚持开放发展、携手合作共赢、促进共同繁荣,才能向着构建人类命运共同体的目标不断迈进。

站在历史正确的一边,意味着选择开放而不是封闭。在我们共同生活的地球村里,和平合作、开放融通、变革创新的潮流滚滚向前,经济全球化是不可逆转的历史大势和时代潮流,人类社会越来越成为你中有我、我中有你的命运共同体。一部国际经贸发展史,深刻验证了"相通则共进,相闭则各退"的道理。从连续举办两届国际进口博览会宣示开放决心，到全面深化改革、持续推进更高水平的对外开放，再到呼吁加强国际宏观经济政策协调以应对新冠肺炎疫情冲击，中国坚持以开放求发展、推动建设开放型世界经济的行动坚定不移，为世界经济稳定作出重大贡献。

站在历史正确的一边，意味着选择合作而不是对抗。中国始终不渝坚持走和平发展道路，愿与世界各国携手应对挑战、拓展合作空间，推动实现共同发展。战胜疫情，团结合作是最有力的武器。个别抗疫不力国家的某些政客，试图将疫情政治化、借疫情搞污名化，抹黑特定国家和国际组织，严重干扰了本国和世界的抗疫工作。历史终将证明，唯有团结协作、携手应对，国际社会才能战胜疫情，维护人类共同家园。对于世界经济发展面临的难题，同样需要协商合作，让经济全球化的动力更大、阻力更小。

站在历史正确的一边，意味着选择共赢而不是独占。在经济全球化深入发展的今天，弱肉强食、赢者通吃是一条走不通的死胡同，包容普惠、互利共赢才是越走越宽的人间正道。当前，中国已成为全球经济增长的重要引擎，以最具潜力的消费市场、最具吸引力的投资目的地惠及全世界。中国推动高质量共建"一带一路"、搭建多边对话和合作平台、积极开展对外援助，为国际社会贡献着越来越多的公共产品。从打造"健康丝绸之路""人类卫生健康共同体"，到倡议国际社会落实"减免关税、取消壁垒、畅通贸易"等紧要举措，中国愿同全球伙伴携起手来，维护全球经济社会秩序稳定。

"尽管会出现一些回头浪，尽管会遇到很多险滩暗礁，但大江大河奔腾向前的势头是谁也阻挡不了的"。人类的前途是光明的，推动构建人类命运共同体，同舟共济、精诚合作、共克时艰，地球一定会变成更美好的家园！

（2020年07月22日）

军民团结　坚如磐石

李　斌

"我们现在这个地方，是东兴圩，身后有东兴圩两万群众，这个口能不能封得住，直接关系到数万名群众的生命财产安全。"近日，安徽省望江县东兴圩突发管涌险情，驰援望江的陆军第 71 集团军"攻坚劲旅"迅速投入抗洪抢险。现场视频经媒体转发后，人们纷纷留言："有你们在，我们放心""护我们周全的永远都是你们""心系人民，辛苦啦"……

最紧要的关头，最危险的时刻，总有人民子弟兵奋不顾身的身影。当前，全国已进入防汛的关键时期，一些地区汛情十分严峻。人民军队奋勇争先，全力投入抢险救灾，同广大干部群众一起团结奋战，有力保障了重要堤防安全，保护了群众生命财产安全。在中共中央政治局常委会召开的会议上，习近平总书记充分肯定人民解放军和武警部队"关键时刻发挥突击队作用"，会议要求发挥防灾减灾救灾体制改革优势，各有关方面要加强统筹协调，发挥各自专业优势，形成省市间、部门间、军地间、上下游、左右岸通力协作的防汛救灾格局。激发防洪救灾体系治理效能，弘扬军民团结的光荣传统，一定能夺取防汛抗洪的全面胜利。

党群血脉与共，军民鱼水深情。军民团结、联防联动，是防灾救灾最强大的铜墙铁壁。从 1998 年抗洪救灾，到 2003 年抗击非典疫情，再到汶川抗震救灾，人民军队始终是守护人民群众生命财产安全的可靠力量。今年入夏以来，面对历史罕见的严重洪涝灾害，驻地解放军和武警

部队积极参与抢险救灾工作，封堵管涌、守护堤防、转移群众、救护伤员、疏通道路、运送物资……泥巴裹满裤腿，汗水湿透衣背，水泡遍布皮肤，紧急关头随时会有生命危险，但都阻挡不了"洪水不退，我们不退"的铮铮誓言。人民的福祉比什么都重要，这就是人民军队的信条。

"不是那些人，还是那样的兵。"江西省九江市一位经历过1998年长江流域特大洪水、因为解放军相救才全家脱离险境的市民，特意找到今年支援九江抗洪的部队表达感谢之情。谁把人民放在心上，人民就把谁放在心上。在普通群众眼里，人民子弟兵浑身透着一股"英雄气"，有着天然的"亲近感"。为什么？因为军心连着党心民心，每个军人心中都饱含着沉甸甸的人民情怀。宗旨所向是人民，胜利之本是人民，力量源泉是人民，一代又一代的军人以对党赤胆忠心、为民情深意重，铸就了永恒的军魂。

党旗飘扬在哪里，军旗挥舞在哪里，哪里就凝聚起众志成城的强大力量。从坚决打赢新冠肺炎疫情防控阻击战，到推动定点帮扶的4100个贫困村全部实现脱贫，人民军队勇于承担急难险重任务，以实际行动为人民造福兴利，生动展现出忠于党、忠于人民的政治品格。习近平总书记指出："坚如磐石的军政军民团结，永远是我们战胜一切艰难险阻、不断从胜利走向胜利的重要法宝。'军民团结如一人，试看天下谁能敌'，永远是颠扑不破的真理。"军民团结过去塑造了人民军队的历史辉煌，未来也必将指引新时代强军事业不断推向前进。

猎猎军旗，熠熠生辉，积淀着昨天的功勋与荣誉，凝聚着今日的奋斗与奉献，召唤着未来的光荣与使命。抗洪抢险舍生忘死，疫情防控闻令而动，高寒哨所守国戍边，服务人民忠诚不变，维护和平坚定不移……不忘初心、牢记使命，新时代人民军队为民奉献的脚步永不停歇，军民团结的基因永不褪色。

（2020年07月21日）

让党旗在防汛救灾第一线高高飘扬

李浩燃

江河告急！汛情紧急！连日来，受持续性降雨影响，多地江河湖泊水位超警戒，洪水集中来袭。我国多个省份发生洪涝灾害，给人民生命财产安全带来威胁，给群众正常生产生活造成影响。

7月17日，习近平总书记主持召开中共中央政治局常委会会议，研究部署防汛救灾工作。会议指出，各级领导干部要深入一线、靠前指挥、现场督查，在防汛救灾第一线体现责任担当，组织广大干部群众众志成城、顽强奋斗；各级党委和政府要担负起促一方发展、保一方平安的政治责任，基层党组织和广大党员、干部要充分发挥战斗堡垒作用和先锋模范作用，主动担当、敢打头阵，紧紧依靠人民群众，把党的政治优势、组织优势、密切联系群众优势转化为防汛救灾的强大政治优势，让党旗在防汛救灾第一线高高飘扬。

我国是世界上水情最为复杂、江河治理难度最大、治水任务最为繁重的国家之一。习近平总书记强调："防汛救灾关系人民生命财产安全，关系粮食安全、经济安全、社会安全、国家安全。"对各级党组织和广大党员干部来说，防汛救灾也是一场大战大考。暴雨接连来袭，洪水漫过江堤……危急关头，既考验防灾救灾体系和应急管理能力，也检验责任担当和为民情怀。越是险情当前，越照见党员干部的责任担当。汛情就是命令，必须闻"汛"而动，迎难而上。

哪里有汛情，哪里就有冲锋陷阵的身影；哪里有危险，哪里就有叩击心灵的担当。"巡堤，既是为国家，也是为自己的小家。"湖南沅江，53岁的党员黄昌明提着铁锹，带领村民昼夜巡堤。"只要群众需要，我就义无反顾。"浙江衢州，第三年参与抗洪抢险的民警程利丰，已经记不清自己究竟出了多少次警。"遇到危险，第一反应就是向前冲。""洪水不退，我不退！"防汛救灾战场上，无数共产党员冲锋在前、挺在一线，激励和带领广大群众筑起防汛救灾的责任堤坝。

关键时刻冲得上去、危难关头豁得出来，才是真正的共产党人。回溯历史，从轰轰烈烈的革命战争年代，到激情燃烧的社会主义建设时期，再到波澜壮阔的改革开放大潮涌起，无论时代如何变迁，共产党人的初心永不改，共产党人的担当最有力。汛情当前，守初心、担使命是具体的，要求我们坚持人民至上、生命至上，压实责任、勇于担当，用实际行动全力保障人民生命财产安全。

近日，中央组织部专门印发通知，要求在防汛救灾中充分发挥基层党组织战斗堡垒作用和广大党员先锋模范作用。防汛救灾一线，淬炼过硬作风，也最能考察识别干部。眼下，我们既要统筹做好疫情防控和抢险救灾工作，严格落实各项防控措施，避免疫情出现反弹，又要统筹灾后恢复重建和脱贫攻坚工作，对贫困地区和受灾困难群众给予支持，防止因灾致贫返贫，任务十分艰巨繁重。恪尽职守、攻坚克难，身先士卒、争做表率，应是每一名党员干部的思想自觉、行动自觉。

一幅新闻照片，打动人心：经过连续奋战，江西鄱阳中洲圩决口处成功实现合龙；霎时间，圩堤上迎风招展的一面面红旗，映红了连绵无际的水面。"早已森严壁垒，更加众志成城"。面对十分严峻的防汛形势，让党旗在防汛救灾第一线高高飘扬，不畏艰险、战风斗浪，我们必将带领群众筑起战胜洪水的铜墙铁壁，为决胜全面小康、决战脱贫攻坚凝聚更昂扬的精气神。

（2020年07月20日）

始终把保障人民生命财产安全放在第一位

任 平

当前，全国防汛进入"七下八上"阶段，多地发生洪涝地质灾害，防汛形势十分严峻。7月17日，中共中央政治局常委会召开会议，研究部署防汛救灾工作。习近平总书记主持会议并发表重要讲话，强调防汛救灾关系人民生命财产安全，关系粮食安全、经济安全、社会安全、国家安全，各有关地区、部门和单位要始终把保障人民生命财产安全放在第一位，采取更加有力措施，切实做好防汛救灾各项工作。

汛情就是命令，防汛就是责任。入汛以来，在党中央坚强领导下，各地紧急行动，团结奋战，始终坚持人民至上、生命至上，凝聚起防汛抗洪、抢险救灾的强大合力。

这是舍我其谁的责任担当。在防汛抗洪的主战场，党组织是战斗在最前沿的坚强堡垒，党员是冲在第一线的先锋表率。"你不走，我不走"，基层干部的劝解中饱含与群众共进退的为民情怀；"你的损失，我也心疼"，46岁党员跳进齐肩积水中，为葡萄种植户疏通排水口险情；"你若不便，我背你一程"，乡镇干部以背为"桥"，为老人、孩子充当摆渡者……堤坝一线、安置现场、灾后重建的街巷村头，党旗飘飘，党徽闪耀，广大党员干部主动担当、敢打头阵，让老百姓吃下"定心丸"，有了战胜洪水、恢复生产、重建家园的信心和勇气。

这是向险而行的大无畏精神。哪里有危险,哪里就有人民解放军指战员、武警官兵、公安干警和消防救援队伍指战员。不让安徽歙县学生因洪水缺席高考,人民子弟兵连夜搭起两座浮桥,24小时待命值守。企业受灾,武警黄山支队火速前往,帮助整理设施、清理厂房,开展灾后重建工作。出现漫堤、管涌,江西永修县消防员彻夜围堵洪水18个小时,双手伤痕累累、双脚浸泡得发白。转移群众,维持秩序,公安干警冲在前面。在抗洪救灾的现场,他们以铿锵行动践行着铮铮誓言,把洪水挡在身后,把安全送到群众身边。

这是守望相助的团结力量。保卫家园,谁都不是旁观者。无论是刚下高考考场就奔赴防汛"战场"的周亮宇,还是感恩九八抗洪中得救、在得知防汛需要增派人手立马报名上堤的汪晗,抑或是在一句"家乡需要你"召唤下回乡驰援的江西九江江洲镇近3000名当地群众,无数挺身而出的普通市民最让人动容。在前方,"洪水不退,我们不撤"的誓言掷地有声;在后方,筹集物资、疏散转移环环接力,共守"生命之堤"。

一家有难邻里相助,一处受灾齐伸援手,在各方同心协力中,防汛救灾工作有序有力推进,取得了积极成效。事实证明,灾情只会让中国人民更加团结,磨难只会让民族精神更加高扬。面对严峻形势,各级党委和政府要认真贯彻落实习近平总书记重要讲话、重要指示批示精神和党中央决策部署,全面落实防汛救灾主体责任,加强组织领导和责任落实,坚持预防预备和应急处突相结合,加强统筹协调,强化协同配合,抓实抓细防汛救灾各项措施。各有关地区都要做好预案准备、队伍准备、物资准备、蓄滞洪区运用准备,宁可备而不用,不可用时无备。各有关方面要加强统筹协调,发挥各自专业优势,形成省市间、部门间、军地间、上下游、左右岸通力协作的防汛救灾格局。各级领导干部要深入一线、靠前指挥、现场督查,在防汛救灾第一线体现责任担当,组织广大干部群众众志成城、顽强奋斗。

今年是决胜全面建成小康社会、决战脱贫攻坚之年,也是"十三五"规划收官之年,做好防汛救灾工作十分重要。坚持一切为了人民、紧紧依靠人民,让党旗在防汛救灾第一线高高飘扬,汇聚起战胜洪水的磅礴力量,我们就一定能打赢防汛救灾这场硬仗,朝着既定目标风雨无阻向前进。

(2020年07月19日)

由负转正，中国经济将持续复苏

李 拯

7月16日，国家统计局公布今年二季度和上半年经济数据。二季度我国GDP同比增长3.2%，由负转正；上半年我国经济先降后升，主要指标恢复性增长，经济运行稳步复苏，基本民生保障有力，市场预期总体向好，社会发展大局稳定。提气的数据，向好的态势，进一步彰显出我国经济的韧性与活力，进一步鼓舞起全社会的信心和干劲。

放在国际坐标中，更能理解3.2%的增长着实难能可贵，由负转正着实来之不易。随着全球新冠肺炎疫情持续蔓延，国际货币基金组织、世界银行进一步下调今年全球经济增长预期，一些发达经济体可能陷入深度衰退，而中国在二季度达到超预期的正向增速。越是经历巨大冲击，越是能检验成色、底色，越是能看见深层优势、发展后劲。中国经济经受住了疫情的严重冲击，这一事实胜过千言万语，足以展现中国经济的韧性和潜力，足以说明中国经济稳中向好、长期向好的基本趋势没有变也不会变。

规模以上工业增加值、服务业增加值都由负转正，社会消费品零售总额、固定资产投资降幅都大幅收窄……从趋势看，二季度各项指标均呈现出边际改善，为下半年经济持续恢复打下了坚实基础。在我们这样一个拥有14亿人口的发展中大国，党中央带领全国人民坚决打赢疫情防控阻击战，在短时间内有效控制住疫情，为经济复苏创造必要条件。疫情防控期间，从财税支持到金融支持，从发放消费券到托住中小企业，一系列宏观政策密集出台，为经济复苏提供了必要支撑。由此可见，由负转正不是自然发生的，这背后是制度优势在发挥作用，充分说明党中央具有驾驭中国经济的高超本领，能够领导中国战胜风险挑战、实现奋斗目标。

经济发展，既要看总量数据，也要看结构数据；既要看基本面，也要看新变化。疫情防控期间，新产业新业态新模式不断涌现。远程办公、在线教育、智能施工、无人配送等新模式，有效地化解了现实生活的堵点、难点；云计算、大数据、人工智能等为代表的新一代数字技术快速发展，为各行各业赋能；数字经济、智能制造、生命健康这些新产业形成了更多增长极。疫情加速了数字经济的到来，也在客观上促进了新动能的生长。反映在统计数据中，上半年高技术制造业增加值同比增长4.5%，电子商务服务业投资增长30%以上，基建等相关产品增长比较快。新业态涌现、新动能澎湃，不仅为经济回升继续提供有力支撑，为经济下一阶段增长提供更多动力，更为中国经济高质量发展提供可持续动能。

同时也要看到，尽管存在二季度的边际改善，但上半年GDP、工业、服务业、消费、投资等主要指标仍处于下降区间，所以说二季度的回升仍然属于恢复性的增长。从横截面看，供给端恢复快于需求端；从外部环境看，境外疫情仍在蔓延扩散，世界经济重启举步维艰；从就业形势看，稳企业、保就业压力依然较大。这些都说明，我们要在宏观上、战略上保持乐观、增强信心，同时在微观上、战术上不能掉以轻心，必须严阵以待。这就需要继续用好宏观政策工具，既要保持政策力度，也要考虑可持续性，根据下半年形势发展灵活调整政策。从更深层次来看，需要进一步全面深化改革开放，依靠改革应对变局、开拓新局，增强经济发展的后劲和活力，确保中国经济行稳致远。

回顾历史，我国经济从来都是在克服困难中发展壮大的。坚持全面、辩证、长远看待我国经济发展，把我国完善的产业体系、超大的市场规模、庞大的人力资源等独特优势发挥出来，我们完全有信心、有条件、有潜力推动中国经济持续复苏，为决胜全面小康、决战脱贫攻坚打下坚实基础。

（2020年07月17日）

奋斗，成功者的"通行证"

徐文秀

"前进的道路从不会一帆风顺，实现中华民族伟大复兴的中国梦需要一代一代青年矢志奋斗。"近日，习近平总书记给中国石油大学（北京）克拉玛依校区毕业生回信，肯定他们到边疆基层工作的选择，鼓励全国广大高校毕业生不畏艰难险阻，勇担时代使命，把个人的理想追求融入党和国家事业之中，为党、为祖国、为人民多作贡献。志存高远，脚踏实地，奋斗正是青春的主旋律。

事业是实干出来的，幸福是奋斗出来的，青春的样子就是奋斗的样子。从"书山有路勤为径，学海无涯苦作舟"的良训，到鲁迅先生"把别人喝咖啡的时间"用来写作的努力，都反复揭示一个简单而又深刻的道理：踏踏实实、努力奋斗才是成功的秘诀所在。世上有没有随随便便的成功，有没有轻轻松松的捷径？茅以升的话就是最好的回答："勤奋就是成功之母。"天上不会掉馅饼，种瓜得瓜，种豆得豆，有什么样的奋斗就有什么样的人生。离开了奋斗，寸步难行，一事无成。

人是要有点精神的，奋斗精神是成功者永不过期的通行证。巴金说过："奋斗就是生活，人生只有前进。"奋斗精神就是吃苦受累、敢闯敢试的精神；就是胜不骄败不馁、愈挫愈奋的精神；就是无惧无畏、一往向前的精神；就是踏实勤勉、一步一印的精神。奋斗会有成功，也会有失败。网络上有这样一句发人深省的话：比起成功学，我们更该学习"失败学"。

"志不求易者成,事不避难者进。"从挫折中走出来、在失败中站起来,不忘失败、不怕失败,便是生活的强者,便是奋斗精神的意义。

奋斗不是喊口号,而应见诸具体行动,提高奋斗本领对奋斗本身而言至关重要。同样是努力奋斗,有的取得了成就、获得了成功,而有的却无功而返,这说明奋斗并非一味地蛮干。苦熬不如苦干,蛮干不如巧干。奋斗必须讲究方式方法,尊重事物发展的特点和规律。方法得当事半功倍,方法不当事倍功半。所有的成功都离不开奋斗,但不是所有的奋斗都能成功,只有不断提高奋斗的能力和水平,苦干、实干加巧干,才能最终获得成功。

回答好"为什么要奋斗",还得解决好"为谁而奋斗"的问题。为高尚事业而奋斗不已,是人世间最崇高的风范。有人说得好:"人类的幸福和欢乐在于奋斗,而最有价值的是为理想而奋斗。"马克思在青年时期就树立起这样的志向:"如果我们选择了最能为人类而工作的职业,那么,重担就不能把我们压倒,因为这是为大家作出的牺牲;那时我们所享受的就不是可怜的、有限的、自私的乐趣,我们的幸福将属于千百万人,我们的事业将悄然无声地存在下去"。为远大的而不只是眼前的目标而奋斗,为他人幸福而不只是个人一时的名利去奋斗,成功的意义将更加辽阔。

奋斗的国家正青春,奋斗的生命最美丽。始终不渝的奋斗意识,让奋斗者充满力量、充满快乐,最终抵达成功的彼岸。让我们一起英勇奋斗,排除万难,争取成功。

(2020 年 07 月 16 日)

激荡中国经济新气象

盛玉雷

恩格斯说过,"没有哪一次巨大的历史灾难不是以历史的进步为补偿的"。这次新冠肺炎疫情在给经济发展带来冲击之时,也的确在客观上加速了数字经济的发展。在疫情防控期间,从新业态的生长到新消费的扩展,从新就业的创造到智能化的发展,新要素层出不穷,新机遇不断涌现,新气象渐成规模,为中国经济注入强大动能。

近日,国家统计局发布数据显示,2019年我国新产业、新业态、新商业模式经济增加值超过16万亿元,相当于GDP的比重为16.3%;另据统计,我国数字经济增加值规模达35.8万亿元,占GDP比重达36.2%,数字经济增速高于同期GDP名义增速约7.85个百分点。这些数据说明,数字经济发展已经是大势所趋,成为中国高质量发展的新引擎。突如其来的疫情,则加速了这一趋势的到来。

"新故相推,日生不滞。"经济是一个动态循环的系统,发展是一个动态变化的过程。疫情防控期间,餐饮、培训等行业受到不小冲击,但外卖、网课打开了新思路,数字化转型势不可挡;农特产品销售遇阻,直播经济异军突起,万亿级别的市场应运而生;身处天南海北的职工发现,通过线上协同合作,也能完成在写字楼完成的任务。事实证明,中国经济有足够强的韧性,在不稳定不确定的世界中稳如磐石;有足够多的机会,在激发各类市场主体活力、解放和发展社会生产力的过程中乘风破浪；有足够大的潜力，在决胜全面小康、决战脱贫攻坚的道路上行稳致远。

新动能不会一蹴而就，新气象不是一日之功。中国经济之所以能够在疫情冲击下焕发出新的生机活力，是因为基本面长期向好，"体量"更大、"体质"更好、"免疫力"更强。我国具有全球最完整、规模最大的工业体系，具有强大的生产能力、完善的配套能力，既能在疫情防控期间开足马力保障物资，也能在复工复产中迅速抢回时间；我国拥有包括4亿多中等收入群体在内的14亿人口所形成的超大规模内需市场，不仅迎来了线上线下同频共振、融合发展的新消费趋势，而且逐步形成以国内大循环为主体、国内国际双循环相互促进的新发展格局。积攒了强劲的发展势能，中国经济的江河就能冲开绝壁、夺隘而出、千里奔涌。

从长远来看，科技水平是影响世界经济周期的主要变量，也是决定经济总量提升的重要因素。当前，我国正处在新型工业化、信息化、城镇化、农业现代化快速发展阶段。长期以来主要依靠资源、劳动力等要素投入支撑经济增长的方式已不可持续，动力转换、方式转变、结构调整势在必行。从大数据、云计算、物联网、人工智能等新一代数字技术，到数字经济、智能制造、生命健康、新材料等产业，新增长点不断培育壮大，新动能持续喷涌，中国经济的发展主动权始终牢牢把握在我们自己手中。

习近平总书记强调："改革创新最大的活力蕴藏在基层和群众中间，对待新事物新做法，要加强鼓励和引导，让新生事物健康成长，让发展新动能加速壮大。"以新业态开辟经济新蓝海，以新消费提供增长新支撑，以新就业满足发展新需求，中国经济就一定能实现新的跨越、创造新的奇迹。

（2020年07月15日）

努力追寻崇高的精神境界

向贤彪

"有人问我,人生的幸福在哪里?我觉得就在人的本性要求他所做的事情里。真正的幸福,就是在心灵召唤下,成为真正意义上的自我。"当选"感动中国2019年度人物"的樊锦诗,如此诠释自己的幸福观,从一个侧面体现出"时代楷模"敦煌研究院文物保护利用群体的共同价值与高尚情怀。

人生幸福,蕴藏在个人所做的事情里。做事遵从本性与初心,是一种追求、一种境界。有了这种追求与境界,就有了许多"奔赴"的故事:常书鸿从法国巴黎而来,只为"探寻民族艺术的宝库";樊锦诗从首都北京而来,因为信奉"祖国的需要就是我的志愿"。有了这种追求和境界,就有了许多坚守的传奇:段文杰把一生奉献给了莫高窟,直到生命最后时刻,还清晰地呼唤"敦煌,敦煌";李云鹤23岁进入敦煌文物研究所工作,至今已经64年。有了这种追求和境界,就有了许多奋进的佳话:他们用双手和简陋的工具,清理出几百年来堆积在300多个洞窟里的积沙,修建了上千米的围墙;克服饮苦水、点油灯、风沙袭扰等常人难以忍受的艰难困苦,用一生心血守护敦煌艺术,却"身在苦中不知苦"……

对中国优秀传统文化的挚爱,对工作和事业的坚守,对创新精神的弘扬,启示人们在执着坚守中书写不凡业绩,成就壮美人生。守岛英雄王继才,三十二年如一日,在荒岛坚持升起五星红旗;"水管家"曾治中,勤于实践和钻研，总结出灌溉管理"七字经"，被广泛推广应用；助理工程师吴井泉，每天认真记录潮汐数据、研究规律，建立了一套全新的潮汐数据模型。太多的普通人，太多的平常事，都说明一个质朴道理：一个人把该做的事做了、该出的力出了，成功就在其中，幸福亦在其中。

人因工作而自立，也因工作而美丽。从某种意义上说，工作滋养人生，可为精神赋能。一个把工作当事业的人，就能心无旁骛、专心致志，投入热情与精力，追求尽职尽责、尽善尽美；就能兢兢业业、埋头苦干，变困难和挫折为"垫脚石"，在攻坚克难中体味奋斗的乐趣；就能不计名利、甘于奉献，把自己的命运同国家和人民的利益紧密联系在一起，实现从"小我"到"大我"甚至"无我"的精神升华、人生跨越。

向先进模范学习，不难照见自己的差距。我们也许有一份不错的工作，但往往缺乏一种深入骨髓的挚爱，或许只把它视为一种职业。我们也许曾把干好工作当作努力的目标，但往往缺乏做到极致的追求，一遇到困难就打退堂鼓。我们也许口头上表示过要淡泊名利，但往往缺乏无私与忘我的境界，时常患得患失。哲人有言："只有情感，而且只有大的情感，才能使灵魂达到伟大的成就。"永葆初心，把对国家、对人民的情感融入骨髓和血脉，倾注于工作与事业，才能释放永不枯竭的人生动力。

"人类被赋予了一种工作，那就是精神的成长。"读懂人生幸福的真谛，努力追寻崇高的精神境界，热爱工作、真情投入、无私奉献，我们何愁不能自我实现，获得真正意义上的成功与幸福。

（2020年07月14日）

涵养赤诚奉献的时代品格

廖建华

"奉献"二字，历来为人所尊崇，在时间长河中历久弥新。奋进道路上，越是面临艰巨任务、严峻挑战，越需要无私奉献，越呼唤奉献精神。新冠肺炎疫情防控期间,84岁的钟南山院士无惧病魔、挺身而出，"95后"女医生4天3夜骑行300公里返岗抗疫，北京基层社区防疫摸排工作者甚至睡觉时都抱着手机……神州大地上传颂着忘我奉献的生动事迹。在重大疫情考验面前，无数人迎难而上、担当尽责，让无私奉献的传统美德，在新时代有了更加鲜亮的底色。其中，一批又一批共产党员逆行出征、无惧风浪，发挥了先锋模范作用。

奉献是一种纯洁高尚的精神境界，更是共产党人的精神特质。从"拼上老命大干一场，决心改变兰考面貌"的焦裕禄，到"为了独龙族群众早日脱贫，再苦再累都值得"的高德荣，再到"誓干惊天动地事，甘做隐姓埋名人"的黄旭华……回望党领导人民奋斗的不平凡历程，千千万万共产党员不畏险阻、不怕牺牲，奉献生命和热血，燃烧青春和才智，挥洒辛劳和汗水，写就了辉煌灿烂的前进篇章。今天，奉献的内涵没有改变，奉献的意义更为凸显。无论是抗击疫情的战场，还是经济社会发展的现场，都需要不计得失的真诚付出，都呼唤赤诚奉献的精神追求。

心有大我、心有大爱，方能赤诚奉献。事实证明，一个人一旦有了大我大爱的崇高思想，就能许党报国、担当任事。反之，如果奉行精致的利己主义，计较于"小我"的利益得失，就会争名逐利、精于算计，甚至挖空心思、违法乱纪攫取私利。坚持人民至上，始终把人民放在心中最高位置，坚守"捧着一颗心来，不带半根草去"的公仆情怀，树立"爱的最高境界就是爱人民"的高尚品格，涵养"春蚕到死丝方尽，蜡炬成灰泪始干"的精神风范，才能在以奉献为美、服务人民、服务社会的大爱情怀中，成就事业、点亮人生，抵达崇高的境界。

奉献精神不是与生俱来的，离不开经年累月的修身正己。从科学理论武装，到党性教育引导，从传统美德滋养，到斗争实践磨砺，都是砥砺奉献精神的重要途径。三十二年如一日的守岛英雄王继才，在脱贫攻坚一线倾情投入、奉献自我的黄文秀……他们都是牺牲小我、成就大我的典范。经常和先进典型对照，不断叩问初心、守护初心，有助于增强埋头苦干的原动力、忠诚奉献的精气神。自觉接受经常性的理论学习、教育熏陶，时常反躬自省、修枝剪叶，注重涵养无私奉献、真诚付出的精神品格，也是共产党人先进性的一种体现。

奉献的人生最美丽，忘我为民最幸福。奉献有大有小，只要真心奉献，都是高尚的、可贵的。有一分热，发一分光，矢志奋斗、甘于奉献，我们就一定能在全社会传递更多正能量，为决胜全面建成小康社会、决战脱贫攻坚汇聚起磅礴力量。

（2020年07月13日）

善于识变求变应变

任 平

"明者因时而变,知者随事而制。"推动改革发展,必须适应时与势的变化。习近平总书记强调,"形势在变、任务在变、工作要求也在变,必须准确识变、科学应变、主动求变""既善于积势蓄势谋势,又善于识变求变应变",为我们推动改革更好服务经济社会发展大局提供了重要方法论。

在 2020 年这个特殊年份,人们经历了太多变化,也见证了许多积极应变过程。稳外贸压力加大,但直播带货方兴未艾,内需潜力不断释放;新冠肺炎疫情影响复课复工,但线上教育兴起、线上办公流行;境外疫情持续蔓延,造成世界经济深度衰退,但中国致力于"六稳""六保",为世界经济注入信心和动力……正因为积极适应变化,新业态新模式新消费不断涌现,不仅降低了疫情影响,更释放了发展新动能。

"天行健,君子以自强不息。"以数千年大历史观之,从秉持"周虽旧邦,其命维新"的精神,到"治世不一道,便国不法古"的观念,变革总体上是中国的历史常态,中华民族充满着变革精神。回望改革开放 40 多年来的发展历程,正是将坚守道路与自我完善并举、将原则的坚定性与策略的灵活性结合起来,我们根据时与势的不同而灵活调整对策,创造了人间奇迹,更锻造了应变能力。正如恩格斯认为的,社会主义社会是"经常变化和改革的社会"。这种因时为法、随事而制的变革能力,让中国能够踏准时代节拍,攻坚克难、化危为机、昂扬前行。

善于识变,在变化中抓住机遇。面对外部环境变化,不能"乱花渐欲迷人眼",而要"不畏浮云遮望眼",能够把握变与不变的辩证关系、危与机的互变规律。坚持用全面、辩证、长远的眼光看待形势变化,既要看到疫情带来的挑战,更要看到挑战加速了数字经济释放新动能;既要看到我国经济运行短期内风险增加,更要看到我国经济长期向好的基本面没有改变;既要看到单边主义、保护主义抬头,更要看到全球化大潮浩荡前行、不可逆转。唯有准确识变,才不会一有变化就迷失方向,才能抓住主要矛盾、把握新的机遇。

善于求变,在适应中占据先机。"所当乘者势也,不可失者时也。"实践证明,危机来了并不可怕,可怕的是迷惘、悲观和无所作为。面对风险和挑战,正确的态度应该是锤炼主动求变的胆魄,充分发挥积极性、主动性、创造性。不仅要乘势而上、抓住机遇,更要迎难而上、主动作为。无论是做好"六稳"工作、落实"六保"任务,还是决胜全面小康、决战脱贫攻坚,都需要主动求变、抢占先机,下好化危为机"先手棋"、打好转型升级"主动仗",才能牢牢把握发展的主动权,在经历风雨中发展、在应对挑战中成长。

善于应变,在改革中开拓进取。惟改革者进,惟创新者强,惟改革创新者胜。发展环境越是严峻复杂,越要坚定不移深化改革;只要改革不断推进,中国就会持续前行。今天,我们要破解发展面临的各种难题,化解来自各方面的风险挑战和巨大压力,就要以更大的力度推进全面深化改革、推动创新发展,激扬"踏平坎坷成大道"的豪情壮志,凝聚"风雨无阻向前进"的智慧力量。发挥好改革的突破和先导作用,把蕴藏在基层和群众中的创新活力激发出来,就一定能让发展新动能加速壮大,依靠改革应对变局、开拓新局。

"观乎天文,以察时变;观乎人文,以化成天下。"善于识变求变应变,坚持变中求新、变中求进、变中突破,始终激扬善于变革的能力,中国航船必定始终乘风破浪、行稳致远。

(2020年07月10日)

善于积势蓄势谋势

任 平

习近平总书记强调:"必须发挥好改革的突破和先导作用,依靠改革应对变局、开拓新局,坚持目标引领和问题导向,既善于积势蓄势谋势,又善于识变求变应变,紧紧扭住关键,积极鼓励探索,突出改革实效,推动改革更好服务经济社会发展大局。"这一明确要求,既揭示了改革应对变局、开拓新局、服务大局的内在逻辑,又提供了抓改革、促发展的重要方法论,对于我们做好改革发展各项工作具有重要指导意义。

察势者智,驭势者赢。"势"是一种客观存在,标示着事物发展的形势、态势、趋势。身处变动不居的时代环境,面对复杂多变的国内外形势,无论是谋划改革还是推动发展,都离不开对"势"的认知与把握。善于积势蓄势谋势,就是要敏锐把握"势"的发生发展的不同阶段,积极主动作为,或积厚成势,或蓄势待发,或谋势而动,下好先手棋,打好主动仗。

《庄子》说:"水之积也不厚,则其负大舟也无力。"任何新事物的发端、兴起、壮大,都需要一个过程。惟有持续积累,方可积厚成势,最终势如破竹、不可阻挡。回望中国改革开放历程,从小岗村的红手印拉开农村改革大幕,到自贸区上海启航后推而广之,渐进式的改革,是一个发现规律、积累经验的探索过程,也是一个从小到大、从点到面的积势过程。当信息化的快车加速到5G时代,当大数据的积累推动智能化的浪潮,以合乎规律的取势、占得先机的顺势,让新事物健康成长,让新动能加速壮大,才能以更多"小趋势"汇聚成磅礴的时代大潮、发展大势。

势能积累到一定的临界点,就会喷薄而出、不可逆转。弹簧压得差不多的时候,也正是势能最强、弹力最大的时候,积厚成势、蓄势待发,正需要把握时机、一鼓作气,果断决策、坚决推进。乘着"千里快哉风",中国改革的巨轮一路劈波斩浪。站在新的历史方位,新时代的改革让全社会发展活力和创新活力明显增强,人民群众获得感、幸福感、安全感不断提升。从站起来、富起来到强起来,从赶上时代到引领时代,今天我们有了更丰富的经验积累、更雄厚的物质条件、更成熟的制度基础,正需要以更大的政治勇气和智慧、更有力的措施和办法推进改革,让中国巨轮驶入更开阔的水域。

"不先审天下之势而欲应天下之务,难矣。"面对突如其来的新冠肺炎疫情,我们胸怀中华民族伟大复兴的战略全局和世界百年未有之大变局,顺势而为、谋势而动,风雨无阻向前进。构建更加完善的要素市场化配置体制机制,新时代推进西部大开发形成新格局,建设海南自由贸易港,持续深入推进中央与地方财政事权和支出责任划分改革……多项改革措施接连出台、推进,展现中国改革的决心和信心,更彰显改革者的眼界和胸襟。事实证明,察大局、谋大势,就能站在更高起点、更高层次、更高目标上推进改革开放,把疫情造成的影响降到最低,牢牢把握发展主动权。

"善战者,求之于势。"站在"两个一百年"奋斗目标的历史交汇点上,决战脱贫攻坚时不我待,决胜全面小康重任在肩,改革依然在路上,亟待我们重视"势"、善用"势",厚积而薄发,乘势而有为。在实践中奋力积势蓄势谋势,锐意进取、攻坚克难,我们必将创造更多改革增量、释放更多改革能量,书写更加激动人心的发展传奇。

(2020年07月09日)

夯实对党忠诚的家风基石

李 斌

"忘掉我,不要为我的牺牲而伤痛,集中精力进行战斗,继续努力完成党的事业……"1931年9月,老一辈无产阶级革命家王若飞在内蒙古包头因叛徒出卖不幸被捕,在狱中写下诀别信,鼓励妻子李培之同志继续为党的事业而战斗。字里行间洋溢着共产党人对党的绝对忠诚和无限深情,树起了革命理想高于天、初心使命薪火传的光辉典范。

"天下至德,莫大乎忠。"忠诚是共产党员必须具备的优秀品质,如果说信仰是安身立命的政治灵魂,那么忠诚就是成事创业的政治地基。对党忠诚老实的政治要求,体现在党章对党员义务的郑重规定,体现在加强党的政治建设的方方面面。"七一"之际,中央和国家机关纷纷开展"不忘初心、弘扬优良家风"主题党日活动,引导广大党员干部看齐老一辈革命家和先进模范人物修身齐家风范,通过严格家教带动亲属子女坚决听党话、跟党走。共产党人对党忠诚,不仅要在政治方向上稳立初心使命,在工作岗位上经受风浪考验,在家庭生活中也要勤于检视问题,涵养爱党爱国、报党报国的家庭氛围。

忠诚印寸心,浩然充两间。党员领导干部把对党忠诚纳入家庭家教家风建设,有助于赓续初心使命,让共产党人的精气神在一代代人中传承下去、在社会上广播开来。一个始终心系党和人民、坚定许党许国的人,必定会带给周围的人篝火一样的温暖、清泉一样的澄澈、星空一样的辽阔。"工作上向先进看齐,生活条件跟差的比",焦裕禄的家训曾让儿女们感到委屈和不满,却引领他们磨炼信仰与忠诚,在平凡岗位上践行全心全意为人民服务的宗旨。"我守好我的海岛,你守好你的国门",王志国谨记父亲王继才的叮嘱,延续父母坚定守护海防的初心,把一腔热血投入到护卫边防安全中。家庭不只是人们身体的住处,更是人们心灵的归宿。对青少年而言,从红色家风中播撒信仰种子,汲取人生大义,拥抱新风正气,必能够挺直精神脊梁,成长为有益于国家和人民的人。

古人言:"将教天下,必定其家,必正其身。"修身齐家向来被视作为政用权的起点。夯实对党忠诚的家风基石,营造爱党爱国爱家、舍小家为大家的家庭氛围,就可以增进为党尽忠、为国尽责的奋进动能,就可以筑牢防微杜渐、拒腐防变的作风堤坝。习近平总书记曾提醒中央党校县委书记研修班学员:"如果没有对党忠诚作为政治上的'定海神针',就很可能在各种考验面前败下阵来。"从查处的案件看,因为家风败坏而走向违纪违法,不少落马官员都存在类似的腐败轨迹。对领导干部而言,立政德必须明大德、守公德、严私德,其中一项重要内容就是要把家风建设摆在重要位置。爱惜名节的家人,严格自律的家规,清正廉洁的家风,本身就是抵御歪风邪气的防火墙。以坚定信仰、对党忠诚、为政廉洁来立家、齐家、兴家、报家,折射出教之有方、育之有德的智慧,其实也是馈赠家人的无形财富。

党的事业,人民的事业,是靠千千万万、一代又一代忠诚奉献的党员不断铸就、不断开创新局面的。爱党护党的家庭文化,是最生动的信仰传承,也是最有效的党性教育。让红色基因牢牢扎根在心灵深处,让忠诚信仰成为引领社会进步的风尚,我们的国家就会像革命前辈所瞩望的那样,"有个可赞美的光明前途"。

(2020年07月08日)

读懂中国经济的信心和底气

吴秋余

规模以上工业企业利润增速"由负转正"、服务业生产指数增速"由负转正"、交通固定资产投资累计增速"由负转正"、服务业用电量和铁路货运量"由降转升"……5月份,中国主要经济指标持续改善,经济运行延续复苏态势,在境外疫情肆虐、世界经贸严重萎缩的背景下,这样的成绩着实难能可贵。

"中国经济在疫情之下的强劲表现,足以让国际上'唱衰中国论'者大跌眼镜。"国际观察家的话,代表了国际社会对中国经济的乐观预期。疫情冲击是一次"压力测试",既能检验中国经济的发展成色、发展能力、发展水平,也展现出中国经济所具有的稳定态势和深层优势。中国经济稳中向好、长期向好的基本趋势没有改变,潜力足、韧性强、回旋空间大、政策工具多的基本特点没有变。风雨洗礼,更彰显中国经济发展的强大信心和底气。

信心和底气,来自稳定的经济基本面。作为世界第二大经济体,中国经济不仅具有"大块头",也具有应对疫情冲击的超强"免疫力"。庞大的人口基数、宽广的国土空间、巨大的经济体量、独立完整的工业体系和国民经济体系、区域经济发展的梯度格局等,赋予中国"超大规模"优势。现在,内需已成为拉动中国经济增长的主要力量。5月份,我国基本生活品消费继续增长,升级类商品消费较为活跃。逐步形成以国内大循环为主体、国内国际双循环相互促进的新发展格局,让经济基本面稳如磐石,足以抵抗大风大浪、避免大起大落。

信心和底气,来自澎湃的发展新动能。近年来,中国经济稳步迈向高质量发展,体量变大,体格更健壮。5月份高技术制造业增加值同比增长8.9%,快于规模以上工业4.5个百分点;数字经济持续升温,前5个月全国实物商品网上零售额同比增长11.5%,"直播带货"等新业态异常火热;新产品新产业快速增长,5月份,3D打印设备、智能手表、集成电路圆片、充电桩等产品产量同比增长均在70%以上。即使受到疫情冲击,经济出现短期波动,我们依然坚持新发展理念,坚持不懈推动高质量发展。凭借着高质量发展释放的动能,中国经济发展将更可持续、效益更好、水平更高。

信心和底气,来自独特的制度优势。坚持党对经济工作的集中统一领导,是中国经济发展最大的制度优势。正是党的坚强领导,才能着眼于中国经济发展的长远利益和根本利益,在疫情冲击面前保持战略定力,让宏观政策坚持精准发力、精准施策,不搞大水漫灌,在平稳增长中实现转型升级。预计全年为企业新增减负超过2.5万亿元、推动金融系统全年向各类企业合理让利1.5万亿元……日趋成熟的宏观调控能力再次释放巨大能量。更为重要的是,我国是全球主要经济体中少数实施常态化货币政策的国家,货币政策工具箱储备充足,将来万一再遇到冲击,还有充足的政策空间。这种既加大逆周期调节力度同时又为未来留有余地的治理智慧,可以有力护航中国经济平稳向前。

中国经济是在经历风雨中发展起来、在应对挑战中成长壮大的,只要我们坚持用全面、辩证、长远的眼光分析当前经济形势,努力在危机中育新机、于变局中开新局,把我国发展的巨大潜力和强大动能充分释放出来,就一定能够实现今年经济社会发展目标任务,推动中国经济乘风破浪、行稳致远。

(2020年07月07日)

"不竭的力量源泉"

——写在"七一"之际①

李 斌

"牢记初心使命,决胜全面小康"。"七一"来临之际,各地基层党组织开展各种形式的主题党日活动,教育引导广大党员锤炼初心使命,奋力夺取疫情防控和经济社会发展双胜利。初心和使命是党的性质宗旨、理想信念、奋斗目标的集中体现,也是党员干部日新又新的终生课题、不可懈怠的政治责任。坚持学习教育和行动实践相结合,短期淬火与长期磨砺相结合,必能补足信仰之钙,打好信念之铁,炼出意志之钢。

对马克思主义的信仰,对社会主义和共产主义的信念,就共产党人而言,是统摄思想、指引行动的政治灵魂,是激扬正气、富有朝气的精神支柱。习近平总书记不久前在宁夏考察时强调:"坚定的理想信念,永远是激励我们奋勇向前、克难制胜不竭的力量源泉。"把牢理想信念这个人生"总开关"、价值"定盘星",才能在大是大非面前旗帜鲜明,在风浪考验面前无所畏惧,在各种诱惑面前永葆本色,让党和人民信得过、靠得住、能放心。新时代的共产党人,任何时候都需要加强思想灵魂上的自我革命,通过党性修养上固本开新、思想认识上激浊扬清,让不忘初心更加自觉,担当使命更加坚定。

当前,第一批单位开展"不忘初心、牢记使命"主题教育已满一周年,最大变化是什么?于外在看,是干事创业的精神面貌为之一新,为民服务的行动自觉为之一振。特别是在抗击新冠肺炎疫情等重大考验面前,广大党员干部充分发挥冲锋在前、顽强拼搏的先锋模范作用,生动展现人民至上、为民担当的政治本色。内向审视,主题教育助推党员干部的理论水平和思想认识精进提升,初心和使命在内心深处铸牢、在思想深处扎根。守初心没有完成时,励恒心永远在路上。党的十九届四中全会提出,建立不忘初心、牢记使命的制度。全党同志必须持之以恒修好不忘初心、牢记使命的必修课、常修课,把理想信念作为照亮前路的灯、校准航向的舵,不断焕发锐意进取、开拓创新的精气神,增进埋头苦干、真抓实干的原动力。

心中有信仰,前行有方向,脚下有力量。有人说得好,信仰在一个人为一个人的元气,在一个社会为一个社会的元气。崇高的理想,坚定的信念,是凝聚人心、催人奋进的启明星、引航灯,也是我们抗御任何风险挑战、战胜任何问题困难的优势所在、信心所在、力量所在。中国共产党之所以能够经受一次次挫折而又一次次奋起,归根到底是因为有坚韧不拔的理想信念。当前,民族复兴进入关键阶段,世界经历百年未有之大变局,改革发展稳定任务重、矛盾风险挑战多、形势环境变化复杂。我们要在具有许多新的历史特点的伟大斗争中排除万难、赢得主动,更加需要依靠崇高而坚定的理想信念强健梦想之志、凝聚奋斗之力、开拓胜利之路。

"人类的精神一旦唤起,其威力是无穷无尽的。"从照亮暗夜的星星之火,到矢志复兴的大国砥柱,如果把百年来我们党走过的奋斗征程浓缩成一句话,那一定是"为中国人民谋幸福,为中华民族谋复兴"。每一个党员都是一颗信仰的种子,每一个党组织都是一个坚强的战斗堡垒。千千万万共产党员初心如磐、使命在肩,为实现人民对美好生活的向往而不懈奋斗,新时代的党性之光必将普照民族复兴的壮丽征程。

(2020年06月29日)

"我们可以不惜一切代价"

——写在"七一"之际②

何 娟

"生命是不能被略过的重点,一定有人敢选最难的那条路,一定有人把生命排在利益的前面"。近日,全球抗疫公益短片《2020使用说明书》一经上线播出就引发热烈反响。在这背后,人民至上、生命至上的中国态度、中国行动,被越来越多的国家地区和国际人士所认同和赞扬。

习近平总书记在参加内蒙古代表团审议时指出,"保护人民生命安全和身体健康,我们可以不惜一切代价。"翻看中国战疫答卷,"不惜一切代价",既是铿锵有力的承诺,更是坚定不移的行动。从出生仅30个小时的婴儿,到100多岁的老人,抢救每一位患者的生命不计代价;动员一切力量全力支援湖北抗击疫情,千万人口的武汉暂时关闭离汉通道;由医保和财政报销所有治疗费用,最大限度降低死亡率;为阻止疫情扩散,全国延长春节假期、一些企业停工停产……疫情暴发后,以习近平同志为核心的党中央在人民生命和经济利益之间果断抉择,宁可一段时间内经济下滑甚至短期"停摆",也坚决对人民生命安全和身体健康负责。这就是中国共产党和中国政府的选择,坚持以人民为中心的选择,义无反顾、不计成本的选择。

在中非团结抗疫特别峰会上,习近平主席发表主旨讲话时强调:"我们要坚持人民至上、生命至上,统筹资源,团结合作,尽最大努力保护人民生命安全和身体健康,最大限度降低疫情负面影响。"采取最全面最严格最彻底的防控措施,前所未有地采取大规模隔离措施,前所未有地调集全国资源开展大规模医疗救治,短期来看我们付出了巨大的经济和社会代价,一季度经济出现负增长,生产生活秩序受到冲击。但正如世人所见证的,中国新冠肺炎患者治愈率高达94.3%,甚至超过了病毒性肺炎的平均治愈率。全国疫情防控阻击战取得重大战略成果,正是坚持人民至上、生命至上的巨大胜利。

"不惜一切代价",这样的宣示源于我们党坚定的人民立场和真切的为民情怀,这样的底气来自我们党始终与人民同呼吸、共命运、心连心的紧密联系。正如习近平总书记指出的,我们党没有自己特殊的利益,党在任何时候都把群众利益放在第一位。面对情况复杂、情形危急的大流行病,人民最首要的利益便是生命权和健康权。从第一时间明确"把人民群众生命安全和身体健康放在第一位",到数次强调要"尽最大努力挽救更多患者生命",从要求各级党组织"把党中央各项决策部署抓实抓细抓落地,让党旗在疫情防控斗争第一线高高飘扬",到惕励党员干部"把初心落在行动上、把使命担在肩膀上",人民至上、生命至上始终是疫情防控斗争的价值坐标和行动遵循。与时间赛跑,同病魔较量,不计成本、不遗余力,不忘初心、不懈奋斗,让以人民为中心的执政理念更加彰显。

"党团结带领人民进行革命、建设、改革,根本目的就是为了让人民过上好日子,无论面临多大挑战和压力,无论付出多大牺牲和代价,这一点都始终不渝、毫不动摇。"回望来路,从抵御地震、洪水等自然灾害到抗击疟疾、非典等重大疫情,从推行改革开放到决胜全面小康、决战脱贫攻坚,为中国人民谋幸福是我们党始终不渝的政治追求。当前疫情仍在全球蔓延,抗疫情、稳经济、保民生的任务十分艰巨,但只要坚持一切为了人民、紧紧依靠人民、充分发动人民,我们就能汇聚起战胜一切艰难险阻的磅礴伟力。

(2020年06月30日)

"全面小康大家一起走"

——写在"七一"之际③

邹 翔

"一刻不能停步,一天不能耽误!"云南怒江打响"百日攻坚战",一批批背包工作队翻山越岭,进村蹲点;甘肃临夏的扶贫干部挨家挨户看羊圈、发补贴、盯防疫,一刻也不停歇,只为把脱贫进度赶出来;四川凉山把脱贫攻坚任务细化成18个专项行动,齐头并进狠抓落实……"七一"之际,全国各地党员干部铆足一股劲,向着最后的贫困堡垒发起冲锋,以实干实绩向党的生日献礼。

作为全面建成小康社会的底线任务和标志性指标,贫困人口脱贫问题牵动着全党全国的目光。不久前在看望参加政协会议的经济界委员时,习近平总书记深情地说:"我们这代人有一份情结,扶一把老百姓特别是农民。社会主义道路上一个也不能少,全面小康大家一起走!"最牵挂的始终是困难群众,倾注精力最多的是扶贫工作,考察调研最多的是贫困地区,习近平总书记的这份情结,彰显出坚定的人民立场、真切的为民情怀,成为中国共产党为中国人民谋幸福、为中华民族谋复兴的生动见证。党的十八大以来,脱贫攻坚的历史性实践和历史性成就充分表明,人民对美好生活的向往,就是中国共产党的奋斗目标。

贫穷不是社会主义。从解决8亿多人温饱问题,到攻克最后的贫困堡垒,共产党人念兹在兹的,就是让人民过上好日子。习近平总书记曾深刻指出:"如果贫困地区长期贫困,面貌长期得不到改变,群众生活长期得不到明显提高,那就没有体现我国社会主义制度的优越性,那也不是社会主义。"社会主义制度的优越性,建立在每一个人、每一个民族的获得感、幸福感、安全感之上。不落一人高质量打赢脱贫攻坚战,对实现共同富裕具有重大而深远的里程碑意义。"全面小康大家一起走",意味着经济快速发展和大规模减贫同步实现,意味着全体人民共享改革发展成果、朝着共同富裕不断迈进,深刻彰显出中国共产党领导和社会主义制度的政治优势。

"全面小康大家一起走"的郑重承诺,见证中国共产党言出必行、重信践诺、说到做到的政治品格。从黄土高坡到雪域高原,从革命老区到民族地区,各地脱贫实践表明,深度贫困是完全可以战胜的,精准扶贫精准脱贫方略是有力有效的。截止到2月底,全国还有52个贫困县未摘帽、2707个贫困村未出列、建档立卡贫困人口未全部脱贫。面对新冠肺炎疫情对经济社会发展的冲击,面对纷繁复杂的国内外风险挑战,高质量打赢脱贫攻坚战没有任何退路和弹性。只有激发"尽锐出战、迎难而上"的蓬勃干劲,砥砺"不获全胜、决不收兵"的坚定决心,才能在决战决胜中交出优异答卷。特别是挂牌督战地区,必须把脱贫攻坚作为首要政治任务和下半年最重要的工作,下硬功夫完成好硬任务,并确保脱贫质量且有利于巩固脱贫成果。

就像六盘山是当年红军长征要翻越的最后一座高山一样,让贫困人口全部脱贫,是我们全面建成小康社会必须翻越的最后一座高山。脱贫攻坚是奋斗出来的,全面小康是奋斗出来的。撸起袖子加油干,携手奋进新时代,一定能完成决胜全面建成小康社会、决战脱贫攻坚目标任务,为实现中华民族伟大复兴的中国梦打下坚实基础、开辟崭新征程。

(2020年07月03日)

"不慕虚荣,不务虚功,不图虚名"

——写在"七一"之际④

桂从路

焦裕禄带领兰考人民"敢教日月换新天",谷文昌誓言"不制服风沙,就让风沙把我埋掉",孔繁森"把自己一颗火热的心献给了西藏高原",张富清"哪里有困难,哪里条件艰苦,我就去哪里"……从石库门到天安门,从兴业路到复兴路,无数共产党人谨守为民宗旨,把汗水挥洒在山川大地,把政绩刻印在老百姓心底,以"忘我"付出实现了"大我"追求,创造了彪炳史册的功勋。

习近平总书记强调:"各级领导干部要树立正确的权力观、政绩观、事业观,不慕虚荣,不务虚功,不图虚名,切实做到为官一任、造福一方。"这是新时代推进各项事业持续健康发展的必然要求,是新时代共产党人践行初心使命的重要路径。在建党纪念日激扬初心使命、凝聚奋斗力量,就要坚定"不慕虚荣,不务虚功,不图虚名"的政治定力,校准为人民服务的权力观、政绩观、事业观,把对党和人民的忠诚切实体现到实际工作中。

不慕虚荣,映照共产党人的权力观。为政者贪慕虚荣,不仅难以谋大业、成大事,还可能因为权力观的扭曲滑向违纪违法的深渊。共产党人干事创业,图的是造福百姓,为的是家国兴旺。党章庄严宣示:"党除了工人阶级和最广大人民群众的利益,没有自己特殊的利益。"无论任何时候、无论任何情形，把人民赋予的权力用于为民谋利，都应该是党员干部特别是领导干部一以贯之的政治本色。

不务虚功，标注共产党人的政绩观。为官一任、造福一方，关键在一个"实"字。从一穷二白到世界第二大经济体，从祖祖辈辈一贫如洗到生活如芝麻开花节节高，这些历史性成就的取得，靠的正是党带领人民务实奋斗、苦干实干。"当代愚公"黄大发，带领村民历时36年在悬崖绝壁上开凿一条"生命"渠，改变当地贫穷落后的面貌。"水过不去，拿命来铺"，这是一名老党员为人民许下的誓言。放眼当下，在脱贫攻坚的主战场，在全面深化改革的深水区，在抓"六稳"促"六保"的第一线，都需要我们坚持干实事求实效，用行动用实绩来书写远大理想。

不图虚名，检验共产党人的事业观。为党和人民做事，是一份沉甸甸的责任，而不是轻飘飘的浮名。身为我国航天事业的奠基人，钱学森却给自己订立了七条治学与处事原则：不题词、不写序、不参加任何科技成果评审会和鉴定会、不出席"应景"活动、不兼荣誉性职务、上年纪后不去外地开会、不上任何名人录。这七条自律条款，生动诠释了什么叫做"事业重如山，名利淡如水"。无数事实表明，作秀、取宠、讨巧换来的只会是徒有虚名。拿出功成不必在我的精神境界、功成必定有我的历史担当，多做暖人心、稳人心、得人心的实事，才能赢得老百姓的由衷夸赞和信任支持。

为党分忧、为国效力、为民尽责，正是"党员"二字的分量所在、职责所在。决胜全面建成小康社会，乘势而上开启全面建设社会主义现代化国家新征程，摆在中国面前的艰难险阻还有很多，只要我们坚持以人民为中心的发展思想，脚踏实地为人民做事，就一定能在新时代赶考中创造更多经得起历史和人民检验的业绩。

（2020年07月06日）

砥砺奋进当鼓"气"

马祖云

"天地英雄气,千秋尚凛然"。砥砺奋进的征程上,越是遭遇艰险与挑战,越需要百折不挠、坚忍不拔的英雄气概;越是披荆斩棘、爬坡过坎,越能彰显愈挫愈坚、愈战愈勇的刚强意志。

"新型冠状病毒肺炎是近百年来人类遭遇的影响范围最广的全球性大流行病",前不久发布的《抗击新冠肺炎疫情的中国行动》白皮书,真实记录了中国抗疫艰辛历程,生动展现了中国人民焕发出的精气神。一个拥有14亿人口的泱泱大国,何以能在短期内有效控制住病毒传播、实现复工复产复市,何以能让疫情防控阻击战取得重大战略成果?最根本的是以习近平同志为核心的党中央坚强领导,最关键的是举国上下的众志成城,最震撼的是团结奋斗的中国气势。实践深刻启示我们,面对危难时,惟有鼓足志气、锐气、胆气,方能汇聚起无坚不摧、无往不胜的磅礴力量。

鼓足志气,坚定必胜信念。"志不立,天下无可成之事,虽百工技艺,未有不本于志者。"增强信心,葆有难必克、业必兴、事必成的雄心壮志,就能在面临困境时主动作为,遭遇风险时化危为机,经受挫折时迎难而上。突如其来、来势汹汹的疫情,使不少行业发展都受到影响。有志者遇困思变、另辟蹊径,积极开拓在线办公、线上交易、"共享员工"等新业态、新模式,不仅减少了经济损失,还创造了新的市场机会。事实证明,砥砺奋发图强的志气、淬炼无坚不摧的勇毅,就没有翻不过的峰峦、涉不过的险滩。

鼓足锐气,赋能攻坚克难。沧海横流,方显英雄本色。锐气是勇者的通行证。锐意进取的气魄,体现着奋斗精神,映照着不屈意志与自信品格。回首看,我们以锐不可当的气概,走过了疫情防控最艰难时期,经济社会运行加速恢复;抬望眼,在常态化疫情防控中,我们还要做好"六稳"工作、落实"六保"任务,决胜全面小康、决战脱贫攻坚。面对严峻复杂的国际疫情和世界经济形势,不容松劲懈怠。保持"敢教日月换新天"的昂扬锐气,不畏繁难、奋力攻坚,打通前行阻点、突破任务难点、培育创新亮点,就能在危机中育新机、于变局中开新局。

鼓足胆气,挺直担当腰杆。"略"生于"胆",有多大胆气,往往就有多大谋略,进而成就一番事业。没有"杀出一条血路来"的胆气,就没有经济特区的腾飞;没有"敢上九天揽月"的胆气,就难言载人航天工程的辉煌。现实中,统筹疫情防控和经济社会发展面临不少新问题、新挑战,有些干部却少了一丝胆气、多了一个怕字。怕出事而不敢干事,怕担责而不敢作为,瞻前顾后、畏首畏尾,四处观望、原地不动。守初心、担使命,离不开主动作为的胆气,呼唤一批又一批闯将。这就要求眼里有目标、胸中有热血、肩上有责任,铸就越是艰险越向前的气魄,在激流奔涌中勇立潮头。

气者,人之根本也。走好新时代的长征路,容不得任何"喘口气、歇歇脚"的念头。气可鼓而不可泄,行进在同心筑梦的大道上,我们惟有紧弓满弦、激情满怀,只争朝夕、驰而不息。

(2020年06月28日)

荒唐的闹剧

任 平

美国一些政客在应对新冠肺炎疫情上不负责任、毫无建树，在责任"甩锅"、造谣抹黑等方面却肆无忌惮、毫无羞耻。今年3月以来，美国少数个人和个别州起诉中国政府，要求"中国赔偿疫情造成的损失"。如此荒谬的言行，注定只能是荒唐的闹剧。

法律讲究证据，要用事实说话。中国首先报告疫情，并不等于新冠病毒就源自中国，更何况美国研究者早已证明，包括纽约在内的许多城市的病毒毒株并非来自中国，所谓赔偿、追责根本无从谈起。更不必说，突发重大传染性疾病属于全球公共卫生危机，在法理上属于"不可抗力"，本身就不具有可诉性。历史上，西班牙流感始于美国，酿成巨大人道主义灾难，就该向美国追责？艾滋病首先出现在美国，全球有高达7500万感染者、3500万因艾滋病相关疾病致死者，也该由美国赔偿？

如此简单的道理，相信美国少数政客也是心知肚明。然而，他们仍热衷于散布"中国隐瞒疫情"等谎言，还披上法律的外衣，向中国发起所谓"诉讼"。透过现象看本质，不难发现这些美国政客的险恶用心：一方面，误导民众，将疫情蔓延的责任嫁祸于中国，以转移美国民众对其自身抗疫不力的追究；另一方面，炒作追责和索赔，以期在国际舆论上抹黑中国。正如有学者所言，美国一些政客不愿意主动去承担责任，去堵塞漏洞，而总是想方设法去塑造一个"替罪羊"。

法谚有云："平等者之间无管辖权"。根据主权平等和主权豁免原则，任何国家的法院对他国政府在疫情防控方面所采取的主权行为根本不具备司法管辖权。一些政客策划并发起所谓"诉讼"，根本不符合法律程序，难有任何实质性法律后果。美国国务院前国际法顾问基梅纳·凯特纳认为："任何对外国主权豁免法有点实际工作知识的专业人士，只要看一眼这些诉讼的标题，就会立即发现美国法院没有管辖权基础。"对华"滥诉"，完全是没有事实基础、没有法律依据、没有国际先例的"三无产品"。打着法律的旗号却根本无视法治精神，既是对国际法基本原则的践踏，也是国际霸权与强权主义的充分暴露。

法治，历来是美国自我标榜的核心价值之一。但一些政客口中的"法治"，与公平、正义毫无关联，不过是借以攫取政治利益、强化美式霸权的手段和工具。有研究者指出，国际索赔在技术上是美国等西方国家一贯的做法，这段时间借疫情持续发酵，带有很强的政治目的。美国哥伦比亚大学一项研究显示，美国疫情防控措施的延误导致至少3.6万人失去生命。当中国不断向世界发出警告时，美国有政客却一再宣称新冠肺炎只是"大号流感"，导致一再错失防疫良机。美国传统盟友澳大利亚等也坦承，其国内的病毒主要来自美国。倘若真要追责，站到被告席上的，应该是美国那些不负责任、没有良知的政客。

"中国绝不接受任何滥诉和索赔要求。"对于借疫情"嫁祸"中国的行为，不久前发布的《抗击新冠肺炎疫情的中国行动》白皮书，已经作出清晰而坚定的宣示。这次疫情突如其来，已给世界各国带来严重冲击，夺走数十万人宝贵生命。挽紧团结合作的臂膀，反对将疫情政治化、病毒标签化，反对种族歧视和意识形态偏见，坚定捍卫国际公平正义，才能凝聚起战胜疫情的强大力量，共同守护人类的康宁。

（2020年06月24日）

世上无难事　只要肯登攀

葛其恒

半山腰突遇大雨，往山顶走，顶风冒雨；向山下跑，风缓雨舒。此时，应该继续上山还是下山？"向上继续攀登！"登山专家给出的答案，令人意外，却有其道理。事实上，去往山顶，虽然顶风冒雨，却不会有更大危险；而往山下跑，风雨虽减弱，可万一遭遇山洪泥石流，后果不堪设想。风雨过后，青山叠翠、彩虹似练的绝美景色，正是对逆风雨而行登山者的最好奖励。

当困难挡道、步履坎坷，当山重水复、歧路徘徊，我们不妨从攀登中借鉴破解困境、滋养信心的办法。攀登每向上一步，意味着迈过了一级困难，离目标更近了一步。攀登每向上一步，也意味着境界水平提升了一步，逐渐开拓出一片新天地。攀登可以克服困难、可以摆脱羁绊、可以快速突围，所以攀登总能给人以巨大的方向感、前进力和面向未来的希望。如若遇围困时停留原地消极等待或者调头折返，看似躲过了困难，实际并没有取得任何进步，因为困难依然在那里。

攀登之路虽然更为艰险，付出的汗水也更多，却是突出重围、实现目标的制胜之路。为了抵制帝国主义的武力威胁，打破大国的核讹诈、核垄断，我们党在20世纪五六十年代作出研制"两弹一星"、重点突破国防尖端技术的重大决策。当时的中国经济实力和工业基础十分薄弱，党中央决定自力更生攀登科学技术高峰。最终，"两弹一星"横空出世。

无论是面对革命困境还是面对发展难题,我们党历来都是坚守初心、不畏艰险。也正因为坚信"世上无难事,只要肯登攀",所以我们才不断赢取"到处莺歌燕舞,更有潺潺流水"的胜利局面。

学会攀登,因为攀登连通着坚守初心、超越自我的精神追求。山再高,往上攀,总能登顶;路再长,走下去,定能到达。攀登不同于悠然散步、肆意奔跑,无论多么艰险都要朝着登顶目标行进,这必然需要忘我无我的奋斗和坚守初心的态度,不为美景所惑、不为情绪所扰、不为孤独所烦,全身心沉浸于征途。步履在攀登,身心同样在攀登。理想信念坚定、精神上不"缺钙",实践行动中才经得住各种考验。正所谓:"志之所趋,无远弗届,穷山距海,不能限也"。

善于攀登,因为攀登体现着敢于斗争、敢于胜利的决心意志。越是攀登险峰,越是需要坚毅果敢的勇气,呼唤攻坚克难的能力。攀登中的每次抬脚都是一次挑战,行至险要处,甚至每跨一步都要付出巨大牺牲,唯有逼迫自己、激发潜力,才能刷新攀登高度。为了在同新冠病毒"赛跑"中抢救更多生命,湖北武汉在全国支援下仅用两周时间就建成两所应急医院、仅用三周时间就建成16所方舱医院。抗击新冠肺炎疫情伟大斗争实践充分表明,只有在磨难中成长、从磨难中奋起,才能战胜磨难、跨过磨难,收获更大的进步。

没有比人更高的山,没有比脚更长的路。攀登上去了才算是进步,不断攀登才不会退步。为实现国家富强、民族振兴、人民幸福攀登不止,中国必将更加自信地屹立在世界东方,中国人民必能抵达更加美好繁荣的广阔天地。

(2020 年 06 月 23 日)

涵养"收放自如"的本领

许庆光

"该管起来就能够迅速地管起来，该放开又能够有序地放开，收放自如，进退裕如，这是一种能力。"在新冠肺炎疫情防控斗争中，从一开始以社区为单位群防群控、联防联控，到适时启动分区分级、分类分时、有条件的复工复产，再到如今继续抓好常态化疫情防控、加快恢复社会生产生活正常秩序，所呈现的正是"收放自如，进退裕如"的高超智慧和治理能力。

对任何一个人口众多、人员流动频繁的国家而言，迅速地通过管控遏制疫情传播，有序地放开和恢复生产生活秩序，都是一件难度极高的事情。然而在中国，先是全国驰援武汉、延长假期等防控措施，接着又有序按下复工、复产、复商、复学等"重启键"和"快进键"，展现出举世瞩目的中国力量、中国精神、中国效率。之所以能做到这些，靠的是党中央的集中统一领导，靠的是集中力量办大事的制度优势，靠的是全国动员、全民参与、全方位凝聚抗疫合力。收放自如的防控实践，进退裕如的社会管理，成为中国制度优势和治理效能的一个生动注脚。

思路决定出路，眼界决定境界。只有登得高、望得远，看清趋势与大势，处理问题时才会胸有成竹、收放自如。有些事情如果囿于一时一地，很可能就会无解、碰壁。在急难险重任务面前如果乱了心神、失了方寸，要么操之过急、要么行动迟缓，那么就会在困难、被动、消极的泥淖里越陷越深。想要"任凭风浪起,稳坐钓鱼船",就必须提高站位、放大格局,涵养"风雨不动安如山"的定力,擦亮"不畏浮云遮望眼"的慧眼,历练"越是艰险越向前"的韧劲。

从哲学视野中体察,"收"与"放"不同场景自如切换,既展现出把握分寸尺度、灵活调整策略的方法论,也展现出体察形势变化、驾驭复杂局面的世界观。收放自如、进退裕如的背后,有对大和小、多和少、缓和急、远和近等对立关系的全面分析,有对整体和部分、主要和次要等事物矛盾的统筹驾驭。对共产党人而言,提升收放自如、进退裕如的能力,关键是掌握马克思主义哲学看家本领,不断提升理论思维水平,不断提高工作的科学性、预见性、主动性与创造性。

收放自如的能力不是一朝一夕就可达到,需要经年累月的磨砺。《庄子》里"承蜩"的佝偻者、"解牛"的庖丁,都是拿捏力道、收放自如的高手,而他们游刃有余的技能,得益于无数次的反复练习。正所谓,"略裕于学,胆经于阵"。靠学习增加谋略,靠实践磨砺胆识,是形成收放自如能力的必经之路。不经历几次"风吹浪打",不接几块"烫手山芋",不做几回"热锅上的蚂蚁",很难涵养有序有方、从容不迫的本领。不断"摸索、碰壁,总结、提高,再前进",才能逐渐抵达收放自如的境界。

收放自如的背后,是对时与势的科学把握,是对规律与规矩的谨严遵从,是对事物的"道"和"度"的精准拿捏。从认识论和世界观上涵养收放自如的境界,从方法论和事业观上精进收放自如的本领,我们必能不断提升认识世界、改造世界的能力,战胜一切艰难险阻,实现国家长治久安和人民幸福安康。

(2020 年 06 月 22 日)

正确对待功过得失

郭舒然

面对功过得失，究竟应该表现出什么样的姿态，考验一个人的格局与担当。

荣誉面前不争功、利益面前不计较、困难面前不躲闪、责任面前不推卸……对于领导干部而言，推功揽过是一种可贵的修养境界。争功诿过则不然，突出表现为：荣誉面前热衷追逐，利益面前斤斤计较，困难面前绕道而行，责任面前推诿扯皮。前者为公，着眼的是大局，看重的是团队；后者存私，打的是小九九，拨的是小算盘。

推功揽过可谓老一辈革命家的优良作风。评判功过是非，群众的眼睛是雪亮的。追求工作实绩、淡化个人名利，不争功、敢担责，把人民拥护不拥护、赞成不赞成、高兴不高兴、答应不答应作为衡量一切工作得失的根本标准，做一名合格的党员干部，才能真正赢得认可、赢得民心。

当前，从整体来看，党员、干部队伍的精神状态是好的，但也有一些党员、干部还存在不作为、慢作为甚至是假作为的问题。工作中，极少数干部沾染了争功诿过的不良风气。有的擅长变脸，对于职务和待遇削尖脑袋、明争暗抢，面对急难险重任务却挑肥拣瘦、推三阻四。有的擅长推责，干工作浮于表面、敷衍塞责，出问题则往外一推、向下一甩。

习近平总书记深刻指出，"当干部就要有担当，有多大担当才能干多大事业,尽多大责任才会有多大成就。"争功诿过,只想当官不想干事、只想揽权不想担责、只想出彩不想出力,背离了担当作为的要求,对政治生态也是一种污染。若任由此风潜滋暗长,不仅会影响改革发展、损害群众利益,也将有损实干奋斗者的积极性,危害不可小视。历史与现实启示我们,崇扬推功揽过的精神境界,警惕争功诿过的歪风邪气,才能激发干事创业的心劲儿,营造团结奋进的好氛围。

为官避事平生耻。当此"船到中流浪更急、人到半山路更陡"之时,我们尤需激扬超越功过的担当精神。不忘初心、牢记使命,老英雄张富清深藏功名,在来凤山区奉献一生;老县长高德荣不图名利,扎根独龙江为民兴业。少一分个人得失的计算,就能多一分知重负重、攻坚克难的奋发有为;少一分名缰利锁的束缚,就能多一分敢于负责、勇于担当的闯劲干劲。

"心在人民,原无论大事小事;利归天下,何必争多得少得。"以百姓心为心,把群众福祉置于职务待遇之前,把责任使命放在荣辱得失之上,乃是共产党人应有的精气神。

(2020 年 06 月 18 日)

把亲和清统一起来

李洪兴

常言道，民无商不活，国无商不兴。承担经济发展重任的领导干部，如何和企业打交道，如何正确处理政商关系？看到这样一则廖俊波的故事：一次，一位外地客商带海产品来看他。为了退回礼品，廖俊波一直追到电梯口，说"你来找我，咱是朋友；你提着东西来，咱俩就不是朋友关系了，而是利益关系，这就把朋友看轻了"。何谓"亲清"，由此不言而喻。

在"不忘初心、牢记使命"主题教育工作会议上，习近平总书记围绕清正廉洁作表率的要求，强调必须正确处理公私、义利、是非、情法、亲清、俭奢、苦乐、得失等八对关系。官与商、政与企，交往不可避免，友谊无需回避，但一个前提是守住底线、把好分寸。党的十九届四中全会提出，完善构建亲清政商关系的政策体系。在优化营商环境、推动实现高质量发展的大背景下，通过清晰的制度导向，把亲和清统一起来，亲则相敬如宾、清则公私分明，方能形成求真务实、清正廉洁的新风正气，促进经济社会健康发展。

政商交往并不只是简单的技巧问题，更是价值观问题。一位干部谈到招商引资时说："只要不是为个人谋利益，就应大胆与企业家接触，与企业家交朋友。只要企业家找我，工作再忙也要接待；只要企业家有困难，困难再大也要千方百计协调解决。"交有法，亲有度，亲与清必须相互辅助。亲,意味着有作为,领导干部坦荡真诚同企业家接触,积极作为、靠前服务。清,意味着守规矩,清清白白、干干净净、老老实实,不能有贪心私心,更不能搞权钱交易。

为了"证明"廉洁而把企业家拒之门外,看似"无瑕白"实则"不作为"。为了"加深"政商关系而拉拉扯扯,看似"敢作为"实则"乱作为"。既亲而有度,又清而有为,高扬清清爽爽的政商交往之道,便能形成越亲越清、越清越亲的风气氛围。

曾有企业家担心,守规矩老实办企业,不与官员拉关系、做"交易",会被不守规矩的企业家打败。政商交往秉持什么原则,如同一杆秤,准星清不清晰、砝码准不准确,关乎公道人心。信任源于正气,腐败止于法纪,避免老实企业吃亏、杜绝政商关系变坏,最重要就是擦亮法治的准星、校正市场的砝码,确保守法企业行稳致远、不法企业寸步难行。以清护亲,用亲增清,才能真正让领导干部与企业家亲则两利、清则两安。

为构建"亲""清"新型政商关系,某地创新出"早餐会"形式。在政府食堂,相关部门的负责人和企业家同桌吃早餐,谈问题、说想法,饭还没吃完,解决难题的办法就已经在酝酿了。有企业家说:"早餐会看着事不大,却是个桥梁,搭建起了政商、政企之间的直通车。"这早餐无非就是米粥、豆浆,清清白白;餐桌也是方形的,方方正正。政商关系越亲越清、越清越亲,正在于此。

(2020年06月17日)

让流量时代的阅读更有深度

张涛甫

最近,"复旦旧书店"在网上走红。"宝藏""最美书店"……网友不吝溢美之词,探店爱好者纷纷慕名前往。其实,这家书店已驻扎存续将近20年时间,复旦师生广为知晓。它与复旦大学另一知识地标"鹿鸣书店"一样,成为校园文化景观的一部分。互联网大潮中,这样的实体书店散发着独特魅力。

处身流量时代,知识和资讯仿若湍急河流。有的人难以自控,不由自主地随波逐流,被眼花缭乱的信息推着走,迷失于虚拟场景。长时间接触网络,让一些人习惯于追逐信息片段或思想边角料,导致注意力碎片化。走马观花式的网上阅读,少有思维的深潜。在这样的过程中,读者的感觉似乎很丰盈,但实质上多是视觉层面的愉悦,停留于浏览或浅阅读。长此以往,无益于深度思考能力的培养。

追逐流量效应的人,注定行之不远。的确,互联网提供了前所未有的可能性、可及性,创设了目力驰骋的出口和自由选择的路口,但最终的选择权和控制权在人们自己手上。网络纵有千般好,也不能因此放任思想惰性。面对纷乱的信息流,绝不能一味"下沉",窝在思维的"舒适区",拒绝深度、躲避思考,追逐简易、刺激、戏剧化、图像化的内容,甚至把阅读目标全盘托付给"知识带货商"。在流量化的内容产品面前,必须有所思考,有所选择。保持理性与定力,抵制低俗、拒绝庸俗,才能成为清醒的阅读者，做阅读真正的主人。

流量时代，究竟该怎样成就更好的阅读？一方面，离不开读者的坚守；另一方面，也要建构良好的阅读环境。因此，尽管时代在快速发展，网络阅读越来越普及、便利，我们的城乡社区依然需要一批优质的实体书店。实体书店的存在，仿佛一盏盏明亮的路灯，可以照亮人们的精神文化世界，并在一定程度上改变一些人阅读模式化现象。

近年来，在多方努力下，实体书店迎来新的发展机遇，但也存在一些隐忧。如今，书店单一的卖书模式难以为继，实体书店只能错位竞争、强化体验功能，通过拓展业务单元、增强附属功能，寻找市场支点。但如果千篇一律地复制类似模式，过度放大书店的延伸功能，也容易偏离开办书店的初心。归根结底，还是要依托内容上的优质经营，让读者体验以书为中心。否则，过度开发读者的在场体验，可能会导致审美疲劳，甚至本末倒置。

流量时代，我们还应思考：面对过载的信息，如何作出选择？什么才是阅读的正确打开方式？这既需要让传统书店在互联网场景中有存在感，也应当让流量化知识有价值依归和精神向度。"复旦旧书店"引发关注，彰显了互联网连接的力量。因此，不妨给予实体书店更多的网络能见度。与此同时，加强规范和引导，提升网络流量知识的品质。前不久，有网络平台与文化机构合作，联合启动"都来读书"全民阅读计划，借力智能推荐、智能搜索等技术，为大众化阅读提供精准导航，就不失为一种有益尝试。

让传统阅读更有时代感，让流量阅读更有深度，在二者之间达致某种平衡。这不仅关乎智慧，更关乎价值。

（2020年06月16日）

事实是最好的辟谣者

任 平

公开透明,是中国抗疫的底色,也是国际社会对中国抗疫经验的公允评价。然而美国一些政客,却一而再、再而三地睁着眼睛说瞎话,一会儿说中国掩盖真实的感染病例数和病亡人数,一会儿说中国早就知道病毒的严重性却压制信息,现如今又污蔑中国"窃取"美国疫苗相关研究成果。一个国家的政治公众人物如此信口雌黄,把说谎当作家常便饭、张口就来,世所罕见、难以置信。

事实是最好的辟谣者。不久前,湖北武汉公布集中核酸检测结果,在短短19天时间里,共检测近990万人,未发现确诊病例,检出无症状感染者300名,检出率仅为0.303/万,且尚未发现无症状感染者传染他人的情况。这一结果与之前公布的数据一脉相承、互相印证,再次说明中国公布的疫情数据真实可靠。诺贝尔化学奖得主迈克尔·莱维特教授更是以科学家的机智驳斥道:"如果中国是在伪造数据,那他们必须有一台时光机"。在事实面前,美国一些政客对中国的污蔑不仅显得荒唐可笑,更让全世界有识之士看清了他们的真实目的。

事实证明,当人类遭遇未知病毒时,对其了解和掌握必然经历一个过程。疫情初期,几乎没有任何可供借鉴的科学依据,证明这种新型病毒可能会导致危险的大流行病。即便如此,中国依然展现出惊人的反应速度。1月3日,中国在不清楚病因的情况下,就把不明原因肺炎的情况向世卫组织和美国等国进行了通报。20天后,中国采取前所未有的举措,向世界拉响了"震耳欲聋的警报"。美国一些政客,一开始也对中国的抗疫行动表示赞赏,然而由于自身防疫不力导致本国疫情蔓延时,就调转枪头、倒打一耙,试图把责任统统甩给中国,这种自相矛盾的表演,怎能不破绽百出?

一名中国网友曾这样追问,美国一些政客要的到底是怎样的透明度?如果是建立在臆测之上、服务于构陷目的、"有罪推定"式的刻意诘难,那么他们对中国的透明度就永远不会感到满足。谁说不是呢。这些政客挖空心思责难中国,绝不是为了所谓"真相""透明",不过是要为他们自己抗疫不力寻找"替罪羊",为了在国内赢得选票而故意在国际上制造对立情绪。《纽约时报》毫不避讳地指出,一些政客越来越相信,把中国抬升为对病毒传播负责的头号敌人,并且利用美国对北京日益增长的敌意,也许是挽救这场艰难选举的最好办法。《华盛顿邮报》的评论则更加直白:白宫对中国的指控,恰恰自己都可以对号入座。

对美国一些政客来说,新冠肺炎疫情是他们政治表演的舞台、攫取利益的工具,但对普通美国民众来说,却是难以承受的创伤。美国哥伦比亚大学一项研究显示,美国行动限制措施的延误导致至少3.6万人付出生命,如果美国提前两星期实施行动限制措施,83%的死亡患者将幸免于难。时至今日,美国一些政客还在民众生命与政治利益之间踟蹰、权衡,甚至通过"断供"世卫组织、干涉他国内政来转移视线、转嫁矛盾。

谎言说得再动听,也是谎言,永远都真不了。《爱尔兰时报》在一篇评论中感慨,过去世界会恨美国、爱美国或者羡慕美国,但"现在我们第一次认为美国很可怜"。从中,我们读出了对美国普通民众的同情,更读出了对美国一些政客所作所为的鄙夷。

(2020年06月15日)

奉公守法，何惧之有？

王 尧

十三届全国人大三次会议通过了《全国人民代表大会关于建立健全香港特别行政区维护国家安全的法律制度和执行机制的决定》，这是香港回归以来中央处理香港事务最重大的举措之一，是"一国两制"实践过程中具有历史意义的一件大事，是基本法实施的一个里程碑。6月8日，香港特区政府举办香港基本法颁布三十周年网上研讨会。回顾历史，回归初心，与会嘉宾就香港国家安全立法阐明立场，直面问题，反击谬论，释疑解惑，当下香港市民关切的问题，都可以从中找到答案。

中央出手堵香港国安漏洞，有人振奋欣慰，踊跃支持、积极发声；有人气急败坏，造谣抹黑，在香港社会渲染恐惧、对立情绪；也有人疑惑忧虑，担忧《决定》和有关立法会不会损害香港的司法独立和终审权，会不会影响到人权和自由。

对于香港反对派造谣抹黑的伎俩，香港市民其实再熟悉不过。近几年，无论是高铁"一地两检"之类的经济民生话题，还是修订《逃犯条例》这样的单纯法律问题，只要与内地有关，香港反对派一定会跳出来煽风点火，造谣抹黑，这次也一定会故伎重演。对于大多数香港市民来说，唯有理性思考，才能不被各种似是而非甚至颠倒是非的观点所迷惑，不被各种危言耸听的言论甚至谣言所煽惑。

国安立法，对实施危害国家安全行为和活动的极少数人而言是高悬的利剑,对香港广大居民是制度的保障。中央已经反复宣示,在国家层面进行香港维护国家安全立法,针对的是严重危害国家安全的行为和活动以及外国和境外势力干预香港特别行政区事务的活动,针对的是"港独""黑暴""揽炒"势力。对于香港市民依法享有的各项权利和自由不构成任何影响。绝大多数奉公守法的香港居民,包括海外投资者,不必对此有任何恐惧。

"如果心中没鬼,你怕什么?"奉公守法,何惧之有?香港市民用最朴素的语言说明了最浅显而深刻的道理。有关国家安全立法的适用范围有严格限定,与绝大多数香港市民无关。与香港近在咫尺的澳门就是最好的例子。澳门特别行政区早在2009年就完成了基本法第23条立法,其后又成立了澳门特别行政区维护国家安全委员会。立法10多年来,澳门居民依法享有的权利和自由何尝有损?所谓国安立法损害权利自由,完全是香港反对派极尽夸张的危言耸听和别有用心的恶意抹黑。他们就是以这样的伎俩,导致香港基本法第23条立法被严重污名化、妖魔化,相关立法迟迟不能完成,国家安全风险凸显,中央不得不出手堵漏洞、补短板。

恐惧有时源自认知的偏差。香港反对派的危言耸听之所以有一定市场,深层次原因是一些香港市民对内地法治状况缺乏了解和信任。改革开放以来,经过40多年的努力,国家法治建设取得了举世公认的成就。就刑事司法制度而言,内地与香港相差不大。内地办案完全坚持正当程序原则,坚持罪刑法定、法无明文规定不为罪、无罪推定、疑罪从无等原则。国家安全机构在内地办案始终坚持严格依法办事,并有严格的程序限制,怎么可能到了香港反而变得无拘无束呢?近年来,不少长期在中国内地工作、生活的外国人以各种方式谈及,中国是世界上最能给人安全感的国家,就是最好的明证。

国家安全立法,正是为了让广大香港市民有"免于恐惧"的自由。去年6月"修例风波"发生以来,内外勾结的"港独""黑暴""揽炒"等激进暴力犯罪行为和活动,已然成为香港社会的"公害"和"毒瘤",严重侵害香港市民的生命财产安全,损害香港社会繁荣稳定。一年来,香港市民受暴力及混乱状态困扰,连基本的人身安全都没有保障,连生计都成了问题,谈何权利与自由?谁是侵害香港市民权利与自由的罪魁祸首,不言自明。

在经历了持续"黑暴""揽炒"之后,广大香港市民更加深切地体会到:没有安全和稳定,何来权利与自由?一小撮人的所作所为再不及时制止,绝大多数香港市民的利益和福祉就会被继续侵害,香港和"一国两制"的前途就会被葬送。在国家层面立法,是为香港打上"安全补丁",为"一国两制"实践装上"杀毒软件"。不论接下来香港再发生什么,也不论外面的人怎么说、怎么做,国家填补香港国安法律漏洞的进程不可逆转。极少数人如果不自量力,试图螳臂当车,只会以失败告终。

（2020年06月13日）

稳定有保障 香港更繁荣

芦 樵

香港国家安全立法将对香港经济产生怎样的影响？自审议表决《全国人民代表大会关于建立健全香港特别行政区维护国家安全的法律制度和执行机制的决定（草案）》列入今年全国两会议程后，这一问题便备受关注。香港舆论场上，有人坚定看好，有人心存疑虑，还有人别有用心地危言耸听。在十三届全国人大三次会议高票表决通过《决定》后的这些天，市场对这一问题给予了清晰回应：

香港恒生指数连续多个交易日上涨，单周涨幅逾7%，点数一度创近3个月来新高；5月份，采购经理指数（PMI）回升并创近4个月高位；存款规模保持稳定，一些人此前担忧的大量资金出逃的现象并没有发生；香港总商会日前开展的一项调查也显示，多数企业认为香港国家安全立法会对日常业务营运产生正面影响或不会构成任何影响；多家知名外资企业表态支持香港国家安全立法……市场的反应清楚证明，香港国家安全立法非但没有影响投资者等市场主体信心，反而为香港经济走出困境注入了新的活力。

香港国家安全立法将为香港社会恢复安定提供保障，这是市场预期乐观的主要原因。稳定的社会环境，从来都是经济发展的必要前提。社会不稳定，投资不敢落地，银行不敢放贷，企业生产困难，居民不敢消费，经济发展很容易陷入恶性循环。去年下半年，暴力乱港行径严重破坏社会稳定，恶化营商环境，致使国际权威机构连番下调香港的信贷评级，私人消费和固定资本形成总额连续两个季度大幅下跌。叠加今年上半年的疫情冲击，一季度的香港经济已出现深度衰退的症状。特区政府虽大力纾困，但如果"黑暴""揽炒"继续肆虐，社会稳定无望，市场疑虑便不可能消除。

中央决定从国家层面建立健全香港特别行政区维护国家安全的法律制度和执行机制，补上香港法制漏洞，将剪除威胁香港社会长治久安的主要隐患。作为国际金融中心，香港素来以优良的法治环境闻名于世，是公认的世界最安全城市之一。处理和预防一般性的治安和刑事案件，香港现行法律与执法机制是完备而富有成效的。但与其他知名的国际金融中心相比，香港维护国家安全的相关法律还很不健全，在应对严重危害国家安全的行为和活动时力不从心。特别是过去一年，"港独"组织和本土激进分离势力活动日益猖獗，暴力恐怖活动不断升级，外部势力深度干预香港事务，不仅严重危害国家主权安全，更严重破坏香港社会稳定的局面和基础。到2019年底，香港暴力犯罪案件飙升9.1%，涉嫌刑事毁坏的被捕者中不满18岁的约占五成。维护国家安全法律漏洞的存在，已经使香港全社会付出了惨痛代价，到了非补不可的地步。

在特区陷入困境、无法依靠自身力量解决问题时，中央果断出手，精准打击分裂国家、颠覆国家政权、组织实施恐怖活动等严重危害国家安全的行为和活动以及外国和境外势力干预香港事务的活动，展现出担当与责任，传递了决心和意志。惶惶不可终日的反中乱港势力近期上蹿下跳，在香港煽动所谓"三罢"却应者寥寥，在国际社会鼓噪制裁中国又四处碰壁。现实已经表明，国安立法大局已定，香港前路只会更加明朗，任何唱衰香港经济的论调都将沦为笑谈。

尊重理性、法治与常识，便能看清形势、抓住机遇，自欺欺人、逆流而动者则注定被时代淘汰。可以预见，当立法正式落地实施，国家安全的底线将更清晰，是非标准将更明确，人为制造的对立与内耗将会更少，全社会将轻装前行、聚精会神谋发展。当香港不再成为国家安全的突出风险点，社会恢复安定，法治环境和营商环境

更加改善,在国家发展大局中扮演的角色将更加重要,国际金融中心的地位将更加巩固。国安立法后的香港,只会越来越稳定、越来越繁荣。

(2020年06月12日)

把群众冷暖放在心上

邹 翔

"连我们喜欢吃的活鱼都组织供应，武汉不孤、湖北不孤。"习近平总书记参加十三届全国人大三次会议湖北代表团审议时，一位代表回忆起总书记多次要求全国各地在湖北最艰难的时候搭把手、拉一把时这样说。

习近平总书记在湖北省武汉市考察新冠肺炎疫情防控工作时殷殷叮嘱："武汉人喜欢吃活鱼，在条件允许的情况下应多组织供应"。此后，一车车活蹦乱跳的鲜鱼从四面八方向武汉集聚，"游"上了武汉市民的餐桌。百姓餐桌，民生大事。对群众基本生活的牵挂，折射出我们党深厚的为民情怀。

强调"越是发生疫情，越要注意做好保障和改善民生工作"，要求"保持疫情期间基本民生服务不断档"，部署"健全重大疾病医疗保险和救助制度"，号召"用心用情为群众服务"……在抗击新冠肺炎疫情的斗争中，习近平总书记一直高度重视民生问题，对保障和改善民生作出一系列重要指示，为抗击疫情筑起坚强后盾。眼下，要统筹推进常态化疫情防控和经济社会发展工作，做好"六稳"工作、落实"六保"任务至关重要，"民生稳，人心就稳，社会就稳"的重要性更为凸显，保障和改善民生的兜底作用需要继续加强。在大战中践行初心使命，在大考中交出合格答卷，必须切实把民生工作抓实抓细，把温暖送到千家万户。

保障和改善民生要"实"。民生保障是一个复杂的综合性工程，衣食住行、水电燃气、通信供暖，莫不是群众利益所系、民生关切所在。抓实民生意味着实实在在，每一个细节都要考虑周全，每一个方面都容不得马虎敷衍。例如稳住居民"菜篮子"，需要保证肉禽蛋奶、瓜果蔬菜等基本生活物资质量优、种类丰、价格稳，任何一个环节掉链子都有可能影响百姓生活。从发挥好"三农"的压舱石作用到保障市场供应和价格基本稳定，从全面落实稳就业举措到强化对困难群体基本生活保障，加强保障和改善民生工作，必须把党中央各项决策部署抓实抓细抓落地，尽力而为、量力而行，在办好事、办实事中增进人民群众获得感。

保障和改善民生要"暖"。民生工作是"暖心"的工作，需要把群众冷暖放在心上，紧紧围绕人民群众的心头之困、生活之急、发展之忧，"多做一些雪中送炭、急人之困的工作，少做些锦上添花、花上垒花的虚功"。千方百计解决群众生产生活遇到的困难，暂时不能解决的要创造条件加以解决，努力把疫情对群众生活的影响降到最低。比如，疫情给中小学生上学、学龄前儿童上幼儿园带来实际困难，给餐饮、旅游等服务业造成诸多不利，对中小微企业和个体工商户发展、农民工和高校毕业生就业造成一定影响。托底民生，就要切实解决好群众的操心事、烦心事、揪心事，出台帮扶、减负、稳岗、扩就业等各项暖心措施。用真心、见真章，民生项目就能切实成为暖心项目，提高人民群众的幸福感。

民生连着民心，民心凝聚民力。抗击疫情过程中，武汉"12345"市长专线日办理1万多条市民诉求意见和求助信息，相关部门不断改进政府工作作风、提升服务效率，更好听民声、畅民意、解民忧、纾民困。每位市民来电可能只是"12345"日接听量的万分之一，但诉求能否解决，对他的影响就是100%。用100%的负责态度回应民生诉求、解决民生困难，民生举措就能温暖人心、安稳民心。

（2020年06月11日）

苦练内功　化危为机

徐　遥

夏季到来，小龙虾又成为人们餐桌上的所爱。在众多产区中，来自湖北潜江的小龙虾受到不少食客青睐。

潜江小龙虾产业的发展，过程其实并不容易。受国际需求影响，潜江小龙虾产业曾一度遭遇出口订单锐减、小龙虾积压滞销的困境。面对危机，潜江一手抓市场，引导企业把目光转向国内；一手抓技术升级，科研育苗的同时延长产业链，从虾壳中提炼甲壳素精加工、生产保健食品等高附加值产品。如今，潜江小龙虾产业发展之路越走越宽广。苦练内功让自己变得更强大，从而克服外部世界的不确定性，这样的案例，至今仍给人以深刻启示。

人们常说，人总是希望寻求确定性以获得安全感。但事实上，这种寻求方式不外乎两种。一种是求之于外，寻找外部世界的确定性，不过外部世界不是一成不变的，而是变化的。一种是诉之于内，通过拓展自身的能力边界，来适应不断变化的外部世界，正所谓以变应变。历史和现实均表明，自胜者进，自强者胜。遭遇困难挑战之时，与其坐而待变，不如起而行之、自立自强。

危和机总是同生并存的，克服了危即是机。习近平总书记指出："在哲学意义上，'难'是在任何领域前进道路上永恒的命题。"在危机中育新机、于变局中开新局，关键就在于攻坚克难、实现自身的跨越。在互联网时代，不少服装企业因为人力成本上升、线下门店销量下降等原因，经营绩效下滑。一家羽绒服企业却利用大数据进行数字化赋能，打通全国门店与线上商品的流转系统，有效解决传统服装企业的"结构性缺货"难题。结果，3年内营收大幅提高、利润增长近3倍。事实证明，变局带来严峻挑战，但也孕育着新的机遇。敢不敢、能不能超越自我，是走向成功的重要因素。

"思所以危则安矣"。世界上从来没有一成不变、一劳永逸之事，停滞不前、安于现状，再高强的本领也会退化。外部世界复杂多变，如果不识变、不敢变、不会变，迟早会迎来真正的危机。强筋骨才能御风浪，自我的每一步提升，都是对不确定性的克服。曾夺得过环法自行车赛冠军的一家车队，其教练有一个"1%理论"：在车座、轮胎、训练、营养，甚至是枕头高低等方面，每处都改进1%，加总起来，就可以大幅提高成绩。守成者难有出路，奋进者更有未来。无论是实现由危到机的转变，还是积累竞争优势，苦练内功都是最可靠的途径。

面对危机时，把"熬冬"变成"冬训"，不畏艰辛、苦练内功，夯实基础、直面挑战——那么，收获的季节不久一定会来临。

（2020年06月10日）

为"生命至上"倾尽全力

任 平

一位70岁老人身患新冠肺炎，10多名医护人员精心救护几十天，终于挽回了老人生命，治疗费用近150万元全部由国家承担。日前发布的《抗击新冠肺炎疫情的中国行动》白皮书所记录的细节，再次印证了中国全力保障人民生命权、健康权的价值追求。

在重大疫情面前，我们一开始就鲜明提出把人民生命安全和身体健康放在第一位。在全国范围调集最优秀的医生、最先进的设备、最急需的资源，全力以赴投入疫病救治，救治费用全部由国家承担……回溯抗疫历程，人民至上、生命至上是中国行动的鲜明底色，尽最大努力挽救生命是中国社会的普遍共识。正因如此，今年全国两会期间，习近平总书记在参加十三届全国人大三次会议内蒙古代表团审议时饱含深情地说："人民至上、生命至上，保护人民生命安全和身体健康可以不惜一切代价。"

同时间赛跑、与病魔较量的日日夜夜，中国创造了无数生命奇迹。我们不遗漏一名感染者，不放弃每一名患者，从出生不久的婴儿到100多岁的老人都全力抢救。仅以高龄患者救治为例，湖北省成功治愈3000余位80岁以上、7位百岁以上新冠肺炎患者。坚持人的生命高于一切，不论年龄、性别、贫富，为挽救每一个生命倾尽全力，这是中国抗击疫情的核心逻辑，也是短时间内疫情防控取得重大战略成果的最重要原因。

有国外学者由衷感叹,"这是地地道道的人道主义"。

当前,境外疫情仍在扩散蔓延,形势依然不容乐观。人类正在同病毒赛跑,每天都有鲜活的生命被病毒无情夺走。即便如此,美国一些政客仍在将疫情政治化、污名化,采取无所不用其极的恶劣方式对中国进行抹黑。当中国在研发新冠病毒疫苗方面取得重大进展之时,美国一些政客竟称中国正在"窃取"美国相关研究成果,还有一些人不断就新冠肺炎疫情散布"中国责任论""中国赔偿论"。造谣抹黑、恶意中伤、滥诉闹剧,或是出于国内政治需要,试图转移视线、推卸责任,或是出于意识形态的偏见,逢中必反、毫无底线。

中国自1月初开始就定期向世卫组织和美国等国家通报疫情信息,世卫组织从一开始就迅速果断地做出反应,向世界发出了警报,宣布新冠肺炎疫情为全球突发公共卫生事件。这个时候,美国完全有时间采取有效措施防控疫情的蔓延,但其没有利用好这个时间窗口,没有采取有力措施予以应对,导致新冠肺炎疫情在全美暴发式大流行。美国疫情发展到今天的严重地步,完全是美国政府应对失策造成的,也充分反映出那些口是心非的美国政客对待民众生命安全的冷漠态度。

在中国有这样一个细节,至今令人难忘。1月下旬,对危重症病例的分析评估发现,ECMO(人工膜肺)可以为重症患者抢救赢得宝贵时间,习近平总书记要求,"不惜代价,要让患者用上最好的设备"。各方紧急行动,全国约1/4的"救命神器"ECMO迅速集中到了湖北。有医生晒出了这样的账单:ECMO开机就是5万元,用一天2万元,诊疗费用全部由国家买单。这生动说明,在中国党和政府的价值序列里,人民生命永远是无价的,永远是至高的。在构建人类卫生健康共同体的过程中,这样的启示也是超越国界、超越种族的。

人民安全是国家安全的基石,人类健康是社会文明进步的基础。正如世界卫生组织等国际组织所强调的:"只有采取包容性办法,保护每个人的生命权和健康权,新冠肺炎疫情才能得到控制。"坚持生命至上,团结协作防控疫情、挽救生命,这是全人类唯一正确的选择。

(2020年06月09日)

用发展的办法解决发展中的问题

吴秋余

"只要苦练内功、转型升级,就没有过不去的'火焰山'"。应对疫情,不少企业向线上转型。在新问题新挑战面前,用发展的办法解决发展中的问题,靠高质量发展闯出新天地,成为不少企业转危为机的宝贵经验,更给人以启示:解决各种问题,最终还是要依靠发展。

船行大海,难免遇到各种风浪。今日中国经济已是一艘巨轮,吨位越大、吃水越深,遭遇的风浪就会越多,遇到的风险挑战就会越大。决定中国经济前途命运的,从来不是问题有多少,而是我们对待问题的态度、应对问题的办法、解决问题的决心。面对疫情冲击,是踟蹰不前、犹豫彷徨,还是直面挑战、迎难而上,决定着中国经济高质量发展的成色。一路走来的经验告诉我们,"发展是解决一切问题的总钥匙",唯有用发展的办法解决发展中的问题,才能从容应对风险挑战,做到"任凭风浪起,稳坐钓鱼船"。

不可否认,突如其来的新冠肺炎疫情给我国经济社会发展带来前所未有的冲击,但总体上是短期的、可控的。从发展的视角来看,疫情的短期冲击,并没有也不会改变中国经济稳中向好、长期向好的基本趋势。解决当前发展面临的问题和挑战,要坚持用辩证思维看待形势发展变化,保持战略定力、坚定必胜信心,善于把外部压力转化为深化改革、扩大开放的强大动力,集中精力办好自己的事。

危和机总是同生并存的,克服了危即是机。"云端"会议、远程办公、智能施工、直播卖货、机器人配送……线上新业态、新模式不断涌现,线上新型消费也日益火热。应对疫情,催生并推动了许多新产业新业态快速发展;应对挑战,给我国加快科技发展、推动产业优化升级带来了新的机遇。我们要通过全面深化改革,进一步打破体制机制障碍,为新技术、新业态的勃兴创造更好的制度环境,培育壮大新的增长点、增长极。

当前,国际疫情持续蔓延,世界经济下行风险加剧,不稳定不确定因素显著增多。面对严峻复杂的国际疫情和世界经济形势,我们要坚持底线思维,做好较长时间应对外部环境变化的思想准备和工作准备。其中一个重要方面就是把满足国内需求作为发展的出发点和落脚点,一方面要努力增加有效投资,另一方面要释放消费潜力,激发国内市场强大活力。让生产、分配、流通、消费各环节实现良性循环,构建完整的内需体系,一定能有效应对外部环境变化,为高质量发展提供强大支撑。

逆境中更能检验发展水平、发展本领、发展能力。面对疫情冲击,面对征途上的风雨,我们既要有"乱云飞渡仍从容"的发展信心,也要有"千磨万击还坚劲"的发展恒心,更要有"咬定青山不放松"的发展决心,让中国经济巨轮在不断克服困难、战胜挑战中劈波斩浪、行稳致远。

(2020年06月08日)

"减负"与"增责"

安 民

前不久，中共中央办公厅印发《关于持续解决困扰基层的形式主义问题为决胜全面建成小康社会提供坚强作风保证的通知》，明确要求坚决杜绝形形色色的形式主义官僚主义，持续为基层松绑减负，让干部有更多时间和精力抓落实。可以说，减负的直接指向是重视基层、夯实基层，让基层干部轻装上阵，心无旁骛做好工作。

实事求是地说，推进实际工作，开会、发文、报表、督查等都是重要手段。然而，如果相关会议、文件、填表、检查过多过繁，则会占用基层干部大量时间和精力，影响完成目标任务的整体成效。当前，在疫情防控常态化、各项任务十分繁重的情况下，尤其需要让广大基层干部有更多时间和精力抓落实，为决战决胜脱贫攻坚目标任务、全面建成小康社会汇聚强大合力。同时又必须看到，减负不是减责。特别是扎实做好"六稳"工作、全面落实"六保"任务，要求各级干部知责明责、职到责到。从这个意义上说，"减负"的更深层意蕴是"增责"。这就要求广大基层干部正确看待减负与增责的辩证关系，切实做到不忘初心、牢记使命，把对上负责与对下负责统一起来，以忧民、爱民、为民、惠民之心，解决好人民群众最关心最直接最现实的利益问题。

减负、增责，关键是把自己摆进去。"善禁者，先禁其身而后人"。把自己摆进去、把职责摆进去，才不会使工作往下推、责任向下卸。这就要增强自觉,进行有深度、有成效的调查研究,多开展沾着泥土味、闻着机器声、贴着百姓心的调研,多看"后院""角落",发现实际问题、拿出对策办法;精准制定政策,做到问题精准把脉、举措务实有效、表述简单明了,把为什么干、干什么、怎么干、见到什么效果讲清楚,防止不接地气的"空中政策"和相互打架的"本位政策";以上率下、左右协同、上下联动,把抓落实的"最先一公里"和"最后一公里"衔接起来。

减负、增责,最终体现为干部主动履职、担当作为。减负,不是减担当、减责任,更不是降低工作标准和要求。一个部门、一个单位、一个地方,明确刚性措施,定目标、定规范、定办法、定机制,才能补短板、强弱项、堵漏洞、接断点,真正把可能给基层增加的额外负担减下来,把自身工作的质量效果提上去。确定明细分工,才能有人抓、有人盯、有人查,防止发文即止、开会即了,实现吹糠见米、见底见效。

走好新时代的长征路,离不开干事创业的激情和行动,更需要不断增长的本领才干。不麻痹、不厌战、不松劲、不推责,冲在前头、干在实处,我们必能勇担使命、善作善成,不惧狂风骤雨,翻过一山再攀一峰,书写无愧于人民、无愧于历史的篇章。

(2020 年 06 月 05 日)

连续作战,不获全胜不收兵

桂从路

从雨雪纷飞到春暖花开,再到蝉鸣萤飞,湖北和武汉逐渐走出新冠肺炎疫情的阴霾,重现人声喧闹,重展生机活力。在参加十三届全国人大三次会议湖北代表团审议时,习近平总书记向为疫情防控作出重大贡献、付出巨大牺牲的湖北人民、武汉人民表示问候和感谢,同时也要求时刻绷紧疫情防控这根弦,决不能让来之不易的疫情防控成果前功尽弃。

"兵之所以战者气也,气之所以胜者鼓也。"面对新冠肺炎疫情这个敌人,我们最需要的正是一鼓作气、咬紧牙关、坚持到底。当前境外疫情形势严峻复杂,国内防范疫情反弹任务仍然艰巨繁重,特别是国内个别地区聚集性疫情仍然存在,新冠肺炎疫情还有很大不确定性。正所谓"一篙松劲退千寻",只要一天没有取得疫情防控的最终胜利,就要时刻保持战斗状态、做好战斗准备,在常态化防控中消灭疫情反弹的所有可能。习近平总书记在给武汉市东湖新城社区全体社区工作者回信中要求,"发扬连续作战作风,抓细抓实疫情防控各项工作"。发扬连续作战的顽强作风,是疫情防控阻击战取得重大战略成果的关键原因,也是彻底战胜疫情的重要保障。

连续作战是一种可贵的精神。强渡大渡河是红军长征中极为惊心动魄的一幕。当先头部队经过急行军抵达安顺场渡口时,发现船只不足以渡过数万红军,于是一昼夜奔袭120公里飞夺泸定桥,创下急行军的世界奇迹。正是这种不怕疲劳、连续作战的精神,支撑红军化险为夷,征服了18座高山,跨越了24条大河,走出了一条通往胜利的"红飘带"。今天,疫情防控阻击战已经取得重大战略成果,但这还不是最终的、全面的胜利。不管是近期发生聚集性疫情的地区还是全国其他地方,都需要时刻绷紧疫情防控这根弦,坚定"不破楼兰终不还"的决心信心,激发"狭路相逢勇者胜"的斗争精神,砥砺"斗罢艰险又出发"的顽强意志,跨越一个又一个"草地"和"雪山"。

连续作战也是一种高超的能力。上个世纪30年代,毛泽东同志着眼于国际国内敌我力量对比,在《论持久战》中科学预见了抗日战争的三个阶段,并提出了具体的战略方针。这不仅指导了当时的中国抗战,其中包含的辩证法和唯物主义至今依然散发哲学光芒。从疫情防控阻击战,进入到常态化疫情防控阶段,形势任务发生了变化、主要矛盾发生了转移,对连续作战的能力提出更高要求。我们不仅要贯彻落实好"外防输入、内防反弹"的防控策略,做到工作不松、要求不变、标准不降,也面临着高质量打赢脱贫攻坚战,畅通产业循环、市场循环、经济社会循环等一系列硬仗、大仗。发扬连续作战的作风,就要既坚定闻令而动的战略定力、夯实抓细抓实的落实能力,也要注重把握重点论和两点论,增强"十个指头弹钢琴"的统筹兼顾能力,提高化危为机的本领。

行百里者半九十。越接近成功,困难越多、阻力越多、压力越大,也就越需要咬紧牙关、坚持不懈。不麻痹、不厌战、不松劲,发扬连续作战的作风,毫不放松做好常态化疫情防控工作,我们必能在统筹推进疫情防控和经济社会发展的大战大考中,交出经得起检验的合格答卷。

(2020年06月04日)

控制住疫情才是"硬道理"

任 平

中国有句老话，叫作"人命关天"。只有切实控制住新冠肺炎疫情，守护好人民群众生命安全和身体健康，才能为实现经济社会持续发展奠定坚实基础。这是我国各界的普遍共识，也应是世界各国的理性选择。

中国的两会胜利召开圆满闭幕、复工复产扎实推进、复商复市有序进行……最近一段时间，各行各业呈现出新的发展生机。这一切，既来之不易，也充满启示。从一开始，中国就将疫情防控作为头等大事来抓，让一座千万人口级别的城市按下"暂停键"，让一个百万亿级别的世界第二经济体暂时"放慢脚步"，我们何尝不明白要付出巨大代价，但为了保护人民群众生命安全和身体健康，为了给经济社会发展创造前提条件，中国义无反顾这样做了，并经过艰苦卓绝努力，付出巨大代价，有力扭转了疫情局势，全面开启了生产生活。

如今，疫情还在全球持续扩散蔓延，这本是一个全球守望相助、通力合作的关键时刻。然而，就在中国无私分享经验提供物资之际，就在许多国家和国际组织合力抗疫之时，美国一些政客非但不集中精力做好疫情防控工作，反而刻意将疫情政治化、污名化，编造各种违背科学常识的谎言"甩锅"中国，无端指责世卫组织并宣布"终止与世卫组织的关系"，对此有评论称，美国疫情尚未达到拐点，但美国政府"甩锅"的水平却不断创造新"高度"。就连一向反华的美国众议院议长佩洛西都说，如此关注中国都是为了转移美国内的注意力，不希望让民众将注意力聚焦在政府对于疫情应做的必要措施上。

令人扼腕的是，从2月29日公开第一例死亡病例到死亡人数突破10万，美国只用了短短80多天，成为全球疫情最严重的国家，病毒感染人数和死亡人数均高居世界首位。这也充分说明，造谣、栽赃、"甩锅"，丝毫无助于疫情防控，只会浪费更多宝贵时间，威胁更多无辜生命。对美国在疫情防控中表现出的混乱无序，盖茨基金会联席主席比尔·盖茨表示，"令人难过的是美国本可以做得很好，但恰恰是它应对得最为糟糕"；《纽约时报》发表长篇调查报道指出，白宫防控疫情行动迟缓，一再错过"可能的关键转折点"，"持续的延误让官员们无法了解疫情规模的真实情况，美国各地方政府只能摸黑工作，眼睁睁地看着疫情肆虐"。

新冠病毒是人类"头号公敌"。正如有人指出的，"今天我们都生活在同一片着了火的森林里，观望、恐慌、无知、不作为和乱作为都是不负责任的，我们必须有所行动！"正视问题，是解决问题的前提；尊重科学，是战胜病毒的关键。越是在这个时候，我们越需要认识到，当前人类面临的比病毒更大的危险，就是将疫情政治化、污名化。美国乔治敦大学全球卫生法教授劳伦斯·戈斯廷说，"历史性流行病正在蔓延，要坚持以科学作引导，因为忽视科学会使人丧命。可遗憾的是，美国公共卫生专家却愈发被晾在一边"。中国科学家钟南山在接受采访时透露，美国哥伦比亚大学公共卫生学院感染与免疫中心主任、传染病学专家伊恩·利普金曾与他接触，以期共同求证病毒是如何传染给人类的。然而因为担心被贴上政治标签，这项合作或陷停摆。

说一千道一万，控制住疫情才是"硬道理"。在全球抗疫的关键时刻，秉持正视的态度，采取正确的方法，做出正义的举动，集中精力、积聚力量控制住疫情，才是真正对本国人民生命安全和身体健康负责，对全球公共卫生事业尽责。我们也真诚呼吁，别再让政治操弄给病毒以可乘之机，别再无视科学使病毒乘虚而入，这不仅关乎共同责任，更体现人性良知！

（2020年06月03日）

"把为民造福作为最重要的政绩"

徐文秀

"必须把为民造福作为最重要的政绩。"习近平总书记在参加十三届全国人大三次会议内蒙古代表团审议时强调,各级领导干部要树立正确的权力观、政绩观、事业观,不慕虚荣,不务虚功,不图虚名,切实做到为官一任、造福一方。严格的要求、殷切的嘱托,体现出始终如一的人民情怀,为广大党员干部压实从政观、人民观的价值基座指明了方向。

思想是行动的先导。从政观解决的是从政"为什么、干什么、留什么"的问题,是从政者世界观、人生观和价值观的综合反映。从政观是"牛鼻子"和"驱动器",有什么样的从政观,就有什么样的从政行为。这些年来,大量正反两方面的事实一再表明,从入党入职之初就端正从政观,等于扣好了从政第一粒扣子、走好了从政第一步,这样才能行得稳、走得远;如果职业生涯起步之时便动机不纯、观念不正,又不加强思想改造,以后的路上说不准什么时候就会摔跤跌倒。

什么才是正确的从政观?直白点说,就是要为老百姓做好事实事。习近平总书记强调,党员、干部特别是领导干部要清醒认识到,自己手中的权力、所处的岗位,是党和人民赋予的,是为党和人民做事用的,只能用来为民谋利。从政意味着奉献和牺牲,意味着能吃苦、能吃亏、能受累,意味着应该多些担当和付出、少些索取和抱怨,多些宁静和淡泊、不慕虚华和享受。没有正确的从政观,就别入从政的门。笃定了为民、务实、清廉的政治追求,做好充分的思想准备,方能挡得住诱惑、耐得住寂寞、守得住清贫、坐得住冷板凳。

有人为了所谓个人前途选择从政,观念起点低、站位上不来,往往其格局不大、境界不高,更谈不上情怀,进而责任、使命和担当就明显不足。从现实看,那些过分追求"实现个人价值"的人,常常演变成搞自我设计,也就不可能正确对待组织需要、对接群众需求;那些过度追求"工作稳定待遇较好"的人,则往往容易安于现状、看重名利,甚至贪图虚荣,同样不利于个人社会价值的彰显。

如何养成正确的从政观?一靠学习提高,二靠实践磨炼,这是基本途径。加强自身学习、接受思想教育,有利于涵养坚定不移的信念。人活着总得有点志向和抱负,从政更得有理想信念来支撑。当好人民的公仆,要志存高远,要把初心和使命作为一生的信念。多在实践中磨炼,有利于砥砺坚韧不拔的意志。只有沉入到与人民同甘共苦、与人民团结奋斗的火热实践中,才能强本领、增才干、塑心魂,练就任尔东西南北风、咬定青山不放松的定力和志向。

"中国共产党根基在人民、血脉在人民。"为民办事、为民造福的信念一旦确立,就可以使人方向明确、精神振奋、干劲充沛,不论艰难还是挫折,不论虚名还是利诱,都会初心不改、恒心不移。树立正确的从政观,坚持以人民为中心的发展思想,没有什么政绩能与之媲美,没有什么困难能与其匹敌。

(2020年06月01日)

集中力量啃下脱贫硬骨头

李洪兴

2017年全国两会上，习近平总书记谈到电视新闻有关"悬崖村"困难情况报道时，关切之情溢于言表。今年全国两会前夕，四川省凉山彝族自治州昭觉县支尔莫乡阿土列尔村的84户贫困户全部从山上搬进县城，告别"悬崖村"和土坯房。"悬崖村"易地搬迁脱贫的跨越式成就，成为全国决战决胜脱贫攻坚的一个生动缩影。

党的十八大以来，我国贫困人口从2012年底的9899万人减到2019年底的551万人，贫困发生率由10.2%降至0.6%，连续7年每年减贫1000万人以上。世界上没有哪一个国家能在这么短的时间内帮助这么多人摆脱贫困，这前所未有的扶贫奇迹，折射出广大干部群众奋斗逐梦、实干圆梦的新时代气质，也生动彰显了中国共产党领导和我国社会主义制度的政治优势。

每一个脱贫的家庭，背后都有着感人至深的奋斗故事、帮扶故事，凝聚着方方面面的努力。把为基层留住人才的措施写进建议，建言坚持落实减贫任务与巩固脱贫成果两手抓，思考易地搬迁的群众如何降低生活成本……全国两会召开之际，代表委员把调研思考和群众期盼带到两会现场，努力为决战决胜脱贫攻坚贡献力量。脱贫攻坚是干出来的，靠的是广大干部群众齐心干。通过两会增进改革发展共识，汇聚各级各地、各行各业的扶贫合力，激发干部群众同心奋斗的干劲意志，决战决胜脱贫攻坚必将进一步获得攻坚而进、克难前行的磅礴力量。

时间犹如催征鼓，决战决胜脱贫攻坚必须分秒必争。习近平总书记近日对毛南族实现整族脱贫作出重要指示强调："各级党委和政府要坚定不移把党中央决策部署落实好，克服新冠肺炎疫情带来的影响，集中力量啃下脱贫硬骨头，多措并举巩固成果，确保高质量完成脱贫攻坚目标任务，奋力夺取脱贫攻坚战全面胜利。"今年的政府工作报告提出，今年要优先稳就业保民生，坚决打赢脱贫攻坚战，努力实现全面建成小康社会目标任务。在冲刺时刻，越是使命必达，越应昂扬再接再厉的冲刺劲头、砥砺舍我其谁的冲锋意识。正如有代表委员指出的，临近胜利，要一鼓作气、乘势而上、冲锋向前，为全面建成小康社会跑好"最后一公里"。

冲锋要有速度，攻坚要重质量，速度和质量都不可偏废，而且质量是重中之重。今年遭遇新冠肺炎疫情影响，各项工作任务更重、要求更高，但脱贫质量不能降低、攻坚成效不可打折。没有端正的作风，没有从严从实的自我期许和能征善战的过硬能力，脱贫攻坚难免会出现落实不到位、措施不精准等问题。习近平总书记多次强调，要把全面从严治党要求贯穿脱贫攻坚全过程。只有工作重点不转移、投入力度不下降、干部精力不分散，才能高质量完成脱贫攻坚任务。脱真贫，真脱贫，不出现大规模返贫，这样的脱贫成效才经得起历史的检验。

一位国际人士说，当未来的历史学家为这个时代撰写历史时，中国的精准扶贫事业应该被列为重要的一章。坚决打赢脱贫攻坚战，确保如期全面建成小康社会，不仅具有历史性解决中华民族绝对贫困问题的千年意义，也为全球减贫事业贡献了中国智慧和中国方案，从而具有影响深远的世界意义。尽锐出战、决战决胜、齐心协力、顽强奋斗，农村的广袤田野，必将升腾起创造新生活的美好希望。

（2020年05月27日）

疫情暴露美国民主实质

任 平

全球新冠肺炎疫情还在持续蔓延，美国疫情态势依旧令人揪心。统计数据显示，截至目前美国新冠肺炎确诊病例已超过164万例，死亡超过9万例。然而在这个时候，美国一些政客还在忙着"甩锅"和党争，由此导致的抗疫低效和无序，即便在其国内也被认为是"灾难性失败"。

疫情之下，是竭力挽救民众生命还是片面追求经济数据？选票和人民哪个重要？这本是不难回答的问题。然而，美国一些政客的选择，不仅损害了本国民众的生命安全与健康，也放任了疫情在全球的蔓延，更让世人看清了美国民主的本来面目。面对生死攸关的疫情，美国一些政客不是敬畏人民、尊重生命，而是想方设法谋取政治私利，先是鼓吹别国疫情"有助于加速制造业回流美国"，后又对本国疫情轻描淡写，甚至寄希望于"病毒消失"，这既暴露了他们的冷漠冷血，也与民主的价值背道而驰。正如美国参议员在股市崩盘之前抢先抛售股票一样，美国一些政客在面对疫情时，首先想到的不是人民的生命安危，而是一己之私利。这样的价值取向，怎么可能控制住肆虐的疫情，又怎么能对得起自己的选民？

新冠病毒无关意识形态，疫情防控需要尊重科学。但纵观美国的抗疫过程，却是科学让位于政治、人命让位于私利。诺贝尔经济学奖获得者克鲁格曼撰文指出:"美国的流行病学家们本来从一开始就试图遏制住新冠病毒威胁,但他们的工作迅速被政治化。"美国生物医学高级研究与开发局前局长被撤职后坦言,美国政府在抗击疫情中"将政治和任人唯亲置于科学之上";美国疾控中心撰写的《重新开放美国框架实施指南》,由于"过于规范"而被告知该指南"将永远见不到天日";传染病专家关于过早重新开放经济和学校将导致不必要的死亡和痛苦的警告,也被宣称是"不可接受的"……如果连科学事实、民众健康都要让位于狭隘的政治私利,这样的民主制度,又怎么好意思到处推销?

今年5月,是美国的"老年人月",发表在白宫网站上的《2020年美国老年人月公告》称,政府将尽其所能尊重和照顾老年人。但是,在这个特殊的5月,统计数据显示,美国大多数州1/3以上新冠肺炎死亡病例来自养老院等长期护理机构。不仅如此,一些美国政客竟然毫无人性地提出了"老人应主动为重启美国经济而牺牲"的冷血言论。美国一直标榜自己是民主和人权的"楷模",什么叫言行不一、什么叫极端虚伪,可见一斑。还有统计数据显示,美国疫情主要的死亡群体是老人、穷人以及非白人族裔,连比尔·盖茨也只能无奈地感慨,有钱的美国人有机会多次检测病毒,而穷人则是到死都没有检测的机会。不难看出,在美国,所谓人权,只是那些有钱人才能享有的东西;所谓民主,也不过是有钱人玩的游戏。

其实,美国民主的深层次问题一直存在,疫情只是将其暴露得更充分。今年4月,美国卫生与公众服务部首席副监察长,因为在一份报告中称全美医疗物资"严重短缺",美国政府就要求"换掉这个人"。疫情在美国爆发式流行以来,已经有多名美国政府官员被解雇,或是因为说出真相,或是由于政见不一,其根源还在美国民主的金钱政治和选票政治。如今,美国政坛"危险的报复模式",还在不断上演。这种顺我者昌、逆我者亡的专制思维,这种任人唯亲、独断专行的霸道做派,这种只顾党派倾轧、无视人民利益的残酷现实,哪里有什么民主的影子。

民主是人类的共同价值,而各国不同的历史文化也决定了,民主实现形式必然是多样的。但无论哪种形式,归根到底都应该是为了维护人民的根本利益。事实一再证明,倘若丧失了对人民的敬畏,哪怕机制再

"精致"、说辞再"美妙",这样的民主也只能是自欺欺人。奉劝美国一些政客们,还是收敛一下自己的傲慢与偏见吧!多想想美国民主的先天不足与现实危机,而不是整天对别人指手画脚,这样对世界好,也对美国自身好。

(2020年05月26日)

"扶一把老百姓"

王 品

"我们这代人有一份情结,扶一把老百姓特别是农民。社会主义道路上一个也不能少,全面小康大家一起走!"在看望参加全国政协十三届三次会议的经济界委员时,习近平总书记回顾自己在陕北黄土地上的贫苦日子和青葱岁月,"扶一把老百姓"的真挚情怀,让人感动,更发人思考。

过去一年多来,"中国号"巨轮风雨无阻的航程中,万家忧乐、百姓冷暖,始终是党和政府念兹在兹的中心议题。2019年,农村贫困人口减少1109万,居民人均可支配收入超过3万元,"扶一把老百姓",书写于充满温度的民生故事;疫情防控中,上至108岁的老人,下至出生仅30个小时的婴儿,我们不放弃任何一名患者,"扶一把老百姓",彰显于震撼世界的生命奇迹。亿万人民满满的获得感、稳稳的幸福感、牢牢的安全感,体现了我们党"全心全意为人民服务"的根本宗旨,承载着我们党"以人民为中心"的发展思想。

"扶一把老百姓",就是把老百姓时刻放在心中,以百姓之心为心。"政如农功,日夜思之"。植根于农业社会,中国传统政治思想中,对于治理最强调"用心""上心"。耕种土地,需要精心管护、日夜操劳,才能有秋收万斛、仓廪充实。为政者也要如此,朝暮心系于民、事事行之为民,才能做到"为官一任,造福一方"。对于共产党人,什么叫"老百

姓是天，老百姓是地"，什么叫"把人民放在心中最高位置"？就是要始终保持"时时放心不下"的自觉，始终怀有"扶一把老百姓"的情怀，用实际行动让人民信赖、让人民满意。

从"能吃饱肚子"，到能吃"净颗子"，再到"想吃细粮就吃细粮，还能经常吃肉"，最后是"干活挑着金扁担"……习近平总书记对委员们谈起老乡们的几个目标，生动说明了这样的观点：保障和改善民生没有终点，只有连续不断的新起点。今天，温饱问题早已解决，全面小康胜利在望，从"吃饱"到"吃好"再到"吃得放心""吃出健康"，人民群众对美好生活的向往不断攀升，也迫切需要我们在民生改善上再上层楼、更进一步。今天，"扶一把老百姓"，不仅是要帮老百姓解决具体困难，更是要让老百姓的日子越过越和美、越过越幸福。

"扶一把老百姓"，是实实在在的良心活，需用真心更需见真章。决战决胜脱贫攻坚，剩下的都是难啃的硬骨头，再叠加疫情影响，更是难上加难。集中精力抓好"六稳""六保"，以保促稳、稳中求进，是发展的需要，更是民生的需要。城镇新增就业 900 万人以上、新增减税降费约 5000 亿元、将参保不足 1 年的农民工等失业人员都纳入常住地保障、新建高标准农田 8000 万亩……今年的政府工作报告中，一系列心系民生的目标与举措，见证着大党大国的民生牵挂，也激励着各级党委和政府把民生当成工作的重中之重，真正把"扶一把老百姓"变成实际行动。

"与天下同利者，天下持之。擅天下之利者，天下谋之。"不管是赢得疫情防控的最终胜利，还是如期全面建成小康社会，根本的动力都在人民。"扶一把老百姓"，也是聚一份民心、汇一份民力。亿万人民心往一处想、劲往一处使，我们就一定能够战胜一切艰难险阻，书写无愧于时代、无愧于历史的答卷。

（2020 年 05 月 25 日）

民法典标注法治中国新界碑

贺小荣

伟大的时代催生伟大的法典。编纂一部真正属于中国人自己的、凝聚14亿人民共同意志和中华民族精神的民法典,是坚持和完善中国特色社会主义制度的现实需要,是推进全面依法治国、推进国家治理体系和治理能力现代化的重大举措,也是增进人民福祉、实现人民群众对美好生活向往的必然要求。

民法典草案鲜明体现着新时代特点,折射着新时代风貌。比如,对个人权利的尊重和保护是一切民事法律关系的价值归属,这次民法典草案将人格权独立成编,彰显了21世纪信息社会背景下人格权保护的特殊价值。草案中的一些具体内容,比如规定自然人的隐私权受法律保护,任何人不得侵害自然人的私人生活安宁和不愿为他人知晓的私密空间、私密活动、私密信息。这些规定直面互联网时代公民个人权利面临的现实挑战,表达了新时代中国民法典对人格权保护的鲜明态度。

彰显中国底色、传承中华文化的精神气质,是民法典草案的重要特征。比如,草案婚姻家庭编规定,家庭应当树立优良家风,弘扬家庭美德,重视家庭文明建设。在具体制度中,针对轻率离婚的问题,草案创立了"离婚冷静期"制度;针对社会热议的夫妻共同债务问题,草案明确了夫妻共同债务的范围,在商事交易与夫妻关系的平衡中更加凸显了维护家庭和睦的价值取向等。

产权保护是激发和动员全体社会成员创造财富的动力源泉,保护产权首先要从平等保护做起。民法典草案确立了国家、集体、私人的物权受法律平等保护,进一步明确了一视同仁保护的立法态度;规定私人的合法财产受法律保护,禁止任何组织或者个人侵占、哄抢、破坏,这些规定有助于推动形成崇尚创新、鼓励创造、保护产权的社会环境。此外,草案还将当事人的意思自治和诚信原则确立为合同自由的基础,从而在全社会培植守信践诺的契约精神,营造稳定、公平、有序的营商环境。

恪守法律秩序和公序良俗,是民事主体从事民事活动的原则和底线,也是民法典编纂的重要思路。比如,针对高空抛物坠物致人损害的事件,民法典草案不仅规定了高空抛物者的侵权责任,还规定了物业等建筑物管理人应当担负的安全保障义务以及有关机关的调查职责;针对"套路贷""校园贷""高利贷"等人民群众反映强烈的违法犯罪行为,明确"禁止高利放贷""借款的利息不得预先在本金中扣除"等重大原则。这些规定体现了社会治理的原则,将人的价值和尊严置于法律保护的至高地位。

编纂一部体现爱护环境、节约资源理念的民法典,是我们践行人与自然和谐共生的应然之举。为此,草案规定,民事主体从事民事活动,应当有利于节约资源、保护生态环境。为了有效惩治污染环境、破坏生态的侵权行为,草案不仅设立了举证责任倒置原则,而且引入了惩罚性赔偿制度。这些规定,是节约资源、保护生态的立法表达和法律宣言,体现了民法典草案在环境资源保护方面的立法价值追求。

习近平总书记强调,坚持法治为了人民、依靠人民、造福人民、保护人民。饱含着14亿中国人民意愿、承载着五千年中华文明精粹、凝聚着改革开放实践经验的民法典,不仅将为全体人民干事创业提供不竭的动力源泉,还将为中华民族的伟大复兴提供强大的制度保障,必将成为中国特色社会主义法治建设的新界碑。

(2020年05月24日)

更加务实灵活推动经济发展

李 拯

"今年赤字率拟按 3.6% 以上安排""新增减税降费约 5000 亿元""对普惠型小微企业贷款应延尽延"……在十三届全国人大三次会议上，今年政府工作报告推出一系列重磅举措，体现了党中央、国务院稳定中国经济运行的坚定决心，进一步树立正向市场预期、增强发展信心。

当前，境外疫情形势严峻复杂，我国疫情防控常态化，在这样特殊背景下召开全国两会，不仅给全国人民以强大信心，而且给全世界注入正能量。也正是在这样的特殊背景下，政府工作报告对疫情前考虑的预期目标作了适当调整，其中广受关注的是没有提出全年经济增速具体目标，意在引导各方面集中精力抓好"六稳""六保"。

有人可能会说，没有具体的数字目标，就无法起到预期管理作用。事实上，不设具体数字目标，也是考虑到今年的实际情况而做出的务实安排。当前，疫情在全球持续蔓延，世界经济形势严峻复杂，我国发展面临一些难以预料的影响因素，很难为 GDP 设定一个具体的数字指标。正因此，以不设具体数字目标来应对瞬息万变的国内外形势，这是科学务实、实事求是的体现，是为了更加灵活地应对不确定性，这本身就体现着驾驭中国经济的娴熟与从容。

从宏观调控的目标而言，"六保"是今年"六稳"工作的着力点，体现出一种底线管理的思路。守住"六保"底线，就能稳住经济基本盘；

以保促稳、稳中求进,就能为全面建成小康社会夯实基础。保就业、保民生、保市场主体,这些具体目标任务以及相关的一系列强有力的支撑政策,同样可以发挥"指挥棒"作用,形成市场预期和政策导向,协调各个条块和各个地方相互配合、共同努力。同时,只要守住充分就业、中小企业生存、社会大局稳定等底线,那么经济的潜在增速就不会低到哪里去,而且一旦内外形势好转,就能迅速形成供需良好循环的态势,推动经济发展达到一定的增速。

疫情不可避免会对我国经济造成冲击,但我国经济长期向好的基本面没有改变。今年4月以来,中国经济社会发展延续改善势头,消费潜力逐步释放、复工复产成效显著、新动能不断生长……复苏势头强劲、向好态势明显,就连国际媒体也承认,"中国先于世界其他地区重启经济,复苏步伐不断加速,给新兴经济体带来了希望"。可以说,即便不设GDP具体数字指标,只要真正落实好"六保"任务,我们同样可以完成全年经济社会发展主要目标任务。

看待一个国家的发展,不能只看短期经济指标,实际上一个国家的制度模式、价值观念和内在的凝聚力发挥着更为长期的作用。从这个视角看,中国能在较短时间内有效控制疫情,不惜付出一季度经济出现负增长的经济代价,这恰恰展现出中国共产党生命至上、人民至上的理念。在今年的政府工作报告中,"民生"同样是最重要的关键词之一。一个坚持一切为了人民、一切依靠人民的政党,一个坚持把人民根本利益放在最高位置的国家,其家国同构的理念与政策往往能够极大地激发起全体人民患难与共的奋进力量,这将为中国经济长期向好发展提供源源不断的强大动力。

正如今年的政府工作报告所言:当前的难关一定能闯过,中国的发展必将充满希望。也正如世界上绝大多数人预期的那样:中国在疫情过后会更强大。

(2020年05月23日)

激扬团结一心的力量

魏 寅

生机盎然的初夏,在亿万人民的瞩目中,全国两会时间再度开启。

全国两会在疫情防控常态化的特殊背景下召开,肩负谋划部署今年经济社会发展目标任务的重要使命。代表委员议政建言也面临着新课题:怎样总结抗疫经验,进一步抓实外防输入、内防反弹,巩固来之不易的疫情防控成果?怎样守土有方、积极作为,扎实做好"六稳"工作、全面落实"六保"任务?怎样更好降低疫情影响,确保"不让一个人掉队"的全面小康如期实现?聆听来自会场内外的声音,"团结"无疑是一个关键词。

时间是最客观的见证者。几个月前,一场来势汹汹的疫情打乱了中国人过年的节奏,却也让全世界再次见证了中国人民的团结一心。面对新冠肺炎疫情,千千万万中国人前赴后继加入抗疫战斗。医护人员成就"最美逆行",社区工作者坚守一线,党员干部冲锋在前,广大群众捐款捐物……一个个战疫故事、感人瞬间,无不体现着"一方有难、八方支援"的精神传承,无不传递着"共克时艰、共渡难关"的坚定信念。事实证明,"少出门、少聚会"没有拉远我们的距离,反而让休戚与共的心贴得更近;"高致病、高传染"没有击垮我们的防线,反而让守望相助的手握得更紧。由此,我们更加体认到团结的价值与意义。

"团结就是力量",这句耳熟能详的话,也是"说出来会自带背景音"

的歌。这首歌之所以传唱了几十年而经久不衰,就在于其中蕴藏着国家发展之"原力",能够激发全国人民的情感共鸣。回首过往,无论是白手起家"建设一个新世界",还是勒紧裤腰带研制"两弹一星";无论是建三峡、修高铁、办奥运,还是实现"神舟"飞天、"嫦娥"探月、"蛟龙"入海;无论是战洪水、防非典、抗地震,还是抗击新冠肺炎疫情,面对前进道路上的风浪,中国人民总能迸发"比铁还硬,比钢还强"的团结之力,总能书写"人心齐,泰山移"的动人篇章。

"船的力量在帆上,人的力量在心上"。心往一处想,才能劲往一处使。奋进在新时代的长征路上,摆在我们面前的使命更光荣、任务更艰巨、挑战更严峻,还会有风险挑战突然来袭,还会有一个个"娄山关""腊子口"等待我们去攻克。看近程,必须清醒认识到,尽管成果成效振奋人心,但当前全球疫情和世界经济形势依然严峻复杂,我国发展面临的挑战前所未有。抬望眼,中华民族伟大复兴绝不是轻轻松松、敲锣打鼓就能实现的,容不得任何"喘口气、歇歇脚"的念头。非凡事业必待非常之功,团结一心、汇聚亿万人民的强大合力,正是我们闯关夺隘、勇毅前行的最可靠动能。

2020年,我们将在战胜各种困难中完成全面小康这一"鸿篇巨作"的收官之笔。越是在这个时候,越需要凝聚"想在一起"的团结之心,越需要激扬"干在一起"的团结之力。让我们以全国两会召开为新起点,心手相牵、同舟共济、团结奋斗,为实现今年经济社会发展主要目标任务努力拼搏,用坚实的步履踏出铿锵的前进足音。

(2020年05月22日)

中国式民主行得通很管用

彭 飞

"在抗击疫情的非常时刻,各民主党派、工商联和无党派人士坚定不移同中国共产党想在一起、站在一起、干在一起,坚定不移同中国共产党同舟共济、风雨与共。"全国两会前夕,习近平总书记在中共中央召开的党外人士座谈会上,高度评价各民主党派、工商联和无党派人士为新冠肺炎疫情防控所作的贡献。全国疫情防控阻击战取得重大战略成果,充分展现了中国共产党领导的政治优势和中国特色社会主义的制度优势,也生动印证了"中国式民主在中国行得通、很管用"。

实现民主政治的形式是丰富多彩的,人民代表大会制度和人民政协制度不仅丰富了民主政治的形式,而且在实践中展现了无可比拟的制度优势。在疫情防控斗争中,很多代表委员结合各自领域和防控一线经验,在健全完善公共卫生体系、更好发挥中医药作用、加强科技研发攻关、强化数字信息应用等方面提出了一系列意见和建议,为做好疫情防控工作贡献了宝贵智慧。代表委员们奋勇争先、积极作为,问计于民、问需于民,把使命担当书写在复工复产、决战脱贫攻坚第一线。为国家的大事难事、为老百姓的烦心事找到解决方案,体现的正是民主政治的"含金量"。

习近平总书记曾深刻指出:"民主不是装饰品,不是用来做摆设的,而是要用来解决人民要解决的问题的。"一年一度的全国两会是社会主义民主政治的庄严殿堂，民意、民智、民力在这里汇聚，党的主张、人民的意愿、国家的意志在这里交融。今年以来，疫情对我国经济社会发展造成较大影响，尤其是目前国际疫情持续蔓延，世界经济下行风险加剧，各种因素叠加，做好今年经济社会发展工作难度更大。疫情防控的"下半场"怎么打？脱贫攻坚最后的"硬骨头"怎么啃？全国两会正是解决经济社会发展过程中遇到的突出问题，更好满足人民群众新需求、新期待的重要契机。

中国式民主不是凭空创造，而是从中国政治生活的实践中产生的。习近平总书记每年全国两会期间同代表委员共商国是，提出许多治国理政的重要思想和主张，凝结成全党全军全国各族人民的行动指南和奋进力量。这何尝不是"国家一切权力属于人民"的生动写照？从浙江温岭民主恳谈会的各方热烈讨论，到新时代枫桥经验借助互联网搭建起干群交流平台，广袤大地上涌现的民主智慧，何尝不是社会主义民主政治富有优越性和生命力的有力体现？今天，小到柴米油盐、看病出行，大到城市规划、改革落实，老百姓的意见建议都可以通过各种形式的民主渠道呈现出来。民主政治发展的历史性成就，中国人民的感受最真切，也最有发言权。

回望历史，从新中国成立到改革开放伟大实践再到决胜全面建成小康社会，民主政治不断为国家富强、民族振兴、人民幸福凝聚智慧和力量。今年全国两会在疫情防控阻击战取得重大战略成果之际召开，不仅极大鼓舞了全国人民夺取疫情防控斗争全面胜利的信心决心，也将为努力完成全年经济社会发展主要目标任务奠定坚实基础。沿着人民当家作主的康庄大道，把中国特色社会主义政治制度的显著优势转化为更多治理效能，中国人民必将创造更大的辉煌。

（2020年05月21日）

蓄积不畏难的攻坚精神

桂从路

大江大河波涛奔涌，冲波逆折处尤显壮丽澎湃。前进征程上，越是困难如山、挑战艰巨，越考验着迎难而上的勇气、坚忍不拔的精神、不畏险阻的气魄。

挫折与磨难，堪称检验初心的试金石，推动事业发展的催化剂。习近平总书记指出，"我们党在内忧外患中诞生，在磨难挫折中成长，在攻坚克难中壮大。"始终葆有攻坚精神，是我们党带领人民战胜一切困难、从胜利走向胜利的重要法宝。面对来势汹汹的新冠肺炎疫情，在以习近平同志为核心的党中央坚强领导下，举国上下众志成城、共克时艰，打响了疫情防控的人民战争、总体战、阻击战。从誓言"疫情不退、我们不退"的医务工作者，到夜以继日、埋头攻关的科技工作者，再到顶风冒雨、坚守岗位的社区工作者……无数党员干部不惧风浪、冲锋在前，同时间赛跑，与病魔较量，汇聚起抗击疫情的强大合力。

李大钊曾说："历史的道路，不全是坦平的，有时走到艰难险阻的境界，这是全靠雄健的精神才能够冲过去的。"当前，经过举国上下艰苦努力，我们经受住了疫情突袭的考验，但更深刻感受到"船到中流、人到半山"的紧迫；我们已经走出疫情防控最困难、最艰巨的阶段，但前方的挑战更严峻。外防输入、内防反弹压力不减，推动经济社会发展任务繁重，决胜全面建成小康社会时间紧迫，决战脱贫攻坚还有不少难啃的硬骨头……艰难困苦，玉汝于成。焕发"越是艰险越向前"的精神，坚定"不破楼兰终不还"的意志，一定能闯过一道道险关隘口。

蓄积攻坚精神，离不开苦干实干。犹记焦裕禄初到兰考县，正是兰考遭受内涝、风沙、盐碱三害最严重之时。他没有被困难吓倒，毅然喊出"革命者要在困难面前逞英雄"的口号，带领36万兰考人民艰苦奋斗、治理灾害。真正的共产党人，就应在关键时刻冲得上去、危难关头豁得出来，以实干担当擦亮政治本色。无论是在常态化疫情防控中做好"六稳"工作、落实"六保"任务，还是化危为机、坚定实施扩大内需战略，都需要以攻坚精神真抓实干、落细落实。"志不求易，事不避难"，越是不容易，越要奔着矛盾去、朝着问题改，越要扑下身子、撸起袖子，干出我们这一代人的精神风貌。

蓄积攻坚精神，要增强韧劲定力。1939年5月，毛泽东同志在延安庆贺模范青年大会上发表讲话，标题就是"永久奋斗"。他号召模范青年一定要把革命干成功，干到底。中华民族伟大复兴，绝不是轻轻松松、敲锣打鼓就能实现的。新长征路上，还有许多"娄山关""腊子口"等待我们去攻克。逐梦的征途，容不得有任何喘口气、歇歇脚的念头。坚定信仰信念信心，在攻坚克难中增强斗争本领，在接续奋斗中挺立精神脊梁，我们一定能用确定性战胜不确定性，赢得改革发展的主动权。

"伟大的事业之所以伟大，不仅因为这种事业是正义的、宏大的，而且因为这种事业不是一帆风顺的。"我们已走过千山万水，但仍需跋山涉水。努力蓄积不畏难的攻坚精神，脚步不停、奋斗不止，我们就没有什么困难不能战胜，没有什么奇迹不能创造。

（2020年05月20日）

"最难对付"需要空前团结

任 平

"人类正在经历第二次世界大战结束以来最严重的全球公共卫生突发事件。"习近平主席在第73届世界卫生大会视频会议开幕式上发表题为《团结合作战胜疫情 共同构建人类卫生健康共同体》的致辞,强调面对来势汹汹的新冠肺炎疫情,国际社会没有退缩,各国人民勇敢前行,守望相助、风雨同舟,展现了人间大爱,汇聚起同疫情斗争的磅礴之力。

谁也没有想到,一种只能在显微镜下观察到的冠状病毒,竟使全世界遭受严重冲击,一些国家宣布进入"紧急状态",多国股市相继发生"熔断",全球供应链出现"梗阻"……新冠病毒传播在很多方面都超出了人类认知边界,有人甚至把疫情的暴发比作"陨石来袭"。科学家、医学专家普遍认为,新冠病毒是人类历史上最难对付的病毒之一。联合国秘书长古特雷斯强调,"新冠肺炎的大流行是二战以来人类面临的最严重的全球性危机"。近几个月来各国与疫情"过招"的实践证明,病毒并非是"大一号的流感",戴口罩也绝不是"毫无用处",隔离举措并不等于"侵犯人权"……面对"最难对付"的病毒,决不可侥幸、轻敌,必须有足够的重视、十分的警惕。

中国之所以能成功遏制疫情,是因为从一开始,习近平总书记就强调要"始终把人民群众生命安全和身体健康放在第一位",要求"把疫情防控作为当前最重要的工作来抓"。几个月来,我们以"历史上最勇敢、最灵活、最积极的防控措施",取得了疫情防控阻击战的重大战略成果。

不仅如此,中国坚定支持联合国和世界卫生组织发挥领导作用,积极协调国际社会合作抗击新冠疫情。在全球抗疫最紧张的时刻,中国的医疗专家组飞赴海外参加救治,中国的医疗物资运往全球各地,中国的诊疗方案动态更新供各国共享……

我们深知,面对疫情扩散蔓延,没有任何一个国家能够做到与世隔绝,没有任何一个国家可以实现独善其身;全球防控阻击战,只要一个国家还有新冠肺炎疫情存在,其他国家就谈不上绝对安全。就连"修昔底德陷阱"提出者格雷厄姆·艾利森也指出,"病毒没有护照,没有意识形态,不受国界限制。当一个健康的人从一个打喷嚏的病人身上吸入飞沫时,无论这个人是美国人、意大利人还是中国人,其受到的生物影响基本上是相同的""疫情凸显出一种至关重要的国家利益——若没有与对方的合作,美国和中国单方面都无法确保这种利益"。

当此之时,团结合作、携手抗疫不仅是最佳选择,也是唯一选择。跨越意识形态的偏见、跳出单边主义的泥潭,以团结取代分歧,以理性消除偏见,我们才能凝聚合力抗疫的强大力量,早日战胜新冠病毒这个"头号公敌"。反之,将疫情问题政治化、对他国和世卫组织污名化,处心积虑制造"政治病毒",混淆视听散播"信息传染病",不仅是一种不合时宜的无知与傲慢,更是对全人类生命健康"最大的非人道"。事实一再证明,失去了敬畏之心、丢掉了科学精神、瓦解了团结意志,就算经济状况再好、医疗条件再优、福利水平再高,也无法幸免于"疫",更无法战胜疫情。

千百年来,传染性疫病犹如不时被打开的"潘多拉魔盒",一直威胁着人类的生存和发展,正是靠着科学与合作,人类才不断走向未来。20世纪60年代,世界卫生组织开展"天花根除规划",包括美国和苏联在内的各国都参与其中,最终使天花在全世界范围内根除。读史明智,鉴往知来。在新冠病毒向我们发起日甚一日的攻击之时,放下傲慢与偏见,进行团结与合作,人类才能取得抗击病毒的最终胜利。"让我们携起手来,共同佑护各国人民生命和健康,共同佑护人类共同的地球家园,共同构建人类卫生健康共同体!"

(2020年05月19日)

以科学精神抵制"政治病毒"

任 平

术业有专攻。专业问题需要专业意见,科学之事应交由科学家来回答,这是人尽皆知的常识。

然而,美国一些政客为了进行政治操弄,反复兜售有关新冠病毒起源的谬论,全然无视基本的常识,甚至不惜贻笑大方。这种违背科学精神、将疫情政治化的行为,正在侵蚀着全球抗疫的合作基础。世界卫生组织总干事谭德塞不无忧虑地警告:"不要把这种病毒作为相互对抗或者赢得政治得分的机会。这很危险,就像在玩火。"

新冠肺炎疫情发生后,"零号病人"、病毒源头等问题备受关注。每个人都想知道,这种病毒究竟从何而来?找到致病病毒源头的工作,就是所谓的"病毒溯源"。按说,这样一个严谨的科学问题、严肃的专业问题,应该以基本事实为依据,由科学家和医学专家用科学的方法去研究。然而,在新冠病毒的起源依然扑朔迷离之际,美国一些政客却急于甩锅,抛出了"武汉是病毒源头""新冠病毒源自武汉一个实验室"这样没有任何科学依据的说辞,不仅让专业人士瞠目结舌,也使自己的意图昭然若揭——或许,在他们看来,重要的不是事实,而是服从自己掩盖什么的需要。

病毒是全人类共同的敌人。病毒溯源的主要目的,是有效阻击病毒和防止同类疫情对人类再次造成危害。目前,世界各国科学家都在开展病毒源头的研究,对新冠病毒来源提出了许多学术观点。中国科学家也在认真开展相关研究,为早日找到新冠病毒起源、有针对性地做好防控,提供科学依据。有科研人员表示,病毒溯源"需要将众多生物学信息和流行病学证据汇聚成相互印证的证据链,才能真正完成任务"。实际上,病毒溯源不仅是科学问题,更是科学难题。人类历史上很多疾病,对其源头的探索历经十几年甚至几十年;许多研究虽然取得一些进展,但一直未能得到最终的确切答案。新冠病毒作为一种全新的病毒,具有隐匿性强、潜伏期长、变化多端等特点,对其溯源更非易事。

特别是,首先报告疫情不等于就是病毒源头,最先受到病毒猛烈攻击的地方不等于就是病毒最早出现的地方。历史上,最初病例的报告地往往不是病毒来源地。就像电影《传染病》所描述的,病毒可能在任何时间、任何地方,以意外的方式进入人类的生活圈。疫情是天灾,新冠病毒最早从何处由自然界"登陆"人类社会?是多点"登陆"还是单点"登陆"?解答这些问题,需要让科学问题回归科学,决不能毫无根据地主观臆测,更不允许为达其政治目的而信口雌黄!

还应看到,疫情是天灾,不是人祸。前不久,美国新泽西州贝尔维尔市市长迈克尔·梅尔哈姆表示,自己在去年11月就已感染新冠病毒,检测结果也显示他已拥有新冠病毒抗体,比美国报道首例新冠病毒确诊病例早两个多月。医学期刊《国际抗菌剂杂志》刊登的一篇研究论文显示,新冠病毒2019年12月底已在法国传播,相关病例与中国缺乏关联。可见,病毒的溯源工作十分复杂。任何人都不应该,也不能妄下结论,只有尊重科学精神、回归科学逻辑,才能抵近真相。当然,无论病毒和疫情起源于何地,最先受到病毒侵害的人都是无辜者,他们为抗击病毒付出的努力和牺牲应该得到尊重。

新冠病毒固然可怕,但比新冠病毒更具破坏力的是"政治病毒"。日前,16名国际卫生法学家在英国医学期刊《柳叶刀》上发文提醒,基于恐惧、谣传、种族主义和仇外心理的做法,无法将人们从新冠肺炎疫情这类突发事件中拯救出来。回归科学、尊重科学,才能拨开病毒起源与来源的迷雾;相信科学、依靠科学,人类方能在与病毒的斗争中赢得未来。

(2020年05月18日)

让历史文物"活起来"

周人杰

既要保护历史文物，又要保障经济发展，如何坚持原则、坚决保护？怎样实事求是、开发利用？20年前，时任福建省代省长的习近平同志，对万寿岩遗址两次批示，采取措施将文物抢救出来、整体保护，成为处理文物保护与利用问题的一个生动样本。

文物承载文明与文化，维系着民族精神与时代价值，理应依法受到保护。被业界誉为"南方周口店"的福建三明万寿岩旧石器时代遗址，曾获评2000年度"全国十大考古新发现"，把古人类在福建生活的历史提前至约18.5万年前。珍贵历史文物"不仅属于我们，也属于后代子孙"。对于事关全局利益与长远发展的文物保护，切不能只算经济账、眼前账、局部账，任何个人和单位都不能为了谋取眼前或局部利益而破坏全社会和后代的利益。正如习近平同志当年批示所要求的，"必须认真妥善地加以保护"。

具体的文物保护工作，确实常常与地方推进经济发展存在一定矛盾，有的可能"耽误"矿产开采，有的可能"妨碍"土地资源盘活，有的还可能"影响"工业园区建设。据测算，叫停万寿岩矿体开采，对企业造成经济损失有6000多万元。这可不是一笔小钱，直接关系到企业效益与区域发展。然而，经济发展可以转型，文物资源不能再生。历史文物一经破坏，便难以修复，损失无法计量。所以，在处理文物保护与经济发展关系上，保护永远是第一位的，来不得半点含糊。

人们常说，文物保护是"功在当代、利在千秋"。其实，"利"同样在"眼前"。在加强保护前提下对历史文物进行科学开发和利用，完全能兼顾社会效益与经济效益。一方面，相比文物的单一与脆弱，经济建设所需资源禀赋，大都具有不同程度的可替代性，下功夫去寻找去改变去升级，总会有解决办法和出路。另一方面，文物保护不等于单向度付出、投入。万寿岩遗址如今已建成国家考古遗址公园，是独树一帜的遗迹展示、教育与研究基地，按文化旅游融合思路去开发，同样产生一定的经济效益，有利于化解资金压力、创造新的增长点。不为短期利益蒙蔽，算大账、长远账，完全能够做到"文物保护和发展生产两不误"。

从这个意义上讲，历史文物的保护与利用，是一体两面的辩证关系。前半篇文章讲保护，是"让文物活下去"；后半篇文章谈利用，就是"让文物活起来"。保护是利用的前提，保护好才能利用好；利用是保护的拓展，利用好是为了更好保护文物、传播文化，更有效提升文物保护意识。近年来各地博物馆借助网络"走出去"，历史文化景区开展研学旅行、体验旅游，文创产品蓬勃兴起，都是文物保护与利用相得益彰的成功案例。把"文物保护与利用"通篇文章写精彩，必须精准把握好舍与得、破与立的关系，该关停的影响保护的发展项目必须坚决叫停，该拓展的价值利用项目一定要积极推进。

习近平总书记多次强调，文化自信是更基础、更广泛、更深厚的自信，是更基本、更深沉、更持久的力量。保护文物是历史赋予我们的文化使命，锻造文化自信是时代赋予我们的神圣职责。全社会共同努力，在保护和利用文物中激发穿越时空、直击人心的文化力量，一定能留住文化之根、守住历史之脉，为实现中华民族伟大复兴的中国梦凝魂聚力。

（2020年05月17日）

有书便是艳阳天

向贤彪

"风雨阴晴君莫问,有书便是艳阳天。"在这个世界上,如果说有什么事情拥有恒久魅力并令人沉醉其间,读书便是其中之一。宋人翁森云:"读书之乐乐何如,绿满窗前草不除""读书之乐乐无穷,瑶琴一曲来薰风""读书之乐乐陶陶,起弄明月霜天高"。孔子"韦编三绝",陶渊明"每有会意,便欣然忘食",杨万里"半山绝句当早餐"……回溯历史,古人留下许多有关读书的佳话。阅读,凝结着超越时空的力量。

书籍是人类的挚友。前不久,一幕场景令人难忘:在武汉的方舱医院里,一名患者躺在病床上读书,神情专注。网友感叹这位年轻人面对病毒时的淡定,更感慨书籍的魅力。疫情防控期间,人们居家的时间变多了,许多人重新翻开纸质书籍,嗅到了久违的书香。有人发出内心感悟:有书相伴,真好!

疫情防控期间的"宅读",让人更加懂得珍爱生命、珍惜生活、关爱他人。一个微信书友群中,大家互相交流抗疫期间读书收获的新知与启迪。有人读了恩格斯的《自然辩证法》,感悟人类应该自警自省、更加谦逊,学会与自然和谐相处;有人读了马尔克斯的《霍乱时期的爱情》,从"哪里有恐惧,哪里就有爱"这句话中,体会到爱的力量;有人读了《中国抗疫简史》,纵览几千年来中华民族防疫抗疫的历史经验,增强了战疫的必胜信念;有人读了泰戈尔的《飞鸟集》,与群友分享"世界以痛吻我,要我报之以歌",引人思索生命的意义。

一位作家说:"人拥有宁静的时光,这本身便是幸福,而宁静的时光因阅读会显得尤其美好。"通过坚持不辍的阅读,我们可以寻觅到温暖的阳光地带,采撷到五彩缤纷的花朵,领略到生命的高洁与伟岸。"有书便是艳阳天",生动诠释了读书之于人的意义。这个"艳阳天",是毛泽东青年时为了练就在嘈杂环境中静心读书的本事,专门跑到熙熙攘攘的闹市去读书;是刘伯承在烽火连天、军务繁忙的战争年代,字斟句酌地翻译出大量国外军事论著;是樊锦诗在戈壁深处孤灯相伴、勤奋夜读,用青春书写"锦瑟华年去,莫高永留诗"。

经过艰苦卓绝的努力,武汉保卫战、湖北保卫战取得决定性成果,疫情防控阻击战取得重大战略成果,统筹推进疫情防控和经济社会发展工作取得积极成效。我们深深懂得,正因广大医务工作者白衣执甲、逆行出征,正因无数人为疫情防控冲锋在前、守土尽责,才使得我们在山河无恙、春回大地的暖意中,感觉到生活是多么美好,阅读是多么美妙。从浓缩版的文化经典到现实版的"生活之书",都在召唤我们,"尽管走下去,不必逗留着,去采鲜花来保存,因为,在这一路上,花自然会继续开放"。

书籍是人类记忆和想象的延伸。一册在手,书里的风景、书外的故事、阅读的心境都深刻交融在一起,构成独特的体验。因为有书相陪,我们的生命得以延伸,我们的人生更为宽广。

(2020年05月16日)

清除阴谋论的"政治病毒"

任 平

一段时间以来,美国一些政客为推卸自己在新冠肺炎疫情中救治不力的责任,"甩锅"中国、极尽污名化之能事,编造形形色色的谎言,一会儿声称有"大量证据"表明新冠病毒源自中国一个实验室,一会儿又表示对新冠肺炎疫情起源没有把握,这种前言不搭后语的阴谋论,在人类与病毒的这场空前较量中,留下了极不光彩的印记。

病毒溯源是严肃的科学问题、新冠病毒源头尚未确定、中国最先报告疫情不等于就是病毒源头,这已成为科学界的广泛共识。世界卫生组织相关负责人一再表示,所有已知证据都表明新冠病毒不是经实验室人工干预或制造而来的;已有许多科学家研究了新冠病毒基因序列,确信新冠病毒来自自然界。美国哥伦比亚大学微生物学和免疫学专家文森特·拉卡尼罗认为,所谓病毒可能是人为制造或实验室泄漏等"诸多不实说法是由政治驱动的,完全没有科学依据"。英国《自然》期刊曾连发3次社论,对错误地将新冠病毒与武汉和中国关联在一起道歉,呼吁停止将病毒与特定位置相关联的不负责任做法。

在科学和道义面前,一些人的阴谋论在世界看来是拙劣的,对其自身也是危险的。当种种谣言、阴谋论渗入传播场域,舆论的河流就会泛起泥沙,进而影响人们的情绪,干扰疫情的防控。正因如此,联合国秘书长古特雷斯呼吁,"打击错误信息,因为它是一种危及更多生命的毒药。"世界卫生组织表示，该组织目前正与两种"大流行"斗争，分别是新冠肺炎疫情大流行和虚假信息大流行。可以说，一切将病毒政治化的操弄，任何炮制与传播阴谋论的言行，都丝毫无助于疫情防控，只会搅扰人心、损毁信任，造成更大灾难。

战胜疫情，首先要找对目标。面对来势汹汹的疫情，一个拥有14亿人口的大国，用一个多月的时间初步遏制了疫情蔓延势头，用两个月左右的时间将本土每日新增病例控制在个位数以内，用3个月左右的时间取得了武汉保卫战、湖北保卫战的决定性成果。中国之所以能取得疫情防控的重大战略成果，就是因为深知"病毒是人类共同的敌人"，坚持"把人民生命安全和身体健康放在第一位"，坚信"团结合作是国际社会战胜疫情最有力武器"。如果说中国有什么秘诀，这就是告之于世的鲜明答案。

前不久，《纽约时报》刊发由70余名中美公共卫生领域专家学者联署的一封公开信，指出传播阴谋论或散布病毒起源的谣言、从而恶化双边关系的做法"没有容身之处"，呼吁避免将疫情政治化。"甩锅"、透过的企图不得人心且于事无补，当前国际社会最需要的，乃是科学的态度、抗疫的合力。新冠肺炎疫情再次证明，只有构建人类命运共同体才是人间正道。当前，全球疫情暴发增长态势仍在持续，选择理性、团结，抵制仇恨、攻讦，这是人们共同的责任。

病毒是魔鬼，"政治病毒"更是魔鬼。新冠肺炎疫情在全球蔓延，触目惊心的数字背后是一条条鲜活的生命。在全世界共同协力战疫的关键时刻，谎话无法弥补失去的时间，谣言无法挽回逝去的生命，"甩锅"与诽谤只能消解团结的力量。用科学战胜愚昧、以理性消除偏见，清除阴谋论的"政治病毒"，这是全球抗疫的希望所在，也是世界各国的共同责任。

（2020年05月15日）

冲劲 韧劲 实劲

安 民

大事难事看担当,考验面前见精神。越是爬坡过坎、滚石上山,越需要一往无前的姿态、舍我其谁的境界,越呼唤挺身而出的闯将、干将。

"关键时刻冲得上去、危难关头豁得出来,才是真正的共产党人。"习近平总书记的话语给人以深刻启示。现实中,抓紧抓实抓细常态化疫情防控,确保完成决战决胜脱贫攻坚目标任务、全面建成小康社会,每名党员干部都责无旁贷。惟有担当作为、勇毅前行,做冲锋陷阵的战士,保持冲劲、韧劲、实劲,才能不负初心使命,以实绩汇聚奋进的澎湃动能。

有"明知山有虎,偏向虎山行"的冲劲。革命战争年代,一声"冲啊""同志们跟我上",何其震撼!"忠诚印寸心,浩然充两间"的坚毅,"砍头不要紧,只要主义真"的无畏,跨越时空、赓续传承,映照着理想信仰、党性觉悟与品格境界。当前,统筹推进疫情防控和经济社会发展,任务艰巨。困难面前,我们能否做到冲锋号一响,毫不迟疑地冲上去?能否勇打头阵、勇立战功,打通"堵点"、补上"断点"?冲劲不是冲动,不会自然而然产生。党员干部为党和人民的事业拼搏奉献,归根结底靠思想自觉。不断叩问、检视、锤炼初心,不断体悟、激扬、砥砺使命,永葆拼搏的意识、精神、行动,才能真正抵达积极主动、无怨无悔的精神境界,积攒强有力的冲劲。

有"不破楼兰终不还"的韧劲。英勇顽强、坚韧不拔,是中华文化

生命禀赋和生存耐性的体现,是中国共产党人精神谱系的重要构成。奋进新时代,全面落实党中央决策部署、坚持稳中求进工作总基调、坚持新发展理念、推进供给侧结构性改革、坚决打赢三大攻坚战……这些,都难以毕其功于一役,都需要直面风险挑战,付出艰苦努力。冲锋陷阵一时易,持之以恒最难得。党员干部无论身处何种岗位,都应沉下心来做事,蓄积滴水穿石的精神、善作善成的毅力、老牛爬坡的耐性。不贪一时之功、不为一时之誉、不计一事之成,敬终如始、绵绵用力,把本职工作抓到位,把解决难题抓到底,才能书写出彩人生。

有"绝知此事要躬行"的实劲。奋斗创造奇迹,实干成就伟业。我国成为世界第二大经济体,成为制造业、货物贸易、外汇储备第一大国,蓝天、碧水、净土保卫战成效卓著,中华民族千百年来"民亦劳止、汔可小康"的憧憬即将变为现实。这样的美好图景,是一点一滴拼出来、一步一步干出来的。"假金方用真金镀,若是真金不镀金"。工作能否踏实在乎心,心诚则实,心浮则飘。党员干部当树立正确政绩观,崇尚实干、脚踏实地,力戒形式主义、官僚主义,把每件事都往实处做、深处做、细处做,以实实在在的举措、行动、效果,解民忧、纾民怨、暖民心,不断增强人民群众获得感、幸福感、安全感。

千磨万击还坚劲,越是艰险越向前。保持冲劲、韧劲、实劲,争做冲锋陷阵的战士,努力使自己负责的工作既为一域争光,又为全局添彩,这样的党员干部,必能真正赢得人心。

(2020 年 05 月 12 日)

挽紧团结合作的臂膀

彭 飞

　　一个个生产车间加班加点赶制医疗产品，一架架货运包机满载口罩、防护服等飞赴四面八方，一列列中欧班列带着希望奔驰在广袤大地上……新冠肺炎疫情全球蔓延，各国都面临抗击疫情的艰巨任务，防疫物资相对紧缺。作为制造业大国，中国积极推进相关产业有序复工复产，对外国商业采购防疫物资提供便利、保证质量。相关抗疫物资源源不断抵达世界各地，为全球战疫注入强大正能量。

　　"要共同维护全球产业链供应链稳定，中国将加大力度向国际市场供应原料药、生活必需品、防疫物资等产品。"在二十国集团领导人应对新冠肺炎特别峰会上，习近平主席郑重发出倡议，展现中国在人类共同灾难面前的勇毅担当。从短时间内扩大医用防护服日产能，到增加口罩、红外温度传感器等物资的供应量、交付量，从确保海外企业的零部件供应，到做好防护的同时全力保障海外项目正常建设……中国企业的努力和坚守，赢得了海外客户的口碑，也用实际行动维护了全球产业链供应链的开放、稳定和安全。

　　经济全球化时代，产业链供应链如同紧密纽带，把不同国家和地区联结在一起。受疫情影响，全球产业链供应链出现多点"梗阻"，世界经济发展面临考验。然而，越是身处挑战和危机之中，越应珍视团结合作的价值。譬如，一台呼吸机包含上千个零部件，谁都难以完全依靠自己

单独生产。正如世界贸易组织总干事阿泽维多所说："没有一个国家能自给自足，不管它有多强大或者多先进。"人们越发认识到，以产业链供应链为代表的全球合作，不仅是经济繁荣发展的基石，也是应对风浪、共克时艰的有力武器。

大江大河奔腾向前，尽管会出现一些回头浪，但前进的势头不会改变。面对疫情，一些人借机炒作"经济脱钩"，鼓噪转移产业链，甚至试图人为切断全球产业链供应链。事实上，经济全球化是历史潮流。产业链供应链的形成和发展，是市场规律和企业选择共同作用的结果。那些违反时代潮流、违背客观规律的言行，既不理智，也不现实。病毒没有国界，疫情不分种族。任何国家都不能置身其外，独善其身。全人类只有共同努力，才能战而胜之。在这个过程中，共同维护全球产业链供应链稳定，充分激发经济全球化中蕴含的团结之力、协作精神，至关重要。

疫情没有拉远我们的距离，反而让彼此走得更近。如今，网络、大数据等信息通信产业快速发展，电子商务、在线教育、在线娱乐等新业态新模式层出不穷，国际化的供应链、物流链在更大范围延伸，5G等新型基础设施加快完善加速了生产要素的全球流动……面向未来，构建人类命运共同体的迫切性和重要性更加凸显，经济全球化的深度和广度也将继续拓展。

携手打好这场疫情防控全球阻击战，没有人是一座孤岛。让我们挽紧团结合作的臂膀，同舟共济、并肩作战，守护人类共同的美好家园。

（2020年05月11日）

永葆共产党人的先锋本色

马祖云

在疫情防控的关键时期,各地区各部门相继出台有力举措激励党员干部担当作为,一批优秀党员干部因在抗疫一线表现突出而被火线提拔。事实证明,复杂艰苦的斗争犹如试金石,足可识别"精金"的真伪与成色。

一事当前,是首先考量一己之私、权衡个人得失,还是勇于担当、甘于奉献,映照着一个人的修为与境界。越是急难险重之事,往往越能成为一面镜子。古人曾以金论人,用"成色"形容品格的优劣,用"分两"比喻功名的分量,认为"盖所以为精金,在足色而不在分两"。这给人以启示:"精金"重在"足色"。对个体而言,如果只追求表面上的分量而内在的成色不足,难成"真金""精金";只有真正做到"足色",才能在炽热的烈火中迸发出夺目的光彩。

烈火见真金,战火出英雄。对共产党人来说,争当时代先锋、做"足色"的"精金",就是应有的本色。突如其来的新冠肺炎疫情,让人直面一场没有硝烟的战争。打赢疫情防控的人民战争、总体战、阻击战,又何尝不是在检验参与者的成色?尤其是对广大党员干部来说,在统筹推进疫情防控和经济社会发展的大战大考中,使命意识、担当精神都得到了一次严格"体检"。从争分夺秒救治患者的重症病区到攻关疫苗研发的科研团队,从联防联控的交通枢纽到复工复产的工厂企业……无数先锋模范坚守岗位、风雨兼程,在战火中书写铁血和忠诚。从"钢铁书记"

到"硬核专家"再到"接力战疫的夫妻",一大批优秀共产党员描绘出一幅幅打动人心的英雄谱。

"疾风知劲草,板荡识诚臣"。复杂严峻的形势,最能识别人的立场;艰难困苦的环境,最能磨练人的意志;生死关头的考验,最能淬炼人的精神。共产党人的先锋本色,正体现为在斗争一线的冲锋陷阵、舍我其谁。革命战争年代,因为葆有先锋本色,我们信仰信念信心无比坚定,故有"砍头不要紧,只要主义真"的凛然大义,"明知山有虎,偏向虎山行"的视死如归。和平发展时期,因为葆有先锋本色,我们初心如磐、使命在肩,故有"出淤泥而不染,濯清涟而不妖"的冰清玉洁,"千磨万击还坚劲,任尔东西南北风"的坚强底气。而这,正蕴含着我们不畏风浪、勇毅前行的强大动力。

有句话说得好,"庭院岂生千里马,花盆难养万年松"。真金不怕火炼,假金终究会在时间的淘洗中露出真面目。从历史到现实,我们党一直重视在斗争一线、艰难环境、吃劲岗位等方面,全面而准确地考察、识别、使用党员干部。重大考验面前,更能考察识别党员干部。这也启示年轻党员干部,只有激扬斗争精神,勇敢投身于实践的熔炉、斗争的疆场,才能诠释共产党人的先锋本色,也才能加强历练、加快成长。

"雄关漫道真如铁"。奋进的征程上,容不得任何喘气歇脚的念头,正待我们坚定信念、愈战愈勇,以行动永葆共产党人的先锋本色。

(2020 年 05 月 07 日)

团结合作是最有力的武器

杨 煌

确诊病例累计超 300 万，波及 200 多个国家和地区，许多国际交流交往活动按下"暂停键"……席卷全球的新冠肺炎疫情，给世界各国人民生命安全和身体健康带来巨大威胁，给全球公共卫生安全带来巨大挑战。

"道不远人，人无异国"。病毒没有国界，疫情不分种族，重大传染性疾病是全人类的敌人。习近平主席深刻指出："新冠肺炎疫情的发生再次表明，人类是一个休戚与共的命运共同体。"疫情来势汹汹，传播速度之快、病亡人数之多，超出人们的预料，成为人类社会共同面临的一场严峻考验。当此之际，任何一个国家和地区都无法置身事外、独善其身。

当前，新冠肺炎疫情在全球蔓延，各国都面临抗击疫情的艰巨任务。这既是对全球公共卫生体系的一次"大考"，也是对各国对外政策取向和价值理念的一次"大考"。国际社会加紧行动起来、共同应对，才能战而胜之。正如习近平主席在二十国集团领导人应对新冠肺炎特别峰会上所强调的："国际社会最需要的是坚定信心、齐心协力、团结应对，全面加强国际合作，凝聚起战胜疫情强大合力，携手赢得这场人类同重大传染性疾病的斗争。"

加强团结合作，应聚焦共同目标，坚决打好新冠肺炎疫情防控全球阻击战，遏制疫情蔓延势头。山川异域，风月同天。加强信息分享，有效开展国际联防联控，防止疫情跨境传播；加强疫情防控科研攻关的国际合作，集各国之力，加快药物、疫苗、检测等方面科研攻关；维护好全球产业链，深化产能合作、深挖产能潜力，实现最大效能的抗疫物资供应……惟其如此，方能汇聚携手抗击疫情的强大正能量。与此同时，各国还应加强宏观经济政策调整和对接，确保全球市场的开放和稳定，提振世界经济信心。

"一箭易断，十箭难折"。面对困难，最可贵的是齐心协力，最可怕的是纷争拆台。任何试图将疫情政治化、标签化的言行，都不利于推进国际合作，也终将不得人心。筑牢维护人类生命安全的堤坝，世界卫生组织肩负着独特使命。这次疫情发生以来，世卫组织在抗击疫情国际合作中发挥了重要作用。关键时刻，试图弱化世卫组织等多边机构作用，势必破坏全球卫生治理体系，是极不负责任的。支持世卫组织的工作，对于全球战胜疫情至关重要。

一个木桶如果存在短板，它的容量不是取决于最长木板的长度，而是取决于最短木板的长度。"木桶原理"启示人们，全球公共卫生安全，不是一国一域之事，不能坐视任何一国掉队。新冠肺炎全球大流行，一些卫生系统相对落后、经济基础薄弱欠发达国家的防控条件着实令人揪心。国际社会应加大对疫情严重和卫生体系薄弱国家特别是发展中国家的支持帮助，填补地区公共卫生安全漏洞，共同织密织牢全球公共卫生安全网。

"积力之所举，则无不胜也"。战胜关乎各国人民安危的疫病，团结合作是最有力的武器。同舟共济、守望相助，让合作的阳光驱散疫情的阴霾，我们就一定能赢得最终胜利，迎来人类发展更加美好的明天。

（2020 年 05 月 06 日）

让青春枝头绽放绚丽之花

——写在五四青年节

李浩燃

前不久,原创音乐作品《坚强的中国》引发不少网友关注。音乐视频中,医护工作者奋力战疫的一幕幕场景真实生动、如在眼前。特别是那些年轻的白衣天使们,洋溢着青春的朝气,传递着鼓舞人心的正能量。

青春由磨砺而出彩,人生因奋斗而升华。在五四青年节到来之际,习近平总书记代表党中央,向全国各族青年致以节日的祝贺和诚挚的问候,指出面对突如其来的新冠肺炎疫情,全国各族青年积极响应党的号召,踊跃投身疫情防控人民战争、总体战、阻击战,不畏艰险、冲锋在前、真情奉献,展现了当代中国青年的担当精神,赢得了党和人民高度赞誉。从坚守重症病区的护士到参建火神山、雷神山医院的农民工,从值守一线的社区工作者到风里来雨里去的快递小哥,从守护一方平安的基层民警到赶制防疫物资的车间工人……广大青年用行动充分证明,新时代的中国青年是好样的!

青年最富有朝气、最富有梦想,青春意味着澎湃动能、无限可能。鲁迅先生说,青年"所多的是生力,遇见深林,可以辟成平地的,遇见旷野,可以栽种树木的,遇见沙漠,可以开掘井泉的"。徜徉于博大精深的汉语文化,"青春"当属最美好的词汇之一。然而,每个人的一生都只有一次青春,许多人受益时浑然不觉,失去时则徒留怅然。正如有人慨

叹,"人世间,比青春再可宝贵的东西实在没有,然而青春也最容易消逝"。春光灿烂之时,惟有惜时如金、晴耕雨读,否则,虚掷光阴、蹉跎岁月,只会落得"青春虚度无所成,白首衔悲亦何及"的结局。

新时代的中国青年,就应该胸怀理想、志存高远,追求昂霄耸壑的气象。坚决打赢疫情防控阻击战,为什么一句"现在,轮到'90后'来保护大家了"收获无数点赞?正是因为担当的情怀最感人,燃烧的青春最可敬。古人言,"立志而圣则圣矣,立志而贤则贤矣"。行大道、立大志,把自己的小我融入国家的大我、人民的大我之中,与时代同步伐、与人民共命运,才能更好实现人生价值、升华人生境界。

1939年5月,毛泽东同志在延安庆贺模范青年大会上说:"什么是模范青年?就是要有永久奋斗这一条。"奋斗是最朴素的"成功学",是迈向目标的最可靠阶梯。没有哪一代人的青春是容易的,青年总要面临"成长的烦恼"。但对青春最高的礼赞,乃在奋斗。新时代是奋斗者的时代,当代青年更应树立"永久奋斗"的理念,自觉在奋斗中淬炼本领、增长才干。当前,扎实做好"六稳"工作、全面落实"六保"任务十分艰巨,决胜全面小康时不我待,决战脱贫攻坚重任在肩,正待青年群体高扬奋斗的风帆,练就过硬本领,向着浪高风急、冲破逆折处勇毅前行,让青春的枝头绽放绚丽之花。

"现在,青春是用来奋斗的;将来,青春是用来回忆的。"一代人有一代人的长征,一代人有一代人的担当。让我们以梦为马、不负韶华,用奋斗精神铸就青春的底色,以"青春之我"成就"青春之国家""青春之民族"。

(2020年05月04日)

使命在肩　奋斗有我

李　斌

在"五一"国际劳动节来临之际，习近平总书记给郑州圆方集团全体职工回信，希望广大劳动群众坚定信心、保持干劲，弘扬劳动精神，克服艰难险阻，在平凡岗位上续写不平凡的故事，用自己的辛勤劳动为疫情防控和经济社会发展贡献更多力量。

奔跑在奋斗路上的人，每分每秒都不会虚掷。中央深改委会议审议通过《党的十九届四中全会重要改革举措实施规划（2020—2021年）》，明确今年为"全面深化改革的一个重要节点"；青海、江西、安徽相继传来贫困县全部脱贫摘帽的好消息，全国各地再动员、再部署，全力决战决胜脱贫攻坚；为防控新冠肺炎疫情，无数劳动者加班加点保供应，每天数以亿计的口罩走下流水线……奋斗的人们最美丽，奋斗的国家正青春。在"五一"国际劳动节这样一个充满奋斗韵味的节日，我们记取奋斗的意义、审视奋斗的方位、瞄准奋斗的目标，进而艰苦奋斗、团结奋斗、不懈奋斗，必能不断开辟事业发展新天地。

奋斗是国家繁荣富强的源泉。事业是一点一滴干出来的，道路是一步一个脚印走出来的。从大庆铁人王进喜到广西乐业驻村第一书记黄文秀、从西安交通大学"西迁人"到疫情防控一线的"战疫者"，我们的国家，我们的民族，从积贫积弱一步一步走到今天的发展繁荣，靠的就是一代又一代人的拼搏奋斗。多少梦寐以求的美好蓝图变为现实，多少遐

思迩想的崭新图景映入眼帘，不是等来的，不是天下掉下来的，而是在科学理论指引、坚强制度保障、扎实奋斗支撑中实现的。习近平总书记强调："社会主义是干出来的，新时代也是干出来的。"乘着新时代的浩荡东风，美好前程召唤每个人坚守爱国情怀、坚定奋斗意志。

奋斗是我们党永葆青春的密码。为中国人民谋幸福、为中华民族谋复兴，中国共产党始终初心不改、恒心不变。以全面从严治党克服精神懈怠、能力不足、脱离群众、消极腐败的危险，以不忘初心、牢记使命深化党的自我革命，以推进国家治理体系和治理能力现代化形成更加成熟更加定型的中国特色社会主义制度……习近平总书记惕励全党："只有不忘初心、牢记使命、永远奋斗，才能让中国共产党永远年轻。"以人民对美好生活的向往为奋斗目标，共产党人的精神状态永不懈怠，奋斗姿态一往无前。

奋斗是人民生活幸福的基石。"民族复兴的使命要靠奋斗来实现，人生理想的风帆要靠奋斗来扬起。"只有奋斗的人生才称得上幸福的人生，只有奋斗不止的事业才会是成功不断的事业。习近平总书记殷切勉励，"新时代是奋斗者的时代""幸福都是奋斗出来的，奋斗本身就是一种幸福"。摆脱贫困、乡村振兴、科技创新、健康平安、教育医疗……有梦想，有机会，有奋斗，一切美好的东西都能够创造出来。在不懈奋斗中再创佳绩，在竞相奋斗中革故鼎新，在团结奋斗中集智聚力，必能创造幸福生活，必能开辟宏图伟业。新时代的中国，比任何时候都更加需要弘扬使命在肩、奋斗有我的精神。

奋斗创造历史，实干成就未来。今年，突如其来的新冠肺炎疫情，对我国经济社会发展带来前所未有的冲击。经过3个月艰苦卓绝的努力，湖北保卫战、武汉保卫战取得决定性成果，全国疫情防控阻击战取得重大战略成果。来之不易的防控成绩，更加凸显众志成城的磅礴伟力，充分说明奋发有为的至关重要。中国共产党和中国人民在奋斗中收获了更多自信和勇气，有底气和能力战胜可以预见和难以预见的各种艰难险阻，铸就人民共和国的远大前程，创造民族复兴的美好明天。

（2020年05月01日）

假期放松心情不能放松防护

陈 凌

三五好友约定郊野踏青，"抓住春天的尾巴"；许久未见的同学相约，涮一次久违的火锅；全家总动员，准备来一次放松身心的旅行……草树知春不久归，百般红紫斗芳菲。"五一"将至，疫霾渐散，不少人已经做好计划，准备趁着假期，走出家门、享受春光，领略山水之美，感受人文韵味。

久"宅"于家，心向"诗和远方"，这是人之常情。更何况，作为我国进入常态化疫情防控阶段后的首个旅游小长假，今年的"五一"，连休五天，更是在客观上为我们提供了一次难得的出行契机。可以说，在家待久了，出去走一走、出门看一看，既是调适心理的有益之举，也是享受假期的自然选择。再加上，目前全国绝大多数地区已是低风险地区，在一定范围内出游，是具备相应条件的。因此，无论是公园、景区，还是博物馆、展览馆，都应该顺应群众需求，做好有序开放的充足准备，为群众创造享受出行之乐的方便。

同时也要看到，尽管全国疫情防控阻击战取得重大战略成果，但境外疫情暴发增长态势仍在持续，我国外防输入压力持续加大，国内防止疫情反弹的复杂性也在增加。假期到来，旅游出行往往增加人际往来，容易出现人群聚集。如果景区没有足够的防范预案和恰当的应对措施，难免出现让人担心的"人从众"现象。从这个角度来看，无论是相关部门，

还是广大民众，安全防范意识都依然不可或缺，疫情防控之弦都依然不能放松。

"五一"期间要做好交通工具场站消毒通风等工作，加强景区疫情防控。旅游点不能成为疫情防控的风险点。今年这个"五一"假期，广大群众希望看到的，是轻松有序的旅行，而不是人山人海的云集。日前，文化和旅游部、国家卫生健康委联合印发《关于做好旅游景区疫情防控和安全有序开放工作的通知》。面对即将到来的旅游高峰，景区管理部门不妨对照检视一下，是否已经做好了准备。比如，信息发布、预约服务、流量管控、分流疏导、安全巡查等各个方面，是否已经有了充足预案？商场餐饮等经营场所，是否设置好了安全防线？旅游景区出入口、重要参观点等容易形成人员聚集的区域，是否已经配备了充足的工作人员、相关设备？景点做足准备，八方游客才能玩得开心，更玩得放心。

文明是最美的风景线。疫情在给人们生产生活带来冲击影响的同时，也在客观上为我们养成文明旅游观念提供了一次契机。美景供人欣赏，美德则让人敬仰。文明出行，既是一条"安全带"，也是一道"风景线"。

在难得的小长假里，我们可以放松心情，但不能放松防护。不论是沾衣欲湿的江南烟雨，还是流水淙淙的秀美山水，抑或是一碧千里的草原风光，防控不松、安全有序，我们才能轻松漫步祖国各地，静享山水之美景，纵享人文之乐趣。

（2020年04月30日）

凝聚起"爱卫同行"的强大力量

黄昆仑

"弘扬爱国主义精神，树立健康强国理念，强化主人翁意识"。人间四月天，我们正在开展第三十二个爱国卫生月活动。在新冠肺炎疫情防控常态化大背景下，今年的活动以"防疫有我，爱卫同行"为主题，可谓回应时代关切、体现问题导向。神州大地，全民积极参与爱国卫生运动，为巩固疫情防控成果继续贡献自己的力量。

"有我""同行"，这呼唤着每个人的参与。前不久，纪录短片《凌晨四点的武汉》登上热搜，诠释了"防疫有我"的真谛。在深夜的武汉，有彻夜保障飞机进出港的机务人员，有争分夺秒建设雷神山医院的建筑工人，有在寒风中执勤的交通警察，有忙碌分拣蔬菜的配送员……这些普通人用自己的不眠不休，努力维护着武汉的正常运转，如同在疫情阴霾中点亮了一盏盏灯，温暖了每一条大街小巷。

从武汉到全国，从前方到后方，从城市到乡村，千千万万普通人前赴后继加入抗疫斗争。鲁迅说："无穷的远方，无数的人们，都和我有关。"不顾生死按下"红手印"，向着战疫一线挺进；不计得失捐款捐物，倾情付出支援抗疫；不分昼夜检查执勤，倾尽全力守护家园……一个个"我"，为着"和我有关"的远方和人们，用自己的微薄之力擎起爱心与担当的大旗，汇成全民抗疫的磅礴力量。

坚决打赢疫情防控人民战争、总体战、阻击战，既充分体现了爱国

卫生运动保障人民生命健康安全的根本主旨，也不断丰富着爱国卫生运动的时代内涵。爱国是核心，在抗疫中大力弘扬爱国主义和集体主义精神，激发人民群众的责任感、荣誉感。卫生是根本，构筑联防联控的严密防线，促使更加文明健康的生活方式成为全民共识，为做好疫情防控工作打下坚实基础。运动是方式，把卫生工作与发动群众有机结合起来，使家家户户"动员起来，讲究卫生，减少疾病，提高健康水平"，就能筑起阻断疫病传播的"铜墙铁壁"。可以说，爱国卫生运动作为党委政府领导、多部门协作、全社会广泛参与的群众性卫生活动，既为疫情防控作出重要贡献，更经历疫情考验而历久弥新。

发动群众踊跃参与，用制度优势为医疗卫生事业发展注入动力，这是爱国卫生运动的重要方法论。正如习近平总书记强调的："战胜这次疫情，给我们力量和信心的是中国人民"。从医护人员最美逆行，到社区工作者默默坚守；从党员干部冲锋在前，到很多年轻朋友"宅在家里为国做贡献"，亿万个体与国家前途紧密地联系在一起。现在，面对严峻复杂的国际疫情和世界经济形势，我们要更好统筹推进疫情防控和经济社会发展工作，就需要进一步激发群众首创精神，凝聚起"爱国爱家，守望相助"的强大力量。

就像今年爱国卫生月活动的倡议书所言："爱国卫生人人受益，疫情防控人人有责"。也许每一个普通人的力量非常渺小，但汇聚起来的力量就能聚沙成塔、积水成渊。只要大家都做爱国卫生运动的热心参与者，做健康中国建设的积极促进者，我们就一定能夺取疫情防控的全面胜利，"拥抱幸福生活，共享健康中国"。

（2020年04月29日）

抓落实关键要解决问题

安 民

一分部署，九分落实。确保党中央决策部署落到实处，关键在党员干部积极主动履职、勇于担当作为，出实招、办实事、求实效。这其中，能否密切结合实际，做到盯紧问题、分析问题、解决问题，十分关键。

问题是时代的声音，指引着工作的导向。党的十八大以来，我们党之所以在革命性锻造中更加坚强，党和国家事业之所以取得历史性成就、发生历史性变革，其中一条重要经验就在于，强化问题意识、坚持问题导向，把解决实际问题作为打开工作局面的突破口。当前统筹推进疫情防控和经济社会发展，尤需党员干部敢于正视问题、善于分析和解决问题。外防输入、内防反弹，有力有序推动复工复产提速扩面，贯彻落实新发展理念、深化供给侧结构性改革、推动高质量发展、打好"三大攻坚战"，做好"六稳"工作、落实"六保"任务……立足实际工作，千方百计解决好可能遇到的各类问题，在破解难题上下功夫、见真章，才能收获实效。

解决问题，首先要发现问题。马克思说过，"主要的困难不是答案，而是问题"。有问题发现不了、认识不到，就谈不上解决。古人有云，"眼处心生句自神，暗中摸索总非真"。对实际问题有着实在而具体的接触和体验，有助于激发内心感受、找到解决良方。作为一名党员干部，走进基层、走进群众，听民意、访民情、知民愿，才能知道一线有什么问题，把准问题的关节点、要害处。正如毛泽东同志所言:"你对于那个问题不能解决么?那末,你就去调查那个问题的现状和它的历史吧!你完完全全调查明白了,你对那个问题就有解决的办法了。"

盯紧问题,还要善于分析问题。"举一隅不以三隅反,则不复也"。能不能在认识上递进一层、思考上深入一步,实现从发现问题向洞悉问题的飞跃,影响着解决问题的方向路径和成效。去粗取精、去伪存真,由此及彼、由表及里,学会从个性中寻找共性,从现象中发现规律,仰赖于完善的知识结构、敏锐的思维能力和丰富的实践经验。分析问题,最根本的是要坚持不懈用习近平新时代中国特色社会主义思想武装头脑、指导实践、推动工作,不断提高运用马克思主义立场观点方法解决问题的思想境界和能力水平。加强学习与思考,掌握创新理论与科学方法,才能克服"本领恐慌",真正拥有分析问题的知识能力。

愿不愿、能不能解决问题,映照着工作作风和精神状态。"疮疤见光易好,伤口捂着易烂"。解决问题要不避丑、不避难,漠视、掩盖问题,只会把小问题拖大、大问题拖炸。解决问题,就要态度诚恳、工作扎实,做到措施实打实、督导实打实、成效实打实。对难度大的问题,尤须下足绣花功、画好工笔画,确保解决一件成一件。"事辍者无功,耕怠者无获"。解决问题要一抓到底,发扬钉钉子精神。对现在能解决的,及时抓紧解决;需要较长时间努力的,不能毕其功于一役,应积极创造条件分步解决,做到坚持不懈、久久为功。

(2020年04月28日)

从浦东看志气心气朝气

李泓冰

从三十而立回望，时光穿梭间，浦东新区更辉煌。

善谋全局者，必先谋一域。中国改革开放每一部重要乐章，都由"一域"的恢宏变奏开始。南海小渔村变身深圳特区，让中国改革开放破冰，激活了珠三角和我国南方；而浦东荒野昂起的龙头向洋起舞，使中国经济战略布局发生历史性转变，长江三角洲和整个长江流域发力腾飞。

30年前，中国正酝酿进一步推动改革开放。那时的上海，浦西浦东宛如两个世界。"采取什么大的动作，在国际上树立我们更加改革开放的旗帜"？深刻把握经济全球化和中国改革开放总体布局，中央将决策的目光，落在扬子江与太平洋相激的上海浦东，适时打出浦东开发开放这张"王牌"。

开放是上海最大的优势，肩负新使命的浦东则志在成为当今世界高水平开放的一面旗帜。浦东30年创造的奇迹，折射出中国"改革不停顿、开放不止步"的坚定行动，更充分说明改革开放是党和人民大踏步赶上时代的重要法宝。

今天，顶层设计与自主创新交相辉映。从破天荒向西方设计师招标陆家嘴金融贸易区建设方案，到锲而不舍对标国际最高标准、最好水平，奋力推进国际金融中心、全球科创中心建设；从全国第一家保税区到全国第一家自贸试验区，制度创新样本不断在全国多地"可复制，可推广"；

从没人知道什么叫金融贸易区，到最新发布的全球金融中心指数显示上海首次晋升全球第四……而立之年的浦东，开发开放这张王牌打得更好。

"浦东发展的意义在于窗口作用、示范意义，在于敢闯敢试、先行先试，在于排头兵的作用。"创造浦东发展奇迹，有改革开放不断深化、经济全球化的天时，有襟江临海、长江龙头的地利，更有奋楫者先、勇为者成的人和。可以说，是无惧重重压力、敢攀全球高峰的先行者志气；大胆闯、自主改，以制度创新推动全方位创新的排头兵心气；肩起国家战略、脚踏实地干事创业的创业者朝气，成就了今天的浦东，也让浦东的未来更加可期。志气高、心气足、朝气旺，敢闯敢试、不断创新，追求卓越、争站前排，唯其如此，浦东才能"抗压"，才能在改革的深水区攻坚克难，才能在经济下行压力加大的时候，不断做大做强中国芯、蓝天梦、创新药、未来车、智能造、数据港等硬核产业。

"改革关头勇者胜，气可鼓而不可泄"。深化改革开放的征途，荆棘遍地。有昂扬向上的"精气神"，才能啃下"硬骨头"，闯过重重险滩。眼下，国际疫情持续蔓延，世界经济下行风险加剧，不稳定不确定因素显著增多。面对严峻复杂的国际疫情和世界经济形势，中国如何战胜惊涛骇浪，在克服风险挑战中继续发展壮大？因应时势，更能认识浦东开发开放再出发的窗口效应：在压力中诞生，在压力中成长，面临外部环境变数和经济下行压力越大，浦东新区开发开放的勇气越足，奋楫向洋的信心越强，以志气、心气、朝气，不断点燃"冬天里的一把火"，一以贯之，逆势飞扬。

浦东而立，继续瞄准开放最高水平，全面贯彻新发展理念，朝着高质量发展目标，做大经济总量，做强创新能力，用7年时间再造一个新浦东。浦东奇迹的背后，是中国特色社会主义道路，是高瞻远瞩的国家战略。已经催生无数奇迹的中国道路、中国精神、中国力量，也必将继续点亮浦东、点亮上海、点亮中国。

（2020年04月21日）

心无旁骛抓落实

安 民

凌空蹈虚,难成千秋之业;求真务实,方能善作善成。习近平总书记深刻指出:"要把抓落实作为开展工作的主要方式"。实战就要有"战"的境界、激情、作风、成效,就要把自己职责范围内的事情抓紧抓实抓细,吹糠见米、落地见效。

对党忠诚,就要狠抓落实。"为人谋而不忠乎?"这是曾子的发问。党员干部增强"四个意识"、坚定"四个自信"、做到"两个维护",是具体的、实践的,都要体现到一言一行上。中国共产党从诞生之日起就肩负起为中国人民谋幸福、为中华民族谋复兴的神圣使命。完成这个神圣使命,需要一代又一代人接续奋斗,需要每名党员干部顽强拼搏,需要一件事一件事下实功、见实效。"疾风知劲草,板荡识诚臣"。面对困难挑战,每名党员干部都要冲在一线、干在一线,当战士、不当"绅士",以抓落实诠释忠诚、体现担当。

对人民负责,就要狠抓落实。干部是人民的公仆,必须对人民负责、为百姓造福。电视剧《谷文昌》热播,引发人们对为民情怀的讨论。谷文昌一心一意为老百姓办实事,在人民心中立起一座丰碑,福建东山百姓至今"先祭谷公、再拜祖宗"。干部干部、干字当头,干则干实。事由人干、人随事转,事事落实,则事业有成。千斤重担大家挑、众志成城无难事。到 2020 年现行标准下的农村贫困人口全部脱贫的郑重承诺,天

更蓝、山更绿、水更清的美丽中国,这样那样的风险挑战,常态化疫情防控、以更大力度对冲疫情影响、培育壮大新的增长点增长极,做好"六稳"工作、落实"六保"要求……事情都摆在那里,方向、举措都很明确,关键在于攀高山、涉险滩、破藩篱,做到人人有责、守土有责、责无旁贷。党员干部带领人民群众尽锐出战,每个个体都激扬强大正能量,就一定能汇聚成实现中华民族伟大复兴的磅礴力量。

对事业执着,就要狠抓落实。这种执着,是信念支撑的自觉,是职责所在的坚韧,是真执行、真干事、真见效的行动。孔子曾感慨,苗而不秀者有矣夫,秀而不实者有矣夫——庄稼出了苗不吐穗扬花的是有的,吐穗扬花不结果的是有的。干部队伍中也存在类似情况:把说了当做了、把做了当做好了,重过程而轻结果、重延长线而轻提升线,讲痕迹而轻实绩、讲数量而轻质量。凡此种种,都会贻误时机、影响工作。奋进新时代、肩负新使命,每名党员干部都应当涵养务实、求实、扎实的作风,说到做到、干就实干、干就干成,把抓落实具体体现在工作举措、工作流程、工作环节、工作实效上,力戒形式主义、官僚主义,不折不扣、心无旁骛地把习近平总书记重要讲话、重要指示批示精神和党中央决策部署落到实处。

(2020年04月20日)

我国经济长期向好的基本面没有改变

——全面辩证长远看待我国发展①

任 平

17日,国家统计局公布一季度经济数据。从数据看,突如其来的新冠肺炎疫情确实对我国经济运行造成了比较大的影响,主要经济指标明显下滑。但综合来看,一季度我国经济社会总体经受住了疫情带来的考验,统筹推进疫情防控和经济社会发展取得积极进展,经济长期向好的基本面没有改变。

由于疫情严峻挑战,今年一季度极不寻常。应当看到,在前所未有的挑战面前,各地区各部门全面落实党中央决策部署,一手抓疫情防控、一手抓经济发展,能够保持这样的发展局面极为不易。

看经济发展,既要看统计数据,更要看变化趋势。疫情冲击是短期的、阶段性的,随着复工复产按下"快进键",经济社会发展按下"重启键",一些被压抑的经济活动正在释放,发展的内生动力正在增强。3月份的主要经济指标呈现回升势头,基础工业保持正常增长,基本民生保障有力,社会大局保持稳定。规模以上工业增加值下降1.1%,比1—2月份大幅收窄了12.4个百分点;从41个行业来看,90%的行业当月增加值都比1—2月份加快。随着复工复产加快推进,更大力度的政策不断出台,3月份这种改善的势头能够延续下去,二季度会明显好于一季度,这是一个基本趋势。可以说,最困难的时期已经过去,接下来经济改善

的势头会更加强劲。

一个国家经济发展遭遇偶然事件的冲击，可能出现短期的波动，但决定长期发展的还是经济基本面。新冠肺炎疫情作为突发公共卫生事件，就是这样的偶然事件，而支撑我国经济长期向好的基本条件和基本因素并没有因此而改变，我国市场规模大、成长快、潜力足的基本特点不会因此而改变。从要素支撑来看，产业基础比较好，配套能力比较强，劳动力比较充裕，人力资本不断积累，这些都能够有效支撑我国经济的中长期增长。同时，持续不断深化改革开放，推动创新，将不断激发经济的内生动力、潜力和活力。这正是我们稳定预期、保持信心的底气所在。

其实还要看到，为应对疫情的冲击，一系列深层变化正在汇聚成推动我国经济发展的新动力。从供给侧来看，我国完整的产业体系还在、强大的生产能力还在，生产体系的完备性本身就彰显出独特的优势。从需求侧来看，前期压抑的一些消费行为后阶段会得到一定程度的回补，线上新型消费方兴未艾，我国超大规模市场的消费潜力会逐步释放。从经济结构来看，以新产业、新产品和新商业模式为代表的新动能逆势增长，以电子商务、在线学习、远程问诊等为代表的线上经济表现活跃，产业升级持续发展、经济结构不断优化。从政策托举来看，中国将加大宏观政策调节和实施力度，在前期一系列政策基础上，将相机推出一些更大力度的政策，为经济发展保驾护航。既有基本面作为压舱石，又有各种积极因素叠加助力，中国经济完全有条件、有能力化危为机，赢得发展的主动权。

中国经济是一片大海。经历了无数次狂风骤雨的冲击，中国经济仍然具有资源潜力巨大、内生动力充足、发展活力强劲的特征，具有稳中向好、长期向好的大势。中国在比较短的时间内，比较好地控制住了疫情，这为恢复经济增长创造了条件。面向未来，只要我们坚定信心，凝聚奋发有为、攻坚克难的精神力量，把我国发展的巨大潜力和强大动能充分释放出来，就一定能够推动中国经济乘风破浪、行稳致远。

（2020年04月18日）

以积极作为应对不确定性

——全面辩证长远看待我国发展②

任 平

今年一季度极不寻常，突如其来的新冠肺炎疫情对我国经济社会发展带来前所未有的冲击。在党中央坚强领导下，全国人民众志成城、顽强拼搏，在常态化疫情防控中经济社会运行逐步趋于正常，生产生活秩序加快恢复。3月份，主要经济指标呈现回升势头，降幅明显收窄，同时基本民生保障有力，社会大局保持稳定，我国经济展现出巨大韧性，复工复产正在逐步接近或达到正常水平，应对疫情催生并推动了许多新产业新业态快速发展。

财政贴息、大规模降费、缓缴税款等政策相继出台、接连落地，及时为市场主体减负纾困，让中小微企业轻装前行；多次采取公开市场操作和定向降准，保持流动性合理充裕，先后推出3000亿元专项再贷款和5000亿元再贷款再贴现额度，为实体经济注入金融活水、化解燃眉之急……面对疫情冲击，我们使出一套含金量高、针对性强的政策"组合拳"。在宏观政策保驾护航下，复工复产蹄疾步稳，实体经济复苏回暖，充分印证了调控政策的有效性。

日前召开的中央政治局会议强调："当前经济发展面临的挑战前所未有，必须充分估计困难、风险和不确定性，切实增强紧迫感，抓实经济社会发展各项工作。"面对困难挑战，必须坚持稳中求进工作总基调，牢牢把握发展主动权，以积极作为应对不确定性。

我们要以更大的宏观政策力度对冲疫情影响。我国具有丰富的宏观调控经验，公共部门债务占国内生产总值的比例仍在合理区间，银行部门准备金率较高，宏观政策"工具箱"里工具充足、空间充分。下一步，在加快前期各项政策落地见效的基础上，我们还可采取提高赤字率、发行抗疫特别国债、增加地方政府专项债券等措施，运用降准、降息、再贷款等手段，做到积极的财政政策更加积极有为、稳健的货币政策更加灵活适度。只要把握好宏观政策的节奏和力度，我们就能防止短期冲击演变成趋势性变化，从而稳住经济基本盘。

我们要坚持以改革开放为动力推动高质量发展。市场风云突变，使一些深层次结构性矛盾凸显出来，我们正可以此为契机，深化要素市场化配置改革，推动经济发展质量变革、效率变革、动力变革；外部环境调整，也给我们放宽市场准入、优化营商环境、开拓多元化国际市场、推动共建"一带一路"高质量发展等带来新机遇。如果说加大宏观政策逆周期调节力度，可直接有效地平抑市场波动、为经济运行托底，那么坚持新发展理念，持续释放改革开放红利，则将助力中国经济渡过难关，迎来更好发展。

闯关夺隘勇向前，我们还需要坚持底线思维，做好应对和战胜各种困难挑战的准备。当前，复工复产正提速扩面，同时一些企业还面临不少现实困难。就业形势总体平稳、全国未发生大规模裁员，同时一些行业的市场岗位需求有所收紧，高校毕业生、农民工等重点群体的就业压力依然较大。凡此，我们要及时出台有针对性的政策，抓紧解决困难问题，千方百计创造有利于复工复产的条件，加强对困难行业和中小微企业扶持，抓好重点行业、重点人群就业工作，畅通产业循环、市场循环、经济社会循环，把保居民就业、保基本民生、保市场主体、保粮食能源安全、保产业链供应链稳定、保基层运转的要求落到实处。

历经严峻考验，中国经济总能化险为夷、转危为机，这次也不会例外。前所未有的冲击没有改变中国经济长期向好的基本面，只要我们善于变压力为动力、善于捕捉创造机遇，积极应对、主动作为，完全能够推动中国经济这艘巨轮沿着正确方向破浪前行。

（2020 年 04 月 22 日）

善于化危为机　捕捉创造机遇

——全面辩证长远看待我国发展③

任　平

在新冠肺炎疫情冲击之下，中国经济呈现出看似矛盾的两个现象：一方面是经济下行压力加大，不少企业、行业经营发展都面临着前所未有的困难；另一方面则是新产业、新业态不断涌现，在线问诊、远程医疗成为需求爆发点，在线教育、数字娱乐发展空间广阔，智能物流机器人、城市漫步测温机器人大显身手，新的增长点正在悄然生长。这正说明，统筹推进疫情防控和经济社会发展，要善于危中寻机、化危为机。

从一季度数据来看，尽管新冠肺炎疫情对我国经济社会发展带来前所未有的冲击，但我国经济展现出巨大韧性，复工复产正在逐步接近或达到正常水平，应对疫情催生并推动了许多新产业新业态快速发展。看结构，产业升级持续发展，一季度信息传输、软件和信息技术服务业增加值增长13.2%，拉动GDP增长0.6个百分点；看增量，生物药品制品制造业等与抗疫相关行业投资保持增长，重点防疫工程建设快速推进；看势头，"宅经济"如火如荼，直播带货助力销售回暖，在疫情防控中被抑制、被冻结的消费需求正在释放，一季度社会实物商品网上零售额增长5.9%，占社会消费品零售总额的比重为23.6%，比上年同期提高5.4个百分点。我们不仅在较短时间内控制住突如其来的疫情，还在防控疫情的过程中，找到了新的增长点、蓄积了新的动能、释放着新的活力。

古人讲："智者虑事，虽处利地，必思所以害；虽处害地，必思所以利"。危和机总是同生并存的，克服了危即是机。这次疫情，既给我国经济带来新的挑战，也给我国加快科技发展、推动产业优化升级带来新的机遇；既暴露出了经济社会发展的一些短板，也为我们破除瓶颈、补齐短板提供了契机。一方面，一些传统行业受冲击较大，而智能制造、无人配送、在线消费、医疗健康等新兴产业则展现出强大成长潜力，网络购物、生鲜电商、在线教育等新兴服务业态快速扩张。我们完全可以在推动产业数字化、数字产业化的过程中，让传统产业升级换代、让新兴产业蓬勃发展、让优势产业扩大优势。另一方面，在应对疫情过程中，也暴露出公共卫生设施、应急能力建设、物资储备体系等领域投入不足等问题。短板，从另外一个角度来看，也是潜力。我们完全可以加快堵漏洞、强弱项，把短板变成"潜力板"，为发展打开新空间。

化危为机，不会自动实现，而是需要我们付出加倍努力。人们常说："机遇总是青睐于有准备的人"。具有敏锐的嗅觉、宽广的视野、独到的眼光，才能察觉新的机遇；下好改革创新"先手棋"、打好转型升级"主动仗"，才能抓住新的机遇。"与其被冲击，不如去冲浪"，对危机最好的应对，就是攻坚克难、化危为机。准确识变、科学应变、主动求变，坚持以改革开放为动力，方能培育壮大新的增长点增长极，跑出高质量发展的加速度，实现凤凰涅槃、浴火重生的新飞跃。

从1998年亚洲金融危机，到2008年国际金融危机，再到近年来应对外部环境变化，中国经济从来都是在经历风雨中发展起来、在应对挑战中成长起来的。发展之路从无坦途，但只要善于从眼前的危机、眼前的困难中捕捉和创造机遇，风雨过后，中国经济将会更加茁壮，也必将拓展出新的天地。

（2020年04月23日）

激发国内市场强大活力潜力

——全面辩证长远看待我国发展④

任 平

当前,新冠肺炎疫情在全球蔓延,世界经济下行风险加剧,不稳定不确定因素显著增多。我国经济发展面临前所未有的挑战,一季度经济运行有较大波动,但取得的成绩殊为不易。当前和未来一段时间,各地区各部门要牢牢抓住扩大内需这个"牛鼻子",把党中央各项重大决策部署落实落细,激发国内市场强大的活力、潜力和创造力。

内需是我国经济发展的基本动力,扩大内需是应对下行风险的关键举措,也是满足人民日益增长的美好生活需要的必然要求。面对严峻复杂的形势,只有坚持底线思维,释放内生动力,激活发展潜能,我们才能通过有效扩大内需拉动经济强劲反弹。一方面,国际经贸活动受到疫情严重冲击,短期难以修复,外向型企业需要"出口转内销";另一方面,14亿多人口的超大规模市场优势和内需潜力尚未充分激发。在扩大内需方面,既要努力增加有效投资,也要积极释放消费潜力。在加快推进复工复产达产中深化供给侧结构性改革,在保障和改善民生中深挖国内市场潜力,我们就一定能为中国经济发展拓展新的空间,为世界经济稳定提供有力支撑。

着力扩大国内需求,要发挥好投资的关键带动作用。继续扩大有效投资事关补短板、强弱项,事关稳增长、保就业,事关新产业、新业态的生长，事关经济发展全局。要看到，相比发达国家，我国基础设施总体水平还不够高，新型基础设施建设与布局还不够完善，公共卫生设施、应急能力建设、物资储备体系等领域投入不足。扩大有效投资，就要实施老旧小区改造，加强传统基础设施和新型基础设施投资，促进传统产业改造升级，扩大战略性新兴产业投资。唯有聚焦高质量发展这个根本要求，合理扩大有效投资规模，注重调动民间投资积极性，深入推进要素市场化改革，才能切实改善市场预期，增强发展信心，熨平经济波动。

着力扩大国内需求，还要顺应升级趋势扩大消费。总体上看，我国消费市场增长速度较快、持续成长性好、带动能力强，受到疫情影响后必然会回补、反弹。使消费回补和扩大增量有机结合，重点在顺势而为，把被抑制、被冻结的各类需求释放出来，把疫情期间催生壮大的新型消费培育壮大起来，让实物和服务消费在回补中升级。保障和改善民生也是扩大内需的题中应有之义。只有切实解决部分群众基本生活困难，保证粮食和重要农产品供给，全面强化减负、稳岗、扩就业，及时启动相关价格补贴联动机制，积极消费才有基础，扩大消费才有保障，升级消费才有能力，进而激活最终需求的一池春水。

扩大内需，说到底就是要练好内功、赢得发展主动。在党中央集中统一领导下，坚持稳中求进工作总基调，凝聚奋发有为、攻坚克难的精神力量，按下复工复产"快进键"，加大逆周期调节力度，促进财政金融政策联动，我们一定能够克服疫情影响，更好释放国内市场需求潜力，为短期增长添活力、为长远发展增动能，确保完成决战决胜脱贫攻坚目标任务，全面建成小康社会。

（2020年04月24日）

在抗疫斗争中感悟制度威力

方 光

面对新冠肺炎疫情，我们没有犹豫，更没有退缩，而是全面动员、全面部署、全面防控，采取最全面、最严格和最彻底的举措，遏制疫情扩散蔓延。疫情防控阻击战中，中国共产党人的初心使命坚如磐石，人民群众的凝聚力、行动力势不可挡，中国特色社会主义的制度威力充分彰显。

为人民执政、靠人民执政，是我们国家制度和国家治理体系的鲜明底色。疫情防控是一场保卫人民群众生命安全和身体健康的严峻斗争。习近平总书记强调"要把人民群众生命安全和身体健康放在第一位"，要"全力做好救治工作"。从出台离鄂离汉通道管控措施，到社区管控、体温监测，一切为了切断传染源；抢建火神山、雷神山医院，增加定点医院，改建方舱医院，一切为了实现应收尽收、应治尽治；集中专家、集中资源、集中救治，一切为了提高治愈率、降低病亡率。如今，绝大多数患者治愈出院，成为以人民为中心的发展理念的有力体现。

坚持全国一盘棋，调动各方面积极性，集中力量办大事，是我国国家制度和国家治理体系的一个显著优势。在新冠肺炎患者救治和疫情防控中，国家整合制度资源和经济资源的治理能力充分展现出来。战略方针上，"坚定信心、同舟共济、科学防治、精准施策"的总要求指明了作战路径和方向。战略重点上，"湖北保卫战、武汉保卫战"发起总攻，湖

北和武汉人民英勇战斗,国家和各省区市医疗队、解放军指战员星夜驰援,各路英雄逆行出征,各类物资源源不断运往前线。战略布局上,"联防联控、群防群治"全面展开,14亿人民人人是战士、个个作贡献,凝聚起众志成城、共克时艰的磅礴之力。

一个支部就是一座堡垒,一名党员就是一面旗帜。艰苦战疫历练了党员、干部忠诚干净担当的政治品格,彰显出党的领导的政治优势。社区党员干部一趟又一趟奔波在小院楼道,基层党组织书记一遍又一遍检查各种防疫措施,医护人员"我是党员我先上"的誓言践行在了最危险的第一线,"90后"火线入党、勇担重任的情景让人动容。沧海横流,方显英雄本色。共产党员的身先士卒和无私奉献,让鲜艳的党旗飘扬在战疫一线。

运用制度威力应对风险挑战的冲击,是这场人民战争、总体战、阻击战的重要经验之一。这场抗疫斗争昭示人们,有以习近平同志为核心的党中央掌舵领航,有中国特色社会主义制度的坚持巩固、完善发展,有广大干部群众的众志成城、奋发图强,没有任何困难挑战能够阻挡中国前进的脚步。

(2020年04月17日)

让干部有更多时间和精力抓落实

任 平

　　形式主义官僚主义之弊非一日之寒，从根子上减轻基层负担也非一日之功。作风建设永远在路上，必须持之以恒，驰而不息。

　　前不久，习近平总书记在浙江考察时强调，要聚焦形式主义官僚主义问题开展全面检视、靶向治疗，切实为基层减负，让干部有更多时间和精力抓落实。近日，中办印发《通知》，就持续解决困扰基层的形式主义问题提出一系列重要举措，进一步把广大基层干部干事创业的手脚从形式主义的束缚中解脱出来，为决胜全面建成小康社会、决战脱贫攻坚提供坚强作风保证。

　　今年是全面建成小康社会和"十三五"规划收官之年，到2020年现行标准下的农村贫困人口全部脱贫，是党中央向全国人民作出的郑重承诺。新冠肺炎疫情发生以来，我国发展面临的国内外形势复杂多变，疫情对我国经济社会造成较大影响，尤其是目前国际疫情持续蔓延，世界经济下行风险加剧，各种因素叠加，做好今年经济社会发展工作难度更大。

　　以习近平同志为核心的党中央确定2019年为"基层减负年"，着力解决困扰基层的形式主义问题，让基层干部轻装上阵，取得明显成效。同时，我们也要看到，形式主义官僚主义是一个顽症，不可能毕其功于一役。一些困扰基层的形式主义问题依然存在，有的十分顽固，还出现了一些新动向新表现。只有切实解决工作中的形式主义官僚主义问题，让干部心无旁骛抓紧抓实抓细各项工作，充分调动广大党员、干部的积极性主动性创造性，才能凝聚起广大党员、干部决战决胜的磅礴力量，确保实现决胜全面建成小康社会、决战脱贫攻坚目标任务。

让干部有更多时间和精力抓落实，必须坚决杜绝形形色色的形式主义官僚主义，持续为基层松绑减负。要认真贯彻落实习近平总书记重要指示精神，深化拓展基层减负工作，坚持标准不降、力度不减，紧盯老问题和新表现，全面检视、靶向治疗，加强源头治理和制度建设，结合实际把中办《通知》落实落细。要持续筑牢克服形式主义官僚主义的思想政治根基，始终牢记人民利益高于一切，切实把对上负责与对下负责统一起来，决不做自以为领导满意却让群众失望的蠢事。要坚决纠治贯彻落实党中央决策部署中的形式主义问题，严肃查处不敬畏不在乎、空泛表态、敷衍塞责、弄虚作假、阳奉阴违等问题。要切实防止文山会海反弹回潮，进一步改进督查检查考核方式方法，着力提高调查研究实效，完善干部担当作为的激励机制，深化治理改革为基层放权赋能，坚持以上率下狠抓工作落实，推动解决形式主义突出问题，不断取得基层减负工作新成效。

越是形势严峻复杂越需要广大党员、干部勇当先锋、敢打头阵，越是任务艰巨繁重越需要广大党员、干部主动担当、积极作为。面对困难挑战，各级党组织和广大党员、干部坚定必胜信心，敢于迎难而上，善于危中寻机，就一定能带领群众共克时艰、共渡难关，迎来更好发展。

（2020 年 04 月 16 日）

集体主义绽放新光芒

李洪兴

从道德层面观察中国战疫,能得到怎样的启示?不妨先看看几个感人事例:

大年初一,山东省肿瘤医院护士于亚群报名支援湖北。对于自己的孩子冲锋在前、尽职尽责,作为党员的父亲说,"国事为大,不用操心家里"。

火神山医院动工之初,急缺人手。项目负责人说,已经休假的员工纷纷请战,"疫情严峻,必须一齐面对,共渡难关"。

重庆市璧山区,何厚元是乡镇卫生院院长,丈夫徐峰是120急救车驾驶员。在抗击疫情中,夫妻二人一个加紧摸排病患,一个随时待命转运病人,聚少离多却彼此鼓励,"大家平安,小家才安心"。

…………

在突如其来的新冠肺炎疫情面前,人们没有退缩避让,而是团结起来、行动起来。有人来不及道别,留给孩子一个背影;有人没时间寒暄,留给亲人一封家书;有人顾不得疲惫,收拾包裹奔赴一线……无论在哪个工作岗位、无论何种职业身份,无数人舍小家为大家、舍小我顾大局。一切为了战胜疫情,冲锋不畏难;为了克服一切困难,奉献不言苦。全民战疫,众志成城,守望相助,成为集体主义的生动写照。

从在一穷二白基础上"建设一个新世界",到克服种种困难成功研制出"两弹一星";从战洪水、防非典、抗地震,到抗击新冠肺炎疫情,面

对困难与坎坷,中国人民总能迸发出"人心齐,泰山移"的集体伟力。这是团结一心、同舟共济的伟大团结精神的彰显,充分见证社会主义所特有的道德属性、中华民族所高扬的人文价值。在社会主义的中国,无论谋发展、搞建设,还是应对各类风险挑战,集体意识与集体精神从未缺席,也永不过时。

马克思说,"一个人的发展,取决于和他直接或间接进行交往的其他一切人的发展"。集体是个人成长的沃土,集体利益也是个人利益的依托。疫情面前,没有人是一座孤岛。党员干部说,我们不向前冲谁向前冲,这个重担我们不扛谁来扛;医务人员说,我责无旁贷要去奋战,才能保护更多的人;企业职工说,必须不惜代价,不讲条件,不惧困难……当个人价值、集体利益、国家安危融为一体,战胜疫情就有了坚不可摧的精神堡垒。有困难挑战不可怕,个人、集体与国家协调一致、同心同向,就能踏平坎坷成大道。

一滴水只有放进大海里才永远不会干涸。马克思主义认为,集体主义不会遮蔽个人价值,而会为个人成长搭建更广阔舞台。一位教育家说得好,集体愈大,个人也就愈美,愈高尚。在这场人与病毒的较量中,无数张奋战的面孔为人们深深铭记,他们在阻击病毒蔓延中实现了个人的社会价值,在为国为民奉献中成就了大我。集体主义可以增强一个人恪尽职守、担当任事的责任心,可以激发一个人面对困难和危险不退缩的战斗力,赋予一个人光辉的人格、英雄的风范。

习近平总书记指出,战胜这次疫情,给我们力量和信心的是中国人民。我们紧紧依靠14亿中国人民,让集体主义绽放新光芒,指引新奋斗,一定能取得抗击疫情的胜利,一定能战胜前进道路上的一切艰难险阻。

(2020年04月15日)

让合作的阳光驱散疫情的阴霾

石 羚

"鲸波万里,一苇可航""尼莲东流,西树千秋""道不远人,人无异国"……一段时间以来,中国从政府到社会,都在力所能及地向有关国家捐赠抗疫物资,包裹上暖人肺腑的寄语,浓缩着中国与世界各国守望相助的大义担当,饱含着中国人民与世界人民共克疫情的坚定决心。

"让合作的阳光驱散疫情的阴霾。"新冠肺炎疫情发生以来,习近平主席多次同外国政要、国际组织负责人会谈会见、通话通信,从通报中国疫情情况、介绍中国抗疫经验,到推动国际联防联控,再到完善全球卫生治理,都旨在深化国际合作、携手抗击疫情。"开展药物、疫苗研发、防疫合作,有效防止疫情跨境传播""要集各国之力,共同合作加快药物、疫苗、检测等方面科研攻关""全面加强国际合作,凝聚起战胜疫情强大合力"……在二十国集团领导人应对新冠肺炎特别峰会上,习近平主席关于深化疫情防控合作的倡议,对于各国协调行动共御疫情具有重要意义。

病毒没有国界,疫情不分种族,没有一个国家可以独善其身。在历史长河中,天花、疟疾、霍乱、埃博拉出血热等传染病给人类文明造成的伤疤,至今依然历历在目。经济全球化时代,传染性疾病不管发生在哪里,都是对整个人类社会的威胁。正如有人指出的,"文明与病毒之间,只隔了一个航班的距离"。当前,新冠肺炎疫情在全球加速蔓延,已经影响到200多个国家和地区。在这场抗击疫情的世界战役中,亟待各国形成并肩作战、同进同退的统一战线。在政策协调、行动配合、物资援助等方面加强合作，符合各个国家和地区的共同利益，维护的是全人类的共同福祉。

中国有句老话，"患难见真情"。外国网友对此也有生动表达，"疫情下的朋友才是真朋友"。我们难以忘记，在中国抗疫最艰难的时刻，79个国家和10个国际组织为中国人民提供援助。现在，不少国家疫情危急，中国十分关注，多次表示向有需要的国家提供力所能及的支持和帮助。从分享防控方案到交流诊疗经验，从派遣医疗专家组到提供物资援助，中国用最务实的态度支援全球抗疫斗争，为加强国际合作树立榜样。这是"投我木桃，报之琼瑶"的感恩回报，更是为人类前途命运负责任的大国担当。此次对外抗疫援助，成为自新中国成立以来，援助时间最集中、涉及范围最广的一次紧急人道主义行动。

合作的基石是真诚。以合作驱散疫情的阴霾，不只是驱散病毒，更要驱散傲慢、无知与恶意。"众人齐心，其利断金"。疫情当前，国别、种族、政治制度和意识形态都不应该成为合作的绊脚石。以诚相待而不是设置壁垒，多边合作而不是单边行动，求同存异而不是一意孤行，才能在携手并肩中战胜新冠病毒。

疫情注定是短暂的，合作必将是长久的。携手抗疫，是各国共同应对全球性风险挑战的一个缩影。从完善全球卫生治理，到防范化解国际经济和金融风险，各国都需要患难与共、风雨同担。秉持人类命运共同体理念，凝聚战胜疫情、共克时艰的合作之力，一定会让阳光永远普照人类生活的星球。

（2020年04月13日）

舱实　船稳　帆正

孙洋洋

4月8日，经过76天的坚守，武汉解除离汉通道管控措施，迎来了从"暂停"到"重启"的时刻。

新冠肺炎疫情是新中国成立以来在我国发生的传播速度最快、感染范围最广、防控难度最大的一次重大突发公共卫生事件。在党中央的坚强领导下，我们打响了疫情防控的人民战争、总体战、阻击战，采取了最全面、最严格和最彻底的防控举措，经过两个多月的努力，疫情防控阶段性成效进一步巩固，复工复产取得重要进展，经济社会运行秩序加快恢复。尽管遭受疫情严重冲击，中国号巨轮实现了舱实、船稳、帆正，彰显出中国共产党领导和中国特色社会主义制度的显著优势。

"舱实"靠的是坚强领导。万山磅礴，必有主峰。疫情发生以来，习近平总书记亲自指挥、亲自部署，对做好疫情防控工作作出一系列重要指示、提出明确要求。在党中央的统一指挥、统一协调、统一调度下，各地各部门迅速启动应急响应和社会动员，开展联防联控、群防群治，全党全军全国各族人民团结奋战，有力阻击疫情。

"船稳"靠的是万众一心。"真正的铜墙铁壁是什么？是群众，是千百万真心实意地拥护革命的群众"。在党的领导下，人民群众用小推车推出淮海战役的胜利，在祖国的南海边建起现代化都市，把塞罕坝荒原变成万顷绿洲。如今，一场疫情防控的人民战争，凝聚起群防群控、联

防联控的强大力量。武汉人民顾全大局、坚忍不拔,全国人民心手相牵、守望相助,广大医务人员奋不顾身、舍生忘死,打造出牢不可破的救治防线和防疫铜墙铁壁。习近平总书记指出:"人民才是真正的英雄"。紧紧依靠人民群众,是我们战胜疫情最重要的支撑、最厚重的底色。

"帆正"靠的是不忘初心。初心和使命牢系党和人民群众,贯通历史、现实和未来,是广大党员、干部修身正己的航向标、干事创业的动力源。抗疫战斗中,一名党员就是一面战旗。习近平总书记指出:"关键时刻冲得上去、危难关头豁得出来,才是真正的共产党人。"从救治病人的医院病房到应急攻关的科研院所,从联防联控的车站路口到复工复产的工厂车间,广大党员干部响应党中央号召,冲锋在第一线、战斗在最前沿。"我是党员我先上"的政治自觉,"党员不扛重担谁来扛"的义无反顾,擦亮了党性的夺目光辉,形成了强大的感召力量。

"中国再次展示了应对复杂困难挑战的高效治理能力。"我们成功遏制疫情扩散蔓延,展现出党中央总揽全局的领导能力、全国一盘棋的应对能力、集中力量办大事的组织动员能力、守土有责守土担责守土尽责的贯彻执行能力。这是社会主义强大生命力的重要体现,更加坚定了我们增进人民福祉、实现民族复兴的决心和信心。

(2020 年 04 月 10 日)

善于化危为机

李 斌

老字号餐馆主动"触网",增设外卖窗口,打通线上线下;农业部门推出网上订购、网上培训、网上贷款等春耕备耕新方式……虽然疫情给经济发展带来严峻考验,但及时反应、应对有方,有助于把疫情造成的损失降到最低。

"危和机总是同生并存的,克服了危即是机。"在浙江考察时,习近平总书记强调要深入分析,全面权衡,准确识变、科学应变、主动求变,善于从眼前的危机、眼前的困难中捕捉和创造机遇。危中有机,危可转机,体现出马克思主义辩证法、矛盾论的深刻哲理。变压力为动力、善于化危为机,是统筹推进疫情防控和经济社会发展工作的一条重要方法论。我们既需要打好防疫阻击战,也需要打好发展主动战,在逆境中逆势而上,努力闯出一片发展新天地。

坚韧而又富于智慧的中国人,面对生活里的"麻烦"不会怨天尤人,总会选择准确识变、辩证面对。随着境外疫情加速扩散蔓延,国际经贸活动受到严重影响,我国经济发展面临新的挑战,反过来也给我国加快科技发展、推动产业优化升级带来新的机遇。在线办公、云端上课、线上消费等"宅经济"迅速崛起,智能制造、无人配送、在线消费、医疗健康等新兴产业展现出强大成长潜力,这些都是疫情危中有机的现实写照。这充分提醒我们,"失之东隅"之后有可能"收之桑榆","危机"可以向着"生机"不断转化。疫情扩散风险也好，经济下行压力也罢，信心不垮希望就在，斗志坚毅胜利可期。

马克思说得好，问题和解决问题的手段同时产生。疫情加大了经济运行的不确定性和宏观调控的难度，也倒逼我们增强对复杂严峻局面的判断能力、驾驭能力和应对能力。众志成城，群策群力、科学应变，利用好有利条件奋发作为，解决问题的办法自然就会多起来。疫情让人们减少了经济活动，但也蓄积了科学谋划、提质增效的动能。统筹把握防控政策的时度效，有力有序推动复工复产提速扩面，眼前的困难阶段就会成为"起跳前的一蹲"，从而实现新的"一跃而起"。

"明者因时而变，知者随事而制。"履险如夷、化危为机不可能自动实现，靠的是主动应变、奋力攻坚，靠的是善于找到化危为机的对策、路径和办法。我们需要继续向改革要动力，深入推进重要领域和关键环节改革，加快取得更多实质性、突破性、系统性成果，在逆境中强身健体，助力经济加快恢复活力。疫情的影响是暂时的，而且并没有改变产业数字化、数字产业化赋予的机遇。我们必须大力推进科技创新，着力壮大新增长点、形成发展新动能，在抢抓机遇中赢得更大的发展空间。

因难见巧，愈险愈奇。很多历史进步，是在排除万难中取得的。无论是先进的制度、高效的治理，还是充满活力的经济、先进的科技，都是从解决现实问题、回应现实需要中产生的。激发"办法总比困难多"的必胜信心，把握"危机变契机"的发展可能，我们必能统筹抓好疫情防控和经济社会发展，用进步之得弥补危机之损，守护好人民的根本福祉。

（2020年04月09日）

发扬爱国卫生运动优良传统

张述存

确保人民群众生命安全和身体健康，向来是我们党治国理政的一项重大任务。将爱国主义和卫生防疫相结合，将卫生工作与群众运动相结合，让爱国卫生运动不仅成为我国卫生工作的重要方针、光荣传统，也成为人类卫生发展史上的一项伟大创举和成功实践。

新冠肺炎疫情发生之后，习近平总书记多次强调要坚持开展爱国卫生运动。在浙江考察时，他再度强调："要深入开展爱国卫生运动，推进城乡环境整治，完善公共卫生设施，提倡文明健康、绿色环保的生活方式。"结合疫情防控开展爱国卫生运动，不是简单的清扫卫生，而需要从人居环境、饮食习惯、社会心理健康、公共卫生设施等多个方面开展工作。推广普及文明健康、绿色环保的生活方式，打牢人民身体健康的底子，才能增进人民群众的获得感、幸福感、安全感。

因人之情易为功，因时之势易为力。爱国卫生运动的根本动力在于坚持群众路线，即充分发动群众、紧紧依靠群众，涵养健康文明生活方式和卫生健康习惯，不断提高公共卫生整体实力和疾病防控能力。当疫情袭来，全国广大群众闻令而动，克服恐慌心理和生活困难，以各种方式参与疫情防控，付出了巨大牺牲，作出了重大贡献。事实证明，唯有有效组织和动员群众力量，才能构筑起真正的铜墙铁壁，维护好人民群众生命安全和身体健康。疫情当前，发扬爱国卫生运动的优良传统，坚

持群防群控、群防群治，坚持全员参与、共建共享，有助于把我国的政治优势、组织优势、文化优势、群众优势，转化为造福广大人民群众的健康行动。

爱国卫生运动的成功实践，是中国智慧、中国方案的集中体现，也是深刻把握卫生事业发展规律的必然结果。医疗健康服务要以预防为主、防治结合，从细微抓起、从基础抓起，有助于关口前移，减少疾病发生。爱国卫生运动坚持以人为本的卫生发展观和预防为主的方法论，以基层社区卫生环境整治为重点，把群众的参与性和防治的科学性有机统一起来，可以用较低的成本实现较高的健康绩效。从我国当前的发展阶段看，工业化、城镇化、人口老龄化互相叠加，广大群众仍然面临多重疾病威胁并存、多种健康影响因素交织的复杂局面。在此背景下，大力弘扬爱国卫生运动的优良传统，对于改善我国环境卫生面貌、提高全民健康文明水平具有极其重要的现实意义。

"没有全民健康，就没有全面小康。"发扬爱国卫生运动优良传统，动员全社会群策群力、群防群治，优化健康服务、完善健康保障，普及健康生活、养成卫生习惯，一定能加快推进健康中国建设，为实现"两个一百年"奋斗目标、实现中华民族伟大复兴的中国梦打下坚实健康基础。

（2020年04月08日）

健康中国的源头活水

曹 原

"胜日寻芳泗水滨,无边光景一时新。"姹紫嫣红开遍,春天的大自然总是令人向往。一段时间来,无论是在公众的网络社交圈中,还是在新闻发布会、媒体报道稿件中,春天都是高频词。疫情防控期间,久居家中自我隔离,许多人都产生了一种亲近自然、拥抱自然的冲动。春天带给人们的讯息,不仅是时间节令,更有胜利信心和健康希望。

不管是获取呼吸饮食,还是寄托平安祥和的希冀、实现美好生活的夙愿,大自然都是人的生存之本。从"人法地,地法天,天法道,道法自然"的哲学思想,到"劝君莫打三春鸟,儿在巢中望母归"的人文理念,再到"竭泽而渔,岂不获得?而明年无鱼;焚薮而田,岂不获得?而明年无兽"的朴素自然观,泱泱5000年中华文明充盈着尊重自然、顺应自然的智慧。朝着生态文明的现代化中国迈进,是全面建成小康社会的应有之义。习近平总书记指出,"人与自然是生命共同体"。将人与自然的关系提升到"生命共同体"的高度,丰富了生态文明哲学观、认识论,为我们推动绿色发展、建设人与自然和谐共生的现代化提供了重要遵循。

生态文明源于对发展的反思,也是对发展的提升。自然保护不是困守青山的"缘木求鱼",经济发展也不是掠夺自然的"竭泽而渔",统筹好二者关系,既是生态文明建设的重任所在,也是实现民生改善、人民健康的重要内容。"环境就是民生,青山就是美丽,蓝天也是幸福。"青

山绿水、碧海蓝天是社会发展的本钱,是最普惠的民生福祉。无论怎么定义美好生活,良好生态必然内涵其中。

好的自然环境无论对于疾病防控还是公众身心健康,都有极大的正向作用。人们在疫情防控的同时,进一步加深了对"人与自然和谐共生"的认知。清新的空气、洁净的水源、充足的阳光,是阻断病毒传播的无形屏障;科学的理念、自信的心态以及健康的生活习惯,是战胜疫情的制胜法宝。"一松一竹真朋友,山鸟山花好兄弟。"唯有用心守护健康的自然,才能收获大自然带给人类的健康馈赠。

人类发展史就是一部文明进步史,也是一部人与自然的关系史。无数案例都说明,人类只有遵循自然规律才能有效防止在开发利用自然上走弯路,人类对大自然的伤害最终会伤及人类自身,这是无法抗拒的规律。在自然环境保护的问题上,我们必须算大账、算长远账、算全局账,决不能因小失大、寅吃卯粮、急功近利。

健康中国的持久动能,离不开健康自然的源头活水。保护环境、守护生态,我们每个人都要当好建设者,才能成为良好生态的受益者。推动形成全民关爱自然、关注健康的积极态势,我们必能早日实现美丽中国、健康中国的愿景。

(2020年04月07日)

无声的关爱　满满的感动

魏　寅

在高铁站，有人驾驶小货车送来500斤消毒液原液，没留下任何信息便匆匆离去；在社区，有人购买1250个口罩免费分发给邻居，却谢绝采访和拍照。新冠肺炎疫情发生以后，我们身边不乏心系武汉的"匿名捐款"者、给医护人员寄去"匿名礼物"的普通市民、为民警留下"匿名红包"的热心人……一个个默默献出爱心的平凡身影，传递着无声的关爱，给人以满满的感动。

为抗击疫情尽一份心、出一份力，种种不留痕的善行义举，透露着一丝淡然和从容，体现出无私大爱。其实，平日里类似的事迹并不鲜见：有的人拾金不昧而不留姓名、不求回报，有的人长期隐藏身份资助贫困山区的学生，有的人勇救落水群众随即消失在人海……这些"事了拂衣去，深藏身与名"的平凡人物，堪称身边的凡人英雄。他们不愿让人知道自己是谁，但是人们总能真切感受到他们的存在。

"不留痕迹"却有存在感，看似是个悖论，实则富含哲理。这充分说明，存在感是靠实实在在的行动干出来的，与外在的、表面的"痕迹"关系不大。那些越是看淡名利、想"隐藏"自己的人，越能"彰显"自己。即使我们不知道他们是谁，也会由衷地钦佩他们、敬重他们，愿意在心里给他们留一个位置。反之，如果但凡做点什么就生怕别人不知道，时时留痕、处处留痕，搞"痕迹主义"那一套，反倒容易遭人嫌恶，难以

赢得他人的认可。

"刻画工夫初亦苦,终然芒角了无痕。"其实,如果能放下对"痕迹"的执念,拾起对本质的追求,就可能进入一个全新的境界。清代姚元之编著的《竹叶亭杂记》记载,有个人画技一流,常常以水作画,等到纸干了,"但存魂而已"。作画如此,其他事情亦然。只要用心做了,又何必在意甚至刻意留下"痕迹"给别人看呢?在共和国的史册上,"两弹元勋"邓稼先埋名于戈壁,"中国核潜艇之父"黄旭华隐居于荒岛,"中国天眼之父"南仁东藏身于深山……他们当时所处的是偏僻荒凉的地方,所沉醉的是无人所见的事业。但这些为大众所不知、看似不着痕迹的付出,却描绘出最浓墨重彩、恢弘壮丽的画卷。

"了无痕",既是一种境界,也是一种智慧。事实证明,那些苦心孤诣想靠"留痕"达成一己之私的,往往事与愿违,"聪明反被聪明误";那些返璞归真、肯下一番"无痕"功夫的,最终却能超越庸常,赢得尊重与认可。有句歌词写得好,"什么也不说,祖国知道我"。只要敢立下"坐冷板凳"的志向、甘于做"地平线下"的工作,燃旺胸中的一团火、深挖事业的一眼泉,那么——即使功不在我,也必定功不唐捐;即使默默无闻,也终将收获充盈的人生。

(2020 年 04 月 03 日)

永远与人民共情

汪晓东

在抗击疫情的战场上,有一群特殊的战士——驰援武汉的445名新闻工作者。疫情发生后,他们主动请缨、奔赴一线,与湖北和武汉媒体同行并肩作战,一次次深入医院、方舱、重症病房,舍生忘死记录下无数个惊心动魄的现场,采写出一大批感人肺腑的报道,充分发挥了强信心、暖人心、聚民心的重要作用。他们是一群英勇的记者,也是一群无畏的战士。

在和平年代,冒着生命危险采访,这样的经历对记者来说非同寻常。在经历生与死的考验之后,大家对于新闻舆论工作,对于记者这个职业,无疑有了更多更深的体会和思考。

问过一位多次深入重症监护病房采访的"90后"同事怕不怕,他说"上了战场就忘记了害怕"。采访过武汉金银潭医院院长张定宇的一位同行说,从这位患渐冻症的硬汉身上"看到了英雄的模样"。和众多摄影师一起为4.2万多名驰援湖北的医护人员拍摄肖像的同事说,4.2万多次拍摄,4.2万多次感动,眼泪一次次打湿了口罩⋯⋯

每一天,记者们都在见证、记录和讲述这场史无前例的战役,而这个战场以及战场上的所有人,也给了记者们太多的感动和感悟,这是一笔宝贵的人生财富,也会照亮今后的人生道路。

习近平总书记指出,不断增强脚力、眼力、脑力、笔力,努力打造

一支政治过硬、本领高强、求实创新、能打胜仗的宣传思想工作队伍。抗击疫情的战场，正是增强"四力"的实战课堂。

在抗疫报道中，有项工作特别引人关注：在疫情暴发、整个武汉医院"一床难求"的危急时刻，前方记者一起行动，帮忙收集"四类人员"（确诊患者、疑似患者、密切接触者和无法排除感染可能的发热患者）信息。中央指导组及时批转湖北省、武汉市，要求迅速核实解决。人民日报为此发起全媒体行动，通过网络平台广泛征集求助信息。求助平台推出之后很快刷屏，每天收集到大量的求助信息和问题线索。也正是这样一个求助平台，开辟了生命救援的绿色通道，助力查清"四类人员"信息，有力推动了"应收尽收，刻不容缓"落实落地，数千名患者得到了及时救治。有关方面认为，这项工作为疫情防控提供了一手资料和决策依据，发挥了"不可替代的重要作用"。

在抗击疫情的战场上，所有人都是战士，是战士就要冲锋，就要救人，新闻工作者也不例外。提供一条有效的求助信息，就能挽救一条生命，其意义和价值是任何一篇报道都无法比拟的。开通这个网络求助平台，是全媒体时代新闻舆论工作的一个创举，凸显了新闻舆论工作的职责使命，为其赋予了更多内涵。

"太及时了！""功德无量的大好事！""这就是一条生命通道！"……很多网民这样留言。"得知求助的患者顺利入院的消息，比什么都高兴。这个时候，救命比什么都重要！"前方同事这样说。一位参与收集求助信息的同事说："他们是陌生人，但也是我们的亲人！"无论什么时候，我们都要秉持这样一种对人民群众的真挚感情。

疫情防控是一场大战，也是一场大考。对新闻工作者来说，这场大考考出了什么？考出了政治素质，考出了业务水平，也考出了与人民群众的感情；考出了传播力，考出了战斗力，也考出了与人民群众的共情力！

上连党心，下接民心——作为新闻工作者，就要始终当好党和政府与人民群众的桥梁和纽带。

人民至上，生命至上——作为新闻工作者，就要始终把人民放在心

中最高位置。

在抗疫的主战场践行"四力",这是一份弥足珍贵的经历;永远与人民共情,这是新闻工作者一生的坚守。

(2020年04月02日)

跑在时间前面

李 斌

3年，超过1000天。在中国人的时间观念里，3年是一个很重要的时间量度。回望2017年4月1日，中共中央、国务院决定设立河北雄安新区的消息，犹如一声春雷，响彻神州大地。3年过去，雄安新区规划建设得怎么样了，带给我们什么启示？

不久前在网络社交圈，有人传上一幅雄安新区容东片区综合管廊项目施工现场图，在工人、挖掘机的鲜明对比下，宏大壮观的工程景象不禁令人惊叹，"这是一座前所未有的城市"。3年倏忽而过，新区并没有呈现外界想象的高楼林立景象，但田野里"长"出了高速公路和铁路，众多知名高科技企业争相落户，数字虚拟之城与生活实体之城孪生相伴……从以规划为中心转为以建设为中心，奔跑起来的雄安，已然甩开了创业的膀子。紧盯进度、敲钟问响、驰而不息、不舍寸功，时间有多宝贵，奋斗者的身影就是最好的诠释。

沉潜下去的雄安，又展现出难以置信的冷静。千年大计，必作于细，必成于实。新区总体规划编制历时一年多时间，新区规划技术指南编制历时一年时间。稳扎稳打，精益求精，把每一寸土地都规划得清清楚楚后再开工建设，慢功力可见一斑。高质量发展不能求速成，无论城市建设还是经济发展，浮躁功利都是大忌。习近平总书记在部署全面深化改革时曾指出，"方法对头是效率，减少失误也是效率"。稳扎稳打、快步小跑,成熟一个推进一个,办一件事成一件事,不失为更为睿智和高效的行事方式。细火慢炖得真味,日月雕琢成山河。慢不一定代表低效和停滞,慢功其实就是实功。

日日行,不怕千万里;常常做,不怕千万事。快落实与慢功力,合到一起就能造就出色的时间效益。珍惜时间奋发作为,有助于尽可能多地收获效益。靠不疾不徐科学规划奠基高质量发展,也可以赢得时间效益。从管理学上看,提高效益的秘诀,在于"正确地做正确的事情"。慢功力,解决什么是"正确的事";快落实,解决怎样"正确地做"。让快与慢相得益彰、各安其位,无论干什么工作,我们都会无往而不胜。这正是雄安新区启示我们的"时间哲学"。

民谚里说,"3岁看大,7岁看老"。透过过去的3年,我们不仅可以触摸到雄安新区建设的前沿设计和先进技术,也可以乘着新发展理念的翅膀,感受到来自未来的风,洞察到通达美好生活的路。雄安新区不仅是一道区域发展战略命题、城市规划建设命题,更是一道怎样延续历史、如何立足现在、决胜什么样未来的时间命题。在对时间命题的回答中,我们更深刻地理解了新时代"以人民为中心"的发展观,"只争朝夕,不负韶华"的时间观,"功成不必在我、功成必定有我"的事业观。

抓建设,谋发展,考验的都是利用时间的智慧和本领。靠着科学规划和改革创新,雄安新区已经跑在了时间的前面。在时间的调色盘下,雄安新区会在一张白纸上绘出怎样的优秀画卷,让我们一起拭目以待。

(2020年04月01日)

在春天里忘我奋斗

陈鲁民

"暮春者，春服既成，冠者五六人，童子六七人，浴乎沂，风乎舞雩，咏而归。"时已暮春，草长莺飞。突如其来的新冠肺炎疫情，改变了春天的况味，让人们难以扶老携幼赶赴春天之约。然而，对奋斗的人们而言，春色不会远离，春风不会缺席，春天就在身边。

自农历春节以来，一场疫情防控的人民战争打响。无数白衣战士冒着被感染的危险日夜救死扶伤，广大基层干部、公安干警闻令而动、挺身而出，科研人员、志愿者、环卫工、快递小哥等任劳任怨、各尽其责。正是他们的顽强奋斗与无私奉献，阻击了猖獗的病毒，驱走了可怕的阴霾，为众多患者挽回了生命的春天，也护卫了经济社会秩序稳定的春天。人们心中的春天，比大自然的春天更有魅力。

火神山、雷神山医院的五星红旗迎风高展，驰援武汉的军队医护人员的军徽熠熠生辉，一封封请战书上按满了红手印，白衣战士摘下口罩后的紫红勒痕令人泪湿眼角，出院患者劫后重生的红润脸庞给人以信心希望……春色的万紫千红，因为奋斗者的加入更显迷人。在医院救护病房里，在社区防控一线上，有很多"90后""00后"的年轻人仍在与病毒斗争，用生命护卫生命，用青春抗击风浪。青春花枝招展，正是最美的年龄。然而火线上的青春，没有"对镜贴花黄"，没有呼朋引伴、对酒当歌，有的是厚厚的防护服，有的是毫不放弃、救死扶伤。在患者眼里，他们就是春天的使者。

自然界的春天是等来的,一年四季循环往复;人类社会的春天则是奋斗出来的,一锤一斧雕琢而成。有人救治病患,浴血奋战;有人站岗值班,后勤保障;有人指挥调度,排兵布阵;更多的人宅在家里,自觉隔离。大疫当前,井然有序的中国,展现出超乎寻常的众志成城。正是14亿人的勠力奋斗,阻止了病毒入侵的脚步,使疫情防控取得阶段性重要成效,经济社会秩序加快恢复。幸福是奋斗出来的,春天也是奋斗出来的。奋斗的脚步永远向前,驱赶瘟神,防止反弹,我们不获全胜决不收兵。

不经历风雨,怎么见彩虹?今天的中国,正经历成长的风雨。有风有雨是常态,风雨无阻是心态,风雨兼程是状态。由于参加疫情防控阻击战,很多人错过了大自然的春天,没有欣赏到鸟语花香,特别是那些奋战在一线的医生护士、坚守在抗疫岗位上的干部职工和志愿者。但他们没有辜负韶华,也就没有辜负春光,他们牺牲了个人幸福,却为更多人带来了希望。这份功劳,配得上所有人的点赞。苦难不是人生的负资产,艰辛不是未来的绊脚石。无论前路是晴是雨,通过超乎寻常的奋斗与贡献,营造充满生机、充满温情的春天,每个人都能成为自己的真心英雄。

"浩渺行无极,扬帆但信风。"疫情带给人们难以平复的冲击和悲痛,抗击疫情中显示出来的千磨万击还坚劲的韧性、越是艰险越向前的斗志,成为一笔宝贵财富,凝聚起踏平坎坷、矢志复兴的磅礴力量。2020年的春天,是一个不平凡的春天,那些在春天里挥洒汗水、忘我付出的人们,注定将为历史所铭记。

(2020年03月31日)

从火线提拔看"为"与"位"

邓 勇

　　局长任区委书记，社区党委书记获得职务晋升，多名下沉干部被破格提拔……新冠肺炎疫情发生以来，各地相继出台有力举措激励干部担当作为，一批优秀干部因在抗疫一线表现突出而被火线提拔。有为而有位，这一朴素道理反复被印证，也引人进一步思考"为"与"位"的关系。

　　疾风知劲草，板荡识诚臣。事实证明，重大考验面前，更能考察识别干部。在疫情防控阻击战中，对优秀的火线提拔，对不合格的火速问责，成为选人用人的一个鲜明导向。今天，"有为才有位"的激励效应不断彰显，"有位必须有为"的责任意识更加深入人心，"有为不必有位"的担当精神也日益成为更多干部的自觉。

　　"有位必须有为"是一份沉甸甸的责任。"位"是岗位、平台，有位必须全力作为。从中华传统文化的视角来看，"有位必须有为"的观念赓续传承至今，"在其位谋其政，任其职尽其责"。今日之中国，一切权力来自人民，"有位必须有为"更是硬道理。"位"，意味着更高的工作要求、内涵和标准，有"位"就要忠于人民，有"为"就是要为满足人民美好生活需要而奋斗。

　　为官一任，造福一方，心无百姓莫为官。应当说，大多数党员干部敢于担当、善于作为，以实绩激扬起奋进新时代的壮丽气象。但也应看到，在基层一些地方，仍然存在着不担当、不作为的现象。少数人把本应承担的责任、本应履行的职责丢在一旁,只愿"岁月静好"、当不作为的"太平官"。这是对自己的放纵、对组织的不负责任,更是对我们党的群众基础、执政根基的侵蚀,不能不予以警惕。面向未来,我们必须强化"有位必须有为"的理念,提高干事创业的觉悟,争做改革发展的促进派、实干家。

"有为不必有位"体现境界和修为。在奋斗的舞台上,只要勤勉努力、踏实拼搏,人人都享有人生出彩的机会。无论身在何处、从事何种职业,只要致力于做对社会有益的事、为人民服务的事,哪怕岗位再平凡,也一样可以成就一番作为。"要立志做大事,不要立志做大官"。不陷于追求"位"的窠臼,多思怎样有"为",那么即便没做"官"、没在"位",也同样可以赢得认可与尊重。

最是担当感人心。疫情发生以来,那些夜以继日奋战在一线的医务工作者、科研人员、军人,那些坚守岗位默默奉献的基层干部、社区工作者、志愿者,那些加班加点保障抗疫物资、推进复工复产的普通劳动者……他们没有闪耀的位子,却用勇毅担当标注了自己在人们心中的位置。感谢这个时代,它让每个个体都有机会闪亮,不必和"位"绑定。

有"位"时,扛起与"位"相称的职责;无"位"时,立足平凡岗位发出光和热。这样的人生,超越的是世俗的羁绊,迎来的则是开阔的格局。

(2020年03月30日)

防止疫后放松的心情提前到来

纪东冲

"经过全国上下和广大人民群众艰苦努力，疫情防控取得阶段性重要成效，经济社会秩序加快恢复"。当此之际，我们尤其要高度警惕，慎终如始，尤须防止疫后放松的心情提前到来，导致前功尽弃。

应当看到，当前疫情防控形势持续向好，是全党全国全社会共同团结奋战、付出巨大牺牲才取得的结果。成绩来之不易，必须倍加珍惜；成果难守易失，必须巩固拓展。诚然，不少人可能认为，现在最困难、最艰巨的阶段已经过去了，没必要把神经绷得那么紧，完全可以摘掉口罩自由呼吸，解除防护放松一下。还有人心存侥幸，觉得在抓好疫情防控的同时推进复工复产，实现决胜全面小康、决战脱贫攻坚目标任务，工作尤其繁重，客观上似乎有点忙不过来，主观上便认为放松一点防护也不打紧，未必就会死灰复燃。凡此种种，心情可以理解，想法和做法却是错误的，而且相当有害。

必须正视，新冠病毒具有传染性强、传播速度快、防控难度大的特点，稍有疏忽、麻痹大意，病毒就可能乘虚而入，在极短的时间内导致疫情反弹。这是新冠病毒的传播规律，是不以我们的意志为转移的。当前，我们还远没到彻底消灭病毒的时候，对病毒的了解还远不够充分，还没有对付病毒的特效药物。同时，虽然疫情防控形势持续向好，但湖北和武汉医疗救治、社区防控和后续工作任务依然艰巨繁重，其他地区人员流动和聚集增加带来疫情反弹风险依然存在。特别是全球疫情大流行，使输入性风险显著增加，连日来不少地方的境外输入确诊病例不断新增。这一切，都要求我们清醒冷静地判断形势，把放松的心情收一收，把防护的措施严一严。

3月27日，中共中央政治局召开会议强调"要因应国内外疫情防控新形势，及时完善我国疫情防控策略和应对举措，把重点放在外防输入、内防反弹上来，保持我国疫情防控形势持续向好态势"，正是对国内外新冠肺炎疫情防控形势作出科学分析的基础上提出的明确要求。落实会议部署，关键就是继续抓紧抓实抓细疫情防控各项重点工作，不断巩固和拓展疫情防控成效，一鼓作气，咬紧牙关，坚持到底，不获全胜决不轻言成功。

思想是行动的先导，思想上松一寸，行动上就会散一尺。从强调"毫不放松抓好重点地区疫情防控工作"，到要求"健全低风险地区及时发现、快速处置、精准管控、有效救治的常态化防控机制"，再到强调"要在疫情防控常态化条件下加快恢复生产生活秩序"，都迫切要求我们对疫情决不能掉以轻心，决不能放松警惕。唯有严密防范、不留死角、扫除盲点，直至彻底消除各种隐患，我们才能继续有效控制疫情，有力防止反弹，不断巩固成果、扩大战果。也只有在此基础上恢复的生产生活秩序、推进的复工复产，才是牢固的，才不可逆转。

关键时候沉得住气，不仅是一种素养，更是一种智慧。面对新冠病毒，我们尤其需要这种素养与智慧。越是接近胜利，越是小心谨慎、稳扎稳打、步步为营。待到彻底战胜疫情时，我们的心情才是最舒畅的，我们的笑容也必定最美丽。

（2020年03月28日）

保持如履薄冰的谨慎

张家玮

在当前复工复产的关键时期，全国不少地方出台了生产企业疫情防控服务督导的通知，要求坚决守住不发生重大生产安全事故、不发生内部聚集性感染两条底线。这提醒人们，只有善于运用底线思维，提前预判、做好准备，才能将矛盾消弭于未然，将风险化解于无形。

越是行稳越能致远，越是严实越能平安。正所谓，"备豫不虞，为国常道。"过去一段时间，由于疫情防控需要，企事业单位大都停工停产，群众自觉"宅"在家里。随着全国疫情防控形势持续向好，许多企事业单位和项目工程都有抢时间、抢工期的冲动，老百姓也有出门放松休闲的需求。这些谋发展的诉求，应该在严守底线的基础上得到合理有序满足。这个底线就是，抓好疫情防控，确保安全生产。无论工作如何千头万绪，风险如何千变万化，形势如何严峻复杂，防范疫情风险和安全风险之弦，必须始终绷紧。

在统筹推进新冠肺炎疫情防控和经济社会发展工作部署会议上，习近平总书记惕励出席会议的党员干部，要增强忧患意识，"时刻保持如履薄冰的谨慎、见叶知秋的敏锐"。凡事从最坏处准备，才能努力争取最好的结果。宁可备而不用、备而少用，也要把风险估计得严重一些，把困难想得更多一点，不忽视一个风险，不放过一个隐患。积极有序推进复工复产的关键时期，夯实健康安全、生物安全、生产安全的地基，防止风险问题死灰复燃，比任何时候都更为迫切。把各类风险都摸排清楚，先想一步、多想一层，然后做最充分的准备，方能防患于未然，掌握工作主动权。

"千丈之堤，以蝼蚁之穴溃；百尺之室，以突隙之烟焚"。《韩非子·喻老》中的这句话，充分说明了防微杜渐的重要性。特别是，各条战线经历了两个多月的高速运转、艰苦奋战，很容易产生盲目乐观、放松懈怠、疲劳厌倦等心理。无论是安全生产还是疫情防控，粗心大意、掉以轻心，就会功亏一篑、前功尽弃，后果不堪设想。从一些风险事故看，放松责任意识、松弛干劲斗志、坐视问题滋生，只会加速问题积累，造成矛盾激增、风险爆棚。确保每一个传染源都能及时隔断，每一个隐患都能及时消除，必须压实责任、紧把关口，不麻痹、不厌战、不松劲，步步为营、久久为功、善作善成。

居安思危、防微杜渐不能空对空，既要有"眼力"，看清严峻复杂的风险形势；也要有"能力"，下好防范风险的先手棋，使出应对和化解风险挑战的高招。疫情输入性风险的防控策略是否还有漏洞，公共卫生管理短板在哪里，安全生产责任制是否落实到每家厂、每个人……防范化解风险能力，实质上就是认识问题、分析问题、解决问题的能力。从风险研判评估到防控协同、信息共享，不断推进风险防控工作科学化、精细化，确保风险防控耳聪目明、有力有效，才能力争不出现重大风险或在出现重大风险时有预案、处置快、能把控。

在民族复兴的前进征程上，总会有这样那样的风险挑战，甚至出现难以想象的惊涛骇浪。激发居安思危的忧患意识，其实也是在增进居危思安的战略自信。只要有备无患、遇事不慌，做好科学的预判、足够的准备，任何风险挑战都能化险为夷、转危为机。

（2020年03月26日）

守土有责 守土有方

李 斌

"管天、管地、管空气!"一名负责方舱感染预防及管控的"90后"护士党员,被同事们起了一个"三管"的谐称。无论院士还是院长,都要受她监督做好防护,是为"管天";所有地面都得划分区域、消毒到位,是为"管地";不让病毒存活在空气中,是为"管空气"。严守防护监督职责,恪尽职守,更生动说明,守土有责、守土有方是疫情防控阻击战的制胜之道。

战胜疫情,责任不能缺席。习近平总书记勉励各级党组织和广大党员、干部,"在这场大考中磨砺责任担当之勇、科学防控之智、统筹兼顾之谋、组织实施之能,做到守土有责、守土有方"。知责任千钧之重,守土有责意味着要能担责、敢担责;行责任万分之实,守土有方才称得上担好责、善担责。种好责任田,抓紧抓实抓细各项防控工作,不仅要以"有责"的自觉各司其职、各负其责,更要以"有方"的智慧敢打会打,善作善成。

责任有大有小、有轻有重、有群有己、有公有私,但"事不避难,义不逃责"的要求一以贯之。守土有责,是现代社会运作的题中之义。党章中规定党的各级领导干部要有"强烈的革命事业心和政治责任感",宪法里要求"实行各种形式的社会主义责任制",责任深深印刻在国家治理和政治文化中。对领导干部而言,职、权、责是统一的,有权必有责,不能只当官不履职、只掌权不负责。为政有责、富民有责、兴业有责，肩上的责任比泰山重，心中的使命比珠峰高。承担应当承担的任务，完成应当完成的使命，做好应当做好的工作，才算是职尽本能、责尽本分。

"肩扛千斤谓之责，背负万石谓之任。"责重山岳，能者当之。守土有方，是实现治理体系和治理能力现代化的必然要求。担当尽责不只靠觉悟，还要提升能力水平，讲究方式方法，注重部署落实。担负的责任越大，就越需要提高履职能力。如果没有能力水平作辅助，任何担当尽责都不过是竹篮打水一场空。对于统筹推进疫情防控和经济社会发展，习近平总书记以"提高工作本领"告诫领导干部，"增强综合能力和驾驭能力，学习掌握自己分管领域的专业知识，使自己成为内行领导"。加强学习修养，强化实践锻炼，增进会干事、干成事的真本领，才能更好地尽其责、成其事。

《论语》有言："不患无位，患所以立。"责任落实不到位，就容易出现"沙滩流水不到头""高空作业走过场"等问题。守土有责、守土有方，互为辅翼和倚柱，要实现守土尽责，二者缺一不可。秉持"计利当计天下利"的大公品格，练就"泰山压顶不弯腰"的担当铁肩，必能负重任、敢作为、成大业。对疫情防控工作而言，守土有责意味着尽锐出战、冲锋作战、不获全胜不收兵，守土有方意味着依法科学防治、精准有力施策。把"有责"与"有方"紧密结合起来，才能把工作抓在手上、落到实处、干出成效，全力以赴抓好疫情防控这件大事。

"负责任最苦，尽责任最乐"。从"负"的苦到"尽"的乐，其实正是责任意识由浅入深、由弱到强的生动体现。与其把责任当成负担去完成，不如把责任当成一种使命去实现。忠诚履责、尽心尽责、勇于担责，一定能在大战中践行初心使命，在大考中交出合格答卷。

（2020 年 03 月 25 日）

危难时刻见精神

张志锋

"老奶奶别害怕,要是紧张就握住我的手。"老人紧紧抓住护士的手,医生趁势麻利地完成插管,老人呼吸渐渐平稳。在武汉市第七医院,一些新冠肺炎重症老年患者害怕上呼吸机,河北支援湖北医疗队的医护人员握住他们的手,让他们尽量放松,使治疗得以顺利进行。

医者仁心,大爱无疆。战疫期间,人们见面只拱手、不握手,甚至不得不保持一定距离。然而在医护人员和患者之间,却常常是"零距离"。战胜病毒,除了科学治疗,"心疗"也是一道防护。医护人员的一句叮嘱、一次握手,都会让他们感到安心、增强信心。在过去的两个月里,全国共调集4.2万余名医护人员驰援湖北,和当地医护人员并肩作战,快速扭转了湖北和武汉的疫病救治形势,创造了人类同疾病斗争史上的奇迹。广大医务工作者日夜奋战、舍生忘死,不负重托、不辱使命,被称为"光明的使者、希望的使者""最美的天使""真正的英雄"。

隔离的是病毒,隔不断的是大爱。武汉人老赵在朋友圈招募1000多名私家车主,成立爱心车队,穿梭市区运人员送物资。武汉一家酒店的业主肖雅星打开大门,客房免费供支援湖北的医护人员休息,同行纷纷响应,从一家到几十家,为医护人员营造温馨的家。华中师大开通心理咨询服务热线,全国上千所高校共4000名志愿者积极参与,为人们抚平心灵的伤痕。手挽手连起每个人,心连心温暖一座城。习近平总书记赞扬，"武汉人民用自己的实际行动，展现了中国力量、中国精神，彰显了中华民族同舟共济、守望相助的家国情怀。"人们众志成城、各尽其力，筑起了阻止病毒入侵的防护墙，尽显凡人英雄的非凡本色。

非常时期，同舟共济。面对疫情，湖北和武汉"不是独自在战斗"。除了医护人员支援，医疗、生活等各类物资的援助与保障同样密集展开。湘鄂情深、"贵"在坚持、"粤"战越勇……河南送来了防护服，东北送来了大米，山东送来了寿光蔬菜，还有江西柑橘、新疆香梨，青海捐助了牛羊肉等物资，大家各尽所能、倾力相助。危难时刻见精神，生死关头显真情。各地在祖国大家庭中携手并肩、守望相助，充分彰显了党的领导的政治优势和社会主义集中力量办大事的制度优势，汇聚起共克时艰的信心和力量。

毛泽东同志说过："团结一致，同心同德，任何强大的敌人，任何困难的环境，都会向我们投降的。"中华民族历经磨难而不衰，千锤百炼更坚强，一个重要原因就在于有伟大民族精神作支撑，有坚强政治领导作引领。新冠肺炎疫情突如其来，习近平总书记亲自指挥、亲自部署，党中央坚强领导、统筹安排，全党全军全国各族人民万众一心、守望相助，在与病魔的较量中，显示出不屈的民族精神和强大的民族凝聚力。通过这场大战、大考，我们更加深刻地领悟到：中国人民是重协作、讲奉献的人民，中国共产党是为人民服务、以人民为中心的政党。

最动人者人性美，最可贵者民族魂。伟大的民族精神，我们在九八抗洪时见过，在抗击非典时见过，在汶川抗震救灾时见过，在这场疫情防控阻击战中，我们同样一起发扬、一起见证！

（2020年03月24日）

带头是最有力的动员

尉承栋

前段时间，2019年度国家最高科学技术奖获得者黄旭华的一段往事，经媒体报道引发热议。上世纪80年代，我国核潜艇进行危险性极高的极限深潜试验，黄旭华要求同参试人员一起随艇深潜。作为总设计师，他本不需要亲自参与深潜，在世界范围内也无此先例。但他态度十分坚决，"我和你们一起深潜"。

为什么核潜艇总设计师要主动带头参与试验？亲身参与，有助于摸清设计好坏，随机处理疑难问题。更重要的是，带头是无声的号召，是最有力的动员。总设计师加入深潜团队，减轻了参试人员的紧张情绪，凝聚起整个团队的信心和斗志。一个团队里，每个人的职责使命、任务分工各有不同，如果没有人带头、没有人负责，显然无法握指成拳、形成合力。带头人同大家一起奋战，大伙便有了主心骨、向心力，团队便有了舵手、目标，工作也更有劲头。这是科学管理的重要一环，更是软实力涵养的必然要求。

党员干部带头，历来是我们党的政治优势和光荣传统，也是疫情防控工作不断取得实效的重要保证。自疫情防控阻击战打响以来，各级党组织和广大党员干部冲锋在前、英勇奋战。有的在除夕夜告别亲人奔赴前线，有的毅然投身最危险的工作，有的"轻伤不下火线"站好岗守好责……关键时刻，党员冲锋的身影令人动容、给人力量。党员干部勇当先锋、敢打头阵、靠前指挥、临危不惧,充分发挥先锋模范作用,广大群众就有了标杆和榜样,疫情防控就会众志成城、万众一心。

"人不率则不从,身不先则不信"。以身作则、率先垂范,是胜过语言的动员,也是潜移默化的引领,是"行动力量"的生动体现。无论过去还是现在,领导干部带头冲在前、干在先,都是我们党走向成功的保障。革命战争年代,喊一声"跟我上"和吼一声"给我上",一字之差、天壤之别。改革开放初期,闯将们冲破僵化思想束缚搞包干、办特区,激活了发展动力,带动了农业生产和特区建设。党员就是标杆,干部就是示范,群众看党员,党员看干部。上级与下级,党员与群众,冲锋陷阵在一起,流血牺牲在一起,攻城拔寨在一起,攻坚克难在一起,这样的动员力、战斗力殊为宝贵。

走在前、作表率,体现的不仅是工作方法和态度,更是领导艺术和治理水平。领导带头才能严字当头,党员争先才能实干当先。哪个地方和部门党员干部示范带头做得好,哪里就干事状态士气高、政治生态风气正、勇往直前底气足,有力有效履行党和人民赋予的使命任务。无论是管党治党还是脱贫攻坚,党员领导干部既明确工作思路与举措,又以身作则领着大家冲在前、干在先,提振的不只是信心干劲,更有落实能力、进取能力。党员干部躬身践行、做好示范,既领之、又导之,就能形成上下协同、整体联动的总体效应。

"上为之,下效之"。率军者披坚执锐,执戈者战不旋踵。层层示范,层层带动,上级带下级,党员带群众,疫情防控就能筑起铜墙铁壁,改革发展就能所向披靡。发扬好带头上、作表率的政治优势,一定能助力我们的事业不断克服艰难险阻,从胜利走向新的胜利。

(2020 年 03 月 23 日)

珍爱春光贵在勤

向贤彪

时已春分，莺飞燕舞，北方忙着为冬小麦灌溉施肥，南方忙着整地育秧、打理油菜花田。全国各地在做好疫情防控的同时，抓紧时间组织农业生产，铺展出一派"耕牛遍走鱼欢跳，珍爱春光贵在勤"的喜人景象。

农谚说得好，人误地一时，地误人一年。春天里最宝贵的东西，莫过于一分一秒的时间。过去，有的地方每年都有"鞭打春牛"的习俗，惕励人们在春天辛勤劳作，争取一年的好收成。今天老风俗已不常见，但"一年之计在于春""一寸光阴一寸金"等脍炙人口的谚语，深深扎根在人们的心中，鼓舞大家在春日里争分夺秒、辛勤耕耘。今年是决胜全面建成小康社会、决战脱贫攻坚之年，各项任务时间紧、担子重，需要紧锣密鼓抓好疫情防控，统筹开展各项工作。良好的开局是成功的一半。开局起步打牢基础，对全年工作顺利推进至关重要。

逆水行舟用力撑，一篙松劲退千寻。实现既定目标的过程，从来不会一马平川、一帆风顺，而是布满荆棘、充满艰辛。我们必须常怀忧患意识和紧迫之心，自强不息、奋斗不止，抓紧每一天，做好每件事。正如春耕，如果仅仅看作是农民的事，如果疲疲沓沓、拖拖拉拉，就可能耽误全年的粮食收成。切不可有丝毫的松劲和懈怠，滋生等一等、看一看、放一放的观望心理，甚至犯"春困"，打不起精气神。起跑决定全程，一步被动，步步被动。辛勤耕耘自己的"责任田"，每个人都义不容辞。

特别是在疫情尚未消除的形势下，只有拿出务求全胜的决心，才能凝聚所向披靡的合力。

成功的种子，没有时间的灌溉，难以开出绚丽的花朵。改革开放以来，我国发展几乎每十年就上一个台阶，创造了一个又一个发展奇迹。抗击突如其来的新冠肺炎疫情，正是因为同病魔比速度、与疫情抢时间，才不断巩固和拓展了全国疫情防控形势持续向好、生产生活秩序加快恢复的态势。时间对于我们来说太重要了！当前，湖北和武汉医疗救治、社区防控和后续工作任务依然艰巨繁重，其他地区人员流动和聚集增加带来疫情反弹风险依然存在，特别是国际疫情快速蔓延带来的输入性风险增加。只有增强紧迫感、砥砺责任心，科学精准做好重点地区疫情防控工作，加快建立同疫情防控相适应的经济社会运行秩序，我们才能把疫情造成的损失降到最低限度。

太阳的每一次升起，都意味着崭新的开始。时下，防控疫情的战斗正在紧张地进行，各地复工复产正在加速，各项工作正在逐步展开。踏着乡间小路，深入田间地头，与农民算算小康账，支支致富招；走进工厂车间，听听机器轰鸣，看看企业有什么困难，帮助想想办法……什么是恪尽职守？什么是主动作为？那就是把工作做得快些再快些，细些再细些，实些再实些，为疫情防控多出一把力，为实现全年经济社会发展目标再加一把劲。在春天播下希望的种子，金秋必能体味丰收的喜悦。

"禾稼春生，人必加功焉，故五谷得遂长。"在这个万物勃发的季节，"只争朝夕，不负韶华"是最美的奋进姿态。上下一股劲，拧成一股绳，不负春光勤耕耘，我们一定能战胜前进道路上的任何风险挑战，夺取疫情防控和经济社会发展的双胜利。

（2020年03月20日）

让青春在坚守初心中绽放

王逸鸣

如果向"90后"提问,初心意味着什么?答案肯定多种多样,但都无外乎这样的共同出发点:在祖国和人民最需要的时刻挺身而出,在最好的年华做最有意义的事情。

疫情发生以来,举国上下同心战疫,青年的表现可圈可点。援鄂"90后"医护人员白衣执甲、逆行出征,坚守一线的"90后"干警不惧风雨、日夜操劳,"90后"志愿者在城乡社区防控中不辞辛苦、发光发热……越是艰险越向前的青春风采,千磨万击还坚劲的笃定初心,给人以欣慰和激励。"广大青年用行动证明,新时代的中国青年是好样的,是堪当大任的!"正如习近平总书记在给北京大学援鄂医疗队全体"90后"党员回信中强调的,青年人同在一线英勇奋战的广大疫情防控人员一道,不畏艰险、冲锋在前、舍生忘死,彰显了青春的蓬勃力量,交出了合格答卷。

不经风雨,长不成大树;千锤百炼,方能成钢。抗疫一线不止苦和累,还有着威胁生命安全的巨大风险,比其他地方更能考验人。众多"90后"在疫情防控和病患救治中忠诚担当、无私奉献,在经受风雨洗礼中破茧成蝶、淬火成钢,让人们见证了青春的蓬勃力量、青年的志存高远。习近平总书记赴湖北省武汉市考察疫情防控工作时说:"过去有人说他们是娇滴滴的一代,但现在看,他们成了抗疫一线的主力军,不怕苦、不怕牺牲。""90后"的勇敢与坚强、担当与尽责,激发我们战胜疫情的信心,在时代年轮中书写下非凡一页。

"以身许国,何事不敢为?"以国家之务为己任,青年从来都不是旁观者,而是积极行动者、热忱付出者。越是在为国为民担当中历练,在锤炼初心使命中成长,越能品味到"真理的味道",触摸到"信仰的真谛"。面对疫情,广大青年特别是青年党员以义无反顾、救死扶伤的实际行动,擦亮了对祖国和人民的赤子之心,向党和人民作出了最有力、最坚定的信仰宣誓。正如北京大学援鄂医疗队的一名"90后"党员所说的,"最重要的不是'几零后',而是'努力后''奋斗后',能够到祖国最需要的地方去,能够为国家作贡献、为人民服务,才是实现人生价值的最好途径"。完全可以相信,经过抗疫洗礼与淬炼的火红青春,会更加坚定地勇立时代潮头,在为人民服务中茁壮成长、在艰苦奋斗中砥砺意志品质、在实践中增长工作本领,绽放出更加绚丽的光芒。

青春之美,正是奋斗之美。青年之快乐,正是奉献之快乐。100多年前,李大钊同志热情称赞:"青年之字典,无'困难'之字;青年之口头,无'障碍'之语。"那个年代的"90后",高举五四运动的精神火炬,在追求马克思主义真理中打开了中国的光明前程。今天,新时代青年面临着难得的建功立业的人生际遇,也面临着"天将降大任于斯人"的时代使命。不负韶华、锤炼初心、砥砺前行,为人民战斗、为祖国献身、为幸福生活奋斗,青年一定能跑好实现中华民族伟大复兴的接力跑,谱写出经得起历史和人民检验的精彩篇章。

(2020年03月19日)

讲好中国抗疫故事

徐文秀

在抗击新冠肺炎疫情的战斗中,有一名"90后"女医生,为了奔赴武汉抗疫一线,在没有公共交通支持的情况下,骑了4天3夜自行车,行程300多公里,一路上忍饥挨饿、风雨兼程,最终返岗参战。多么英勇无畏、义无反顾的白衣战士,凭着心中的责任和使命,让青春绽放迎难而上、奋勇担当的夺目风采。许许多多感人至深的战疫故事,感动了无数人、激励了无数人。

时势造英雄,凡人出壮举。大疫当前不言退,在疫情防控期间恪尽职守、默默奉献、舍生忘死、冲锋陷阵的人与事,可谓不胜枚举。把一些可圈可点的生动故事、卓有成效的经验办法,特别是那些可歌可泣的凡人壮举说出来、讲出去,可以全景式地展示中国抗疫的众志成城和英勇奋战,可以极大地鼓舞士气、振奋精神、凝心聚力、团结向前。

真理在事实面前不言自明,歪理在真相面前不攻自破。讲故事是让人易于接受的一种传播方式和方法。千百年来那些一代代流传下来的思想观点、价值信仰和伦理道德,往往就是通过一个个故事传播开来并留存下来的。在这场疫情防控的人民战争、总体战、阻击战中,加大新闻舆论工作力度,一个重要方面就是要学会讲中国故事、善于讲中国抗疫故事。

会讲故事既是一种能力,也是一种责任。讲好中国抗疫故事,对党中央重大决策部署进行更加深入而生动的解读，可以提高新闻舆论工作有效性。借助一个个鲜活故事，可以更好告诉世人：中国在疫情防控中展现出了怎样的领导能力、应对能力、组织动员能力、贯彻执行能力；一批批军地医护人员、一个个科研人员、一拨拨志愿者以及广大党员干部尤其是基层干部，如何不畏艰险、赴汤蹈火，敢于担当、英勇奋战；大江南北、长城内外，如何"一方有难、八方支援"、众志成城、守望相助、共克时艰；武汉及湖北人民如何识大体、顾大局，自觉服从疫情防控大局需要；等等。多到抗疫一线发现好故事，让故事来说话，才能为疫情防控营造良好舆论氛围。

抗疫故事能不能走进人的内心、拨动人的心弦，入脑入心、同频共振，取决于讲的立场态度和方式方法。实事求是去讲，才能让人愿听。抗疫故事，真实是它的生命，得说真话、讲真相、道真情。带着感情去讲，才能让人想听。感人心者，莫先乎情。把抗疫故事的感人之处讲出来，首先讲故事的人得自己动感情、带感情，只有打动自己才有可能打动他人，只有自己动情才有可能以情动人。生动活泼去讲，才能让人爱听。讲故事不是作报告，得用通俗易懂的话语和喜闻乐见的方式方法去讲，用群众语言、讲大白话。

抗疫故事为中国制度、中国精神注入了更为丰富厚重、生动深刻的内涵。讲好中国抗疫故事，不仅可以强信心、暖人心、聚民心，更可以展现中国作为负责任大国的担当，讲出新时代的中国力量和中国形象。

（2020年03月18日）

一切为了人民

余清楚

新冠肺炎疫情突如其来，搅乱了人们的正常生活。从一开始，党中央就把疫情防控定位为"人民战争"。仗怎么打，靠什么赢？依靠谁，为了谁？一切为了人民。

在这场严峻斗争中，党员干部冲锋在前、英勇奋战，医务工作者白衣执甲、逆行出征，人民解放军指战员闻令而动，勇挑重担，广大社区工作者、公安干警、基层干部、下沉干部、志愿者不惧风雨、坚守一线，广大群众众志成城、踊跃参与，正是全党全国全社会共同努力、团结奋斗，使得疫情防控形势逐步向好。人民战疫靠人民，人民战疫为人民，人民群众是战胜疫情的真正英雄。加强疫情防控必须慎终如始，做好深入细致的群众工作，构筑起群防群控的人民防线，必能压倒任何困难而不被困难压倒。

全力依靠人民。党同人民的血肉联系，是我们党最大的政治优势。疫情来临，全党动员，全民动员，党员走在前头，群众紧紧跟上，上下一心，同舟共济。普通医生、快递小哥、社区保安、种菜农民，个个都是战斗员，只要党和国家需要，召之即来，战之能胜。许多群众在危险关头、危急时刻，牺牲小家为大家，利义面前讲大义。有外国友人感叹：灾害面前，只有中国才有这样的动员力和战斗力。当前，湖北和武汉疫情防控任务依然艰巨繁重，其他地区人员流动和聚集增加带来的疫情传播风险依然存在,境外输入病例增多的压力在加大。各级党组织和广大党员、干部只有不忘初心、牢记使命,紧紧依靠群众,充分发动群众,加强社区防控,才能铸牢人民战争的铜墙铁壁。

充分信任人民。群众的力量是无穷的。遥想当年,人民群众推小车、送军粮,为全国解放作出了巨大的贡献和牺牲。今天面对疫情防控这场人民战争、总体战、阻击战,广大人民群众无私无畏,无怨无悔,英勇战斗,不怕牺牲。多少医生冒着被传染的风险赶赴疫情严重地区,多少社区工作者为了维护社区秩序而不惧压力。医疗秩序、防疫秩序、市场秩序、社会秩序的维持,多数时候是靠普通群众执行落实的。事实证明,在大灾大难面前,在大是大非面前,人民群众是值得信赖的,党心和民心是紧密相连的。

真心善待人民。习近平总书记强调:"民生稳,人心就稳,社会就稳。"各级党委和政府把人民群众生命安全和身体健康放在第一位,保障米面粮油、肉禽蛋奶等生活必需品供应。特殊时期,群众在家隔离时间长了,发几句牢骚是可以理解的。各级领导干部要理解群众,体谅群众,善待群众,做好思想工作,保证群众生活,解决实际困难。

疫情防控是一场保卫人民群众生命安全和身体健康的严峻斗争。我们坚信,在以习近平同志为核心的党中央坚强领导下,充分发挥群众工作政治优势,这场疫情防控的人民战争一定能赢得最终胜利,这次抗击疫情的大考一定能交出经得起检验的答卷。

(2020年03月17日)

争当美德传承者践行者

李洪兴

经过艰苦努力，湖北和武汉疫情防控形势发生积极向好变化，取得阶段性重要成果。在这场严峻斗争中，人民解放军、中央和国家部委、各省区市鼎力相助、火线驰援。全国各地的医疗队伍全力支援湖北，340多支医疗队、4万多名医务人员先后参加战疫，其中重症医学科、感染科、呼吸科等专业人员超过15000人；宝贵的防疫物资源源不断地送来，社会各界纷纷对疫情最严重的湖北和武汉捐款捐物，携手共克时艰。截至3月8日，湖北省累计接收社会捐赠资金超过137亿元，物资超过9907万件。

一方有难、八方支援。火线在哪里，人间大爱就在哪里迸发；困难在哪里，援助力量就在哪里汇集。疫情发生以来，习近平总书记亲自指挥、亲自部署，展现出强烈的人民情怀。中共中央政治局常委会多次进行专题研究，党中央统一指挥、统一协调、统一调度。广大人民群众团结一心、守望相助，打响了疫情防控的人民战争、总体战、阻击战，全国形成了全面动员、全面部署、全面加强疫情防控工作的局面。面对肆虐的疫情，政治美德与公众美德巍然屹立，个人品德、家庭美德、职业道德、社会公德不断迸发，凝聚起战胜疫情的决心和信心。

前进路上，难免会遇到曲曲折折，但危难时刻的道德光辉，总能给人以精神慰藉、胜利希望。武汉"90后"餐饮店经营者邱贝文和丈夫,手机24小时开机,时刻做好准备为医护人员送餐,"觉得有种使命感"……正像是一团火点燃另一团火、一束光簇拥另一束光,美德的行动,总是具有影响深远的传播力、动人心魄的震撼力。从医护人员坚守到党员干部奉献,从群众献爱心到志愿者忘我付出,在抗击新冠肺炎疫情的过程中,无数"最美人物"脱颖而出,把爱心、善意化为一个个细致的行动、一件件具体的实事,守护着人民健康和万家灯火,也守护着全社会的精神脊梁、道德高地。

"你的心,我的心,万众一心;你的力,我的力,千钧之力。"亿万人行动起来,争当美德的传承者、践行者,我们的社会就能风雨同舟,我们的国家就能风雨无阻。有这样两个让人动容的场景:在贵州省凤冈县高速公路收费站卡点,一位热心司机为执勤民警留下两包口罩后匆匆离去;在一列动车上,乘警霍恩堂巡查车厢时发现一名没买到口罩的大娘用衣服捂着嘴,便拿出自己的备用口罩替她戴好。疫情面前赠送、分享防疫用品,折射出人性的道德高光。"安全距离可以有,人间温暖不能无。"团结就是力量,互助就有信心。捧出爱心,守望相助,互相扶持,互相激励,美德会播撒进更多人的内心,凝聚成战胜疫情的强大力量。

病毒无情,人间有爱。无数人冲锋在前、奋勇担当,全社会友爱互助、互相扶持。让美德高扬起来,同舟共济、众志成城,我们一定能彻底战胜疫情,携手并肩踏上更加美好的征程。

(2020年03月16日)

携手维护全球公共卫生安全

任 平

"公共卫生安全是人类面临的共同挑战,需要各国携手应对。"抗击疫情,唯有同舟共济方能化险为夷,唯有携手合作方能赢得全胜。

目前,已经有100多个国家和地区报告了超过10万例的新冠肺炎病例。抗击疫情关乎各国人民的安危,团结一致、守望相助,才能早日战胜新冠肺炎这个全世界的"公敌"。

加强疫情防控国际合作是发挥我国负责任大国作用、推动构建人类命运共同体的重要体现。在3月4日的中共中央政治局常委会会议上,习近平总书记强调"要深化疫情防控国际合作,发挥我国负责任大国作用"。疫情发生以来,我们秉持人类命运共同体理念,既对人民生命安全和身体健康负责,也对全球公共卫生事业尽责,充分展现了负责任的大国形象、大国担当。

面对来势汹汹的疫情,我们怎么应对、应对效果如何,国际社会高度关注。在以习近平同志为核心的党中央坚强领导下,我们全国动员、全面部署、快速反应,采取最全面、最严格、最彻底的防控举措,打响了一场疫情防控的人民战争。在这场没有硝烟的战争中,中国速度为全球抗疫争取了宝贵时间,中国力量为控制疫情蔓延筑起了有力防线,中国实践为各国防控树立了参照标杆,得到了国际社会高度赞誉。

我们在全面有力防控疫情的同时,也不遗余力为世界公共卫生事业作贡献。积极主动同世卫组织和国际社会开展合作和信息交流，迅速分享部分毒株全基因组序列，研制成功快速检测试剂盒；克服自身困难，向世卫组织捐款2000万美元，向日本、韩国、意大利等国家和地区提供口罩等医疗物资援助……中国积极加强疫情防控地区和国际合作，展现了天下大同、协和万邦的价值主张，彰显出同舟共济、守望相助的国家信念，汇聚起守护地球家园和人民生命安全的强大正能量。

"青山一道同云雨，明月何曾是两乡。"在中国抗击疫情的斗争中，170多个国家领导人、40多个国际和地区组织负责人以各种方式对中国表示慰问和支持。许多友好国家、国际和地区组织以及外国友人纷纷伸出援手，为中国提供捐款和大量医疗防疫物资。从世界各地点亮"中国红"祈愿平安，到各国友人唱起中国歌送上祝福，"中国加油""武汉加油"的声音，汇聚成人类命运共同体的大合唱。

疫情的蔓延也让人们再次认识到，维护人类健康福祉，保障全球公共卫生安全，必须秉持人类命运共同体理念。单边主义、以邻为壑换不来独善其身，惟有团结合作、并肩向前，才是最大可能保护各方利益、共同利益的正确选择。正如来自世界顶级医学科学家的忠告，"战胜新冠肺炎疫情的唯一方法，就是所有国家本着团结与合作的精神共同努力"。从信息和经验分享到开展联防联控，从加强病毒溯源和传播机理研究到加强药品疫苗、检测试剂研发，国际社会加强防控合作、科研合作，才能合力打造守卫人类健康的铜墙铁壁。

"积力之所举，则无不胜也；众智之所为，则无不成也。"形势严峻信心弥足珍贵，任务艰巨团结更显重要。携手努力、合作互助，同舟共济、共克时艰，我们一定能够战胜疫情的挑战，为构建人类命运共同体注入新能量，共同创造人类文明更加美好的未来。

（2020年03月13日）

加强疫情防控必须慎终如始

任 平

行百里者半九十，越是接近成功，越需要坚定必胜的信心、付出更多的努力。

连日来，多地下调新冠肺炎疫情的应急响应等级，很多省区市连续多日确诊病例零新增，武汉新增确诊病例降至两位数、方舱医院已经全部休舱……经过全国上下艰苦努力，疫情防控形势持续向好，生产生活秩序加快恢复。巩固和拓展这一来之不易的良好势头，是目前一项极为重要的任务。3月10日，习近平总书记在湖北省武汉市考察新冠肺炎疫情防控工作时强调，"越是在这个时候，越是要保持头脑清醒，越是要慎终如始，越是要再接再厉、善作善成"。当此乘势而上、不进则退的关口，我们必须坚定必胜信念，咬紧牙关，不麻痹、不厌战、不松劲，继续毫不放松抓紧抓实抓细各项防控工作，全面打赢疫情防控阻击战。

新冠肺炎疫情发生以后，从"疫情防控正处于胶着对垒状态"到"疫情蔓延势头得到初步遏制"，从"疫情防控形势积极向好的态势正在拓展"再到如今"湖北和武汉疫情防控形势发生积极向好变化，取得阶段性重要成果"，正是靠着坚决贯彻、落实落细各项防控部署，才使得疫情防控不断取得明显进展。在充分肯定成绩的同时，我们必须清醒看到，当前疫情形势依然严峻复杂。靡不有初，鲜克有终。慎终如始，则无败事。一段时间以来我们以勇当先锋的气魄作冲锋、抓救治，以恪尽职守的状态阻扩散、防蔓延，如今还需要一以贯之，不获全胜决不轻言成功。

"干部政治上过不过得硬，就要看关键时刻靠不靠得住。"慎终如始，必须增强统筹抓好各项工作的责任感和紧迫感。从疫情防控的角度看，湖北和武汉疫情防控任务依然艰巨繁重，其他地区人员流动和聚集增加带来的疫情传播风险在加大，境外新冠肺炎疫情快速扩散带来新挑战。从经济社会发展角度看，必须加快建立同疫情防控相适应的经济社会运行秩序，力争全国经济社会发展早日全面步入正常轨道。各级党组织要认真履行领导责任，特别是抓落实的职责，把党中央各项决策部署抓实抓细抓落地，让党旗在疫情防控斗争第一线高高飘扬。

逆水行舟用力撑，一篙松劲退千寻。慎终如始抓好疫情防控，必须高度警惕麻痹思想、厌战情绪、侥幸心理、松劲心态。随着复工复产步伐加快，会不会出现思想上盲目乐观、防控上麻痹松劲的问题？面对疫情持续影响，防控工作点多线长，有没有疲沓应付、消极厌战的情况？从病患救治、疫情排查到加大科研攻关力度，从优化防护物资调配到开展援企、稳岗、扩就业工作，各条战线依然需要坚决做到疫情防控节奏不变、力度不减、尺度不松。增强必胜之心、责任之心、仁爱之心、谨慎之心，一时一刻不放松，一丝一毫不马虎，才能争取实现最后的胜利。

疫情防控形势不断变化，各项工作也不断面临新情况新问题，但坚决打赢疫情防控阻击战的总目标不会变，决战决胜的信心和决心不能变。始终保持慎终如始、久久为功的态度，拿出巩固成果、扩大战果的硬招，我们一定能够彻底战胜这场疫情，也一定能够保持我国经济社会良好发展势头，实现决胜全面建成小康社会、决战脱贫攻坚的目标任务。

（2020 年 03 月 12 日）

疫情防控要抓重点

任 平

善于抓住关键、找准重点、牵住"牛鼻子",是我们的事业不断取得胜利的一条重要经验。

新冠肺炎疫情来势汹汹,在党中央统一领导下,经过全国上下艰苦努力,当前已初步呈现疫情防控形势持续向好、生产生活秩序加快恢复的态势。事必有法,然后可成。回顾这场疫情防控阻击战,从抓好重点地区疫情防控,到抓好疫情防控重点环节;从提高重点物资供应能力,到强化重点人群防护措施;从做好重点群体就业工作,到加大对重点行业帮扶力度……"突出重点"是我们做好防控工作、统筹各项工作的一个重要方法论。

在3月4日的中央政治局常委会会议上,习近平总书记强调"加强疫情防控必须慎终如始",要求"巩固和拓展这一来之不易的良好势头"。会议就持续用力加强湖北和武汉疫情防控工作、突出抓好北京等重点地区疫情防控、根据疫情分区分级推进复工复产等重点工作进行了部署。赢得大战大考,取得全面胜利,必须清醒认识当前疫情防控和经济社会发展形势的复杂性,增强统筹抓好各项工作的责任感和紧迫感,继续突出重点、抓住主要矛盾,不获全胜决不轻言成功。

"在任何工作中,我们既要讲两点论,又要讲重点论,没有主次,不加区别,眉毛胡子一把抓,是做不好工作的。"面对复杂形势和繁重任务,要准确分析把握疫情和经济社会发展形势,对各种矛盾做到心中有数;同时又要紧紧抓住主要矛盾和矛盾的主要方面,以此带动其他矛盾的解决。当前,湖北和武汉疫情防控任务依然艰巨繁重,其他地区人员流动和聚集增加带来的疫情传播风险在加大,境外疫情快速扩散带来新挑战,防控形势仍旧需要我们如临深渊、如履薄冰。能否抓好重点地区疫情防控工作,直接影响全国疫情防控形势。

"武汉胜则湖北胜,湖北胜则全国胜"。湖北和武汉疫情防控是重中之重,打好武汉保卫战、湖北保卫战事关全局。疫情发生后,全党全军全国各族人民都同湖北和武汉人民站在一起,力量向湖北、向武汉集结,资源向湖北、向武汉汇集,凝聚起众志成城抗击疫情的强大力量。当前,需要持续用力加强湖北和武汉的疫情防控工作,继续保持内防扩散、外防输出的防控策略,抓好社区防控工作,加强患者收治和转运,以有效措施满足其他疾病患者医疗需求,以供需对接让群众居家生活更加安心。只要我们同心协力、共克时艰,就一定能决胜武汉、决胜湖北,取得疫情防控斗争的全面胜利。

"首都安全稳定直接关系党和国家工作大局"。北京作为首都,做好疫情防控工作责任重大,决不能有丝毫松懈。当前,企业正在复工复产,人员流动逐步增加,北京防控疫情的压力依然很大。要完善京津冀联防联控机制,在人员流动引导、交通通道防疫、出入境防疫管理、企业复工复产等方面加强协调联动。"事不避难,知难不难",把风险挑战估计得更充分一些,把防控措施落实得更完备一些,坚决抓好外防输入、内防扩散两大环节,举措更精准、作风更扎实,才能尽最大可能切断传染源、控制疫情波及范围,确保首都经济社会运行平稳有序。

莫道浮云终蔽日,严冬过尽绽春蕾。在疫情防控和经济社会发展中,始终抓住主要矛盾、把握重点工作,我们就一定能够用重点工作的完成带动全方位工作的推进,夺取疫情防控阻击战和实现今年经济社会发展目标的双胜利。

(2020年03月10日)

火线上激扬青春力量

汪晓东

在抗击疫情一线，有一个数字特别值得关注：在4.2万多名驰援湖北的医护人员中，有1.2万多名是"90后"，其中相当一部分是"95后"甚至"00后"。

不仅是医护人员，广大党员干部、公安民警、社区工作人员、新闻工作者、志愿者以及方方面面的抗疫一线奋斗者，也有很多是"90后"，他们成为这个战场上披坚执锐、一往无前的青春力量。

为什么人们特别关注"90后"？因为年轻人代表着国家的希望和民族的未来。习近平总书记指出，青年是整个社会力量中最积极、最有生气的力量，国家的希望在青年，民族的未来在青年。

与疫魔的较量，看不见硝烟，也听不到枪炮声，但生与死的考验真真切切，危险几乎无时不有、无处不在。疫情发生以来，有的医护人员倒在了抗疫一线，其中武汉市协和江北医院医生夏思思今年只有29岁。而就在此时此刻，还有许多"90后"依然奋战在抗疫一线，他们以英雄的壮举，为新时代中国青年树立了榜样。

这段时间，我们在抗疫一线采访了不少"90后""00后"，他们的话让我们感动。"每个人都有责任，我也希望能出一份力""同事们在前线勇往直前，我怎么能当逃兵"……平实、质朴的话语中，蕴含着震撼人心、打动人心的力量。他们中的很多人火线入党，上海瑞金医院医生、武汉同济医院光谷院区"插管小分队"的"90后"小伙缪晟昊说,"并不是现在才想入党,而是这个念头一直在。""插管小分队"是离危险最近的医护群体之一,每一次气管插管,他们都直面飞沫和病毒。缪晟昊以及许许多多像他一样火线入党的"90后",以这样义无反顾、舍生忘死的行动,践行入党的初心与誓言。

一代青年有一代青年的历史际遇。对于新时代的青年来说,参与这场抗击疫情的重大斗争,无疑是一次弥足珍贵的人生经历。疾风知劲草,烈火见真金。在这场重大斗争中,这些"90后""00后"所展现出的勇敢与坚强、担当与责任,令人动容,也令人振奋。他们,是当代年轻人的缩影,从他们身上,我们能强烈感受到青年一代对祖国和人民的赤子之心,他们是有远大理想的一代,是有家国情怀的一代,也一定是能够担当大任的一代!

习近平总书记指出,中华民族伟大复兴,绝不是轻轻松松、敲锣打鼓就能实现的,实现伟大梦想必须进行伟大斗争。越是接近民族复兴越不会一帆风顺,越充满风险挑战乃至惊涛骇浪。无论是决胜全面小康、决战脱贫攻坚,还是建设社会主义现代化国家,都还有很多大仗硬仗要打,还有很多的"娄山关""腊子口"要攻克。青年一代无疑是闯关夺隘、攻城拔寨的先锋力量,他们肩负重任,也被寄予厚望。

艰辛与磨砺是成长最好的催化剂。参与抗击疫情的战斗,青年一代付出很多,也收获很多。收获是什么?是信念更加坚定,是胸怀更加宽广,是人生更加厚实。正如一位大学生志愿者感慨的那样,"抗击疫情是我们最好的成长礼。"可以想象,未来当他们再遇到困难和挑战的时候,再遇到矛盾和斗争的时候,一定会更有底气,更显从容,更加自信。

"昨天父母眼中的孩子,今天已然成为新时代共和国的脊梁,成为我们国家的骄傲和希望!"在抗疫一线,人们这样为"90后"深情点赞。完全可以相信,经过抗疫战火洗礼与淬炼的青春,一定会绽放出更加绚丽的光芒。让我们一起为他们加油!

(2020年03月09日)

铿锵玫瑰最美丽

曹 原

今天是"三八"国际劳动妇女节。让我们把赞美的语言和感恩的目光，同鲜花一起，送给战斗在疫情防控第一线的女同志，向她们深情道一声：辛苦了！同时，也向全国女同胞致以节日的祝福。

在新冠肺炎疫情防控阻击战中，女性是名副其实的铿锵玫瑰、巾帼英雄。山东大学齐鲁医院第四批支援湖北医疗队共有 131 人，其中女性 77 人；江西第一批支援湖北医疗队有 138 名队员，其中女性 88 人；山西第一批 137 名医护人员驰援湖北，其中女性 99 人……无论是全国各地的疫病防控，还是各省区市和人民军队支援湖北医疗队，女性都是当之无愧的主角。女性医护人员不仅勇敢逆行、迎难而上，更以其细腻温柔、聪慧灵动、坚忍不拔等特质，发挥出无可替代的柔性力量，成为战疫不可或缺的胜利保障。

从社区排查到物资保障，从交通司乘到热线回应，从科研攻关到新闻采访，到处都有女性坚守的英姿、忙碌的身影。除却职业身份，她们中的很多人还是襁褓婴孩的母亲、是年迈双亲的独生女、是一个个温馨家庭的半边天。但当疫情无情袭来，她们果断像战士一样冲锋抗疫一线，支撑起战疫半壁江山。这就是中国最勇敢、最优秀女性的代表，她们身上的光辉深深鼓舞了全社会，她们用行动证明了："妇女是物质文明和精神文明的创造者，是推动社会发展和进步的重要力量。"

对女同胞而言,赞美固然是一种褒扬和激励,但设身处地的尊重、切实的帮助、悉心的呵护,更为重要。目前疫情防控正处在最吃劲的关键阶段,战疫一线的广大女同胞承担着巨大的身心压力。奋斗拼搏的女性真的很美,但有时她们也真的很难。现在既要给她们加油鼓劲,更要采取有力的举措,帮助她们解除后顾之忧,让她们暖心、安心、放心,始终保持昂扬斗志、旺盛精力,持续健康投入抗疫斗争。

习近平总书记指出:"对医务人员的舒缓压力、生活保障、必要休整、精神鼓励务必及时加强落实。"女性医务人员是战胜疫情的重要力量,务必高度重视对她们的保护、关心、爱护。不久前,贵州省为支援湖北医疗队女性队员准备的暖心包获得很多网友点赞。暖心包不仅有电热毯、热水袋、保暖内衣、棉拖鞋,还专门准备了安心裤、吹风机、指甲钳等贴心小物件。网友称赞这个暖心操作"像极了妈妈为孩子准备的行李箱"。给战疫一线的女同胞提供更多人性化、个性化的服务保障,不仅彰显出对女性群体的尊重与保护,更是文明社会、善治社会的应有之义。当女同胞们用双肩擎起战疫半边天,愿她们在坚守岗位、负重前行之时,眼里有光、心中有暖、脚下有力。

"追求男女平等的事业是伟大的。"中国梦里有她们的期盼,也离不开她们的努力。在奋进新时代、追求美好生活的过程中,每一位妇女都有人生出彩和梦想成真的机会。赞赏女性的付出,重视女性的诉求,维护女性的权益,我们必能更加有力有效地抗击疫情,书写经得起历史检验的恢弘篇章。

(2020年03月08日)

疾风知劲草

史鹏飞

救治病人急难险重，身为共产党员的医护人员挺身而出；重点社区、重要卡口排查隐患，基层干部驰而不息、日夜值守；物资分发、防疫宣传、情绪安抚，党员志愿者情真意切、不辞辛劳……在新冠肺炎疫情防控这场严峻斗争中，广大党员、干部充分发挥先锋模范作用，让党旗高高飘扬在疫情防控斗争第一线。

"沧海横流，方显英雄本色。"干部政治上过不过得硬，就要看关键时刻靠不靠得住。越是严峻的斗争，越能考验党员的政治素质、党性原则、初心使命。无论是革命战争年代冲锋陷阵，还是建设、改革各个时期恪尽职守，无论是经受血与火的洗礼、生与死的考验，还是进行具有许多新的历史特点的伟大斗争，广大党员、干部总能用知重负重、攻坚克难的实际行动，诠释对党的忠诚、对人民的赤诚。"独有英雄驱虎豹，更无豪杰怕熊罴。"共产党员最鲜明的品格，就是关键时刻冲得上去、危难关头豁得出来。

"这次新冠肺炎疫情，是新中国成立以来在我国发生的传播速度最快、感染范围最广、防控难度最大的一次重大突发公共卫生事件。"疫情突如其来，正如习近平总书记强调的，这是一次危机，也是一次大考。能不能打好、打赢这场疫情防控的人民战争、总体战、阻击战，是对各级党组织和党员、干部的重大考验。总体看，在抗疫斗争中我们的干部队伍是好的,是经受住考验的。广大党员、干部坚决贯彻落实党中央决策部署,以等不得的紧迫感、慢不得的危机感、歇不得的责任感,筑起了守卫人民群众生命安全和身体健康的坚固防线。

千锤百炼的钢最硬,风吹雨打的松最挺。人民最需要的地方,困难最集中的地方,其实也是最锻炼人的地方。疫情考验面前,能否勇赴难关、勇挑重担、勇破难题,是对党员干部初心使命的检验,也是对党员干部政治素养和业务能力的历练。在统筹推进疫情防控和经济社会发展工作中,各级干部特别是领导干部必须增强必胜之心勇当先锋、敢打头阵,增强责任之心主动担当、积极作为,增强仁爱之心解民之难、纾民之忧,增强谨慎之心消除风险、一抓到底,用行动展现共产党人政治本色,交出经得起历史和人民检验的答卷。

非常之战,必有非常作风;非常之功,必待非常之人。考验面前,有的党员干部出现不敢担当、不愿负责、作风飘浮甚至临阵脱逃等问题。谁对党对人民极端不负责任,就必须对谁进行严肃问责。谁表现突出,谁能够经得起考验,也应该对谁大力褒奖、大胆使用。"八百里分麾下炙,五十弦翻塞外声,沙场秋点兵。"压实责任、赏罚分明,对提振党员干部担当、作为、奉献的精气神至关重要。对于共产党员来说,积极投身这场看不见硝烟的战斗,完成好坚决打赢疫情防控阻击战这一重大政治任务,才能让政治素养和精神境界得到新的升华。

一位革命前辈曾说过:"人生的荣誉,没有比忠实地做了有益于人民的事业,为人民所信任更高的了。"广大党员、干部牢记人民利益高于一切,用恪尽职守践行初心和使命,发扬斗争精神经受疫情考验,一定能把改革发展稳定各项工作做实做好,在战胜风险挑战中不断开辟前进道路、创造光荣业绩。

(2020 年 03 月 06 日)

求实效必戒虚功

李 斌

"切实提高收治率和治愈率、降低感染率和病亡率""切实加强防止医院感染工作""落实分区分级精准复工复产""各级党组织要认真履行领导责任,特别是抓落实的职责"……统筹推进疫情防控和经济社会发展工作,"落实"二字的分量重如泰山,求实精神、务实作风尤显关键。

当前全国疫情防控形势积极向好的态势正在拓展,经济社会发展加快恢复,与激发真抓实干、求真务实的工作作风有很大关系。有的地方强化社区防控网格化管理,减少"行走的传染源",有效控制疫情发展。有的地方格外重视关心关爱广大医务人员,最大程度降低医护人员感染风险。有的地方出台针对性的扶持措施,缓解企业经营困难,有序推动复工复产。可以说,能否以扎实工作作风把疫情防控各项任务落下去,让惠及民生和经济发展的各项工作实起来,是对党性担当和领导水平的重要检验。

"抓工作,要有雄心壮志,更要有科学态度。"科学态度意味着领导工作要实,做到谋划实、推进实、作风实,求真务实,真抓实干。还意味着任务责任要实,做到分工实、责任实、追责实,分工明确,责任明确,履责激励,失责追究。以扎实工作作风做好疫情防控工作,必须尽实责、务实功,把每一项工作、每一个环节都做到位。当前,疫情防控到了最吃劲的关键阶段,尤其要防责任空虚、思想松懈。任何麻痹思想、厌战情绪、侥幸心理、松劲心态都可能带来严重后果，甚至导致前功尽弃。越是同时间赛跑、与病魔较量，越需要一步一个脚印狠抓工作落实，不留任何盲点给疫情可乘之机。

以扎实工作作风做好经济社会发展各项工作，关键是重实际，解决问题一抓到底。如何缓解中小企业生产经营困难？如何以更大力度实施好就业优先政策？如何解决好贫困地区农畜产品卖难问题？没有实打实、硬碰硬的"解题"姿态，没有雷厉风行、见底见效的求实作风，很难适应新形势新变化。"谋于前才可不惑于后"。统筹做好疫情防控和经济社会发展，就要以问题为导向，着力解决好工作中面临的各种矛盾和问题，运用制度威力应对疫情大考的冲击，尽最大努力降低疫情影响。

务求实效，尤其要力戒虚功。统筹推进疫情防控和经济社会发展工作千头万绪、任务艰巨繁重。如果不敢担当、不愿负责，畏首畏尾，什么都等上面部署，不推就不动；如果疲疲沓沓、拖拖拉拉，情况弄不清、工作没思路；如果敷衍应付、作风飘浮，工作抓而不细、抓而不实，仍然在搞形式主义、官僚主义；如果百般推脱、左躲右闪，甚至临阵脱逃，我们的工作就很难打开局面。面对工作作风和工作能力上的薄弱环节和问题隐患，我们决不可轻视更不能无视，有短板就要抓紧补，有漏洞就得抓紧堵。

"莫道浮云终蔽日，严冬过尽绽春蕾。"有求实态度才有进取契机，有务实方法才有乐观结果。发扬力戒虚功、务求实效的优良作风，砥砺责任担当之勇、集纳科学防控之智、强化统筹兼顾之谋、激发组织实施之能，切实抓好各项工作落实，我们一定能赢得大战大考，交出合格答卷。

（2020年03月05日）

用好中医瑰宝

李红梅

中医医护人员尽锐出击，全力支援湖北和武汉；中医治疗通用方纳入全国诊疗方案；中医药专家全程参与、辨证施治……在抗击新冠肺炎疫情的战斗中，强化中西医结合、中医深度介入诊疗过程，成为医疗救治的一个鲜明特点。

从历史上来看，中医是疫病的"老对头"。东汉建安年间，疫病流行，张仲景博采众方，著成《伤寒杂病论》。明代吴又可经历了瘟疫，写成了《温疫论》。还有叶天士的《温热论》、薛生白的《湿热条辨》、吴鞠通的《温病条辨》，将中医抗击疫病的经验不断总结创新，产生了很多行之有效的临床治疗方法。今天，人们对疫病的认识更为明晰，但几千年积攒下来的中医经验仍是抗疫"利器"。针对新冠肺炎，当前尚未发现特效药、研制出疫苗，中医在治疗中发挥出特有的力量。

总体来看，中西医结合治疗，对促进新冠肺炎患者康复效果比较明显。据悉，全国中医药参与救治的确诊病例已经超过6万例，占比在85%以上。在药物和临床救治方面，中医药在阻断轻型患者向重型患者发展方面取得积极成效。习近平总书记在北京考察新冠肺炎防控科研攻关工作时强调，要加快药物研发进程，坚持中西医结合、中西药并用，加快推广应用已经研发和筛选的有效药物。当前，尽最大努力挽救更多患者生命是当务之急、重中之重。科技战线、医学战线需要继续总结经

验做法，继续发挥中西医结合治疗的优势，为维护人民生命安全和身体健康作出更大贡献。

中医专家认为，新冠肺炎病性上属于阴病，是以伤阳为主线。中医治疗针对寒和湿，注重调节机体平衡，提高自身免疫力，对抗"疫戾"之气。在《新型冠状病毒肺炎诊疗方案（试行第六版）》中，针对临床治疗期确诊患者推出了中医治疗通用方"清肺排毒汤"。"清肺排毒汤"用于改善患者发热、乏力、咳嗽、咳痰、气短等症状，使其"正气存内，邪不可干"，从而阻断病情进展，大大降低了重症转化率、病亡率。对于重症患者，西医呼吸支持、循环支持等技术对抢救生命来说必不可少。中西医深度结合，携手开展临床治疗，大批患者因此受益，推动患者救治形势积极向好。

医学用各种有效的手段去照料和护理身体不适的人，让他们身心各方面与环境、社会相适应。中医、西医采用的手段不同，但都是在"照顾"患者，目的一致。在我国，将中医与现代西医结合，对症选用、优势互补，往往能产生"1+1＞2"的效果。由于我国医疗资源相较人口数量始终比较紧张，中西医结合将有利于缓解资源紧张局面，用较低的成本实现高效的"照顾"。中西医结合是我国在医学上的重大优势，也是宝贵财富，不应有孰高孰低、孰优孰劣之分。

"人命至重，有贵千金，一方济之，德逾于此。"作为中华民族的伟大创造，中医不仅是中国古代科学的瑰宝，也凝结着中华民族几千年来的健康理念和医者仁术。坚持中西医结合，中医药这块古老的瑰宝必能重焕光彩，中国特色医药卫生与健康事业一定能更好造福中国人民。

（2020 年 03 月 04 日）

医者仁心 人间大爱

谭介辉

病房如同战场，生命重于泰山。新冠肺炎疫情突如其来，一支支医疗队从祖国四面八方开赴湖北、驰援武汉，与当地医生、护士一道，筑起守卫人民群众生命安全的长城。广大医护人员的付出与努力，为救助患者、控制疫情、稳定人心发挥了至关重要的作用。

从"请命赴前线，家国都要安"的一封封请战书，到在战疫一线向崇高信仰靠拢的一份份入党申请，我们收获的是感动和激励。疾病横行、生命垂危，医护人员竭尽全力救死扶伤，展现了敬佑生命、大爱无疆的职业精神。面对捉摸不透的病毒，医护人员挺身而出、坚守岗位，发扬了舍己为人、报效家国的崇高风格。广大医护人员抗击疫情、救治患者，用实际行动诠释着医者仁心、人间大爱。

救死扶伤，是医护人员的天职。家中亲人的思念，春节假期本该有的暖融融的家庭团聚……但在抗击疫情的时刻，广大医护人员放下这一切，毅然决然地投入到救助病患之中。"逆行"必然冒着巨大风险。普通人都明白病毒的厉害，专业出身的医生、护士更懂得这其中的风险。但他们没有犹豫、没有退缩，因为他们心中明白，患者需要他们，国家需要他们。

不独是医护人员，数不清的公安干警、人民解放军、社区干部、公益志愿者奔波在抗疫第一线。疫情来袭，平凡的他们是最值得敬佩的逆行者、坚守者、奉献者。一个多月来，疫情防控形势积极向好的态势正在拓展，也正应了那句话：中国人总是被他们之中最勇敢的人保护得很好。在这些奉献者身上，我们体会到"先天下之忧而忧，后天下之乐而乐"的思想境界。每一个战斗在抗疫前线的战士，都是为国为民的侠之大者。

从保家卫国到见义勇为，从救死扶伤到舍己为人，新中国的土地上从来不缺乏英雄。"两弹一星"科研人员放弃大城市生活、向戈壁滩进发，用热血和生命推动航天事业取得举世瞩目的成就；无数像王进喜一样的石油"铁人"，不怕苦累，无惧牺牲，为祖国石油工业的发展作出了重要贡献；守岛英雄王继才，放弃老家安稳的生活，在边疆孤岛把最美年华献给海防事业……支撑英雄壮举的，是为民担当、为国奉献的家国情怀，是心中那份责任牵挂。崇尚英雄才会诞生英雄，争做英雄才会英雄辈出。向英雄们学习和致敬，我们的国家才会更加强盛，我们的社会才能更加安宁。

当今世界正经历百年未有之大变局，实现中华民族伟大复兴正处于关键时期。前进路上，注定充满风险和挑战，也更加呼唤英雄。各行各业的奉献者，勇立潮头、奋勇搏击，一定能让自己的人生在为国家、为人民的奉献中焕发出绚丽光彩！

（2020年03月03日）

中国脊梁压不弯

暨佩娟

"不获全胜决不轻言成功"。面对这场疫情防控的人民战争、总体战、阻击战，全国上下决心在关键阶段咬紧牙关、一鼓作气、顽强斗争，坚决夺取全面胜利，展现了中国人民敢于斗争、敢于胜利的精神和越是艰险越向前的无畏气概。

"中华民族历史上经历过很多磨难，但从来没有被压垮过，而是愈挫愈勇，不断在磨难中成长、从磨难中奋起。"从1998年抗洪抢险，到2003年抗击非典，再到2008年汶川抗震救灾，在伟大民族精神的鼓舞下，中国人民面对大灾大难，蓄积起巨大能量，化危为机、赢取进步。历史已经证明并将继续证明，中国的脊梁，永远是压不弯的。

中国脊梁压不弯，因为有中国共产党领导和中国特色社会主义制度的显著优势作保障。党中央统一指挥、统一协调、统一调度，各级党委和政府积极作为、严格落实、守土尽责；依托制度体系激发强大的动员能力和雄厚的综合实力，把全国的人力、财力、物力切实有效集中运用到疫情防控工作上；下好全国一盘棋，举全国之力对疫情严重的湖北省和武汉市予以支援……国家制度和国家治理体系的显著优势，成为打赢疫情防控阻击战的根本保障。中国采取的坚决有力的防控措施，展现的出色的领导能力、应对能力、组织动员能力、贯彻执行能力，为世界防疫树立了典范。

中国脊梁压不弯，因为有众志成城、同舟共济的团结精神作支撑。疫情暴发后，各级党组织和广大党员、干部冲锋在前、顽强拼搏，广大医务工作者义无反顾、日夜奋战，人民子弟兵闻令而动、敢打硬仗，无不显示出忠诚担当、恪尽职守的崇高品格。疫情防控最紧张的时刻，"武汉加油""湖北加油"成为全国人民由衷的呼唤。河南深度贫困县嵩县竹园沟村，村民们连续劳作多日，向武汉捐献10万斤大葱；云南河口瑶族自治县建档立卡贫困村石板寨村，群众开着摩托车，把22吨自产香蕉运出村装车转运湖北。各地群众识大体、顾大局，为抗击疫情不遗余力捐款捐物、献计献力，诠释了团结互助、扶危济困的人间大爱。

中国脊梁压不弯，因为有雄厚基础、巨大潜力、强大动能作后盾。新冠肺炎疫情不可避免会对经济社会造成较大冲击，但疫情的冲击是短期的、总体上是可控的。从中长期来看，许多因为疫情冲击而蛰伏的大量消费潜力和生产动能，一经有序释放就可以对冲疫情造成的影响。应急处置能力和宏观调控体系稳健有力，消费市场潜力大、韧性强、活力足、成长性好，中等收入群体超过4亿人，为中国应对各类风险挑战、实现高质量发展积聚了深厚底气。

上下同心，则无往而不胜。疫情压不弯中国的脊梁，更阻挡不了中国发展的步伐。只要我们保持坚如磐石、不惧风浪的定力，把党中央各项要求落细落实，一定能早日迎来全面胜利。

（2020年03月02日）

人民军队为人民

桂从路

医者仁心,是因为心中有大爱;勇者无惧,是因为肩上有使命。挺立抗击新冠肺炎疫情的最前沿,人民子弟兵的奉献和付出,人民不会忘记、历史不会忘记。

越是艰险越向前,是人民军队的英雄本色;为人民生命安全和身体健康挺身而出,是人民子弟兵的责任担当。

新冠肺炎疫情发生后,人民军队坚决贯彻党中央决策部署,迅速启动联防联控工作机制,紧急抽组精兵强将奔赴疫情防控第一线。习近平主席对军队做好疫情防控工作作出重要指示,强调全军要在党中央和中央军委统一指挥下,牢记人民军队宗旨,闻令而动,勇挑重担,敢打硬仗,积极支援地方疫情防控。在疫情防控这场阻击战中,人民军队坚决贯彻落实习近平主席重要指示,坚忍不拔、攻坚克难,为疫情防控工作付出了巨大努力、作出了重大贡献。

军队承担疫情防控任务,是党和人民的信任重托,是践行初心使命的重要体现。截至目前,军队已派出 3 批次 4000 多名医护人员支援武汉,调拨大量救援物资全力保障疫情防控,充分体现了人民军队关键时刻应有的政治担当,展现了人民子弟兵对人民群众的深情厚爱。冲锋在第一线,战斗在最前沿,人民军队急群众所急、解群众所难,为打赢疫情防控阻击战提供了强大支撑。

哪里有危险就冲向哪里，哪里最艰苦就战斗在哪里。在疫情防控阻击战中，人民军队强化号令意识，做到闻令而动、勇挑重担、敢打硬仗，当好疫情防控的先锋队突击队；强化宗旨意识，牢记人民利益高于一切，勇当人民生命安全和身体健康的捍卫者守护者；强化大局意识，加强军地协同、军民团结。视疫情为命令、视病房如战场，军队医护人员和各级指战员在这场没有硝烟的战斗中不负重托、不辱使命，敢于斗争、敢于胜利。

在这场保卫人民群众生命安全和身体健康的严峻斗争中，人民子弟兵发扬越是艰险越向前的大无畏革命精神，彰显了人民军队的英雄气概。一张张摁着红手印的请战书，昭示"若有战、召必至、战必胜"的战斗精神；参加过汶川抗震救灾、援非抗埃等任务的姜雪再次背上行囊，"为保护人民的生命健康而战斗"；陆军军医大学医疗队队员刘丽连续奋战，口罩磨红了的脸颊、汗水浸透了的衣服，见证"我们必将胜利"的坚定信念。

无数这样的战士，情况越是危急、任务越是紧迫，越能发扬特别能吃苦、特别能战斗的精神，越能保持不怕疲劳、连续作战的优良作风。与病毒抗争、为生命接力，人民子弟兵义无反顾、迎难而上，用实际行动展现了人民军队无惧危险、敢打硬仗的胆识气魄。

（2020年02月28日）

"我是党员，我先上！"

柳 杰

"我是党员，我先上！"

抗击新冠肺炎疫情，无论在救治病人的第一线，还是基层防控的最前沿，无论在战地医院的施工场，还是物资供应的大后方，哪里最需要、哪里最辛劳、哪里最危险，哪里就有共产党员挺身而出。疫情就是命令，防控就是责任。群众但有所呼，党员必有所应。一张张被口罩勒出血印的面孔，一个个疲惫而又坚毅的身影，一份份摁着鲜红手印的请战书，一批批紧急集结的支援队伍……这背后，都少不了一个共同的身份标识，那就是共产党员。

"让党旗在防控疫情斗争第一线高高飘扬"。新冠肺炎疫情发生后，习近平总书记高度重视、亲自部署指挥，强调各级党组织和广大党员干部必须牢记人民利益高于一切，不忘初心、牢记使命，团结带领广大人民群众坚决贯彻落实党中央决策部署。党中央专门印发《关于加强党的领导、为打赢疫情防控阻击战提供坚强政治保证的通知》，发出了坚决打赢疫情防控阻击战的动员令。在党中央集中统一领导下，在各方面共同努力下，疫情防控工作正有力开展。当先锋、作表率，当榜样、作奉献，当标杆、作示范，广大党员用自身的勇毅与担当，展现出共产党员的样子，让人们见证了新时代共产党人的初心和使命，凝聚起众志成城抗疫情的强大力量。

共产党员有着怎样的政治本色？又有着怎样的时代风格？这就要看，关键时刻是否站得出来，危难关头是否豁得出来。突如其来的疫情，不仅是对我国治理体系和治理能力的一次大考，同时也是对每个党员干部责任与勇气、初心与使命的一次检验。目前，疫情防控工作取得积极成效，到了最吃劲的关键阶段。广大党员干部必须继续保持昂扬的战斗姿态，以"我是党员，我先上"的政治自觉，以"舍我其谁"的气概和"铁肩担道义"的胸襟，豁得出、顶得上、靠得住、战得胜，将坚定的初心使命浸润在明责、履责、尽责中，书写在疫情防控斗争的最前线，书写在祖国大地上和人民群众内心里。

一个支部就是一个堡垒，一名党员就是一面旗帜。疫情防控是一场人民战争，不仅需要广大党员挺身而出，也需要党员干部通过以身示范带动全民防疫、通过为民纾困维持社会稳定。无论在基层防控、群防群治中，还是在复工复产、保障民生中，都必须坚持以人民为中心的发展理念，恪尽职守、率先垂范，把困难和问题考虑得更充分一些，把计划和方案设计得更周密一些，尽最大努力守护好人民生命安全和身体健康，尽最大可能减少疫情对群众生产生活的影响。党员干部必须当好群众的主心骨和引路人，以"我先上"的自觉带动更多人"跟我上"，汇聚起众志成城、团结奋斗、共克时艰的磅礴之力，紧紧依靠人民群众打赢疫情防控阻击战。

我们坚信，只要广大党员坚定理想信念，不忘初心使命，团结带领人民群众坚决贯彻党中央决策部署，就一定能彻底战胜疫情。

（2020 年 02 月 27 日）

应收尽收　应治尽治

任　平

控制源头、切断传播途径，是传染病防控的治本之策。坚决做到应收尽收、应治尽治，是彻底战胜疫情的关键之举。

2月23日，习近平总书记在统筹推进新冠肺炎疫情防控和经济社会发展工作部署会议上发表重要讲话，强调当前疫情形势依然严峻复杂，防控正处在最吃劲的关键阶段，要求各级党委和政府坚定必胜信念，咬紧牙关，继续毫不放松抓紧抓实抓细各项防控工作，不获全胜决不轻言成功。贯彻落实习近平总书记提出的要求，一个极为重要的方面就是坚决做到应收尽收、应治尽治，决不能留下任何死角和空白。

近一段时间里，各地围绕筛查、转运、收治、治疗四个环节全面加强收治工作。湖北省武汉市等重点地区开展拉网式大排查，对"四类人员"情况进行清底摸排。有关部门和机构开设线上求助通道，征集各地遇到就医困难的患者信息，助力应收尽收、应治尽治。从优化畅通收治转诊通道，到改造扩容定点医院、增加医疗机构床位，再到不断优化诊疗方案、全力以赴救治患者，各地采取有效措施凝聚众智众力，取得积极效果。

在充分肯定成绩的同时，各级党委和政府必须高度警惕麻痹思想、厌战情绪、侥幸心理、松劲心态。如果我们在思想上松一寸，行动上就会散一尺，就很可能带来严重后果，甚至前功尽弃。当此之际，只有倾尽全力坚决做到应收尽收、应治尽治，尽最大可能切断传染源，尽最大可能防范疫情蔓延风险，着力提高收治率和治愈率、降低感染率和病亡率，才能让疫情防控形势积极向好的态势持续拓展。

坚决做到应收尽收、应治尽治，关键是把各个具体环节、各项具体工作抓实、抓细、抓落地。各地特别是湖北省等防疫重点地区，要严格落实早发现、早报告、早隔离、早治疗措施，加强社区防控，进行彻底筛查，不留盲区、不留死角、不落一户、不漏一人，切实做到精准识别，把显在的感染者都隔离出来，把潜在的感染者都排查出来。要全面增强收治能力，按照集中患者、集中专家、集中资源、集中救治的要求，采取更加有力措施，多渠道扩增收治床位，用好方舱医院，通过征用宾馆、培训中心等增加隔离床位，及时总结推广行之有效的诊疗方案，加大药物和疫苗科研攻关力度，争取早日取得突破。人口流入大省大市要按照联防联控、群防群控的要求，加强对返程人员的健康监测，做好交通工具场站消毒通风等工作，切实做好防控工作。各个环节无缝对接，各项工作扎实有力，形成应收尽收、应治尽治的完整有效链条，就能严控源头、阻断传播渠道，有力推动疫情防控形势加速向好。

让我们顽强拼搏、英勇奋战，坚决贯彻党中央关于疫情防控各项决策部署，坚决做到应收尽收、应治尽治，打赢这场疫情防控的人民战争、总体战、阻击战。

（2020 年 02 月 26 日）

让基层干部全身心投入抗疫一线

彭 飞

"在疫情防控工作中,要坚决反对形式主义、官僚主义,让基层干部把更多精力投入到疫情防控第一线。"在近日召开的中央政治局常委会会议上,习近平总书记就坚决遏制疫情蔓延势头、坚决打赢疫情防控阻击战作出重要指示。

同时间赛跑、与病魔较量,每一分每一秒都很珍贵。"越是兵临城下,指挥越不能乱,调度越要统一。"必须坚持统一领导、统一指挥、统一行动,实现各地各部门协同作战,才能最大限度发挥基层防控的力量和作用。

疫情防控,必须体现在实实在在的行动中。从组织疑似病例隔离观察到协调防护物资分配,从打击囤积居奇、维护市场秩序到宣传普及防护知识,每一项工作都是基层干部满头大汗跑出来的、扎扎实实干出来的。聚焦真问题、解决真问题,疫情防控就能取得实效。不久前,某地一名领导同志现场办公的视频引发关注。他与当地财政、工信、市场监管、公安等部门负责人现场开会,对口罩从生产到销售各个环节可能出现的问题进行梳理、作出安排。10分钟现场会议,高效疏通堵点、难点,赢得网友点赞。这样的工作方式、办事作风,在疫情防控中十分有效、越多越好。

织密织牢基层疫情防控"第一道防线",做好量化管理、网格化管理,容不得半点马虎。强化社区防控网格化管理,实施地毯式排查;及时查找返程人员防控中的风险点和薄弱环节；做好乘客健康监测、交通工具场站消毒通风等工作……只要采取的措施是联系实际的，疫情防控工作就能聚焦靶心、提高精度，从而消除各种风险。

奋战在防疫一线的基层干部，压力不小，风险也不少。只有坚决反对形式主义、官僚主义，才能让基层干部把更多精力投入到疫情防控第一线。要竭力将事务性、重复性工作减少到最低，严格控制层层发文、层层开会，为基层干部提高工作效率、做好具体工作减轻负担、创造空间、提供支持。执行监测检查的一线人员，防护装备够不够用？一直在加班奋战的基层干部，家里老人、孩子有没有人照顾？免除后顾之忧、提供相应保障，让广大基层干部轻装上阵、心无旁骛工作，对疫情防控将产生极大裨益。

"这次疫情是对我国治理体系和能力的一次大考"。大考当前，尤需党员干部尽锐出战，把严实作风发扬起来，把各项要求贯彻到底。充分调动各方面力量，发挥出各方面优势，确保人员各司其职、资源物尽其用，就一定能打赢这场疫情防控的人民战争、总体战、阻击战。

（2020年02月21日）

把为民职责体现到疫情防控各环节

赵增连

"疫情防控是一场保卫人民群众生命安全和身体健康的严峻斗争。"在这场严峻斗争面前,党员干部的宗旨意识和担当意识强不强,直接关系能否经受住考验,能否有效遏制疫情蔓延势头。

疫情发生后,习近平总书记亲自指挥、亲自部署疫情防控工作,突出强调"把人民群众生命安全和身体健康放在第一位""广大党员、干部要冲到一线"。纵观全国疫情防控形势,哪里贯彻党中央要求坚决、彻底,哪里的防疫工作就思路清、措施实、行动快;哪里的领导干部厚植人民情怀,哪里的疫情防控就能取得好效果,就能得到人民群众的真心拥护。

疾风知劲草,烈火见真金。越是关键时刻越能检验初心使命,越是勇毅担当越能看出党性成色。习近平总书记在"不忘初心、牢记使命"主题教育总结大会上强调:"越是形势严峻复杂越需要领导机关和领导干部保持定力、一往无前,越是任务艰巨繁重越需要领导机关和领导干部奋勇当先、实干担当。"这场严峻斗争,最能真实客观展现一个地区、一个部门的主题教育成效,最能历练和见证党员干部的初心自觉、使命忠诚。党员领导干部唯有内心怀着炽热的人民情怀,努力克服精神松懈等可能出现的问题,以冲锋在前的党性担当,保持激情和旺盛精力,随时奔赴在人民群众最需要的地方,赢得抗击疫情的全面胜利。

当前,疫情防控工作到了最吃劲的关键阶段,必须坚定贯彻以人民为中心的发展理念,把人民生命安全和身体健康装在心里、扛在肩上、落实到行动中,把为民职责体现到疫情防控的每一个环节中。奋战在抗疫一线的党员干部要坚持人民至上,以责任担当之勇、科学防控之智、统筹兼顾之谋、组织实施之能,严格落实早发现、早报告、早隔离、早治疗,坚决做到应收尽收、应治尽治,把防控工作的各项要求落实落细落地,决不放松防控链条中的每个环节每个细节,决不能有"大概齐""差不多"等马虎思想,切实提高收治率和治愈率、降低感染率和病亡率,提振人民群众对战胜疫情的信心。同时,进一步动员和组织人民群众参与到疫情防控中,凝聚全社会的力量,紧紧依靠人民群众打赢疫情防控阻击战。

党心军心民心心连心,世情社情人情情暖情。经过全党全军全国各族人民万众一心、众志成城的努力,疫情形势出现积极变化,防控工作取得积极成效。我们坚信,有以习近平同志为核心的党中央坚强领导,有中国特色社会主义制度的强大优势,有14亿人民团结奋斗的磅礴力量,有中华民族冲破一切艰难险阻的斗争智慧,一定会取得这场疫情防控的人民战争、总体战、阻击战的全面胜利。

(2020年02月19日)

科学防治　战胜疫情

王君平

从控制传染源、救治被传染者，到切断传播途径、保护易感人群，正是科学态度、科学方法，让人类面对传染病不再束手无策，拥有了守护健康的法宝。

科学技术是社会进步的强大支撑，也是战胜困难挑战的有力保障。新冠肺炎疫情发生以来，从"依法科学有序防控至关重要"的叮嘱，到"坚定信心、同舟共济、科学防治、精准施策"的总要求，习近平总书记对科学防治的要求，为做好新冠肺炎疫情防控工作提供了重要遵循。管理措施越科学，精准防控越到位，阻断疫情就越有力有效。把科学有序的防控要求落到实处，有效遏制疫情蔓延，人民生命安全和身体健康就能得到有力保障。

疾病与人类始终相伴随，威胁着人类健康，但人类只要恰当使用科学武器，就能最大程度降低生命代价。无论是非典、甲流还是新冠肺炎，我们对它们的科学认知有一个过程。抗击非典时一些人最初认为致病因素是衣原体，最终发现是冠状病毒。对付衣原体，抗生素就管用，而对付病毒，则需要进行综合治疗。由此而言，防控疫情不能偏离科学的轨道，不能脱离对生物规律的把控。

"这是一个需要事实而不是恐惧的时刻，是需要科学而不是谣言的时刻"，世界卫生组织总干事谭德塞这样形容新冠肺炎疫情。战胜新冠肺炎疫情,必须依靠科学、运用科学。新冠肺炎诊疗方案已经修订更新到第五版,出院患者在不断增加,我们完全可以战胜新冠肺炎疫情。广大医护人员不辞劳苦、科学救治,努力完善诊疗方案,提高收治率治愈率;广大科技人员不畏艰难、勇于攻关,加快病毒溯源等研究;各条战线扎实做好预防、控制和保障工作,切实提高疫情防控的科学性和有效性,这些都将为打赢疫情防控阻击战提供坚实科学支撑。

战胜新冠肺炎疫情,需要尊重科学、相信科学。打赢新冠肺炎疫情防控阻击战,对大多数人而言,关键在"防"。加强病例排查,做好居家隔离观察,做好密切接触者的追踪,把防控力量向社区下沉,加强社区各项防控措施的落实,疫情防控的人民战争就有必胜把握。科普宣传有助于克服因疫情导致的不安焦虑情绪。让科学防疫知识走进千家万户,使人民群众懂得用科学态度对待疫病、用科学手段防治疫情,有助于提高人民群众自我保护的能力,增强人民群众战胜疫情的信心。

"病毒固然可怕,但比病毒更可怕的是谣言和恐慌。"不信谣、不传谣,坚持做到科学抗疫,切实加强科学防控,我们必将取得战"疫"的胜利!

(2020年02月13日)

坚定信心就能取胜

石 羚

边设计、边施工,武汉火神山医院 10 天时间拔地而起;上海海关开通绿色通道,一批防控物资从落地到放行用时仅 15 分钟;从谈判采购到运输落地,山西首条一次性医用口罩生产线在 48 小时内开工投产……新冠肺炎疫情突如其来,同时间赛跑、与病魔较量,各行各业的勇士们跑出了令人惊叹的"防疫速度"。一位国际友人评价:中国正采取史无前例的措施遏制疫情蔓延。

疫情是一次大考,中国有信心有能力应对好疫情考验。习近平总书记在北京调研指导新型冠状病毒肺炎疫情防控工作时强调:"坚决贯彻坚定信心、同舟共济、科学防治、精准施策的总要求,再接再厉、英勇斗争,以更坚定的信心、更顽强的意志、更果断的措施,紧紧依靠人民群众,坚决把疫情扩散蔓延势头遏制住,坚决打赢疫情防控的人民战争、总体战、阻击战。"当前,从共产党员"我先上"的无畏担当,到医务人员"我愿意"的请战誓言,再到人民群众"我支持"的自觉配合,全国形成了全面动员、全面部署、全面加强疫情防控工作的局面,构筑了抗击疫情的铜墙铁壁。

回望历史,中国的发展进步从来都不是在风平浪静中取得的,而是凭着"越是艰险越向前"的勇毅,靠着"逢山开路,遇水搭桥"的干劲,在攻坚克难、踏平坎坷中取得的。从 1998 年抗洪抢险,到 2003 年抗击非典，再到2008年汶川抗震救灾，一次又一次考验练就了中国人民不惧任何风险的定力、战胜任何考验的能力。在这场抗击新冠肺炎疫情的全民总动员中，有白衣天使的连轴转，有施工人员的三班倒，有车间工人的"白加黑"，有普通群众的精准宣传，人们用不同的方式凝聚抗疫合力。发动群众共同参与，组织群众贡献智慧，构筑起疫情防控的人民防线。

战胜疫情的信心，也来自那些冲锋在前的担当自觉。哪里有急难险重的任务，哪里就能看到党员舍身忘我、争当先锋的身影。武汉金银潭医院院长张定宇，妻子感染新型冠状病毒，自己身患渐冻症，仍然坚守抗疫第一线。在党中央的坚强领导下，千千万万名党员守土有责、冲锋在前，让党旗在防控疫情斗争第一线高高飘扬。"万人操弓，共射一招，招无不中"。广大党员把责任夯实在疫情防控的每一个环节，有令必行、有责必担、有求必应、有难必解，定可以集合所有力量，共同驱散疫情阴霾。

战胜疫情的信心，来自科学的态度和方法。习近平总书记强调："当前，疫情防控正处于关键时期，依法科学有序防控至关重要。"防控疫情是一项专业性极强的工作。如何确定传播途径，如何优化诊疗方案，如何建立及时透明的信息公开机制，如何做好农村地区的防控工作，都需要突出依法、科学、有序三个关键词。从各地启动重大突发公共卫生事件一级响应到集中医疗专家加强研究，从社区实行网格化、地毯式管理到严厉打击抗拒疫情防控、暴力伤医、制假售假、造谣传谣等违法犯罪行为，在法治轨道上统筹推进各项防控工作，成为我们战胜疫情的利器。

在湖北武汉中心医院呼吸科医生郭小群的防护服上，写着两个字：必胜。疫情形势仍然严峻，但办法总比困难多，决心总比挑战大。以必胜的信念、必胜的行动，求取必胜的战果，正是此刻所有人的共同意志。锚定决胜的目标，迈开务实的步伐，我们一定能打赢疫情防控的人民战争、总体战、阻击战。

（2020年02月12日）

交出经得起检验的答卷

傅 殷

这次新型冠状病毒感染的肺炎疫情,是对我国治理体系和能力的一次大考。越是大考越考验能力,也越能提升能力。针对这次疫情应对中暴露出来的短板和不足,我们总结经验、吸取教训,锐意改革、强化落实,一定能成功应对考验,交出经得起历史检验的答卷。

但凡考试,就要交卷。同时间赛跑、与病魔较量的成效如何,关系到能否坚决遏制疫情蔓延势头,能否坚决打赢疫情防控阻击战。现在,最关键的问题是把落实工作抓实抓细。"学懂弄通做实",必须用实干实绩实效来贯彻体现。不忘初心、牢记使命,必须体现到为人民服务中、守护人民群众生命安全和身体健康中。大考面前,结果导向,容不得形式主义、官僚主义。坚决反对形式主义、官僚主义,才能确保更多的人力物力投入到疫情防控第一线,从严实作风里收获实实在在成效。

越是准备充分、苦练内功,越不怕大考。在疫情防控这场考试中,基层一线的网格化管理,扮演着至关重要角色;"粤省事""浙里办"等电子政务系统,发挥了信息快速传递的重要作用;各类公益组织、社会组织,积极配合政府部门工作,有力推动了疫情防控工作。坚决遏制疫情蔓延势头,我们有充足信心。发扬"钉钉子"精神,一锤接着一锤敲,越是艰险越向前,我们有坚定决心。

越是沉着应变、科学应对,越能赢得大考。面对突如其来的疫情,需要实事求是的科学精神,需要群防群治不留死角。危急关头,老百姓信服的是"抗疫前线党员先上"的奉献,是"每一项工作措施都不过夜"的效率。疫情防控形势不断变化,各项工作也不断面临新情况新问题。在未知的考验面前,更加需要打起十二分的精神,沉下身子、迈开步子、甩开膀子,密切跟踪、及时分析、迅速行动,务求实效。针对大考中暴露出来的问题和不足,我们需要及时固根基、扬优势、补短板、强弱项。

时已立春,万象更新,我们有信心有能力交出一份经得起检验的答卷。这答卷里铺陈着同舟共济的底色,凝聚着鼎力担当的精神。只要我们每个人都坚定坚决打赢的信心,夯实抓实抓细的作风,这次疫情防控的大考,一定会成为推动时代前进的契机。

(2020年02月10日)

消除侥幸心理

李洪兴

打通筛查、转诊、治疗等各环节工作，努力实现专业化救治；加强对确诊患者的密切接触者的摸排力度，确保"排查不漏一户、宣传不漏一人、防控不染一人"；乡村"大喇叭"高声响起，提醒群众"切断传染源，聚会要避免"……一系列疫情防控的过硬措施，绷紧了人们防控疫情的神经，凝聚起齐心协力、群防群治的强大合力，正筑起抗击疫情的铜墙铁壁。

当前，疫情防控形势不断变化，各项工作也不断面临新情况新问题，牵动全国上下的心。习近平总书记在2月3日的中央政治局常委会会议上强调："要密切跟踪、及时分析、迅速行动，坚定有力、毫不懈怠做好各项工作。"在党中央集中统一领导下，各级党组织领导班子和领导干部特别是主要负责同志要坚守岗位、靠前指挥，做到守土有责、守土担责、守土尽责。

"千丈之堤，以蝼蚁之穴溃；百尺之室，以突隙之烟焚。"成功源自努力，而风险往往产生于麻痹。抗击疫情，最大的敌人是侥幸。稍有不慎就会反弹重复，掉以轻心就会前功尽弃，骄傲自满与盲目自信都要不得。特别是随着外出者返城、学生返校、工人返厂，人员流动逐渐增加，给防控工作带来新的挑战和考验。一旦传染源得不到控制，短时间内就可能酿成大患。抗击疫情，时刻要上紧思想观念的"发条"，始终紧盯容易被忽视的角落、绷紧容易放松的那根弦。唯有思想不侥幸、精神不麻痹，才能掐灭任何可能的风险，切实守护好人民健康。

消除侥幸心理、克服麻痹大意，就要防微杜渐、未雨绸缪。平时防患于未然，才能防大患于未至。疫情防控是全方位的工作，必须树立底线思维，强化危机意识。没有发生疫情的地方要防范和查摆侥幸心理，疫情稍有缓解的地方要克服和避免麻痹松懈思想。即使生活和工作逐渐恢复正常，我们也仍要把人民群众生命安全和身体健康放在第一位，仍要把疫情防控措施落实到每一个细节。

我们要把各种困难和风险估计得严重一些，把解决措施准备得更充分一些，利用好有利条件，化解好不利影响。我们也需要树立面对困难的信心与勇气，以科学态度、严谨方法、锐利眼光透视困难背后的变化，遇事不慌、有备无患，牢牢掌握战胜困难的主动权。唯有充分认识到疫情的严峻形势和危害，从最坏处准备，争取最好的结果，才能逐步形成战胜疫病的压倒性态势。

我们坚信，在党中央集中统一领导下，各级党委和政府全面动员、全面部署、全面加强疫情防控工作，全国人民万众一心、众志成城，没有任何风险挑战难得住中国人民。

（2020年02月07日）

责任是防控疫情的堤坝

尚俊颖

84岁高龄的钟南山院士挂帅专家组组长,身患渐冻症的武汉金银潭医院院长张定宇咬牙坚守岗位,各地援鄂医疗队不顾风险、"最美逆行"……新型冠状病毒感染的肺炎疫情突如其来,无数英雄勇赴险境,筑起一道守护生命安全的稳固长城。品格可昭日月,精神感人至深。

英雄者,国之干。英雄之所以为英雄,就在于他们挺身而出,肩鸿任钜,勇担重任。从保家卫国到见义勇为,从救死扶伤到舍己为人,中国这片土地上从来不缺乏英雄。为什么总有英雄不惧危险、勇毅前行?为什么总有猛士直面考验、迎难而上?支撑英雄壮举的,是为民担当、为国奉献的家国情怀,是心中那份割不断、扯不开的责任牵挂。英雄主义,包括以责任为己命、视责任比天高。打赢疫情防控阻击战,我们高扬英雄主义,同时也呼唤人尽其责、各司其职,号召全社会共同从源头上化解风险、抗击疫情。

英雄自告奋勇、主动请缨,是因为他们知道自己身上的担子,明白自己被寄予的使命。英雄慷慨激昂、正气沛然,是因为他们摆脱了"小我"的束缚,找到了"大我"的寄托。英雄在前,激励我们每个人筑牢责任的堤坝,让无情的病毒寸步难行。面对英雄的奉献和牺牲,我们没有理由不扛起属于自己的责任。出己力、尽己责,多添力、少添乱,英雄们就能少流一些泪和汗,英雄的家人就少一份担忧。这本身也是对英雄最好的保护、最暖的致敬。

千难万险，尽心尽责就不惧风险；大计小计，人人有责是最佳之计。抗击疫情是一场没有人能置之度外的战斗，每个人都休戚与共、息息相关。对普通人而言，做好自我防护就是责任；对党员干部而言，带头向前、全面防控疫情就是责任；对生产企业而言，加班加点保障物资供应就是责任；对患者和疑似病例而言，配合防治、努力康复就是责任。像英雄般心怀大爱、履职尽责，我们就能守护好亲人健康、同事幸福、朋友欢乐，守护好社会祥和、国泰民安。

责任也意味明确定责、强化问责。疫情就是命令，防控就是责任。如果说责任是战胜疫情的向导，那么岗位就是战胜疫情的战场，职业精神就是战胜疫情的精神保障。疫情面前，回避没有出路；战胜疫情，责任不能缺席。

责任是防控疫情的堤坝，也是托举幸福生活的坚实地基。人人行动起来，提升责任意识，立足岗位砥砺爱国精神、敬业精神、奉献精神，我们的社会就能更加和谐，我们的国家就能更加强大。

（2020年02月05日）

把落实工作抓实抓细

马望原

"现在,最关键的问题就是把落实工作抓实抓细。"在 2 月 3 日召开的中共中央政治局常务委员会会议上,习近平总书记就疫情防控工作再次作出重要指示,强调了抓落实的极端重要性。

这次疫情发生以来,在党中央集中统一领导下,在各方面共同努力下,防控工作正有力开展。与此同时,疫情防控形势不断变化,要求我们必须尽快找差距、补短板,全力同时间赛跑、与病魔较量。在此背景下,能否把党中央决策部署落实落细,把疫情防控工作做实做好,直接关系人民生命安全和身体健康,直接关系经济社会大局稳定,也事关我国对外开放。

关键在于落实。抓工作,是停留在一般性号召还是身体力行,成效大不一样。一些工作之所以抓不到要害,解不了症结,一个重要原因就在于失之于"虚",失之于"粗",工作抓得不扎实不细致不具体。比如,满足于看材料听汇报,陷入数字迷宫和材料围城;习惯于"差不多思维",凡事不求最好只求差不多。千招万招,不落实都是虚招。如果把功夫下在"纸上"、"字上"和"嘴上",看似反应迅速、态度坚决,实质是糊弄上级、应付过关,结果只能让工作在强化声中弱化、在落实声中落空。

一抓到底是最好的落实。坚决打赢疫情防控阻击战,就要在思想认识上"致广大",在担当任事上"尽精微"。当前,随着诊断方法的建立、诊断试剂的优化、监测范围的扩大，报告病例数还在增加，加上春运人员的大范围流动、即将到来的企业开工复工，防控形势依然严峻复杂。对疫情防控来说，哪怕一个岗位懈怠了、一个环节失守了，都可能带来十分严重的后果。因此，贯彻党中央决策部署，决不能囫囵吞枣、照本宣科、发文了事，必须研究具体办法、明确具体责任，把任务分解到项目、落实到岗位、量化到个人，以责任制促落实、以责任制保成效，形成一级抓一级、层层抓落实的工作局面。惟其如此，才能坚决遏制疫情蔓延势头，坚决打赢疫情防控阻击战。

正所谓"一具体就深入"。具体抓才能接地气，有公信力；具体抓才能解决问题，有战斗力；具体抓才能明确责任，有执行力。能否做到"具体"，把落实工作抓实抓细，也是领导干部践行初心使命、体现责任担当的试金石和磨刀石。一些领导干部落实工作抓得不好，很重要的是政绩观出了问题。如果眼中只有成绩和经验，看不到问题和困难；如果回避矛盾，遇到困难绕道走，见到难题就躲避；如果报喜不报忧，有了矛盾推责任，出了问题捂着拖着，那么抓落实就有落空的危险。"一语不能践，万卷徒空虚。"评价一个干部，重要的不是看他说什么，而是看他做什么、做得怎么样；检验一项工作，重要的不是看有多大声势，而是看是否能解决问题、真解决问题。

这次疫情是对我国治理体系和能力的一次大考。如果说疫情是我们的共同敌人，那么形式主义、官僚主义则是打赢疫情防控阻击战的大敌。把落实工作抓实抓细，就是我们克敌制胜的法宝。做好疫情防控工作，重在一抓到底，难在一抓到底，胜在一抓到底。

（2020年02月04日）

医者仁心,不辱使命

盛玉雷

因为长时间高强度工作,本来干净白皙的脸上,被口罩勒出了醒目血痕;本来纤细光滑的手指,被手套里的汗水泡皱发白……连日来,许多奋战于抗疫最前沿的医护人员的照片,经媒体报道后感动许多人。面对新型冠状病毒感染的肺炎疫情,广大医护人员义无反顾挺身而出,把危险留给自己,把安全带给别人,筑起了一道守护生命安全的坚强防线。

医卫事业,向来是造福人类的崇高事业、充满爱心的光荣事业。翻开中华民族的医学史,"医者仁心""医道无私"的理念世代相传。当前,疫情是命令,病房如战场。面对疫情,多少医护人员"最美逆行",多少白衣战士"请战出征"。在"不计报酬、无论生死"的铮铮誓言中,我们读懂了他们治病救人的神圣使命。广大医护人员不顾个人安危,生动彰显出敬佑生命、救死扶伤、甘于奉献、大爱无疆的不懈追求,在最危险的地方展现出最崇高的精神品质。

疫情当前,广大医护人员的专业知识、职业素养、使命担当,是守护人民群众生命安全和身体健康的重要屏障,也是打赢这场疫情防控阻击战的重要保障。在这场没有硝烟的战斗中,广大医护人员是抗击疫情的急先锋,也是救治患者的主力军。有人闻令而动,瞒着家人深夜驰援湖北武汉;有人主动请缨,夜以继日奋战在救治一线;有人孜孜不倦,不断向公众普及科学防控知识……在疫情防控的关键期,在祖国和人民需要的紧要关头，广大医护人员经受了严峻考验，做出了巨大贡献。他们不辞劳苦守护病患、不吝才华攻坚科研，让人民群众安心，增强了我们打赢疫情防控阻击战的信心。

"虽然看不到防护服里面你们的模样，但我记住了你们悉心照顾我的样子。"一名安徽合肥的患者在治愈出院时，向救治自己的医护人员真挚地表达感谢。广大医护人员奋力的样子值得铭记，敬业的精神值得表扬，疲惫的身心同样需要用心呵护。当医护人员战斗在抗击疫情的第一线，如何有效地保护好、支援好"白衣战士"，牵动着许多网友的心。我们看到，在一些捐赠的爱心物资上，特别写上了一句"请交给任何医护人员"；在一些医院附近，有餐饮店无偿提供医生护士的一日三餐。努力为医护人员消除后顾之忧，让他们能够安心从事救死扶伤的神圣事业，必能进一步坚定全社会打赢疫情防控阻击战的决心。

病毒无情人有情。医护人员是最可爱的人，也是最可敬的人。一张广为流传的照片里，医护人员和患者竖起大拇指互相鼓励，定格了齐心协力抗击疫情的温暖瞬间。这是众志成城的决胜战线，也是不容有失的生命防线。我们向每一个奋战在抗击疫情一线的白衣战士致敬，向每一位奉献在救死扶伤岗位的白衣天使学习。只要万众一心、同舟共济，疫情防控阻击战定能捷报频传，广大医护人员定能早日凯旋。

（2020年02月03日）

"党员必须先上,没有商量!"

石 羚

最近,一场特殊的组织生活会,经媒体报道,赢得网友一致点赞。1月29日,复旦大学附属华山医院感染科召开组织生活会,党支部书记张文宏说:"最困难的工作,最辛苦的岗位,党员必须先上,没有商量!"

疫情当前,党员顶上去、冲在前,生动践行了入党誓言和初心使命。目前,疫情防控形势依然严峻复杂。习近平总书记指示,各级党组织和广大党员干部必须牢记人民利益高于一切,"让党旗在防控疫情斗争第一线高高飘扬"。党中央印发《关于加强党的领导、为打赢疫情防控阻击战提供坚强政治保证的通知》,要求充分发挥基层党组织战斗堡垒作用和共产党员先锋模范作用。对党忠诚真不真、为民情怀深不深,归根到底要用真抓实干的能力来体现,用人民安康的成效来检验。党员冲锋在第一线、战斗在最前沿,理应成为一种行动自觉。

疾风知劲草,烈火炼真金。越是关键时刻越能检验初心使命,越是勇毅担当越能看出党性成色。革命战争年代,共产党员在生死考验前威武不屈,战胜千难万险。从"地动三河铁臂摇"的建设探索时期,到"横下一条心勇敢向前走"的改革开放新时期,共产党员冲锋在前,用信仰之光照亮奋斗征程。如今面临疫情大考,岗位就是战位,"一切为了人民"不能停于口号,"执行党的决定"不能流于表态。最近几天,"最美逆行"一词火了,党旗党徽更加鲜艳了。广大党员干部冲一线、站前沿、当先锋、作表率，不负人民的重托，树起了新时代共产党员的光辉形象。

疫情就是命令，防控就是责任。筑牢抗击疫情的防线，党员干部必须守土有责、守土担责、守土尽责。浙江宁波公交集团修理工胡再学带领"党员突击队"，对运营车辆空调滤网进行彻底清洗消毒；安徽合肥高贝斯医疗卫生用品有限公司为保障防疫物资供应，提前5天开工，6名党员全部返岗……从省市区县到社区村镇，从检测排查到预警防控，从城市管理到生产运输，处处有共产党员履职尽责的身影。面对突如其来的疫情，牢不可破的责任链，织就最好的防护网。

党员干部必须当好群众的贴心人和主心骨，紧紧依靠人民群众坚决打赢疫情防控阻击战。在湖南慈利，土家族在春节有"赈酒"的习俗，当地党员挨家挨户进行劝导，村民逐渐理解了防控的重要性，取消了聚会、宴席。作为劳务输出地，安徽芜湖市洪巷镇在武汉的务工人员返乡较多，洪巷镇党委第一时间成立疫情防控指挥部，镇村党员干部全部取消休假、投身防控一线。党员干部站在人民群众身边，依法科学有序防控，就能最大程度化解疫情导致的不必要恐慌，增强人民群众抗击疫情、战胜疫情的决心和信心。

"不忘初心、牢记使命，必须发扬斗争精神，勇于担当作为。"疫情防控是党员干部践行初心使命、体现责任担当的试金石和磨刀石。把人民利益举过头顶，能打敢拼、攻坚克难，凝聚万众一心、同舟共济的力量，这场疫情防控阻击战，我们定能打赢！

（2020年02月02日）

只争朝夕，不负韶华

李 拯

唯有同时间赛跑，才能把握机遇；唯有同历史并进，才能赢得未来。"只争朝夕，不负韶华"。在 2020 年春节团拜会上，习近平总书记回顾中华民族 5000 多年的文明发展历程，尤其是近代以来的奋斗历程，激励亿万人民奋进新时代，书写中华文明新的辉煌篇章。在农历新年的开端、岁序更替的起点，习近平总书记掷地有声的话语，铿锵有力的宣示，激扬起海内外中华儿女风雨无阻向前进的豪迈热情。

"我们对时间的理解，是以百年、千年为计"。习近平总书记强调"只争朝夕，不负韶华"，这首先要从中华民族大历史的角度来理解。中华民族有着 5000 多年的文明历史，在几千年的历史进程中为人类文明进步作出了不可磨灭的贡献。但是，近代以后，中华民族被各种内忧外患耽误的时间太久了，因此中国人民始终有着超乎寻常的紧迫感、时代感。回顾历史，鸦片战争以后，中华民族用 110 年的时间实现了民族独立和人民解放，用 70 年的时间迎来了从站起来、富起来到强起来的伟大飞跃，用 40 多年的时间实现了综合国力、人民生活水平和国际影响力的大幅跃升。历史之痛，发展之愿，时间之迫，都化作共同的心声："中华民族积蓄的能量太久了，要爆发出来去实现伟大的中国梦。"

大江滚滚，大河奔腾。中国对落后挨打的记忆有多深刻，对抓住机遇、把握未来的追求就有多强烈，对实现"两个一百年"奋斗目标的意志就有多坚定。由此也可以理解，中国共产党善于从大历史视野对时间进行规划，牢牢把未来掌握在自己手中，让国家发展按照稳定的节奏不断向前。习近平总书记指出："从现在起到本世纪中叶，我们也进行了战略谋划，将分步实现全面建成小康社会、基本实现社会主义现代化，最终建成富强民主文明和谐美丽的社会主义现代化强国"。这些重要的时间节点，是我们奋斗的坐标。瞻望未来，全面小康千年愿景成真，现代化百年目标提前实现，社会主义现代化强国召唤在前，这些必将写进历史的奋斗里程碑，激荡起亿万人民只争朝夕的冲锋、不负韶华的奋斗。

大海，是涓涓细流一点一滴汇成的；史诗，是亿万人民一笔一画书写的。新时代属于每一个人，每一个人都是新时代的见证者、开创者、建设者。从太行绝壁上的红旗渠到小岗村大包干契约上的红手印，从植树造林的"绿色奇迹"到人类历史上最成功的"脱贫故事"，人民的力量一旦被激发出来，就有着改天换地的伟力。身处这样一个伟大时代，中国人民的每一分子，中华民族的每一分子都应该感到骄傲、感到自豪，也都有施展才华、实现自我的广阔舞台，更应有只争朝夕、不负韶华的使命感与紧迫感。每个人都能与时代同频共振，都能把个人奋斗融入时代洪流，就能用亿万人民的人生出彩支撑整个国家的梦想成真，汇聚起奋进新时代、书写新篇章的强大合力。

"时间不等人！历史不等人！时间属于奋进者！历史属于奋进者！为了实现中华民族伟大复兴的中国梦，我们必须同时间赛跑、同历史并进。"习近平总书记的重要讲话，让我们感受到"天时人事日相催"的紧迫感，聆听到"到中流击水，浪遏飞舟"的催征鼓。现在，中国人民和中华民族在历史进程中积累的强大能量已经充分爆发出来了，为实现中华民族伟大复兴提供了势不可挡的磅礴力量。有源自历史深处的伟力，有亿万人民只争朝夕的奋进，我们的目标一定能达到，也一定能在人类的伟大时间历史中创造中华民族的伟大历史时间！

（2020年01月26日）

奋斗创造历史，实干成就未来

李　斌

时间新故相推，实干接续发力。奋斗的人们最幸福，奋进的国家正青春。

"过去的一年，我们栉风沐雨、朝乾夕惕，坚定不移沿着新时代中国特色社会主义大道阔步前进。"习近平总书记在2020年春节团拜会上，赞扬"人民是历史的创造者，人民是我们力量的源泉"，强调"奋斗创造历史，实干成就未来"，鼓励大家继续团结一心、艰苦奋斗，风雨无阻向前进，激扬起同心逐梦、矢志复兴的磅礴力量。

幸福是奋斗出来的。刚刚过去的一年，中国经济经受住全球增长乏力等"压力测试"，14亿人整体跨过人均GDP1万美元门槛，全国农村贫困人口减少1109万人，关键就在奋斗实干。中国人民和中华民族有着"艰难困苦，玉汝于成"的文化基因，有着"天等不等天，苦干不苦熬"的民族气质，崇尚"社会主义是干出来的"之实干精神。站在春节这个辞旧迎新的时间节点上，我们更加清晰地感受到：唱响礼赞新中国、奋斗新时代的昂扬旋律，民族复兴的远大征程必会所向披靡、一往无前。

火总向上腾，人要往前走。美好梦想无法自动实现，实干才能收获丰盈充实的人生，实干才能开创无限美好的生活。新长征路上，每一个中国人都是主角、都有一份责任。"天道酬勤，力耕不欺"。无论是众志成城打赢脱贫攻坚战，还是立足岗位尽职责、立足职业做贡献，所有人努力向前奔跑，积力之所举而无不胜。每一滴汗水都折射太阳的光芒，每一份付出都照亮梦想的天空，亿万人民的创造伟力是实现中国梦的根本力量所在。历史选择了我们这一代人，荣光属于亿万个民族复兴的追梦人。

执着于奋斗实干，我们才能"千磨万击还坚劲"，"乱云飞渡仍从容"。历史长河奔腾不息，有风平浪静，也有波涛汹涌。无论顺境、逆境，都是历史的风景，都可以通过奋斗实干转化为进步的阶梯。一切办法，只有在实干中才能找到；一切问题，只有在实干中才能解决；一切机遇，只有在实干中才能抓住。越是成功越奋发，越是艰险越向前，这就是中国面对未来的郑重宣示。

奋斗实干是最好的领导方法，也是过硬的领导能力。发展最忌"守成"，改革最怕"抱残"，创新最忧"停滞"。不断叩问初心、守护初心，不断坚守使命、担当使命，是无数优秀党员干部的共同品质。贯彻落实党中央决策部署，力戒形式主义和官僚主义，实干就会成为立身之基、立德之本、立业之道，就会成为"不忘初心、牢记使命"的坚实注脚。让制度优势更加充分地释放出来，让经济社会发展呈现强劲动力，为决胜全面小康、决战脱贫攻坚打下坚实基础，要靠党员干部担当实干，带领群众撸起袖子加油干。

"从此雪消风自软，梅花合让柳条新。"不驰于空想，不骛于虚声，勇做只争朝夕的行动者、脚踏实地的实干家，新一年就能汇聚勇往直前、无坚不摧的强大力量。奋进新时代、书写中华文明新的辉煌篇章，我们必将大有可为，也必将大有作为，中华民族复兴的千秋伟业定能在实干担当中铸就。

（2020年01月25日）

感受春节文化魅力

李浩燃

时间滴答滴答，见证四季变换，催人珍惜美好年华。

在中国人心目中，过年是一件非同小可的事情，蕴含着非同寻常的意义。从中华传统文化的语境出发，以春节为标志的新春佳节，可谓一年之中最为重要的节日。这不仅仅意味着丰收的喜悦、团聚的温馨，也承载着朴素的心愿、平凡的希冀。欢喜中国年，人们等待的是"故节当歌守，新年把烛迎"的除旧布新，宣示的是"昨夜斗回北，今朝岁起东"的昂扬自信，激荡的是"千门万户曈曈日，总把新桃换旧符"的精神气象。

有人说，"年，实际是一种努力生活化的理想，一种努力理想化的生活"。春节之所以是立体的、可感的，绝非只是因为节日的时间延展得相对较长，从根本上讲，还在于新春的文化意蕴富含魅力、润泽人心。

文化的价值，既在于对传统优秀文化的坚守，也在于与时俱进的传扬；文化的魅力，既表现在绚丽多姿的形式，更体现为感染心灵的内核。就过年而言，随着经济社会的发展、生活水平的提升，人们欢度新春的方式变得愈加文明、愈加现代，但这并不影响人们对节日的渴盼和对亲情的珍视。譬如，高铁成网、运营里程达3.5万公里，春运的道路更加宽广、回家的旅程少了艰辛，不会减损见面的激动、团圆的可贵；一些地方对燃放烟花爆竹逐步由限到禁，城市安静下来、空气清新起来，反倒有助于来一场阔别已久的促膝长谈。如今，网购年货越来越普遍，酒店年夜饭"一席难求",带上一家人"说走就走"出国游成为新时尚……中国人的春节文化,一直都在继承传统中不断迸发现代表达。

"百里不同风,千里不同俗。"在祖国广袤的大地上,年味多元纷呈、五彩缤纷;对千千万万个普通家庭来说,年味拥有个性化的印记。体悟过年的味道,品味春节文化,既有宏大叙事的共同记忆,更是具体而微的独特体验。独龙族的年节"卡雀哇",村民们祭祀山神、抛碗卜卦、共吃年饭、唱歌跳舞——年味,是脱贫致富的幸福滋味。春运反向客流逐年增长,"反向春运"首次被写入春运工作指导意见,一句"亲人在哪儿,家就在哪儿"感动无数人——年味,是千里相会的团圆喜悦。放下一年的辛劳和疲惫,围炉夜话,亲情温馨,祈愿新的一年生活精彩、人生出彩——年味,是满载祝福的期盼。正是在这个意义上,年味一年胜似一年,内涵也越来越丰富。

"此心安处是吾乡"。春节是万家团圆的日子,只要能团圆,一切奔波劳碌都不是负担。不停留于对往昔的回味,悉心感受春节的文化魅力,我们坚定的是文化自信,收获的则是更加暖心的中国年。

(2020年01月24日)

"君子检身，常若有过"

尉承栋

"君子检身，常若有过"。

在十九届中央政治局的一次集体学习中，习近平总书记以这一典故勉励大家坚持问题导向，检视发现自身不足，做到知耻而后勇。回顾"不忘初心、牢记使命"主题教育，广大党员、干部对照党中央决策部署，对照党章党规，对照人民群众新期待，对照先进典型、身边榜样，找差距、摆问题，坚定了对马克思主义的信仰、对中国特色社会主义的信念，公正用权、依法用权、廉洁用权的自觉性明显增强。不忘初心、牢记使命是全体党员、干部的终身课题，每个党员都要在思想政治上不断进行检视、剖析、反思，不断去杂质、除病毒、防污染。

房间要经常打扫，镜子要经常擦拭，自我检视是党性修养的必需。无论什么时候，问题总是客观存在的，这是事物的发展规律所决定的。对共产党人而言，"初心不会自然保质保鲜"，"党性不是随着党龄增长和职务提升而自然提高的"。自我检视并不是偶尔为之的应景之举，也不能简单化为一天两天的事，而应该像"吾日三省吾身"那样，成为一种时时处处的自觉，成为一种工作常态、生活方式。时常对先进性、纯洁性弱化保持自警、自省，拿出刀刃向内的勇气，以更高标准、更严要求去检视自身、完善品行，才能不断滋养初心、激励使命，增进坚毅前行的原动力。

"一日不知非,即一日安于自是;一日无过可改,即一日无步可进"。明代思想家袁了凡在《了凡四训》书中的这句话,告诫子孙"不知非"就会停滞在"自是"之中而不知"改过",更遑论有所精进。对于一个组织或个人来说,如果不能正确对待自我革命,那么不仅新的更大的发展进步无从谈起,甚至可能陷入问题中难以自拔。学习和工作的最大敌人是自我满足,只有不断反思检身、永不自满,提升理想信念境界和思想理论水平,才可以脱离旧的自我、取得新的进步。正像登山,停下脚步休憩蓄能,并不耽误持续不断地向上攀登。

自律同他律,自我监督与党内监督,形成了讲党性、励初心的内外统一。对领导干部而言,既需要"从谏如流,自觉接受监督",主动过一过"安检",更要坚定"打铁必须自身硬",自觉励品行、正操守、养心性。是否能够深入到基层了解群众的真实诉求,而不是凭着主观意愿开展工作;是否在群众对民生质量有了更高期待时,却依然按照旧的标准想问题办事情;是否工作上取得一定成绩以后,便不再向更高水平看齐……党员干部必须经常给自己来一场思想政治体检,同党中央要求"对标",拿党章党规"扫描",用人民群众新期待"透视",同先辈先烈、先进典型"对照",不断叩问初心、守护初心,不断坚守使命、担当使命,始终做到初心如磐、使命在肩。

初心易得,始终难守。习近平总书记在"不忘初心、牢记使命"主题教育总结大会上强调:"只有坚持思想建党、理论强党,不忘初心才能更加自觉,担当使命才能更加坚定。"党员干部学深悟透科学理论,锤炼打磨理想信念,把做人与为政统一起来,把学习与改造统一起来,日积月累地检视与调整,一定能树起共产党人的时代风范,在风浪考验中永处不败之地。

(2020 年 01 月 20 日)

新风正气从哪里来

李 斌

"全面提升政府治理效能,以百姓之心为心,全面加强政治建设""坚持以人民为中心的发展思想,更好保障和改善民生""提升政府治理效能,努力建设人民满意的服务型政府"……新年新气象,正在召开的地方"两会",聚焦奋发有为的精神状态、清廉干净的办事态度、勤勉务实的为民作风,树起担当任事的鲜明导向。

风气变,干劲足。好作风是战斗力,也是推动力,更是凝聚力。令人瞩目的改革发展成就,背后是"软实力"的托举和护航。以新风正气增强干部责任感,推动改革发展向纵深迈进,可以说是党的十八大以来作风建设的一条主线。回首刚刚过去的 2019 年,有主题教育践行党的初心使命的大检视,有集中整治形式主义官僚主义问题的大减负,有严惩民生"微腐败"、黑恶"保护伞"的大整治,多层次、全方位的全面从严治党实践,促成了党员干部群众观、权力观、政绩观的正本清源,为党和国家事业发展奠定了坚实基础,提供了坚强保障。

有人说,"八项规定改变中国"。风气之变在于严,治理之变在于制。新时代全面从严治党之所以取得历史性成就,一个重要原因在于以习近平同志为核心的党中央坚持制度治党、依规治党,探索出一条长期执政条件下解决自身问题、跳出历史周期率的成功道路,构建起一套行之有效的权力监督制度和执纪执法体系。制度治党是全面从严治党的长远之策、根本之策，只有构建系统完备、科学规范、运行有效的制度体系，才能确保党风向好、政治生态向好的趋势不可逆转。习近平总书记在十九届中央纪委四次全会上强调，要通过清晰的制度导向，把干部干事创业的手脚从形式主义、官僚主义的桎梏、"套路"中解脱出来，形成求真务实、清正廉洁的新风正气。以这一要求为遵循，用制度管权、管事、管人，涵养风清气正、敢为善为的政治生态，将进一步把全面从严治党提升到一个新的水平。

站在实现"两个一百年"奋斗目标的历史交汇点上，"只争朝夕，不负韶华"的紧迫感更加强烈，"初心易得，始终难守"的责任感更为清晰。实践充分表明，全面从严治党既是政治保障，也是政治引领。以全面从严治党新成效推进国家治理体系和治理能力现代化，以优良作风决胜全面建成小康社会、决战脱贫攻坚，迫切需要把全面从严治党制度坚持巩固好、完善发展好、遵守执行好，不断增强党的创造力、凝聚力、战斗力。从现实考验看，有些问题的整改还没有到位，有的基层党组织建设还比较薄弱，有的地方仍然存在形式主义、官僚主义。只有以严格的执纪执法增强制度刚性，发挥好管党治党制度威力，才能有效清除一切弱化党的先进性、损害党的纯洁性的因素。

"倘筑太平基，请自厚俗始。"党的领导指引伟大事业，新风正气助推实现伟大梦想。坚持和完善全面从严治党制度，带来的必将是无所不在的发展信心和前进能量，带来的必会是民康物阜的繁荣景致和政通人和的大国气象。

（2020 年 01 月 16 日）

走好新时代的长征路

官广宇

"现在我们正走在开启建设社会主义现代化国家的新征程上,我们要继往开来再出发!"

新年伊始,"历史照亮未来,征程未有穷期"的启示更为深刻,"没有任何力量能够阻挡中国人民和中华民族的前进步伐"的决心更为坚定。

有什么样的精神状态,就有什么样的现实行动,就有什么样的命运未来。新中国从苦难走向辉煌、将旧貌换新颜,是中国共产党带领中国人民下定决心艰苦创业的生动体现,也是一代代人排除万难争取胜利的精神彰显。70年来,从确立社会主义基本制度、建立独立自主的国民经济体系,到实行改革开放、发展社会主义市场经济,到中国特色社会主义进入新时代,社会主义中国巍然屹立在世界东方,中国的发展步履铿锵、坚实有力。令世界惊叹的"中国奇迹",充分表明中国人民具有脚踏实地创造美好生活的坚定信念,中华民族具有战胜任何困难的无比顽强的生命力。

长征永远在路上。去年,我们隆重庆祝新中国成立70周年是回顾历史,重温初心,也是履行使命,开拓未来。热血写就的光荣簿激励我们,只有创造新的辉煌,才是对历史的真正致敬、对先辈的虔诚缅怀。激情充溢的奋斗志也提醒我们,只有弘扬斗争精神,焕发凌云之志,才能防备因阶段性胜利造成的激情消退、斗志松懈、思想疲劳,打消"差不多""歇歇脚""喘口气"的松懈思想。重整行装走好新时代的长征路，正是我们这一代人的宣言书。

长征的胜利，是理想的胜利、信念的胜利。"任重而道远者，不择地而息。"今天的长征，就是要实现"两个一百年"奋斗目标、实现中华民族伟大复兴的中国梦。走好新时代的长征路，我们必须以梦想为帆，奋斗为桨，一个胜利接着一个胜利去争取。大有可为的历史机遇期时不我待，我们要倒排工期、挂图作战，以披荆斩棘的勇气、勇往直前的毅力、雷厉风行的作风推进改革发展，完成我们这代人的历史使命。

聂荣臻元帅曾说："碰到了困难，人们就想起长征，想想长征，就感到没有克服不了的困难。"长征以战斗之频、河山之险、给养之难、霜雪之冷，写下了人类历史上气壮山河的英雄史诗。如今，实现中华民族伟大复兴进入了关键时期，"船到中流浪更急、人到半山路更陡"，必然面临更多艰难险阻。破解深化改革难题，维护良好发展环境，应对各种困难挑战，都需要像红军长征那样，拿出敢打硬仗、敢涉险滩的勇气和魄力，凝聚众志成城、攻坚克难的合力。锻造担当的铁肩膀、实干的硬功夫，涵养干事创业、奋勇争先的生动局面，就能越千山、过万水，登攀新的高度。

志行万里者，不中道而辍足。迎着民族复兴的胜利曙光，更伟大的事业在召唤，更艰巨的任务在等待。只要我们咬定青山不放松，快马加鞭不下鞍，走好新时代的长征路，就一定能向历史、向人民交出新的更加优异的答卷。

（2020 年 01 月 14 日）

让制度红利不断"显化"

——坚定中国经济发展信心

李 拯

岁末年初，中国经济的发展态势引发广泛关注。在关注经济增速、失业率、物价指数等宏观指标的短期变化之外，有的研究机构从长期视野出发，注意到一个影响更为深远的指标变化：中国经济全要素生产率对经济增长的贡献稳步提升。

何谓"全要素生产率"？简单理解，全要素生产率衡量了技术进步、生产率提升对经济增长的贡献。发展经济学有一个基本共识，从长期来看，技术进步是经济持续增长的唯一源泉。党的十九大报告强调"提高全要素生产率"。全要素生产率是一个典型的"慢变量"，需要为技术创新创造合适的制度环境，通过激励技术创新来提高生产效率。全要素生产率增速由负转正，正说明供给侧结构性改革开始释放制度红利，也说明面对外部风险挑战增多、经济下行压力加大，中国经济的积极因素在增多，内生动力不断增强。

实际上，全要素生产率提升，是技术进步的表现，而背后则是制度红利的不断"显化"。技术创新不会凭空产生，需要通过不断的制度创新，为技术创新提供适宜的激励机制和生长土壤。比如在这轮减税降费中，通过提高研发费用加计扣除比例这一制度设计，使得更多企业提高研发投入。通过制度创新，树立起鼓励创新的导向，促使减税降费的红利更多转化为创新活力、转型动力。

如果把视线拉开就会发现，一部中国的改革开放史，也可以说是通过改革来不断释放制度红利的过程。从家庭联产承包责任制、股份制，到建设经济特区和沿海开放城市、放开农民工进城落户，再到建立社会主义市场经济制度，在中国经济腾飞的40多年里，面临过很多考验，但都通过深化改革，攻坚克难，实现了进一步发展。现在，我们仍然需要以制度建设为主线深化改革，不断释放更多制度红利，为经济发展注入内生动力。

观察中国经济发展，不能被短期的数据波动牵着鼻子走，而应该以长周期的视角、更多关注那些深层次的制度性因素。在经历一段时间的结构调整阵痛期之后，供给侧结构性改革的制度红利正在逐步释放出来，并开始覆盖改革成本。不断优化营商环境，2019年全国日均新设企业达到2万户；贯彻大规模减税降费政策，2019年全年累计新增减税降费超过2万亿元，占GDP比重超过2%；发布外商投资法，为更高水平开放奠定制度基石，在全球资本流动规模萎缩的情况下中国资本流入逆势增长……一系列改革举措，正润物无声地为经济发展释放制度红利。可以预期，随着改革深入推进，更多制度创新将不断推出，成为应对外部冲击的"逆周期调节"强大因子。

习近平总书记深刻指出，"我们要打赢防范化解重大风险攻坚战，必须坚持和完善中国特色社会主义制度、推进国家治理体系和治理能力现代化，运用制度威力应对风险挑战的冲击"。这正是中国经济行稳致远的底气所在。深入贯彻党的十九届四中全会精神，切实把党领导经济工作的制度优势转化为治理效能，让制度红利不断"显化"，让制度威力更加强大，就能推动中国经济实现高质量发展。

（2020年01月13日）

用转型升级激发长远动力

——坚定中国经济发展信心

刘志强

从出产全球 1/10 的鞋到出品全球 1/4 的智能手机，制造重镇广东东莞上演精彩蝶变；从"一城煤灰半城土"到"一城青山半城湖"，煤炭大市江苏徐州涅槃重生；从出国抢购电饭煲、马桶盖到本土品牌群体崛起，中国制造赢得越发响亮的喝彩……随着供给侧结构性改革深入推进，中国经济正在转型升级之路上砥砺前行。

成绩来之不易，困难也不容忽视。市场有新陈代谢，动能有新旧转化。深入推进结构性调整，无疑会加速资金、人才、土地等资源的优化配置，由此也难免带来一些阵痛。这些阵痛，正是中国经济持续健康发展的必经阶段。把水分挤出去、把短板补起来、让供需更匹配，中国经济才能既长"个头"又强"体魄"。"冰冻三尺非一日之寒"，化解过去高速增长阶段逐步积累下的深层次矛盾，势必需要一定过程，决不可因局部阵痛而犹疑、因一时波动而急躁，必要时宁用一时阵痛换长远发展动力。

面对经济形势变化，政策上可以有两种选择，一是坚持深化供给侧结构性改革，一是加强需求刺激。在当前形势下，有必要稳定总需求，但我国经济运行的主要矛盾仍然在供给侧，供给体系不适应需求结构变化，经济难以实现良性循环。因此，我们不能重回强刺激的老路，而是要坚持以供给侧结构性改革为主线不动摇。从完善市场化、法治化、便利化的营商环境,到落实减税降费政策;从为实体经济注入金融活水,到坚定不移扩大开放,一系列改革举措使要素资源高效流动、创新潜力加速释放、市场活力充分迸发,为中国经济提供更优质的制度供给、服务供给、要素供给和高标准市场体系。

面对一时阵痛,我们更应抱有必胜的信心。中国既是世界工厂,又是世界市场,这让中国经济具备渡过难关、再上台阶的坚实基础。从需求一端看,强大的国内市场、升级的消费结构,为转型升级提供了广阔空间。去年"双11"期间,新增网购用户七成来自三四线城市、县城、乡镇等,下沉市场潜力惊人;激光电视、智能穿戴、数码相机、扫地机器人,消费升级类产品销量连年攀升,新技术、新产业、新业态在神州大地上蓬勃发展……遨游在中国经济这片大海之中,企业有无尽的机会翻转腾挪、实现跃升——论吨卖的建材钢饱和了,论克卖的"手撕钢"依然广受热捧;大城市的产品普及了,小县城的需求依然旺盛。只要稳住神、迈开步、走对路,拿出更高质量、更高水平的供给,中国企业就不愁闯不出新天地。

从供给一端看,完备的产业体系带来了独特的升级优势。中国在5G领域领先一步,离不开多项技术的协同配合、多个产业的系统支撑。这背后的大背景,是创新已经成为企业的普遍自觉和共同选择。展望未来,新一轮科技革命和产业变革孕育的新机遇,与工业门类齐全、配套能力强大、产业基础雄厚的优势,将一道激荡出转型升级的澎湃动力。只要一家家企业坚守实业、矢志创新,上下游产业精诚合作,产学研各方形成合力,产业就能加快迈向中高端,发展就能不断收获新动能。

艰难险阻不足惧,闯关夺隘再前行。我们要在深化供给侧结构性改革上持续用力,确保经济实现量的合理增长和质的稳步提升。

(2020年01月17日)

把外部压力转化为改革动力

——坚定中国经济发展信心

王 珂

"不得额外对民营企业设置准入条件""破除招投标隐性壁垒""切实落实更大规模减税降费"……近日,党中央、国务院印发《关于营造更好发展环境支持民营企业改革发展的意见》,一系列改革举措掷地有声,为民营经济发展注入信心和动力。这也给人启示:面对风险挑战,最好的应对方式就是继续深化改革。

如同大河东流,尽管会有回环曲折,但奔腾大势从未改变。国家的发展同样如此,总是在解决问题中不断向前发展,汇聚起不可阻挡之势。如果把视线拉开就会发现,一部中国的改革开放史,也可以说是通过改革来不断解决问题、应对挑战的过程。从家庭联产承包责任制、股份制,到建设经济特区和沿海开放城市、放开农民工进城落户,再到建立社会主义市场经济制度,在中国经济腾飞的40多年里,面临过很多考验,但都通过深化改革,攻坚克难,实现了进一步发展。

激荡人心的故事,在今天仍然精彩延续。今年以来,面对国内外风险挑战明显上升的复杂局面,全党全国上下贯彻党中央决策部署,全面深化改革、全面扩大开放,把自己的事越办越好。近日,国家统计局对外公布,经初步核算,2019年全年我国国内生产总值接近百万亿元,人均GDP首次站上1万美元的新台阶。这样的成绩,就是最好的证明。由此回看 2019 年，供给侧结构性改革继续深化，"三去一降一补"成果更加巩固；营商环境进一步改善，微观主体营商便利度更高；金融体制改革提速，经济循环更加畅通；外商投资法出台、增设上海自贸试验区新片区、成功举办第二届进博会，开放大门越开越大……一系列深化改革、扩大开放的举措，为经济高质量发展注入强劲动力。

当前，我们取得了来之不易的成绩，也面临着新的风险挑战。看外部，世界经济增长持续放缓，仍处在国际金融危机后的深度调整期；看内部，我国正处在转变发展方式、优化经济结构、转换增长动力的攻关期，结构性、体制性、周期性问题相互交织，"三期叠加"影响持续深化，经济下行压力加大。何以解忧？唯有改革。我们要认识到，应对风险挑战的最好办法，就是不为风险挑战所困、不为杂音噪音所惑，把外部压力转化为改革动力，通过真抓实干解决问题、战胜挑战。越是环境复杂，越要保持战略定力，越要坚定不移用改革的方式办好自己的事，才能转危为机、履险如夷。

中国经济逆势上扬，在这样的大背景下，有一个细节引人注目：世界银行最新发布的全球营商环境报告中，中国排名大幅度跃升至第三十一位，并连续第二年成为全球优化营商环境改善幅度最大的十大经济体。国际社会对中国改革开放和经济前景投出信任票，成为我们扎扎实实深入推进改革的有力注解。展望未来，我们更需以创新驱动和改革开放为两个轮子，通过改革破除发展面临的体制机制障碍，激活蛰伏的发展潜能，让各类市场主体在科技创新和国内国际市场竞争的第一线奋勇拼搏，推动中国经济巨轮乘风破浪、行稳致远。

今年是全面建成小康社会收官之年，只要我们紧密团结、凝神聚力，把思想和行动统一到党中央决策部署上来，继续推进全面深化改革，坚定不移、踏踏实实办好自己的事情，就一定可以实现第一个百年奋斗目标，为"十四五"发展和实现第二个百年奋斗目标打好基础。

（2020 年 01 月 21 日）

倡导"办事不求人"的风气

林治波

"深化'放管服'改革,树立'办事不求人'理念,营造'办事不求人'文化""用规则意识、契约意识打破权力文化、关系文化,把人情社会、面子社会变成法治社会、诚信社会",黑龙江去年制定关于推进"办事不求人"工作的指导意见,聚焦纾解制约市场主体和群众办事创业的痛点、堵点、难点问题,力求打造"办事不求人"的公正、透明、可预期的营商环境,收到较好效果。

从民生角度看,"办事不求人"是让人民对改革有更多获得感的题中之义。实实在在破解"办事难",冲破的是为官不为的不正之风,确保的是权力真正运行在为民造福的轨道上。不单是黑龙江,全国不少地方都已将"办事不求人"列入改革规划,狠抓制度执行。管住权力"任性",让"难事"不再难办,强化权力监督和问责,成为新时代法治中国、效能政府的一个生动缩影。

如果深入文化传统审视,"办事不求人"改革准确地抓住了"重私德、轻公德""重人情、轻法治"的文化症结。传统观念里,人们考虑问题的出发点是人际关系的"生"或"熟"。从幼儿入托、孩子上学、病人看病,到就业创业、工作调动、投资兴业,往往都想找熟人、托关系、走后门。如此一来,便形成恶性循环:越是不按规矩办事,就越得依靠人情关系;越是依靠关系办事,就越是不遵守规章制度。人情、关系越来越重,终成不可承受之负担。只有以制度重塑权力运行,以责任校准权力观念,带动社会关系清清爽爽,才能营造出健康的政治生态和社会生态,真正解决人情负担、办事困难问题。

"办事不求人"的改革,既是法治建设的过程也是反腐倡廉的过程,既是行政改革的过程也是转变观念的过程,涉及行政服务与社会生活的方方面面,其复杂性与实施难度不容小觑。因此,必须把"办事不求人"改革,与正风反腐结合起来,与法治改革和法治建设结合起来,将办事群众之所需、市场主体之所盼、经济社会发展之关键作为净化政治生态的重点和方向。改革不可能一蹴而就,需要付出长期的、渐进的、耐心细致的努力。坚持不懈,久久为功,才能把权力关进制度笼子,让"门好进、脸好看、事好办"成常态。

一个"办事不求人"的社会,必是一个清明、轻松、公平、幸福的社会。"办事不求人",是百姓的渴望与期盼,也是以人民为中心理念的具体落实。因此,这项改革不能止于营商环境的改善,还应该向更加广泛的社会生活领域延伸,向具有持久性、稳定性的思想文化领域延伸。进一步增强人们的法治意识,转变人们的文化观念,改进人们的办事习惯,不仅将助力打造一个"办事不求人"的良好环境,也会让中国社会从根本上摆脱千百年来的人情之困。

如今,中央八项规定出台已满七周年。激浊扬清、脱胎换骨的作风重塑,为党和国家事业取得历史性成就提供了重要政治保障。全面深化改革驰而不息,全面从严治党常抓不懈,不断推动"办事不求人",功在当下,惠及子孙,善莫大焉。

(2020 年 01 月 10 日)

科技创新筑牢强国之基

——坚定我们的制度自信⑮

任 平

嫦娥四号实现人类探测器首次月背软着陆,全球最大静音科考船"东方红3"船交付,被称为"新世界七大奇迹"之首的北京大兴国际机场投入使用,长征五号遥三运载火箭成功发射……回首刚刚过去的2019年,一系列科技领域新突破,展现出创新智慧充分释放、创新力量充分涌流的新时代风貌,更加坚定了我们走中国特色自主创新道路的决心和信心。

科技是国家强盛之基,创新是民族进步之魂。经过新中国成立以来特别是改革开放以来不懈努力,我国科技发展取得举世瞩目的伟大成就,科技整体能力持续提升,一些重要领域方向跻身世界先进行列,某些前沿方向开始进入并行、领跑阶段,正处于从量的积累向质的飞跃、点的突破向系统能力提升的重要时期。之所以取得这些历史性成就,根本原因在于党的领导的政治优势和社会主义集中力量办大事的制度优势,关键在于实施创新驱动发展战略,把科技创新摆在国家发展全局的核心位置。结合实际坚持好、运用好我国科技事业快速发展的制度优势和实践经验,我们就能紧紧抓住和用好新一轮科技革命和产业变革的机遇,向着建设世界科技强国的目标不断迈进。

放眼当今世界,谁牵住了科技创新这个"牛鼻子",谁走好了科技创新这步先手棋,谁就能占领先机、赢得优势。可见,创新是引领发展的第一动力,科技创新是提高社会生产力和综合国力的战略支撑。一段时间里,创新能力不强,科技发展水平总体不高,科技对经济社会发展的支撑能力不足,科技对经济增长的贡献率远低于发达国家水平,成为制约我国经济社会发展的"阿喀琉斯之踵"。实施创新驱动发展战略,成为以习近平同志为核心的党中央综合分析国内外大势、立足我国发展全局作出的重大战略抉择。我们必须坚定不移走科技强国之路,把发展着力点更多放在创新上,加快形成以创新为主要引领和支撑的经济体系和发展模式,推动实现高质量发展。

创新是一个系统工程,科技创新、制度创新要协同发挥作用,两个轮子一起转。"构建社会主义市场经济条件下关键核心技术攻关新型举国体制""健全鼓励支持基础研究、原始创新的体制机制""建立以企业为主体、市场为导向、产学研深度融合的技术创新体系""健全符合科研规律的科技管理体制和政策体系"……党的十九届四中全会的一系列重要部署,为最大限度解放和激发科技作为第一生产力所蕴藏的巨大潜能指明了改革方向。当前最为紧迫的任务就在于,加快科技体制改革步伐,扭住"硬骨头"攻坚克难,破除一切束缚创新驱动发展的观念和体制机制障碍,切实营造促进科技创新的良好环境。以改革释放创新活力,激活创新驱动的发展引擎,必将夯实国家富强、民族振兴、人民幸福的根基。

科技兴则民族兴,科技强则国家强。新中国成立70年来,"两弹一星"、三峡工程、载人航天、超级计算、国产航母、港珠澳大桥等一系列重大科技和工程突破,极大振奋了民族精神,极大提升了我国国际地位。今天,只要我们大力推进科技进步和创新,坚定不移做好自己的事,就没有任何力量能够阻挡中国人民的前进步伐。中华民族必能以更加自信、更加自强的姿态,屹立于世界民族之林。

(2020年01月08日)

永葆人民军队性质宗旨本色

——坚定我们的制度自信 ⑯

任 平

最近一段时间，新型国产武器亮相国庆大阅兵，首艘国产航母"山东舰"交付海军，中俄空军举行联合战略巡航，新时代强军事业不断推向前进，集中体现了人民军队能打胜仗的过硬本领，彰显出捍卫国家主权、安全、发展利益的坚强决心。

人民军队是中国特色社会主义的坚强柱石。党对军队的绝对领导是中国特色社会主义的本质特征，是党和国家的重要政治优势。自成立以来，人民军队紧跟党和人民事业发展步伐，英勇投身为中国人民求解放、求幸福，为中华民族谋独立、谋复兴的历史洪流，为党和人民建立了伟大的历史功勋。人民军队在党的旗帜下前进，形成了一整套建军治军原则，发展了人民战争的战略战术，培育了特有的光荣传统和优良作风。党的十九届四中全会系统总结我国国家制度和国家治理体系的显著优势，其中一个重要方面就是"坚持党指挥枪，确保人民军队绝对忠诚于党和人民，有力保障国家主权、安全、发展利益的显著优势"。今天我们全面推进国防和军队现代化，努力实现党在新时代的强军目标，必须坚持和完善党对人民军队的绝对领导制度，确保人民军队切实担负起新时代使命任务。

党对军队绝对领导，是人民军队建军的根本原则和永远不变的军魂，是我国的基本军事制度和中国特色社会主义政治制度的重要组成部分。习近平主席深刻强调:"保证党对军队的绝对领导,关系我军性质和宗旨、关系社会主义前途命运、关系党和国家长治久安,是我军的立军之本和建军之魂。"党对军队绝对领导的根本原则和制度,发端于南昌起义,奠基于三湾改编,定型于古田会议,是人民军队完全区别于一切旧军队的政治特质和根本优势。新中国成立70年来,人民军队军魂不变、宗旨不忘、本色不褪,在保家卫国的战场上,在卫国戍边的坚守中,在抗洪救灾、抗震抢险第一线,始终践行"听党话、跟党走"的赤胆忠心,为维护中国共产党领导和我国社会主义制度,为维护国家主权、安全、发展利益,提供了强大力量支撑。历史和现实充分表明,党指挥枪是保持人民军队本质和宗旨的根本保障。

强国必须强军,军强才能国安。回望百余年来的历史大势,中华民族走出苦难、中国人民实现解放,有赖于一支英雄的人民军队;站在新的历史起点上展望,中华民族实现伟大复兴,中国人民实现更加美好生活,必须加快把人民军队建设成为世界一流军队。对于坚持和完善党对人民军队的绝对领导制度,党的十九届四中全会提出,要坚持人民军队最高领导权和指挥权属于党中央,健全人民军队党的建设制度体系,把党对人民军队的绝对领导贯彻到军队建设各领域全过程。牢固确立习近平强军思想在国防和军队建设中的指导地位,把党对人民军队的绝对领导制度坚持完善好,我们才能筑牢立军之本、光大强军之道、培厚制胜之源,一步一个脚印把党在新时代的强军目标变成现实。

"听吧,新征程号角吹响,强军目标召唤在前方。国要强,我们就要担当,战旗上写满铁血荣光。"更加紧密地团结在以习近平同志为核心的党中央周围,坚定不移走中国特色强军之路,人民军队必将续写出无愧于党和人民的壮美篇章,为实现中华民族伟大复兴的中国梦提供坚强后盾。

(2020年01月09日)

说说"年代感"

李 斌

当时间跨入2020年,一波"再见10年代,你好20年代"的讨论吸引众多网友参与。年代感,仿若时间隧道里的航标,把人们的思绪引入温馨的港湾。

时间是奋斗的尺度,是筑梦的空间。年代感,是特定时间段铭刻在人们心中的特殊印记。老照片莫名戳中泪点,因为上面记录着童稚童趣和青春芳华;老物件勾起联翩回忆,因为其中凝结着生活过往和拼搏经历。回望刚刚过去的2019年,国庆盛典意气风发,主题教育抖擞精神,改革发展稳中有进,闯关夺隘所向披靡,共同沉淀为2019年的历史标识。忆往昔峥嵘岁月,巍巍中华实现了从赶上时代到引领时代的伟大跨越,每一个奋斗者都是参与者、见证人。时间塑造了山河也缔造了奇迹,凝固了历史也凝结了精神,描绘了趋势也熔铸了担当。

有人感慨,时光老去了岁月,岁月沧桑了容颜。不管是触景生情还是睹物思人,年代感被屡屡关注,并不仅仅因为我们在"变老",更多时候是因为时代在"变好"。学者研究发现,改革开放以来,我国发展几乎每10年上一个大台阶:上世纪80年代满足了温饱,90年代家用电器开始普及,到了21世纪,汽车进入千家万户,2010年以来一系列新兴消费爆发式增长。改革发展从经济体制改革递进到全面深化改革,生活水平从解决温饱递进到全面小康,无数人命运伴随国家发展而改变。每一天都是崭新起点,每一年都是鸿篇巨制,时间是一切成就的土壤。

无论是"光阴似箭"的催促感,还是"岁月如笔"的充实感,时间的变化总会在不经意间触发"人生怎样度过"的思考。插队知青,下海经商,逐梦互联网,大众创业、万众创新,每代人都有各自人生际遇,但并不妨碍品格与追求的一脉相承,比如苦干实干,比如改革创新,比如勇于追梦。年代感是似水年华的情境再现,包含着丰富的情感记忆和生活意义,可以吹散生活迷茫,可以慰藉心灵世界,可以洞悉梦想微光。我们无法违抗寒来暑往、春秋代序的时间规律,却可以通过奋斗赢得尊严,通过梦想矫正惰性,通过规划描绘未来,通过改革开拓动能,通过履责收获不凡。时间是个变量,但主动权掌握在每个人手中。

"黄金时代,不在我们背后,乃在我们面前;不在过去,乃在将来。"从回忆中汲取能量,在怀旧中积攒温暖,当人们戴上"年代滤镜"审视过往,其实也是在用"未来视角"定焦当下、谋划前程。在信息时代,社会进步正像"摩尔定律"一样,呈现愈发强烈的"时空压缩效应"。年代感指引我们总结过往,为未来储蓄经验智慧、信心决心和筑梦力量。新一年,我们将历史性解决困扰中华民族几千年的绝对贫困问题,实现"民亦劳止,汔可小康"的愿景。新的10年,我们将继续推进国家治理体系和治理能力现代化,开启全面建设社会主义现代化国家新征程。最美的风景永远在前,追梦的脚步永远向前。

时间的意义,永远都是被奋斗者赋予的。没有什么比失掉时间更不幸,没有什么比紧握机遇更可贵。伟大祖国从来没有像今天这样欣欣向荣,伟大人民从来没有像今天这样幸福安康。接续奋斗、砥砺前行,新的奋斗史诗由新时代人完成书写。

(2020年01月07日)

以普通人的平凡书写不平凡的人生

李 斌

"一辈子深藏功名、初心不改的张富清,把青春和生命献给脱贫事业的黄文秀,为救火而捐躯的四川木里31名勇士,用自己身体保护战友的杜富国,以十一连胜夺取世界杯冠军的中国女排……许许多多无怨无悔、倾情奉献的无名英雄,他们以普通人的平凡书写了不平凡的人生。"国家主席习近平发表二〇二〇年新年贺词,为感动全国的人和事点赞,为不同凡响的中国风采、中国力量喝彩,激荡起人们"只争朝夕,不负韶华"的共鸣。

岁月峥嵘,山河为证。回望过去的一年,基层发展有无数像张富清、黄文秀一样的党员干部不慕名利,践行初心使命;万家灯火有无数像木里勇士和杜富国一样的忠诚卫士恪尽职守,擦亮英雄本色;各个领域有无数像中国女排一样的拼搏者挥洒汗水,奋勇争先建功立业。用汗水浇灌收获,以实干笃定前行,中国人民在各自岗位上创造了非凡的成就。无穷伟力蕴藏在人民群众中,无穷奇迹厚植于平凡奋斗中。习近平主席对新时代奋斗者的赞誉,生动展现出"有梦想,有机会,有奋斗,一切美好的东西都能够创造出来"的实干哲学,充分诠释了"人民是历史的创造者,是时代的雕塑者"的唯物史观,汇聚起亿万人民团结奋斗、同心筑梦的深厚力量。

平凡是生活的本色,不凡是生命的追求。从"苦干惊天动地事、甘做隐姓埋名人"的国防卫士,到"功成不必在我、功成必定有我"的人民公仆,捧读2019年那些感动着我们的人和事,不禁为忠诚如一、信念坚定的政治品格而肃然起敬,为胸怀祖国和人民的爱国情怀深深折服,为爱岗敬业、舍家为国的奉献精神热泪盈眶。平凡因奉献而伟大,平凡因坚守而崇高,平凡因勇敢而伟岸,平凡因付出而出色。"伟大的灵魂,常寓于平凡的躯体。"许许多多无怨无悔、倾情奉献的无名英雄,在平凡岗位上铸就生命的精彩华章,擦亮了道德星空,树起了时代标杆,挺直了民族脊梁。每一个平凡的奋斗者,都是卓越的追梦人。

伟大出自平凡,英雄来自人民。伟大与英雄不是凭空而来的,无不以平凡工作为依托、以平凡劳动为根基。王继才日复一日升国旗、护航标、写日志,川航英雄机组日复一日重复训练动作,中国女排胜不骄、败不馁,即便低谷依然默默工作、不计回报……平凡与伟大的辩证哲理就在于:把每一项平凡工作做好就是不平凡,把每一项小事做好就是大事业;一切平凡的人都可以获得不平凡的人生,一切平凡的工作都可以创造不平凡的成就。当此长河奔腾、万物勃发的新时代,我们更加懂得以梦想坚守平凡、以奋斗创造不凡的价值。无论什么职业,无论处在何方,只要有追求、有闯劲、有奋斗,任何人都可以在梦想的舞台上展现人生价值。

"垂大名于万世者,必先行之于纤微之事。"实现中华民族伟大复兴的中国梦,要靠各行各业人们的辛勤劳动。当每一个平凡生命的创造精神、奋斗韧劲前所未有迸发出来,涓滴之水汇聚成不可阻挡的时代洪流,中华民族的逐梦征程将所向披靡,新时代中国的前途将不可限量。新的一年,奋进正当其时,圆梦适得其势。让我们脚踏实地把每一件平凡的事做好,一起为全面建成小康社会、实现第一个百年奋斗目标而拼搏奋斗,共同谱写新时代人民共和国的壮丽凯歌!

(2020年01月03日)

让我们一起奔跑

李浩燃

岁月不居,时节如流。当太阳从地平线上冉冉升起,"2019"已成回忆,"2020"悄然开启。

时间是万物的尺度,富含意义而又充满魔力。时光流转,人们沐浴着冬日的暖阳,或跟亲友盘点过去一年的点点滴滴,或在微信朋友圈发表简短的新年感言,抑或仅仅沉静片刻,于心中"种"下一个小目标……新的一天、新的一年,时间切换中,我们回味昨日的不凡和感动,更怀抱对未来的憧憬与期待。

2019年,我们用奋斗定义时间,刻写下浓墨重彩的共同记忆。人民军队虎贲云集、战机翱翔,主题方阵绚丽多彩、群众载歌载舞,天安门广场上烟花照亮夜空……新中国七十华诞盛典定格成精彩瞬间,激发起亿万人民的爱国情、强国志。嫦娥四号成功着陆月球背面,北京大兴国际机场通航,第一艘国产航空母舰山东舰交付海军,大火箭"胖五"再问苍穹……一项项惊艳世界的成就,标注了当代中国的发展速度。荣获共和国勋章和国家荣誉称号的英雄模范,令人敬仰的"时代楷模""最美奋斗者",奋战在脱贫一线的驻村干部、第一书记,赢得十一连胜的中国女排……一个个奋进的身影,汇聚着众志成城的磅礴力量。这一年,我们在奔跑中收获希望,追梦的步履更加坚实。

翻开共和国的史册,"只争朝夕"可谓我们对时间的注解,奋斗则是我们为时间铺就的底色。回首新中国成立以来的壮阔征程，从满目疮痍、一穷二白起步，我们党领导人民创造了世所罕见的经济快速发展奇迹和社会长期稳定奇迹，中华民族迎来了从站起来、富起来到强起来的伟大飞跃。除了惜时如金、实干奋斗，别无他途。在岁月长河里，一代代奋斗者既胸怀梦想又不驰于空想，既勇于追梦又不骛于虚声，激扬了"敢教日月换新天"的气魄，砥砺了"越是艰险越向前"的意志，蓄积了"千磨万击还坚劲"的韧性。时间周而复始，我们在祖国广袤的大地上不断书写最新最美的图画。因为我们深知"社会主义是干出来的"，我们深信"中国人民一定能，中国一定行"！

从更宽广的时空视野出发，中国共产党即将迎来百年诞辰。如月之恒，如日之升，一个立志于千秋伟业的大党，百年恰是风华正茂。我们党一路走来，成就举世瞩目，根本原因就在于我们党始终坚守了为中国人民谋幸福、为中华民族谋复兴的初心和使命。正因葆有初心与恒心，共产党人不惧关山千万重，把奇迹镌刻在时间的年轮上。"不忘初心方能行稳致远，牢记使命才能开辟未来。"今天，世界正经历百年未有之大变局，国内外形势正在发生深刻复杂变化，来自各方面的风险挑战明显增多，正待我们写就"寒梅傲雪见精神"。保持居安思危的政治清醒、坚如磐石的战略定力、勇于斗争的奋进姿态，担当作为、真抓实干，闯关夺隘、攻城拔寨，我们一定能在新的一年开好局、起好步，确保全面建成小康社会圆满收官，进而赢得更加美好的未来。

最近，一幅新闻照片被热转：京张高铁正式开通运营，一辆"复兴号"智能动车组在北京居庸关长城下飞驰而过。古老与现代的完美融合，营造出深远的意境，象征着行进的中国。新的一年，让我们做起而行之的行动者，当攻坚克难的奋斗者，一起为了梦想勇敢奔跑吧！

（2020年01月02日）

历史性成就的深刻启示

彭 飞

2019年是一个历史性年份,给人们带来了怎样的深层次思考?透过刚刚落下帷幕的"伟大历程 辉煌成就——庆祝中华人民共和国成立70周年大型成就展",我们可以从历史深处、人心深处聆听到生动回答。

行稳才能致远。70年来的辉煌成就,起自于优势鲜明、独具特色的治国安邦之路。从体现历次党代会和重要中央全会的巨幅照片,到150个激动人心的"新中国第一",再到蔚为壮观的英雄模范人物墙,70年大型成就展犹如一个"历史走廊",浓缩呈现了新中国成立以来中国共产党领导亿万人民艰苦奋斗实现的伟大跨越;又如一个"时间隧道",深刻见证党的领导的政治优势和社会主义集中力量办大事的制度优势。70年巨变告诉世人,中国特色社会主义道路是中国能够不断发展进步的根本原因,得到了中国人民的衷心拥护和支持。

家是最小国,国是千万家。一部从站起来、富起来到强起来的发展史,也是一部人民生活由贫穷落后到富裕幸福的变迁史。成就展上,几个家庭场景格外引人注目。上世纪50年代的婚房里,一张土炕、一个梳妆盒、两三件简单家具,几乎就是全部家当;到了改革开放初期,冰箱、电视、电扇开始出现;进入新时代,安居住宅中液晶电视、空调等现代家电一应俱全……70年沧桑巨变、换了人间,不仅有关乎国家发展道路的"宏大叙事",更有实实在在改变百姓生活的"微观巨变"。"当惊世界殊"的发展成就充分说明,人民是共和国的坚实根基,人民福祉是改革发展的旨归。

"要打牢爱国主义的基础,就要了解历史。"70年大型成就展的价值就在于,不仅记录着时代、再现了历史,更凝聚了人心、启迪着未来。展览现场,时常会看到全家人集体观展的场景:青年人搀扶白发老人,小两口手牵天真幼童,一起会心察看讲述历史过往的老照片、老物件。对孩子来说,这是爱国主义教育大课堂,自信气质从此播下种子;对青年人来说,展览标注出个人奋斗的历史坐标,胸中的家国情怀更为激荡;对老年人来说,展览更像是一台穿越历史的时光机,为流金岁月打上奋斗有我、见证有我的注脚。参观成就展的过程,是一次精神洗礼、一种历史传承,把每一个中国人紧紧凝聚在一起。

"置身其中,可以清晰地感受到时代的巨大进步、社会的飞速发展""看到新中国创造了一个又一个的人间奇迹,自豪感是忍不住的"……在成就展网上展馆,浏览者纷纷写下肺腑感触。从隆重颁授国家勋章和国家荣誉称号,到举行盛大阅兵仪式和群众游行,一系列庆典活动极大振奋了民族精神,增强了中华儿女的自信心和自豪感。我们为一路走来的不平凡历程而感慨,也为取得的不平凡成就而自豪,更对迎面而来的新征程充满期许。从过往经验中汲取前行的智慧,从历史积淀中激发奋进的力量,增强"四个自信",向着未来奔跑的步伐将更为坚定和勇毅。

告别2019,迎来2020,新的波澜画卷正待舒展。怀着新中国70年大庆的喜气劲、蓬勃劲乘势而上、团结奋斗,在新的一年创造新的更大业绩,全面建成小康社会,开启全面建设社会主义现代化国家新征程,中华民族伟大复兴的前进步伐必将势不可挡、充满辉煌。

(2020年01月01日)

®人民时评

人民日报评论年编·2020
人民时评

人民日报社评论部 编

人民日报出版社
北京

图书在版编目（CIP）数据

人民日报评论年编.2020.人民论坛、人民时评、评论员观察 / 人民日报社评论部编.—北京：人民日报出版社，2021.1
ISBN 978-7-5115-6713-0

Ⅰ.①人… Ⅱ.①人… Ⅲ.①《人民日报》—时事评论—2020—文集 Ⅳ.①D609

中国版本图书馆 CIP 数据核字（2020）第 230681 号

书　　名：人民日报评论年编·2020·人民时评
　　　　　RENMIN RIBAO PINGLUN NIANBIAN·2020·RENMIN SHIPING
编　　者：人民日报社评论部
出 版 人：刘华新
责任编辑：曹　腾　高　亮
封面设计：阮全勇

出版发行：人民日报出版社
社　　址：北京金台西路 2 号
邮政编码：100733
发行热线：（010）65369527　65369509　65369510　65369846
邮购热线：（010）65369530　65363527
编辑热线：（010）65369523
网　　址：www.peopledailypress.com
经　　销：新华书店
印　　刷：涞水建良印刷有限公司

开　　本：710mm×1000mm　1/16
字　　数：1325 千字
印　　张：92
版次印次：2021 年 1 月第 1 版　2021 年 1 月第 1 次印刷
书　　号：ISBN 978-7-5115-6713-0
定　　价：218.00 元（共三册，含光盘）

编辑说明

评论是报纸的旗帜和灵魂。2020年，人民日报评论紧紧围绕党和国家工作大局，聚焦宣传重大主题，充分发挥舆论引领作用；坚持问题导向，从热点事件、现象中提炼、设置议题，在答疑解惑、润物无声中凝聚共识；弘扬主旋律、传播正能量，以恒定价值对话社会舆论，以主流声音构建主流叙述，在党心和民意的同频共振中保持朝气、锐气；注重思想高度和理论深度，坚持创新表达，让舆论引导更接地气，让党报声音更加响亮，体现了人民日报"中流砥柱"和"定海神针"的作用。

本书汇集了"人民论坛""人民时评""人民观点""评论员观察"四个专栏2020年刊发的全部文章，其中"人民论坛"198篇，"人民时评"255篇，"人民观点"65篇（"人民观点"文章的作者均为人民日报评论部，不再一一标明），"评论员观察"98篇，并附有电子版，敬请读者参阅、指正。

人民日报社评论部
2021年1月

目 录

为新职业群体提供更广阔舞台	李洪兴 / 1
以职业教育赋能脱贫攻坚	张 凡 / 3
慕课打开教育更多可能	吴 月 / 6
构建具有全球竞争力的人才高地	支振锋 / 8
重农抓粮的劲头绝不能放松	朱 隽 / 10
乡村旅游展现广阔前景	盛玉雷 / 12
多措并举巩固脱贫成果	寇江泽 / 14
用好教育经费每一分投入	张 烁 / 16
保护知识产权就是保护创新	谷业凯 / 19
更好助力中小企业纾困发展	韩 鑫 / 22
以乡村善治助力乡村振兴	张向阳 / 24
坚持向科技创新要答案	余建斌 / 27
以良法善治保障新业态新模式健康发展	张 璁 / 29
优化营商环境助力高质量发展	李 拯 / 31
用法治遏制大数据"杀熟"	陈守湖 / 34
把握信息革命历史机遇	张 璁 / 36
规范"云招聘"，求职更安心	李心萍 / 38
让人工智能更好造福社会	张向阳 / 40
以科普抵御"科学流言"	喻思南 / 43

人民时评

切断"养号"平台的利益链	智春丽 / 45
强化监管，为数字经济护航	荣 翌 / 47
严防视听传播统计造假	涂凌波 / 49
让信息无障碍成为社会共识	韩 鑫 / 51
保护好传承好历史文化遗产	张 蕊 / 53
家校共育　携手同行	张 烁 / 56
高值医用耗材治理的重要一步	李红梅 / 58
发挥科技奖励的激发效应	余建斌 / 60
网络购物呼唤"有内容"的评价	陈 凌 / 62
数字信任当以人为本	陈自富 / 64
优化营商环境，强健经济"体格"	赵展慧 / 66
进一步凝聚干事创业正能量	张 洋 / 68
以治理精度提升社会温度	盛玉雷 / 70
用良法善治呵护未成年人	徐 隽 / 72
让中医药在创新中传承	王君平 / 74
六百岁紫禁城的魅力与活力	杨雪梅 / 76
消费时点，释放中国消费潜力 ——网购经济助力扩内需畅循环①	姜 赟 / 78
数字转型，推动中国制造升级 ——网购经济助力扩内需畅循环②	石 羚 / 81
治理升级，优化数字经济环境 ——网购经济助力扩内需畅循环③	何 娟 / 83
外贸回稳，助力构建新发展格局	罗珊珊 / 85
新能源汽车撬动发展新动能	彭 飞 / 87
对"碰瓷"绝不姑息	张 璁 / 89
深化改革，立好教育评价指挥棒	田 妍 / 91
体教融合夯实全面发展基石	程聚新 / 93
接续奋斗，推动"十四五"起好步	李 拯 / 95
擦亮"信用交通"这张名片	邹 翔 / 98
把美育纳入学校人才培养全过程	马苏薇 / 100

发展高等教育助力强国富民	黄福特 / 102
促进新型城镇化持续健康发展	赵展慧 / 104
努力续写更多"春天的故事"	黎海华 / 106
打造有生命力的文化地标	智春丽 / 108
人口普查关系国计民生	殷　鹏 / 110
推动养老服务高质量发展	李红梅 / 113
为人类减贫贡献更多中国力量	邹　翔 / 115
消费回暖折射经济新气象	韩　鑫 / 117
家国情怀凝聚奋进力量	于洪良 / 119
以新业态新模式引领新型消费	韩　鑫 / 121
"微信使用说明书"为何暖心	盛玉雷 / 123
让农民返乡创业更有底气	姚雪青 / 125
在线旅游，规范也须在线	张　璁 / 127
快递业在现代流通体系建设中大有可为	李心萍 / 129
双节同庆，家国同心	任宣余 / 131
假日出游，文明相伴	郑海鸥 / 133
初心使命是一辈子的事	邓仕林 / 135
营造风清气正的科研环境	赵永新 / 137
把科学种子播种到孩子心中	王　挺 / 139
从讲政治的高度抓落实	李广春 / 141
绘就更加壮美的丰收画卷	朱　隽 / 143
统筹推进现代流通体系建设	吴秋余 / 146
为弘扬正气提供法治保障	白　龙 / 149
坚守极限运动的安全底线	何　娟 / 151
以垃圾分类助力农村人居环境改善	马明阳 / 153
让快递服务更好惠及群众	李思辉 / 155
守护城市历史文化的根与魂	赵展慧 / 157
守教育报国初心　担筑梦育人使命	赵婀娜 / 159
以科学素养支撑健康体魄	李红梅 / 162
在新学期更加重视"体教融合"	程聚新 / 164

标题	作者	页码
让中小学竞赛释放更多正能量	张 烁	166
研究生教育关键在高质量	赵婀娜	168
不失时机推动工业绿色发展	韩 鑫	170
谨防"移石造景"成形象工程	张 焱	172
对"自动续费"要加强监管	陈 城	174
执行垃圾分类考验精细治理能力	石 羚	176
打开"政务上链"应用场景	喻思南	178
为乡村振兴培养更多人才	徐驭尧	180
擦亮"地标产品"的金字招牌	常 钦	182
迈向现代化铁路强国	楠 溪	184
研学游，更要"研学优"	管璇悦	187
"免门票"促进旅游业转型升级	李思辉	189
把握充电桩建设新机遇	韩 鑫	191
教育扶贫守护农村发展希望	周珊珊	193
对破坏生态环境"零容忍"	程 晨	195
营造科学育儿的信息环境	吴佳颖	197
短缺职业折射经济稳定转好	李心萍	199
惠企纾困，为高质量发展积蓄力量	陆娅楠	201
用高水准作品再现抗战史	刘 阳	203
中国的北斗 世界的北斗	余建斌	205
为防汛救灾创造良好信息环境	丁怡婷	207
充分激发数据要素价值	谷业凯	209
大力发展"服务型制造"	韩 鑫	211
推动研究生教育迈上新台阶	赵婀娜	213
存量更新，促进城市可持续发展 ——共同做好城镇老旧小区改造工作①	田申申	215
升级改造，老旧小区变身幸福港湾 ——共同做好城镇老旧小区改造工作②	魏 薇	217
多方协力，补齐社区治理短板 ——共同做好城镇老旧小区改造工作③	张 璁	219

以更高标准推进长三角一体化	李泓冰 / 221
采取有效措施把黑土地保护好利用好	常　钦 / 223
让更多年轻人领略传统艺术之美	周飞亚 / 225
万众一心筑牢钢铁堤坝	朱　磊 / 227
创新驱动蕴含无限潜力	谷业凯 / 230
"数字口岸"畅通铁路大通道	陆娅楠 / 232
防汛救灾要筑牢责任堤坝	王　浩 / 234
消费升级增添经济发展动力	
——从生活变化感受全面小康①	盛玉雷 / 236
出行之变见证活力涌流	
——从生活变化感受全面小康②	彭　飞 / 238
多元职业拓宽人生舞台	
——从生活变化感受全面小康③	李洪兴 / 240
绘就更加美好的生态画卷	
——从生活变化感受全面小康④	张　凡 / 242
提供更高质量的养老服务	
——从生活变化感受全面小康⑤	桂从路 / 244
公共文化添彩小康生活	
——从生活变化感受全面小康⑥	张　贺 / 246
持续完善和发展卫生健康事业	
——从生活变化感受全面小康⑦	李红梅 / 248
数字经济打开发展空间	
——从生活变化感受全面小康⑧	韩　鑫 / 250
贯彻落实好新时代党的组织路线	赵　兵 / 253
助力高校毕业生求职就业	李心萍 / 255
近视矫正市场需"矫正"	王君平 / 257
筑牢基层公共卫生防护网	李红梅 / 259
筑牢防汛的"铜墙铁壁"	王　浩 / 261
今年高考，在不同中孕育不凡	赵婀娜 / 263

新业态，开拓经济新蓝海
　　——把握中国经济新变化① 　　　　　盛玉雷 / 265
新消费，提供增长新支撑
　　——把握中国经济新变化② 　　　　　罗珊珊 / 268
新就业，满足职业新需求
　　——把握中国经济新变化③ 　　　　　齐志明 / 271
数字化，激扬发展新优势
　　——把握中国经济新变化④ 　　　　　石　羚 / 274
智能化，释放发展新动能
　　——把握中国经济新变化⑤ 　　　　　余建斌 / 277
完善废旧家电回收处理体系　　　　　　　寇江泽 / 280
中国北斗，写照自主创新的志气　　　　　张　凡 / 282
为中医药创新性发展提供法治保障　　　　王君平 / 285
儿童用品安全容不得丝毫马虎　　　　　　马　原 / 287
牢牢稳住粮食安全压舱石　　　　　　　　朱　隽 / 289
为全球抗疫注入温暖的力量　　　　　　　张　凡 / 292
强制报告，织密未成年人保护网　　　　　彭　波 / 294
筑牢个人信息保护的法治堤坝　　　　　　姚　辉 / 296
推动"云医疗"有序发展　　　　　　　　李红梅 / 299
降低物流成本，助力经济回暖　　　　　　刘志强 / 302
主播人气当以正气筑基
　　——让直播空间充盈正能量① 　　　　盛玉雷 / 305
直播带货要筑牢诚信基石
　　——让直播空间充盈正能量② 　　　　张　凡 / 307
流量平台当建价值高地
　　——让直播空间充盈正能量③ 　　　　李洪兴 / 309
合力筑牢防灾减灾的坚实堤坝　　　　　　丁怡婷 / 311
让文化遗产与生活相遇　　　　　　　　　陈　凌 / 314
海南自贸港，制度创新"试验田"　　　　黄晓慧 / 316
以民法典实施提升"中国之治"　　　　　阿斯力格 / 319

标题	作者 / 页码
让"新就业形态"茁壮成长	殷　鹏 / 321
武汉全民检测结果增添信心	田豆豆 / 323
保持加强生态文明建设的战略定力	刘　毅 / 325
互联网发展助力美好生活	喻思南 / 327
环境有价，损害必须担责	孙秀艳 / 329
一步一个脚印坚定前行	彭　飞 / 331
让绿色释放更多红利	李达仁 / 334
民法典标注制度文明新高度	贾　宇 / 336
筑牢重大疫病的防火墙	李红梅 / 338
困难挑战越大　越要深化改革	洪乐风 / 340
用硬功夫完成硬任务	白　龙 / 342
履职尽责，体现担当作为	白　龙 / 344
婚姻法变迁见证家国情怀	曹玲娟 / 346
共同呵护好孩子明亮的眼睛	张　烁 / 348
博物馆，换个姿势走进千家万户	石　羚 / 350
形成尊法崇法的社会环境	贺小荣 / 352
航天"长征"永远在路上	余建斌 / 354
消费向上回暖　市场向好企稳	齐志明 / 356
"云考古"带来的文化体验	闻　白 / 358
致敬新时代最可爱的人	李红梅 / 360
涵养风清气正的司法生态	王松苗 / 362
做好复学复课这道"必答题"	赵婀娜 / 364
大战大考中彰显国企担当	刘志强 / 366
返乡入乡创业带动乡村振兴	张志锋 / 368
织密城市治理的"针脚"	张　璁 / 370
"短缺职业"折射经济转型升级	邹　翔 / 372
防治新冠肺炎见证中医实力	王君平 / 374
"云医疗"助力健康生活	李红梅 / 376
筑牢公共卫生安全法治防线	杨学博 / 379
确保易地搬迁移民安居乐业	朱　磊 / 381

人民时评

标题	作者 / 页码
让新经济引领高质量发展	陆娅楠 / 384
进一步促进消费扩容提质	罗珊珊 / 387
让精神在阅读中丰盈	陈 凌 / 390
"直播带货"创新消费方式	孔方斌 / 393
把好环评这道生态保护重要关口	刘 毅 / 395
用线上新型消费激活内需	李心萍 / 397
稳步推进要素市场化配置改革	袁舒婕 / 400
让新基建释放更大潜能	余建斌 / 403
延伸实体书店的空间触角	虞金星 / 405
以党建引领提升物业管理水平	贺 勇 / 407
复工复产，动起来更要转得好	吴秋余 / 410
掌控时间，找回健康睡眠	智春丽 / 413
补齐医疗废物处置短板	李红梅 / 415
激活高校教师中的"银发力量"	赵婀娜 / 417
托底民生，多措并举稳就业	李心萍 / 419
让中医药瑰宝惠及世界	王君平 / 422
以市场导向推动科技成果转化	喻思南 / 424
做好无症状感染者防控工作	李 拯 / 427
在学生中弘扬劳动精神	张 烁 / 429
加大宏观政策调节和实施力度	洪乐风 / 431
为湖北务工人员返岗复工创造条件	陈 凌 / 433
以新型举国体制助力重大科技创新	余建斌 / 435
致敬"新时代最可爱的人"	李洪兴 / 437
科学素养也是"免疫力"	张 砥 / 439
精准防疫，让城市动起来	张 凡 / 441
把握向好大势	陆娅楠 / 444
新型基础设施建设正当其时	刘志强 / 447
筑牢国境卫生检疫的法治防线	徐 隽 / 449
让全民医保更好保障病有所医	李红梅 / 451
开展国际合作 携手抗击疫情	程雨田 / 453

标题	作者 / 页码
更好发挥数字化抗疫作用	肖 擎 / 456
筑牢艺考招生公平之基	赵婀娜 / 458
在"火线"上淬炼党性	吴新星 / 460
在春天植下绿色希望	李 斌 / 462
暖心措施为战疫一线工作人员加油鼓劲	邹 翔 / 464
为建设美丽中国提供制度保障	刘 毅 / 466
脱贫攻坚，咬定目标加把劲	顾仲阳 / 469
党员捐款凝聚抗疫力量	孟祥夫 / 471
战"疫"中擦亮"迷彩底色"	倪光辉 / 473
确保安全生产责任"不悬空"	丁怡婷 / 475
把"三农"领域短板补得更实	常 钦 / 477
防疫战也是科技战	王君平 / 479
坚定信心夺取双胜利	宋光茂 / 481
以"网格化"助力精准治理	彭 波 / 483
精准稳妥推进复工复产	刘鑫焱 / 485
对创新能力的评价突出创新质量和实际贡献	赵婀娜 / 487
用法治革除滥食野生动物陋习	杨学博 / 489
全力确保"菜篮子"稳产保供	常 钦 / 491
"智慧城市"建设助力疫情防控	钟 山 / 493
中国童书"走出去"的启示	张 贺 / 495
为疫情防控筑牢法治堤坝	徐 隽 / 497
筑牢疫情防控的"社区防线"	李红梅 / 499
中国空间站彰显创新精神	余建斌 / 501
努力实现今年经济社会发展目标任务	陆娅楠 / 503
推进刑事法治文明的坚实一步	支振锋 / 505
对口支援，下好全国一盘棋	桂从路 / 507
疫情冲击不会改变经济向好趋势	洪乐风 / 510
汇聚起守望相助的力量	桂从路 / 513
制度优势提振防疫信心	桂从路 / 515
推广AED，织就更完善急救网	智春丽 / 517

在新台阶迈向高质量发展	周人杰／519
以服务品质留住付费会员	白光迪／522
依法治欠，为农民工"护薪"	张　凡／524
巩固拓展减税降费成效	吴秋余／526
铁路春运之变彰显发展哲学	陆娅楠／528
打通快递进村"最后一公里"	贾　亮／530
探索"高精尖缺"人才培养新机制	赵婀娜／532
以科技创新筑牢强国之基	姜　赟／534
公正司法让见义勇为更有底气	支振锋／536
法律之盾让执法者更有底气	张　璁／538
推动聚合支付平台规范发展	邹晨莹／540
靠创新力量支撑共享经济更好发展	桂从路／542
用制度为"居有所安"护航	何　娟／544
进一步激发市场蕴藏的活力	吴秋余／546
从"新京张"看百年巨变	陆娅楠／548
编纂凝聚中国智慧的民法典	徐　隽／550
为人才搭"桥梁"竖"阶梯"	张　凡／552
多方发力，破解蓄电池回收难题	桂从路／554
根治欠薪彰显治理温度	李　斌／556

为新职业群体提供更广阔舞台

李洪兴

如何遵循职业发展规律，在发展变化中不断补齐短板，促进新职业走上正规化、专业化发展道路，是一道亟待解答的课题

新经济孕育新职业，新职业连接着新需求、蕴藏着新机遇。《2020年上海市新职业青年生存与发展情况调查报告》显示，九成新职业青年签订正规劳动合同，未来两年愿意继续从事目前职业的青年占77.2%，个人价值实现是新职业青年最主要的职业选择动力。随着经济社会发展、科技进步和产业结构调整，新职业正在脱颖而出，迸发无限生机活力。

依托于数字经济、互联网平台，灵活多样的新职业应时而生，赋予就业新内涵。2020年全国两会期间，习近平总书记指出："疫情突如其来，'新就业形态'也是突如其来。对此，我们要顺势而为，让其顺其自然、脱颖而出。"目前，新职业呈现出"百花齐放春满园"的景象。从供给看，高质量发展带来的转型升级，让新兴产业活跃起来，成为新的经济增长点，也为新职业打开无限可能；从需求看，旅游体验师、无人机驾驶员、网约配送员、健康管理师等新职业，与人民群众对美好生活的需要密切相关。富有时代感的新职业，连接着经济发展的新趋势与群众生活的新需求，拥有广阔前景和巨大空间。

新职业是发展变革中的职业类型，不可避免存在"成长的烦恼"。相关调查显示，不少年轻从业者在积极从事相关工作的同时，也存有一些顾虑，比如职业发展稳定性不够、社会保险参保率不高、维权机制不够健全、职业前景缺少长远规划、教育培训有所欠缺，等等。这些问题在一定程度上影响了从业者的职业认同感、专业能力提升，限制了新职业更好发展。从这个意义上说，新职业的发展对传统管理手段、劳动法律体系、就业管理服务、社会保障政策、技能教育培训等提出新要求，如何遵循职业发展规律，在发展变化中不断补齐短板，促进新职业走上正规化、专业化发展道路，是一道亟待解答的课题。

面对新职业蓬勃发展的良好局面，企业在发力、从业者在努力，国家扶持也十分给力。国务院常务会议确定支持新业态新模式加快发展带动新型消费的措施，要求"促进新业态新模式从业人员参加社会保险，强化灵活就业劳动保障"；国办印发《关于支持多渠道灵活就业的意见》，从推动新职业发布和应用、开展针对性培训、优化人力资源服务、维护劳动保障权益、加大对困难灵活就业人员帮扶力度等方面，明确加强对灵活就业保障支持；多部门联合下发《关于支持新业态新模式健康发展激活消费市场带动扩大就业的意见》，提出强化灵活就业劳动权益保障，探索适应跨平台、多雇主间灵活就业的权益保障、社会保障等政策。持续增强对新职业的规范引导、政策帮扶，理清思路、理顺机制，才能切实解决从业者的后顾之忧，为新职业群体提供更广阔的发展舞台。

面向"十四五"，加快构建以国内大循环为主体、国内国际双循环相互促进的新发展格局，将会催生越来越多新职业，为人们带来更多人生出彩的机会。在这个过程中，新职业背后的新业态、新动能，会进一步打开经济社会发展的新空间。特别是随着深挖内需潜力，推进产业基础高级化、产业链现代化，一个又一个新职业将实现从无到有的生长、从有到好的蝶变，为奋斗者标注美好生活的方向，为中国经济行稳致远提供源源不断的动力。

（2020年12月30日）

以职业教育赋能脱贫攻坚

张 凡

> 门槛更低、成本更小、就业通道更为直接的职业教育，不仅点亮了贫困家庭子女的人生梦想，也阻断了贫困代际传递，改写了贫困家庭的命运
>
> 面向未来，要进一步补齐职业教育资源短板，打破职业教育上升"天花板"，创新各层次各类型职业教育模式，持续增强职业教育吸引力

"做梦都没想到有一天会定居成都，成为一名医院正式职工。"四川省凉山彝族自治州姑娘扎西祝玛从小家庭贫困，初中毕业时一度面临辍学，四川实行的"9+3"免费教育计划，让她有机会接受3年免费中等职业教育，由此改变了她的人生轨迹。数据显示，近年来已有8万余个民族地区家庭受益于这一免费职业教育计划。

职教一人，就业一人，脱贫一家。"十三五"时期，我国职业教育取得丰硕成果，其中一大亮点就是在服务脱贫攻坚中发挥了重要作用。门槛更低、成本更小、就业通道更为直接的职业教育，不仅点亮了贫困家庭子女的人生梦想，也阻断了贫困代际传递，改写了贫困家庭的命运。近年来，职业教育不断敞开大门，让一批又一批贫困学子"进得去、上得起、学得好、有出路"，助力他们战胜贫困。

授人以鱼，不如授人以渔。调研发现，一些贫困户之所以发展动力不足，缺乏职业技能是重要原因。让贫困人口通过职业教育掌握一技之长、拥有安身立命本领的"造血式"扶贫，更有助于帮助贫困人口稳定脱贫，从根本上拔除"穷根"。我国脱贫攻坚的实践充分证明，作为教育扶贫的"排头兵"，职业教育扶贫是见效快、成效显著的扶贫方式之一。比如在甘肃省东乡族自治县，当地大力开展兰州拉面培训，3个月的培训就能让学员的收入显著提高，并且就业有保障。以前在牛肉面馆打工干杂活的马进龙，一个月只能挣2000多元，经过拉面技能培训，他在北京做拉面师傅，一个月底薪就有6000多元，去年还被聘为职校的中式面点师。如今在东乡，技能扶贫让更多人有机会就业、有条件创业。

在海南，不少贫困户都追过一档电视节目——《海南脱贫致富电视夜校》。为啥追着看？"送志气、送信心！"不少人这样说。安身立命的技艺，就是脱贫的底气、致富的信心。近年来，从扩大奖学金、助学金、免费教育等覆盖范围，到高职扩招向深度贫困地区倾斜，从加强职业教育东西协作，到灵活采用多种方式送教下乡、送教入户，越来越多的困难家庭学生获得低成本的教育机会、形式多样的职业技能培训，实现了"靠技能吃饭"，许多贫困家庭通过职业教育实现了拥有第一代大学生的梦想。"原本是低保户，如今是名厨师""曾经是打工仔，现在是培训师"，职教扶贫的切实成效，提振着贫困群众的精气神，更激活了他们用知识和技能创造美好生活的信心。

职业教育是广大青年打开成功成才大门的重要途径，具有培养多样化人才、传承技术技能、促进就业创业的重要作用，对于农村地区、民族地区、贫困地区来说，尤其如此。让职业教育更好发挥"扶技、扶智、扶志"的作用，为阻断贫困代际传递贡献更大力量，还需要在质量提升、能力提升上作出更多努力。面向未来，进一步补齐职业教育资源短板，打破职业教育上升"天花板"，创新各层次各类型职业教育模式，持续增强职业教育吸引力，我们必将为劳动者成长成才创造更好条件、提供更多机会，为巩固脱贫攻坚成果、助力乡村振兴注入更持久的动力。

分秒之间展技艺，毫厘之间显匠心。瓷砖铺贴、机器人调试、珠宝加工、烹饪、茶艺……不久前举行的首届全国职业技能大赛上，2500多名来自各行各业的高手互相切磋技艺、展示精湛技能，传递着用技能改变人生、成就梦想的动人力量。努力推动职业教育高质量发展，培养千千万万拥有一技之长的劳动者，我们将见证更多人生蜕变的精彩故事，书写更多经济社会发展的崭新篇章。

（2020年12月29日）

慕课打开教育更多可能

吴 月

前不久,在北京召开的世界慕课大会上,北京理工大学邓玉林教授团队利用虚拟仿真技术,实现中韩两国四地同上一堂实验课。韩国又松大学学生、云南大学学生、北京市大兴区旧宫镇养老照料中心的老人与线上线下嘉宾一道,同步学习、实时协作。这堂实验课,再次展现出慕课打破时空限制、让知识无远弗届的魅力。

慕课,即大规模在线开放课程,是信息技术与教育教学深度融合的结晶。习近平总书记指出,要总结应对新冠肺炎疫情以来大规模在线教育的经验,利用信息技术更新教育理念、变革教育模式。全球新冠肺炎疫情,正是本次世界慕课大会的背景之一。2020年,面对疫情,教育部依托前期慕课建设积累及在线教育形式,发动全国所有高校成功实施了世界高等教育史上最大规模的在线教学实践。今年春季学期,全国所有普通本科高校全部实施在线教学,108万教师开出110万门课程,合计1719万门次;参加在线学习的大学生达2259万人,合计35亿人次;教师在线教学认可度达80%,学生在线教学满意率达85%……大会上,中国慕课与在线教育的抗疫成绩单引发广泛关注。

如今,在全球教育创新实践中,慕课正在成为推动高等教育变革的重要引擎,不仅助力中国高校成功应对疫情,而且为未来高等教育课堂带来了丰富的想象空间,催生着高等教育的深刻变革。疫情期间的在线教学，改变了教师"教"、学生"学"、学校"管"，改变了教育的形态，基本实现了在线教学与课堂教学质量的实质等效。截至2020年10月，我国主要慕课课程平台有30余家，上线慕课数量已有3.4万门，在校生和社会学习者学习人数达到5.4亿人次，在校生获得慕课学分人数发展为1.5亿人次，慕课数量和应用规模已居世界第一。质量为王、公平为要、学生中心、教师主体、开放共享、合作共赢，已成为中国慕课的经验。

习近平总书记指出，要完善全民终身学习推进机制，构建方式更加灵活、资源更加丰富、学习更加便捷的终身学习体系。《中共中央关于制定国民经济和社会发展第十四个五年规划和二〇三五年远景目标的建议》提出，发挥在线教育优势，完善终身学习体系，建设学习型社会。慕课与在线教育的优势，有利于构建全民终身学习体系，实现人人皆学、处处能学、时时可学。随着中国教育进入高质量发展新阶段，实现全民学习、终身学习成为建设高质量教育体系的重要目标。如今，以国家级一流课程为代表的慕课资源已经成为广受欢迎的优质学习资源。随着优质慕课登陆各大主流平台，从学生、在职者到老年人，慕课覆盖人群日益拓展，全民终身学习蔚然成风。

慕课催生变革，教育塑造未来。"扩大慕课平台开放度和优质资源覆盖面""创新慕课学习内容、模式和方法""规范慕课的开放、共享、应用与管理"……此次大会上，《慕课发展北京宣言》描绘的愿景让人期待。以慕课促进个性化学习和终身学习，还需要进一步彰显"以学生为中心"的教育理念，增强慕课吸引力，使学习者进行更有价值的深度学习。同时，应推动中国慕课担当起服务终身学习的责任，面向社会开放更多更优的学习资源，提高服务终身学习的能力与水平，向更高层次、更高质量的方向发展，为终身学习体系和学习型社会建设贡献力量。

（2020年12月28日）

构建具有全球竞争力的人才高地

支振锋

兴国之道,人才为先。近年来,在人才强国战略引领下,各地从战略和全局的高度,将人才工作摆到更加突出的位置。不久前发布的《中国人才创新创业优质生态圈发展报告(2020)》显示,我国北京、上海、广州、深圳等7个城市吸引人才的"磁力"整体进步明显,粤港澳大湾区表现亮眼。

习近平总书记深刻指出,"发展是第一要务,人才是第一资源,创新是第一动力。"人才引领科技创新,驱动产业变革,日益成为促进国内区域发展、城市兴旺发达的关键因素,也是实现民族振兴、赢得国际竞争主动的战略资源。为了招才引智,各地持续推动人才工作创新。北京、上海、广州、深圳等一线城市不断推出引才新举措,成都、重庆、西安等西部城市持续发出求才强信号,武汉、郑州两个中部省会城市对人才释放出极大诚意,杭州、南京在引才上着力发挥地域优势……人们日益认识到,谁拥有人才,谁就掌握了技术突破和产业革新的枢纽,谁就把握了经济腾飞和社会发展的先机。

人才流动有其规律性。从2018年至2020年,"中国人才创新创业优质生态圈评估研究"课题组通过持续的跟踪调研,连续发布3个报告,努力探寻人才流动与城市创新创业环境之间的深层关系。研究发现,区域发展与人才发展之间是相互支撑、相互成就的辩证关系。创新创业必

须以人才为依托,人才发展又必须以创新创业为主轴。那些能够更好将人才的成长链与经济发展的产业链、价值链高度匹配,将人才的高质量生命周期与经济高质量发展的时间轴线紧密融合的地方,可以更好实现人才和谐发展、生产链价值链稳步上移、创新创业创造勃兴的整合效应,呈现出经济发达、社会兴旺、文化繁荣的蓬勃发展局面。

  从评估报告的具体分析看,京沪杭和广深港澳等粤港澳大湾区中心城市,作为中国经济发展和人才竞争的高地,在招才引智方面日益呈现出某些规律性特征。空气质量、绿化环境等城市生态,房价房租、消费水平等生活成本,医疗教育资源的供给情况,交通和治安状况,经济的发达程度与收入水平,以及市场机制、知识产权保护、融资渠道和人力资源等,都是能否吸引人才创新创业的重要因素。更要看到,吸引人才的不仅仅是有效的市场,还有有为的政府。完善的法规政策体系,健全的执行机制,不缺位、不越位的法治意识,对人才的尊重,以及公平、透明、可预期的公共服务所营造的法治化营商环境,是形成人才创新创业优质生态圈的关键。

  《中共中央关于制定国民经济和社会发展第十四个五年规划和二〇三五年远景目标的建议》提出,贯彻尊重劳动、尊重知识、尊重人才、尊重创造方针,深化人才发展体制机制改革,全方位培养、引进、用好人才。当今世界正经历百年未有之大变局,在危机中育先机、于变局中开新局,需要我们既实行高水平对外开放,开拓合作共赢新局面,又坚持科技自立自强。紧紧抓住生态链和价值链的关键环节,大力构建人才创新创业优质生态圈,努力形成人人渴望成才、人人努力成才、人人皆可成才、人人尽展其才的良好局面,就能让各类人才的创造活力竞相迸发、聪明才智充分涌流,聚天下英才而用之,打造具有全球竞争力的人才高地。

(2020年12月25日)

重农抓粮的劲头绝不能放松

朱 隽

> 对于我们这样一个有着14亿人口的大国来说,保障国家粮食安全是一个永恒的课题,这根弦任何时候都不能松

2020年,我国粮食再获丰收。国家统计局公布数据显示,全国粮食总产量13390亿斤,比上年增加113亿斤,增长0.9%。粮食产量再创历史新高,连续6年站稳1.3万亿斤台阶,收获沉甸甸的"十七连丰"。粮食连年丰收,稳民心,提信心,为我国应对风险挑战、稳定经济社会大局发挥了"压舱石""稳定器"作用。

来之不易的"十七连丰"再次证明,经过多年努力,我国粮食供给保障能力已大幅提升。从人均占有量看,目前我国人均粮食占有量稳定在470公斤,远高于国际粮食安全线,中国人的饭碗牢牢端在自己手中。从自给率看,我国小麦、水稻自给率超过100%,玉米自给率达到95%以上,实现谷物基本自给、口粮绝对安全。从农副产品供给看,果菜茶肉蛋鱼等产量稳居世界第一,能够较好满足人民群众日益升级的消费需求。

粮食供给保障能力提升的背后,是越来越完备的政策支持体系。近年来,党中央的强农惠农政策重点扶持粮食生产,支持力度不断加大。农业补贴主要支持耕地地力保护和粮食适度规模经营,农机购置补贴重

点向粮食作物倾斜，继续实行小麦、水稻最低收购价政策，对玉米、大豆实行生产者补贴，对产粮大县实施奖励政策，确保种粮人有效益、不吃亏、得实惠，有效调动了农民务农种粮、地方重农抓粮的积极性。此外，粮食供给保障能力提升还得益于不断提高的综合生产能力。2019年，我国农业科技进步贡献率达到59.2%，主要农作物耕种收综合机械化率超过70%。今年，高标准农田建设即将完成8亿亩。明显增强的技术装备支撑能力，为保障粮食和重要农产品供给夯实基础。

对于我们这样一个有着14亿人口的大国来说，保障国家粮食安全是一个永恒的课题，这根弦任何时候都不能松。"十四五"时期，是在全面建成小康社会基础上开启全面建设社会主义现代化国家新征程的第一个五年。应该看到，虽然我国粮食生产已取得"十七连丰"的佳绩，但粮食安全基础仍不稳固，结构性矛盾仍然存在。随着人口增加、城镇化推进、食品消费升级，粮食需求相当长时间内仍将保持刚性增长。与此同时，粮食生产供给又面临耕地和水资源硬约束、农村青壮年劳动力大量外出务工、国外进口不确定性增加等挑战，未来粮食供需还将长期处于紧平衡。因此，粮食生产气可鼓不可泄，重农抓粮的劲头绝不能放松。

党的十九届五中全会提出，要保障国家粮食安全，提高农业质量效益和竞争力。当前，我国的粮食生产从"有没有"向"好不好"的转变愈加明显。着眼"十四五"，在高起点上保障国家粮食安全，一方面应当着力推进藏粮于地、藏粮于技战略实施，促进粮食综合生产能力、供给保障能力持续提升；另一方面，应深入推进农业供给侧结构性改革，加快构建现代农业产业体系、生产体系、经营体系，让粮食生产质量、效益和竞争力不断提高，尽快实现从"积累量"到"提升质"的跨越。

仓廪实，天下安。粮食安全是国家安全的重要基础。牢牢稳住粮食安全这块压舱石，就一定能为扎实做好"六稳"工作、全面落实"六保"任务增强底气，为乘势而上开启全面建设社会主义现代化国家新征程奠定坚实基础。

（2020年12月24日）

乡村旅游展现广阔前景

盛玉雷

"春观花""夏纳凉""秋采摘""冬农趣"……不久前，2020中国美丽乡村休闲旅游行（冬季）推介活动在广西壮族自治区马山县举行，农业农村部发布美丽乡村休闲旅游行（冬季）60条精品路线和187个精品景点，为城乡居民推荐冬日休闲的好去处。日益丰富的产品类型，不断完善的产业体系，为乡村休闲游打开了发展空间，也给人们的美好生活增添了更多精彩。

"家家门前长流水，户户庭院花飘香。"在田野，在水乡，在林原，在山川，观赏景色、领略民俗、体验民宿、享受美食……近年来，从"小生意"到"大产业"，乡村休闲游的发展可谓数量与质量并重、口碑与口袋双赢。纵观现在的文旅市场，乡村休闲游正在成为一股新潮流，受到越来越多游客的青睐。数据显示，2019年我国乡村休闲旅游业接待游客33亿人次，营业收入超过8500亿元。不再是农家乐、采摘园等单一业态，而是开展创意设计、餐饮住宿、文创商品、特色农产品销售等多业态运营；不只是自然风光、休闲度假等传统开发，而是挖掘文化体验、生态涵养、健康养生等复合型价值。既顺应了城乡居民消费拓展升级的趋势，也满足了大众旅游、全域旅游的需求，乡村休闲游展现出了广阔的市场前景。

乡村旅游市场欣欣向荣，得益于转型升级的机遇，也蕴含着农业增

效、农民增收的内在动能。有的地方充分利用自然资源和人文资源，发挥地方特色，打造多样化、特色化、高品质的乡村旅游产品和线路；有的地方着眼游客体验，在"吃、住、行、游、购、娱"等要素上下功夫，有力带动当地餐饮、住宿等相关产业发展。从农产品加工业持续发展，到乡村特色产业相继涌现，从乡村新型服务业稳步增长，到农村创新创业明显提升，乡村休闲游日益成为城乡协调发展的重要抓手、促进农民增收的重要渠道。

放眼长远，乡村旅游的意义还不止于此。如果说增收就业是发展乡村旅游带来的直观收益，那么倡导文明风尚、促进生态涵养、优化基层治理，就是不容忽视的潜在效益。甘肃兰州分豁岔村通过开展崇礼明信、移风易俗、家风建设等活动，让游客在感受风景美的同时还能感受内涵美、文化美、精神美；浙江湖州余村从靠山吃山到养山富山，从"卖石头"到"卖风景"再到"卖品牌"，最终走上了经济发展和生态保护双赢的绿色发展之路；四川成都战旗村将基层党建、社会治理与公共服务融为一体，促进农村一二三产业融合发展……可以说，在推进美丽乡村建设、推动农业农村现代化等方面，乡村旅游的作用越来越凸显。

推动乡村旅游"美丽蝶变"，也要克服发展中的问题，解决成长中的烦恼。现实中，有的地方大拆大建、一哄而上，还存在不少同质化现象；有的村子经营粗放、管理混乱，让游客的体验不佳；有的地区旅游季节性明显，难以形成可持续性……这说明，发展乡村旅游不是简单的"开门迎客"，必须因地制宜、因势利导，推动乡村旅游提质增效。一方面，要补上出行难、停车难、如厕难等基础设施建设短板，丰富产品供给，提升旅游品质；另一方面，也要找准定位、突出特色，把乡土风貌、优秀传统文化与现代旅游需求有机结合起来，努力培育具有地域特色的乡村旅游品牌，从而既能回应游客对"诗和远方"的追求，也能更好承载展现乡村风貌、实现乡村振兴的使命。

（2020年12月23日）

多措并举巩固脱贫成果

寇江泽

2000多万贫困人口通过生态补偿、国土绿化、生态产业等生态扶贫实践,实现脱贫增收。不久前,国家林业和草原局有关负责人表示,我国生态扶贫各项目标任务全面完成,生态保护和脱贫增收实现双赢。

在我国,林业草原施业区、生态重要或脆弱区、深度贫困人口分布区"三区"高度耦合。统计数据显示,我国山区、林区、沙区占国土面积近80%,曾经分布着全国60%的贫困人口、80%的深度贫困人口、14个集中连片特困地区。如何在保护好生态的同时摘掉贫困的帽子?近年来,我国大力推动生态扶贫工作,宜农则农、宜林则林、宜牧则牧、宜开发生态旅游则搞生态旅游,大力推进生态补偿扶贫、国土绿化扶贫、生态产业扶贫。各地践行"绿水青山就是金山银山"理念,创造性地将生态治理与脱贫攻坚相结合,在"一个战场"同时打赢生态治理与脱贫攻坚"两场战役",让山川披绿、林海生金。

生态扶贫,一头连着绿水青山,一头连着金山银山。推进生态扶贫,既是脱贫攻坚的需要,也是生态保护修复的需要。党的十八大以来,相关地区因地制宜采取生态补偿、设置生态公益岗位、发展特色农业等方式,激活沉睡的生态资产,给百姓带来真金白银的收入。比如,在山西石楼,当地通过造林合作社入股分红、劳务收入等形式,积极吸纳贫困人口,增绿又增收;在安徽旌德,不少贫困户搭上全域旅游发展的快车,

有滋有味地吃上了"旅游饭";在内蒙古鄂尔多斯,政府引导企业发展生态产业,既修复了沙漠,又解决了贫困户就业。这些地方增加"含绿量"的同时,提升"含金量",让山上长出"金叶子",让田里结出"金果子"。

生态扶贫成效显著,同时也要看到,绝对贫困问题解决了,相对贫困还将长期存在,贫困人口自我发展能力仍然有待提升。把脱贫成果稳定住、巩固好不是一件容易的事情,贫困人口和生态环境之间的张力仍然存在。一些地方产业基础比较薄弱,产业规模化、企业化程度比较低;一些地方产业项目模板化、同质化严重,加剧竞争,致富后劲不足;还有地方贫困人口就业不够稳定,政策性收入占比较高;等等。凡此种种提醒我们,未来要加快生态扶贫政策向长效稳定增收政策转变、生态扶贫行动向绿色减贫行动转变,加快生态产业提质增效,打造乡村绿色产业链,实现巩固拓展脱贫攻坚成果同乡村振兴有效衔接。

保护好生态环境和让贫困群众脱贫致富,两者并不矛盾,关键是要让贫困群众端牢生态碗、吃上生态饭。一方面要坚持生态优先,一方面要坚持以人为本,兼顾绿水青山和金山银山。在未来实践中,应进一步解决生态扶贫过程中的具体问题。比如,通过成立合作社,鼓励村民入股分红;动员贫困群众参与生态工程,分享工程收入;选派专家、科技特派员,为贫困地区多想对策、多拿有特色的方案;想方设法增加就业岗位,培养技术林农,对贫困群众开展多元化技能培训,让群众从生态保护中获得持久稳定收益;等等。

"人不负青山,青山定不负人。"生态环境本身就是重要资源,就是宝贵的生产要素。坚定不移走生态优先、绿色发展之路,依托资源禀赋选准产业,深挖绿色产业潜力,多措并举稳固脱贫成果,才能保护好一方生态环境、造福一方群众,为乡村振兴奠定更坚实的基础。

(2020年12月22日)

用好教育经费每一分投入

张 烁

> 近年来，教育投入充分发挥了保障教育发展、推动教育改革、促进教育公平、增强教育内涵、提高教育质量的政策导向作用，有力推动了教育事业全面发展
> 既要紧紧抓住人民群众最关心最直接最现实的利益问题，持续保持教育投入稳定增长，在幼有所育、学有所教、弱有所扶上不断取得新进展，也要立足基本国情，合理引导社会预期

教育是国之大计、党之大计。党和政府始终坚持把教育摆在优先发展的战略地位。不久前，教育部相关负责人在新闻发布会上介绍，2019年，国家财政性教育经费支出首次突破4万亿元，年均增长8.2%；占GDP比例为4.04%，连续8年保持在4%以上。

"十三五"时期，中央财政坚持把教育作为财政支出重点领域予以优先保障，加大教育投入，保证财政教育投入持续稳定增长。2019年国家财政性教育经费有效带动了全国教育经费总投入首次超过5万亿元，支撑了世界上规模最大的国民教育体系，建立了世界上覆盖最广的学生资助体系，有力推动了我国教育总体发展水平跃居世界中上行列。尤其要看到，这一成就是在经济下行压力加大、财政收支矛盾突出的情况下取得的，实属不易，充分体现了以习近平同志为核心的党中央优先发展教

育事业、优先保障教育投入的决心。

这笔经费，花得暖心。从教育部提供的数据可以发现，义务教育在国家财政性教育经费支出中占比最高，2019年占到52.7%，体现了"保基本"；学前教育财政性经费年均增长15.4%，在各级教育中增长最快，体现了"补短板"；中央对地方教育转移支付资金80%以上用于中西部地区，"三区三州"等深度贫困地区财政性教育经费年均增长10.9%，高出全国年均增幅2.7个百分点，体现了"促公平"；教职工人员支出占到62%，比2015年提高近5个百分点，支出重点逐步从硬件建设向软件建设转变，体现了"提质量"。更让人欣慰的是，寒门学子再不愁上学难，用于学生资助的财政资金累计支出超过5000亿元（不含免费教科书和营养膳食补助），年均增长8.35%。

近年来，教育投入充分发挥了保障教育发展、推动教育改革、促进教育公平、增强教育内涵、提高教育质量的政策导向作用，有力推动了教育事业全面发展。党的十九届五中全会提出，建设高质量教育体系。落实这一要求，要充分认识教育投入在建设高质量教育体系中的重要意义，从体制机制上保证教育投入稳定增长，提高教育财务治理能力，充分发挥教育财务战略支撑作用，加快推进教育现代化、建设教育强国、办好人民满意的教育。需要看到，当前教育经费投入使用管理中，还存在一些问题，如教育经费多渠道筹集的体制不健全，一些地方经费使用"重硬件轻软件、重支出轻绩效"，监督管理有待进一步强化等。这就要求进一步优化结构、深化改革、强化监管，建立健全适应现代财税制度和高质量教育体系建设要求的教育财务治理体系，"好钢用在刀刃上"。

切实提高教育经费使用效益，应做到统筹兼顾。既要紧紧抓住人民群众最关心最直接最现实的利益问题，持续保持教育投入稳定增长，在幼有所育、学有所教、弱有所扶上不断取得新进展，也要立足基本国情，合理引导社会预期。同时，要区分"轻重缓急"。在各级各类教育之间要突出"重点"，重点保障义务教育均衡发展；在具体支出项目之间要突出"优先"，将教师队伍建设作为教育投入重点予以优先保障；在地区和群体之间要突出"倾斜"，着力向"三区三州"等深度贫困地区和建档立卡等贫困学生倾斜，推动实现建档立卡贫困人口教育基本公共服务全覆盖。

在此基础上，也需着力补齐教育发展短板，聚焦服务国家重大战略，持续加大教育教学改革投入等。

从"再穷不能穷教育，再苦不能苦孩子"到"努力让每个孩子都能享有公平而有质量的教育"，从"保证不让一个学生因经济困难而失学"到"使绝大多数城乡新增劳动力接受高中阶段教育、更多接受高等教育"……教育既是国计，又是民生。把教育经费的每一分钱用好，才能给人民群众带来实实在在的获得感。

（2020年12月21日）

保护知识产权就是保护创新

谷业凯

> 知识产权保护作为激励创新的基本手段、创新原动力的基本保障,以及国际竞争力的核心要素,其角色和作用正不断彰显
>
> 加大知识产权保护力度,让知识产权深入经济社会各个层面、各个领域,是解决科技与经济"两张皮"问题,进一步深入实施创新驱动发展战略的关键

知识产权是人类在社会实践中创造的智力劳动成果的专有权利,是社会财富的重要来源。我国发明专利申请量连续9年位居世界第一,高价值核心专利持续涌现,版权意识、品牌观念、专利思维深入人心……知识产权保护领域的一系列成就,反映了我国正在从知识产权引进大国向知识产权创造大国转变。

习近平总书记在主持中共中央政治局第二十五次集体学习时强调:"创新是引领发展的第一动力,保护知识产权就是保护创新。"加强知识产权保护,是完善产权保护制度最重要的内容,也是提高我国经济竞争力的最大激励。党的十八大以来,以习近平同志为核心的党中央从加强顶层设计、完善法律法规、改革体制机制、加强司法和行政保护等方面,对知识产权保护制度作出决策部署,采取切实措施,取得了良好成效。

人民时评

全面建设社会主义现代化国家，必须从国家战略高度和进入新发展阶段要求出发，全面加强知识产权保护工作，促进建设现代化经济体系，激发全社会创新活力，推动构建新发展格局。

近年来，我国知识产权保护能力和保护水平得到全面提升。从制定出台《"十三五"国家知识产权保护和运用规划》，印发《关于加强知识产权审判领域改革创新若干问题的意见》《关于强化知识产权保护的意见》，到推动专利法、商标法、著作权法等修改完善，再到重新组建国家知识产权局、探索建立知识产权法院、设立知识产权保护中心……随着一系列创新举措的落地实施，"保护知识产权就是保护创新"的观念日益深入人心。2019年，我国知识产权保护社会满意度较2012年提升了15.29分，知识产权保护成效获得了社会普遍认可。世界知识产权组织发布的2020年全球创新指数报告显示，在全球参与排名的131个经济体中，中国位列14，是唯一一个进入前30的中等收入经济体。知识产权保护作为激励创新的基本手段、创新原动力的基本保障，以及国际竞争力的核心要素，其角色和作用正不断彰显。

历经多年发展，我国积累了丰富的知识产权资源，已成为名副其实的专利大国。我国发明专利和商标的申请量连续多年稳居世界首位，并在高铁、核电、5G等领域形成了一大批核心专利。截至今年10月底，发明专利有效量为296.6万件，每万人口发明专利拥有量达到15.2件。我国知识产权工作正在从追求数量向提高质量转变。与此同时也要看到，知识产权"大而不强、多而不优"的问题依然存在，高质量的关键核心专利不多，在部分领域布局仍然不够。把知识产权转化为现实生产力，使其产生效益、推动发展，是我国知识产权事业亟待破解的重点问题，加大知识产权保护力度无疑是其中重要的一环。

加大知识产权保护力度，让知识产权深入经济社会各个层面、各个领域，是解决科技与经济"两张皮"问题，进一步深入实施创新驱动发展战略的关键。当前，我国正加快制定面向2035年的知识产权强国战略纲要和知识产权"十四五"规划，要坚决贯彻落实习近平总书记重要讲话精神,深刻领会知识产权保护的重大战略意义,为知识"定价",给创新"赋权",让成果受到尊重,使创造活力竞相迸发,为贯彻新发展理念、构建新发展格局、推动高质量发展提供有力支撑。

(2020年12月18日)

更好助力中小企业纾困发展

韩 鑫

对小微企业行政事业性收费实行减免等优惠政策、提高中小企业在政府采购中的份额、强化小微企业金融差异化监管激励机制……不久前，工信部联合国家发改委等17个部门共同印发《关于健全支持中小企业发展制度的若干意见》，首次从促进中小企业发展工作进行制度设计，7方面25条具体措施，既管根本，又兼顾长远，为中小企业纾困发展保驾护航。

习近平总书记指出，要千方百计把市场主体保护好，为经济发展积蓄基本力量。在我国1.2亿户市场主体中，有3000多万中小企业、8000多万个体工商户。可以说，中小企业是稳就业的主要渠道、保产业链稳定的重要环节，也是保市场主体的关键。新冠肺炎疫情防控期间，随着一系列促进中小企业发展政策的落地显效，企业生产经营压力得到有效缓解。今年二季度以来，中小企业的经济运行状况呈现持续向好态势，生产效益指标逐步好转，中小企业发展指数连续4个月持平或上升，企业发展信心逐步恢复增强。

当前，国民经济运行延续稳定恢复态势，四季度要稳固基础、乘势而上，推动中小企业纾困发展至关重要。中小企业量大面广，受疫情影响，资金链紧张、融资难融资贵、抗风险能力不足等一些问题凸显。有一个良好的制度体系作保障，企业的发展才能有根本依托。《意见》将制度设计放在首位,通过与疫情防控以来出台的财税、金融、社保等一系列阶段性惠企帮扶政策相衔接,构建起长短结合的多层次政策体系,短期看,有利于助力企业渡过难关,长远看,更能为高质量发展积蓄力量。

瞄准问题靶心,为企业纾困开出"对症药"。在疫情冲击下,资金链问题成为不少中小企业生存发展面临的主要风险。缓解资金链紧张,既要源源不断注入资金"活水",也要为企业拓展市场"铺路"。提高中小企业在政府采购中的份额、强化小微企业金融差异化监管激励机制等举措,就是靶向施策、直击难点堵点,通过增加订单来源、强化金融服务,让更多中小企业获得直接有效的帮扶政策,更好增强信心、迎难而上。

聚焦创新内核,为企业前行装上"推进器"。通过加大财税、金融等政策支持力度,助企纾困成效显现,中小企业国内订单、出口订单指数连续7个月回升,营业收入利润率显著回升,但当前,疫情冲击造成的损失尚未完全弥补,推动企业持续恢复和高质量发展仍面临不少困难和挑战,特别是一些小微企业仍处于"扶上马还需送一程"的关键期。在这种情况下,必须着眼长远,更加突出对中小企业创新的支持,提升企业自我发展能力。此次《意见》将完善创业扶持制度及支持中小企业"专精特新"发展机制,就是意在培育和激发中小企业自身应对各种风险的抵抗力。

政策已然出台,要真正落地见效,还需相关部门以钉钉子精神抓好落实,确保政策红利惠及广大中小企业,让《意见》中的各项具体政策转化为市场主体纾困发展的实际效果。

(2020年12月17日)

以乡村善治助力乡村振兴

张向阳

"小村规"撬动"大治理","小积分"成为"大账本",越来越多的好经验好做法以适宜的方式在各地"生根发芽",提升了乡村治理效能

当前,我国农村正处于从传统社会向现代社会的转变之中,乡村治理面临着许多需要破解的挑战和难题,强化实践探索、总结成功经验,显得尤为重要

通过建立乡村治理的应急机制,湖北宜都交出新冠肺炎疫情防控湖北保卫战的"宜都答卷";在浙江宁波鄞州区,点开基层公权力智管平台,村务办理一目了然;在宁夏固原,乡村治理积分可在超市兑换商品……前不久,中央农办、农业农村部公布了第二批全国乡村治理典型案例,34个案例形式各样、特色鲜明,体现了推进乡村治理的新进展和新成效。

乡村治理是国家治理的基石。习近平总书记强调,要夯实乡村治理这个根基。作为乡村振兴的重要保障,实现乡村善治是一个复杂的系统工程,各地历史文化、经济发展、风俗习惯等存在一定的差异,需要因地制宜、积极探索、勇于实践。今年中央一号文件提出,扎实开展自治、法治、德治相结合的乡村治理体系建设试点示范,推广乡村治理创新性

典型案例经验。由此来看，通过试点示范，鼓励各地在乡村治理的重要领域和关键环节积极创新，总结推广典型案例，是破解乡村治理难题的现实所需，是推动政策在基层落地生根的具体举措，也是典型引领、推进工作的有效方法。

深入研究各地乡村治理的典型案例，不难发现其中的内在逻辑和科学方法。比如，山东省平原县创新"党建+三治融合"乡村治理模式，以及海南省琼海市的"四级化事法"，都是坚持以党建为引领，推动党的组织覆盖和工作覆盖纵深下沉，实现基层治理和为民服务的不断延伸；浙江省建德市"走村不漏户、户户见干部"，安徽省宁国市发动群众念好"议、助、管"三字诀，侧重点在于发挥基层群众的主动性；山西省长子县多元调解带来乡村治理的"四降两升"、河南省新密市的"一村一警"，聚焦支持多方主体参与乡村治理，推进形成共建共治共享格局……实践证明，抓住强化党的建设、创新议事协商形式、创新基层治理方式、加强县乡村三级联动、引导多元主体参与、解决突出问题等重要领域和关键环节，能够有效纾解乡村治理中的难点和堵点。

"十三五"时期是乡村治理全面部署和推进的重要时期，各地涌现出一大批因地制宜的乡村治理创新实践，提升了群众的获得感、幸福感、安全感。从实践中看，成熟一批、推介一批，充分发挥先进典型的示范带动作用，无疑有助于推动乡村治理各项任务在基层落实落地。比如，湖南实现村规民约（居民公约）全覆盖，四川城乡群众自我履约践约蔚然成风；陕西推行村级"小微权力"清单制度，安徽天长用"清单+积分"将村级小微权力关进笼子；江苏8个县整县推进乡村治理积分制，山东济南市全域推进"积分+扶贫"模式……"小村规"撬动"大治理"，"小积分"成为"大账本"，越来越多的好经验好做法以适宜的方式在各地"生根发芽"，提升了乡村治理效能。

党的十九届五中全会提出，优先发展农业农村，全面推进乡村振兴。当前，我国农村正处于从传统社会向现代社会的转变之中，乡村治理面临着许多需要破解的挑战和难题，强化实践探索、总结成功经验，显得尤为重要。各地在积极吸收借鉴典型经验的基础上，因地制宜、开拓创新，让更多更好的经验在广袤大地上落地生根，一定能不断健全党组织领导的自治、法治、德治相结合的乡村治理体系，让农村社会既充满活力又和谐有序，实现农民富、农业强、农村美。

（2020年12月17日）

坚持向科技创新要答案

余建斌

从我国的发展实际来看，科技创新既是一种追求卓越的知识创造活动，也有着非常深厚的现实基础

坚持需求导向和问题导向，是科技解决方案更精准的前提。

增强创新这个第一动力，是科技解决方案更有效的基础

最新发布的一份全球报告显示，过去5年，16个可统计的可持续发展目标领域中，中国在清洁饮水和卫生设施、经济适用的清洁能源和产业、创新和基础设施等5个领域相关的科研产出居世界第一，15个领域的相关科研论文数量位居全球前十。这份名为《以科研的力量推动联合国可持续发展目标的实现》的报告表明，中国科技界正将目光聚焦发展，积极用科学研究助力破解发展难题、满足发展需求。

目前，科技创新的角色越来越关键，担当的分量越来越重。习近平总书记强调，"在激烈的国际竞争面前，在单边主义、保护主义上升的大背景下，我们必须走出适合国情的创新路子，特别是要把原始创新能力提升摆在更加突出的位置，努力实现更多'从0到1'的突破"。在科学技术现代化的跑道上，我国近年来重大创新成果竞相涌现，科技实力正在从量的积累迈向质的飞跃，从点的突破迈向系统能力提升，为服务民生、造福社会、促进经济发展提供着源源不断的驱动力。今天，在"两

个一百年"奋斗目标的历史交汇点上，科学把握新发展阶段，深入贯彻新发展理念，加快构建新发展格局，对加快科技创新提出了更为迫切的要求。可以说，我们比过去任何时候都更加需要科学技术解决方案。

从我国的发展实际来看，科技创新既是一种追求卓越的知识创造活动，也有着非常深厚的现实基础。从部分关键元器件、零部件、原材料依赖进口，到油气勘探开发、新能源技术发展不足，再到人民对健康生活的要求不断提升、生物医药和医疗设备等领域科技发展滞后问题日益凸显……这些体现国家急迫需要和长远需求的实际问题，必须向科技创新要答案。

坚持需求导向和问题导向，是科技解决方案更精准的前提。科学家从国家急迫需要和长远需求出发选择研究方向，才能真正解决实际问题；从我国经济社会发展、民生改善、国防建设面临许多需要解决的现实问题入手，会更有利于寻找到科研选题和突破口。对广大科学家和科技工作者来说，就是要坚持面向世界科技前沿、面向经济主战场、面向国家重大需求、面向人民生命健康，对能够快速突破、及时解决问题的技术抓紧推进，对属于战略性、需要久久为功的技术提前部署。

增强创新这个第一动力，是科技解决方案更有效的基础。基础研究是科技创新的源头。我国面临的很多"卡脖子"技术问题，根子是基础理论研究跟不上，源头和底层的研究亟待加强。只有持之以恒加强基础研究，才能打好关键核心技术攻坚战，提高创新链整体效能。与此同时，企业作为创新主体，为了打造核心竞争力、占据竞争高地，也需要逐渐向基础研究领域挺进。因此要不断提升企业技术创新能力，强化推进产学研深度融合，支持企业牵头组建创新联合体，承担国家重大科技项目，让高科技企业成为创新重要发源地。

加快科技创新，依靠的是奋战在一线的千千万万科学家和科技工作者及市场主体。改善科技创新生态，激发创新创造活力，给他们搭建施展才华的舞台，创造良好的环境和基础条件，就会让科技创新成果源源不断涌现出来，从而为经济社会发展提供优质有效的科技解决方案。

（2020年12月16日）

以良法善治保障新业态新模式健康发展

张 璁

> 监管不是限制发展,而是为了更健康可持续发展。包容与审慎并举,才能明确面向新业态新模式的监管定位
>
> 面对新业态新模式带来的风险挑战,通过法治途径将其规范在可控范围之内,才能实现新业态新模式的良性发展,也才能为推动高质量发展持续注入新动能

近期,多个与新业态新模式有关的监管新规向社会公开征求意见。从银保监会等部门《网络小额贷款业务管理暂行办法(征求意见稿)》,到国家市场监管总局《关于平台经济领域的反垄断指南(征求意见稿)》,再到国家网信办等部门《互联网直播营销信息内容服务管理规定(征求意见稿)》,均着眼于保障新业态新模式的健康有序发展,受到广泛关注。

习近平总书记在中央全面依法治国工作会议上强调,以良法善治保障新业态新模式健康发展。以数字经济为代表的新业态新模式蓬勃发展,不仅创造出了强大的创业潜力、就业能力和经济价值,也为社会、文化等领域带来深刻改变。同时也应认识到,一个"新"字既蕴藏着无限潜力,也意味着风险和不确定性。新规拟将小额贷款、直播带货、平台经济等新业态新模式纳入监管,是健全国家治理急需的法律制度、满足人民日益增长的美好生活需要必备的法律制度的体现。对于监管部门来说,

在鼓励创新的同时进行有效监管，在包容与审慎中找到平衡点，才能实现良法善治的目标。

树立底线思维，这是新业态新模式监管始终应该绷紧的弦。相较于传统业态，不断涌现的新业态新模式，有的是各种业态的跨界、交叉，有的则是开辟出了全新的产业形态，往往会给监管带来挑战。再好的创新一旦逾越底线，就会导致不利后果。近年来出现的一些行业问题提醒人们，不可忽视创新背后可能存在的风险隐患。面对新业态新模式带来的监管挑战，立法、执法、司法等相关环节不能止步不前，必须不断创新监管方式方法，及时适应新业态新模式，守住安全底线和法律底线。

监管不是限制发展，而是为了更健康可持续发展。当新事物萌芽，不可避免存在这样或那样的不足，有效监管的价值在于帮助完善新业态新模式，守护创新创造的活力。比如，网约车行业此前也曾出现安全问题，但通过监管与行业的持续互动，作为新业态的网约车如今实现了更加健康的发展。就此而言，监管需要深刻理解新业态新模式发展的复杂性，认真对待新业态新模式在发展中出现的问题，采取措施，积极推动相关问题的解决。

包容与审慎并举，才能明确面向新业态新模式的监管定位。强调包容，是因为老办法未必能"对症"新业态，也是因为创新潜力尚未充分释放，对于新业态新模式要适当给予比传统行业更高的包容度；强调审慎，是因为市场经济也是法治经济，创新不是随心所欲的借口。面对新业态新模式带来的风险挑战，通过法治途径将其规范在可控范围之内，才能实现新业态新模式的良性发展，也才能为推动高质量发展持续注入新动能。

今年以来，面对新冠肺炎疫情的冲击，以数字经济为代表的新业态新模式的重要性愈发凸显，成为对冲疫情影响、重塑产业格局和提升治理能力的重要力量。在全球范围内，新一轮科技革命和产业变革方兴未艾，以良法善治守护新业态新模式的要求更加迫切。对监管部门而言，更积极主动找好包容与审慎的平衡点，才能支持新业态新模式健康可持续发展，让人民群众共享创新经济带来的发展红利。

（2020年12月15日）

优化营商环境助力高质量发展

李 拯

> 营商环境是市场经济的培育之土,是市场主体的生命之氧,只有进一步优化营商环境,才能真正解放生产力、提高竞争力
>
> 优化营商环境是一场深刻的体制改革和制度创新,是一项基础性、系统性工程,任重而道远

前段时间,国家发改委发布《中国营商环境报告2020》,这是我国营商环境评价领域首部国家报告。目前,我国营商环境评价已实现对31个省区市全覆盖,累计已有98个城市参与营商环境评价改革实践。报告显示,我国优化营商环境取得积极成效,企业和群众的获得感明显提升。

营商环境是市场经济的培育之土,是市场主体的生命之氧,只有进一步优化营商环境,才能真正解放生产力、提高竞争力。近年来,我国营商环境不断优化,取得了举世瞩目的成绩。聚焦减审批减材料,市场准入负面清单事项数量由151项减至131项,市场准入门槛不断放宽;聚焦规则公开透明,全国信用信息共享平台联通46个部门、所有省区市,归集各类信用信息超过500亿条;聚焦减环节压时限,深入推进政务服务"一网、一门、一次"改革,全面推行审批服务"马上办、网上办、就近办、一次办"……营商环境改善不断释放制度红利,给市场主体带来了实实在在的获得感。在2019年10月世界银行发布的《全球营商环

境报告 2020》中，我国营商环境排名跃居全球第三十一位，连续两年被世界银行评选为全球营商环境改善幅度最大的 10 个经济体之一。

法治是最好的营商环境。中央全面依法治国委员会第二次会议强调，要把平等保护贯彻到立法、执法、司法、守法等各个环节，依法平等保护各类市场主体产权和合法权益。在营商环境方面，我国已初步形成了以《优化营商环境条例》为核心、不同部门法的相关规定为补充、地方优化营商环境的专门性立法为枝干的制度体系。其中，《优化营商环境条例》将各地和各部门的相关改革举措法律化、制度化、规范化，是我国为优化营商环境颁行的第一部专门行政法规。民法典、外商投资法等法律，在各自调整范围内为优化营商环境提供了坚实制度基础。不断完善的法治体系，为改善营商环境保驾护航。

营造市场化、法治化、国际化的营商环境，是中国进一步对外开放的重要举措，也是实现高质量发展、实现治理体系和治理能力现代化的内在要求。今年以来，习近平总书记在多个场合就打造市场化、法治化、国际化营商环境提出重要要求。《中共中央关于制定国民经济和社会发展第十四个五年规划和二〇三五年远景目标的建议》提出，持续优化市场化法治化国际化营商环境。好的营商环境就是生产力、竞争力。中国经济已由高速增长阶段转向高质量发展阶段，正经历质量变革、效率变革、动力变革，传统的劳动力、土地等生产要素的比较优势正在逐渐减弱，制度供给成为重要的核心竞争力。构建以国内大循环为主体、国内国际双循环相互促进的新发展格局，同样需要继续改善营商环境，不断增强中国经济的吸引力、创造力、竞争力，才能实现更高质量、更有效率、更加公平、更可持续、更为安全的发展。

因此，我们必须保持战略定力，以改革推动，以法治护航，持续不断优化营商环境。一方面，要继续深化"放管服"改革，进一步推动简政放权、放管结合、优化服务，厘清政府和市场的边界；另一方面，不断完善法治保障体系，优化法律制度体系内部之间的协调和衔接，将法律对营商环境优化的保障作用落到实处。用改革破除体制机制积弊，用法治方式固化好经验、好做法，就能稳定市场预期、提振发展信心，不断激发内生动力和创新活力。

优化营商环境是一场深刻的体制改革和制度创新,是一项基础性、系统性工程,任重而道远。持续深化改革、促进制度创新,将营商环境优化落实到日常工作的方方面面,就能用良好的营商环境为高质量发展提供助力。

(2020年12月14日)

用法治遏制大数据"杀熟"

陈守湖

> 对于大数据"杀熟",应当抓住消费者权益这个关键,运用法治思维和法治方式推进治理,进一步厘清个人数据的所有权和应用范围,切实提高相关行为的违法成本

同一平台、同一时段、同款货品,下单价格竟有较大差别,更令人费解的是,多付费者还是平台的熟客。据报道,用户分别使用自己的高级会员和普通会员账号在同一电商平台购买同款商品,结果发现,高级会员账号不仅没享受到优惠,反而需要比普通账号支付更高的价格。近年来,类似大数据"杀熟"现象时有发生,给消费者带来困扰。

北京市消协的一项调查显示,许多被调查者表示曾被"杀熟",而网购平台、在线旅游、网约车类移动客户端或网站是"重灾区"。大数据"杀熟"严重侵害消费者权益,如果不加以整治,也不利于电商行业的持续健康发展。事实上,大数据"杀熟"并非新鲜话题,但一段时间以来,有些运营平台却依然我行我素,说到底还是利益驱动。这说明,治理大数据"杀熟"不能单凭行业自觉,还须提升监管强度,强化日常的制度约束。

习近平总书记在中央全面依法治国工作会议上强调:"要把体现人民利益、反映人民愿望、维护人民权益、增进人民福祉落实到全面依法治国各领域全过程。"对于大数据"杀熟",应当抓住消费者权益这个关键,

运用法治思维和法治方式推进治理,进一步厘清个人数据的所有权和应用范围,切实提高相关行为的违法成本。这样,才能完善规则,让法治在数字时代更好保护个人权益。

大数据"杀熟"本质上是一种侵权行为,最直接的后果就是对消费者权益的损害。对此,有关部门应依据相关法律法规严格执法,向"杀熟"者出重拳、下狠招。去年起施行的电子商务法指出,电子商务经营者应当全面、真实、准确、及时地披露商品或者服务信息,保障消费者的知情权和选择权。对于构成消费欺诈行为的,消费者权益保护法也有明确规定。如涉及价格欺诈,可适用价格法及其配套法规。同时,平台订单是具有法律效力的合同,运营者故意隐瞒价格差异、诱导消费者订立显失公平的合同,也可根据合同法进行处理。

值得注意的是,消费者遭遇"杀熟",一般举证不易、维权困难。平台在技术、信息等方面,对消费者拥有压倒性优势。对此,不妨尝试引入公益诉讼机制,由法定机构或组织代表公众维权。再比如,探索举证责任倒置等制度创新,由电商平台自证"清白"。大数据"杀熟"既是对消费者个体权益的伤害,亦是对消费者群体权益的侵害。因此,在消费者维权的司法保障方面,需要进一步主动作为、开拓创新。

大数据"杀熟"更深层次的问题,其实在于平台对用户数据的保护和利用不当。基于便利,用户让渡了自己的部分数据权利。例如,让平台获取自己的消费习惯、消费能力、商品偏好、价格敏感等信息。然而,这并不意味着平台可以随意使用这些用户数据,或者利用信息不对称进行牟利。信息时代,大数据给生活带来了更多可能,算法、用户画像、精准推送等技术日新月异,但都不应脱离法律和道德的约束,不能损害公众的利益。从这个意义出发,必须加强依法治理,及时规制负面因素,确保技术更好造福社会。

大数据为经济社会发展不断注入新动能。善用法治力量,更好保障公民数据权利,让个体免于被算法"算计",才能携手建设更加美好的数字社会,也才能推动数字经济的航船行稳致远。

(2020年12月09日)

把握信息革命历史机遇

张 璁

> 当前5G与AI的不断融合,将让万物感知、万物互联、万物智能的数字社会加速到来

在不久前召开的世界互联网大会·互联网发展论坛上,国家主席习近平向论坛致贺信强调,中国愿同世界各国一道,把握信息革命历史机遇,培育创新发展新动能,开创数字合作新局面,打造网络安全新格局,构建网络空间命运共同体,携手创造人类更加美好的未来。

据统计,2019年中国数字经济的规模达到35.8万亿元,占GDP的比重为36.2%,总量规模和增长速度都位居世界前列。今年以来,新冠肺炎疫情在全球范围内蔓延,给各国经济社会带来巨大冲击,也愈发凸显了互联网的重要价值。从远程办公到在线教育,从健康码到电子政务,应对疫情的需要为数字技术深度应用按下"加速键",数字经济也成为对冲疫情影响、恢复经济动能和提升治理能力的重要力量。

把握信息革命历史机遇,需要深刻洞察新一轮科技革命和产业变革的发展趋势。大会发布的《世界互联网发展报告2020》指出,当前世界各国都在大力推进以5G、人工智能、物联网等为代表的信息基础设施建设,数字技术快速发展,带动产业深度融合。对此,论坛上不少身处前沿的科技企业和业内专家都深有同感。他们中有的关注工业互联网,认

为当互联网从消费领域进入实体经济，互联网的重心将进一步往产业端下沉；有的关注人工智能，认为人工智能将作为新一轮产业变革的核心驱动力，重构生产、分配、交换、消费等经济活动各环节，催生新技术、新产品、新产业；也有的关注物联网，认为当前5G与AI的不断融合，将让万物感知、万物互联、万物智能的数字社会加速到来。

当然，在看到发展机遇的同时，也不能忽视网络空间的隐忧。一方面，当前经济全球化遭遇逆流、一些国家保护主义和单边主义盛行，这导致了全球技术创新交流与合作、产业链与供应链受到限制与破坏，也让世界互联网未来的发展方向增加了不确定性。另一方面，网络空间存在的虚假信息、不良信息等问题也在影响着网络舆论生态，甚至社会秩序和日常生活；网络安全问题也不容忽视，不仅个人信息保护话题日益受到社会关注，而且"没有网络安全就没有国家安全"，网络空间安全也已由技术层面上升到国家安全层面。

同舟共济，才能携手共赢。今年9月，中国发起的《全球数据安全倡议》，成为数字安全领域首个由国家发起的全球性倡议，聚焦全球数字安全治理领域核心问题，为加强全球数字安全治理、促进数字经济可持续发展提出中国方案、贡献中国智慧。前不久，世界互联网大会组委会又发布《携手构建网络空间命运共同体行动倡议》，呼吁坚持共商共建共享的全球治理观，把网络空间建设成为造福全人类的发展共同体、安全共同体、责任共同体、利益共同体。网络空间国际治理已成为全球互联网发展的迫切需求，加强网络空间国际合作、共同应对互联网风险与挑战已成为国际社会的广泛共识。

互联网是人类共同的家园，全人类从未像今天这样在网络空间休戚与共、命运相连。在应对疫情和恢复全球经济的过程中，数字技术发挥出积极作用，更加彰显了构建网络空间命运共同体的重要性和迫切性。把握机遇，迎接挑战，需要各国进一步拓展和深化网络空间国际交流与合作，不仅繁荣数字经济、共享数字红利，更推动构建更加公正合理的全球互联网治理体系，维护一个和平、安全、开放、合作、有序的网络空间，共创人类更加美好的未来。

（2020年12月07日）

规范"云招聘",求职更安心

李心萍

　　随着互联网技术的发展,时效性强、成本低、覆盖面广的网络招聘,凭借自身优势,成为不少用人单位招聘的首选。特别是在新冠肺炎疫情防控常态化背景下,就业服务向"线上"转型,有关政府部门、行业协会、高校等也倾向于选择"云服务",帮助求职者"云上找工作","云招聘"的优势进一步凸显。

　　然而,在实践中,"云招聘"也暴露了自身的短板。一方面,面对旺盛的网络招聘需求,一些网络招聘机构服务能力不足,管理不到位,导致招聘信息不完善、不真实等现象时有发生。另一方面,网络招聘平台良莠不齐,甚至存在"伪招聘"网站,让部分劳动者陷入求职陷阱。例如,有的招聘网站在面试前,以交纳服装费、体检费、培训费、保险费、押金、手续费等名义向求职者收取钱款,钱款到手后再以各种理由拒绝介绍工作,甚至直接失联,让求职者面临"钱职两空"的困境。针对网络招聘存在的问题,人社部前不久发布《网络招聘服务管理规定(征求意见稿)》,以期规范网络招聘服务行业发展,为求职者保驾护航。

　　今年以来,我国坚持实施就业优先政策,保持了就业形势总体稳定。一方面,充分发挥"云招聘"的优势。人社部发起"百日千万网络招聘专项行动",截至今年6月底,有208万家用人单位发布岗位信息2761万人次,劳动者投递求职简历近2000万份。另一方面,针对求职先交押

金、面试预付培训费、招聘信息不真实等问题，有关政府部门不断加强对网络招聘的监管力度。接下来，政府部门需要在征求意见的基础上，完善网络招聘服务管理规定，实现"云招聘"法治化，让求职者就业更安心。

把好准入关。网络招聘服务机构连接着千千万万劳动者，只有通过相关法律法规、制度设计，将"伪招聘"网站拒之门外，才能保证劳动者的求职安全。本次征求意见稿就提出，网络招聘服务机构应当依法在其网站、移动互联网应用程序等首页显著位置，持续公示营业执照、人力资源服务许可证等信息，或者上述信息的链接标识。这将帮助劳动者便捷辨别招聘网站的真伪。

督促网络招聘服务机构切实承担自身责任。当前，部分网络招聘服务机构仅将自身定位为信息发布平台，不对信息的真实性负责。然而，据此盈利的有关机构有义务对招聘信息进行核查，以保证招聘信息的真实可靠。这不仅是发展之需，也是监管要求。

规范"云招聘"，还需要有关政府部门加强事中事后监管，以维护网络招聘服务业的健康发展。"云招聘"的大部分行为都发生在网上，这就要求政府部门熟练运用大数据等技术，提高远程监管、移动监管、预警防控等非现场监管能力，以提升网络招聘服务监管精准化、智能化水平。

当然，在"云招聘"成为常态的当下，求职者也应擦亮眼睛，从正规网络招聘服务机构获取招聘信息，尽可能多了解应聘公司及岗位信息。只有多方合力，打造有序可靠规范的"云招聘"，才能助力求职者找到称心的工作，让有志向的人有事业，让有本事的人有舞台。

（2020 年 12 月 03 日）

让人工智能更好造福社会

张向阳

> 大数据时代,"人脸"是关键的数据信息,因其唯一性和较好防伪性,人脸识别技术发展前景广阔
>
> 多管齐下、精细治理,及时堵住滥用漏洞,就能有效规避安全风险,让人脸识别技术更好造福社会

购物时"刷脸"支付,乘火车时"刷脸"进站,使用智能终端时"刷脸"解锁……如今,人脸识别的应用场景日益丰富。与此同时,有部分用户认为人脸识别技术有信息泄露、滥用趋势。"刷脸"如何规避安全风险?相关话题频频引发热议。

习近平总书记指出:"新一代人工智能正在全球范围内蓬勃兴起,为经济社会发展注入了新动能,正在深刻改变人们的生产生活方式。"伴随技术进步,人脸识别正深度融入民生服务、城市治理、安全保障等领域。例如,"刷脸政务"广泛应用,节约了办事时间;一些地方启用电子警察执法,通过"刷脸"识别交通违法行为;利用人脸识别,对机场和商场等人流密集处进行监控;等等。新冠肺炎疫情防控期间,"人脸识别+测温"设备广泛应用,极大提高了体温检测效率。此外,基于人脸识别的人工智能相关产业快速发展,成为创新创业的风口。据统计,目前我国共有超过1万家人脸识别相关企业,今年前三季度注册量达1161家,预

计到2024年市场规模将突破100亿元。

人脸等生物特征信息具有特殊性,人脸识别广泛应用,就会衍生过度使用、缺乏统一标准规范、数据存储缺乏安全保障等问题。此前,中国消费者协会发布一份关于APP个人信息收集与隐私政策的测评报告显示,测评的100款APP中,10款涉嫌过度收集个人信息。客观存在的问题,提醒我们对于海量人脸数据的存储、分享、应用等还需更加审慎。

大数据时代,"人脸"是关键的数据信息,因其唯一性和较好防伪性,人脸识别技术发展前景广阔。因此,需要理性看待相关技术,既不能因噎废食、谈"刷脸"色变,也须明确规范、健全制度、加强监管,及时封堵个人信息泄露等漏洞。调查显示,对于人脸识别安全风险的担忧,更多在于一些没有明确法律规定的场景下信息收集、使用过程中的不透明与不确定性。比如,很多人都关心过人脸原始信息是否会被收集方保留以及会被如何处理。这提醒我们,需要与时俱进、完善法律法规,明确界定人脸数据的所有权、使用权、管理权、交易权等。及时建立与技术发展相适应的标准规范和监管规则,让全社会更加严谨地采集、使用、存储人脸数据,才能切实保障个人权益,也才能推动相关行业良性发展。

事实上,健全规则的努力、整治乱象的行动一直在路上。2019年底,人脸识别国家标准制定工作已全面启动。近年来,我国不断加大个人信息保护力度,在网络安全法、电子商务法、民法典等法律中,均对个人信息保护作出明确规定。目前,个人信息保护法草案公开征求意见,把个人生物特征列入敏感个人信息,拟确立以"告知—同意"为核心的个人信息处理一系列规则。各地也积极作出尝试和探索。比如,《杭州市物业管理条例(修订草案)》提出,物业服务人不得强制业主通过指纹、人脸识别等生物信息方式使用共用设施设备。多管齐下、精细治理,及时堵住滥用漏洞,就能有效规避安全风险,让人脸识别技术更好造福社会。

今天,数字经济蓬勃发展,人工智能应用场景创新日新月异。习近平总书记强调指出:"5G与工业互联网的融合将加速数字中国、智慧社会建设，加速中国新型工业化进程，为中国经济发展注入新动能，为疫情阴霾笼罩下的世界经济创造新的发展机遇。"为人脸识别技术筑起可靠防线，让新技术、新应用更安全落地，才能让群众更安心地享受技术红利。

（2020年12月01日）

以科普抵御"科学流言"

喻思南

> 提高科普质量,既介绍具体知识,又传播科学思维,努力提升全民科学素养,全社会抵御"科学流言"的根基才会更稳固

发现结节不立即切除就会癌变?复方板蓝根能有效抵抗新冠病毒?得了类风湿性关节炎就绝对不能运动?不久前,北京市科协等机构发布的"科学流言"榜,回应了相关谣言。近年来,类似榜单每次发布都会引发社会关注,既说明公众渴望得到权威的科普知识,也折射出一些"科学流言"传播较广的现实。

移动互联时代,信息触手可及,传播速度加快。在这种背景下,一些专业人士认为不靠谱、难以产生影响的"科学流言",如果不及时予以澄清,很可能引发难以预料的后果。例如,网络曾经谣传的"蛆橘事件""打针西瓜",导致一些地方的优质农产品滞销;有的"致癌提醒""民间偏方",让一些老年人误入养生歧途。面对层出不穷、不断变换花样的流言,及时精准的辟谣十分必要。与此同时,如何主动出击、更有效抵御"科学流言",也成为当代科普工作亟待破解的课题。

假借科学之名的流言时常出现,一定程度上是因为权威声音缺位。的确,公众对与自身相关的卫生健康、食品安全、气候环境等信息比较

敏感，一旦遇到困惑，如果没有及时、权威的信息，不少人会"宁可信其有"。有的人出于关心把不实信息转发给亲朋好友，无形中助推了流言的传播。在一些领域，科普供给与人们需求之间存在着差距。其中一个原因也在于，传统科普在内容选择、表达方式等方面还存在改进空间。就此而言，转变科普理念，多从公众需求出发，让及时权威的声音抵达更多人，才能让科学跑在流言前面。例如，气象部门在预告天气信息之外，还时常解答老百姓冷暖关切，赢得了好评与认可。

提高对"科学流言"的免疫力，培养科学素养是关键。许多披着科学外衣的流言，虽然不时夹杂着专业术语，甚至煞有介事地引用科学期刊，但只要稍加思考判断，并不难发现其破绽。比如，一些网文喜欢用"绝对""最""百分百"等字眼，论证也往往似是而非；搞移花接木之术，把一些尚无定论的意见作为"知识"传播。这些，都违背了基本的科学逻辑、表达规范。据调查，近年来，我国公民具备科学素养比例保持较好的增长态势，但科学精神培育相对缓慢。提高科普质量，既介绍具体知识，又传播科学思维，努力提升全民科学素养，全社会抵御"科学流言"的根基才会更稳固。

"科学流言"的传播，有着复杂的社会心理因素，难以完全禁绝。面向未来，科普工作任重道远，仍须久久为功。大力发展科普产业，健全完善引导全社会参与科普的机制，有助于凝聚合力、弥补传统机构力量的不足，快速响应公众科普期待，更好满足不同层次、不同年龄阶段人群的科普需求。新冠肺炎疫情防控期间，不少专业人士在自媒体平台及时答疑释惑，帮助大家理性认识病毒、科学防疫。当科普渠道日益多元、科普产品更趋丰富，我们定能筑起更为立体的抵御"科学流言"的屏障。

（2020年11月30日）

切断"养号"平台的利益链

智春丽

移动互联时代,人们已经习惯了随时点开社交媒体账号上的好友列表。然而,虚拟空间的账号安全性究竟如何?在线互动的"好友"是否真的友好?不久前,一则有关"养号"的消息引发关注。今年6月,在公安部"净网2020"集群战役中,江苏徐州公安机关成功打掉一个为网络诈骗、赌博等犯罪提供即时通信工具账号"养号"、交易服务的特大黑产平台——"小果平台"。此案一举捣毁源码技术团伙1个,卡商、号商窝点11个,查获"猫池""卡池"设备5000余台、手机黑卡100余万张,抓获犯罪嫌疑人84名,其中涉案即时通信工具账号数量巨大,已串并各类网络诈骗案件1300余起,涉案金额5000余万元。

"养号"平台给不法分子进行网络诈骗等非法活动以可乘之机,危害不可小觑。此次浮出水面的"养号"平台,还暴露出一条触目惊心的黑色产业链:涉案人员除了平台运营人员,还涉及QQ号商、手机卡商以及发卡平台的相关嫌疑人。不法分子通过"养号"平台购买"黑账户"进行网络诈骗,隐蔽性较强,极易造成公民财产损失。

"养号"平台也严重干扰了互联网平台经济的良性运行。当前,数字经济蓬勃发展,已经成为消费升级的新动力,而在其中发挥重要作用的互联网平台经济,其赖以存在的基础便是真实、活跃的海量用户。一个个活跃账号产生的数据,经过聚合之后具有巨大价值。"养号"平台借助技术手段批量运营未经实名认证的账号，无疑会搅乱平台生态，为流量造假、网店刷单、虚假涨粉等行为大开方便之门。如果任其潜滋暗长，势必会干扰互联网平台经济的正常运行。

遏制恶意注册互联网账号、切断"养号"平台的黑色利益链，还须精准治理、形成合力。从监管层面看，《互联网用户账号名称管理规定》明确指出，互联网信息服务提供者应当按照"后台实名、前台自愿"的原则，要求互联网信息服务使用者通过真实身份信息认证后注册账号。有关部门应进一步强化监管，把互联网用户账号实名注册的相关要求落到实处，及时封堵漏洞。近年来，公安部门持续开展"净网"等网络治理行动，严厉打击提供网络虚拟身份注册服务的"接码平台"等，查扣大量手机黑卡，对相关黑色产业链形成极大震慑。针对黑色产业链花样翻新、改头换面的问题，也应提升技术能力，及时发现问题苗头、严肃查处。

对互联网平台企业来说，必须切实履行平台责任，主动净化平台生态。互联网企业掌握大量实时数据，应优化管理流程，严格审核机制，持续加大对违规行为的打击力度，不给"黑账号"留下生存空间。用户也应理性看待互联网账号的功能和价值。在大数据时代，个人互联网账号已经不仅仅是聊天工具，有可能连接着个人信息、支付、出行等多重功能，成为个人重要的虚拟财产。应当增强个人信息保护意识，重视账户安全，上网与他人互动时提高警惕，不参与买卖个人互联网账号。

在打破了时空局限的虚拟空间，实时的互动、分享带来便捷与精彩，而这份精彩，需要大家共同托举。加强治理、重典治乱，让"养号"这样的非法平台无所遁形，才能更好守护人们对数字世界的美好期待。

（2020年11月27日）

强化监管,为数字经济护航

荣 翌

> 加强网络交易监管,既是维护各方主体合法权益的需要,也关系数字经济自身的持续健康发展

付费追剧,直播间下单,在线购买家政服务……近年来,网络交易形态日益丰富,为消费者带来极大便利,也催生数字经济新业态不断涌现。一组数据引人瞩目:截至今年6月,我国网民规模达9.4亿,占全球网民的1/5;网络零售用户规模达7.49亿,已连续7年成为全球最大的网络零售市场;网络支付用户规模达8.05亿,移动支付交易规模连续3年居全球首位……在构建以国内大循环为主体、国内国际双循环相互促进的新发展格局中,数字经济潜能无限,力量正在彰显。

以智能终端为载体,各类软件将社会经济活动投映到"云"端。比如,扶贫产品从田间地头"飞入"千家万户,助力百姓美好生活。今年以来,从推动农产品上行、带动消费回流,到促进服务业创新,线上交易对于统筹新冠肺炎疫情防控和经济社会发展发挥了重要作用。网购所蕴藏的经济活力和韧性,也吸引着全球目光。第三届中国国际进口博览会上,直播间林立成为展区现场一大亮点。各国参展商纷纷加入直播带货,以网络交易为杠杆,撬动中国内需市场释放巨大潜力,也为全球经济复苏注入动能。

网络交易的迅猛发展，也伴生着一些新的问题。以直播电商为例，中国消费者协会发布的一份调查报告显示，"担心商品质量没有保障"和"担心售后问题"是消费者两大主要顾虑。在网络空间，消费信息纷繁芜杂、严重超载，成为新的"信息污染"；流量造假、夸大宣传、自动续费等"消费陷阱"误导消费行为，损害用户利益；刷单、刷评、强迫商家在平台间"二选一"等不正当竞争手段，挑战商业规则，制约电商平台的良性发展。

伴随网络交易范围扩大、交易场景和品类增多，交易背后的创意设计、生产运营、售后保障等各环节也亟待规范。当生鲜食品、医药用品、科技产品等进入网络交易空间，网络交易监管就不仅限于市场监管范畴，还与食品安全、药品监督、知识产权保护、个人信息保护等管理领域出现交叉。另一方面，在互联网深度融入社会经济生活的今天，网络生态也折射着一个社会的营商环境质量、诚信建设水平和商业文明程度，加强网络交易治理十分必要。

多措并举、强化监管，才能让网络交易行稳致远。近年来，适应网络消费新趋势、新特点，电子商务法等相关法律法规出台，网络交易法治保障不断完善，为进一步规范网络交易活动、维护网络经济秩序提供了法律依据。不久前公布的《网络交易监督管理办法（征求意见稿）》，将网络社交、直播带货、自动续费等纳入监管范畴，体现了包容审慎的监管原则。与此同时，针对传统监管手段下违法行为发现难、取证难、定性难等问题，北京、浙江等一些地方建立网络交易监管系统、监测平台，将大数据、人工智能、云计算、区块链等技术应用于市场监管前沿领域，在线实现风险筛查、取证存证、线索移交、信用管理等多种功能。以科技手段赋能监管创新，才能与时俱进强化网络交易监管。

加强网络交易监管，既是维护各方主体合法权益的需要，也关系数字经济自身的持续健康发展。新形势下，进一步明确平台、经营者和监管部门等各方责任，构建多元主体参与的协同治理体系，打造清朗有序的网络消费环境，才能持续释放数字经济新动能，为构建新发展格局提供有力支撑。

（2020年11月26日）

严防视听传播统计造假

涂凌波

流量是传播的资源，数据是现代传播体系的基本要素。真实的流量和数据，有利于促进行业健康发展。如果数据失实、失真、失准，不仅会造成视听行业恶性竞争，还会影响媒体或传播平台的公信力。

根据《2020中国网络视听发展研究报告》，截至今年6月，我国网络视听用户规模达9.01亿，短视频人均单日使用时长达110分钟。短视频与社交媒体、电商、直播、教育等领域的叠加，塑造了新的生活方式，也催生了新的经济形态。进一步看，视听传播行业是我国文化产业的组成部分。加强视听传播行业的"数据治理"，有利于营造清朗的网络空间，促进文化产业健康繁荣发展。前不久，国家广播电视总局印发《防范和惩治广播电视和网络视听统计造假、弄虚作假责任制规定》，进一步健全落实广播电视和网络视听统计工作责任制。

从数据源头上治理收视收听率（点击率）造假乱象，从数据统计的体制、机制改革上入手，体现着治理思路的转变。今年5月施行的《广播电视行业统计管理规定》，为完善防范和惩治统计造假、弄虚作假责任体系，提供了初步的制度安排和法律依据。《防范和惩治广播电视和网络视听统计造假、弄虚作假责任制规定》的出台，进一步明确了层级责任体系，第一责任、主要责任、直接责任分别落实到人。统计数据责任体系的明确，为统计造假的溯源和追责提供了明确依据，必将有助于更加规范、精准地管理数据采集、处理、核查、报送、发布等环节。

大数据给国家治理现代化带来了机遇和挑战，视听传播的数据统计也不可小视。一方面，基础数据是包括广电、网络音视频、短视频、直播等在内的视听传播行业的风向标。另一方面，视听传播越来越与人们的日常生活联系在一起。比如，新冠肺炎疫情防控期间，人们通过网络视听平台获取疫情信息、分享防疫知识、传播抗疫精神。真实、准确、完整、及时的视听传播统计数据，是我国现代化统计调查体系的重要组成部分。对这些传播数据的有效掌握和合理使用，也是推进国家治理体系和治理能力现代化的要求。

加强视听传播的"数据治理"，亟待引导全社会正确认识数据。对统计造假、弄虚作假实行"零容忍"，除了制度设计和政策法规层面的约束外，还需破除"唯数据"论。对于广电媒体、网络传播平台来说，不宜把收视收听率（点击率）当作传播效果的唯一衡量指标，平台在算法推荐系统中需要调整流量的权重，相关统计工作者应坚守专业统计责任和职业道德。对于内容生产者来说，应避免单纯以流量为创作导向，提倡追求高质量的精品佳作，理性对待"打榜"等行为。

视听传播行业的发展繁荣，需要"数据治理"作保障。加大监管力度，不断健全视听传播数据的管理体系，依托大数据等手段完善统计信息系统，才能让相关政策法规更好落地见效，推动行业高质量发展。

（作者为中国传媒大学教授）

（2020年11月24日）

让信息无障碍成为社会共识

韩 鑫

到 2021 年底，面向持证残疾人及 60 周岁以上农村老年人的通信服务资费优惠进一步加大，各级政府部门网站、移动互联网应用、基本公共信息指示设施的无障碍普及率显著提高；到 2025 年底，建立起较为完善的信息无障碍产品服务体系和标准体系，信息技术服务全社会的水平显著提升……前不久，《关于推进信息无障碍的指导意见》正式印发。相关意见为完善我国信息无障碍环境建设、补齐信息普惠短板、弥合数字鸿沟指明了路径。

随着人工智能、大数据等新一代信息技术的快速发展，在线预约、扫码支付等新业态新模式竞相涌现，极大便利人们生产生活的同时，也让一些老年人、残障人士有时感到不便。今年 9 月中国互联网络信息中心发布的报告显示，当前我国网民规模已达 9.4 亿人，互联网普及率达到 67%，但就结构而言，在城乡之间、不同年龄之间仍存在一定差别。比如，60 岁以上老人的上网比例明显低于其他年龄段。对于老年人和残疾人而言，如何通过信息化手段提高其生活质量，事关这些群体的获得感、幸福感和安全感。

作为无障碍环境建设的重要组成部分，信息无障碍旨在通过信息化手段弥补身体机能和所处环境的差异，使任何人都能平等、方便、安全地获取、交互和使用信息，共享信息化发展成果。近年来，我国信息无障碍建设稳步推进，硬件上看得见的"障碍"在消除，看不见的服务"软环境"也在改善。自2013年起，超过800家政府单位搭建了信息无障碍服务平台，3.2万个政务网站实现信息无障碍。目前，我国行政村通光纤和通4G比例均超过98%，便利普惠的电信服务为农村居民提供了随时随地可接入的网络服务。也应看到，我国信息无障碍发展还处于起步阶段，仍存在市场有效供给不足、产品服务质量不高、社会普遍认知不强等问题。加快推进信息无障碍建设，仍需多措并举、久久为功。

在产品上由点及面，将信息无障碍建设融入信息化社会。今天，信息无障碍建设应从单纯为某个用户群体服务转变为创建全社会的信息无障碍环境。当前，网站、APP是各行各业向用户提供服务的信息窗口，这就意味着，需要对现有的所有信息设备和服务进行无障碍优化，保障所有人平等参与社会生活。通过培育多元化市场主体、充分调动企业积极性，将信息无障碍的理念融入到信息产品的研发和信息服务的运营中，才能促进信息技术服务社会水平的整体提升。

在服务上形成合力，让信息无障碍成为全社会的普遍共识。信息无障碍建设是一项系统工程，需要从硬件上着力，也需要从观念、意识等方面着眼。在加大信息无障碍产品设备供给力度的同时，还应培养从业人员为相关群体服务的意识和能力，建立完善相应服务的应急预案和行业规范，使推进信息无障碍成为各行各业履行社会责任的自觉行动。

当前，新一轮科技革命和产业变革蓬勃兴起，孕育着全新的机遇。基于人工智能开发的实时翻译，助力老年人环游世界；通过大数据技术，可方便实现残疾人对无障碍产品的供需对接。多谋民生之利，多解民生之忧，对政府来说，需要在发展中不断补齐民生短板，不断增进民生福祉。对企业而言，将无障碍理念注入产品创新，不仅有利于赢得市场竞争，也能惠及更多消费群体。

（2020年11月23日）

保护好传承好历史文化遗产

张 蕊

　　加强考古工作和历史研究，让收藏在博物馆里的文物、陈列在广阔大地上的遗产、书写在古籍里的文字都活起来，丰富全社会历史文化滋养

　　聚焦制度建设，健全法律体系，加强逐层落实，完善监管机制，重视平衡发展，丰富利用形式，加大投入力度，才能更好地加强历史文化遗产保护利用

前不久，国家文物局、上海市政府签署协议，启动并推进国家社会文物管理综合改革试点合作。未来3年内，上海将在社会文物管理政策、促进机制、开放路径、服务模式等方面"先行先试"，为文物的有效保护和合理利用探索新路子。

文物承载着灿烂文明，传承着历史文化，是我们的宝贵遗产，保护文物功在当代、利在千秋。习近平总书记在中央政治局第二十三次集体学习时强调："历史文化遗产不仅生动述说着过去，也深刻影响着当下和未来；不仅属于我们，也属于子孙后代。保护好、传承好历史文化遗产是对历史负责、对人民负责。我们要加强考古工作和历史研究，让收藏在博物馆里的文物、陈列在广阔大地上的遗产、书写在古籍里的文字都活起来，丰富全社会历史文化滋养。"

文化遗产承载着一个民族的文化基因，折射着一个民族的精神特质。保护历史文化遗产，有助于增进文化认同、增强文化自信。从历史层面看，保护历史文化遗产就是记录和传承文明发展史，以史鉴今；从社会发展层面看，保护历史文化遗产为爱国主义和革命传统教育提供基本素材，继往开来，为发扬优秀传统文化和实现民族复兴提供有力支撑；从经济层面看，良好的历史文化遗产保护与利用，在扩大对外交流、发展文化旅游等方面发挥着促进作用。应该说，加大文物保护力度，推进文物合理适度利用，才能使文物保护成果更多惠及人民群众。

"十三五"期间，我国在历史文化遗产的认知、保护与利用等方面进行了重要探索，成绩亮眼。政策法规得到有效落实，保护工作逐渐科学化，行业管理逐渐精细化，挖掘和利用方面逐渐规模化，记录与展示领域逐渐数字化，预防性保护与抢救性修复逐渐均衡化……这些来之不易的成绩需要持续巩固，健全管理制度、健全保护机制，进而在增强历史文化遗产保护能力的基础上，利用好历史文化遗产资源。

习近平总书记指出，我国是世界文物大国，又处在城镇化快速发展的历史进程中，文物保护工作依然任重道远。笔者在调研时发现，当前相关工作仍有一些值得改进的空间，比如历史文化遗产保护利用的政策举措创新不足，缺乏有效监管机制；科学理念需进一步提升，应积极普及推广先进理念和科学的保护措施；整体规划与持续执行不到位，"重申报、轻管理""重开发、轻保护"等现象理应得到纠正；安全责任意识和防范水平有待提升，专业的人才队伍也有待加强培养，等等。保持清醒认识，从实际问题出发，树立保护文物也是政绩的科学理念，多措并举，才能不断取得新成绩、实现新突破。

《中共中央关于制定国民经济和社会发展第十四个五年规划和二〇三五年远景目标的建议》中明确指出，传承弘扬中华优秀传统文化，加强文物古籍保护、研究、利用，强化重要文化和自然遗产、非物质文化遗产系统性保护。未来，聚焦制度建设，健全法律体系，加强逐层落实，完善监管机制，重视平衡发展，丰富利用形式，加大投入力度，才能更好地加强历史文化遗产保护利用,以其为载体讲好中国故事,为建成社会主义文化强国做出应有贡献。

（作者为故宫博物院副研究馆员）

（2020 年 11 月 20 日）

家校共育　携手同行

张　烁

在孩子教育这条路上，老师和家长携手同行，彼此应该充分尊重与信任。没有家庭教育的学校教育、没有学校教育的家庭教育，都不可能独自完成培养孩子成才的使命。

现实中，一些教师和家长对家校共育的理解还不到位。个别教师把分内的工作转嫁给家长，如让家长代替自己批改学生作业，部分家长成为"编外教师"。个别家长认为，把孩子送到学校，教育孩子的责任就移交给了学校和老师，自己可以当"甩手掌柜"。理解出现偏差，就会造成家长与教师之间的责任边界趋于模糊，导致家校共育停留于表面，难以实现预期效果。

孩子们的成长过程，大部分时间都在校园。学校应该是教育的主阵地。无论是学习知识、培养素质，还是陶冶情操、完善人格，学校教育都至关重要。同样，孩子的教育也离不开家庭，家庭教育要与学校教育紧密结合起来。如果责任边界模糊，就会阻碍家校之间的顺利沟通，影响家校共育的效果。有的家长群成了老师布置任务的地方，有的成了老师疲于应付的"加班群"，有的成了家长晒娃炫娃的"攀比群"，还有的成了家长盲目点赞老师的"夸夸群"……对于部分家长和老师来说，家长群成了日常"压力群"，失去了家校沟通的本意。一方面，一些家长本身工作节奏快、压力大，却又不得不花费很大精力盯着家长群，哪怕深

夜也不能错过,生怕漏看了信息、漏跟了回复,影响孩子的学习生活。另一方面,班级学生多,水平情况各有不同,老师的时间精力有限,如果逐一回复家长们频繁的询问和要求,也会耽误了备课时间。就此而言,家长群变味儿,表面上看是群规缺乏或者得不到遵守,实质上是由于家校关系没有理顺、家长与老师的角色没有摆正。

家校共育,关键在"共"。学校和家庭的互相配合程度,影响着孩子的成长和发展。学校教育是主体,是对学生进行素质教育的最重要场所;家庭教育是基础,是对学校教育的必要补充。首先,老师应当尽职尽责,担负起教书育人的本职责任。同时家长也不应忘记,"父母是孩子的第一任老师"。学校教育不应当由家庭代劳,同样的,家庭教育也不能一股脑儿推给学校和老师。相互尊重、相互包容,家校合作协同育人,才能达到"1+1＞2"的效果。那些关注孩子情感的交流、关于教育目的的探讨、关乎成长经历的分享等,都能在教师与家长之间架起一座心意相通的桥梁。

家校共育,目标在"育"。说到底,家校双方的目标是一致的,都是为了孩子健康成长、全面发展。真正的家校合作,需要学校尽可能调动学生家长参与学校教育的热情,获得家长对学校管理和发展的认同,也需要家长了解学校的教育教学目标,使家庭教育配合学校教育。在此基础上,划好家校共育的"经纬线",厘清学校教育和家庭教育的任务分工、职责边界,才能各负其责、同向而行。

家长与老师有效配合,形成家校共育的整合优势,有助于为学生营造一个和谐的家庭环境和校园环境。各方不缺位、不错位,坚持问题导向、目标导向、效果导向,疏通家校共育不同步、不合拍的堵点,才能促进孩子健康成长,取得教育高质量发展的新突破。

（2020年11月19日）

高值医用耗材治理的重要一步

李红梅

不久前,一场采购金额过百亿元的国家级高值医用耗材集中采购开标。多年来位居高价位的心脏支架大幅降价,从均价1.3万元降至700元左右,降幅超过90%,按意向采购量计算,预计节约资金109亿元。这一消息,引发社会关注和热议。

心脏支架是人们熟悉的高值医用耗材。近年来,因我国心血管疾病患病人数不断增多,进行心脏支架植入的病例数逐年攀升,每年临床用量达100多万个,人均使用1.4—1.5个。但是,心脏支架的平均价格一直在万元以上,全国心脏支架的费用负担一年超过150亿元。

心脏支架的价格较高,与其创新性、侵入人体特性有关。经过长达30多年的临床使用,心脏支架技术已经比较成熟,国内产品临床使用率已达80%,国产、进口产品在质量上几乎没有太大差异。按市场规律,这种技术成熟、竞争充分的产品价格会逐步下降。然而,心脏支架由于销售模式的原因,过于依赖推广、营销,中间环节费用占了大头,导致出厂价与患者使用价之间相差巨大。不仅是心脏支架,其它高值医用耗材价格往往都比较高。从出厂、各层级代理商、物流配送到医院采购、使用,经过的环节越多,中间费用就越高,价格也越高。由于高值医用耗材型号复杂、种类繁多,病例之间的使用存在差异,因此多年来难以开展"团购",无法有效实现量价挂钩。同时,因流通费用过高,相关企

业往往重销售、轻研发，产品难以靠质量、创新赢得市场。

从心脏支架开始，高值医用耗材的暴利现象该终结了。集中带量采购带着联盟地区2408家医疗机构80%的需求用量，招采合一、量价挂钩，采取医保预付货款、医院确保使用、药监部门全力监管质量的综合手段，实现降价保质，强力治理价格虚高。此前，药品集中带量采购已经有了3批实践，给高值医用耗材集采提供了有益经验。尽管目前心脏支架不像药品一样有一致性评价质量认证，但采购的心脏支架全部是医疗机构自主报量的常用主流产品。按照规则，即使出现中选产品不是医院常用产品的情况，也由医院自主决定用量。另外，临床上仍有20%的使用比例留给医生和患者自主选择。随着国家医保局推进耗材标准化编码工作，所有高值医用耗材还会有统一的标准。这将为今后所有品种的集中带量采购打下良好基础。

面对集中带量采购，有些人担心，会不会这头降了那头升了？对此，医保部门已经明确，医保预算结余留给医院，医院按照政策自主分配，这无疑将大大激发医院的积极性。同时，配套医保支付改革、医疗服务价格调整、药品流通体制改革，以及公立医院薪酬制度、补偿机制改革等，将有效防止出现"按下葫芦浮起瓢"的现象，推动实现合理诊疗，合理使用药品、耗材。

高值医用耗材治理被称为医改难啃的"硬骨头"，涉及的利益链条长，触及的改革面广。为了人民群众的健康，切实减轻费用负担，让医保基金得到更加合理的使用，促进行业可持续发展，再难的事情也要努力办好。以更大的决心和勇气攻坚克难，凝聚众智、集聚众力，朝着改革目标协同发力，才能加快实施健康中国战略，更好守护人民健康。

（2020年11月18日）

发挥科技奖励的激发效应

余建斌

> 增强创新这个第一动力,推进科学技术助力经济社会发展和民生改善

科技奖励由推荐制调整为提名制,进一步完善评审职责、评审标准、评审程序等制度,进一步加强科技奖励诚信体系建设、加大对科技奖励的监督惩戒力度……修订后的《国家科学技术奖励条例》将于今年12月1日起施行。这是进一步改革和完善科技奖励制度的成果,也是深化科技体制改革的重要举措。

科技奖励制度是党和国家为激励自主创新、激发人才活力、营造良好创新环境采取的重要举措,目标是奖励在科学技术进步活动中做出突出贡献的个人、组织,赋予他们科技领域的国家荣誉。现行条例的修订,通过将深化科技奖励制度改革的有关举措、科技奖励实践中探索的做法和经验上升为法律规范,进一步完善科技奖励制度,同时也将有效解决实践中出现的一些新情况、新问题,更加有效地调动广大科技工作者积极性和创造性,深入推进创新驱动发展战略实施。尤其是在我国发展面临的国内外环境发生深刻复杂变化,"十四五"时期以及更长时期的发展对加快科技创新提出更为迫切要求的情况下,科技奖励制度发挥良好的激发效应,有助于增强创新这个第一动力,推进科学技术助力经济社会

发展和民生改善。

科技奖励重在导向。人才是创新活动中最活跃、最积极的因素，我国科技队伍蕴藏着巨大创新潜能，关键是要通过深化科技体制改革把这一潜能有效释放出来。近几年，国家科技奖励精简奖项、精选评委、精细评审，获奖项目质量和水平逐年提高，权威性和公信力不断增强，但仍存在与当前实际情况和发展要求不相适应的现象。此次条例的修订，将提名制上升到法规层面，强化奖励的学术性，防止权力"越位"，以及进一步明确评审活动坚持公开、公平、公正的原则等，都体现了维护国家科学技术奖的公正性、严肃性、权威性和荣誉性，树立积极导向，让那些潜心研究、学有所长、勇于超越的科技工作者收获荣誉、鼓足干劲。

制度生效贵在落实。针对目前科技奖励制度存在的问题，即将施行的条例加大了对科技奖励的监督惩戒力度，并有具体而明确的措施，包括评审办法、奖励总数、奖励结果等信息应当向社会公布，"一票否决"违反伦理道德或者科研不端等行为的个人、组织，以及建立科研诚信严重失信行为数据库等。只有将这些制度化的举措真正落实到位，强化监督管理，对跑奖要奖、科研不端等违规人员追责到底，才能促进科技奖励健康发展，助力营造潜心研究、追求卓越、风清气正的科研环境，激发科技工作者的创新内生动力。

党的十九届五中全会提出，坚持创新在我国现代化建设全局中的核心地位，把科技自立自强作为国家发展的战略支撑。强化国家战略科技力量，离不开激发人才创新活力和完善科技创新体制机制。科技奖励制度的不断完善，将为提升我国科技创新能力、加快建设创新型国家和世界科技强国提供有力的制度保障。

（2020年11月18日）

网络购物呼唤"有内容"的评价

陈 凌

很多人在网络购物的时候,都习惯先看看买家们的评价。然而,有网购平台近期在评价系统方面的改版,却让许多习惯了买前看评价的用户感到有些不习惯:好评、中差评标签不再单独展示,取而代之的是各种描述性标签。对于评价页面的变化,有网友认为"影响不大,通过各个标签也能看到全部评价",有网友则认为,"增加了辨别商品品质的难度"。如何看待这一变化?

对消费者而言,用户的评价往往是重要的购物参考。网络购物毕竟不同于线下购物,消费者无法近距离感知商品,要想有所判断,一是靠商家的描述,二是靠已经买过此类商品的用户反馈。消费者下单与否,不仅看商家描述和用户反馈能否相互印证,更在于透过这些信息,了解商品是否能满足自己的需求。一些消费者之所以关心能否看到中差评,恰恰在于通过好评与中差评的比较,更好地确定商品与商家描述是否一致,并进一步了解这件商品的优缺点、与自己需求的匹配度。从这个角度来看,与其说消费者关注的是"还能不能看到中差评",毋宁说是当"中差评标签被取代"之后,消费者还有没有其他的信息,进行购物参考。

网络购物的本质是信用消费。"好评、中评和差评"的评价体系,是为解决用户和商户之间的信任问题而出现的。今天看来,简单的好评或中差评,可能都无法给消费者太多参考。消费者更希望看到的,其实是

给出好评或中差评的理由。当下的网购平台，有的采用"好评、中评和差评"的评价体系，有的则采用星级的评价体系，还有的则干脆取消分级评价，只为用户提供晒单、描述物品和分享使用心得的空间。对于用户来说，无论平台采用何种评价体系，能提供"有内容"的评价，才是真正有意义的。因此，更应该关心的是评价体系变了以后，平台能否激励用户提供更多有价值的评价。

从商家和平台的角度来看，"中差评标签被取代"之所以受到中小微店铺的关心，在于其有助于解决恶意差评的困扰。但也应看到，恶意差评与消费者的普通评价有本质区别，平台整治恶意差评，不应也不能压缩消费者的评价空间。消费者对商品的评价虽然具有一定主观性，但究其根本，是建立在商品品质、服务质量基础之上。有的消费者或许因为各种各样的原因，给出"中差评"，但对商家来说，这未尝不是一个改进服务的提醒。相较而言，恶意差评产生成本低、杀伤力较大、会对消费者产生误导，不仅是站在商家、平台的对立面，也是站在消费者的对立面。而在绝大多数网购平台，商家和消费者都可以对买家评价进行回复或评论，对于不合理的中差评，具有一定的纠偏效果。在这个意义上，评价体系可以调整，评价标签可以改变，但商家和平台依然需要给用户留下表达意见的空间。

在网络经济日益融入日常生活的今天，评价体系越来越成为一项基础设施。在网上购物也好，通过手机点外卖也罢，用户的评价是消费者下单与否的一个重要参考指标。让评价内容更加具体，让评价体系更加真实，激励消费者提供更多有信息含量的评价，是网购平台在设计、调整评价系统时必须考虑的问题，也是网络经济向前发展的重要条件。

（2020年11月17日）

数字信任当以人为本

陈自富

> 加快构建数字信任体系,既是诚信社会建设的题中之义,也是推进网络文明建设的内在要求

随着数字化进程的加速推进和线上线下的加速融合,新型消费正在快速发展。在此背景下,刚刚过去的"双11",成为覆盖广阔城乡的消费新主场。而随着互联网平台获取个人数据的能力不断提高,以及人们对数据安全的日益重视,如何构建数字信任、强化数字化环境中的信用体系建设,引发越来越多人的关注。

如果说在传统农业和工业社会,"人无信不立",那么在互联网时代,信任更是经济社会发展的基石。信息革命推动的数字经济,一定程度上淡化了传统社会中人们的日常交往需求,使得建立在人际交往基础上的传统信任关系演变为新型数字信任关系。今天,从上网购物、交通出行到预约挂号、养老金领取等,人们都可以通过一部智能手机完成。由消费记录、出行记录等构成的一系列数据,塑造了数字社会的新型信任关系,对传统信任关系带来了冲击。比如,部分社会群体由于不擅长使用智能手机、没有网络消费记录,导致在数字社会无法形成相应的信用数据,给铁路出行、银行服务、医疗报销等带来了诸多不便。加快构建以人为本的数字信任体系,尤为迫切。

习近平总书记强调,要把提高社会文明程度作为建设社会主义文化强国的重大任务。诚信社会建设、网络文明建设,是其中的重要部分。加快构建数字信任体系,既是诚信社会建设的题中之义,也是推进网络文明建设的内在要求。为此,我们需要从社会观念、技术治理、立法和政策等方面凝聚合力,处理好传统信任与数字信任的关系,确保在传统信任机制发挥作用的同时,加快构建以人为本的数字信任体系。在社会观念层面,应当更加强调以人民为中心,为老年人等特定群体提供便捷渠道,加强个人数据保护力度,拒绝各类平台对个人信息和网络行为的过度索权。比如,一些高铁车站推出"无健康码通道",在国家层面推进跨省医保结算,公安机关将电信和网络诈骗作为打击重点,等等。

构建以信用为基础的新型监管机制,要进一步打通"信息孤岛",在地方政府之间、不同组织和部门之间建立更加完善、友好的数字信任关系。实践中,一些地方和部门忽视了以人为本,带来了新的问题。例如,不同医院之间的检查结果不能互认,有关部门在数据录入和加工过程中发生信息失真,公民身份被盗用但消除不良影响较为困难,等等。对此,在制度和法律层面,应尽快就信息系统的互联互通、身份统一认证、一网通办等事项建立相关制度并加快实施;在隐私保护、数据收集、算法应用方面,以立法方式向社会保证其透明度,从而将数字信任体系的构建置于社会监督中;加大对数据滥用、违规采集数据、算法歧视、过度索权的法律监管和执行力度,确保传统信任中以人为本的价值观念在数字社会中得到体现。

当前,数字信任已成为国际社会关注的热点。联合国成立75周年纪念峰会通过的《纪念联合国成立75周年宣言》呼吁,勾画一个数字合作和数字未来共同愿景,并解决数字信任和安全问题。随着世界迈入数字繁荣时代,各国通力合作建立新型的数字治理和数字信任框架,才能将以人为本的理念注入数字社会,让技术进步真正为人类福祉服务。

(2020年11月16日)

优化营商环境,强健经济"体格"

赵展慧

营商环境就是生产力,优化营商环境就是解放生产力、提升竞争力。党的十九届五中全会提出,全面深化改革,构建高水平社会主义市场经济体制。落实这一重要要求,必须打造市场化、法治化、国际化营商环境,依托国内强大市场,使我国成为吸引全球优质要素资源的强大引力场,为实现高质量发展、构建新发展格局提供助力。

河北省全面推行行政执法"三项制度",山西省实施企业投资项目承诺制改革,上海市建立优化营商环境法治保障共同体,浙江省推行"最多跑一次"改革……不久前,国家发展改革委发布了我国营商环境评价领域的首部国家报告《中国营商环境报告2020》,从一个侧面展示了"十三五"时期,在以习近平同志为核心的党中央坚强领导下,各地区、各部门以"放管服"改革为抓手改善营商环境的探索实践。营商环境的改善,微观主体的活力更有说服力。2012年我国各类市场主体不到6000万户,到去年底数量已经达到1.2亿户。随着抗击新冠肺炎疫情斗争取得重大战略成果和各项助企纾困政策发挥作用,从今年4月起,新设市场主体数量重新恢复增长,前三季度日均净增企业1.2万户。来之不易的成绩,与扎实做好"六稳"工作、全面落实"六保"任务、不断优化营商环境密不可分。

营商环境的优化强健了经济"体格"。中国经济能够更好地抗击风雨、

砥砺前行，靠的是持续不断"刀刃向内"的改革创新。5 年来，审批少了、税费轻了。中央层面核准的企业投资项目压减 90%，非行政许可审批退出历史舞台，"十三五"时期新增减税降费将达 7.6 万亿元。5 年来，创新多了，法治强了。今年新增的 2 万亿元财政资金，通过"一竿子插到底"的创新直达机制，下达时间从 120 天以上缩短到 7 天，确保助企纾困政策能够快速扎实地作用于企业。营商环境的优化还有法治举措保驾护航。《关于完善产权保护制度依法保护产权的意见》《中华人民共和国外商投资法》等法律法规的颁布，有力保障了内外资企业、不同所有制企业都能受到平等保护、在市场中公平竞争。

前不久，深圳综合改革试点实施方案发布，首次以清单批量授权方式赋予地方在重要领域和关键改革环节上更多自主权，展现了我国进一步深化改革创新、优化营商环境的智慧和魄力。中国进入新发展阶段、构建新发展格局，优化营商环境应有更高目标、付出更多努力。目前，在一些审批中，对产品外观或不重要的参数作调整仍需要重新办理许可或认证，一些涉及新兴产业或是专业性很强的项目审批时间仍然过长。对此，应进一步梳理排查，该整合整合，该取消取消，减少对微观经济活动不必要的干预。从落实情况看，近年来简政放权、减税降费等政策制定步步深化，但各地执行力参差不齐，有的政策卡在基层"最后一公里"，导致企业获得感不强。更好完善配套政策和实施细节，健全完善营商环境评价机制，才能不断提升地方落实改革部署的积极性和执行力，推动营商环境持续改善。

良好的营商环境如同清新空气，是市场主体成长发展的前提，是构建高水平社会主义市场经济体制、推动有效市场和有为政府更好结合的基础。继续深化"放管服"改革，优化政务服务和营商环境，中国经济必将创造更多发展奇迹。

（2020 年 11 月 13 日）

进一步凝聚干事创业正能量

张 洋

> 扶正必须祛邪，激浊方能扬清。当前，我们在危机中育先机、于变局中开新局，需要广大党员干部心无旁骛、笃定前行，凝聚干事创业谋发展的正能量

近年来，随着党和国家监督体系进一步完善，拓宽党内监督、群众监督渠道，规范纪检监察机关处理检举控告工作取得了积极成效。与此同时，向不实举报说"不"，对诬告陷害"零容忍"，进一步调动了一线干部干事创业的积极性。这对于增强监督的严肃性、协同性、有效性，推动全面从严治党向纵深发展具有重要意义。

一段时间以来，多个省级纪检监察机关制定了查处诬告陷害行为的办法；江苏无锡市纪委监委通报两起涉嫌诬告陷害公职人员的案件，为两名受到不实举报、蒙受不白之冤的干部澄清正名；湖北省首例因诬告陷害公职人员入刑的案件一审落槌，诬告者获刑一年……这些举措和相关案例传递出为干事者撑腰、向诬告者说"不"的强烈信号，树立了激浊扬清、扶正祛邪的鲜明导向。

检举控告是监督干部的一个重要手段，也是公民依法享有的一项重要权利。同时，每一个检举控告者在行使权利的同时，必须对检举、控告内容的真实性负责。现实生活中，一些人无中生有、歪曲事实、恶意

中伤，对党员干部进行诬告陷害，严重扰乱举报秩序，浪费监督执纪资源，同时污染局部社会风气，破坏政治生态，影响党员干部干事创业的热情，必须坚决反对和纠正。

诬告陷害，违纪违法。《中国共产党纪律处分条例》《中华人民共和国监察法》《中华人民共和国刑法》对诬告陷害早已作出一系列查处惩治的规定。去年1月，中办印发《中国共产党纪律检查机关监督执纪工作规则》，明确要求"对诬告陷害者，依规依纪依法予以查处"。今年2月，中办印发《纪检监察机关处理检举控告工作规则》，进一步对"诬告陷害行为的查处"作出专章规定，并明确了5种诬告陷害的从重处理情形。需要强调的是，纪委监委打击的不是检举控告本身，而是借检举名义实施的违纪违法行为。

防止诬告发生、防范陷害得逞，同样至关重要。纪检监察机关需要始终抱着对党员干部高度负责的态度，从严把好检举控告的办理关、查证关，实事求是、依规依法开展工作，对于有异常的检举控告，应当重点甄别、核查，坚决还清白者一个清白。对于被诬告人来说，打铁必须自身硬，只要平时坐得端、行得正，面对诬告时就应该有"身正不怕影子斜"的定力，有"无则加勉"的坦然，相信组织、配合组织，及时说明情况。

分析以往通报诬告的典型案例，有的是不服气，有的是争输赢，有的是谋私利……这些看似只是诬告陷害者的心理动机，实际上也能看出一些地方、单位的工作环境。如果大家都明明白白做人、堂堂正正做事，彼此是清清爽爽的同志关系、规规矩矩的上下级关系、干干净净的政商关系，就会让诬告陷害失去土壤。即便个别人对某件事、某个人有异议、有情绪，组织及时掌握了解状况并做好解释引导，也能从源头上减少诬告陷害的发生。因此，营造风清气正的政治生态，是防止诬告陷害、激励干事创业的重要途径。

扶正必须祛邪，激浊方能扬清。当前，我们在危机中育先机、于变局中开新局，需要广大党员干部心无旁骛、笃定前行，凝聚干事创业谋发展的正能量。各级党组织深入贯彻落实党中央有关精神，加强日常教育、管理和监督，净化政治生态，方能祛除诬告陷害的歪风邪气。

（2020年11月12日）

以治理精度提升社会温度

盛玉雷

生活的细节之处,往往能反映城市治理的精度、社会发展的温度。前段时间,江苏无锡火车站受到不少网友点赞,一张写着"无健康码由此进入"的提示牌,为使用老人机、手机没电、无微信、不会操作、无手机等提供了温馨的解决方案。不止于此,在福建莆田站,在江西南昌站、赣州西站……越来越多的地方通过设立清楚的标识、醒目的爱心通道、便捷的引导台,为不同群体提供多样化、个性化的周到服务。

数字时代,信息化应用层出不穷,使用的门槛也提高了。在新冠肺炎疫情常态化防控的背景下,健康码的推广应用给人们的出行安全上了一道"保险栓",为科学防控、复工复产、民生保障提供了有力支撑。同时,在现实生活中,尤其是在乘坐公交、进出社区等日常场景里,老年人等特殊群体由于没有智能手机或者不熟悉智能化设备操作,也遇到了一些不便。随着移动支付、数字政务、预约问诊的进一步普及,老年生活的需求与数字社会的供给不相匹配的情况时有发生。

看似明显的"数字鸿沟",其实在人性化的服务、精细化的治理中可以迎刃而解。火车站增设一个提示牌,给初来乍到的旅客以充分的安全感;医院开辟一条人工通道,为一些老人解决了实际困难。这些看似不太重要的细节,在老年人眼里真是解决了大问题。在陕西西安一家电信营业厅,一位老人送来水果,专程感谢营业员帮她申请注册健康码;今

年重阳节，有一位80多岁的老人为一家报纸上的"图示版智能手机使用教程"写了感谢信，"这真是为老人办实事、做好事、解难事"。一个个有温度的善举，一次次有耐心的帮助，让老年人的数字生活有了坚实的依靠。

从社会治理的角度来看，城市治理重在细节、贵在细节，也难在细节。日新月异的发展质量，既体现在高楼大厦、车水马龙的繁华景象里，也蕴含在日常生活的细枝末节和基层治理的末梢神经之中。除了老年人的"数字需求"，生活中的很多地方都考验着社会治理的"绣花"功夫。比如，对盲人群体来说，盲道是他们行走在城市中不可或缺的通道；对哺乳期的母亲而言，公共场所的母婴室既是关爱也是关照。可以说，既要善于运用现代科技手段实现智能化，又要通过绣花般的细心、耐心、巧心提升精细化水平，这样才能满足不同群体多元化、差异化需求，带给他们更多获得感、幸福感和安全感。

在公共政策和公共服务方面，给予老年人多元选择和替代方案已经成为社会共识。前不久，民政部表示将推动解决老年人在民政服务中遇到的智能技术困难，一方面坚持适老化原则，在民政服务领域保留人工服务、面对面的服务方式，避免给不熟悉智能设备的老年人增加负担，另一方面将联合相关部门改善涉老智能产品体验。多方合力，携手满足老年人在出行、就医、预约服务、线上消费等方面的需求，老年人不仅能实现老有所养、老有所依，而且能收获老有所安、老有所乐。

社会治理千头万绪，排忧解难千方百计。在"一码通行"的场景中，让老年人也能有便利选择，这是社会发展的应尽之责，也是时代进步的题中之义。

（2020年11月11日）

用良法善治呵护未成年人

徐隽

> 未成年人保护法的修订,正是要回应社会关切、关注堵点痛点、满足群众需求,保障未成年人的身心健康和合法权益

突出家庭教育,完善学校、幼儿园的教育、保育职责;增设"网络保护"专章,努力实现对未成年人的线上线下全方位保护;增设"政府保护"专章,细化政府及其有关部门的职责……新修订的《中华人民共和国未成年人保护法》经十三届全国人大常委会第二十二次会议表决通过,为做好新时代未成年人保护工作提供了坚实法律保障。

未成年人保护法是未成年人保护领域最重要的一部法律,实施近30年来,在保障未成年人的合法权益、促进未成年人全面发展等方面发挥了重要作用。随着我国经济社会发展,未成年人保护面临许多新情况、新问题,迫切需要对未成年人保护法进行全面修订。比如,有的监护人存在监护不力甚至监护侵害情况;有的地方校园安全和学生欺凌问题频发;个别密切接触未成年人的行业,从业人员伤害未成年人问题时有发生;一些未成年人沉迷网络特别是网络游戏问题较为严重等。未成年人保护法的修订,正是要回应社会关切、关注堵点痛点、满足群众需求,保障未成年人的身心健康和合法权益。

"对损害少年儿童权益、破坏少年儿童身心健康的言行,要坚决防止

和依法打击。"党的十八大以来，以习近平同志为核心的党中央采取各种措施营造有助于未成年人健康成长的良好社会环境。从出台《关于依法处理监护人侵害未成年人权益行为若干问题的意见》到修订《中华人民共和国未成年人保护法》，不断完善的法律、政策和举措加大了对少年儿童的保障力度，少年儿童健康成长的"保护伞"进一步撑牢。打开新修订的未成年人保护法，处处体现着对未成年人的保护和关爱。比如，新增最有利于未成年人原则，明确了监护人对未成年人的看护责任和具体要求，明确了网络服务提供者预防未成年人沉迷网络有关义务，明确了学校、幼儿园建立预防性侵害、性骚扰未成年人的工作制度，明确了在未成年人的监护人不能履行监护职责时由国家承担监护职责，等等。

未成年人保护是一项系统工程，立法修法已经迈出良法善治的第一步，尊法、学法、守法、用法、执法等工作需要紧密开展起来。家庭是未成年人最先开始生活和学习的地方，未成年人的监护人必须明确和履行好各项家庭监护职责，创造良好、和睦、文明的家庭环境。学校是未成年人成长过程中至关重要的场所，必须从"教书育人"方面落实教育、保育职责，从"安全保障"方面强化校园安全的保障机制以及突发事件的处置措施。社会环境是未成年人成长的大背景大环境，全社会应当树立关心、爱护未成年人的良好风尚，保障未成年人在网络空间的合法权益。各级人民政府及有关部门在未成年人保护工作中承担着法定职责，必须落实好保障未成年人受教育的权利、保障校园安全、完善家庭教育指导服务等方面职责。公检法机关也需要确定专门机构或者指定专门人员，负责办理涉及未成年人案件。

青少年是祖国的花朵，是民族的未来。以未成年人保护法修订为契机，加强对未成年人保护的法治宣传教育，增强未成年人的法治意识和自我保护意识，这部充满智慧和关怀的法律一定能守护好民族的未来，为培养担当民族复兴大任的时代新人贡献力量。

（2020年11月10日）

让中医药在创新中传承

王君平

前不久,《粤港澳大湾区中医药高地建设方案(2020—2025年)》发布,标志着大湾区中医药高地建设正式启动。这是贯彻落实习近平总书记关于中医药工作重要论述的具体行动。去年10月,习近平总书记对中医药工作作出重要指示、《中共中央国务院关于促进中医药传承创新发展的意见》发布、全国中医药大会召开,为促进中医药传承创新发展按下了快进键。一年多来,各地深入贯彻落实习近平总书记关于中医药工作重要指示精神,中医药守正创新的实践探索全面展开。

今天,人民群众日益增长的健康需求,正在让古老的中医药焕发勃勃生机;中医独特的健康观,也正在为人们提供全方位全周期的健康保障。今年以来,面对新冠肺炎疫情肆虐全球的大考,中医药交出一份出色答卷。以张伯礼、黄璐琦、仝小林3位院士为代表的中医药人,从古典医籍中挖掘精华,在传统方剂中寻找灵感,在现代科技中攻关突破,创造性、高效率地筛选出"三药三方",为抗击疫情做出了重要贡献。《抗击新冠肺炎疫情的中国行动》白皮书指出:"中医药参与救治确诊病例的占比达到92%。湖北省确诊病例中医药使用率和总有效率超过90%。"推动中西医相互补充、协调发展,彰显了我国卫生健康事业显著优势,也更加坚定了我们中医药传承创新发展的信心与决心。

遵循中医药发展规律,立足根基,挖掘精华,保持特色,中医药才

能根深叶茂、生生不息。一年多来，各地把遵循中医药发展规律作为政策制定的出发点和落脚点，加强中医药管理体系建设，进一步健全中医药管理机构，充实中医药人员力量。国务院中医药工作部际联席会议办公室的统筹协调，《中共中央国务院关于促进中医药传承创新发展的意见》的125项重点任务由牵头部门和参与部门逐一敲定，形成了共抓落实、协调推进的强大合力。建立健全中医药法规和政策举措，发展完善中医药管理体系、评价体系、标准体系，有力破除一系列制约中医药发展的难题，古老的中医药为健康中国建设提供新动力。

中医药事业越是迈向高质量发展，就越要推动中医药特色发展、内涵发展、融合发展。一年多来，凸显中医药优势的鲜活经验不断涌现，为中医药传承创新发展带来不竭动力。成就固然令人欣喜，但当前中医药发展还有很多地方需要"补短板、强弱项、激活力"。这就要求我们必须坚定中医药发展自信，遵循中医药发展规律，传承精华、守正创新，推动中医药现代化、产业化，坚持中西医并重，推动中医药事业和产业高质量发展，实现中医药创造性转化、创新性发展。在开启全面建设社会主义现代化国家的新征程上，中医药传承创新发展依然任重而道远。

习近平总书记强调："要促进中医药传承创新发展，坚持中西医并重和优势互补，建立符合中医药特点的服务体系、服务模式、人才培养模式，发挥中医药的独特优势。"传承精华，中医药发展才能源远流长；守正创新，中医药发展才会清流激荡。在新的历史起点上，让我们落实好新发展理念，紧扣高质量发展要求，开创中医药传承创新发展新格局，为建设健康中国、实现中华民族伟大复兴的中国梦贡献力量。

（2020年11月09日）

六百岁紫禁城的魅力与活力

杨雪梅

每当夕阳西下,北京景山公园的万春亭总是挤满摄影爱好者。从这里鸟瞰,故宫红垣溢彩、黄瓦流光,大气磅礴尽展眼前。如今,故宫是名副其实的文化地标,无论是春天花开、冬天雪落,还是新上了专题展或文创品,都有很多人专程去"打卡"。历史文物承载灿烂文明,传承历史文化,维系民族精神,故宫正是这样一个重要窗口。

作为明清两朝的皇宫,紫禁城是中国古代传统宫殿建筑的集大成者,其形制延续了从西周开始的"择中而立""九经九纬"的宫城模式,同时又融入了明清两朝建筑师的匠心独运。一条中轴线在众多殿宇中贯通而过,与北京城的中轴完美重合;外朝以太和、中和、保和三大殿为中心,文华、武英殿为两翼;内廷以乾清宫、交泰殿、坤宁宫为中心,东西六宫为两翼,布局严谨有序;宫城周围环绕长3400米的宫墙,四个角楼八面玲珑,精巧美观。学者单士元在《故宫史话》一书中有一段精辟的论述,称故宫是"民族建筑艺术集大成,其工程之艰巨、规模之宏伟、工艺之精巧、创造性之丰富为世界所罕见。它不仅是东方的瑰宝,也是世界上的奇迹"。

今年是紫禁城建成600年暨故宫博物院成立95周年,这是全国文化遗产和博物馆领域的一件盛事。1925年10月10日这一天,神武门的门洞上悬挂上一块匾额:故宫博物院。新中国成立后,故宫制定了古建筑

修缮的第一个五年治理与抢险规划,让"灰头土脸"的紫禁城明亮了起来。1961年故宫成为第一批全国重点文物保护单位,1987年故宫被列入世界遗产名录,显示出它在中国文化遗产中的重要地位。故宫博物院发展到今天,现有藏品总量已达180余万件(套),院藏文物体系完备、涵盖古今、品质精良、品类丰富,承载着丰富的历史信息和文化印记,成为中华民族记取传统、传承文脉、增强文化自信的重要资源。

穿越历史的烟尘,经历岁月的洗礼,紫禁城不仅外观依然巍峨雄伟,文化影响力也有了更大提升。进入新时代,故宫博物院在文物保护、学术研究、公共事业等方面取得卓著成绩。"石渠宝笈特展"引发"故宫跑",端门成为"数字博物馆",文创产品成为"网红"……这些无不说明,故宫正变得愈发有魅力、有活力。从危旧故宫转为平安故宫、数字故宫、学术故宫、活力故宫,壮美的紫禁城已经随着国家富强、民族振兴和人民幸福的历史进程焕发新生。这一变化,是新时代推动中华优秀传统文化创造性转化、创新性发展的一个生动写照,这背后,是党和国家的高度重视,是各部门各单位长期以来的大力支持,是大批专家学者的智力支撑,是一代又一代故宫工作人员的典守珍护。

保护文物功在当代、利在千秋。保护好紫禁城、建设好故宫博物院,是事关坚定文化自信、保护传承文明的重要使命、重大任务。加强文物保护,提高研究能力,推进合理利用,故宫必将散发更大的光芒,为新时代文化建设作出更多更大的贡献。

(2020年11月06日)

消费时点,释放中国消费潜力

——网购经济助力扩内需畅循环①

姜 赟

> 中国消费浪潮滚滚向前,这背后的推动力,正是中国接续换挡的发展动能、迭代成长的科技变革、健全完整的产业链条、蓬勃向上的创新环境
>
> 顺应消费升级,把超大规模市场优势和消费潜力充分激发出来,是构建新发展格局的必然要求

今年"双11"的营销赛场打响"发令枪",各大平台纷纷推出优惠措施,各路商家积极备货,各家快递公司蓄势待发,各地消费者开始着手挑选心仪商品……"双11"将展现出中国蓬勃的数字经济活力和巨大的内需动力。

近些年来,"双11""8·18""6·18""农货节"等购物节相继兴起,一个个消费时点见证着一个消费大国的旺盛需求和巨大潜力。从买便宜到买品质,从线下到线上,推起"购物车"的人越来越多;从拼价格到拼个性、拼服务,电商竞争不断迭代升级;从"下周见"到"当日达",快递的速度越来越快……不断攀升的销售总额、不断刷新的"购物车"清单,清晰地勾勒出中国消费结构优化升级、不断催生新增长点的轨迹。繁荣的网购经济,使中国连续7年成为全球第一大网络零售国。

令人振奋的,不只有消费时点的成交额,还有背后消费新业态的成长与新模式的更迭。正是后者凸显了中国不断迸发的创新活力,令人对中国经济行稳致远更有信心。这些年来,从集市电商到平台电商,再到社交电商,消费业态经历了一次又一次变革和迭代。尤其是新冠肺炎疫情防控期间,直播电商异军突起,经此渠道的消费占比越来越高;线上与线下不断融合,摆上直播橱窗的商品"只有想不到,没有买不到"。前浪势能强劲,后浪更加奔涌,推动中国消费浪潮滚滚向前。这背后的推动力,正是中国接续换挡的发展动能、迭代成长的科技变革、健全完整的产业链条、蓬勃向上的创新环境。

消费是经济循环的终点也是新起点,已连续多年成为我国经济增长的第一拉动力。由消费时点放眼中国市场,内部大循环作为我国经济优势分外明晰。我国有14亿人口,人均国内生产总值已经突破1万美元,是全球最大最有潜力的消费市场。今年1—9月份,全国网上零售额超过8万亿元,其中实物商品网上零售额同比增长15.3%。居民消费优化升级,同现代科技和生产方式相结合,蕴含着巨大增长空间。牢牢把握扩大内需这一战略基点,使生产、分配、流通、消费各环节更多依托国内市场实现良性循环,既能应对当前疫情冲击,又能保持我国经济长期持续健康发展。这也是满足人民日益增长的美好生活需要的题中应有之义。

顺应消费升级,把超大规模市场优势和消费潜力充分激发出来,是构建新发展格局的必然要求。在经济全球化遭遇逆风叠加疫情冲击的大背景下,网络购物、远程办公、在线教育、互联网诊疗等新型消费业态模式的加速涌现,大大拓展了消费场景,有效保障了居民日常生活需要,推动了国内消费信心恢复,促进了经济企稳回升,但不能忽视的是,新型消费发展还存在基础设施不足、服务能力偏弱、监管规范滞后等短板和问题。加快推动新型消费扩容提质,促使国内循环更加顺畅,就能形成对全球资源要素的引力场,有利于构建以国内大循环为主体、国内国际双循环相互促进的新发展格局。

前不久,国务院办公厅印发《关于以新业态新模式引领新型消费加快发展的意见》,这一文件的目的不仅在于促进消费回补,更在于培育壮大新的消费增长点,进一步激发和释放消费潜力,畅通国民经济循环。坚持扩大内需这个战略基点,增强消费对经济发展的基础性作用,就能为中国经济发展注入强劲动能。

(2020年11月06日)

数字转型,推动中国制造升级

——网购经济助力扩内需畅循环②

石 羚

> 不断提高数字技术与制造业的融合程度,以新型消费提质扩容引领产业数字化转型,加快传统制造智能化脚步,中国制造必将赢得新优势

"双11"前夕,各地工厂进入赶工备货的忙碌时刻。以前平均1000件起订、15天交付,如今100件起订、7天交货,一家服装工厂利用智能化调度排产系统,实现从"以产定销"到"以销定产"的转型;根据用户需求定制洗碗机、清洁机器人,一些家电企业完成了从"我生产什么你买什么"到"你要什么我生产什么"的转变。时下,越来越多的企业在定制生产领域进行探索,彰显着电子商务对生产制造的积极影响。

近年来,随着居民生活品质持续提升,网购从购实物到买服务,从注重"量"的满足转向追求"质"的提升,表现为高品质"尖货"备受追捧,旅游、娱乐等消费所占比例提升。这种消费升级的趋势,是需求侧和供给侧互相促进的结果,除了内需市场的坚实基础,生产制造转型升级也是重要原因。在消费热点的推动下,越来越多的商家意识到:数字技术为消费带来巨大变化,企业必须进入数字化转型的快车道,才能更好满足消费者的新需求。从这个角度看,定制生产、协同设计、精准供应链管理等尝试,正是制造业因应产业数字化趋势所做出的必然之举。

消费时点千亿量级的流量背后，是高度复杂且协调的操作系统，是支付、物流等多产业融合发展所形成的支撑体系。正是得益于大数据、云计算、人工智能等新一代数字技术的广泛应用，数字经济发展的基础日益夯实，制造业转型升级的动力不断汇聚。从开发"数字大脑"，实现"产、供、销、人、财、物"数据的智能挖掘，到建立物联网追溯体系，对加工、储运、流通全过程实时监控，数字技术成为传统制造业转型的重要动力。在消费互联网融入产业互联网的关键阶段，做好分析市场动向、优化生产决策、重组生产流程等工作，数字技术必将持续转化为制造业的产品优势、竞争优势。

从广袤的乡村到偏僻的山区，从开足马力的生产线到热火朝天的直播间，消费时点在释放消费潜力的同时激发出更多生产活力、带来更多发展机遇。一些平台搜集产地直发的源头好货，将"养在深山人未识"的产品运达全国各地；一些乡镇企业借助手机与镜头，以原汁原味的直播赢得消费者。尤其在疫情防控期间，数字经济向基层、向农村延伸，农村电商数字化转型速度加快，打破了零散乱的生产模式，推动形成更加高效、安全、绿色、智能的产销体系。可以说，乘着数字化转型的东风，更多地方和中小微企业获得了转型升级乃至弯道超车的机遇。

通过优化产业链、拓展制造业的边界，数字技术成为推动中国制造升级的重要途径。反过来说，正如"双11"考验着产业链响应速度及精准匹配度，中国制造升级也考验着数字技术的持续创新能力。只有持续加强研发应用并提升算力、优化算法，数字技术才能更好地助力"中国制造"迈向"中国智造"。今年的《政府工作报告》提出要加强新型基础设施建设，正是为了补齐短板，促进制造业技术改造和智能升级，为中国经济高质量发展垒土筑基。

形成经济增长新动力，塑造国际竞争新优势，重点在制造业，难点在制造业，出路也在制造业。"十三五"时期，数字经济对GDP增长贡献率超过六成，工业化和信息化融合步伐正在加快。面向"十四五"时期，不断提高数字技术与制造业的融合程度，以新型消费提质扩容引领产业数字化转型，加快传统制造智能化脚步，中国制造必将赢得新优势。

（2020年11月09日）

治理升级,优化数字经济环境

——网购经济助力扩内需畅循环③

何 娟

> 与时俱进地调整法规的内容、监管的形式,推动治理向科学化、精细化、精准化迈进,必将促使数字经济向规范化、法治化、绿色化发展

"双11"网络购物节越来越近,各大电商平台拉开"预售"帷幕,各种优惠促销活动令人眼花缭乱,很多人早把心仪商品放进购物车,只等到时一键下单支付。与此同时,各地消费者权益保护委员会、市场监督管理局、公安局发出警示,提醒消费者谨防秒杀代拍、刷单返利、中奖免单等骗局,引导和鼓励广大消费者积极举报各类违法行为。消费者擦亮眼睛,监管部门保驾护航,将不断优化网络消费环境。

近年来,网络购物在激活消费新市场、推动居民就业、畅通经济循环等方面发挥了重要作用。截至今年6月,我国网络购物用户达7.49亿,2019年电子商务平台交易额达到34.8万亿元,网络经济指数对经济发展新动能指数增长的贡献率为80.5%。尤其是"直播带货"等新型消费模式的兴起和发展壮大,不仅催生了"直播销售员"等新职业,带动许多地区广大群众脱贫致富,更为数字经济注入了新的活力。不断刷新纪录的网购成交额,日均2亿件左右的快递,折射出中国市场巨大潜力,展现着网络消费的蓬勃活力。

与此同时，一些不合规、不合法经营行为也冲击着网络经济市场秩序。这其中，既有商品质量货不对板、产品假冒伪劣等问题，也出现一些线上交易的新问题。比如有的平台促销定价"先涨后降"、利用大数据"杀熟"、强迫商家"二选一"；有的商家有偿删差评刷好评，欺骗、误导消费者；有的直播间不够规范，导致消费者维权难。凡此种种，不仅使得网络交易参与主体合法权益受到损害，更严重扰乱市场秩序。重拳治理电商存在的"劣币驱逐良币"现象，势在必行。

网络不是"法外之地"，商品和服务上线后，相应的制度法规和有效监管也应"上线"、保持"在线"。近些年，从《中华人民共和国电子商务法》为电子商务奠定法律框架，到《视频直播购物运营和服务基本规范》等行业性标准规范直播购物行为，从持续开展"净网""剑网""清源"等专项治理行动，到推动建立快递绿色包装标准体系，我国在完善网络经济规章制度、优化网络消费环境方面持续发力。与此同时，执法和监管力度也在同步跟进。不久前，上海警方侦破该市首例利用"网红主播直播带货"形式销售假冒注册商标商品案，彰显了严厉打击售假、维护消费者权益的鲜明态度。加大对违规经营行为的打击力度，加强对平台、经营者及主播等的规范引导，才能打造更为放心、舒心的网络消费环境，夯实电子商务发展根基。

还要看到，随着互联网创新活力不断迸发，网购经济不断衍生出新模式新业态，在经营规范和权益保护方面不可避免会遇到新问题新挑战。今年9月，《关于以新业态新模式引领新型消费加快发展的意见》发布，明确提出要推动及时调整不适应新型消费发展的法律法规与政策规定，优化新型消费发展环境。不久前，国家市场监管总局公布了《网络交易监督管理办法（征求意见稿）》，拟对市场关注的热点问题进行进一步规范，并向社会公开征求意见。与时俱进地调整法规的内容、监管的形式，推动治理向科学化、精细化、精准化迈进，必将促使数字经济向规范化、法治化、绿色化发展，进一步激发数字经济潜力、释放网络消费活力，为中国经济高质量发展蓄势助力。

（2020年11月10日）

外贸回稳，助力构建新发展格局

罗珊珊

全天候网上展示，无时差供采对接，在线洽谈紧密合作……不久前，第128届广交会如约"云端"举办，约6万个展位、近2.6万家境内外企业参展，显示出中国经济的强大活力，为全球贸易复苏注入强劲动能。

这边广交会取得良好成效，那边外贸也交上了一份亮眼成绩单——纵向比较，前三季度，中国进出口总额23.12万亿元人民币，同比增长0.7%，出口12.71万亿元，增长1.8%，进出口、出口规模创历史同期新高。横向比较，国际市场份额稳步提升，世贸组织数据显示，今年上半年，中国出口增速高于全球平均水平7.8个百分点，国际市场份额较去年同期提高1个百分点以上。可以说，前三季度我国外贸回稳向好、好于预期。今年以来，新冠肺炎疫情在全球蔓延，世界经济严重衰退，国际环境日趋严峻复杂，外贸发展面临的困难和挑战前所未有。在这样的背景下，中国外贸逆势而上，实现规模和市场份额双双提升、同创新高。

来之不易的外贸成绩单，有力展示了我国在统筹疫情防控和经济社会发展工作中取得的重大成果。面对疫情严重冲击，我国加大宏观政策应对力度，扎实做好"六稳"工作，全面落实"六保"任务。从持续优化口岸营商环境，提升通关便利化水平，到开展跨境电商企业对企业出口监管试点、推动建设海南自贸港，从鼓励中西部、东北等地开展市场采购贸易试点，到加大自贸试验区海关监管制度创新和复制推广力度，一揽子稳外贸政策落地生效，稳住了企业信心和市场预期。当前，我国正加快构建以国内大循环为主体、国内国际双循环相互促进的新发展格局。外贸连接国际国内两个市场、两种资源，在构建新发展格局中发挥着重要作用。

从促进国际循环看，外贸回稳向好有力支持了全球疫情防控和世界经济贸易复苏。上半年，中国进口占全球市场份额较去年同期提高 0.8 个百分点。世贸组织高级经济学家表示，中国不仅在出口方面表现突出，在进口上也为全球经济和贸易复苏作出了积极贡献。中国外贸已成为国际循环不可或缺的关键一环。从服务国内发展大局看，外贸为国民经济稳中向好提供了强劲支撑，成为稳增长、保居民就业、保市场主体、促消费的重要力量。积极扩大商品和服务进口促进国内消费升级和产业升级，大力发展服务贸易促进国内服务业强优势、补短板，都在为推动国内国际双循环相互促进、实现高质量发展贡献力量。

当前，我国外贸正处在提质增效的关键期，推动外贸平稳增长，后劲十足、前景广阔。特别是，我国经济稳中向好、长期向好的基本面没有变，有世界上规模最大、门类最全、配套最完备的制造业体系综合优势，有超大规模市场优势，有持续扩大开放、持续优化营商环境的改革优势。进入新发展阶段，构建新发展格局，对外贸高质量发展提出了更高要求。下一步，我们要统筹推进国际市场布局、国内区域布局、商品结构、经营主体、贸易方式"五个优化"，巩固外贸传统优势，培育竞争新优势，拓展外贸发展空间。依托外贸带动，发挥内需潜力，使国内市场和国际市场更好联通，更好利用国际国内两个市场、两种资源，一定能推动中国经济乘风破浪、行稳致远。

（2020 年 11 月 05 日）

新能源汽车撬动发展新动能

彭 飞

到 2025 年，新能源汽车新车销售量达到汽车新车销售总量的 20% 左右，高度自动驾驶汽车实现限定区域和特定场景商业化应用；到 2035 年，纯电动汽车成为新销售车辆的主流，高度自动驾驶汽车实现规模化应用……备受关注的《新能源汽车产业发展规划（2021—2035 年）》于日前印发，为今后一段时期推动新能源汽车产业高质量发展指明了具体路径，为行业从业者注入了信心和动力。

习近平总书记指出，发展新能源汽车是我国从汽车大国迈向汽车强国的必由之路。"十三五"时期，我国新能源汽车产业快速发展，逐步成长为世界新能源汽车领域的创新高地。在近日召开的国新办新闻发布会上，工业和信息化部新闻发言人将新能源汽车产业发展成果概括为"一个引领、三个突破"，即产业发展从培育期进入发展期，成为引领全球汽车产业转型的重要力量；市场实现突破，成交量连续 5 年位居全球第一，累计推广量超过 480 万辆，占全球一半以上；技术实现突破，电池、电机、电控等关键领域创新活跃，动力电池技术水平处于全球前列；产品实现突破，供给质量持续提升，量产车型续驶里程达到 500 公里以上，消费者认可度日益提高。新能源汽车产业迸发出的巨大活力，不仅为我国经济增长注入强劲新动能，也成为推进绿色发展的有力支撑。

新能源汽车之所以能成为整个产业实现跨越式发展的支点，就在于新能源汽车中的动力电池、驱动电机、电控系统等关键零部件，以及充换电站等配套基础设施，都属于新兴领域，为市场参与者开辟了新的赛道，提供了弯道超车的可能。目前，我国在新能源汽车产业链条中已经有所积累，成长起来一批创新能力强、具有国际竞争力的"小巨人"企业和"单项冠军"企业，在部分领域形成了一定竞争优势。但要清醒认识到，面对未来需求，我国新能源汽车仍面临核心技术创新能力有待加强、基础设施建设和产业生态尚需健全等问题。加快提升自主创新能力，充分发挥我国基础设施建设能力强的优势，优化产业发展环境，定能推动新能源汽车产业再上台阶。

从更广阔视角看，新能源汽车的撬动作用不只局限于汽车产业本身。一方面，汽车制造业被誉为"工业中的工业"，零配件多、产业链长，对上下游企业带动作用明显。新能源汽车对产品质量和制造工艺的更高要求，将推动我国制造业向自动化、智能化方向转型升级。另一方面，新能源汽车之"新"，不仅在于采用了新的动力来源，更在于借助新一代信息技术，重新定义了交通和出行。比如，依托5G、高精度地图、物联网、语音识别等技术，智能座舱、自动驾驶、车联网等几乎成为新能源汽车的标配。汽车不再只是交通工具，更成为能够进行人机交互、不断迭代升级的智能终端。新能源汽车与信息技术的深度融合，将为人们提供更加智慧、便捷、绿色的出行体验，显著提升全社会的交通运输效率。

新能源汽车产业的快速发展，是我国着力培育发展新动能，促进经济高质量发展的一个生动缩影。当前，随着新一轮科技革命和产业变革孕育兴起，不只是汽车产业，各行各业都面临新的发展机遇。尤其是制造业企业，只有在自主研发上加倍努力，掌握更多核心技术、前沿技术，提升核心竞争力，才能在通往未来的跑道上占得先机。在即将到来的"十四五"时期，不同行业企业在构建新发展格局中选准自己的定位，发扬企业家精神，定能推动企业发展更上一层楼，为我国产业升级和高质量发展注入新动能。

（2020年11月05日）

对"碰瓷"绝不姑息

张 璁

不久前,最高人民法院、最高人民检察院、公安部联合印发《关于依法办理"碰瓷"违法犯罪案件的指导意见》,首次以规范性文件的形式对"碰瓷"行为作出准确界定。这份指导意见进一步明确了惩治"碰瓷"违法犯罪行为的法律适用、公检法部门间的分工配合以及定罪量刑等问题,突出了针对性和操作性,向全社会传递出公检法机关对"碰瓷"违法犯罪行为依法严厉惩治的决心。

近年来,"碰瓷"违法犯罪案件频发,造成恶劣社会影响。实践中,"碰瓷"的手段千奇百怪:有的是故意"设局"下套,制造或者捏造他人对其人身、财产造成损害;有的则是通过自伤、造成同伙受伤或者利用自身原有损伤,反咬一口诬告说是被害人所致;还有的不法分子在"碰瓷"行为被识破后,竟然直接对被害人实施抢劫、抢夺……这些违法犯罪行为采取诈骗、敲诈勒索等方式非法索取财物,既严重危害公民人身、财产安全,也扰乱社会秩序。法治昭彰,决不能姑息"碰瓷"违法犯罪行为。

杜绝"碰瓷",在司法上必须一把尺子量到底。实践中,"碰瓷"手法多样,涉及刑法中的多个罪名,在一些案件的定性处理上,各地对法律的理解不同,容易造成分歧。指导意见在对以往办案实践总结的基础上,既规定了通过"碰瓷"实施诈骗、敲诈勒索等常见犯罪行为的定性处理，又明确了实施"碰瓷"所衍生犯罪行为的定性处理。统一司法标准和尺度，理顺案件办理流程，有利于公检法机关衔接配合，准确适用法律，规范案件办理，确保快速处理"碰瓷"案件，依法严惩犯罪分子。

司法机关在实践中发现，实施"碰瓷"的不法分子如今日益呈现团伙化和集团化的特点，甚至在一定地区形成黑恶势力，影响社会和谐稳定。"碰瓷"违法犯罪若得不到有效遏制，容易成为滋生黑恶的土壤。遏制"碰瓷"违法犯罪，需要依法从严从重惩处共同犯罪，重点打击"碰瓷"背后的黑恶势力。特别是对于"碰瓷"犯罪集团中的首要分子、骨干分子，多次"碰瓷"特别是屡教不改者，以及后果特别严重、影响特别恶劣的，要作为打击重点依法严惩。

遏制"碰瓷"违法犯罪，也应坚持宽严相济，做到罚当其罪。公检法机关在办案过程中，要综合考虑主观恶性大小等多种因素，切实做到区别对待，依法给予从严或者从宽处罚。罚当其罪意味着必须准确把握法律界限，注意区分"碰瓷"违法犯罪同普通民事纠纷、行政违法的界限，既防止出现"降格处理"，也要防止打击面过大等问题。

依法治理"碰瓷"问题，全社会的参与和支持至关重要。"碰瓷"之所以防不胜防，在于其具有一定的隐蔽性和欺骗性，因此一些群众才容易受其蒙蔽或胁迫，进而遭受经济损失。为此，公检法机关应通过多种形式，更广泛地向社会披露"碰瓷"违法犯罪典型案例，引导人民群众依法维护自身合法权益。广大群众也要进一步提高警惕，加强自我保护意识，避免上当受骗。只有依法惩治"碰瓷"、共同防范"碰瓷"，才能有效铲除"碰瓷"滋生的土壤，深入净化社会风气，营造良好法治环境。

（2020年11月04日）

深化改革，立好教育评价指挥棒

田 妍

教育评价事关教育发展方向，有什么样的评价指挥棒，就有什么样的办学导向。不久前，中共中央、国务院印发《深化新时代教育评价改革总体方案》。作为新中国第一个关于教育评价系统改革的文件，总体方案的出台实施，对全面贯彻党的教育方针，完善立德树人体制机制，引导全党全社会树立科学的教育发展观、人才成长观、选人用人观，具有重大而深远的意义。

当前，我国教育改革正在围绕教育发展的重大问题和群众关心的热点问题向纵深推进，教育评价改革正是其中重要一环。教育评价"评什么"，在一定程度上决定了老师"教什么"、学生"学什么"、社会"用什么"。教育评价改革总体方案针对学校评价，提出坚持把立德树人成效作为根本标准；针对教师评价，提出把认真履行教育教学职责作为评价教师的基本要求；针对学生评价，提出促进德智体美劳全面发展；同时还明确了用人评价，建立以品德和能力为导向、以岗位需求为目标的人才使用机制，共同营造教育发展良好环境。建立完善多维度的综合评价体系，努力实现教育评价的科学化、制度化、规范化，才能让教育评价的指挥棒树得稳、用得好，保证教育的正确发展方向。

教育评价的指导性和可操作性，在于教育评价标准对教育规律和时代要求的高度契合。为克服唯分数、唯升学、唯文凭、唯论文、唯帽子的顽瘴痼疾，提高教育治理能力和水平，教育评价改革总体方案坚持破立结合、多措并举。比如，学校评价方面，破除重分数轻素质等片面办学行为，确立立德树人落实机制；教师评价方面，破除重科研轻教学、重教书轻育人等行为，确立潜心教学、全心育人的制度要求；学生评价方面，破除以分数给学生贴标签的不科学做法，确立德智体美劳全面发展的育人要求。教育评价机制改革之所以吸引众多关注目光，原因就在于针对不同主体和不同学段、不同类型的教育特点和教育规律，改进结果评价，强化过程评价，探索增值评价，健全综合评价，努力办好让人民满意的教育。

解决好教育评价指挥棒问题，是全面充分激发教育事业发展生机活力的关键一步。近年来，各级各地在教育理念更新、教育评价变革上不断探索。有地方试行中小学生学业质量"绿色指标"，结合本地实际，建立起一套替代单一分数排名的评价体系；有地方注重用多把"尺子"丈量学生才华，鼓励多元发展；有地方使用"教育评价应用云平台"，对课堂教学进行智能分析，使其成为改进日常教育教学的新抓手……这些改革尝试，对促使教育教学回归到促进学生身心健康、全面发展上来有很大帮助。下一步，我们必须拿出攻坚克难的勇气、久久为功的韧劲，确保教育评价改革任务落实到位。

教育是国之大计、党之大计。把教育评价改革这样一项世界性、历史性、实践性难题破解好，必须加强党对教育工作的全面领导，不断提高各级党委和政府科学履行职责水平。按照改革方案，到2035年，我国基本形成富有时代特征、彰显中国特色、体现世界水平的教育评价体系，这必将为加快推进教育现代化、建成教育强国打下坚实基础。

（2020年11月03日）

体教融合夯实全面发展基石

程聚新

"加强学校体育工作，推动青少年文化学习和体育锻炼协调发展，帮助学生在体育锻炼中享受乐趣、增强体质、健全人格、锻炼意志。"在教育文化卫生体育领域专家代表座谈会上，习近平总书记再次强调健康第一的教育理念。近段时间以来，《关于深化体教融合促进青少年健康发展的意见》《深化新时代教育评价改革总体方案》《关于全面加强和改进新时代学校体育工作的意见》陆续发布，集中体现着党和国家对体育教育的高度重视，也让"健康第一""体教融合"等关键词跃入公众视野。

高度重视学校体育，为的是擦亮体育的育人价值，为青少年夯实全面发展之基。从现实看，一些学校和家庭存在不重视体育的倾向，往往"作业量挤压运动量"。缺少体育运动的一个直接结果，就是学生体质持续下降，"小胖墩""小眼镜"越来越多。可以说，体质健康水平仍是学生素质的相对短板，校园体育仍是教育系统的薄弱环节。体育本质上既是教育手段也是教育内容，居于教育系统的重要位置。推动以体育智、以体育心，为青少年夯实全面发展的基石，必须高度重视体育教育，使之回归教育本质、纳入教育体系。

"学校体育是实现立德树人根本任务、提升学生综合素质的基础性工程，是加快推进教育现代化、建设教育强国和体育强国的重要工作"。最近出台的《关于全面加强和改进新时代学校体育工作的意见》，既从宏观层面提出"把学校体育工作摆在更加突出位置，构建德智体美劳全面培养的教育体系"，有"规划图"意义；也就"老矛盾""硬骨头"设定改革目标、实现路径，有"施工图"作用。比如，针对师资薄弱、课时不足的问题，明确"配齐配强体育教师，开齐开足体育课"；针对活动欠缺、组织不力的问题，要求"教学、训练、竞赛体系普遍建立"；针对考核缺位、标准不清的问题，提出"积极推进高校在招生测试中增设体育项目"。推动青少年文化学习和体育锻炼协调发展，不是学校一方的事，而需要教育和体育两个系统相互协同配合，学校、家庭和各有关方面一起发力，把握体教融合的瓶颈问题，推进体育教学改革。

观念是行动的先导。以体育人夯实健康基石，必须树立健康第一的教育理念，适应新时代对学校体育工作的要求。加强学校体育工作，在近年实践中可以找到创意实例。如江苏省对省内高校江苏籍新生进行体质抽测，将此列为13个省辖市生源地排名依据；具有地域特色的体育课出现在许多地方课堂，山区学校攀岩徒步，北方地区赏冰乐雪，南方学校水中畅游，草原地区跃马奔腾。让体育教育更加契合青少年兴趣所向、成长所需，才能引导鼓励他们动起来、跑起来，进而享受乐趣、增强体质、健全人格、锻炼意志，成长为满足新时代需求的人才。

当前，学校体育改革的宏观设计已经搭建起来，在中观、微观层面还要继续加强政策供给、实践创新，不断建立健全学校体育工作制度机制和教学、训练、竞赛体系，到2035年基本形成多样化、现代化、高质量的学校体育教育体系的改革目标，一定能顺利实现。

（2020年11月02日）

接续奋斗,推动"十四五"起好步

李 拯

> 经过"十三五"时期的发展,我国经济实力、科技实力、综合国力跃上新的大台阶,为"十四五"时期经济社会发展积累了雄厚的基础
>
> 继续完善崇尚创新、注重协调、倡导绿色、厚植开放、推进共享的机制和环境,才能以发展理念转变引领发展方式转变、促进发展效益提升

刚刚闭幕的十九届五中全会,审议通过"十四五"规划和二〇三五年远景目标的建议,为我国发展指明方向、擘画蓝图。"十四五"时期是我国全面建成小康社会、实现第一个百年奋斗目标之后,乘势而上开启全面建设社会主义现代化国家新征程、向第二个百年奋斗目标进军的第一个五年。由此开始,我国将踏上新的发展征程。

编制和实施国民经济和社会发展五年规划,是我们党治国理政的重要方式。"十三五"规划实施以来,我国取得了巨大的发展成就。在收官之年,主要指标总体将如期实现,重大战略任务和165项重大工程项目全面落地见效,规划确定的各项目标任务即将胜利完成。这是经济快速发展的5年,经济总量接近100万亿元大关,人均GDP突破1万美元;这是发展含金量更高的5年,2015到2019年,战略性新兴产业增加值年

均实际增长 10.4%，经济结构进一步优化；这是民生持续改善的 5 年，脱贫攻坚成果举世瞩目、社会保障体系继续完善、社会事业繁荣发展，14 亿中国人在共同富裕的道路上迈出坚实步伐……经过"十三五"时期的发展，我国经济实力、科技实力、综合国力跃上新的大台阶，为"十四五"时期经济社会发展积累了雄厚的基础。

在"十三五"收官之际，回首一路艰辛，环视世界风云，才更加深刻体会到走过的不平凡道路、实现的历史性跨越。"十三五"时期的成就、抗击新冠肺炎疫情取得的重大战略成果，使得我们对中国的发展道路、制度模式和未来前景更加自信，更增强了全党全国各族人民团结奋斗的强大凝聚力。在"十三五"的实践中，中国共产党领导和我国社会主义制度的优势进一步彰显，新发展理念更加深入人心，广大党员干部政治品质和斗争精神斗争本领得到锤炼，全国各族人民精神面貌更加奋发昂扬，为开启全面建设社会主义现代化国家新征程提供了有力政治保证和强大奋进力量。

"十四五"时期我国将进入新发展阶段，对此我们必须要有深刻认识。从外部看，当今世界正经历百年未有之大变局，疫情全球大流行使得这个大变局加速演进，经济全球化遭遇逆流，保护主义、单边主义上升。从内部看，我国已进入高质量发展阶段，继续发展具有多方面优势和条件，同时发展不平衡不充分问题仍然突出，我国发展仍然处于重要战略机遇期，但机遇和挑战都有新的发展变化。因而，我们要胸怀中华民族伟大复兴的战略全局和世界百年未有之大变局，把握好我国社会主要矛盾变化带来的新特征新要求，应对好错综复杂国际环境带来的新矛盾新挑战，推动"两个一百年"奋斗目标有机衔接，为全面建设社会主义现代化国家开好局、起好步。

推动"十四五"时期经济社会发展，需要贯彻落实新发展理念，紧扣推动高质量发展，着力构建以国内大循环为主体、国内国际双循环相互促进的新发展格局。继续完善崇尚创新、注重协调、倡导绿色、厚植开放、推进共享的机制和环境，才能以发展理念转变引领发展方式转变、促进发展效益提升。从"量的积累"转向"质的飞跃"，从"体量优势"转向"质量优势"，不断提升发展的质量和水平，才能实现更高质量、更

有效率、更加公平、更可持续、更为安全的发展。畅通国内大循环,更好激活中国的超大规模市场优势,并在更高层次实现国内国际双循环良性互动,才能在世界激荡变革期站稳脚跟,在开顶风船、走上坡路中推动中国发展更上层楼。

时间的书页不断掀开,发展的命题日新月异。从新中国成立以来,连续十四个五年规划(计划),前后相续、有机衔接,串联起波澜壮阔的现代化奋进历程。在"十三五"和"十四五"的历史交汇点看向未来,中国已经在时间的坐标中书写了伟大的发展奇迹,也将在未来创造让世界刮目相看的新的更大奇迹。

(2020年11月02日)

擦亮"信用交通"这张名片

邹 翔

在广东广州,地铁集团基于乘客资信分级,开展智慧安检,有效提高乘客的进站效率;在江苏淮安,信用等级为 AA 级或被列入"红名单"的单位,在交通工程招投标过程中享有充分的优惠和便利;在浙江衢州,出租车信用大数据智能服务平台为公众提供更智能便捷、更安全可靠的服务……交通运输部会同国家发展改革委启动"信用交通省"建设工作3年来,各地在信用交通建设上的探索实践,给群众出行和生产生活带来实打实的便捷。

习近平总书记主持召开中央财经委员会第八次会议时强调,流通体系在国民经济中发挥着基础性作用,构建新发展格局,必须把建设现代流通体系作为一项重要战略任务来抓。落实这一重要要求,既要抓住交通设施这个"硬件",也要建好信用体系这个"软件"。近年来,交通运输诚信缺失问题时有发生,比如少数市场主体经营管理不规范、货车超限超载、乘客在飞机或高铁上"霸座"闹事等,影响了群众切身利益,也破坏了行业市场秩序。消除乱象,发展和完善社会信用体系,是规范市场秩序、优化营商环境、推动高质量发展的内在要求,也与每个人息息相关。信用交通建设作为国家信用体系建设的重要组成部分,是构建诚信文化、诚信经济、诚信生活的题中应有之义。

信用交通建设,为人们的出行安全保驾护航。从对严重违法失信超

限超载运输行为经营者实施联合惩戒,到治理重点场站、景区出租汽车不打表、拒载、绕道等不规范经营顽疾;从加强信息归集精准发力,到公示公开强化监管,相关部门不断完善以信用为基础的交通运输新型监管机制。今年10月1日,全国铁路、公路、水路、民航发送旅客总量突破6586万人次,达到疫情防控以来的峰值。各大站点人潮涌动,各条交通线路上川流不息,平稳有序运行的背后,信用交通起到了重要的支撑作用。"一处失信,处处受限"的信用惩戒大格局,对企业违法客运、乘客"霸座""车闹""机闹",以及干扰司机驾驶等违规失信行为形成了巨大威慑力,大幅减少了类似行为的发生。

信用交通助力现代流通体系发展,为中国经济带来强劲活力。不久前,2020年我国第600亿件快件正式诞生,比去年提前了近两个月,便是最好的证明。流则通,通则兴,人便其行、货畅其流,市场才能兴旺,经济才能繁荣。信用交通是现代流通体系的润滑剂,建立健全以信用为基础的新型监管机制,推动形成统一开放的交通运输市场,将为加快形成新发展格局提供支撑。当前,借助区块链、大数据、人工智能等技术手段,信用建设在交通运输等社会各个领域的推动作用更加凸显。对各类市场主体实施差异化的精准、高效监管,有助于形成"守信者得益、失信者吃亏"的正向激励,促进更多市场主体讲信用、守信用。

人无信不立,业无信不兴,国无信不强。作为市场经济的重要基石,信用正成为个人和社会的宝贵财富,是个人干事创业、社会高质高效运行的刚需。面对即将到来的"十四五"时期,把诚信文化建设融入行业发展的各个方面,共筑诚信文化,培育交通文明,擦亮"信用交通"这张名片,才能让诚信文化成为加快建设交通强国的稳固基石,为人民群众的美好生活添彩赋能。

(2020年10月30日)

把美育纳入学校人才培养全过程

马苏薇

美是纯洁道德、丰富精神的重要源泉。中办、国办近日印发《关于全面加强和改进新时代学校美育工作的意见》,提出以提高学生审美和人文素养为目标,把美育纳入各级各类学校人才培养全过程,贯穿学校教育各学段。这一重要文件,明确了新时代学校美育为什么做、做什么、怎么做,强化了学校美育的育人功能,对引导全社会重视美育的价值、营造共同促进学校美育发展的社会氛围,具有重要示范带动意义。

党的十八大以来,以习近平同志为核心的党中央高度重视学校美育工作,把学校美育工作摆在更加突出位置,作出一系列重大决策部署,推动学校美育实现了跨越式发展。但总体看,美育仍然是整个教育事业中有待加强的环节,学校美育在改革发展中表现出了三个不适应:学校美育与素质教育的要求还不相适应;与推进教育现代化的要求还不相适应;与全面实现小康社会和两个百年目标还不相适应。因此,需要找准突破口和落脚点,力争在课程教学、教师队伍、条件改善、评价机制等方面现有工作的基础上,提出进一步的改革举措。

对此,《意见》确立了学校美育工作坚持三项原则:"坚持正确方向"——引领学生树立正确的历史观、民族观、国家观、文化观,陶冶高尚情操,塑造美好心灵,增强文化自信。"坚持面向全体"——健全面向人人的学校美育育人机制,缩小城乡差距和校际差距,让所有在校学

生都享有接受美育的机会。"坚持改革创新"——全面深化学校美育综合改革，形成充满活力、多方协作、开放高效的学校美育新格局。

如何上好美育课？首先要认清美育的目标。将美育等同于技能教育，认为美育可能增加学生负担，都是对美育的严重误解。美育是审美教育、情操教育、心灵教育，也是丰富想象力和培养创新意识的教育。对于广大学子来说，在专业美育教师的指导下，参与大合唱、集体舞、课本剧等艺术实践活动，不仅能丰富体验，还可拓宽视野；走进博物馆、科技馆、大自然等奇妙世界，不仅能激发个体对历史、文化和生命的敬畏，更能进一步追寻人生的价值与境界。美育注重的是全面提升学生感受美、表现美、鉴赏美、创造美的能力，加强美育理应与加强德育、智育、体育、劳动教育相互融合起来。

加强美育的渗透与融合，学校美育课程建设是重点。《意见》紧紧抓住课程这一关键要素和环节，从学科融合、学段衔接、目标整合、教材贯通四个方面提出了实施构想，同时，围绕学校美育教学，提出了五个方面的具体改革举措：开齐开足上好美育课、构建以学生发展为中心的教学模式、普及面向人人的美育实践活动、推进美育评价改革、促进高校艺术学科创新发展。以美育人非一日之功，尤需脚踏实地、久久为功。目前，学校美育已经实现从城市扩展到乡村，从单一鉴赏转为综合实践，从线下探索到线上共享，从校园走向家庭、社会等一系列巨大转变。但也应看到，强化美育薄弱环节，需要学校及社会各界群策群力，为全面加强和改进新时代学校美育工作提供切实支持。

美育绝不是"无用"，而有实实在在的"大用"。物理学家钱学森雅好书画，园林学家、古建筑学家陈从周热爱文学，农业学家袁隆平喜欢小提琴，他们在享受美的同时创造美，以杰出的综合素养在各自领域斩获殊荣。新时代新征程，呼唤全面发展的栋梁之材，呼唤能够担当民族复兴大任的时代新人。当美育的种子播进每个幼小的心灵，一朵朵美好的青春之花终将绽放于中华大地。

（2020年10月28日）

发展高等教育助力强国富民

黄福特

百年大计,教育为本。建成世界上规模最大的高等教育体系,高等教育毛入学率高达 51.6%;培养输送大批高素质人才,2016 年至 2019 年高校毕业生累计 3200 多万人;高等院校承担 60% 以上的国家基础研究和重点科研任务,承建 60% 的国家重点实验室,产出大批具有国际影响力的标志性成果……"十三五"时期,我国高等教育事业取得丰硕成果,成为强国富民的重要引擎。

教育是民族振兴、社会进步的重要基石,是功在当代、利在千秋的德政工程。培养一个大学生对一个家庭而言,既为国家和社会输送了人才,也带动整个家庭在思想观念、思维方式、生活条件上发生进步变化。目前,随着我国高等教育的发展,越来越多的家庭实现大学生"零的突破"。清华大学教育研究院总结从 2011 年到 2018 年全国本科生家庭情况,发现 70% 以上大学生都是家庭的第一代大学生。无数考生通过高等教育改变了命运,千千万万个家庭因为子女上大学、找到适宜工作而摆脱贫困、过上小康生活。强化教育体系各环节,发展更加普惠的高等教育,对促进人的全面发展、增强中华民族创新创造活力具有重大而深远的意义。

从国家建设角度看,人力资源是经济社会发展的第一资源。高等教育的普及化、大众化,在一定程度上标志着我国从人力资源大国向人力资源强国迈出坚实一步。"十三五"时期,我国科技事业取得快速发展,5G、云计算、大数据、物联网、人工智能等新技术应用在全球范围内占据领先地位,这些重要成果与一批批高精尖人才脱颖而出密不可分。据统计,当前我国高校聚集了60%以上的全国高层次人才,每年向各行业输送数百万专业化人才,已然成为当今最具竞争力的智库和人才来源。在抗击新冠肺炎疫情斗争中,高校充分发挥科研实力,在医疗救助、疫苗研发、检测产品和疗效药物筛选等方面作出积极贡献。当前我国进入高质量发展阶段,更加呼唤高等教育在培养创新人才、促进科技研发、提升综合国力等方面发挥关键作用。

时代越是向前,知识和人才的重要性就愈发突出,教育的地位和作用就愈发凸显。习近平总书记在教育文化卫生体育领域专家代表座谈会上深刻强调:"教育是国之大计、党之大计。""十三五"时期,我国高等教育的支撑、服务、引领能力不断增强,这背后离不开党和国家的高度重视、科学谋划,离不开全社会的悉心支持。我国高等教育办学规模和年毕业人数已居世界首位,更加注重质量和效益、走内涵式发展道路是高等教育实现高质量发展的必由之路。这意味着,必须全面加强党对教育工作的领导,加强学校思想政治工作,深入推进教育改革,加快补齐教育短板;必须优化同高质量发展相适应的教育结构、学科专业结构、人才培养结构,提高科研创新能力和高等学校服务经济社会发展能力。

习近平总书记指出:"'两个一百年'奋斗目标的实现、中华民族伟大复兴中国梦的实现,归根到底靠人才、靠教育。"我们要更加重视教育工作和高等教育发展,充分发挥高等教育在提升人民综合素质、改善民生福祉、促进高质量发展、增强综合国力等方面的积极作用,让高等教育成为立足当下、赢得未来的国之重器,源源不断为实现中华民族伟大复兴输送高素质人才。

(2020年10月27日)

促进新型城镇化持续健康发展

赵展慧

"十三五"期间,我国户籍制度改革成效显著。数据显示,1亿人落户任务提前完成,1亿多农业转移人口自愿有序实现市民化。

提前完成目标任务,依靠的是新发展理念引领,依靠的是全面深化改革拉动。"十三五"期间,各类城市持续放宽对普通劳动者的落户限制,户籍制度改革让许多人受益。同时,城镇建设用地增加规模同吸纳农业转移人口落户数量挂钩的配套政策持续完善,城市吸纳农业转移人口落户的积极性不断提升。

发展出题目,改革做文章。与实现1亿人落户任务相伴随的,是城镇化质量的稳步提升。5年来,各类城市户籍迁移手续简化,大城市积分落户政策完善,落户越来越便捷。此外,还有一个"1亿"彰显城镇化含金量。截至2019年底,全国已累计发放居住证超过1亿张,以居住证为载体的城镇基本公共服务提供机制基本建立。未在城市落户的常住人口,如今也可以享有更多教育、医疗等基本公共服务。"十三五"时期新型城镇化的改革红利和政策效应加快显现,这充分说明,只有坚持以人民为中心的发展思想,大力推进以人为本的城镇化,新型城镇化建设才能蹄疾步稳。

当前,在构建新发展格局的背景下,坚持以人为本的新型城镇化建设意义深远。城镇化是现代化的必由之路,世界各国的发展规律清晰地表明，城镇化率与经济发展水平密切相关，城镇化是扩大内需、拉动经济增长的重要抓手。截至2019年底，我国户籍人口城镇化率和常住人口城镇化率分别提升至44.38%和60.6%。农业转移人口市民化，城乡基本公共服务均等化，都蕴藏着大量内需潜力和发展动能。

"十四五"时期，我国将进入新发展阶段，新型城镇化建设也将迈上新的征程。促进新型城镇化持续健康发展，不仅要让更多农业转移人口在城市"落得下"，还要让他们在城市"过得好"。下一阶段，应该不断优化城镇化空间格局，让大中小城市、小城镇齐发力，加快城乡一体化发展。比如，推动城市群协同发展，增强中心城市辐射带动作用，畅通跨行政区域协作发展机制，不断提升城市群的人口经济承载能力。又如，抓好中小城市建设，补齐公共服务、环境卫生、市政公用设施、产业培育设施等方面的短板，支撑农业转移人口就近城镇化。新型城镇化建设和乡村振兴战略要统筹推进，必须进一步打破制约城乡要素自由流动的制度障碍，推动基本公共服务向乡村延伸，努力让农民过上更加幸福的现代生活。

我国正在经历世界历史上规模最大、速度最快的城镇化进程。继续推进新型城镇化建设，拥有更多有利条件。扎实推进以人为本的新型城镇化，着力增加适应居民需求的公共产品和公共服务供给，一定能惠及更多城乡群众，为促进经济高质量发展注入强劲动力。

（2020年10月23日）

努力续写更多"春天的故事"

黎海华

> 站在新的历史起点上,经济特区不仅要继续办下去,而且要办得更好、办得水平更高
>
> 永葆"闯"的精神、"创"的劲头、"干"的作风,是在改革新征程上开拓进取的最好姿态

改革不停顿,开放不止步。在深圳经济特区建立40周年之际,中办、国办印发《深圳建设中国特色社会主义先行示范区综合改革试点实施方案(2020—2025年)》,赋予深圳在重点领域和关键环节改革上更多自主权。从去年作出支持深圳建设中国特色社会主义示范区的重大决策,到如今支持深圳实施综合授权改革试点的重大部署,以习近平同志为核心的党中央对深圳改革发展赋予重大使命,为深圳创造让世界刮目相看的新的更大奇迹指明了方向。

兴办经济特区,是党和国家为推进改革开放和社会主义现代化建设进行的伟大创举。40年前,从蛇口开山炮声开始,改革开放的基因融入了深圳经济特区从无到有、从大到强的全过程。地区生产总值从1980年的2.7亿元增长到2019年的2.7万亿元,外贸进出口总额从1980年的1800万美元跃升至2019年的4315亿美元,每平方公里13.5亿元GDP位居全国第一,每平方公里4.1亿元税收收入居全国大中城市首位……

深圳凭借"敢为天下先"的勇气,从一个边陲小镇发展成一座充满魅力、动力、活力、创新力的现代化大都市。习近平总书记指出:"深圳是改革开放后党和人民一手缔造的崭新城市,是中国特色社会主义在一张白纸上的精彩演绎。"

站在新的历史起点上,经济特区不仅要继续办下去,而且要办得更好、办得水平更高。深圳因改革开放而生、因改革开放而兴、因改革开放而强,已成为全国改革开放的一面旗帜,也是国际社会观察中国改革开放的重要窗口。当前,我国正处于实现中华民族伟大复兴的关键时期,经济已由高速增长阶段转向高质量发展阶段。以习近平同志为核心的党中央对深圳改革开放寄予厚望,要求深圳建设好中国特色社会主义先行示范区,创建社会主义现代化强国的城市范例。围绕这一新时代使命,深圳经济特区必须坚定方向、扛起责任,解放思想、守正创新,着眼于解决高质量发展中遇到的实际问题,着眼于建设更高水平的社会主义市场经济体制需要,在更高起点、更高层次、更高目标上推进改革开放。

改革永远在路上,改革之路无坦途。当前,改革又到了一个新的历史关头,很多都是前所未有的新问题,推进改革的复杂程度、敏感程度、艰巨程度不亚于40年前。只有坚持摸着石头过河和加强顶层设计相结合,不失时机、蹄疾步稳深化重要领域和关键环节改革,更加注重改革的系统性、整体性、协同性,才能提高改革综合效能。敢闯敢试、敢为人先、埋头苦干是经济特区的独有气质,也是成就深圳奇迹的重要密码。永葆"闯"的精神、"创"的劲头、"干"的作风,是在改革新征程上开拓进取的最好姿态。对深圳而言,必须激发改革智慧,多谋划战略、战役性改革,多推动创造型、引领型改革,努力在重要领域推出一批重大改革措施,形成一批可复制可推广的重大制度创新成果,加快形成全面深化改革、全面扩大开放新格局。

四十载波澜壮阔,新征程催人奋进。新时代改革开放再出发,我们有党的创新理论的科学指引、充足的经验储备、明确的改革目标、坚实的战略支撑、团结的改革共识,这是信心之所在、优势之所在。努力续写更多"春天的故事",建功新时代、把握新机遇、破解新课题,深圳大可作为。

(2020年10月22日)

打造有生命力的文化地标

智春丽

一个建筑之所以能成为一个地方的文化地标,不是凭借炫目奇特的视觉效果和文化元素的简单堆砌,而是流淌着活生生的历史文脉,能唤起人们共同的情感记忆

提到一座城市,人们往往会想到具有代表性的文化地标:600岁的紫禁城见证着北京城的过往,拓荒牛雕塑标记着深圳的开拓进取,珠海大剧院"日月贝"讲述着"珠生于贝,贝生于海"的城市记忆,古典园林里生长着苏州的温婉……城市文化地标或深植于历史文化,或投射着时代风貌,以鲜明独特的符号形象,成为一个城市的精神和文化象征,与人们产生紧密的情感连接、文化认同。

文化地标是一个地方的文化名片,在传播城市形象方面有巨大的流量效应。近年来,文化旅游市场持续升温,各类文化地标成为热门参观地、网红打卡地。与此同时,一些地方急功近利打造新文化地标的现象也引起社会关注。

作为一种人文景观,文化地标首先应当与地理环境"不违和"。人文景观与自然环境浑然天成、融为一体,才能给人以美的享受。无论是中华文化天人合一、道法自然的审美意境,还是如今兴起的保护生态、亲近自然的绿色发展理念,都强调人文景观与自然环境和谐共生。丽江古

城依山傍水、以水为脉,整座古城获评世界文化遗产;国家体育场"鸟巢"充分采用自然采光和通风,勾勒出现代北京的美丽风景。反之,若缺乏对自然的敬畏,滥造钢筋水泥地标,即便再大的"手笔",也与审美旨趣和群众期待相差甚远。

作为一种符号化呈现,文化地标也应该追求形神兼备。一个建筑之所以能成为一个地方的文化地标,不是凭借炫目奇特的视觉效果和文化元素的简单堆砌,而是流淌着活生生的历史文脉,能唤起人们共同的情感记忆。走进沈阳的中国工业博物馆,原样保留的铸造厂车间及生产设备,拉近了人们与老工业基地的时空距离;漫步福州修旧如旧的古厝间,曾经的老房子、如今的文创园,古老与现代交融,乡愁与时尚相遇。面对数之不尽的历史文化街区、革命文化纪念地、农业遗产、工业遗产,进行合理适度的创造性转化、创新性发展,才能成为广受认可的文化地标。

作为一种公共建筑,文化地标还应当发挥服务公众的功能。地标建筑是有"生命"的,其生命力来自于生活。人们喜欢将博物馆、剧院、书店称为文化地标,很大程度上是因为这些公共文化设施直接连通着一个地方的文化和生活。到一座城市先逛博物馆,人们才能加深对这个城市的历史过往和现实文化的认知。以北京的国家大剧院为例,建院以来,为观众带来1万多场演出,开展大量艺术普及教育演出及活动,观众和粉丝遍布全国。正是那些传播文化、服务公众的不懈努力,使得文化地标的形象更加亲切、更加持久。

文化地标承载着不可替代的人文价值。打造新的文化地标,必须丰富其审美内涵,完善其服务功能,让其在与公众的"紧密连接"中收获持久口碑和影响。

(2020年10月21日)

人口普查关系国计民生

殷 鹏

人口状况是一个国家最基本的国情,人口普查是摸清人口"家底"的重要手段

开展第七次全国人口普查,了解人口增长、劳动力供给、流动人口变化情况,有助于完善人口发展战略和政策体系,促进人口长期均衡发展

小区新生儿童多,今后上学难不难;有些道路交通很拥堵,如何规划更科学;开发一款教育 APP,市场规模有多大……解决好这些与人民群众利益息息相关、与经济社会发展紧密联系的问题,一个重要方面,就是掌握人口状况的发展变化。

人口状况是一个国家最基本的国情,人口普查是摸清人口"家底"的重要手段。新中国成立后,我国已进行六次人口普查,获得了翔实的人口基础数据。第七次全国人口普查入户摸底已于 10 月 11 日展开,将于 11 月 1 日起进行正式入户登记。这是中国特色社会主义进入新时代后开展的一次重大国情国力调查,也是在决胜全面建成小康社会、开启全面建设社会主义现代化国家新征程这一关键节点的一次人口全景扫描。这对于准确把握人口发展新情况新特征新趋势、推动我国人口与经济社会协调发展,具有重要而深远的意义。

人口是社会生产生活的主体,也是经济社会发展的基础。当前,我国经济正处于转变发展方式、优化经济结构、转换增长动力的攻关期。及时开展人口普查,全面摸清我国人口数量、结构、分布等最新情况,能够更加准确地把握需求结构、城乡结构、区域结构、产业结构等方面的状况,为加快构建新发展格局、推动经济高质量发展提供有力支持。比如,劳动力数量和素质是影响经济增长最重要的要素之一。随着供给侧结构性改革深入推进,产业转型升级将会直接引起社会职业在数量、种类、结构等方面发生变化。通过人口普查,科学制定应对措施,优化和提升劳动年龄人口的结构和素质,将为推动经济转型升级提供重要信息支撑。

人民对美好生活的向往,就是我们的奋斗目标。完整详尽的人口信息既是制定和完善公共政策的基础,也可以为公共服务基础设施的布局和建设等提供决策依据。比如,充分了解我国老龄群体的分布状况、需求结构、健康状况等,有助于构建老有所乐、老有所依、老有所安、老有所养的社会服务体系。又如,作为改革开放以来我国社会活力的重要来源之一,人口流动的流量、流向、速度等在新时期发生了重要变化,全面掌握这些信息是保障和改善民生、构建共建共治共享社会治理格局的必要条件。通过人口普查了解人民群众需求,将公共资源分配到事关人民群众切身利益的事情上,才能在幼有所育、学有所教、劳有所得、病有所医、老有所养、住有所居、弱有所扶上不断取得新进展。

人才是实现民族振兴、赢得国际竞争主动的战略资源。推动我国从人口大国向人才强国发展,是建设社会主义现代化强国的题中应有之义,需要相应的战略和政策支持。自2010年第六次全国人口普查以来,我国人口发展的内在动力和外部条件发生了显著改变,人口规模增长惯性减弱、劳动年龄人口波动下降、老龄化程度不断加深。准确识变、因应施策,才能科学分析判断未来我国人口形势,深刻认识这些变化对人口安全和经济社会发展带来的挑战和机遇。开展第七次全国人口普查,了解人口增长、劳动力供给、流动人口变化情况,有助于完善人口发展战略和政策体系,促进人口长期均衡发展。

天下大事,必作于细。对14亿人口进行普查,任务艰巨、环环相扣,

R 人民时评

人民日报评论年编 2020

既需要全民支持、全民配合，也需要科学设计、严密安排、精心组织。坚持实事求是，坚持科学严谨，确保第七次全国人口普查取得圆满成功，就能为实现"两个一百年"奋斗目标提供有力人口数据支撑。

（2020年10月21日）

推动养老服务高质量发展

李红梅

规定养老机构不仅要提供生活照料服务,还应提供护理服务;进一步细化对养老机构设立的备案制操作规程;允许公办养老机构交由社会力量运营管理……民政部不久前发布新修订的《养老机构管理办法》,并将于 11 月 1 日起施行。修订后的《办法》从养老机构的功能定位到申报程序、运营管理、服务规范等各方面,对养老机构服务中存在的问题予以规范,有助于推动机构养老服务高质量发展。

养老是重要的民生工作,我国 60 岁以上的老人已达 2.5 亿人。随着家庭规模变小,社会化养老的重要性日益突出,机构养老的需求越来越旺盛。数据显示,目前我国共有各类养老机构 4 万余个,收住老年人超 210 万人,入住养老机构日益成为重要的养老方式。《办法》的施行,将进一步破除养老服务发展障碍,健全市场机制,持续完善居家为基础、社区为依托、机构为补充、医养相结合的养老服务体系。

当前,各地养老机构发展较快,数量快速增长,但也存在供给不足、质量不高、管理不规范等问题,与人们的养老需求不相匹配。对此,《办法》鼓励社会资本进入,探索提质增效的经营模式,使其更贴合人们的需求。根据规定,政府投资兴办的养老机构可以采取委托管理、租赁经营等方式,交由社会力量运营管理。尤其值得期待的是,《办法》增加了养老机构的护理服务,推行入院评估、分级护理的服务模式,并规定养老机构可以通过设立医疗机构或者采取与周边医疗机构合作的方式，为老年人提供医疗服务。这些规定立足现实需求和发展现状，增加了服务供给，体现了对加快养老机构发展的有力引导。

全面提升老人的幸福感，改善老年人的生活质量，还应创新养老服务方式。有调查显示，老年人最需要的服务就是医疗护理和精神慰藉。这与我国不少老人带病生存、多病共存的现状有关，也与家庭规模越来越小、空巢老人增多的现实有关。近年来，国家出台有关医养结合的文件，鼓励支持医养结合机构发展；加快护理行业发展，培养大量专业护理人才；长期护理保险试点逐步推开，带动康复、护理产业快速发展；充实机构养老服务，提升养老机构的专业性，等等。这些内容，在此次出台的《办法》中都有所体现。此外，根据规定，养老机构还可运营社区养老服务设施、上门提供养老服务等，有望使高质量的养老服务惠及居家和社区养老的老人。

养老服务关系每个人、每个家庭。作为老年人口最多的国家，面对日益增长的机构养老需求，探索出一条适合我国国情又能最大化满足人们养老需求的道路，需要各方形成合力。希望随着政策的落地执行，推动养老机构的服务日益规范，全面提升养老服务质量，让每一位老人都拥有高质量的幸福生活。

（2020年10月20日）

为人类减贫贡献更多中国力量

邹 翔

> 绷紧弦、加把劲,锚定方向、再接再厉,克服各种挑战,
> 坚定不移把党中央决策部署落实好

10月17日是第七个国家扶贫日,同时也是国际消除贫困日。回首过去几年脱贫攻坚带给生活的改变,集中连片特困地区贫困村村民们的话语质朴而真切:"现在我们和城里人一样过日子""相比过去真是一个天上一个地下""做梦都没想到,生活比蜜都甜"。

打赢脱贫攻坚战,是全面建成小康社会的底线任务和标志性指标。当前,高质量完成脱贫攻坚目标任务,既要做好脱贫攻坚必答题,又要做好新冠肺炎疫情常态化防控的加试题;既要完成剩余贫困人口脱贫任务,又要巩固已有脱贫成果。只有绷紧弦、加把劲,锚定方向、再接再厉,克服各种挑战,坚定不移把党中央决策部署落实好,才能实现既定目标。今年脱贫攻坚任务完成后,中国将有1亿左右贫困人口实现脱贫,提前10年实现联合国2030年可持续发展议程的减贫目标。这一"最成功的脱贫故事",不仅将创造人类减贫史上的中国奇迹,也将为人类减贫进程贡献更多中国方案和中国力量。

从国际社会看,贫困问题一直是困扰人类发展进程的顽疾。消除贫困,是各国人民的共同愿望、国际社会的共同使命。在这么短的时间内

帮助这么多人脱贫，中国减贫实践赢得国际社会高度赞扬。改革开放40多年来，中国走出了一条由区域扶贫开发到精准扶贫、由输血到造血、由单一到多元的探索之路，创造性地构建起中国特色脱贫攻坚制度体系。正是依靠中国共产党领导的政治优势和社会主义集中力量办大事的制度优势，所以才创造了短时间内累计减少贫困人口8.5亿人、对全球减贫贡献率超过70%的历史性成就。

中国脱贫攻坚的成功实践，植根于中国经济社会的土壤和改革发展的实际，有其独特性，但也可以为其他发展中国家提供有益借鉴。柬埔寨农村发展部农村经济发展司副司长衡真田表示，中国给柬埔寨人民带去的"劳动致富"思想转变是最宝贵的财富。在联合国秘书长古特雷斯看来，精准减贫方略是帮助贫困人口、实现2030年可持续发展议程目标的唯一途径。当前，发展中国家普遍面临着实现工业化与城镇化并举、市场化转型与消除绝对贫困同步等难题。中国在新型工业化、信息化、城镇化、农业现代化同步发展，因人因地精准施策、靶向式扶贫造血、东西部协作、全社会发力等方面积累的制度和经验，创新了发展理论，丰富了扶贫开发政策工具库，许多发展中国家希望分享中国减贫经验。

"一花独放不是春，百花齐放春满园。"在致力于自身消除贫困的同时，中国力所能及向其他发展中国家提供不附加任何政治条件的援助，支持和帮助广大发展中国家特别是最不发达国家发展经济、消除贫困。在马达加斯加，一株株杂交水稻蓬勃生长，让当地居民实现了吃饱饭、更吃好饭的梦想；在老挝，广西扶贫专家帮扶的村民喝上了符合饮用标准的山泉水……中国致力于深化国际减贫合作，对全球减贫事业的贡献看得见、摸得着，让团结和友谊的种子四处扎根，让人类命运共同体的理念茁壮成长。

志行万里者，不中道而辍足。彻底消除绝对贫困之后，中国共产党将带领亿万人民踏上全面建设社会主义现代化国家新征程，朝着实现全体人民共同富裕的目标稳步迈进。富起来、强起来的中国，将继续助力全球减贫工作，为共建一个没有贫困、共同发展的人类命运共同体而不懈奋斗。

（2020年10月19日）

消费回暖折射经济新气象

韩 鑫

从高寒之地到热带岛屿，从西北大漠到江南水乡，交通站点人流涌动，各大景区游人如织，商业街区人气火爆……国庆中秋假期，中国大地上舒展开一幅旅游热、消费旺、市场暖的动人画卷。数据显示，8天假期，全国共接待国内旅客6.37亿人次，实现国内旅游收入4665.6亿元，全国零售和餐饮重点监测企业销售额约1.6万亿元，日均销售额同比增长4.9%。在新冠肺炎疫情常态化防控背景下，黄金周闪亮的消费数据，折射出中国经济的强劲复苏态势。

假期向来是观察消费活力和经济态势的一个窗口。透过今年的国庆中秋假期，世界看到了中国经济的强劲韧性和光明前景。面对突如其来的新冠肺炎疫情，探亲、旅游、休闲等消费需求受到抑制。而国庆中秋假期，为各类消费需求集中释放提供了难得的契机。在广州市北京路步行街，假期首日便吸引游客超过40万人次。传统消费不断突围的同时，消费新业态更是风生水起、加速涌现，推动国民经济快速复苏。贵州利用直播平台加快"黔货出山"，新疆若羌县果农通过直播带货日均销售瓜果16万元。网络购物、直播带货、网上订餐、定制旅游等新消费形态订单量快速增长，成为今年国庆中秋假期的一个亮点。传统消费的提质升级，新兴消费的茁壮成长，推动整个消费市场回暖，带动经济态势进一步复苏企稳。

国内消费掀起热潮，离不开市场供给的持续优化。这个假期，位于沪宁高速公路江苏苏州段的阳澄湖服务区引来大量游客"打卡"，司机和乘客们在休息之余可以观看昆曲表演，参观园林景观，购买文创商品。高速服务区化身旅途"新景点"，成为优化服务、创新供给的一个生动案例。各地、各景区和商圈纷纷优化市场供给，既拓展了消费空间，让消费潜能进一步释放，同时也折射出我国道路交通、信息网络等基础设施补短板成效显著，为实现高质量发展蓄力。来自一家旅游平台的数据显示，长假期间，三线及以下城市的酒店预订量同比增长超55%，大交通出票量同比增长超35%，增速均超过整体水平。在交通物流及信息技术不断完善的带动下，消费力量持续向下沉市场扩容，更庞大的消费潜力正在被激发出来。

消费市场重现火热，市场供给不断优化，彰显出我国超大市场规模优势和巨大的内需潜力。巨量人口的安全有序流动，见证统筹疫情防控和经济社会发展的强大治理能力。事实证明，中国经受住了疫情大考的压力测试，展现了欣欣向荣的发展新气象。根据世界银行最新发布的报告预测，今年中国经济增速将达2%，比6月初的预测上调1个百分点。中国成为疫情发生以来第一个恢复增长的主要经济体。有外媒点评，"中国经济复苏是全球的成功案例，世界比以往更需要中国"。

未来一个时期，国内市场主导国民经济循环特征会更加明显，经济增长的内需潜力会不断释放。需求端的繁荣景象，将向上传导至生产端企业，从而更好地促进国民经济循环，支撑中国经济这艘巨轮行稳致远。我们坚持供给侧结构性改革这条主线，扭住扩大内需这个战略基点，不断构建新发展格局，一定能更好发挥国内超大规模市场优势，为我国经济发展增添动力，为世界经济走向复苏贡献力量。

（2020年10月16日）

家国情怀凝聚奋进力量

于洪良

今年国庆中秋假期中,"家国情怀"成为主题词。在全国各地,《我和我的祖国》《我的祖国》《我爱你中国》等动人歌曲回荡在街头巷尾。强烈的节日气氛,让家国情怀深深植根中国人心底。

国庆中秋双节同庆,确实别有一番意味。这不仅仅是因为,中秋节和国庆节同时出现在10月1日这一天,在21世纪仅有4次,上一次是2001年,另外两次将是2031年和2077年;更是因为,经过艰苦卓绝的历史大考,我们取得抗击新冠肺炎疫情斗争重大战略成果,中国成为疫情发生以来第一个恢复增长的主要经济体,显示出强大修复能力和旺盛生机活力。当疫情袭来,多少人"舍小家为大家,舍小我成大我",多少人"生死较量不畏惧、千难万险不退缩"。在中国共产党的坚强领导下,中国人民同呼吸、共命运,肩并肩、心连心,以向险而行的气魄与默默奉献的行动构筑起疫情防控的最坚固防线,合力绘就了团结就是力量的时代画卷。

亿万个你我守护中国,亿万个你我成就中国。正如一首歌中唱的那样:"我们拥有个名字叫中国。再大的风雨我们都见过,再苦的逆境我们同熬过。就是民族的气节,就是泱泱的气节,从来没变过。"经此战役,我们更加知晓:这是一个遍地见英雄的国度,大风大浪来了,有人扛得起,顶得上;关键时刻,有人为你负重,护你周全。经此战役,我们也更加明白,这是一个无可阻挡的民族,中华民族能够经历无数灾厄仍不断发展壮大,从来都不是因为有救世主,而是因为在大灾大难前有千千万万个普通人挺身而出、慷慨前行。每一个你我站立在一起,正是我们这个国家抵御一切风险挑战的最大底气。"积力之所举,则无不胜也;众智之所为,则无不成也。"我们坚信,经受了疫情考验的中国将变得更加强大,人民生活将变得更加美好。

在国庆中秋假期,吃着久违的"团圆饭",看着本该在"春节档"上映的电影大片,很多人都感叹,"这个假期像过年"。这种过年一般的温馨感,正是来自于党和国家对人民群众生命安全和身体健康的不懈呵护。家是最小国,国是千万家。一个国家所有的努力,就是要将进步的福祉契合于每一个家庭的细微感受之中。牢牢坚持以人民为中心的发展思想,个体的幸福与国家的繁荣才能相互激发、相互砥砺、共同成就。回望新中国成立 71 年来的风雨历程,无论是搞建设、抓改革、促开放,还是应对地震、洪水、疫情等严峻挑战,"人民"始终是一以贯之的价值底色。在新时代的伟大征程上一路向前,中国共产党同中国人民的血肉联系更加紧密。毫不动摇坚持和加强党的全面领导,一切为了人民,一切依靠人民,更多更大的奇迹还将由中国创造。

家国情怀,永远是凝聚人心、汇聚民力的强大力量。当前,世界百年未有之大变局加速演进,国内改革发展稳定任务艰巨繁重,如何乘势而上实现更大的发展?如何防范风险确保国泰民安?站在"两个一百年"奋斗目标的历史交汇点上,"家国"既是我们奋发进取的方向坐标,更是我们攻坚克难的信心所系。不平凡的 2020 年,必将因为不平凡的奋斗载入史册。从 5000 多年文明发展的苦难辉煌中走来的中国人民和中华民族,必将在全面建设社会主义现代化国家的新征程上创造新的历史伟业!

(2020 年 10 月 15 日)

以新业态新模式引领新型消费

韩 鑫

仅今年2月,就有逾3亿人使用在线办公应用;短短半年,全国电商直播超过1000万场;前8个月,全国实物商品网上零售额增长15.8%……不断刷新的数字背后,是新模式新业态在迅猛发展,释放着强劲消费潜力。前不久,国务院常务会议审议通过《关于以新业态新模式引领新型消费加快发展的意见》,从四方面提出15项具体举措,为进一步培育壮大各类消费新业态新模式、促进线上线下消费深度融合提供政策指引。

近年来,在新一轮科技革命和产业变革的推动下,我国以网络购物、移动支付等新业态新模式为特征的新型消费快速发展,对满足居民生活需要、拉动经济持续增长发挥了重要作用。今年以来,受新冠肺炎疫情影响,传统线下消费受到冲击,以在线办公、远程教育、直播电商为代表的线上消费逆势增长,有效助力经济回稳向好。今年8月的主要经济数据中,消费备受瞩目,8月社会消费品零售总额首次实现年内正增长,其中新型消费强势增长作用显著。促进消费回补,壮大新的经济增长极,保持经济企稳回升,正需多措并举推动新型消费实现更大发展。

促进新型消费,应当强化基础设施建设。新型消费以新一代信息基础设施为重要依托,加快信息基础设施建设应成为重要发力点。当在线业务迎来爆发式增长,能否顺利度过流量洪峰,考验着企业的数据中心运维水平和云服务器处理能力，而画面是否能清晰流畅传送也检验着网络建设的情况。相对于新业态新模式的快速发展，信息基础设施建设目前仍显不足，成为制约服务供给的短板。对此，《意见》提出，进一步加大软硬件建设力度，加强新装备新设备生产应用，优化新型消费网络节点布局，加快补齐发展短板。从稳步推进网络建设、完善商贸流通基础设施网络等方面着手，扎扎实实打牢"地基"，才能为壮大新型消费提供持久动力。

促进新型消费，也要坚持深化改革、优化环境。新型消费发展势头迅猛，难免出现市场秩序不规范行为。调查显示，"担心商品质量没保障""担心售后问题"等成为消费者对电商直播的突出顾虑，"大数据杀熟"、隐私泄露等情况也不时出现……凡此种种，都可能影响乃至制约新型消费的持续健康发展。《意见》提出，顺应新型消费发展规律创新经济治理模式，系统性优化制度体系和发展环境，最大限度激发市场活力。为新型消费创造有序发展的外部环境，加强相关法规制度建设，深化包容审慎和协同监管，健全服务标准体系等，才能让广大消费者消费得放心、安心、舒心，实现新型消费的稳步壮大。

当前，消费已成为中国经济发展的主引擎，2019年消费对我国经济增长的贡献率为57.8%，连续6年成为拉动经济增长的第一动力。推动高质量发展，构建新发展格局，必须在促消费尤其是新型消费上下功夫。精准发力，补齐新型消费短板、破除体制机制障碍、打通痛点难点堵点，进一步激发市场主体活力，才能不断迈上新台阶，为形成以国内大循环为主体、国内国际双循环相互促进的新发展格局提供坚实支撑。

（2020年10月14日）

"微信使用说明书"为何暖心

盛玉雷

在信息化社会,面对老年人的"数字困境",需要年轻人来帮助父母和祖父母辈,进行"文化反哺"

语音聊天、视频通话、转发分享、点赞收藏……在社交软件上,年轻人信手拈来的操作,对家里的老年人而言可能会非常复杂。不久前,浙江杭州一个女孩为外婆手绘了一份"微信使用说明书",字迹工整、内容详细、图文并茂,打动了很多网友,也将老年人如何更好适应数字生活的话题,再次带进公众视野。

如今,得益于数字化、信息化的发展,智能生活加速推进,为人们带来更多便利。然而,一些老年人对此却感到力不从心。在火车站,电子客票的推广极大节省了旅客出行的时间,却也给不会网上购票的老人增加了难度;在医院,预约挂号有助于就医问诊秩序井然,但一筹莫展的老人不得不站在挂号机前寻求导医帮助;在餐厅,扫码点餐、移动支付方便又卫生,而还在使用老年机的人就会无所适从。对上了年纪的人来说,看似微不足道的生活细节,也有可能构成一道数字鸿沟,造成日常生活的不便。新冠肺炎疫情防控期间,因为老年人没有健康码导致无法出入小区、乘坐公交的新闻,一度引起社会关注。

数字时代,不能落下那些年迈的身影。据统计,截至今年6月,在

> **R 人民时评**

超过9亿的网民中,60岁及以上人群占比为10.3%。让老年人口更好分享信息化时代的发展红利,需要以更多的耐心帮助他们,让他们更加顺畅地拥抱智能生活。如果说传统的教育模式是从父母一代到子女一代的知识传递,那么在信息化社会,面对老年人的"数字困境",需要年轻人来帮助父母和祖父母辈,进行"文化反哺"。比如,在浙江嘉兴图书馆,有一门专门课程,教授如何开关手机、怎么联网、怎样使用相机等"常规操作"。2019年,8名馆员共组织了159场讲座,吸引了60岁到89岁的众多老人参与。这是一堂关于生活的课程,也体现了信息化时代的人文关怀。

对一些互联网平台来说,要针对老年人的需求提供替代选择,构建更具包容性的智慧老龄社会新形态。有专家建议,除了在技术开发中更加注重老年人需求和习惯外,在公共政策制定和公共服务方面,也要给老年人提供多元选择和替代方案。现实中,不少地方多措并举,帮助老年人融入移动互联网世界。在上海,有医院调大门诊标示、诊间字体,改善在线预约系统布局,致力优化老年就医环境,打造"老年友好界面";在浙江杭州,市民卡和健康码深度融合,老年人刷一下卡就能看病就医、公交出行。可以说,给老年人在风驰电掣的"快时代"留个"慢选项",才能填补代际间的数字沟壑,让老年人享受到数字时代的馈赠。

给予老年人更到位的关怀、更周全的考虑,老年人的数字生活不仅是美好愿景,也必将成为全面小康的生动注脚。如今,越来越多的老年人拥抱数字生活,创造别样的精彩。有的爷爷奶奶戴上老花镜,努力学扫码、手机看新闻、打视频电话,跟孩子们的交流顺畅无阻;有的老年人架起摄像头,在网上直播时尚穿搭、健身日志、励志格言,跟上日新月异的时代潮流。更好满足老年人的"数字需求",能够使老年人在物质上和精神上更加丰富,使老年人的生活更幸福、美满。

(2020年10月13日)

让农民返乡创业更有底气

姚雪青

乡村休闲旅游带动创新创业，农产品直播电商节掀起购物热潮，搭建新农民创业平台……不久前，以"激情创新创业 梦圆乡村振兴"为主题的 2020 年全国新农民新业态创业创新大会在江苏南京召开。大会期间的一系列活动，为农民创新创业增添活力，为农民就业增收激发力量。

新冠肺炎疫情防控期间，返乡农民留乡创业的意向大大增加，"家门口创业"成为新潮流。据了解，截至 8 月底，全国新增返乡留乡农民工就地就近就业达到 1700 万人，其中有不少人通过云视频、直播直销等新业态创业，成为服务农业、扎根乡村的创新创业群体。笔者在江苏淮安采访时了解到这样一个案例：位于城乡接合部的一家休闲观光农场，负责人周登云是一位"80 后"。初中毕业后，他来到大城市，在建筑行业打拼，今年 3 月份，他决定回乡做一名新农民。除了直播带货，他还在观光、种植、销售等多个环节推出创意民俗特产，吸引了大量游客。他表示，"这次回来，就不走了！"如今，这样的新农民在全国各地越来越多。

党的十九大报告指出，促进农村一二三产业融合发展，支持和鼓励农民就业创业，拓宽增收渠道。让更多像周登云这样有工作经验、有资金积累的新农民返乡创业，需要在广大乡村积极营造创新创业的良好氛围，并在产业规划、岗位开发、资金支持、服务指导等各方面，对返乡农民就业创业进行有力支持。尤其是当前接续推进全面脱贫与乡村振兴有效衔接,很重要的一点就在于让农村拥有大批能创业、懂创新的新农民。因此,应想方设法为这些乡村振兴的"领头羊"搭平台、铺路子,从而带动更多有生力量投入乡村振兴的广阔天地。

让新农民返乡创业更有底气,需要在精准施策、细化服务、技术护航等方面下足功夫。比如,在很多劳务输出地,留乡就业的外出务工人员可获就业补贴,创业农民还可享受优待政策。一些地方还引导农民与高校产学研合作,帮助农作物实现优质高产。在这一过程中,要为创新创业打造好的营商环境。比如,农业大省河南、山东、四川等地出台精准服务政策,牵线新农民与融资、市场、信息等主体沟通对接,盘活资源,从洽谈合作、促进投资到改善经营、开拓市场,在各个环节帮助返乡创业农民成长,让新业态、新产业和新商业模式落地开花。

针对一些返乡农民虽有创业意向但缺乏相应技术的情况,需要加大技术服务力度。比如近5年来,全国各地通过"土秀才"技术指导、专家成果转化、企业家创业引领等方式,累计培训1800万返乡入乡在乡创业创新人员,建成1400多个农村创业创新园区和孵化实训基地,涌现出大批创意项目和带头人。今后,有必要进一步加大对返乡创业农民地位待遇提升、职业发展支持工作,更好解决妨碍农民创新创业的现实问题,比如融资信息渠道不畅,人才技术出现短板,合适项目相对缺乏等。

"乡村大舞台,必有大发展!"这是各地农民共同的心声。在乡村振兴的背景下,在创新创业的热土上,地方政府和相关部门做好"店小二",推动各项政策措施更加精准有效,才能让农民返乡创业更有底气,进而培育出更多富有活力的新型农民,为乡村振兴不断注入内生动力。

(2020年10月12日)

在线旅游，规范也须在线

张 璁

> 加强在线旅游法治建设、强化行业监管、规范市场秩序，日益成为社会共识，也是行业长远发展的必由之路

通过在线旅游平台查看同一家酒店的同样房型，老用户要比新用户看到的价格贵；给商家的差评无法显示；不合理低价旅游产品屡见不鲜……今年10月1日起，《在线旅游经营服务管理暂行规定》正式施行，这些违规行为将面临处罚。《规定》坚持问题导向，把不合理低价游、评价权保障、旅游者信息使用等纳入监管，更好回应了社会热点，保护旅游者合法权益。

在互联网时代，数据的应用遍布从购物到交通、从工业生产到社会治理的众多场景。在此背景下，我国在线旅游企业和平台的数量不断增多，方便了人们出游，促进了旅游消费。在这一过程中，产生了大量的消费者个人数据。这些数据在数字化商业竞争中，被视作重要资源，和商业价值产生了密切关联。消费者数据开发和运用得当，有助于提升用户体验，提高平台效率，但一些在线旅游经营者基于人们的消费记录、旅游偏好等，设置不公平的交易条件，进行大数据"杀熟"，侵犯了旅游者合法权益，给行业健康有序发展带来了负面影响。加强在线旅游法治建设、强化行业监管、规范市场秩序，日益成为社会共识，也是行业长

远发展的必由之路。

《规定》按照"政府管平台，平台管供应商"的思路，明确在线旅游平台、供应商等各方的法律责任，厘清过去模糊不清的责任边界，从而提高了行业监管的针对性和有效性，提升了违法违规成本。此举有助于推动在线旅游企业诚信经营，依法承担产品和服务质量责任，从而保证在线旅游产品质量，确保行业持续健康发展。此外，针对一些在线旅游平台诱导评价、擅自删除差评等现象，《规定》要求在线旅游经营者不得擅自屏蔽、删除旅游者对其产品和服务的评价，不得误导、引诱、替代或者强制旅游者做出评价，对旅游者做出的评价应当保存并向社会公开，从而有效保障旅游者的正当评价权。

防范大数据滥用，也是立法和监管的目标。需要看到，个人数据不能被任意处理或使用，特别是数据上的个人隐私等权利，应受到法律保护。对此，无论是立法还是监管都已行动起来。2019年1月至12月，相关部门启动开展APP违法违规收集使用个人信息专项治理，一年来，用户反映强烈的隐私政策、账号注销、强制索权等现象得到很大改观。随着相关治理的深入推进，解决了"从无到有"的问题后，还需要相关部门在监管上持续发力。据了解，旅游主管部门服务监管平台将与在线旅游平台实现数据连通，从而进一步拓宽大数据的获取，建立覆盖主管部门、在线旅游企业、景区及游客等多层次旅游大数据体系，以数据为抓手对在线旅游消费实施全程监督，实现数据监管"从有到优"的转变。

当下，我国旅游市场复苏超过预期。包括在线旅游平台在内的相关旅游机构要以落实《规定》为契机，加强自律、守好底线，保护好消费者权益，才能更好促进行业健康发展。

（2020年10月09日）

快递业在现代流通体系建设中大有可为

李心萍

不久前,国家邮政局宣布,2020 年中国快递业第 500 亿个包裹诞生。据预测,今年我国快递业务量将突破 750 亿件。另有数据显示,快递包裹在今年 8 月份平均送达时间已经缩短至 48 小时。5 年间,快递业包裹数量翻番,速度却加快了近 10 小时。体量更大、速度更快,面对新冠肺炎疫情冲击,中国快递业逆势上扬,呈现勃勃生机。

习近平总书记强调,加快形成以国内大循环为主体、国内国际双循环相互促进的新发展格局。快递业务量的增长,是商贸流通的直接反映,折射出新发展格局构建过程中旺盛的消费需求。在这一过程中,快递成为消费经济中最具动力的环节之一,体现出数字经济新业态下要素配置形式的升级。逆势上扬的快递业在保民生、促生产、畅循环方面承担了重要角色。当前,快递业日均快件处理量超 2 亿件,日均服务用户 4 亿人次左右,支撑起近 5.9 万亿元的实物商品网上零售额,成为传统电子商务和直播电商、社交电商等新型业态快速壮大的重要支撑力量。同时,快递业也吸引了大量劳动者加入,为稳就业作出了积极贡献。数据显示,2019 年快递业从业人员超过 320 万人。

不久前的中央财经委员会第八次会议提出,"建设现代综合运输体系""加快形成内外联通、安全高效的物流网络"。行业自动化、智能化水平的提升,农村快递网络的完善,给快递业在现代流通体系建设中发挥更大作用带来了空前的机遇。作为连接产销两端的快递业，能有效助力传统产业降低流通成本，实现"工厂到用户、田头到餐桌"全链路管理，进一步释放市场潜能，同时连接全球更多生产者、消费者，共同促进全球服务贸易发展繁荣。当前，以直播带货、生鲜电商等为代表的线上新型消费不断涌现，电商行业迎来新的飞跃，为快递业带来海量包裹订单。特别是在生鲜电商领域，凭借多年的研发和日益强大的空运能力，快递业抓住消费者线上买生鲜的新消费习惯，架起田头到餐桌的桥梁，源源不断将美味送到千家万户的餐桌，开辟了全新的业务领域。

在现代流通体系建设中发挥更大作用，快递业还要摆脱低价、同质化竞争，拓展高附加值的服务，向综合物流供应商转型。服务制造业正是快递业转型的一个好方向，只有深度融入汽车、电子信息、生物医药等领域，快递业才能真正培育出具有全球竞争力的现代流通企业。同时，快递业还须"扬帆出海"，连接世界。突如其来的疫情，让快递业更加意识到航空货运的重要性。加快机队组建步伐，加密国际航线，布局国际航空货物运输网络，快递企业在航空领域动作不断，有望早日建立起通达全球的寄递服务体系，助力形成内外联通、安全高效的物流网络。

展望未来，快递业在提高流通效率、优化供应链管理等方面大有可为。例如，"快递进村"的触角还有待延伸。截至2019年底，26个省（区、市）实现了乡镇快递网点全覆盖，越来越多的快递从田头发出，一头鼓起乡亲的荷包，一头丰富了百姓的餐桌。更好地畅通城乡经济循环，需要创新办法，加速"快递下乡"向"快递进村"的升级，让快递更好服务城乡群众的美好生活。

（2020年09月30日）

双节同庆，家国同心

任宣余

国庆将至，中秋同来。国庆是举国欢庆、祝福祖国的重要时刻，中秋是阖家团圆、共享天伦的传统节日。今年，国庆与中秋相遇，"家"与"国"在时间上的相连、文化上的相牵，更让人有家国之思，感家国之情。

国泰民安，家国团圆，来之不易。在刚刚过去的一段时间，中国人民经历了一段非凡的历程。面对来势汹汹的新冠肺炎疫情，亿万人民同呼吸、共命运，手牵手、心连心，唱响了"团结就是力量"的大合唱。从白衣执甲的医护人员到日夜坚守的社区干部，从无私奉献的志愿者到闭门坚守的普通人，亿万中华儿女将个体价值的实现与国家民族的命运联结在一起，把家国情怀转化为斗争意志，凝聚成战胜疫情的磅礴力量。

广为传唱的歌曲《国家》唱道："家是最小国，国是千万家。"在中国，家是国家稳定的基础，国是万家平安的保障；国家以千家万户为重心，百姓以爱国爱家为美德。理解了这样的家国伦理，理解了这样的"家国社会"，才能理解面对疫情，为什么中国能坚持人民至上、生命至上，为什么中国人民能勇敢逆行、舍生忘死，能同心同德、和衷共济，能主动隔离、阻断病魔。这正是中国强大凝聚力所系，也是中华民族强大生命力所在。

回首新中国的历程，在激情燃烧的建设年代、在凯歌以行的改革时期，亿万人民用勤劳、智慧和勇气，迎来中华民族从站起来、富起来到强起来的伟大飞跃。战洪水、防非典、抗地震、化危机、斗疫魔……一路披荆斩棘，哪一步不蕴藏着团结奋进的精神？大坝矗立、高铁飞驰、巨轮远航、探天潜海……一路跋山涉水，哪一步不包含着众志成城的意志？从"团结起来，振兴中华"的呐喊，到"我和我的祖国"的合唱，每个人都深深懂得，只有国家富强，才可能有我们的国格和人格，才可能有人民的权利和福祉。大江南北，长城内外，家国情怀让前进的中国克服一切艰难险阻，战胜无数风险挑战。

"民吾同胞，物吾与也。"在中华民族的精神谱系中，无论国与家，还是己与人，都是密不可分的命运共同体。在历史的长河中，家国情怀内化为"修身齐家治国平天下"的人生理想，指导着道德实践；凝练为"苟利国家生死以，岂因祸福避趋之"的千古名句，成为了价值法度；记录为"人心齐，泰山移""树高千丈，叶落归根"等民间俗语，通过口耳相传、相习成诵，蕴藏于一代代中华儿女的灵魂深处。这条坚韧的纽带，将小家与大家紧密相连；这种不竭的精神涌流，将个体的生命与国家民族的命运融汇在一起。这种精神的传承，让中华文明辉煌于史、溢彩于今，虽经风雨波折而始终屹立如新，成为一种"亘古亘今"的文明。

双节同庆，家国同心。心中有家，温情绵长；心中有国，情深义重。实现个人梦想和国家梦想，需要亿万人民把家国情怀内化于心、外化于行，铭刻于骨、融化于血，转化为我们每个人的行动。秉持家国情怀的赤子之心，每个人前进的脚步，就一定能叠加成国家的进步；每个人创造的价值，就一定能汇聚为中华民族伟大复兴的力量。

（2020年09月30日）

假日出游,文明相伴

郑海鸥

面对即将到来的"十一"假期,各地景区纷纷推出优惠措施,一些互联网旅游平台投入大量补贴,旅游市场释放出一系列利好消息,广大游客出游热情高涨。数据显示,今年"十一"假期,一些热门城市酒店预订量同比出现大幅增长甚至翻倍,此前积压的旅游消费需求可能集中释放,我国旅游市场有望迎来一个小高峰。

旅游市场的这一轮"反弹",市场能承受住吗?现有情况表明,各方面都已做好充足准备,对此充满信心。经历抗击新冠肺炎疫情斗争,广大游客比以往更加重视旅行的安全、卫生和服务品质,健康游、安心游、品质游无疑是今年"十一"假期的关键词。文化和旅游部日前发出通知,要求各地文旅部门强化旅游产品弹性供给,深化旅游公共服务,在切实做好疫情常态化防控前提下,有序推进秋冬季旅游景区开放管理。各地要按照"能约尽约"的原则,推动全国5A级旅游景区和重点4A级旅游景区严格落实分时预约制度,切实提升旅游景区服务管理水平。

针对游客"去哪儿游,人多不多,路堵不堵"等具体关切,旅游目的地需要全方位提升服务水平,在吃住行游购娱等多个方面给游客提供更加便捷、贴心的服务。比如,推进智慧旅游,动态发布旅游消费提示,让游客在出行前就能得到相关信息,合理选择出游目的地和出游路线;加大对多样化旅游目的地的宣传推介,让游客了解更多的个性化旅游产品，提供更多出行选择；加强交通流量、景区流量监控，科学引导游客分流；在高峰期增加弹性供给、临时供给，增加临时移动厕所，增开临时服务窗口，等等。多站在游客的角度思考问题，精准满足游客的出行需要，才能更好提升人们的游览体验。

推动文化和旅游消费提质转型升级，旅游产品的升级是关键。针对当前存在的度假产品不足、观光产品过剩的问题，有专家指出，要摆脱过去对门票经济的依赖，创造新的消费场景，体系化升级景区IP。事实上，对旅游企业来说，疫情是挑战也是机遇。一些企业在疫情防控期间狠抓培训、苦练内功，员工的服务意识、服务能力得到了提升；一些景区更加注重线上推广、精准推送，扩大了影响，为游客出行提供了更多样化的选择。尤其值得关注的是，随着旅游直播的兴起，越来越多"隐藏"在人们身边的美景、村镇、街巷，以及特色各异的民俗、民风、非遗、手艺等被挖掘出来，不少网友在跟随直播"云旅行"的同时，也希望进行实地探访、深度体验。综合来看，今年"十一"假期的出游选择会更加多样，相应的体验也会更丰富、更优质。

秋色正宜结伴行。对广大游客来说，出行过程中应自觉加入文明礼让的行列，对不文明行为进行抵制和监督，共同维护文明、舒心的旅程。文化旅游、交通运输、市场监管等相关部门应加大对不文明行为的惩处力度。特别是在全社会共同抵制餐饮浪费行为的背景下，还要在旅游过程中积极营造"厉行节约、反对浪费"的社会风尚。将绿色生活、文明出行、反对餐饮浪费等理念融入旅游生活的方方面面，文明方能成为"十一"假期旅游的美丽风景。

（2020年09月29日）

初心使命是一辈子的事

邓仕林

前不久,中共中央办公厅印发《关于巩固深化"不忘初心、牢记使命"主题教育成果的意见》,要求党委(党组)要负起主体责任,结合统筹推进常态化疫情防控和经济社会发展、改革发展稳定等各方面工作和人民群众对美好生活的新期待,加强组织领导,强化督促指导,推动巩固深化"不忘初心、牢记使命"主题教育成果各项任务落地见效。

主题教育成果能不能成为党员干部筑牢初心使命的动力源泉,关键在成果能否进一步巩固深化,镌刻于心、体现于行。主题教育成果凝聚了广大党员干部的心血和智慧,需要倍加珍惜、长期坚持,成为加强党的建设和干部队伍建设的重要思想资源。学习教育没有完成时、只有进行时,广大党员干部更应一丝不苟抓好理论学习、一以贯之抓好党性修炼,在反复"回炉"、不断"淬火"中精益求精。

巩固深化主题教育成果,首要的是坚定理想信念、筑牢思想根基,坚持用习近平新时代中国特色社会主义思想武装全党。我们要在新的历史起点理清走过的路、辨明脚下的路、认准前行的路,就要深入学习党的创新理论成果,真正用习近平新时代中国特色社会主义思想武装头脑、指导实践、推动工作。理论上的成熟是政治上成熟的基础,政治上的坚定源于理论上的清醒,抓住思想建党、理论学习,就抓住了巩固主题教育成果的关键,就能从内心深处筑牢"不忘初心、牢记使命"的信仰基石。

扣好思想的扣子，是为了更好地履职尽责、担当作为。巩固深化主题教育成果，就是要推动党员干部开展经常性政治体检，查找自身在政治、思想、组织、作风、能力、廉洁等方面存在的差距和不足，并锻造敢担当、善作为的宽肩膀，关键时刻冲得上去、危难关头豁得出来、重大斗争中经得住考验。当前世界百年未有之大变局加速演进，我国发展的内部条件和外部环境正在发生深刻复杂变化，尤其需要广大党员干部把主题教育成果转化为推动发展的动力，加强自身修炼、敢于担当作为，勇于进行具有许多新的历史特点的伟大斗争，逐一破解制约发展的难题。

初心和使命不是抽象的，体现在党员干部点点滴滴的作风中、干事创业的激情里。巩固深化主题教育成果，就要坚决反对形式主义、官僚主义，坚持不懈为群众办实事做好事解难事，用看得见的变化回应群众的关切和期盼。为群众办实事做好事解难事，是每个党员干部的分内之责，同时也是践行党的初心使命最受人民群众欢迎的方式。把以人民为中心的发展思想落实在工作的每个环节，树立正确政绩观，决不做自以为领导满意却让群众失望的蠢事，努力让群众办事少跑一个部门、少排一个窗口、少等一天时间，才能用党员干部的辛苦指数换人民群众的幸福指数，在解决实际问题中教育引导群众、凝聚群众，保持党同人民群众的血肉联系。

习近平总书记强调，"不忘初心、牢记使命不是一阵子的事，而是一辈子的事"。不断巩固深化主题教育成果，把党员干部在主题教育中焕发出来的热情转化为攻坚克难、干事创业的实际成果，就能把我们党建设得更加坚强有力，推动中国号巨轮劈波斩浪、行稳致远。

（2020 年 09 月 28 日）

营造风清气正的科研环境

赵永新

近日,科技部通报了9起论文造假等违规案件的查处结果,涉及的问题主要包括购买论文、违反论文署名规范等,相关责任人不仅被实名曝光,而且均受到相应惩处。相关负责人表示,将坚决贯彻落实党中央、国务院决策部署要求,进一步规范科研项目及资金管理,加强科研诚信建设,严肃惩处违规行为。

对论文造假等学术违规行为"零容忍"的态度,彰显了维护科研诚信、构建良好科研生态的决心。习近平总书记在科学家座谈会上强调,要依靠改革激发科技创新活力,通过深化科技体制改革把巨大创新潜能有效释放出来,坚决破除"唯论文、唯职称、唯学历、唯奖项"。落实这一重要指示要求,坚决破除"四唯",需要持之以恒抓好科研作风学风建设,强化监督检查,加大惩处力度,对违规行为发现一起、查处一起,从而刹住学术造假的歪风,营造风清气正的科研环境。让违规者受罚,让真正围绕国家需求锐意攻关的科研工作者得到褒奖,才能更好树立正确的人才评价导向,不断激发科技创新活力。

值得注意的是,在此次通报的9起违规案件中,有7起涉及医院。在近年来曝光的学术造假事件中,涉及医院的也占了相当比例,其中既有国内知名的三甲医院,也有地处三、四线城市的医院。医院和医生缘何会发生论文造假?一个重要原因就在于没有树立起正确的人才评价导向。治病救人是医生的天职，看病既是医生的第一要务，也是其主要职责。因此，无论是职称评审、职务晋升还是评优评先、鼓励奖励，都应该把医术、医德和实际贡献作为最重要的考核指标。但在实际操作中，相关主管部门和医院却把论文当作"硬杠杠""金标准"；在考核评比中，存在"做一百台手术不如发一篇论文"的怪现象。想方设法发论文成为医院的导向，使许多医生苦不堪言。

营造风清气正的科研环境，导向至关重要。为此，中办、国办2018年印发《关于深化项目评审、人才评价、机构评估改革的意见》，其中提出坚持分类评价的原则，两年来取得了良好效果。以医院为例，一线临床医务人员，评价标准不妨多考虑临床服务工作量、手术量等情况，论文、课题要求可以相对低一些；对于科研岗位人员，则可以侧重考虑研究成果是否推动相关行业技术进步等。如果不顾实际情况一刀切，一味要求医生搞科研，并把发论文与评价考核进行捆绑，无异于本末倒置。其他高校科研院所也同样如此，对人才的评价要坚持尊重规律、问题导向、分类评价、客观公正的原则，切实克服"四唯"倾向，突出对成果质量、实际贡献和专业实践能力的考察。

源远则流长，根深则叶茂。科技创新，源泉在于人才，关键在于导向。遏制学术造假、维护科研诚信，一方面需要主管部门和相关单位继续保持"零容忍"的态势，言出必行、令行禁止，另一方面也要通过深化科研评价体系改革，引导广大科研人员聚焦主业、守正创新，在解决科学问题和实际问题上动脑筋、下功夫，让科技创新成果源源不断涌现出来。

（2020年09月25日）

把科学种子播种到孩子心中

王 挺

> 少年强则科技强，科技强则中国强。激发青少年科学兴趣，培养科技后备人才，是不断增强国家科技竞争力的基础

主题为"决胜全面小康、践行科技为民"的 2020 年全国科普日活动，9 月 19 日至 25 日在全国各地集中开展。数以万计的科普活动，通过线上线下相结合的方式，向社会公众尤其是青少年集中展示中国科技成就，弘扬科学精神，普及科学知识，推动全社会形成讲科学、爱科学、学科学、用科学的良好风尚。

习近平总书记在科学家座谈会上强调，好奇心是人的天性，对科学兴趣的引导和培养要从娃娃抓起，使他们更多了解科学知识，掌握科学方法，形成一大批具备科学家潜质的青少年群体。落实这一重要指示要求，需要面向青少年开展科学普及，大力弘扬科学家精神，培育一代有理想、敢担当、勇创新的新人。自 2004 年以来，中国科协每年都会组织一系列贴近实际、贴近生活的科普活动，积极开展"大手拉小手"科普教育活动，用科学家的创新大手拉起稚嫩小手，把科学种子播种到孩子们的心中，取得了很好的社会效果。

少年强则科技强，科技强则中国强。激发青少年科学兴趣，培养科技后备人才，是不断增强国家科技竞争力的基础。研究表明，小学高年

级是科学素质提升最快的时期，青少年时期正是科技人才成长的关键期。培养孩子们认识、热爱科学的兴趣和志向，需要把教育摆在更加重要位置，全面提高教育质量，注重培养学生创新意识和创新能力。特别是在基础教育阶段，应推动科普深度有机融入教育，推进校内外科学教育融合发展，提升科学教育水平，让科学更有吸引力，让学习生动有效。

培养未来科技创新人才大军，需要加强价值引领，传承科学家精神。教育引导广大青少年以爱国精神和创新精神为重点，秉持国家利益和人民利益至上，继承和发扬老一辈科学家胸怀祖国、服务人民的优秀品质，弘扬"两弹一星"精神，从小树立科学报国的远大志向，主动肩负起历史重任，把自己的人生追求融入建设社会主义现代化国家的伟大事业中去。实现这一目标，需要科学家在投身科技创新的同时，大力开展科学普及，讲述科学故事，弘扬科学家精神，给孩子们的梦想插上科学的翅膀。

在青少年中弘扬科学精神、倡导科学方法，需要将科学精神贯穿于中小学育人全链条、全方位、全过程。全面落实科学课程标准，提高教师科学素质和科学教育意识，深化教学方式改革，将求真务实、理性质疑、开拓创新等科学精神融入课堂与教学，培养青少年创造性思辨的能力、严格求证的方法，不迷信学术权威，不盲从既有学说。引导青少年敢于大胆假设和猜想，认真求证，不断试验。广泛开展科技节，科学营，科学阅读，科技小论文、小发明、小制作等科学教育活动。推进家庭科学教育，引导家长培养学龄前儿童的科学好奇心和想象力。将科技实践纳入中小学综合素质评价，开展未成年人科学素质监测评估，培养青少年创新能力和实践能力。

习近平总书记强调，科技创新、科学普及是实现创新发展的两翼，要把科学普及放在与科技创新同等重要的位置。通过科学普及，让科学家精神成为孩子们培养正确人生观、科学观的重要营养，推动青少年科学素质快速提升，做新时代科学文明的建设者、实践者，才能更好为建设世界科技强国、实现中华民族伟大复兴夯实人才基础。

（作者为中国科普研究所所长、中国科普作家协会副理事长）

（2020 年 09 月 24 日）

从讲政治的高度抓落实

李广春

> 再好的政策不落实也是一纸空文，再好的决策不贯彻也难以取得实效
>
> 讲政治关键看担当作为，贯彻落实党中央决策部署，不仅要看干了什么，更要看干成了什么，是否实现了制定政策时的目标

讲政治不能纸上谈兵、空喊口号，而是要落实到党和国家各项工作中去。不久前，习近平总书记主持召开中央财经委员会第八次会议。会议指出，做到"两个维护"关键要体现在行动上，要增强宗旨意识，树立正确政绩观，从讲政治的高度抓落实。这要求广大干部把讲政治转化为干事创业的动力，把党中央各项决策部署落到实处。

再好的政策不落实也是一纸空文，再好的决策不贯彻也难以取得实效。现实中，有些工作落实不到位，不排除有一些客观因素影响，但更多的还是主观认识不到位，并没有从讲政治的高度抓落实。看一位领导干部是不是讲政治，能不能做到"两个维护"，不能只看材料，而是要看能不能从讲政治的高度抓落实，能不能动真碰硬、敢抓敢管，能不能解难题、开新局。对各级领导干部而言，要表态更要表率，要挂帅更要出征，把宗旨意识体现在真抓实干中，把正确政绩观贯穿在干事创业里，真正让党中央的决策部署落地生根、落地见效。

抓落实重在实效，关键看有没有实现制定政策时的目标。讲政治关键看担当作为，贯彻落实党中央决策部署，不仅要看干了什么，更要看干成了什么，是否实现了制定政策时的目标。比如说，在新冠肺炎疫情防控常态化背景下，统筹推进疫情防控和经济社会发展工作，衡量各地的落实成效，就要看疫情防控效果、复工复产复市情况等具体目标。把制定政策时的目标作为标尺，衡量落实成效就有了实际、具体、可操作的指标。抓落实时常思工作为什么、目标是什么，就能真正发扬钉钉子精神，把各项政策落细落小落实。

抓落实，还要把党中央作出的重大决策部署及时转化为具体政策和法规，加强部门间协调配合，增强战略一致性。从横向来看，我国幅员辽阔，各地情况千差万别，这就需要地方党委和政府在党中央决策部署的框架下因地制宜把大政方针转化为顶用管用实用的政策，并根据实际运行情况适时调整。从纵向来看，各个部门都有专业领域、职能分工，而党中央作出的重大决策部署则往往关乎全局，涉及各个不同的部门，这就需要各个部门能够打破藩篱，更好实现协调配合，形成全国一盘棋、共同抓落实的良好局面。

抓落实，更要设立工作台账，及时对账，完善评估机制，抓好重大决策部署落实情况的督促检查。抓落实是一个系统工程，既要有制度上的顶层设计，也要有务实的具体操作、有效的工作机制。设立工作台账，一项一项核对，逐条逐条落实，才能防止落空、避免走形变样；完善评估机制，采取第三方客观评估、群众代表现场评价、上级机关抽查评议等方式，才能杜绝自说自话、闭门造车；抓好重大决策落实情况的督促检查，才能为抓落实提供制度保障。

今年是全面建成小康社会目标实现之年、是全面打赢脱贫攻坚战收官之年，叠加疫情影响，各项工作任务更重、挑战更大。在这样的背景下，要完成既定目标，抓落实的意义显得更加重要。各级领导干部都能从讲政治的高度抓落实，真正把党中央各项决策部署落到实处，就能为经济社会发展提供坚实支撑。

（2020 年 09 月 23 日）

绘就更加壮美的丰收画卷

朱隽

> 克服不利影响，农业稳产、农民增收，离不开农业现代化建设和抗风险能力的全面提升
>
> 我国的粮食生产从"有没有"向"好不好"的转变愈加明显，从"旧动能"向"新动能"的转换日益加速，从"积累量"向"提升质"的跨越渐入佳境

又是一年秋分时，又是一个丰收节。在第三个"中国农民丰收节"到来之际，习近平总书记代表党中央，向全国广大农民和工作在"三农"战线上的同志们致以节日的祝贺和诚挚的慰问。习近平总书记强调："各级党委和政府要切实落实好党中央关于'三农'工作的大政方针和工作部署，在全社会形成关注农业、关心农村、关爱农民的浓厚氛围，让乡亲们的日子越过越红火。"

金秋时节，东北的大豆由青变黄，江南的稻穗愈发饱满，华北的苹果熟了，西北的牛羊壮了……大地用收获来回馈农民一年辛苦的劳作，丰收的喜悦洋溢在亿万农民的脸上。金秋收获时刻，我们再次迎来中国农民丰收节，在这个礼赞丰收的节日里，和亿万农民一道共庆丰年，共享五谷丰登的美好。

"洪范八政，食为政首。"丰收节里谈丰收，首先就要谈粮食。习近

人民时评

平总书记强调,"确保国家粮食安全,把中国人的饭碗牢牢端在自己手中。"对我们这样一个有着14亿人口的大国来说,保障国家粮食安全是实现经济发展、社会稳定、国家安全的重要基础,手中有粮、心中不慌在任何时候都是真理。可喜的是,今年我国夏粮产量再创历史新高,实现"十七连丰";早稻产量扭转了连续7年下滑的态势。作为全年粮食生产的大头,秋粮播种面积增加,作物长势良好。粮食连年丰收,农业根基稳了,为全面建成小康社会奠定了坚实基础。

丰收节里谈丰收,深感今年的好收成来之不易。今年以来,我国的粮食生产连续经历了干旱、"倒春寒"、病虫害、洪涝、台风等多个关口。克服不利影响,农业稳产、农民增收,离不开农业现代化建设和抗风险能力的全面提升。立足抗灾夺丰收,我们迈过了一个又一个沟坎,战胜了一个又一个挑战。特别是面对新冠肺炎疫情全球大流行,一些国家限制粮食出口,国际农产品市场发生剧烈波动,我国粮食等重要农产品依然保持供给充裕、价格稳定,真正做到了"任凭风浪起,我有压舱石"。牢牢稳住粮食安全这块压舱石,我们面对各种风险挑战时才能更加无惧,应对起来才能更加从容。

连年丰收体现着粮食生产的政策支持体系越来越完善。重农固本是安民之基、治国之要。近年来,支持"三农"的政策体系不断完善,政策供给不断加强。农业补贴主要支持耕地地力保护和粮食产能提升,农机购置补贴重点向粮食作物倾斜,对小麦、水稻继续实行最低收购价政策,对玉米、大豆实行生产者补贴,对产粮大县实施奖励政策。这不仅有力推动形成了全社会关注农业、关心农村、关爱农民的浓厚氛围,也大幅提升了我国粮食供给保障水平和综合生产能力。

春种秋收,天道酬勤。丰收节里谈丰收,深感连年丰收离不开广大种粮人的努力和奋斗,要向千千万万的农民致敬。在我国这样一个农业文明源远流长的农业大国里,正是有了千千万万农民的辛勤耕耘,才让全国人民吃饱饭、吃好饭,才创造了以占世界9%的耕地、6.4%的淡水资源,养育了世界近1/5人口的奇迹。未来,要立足实现乡村全面振兴,培育新型职业农民,大力弘扬中华农耕文明,彰显乡村价值,增强农民的荣誉感、自豪感,全面汇聚起推进乡村振兴的强大合力。

习近平总书记强调，要抓住实施乡村振兴战略的重大机遇，坚持农业农村优先发展，夯实农业基础地位，深化农村改革。当前，农业快步迈向高质量发展。我国的粮食生产从"有没有"向"好不好"的转变愈加明显，从"旧动能"向"新动能"的转换日益加速，从"积累量"向"提升质"的跨越渐入佳境，这幅壮美的丰收画卷越来越斑斓多彩，成色越来越足。

（2020年09月22日）

统筹推进现代流通体系建设

吴秋余

现代流通体系既是国内大循环的基础骨架,也是国内国际双循环必须借助的市场接口

唯有以改革思维和改革办法加快打通流通体系堵点,才能让国内循环和国际循环更加顺畅,让中国经济巨轮行稳致远

每小时,超过 10 亿元商品在互联网上成交;每天,超过 2 亿件快递在各地穿梭。不断跳动的数字背后,是现代流通体系带给中国经济的强大活力。

前不久召开的中央财经委员会第八次会议上,习近平总书记强调,流通体系在国民经济中发挥着基础性作用,构建新发展格局,必须把建设现代流通体系作为一项重要战略任务来抓。这为统筹推进现代流通体系建设指明了努力方向,吹响了加快建设现代流通体系的号角。

在社会再生产过程中,流通效率和生产效率同等重要,是提高国民经济总体运行效率的重要方面。物畅其流,货通天下,是经济发展繁荣的标志。当前,构建以国内大循环为主体、国内国际双循环相互促进的新发展格局,尤其需要高效的现代流通体系作为支撑。一方面,14 亿人口的庞大市场、4 亿中等收入群体的强大购买力,所带来的人流、物流、

资金流是巨大的。唯有建设高效的现代流通体系，才能在更大范围把生产和消费联系起来，扩大交易范围，推动分工深化，提高生产效率，促进财富创造。另一方面，使国内市场和国际市场更好联通，也要求建设更广范围、更深领域、更高效率的国际流通"大动脉"。可以说，现代流通体系既是国内大循环的基础骨架，也是国内国际双循环必须借助的市场接口。

近年来，我国流通体系建设取得明显进展，国家骨干流通网络逐步健全，流通领域新业态新模式不断涌现，全国统一大市场加快建设，商品和要素流通制度环境显著改善。目前，我国高速公路、高速铁路里程双双位居世界第一。但也要看到，我国流通体系现代化程度仍然不高，还存在一些堵点亟待打通。从思想上的"重生产轻流通、重制造轻服务"，到制度上的区域壁垒、政策障碍、准入门槛，再到运行中的成本高、效率低、环节多，只有打通这些堵点、补齐相关短板，才能建设现代流通体系，让新发展格局血脉更畅通。

建设现代流通体系，需要夯实"硬基础"。经过多年发展，我国物流费用占GDP比重不断下降，但仍高于世界平均水平。据测算，社会物流总费用占GDP比重降低一个百分点，就可节约7500亿元，可以有效拉动消费，促进国内大循环和国内国际双循环。因此，在流通体系硬件建设上，要加快形成内外联通、安全高效的物流网络。特别是在畅通"大动脉"的同时，也要下功夫疏通"毛细血管"，打通"最后一公里"。当前，数字经济在我国蓬勃发展，数字经济既依靠线下的流通体系，也可以为建设现代流通体系插上智能翅膀。实现流通体系数字化，有利于打通"大动脉"，畅通"微循环"。

建设现代流通体系，还要优化"软环境"。实现大范围的供需匹配，需要加快完善国内统一大市场，形成供需互促、产销并进的良性循环，塑造市场化、法治化、国际化营商环境，强化竞争政策作用。这就要进一步打破区域间产品和要素流动的藩篱，保障各类市场主体公平获得要素资源、市场准入和产权保护；还要通过社会信用体系建设，加快建设重要产品追溯体系，降低流通环节中的交易成本，给市场交易带来稳定预期和信心，提高交易效率，促进经济循环。

> 人民时评 ------------------------- 人民日报评论年编 2020

　　推动高质量发展，构建新发展格局，离不开现代流通体系的基础性作用。唯有以改革思维和改革办法加快打通流通体系堵点，才能让国内循环和国际循环更加顺畅，让中国经济巨轮行稳致远。

（2020 年 09 月 21 日）

为弘扬正气提供法治保障

白 龙

> 进一步明确正当防卫制度的适用规则,向社会传递"邪不压正"的司法立场,体现了中国司法朝着"努力让人民群众在每一个司法案件中都能感受到公平正义"的方向不断迈进
>
> 指导意见要求认定正当防卫"不能苛求防卫人",在司法理念上是一个很大的进步

当人们遭遇不法侵害时,不敢采取防卫措施,或者正当防卫后面临不利后果怎么办?不久前,最高人民法院、最高人民检察院、公安部出台关于依法适用正当防卫制度的指导意见,为公民依法行使正当防卫权利"撑腰",为弘扬见义勇为的社会正气提供法治保障。

正当防卫权是我国刑法的一项重要制度。其立法本意,是为了使国家、公共利益、本人或他人的人身、财产和其他权利免受正在进行的不法侵害,赋予公民采取制止行为的权利。自施行以来,这一制度总体上取得了良好的法律效果和社会效果,但在有些案件中也存在把握过严甚至严重失当等问题,引发关注。此次指导意见的出台,有助于准确理解和把握正当防卫的法律规定和立法精神,对于符合正当防卫成立条件的,坚决依法认定,从而切实矫正"谁能闹谁有理""谁受伤谁有理"等错误倾向,让司法有力量、有是非、有温度。

近年来，一些涉正当防卫案件之所以引发广泛关注和热议，一个重要原因就在于，这些案件既关乎法律，也关乎人之常情、世之常理；关于这些案件的审理和判决，往往牵动人们心中关于公平正义的直观感受。将法律的专业判断与民众的朴素认知融合起来，以严谨的法理彰显司法的理性，以公认的情理展示司法的良知，才能更好回应人民群众对公平正义的更高期待。进一步明确正当防卫制度的适用规则，向社会传递"邪不压正"的司法立场，体现了中国司法朝着"努力让人民群众在每一个司法案件中都能感受到公平正义"的方向不断迈进。

具体而言，指导意见从总体要求、具体适用和工作要求三大方面，用22个条文，对依法准确适用正当防卫制度作出了较为全面系统的规定。其中一个重要规定，就是"应当立足防卫人在防卫时所处情境，按照社会公众的一般认知，依法作出合乎情理的判断，不能苛求防卫人"。这一规定，将有效纠正以往司法实践中，对正当防卫的认定标准过严、对防卫人的"退避义务"要求过高等问题，体现了司法的关怀和法律的温度。对办案人员而言，要在吃透法律精神、依照法治框架的前提下，作出合乎法理、事理、情理的准确判断，确保案件处理符合社会公平正义观念。

指导意见要求认定正当防卫"不能苛求防卫人"，在司法理念上是一个很大的进步。正如法谚所说：正当防卫的适法性及不可罚性，其基础来自于一般人本性的感情。源远流长的中华法系，也包含着丰富的被现代法律称为"正当防卫"的内容。指导意见的贯彻落实，意味着在刑法的威严目光中，也能透显出法律对人性的关怀、对人在危急处境中的体谅，以及对"法不能向不法让步"理念的坚定捍卫。

习近平总书记强调，让全社会充满正气、正义。在当前司法实践中，在法治框架内为正当防卫提供保障，对鼓励见义勇为、弘扬社会主义核心价值观十分必要。相关规定的出台，是对社会关切的积极回应，必将更好擦亮与不法行为作斗争的法律武器，推动全社会养成见义勇为的浩然正气。

（2020年09月17日）

坚守极限运动的安全底线

何 娟

近年来,瀑降、翼装飞行、攀岩、跑酷等极限运动项目吸引了不少爱好者。然而,极限运动一再暴露出安全风险,引发关注。

极限运动的快速发展有着深层次的经济和社会心理因素。一方面,"世之奇伟、瑰怪,非常之观,常在于险远",从千尺瀑布到高空跳台,从幽暗深海到辽阔天空,人们渴望亲近自然,在户外的广阔天地中超越自我、挑战极限。另一方面,经济社会的快速发展和生活水平的提高,为人们参与极限运动提供了物质基础。与此同时,快节奏、丰富多彩的现代生活,提高了人们的感觉阈值,也促使人们不断探索未知、挑战"不可能"。

极限运动的观赏性、娱乐性较强,具有产业化、商业化的基础。从1999年第一届全国极限运动大赛成功举办,到攀岩成为天津全运会19个群众项目之一,再到各类极限公园、极限运动场地陆续建成开放……极限运动逐渐向多元化、赛事化、商业化方向发展,成为涵盖装备售卖、教学培训、场地运营、赛事运作、商业演出等项目的新兴产业,拥有广阔的市场前景。

然而,随着极限运动升温,一些衍生问题亟待引起重视,其背后的安全风险更不容忽视。极限运动是科学性、专业性极强的运动项目,从场馆的建设、保护措施的设计到参与者的操作,哪个环节处置不当,乃至天气等自然条件的细微变化，都可能造成安全隐患。在极限运动所出现的意外事件中，有的参与者遭受了身心损害甚至失去宝贵生命。究其原因，既是因为部分参与者安全意识不足、规则意识淡薄，也是因为一些经营项目存在设计不合理、保护措施不到位、缺乏有效监管等问题。

参与极限运动需要慎之又慎，不能逞匹夫之勇；应当量力而行，避免意气之争。为了展现勇气铤而走险，为了张扬个性无视规则，或是心存侥幸贸然行事，不仅是对个人生命安全的不负责任，还可能扰乱公共秩序、破坏生态环境，绝非极限运动的正确打开方式。除了勇气和决心，极限运动更需要专业与技巧。即便是优秀的极限运动者，也必须敬畏生命、尊重规则、防范风险，为挑战做好充分准备。超越自我、挑战极限，要在合理合法的范围内实现，以不损害公共利益、不危害生命安全为基本前提。了解运动风险并做好科学防范，选择正规渠道参与，无疑是从事极限运动的前提。

避免探险变冒险，还须多方携手，合力织就安全网。今天，一些极限运动场景向城市转变，相关模式也由个人行为向商业行为转变。在这种背景下，场馆建设方、运营方、监管机构等都应各负其责，从场馆建设、项目设计运营、资质审核、监督管理等各个环节着手，严守安全防线。推动行业朝着规范发展的方向前行，也离不开法律法规的健全完善。为极限运动划定可为与不可为的界限，进一步明确风险责任、救援责任等的认定，有利于为解决相关问题提供法律依据，也有助于强化尊重规则、敬畏生命的价值取向。惟其如此，才能推动极限运动在健康轨道上良性发展、走得更远。

不是每一次冒险都能最终化险为夷，极限运动的风险不应以生命为代价来警示。管控安全风险、科学挑战极限，才能体验运动乐趣，感受真正的精彩。

（2020 年 09 月 15 日）

以垃圾分类助力农村人居环境改善

马明阳

垃圾分类，利国利民。习近平总书记指出："实行垃圾分类，关系广大人民群众生活环境，关系节约使用资源，也是社会文明水平的一个重要体现。"自 2019 年起，全国地级及以上城市全面启动生活垃圾分类工作，垃圾分类投放正逐步成为居民的"新时尚"。

今天，随着公共文明水平不断提升、绿色环保理念日益深入人心，许多人在日常生活中自觉参与垃圾分类工作。在全社会共同努力下，无论在城市还是在乡村，居民的生活环境正变得越来越清洁美丽。"中国要美农村必须美"。农村生活垃圾治理是美丽乡村建设和农村生态文明建设的一项基础性工程，也是实施乡村振兴战略的重要内容。近年来，不少乡村实现了令人欣喜的转变：从无人统筹、各自为政转为规范有序管理，从垃圾四处可见转为村貌风景如画。

也应看到，相较于一些城市垃圾分类取得的明显成效，农村地区的生活垃圾治理工作还亟待持续加强。在一些地区，卫生状况、垃圾清理工作还不能令人满意，一些地方农用塑料薄膜被随意丢弃，不仅影响人居环境，也对生态环境和村民健康构成威胁。

破解垃圾治理难题，推进垃圾分类是关键。相较于城市，农村垃圾成分复杂、量多分散、随意堆放且收运困难，相关基础设施不完善，农村居民的垃圾分类意识也不强。《乡村振兴战略规划（2018—2022 年）》

明确提出:"推进农村生活垃圾治理,建立健全符合农村实际、方式多样的生活垃圾收运处置体系,有条件的地区推行垃圾就地分类和资源化利用。"在农村垃圾处理过程中,忽视垃圾分类、"二次污染"等问题还不同程度地存在,应当引起进一步重视。因地制宜、多措并举,才能切实推动农村垃圾分类工作取得更多实效。

做好垃圾分类,有赖于每一个人树立理念、落实行动。"从每家每户开始就要培养垃圾分类的意识,养成这个习惯。"不妨在明确分类标准的基础上,运用口诀、歌谣等生动形式,推行记得住、易操作的方法,激发村民分类处理垃圾的主动性。应拓宽融资引资渠道,引入社会资本,合理筹措垃圾分类处理资金,建设完善垃圾分类处理设施。也应重视技术支撑,引入环保企业产业化运营,综合运用太阳能生物集成技术、气化熔融处理技术、垃圾衍生燃料法等,逐步提高农村生活垃圾的分类处理率、资源化利用率、无害化处理率,使垃圾资源化。还应加强基层治理创新、强化制度保障,补齐农村垃圾分类处理的监管短板,用制度推进垃圾分类简便化、参与全民化、管理长效化。

全面小康不仅意味着物质上的富足,也包括优美宜居的生态环境、绿色文明的生活方式。不久前,住房和城乡建设部公布了2020年农村生活垃圾分类和资源化利用示范县名单。再接再厉、见贤思齐,吸取其他地方有益经验,以垃圾分类为抓手切实推进农村人居环境持续改善,我们就一定能让农村生活更加美好,为"青山常在、绿水长流、空气常新"的美丽中国写下生动注脚。

(2020年09月14日)

让快递服务更好惠及群众

李思辉

鼠标轻轻一点,快递准时送达。如今,高速发展的快递业与日益增长的线上交易相结合,给生活带来极大便利。国家邮政局发布的相关报告显示,2019年我国快递业从业人员超过300万。但在迅猛发展的过程中,快递行业也暴露出一些问题,例如包裹遗失、信息泄露、额外收费等,影响群众消费体验。

前不久,警方破获的一起网络贩卖快递单号案件,两名犯罪嫌疑人在两年的时间里,贩卖的快递单号竟然高达6亿条之多。所贩卖的快递单号,并没有实际的发货包裹,但却能查到物流信息,这些单号有的被用来进行网络诈骗,有的则被用来进行网络赌博的洗钱活动。快递"空包"可能成为新型犯罪工具,有关部门应高度重视,及时有力予以整治。

加强对"空包"快递的治理,既包括针对贩卖快递单号、从事违法犯罪活动的行为,发现一起打击一起;也包括追究连带责任,推动快递企业敬畏规则、恪守底线、规范经营。在网络贩卖快递单号案件中,"这些'空包'单都出自正规的快递公司"。从下单、揽件,到寄送、签收,大量"空包"在整个流通环节顺畅空转,相关快递企业很难说毫不知情、毫无责任。打击快递"空包"违法犯罪,应当从源头上规范电商平台和快递公司的经营行为。

近年来,快递行业的发展得益于市场需求增加,也受益于政策红利。

去年，国家邮政局印发《关于支持民营快递企业发展的指导意见》，提出4项工作措施，旨在更好地服务民营快递企业发展，激发民营经济创新活力，推进行业高质量发展。与此同时，市场越是发展，越离不开及时高效的监管。根据实际情况，相关部门采取约谈、警告、罚款乃至吊销资质、追究责任人法律责任等手段，才能对不法行为形成有力震慑，切实保障消费者的合法权益，维护行业的良性运行。

如何更好补短板、促进快递业健康发展，是一道治理考题。从快递延误、丢失、损毁导致的纠纷，到收寄实名制存在漏洞、个人信息泄露令人担忧，再到出现快递"空包"等新情况新问题……快递行业亟待进一步规范发展，及时解决苗头性问题。治理的方向是一致的：保障快递安全，维护用户利益。面对日新月异的快递物流行业，应当树立动态治理理念，提升监督管理的灵敏度，不断强化企业规范经营的自觉性。

快递业在服务经济社会发展和便利群众生活方面，日益发挥着重要作用。数据显示，2019年我国快递业务量和业务收入分别完成630亿件和7450亿元，快递业务量连续6年稳居世界第一。在巨大的快递业务量中，出现问题的快递运单只是极少数。我们既要理性看待有关问题、祛除积弊，也要对企业整改到位、规范经营保持信心。加强对行业问题的治理，目的在于推动行业高质量发展，让连接城乡、覆盖全国、通达世界的快递服务网络更好惠及亿万群众。

（2020年09月11日）

守护城市历史文化的根与魂

赵展慧

将历史文化遗产保护纳入城市的整体发展战略,摸清底数、规划先行,推动城市更新与保护融合发展

在城市更新过程中,如何处理新与旧、拆与留、改与建的关系,是一个重要课题。不破坏地形地貌、不拆除历史遗存、不砍老树……不久前,住房和城乡建设部办公厅印发通知,要求在城市更新改造中切实加强历史文化保护,坚决制止破坏行为。

习近平总书记强调:"一个城市的历史遗迹、文化古迹、人文底蕴,是城市生命的一部分。"历史文化以各种方式保留在城市肌体里,沉淀为独特的记忆和标识,例如北京的胡同、上海的石库门、福建福州的骑楼,等等。以真实的历史文化遗产为载体,城市的文脉才能得到有效传承。在推进城市更新的实践中,强化"保护"的理念,切实守护好城市历史文化,既是在呵护城市底蕴,也有助于广大市民坚定文化自信、增强家国情怀。

党的十八大以来,以习近平同志为核心的党中央高度重视文化传承和遗产保护,推动历史文化名城名镇保护实践取得重大进展。截至目前,国务院公布了134座国家历史文化名城,全国划定历史文化街区895片,确定历史建筑3.68万处。同时,相关法律法规不断完善。我国基本形成

了以文物保护法、城乡规划法、非物质文化遗产保护法、历史文化名城名镇名村保护条例、文物保护法实施条例等为骨干的历史文化保护法律法规体系。

新形势下，城市更新理念应与时俱进。比如，上海虹口区春阳里、黄浦区承兴里、普陀区金城里均确定为保护保留的风貌街坊，小里弄、石库门和老弄堂等特色建筑被原汁原味地修旧如旧。改造后的历史文化遗产得以持续活化利用，并融入城市功能。福建厦门鼓浪屿历史文化街区利用历史建筑建设唱片博物馆，广东广州通过建设历史文化步道串联散落的历史遗存，浙江杭州利用老工业园区和工业建筑发展文化创意产业……一些创新探索，为城市更新打开了新的维度。

更新与保护，也应相辅相成，让历史文化与现代生活交相辉映。今天，越来越多的城市认识到历史文化遗产的价值，但更应看到，历史街区的人也是活态文化的一部分。人的活动附着人文魅力，是体现城市历史文化传承的关键要素。如果搬空居民、打造景区，则会让历史文化遗产失去活力。西藏拉萨市坚持 20 多年持续整治八廓街环境，提升基础设施和公共服务设施水平，实现"保护古城、改善民生"双赢；北京杨梅竹斜街等一些保护模式比较成熟的历史文化街区，开始布局让居民、社区和社会力量共同参与的区域更新。事实证明，在加强保护的前提下，完全可以让历史文化遗产更好融入百姓生活。

城市历史文化遗产是不可再生的宝贵资源。在城市更新过程中处理好发展与保护的关系，必须将历史文化遗产保护纳入城市的整体发展战略，摸清底数、规划先行，推动城市更新与保护融合发展。与此同时，强化监管、狠抓落实、及时问责，对破坏城市历史文化遗产的行为依法予以惩处。在保护中更新、在更新中更好保护，才能保留城市历史文化记忆，让城市生活更美好。

（2020 年 09 月 11 日）

守教育报国初心 担筑梦育人使命

赵婀娜

  广大教师在疫情防控的第一线，在知识传播的第一线，坚守岗位、奉献担当，也为国家发展和民族未来播撒种子、积淀力量

  守教育报国初心、担筑梦育人使命，就能更好点亮孩子的未来、有力托举民族的复兴

  "希望广大教师不忘立德树人初心，牢记为党育人、为国育才使命，积极探索新时代教育教学方法，不断提升教书育人本领，为培养德智体美劳全面发展的社会主义建设者和接班人作出新的更大贡献。"在第三十六个教师节到来之际，习近平总书记代表党中央，向全国广大教师和教育工作者致以节日的祝贺和诚挚的慰问。

  哪里有书声琅琅，哪里就有信心与希望。在新冠肺炎疫情最严峻的时刻，广大教师在疫情防控的第一线，在知识传播的第一线，坚守岗位、奉献担当，也为国家发展和民族未来播撒种子、积淀力量。不久前，2020年全国教书育人楷模名单公布，多位在抗击疫情中做出卓越贡献的人民教师名列其中。他们之中，有在抗击疫情期间，通过中国教育电视台《同上一堂课·直播课堂》向全国小学生直播全学科课程，确保学生"停课不停学"的清华附小校长窦桂梅；有80多岁高龄仍冲锋在抗击疫

情最前线的广州医科大学教授钟南山;有指导中医药全过程介入新冠肺炎救治,为疫情防控做出重大贡献的天津中医药大学校长张伯礼……在与病毒殊死搏斗的奉献中,以言传身教育人;在线上平台跨越空间阻隔为学生上课的坚守中,以智慧和勇气育人,新时代教师群体身上展现着无私的奉献精神和崇高的人格境界。

在这份楷模名单中,还有许多在乡村默默坚守、默默奉献的一线教师。陕西省咸阳市旬邑县马兰齐心九年制寄宿学校教师丁海燕,扎根山区,用爱心引导山区孩子健康成长;安徽省宿州市埇桥区汴河中心小学教师孙浩,师范院校毕业后,回到儿时母校,几十年如一日守护乡村教育麦田;山东省潍坊商业学校教师魏亚丽,学成后留校任教,坚守职业教育一线27年,为学生提供个性化教育,用热情和奉献成就学生职业梦想……他们用青春、奉献、坚守,为大山里的孩子带去成长成才、改变命运的机会,在脱贫攻坚的战场,阻断贫困代际传递、以知识托举希望。

党的十八大以来,特别是2018年《中共中央国务院关于全面深化新时代教师队伍建设改革的意见》印发以来,乡村教师队伍建设日益加强,教师队伍结构趋于科学合理,大批优秀人才到乡村任教、支教,大批高校优秀退休教师主动赴西部高校支援、奉献余热;教师综合改革效果显著,中国特色教师教育体系初步形成,教师培训体系日趋完善,职业院校"双师型"教师队伍建设稳步推进;新时代师德师风建设长效机制日益健全,教师管理制度改革深入推进,教师的荣誉感、获得感与幸福感不断增强。

习近平总书记强调:"今天的学生就是未来实现中华民族伟大复兴中国梦的主力军,广大教师就是打造这支中华民族'梦之队'的筑梦人。"今年是落实"十三五"规划与国家中长期教育改革和发展规划纲要的收官之年,也是谋划"十四五"时期教师队伍建设取得更大发展的关键之年。继续强化师德师风建设,培育全社会尊师重教的良好风尚;实施高水平教师教育提升计划,造就一大批卓越教师;突破教师管理制度瓶颈,推进教师治理体系现代化;精准实施系列中西部项目,补强教师队伍短板;切实提高教师地位待遇,提升职业荣誉感……一系列工作仍将直面挑战、踏实前行,让一批又一批好老师不断涌现。

"一个肩膀挑着学生的未来,一个肩膀挑着民族的未来"。形成"优秀人才争相从教、教师人人尽展其才、好老师不断涌现的良好局面",培养更多优秀教师,守教育报国初心、担筑梦育人使命,就能更好点亮孩子的未来、有力托举民族的复兴!

(2020年09月10日)

以科学素养支撑健康体魄

李红梅

减肥的最终目的是健康，有健康才能美，绝不能以牺牲健康为代价

"长达 6 小时饱腹感""一餐丢掉 700 卡""富含蛋白、膳食纤维素"……最近，一些代餐奶茶、代餐奶昔、代餐粉等代餐减肥产品在网上走红。它们打着"快速""营养""好喝"等口号，受到不少减肥人士的青睐。

代餐减肥理念并不新鲜。在医学上，一些特定疾病的患者，需要营养科室专门制定饮食方案，配合药物、手术等治疗手段，共同控制疾病。比如对于糖尿病患者，医生会要求其制定饮食方案，记录每日食谱，以防止血糖过高或过低。如今，人们的饮食结构、生活方式、生活环境都在发生变化，高脂、高糖、高热量的食物吃得多，运动消耗却不足。热量摄入多、消耗少，多余热量就会转变成脂肪，于是，不少人体重超标，"三高"疾病随之而来。受临床医学理念启发的代餐食品，在一定程度上既可免于再加工、直接入口，又能有助于减肥，较为符合快节奏的生活，因此受到热捧。

然而，减肥不可能单靠一瓶瓶的代餐奶茶、奶昔。科学减肥是在保证合理营养成分、基础代谢的情况下，减掉多余脂肪。人体必需的营养

素有40余种，来自于多种食物。根据中国营养学会的推荐，每个成年人平均每天应摄入12种以上食物，每周25种以上。其中，碳水化合物占55%—65%，脂肪占20%—30%，蛋白质占10%—15%。代餐食品以碳水化合物为主，所含的营养成分是不全面的。假如长时间单独食用代餐食品，很可能造成营养不良，引发相关疾病。从人体每天所需的能量来看，一餐减掉几百卡的热量，对每天需要1800—2200卡能量进行基础代谢的成年人来说，长期能量过少会对心脏等器官功能造成影响。对于一些已患有基础疾病的人来说，更不能轻易尝试。

代餐食品可以吃，但要搭配其他食物，做到营养充足、保持正常代谢，确保减肥不减健康。减少热量摄入是一方面，建立良好的运动、生活习惯也很重要。"管住嘴，迈开腿"，保持吃动平衡，量出为入控制能量，才能在保持代谢和营养的前提下，成功减掉多余脂肪。比如，每坐1小时起来活动10分钟，每天坚持6000步，每周保持2—3次适量运动，每次中等强度运动半小时以上。饮食方面，保持食物多样性，少油、少盐、少糖，吃七分饱。可以多选用全谷物、杂豆类食物，因为与精制谷物相比，全谷物及杂豆类可提供更多的B族维生素、矿物质、膳食纤维等营养成分及有益健康的植物化合物，且全谷物、薯类和杂豆的血糖生成指数远低于精制米面。此外，保持规律作息、情绪稳定有利于控制体重。以科学素养为基础的减肥行动，才有助于支撑起我们的健康体魄。

大量事实表明，减肥没有捷径可走，需要长期坚持，无法一蹴而就。努力改变饮食、运动等生活方式，才是最根本、最有效的方法。现在，很多爱美人士加入减肥队伍，为了瘦而美下狠心减肥，但减肥的最终目的是健康，有健康才能美，绝不能以牺牲健康为代价。行动起来，坚持控制体重、科学减肥，我们才能远离多余脂肪的困扰，拥有健康的体魄。

（2020年09月09日）

在新学期更加重视"体教融合"

程聚新

在体育与教育之间搭建通道,助力孩子完成成长这场长跑,还需学校、家庭和社会共同携手、务实努力

最近,中小学迎来开学季。新学期体育课该怎么上,成为不少家长关心的问题。前不久,教育部就今年全国两会《关于出台刚性措施强化青少年体育教育的提案》做出答复,从保证锻炼时间、丰富活动形式、完善保障措施、健全考核机制等方面,对青少年体育教育工作进行说明。这组提案与答复,回应了公众关切,有利于加强青少年体育教育,增强青少年体质健康。

"德智体美劳",体育向来是教育体系中不可或缺的一环。新中国成立以来,我国体育教育事业取得长足进步,成绩斐然。值得一提的是,2007年,全国亿万青少年学生阳光体育运动启动,"每天锻炼一小时,健康工作五十年,幸福生活一辈子"广泛传播。党的十八大以来,习近平总书记牵挂少年儿童的身心健康,叮嘱少年儿童要注意加强体育锻炼,家庭、学校、社会都要为少年儿童增强体魄创造条件,让他们像小树那样健康成长,长大后成为建设祖国的栋梁之材。

少年强中国强,体育强中国强。习近平总书记强调:"要树立健康第一的教育理念,开齐开足体育课,帮助学生在体育锻炼中享受乐趣、增

强体质、健全人格、锤炼意志。"今年4月,中央全面深化改革委员会第十三次会议审议通过《关于深化体教融合促进青少年健康发展的意见》。此次教育部对提案进行答复,提出"确保学生每天锻炼1小时,严禁挤占体育课和学生校园体育活动时间"。加强青少年体育、增强青少年体质,提高体育教育的权重、弘扬体育教育的价值,是新时期提高人才培养水平的必然要求。

事实上,许多孩子成为"小眼镜""小胖墩",一个重要原因就在于缺乏体育锻炼。一些地方的校园体育,往往"说起来重要,做起来次要,忙起来不要",存在课程课时不足、活动组织滞后、场地设施短缺、师资力量薄弱等问题。体育与教育,在一定程度上尚未真正有机融合。

体育之于成长的价值,在于让孩子学会如何在规则约束下赢,也学会如何正确得体地面对输,更在于通过掌握技能、养成习惯、提高意识的体育终身教育,全面发展体质、才智和意志并将之融合为一体,加深对生活的理解和对生命的热爱。在体育与教育之间搭建通道,助力孩子完成成长这场长跑,还需学校、家庭和社会共同携手、务实努力,既夯实硬件的"基石",也填平认知的"洼地"。帮助孩子提高参与体育运动、接受体育终身教育的意识和能力,有益于他们更好健康成长。

现代奥林匹克将体育视为生活哲学,历代教育工作者将体育视为人格培育。读书之于心灵、运动之于身体,教育对于人的影响,往往伴随终生。新学期开启之际给予体育课格外关注,其实也寄托着人们的期待:面向未来,孩子们都能拥有更多运动场地,都能拥有强健体魄。

(2020年09月08日)

让中小学竞赛释放更多正能量

张 烁

规范竞赛活动管理，用好白名单制度，才能让中小学生的兴趣爱好复归其位，帮助一株株新苗茁壮成长

前不久，教育部公布2020至2021学年面向中小学生的全国性竞赛活动名单：中国青少年机器人竞赛、全国青少年无人机大赛等35项竞赛列入其中。这也意味着，对于不在名单上的全国竞赛，地方各级教育行政部门、各中小学校、各类教育机构均不得组织承办。

中小学生需不需要竞赛？答案是肯定的。组织竞赛的初衷在于给学有余力的学生设置"跑道"，让人才在你追我赶中冒出来。竞赛可以成为开展素质教育的抓手，也有利于不拘一格选人才。但曾几何时，各类名目的全国性竞赛过多过滥。有的偏重经济利益，巧立名目乱收费；有的与升学择校相挂钩，给学生和家长带来负担；有的成了指挥棒，导致超前学习、偏难怪题成风，干扰了正常的教育教学秩序。此次教育部公布的白名单，无疑具有鲜明的现实针对性，必将助力竞赛回归育人初衷。

据了解，该白名单将每年动态调整一次。去年白名单首次公布后，一些传统"杯赛"应声而倒，打着竞赛旗号设置的各种辅导班被釜底抽薪。与此同时，教育主管部门着力使竞赛与升学脱钩，2018年起全面取消体育特长生、中学生学科奥林匹克竞赛、科技类竞赛、省级优秀学生、

思想政治品德有突出事迹等全国性高考加分项目。同年，教育部《关于面向中小学生的全国性竞赛活动管理办法（试行）》明确规定，"竞赛以及竞赛产生的结果不作为中小学招生入学的依据"。将竞赛与升学分离，切实减轻了学生的学业负担，回应了家长的教育关切，也有助于学校营造风清气正的育人环境。面向未来，应进一步完善机制、加强落实，真正用好白名单制度。

用好这一制度，既要管在明处，也要防到暗处。目前，不少显性加分已取消。按照规定，在竞赛中产生的文件、证书、奖章显著位置，要标注"不作为中小学招生入学依据"等字样。但手握证书，无疑会增加入学择校砝码，对于评优评先、出国申请等都意味着"加分项"。从严监管，突出育人导向，才能避免隐形加分损害教育公平。

用好这一制度，既要管好结果，也要管住过程。据报道，个别竞赛出现小学生家长过度参与等现象，使得科研项目蒙混过关，凸显了赛事监管的缺位。与此同时，还须严防暗收费、乱收费。"零收费"是对白名单上所有竞赛的要求，主办方、承办方不得向学生、学校收取成本费、工本费、活动费、报名费、食宿费和其他各种名目的费用。必须防止一些机构暗度陈仓，通过面向参赛者开展培训或变相推销资料等收取费用牟利。

规范竞赛活动管理，不是一朝一夕的事，必须常抓不懈。用好白名单制度，才能让中小学生的兴趣爱好复归其位，帮助一株株新苗茁壮成长。

（2020年09月07日）

研究生教育关键在高质量

赵婀娜

> 提升研究生培养质量是一个系统工程,需要各培养单位切实将发展重点聚焦到提高人才培养质量与内涵发展上来

从世界高等教育发展格局来看,研究生教育水平是衡量一所大学、一个国家教育发展水平的重要指标。深化研究生培养模式改革、提升研究生培养质量,是当前我国广大研究生培养单位面临的重要任务。

不久前,多所高校陆续清退未在最长学习年限内完成学业的超期研究生,引发社会关注。这样的举措,传递出鲜明信号:我国高等教育正在强化研究生培养质量评价、提升高层次创新人才培养水平,推动研究生教育格局性、深层次变革。

没有强大的研究生教育,就没有强大的国家创新体系。研究生教育作为国民教育体系的顶端,是培养高层次人才和释放人才红利的主要途径,是国家人才竞争和科技竞争的重要支柱,是实施创新驱动发展战略和建设创新型国家的核心要素,是科技第一生产力、人才第一资源、创新第一动力的重要结合点。当前,全球范围内科技创新呈现出前所未有的发展态势,知识创新速度加快,科技变革加剧,高端人才在经济增长和科技创新中的作用进一步凸显,教育与人才竞争日趋激烈,很多国家把研究生教育作为培养和吸引优秀人才的重要途径。实施创新驱动发展

战略，必须以高素质人才构建新的竞争优势。提升人才培养质量，既是国家所需，也是时代所需。

当前，我国研究生培养规模不断扩大，今年预计突破 300 万。研究生培养质量已事关学校人才培养的整体质量，事关学校的办学活力和水平，事关学校与学科的声誉。对于以广大高校为主体的培养单位来说，大力改进培养模式，健全质量监督体系，推动人才培养迈向新高度，才能切实承担起高校的责任和使命。

对学生个人来说，接受研究生教育意味着在本科教育阶段之后，再投入一段宝贵的时间学习深造，以进一步提升学术水平与职业能力。这是为未来学术科研与职业发展夯实基础的关键一程。恪守学校人才培养规范、遵守相关制度体系、珍视学习机会，全身心投入学习、研究，才是对自己负责任的态度，不辜负宝贵的教育资源。

提升研究生培养质量是一个系统工程，需要各培养单位切实将发展重点聚焦到提高人才培养质量与内涵发展上来。一方面，强化寓教于研、激励创新。遵循研究生教育规律，把促进研究生成才成长作为出发点和落脚点，以学生为主体，以教师为主导，激发研究生从事科学研究和实践创新的积极性、主动性。另一方面，加强分类改革、积极创新机制。建立研究生教育主动适应经济社会发展需求的自主调节机制、以质量为导向的评价机制和资源配置机制；根据不同层次、不同类型研究生培养要求，分类改革选拔方式和培养模式，激发各培养单位的主动性与创造性，形成主动创新、特色发展的办学机制。

前不久召开的全国研究生教育会议，吹响了全面推进新时代研究生教育改革创新的号角。相关部门应做好指导引导督导工作，加大投入力度，形成有利于研究生教育高质量发展的政策环境。研究生培养单位惟有用心谋划、加强落实，增强改革措施的针对性、实效性，才能不断提升人才培养质量，为我国研究生教育发展注入新动能。

（2020 年 09 月 04 日）

不失时机推动工业绿色发展

韩 鑫

前不久,工业和信息化部公布过去5年我国工业绿色发展成绩单,一项项数据十分亮眼。2016年至2019年,规模以上企业单位工业增加值能耗累计下降超过15%,相当于节能4.8亿吨标准煤,节约能源成本约4000亿元,同期,单位工业增加值二氧化碳排放量累计下降18%……经过不懈努力,我国制造业不仅为生态环境改善和能源资源节约作出积极贡献,更蹚出了一条破解资源环境瓶颈约束的绿色发展之路,实现了经济效益和环境效益的双赢。

在全球范围内,发展绿色经济已是大势所趋。工业是实体经济的主要载体,实现绿色发展意义重大。从供给侧看,经济发展中不平衡不充分的结构性矛盾,症结在工业、难点在工业、突破点也在工业。当前,以钢铁、水泥等为主的传统高耗能行业在工业中的占比仍然较高,但其对经济的拉动效应正逐渐减弱,只有将先进的绿色工艺技术、管理理念注入传统产业,建立低耗高产的制造体系,才能使之焕发新的活力。从需求侧看,满足人们不断增长的对绿色安全等高品质产品的消费需求,同样离不开工业体系绿色发展水平的提升。大力推动工业绿色发展,才能补上供给能力不足的短板。

近年来,为引导工业绿色发展,我国不断完善相关配套政策,助推工业企业绿色转型驶入快车道,绿色产品供给能力大幅提升。据统计,

"十三五"期间，全国提前出清1.4亿吨"地条钢"产能，为产业转型升级腾出新空间；累计推广绿色产品近2万种，拉动了绿色消费增长。但总体上看，我国工业低水平产能过剩问题仍然突出，产业创新能力有待进一步提高。如今，资源能源利用效率、绿色制造水平已成为衡量国家制造业竞争力重要因素，在这种背景下，加快制造业绿色转型时不我待，必须着力挖掘绿色增长潜能，培育制造业竞争新优势。

推动工业绿色发展，要转变观念，辩证看待发展与绿色的关系。对企业来说，设置一条约束能耗、控污减排的红线，可能会在短期内影响经济效益，尤其今年受新冠肺炎疫情影响，一些工业企业开工率不足，工业增加值增速放缓甚至出现负增长。但以发展的眼光看，全面推行绿色制造，加快转变增长模式，才能为企业开辟新的增长点。例如，投资节能减排设备，长远来看能为企业降低生产成本；上马循环经济项目、变废为宝，可以创造新的市场机遇；践行绿色发展理念，有助于提升企业的品牌价值。贯彻新发展理念，坚持绿色发展方式，工业企业才能在市场竞争中站得稳、行得远。

推动工业绿色发展，要产业联动，借助产业链和工业园区形成合力。应当看到，我国工业绿色转型虽已取得一定成效，但仍处在爬坡过坎的关键阶段，犹如逆水行舟，不进则退。巩固绿色发展成效，挖掘绿色增长空间，不能靠单打独斗，必须协同互助、共同推进。纵向看，龙头企业率先实现绿色转型，有利于带动上下游企业加快绿色发展步伐，推动整个产业链绿色协同发展。横向看，工业园区应充分发挥责任主体作用，管理与服务并重，让绿色制造以园区为轴心向四周辐射。

绿色发展是构建现代化经济体系的必然要求，是解决污染问题的根本之策。回顾过去5年，我国工业绿色发展成效显著，有力支撑了经济可持续发展和生态文明建设。面向未来，仍需保持定力、久久为功，加快绿色发展步伐，为工业企业转型升级提供坚实的创新支撑与资源保障。

（2020年09月03日）

谨防"移石造景"成形象工程

张 焱

如今，无论在大厦前、广场上，还是公园里、景区中，"移石造景"随处可见。这一源于古代园林营造的石景艺术，为现代城市景观增添了新的意趣，也涵养着民众的审美情趣。然而，有媒体调查发现，有的地方在城乡建设中热衷花重金"移石造景"，所用景石大多由政府采购，价格畸高，有的一块石头数万元，高的逾百万元。这类工程同时还助推一些地方在河道无序取石，在山中乱采滥挖，破坏生态环境。

为求巨石、名石不惜公帑，自古便备受争议，现代社会更不可取。

对于地方政府而言，城市建设应当坚持以人民为中心的发展思想，把"补短板、惠民生"作为重点。将有限的财力优先用于民生改善，是题中应有之义。即使经济发展水平达到一定阶段，财政支出规模允许在民生所需之外进行适当的景观营造，也要考量当地发展现状和财政实际，量力而行；更要遵循城市发展规律和相关规定，进行景观规划、设计、选材和施工，决不能任由一些干部靠拍脑袋决策，以一己审美胡乱指挥。过去，"大树进城""移水造景"的教训，应当记取。

这些年来，中央和国家有关部门多次发文对城市建设领域出现的形式主义、官僚主义等不良倾向进行规范。比如2018年，住建部下发《关于在城市建设中切实防止形象工程政绩工程的通知》，明确提出严禁"挖湖堆山造景"，严禁脱离实际搞"面子工程"，过度"美化"城市出入口；

新修订的《中国共产党纪律处分条例》增加了对搞劳民伤财的"形象工程""政绩工程"等损害群众利益行为的处分规定。城市景观营造的决策者需要对表对标，莫要越雷池一步。

尤需警惕的是，"形象工程"的背后往往潜藏着"腐败工程"。大树、古树进城也好，移石造景也罢，往往造成相关树木石头的市场价格混乱和资源错配，除了破坏原生生态环境以外，还败坏了当地的政治生态，在政府采购过程中容易滋生腐败。对城市景观建设中贪大求怪的畸形审美所暴露出的独断决策、违规违纪等行为，有关部门应按照党纪国法予以纠查。

正如专家所说，城市绿化和生态景观建设，要遵循"尊重自然、因地制宜、减少人为干预、节约资源"等原则，不宜上马建设成本高、实际作用小，甚至破坏环境的景观工程。近年来，很多城市在财政允许的范围内，从民生需要的轻重缓急排序、城市历史风貌和地方特色入手，营造出丰富多彩的城市景观，既改善了城市生态环境，又塑造了城市形象与气质，丰富了人民群众的业余文化生活。这样的造景，岂不美哉。

（2020年09月02日）

对"自动续费"要加强监管

陈 城

你"被自动续费"了吗？有媒体报道称，许多手机 APP 推出的会员包月、包年服务套餐，暗藏"自动续费"的消费陷阱。2019 年，央视曾对 50 款热门付费软件做过一项调查，发现七成以上都有自动续费的功能，并且不少 APP 都涉嫌忽悠用户自动续费。APP 自动续费的现象亟待规范。

随着移动互联网融入大众生活的方方面面，诸多场景都需要用到各种手机 APP。由于市场竞争激烈，广大商家也就适时推出了各种付费会员服务，来吸引和绑定消费者使用。通常，商家会设置新用户优惠价或首月优惠价，而这样的优惠往往和自动续费关联在一起，容易造成消费者的冲动消费，一不小心就会掉入商家的诱导陷阱。

自动续费功能方便长期消费者享受相应服务，但部分商家却把它当成一种获取更多收益的策略。许多 APP 会员服务开通，商家都会默认设置成勾选连续包月、自动续费服务；而消费者若要使用优惠价格开通会员，则自动续费是必须选项。虽然这些自动续费服务能够被消费者手动设置取消，但部分消费者会忘记取消。会员服务收费看似不多，但积少成多就是不小的数目。

利益当前，也就不奇怪一些商家在会员服务环节，设置诸多"门槛"来让消费者"交学费"。事实上，类似的现象还有不少。此前，媒体就曾报道过一些在线旅游平台存在购买机票、火车票以及预订酒店时，默认

勾选各类保险、各种优惠券的搭售行为，消费者在不注意的情况下，往往就容易多付钱购买自己并不需要的服务。

电子商务法明确规定，电子商务经营者搭售商品或者服务，应当以显著方式提请消费者注意，不得将搭售商品或者服务作为默认同意的选项；消费者权益保护法也要求，商家对于格式条款要尽到说明和提示义务。法律既有规定，为何一些商家还抱着侥幸心理为消费者埋下消费陷阱？一个原因在于当前治理强度和惩治力度，难以让商家"却步"；另一个原因在于商家看似尽到了相应义务，实际上则通过人为设置繁琐步骤、故意使用小字号提示等手段，给消费者制造知情或者退出障碍。对此，相关监管部门应加大监管和处罚力度，维护市场公平正义。

这些自动续费套路看似精明，实则是自作聪明。无论从商业伦理上看，还是从法律角度来说，这一做法既破坏了诚信经营的原则，也侵犯了用户的合法利益。在市场竞争日益激烈的今天，任何无视消费者利益的举动，最终都要付出代价。目前，已有多款手机APP整改取消了自动续费默认勾选，并设置提醒功能。也就是说，对于同类APP，消费者可以"用脚投票"。这也提醒商家，不保障消费者合法权益，就会遭到市场淘汰。

（2020年09月01日）

执行垃圾分类考验精细治理能力

石 羚

以前"一个筐",现在"四个桶";过去"减源头",而今"再利用";曾经"嫌麻烦",时下"好习惯"……今年以来,北京、苏州、武汉等多个城市加入到执行垃圾分类的行列中来,深圳、长沙、海口等城市也即将施行相关法规。根据住房和城乡建设部等部门规划,今年年底,46个重点城市应基本建成垃圾分类处理系统。时间紧迫,任务繁重,各地需要加劲冲刺,为垃圾分类工作交上合格的阶段性答卷。

时下,垃圾分类已在多地落地生根。北京实施生活垃圾管理条例仅三个月,取得厨余垃圾分出量显著提升、执法检查问题率下降等成果;上海垃圾分类达标率一年来从15%提高到90%;南宁生活垃圾分类工作已覆盖居民逾100万户……从效果来看,垃圾分类正在成为居民生活的新风尚。也要看到,我国生活垃圾分类收集、运输、焚烧、填埋系统仍不完善,一些地方在推广垃圾分类时出现一刀切、走形式的情况,给居民生活带来不便。狭窄胡同如何设置垃圾收集点?定时定点投放垃圾如何照顾上班族需求?大型小区撤桶并点如何避免居民"多跑腿"?这些具体而微的小事,影响着政策的执行效果,关系到群众的满意程度,更考验着精细化治理的能力。

垃圾分类旨在节约资源、变废为宝,不能只注重形式,甚至"为分类而分类"。面对推广垃圾分类过程中群众可能出现的不理解、不配合,

相关工作人员要在工作方法上动脑筋。例如，为解决厨余垃圾破袋投放容易弄脏手的问题，有的小区用上了全自动破袋智能机器人，有的小区加装了便民洗手池，在完成垃圾分类的同时让市民省心舒心。另一方面，要在工作态度上下功夫。尤其在实行垃圾分类初期，不能只堵不疏、以罚代管，而要看到知识普及的重要，理解居民生活的惯性，多一分耐心、多一些引导，帮助群众逐步实现"要我分类"到"我要分类"的转变。

对于垃圾分类，也有人担心：前面分类做好了，后面运输是否会被混装到一起。客观来说，一些城市分类运输设施配备不足，存在垃圾"先分后混"的问题。这从侧面说明：分类只是垃圾处理这一系统性工程的前端环节，外运不及时、处理能力不足等其他环节的问题都将制约着垃圾分类的效果。近日，国家发改委等部门联合印发《城镇生活垃圾分类和处理设施补短板强弱项实施方案》，要求具备条件的地级以上城市在2023年基本建成分类投放、分类收集、分类运输、分类处理的生活垃圾分类处理系统，正是为了在垃圾处理全链条上有机衔接、补齐短板。

做好垃圾分类工作，更重要的是做好"源头治理"。从个人响应"光盘行动"，到相关企业减少提供一次性用品，再到相关部门制定包装材料的绿色标准，各方携手在垃圾产生的源头做减法，必将减轻垃圾分类压力，起到事半功倍的效果。无论是垃圾分类还是垃圾减量，都需要人们形成绿色生活理念、养成绿色生活习惯。可以通过创新宣传方式，制定激励机制，多措并举引导人们优化生活方式，让越来越多人自觉加入到垃圾全过程分类、减量的行列中来。

改变生活方式是一个渐进过程，垃圾分类也必将是一场"持久战"。只有循序渐进、持之以恒，才能让垃圾分类意识越来越明确，垃圾治理之路越走越通畅，开启更加美好的绿色生活。

（2020年08月31日）

打开"政务上链"应用场景

喻思南

数字政务是推动公共服务和社会治理精细化、智能化的重要载体。近一段时间以来,包括北京、河北、湖南、贵州等地陆续发布规划,积极推动区块链应用到政务系统中。"政务上链"有助于数字政务更上层楼,各地敢于尝试新技术的做法值得肯定。

近些年,随着"互联网+"应用的深入推广,我国数字政务服务能力显著提升。然而出于安全、隐私等因素考虑,一些地方的数字政务仍然存在孤岛现象。比如,虽然不少政务大厅"搬"上了网络平台,但数据往往缺乏互联互通,由于没有统一接口,事项上网不同步,在办理不同业务时,人们需反复认证,下载五花八门的平台软件。此外,一些业务的部分关键环节依赖线下,群众跑腿还是省不了。解决这些堵点,人们将目光瞄向了区块链去中心化、不可篡改、可追溯等特点。"政务上链"既能保障数据流通的安全,消除共享的顾虑,还能搭建多方参与的信任网络,充当信任中介,可以更好释放政务数据潜能。从这点看,区块链进一步促进了互联网与政务的深度融合,为数字政务再上台阶提供了新的解决方案。

当前,政务区块链已经涵盖了数字身份、电子存证、电子票据、产权登记、工商注册等多个场景。比如,在北京,140个政务服务上了链,不少服务只需"最多跑一次";在深圳,区块链电子证照应用平台,已经

整合了100多项高频政务服务事项。新冠肺炎疫情防控期间，政务区块链更是在企业申请复工复产中发挥着重要作用。"区块链+政务"擦出的火花，在给人们提供便利的同时，也向全社会展示了其广阔的应用前景。

尽管有一些落地应用，但"政务上链"总体上处于试点阶段。首先，区块链应用场景较为复杂，自身还需解决系统稳定、应用安全等技术难题。政务服务群体大、涉及面广，考虑成本、安全等因素，现阶段只有可供多方共享的高价值数据才有上链价值。这就要求，一方面，突破关键技术，提升区块链的性能、效率，以及安全性和经济性；另一方面，深入理解政务场景，找到上链的真正需求。毕竟，政务上链不等于政绩上链，而应解决切实的政务服务痛点。此外，区块链安全风险的研究和分析不容忽视，引导和推动区块链开发者、平台运营者加强自律、落实安全责任，同样必不可少。

更重要的是，政务区块链要发挥作用，跨部门、跨领域的连通依旧是关键。当前，"政务上链"处于快速发展期，规范和引导相对滞后。一些政务区块链，如果局限于某一环节，没有根据业务流程形成闭环服务，不仅将带来新的"数据孤岛"，还可能造成重复建设和资源浪费。上链不是把政务服务简单搬上去，而需畅通应用环节，推动政务区块链落在实处。因此，有必要加强区块链政务应用的顶层设计，管理部门、企业等参与者通力合作，建设统一的技术标准。

我国在区块链领域拥有良好基础，场景较为丰富，某些应用走向试点，难免遇到一些新情况、新问题。正视政务区块链的应用难点，寻找务实对策，我们有望探索出一条与数字经济时代相适应的治理新模式。相关领导干部也应了解区块链等新技术的现状和趋势，及时更新相关知识，不断提高治理能力，以实际行动建设好服务型政府。

（2020年08月28日）

为乡村振兴培养更多人才

徐驭尧

> 推动乡村振兴战略，需要善经营的"农创客"、懂技术的"田秀才"

乡村振兴，关键在人。如今，机械化农业、绿色农业、休闲农业、农村电商等如雨后春笋般纷纷涌现；机器人摘黄瓜、云端放养管理、智慧农业大数据平台等"互联网+"的农业应用层出不穷，强化乡村振兴人才支撑显得更为紧迫。如何为各类"新农人"大展才华创造有利条件，如何充分发挥返乡人才的能动性，成为各地推动乡村振兴战略的重要课题。

前不久，一则"土专家"获评正高职称的新闻引人瞩目。在浙江省农业厅发布的农业正高级职称评审结果中，有4人为职业农民。不唯学历资历、不唯论文奖项，"土专家"评上正高关键在于"过硬的农业理论知识和生产实践的经验"。对他们来说，有了职称托底，在课题申报、农业科学研究等方面"底气"更足，将有更多资源"把论文写在大地上"。浙江此举，是对中办国办印发的《关于深化职称制度改革的意见》的贯彻落实，为培养农业人才、让职业农民有奔头提供了新路径。

乡村振兴是一篇大文章，需要各类人才来书写。推动乡村振兴战略实施，我们既需要科技人才、管理人才的培养，也需要能工巧匠、乡土

艺术家的挖掘;既需要有号召力的带头人、有行动力的追梦人,也需要善经营的"农创客"、懂技术的"田秀才"。唯有积极推动农村人才评价机制变革,破除唯学历、唯资历、唯论文、唯奖项倾向,才能广开进贤之路,广纳天下英才,让土生土长的乡土人才、四面八方的下乡人才留得安心,发展更有信心。

乡村人才振兴,既要识才、引才,亦要懂才、爱才。如今,新产业、新业态不断涌现,所能培养的人才也越发丰富多元。论文、学历当然是评价人才的重要标准,但一把尺子量不出更多的维度。在城市,既然电商主播可以作为特殊人才落户上海,快递员在杭州可以被认定为高层次人才,那么在农村,也需要树立实践导向的人才评价体系,为新型人才提供更好的条件和发展空间,最大程度地焕发乡村振兴的潜力。

今天,农业生产的专业性更强。曾经"面朝黄土背朝天"的农民在发生改变,农业人才也值得更体面优渥的待遇。就在今年,浙江省杭州市余杭区农业农村局发布公告称,辖内农村面向全国聘请农村职业经理人,绩效奖励最高可达百万元。当前,无论是党中央国务院营造的政策激励环境,还是许多农村和产业求贤若渴的引才行动,都在为农业人才提供更宽广的发展路径,让这个古老的传统行业焕发更浓厚的吸引力。只有用宽厚包容、人尽其才的环境,用蒸蒸日上、大有可为的前程,坚定他们扎根农村的毅力,才能聚起乡村振兴所需的各种资源要素,搭建起更大的事业平台。

千泉汇聚,大河滔滔;百花齐放,春色满园。实现中华民族伟大复兴,人才越多越好,本事越大越好。让农业成为有奔头的产业,让农民成为有吸引力的职业,让农村成为安居乐业的家园,乡村振兴之路必将越走越宽广。

(2020年08月27日)

擦亮"地标产品"的金字招牌

常 钦

前不久,欧盟理事会作出决定,授权正式签署中欧地理标志协定。安吉白茶、赣南脐橙、山西老陈醋、郫县豆瓣……来自27个省区市100个地理标志产品拿到进入欧洲市场更为便利的"入场券",一大批优质农产品将摆上欧洲消费者餐桌。这表明,品质、品牌正成为我国农产品赢得国际市场的"敲门砖"。

地理标志农产品是农产品闯市场的"金字招牌"。我国幅员辽阔、资源丰富、文化多样,地理标志产品非常丰富,相关产值已经超过1万亿元,是不少地方发展区域特色经济、实施精准脱贫的途径之一。截至6月底,我国累计批准地理标志产品2385个,累计注册地理标志商标5682件。纵观增长曲线,地理标志数量稳步提升,市场主体数量持续增加、规模逐步扩大。

应该看到,地理标志农产品是推动质量兴农战略的一个缩影。我国不仅用不到世界9%的耕地养活了世界近20%人口,而且百姓餐桌越来越丰富,品质越来越优良。观察身边的农贸市场、超市货架,很多蔬果、蛋奶都打上了"绿色""有机""地标产品"等标识。放眼全国,一大批生产有记录、流向可追踪、信息可查询、质量可追溯的优质农产品正满足城乡居民多层次、个性化的消费需求,不断提升农业综合效益和竞争力。这些积极成果,离不开政府对安全优质农产品公共品牌"两品一标"

（绿色食品、有机农产品和地理标志农产品）的推动建设。

目前，我国以政府为引导、市场为主导的地理标志农产品培育保护技术体系、人才体系、工作体系初步形成。2019年《政府工作报告》提出实施地理标志农产品保护工程，当年就支持210个地理标志农产品发展，带动780万农户增收150多亿元，共支持80个国家级贫困县特色产业发展。通过工程实施，推动农产品按标准组织产业化生产，努力实现投入品减量化、生产清洁化、废弃物资源化、产业模式生态化，建设一批绿色粮仓、绿色果（菜）园、绿色牧（渔）场，很多农产品"长"出了二维码，手机一扫，种植单位、采摘包装日期等信息一目了然。这背后是一整套现代化种植生产体系的支撑：合作社、家庭农场规模化生产，质量有标准、种植有规范、加工有流程，标准高效取代了简单粗放。

有了标准化，还要有"身价"。地标品牌是连接田间和餐桌的桥梁，也是助推农业转型升级、提质增效的持久动力。比如，市面上，普通大米三四元一斤，万昌大米十几元一斤不愁卖；宁夏盐池县的滩羊肉外销价格平均每公斤近200元，养殖户只均增收达到300元以上，乡亲们尝到了创品牌的甜头。然而，应该看到，不少地方农产品依然存在优质不优价现象。加快推进品牌强农，就要进一步挖掘和提升优质农产品的价值，强化加工包装、储藏保鲜、电商服务等建设，补齐线下冷链、物流设施短板，拓展线上销售渠道。只有这样，才能更好带动小农户有效对接大市场，增强农民开拓市场、获取利润的能力，更多分享品牌溢价收益，确保好产品卖出好价钱。

农产品做优了就是公信力，做细了就是吸引力，做强了就是竞争力。质量兴农、品牌强农是一项系统工程，需长期坚持，久久为功。不光要靠市场营销，也要靠政府推动，握指成拳，带动企业增效、农民增收，实现社会效益、生态效益、经济效益同步提升，方能更好推动农业发展质量变革、效率变革、动力变革。

（2020年08月26日）

迈向现代化铁路强国

楠 溪

建设现代化铁路强国，是满足美好出行需要的重要举措，也是实施创新战略的重要支撑，更是实现高质量发展的重要动力。迈向新时代交通强国的目标，铁路事业发展动力将更足

再过 15 年，中国铁路将是怎样的面貌？

20 万公里的钢铁巨龙绵延交错，北接白山黑水，南连椰林琼岛，西越雪山荒漠，东临万顷碧波，将 20 万以上人口的城市逐一串联，织就世界上最繁忙的铁路运输网；

7 万公里的世界最大高铁网，拥有"超级大脑"的"复兴号"，使相邻城市群及省会间 3 小时通达，城市群内主要城市间 2 小时通连，都市圈内 1 小时通勤，打造世界上最便捷的高铁出行圈；

3 万吨重载列车"多拉快跑"，400 公里时速高铁持续引领，智慧车站提供无感安检、智能引导、无障碍出行……

前不久公布的《新时代交通强国铁路先行规划纲要》，将普通中国人的出行梦想汇聚为现代化铁路强国的辉煌蓝图。根据新蓝图，到 2035 年，我国将率先建成服务安全优质、保障坚强有力、实力国际领先的现代化铁路强国。我们将率先建成现代化铁路网，全国铁路网 20 万公里左右，其中高铁 7 万公里左右，20 万人口以上城市实现铁路覆盖，50 万人口以

上城市高铁通达。

建设现代化铁路强国，是满足美好出行需要的重要举措。1952年，新中国第一条铁路成渝铁路通车时，重庆菜园坝火车站人头攒动、旌旗招展，"我们要和时间赛跑"的歌声振聋发聩。2008年，中国第一条高速铁路京津城际开通时，乘客已经可以像风一样"贴地飞行"……可以说，人们对便捷出行的美好愿望，无时无刻不在鞭策铁路建设前进的步伐。特别是近些年来，生产发展了，城乡居民收入水平提高了，人们更期盼一张织得更密更安全的现代化铁路网，提供更高效率、更高品质、更好保障的铁路服务，增强出行的获得感、幸福感和安全感。

建设现代化铁路强国，也是实施创新战略的重要支撑。铁路投资额大、产业链长、辐射面广、带动性强，不仅对"六稳""六保"具有重要意义，更是中国制造转型升级的重要引擎。以2009年的数据为例，铁路每完成工程投资1000亿元，就可创造100万个就业岗位，消费钢材300多万吨、水泥2000万吨，直接带来0.25个百分点的经济拉动效应。而开发新一代智能高铁也将带动新材料、大数据、人工智能等前沿领域的研发，拉动机械、冶金、电力、信息、计算机、精密仪器等产业的升级，撬动万亿元级的大市场，激发"中国制造"向"中国创造"蜕变的新动能。

建设现代化铁路强国，更是实现高质量发展的重要动力。铁路是国土开发、促进区域城乡协调发展的重要基础设施，更能显著提升沿线地区经济发展的吸引力和辐射力。在江西上饶四十八镇，高铁开通仅一年，当地就新增农家乐20余家，乡村旅游从业者增至4000余人，年人均增收3000余元；在上海，高铁虹桥枢纽和长三角高铁网，推动虹桥商务区核心区入驻企业从2015年约600家增长到2018年超3000家，集聚效应与辐射效应明显。铁路尤其是高铁联成网，不仅成为老少边穷地区脱贫致富的发动机，更是在区域协调发展中发挥枢纽带动作用。

今天，我们比历史上任何时候都更有底气有能力实现铁路强国的目标。党的十八大以来，我国铁路建设投资持续高位运行，我国已建成世界上最现代化的铁路网和最发达的高铁网，铁路旅客周转量、货运量、

R 人民时评

货物周转量、换算周转量多年稳居世界第一。坐拥雄厚的家底,乘着"两新一重"的东风,把握新一轮科技浪潮和产业革命契机,迈向新时代交通强国的目标,铁路事业发展动力将更足。

（2020 年 08 月 24 日）

研学游,更要"研学优"

管璇悦

每年暑假,研学游都会迎来旺季。背上行囊,结伴去看看,已经成为许多孩子的假期标配,而各类博物馆、科技馆、美术馆是非常受欢迎的目的地。不过最近,上海一家博物馆的声明引发了关注。声明表示,大量企业在馆内办有偿研学游等活动,许多活动团体在馆期间不遵守博物馆参观规范和公共场所文明规范,极大影响了展厅秩序和文物安全。

博物馆是公益性文化场馆,肩负教育科普的职能。近年来,从更加智慧、精美的策展,到办起科普讲座、提升互动体验,博物馆不断升级的服务举措,都旨在让历史文化触手可及,走向更广阔的人群。走进博物馆享受这些免费服务无可非议,但一些机构却将其包装成研学游的噱头,在各平台上进行有偿销售,甚至冒用博物馆的名义误导参与者,客观上挤占了有限的公共资源。

感到闹心的还有博物馆里的观众。对动辄几十人的研学团而言,组织管理好孩子,培养他们的参观礼仪,是非常重要的教育环节。然而,不少研学团不遵守参观秩序,有的团队"讲师"嗓门很高,形成不良示范;有的还放任孩子们喧哗吵闹,甚至堵塞安全通道。这不但影响了其他观众的参观体验,甚至有可能造成安全隐患。

更让人担忧的是,一些研学游传递的知识不严谨、不准确、不科学。以博物馆为例,每个展陈侧重不同主题,每件文物都是沉淀的知识。可有的研学游设计随心所欲，讲解同样毫无章法，有时还会因为自身储备不足，或者追求好玩有趣，出现误解乃至曲解的情况。家长花费高价，孩子求知若渴，换来的却是错误的知识。如此研学游不仅误人子弟，还造成公共文化资源的浪费。

实践是最好的老师，到大千世界、草木深处研学游，探访印于书本、讲于课堂之外的鲜活故事，大大丰富了学生们的生活经验。近年来，正因叠加了研究性学习和实践性体验，研学游日渐升温，市场蛋糕越做越大，衍生出户外跋涉、乡村农耕、传统文化等多样的主题与形式。然而，火热背后，问题也不少：组织者、承办方五花八门，一些机构并不具备资质；原来的旅游项目改头换面成为研学游项目，价格却翻了数倍；游中研学变成多游少学、只游不学、走马观花的"打卡"式参观……无论哪种，都背离了最初的用意，让研学游变得低效甚至无效。

其实，研学游的关键，在于平衡游和学。这离不开优质内容的开发，社会资源的支持，更需要专业人士的把关。为了促进研学游的规范发展，不少地方陆续出台相关文件，同时推出精心设计的推荐路线，满足不同需求。随着各地研学游基地、公共场馆设施与服务的不断升级完善，家门口的红色景点、非遗工坊，不远处的田间地头、绿水青山都是很有价值的"第二课堂"，能够让孩子获益匪浅。规范使用，好好利用，研学游才能"研学优"。

（2020年08月21日）

"免门票"促进旅游业转型升级

李思辉

名满天下的黄鹤楼、气势磅礴的三峡大坝、野趣盎然的神农架……"灵秀湖北"可以免票畅游了。不久前,湖北启动"与爱同行 惠游湖北"活动,全省近 400 家 A 级旅游景区对全国游客免门票开放。

大手笔"请客单"饱含湖北的绵绵深情。新冠肺炎疫情突袭荆楚,作为疫情防控主战场的湖北和武汉,一度形势严峻、处境艰难。当此之时,党中央、国务院调集各种资源和力量支持湖北;全国人民心系湖北,捐赠了大量医用物资、生活物资;340 多支援鄂医疗队、4.2 万余名医护人员白衣执甲、逆行出征,不顾生死、奋勇战疫,创造了一个个生命救援的奇迹。进入疫情防控常态化阶段,各地又纷纷对湖北发展"搭把手,拉一把"。湖北以景区免票报答帮助过自己、为自己拼过命的人,体现的是一种朴素而真诚的感恩。

于湖北而言,免门票是"涌泉之恩,滴水相报"的感恩之举;于市场而言,免门票则是激活旅游市场、激发消费潜能的重要举措。全国恢复跨省团队旅游以来,一度停摆的国内旅游业,进入全面恢复正常运营的新阶段,各地纷纷出台优惠政策。从山东 81 个国有景区集体降价,到内蒙古、贵州等地大幅度下调景区门票价格,景区减免门票,提升的是人气,带动的是周边酒店、餐饮、购物、特色演出、娱乐等全链条产业的发展。减免门票既是特殊时期的应景之举,也是旅游市场摆脱对"门票经济"的依赖，变得更加开放、更加成熟的一个契机。

随着全国疫情防控阻击战取得重大战略成果，积压的旅游需求正在不断释放，国内旅游业有望加速步入复苏通道。看去年，据中国旅游研究院《2019年旅游市场基本情况》显示，2019年中国国内旅游人数达60.06亿人次，全年实现旅游总收入6.63万亿元，表明我国境内游市场基本面厚实。看今年，受疫情影响，大量出境游需求纷纷转向境内游。未来，中国旅游市场消费潜能巨大，大有可为。在疫情防控常态化背景下，旅游主管部门、景区、企业在合理引导消费者，协力做好各环节安全保障工作的同时，还需努力探索更科学、更人性化、更具吸引力的服务新模式，持续激发消费潜力，推动旅游业加快复苏。

面对纷至沓来的游客，各地景区也将迎来服务质量的大考。景区门票减免之后，服务好坏影响着当地旅游吸引力。为了提升旅游服务竞争力，有的地方面向社会聘请监督员，推动地方旅游服务质量提升；有的开展整治行动，全面解决旅游市场存在的问题；有的加强旅游从业人员技能培训，提高游客满意度……各地多措并举，景区人气渐旺，民宿重新开张，餐馆恢复往日烟火气。事实证明，大力提升旅游供给能力和服务质量，才能让游客游得安心顺心；加快培育新产品新业态，才能让游客遇见更精彩的风景，加速旅游业从传统的观光型转向综合度假型。

危和机总是同生并存的，克服了危即是机。抓住旅游业疫后复苏的契机，革除不适应疫后重振的发展思维和模式，创新体制机制，使之更加符合市场的需求、人民的期盼，旅游业必能在危机中育新机、于变局中开新局。

（2020年08月20日）

把握充电桩建设新机遇

韩 鑫

只有管理创新、技术创新和模式创新共同驱动,让充电桩建设更快更稳更好,才能助力实现新能源汽车产业升级,推动未来交通加速到来

近年来,我国新能源汽车产业发展取得长足进步,成为引领汽车产业转型升级的重要力量。前不久,工信部有关负责人介绍,目前,我国新能源汽车产业规模全球领先,产销量连续五年居世界首位,累计推广的新能源汽车超过450万辆,占全球50%以上。新能源汽车突飞猛进的背后,充电桩建设功不可没。公开数据显示,截至今年6月底,全国各类充电桩保有量达132.2万个,过去5年,车桩比从8.8∶1迅速下降至3.1∶1。

尽管总量令人振奋,充电配套不断改善,但行业短板依旧不容忽视。从私人充电桩来看,受限于车位不足、电力负荷不足等原因,安装率偏低,目前约有31.2%的新能源汽车未能随车配建充电桩;从公共充电桩来看,燃油车占位多、市场布局不合理、故障率高等,影响着用户的充电体验。

作为新能源汽车的动力保障,充电基础设施建设一头连接着民生,关系着新能源汽车能开多远;一头联结着产业,关乎新能源汽车行业能走多好。近年来,为鼓励新能源汽车发展,配套领域政策不断完善,助推充电桩产业步入快车道,但要想迈入高质量发展阶段,化解"私桩不

够用、公桩不好用"等难题，还需以创新作动力，实现产业跃升。

在管理上下功夫，寻求创新解决之道。实现车桩相随的产业目标，还需在规模上持续发力，倘若能通过管理创新盘活存量资源，不失为有效缓解充电难的一剂良方。比如，一些地方面对老旧小区局促空间，通过挖掘现有资源，优化闲置空间，下绣花功夫进行精细管理，为新能源汽车腾挪出充电车位。解决公桩的油车占用和故障问题，也可采取加强公共停车场的人员巡逻、加大运营商定期检查的力度和频次等方式。不断探索管理创新，对于补上充电桩建设和使用短板，有效且紧要。

在技术上多发力，以新手段破解老问题。早在2015年9月，国办印发的《关于加快电动汽车充电基础设施建设的指导意见》便为我国充电桩建设划定明确路径，提出力争到2020年基本建成适度超前、车桩相随、智能高效的充电基础设施体系。事实上，借助智能化技术手段应对充电难问题正在各地落地见效。在北京，新能源汽车大数据联盟利用大数据技术分析，成功为解决"在哪建""建多少"难题提供数据支撑；在成都，一些充电桩运营商探索运用智能地锁、APP一键提醒挪车、开启超时占用费扣款功能等技术手段，让充电桩使用更为高效。用好智能技术，才能精准挖掘充电桩建设和使用的潜力。

在模式上大胆摸索，用多元举措实现共赢。无论是拓展私人充电桩的"增量"还是优化公共充电桩的"存量"，归根到底是要解决充电难问题，在着眼充电桩建设的同时，也不妨探索充电新模式。从现有实践来看，换电模式正在兴起，共享充电桩、车网互动等新模式也不断涌现，为缓解充电难拓展了新思路。

今年《政府工作报告》提出，我国将加强新型基础设施建设，增加充电桩，推广新能源汽车。乘着新基建的东风，充电桩建设正迎来新的机遇。未来充电桩建设不只是基础设施建设，还将与通信、云计算、智能电网、车联网等技术融合，加速经济社会数字化网络化进程。只有管理创新、技术创新和模式创新共同驱动，让充电桩建设更快更稳更好，才能助力实现新能源汽车产业升级，推动未来交通加速到来。

（2020年08月18日）

教育扶贫守护农村发展希望

周珊珊

> 孩子有出息,生活有希望,未来有奔头,激发了贫困户脱贫致富的精气神

今年 68 个学生参加高考,55 个考取二本以上院校;2015 年至今,考取二本以上大学生 290 人……近日,贵州省仁怀市新田村凭借学子们出色的高考成绩,受到各方关注点赞。

新田村是省级贫困村,有建档立卡贫困户 270 户 855 人,当地群众生活条件十分艰苦。如何才能改变当地群众的命运、阻断贫困代际传递?近年来,当地党委和政府聚焦教育扶贫,一方面投入 3000 万元教育资金,优化教育资源配置,大力改善办学条件;另一方面加大教育宣传力度,每年举办"感党恩·报桑梓·金秋助学"活动,张榜高考成绩,让优秀大学生进行主题演讲,动员当地群众捐资助学等形式,让"再苦也不能苦孩子,再穷也不能穷教育"理念深植当地群众的心中,为想奋力走出大山的孩子创造了教育改变命运的契机。

摆脱贫困,不仅要和物质贫困告别,更要提高人的素质、实现人的全面发展。作为"造血式"扶贫的教育扶贫,无疑是阻断贫困代际传递的根本措施。如果说发展产业、易地搬迁等方法能有效帮助贫困群众打通摆脱贫困的道路,那么教育扶贫则更像是点亮了通向美好未来的路灯,

人民时评

照亮了无数家庭实现梦想的征途。贫困地区的儿童，有的背布包爬几十里山路，有的跑到山坡上找信号上网课，有的甚至在求学路上头挂冰花、脚底磨破，为的都是努力学知识、长出息。"知识改变命运"深深镌刻在这些农家子弟的心中，也随着他们的努力变为现实。他们用自身的奋斗，打破了贫困的局面，打开了更广阔的天地。

百年大计，教育为本，贫困地区更是如此。从打赢脱贫攻坚战全局看，教育扶贫推进了脱贫的整体进程。习近平总书记多次强调扶贫先扶智，深刻指出要更加注重教育脱贫，着力解决教育资源均等化问题，不能让贫困人口的子女输在起跑线上，要阻断贫困代际传递。得到了更好的教育，贫困家庭的孩子就有了更多施展才华的机会，就能托起贫困家庭脱贫和发展的希望。"一人成才，稳定一个家庭""一人学技能，全家脱贫困"……教育扶贫带来的切实成效，正在润物细无声地影响着贫困群众，激活他们对教育价值的认可、对美好生活的追求。孩子有出息，生活有希望，未来有奔头，激发了贫困户脱贫致富的精气神。

当前，在义务教育和职业教育等层面，"发展教育脱贫一批"成效稳步显现：截至去年底，全国832个国家级贫困县义务教育阶段辍学人数已由台账建立之初的29万减少至2.3万，其中建档立卡家庭贫困学生人数由15万减少至0.6万；教育部职业教育东西协作行动计划实施三年，中职招收建档立卡贫困家庭学生达到31.48万人；高等职业院校近5年招收建档立卡贫困家庭学生等7类资助对象234.79万人，年均增长19.06%……一组组数字背后，是一个个鲜活温暖的求学故事。教育扶贫激发了贫困家庭的奋斗决心，为打赢脱贫攻坚战和实现乡村振兴注入了源头活水。

如今，有不少得益于教育扶贫走出大山的学生，回到家乡、反哺桑梓，站上讲台，帮助更多孩子努力追梦；还有很多受到感召的高校毕业生，主动选择、勇担使命，把个人的职业追求融入乡村振兴事业中。"十四五"时期，需要在教育扶智扶志上继续精准发力、久久为功，抓难点、补短板，守护好乡村孩子的求学梦，筑牢稳定脱贫、防止返贫的堤坝。

（2020年08月17日）

对破坏生态环境"零容忍"

程 晨

> 在生态面前再小的地方也不能破坏,在保护面前再大的诱惑也不要动心,美丽中国画卷才能更好铺展在人民面前

生态文明建设,是关系中华民族永续发展的根本大计。党的十八大以来,在习近平生态文明思想的指引下,生态环境保护发生历史性、转折性、全局性变化,生态文明理念日益深入人心。正因如此,青海木里矿区非法开采造成巨型沟壑以及植被破坏的新闻,让人感到格外痛心。青海省有关方面迅速回应关切,初步认定涉事企业涉嫌违法违规,对涉嫌失职失责的相关领导干部或免职或立案审查调查,彰显了一查到底、绝不姑息的鲜明态度。

历史经验表明,生态环境问题归根到底是资源过度开发、粗放利用、奢侈消费造成的。对破坏生态环境、大量消耗资源的企业,决不能心慈手软,即使是有需求的产能也要关停,特别是群众意见很大的污染产能、偷排"红汤黄水"的违法企业,更要坚决"一锅端"。青海最大的价值在生态、最大的责任在生态、最大的潜力也在生态,必须把生态文明建设放在突出位置来抓。青海省决定立即启动新一轮生态环境修复整治工作,停止木里矿区一切生产经营活动,将木里煤田管理局更名为木里煤田生态保护局,体现了加强源头治理的坚定决心。

木里矿区非法开采，教训深刻，给我们再次敲响警钟：在生态环境保护问题上，绝不容越雷池一步；谁站在破坏生态环境那一边，谁就站到了公众利益的对立面，就要受到惩罚。近年来，从秦岭违建别墅破坏生态到浙江千岛湖违规填湖，从新疆卡拉麦里保护区"缩水"给煤矿让路到宁夏一家企业向腾格里沙漠排污，对于这些破坏生态环境的事件，各地必须保持"零容忍"态度，出现一起就查处一起。事实证明，解决人民群众反映强烈的环境污染和生态破坏问题，只有坚持露头就打、打早打小，一抓到底，不彻底解决绝不松手，才能让制度成为刚性的约束和不可触碰的高压线，确保生态文明建设决策部署落地生根见效。

当前，生态文明建设仍处于关键期、攻坚期、窗口期。要看到，我国环境容量有限，生态系统脆弱，污染重、损失大、风险高的生态环境状况还没有根本扭转。也要看到，绿水青山就是金山银山的共识，在一些地方还存在穿不透的利益壁垒；环保督察的监管阳光，还有一些角落照不到。越是面对这样的情况，越要在以雷霆手段追责的同时，加快制度落实。每一位领导干部都要对国之大者心中有数，以对党、对历史、对人民高度负责的精神，用层层压实的"生态责任链"串起环环相扣的"制度保护链"，构建起美丽中国坚实的绿色屏障。

面对世界经济深度衰退，中国经济经受住了"压力测试"。在绿色发展面临考验的关键时刻，更要增强生态文明建设的战略定力。不能因为经济发展遇到一点困难，就开始动牺牲环境换取经济增长的念头，就对破坏生态环境的行为睁一只眼闭一只眼。这不仅会让多年努力前功尽弃，而且可能造成长期不可逆的影响。对于地方发展而言，绿色转型才是出路，绿色创新才是动力。只有推动农业经济转型，促进工业经济提升，孕育三产新业态，才能让绿水青山的坚守，转化为金山银山的果实。

生态环境是关系党的使命宗旨的重大政治问题，也是关系民生的重大社会问题。不负绿水青山，方得金山银山。只有努力推动经济社会发展和生态环境保护协同共进，做到在生态面前再小的地方也不能破坏，在保护面前再大的诱惑也不要动心，美丽中国画卷才能更好铺展在人民面前。

（2020年08月14日）

营造科学育儿的信息环境

吴佳颖

当下,各种育儿理念层出不穷,育儿类公众号、视频节目不断涌现,如何在海量信息中去伪存真、去粗取精,着实让年轻父母头疼。日前一项调查也印证了这一点:遇到育儿困惑时,91.0%的受访家长会搜索育儿类自媒体,但60.5%的受访家长认为自媒体中无用信息过多。

"没有人天生就会当父母"。做一名合格的家长,需要用心尽力,也需要知识积累。孩子呱呱落地,从婴儿床到辅食餐,从学发音到学外语,从兴趣班到升学考,成长过程中有不少年轻家长需要攻克的"知识点"。相较传统育儿理念,对互联网依赖程度较高的新一代家长追求科学育儿,观念更加开放,自主学习能力较强,精细教育的需求充分释放。有统计显示,2018年我国母婴行业市场规模已达2.7万亿元,预计2020年将超过3万亿元。在需求侧推动下,育儿类知识分享的市场蛋糕被快速做大,创造了新的消费蓝海。

目前,网络上涌现出不少具有专业水平、能提供优质指导的育儿公号,但育儿类市场泥沙俱下的问题仍不容小觑。"5种常见育儿误区,99%的家长都踩过雷""睡眠专家教你摆平小睡渣""让孩子对学习上瘾,刷爆家长群的育儿经"……一些自媒体或育儿机构利用家长焦虑进行营销,以耸人听闻的标题吸引眼球,打着知识分享的幌子售卖劣质产品,甚至搞出些东拼西凑的伪科学。应当看到,一个领域从扩张到定型,一个行业从无序到成熟，绝不是靠自发、自觉就能实现的。相关职能部门必须充分发挥"有形之手"的规范、督导作用，让育儿类自媒体更多兼顾社会效益，让育儿市场行进在合法合规的轨道上，才能实现创业者和消费者、经济和教育的共赢。

营造科学育儿的信息环境，需要各方携手，去伪存真，提质升级。从行业来看，一些育儿类自媒体缺少培训或教育资质，自创的理论五花八门、漏洞百出；从业人员整体素质参差不齐，专业育儿知识匮乏。对此，监管部门必须提高行业准入门槛，加大监管力度。对自媒体创业者而言，需要警惕创业热情被流量带偏、被狭隘利益驱使，避免落入创业陷阱。不论是知识分享还是教育创业，内容为王是雷打不动的成功法则。从社会层面来看，教育并不仅仅是家庭内部事务，也需要更多专业力量介入，鼓励社区、医院等开展保育知识与技能培训，广泛传播科学育儿观念，不让歪理有机可乘。

实现科学育儿，家长特别需要擦亮眼睛，认真鉴别。在教育引导下，不少家长已经能够识破网络自媒体的营销套路，主动远离那些"震惊体""标题党""软文营销"。生命是有个性的，育儿不能照本宣科，任何一种育儿理念，都需要结合不同个体和实际，经过家长消化吸收后方可使用。为人父母要有自己的思考，在陪伴孩子成长的道路上，思考教育的方法和意义，建立良好的亲子关系。唯有如此，才能让孩子受益终生。

少年儿童是祖国的未来，民族的希望。用爱养育，用心教育，营造科学、健康、理性的教育环境，少年儿童才能迎着阳光茁壮成长。

（2020年08月13日）

短缺职业折射经济稳定转好

李心萍

前不久,人力资源和社会保障部发布《2020年第二季度全国招聘求职100个短缺职业排行》,营销员、快递员、餐厅服务员再度成为最短缺职业。这一榜单,成为观察我国劳动力市场变化乃至中国经济健康情况的窗口。

首先,市场回暖了。目前,我国疫情防控取得重大战略成果,经济发展呈现稳定转好态势。体现在榜单上,100个短缺职业的招聘需求人数从一季度的137.6万人上升到148.9万人,求职人数从一季度的52.6万人上升到74.3万人。招聘需求人数和求职人数双上升,市场供求活跃度加大,从一个侧面印证了实体经济加快复苏的走势。

其次,服务业"主力军"作用不减。快递员、网约配送员、餐厅服务员、中式烹调师……细看榜单,服务业岗位仍是市场短缺职业的主体。近年来,我国第三产业就业人员占比连续上升,截至2019年底达47.4%,是吸纳就业"主力军"。疫情防控期间,住宿、餐饮、旅游、娱乐等线下消费受到直接冲击,招聘需求随之低迷。随着复工复产稳步推进,稳就业举措全面落地,服务业岗位需求回升,带动就业形势逐步回稳。

再者,老行业里有新机。相比一季度,铸造工、工具钳工、冲压工、铆工等传统制造业相关职业短缺程度有所加大。传统制造业用工需求在增加，从一个侧面说明，转型升级正在给传统制造业带来新空间。从我国产业发展形势看，推进传统制造业优化升级，让传统制造业和战略性新兴产业并驾齐驱，是高质量发展趋势所向。因此，支持传统制造业加大设备更新和技改投入，帮助破解"招工难"问题、引进更多优秀人才，传统制造业必将迎来新的更大的发展。

透过短缺职业排行不难发现，就业市场结构性矛盾依然存在。要保持就业形势总体稳定，一方面要发展新产业、壮大新经济、培育新动能，努力提供更多受劳动者欢迎的服务业岗位，让服务业持续发挥新增就业"稳定器"、适龄劳动力"蓄水池"的作用；另一方面也要着力破解结构性矛盾，引导技术型人才及时关注市场变化，在传统制造业中找到合适岗位。对传统制造业企业而言，除了通过涨薪招才纳士，还应及时关注劳动者的新需求，营造更加愉悦的工作氛围，提升岗位吸引力。

回顾历次短缺职业榜单，育婴员、养老护理员、家政服务员等职业经常出现。市场需求居高不下，对从业者的技能水平也提出了更高要求。这提醒我们，有必要加大职业技能培训力度，让从业者与岗位精准匹配。企业是用工的主体，最了解岗位的能力要求，了解员工的履职能力状况。对政府部门来说，可通过发放培训补贴等政策激励措施，引导企业在专业技能培训上发挥主观能动性，加强自主培训。

"只要有志向就会有事业，只要有本事就会有舞台"。让劳动者有活干、有钱挣，是扎实做好"六稳"工作、全面落实"六保"任务的重要内容。抓住职业技能培训这个"牛鼻子"，加强信息发布和政策引导，提升劳动市场匹配效率，我们就能在疫情防控常态化的背景下努力保持就业形势总体稳定，助力经济行稳致远。

（2020年08月12日）

惠企纾困,为高质量发展积蓄力量

陆娅楠

企业宽带和专线平均资费降低 15%,减免国有房产租金,延长中小微企业贷款延期还本付息政策……不久前,国家发展改革委、工信部等 4 部门联合印发《关于做好 2020 年降成本重点工作的通知》,23 项具体任务,项项有针对,招招纾痛点,为市场主体纾困发展送上"真金白银"。

新冠肺炎疫情对全球经济产生了巨大冲击,我国很多市场主体也面临前所未有的压力。以习近平同志为核心的党中央明确提出要扎实做好"六稳"工作、全面落实"六保"任务,出台了一系列保护支持市场主体的政策措施,目标在于激发市场主体活力。今年二季度,中国经济增长由负转正,同比增长 3.2%,在疫情防控和经济恢复上都走在世界前列。我们要增强信心、迎难而上,努力把疫情造成的损失补回来,争取全年经济发展好成绩。

当前,疫情防控取得重大战略成果,经济发展呈现稳定转好态势。三、四季度要乘势而上,巩固扩大疫情防控和经济恢复成果,努力弥补上半年的损失。在所有政策中,降成本措施是企业感受最直接、见效最迅速的真招实招。以降成本为突破口,进一步落实惠企纾困政策,不仅有利于企业轻装前行,更能推动供给侧结构性改革,为高质量发展积蓄力量。

保持政策稳定性,能为企业纾困送上"减震器"。尽管二季度经济实

> 人民时评

现正增长，但上半年经济增速、消费、投资等主要指标仍处于下降区间，二季度的回升仍属于恢复性增长。当前，疫情冲击造成的损失尚未完全弥补，市场需求依然偏弱，企业生产经营仍然面临不少困难，特别是一些小微企业仍处于"加把火就能挺过来"的关键期。在这种情况下，要巩固经济回暖的好势头，就必须继续落实好、延续好既定宏观政策。此次通知将部分行业税收减免、一般工商业降电价等措施延续到年底，就属于继续"放水养鱼"。

增强政策针对性，能为企业爬坡注入"强心剂"。截至今年3月15日，我国有8353万个体工商户，带动就业人口超过2亿，是数量最多的市场主体，当前面临的实际困难也最多。降成本，不仅不能忽视最脆弱、最广泛的市场主体，更要靶向施策、精准发力。允许小微企业、个体工商户所得税延缓至明年缴纳等政策，就是发挥定向工具作用，直击痛点堵点难点，让最广大市场主体获得更直接更有效的帮扶政策，增加迎难而上的底气。

降成本不仅是眼前"救急"，更是兼顾长远"升级"。市场准入有隐性壁垒，行政处罚自由裁量权过大等，导致企业隐性成本较高。降低制度性交易成本，不仅是降成本的应有之义，更是优化营商环境的关键一招。疫情影响是短暂的，优化营商环境是无止境的，哪个地方能为企业"多铺路"，哪个地方就能吸引更多要素，率先实现复苏。

一分部署，九分落实。确保各项纾困措施直达基层、直接惠及企业，既要打出"组合拳"抓效果，使各地各部门的各项好政策形成合力，发挥乘数效应；又要拿出"绣花功夫"抓精准，结合各地各行业实际，尽快出台配套措施，并提高可操作性；更要持续"钉钉子"抓落实，一步一个脚印，让文件上的"热热闹闹"转化为企业感受的"真真切切"。广大市场主体能够实现更大发展，必将汇聚推动中国经济高质量发展的磅礴力量。

（2020年08月12日）

用高水准作品再现抗战史

刘 阳

今年是中国人民抗日战争暨世界反法西斯战争胜利 75 周年，一批优秀抗战题材重点影视作品将集中展播、展映，引导人民群众牢记由鲜血和生命铸就的中国人民抗日战争的伟大历史。不久前，广电总局下发通知，要求相关播出机构不得播出违背常识常理、随意戏说解读历史、过度娱乐化的抗战题材电视剧。推动抗战剧择优汰劣、正本清源，回应了观众的普遍呼声。

一直以来，抗战题材都是中国影视剧创作中最重要的题材之一。《风云儿女》《地道战》《鸡毛信》《铁道游击队》《夜幕下的哈尔滨》等影视作品成为几代中国人难忘的记忆。进入新世纪，《太行山上》《亮剑》《彭德怀元帅》等影视作品用更加新颖的艺术表现手法，更加富有深情地再现抗战历史、讴歌党和人民，得到观众高度评价。这些经典影视作品以中国人民 14 年抗战的英勇壮举为创作土壤，再现了中国人民为维护民族独立和自由、捍卫祖国主权和尊严建立的伟大功勋，以及为世界反法西斯战争胜利作出的伟大贡献，传承和弘扬了伟大的抗战精神。

一部好的抗战题材影视剧，应该是经得起人民评价、专家分析、市场检验的作品，是能真正深入人民精神世界、引起人民思想共鸣的作品。观众对优秀抗战剧的需求是非常大的，期待是非常高的。作为大众艺术的影视剧，为普通观众提供了了解抗战历史的渠道，甚至成为人们进一步钻研历史、发现真知的钥匙。正因此，只有创作出尊重历史真实、具备艺术真实的优秀抗战剧，才能满足观众欣赏抗战剧的现实需求，进而帮助他们了解历史真相、寻求民族认同感和增强文化自信心。抗战剧必须承担起文化传播、价值引领的责任，引导人民群众牢记由鲜血和生命铸就的伟大历史。

抗战题材影视剧创作的目的，在于通过生动的艺术语言，增进观众的历史认知和民族情感。不可否认，曾经一段时间，抗战剧质量参差不齐。一些情节离谱、趣味庸俗、审美粗糙的抗战"雷剧"，扰乱了抗战剧的创作和播出，让人大跌眼镜。这些剧目或是罔顾历史事实，或是违背常识常理，或随意戏说解读历史，或过度娱乐胡编乱造。缺乏历史厚重感的抗战剧，极大地扰乱了观众对真实历史的认知，尤其是会对青少年造成负面影响。清历史本源、正文艺视听，必须严把制作关、审核关、播放关，推动相关影视剧创作迈向更高水准。

"优秀文艺作品反映着一个国家、一个民族的文化创造能力和水平。"抗战题材影视剧的创作和播出，必须摒弃商业利益至上的浮躁心态，尊重历史、认识历史、研究历史、再现历史，真正沉下心来挖掘和展示抗战剧本身应具有的思想内涵和艺术价值，让优秀的电视剧中气壮山河的民族精神、可歌可泣的人物形象、感天动地的英雄壮举更加深入人心。只有这样，才能不负历史、不负时代、不负观众，激发民族自信自强的昂扬精神。

（2020 年 08 月 11 日）

中国的北斗 世界的北斗

余建斌

"复移小凳扶窗立,教识中天北斗星。"自古以来,北斗七星就被赋予了司南功能,用以指引方向、分辨四季、标定时刻,中国人对北斗有着熟悉而亲切的认知。如今,仰望星空,由数十颗人造卫星组成的新的北斗"星座"更加璀璨。

7月31日,习近平总书记在北京人民大会堂郑重宣布,北斗三号全球卫星导航系统正式开通。由我国建成的独立自主、开放兼容的卫星导航系统,从此走向了服务全球、造福人类的时代舞台。这是自豪的宣告,折射出这一完全自主建设、独立运行的巨型复杂航天系统的来之不易;这也是热情的邀约,体现了中国北斗作为向全世界贡献的重大公共服务基础设施,致力于为全球提供导航定位服务的诚意和决心。

在享受便捷高效导航服务的同时,人们强烈感受到将梦想照进现实的伟力,深深感佩于为实现梦想而追求卓越的执着。中国北斗卫星导航系统工程总设计师杨长风说:"北斗是党和国家调动千军万马干出来的,是工程全线几十万人团结一心拼出来的,是广大人民群众坚定支持共同托举起来的。"北斗卫星导航系统凝结着无数人接续奋斗的心血,饱含着中华民族自强不息的本色,刷新了科技强国的"中国速度",展现了自主创新的"中国精度",彰显了开放包容的"中国气度"。中共中央、国务院、中央军委的贺电高度评价,"北斗三号全球卫星导航系统的建成开通,是我国攀登科技高峰、迈向航天强国的重要里程碑，是我国为全球公共服务基础设施建设作出的重大贡献，是中国特色社会主义进入新时代取得的重大标志性战略成果"。

为他人"导航"，首先要知道自己的"路"怎么走。起步晚、底子薄，独立建成世界一流卫星导航系统，曾被西方国家认为是不可能完成的任务。从创造性地提出"双星定位"构想、绘下"三步走"发展蓝图，到在卫星导航频段逾期最后时刻完成首次卫星发射、拿到进军全球卫星导航系统俱乐部的"入场券"，再到两年多时间18箭30星的高密度发射、完成全球组网，中国航天人让不可能成为了可能。破解星载原子钟、北斗国产芯片、星间链路等"不可能"，经历160余项核心关键技术和世界级难题的攻克、500余种器部件国产化研制的突破，闪耀着"混合式"星座、短报文通信等独有的中国智慧火花，北斗卫星导航系统蹚出了一条独立自主、创新超越的中国特色发展道路。

中国的北斗是一流的北斗，也是世界的北斗，"中国愿同各国共享北斗系统建设发展成果，共促全球卫星导航事业蓬勃发展"。目前，北斗卫星导航系统与美国、俄罗斯、欧洲卫星导航系统的兼容与互操作持续深化，可以让全球用户享受到多系统并用带来的好处。全球已有120余个国家和地区使用北斗系统，中国北斗作为国家名片的形象持续深入人心。中国建设北斗卫星导航系统完全依靠自己的力量，建成之后却主动向全世界开放。这种开放融合的胸怀和理念，让北斗卫星导航系统的"朋友圈"越来越大，也将进一步锤炼北斗卫星导航系统服务全球的能力。

进入全球服务的新阶段，北斗卫星导航系统有着广阔前景，也面临全新挑战。脚踏实地、行稳致远，走向全球的中国北斗大有可为。

（2020年08月10日）

为防汛救灾创造良好信息环境

丁怡婷

> 防灾减灾,不仅要防止各类现实小灾酿成大祸,也要防止各路谣言扩散传播扰乱人心,徒增不必要的防灾成本

今年汛期以来,我国降水总量多强度大、山洪地质灾害多、部分地区损失严重。当此之际,增强信息发布和舆情引导的针对性、有效性,凝聚风雨无阻向前进的万众合力,对战胜洪涝灾害、最大程度减轻因灾损失,至关重要。

"京津冀辽将迎六年来最大冷涡暴雨""苏州中心漏水坍塌""上海公交进水当船开"……有媒体梳理近期汛情谣言,并集中进行辟谣,受到各方欢迎。一些重大自然灾害的发生,不仅可能威胁百姓生命财产安全,还容易造成心理上的恐慌,这是谣言不断出现的重要原因。一些谣言配着看似"科学"的分析、"确凿"的影像,利用人们对相关信息的关心关切进行传播,造成了一定负面影响。防灾减灾,不仅要防止各类现实小灾酿成大祸,也要防止各路谣言扩散传播扰乱人心,徒增不必要的防灾成本。

消减谣言存在空间,职能部门责无旁贷。因为专业、地域、眼界等各方面限制,公众往往难以判断许多网络信息的准确性,这就需要有关部门密切关注网络舆情,及时准确回应社会关切,帮助公众增强对谣言

的辨别能力。不久前,一个"地球引力场、磁场紊乱,今年会有各种巨大灾难"的帖子,在自媒体平台大量传播。对此,气象专家"硬核"辟谣,消除了公众的疑惑。与公众个人发布、随手转发不同,相关部门的信息发布与核实需要一定的时间和程序。不妨通过官方网站动态滚动、及时联络媒体发布等方法,随时更新相关进展,最大程度、最快速度保障公众知情权。

提升科学素养,有助于增强公众抵抗谣言的"免疫力"。"暴雨山洪来了怎么办""今年梅雨为何'脾气'这么大""'七下八上'为何如此多雨"……应急管理、气象等部门推出一系列防汛科普动画,通俗易懂,方便传播,形成了广泛影响。部分汛情谣言之所以能鱼目混珠,钻的就是公众对于汛情认知存在盲点的空子。对此,必须扩大防灾减灾避灾知识的宣传覆盖面,全面提高全民科学素养。

此外,作为传播载体的平台也需要担起责任。当前各大互联网平台大都已经开通辟谣功能,依托大数据技术实现信息共享、快速查询。在中国互联网联合辟谣平台的辟谣数据库,只用输入"汛情"二字,便能轻松查证近期广泛传播的汛情谣言。技术越来越进步,谣言治理也越来越从容。值得注意的是,"动动手指"随手传播虚假气象灾害灾情,可能已经涉嫌违法违规。公众务须增强法治意识、媒体素养,多从职能部门、正规渠道获取汛情信息,不做谣言的助推者。

防汛救灾容不得丝毫放松警惕,阻止汛情谣言的努力也需要久久为功。面对多发易发的极端天气和严峻复杂的防汛救灾形势,只有各方协同、众志成城,才能筑牢抵制谣言的堤坝,为防汛救灾创造良好氛围,为科学安全度汛提供保障。

(2020 年 08 月 07 日)

充分激发数据要素价值

谷业凯

高速运转的服务器、昼夜不停的数据中心、迅捷通畅的网络传输……如果从用电量来看行业景气度，互联网数据服务无疑是一股极具成长性的力量。今年5月，我国互联网数据服务用电量增速达到52.7%，崛起为新的"用电大户"。这背后，是数字产业化和产业数字化的风生水起、加速推进，勾勒出中国经济的"数字图景"。

中国信息通信研究院近日发布的《中国数字经济发展白皮书（2020年）》显示，2019年我国互联网数据服务（含数据中心业务、云计算业务）实现收入116.2亿元，同比增长25.6%。在"互联网+"深入推进和各行业信息化水平不断提升的拉动下，作为关键应用基础设施的互联网数据中心、云服务、云存储等业务，正在实现惊艳世人的快速增长。传统产业"拥抱"大数据、大力推动数字化转型，数据驱动下的新产业新业态新模式不断涌现，数据这座巨大"矿藏"已经显示出前所未有的影响力和发展潜力。

数据是一种新型生产要素，具有许多独特的属性。比如，数据总量趋近于无限，快速增长的数据资源蕴含着巨大价值；数据又极具流动性，复制使用的边际成本很低，使用过程中数据非但不会被消耗，反而能产生更多数据；作为基础性资源，数据还能大幅提升其他要素的生产效率，快速释放数据红利，为数字经济培育新的增长点。当下，数据所引发的生产要素变革，重塑着我们的生产、需求、供应、消费乃至社会的组织运行方式。拿就业来说，时下热门的区块链工程技术人员、在线学习服务师、直播销售员等新职业，就是由数据催生而来的。数据支撑的新型智慧城市建设，正带动实现从"找政府办事"向"政府主动服务"的转变，成为撬动社会治理精细化、现代化的有力杠杆。

数字产业化和产业数字化呈现快速发展态势，与5G、人工智能等新型基础设施加快建设紧密相关。今年以来，大数据、人工智能、云计算等数字技术，在疫情监测分析、病毒溯源、防控救治、资源调配等方面发挥了很好的支撑作用，成为数字化治理的一次生动实践。从做好疫情防控到加快复工复产，数字化工具为市场主体抵御疫情冲击提供了强大助力。不少企业把传统的线下业务"搬"到了线上，充分利用数据要素实现"停工不停业、停业不停服"。有的企业挖掘数据要素潜力，改变传统的生产方式和管理模式，在为自身发展"蓄能"的同时，也为经济转型升级树立起风向标。

也应看到，数据作为基础性战略资源的地位日益凸显，但仍有一些问题亟待解决。当前，数据确权、数据安全、隐私保护、流通管控、共享开放等许多问题，持续引发市场主体和技术研发者的关注。我们既需要鼓励技术创新、商业探索，也需要超前规划、完善法治、更新治理；既需要从实践层面推动创新发展、迭代发展，也需要从认识层面破除传统依赖、搭建新理论和新方法。抓住数字化转型带来的机遇，因应好大数据发展在法律、安全、治理等多方面挑战，才能为数字经济健康发展提供有力保障。

关于经济规律的研究表明，每一次经济形态的重大变革，必然催生也必须依赖新的生产要素。进入数字经济时代，数据是驱动经济社会发展的关键生产要素和新引擎。随着越来越多的生产、生活场景数据化，数据将承担更多重任，展现更加广阔的发展前景。顺应潮流用好数据新生产要素和算力新生产力，让数据要素充分流动、数据活力得到激发，中国经济必将迎来更为广阔的蓝海。

（2020年08月06日）

大力发展"服务型制造"

韩 鑫

推动我国服务型制造快速发展、促进制造与服务深入融合有了新进展。前不久,工信部等 15 个部门联合印发《关于进一步促进服务型制造发展的指导意见》,清晰描绘了服务型制造的发展路径和目标远景,为我国制造企业转型升级提供了方向指引。

作为制造与服务融合发展的新业态,服务型制造正在像工业互联网、智能制造一样,被越来越多的人熟知。2016 年,我国出台《发展服务型制造专项行动指南》,4 年间,服务型制造已在我国不同行业落地生根,不断生长出新模式新业态,很大程度上重塑了传统制造业的内涵和形式。比如,在纸包装行业,个性化定制服务正在兴起,通过采用网络协同设计,用户只需将原始图稿、结构要求在线提交,设计人员便可进行 3D 成型模拟,实现"即见即所得"。在机械制造业,全生命周期管理已成现实,借助云服务平台,客户可随时远程了解设备的设计、生产、物流、安装和运行情况,而服务团队则能实时为客户提供故障预警和诊断服务,极大提升了运维效率。向服务转型,不仅成为一些制造企业做大变强的"密码",更让传统制造业焕发出新的光彩。

此次出台的《指导意见》提出,到 2022 年,服务型制造理念得到普遍认可,服务型制造主要模式深入发展,制造业企业服务投入和服务产出显著提升。实现这一目标,制造企业需要通过向产业链上下游环节拓展，不断增加服务要素在投入和产出中的比重，从加工组装产品为主向"制造+服务"转型，从单纯出售产品为主向"产品+服务"转变。事实上，无论从经济学理论还是产业实践来看，向服务型制造转型都是传统制造业拓展盈利空间、重塑竞争优势的一条必由之路。从微笑曲线看，在价值链中，附加值更多体现在两端，即设计和销售，处于中间环节的生产附加值相对较低，服务型制造有助于企业向高附加值攀升；从世界制造业发展实践看，制造业服务化已是大势所趋，一些著名制造企业的服务收入占比已超50%，通过拓展服务路径，业务规模和效益实现大幅增长。

推动服务型制造发展，离不开标准体系、人才队伍、公共服务体系的逐步健全，《指导意见》对此也提出了要求。需要注意的是，转型并不是转行，从专注"卖产品"到兼顾"做服务"，向服务业制造转型必须牢牢立足于制造业的基础之上。如果说服务模式创新是企业不断向外扩的"枝叶"，那么核心技术突破则是紧紧向下扎的"根茎"，自主创新能力的不断提升、人才队伍的持续壮大，才是企业更好服务客户、拓展盈利空间的核心竞争力。

党的十九大报告强调，加快建设制造强国，加快发展先进制造业，推动互联网、大数据、人工智能和实体经济深度融合。作为制造业大国，我国制造业门类齐全、产业体系完备，拥有培育服务型制造的良好土壤；超大市场规模，应用场景丰富；企业对新技术适应能力强，创新氛围活跃；再加上5G、人工智能等新一代信息技术的支撑，为服务型制造快速发展奠定了坚实基础。主动拥抱新的科技，于发展中不断探索服务型制造新模式新业态，传统制造企业在加快自身转型升级、增强市场竞争力的同时，必能有力推动我国制造业不断由大变强，实现高质量发展。

（2020年08月05日）

推动研究生教育迈上新台阶

赵婀娜

研究生教育是国民教育的重要组成部分，是教育强国建设的引擎，在培养高层次创新人才方面具有既直接又基础的重要意义。日前召开的全国研究生教育大会，明确了新时代研究生教育的主要任务，在全球人才竞争新格局下，进一步夯实建设创新型国家的人才基石。

从1949年研究生在学人数仅629人，到2020年预计突破300万人，我国研究生教育经历了从少到多、从弱到强快速发展的不平凡历程，建立了较为完善的学科专业体系和人才培养制度。累计自主培养的超过1000万名毕业生，成为一支创新生力军，活跃在经济社会各领域，为经济社会发展、国际交流合作提供了有力支撑。

党的十八大以来，我国研究生教育进入发展新阶段。多渠道筹集经费的研究生教育投入格局基本形成，多主体共同参与的质量保障体系基本建立，人才培养结构日趋优化，拔尖创新人才培养能力不断增强。一大批勇攀科技高峰的"登山队"，在原始创新、基础研究、技术变革等方面发挥了重要作用。

与国家发展进步的脚步同行，中国内地高校与国际一流高校在研究生教育间的差距逐渐缩小，研究生教育的国际影响力和吸引力显著提高。特别是在新冠肺炎疫情防控期间，1万余名临床医学博士、硕士专业学位研究生坚守临床工作岗位，北京大学、复旦大学、福建医科大学等学校 60% 以上的临床医学专业学位研究生留守医院工作，他们用实际行动和坚强决心，向世界展示了研究生教育立德树人、全面服务经济社会发展的成果和良好风貌。

教育兴则国家兴，教育强则国家强。立足新时代，研究生教育的重要性更加凸显。放眼国内，即将开启全面建设社会主义现代化国家新征程，我们比以往任何时候都更需要高层次领军人才，为实施创新驱动发展战略和建设创新型国家提供有力支撑。放眼国际，新一轮科技革命和产业变革加快兴起，高精尖科技领域竞争尤为激烈，高端人才和科技创新日益成为决定性力量。这些都呼唤我们进一步做好研究生教育，培养更多的创新人才。

作为国民教育的最高端，研究生教育如何成为培养人才的"高峰"、聚集人才的"高地"，怎样成为创新创造的策源地、服务发展的新引擎，是摆在新时代研究生教育面前的重要课题。今年，硕士研究生招生规模扩大到 100 万，进一步加强学科专业建设，建强导师队伍，创新培养模式，全面提升培养能力，确保研究生培养质量，也是社会高度关注的一道教育"必答题"。

准确把握研究生教育的时代定位，遵循高层次人才培养规律，需要立足中国大地，面向国家发展和民族复兴的现实需求，深化创新国际交流合作，加快学科专业优化调整。同时，提高导师队伍素质水平，严格加强质量管理、完善科学评价体系，引导研究生教育分类发展、特色发展、高质量发展。只有始终聚焦提升研究生教育质量，不断深化改革创新，完善治理体系，提升治理能力，推动内涵发展，才能推动我国研究生教育尽快由大到强，真正建成中国特色、世界一流的研究生教育强国。

（2020 年 07 月 31 日）

存量更新，促进城市可持续发展

——共同做好城镇老旧小区改造工作①

田申申

> 在改善居住条件、提高生活品质的同时，老旧小区改造可以促进城市风貌提升，展现城市特色，延续历史文脉，兼顾完善功能和传承风貌

当前，我国的城镇化率已经超过60%，城市建设的重点转入对存量的提质增效阶段。城镇老旧小区作为重要的存量，全面推进其改造工作是促进城市更新的重要引擎。国务院办公厅不久前印发《关于全面推进城镇老旧小区改造工作的指导意见》，对这项重大工程提出了总体要求和具体任务，并列出了明确的时间表。

住有所居是人民美好生活的重要基石。党的十八大以来，城镇保障性安居工程累计完成投资超过10万亿元，年均完成投资约1.4万亿元，极大改善了困难群众的居住条件。此次印发的《指导意见》进一步明确，"将城镇老旧小区改造纳入保障性安居工程"，加大政府支持力度，并给予资金补助。未来几年，继续发挥好中央预算内投资等中央和地方财政资金"四两拨千斤"作用，不仅能进一步推动实现人民群众从"有房住"到"住得好"的飞跃，对稳定投资增长、发挥投资关键作用也将提供重要支撑，从而实现惠民生和促发展的良性循环，不断增强人民群众获得感、幸福感、安全感。

老旧小区改造是一项推动城市更新的系统工程。小区内部的市政基础设施升级改造，须与外围的大市政系统接驳，倒逼城市基础设施的集约整合和优化更新，促进现代化新型城市的建设。提升老旧小区公共服务水平的过程，是促进街区更新的重要手段。《指导意见》倡导推进相邻小区及周边地区联动改造，加强服务设施、公共空间共建共享。比如，改造或建设养老、托育、停车、菜店、便利店等社区专项服务设施，塑造便民高效的"步行生活圈"混合业态街区。在改善居住条件、提高生活品质的同时，老旧小区改造可以促进城市风貌提升，展现城市特色，延续历史文脉，兼顾完善功能和传承风貌。

老旧小区改造不只是城市更新的重要内容，也体现着治理体系和治理能力现代化的内在要求。老旧小区改造是城市更新政策的"试金石"，改造的成功实施需要完整闭环的城市更新制度的支撑，在组织实施、审批政策、规划政策、资金政策、产权登记和物业管理等方面，探索和完善适用于存量更新的政策。应着力构建城市的基层治理体系，建立健全政府统筹、条块协作、各部门齐抓共管的专门工作机制，市、区、街道（镇）、社区与各有关部门、单位统筹协调，形成工作合力，统筹推进城镇老旧小区改造工作。老旧小区改造与加强基层党组织建设、居民自治机制建设、社区服务体系建设有机结合，健全动员居民参与机制，结合改造工作同步建立健全基层党组织领导，社区居民委员会配合，业主委员会、物业服务企业等参与的联席会议机制，共同维护改造成果，完善小区长效管理机制，就能让改造后维护更新进入良性轨道，促进城市治理体系的科学系统化构建。

改革开放以来，我们经历了世界历史上规模最大、速度最快的城镇化进程。今天，从"增量扩张"到"存量更新"，从追求"有没有"转向解决"好不好"，这既是主动适应我国社会主要矛盾转化的具体体现，也是实现高质量发展的必然要求。以推进城镇老旧小区改造为抓手，推动存量优化、管理提升、制度完善，我们就一定能够实现城市的可持续发展，让人民群众在城市生活得更方便、更舒心、更美好。

（2020年07月31日）

升级改造，老旧小区变身幸福港湾

——共同做好城镇老旧小区改造工作②

魏 薇

不久前，关于北京市老旧小区改造的一则新闻让很多人感慨不已：两位住在六楼的 80 多岁老同事，遥相守候多年，但上下楼不便，每天只能隔窗挥手。经过小区改造，外挂电梯开通那天，两位老人乘梯而下，颤颤相拥，喜极而泣。老旧小区改造，让人们的居住环境大为改善，也让居民的精神面貌为之一新。

在老旧小区里，失修、失管、失养，以及市政配套设施不完善等现象的存在，影响着居民的生活质量。很多老旧小区老年居民较多，基本的生活就医等需求因现实条件限制，改造意愿更加强烈。国办近日印发的《关于全面推进城镇老旧小区改造工作的指导意见》要求，按照党中央、国务院决策部署，全面推进城镇老旧小区改造工作，满足人民群众美好生活需要。把老旧小区改造好，不仅有助于改善人居环境，促进产业投资，还能优化城市功能；不仅是民生工程，也是民心工程；既与城市发展相关，更与人民福祉相连。

改造老旧小区，需要及时清理那些失修失管的角落，让小区内外焕然一新。从此次印发的《指导意见》来看，改造内容分为基础类、完善类和提升类。其中，基础类涉及居民的安全需要和基本生活需求，亟待改善。现实中，不少老旧小区建设年龄超过 30 年，甚至 50 年，地下管线由于"超期服役"而使得居民家中跑冒滴漏问题不断，亟须彻底改造。

把地下供水、排水、供电、供气、供热等基础设施做好，把地上如"蜘蛛网"般丛生的电力架空线规整好，同时把小区内建筑物屋面、外墙、楼梯等公共部位维修好，不仅能让老旧小区的"颜值"得以提升，"肌体"状态也能更为年轻。

老旧小区的改造，需要把各种问题考虑周到，更好满足居民生活需求。面对局促空间，改造过程中要梳理好现有资源，向室外要地，向空中要地，通过精巧设计、活用资源来进行小区功能的增补和优化。与此同时，要妥善处理好改造过程中的多元诉求，比如，加装电梯时如何打消低层居民顾虑、建设立体停车库时如何降低周边影响、增设公共空间时如何满足实际需求，等等。把好事做好，既需要调动群众积极参与，吸引社会资本和民间力量，更需要充分发挥街道、社区的主导作用。心往一处想，劲往一处使，才能更好实现改造效果。

广大群众在老旧小区改造中既是受益者，更是参与者。从"要我改"变为"我要改"，才能让改造成果持续巩固，实现后续管理的社会化、专业化、常态化。比如，提升类改造内容可以进行"点单式"选择，精准解决好居民最关心、最急迫的环境卫生、健身设施、水电气配套等问题，从而增强小区居民的参与动力。广大居民积极参与，推动改造顺利进行，就能向现代宜居生活迈进。

对于老旧小区的居民而言，幸福感的来源常常很具体。有地方停车了，管道不再跑冒滴漏了，孩子可以在小区内部安全玩耍了……这些点点滴滴的方便、舒心和美好，增强了人民群众获得感、幸福感、安全感，让所居之地成为温暖的港湾。

（2020年08月03日）

多方协力，补齐社区治理短板

——共同做好城镇老旧小区改造工作③

张 璁

习近平总书记强调，打造共建共治共享的社会治理格局。党的十九届四中全会提出，建设人人有责、人人尽责、人人享有的社会治理共同体。国办不久前印发的《关于全面推进城镇老旧小区改造工作的指导意见》提出，"推动构建'纵向到底、横向到边、共建共治共享'的社区治理体系"。

老旧小区改造不仅是房屋和环境的翻新，更是在基层推进的一项社会治理工程。在抗击新冠肺炎疫情斗争中人们发现，那些治理较好的老旧小区，疫情防控工作也基本有序。这提示我们，提升老旧小区社区治理水平，补齐治理短板，才能确保人民安居乐业、社会安定有序。

改不改、改什么、怎么改？对这些问题的回答，揭示着基层社会治理创新的方向。过去，一些地方在老旧小区改造中，面对差异化的居民需求显得"粗枝大叶"。这就容易造成"政府做、居民看"的局面，导致有时候好事没办好，居民主动参与的积极性也没有被激发出来。有鉴于此，此次出台的《指导意见》认真总结了两轮试点成果和各地经验，并广泛听取地方主管部门、行业协会、企业、专家、城市社区干部和群众的意见，为的就是凝聚各方合力，把老旧小区这件好事办实办好。

共建共治共享，就要跟居民"多商量"。从组织实施来说，老旧小区改造的主体是居民。面对改造过程中的不同诉求，需要尊重群众意愿、倾听不同声音。以加装电梯为例，楼上楼下居民的需求差异大，往往会给改造工作带来阻力。面对类似问题，不能想当然、"一刀切"，而应充分听取群众意见、做好群众工作，多给居民"菜单式"的选择，量身定制"需求清单"，采用"一栋一策""共建共管"等方式，精准施策推动，满足群众需求。

共建共治共享，就要让居民"多监督"。怎么改，效果如何，要由居民来评价。《指导意见》提出，搭建沟通议事平台，利用"互联网+共建共治共享"等线上线下手段，开展小区党组织引领的多种形式基层协商，主动了解居民诉求，促进居民形成共识。改造方案制定、配合施工、参与监督和后续管理、评价和反馈小区改造效果等各个环节，都要充分听取居民意见，凝聚社区治理共识。

共建共治共享，还要居民"多参与"。老旧小区改造不是"一锤子买卖"，改造完成后的管理和维护，是影响小区质量"可持续"的关键。如今一些老旧小区业委会成立难，即使引入物业公司也面临物业费收缴率低等问题，使其管理运营出现困境。化解难题，需要充分激发居民主动参与的积极性，将城镇老旧小区改造与加强基层党组织建设、居民自治机制建设、社区服务体系建设有机结合。

作为一项回应群众期盼的民生工程，老旧小区不只是一幢幢房子，而是承载居民美好生活的社区。因此，老旧小区改造不仅包括对"硬件"的提升，还要实现社区治理"软件"的同步升级。不断创新完善基层治理机制，推进形成共建共治共享的社会治理格局，才能在老旧小区改造中找到最大公约数，绘就民心民愿的最大同心圆。

（2020年08月04日）

以更高标准推进长三角一体化

李泓冰

作为我国经济发展最活跃、开放程度最高、创新能力最强的区域之一，长三角一体化示范区再出新动作。不久前出台的《长三角生态绿色一体化示范区产业发展指导目录》和《长三角生态绿色一体化发展示范区先行启动区产业项目准入标准（试行）》，清晰回答了"示范区应当发展什么样的产业"和"先行启动区可以落地什么样的项目"，标识了示范区的产业方向和准入门槛。

此次出台的《指导目录》和《准入标准》，是全国首个跨省级行政区域统一执行的产业发展指导目录和产业项目准入标准。作为国家战略，长三角一体化始终紧扣"高质量"，对标国际最高标准、最高水平，合力打造世界级产业集群。这也成为沪苏浙皖的共识。长三角生态绿色一体化发展示范区紧靠上海青浦、江苏吴江、浙江嘉善，扛起的是先行先试重担。对于长三角示范区产业转型的选择方向，相关文件的出台进一步予以明确。

此次出台的《指导目录》中，"五大经济"引人注目：功能型总部经济，聚焦知识创新、功能创新、模式创新，比如在建的上海青浦华为研发中心；特色型服务经济，发展现代商贸物流、绿色金融、科技服务、节能环保等高端服务业，如依托进博会的国际化、精品化会展业；融合型数字经济，发展"AI+""5G+""北斗+""大数据+"等新产业、新业

> 人民时评

态和新模式,如中新嘉善现代产业园为代表的智能传感器核心基地;前沿型创新经济,重点发展生命健康、绿色新能源、轻质智能装备、服务型制造等新兴产业,如江苏吴江推进建设国家先进功能纤维创新中心;生态型湖区经济,释放湖荡水网、田园风光、古镇文化等资源魅力,如浙江嘉善嘉佑现代农业田园共同体。

"五大经济"的提出,立足示范区现有产业基础和禀赋特色,旨在推动一二三产业融合创新发展。在环保方面,比照的是国内最严格的排放标准。从产业特点来看,标准也相当鲜明:高标准、软实力、新模式。有人可能会问,对长三角而言,这样的标准可行吗?引招怎样的产业,市场还能不能说了算?事实上,对《准入标准》的执行,充分听取了市场主体的建议,并适时调整完善。比如,对《准入标准》中的刚性指标,适当兼顾区域发展阶段不平衡,先行启动区涉及的五镇,各自制定了三年过渡方案,到2022年达标。当前,应对新冠肺炎疫情带来的冲击,长三角一体化示范区坚持锚定高质量的产业导向,也是攻坚克难、提质增效、化危为机的关键之举。

从涉及的区域来看,长三角一体化有着坚实的基础。比如,上海综合服务功能齐全,江苏实体经济基础好,浙江民营经济活跃,安徽科技创新后发优势明显、区域经济深具活力。未来,以更高标准推进长三角一体化,要让市场在资源配置中起决定性作用,同时更好发挥政府作用。除了产业发展的高标准,还要进一步建好基础设施、严格环境标准、协同产业发展、限制无序竞争、优化营商环境等,从而提高区域资源整体配置效率和全球资源吸纳能力,建成环境优、产业优、人文优的长三角一体化示范区。

(2020年07月30日)

采取有效措施把黑土地保护好利用好

常　钦

> 夯实国家粮食安全基础,必须在实行最严格的耕地保护制度的同时,加强耕地质量建设,构建综合治理技术体系
>
> 耕地保护不仅要以保障粮食产能为首要任务,确保"吃得饱",还要为提供高品质的农产品奠定良好的资源环境基础,实现"吃得好、吃得健康"

近日,习近平总书记在吉林考察时强调,"采取有效措施切实把黑土地这个'耕地中的大熊猫'保护好、利用好,使之永远造福人民"。这一关于黑土地保护的重要指示再次表明,粮食安全这根弦任何时候都不能松,保障粮食安全必须守好基本田。

万物土中生,有土斯有粮。东北地区以珍贵稀有的黑土地资源而闻名,是我国重要的粮食生产优势区、最大的商品粮生产基地。以吉林松辽平原为例,当地就有"黄金玉米带""大豆之乡"的美誉。回顾历史,上世纪50年代末开发北大荒时,面对广袤而肥沃的黑土地,人们发出了"捏把黑土冒油花,插根筷子能发芽"的赞叹。如今,东北黑土地上产出的粮食总产量和商品粮分别占全国的1/4和1/3,足见黑土地作为粮食生产战略资源的重要价值。同时也要看到,几十年来的高产稳产,不可避免会对黑土地肥力造成一定透支,出现土壤有机质下降等问题。

> 人民时评

还应看到，人多地少的国情，使我国农业生产一直处于高投入、高产出状态，耕地长期高强度、超负荷利用。保障粮食安全，关键是要保障粮食生产能力，确保需要的时候能够产得出、供得上。因此，要加强农田建设和耕地保护，加强耕地土壤改良、地力培肥和治理修复，全面提升耕地质量，让耕地在保障国家粮食安全方面更好发挥基础支撑作用。党的十八大以来，从中央到地方以"藏粮于地、藏粮于技"战略为抓手，积极开展耕地质量建设与保护工作，努力实现农业绿色可持续发展。守好用好"饭碗田"，筑牢粮食安全底线，才能为应对各种风险和挑战赢得主动。

以前拼面积、比产量，现在拼绿色、比质量，粮食生产正在进入高质量发展新阶段。如今，在东北农村，很多农家院子里都停放着免耕播种机。随着农民土地保护意识的增强，"保护性耕作"正在黑土地上悄然兴起。例如，利用现代耕作技术让农作物秸秆覆盖还田，能够有效减轻土壤风蚀水蚀、增加土壤肥力和保墒抗旱能力，提高农业生态和经济效益。数据显示，全秸秆覆盖免耕5年后，土壤有机质能增加20%左右。耕地质量变化是渐进性的，肥力流失小问题难发现、大问题难治理，恢复起来需要一个较长时间的过程。夯实国家粮食安全基础，必须在实行最严格的耕地保护制度的同时，加强耕地质量建设，构建综合治理技术体系，通过系统治理、综合施策，采取工程、农艺、生物等措施，让各类型耕地永葆肥力。

民为国基，谷为民命。眼下夏粮已实现"十七连丰"，作为全年粮食产量"大头"的秋粮正处于田间管理关键期。耕地保护不仅要以保障粮食产能为首要任务，确保"吃得饱"，还要为提供高品质的农产品奠定良好的资源环境基础，实现"吃得好、吃得健康"。像重视保护大熊猫一样重视保护黑土地，增加绿色优质产品供给，推动大国粮仓向绿色粮仓、绿色厨房转型升级，"中国饭碗"一定能更好满足人民美好生活需要，为经济高质量发展提供更有力的支撑。

（2020年07月29日）

让更多年轻人领略传统艺术之美

周飞亚

剧场里，欣赏传统戏曲的年轻面孔越来越多；校园里，相声、戏曲等学生社团广受欢迎；电视和网络上，《国乐大典》《角儿来了》《青春京剧社》等综艺节目层出不穷；手机 APP 上，"我要笑出'国粹范'""谁说曲艺不抖音"等活动吸引数亿人点赞……近年来，戏曲、曲艺等传统艺术，正成为年轻人喜爱的新时尚。

年轻人爱上传统艺术，折射出时代的文化风貌。与"国风""国潮"的兴起一样，传统艺术在青年群体中走红，体现着对中华优秀传统文化的价值认同和情感认同。"东方美学"激发出青少年心中强烈的爱国情绪和民族自豪感，也产生了更强烈的文化自信，成为引人注目的时尚符号。同时，欣赏传统艺术是有门槛的，需要一定的知识背景和审美水平，这也促使青少年更加注重学习优秀传统文化，不少孩子从小就接受艺术熏陶。相关部门对传统文化的教育和普及也非常重视，不断加大投入，比如持续推进"戏曲进校园"等项目。在这一环境下成长起来的青年一代，有着更高的艺术素养，自然能够深入感受传统艺术的独特魅力。

优秀传统文化，往往有着穿越时空的感染力。传统艺术包含着源远流长的民族精神密码，并以高度审美化的方式呈现，成为吸引当代年轻人的重要原因。近年来，一些戏曲在年轻人中特别"火"，比如昆曲青春版《牡丹亭》，梨园戏《董生与李氏》等。原因之一便在于，这些剧种都有着深厚的文化底蕴和美学积淀。昆曲被称为"百戏之师",有600多年的历史;梨园戏被誉为"古南戏活化石",历史长达800多年,其剧种美学之精致曼妙、表演手段之丰富完善,年轻人一旦了解便容易沉醉其中。古老传统蕴含的精神密码和艺术魅力超越时代,赓续传承,于此可见一斑。

当然,传统魅力也需要当代表达。创作上,不能一味复古守旧,要在坚守艺术本体的前提下,符合当代审美趋势与价值观。传播上,应充分利用各种新媒体平台和流行文化元素,用年轻人的"语言"与他们沟通。比如,京剧名家尚长荣的代表作之一《曹操与杨修》,突破固有的标签化形象,塑造了一个既有宏图大志、又有人性弱点的戏剧形象,后来还拍成3D电影,以电影的形式传播京剧,很受年轻人欢迎。中国民乐开辟网络秀场,通过演奏流行乐曲以及电影、游戏主题曲等方式,在年轻人心中留下"时尚""酷"的印象,进而引导他们走进音乐会现场,领略民族乐器技艺之精、音色之美。

传统艺术的传承与传播,知名艺术家应发挥更大的作用。某种意义上,戏曲、中国民乐、曲艺等艺术,都是"角儿"的艺术,名家、名角要充分利用自身的影响力。比如,琵琶大师方锦龙参加《国乐大典》《经典咏流传》《邻家诗话》、青年京剧演员王珮瑜参加《朗读者》《开学第一课》《跨界歌王》等综艺节目,都推动了传统艺术的"破圈"。新冠肺炎疫情防控期间,许多专业艺术院团纷纷开设"云剧场""云课堂",一些知名艺术家直播"云练功"。这些尝试,运用了最流行的互联网工具,形式多元,内容活泼接地气,快速拉近了与年轻人的距离,培养了不少观众。

传承中华优秀传统文化,传统艺术要积极主动地拥抱年轻人,创造让年轻人走进传统艺术的契机,从而赢得更多年轻人,也让传统艺术的传承代不乏人。

(2020年07月28日)

万众一心筑牢钢铁堤坝

朱 磊

> 众志成城的力量，来自守护家园的强大信念；奋不顾身的力量，筑成万众一心的防洪堤坝
>
> 在以习近平同志为核心的党中央的坚强领导和全国人民的大力支持下，我们一定会让灾区群众生产生活尽快走向正轨、恢复生机

镇村两级干部全部上堤，不分昼夜，守卫家园；48小时内，全省组建了1755支青年突击队，25050名青年报名参加……连日来，笔者在江西各地采访时看到，面对持续的汛情，广大干部群众和人民子弟兵齐心协力，携手抗洪抢险。从鄱阳县到湖口县，从遭遇水患的鄱阳湖流域一直到长江岸堤，他们筑起了一道抵御洪水的钢铁堤坝，凝聚起万众一心的力量。

7月17日召开的中央政治局常委会会议强调，把党的政治优势、组织优势、密切联系群众优势转化为防汛救灾的强大政治优势，让党旗在防汛救灾第一线高高飘扬。不管走到哪里，最危险、最吃劲的地方，一定会看到鲜红的党旗飘扬在堤坝上。"我是老军人，30年党龄的老党员，参加过九八抗洪，我申请作为一名志愿者，去支援抗洪一线"，南昌市公安局老刑警魏建平主动请战；"让我上，这里地形我最熟"，鄱阳镇江家

岭村老党员张东波,在最危急的时刻率先跳入水中,带领大家筑起拦水坝;"汛情需要我,不分退休不退休",有着38年党龄的老水利专家李爱民退休后临危受命,来到防汛第一线——南昌市新建区赣西联圩,处置险情。朴实的话语,表达着夺取防汛抗洪全面胜利的坚定决心。

众志成城的力量,来自守护家园的强大信念。7月10日,江西九江市江洲镇致信在外乡亲,呼吁18至60周岁之间的父老乡亲返乡抗洪。"家乡需要我。"作为第一批返乡的江洲人,42岁的杨世友不仅仅赶赴一线,还带来了大量的抗洪物资,简单的一句话让人动容。号召令发出后短短几天,便有4000多人回乡投身江洲抗洪一线。返乡抗洪!那里有牵挂在心的血脉至亲,有庄稼地里的稻谷粱菽,还有难以割舍的温情回忆。当故园遭受汛情,很多人都和杨世友一样,义无反顾,召之即来,来之能战。这段时间,九江市棉船镇、南昌市新建区等汛情严重区域,陆续发出了"返乡号召",都得到了积极而热烈的回应。

奋不顾身的力量,筑成万众一心的防洪堤坝。阿姨们"组团"上堤,巡堤、扛沙袋、熬绿豆汤,干劲不让须眉;父子结伴,爷孙携手,日夜巡防的故事屡见不鲜;平时视田为命的村民,为了保护整个干堤安全,扒掉田圩,淹了自家良田。无论是盯着屏幕,时刻点赞转发正能量链接的网友,还是为了前方物资筹集,在手机上发起接龙捐赠的志愿者,即便不在第一现场,很多人也在用自己的方式为筑牢防洪堤坝贡献力量。

正是因为这万众一心的力量,即便洪水来袭,大部分地方仍然秩序井然。千年古镇吴城镇,虽然被大水围困,但是生活、商业氛围仍浓,中学生在家长的陪伴下,乘坐应急船赴县城赶考。事实上,从新冠肺炎疫情防控阻击战,到如今众志成城抗洪抢险,都是这种万众一心守护家园的情怀和信念,联结起每一个人,让亿万人在面对灾难时展现出"洪水不退,我不退"的精神力量和风雨不动、迎难而上的勇毅担当。

在防汛救灾的同时,灾后重建工作也在迅速有序地展开。面对群众的现实需求和发展意愿,各地要统筹做好疫情防控和抢险救灾工作,各项政策要精准聚焦、精准落地,对贫困地区和受灾困难群众给予支持,防止因灾致贫返贫。在以习近平同志为核心的党中央的坚强领导和全国人民的大力支持下，我们一定会让灾区群众生产生活尽快走向正轨、恢复生机。

（2020年07月27日）

创新驱动蕴含无限潜力

谷业凯

发明专利申请 68.3 万件，国内企业提交发明专利申请同比增长 12%，每万人口发明专利拥有量 14.3 件……国家知识产权局不久前发布的数据显示，今年上半年，我国主要知识产权指标符合预期，知识产权事业发展保持平稳。这一成绩，再次表明新冠肺炎疫情不会改变我国产业转型升级的发展趋势，不会改变我国经济长期向好的基本面，也充分展现了我国市场主体复工复产加快、发明创造活力不减的良好态势，体现出创新驱动蕴含的无限潜力。

近年来，随着创新驱动发展战略的深入实施，我国整体创新能力不断增强，知识产权综合实力稳步提升。2019 年，全社会研发支出达 2.17 万亿元，占 GDP 比重为 2.19%，发明专利申请量和授权量均居世界首位。世界知识产权组织的评估显示，我国创新指数位居世界第十四位，已经进入创新型国家行列。接续换挡的发展动能、迭代成长的科学技术、蓬勃兴旺的创新创造，源源不断为高质量发展注入新动能，开辟经济增长的新天地。

突如其来的疫情，不可避免地对经济社会发展造成了较大冲击，创新驱动的价值更加凸显。从疫苗药物研发到"大数据"群防群控，从远程办公、在线课堂到无人售卖、非接触式服务，科技带来的改变，既为我们增添了战胜疫情的底气，也以前所未有的方式影响着社会生产生活。

疫情催生出的新技术新业态新模式，促使我国市场主体积极转变发展理念，创新创造活力得到进一步激发。

当前，新一轮科技革命和产业变革方兴未艾，我国经济也正处在转变发展方式、优化经济结构、转换增长动力的攻关期。从上半年我国主要知识产权指标看，国内专利申请态势整体平稳，2月份以后，申请量迅速恢复并持续攀升，带动市场主体以创新赋能结构调整、转型升级，使得创新驱动具备再次发力提速的基础。

尤其要看到，随着企业为主体、市场为导向、产学研相结合的技术创新体系日益健全，激励政策逐步完善，越来越多的企业正实现从"要我创新"到"我要创新"的转变。上半年，国内申请专利的企业达22.9万家，较上年同期增加3.2万家；发明专利申请中，企业占比66.6%，较上年提升了3.2个百分点。企业专利申请的主体地位进一步巩固，更多的企业开始把目光转向科技附加值，把创新作为自身发展的生命线，有力带动行业、产业向中高端迈进。

历经40多年改革开放，我国积累了丰富的知识产权资源，成为名副其实的专利大国。同时，"大而不强、多而不优"的问题依然存在，高质量的关键核心专利不多，在部分领域专利布局仍然不够。把专利转化为先进生产力，使其产生效益、推动发展，既是创新驱动战略的重要一环，也是我国知识产权事业亟待破解的重点问题。

面向未来，知识产权制度作为激励创新的基本保障，其角色和起到的作用将更为突出。我们要继续转变观念，强化专利评价的质量导向，在持续保持专利数量稳定增长的同时，把更多的精力放在提高专利的质量上，积极培育高价值专利。同时，采取更有力的措施，促进创新链、产业链、市场需求的有机衔接，坚定以创新驱动产业转型升级，实现经济高质量发展。

（2020年07月22日）

"数字口岸"畅通铁路大通道

陆娅楠

推动"一带一路"沿线国家和地区铁路合作,促进国际贸易便利化,又有新进展。中国国家铁路集团有限公司不久前发布消息称,自7月起,95306"数字口岸"系统在全国铁路各口岸站投入应用。对外贸企业而言,这意味着铁路国际联运将更加高效便捷,带来更多发展机遇。

"数字口岸"系统是中国铁路95306货运电商平台的新功能。通过这一系统,铁路国际联运各方将实现数据网上共享、快速申报查询等功能,跨境铁路运输可以实现过检通关数字化。只要列车出发,货物、发运人、收货人等信息便实时传输到海关部门、口岸站、运输代理企业和铁路公司,自动完成海关申报,相关境内运输也可以提前办理手续。"数字口岸"系统虽然是铁路货运改革创新的"一小步",却是中国铁路把握数字化发展机遇的"一大步",是中国铁路危中寻机、化危为机的生动实践。

新冠肺炎疫情仍在全球蔓延,多国关闭港口、机场等跨境运输重要关卡,使空运、海运遭受较大影响,却给铁路国际运输留出了突围空间,多地中欧班列在疫情期间的开行数据均实现逆势增长。数据显示,今年上半年,中欧班列开行数量大幅增长,累计开行5122列,同比增长36%;中欧班列5月开行首次突破单月1000列,6月份开行1169列,再创历史新高。在疫情防控期间,中欧班列把亚欧多国紧密联系在一起,并在保障医疗物资运输中发挥了重要作用,打造出安全高效的绿色运输

通道，成为连接中欧各国的贸易桥梁。事实证明，抓住机遇、化危为机，中欧班列有着巨大优势和潜力。

以"数字口岸"投入应用为契机，完善中欧班列产品，不仅能补足铁路国际货运的短板，还有助于进一步畅通国际联运大通道，发挥铁路在推进"一带一路"建设中的牵引作用。"数字口岸"系统可以实现铁路与海关部门信息互联互通、高度协同作业，可降低口岸拥堵，使通关手续更简化，物流成本更低，效率显著提高。今年初，"数字口岸"系统率先在满洲里口岸进行试点，从列车申报到海关放行的时间由原来的约半天缩短至30分钟以内，最快只需几分钟。今年上半年经满洲里铁路口岸站进出境的中欧班列1523列，持续保持高位，"数字口岸"可以说发挥了重要作用。

"数字口岸"投入应用，更是中欧班列信息化建设、高质量发展的一个缩影。去年9月，随着《推进中欧班列高质量发展公约》的签署，中欧班列进入数字化发展快车道。利用互联网、大数据等新技术，中欧班列管理手段不断创新，供应链管理水平大幅提升。以中欧班列（成都）为例，已实现对国际班列去程100%的实时位置追踪，查询信息、办理租箱、口岸进出场手续等全程网上操作，总体订舱办理时限压缩了86%。发挥直采、直购、全程溯源的优势，中欧班列不断扩大"朋友圈"，开拓跨境贸易业务，不仅提高了自身的附加值和盈利能力，也让"一带一路"沿线国家和地区更多的制造商、贸易商搭上了中国高质量发展的快车。

抓住数字化、网络化、智能化新机遇，铁路行业不断化危为机，抢占高质量发展的制高点。朝着数字化不断迈进的中欧班列，也将成为进一步推进"一带一路"建设的火车头，以高质量发展为世界经济注入源源不断的信心与动能。

（2020年07月21日）

防汛救灾要筑牢责任堤坝

王 浩

防汛救灾事关人民群众生命财产安全，事关经济社会发展大局，一线防汛干部常说防汛是"天大的事"，要敢担"天大的责"。当前，已进入防汛的关键时期。习近平总书记对进一步做好防汛救灾工作作出重要指示，强调"各级党委和政府要压实责任、勇于担当""各级领导干部要深入一线、靠前指挥""尽最大努力保障人民群众生命财产安全"。

越是紧要关头，越要绷紧弦、挑重担。今年以来全国累积降水量比常年同期明显偏多且降雨集中，局部地区受灾严重。近期南方大部地区仍有强降雨，据预报下一步雨区会北抬。南北方已全面进入主汛期，防汛将进入"七下八上"关键期。预报预警是"耳目"，各地各部门严阵以待，气象水文部门全天候值守、滚动预报，为准确决策争取时间；堤防大坝是第一道防线，各地充实巡堤队伍，加密巡查频次，及时发现隐患排查风险；水工程调度是防汛"硬招"，水利部门专班作业，应急部门提前部署人员物资，科学调度，减轻防汛压力。各项工作有序开展，各部门各司其职，全力应对洪水带来的严峻考验。

做好今年防汛工作，不能有丝毫放松。从年度洪涝灾害直接经济损失占当年 GDP 比例看，这一数值从 1998 年的 3.27% 下降到最近 10 年的 0.4% 以下，这在一定程度上说明这些年来我国在防汛救灾方面取得的成绩。同时也要看到，随着城镇化率和经济发展水平不断提升，洪涝灾害

的冲击力和致灾性更大。在新冠肺炎疫情与南方汛情交织下，保江河安澜，对保障群众生命财产安全、促进经济社会发展具有重大意义。防汛救灾关键是要"坚决落实责任制"，筑牢防汛的责任堤坝。

筑牢责任堤坝，要克服麻痹侥幸心理。压实各方责任，各级防汛责任人要下沉一线。环环相扣的"防汛链"离不开层层压实的"责任链"，测、报、防、救，任何一项"技防"都离不开"人防"。历史经验表明，责任到位就能使工作到位，就能打好防汛主动战。入汛之初，国家防总就通报了全国防汛抗旱行政责任人名单，水利部门逐级公布了水库大坝安全责任人名单，开展干部汛前培训，从中央到地方，责任层层传导。相关责任人不仅要挂名更要担责，提升履责能力，以万全准备之"不变"应洪涝灾害之"万变"。

筑牢责任堤坝，要坚持人民至上、生命至上的理念。防汛救灾责任履行到不到位，要看能不能将保障群众生命财产安全贯彻始终。因此，各项工作开展需要充分考虑汛情变量，多想一步，做好预案。比如水库泄洪既要考虑上游来水，更要考虑下游承载力，调度再精细些，预警再及时些。在城镇易涝地段，如何保障居民生产生活出行安全？组织群众转移时，如何确保老弱病残能及时撤出？当前正是决战脱贫攻坚之际，深度贫困地区大多地处山区，山洪地质灾害易发多发，扶贫干部更要肩扛双责，既要促脱贫又要防洪灾。

勇担防汛之责，不仅仅在汛期，更要贯穿于长远发展之中。从控制洪水到管理洪水，防汛救灾理念在变。这要求各地在推动城镇建设、产业发展时，既要考虑经济效益，更要注重自然规律。河道、滩地、湖泊等是洪水天然的调蓄池和滞留区，坚持新发展理念，实现人水和谐，才是管理洪水的治本之策，更是为子孙后代负责的务实之举。

（2020年07月15日）

消费升级增添经济发展动力

——从生活变化感受全面小康①

盛玉雷

消费范围拓宽延伸，消费结构转型升级，消费潮流澎湃不息，不仅点亮了生活色彩，而且增添了经济发展动力

向着美好生活不断奋斗的过程，蕴含着微观生活改善与宏观经济发展的内在联系，伴随着供给大幅提升与内需持续旺盛的良性互动

不久前，一家数据中心发布的"新消费"报告，绘出了一幅消费复苏的"热力图"：健康消费激活一池春水，文化消费提高生活品质，个性消费引领流行时尚，并正成为消费新趋势。这些消费热点和消费趋势，让小康生活的画卷更加缤纷多彩。

民以食为天，百姓餐桌反映小康成色。生活中，一句"吃了吗"，既是富有人情味的问候，也反映出吃饭问题在人们生活中的重要性。如今，媒体调查发现，以前围着餐桌转的柴米油盐酱醋茶，正在变成"网购收快递""移动扫一扫""手机点外卖"等。拿"舌尖上的味道"来说，营养餐、健身餐、儿童餐各取所需，见证了从"缺吃"到"好吃"再到"会吃"的变化；团购、外卖、点评环环相扣，折射出移动互联网带来的方便快捷。几十年中，中国的家庭餐桌告别了票证时代的单调和匮乏，美食的口感越来越有层次，生活的味道也越来越有滋味。

生活需要烟火，也渴望色彩。数据显示，2019年全国居民恩格尔系数（食品占居民消费支出比重）为28.2%，连续8年下降。这意味着，在吃之外，人们有了更多的消费选择，生活有了更多可能。今天，观察普通人的消费习惯就能发现，飞机票、高铁票一键下单，随时随地就能开启一场"说走就走"的旅行；国货潮牌"下单包邮"，满足年轻人的时尚需求；充会员追国产剧集，文娱付费变得稀松平常……可以说，消费范围拓宽延伸，消费结构转型升级，消费潮流澎湃不息，不仅点亮了生活色彩，而且增添着经济发展动力。

消费是民生改善的重要内容，也是经济增长的强劲动能。当消费场景从线下向线上延伸，消费对象从实物向服务转变，消费体验从大众化向个性化探索，生活可以实现新的可能，经济足以打开新的蓝海。从大街上一眼望去的"蓝灰黑"，到如今的"中国潮牌"惊艳世界，从"你一间，我一间，筒子楼里冒黑烟"，到"小高层，电梯房，城乡广厦千万间"……事实上，向着美好生活不断奋斗的过程，蕴含着微观生活改善与宏观经济发展的内在联系，伴随着供给大幅提升与内需持续旺盛的良性互动。时至今日，包括4亿多中等收入群体在内的14亿人口所形成的超大规模内需市场，既是我们应对风险挑战的优势，也是面向未来发展的潜力。

发展的引擎一旦点燃，便会不断拓展人们想象力的边界。在通往小康生活的道路上，互联网创新、人工智能等技术进步正在产生强大的牵引力，改变着人们的生活，也催动消费市场发生日新月异的变化。今天，不论是城市的角落，无人超市的人脸识别技术为人们带来更多便利，还是偏远山村，"直播经济"改写大山里人们的命运；无论是智慧物流的不断升级，让人们的网购体验持续改善，还是无人机助力"智慧农业"，为乡村振兴注入科技力量……人们身边的消费场景，讲述着一个又一个"百姓身边的故事"。由此不难理解，小康生活的内涵，就在老百姓不断改善的衣食住行中，就在每个地方日新月异的发展里。

如今，全面小康的美好生活画卷正徐徐展开。向更灿烂的明天进发，朝更亮丽的未来奔跑，我们信心满怀。

（2020年07月15日）

出行之变见证活力涌流

——从生活变化感受全面小康②

彭 飞

中国人出行方式的变化,不仅体现为交通工具的更加便捷,也反映着人与人的联系在加强,有着移动互联时代的鲜明特点,体现着社会文明的进步

在新技术、新业态的支撑下,如今的交通出行不仅速度更快、效率更高,而且更加智慧、智能,也更能满足多层次、多样化、个性化的出行需求

最近,与交通出行相关的好消息接连不断:北斗系统完成全球组网,将为全球用户提供更精准的导航;我国首条支持自动驾驶技术运用的"智慧高速",杭绍甬高速公路项目取得新进展;以网联化、协同化和智慧化为发展趋势的"智能交通"发展迅猛,带来定制化出行、共享出行和绿色出行……在全面建成小康社会进程中,这些好消息不仅标注着交通出行领域创新发展的速度,也意味着群众出行更便捷、出行方式更多元、出行体验更美好。

在交通出行领域,有一个常用的概念叫做"出行半径",这也是衡量人们生活变化的一项指标。从"一辈子没有走出过小山村",到跨越省份的求学、工作,再到今天日益普遍的跨国旅行,中国人的"出行半径"越拉越长,反映的是美好生活范围的延伸。2019年,民航旅客运输量6.6亿人次,"无纸化"服务、"刷脸"登机,带给人们更好的"蓝天体验";

中国高铁里程突破3.5万公里，在全球高铁里程中占比超过2/3，古人"千里江陵一日还"的美好愿望已经变为现实。以飞机、高铁等为代表的现代中国人的出行方式，不仅成为小康生活、品质生活的代名词，也为交通出行在舒适、高效、便捷等维度上树立了新的标杆。

中国人出行方式的变化，不仅体现为交通工具的更加便捷，也反映着人与人的联系在加强，有着移动互联时代的鲜明特点，体现着社会文明的进步。当前，随着5G、物联网、云计算、人工智能等新一代信息技术的快速应用和发展，交通出行背后所体现的人与人、人与物、物与物的联系都在发生深刻变革。依托算法、定位和大数据，用户与网约车能够实现精准的供需匹配；依托5G、云计算，路口的交通探头能够实时监测车流量变化，对红绿灯间隔时间进行动态调整；依托网联技术，路上跑的汽车也能成为网络终端，并根据用户需求自动升级各种应用和功能……在新技术、新业态的支撑下，如今的交通出行不仅速度更快、效率更高，而且更加智慧、智能，也更能满足多层次、多样化、个性化的出行需求。

在感受交通出行巨大变化的同时，我们也不应忘记，在一些边远地区和贫困落后地区，交通状况和人们的出行条件仍然有待提升。尽快补齐这些地区交通基础设施的短板，解决困难群众的出行难题，不仅是地方发展的客观要求，也是"全面小康一个也不能少"的直接体现。不少地方为了满足低收入旅客需求，坚持开行票价低廉的"慢火车"，几十年如一日；不久前，我国最后一个不通公路的建制村——四川凉山布拖县乌依乡阿布洛哈村实现"车路双通"，山区群众的小康梦触手可及。在决胜全面小康的路上，扎实做好交通扶贫工作，我们就一定能确保任何一地、任何一人不因交通而掉队。

车轮飞驰，不觉经年。广袤大地上，四通八达的公路网，便捷高效的铁路网，密集交错的航线网，正在把千年来中华民族"人悦其行、物优其流"的美好愿景变为现实。把人们出行的道路拓得更宽，让出行的脚步更顺畅，让出行服务更优质、交通工具更智能，一个充满活力的"流动中国"必将迸发出源源不断的发展动力。

（2020年07月16日）

多元职业拓宽人生舞台

——从生活变化感受全面小康③

李洪兴

> 职业的多元多样反映着百姓生活的多姿多彩,小康生活的日新月异也在推动着就业领域不断拓宽
>
> 把职业选择与未来趋势联系起来,把个人奋斗与国家发展融为一体,将开启无限宽广的职业空间和人生舞台

前不久,人力资源和社会保障部联合市场监管总局、国家统计局正式向社会发布了"城市管理网格员""互联网营销师"等9个新职业,这也是自《中华人民共和国职业分类大典(2015年版)》颁布以来,发布的第三批新职业。越来越多的新职业进入就业视野,拓宽求职者的人生舞台。

职业之变,折射出经济社会发展的轨迹,也反映着百姓生活的丰富多彩。从牛肉分级员到公共营养师,从农作物种子加工员到农业经理人,从网络编辑员到数字化管理师……近些年,新职业不断涌现的背后,是人们生活需求的升级,是互联网发展的提速,也是产业结构的优化。以公共营养师这一新职业为例,以前人们关注更多的可能是"吃得饱"的问题,现在则不仅要"吃得好",而且要"吃得健康",于是美食品鉴、营养搭配等需求应运而生。新职业正是伴随着美好生活的节奏而不断生长。可以说,职业的多元多样反映着百姓生活的多姿多彩,小康生活的日新月异也在推动着就业领域不断拓宽。

新业态催生新职业，新职业呼唤新技能。新冠肺炎疫情防控期间，对居家生活的群众来说，日常就医用药、身体护理、医疗咨询等是基本需求之一，掌握相关知识和互联网技能的社区健康助理员"供不应求"。针对这些新的职业需求，近年来高校增设了相关专业。今天，有必要以此为契机，推动学校进行专业设置、课程内容的改革，更紧密地对接社会需求以及生产生活实际，提高人才培养培训的质量。尤其是受疫情影响，大学毕业生面临一定就业压力，新职业在促进就业、拓宽年轻人职业赛道方面有着更加重要的意义，迫切需要规范发展。

今年是全面打赢脱贫攻坚战收官之年，新职业为农民增收致富提供了新渠道。山东有一群农民"飞手"，用智能手机操控植保无人机，很快完成了农药喷洒。以前面朝黄土的农民成了仰望蓝天的"飞手"，提高了农业作业效率，也增加了不少收入。云南西双版纳一些农产品滞销，不少农户受损。一位主播为当地进行直播带货、公益助农，菠萝、芒果干、香蕉干等产品迅速销售一空，一场直播惠及西双版纳 195 个村庄的 1750 户村民。如今，有了互联网营销师的新职业，这位助农主播就有了职业身份。多元发展的新职业，正在改变农民的传统增收方式，让更多人在融入新职业发展潮流中实现致富梦、小康梦。

新职业一头连着经济发展中的新业态，一头连着群众生活的新期待。而新职业不断发展壮大的契机，就蕴藏在人们对美好生活的向往中，体现在日常生活的细微处。比如，人们对城市市容环境的期待更高，对小区治理的诉求更具体，城市管理网格员可以发挥更重要作用，通过数字化城市管理进行快速回应；又如，人们期待更加优质的教育资源，在线学习服务师应运而生，借助互联网进行在线辅导，让优质资源触手可及，知识共享更为便捷。这启示人们，把职业选择与未来趋势联系起来，把个人奋斗与国家发展融为一体，将开启无限宽广的职业空间和人生舞台。

正如一位新职业从业者所说，"干好这一行，我们是专业的"。用专业精神干好每一份工作，以饱满热情投入每一项事业，我们的小康生活必将更加美好，我们的人生舞台也必定越来越开阔。

（2020 年 07 月 17 日）

绘就更加美好的生态画卷

——从生活变化感受全面小康④

张 凡

我们挥毫泼墨,书写生态画卷,让天蓝地绿水清的生态之美从理想照进现实,让绿色发展理念不断浸润美丽家园

如今,绿色不仅在山川大地蔓延,更在人们心中延展,越来越多人开始养成绿色生活习惯

北京新一轮百万亩造林绿化如火如荼,河北推进太行山燕山和坝上造林绿化等重点生态工程建设,河南全面启动沿黄河南段左右岸、中下游生态廊道建设……数据显示,今年上半年全国已完成春季造林6646万亩,占全年造林任务的65.8%。绿色在广袤国土上不断延伸,为小康生活铺就幸福底色。

习近平总书记强调,"小康全面不全面,生态环境质量很关键"。良好生态环境是最公平的公共产品,是最普惠的民生福祉。今天,"蓝天白云游,绿野无尽头"的怡人美景、"青山绿水共为邻"的生活环境,成为人们幸福感的重要来源。在江苏南京栖霞区燕子矶街道,过去江边化工企业星罗棋布,江水被污染,如今厂房变绿廊、四季皆美景,居民再也不用"想着法子搬走";在山西太原的汾河边,曾经空气质量不好,居民连出去跑步锻炼都受影响,如今户外能跑步的好天越来越多……透过不同地区人们的生活场景,可以发现,环境的改善是越来越多人共同

的体验。

绿色不断延展，背后是发展理念的深刻改变。近些年来，我们大力推进生态文明建设，按下绿色发展的快进键。从持续增绿，创造"全球新增绿化面积的1/4来自中国"的奇迹；到大力治沙，不断实现从"沙进人退"到"人进沙退"的转变；再到持续减排，让蓝天白云成为生活的常态……我们挥毫泼墨，书写生态画卷，让天蓝地绿水清的生态之美从理想照进现实，让绿色发展理念不断浸润美丽家园。通过不懈努力，"绿水青山就是金山银山"的理念日益深入人心，"美丽经济"发展起来了，绿富同兴，人民群众的获得感更强。

绿色不断延展，为人们带来实实在在的幸福感。如今，通过腾退还绿、疏解建绿、见缝插绿，不少城市正逐渐"把城市融入大自然"。比如，在北京、重庆、青岛等地，不断增多的城市森林、口袋公园、小微绿地，让人们工作之余能找到一片清幽雅致的休闲之地；在各地绵延的滨江绿道，人们不必走远，就能尽情体味山水林城勾勒的自然之美。数据显示，2019年我国城市人均公园绿地面积达14.11平方米，不断增长的数字背后，是人们日益充实的绿色获得感、生态幸福感。在广阔的农村，"一村一品""一村一韵""一村一景"的美丽乡村建设，更让人们在"望得见山、看得见水、记得住乡愁"中收获着田园雅趣、享受着美好生活。

如今，绿色不仅在山川大地蔓延，更在人们心中延展，越来越多人开始养成绿色生活习惯。对很多人来说，"云端"种树、减少一次性餐具使用、垃圾分类，已经成为生活习惯；专门为骑行、步行设计的道路上绿树成荫、环境优雅，成为城市独特的风景；越来越多人在购车时选择新能源车型，为节能减排贡献一份力量……健康环保的生活方式，在点滴之处改善着身边的环境，助力实现我们共同的"绿色梦想"。

在环境美日益成为人民美好生活新内涵的今天，写好绿色文章，让绿色成为最动人的颜色，让呵护绿色成为自觉的行动，才能绘就更加美好的生态画卷。以绿色指数提升人们的幸福指数，必将让全面小康的成色更足、质量更高，让人们的幸福感更强。

（2020年07月20日）

提供更高质量的养老服务

——从生活变化感受全面小康⑤

桂从路

> 我国养老事业的新变化、新成就，集中体现了"发展是解决一切问题的总钥匙"，也是以人民为中心发展思想的生动诠释
>
> 积极拥抱新技术打开的宽广舞台，让养老方式更加多元多样，就能为市场提供品类更多、品质更好、品牌更优的有效供给

AI陪伴机器人、智慧护理床、远程监测手表……不久前，2020中国山东·青岛国际养老产业与养老服务博览会开幕，新型智能科技产品集中展示，让人眼前一亮。移动互联时代，这些智能化适老产品逐渐走进千家万户，助力老年人安享幸福晚年。

养老不仅是每个家庭面临的问题，也是全面小康不可缺失的一环。近年来，我国养老事业取得全方位进步。截至2019年年末，全国共有养老机构和设施17.77万个，养老服务床位754.6万张；今年，全国企业和机关事业单位退休人员月人均基本养老金将上调5%，实现自2005年以来的"十六连涨"；城乡基本养老保险覆盖逾9.6亿人……养老服务事业发展迅速、日趋完善，为老有所养、老有所依奠定了坚实的基础。在农村，新型农村社会养老保险制度的建立，让种了一辈子田的农民也能按月领取养老钱，堪称从无到有的历史性跨越。

如今,高科技赋能智慧养老,重塑了养老的内涵和形式,也很大程度上改变了养老事业的格局。在河南郑州市,以"互联网+"打造的智慧养老服务平台,为老年人提供"点菜式"就近便捷养老服务;在上海静安区,设在街道的智能系统可以远程了解老人在家是否安全健康,将社区打造成"没有围墙的养老院";在甘肃兰州市,"虚拟养老院"成为时尚,足不出户便可在家享受专业化、标准化养老服务;还有遍布各地社区的老年人日间照料中心、医养结合的新型养老院,以更高质量的养老服务不断满足养老需求。有外媒记者在北京体验"中国式养老"后,发出这样的感慨:老人在这里度过余生是一件幸福的事。

我国养老事业的新变化、新成就,集中体现了"发展是解决一切问题的总钥匙",也是以人民为中心发展思想的生动诠释。从制定出台《国务院关于加快发展养老服务业的若干意见》,到印发《"十三五"国家老龄事业发展和养老体系建设规划》,顶层设计的不断完善映照着发展思路的转变。当前,以居家为基础、社区为依托、机构为补充、医养相结合的养老服务体系已经基本建立,保障老年人权益、共享改革发展成果绝不是一句口号,而是实实在在的政策保障与行动。

养老新变化、新成就,是顺势而为、主动作为的结果。近年来,数字化、智能化为民生保障插上新翅膀,带来养老心态改变,养老方案更为多元。在这个过程中,各地因地制宜强化政策引导,成为智慧养老加速到来的"助推器"。去年印发的《关于促进"互联网+社会服务"发展的意见》,释放出以数字化转型扩大养老服务资源的政策导向,各地出台的养老服务规划也对智慧养老给予了有力的资金、政策支持。积极拥抱新技术打开的宽广舞台,让养老方式更加多元多样,就能为市场提供品类更多、品质更好、品牌更优的有效供给。

满足数量庞大的老年群众多方面需求、妥善解决人口老龄化带来的社会问题,事关国家发展全局,事关百姓福祉。不断擦亮全面小康的幸福底色,真正实现"老有所养,老有所乐,老有所为",我们就一定能为老年人带来更好更幸福的晚年。

(2020年07月21日)

公共文化添彩小康生活

——从生活变化感受全面小康⑥

张 贺

> 提质升级的公共文化服务极大提升了群众的获得感和幸福感，成为小康生活不可或缺的一部分
>
> 通过公共文化服务，让更多人享受到了中国文化繁荣发展的成果，让更多的普通人能够徜徉于书海，纵情于艺术，为中华文化的博大精深而惊叹，成为民族自信心和自豪感的重要滋养

不久前，在良渚古城遗址申遗成功一周年之际，首个"杭州良渚日"启动。全覆盖的 5G 信号、琳琅满目的文创产品、创意市集等，让古老文化遗产融入现代生活，生动讲述中华文明的故事。近年来，随着科技不断发展，"云展览"、线上"直播"等文化活动突破时空限制，进一步拓展了公共文化服务的覆盖面，为人们带来触手可及的文化体验。

习近平总书记强调，文化兴国运兴，文化强民族强。对人民群众而言，公共文化服务是身边贴心暖心的精神家园和心灵港湾。文化生活奔小康，既需要文化市场的繁荣，更需要公共文化服务的不断发展。新冠肺炎疫情防控期间，和图书馆有关的一则新闻感动了无数人。在广东东莞打工的湖北人吴桂春，给东莞图书馆写下一则留言，称图书馆是他这些年生活中"最好的地方"。许多读者也纷纷留言讲述在图书馆度过的美好时光。这则引起巨大反响的"暖闻"，生动诠释了公共文化服务对于普通人的意

义和价值：不分年龄、性别、地域，不论收入、学历，不管是本地居民还是外来务工人员，公共文化服务都一视同仁、免费开放。近年来，零门槛、均等化、普惠制的公共文化服务如同阳光，无私地照耀着所有人。

公共文化服务建设的持续深入发展，为14亿人文化奔小康打下了坚实基础，使亿万群众读书看报、观影听戏、唱歌跳舞、打球健身等基本文体需求得到保障。今天，我国广播电视综合人口覆盖率接近100%，所有行政村都建有农家书屋、电子阅览室和文化活动室。今天，在很多地方，图书馆的图书可以像外卖一样，手机下单、快递到家；在偏远牧区，大功率无线网络24小时为群众提供免费下载服务；在云技术的支持下，群众在家可以像点菜一样选择自己感兴趣的文化活动；即便在疫情防控期间，许多博物馆、美术馆和图书馆的"云展览""云借阅"也在提供服务……提质升级的公共文化服务极大提升了群众的获得感和幸福感，成为小康生活不可或缺的一部分。

丰富多彩的公共文化服务，为无数普通群众打开了亲近文化的大门。他们中的许多人，平生第一次看到了真正的国宝、第一次拥有了一张借书证。着眼于满足群众精神文化新需求，我国大力推动文化领域供给侧结构性改革，交出亮眼成绩单。截至2019年底，我国群众文化机构44073个，全年共组织开展文化活动245万场次；文化产业继续保持平稳较快发展，文化新业态发展势头强劲。从家门口的城市书房，到乡村的农家书屋，从博物馆、美术馆，到艺术节、戏曲节、旅游节，再到"云课堂""微讲堂"等，公共文化服务坚持以文化人，以文育人，用优秀的作品鼓舞人、感染人，以高质量文化供给增强人民群众文化获得感和幸福感。

今天的中国，文化产品的生产能力强，文化产品非常丰富。通过公共文化服务，让更多人享受到了中国文化繁荣发展的成果，让更多的普通人能够徜徉于书海，纵情于艺术，为中华文化的博大精深而惊叹，成为民族自信心和自豪感的重要滋养。随着文化体制改革的深入，以及大数据、云计算等新技术的广泛应用，公共文化服务将更加丰富多彩，为全面小康筑牢文化根基。

（2020年07月22日）

持续完善和发展卫生健康事业

——从生活变化感受全面小康⑦

李红梅

健康是促进人的全面发展的必然要求,是经济社会发展的基础条件,是民族昌盛和国家富强的重要标志,也是广大人民群众的共同追求

将健康融入相关政策,充分考虑生活中影响全民健康的因素,推动国民健康政策融入到各项工作中,才能保障好全民的健康

通过互联网医疗平台,偏远地区的患者也能问诊大城市的知名专家;视频连线,专家会诊重症患者,并指导用药、解答疑问;各地医院探索"互联网+",推出复诊购药、医保支付、药品配送等服务,并在线开展健康科普活动……蓬勃发展的"云医疗",正在更好满足人们对健康的需求,不断增强着人们的幸福感。

健康是促进人的全面发展的必然要求,是经济社会发展的基础条件,是民族昌盛和国家富强的重要标志,也是广大人民群众的共同追求。个人健康是立身之本,全民健康是立国之基。对个人来说,有健康才有事业;对国家来说,有全民健康才有全面小康。全民健康水平的高低,影响劳动力的质量,关系到经济发展的速度与质量。同时,全民健康也是全面小康的重要内容之一。健康是小康幸福生活的重要部分。满足好人

民群众多样化、多层次的健康需求，是全面小康的题中应有之义。

经过长期努力，我国已经建起了世界上规模最大的基本医疗保障网。基本医保覆盖率超过95%，大病保险制度惠及10亿多居民，儿童、老人、孕产妇等重点人群享有基本公共卫生服务，城乡三级医疗服务网络不断完善，百姓看病就医负担明显减轻，个人卫生支出占卫生总费用比重降到近20年来最低水平，居民主要健康指标总体上优于中高收入国家平均水平，人民健康水平显著提高。面对新冠肺炎疫情，"云医疗"为广大群众提供着新的服务模式，给人们带来了稳稳的获得感、幸福感、安全感。

推进健康中国建设，让全民健康托起全面小康，就要把人民健康时刻放在心上，重点普及健康生活、优化健康服务、完善健康保障、建设健康环境、发展健康产业，加快推进健康中国建设，努力全方位、全周期保障人民健康。当前，贫困地区、贫困人口的健康问题仍是短板。补齐短板，必须提高贫困地区医疗服务能力，把卫生与健康资源更多引向农村和贫困地区，增强医疗服务公平可及性，并建立机制让贫困人口应保尽保，避免因病致贫、因病返贫。同时，针对基层医疗卫生服务能力较弱的问题，需要不断提升服务水平和能力，让城乡居民能够并且愿意在家门口就医，实现科学合理的分级诊疗秩序，真正做到全方位、全周期保障人民健康。

全民健康是国之大计，是国家重要战略，不仅涉及医疗卫生体系，还涉及资金投入、基础设施、生态环境、社会管理等各项工作。只有将健康融入相关政策，充分考虑生活中影响全民健康的因素，推动国民健康政策融入到各项工作中，才能保障好全民的健康。从个体的角度，健康不仅意味着生理上没有疾病，还意味着良好的心理、社会适应状态。这就要求每个人都应该学习健康知识、养成健康生活习惯，并对影响自己健康的各类风险因素心中有数，及时干预，调适心理，做好自己健康的第一责任人。

健康是享受幸福的基本前提，也是开创未来的现实根基。把人民健康放在优先发展的战略地位，不断满足人民群众的健康需求，持续完善和发展卫生健康事业，以全民健康托举全面小康，就一定能为实现"两个一百年"奋斗目标、实现中华民族伟大复兴的中国梦打下坚实健康基础。

（2020年07月23日）

数字经济打开发展空间

——从生活变化感受全面小康⑧

韩 鑫

数字经济正在拓展和满足人们对美好生活的更高层次需求。数字技术应用的不断推进,成为消费升级的新动力,不断创造出更好的数字化生活

以数字驱动为特征、数据资源为要素的数字经济蓬勃发展,在激发经济增长新动力的同时,也为人民群众创造出看得见、摸得着、感受得到的数字化生活

今天,很多人的一天可能是这样度过的:在手机上一键下单点早餐外卖,扫二维码骑共享单车上班;工作时,打开在线办公APP与同事远程会议,午休时在电商平台购置生活所需;回家后,语音呼叫打开电视,进行影视点播……当一大批数字技术应用走进现实,无需刻意感受,数字经济正在潜移默化地改变着人们日常生活的点点滴滴,成为小康生活的生动注脚。

日益便捷的数字化生活背后,是我国数字经济的蓬勃发展。近日,习近平总书记主持召开企业家座谈会强调,"大力推动科技创新,加快关键核心技术攻关,打造未来发展新优势"。中国信息通信研究院最新发布的《中国数字经济发展白皮书(2020年)》显示,2019年,我国数字经济增加值规模达到35.8万亿元,名义增长15.6%,占GDP比重达到

36.2%。随着大数据、云计算、人工智能等新一代信息技术的创新突破，智能化新生产方式加快到来，平台化产业新生态迅速崛起，数字经济作为一种新型经济形态，正在成为推动我国经济持续稳定增长的重要引擎，推动全面小康的脚步不断加快。

从需求侧看，数字经济正在拓展和满足人们对美好生活的更高层次需求。有学者认为，随着人们生活水平的提高，安全需求、社交需求、尊重及自我实现的需求也水涨船高。应该看到，当前，数字化在深刻改变人们衣食住行的同时，也使人们的其他需求得到不断延展和更好满足。比如，通过活体检测和人脸识别算法，可以完成3D人脸验证，实现了高精准身份验证，有效提升生活安全水平。又如，利用人工智能语音识别技术，将讲话实时自动翻译为数十种语言已不是难事，可以轻松满足人们拓展与外国友人社交的需求。数字技术应用的不断推进，成为消费升级的新动力，不断创造出更好的数字化生活。

从供给侧看，数字技术正在更深层次、更广领域加速拥抱传统产业。数字时代，数据是生产要素，更是发展机遇。制造业成为数字经济主战场，在智能制造方面，通过数字工厂仿真、智能物流无缝对接，帮助制造企业提升制造品质和生产效率；在智慧仓储方面，将智能叉车、电子围栏等数字技术应用于日常管理，实现了大宗货物的安全管控和精准查询。数据显示，2019年我国规上工业企业生产设备数字化率达到47.1%，制造企业数字化基础能力稳步提升，为满足人们对高质量产品服务需求提供了坚实保障。此外，新一代信息技术与服务业加速融合，不断孕育新产品新业态新模式。新冠肺炎疫情防控中，以远程办公、在线教育为代表的平台经济快速发展，不仅满足了上亿人的学习办公需求，广受公众青睐，更开拓出拉动经济的新增长点。

以数字驱动为特征、数据资源为要素的数字经济蓬勃发展，在激发经济增长新动力的同时，也为人民群众创造出看得见、摸得着、感受得到的数字化生活。当前和今后一段时期，全球数字经济将继续迎来快速发展。作为制造大国和网络大国，我们应紧抓时代发展机遇，深挖数字经济潜力，持续加快数字技术研发和实体经济数字化转型，开拓数字经济想象空间和应用场景，让更多人在数字化浪潮中享受发展红利，不断满足人民群众日益增长的美好生活需要。

（2020年07月24日）

贯彻落实好新时代党的组织路线

赵 兵

在中央政治局就"深入学习领会和贯彻落实新时代党的组织路线"举行第二十一次集体学习时，习近平总书记指出，安排这次中央政治局集体学习，既是庆祝党的生日的一次重要活动，也是为了推动全党深化认识并贯彻落实好新时代党的组织路线。从石库门到天安门，从兴业路到复兴路，回望近百年奋斗历史，坚持正确的组织路线，是保证我们党的组织能够蓬勃发展、党的事业能够顺利推进的重要法宝。

正确的政治路线要靠正确的组织路线来保证，组织建设是党的建设的重要基础。我们党要长期执政、永葆活力，团结带领全国各族人民沿着中国特色社会主义道路实现中华民族伟大复兴，最重要的是把党建设得更加坚强有力。今天，站在"两个一百年"的历史交汇点上，在决胜全面小康、决战脱贫攻坚的关键时刻，统筹疫情防控和经济社会发展，我们更加需要贯彻落实好新时代党的组织路线，把党建设好、建设强。

严密的组织体系，是马克思主义政党的优势所在、力量所在。在新冠肺炎疫情防控中，党中央一声令下，32个部门组成联防联控工作机制，31个省区市启动重大突发公共卫生事件Ⅰ级响应，广大基层党组织和广大党员紧紧跟上……一个党支部就是一座战斗堡垒，一名党员就是一面旗帜，正是凭借严密的组织体系，千千万万党员干部拧成一股绳，凝聚起14亿人的磅礴力量。贯彻新时代党的组织路线，需要继续抓好组织体系建设。党中央立标杆、作表率，无论是地方党委，还是基层党组织，都需要不断加强自身建设，把广大人民群众紧紧团结在党的周围。

贯彻新时代党的组织路线，建设忠诚干净担当的高素质干部队伍是关键。近年来，我们党不断优化干部选用工作，坚持好干部标准，把政治标准放在第一位；强化分类考核，防止"一刀切"，避免一种考核办法包打天下；激励担当作为，让那些做样子、混日子的"官油子"没位子。与此同时，更加积极、更加开放、更加有效的人才政策逐步形成，最大限度激发人才的奉献精神、奋斗精神。坚持德才兼备、以德为先、任人唯贤的方针，形成具有吸引力和竞争力的人才制度体系，就能聚天下英才而用之，用高素质干部队伍支撑党的组织体系。

党的十八大以来，我们先后制定修订了190多部中央党内法规，党内政治生活若干准则、党组工作条例、地方党委工作条例等一系列组织建设方面的党内法规，搭建起党内法规的"四梁八柱"，为坚持和完善中国特色社会主义制度夯实了制度之基。贯彻新时代党的组织路线，同样要抓好党的组织制度建设。把党内组织法规和党中央提出的要求具体化，建立健全包括组织设置、组织生活、组织运行、组织管理、组织监督等在内的完整组织制度体系，才能不断提高党的组织建设的制度化、规范化、科学化水平。

砥砺百年犹未老，峥嵘进击正风华。贯彻落实好新时代党的组织路线，加强马克思主义特别是习近平新时代中国特色社会主义思想的理论武装，把党建设得更加坚强有力，我们就一定能够让承载着中国人民伟大梦想的航船破浪前进！

（2020年07月14日）

助力高校毕业生求职就业

李心萍

"云合影""在线拨穗""直播打包行李"……最近,许多高校创新形式,以别样的方式送别 2020 届毕业生。特殊的毕业季,不少同学虽已作别母校,却仍奔波在找工作的路上。

高校毕业生就业与农民工就业,被比作就业的经线和纬线,织牢经纬线,事关我国就业形势的稳定。今年高校毕业生达 874 万人,受新冠肺炎疫情、经济下行压力加大等多重因素叠加影响,就业形势相对严峻,"保就业"任务艰巨。在供需匹配方面,一些招聘活动因疫情防控原因被迫推迟。尽管用人单位积极尝试线上招聘活动,但由于时间紧迫、准备不足、面试密集等因素,难免会对毕业生心理和就业质量产生影响。

面对困难,各地区、各部门集聚众智、凝聚合力,积极拓展就业渠道,努力优化就业服务,助力高校毕业生求职就业。今年,国家增加招募 5000 名特岗教师、总招募规模达 10.5 万人,"三支一扶"项目扩招至 3.2 万人。央企国企打头阵率先扩招,基层岗位、升学、入伍、见习规模全部扩大;网络招聘、视频直播,行业专场、地方专场,各类模式纷纷亮相;老师们线上答疑解惑,免费就业指导课程随时听……在多项政策推动下,高校毕业生就业工作卓有成效地推进。

疫情给我国发展造成了较大冲击和影响,但我国经济稳中向好、长期向好的基本面没有改变。令人欣喜的是,虽然部分岗位招聘规模有所收缩，但践行高质量发展要求的中国经济对高素质人才的需求日益增长，正孕育出不少适合高校毕业生就业的岗位。比如，在新基建领域，以算法工程师等为代表的新岗位人才缺口较大；在美容、美发、健身等生活服务业，随着"线上化"加速，对擅长线上运营的毕业生需求也日渐旺盛。今年的《政府工作报告》指出，"促就业举措要应出尽出，拓岗位办法要能用尽用""要促进市场化社会化就业，高校和属地政府都要提供不断线的就业服务，扩大基层服务项目招聘"。帮助高校毕业生就业，既要让财政政策、货币政策与就业政策协同发力，夯实稳就业基础，更应多措并举、创新方法，让政策落到实处。

作为求职创业的主体，高校毕业生自身的努力、就业理念的转变也至关重要。如今毕业生就业，不仅面临总量压力，结构性矛盾也比较突出。大数据显示，即使在新兴产业，一些技术含量较低的职位由于求职者众多，竞争颇为激烈，而在酒店、餐饮、家政等传统行业，也有好的发展机会。因此，要想找到心仪的岗位，必须实时关注市场变化，及时调整就业预期。毕业生求职，最终比拼的是综合实力。提前做好职业规划、明确目标、加强学习，注重积累实习经验、提升就业能力，才能充分发挥自己的优势，找到理想的工作。

就业再难也不能掺水分，大学生就业率不容有丝毫造假。前不久，教育部启动高校毕业生就业状况核查，目的就在于准确掌握当前高校毕业生就业情况。874万高校毕业生既给劳动力市场带来压力，更是宝贵的人才资源。攻坚克难、加倍努力，千方百计为毕业生做好就业服务，这是全社会共同的责任。

（2020年07月13日）

近视矫正市场需"矫正"

王君平

近期,一些医院眼科门诊内中小学生就诊人数明显增加,不少孩子出现视力下降甚至近视症状。这一方面是由于疫情防控期间一些门诊关停,或是家长出于安全考虑没有及时带孩子就诊;另一方面则出于长期在家上网课、复课后课业压力加大等原因,没有保障好用眼卫生。儿童青少年近视问题令人揪心,视力纠正产品市场的问题也值得关注。

儿童青少年近视,不仅仅是教育问题、卫生问题,也是社会问题。我国学生近视呈现高发、低龄化趋势,严重影响孩子们的身心健康,这是一个关系国家和民族未来的大问题,必须高度重视。世界卫生组织公布的一项研究报告显示,中国近视患者达6亿人,青少年近视率居高不下。庞大的"小眼镜"群体,催生出旺盛的"摘眼镜"需求。

然而,市场上的近视矫正产品令人眼花缭乱。有的商家推出视力矫正产品,宣称能有效提高视力,"快的一个月改善50度,慢的两个月改善50度,100%有效";有的商家自称使用了"3D训练""5D热敷"等"先进技术",制造概念吸引家长掏腰包;有的青少年护眼机构开出高价,一些套餐产品每疗程价格高达万余元。我国广告法规定,医疗、药品、医疗器械广告不得含有表示功效、安全性的断言或者保证的内容;除医疗、药品、医疗器械广告外,禁止其他任何广告涉及疾病治疗功能,并不得使用医疗用语或者易使推销的商品与药品、医疗器械相混淆的用语。然而，从线上商城到线下商家，一些机构搞虚假宣传，以护眼之名行骗钱之实。近视矫正市场良莠不齐，亟待治理。

净化市场环境，更好保障儿童青少年权益，就要坚持有法必依、执法必严，整合力量、强化监管，重拳出击、落实措施，坚决查处无效产品、无良商家，狠刹虚假宣传、欺骗性消费的歪风。与此同时，也应注重引导，帮助家长和孩子理性看待近视现象和近视矫正，避免"有病乱投医"。家长希望一劳永逸地摘掉近视孩子的眼镜，这种心理经常被不良商家所利用。此前，国家卫生健康委办公厅联合多部门发布《关于进一步规范儿童青少年近视矫正工作切实加强监管的通知》明确："在目前医疗技术条件下，近视不能治愈。"所谓"康复""恢复""近视治愈"等表述，纯属误导。对家长来说，与其急功近利地去寻找视力矫正产品，莫如在帮助孩子提升健康素养上多下功夫，努力培养孩子科学用眼、爱眼护眼的良好习惯。

除了依法打击、有力引导，也要从根源上铲除儿童青少年近视滋生的土壤。目前，人们对近视的严重性还重视不足，一般只是把近视等同于"戴眼镜"。事实上，近视也是一种疾病，高度近视不仅是致盲和视力损伤的重要原因，因其具有遗传性，还会影响下一代的健康。教育部、国家卫健委等八个部委联合印发的《综合防控儿童青少年近视实施方案》明确将儿童青少年总体近视率纳入政府绩效考核。切实提高认识、加快行动，把降低孩子近视率摆到更加重要位置，将视力健康纳入素质教育，把课余时间真正还给孩子，让他们走进大自然、远望星空，才能给孩子一双明亮的眼睛。

健康是社会文明进步的基础。医学证明，新生儿的双眼处于远视状态，是一种"远视储备"。合力呵护好孩子们的视力，就是保护民族的"远视储备"，以视觉健康推进健康中国建设。

（2020年07月10日）

筑牢基层公共卫生防护网

李红梅

基层医疗机构与疾控机构、大医院分工协作、信息共享，有助于提升整个社会应对突发公共卫生事件能力，用成本和风险更小的方式做好疫情防控

习近平总书记强调，要健全疾控机构和城乡社区联动工作机制，加强乡镇卫生院和社区卫生服务中心疾病预防职责，夯实联防联控的基层基础。为深入贯彻落实习近平总书记重要指示精神，最近，国家卫生健康委、财政部、中医药管理局联合印发《关于做好2020年基本公共卫生服务项目工作的通知》，明确今年人均基本公共卫生服务经费补助标准提升到74元，新增5元经费全部落实到乡村和城市社区，用于强化基层卫生防疫。同时，中央预算内投资下达456.6亿元，加强公共卫生防控救治能力建设。

国家基本公共卫生服务目前包含了14类项服务内容，主要由基层医疗卫生服务机构提供。传染病和突发公共卫生事件报告和处理也是服务内容之一，涵盖了监测、排查、发现、报告、处理突发急性传染病疫情、不明原因肺炎病例等。从2009年开始，国家基本公共卫生服务已实施了10多年，正是这些年来的培训和预防控制措施，为新冠肺炎疫情基层防控打下了基础。

疫情防控期间，全国各地在基层展开早发现、早报告、早隔离、早治疗"四早"防控措施，落实街道人员、社区网格员、基层卫生服务中心人员、民警、志愿者"五包一"社区防控责任制等。基层医务人员开展了大量细致入微的工作，如预检分诊、社区排查、居家观察、核酸采样、疑似患者隔离人员和发热病人转运、分类管理四类人员等。这些琐碎而繁杂的措施，是真正低成本、高效率的公共卫生措施，起到了四两拨千斤的效果。可以说，基层卫生防疫人员有序介入和积极管理，和疾控人员一起有效地控制了传染源、切断了传播途径、保护了易感人群。

不可否认的是，由于我国基本公共卫生服务人均补助标准不高，覆盖服务内容较广但人才相对不足，影响服务效果。再加上居民一有症状就到城市大医院就诊，影响了疫情在基层的提早预警和报告处理。让基层医疗卫生机构第一时间发现病例、报告并处理，无疑是落实"四早"最经济有效的手段，能减轻大医院诊疗负担，减少病毒交叉感染机会。这其中的关键是必须有一支高水平的全科医生队伍。这是因为，高水平的全科医生不仅开展常见病、多发病的临床诊疗，还能保持对疫情防控的敏感性，懂得处理基层突发公共卫生事件，将医疗服务与公共卫生服务结合在工作中。

同时，为了更好夯实联防联控的基层基础，还需要逐步建立医防融合机制。在医防融合的机制下，基层医疗机构与疾控机构、大医院分工协作、信息共享，进行排查、报告、首诊、预检分诊，有助于提升整个社会应对突发公共卫生事件能力，用成本和风险更小的方式做好疫情防控。实践中，有些地方已整合区域内疾控、医疗等机构，以健康为考核导向，推动形成医防融合、有序分级诊疗的联合体。《通知》也要求"推进基层机构基本医疗和基本公共卫生融合服务"，此举有助于落实预防为主的卫生与健康工作方针，打牢疫情防控的根基。

在疫情防控常态化背景下，基层医疗卫生机构继续开展基本公共卫生服务，工作任务更重。这需要各地精心谋划与安排，统筹做好工作，推动医防融合，提高基层防控能力，织密防护网、筑牢筑实隔离墙，切实为维护人民健康提供有力保障。

（2020 年 07 月 09 日）

筑牢防汛的"铜墙铁壁"

王 浩

近期,南方汛情牵动人心。今年以来23次强降水过程轮番上阵,6月以来250多条河流超警,洪水发生集中,近年少见。防汛救灾一线,冒险转移、紧急抢险,接力救援争分夺秒、有序开展,部门协作、军民齐心,全力以赴防大汛、抢大险。

习近平总书记近日对防汛救灾工作作出重要指示,要求全力做好洪涝地质灾害防御和应急抢险救援,坚持人民至上生命至上,切实把确保人民生命安全放在第一位落到实处。习近平总书记的重要指示为防汛救灾提供了重要遵循,更彰显了我们党人民至上、生命至上的价值理念。面对防汛救灾严峻挑战,要守牢安全第一的底线,强化风险意识,确保江河安澜、群众安全。

防汛对各地各部门来说,是一场大考,既考验防灾救灾体系和应急管理能力,也考验责任担当和为民情怀。据预测,今年气象水文年景总体偏差。严峻汛情又遇新冠肺炎疫情影响,"考卷"难度更大,肩上压力更重。在这样一个特殊的年份,做好防汛救灾,对于稳定有序开展各项工作,更显意义重大。当前,我国防洪体系日益完善,有5级以上堤防30多万公里、水库9.8万多座、水闸超过10万座,防洪"硬件"更硬;山洪灾害群测群防体系、洪水预报预警系统等非工程体系也发挥了重要作用。可以说,时下,我国防汛救灾能力更强、底气更足。当前防汛进入关键期,正是绷紧弦、全力冲的时候,各地各部门应以更强的责任感,严阵以待,全力做好防汛抗洪和抢险救援各项工作,切实保障人民群众生命财产安全。

瞄准风险点,防汛救灾要下足绣花功夫。江河湖库地理环境和雨水情况不同,"防"与"救"应精准施策,切不可机械照搬。水利工程点多面广,防汛措施链条长、牵涉部门多,隐患往往隐藏在不显眼处。比如,大江大河的超标洪水破坏力强、危害大,相关部门有了防御预案,更要克服侥幸心理,增加实地演练,做到心中有数,特别要在防汛准备、监测预报、水工程调度等方面突出针对性和实用性。中小河流洪水涨势猛、防洪标准相对较低,重点堤段应加强巡查防守,预报预警应及时发布。一些小型水库无人管护,各地应扎实落实防汛行政责任人、技术责任人和巡查责任人制度,"三个人"各司其职,"三双手"合力守护。

今年汛情既有与往年相似之处,也有新情况,防汛救灾还要立足实际,主动创新。在河流洪水预测预报方面,设置应急监测断面、视频监控、加强与气象部门信息共享等,提高预报精准度,让防汛"耳目"更敏锐。山区旅游人员、流动人员以及外来务工人员因山洪灾害伤亡的事情时有发生,在用好山洪灾害监测预警体系基础上,今年水利部门将与三大通信运营商联手,向社会发布预警信息,解决"最后一公里"问题。山区暴雨期间,农村容易出现通信、供电中断等问题,基层政府在做好手机信息发布同时,还要为村干部配备手摇报警器、铜锣等,确保预警到位,转移不落一人。

我国是世界上水情最为复杂、江河治理难度最大、治水任务最为繁重的国家之一。"雨下得越紧,心就越是揪着。"一线防汛人员常常如此感叹,揪心正是源于对自然的敬畏、对人民群众的高度负责。坚持人民至上、生命至上,用防洪大坝筑起"铜墙铁壁",一定能维护好群众生命财产安全、守护美好家园。

(2020 年 07 月 08 日)

今年高考，在不同中孕育不凡

赵婀娜

懂得个体的愿望与宏大的时代语境息息相关，将个人的成长汇入国家发展与人类进步当中，是这届特殊高考给全体考生带来的启示

延期一个月后，2020年高考在万众瞩目中拉开帷幕。全国1000多万名考生，怀抱对未来的憧憬，肩负着各方的期待，走进考场，追寻梦想。

这届高考无疑是特殊的。这是在疫情防控常态化背景下的一次高考，是考试招生制度改革进入攻坚期的一次高考，也是疫情防控期间全国范围内规模最大的一次有组织的集体性活动。正因如此，在选拔与评价功能之外，2020年的高考，更多了几分守护的味道、期许的分量。

众志成城的磅礴伟力，守护着千万名考生的健康和梦想。突如其来的疫情打乱了这一届高三学子学习备考的节奏，在加油冲刺的关键时刻，一边关注自己和家人的健康，一边稳住心神、潜心备考，始料未及，却必须迎难而上。艰难的时刻，党中央带领广大人民群众万众一心、守望相助，汇聚成战胜疫情的强大力量，成就了这一届考生走进考场、实现梦想的可能。可以说，是每一位医生、每一位教师、每一位战士以及每一位普通民众共同为这届考生铸就了平安健康之基、托起了扬帆远航之梦。

特殊的备考，也为人生积蓄前行的力量。对于广大高三考生来说，疫情或许打乱了学习节奏，却也提供了一次重新思考人生、审视未来的机会。在这场全球突发公共卫生事件面前，他们会更清晰地意识到守护百姓安康、实现国家富强，仍需要在科研、医疗、公共服务等各方面付出持之以恒的努力。懂得个体的愿望与宏大的时代语境息息相关，将个人的成长汇入国家发展与人类进步当中，在选择未来方向时，更多些敢担使命、敢负重任的豪情，是这届特殊高考给全体考生带来的启示。

在特殊中感受不同，在不同中孕育不凡。2020年高考的考试管理和考务组织工作也面临更大挑战。安全、公平、科学、规范地做好高考工作，不仅是整个社会的期待，也是党和人民赋予的历史使命。

面对疫情防控常态化下的高考，教育战线的全体工作人员既是组考者，也是应考者。要以最严格的措施，做好疫情防控，因地制宜制定高考防疫组考方案，增加疫情防控和公共卫生突发事件应急处置的准备；以最严格的标准，确保考试安全，根据今年考试的新情况，制定高考安全工作方案，加强对试卷命制、印刷、运送、保管等各环节的管理，确保全程监控、无缝衔接；以最严厉的手段，打击考试作弊，强化高考标准化考点建设，实施考生身份识别、考试过程视频监控，细化应对极端天气等自然灾害的专项预案，开展应急演练；以最严密的程序，保障招生公平。要严格执行高校招生"六不准""十严禁""30个不得"等招生工作禁令，坚持"阳光招生"，强化信息公开，认真开展新生入学复查，对弄虚作假、考试舞弊，骗取加分资格或企图冒名顶替的新生，坚决取消其入学资格并严肃处理。

道阻且长，行则将至。有人说，2020届高考生是最难的一届，但也是不凡的一届。因为他们或许比以往更多了些波折与磨砺，但风雨过后，留下的少年意气与精神气质，终将化为绚丽彩虹，鼓励他们胸怀家国、心怀感恩，勇往直前。

（2020年07月07日）

新业态，开拓经济新蓝海

——把握中国经济新变化①

盛玉雷

更便利的智能交互应用，更广泛的新型消费场景，更优化的商业服务模式，让培育经济新增长点、形成发展新动能成为可能

无论是从无到有的创新，还是从有到优的升级，把难点变成高质量发展的支点，将危机化为转型升级的契机，新业态新模式大有可为

不久前的端午假期，新消费新业态成为一大亮点。在上海黄浦，一家老字号餐饮品牌根据线上线下的订单需求生产粽子380多万只，较去年产量翻番；在湖北秭归，2020年屈原故里端午文化节"云上"揭幕；在浙江湖州，当地尝试用文旅直播带游客畅游古镇……红红火火的新业态新模式，不仅催生了传统佳节的新风尚，而且拓宽了消费市场的新空间、创造了经济发展的新机遇。

新冠肺炎疫情不可避免对经济造成冲击，但完全可以危中寻机、化危为机。习近平总书记强调，"把疫情防控中催生的新业态新模式加快壮大起来"。疫情防控期间，从线上课堂到虚拟会议，从智能制造到无接触餐厅，当传统行业插上信息化的羽翼，当发展列车驶入数字化的轨道，就能把被抑制的消费需求释放出来，创造经济增长的更多可

能性。

历史经验和现实都表明，危机中往往孕育着新机，变局中也可以开启新局。对消费者来说，新业态意味着别具一格的新体验；对企业而言，新模式打开了一片广阔的蓝海。直播带货悄然走红，不仅给消费者带去实惠和便利，而且盘活了万亿级农村消费市场；在线教育迎来风口，在校师生增添了正常教学的渠道，优质教育资源也得以向更大范围辐射；文旅活动融合发展，既能在线下满足游客的多元化需求，也可以通过线上"云游"极大拓展获客空间。更便利的智能交互应用，更广泛的新型消费场景，更优化的商业服务模式，让培育经济新增长点、形成发展新动能成为可能。

更进一步看，新业态新模式的茁壮成长，既是疫情防控常态化下的应对之举，也是促进传统产业转型升级、实现经济高质量发展的主动作为。当前，我国经济正处在转变发展方式、优化经济结构、转换增长动力的攻关期。一方面，人工智能、大数据、云计算、区块链等新技术新应用快速发展，为新业态新模式的勃发进行赋能。另一方面，从购物到服务，从生产到销售，各行各业加速"上线""上云"，传统生产组织模式和产业供应链、价值链不断重构。可以说，无论是从无到有的创新，还是从有到优的升级，把难点变成高质量发展的支点，将危机化为转型升级的契机，新业态新模式大有可为。

习近平总书记强调，新业态虽是后来者，但依法规范不要姗姗来迟，要及时跟上研究，把法律短板及时补齐，在变化中不断完善。应该说，任何新事物从诞生到成熟都需要经历一个过程，"鼓励创新、包容审慎"的原则需要贯彻始终。这启示我们，面对发展快速、创新活跃、应用广泛的新业态，要在强化公共信息基础设施建设、加强数字化时代知识产权保护、构建公平公正营商环境等方面下大力气，为新业态新模式的发展创造充足空间；同时，发现杂乱无序、违法乱纪、突破底线的新问题，也要坚守安全和质量红线，不断创新监管模式，对出现的问题及时引导或者处置，促进新业态新模式规范健康发展。

今年《政府工作报告》指出，电商网购、在线服务等新业态在抗疫中发挥了重要作用，要继续出台支持政策，全面推进"互联网+"，打造数字经济新优势。新技术层出不穷,新业态风起云涌,新模式激荡澎湃,这是中国经济强势回暖的写照,也将汇聚起强大动力,推动中国经济行稳致远,实现高质量发展。

(2020年07月07日)

新消费，提供增长新支撑

——把握中国经济新变化②

罗珊珊

不断涌现的线上新型消费正有效促进消费回补、潜力释放，激活了大量潜在的市场机遇，成为扩大内需、促进国内经济大循环的重要抓手

线上新型消费方兴未艾，是我国超大规模市场优势、成熟的数字化信息技术、健全完备的产业链供应链体系共同作用的结果

直播带货、网上下单、门店到家、社区团购……今年受新冠肺炎疫情影响，线下消费受阻，线上新型消费迅速补位，成为消费市场上一抹亮色。刚刚过去的"618"购物节，各大电商平台销售额频频刷新纪录。今年前5个月，全国实物商品网上零售额同比增长11.5%，占社会消费品零售总额的比重达到24.3%。随着新业态、新模式加速创新，线上线下同频共振、融合发展，新消费的澎湃活力正为我国经济转型升级注入强劲动能。

习近平总书记在宁夏考察时强调"要把握扩大内需这一战略基点"。在扩大内需中，促进消费是一个重要内容。目前，我国已成为全球第二大消费市场，消费总量仍在提升、消费结构持续升级。可以说，内需是我国经济发展的基本拉动力，消费已成为经济稳定运行的压舱石。疫情

防控期间，一些消费被抑制，但消费需求并没有消失，不断涌现的线上新型消费正有效促进消费回补、潜力释放，激活了大量潜在的市场机遇，成为扩大内需、促进国内经济大循环的重要抓手。

新消费助力消费升级。当前，消费升级态势明显，多样化、个性化的消费需求不断增长。疫情防控期间，生鲜电商、门店到家等新业态迅猛发展，拓展了消费场景，让消费者在家也能便捷购物，给人们的日常生活带来了极大便利；以直播带货、社群团购等为代表的新消费模式则带来全新消费体验，手机在消费者与商家之间架起一座沟通的桥梁，消费不再局限于购买行为，更兼具社交、互动、休闲等附加功能。线上新型消费的崛起，让全球各地的优质商品依靠网络飞入寻常百姓家，满足人们日益增长的美好生活需要。

新消费带动市场下沉。受信息不对称等因素制约，农产品进城、工业品下乡是长期困扰流通业的难题，而电商等新消费模式的兴起正带来新变化。疫情防控期间，传统线下流通渠道不畅，许多地方的农产品存在滞销现象，数字技术赋能下的新电商平台可以快速整合生产、物流、销售等全链路资源，打通农村和城市间的产销对接通道，让曾经进城难的农产品迅速流通起来。农村电商的持续发展将推动市场下沉，挖掘中国超大规模市场的纵深和腹地，同时还将促进农民增收、助力脱贫攻坚，推动乡村产业结构转型升级，推进乡村振兴。

新消费畅通经济循环。生产、分配、流通、消费是一个完整的社会生产过程，只有消费活力旺，整个社会再生产才能顺利进行。需求侧的转型升级将促进供给侧提质增效，借助电商平台的技术优势和市场规模，新消费可以更高效地匹配供需双方，挖掘各地产业集群优势，帮助相关企业迅速恢复生产，进而激活全产业链，形成正向反馈，实现供需两旺的良性循环。比如，很多厂家根据电商提供的消费数据来优化生产，甚至针对特定需求进行定制化生产、柔性生产，创造了全新的商业模式。

线上新型消费方兴未艾，是我国超大规模市场优势、成熟的数字化信息技术、健全完备的产业链供应链体系共同作用的结果。当然，把在疫情防控期间催生的新型消费培育壮大起来，还需妥善加以引导、帮扶，在监管上秉承包容审慎原则，在财政、税收等政策上给予支持，不断完善适应物流覆盖网络和基础设施建设,助力新消费蓬勃发展。抓住线上新型消费的发展契机,充分释放内需潜力,必将推动我国经济逐步形成以国内大循环为主体、国内国际双循环相互促进的新发展格局。

(2020年07月08日)

新就业，满足职业新需求

——把握中国经济新变化③

齐志明

> 新职业不是凭空而生，而是中国经济发展的新动能不断培育与壮大后的自然显现
>
> 新职业、新就业不仅新在工作种类、工作内容，更新在工作方式、工作关系，加强鼓励和引导，才能让新就业更好发挥稳就业的支撑作用

近期，人社部拟对职业工种进行调整，增加互联网营销师等10个新职业和直播销售员等8个新工种。今年3月，呼吸治疗师、网约配送员等第二批16个新职业正式公布后，也迎来好评如潮。新职业、新就业，引发广泛关注。

就业是经济的"晴雨表"，新就业折射了中国经济活力与韧性，也带来了生机与希望。5月份，全国城镇调查失业率为5.9%，比上月下降0.1个百分点。这个来之不易的降幅说明，尽管受到新冠肺炎疫情的冲击，但我国就业形势仍保持总体平稳。这背后，有着新职业开拓就业新空间的助力。就业是民生之本。无论是做好"六稳"工作，还是落实"六保"任务，就业都排在首位，稳就业、保就业的重要性可见一斑。在传统行业受到疫情冲击的背景下，新职业、新就业提供了就业岗位新的增量，有利于弥补空白、稳定就业市场。

人民时评

新业态催生新职业，新职业带动新就业。要看到，新职业不是凭空而生，而是中国经济发展的新动能不断培育与壮大后的自然显现。尽管国际疫情持续蔓延、海外需求下降、国内经济下行压力在加大，但伴随技术革新与需求升级而生的新业态、新模式、新产业仍在不断涌现，有关工程技术工作、现代服务业领域中各大垂直业态所需的新职业也在逐步诞生。尤其是在统筹推进常态化疫情防控和经济社会发展工作中，以在线教育、直播带货、生鲜电商、互联网医疗等为代表的数字经济获得蓬勃发展，衍生出众多新职业，行业内的企业招聘需求也逆势上扬。以直播电商为例，除了后端的技术运维，仅在前端，就有网络主播、主播经纪人、场景包装师、直播讲师、直播编辑、选品师等新岗位在不断涌现。

不少新职业虽然"年龄小"，但需求大、分工细、专业度高，对于解决就业问题很有助益。新职业不仅意味着不同于以往的工作体验，还意味着更广阔的就业空间、更多元的职业转型机会，尤其是为大学生等重点就业人群提供了新选择。有报告显示，今年1月1日到6月15日，直播行业的招聘需求同比上涨大约134.5%。无论是生产制造和建筑领域技术革新催生的新职业，还是现代服务业快速发展孕育出的新职业，抑或大量健康照护服务需求派生出的新职业，都有广阔的就业前景。

新职业、新就业具有很多新特点。由于新就业大多与数字经济有关，因此"数字化生存"的特点鲜明，能够突破时间、地域的限制。凭借在线会议、协同生产、远程办公等数字技术，身处天南地北的员工们，借助数字化生产工具，一样也能完成往日聚在同一栋写字楼合作达成的项目。同时，就业形式、雇佣关系也在衍生出新的形态，非全职的灵活就业、零工经济属性凸显，基于合作的关系成为就业新形态。无论是外卖送餐员、代驾、网约车司机，还是平台主播、短视频作者、企业共享员工，这些新职业岗位都有任务碎片化、工作弹性化的特点，这给了从业者更多利用空闲、零散时间从事兼职工作的机会。可以说，新职业、新就业不仅新在工作种类、工作内容，更新在工作方式、工作关系，把握新职业、新就业的这些新特点，加强鼓励和引导，才能保障就业权益，让新生事物健康成长，让新就业更好发挥稳就业的支撑作用。

从基本面来说，中国经济稳中向好、长期向好的基本趋势没有改变也不会改变;从政策面上,各地区各部门正在全面强化就业优先政策,一系列援企稳岗政策纷至沓来。随着传统行业就业趋于稳定、优化存量,新职业、新就业不断兴起、创造增量,我们完全有信心、有能力创造充足的就业岗位,保持就业局势总体稳定。

(2020年07月09日)

数字化,激扬发展新优势

——把握中国经济新变化④

石 羚

> 数字经济在常态化疫情防控背景下将加快发展步伐,成为中国经济新的增长引擎,助力实现经济转型升级
>
> 因应科技革命,不断填补技术空白,加强新型基础设施建设,一定能实现产业数字化、数字产业化的良好互动和双向赋能,打开经济增长的更广阔空间

近2.6万家海内外企业参展,180万件商品在线,数万个直播间24小时开播……不久前,第127届广交会落下帷幕。在全球新冠肺炎疫情蔓延的背景下,此次广交会整体移到"云端","云开幕""云巡展""云带货"等活动广泛应用虚拟现实、人工智能及5G技术,成为我国数字经济发展的一次集中展示。

数字经济是中国经济发展的新动能、新引擎。在疫情防控期间,无论是大数据在追踪疫情传播中的应用,还是无人机测量体温等新科技的出现,抑或是线上办公、线上娱乐等新产业、新模式的生长,数字经济展现出巨大的生机活力。事实上,数字化趋势早已存在,疫情防控只是加速了数字时代的到来。据测算,我国数字经济总量的GDP占比超过1/3,就业岗位占就业人数约1/4,数字经济对我国经济的带动引领作用持续增强。可以预期,数字经济在常态化疫情防控背景下将加快发展步

伐，成为中国经济新的增长引擎，助力实现经济转型升级。

习近平总书记在浙江考察期间指出，要抓住产业数字化、数字产业化赋予的机遇。这两个方面，其实也是数字经济发展的方向。从产业数字化而言，运用大数据、云计算、人工智能等新一代数字技术为实体经济、传统产业赋能，可以提高生产效率，是实现中国产业升级、发展方式转变的新路径。在生产车间，工业互联网使得生产线变得更"聪明"、更高效；在研究机构，数字孪生技术可以在虚拟空间完成仿真实验；在更多的应用场景，从商务洽谈搬到线上，到直播带货促进消费，再到智能物流实现提质增效，数字技术协助各行各业改造业务流程、提升工作效率。可以说，数字化将成为传统产业转型升级的"催化剂"，把我国的产业优势延伸到数字时代。

从数字产业化而言，就要抓住新一轮科技革命的机遇，用好数据这个新的生产要素，推动数字经济、数字产业不断发展壮大。现在，中国网民规模已超过9亿人，互联网普及率达64.5%，这为数字经济发展奠定了超大规模的市场基础。近日，重庆启动国家数字经济创新发展试验区，深圳拟重点扶持12个数字经济产业，杭州宣布实施"强化数字赋能、推进'六新'发展"行动，说明发展数字经济已经成为共识，将进一步推动数字经济驶入"快车道"，将技术优势、规模优势转化为经济优势。

今年《政府工作报告》提出，"加强新型基础设施建设，发展新一代信息网络"。推进5G建设，可以实现数据传输的高速度、低时延；建设数据中心，可以更好实现数据的存储和处理……新基建步伐不断加快，将为数字经济发展搭建更广阔舞台。同时，新基建兼有新兴产业和公共产品的特性，不仅能带动本行业发展、促进经济增长，还能强化对生产、流通、分配等环节的改造，对经济发展的各个行业、各个领域进行数字赋能，为产业转型发展形成长期支撑。现在，各级政府将5G、云计算等列入2020年投资计划，将推动中国在新基建上迈出坚实步伐，以新基建的建设提升数字经济发展的速度。

人类历史的每一次挫折都孕育着进步的可能。2003年，非典疫情推动电子商务等数字产业开始起步；当前，新冠肺炎疫情则会推动数字经济站上新台阶。因应科技革命,不断填补技术空白,加强新型基础设施建设,一定能实现产业数字化、数字产业化的良好互动和双向赋能,打开经济增长的更广阔空间。

(2020年07月10日)

智能化，释放发展新动能

——把握中国经济新变化⑤

余建斌

> 加快推进新一代信息技术和制造业融合发展，提升制造业数字化、网络化、智能化发展水平，才能进一步加速"制造"向"智造"的转变
>
> 发挥智能科技和制造业深度融合的"化学反应"，新一轮科技革命和产业变革的历史性交汇，为中国制造业转型升级提供了历史性机遇

当前，智能化浪潮由线上向线下奔涌，大数据、云计算、人工智能和5G技术等数字技术与传统产业加快融合。从智能化改造，到搭建工业互联网平台，再到建设数字化车间、无人工厂、智能工厂等，智能制造成为传统制造行业转型升级的破题之举，不少地方已展开一系列的实际行动。

加快推进智能制造，是制造业升级的必然路径，也是形成更多新的增长点的有效途径。不久前，中央全面深化改革委员会第十四次会议强调，"以智能制造为主攻方向，加快工业互联网创新发展，加快制造业生产方式和企业形态根本性变革"。今年的《政府工作报告》也明确指出，"发展工业互联网，推进智能制造"。这反映出，智能制造正日益成为未来制造业发展的重大趋势和核心内容，对推动工业向中高端迈进具有重

要作用。加快推进新一代信息技术和制造业融合发展,提升制造业数字化、网络化、智能化发展水平,才能进一步加速推动"制造"向"智造"的转变。

当前,数字技术开始由消费领域向生产领域、由虚拟经济向实体经济延伸,正在重新定义生产链条,自动化、数字化和智能化的新制造呼之欲出。在数字化车间,生产链条的各个环节进行积极的交互、协作与赋能,提高生产效率;在智能化生产线上,产业工人与工业机器人并肩工作,形成了人机协同的共生生态;而通过3D打印这一变革性技术,零部件可以按个性化定制的形状打印出来……软件更加智能,机器人更加灵巧,生产线更加"聪明",网络服务更加便捷,生产方式不断优化,上下游资源加速整合。新一轮科技革命和产业变革的历史性交汇,为中国制造业转型升级提供了历史性机遇。

智能制造重在发挥智能科技和制造业深度融合的"化学反应"。工业互联网作为新型基础设施的重要内容,可通过实现人、机、物的全面互联,打通从研发到市场的全价值链。尤其是实现智能制造过程中,人工智能等新技术融入先进制造技术后,可实现从产品设计到生产调度、故障诊断等各个环节的智能化驱动,在提高效率、降低成本同时实现个性化、定制化的生产制造,从而提升产品的科技溢价。山东青岛的一份调查显示,智能化改造后,企业的平均生产效率提升20%以上、运营成本降低20%左右、产品研制周期缩短35%左右;江苏常州的一项抽样调查也显示,当地企业智能化改造后,智能车间产值提高约70%,单位产值成本下降约20%。而智能化的全面深入,还会催生数字制造、智能制造、服务型制造等新型制造模式,增强产品的市场竞争力。

智能化的意义不仅在于优化生产和供给,更在于能够借助大数据与算法成功实现供给与需求的精准对接,从而实现个性化定制和流水线生产的有机结合。一些老字号品牌通过消费端数据分析,制造出更适合年轻人偏好的产品,能让老品牌获得新生。一些制衣企业利用大数据技术,存储了个性化定制西装的所有信息,包括衣服每个部位的尺码、选择的材料、缝制时需要的工艺等,使得一条生产线上可以生产款式、面料、风格、尺寸等细节各不相同的西装。通过大数据和云计算分析,可以把

线上消费端数据和线下生产端数据打通,运用消费端的大数据逆向优化生产端的产品制造,为制造业转型升级提供了新路径。

  随着新基建的加快推进,智能制造迎来了更好的发展良机。5G基站以每周1万多个的数量增长,多家龙头企业搭建的工业互联网帮助中小企业加入智能化大军……通过政府、企业等各方形成合力,持续深入推进智能制造,将会让更多的制造企业受益,并为产业转型升级和经济高质量发展释放更多新动能。

(2020年07月13日)

完善废旧家电回收处理体系

寇江泽

随着经济社会发展和居民生活水平提高,电视机、冰箱、空调、电脑等家用电器更新换代速度越来越快。特别是近年来,"双11""618"等购物节火热,各大电商平台针对家电产品打折促销力度较大,吸引消费者"买买买"。这一方面折射出中国消费市场的巨大潜力,同时也提出一个现实课题:替换下来的废旧家电该怎样处理,如何为它们找个"好归宿"?

有数据显示,我国家电保有量已超过21亿台,目前正处于家电报废高峰期,近年来每年淘汰废旧家电量达1亿到1.2亿台,并以年均20%的幅度增长。废旧家电兼具资源性和污染性双重属性。有的包含有色金属、橡胶,有的含有金、银等贵金属,有的存在铅、汞等有毒有害物质。如果处理得当,它们就是可利用的资源;处理不当,将会威胁自然生态环境,危害人体健康。

从整体上看,我国陆续出台一些政策来规范废旧家电回收拆解,推动相关工作取得长足进步。但有关回收处理体系仍不够健全,机制也不够完善。例如,正规回收企业受制于环境成本、运营成本等,难以大规模设立收购网点,没办法给出更高的回收价格,也不被社会所熟知,因而多数废旧家电被小商贩回收。结果,"退休"家电中质量稍好的,经过修理后流入二手市场;质量差的,有价值的零部件会被拆下来,剩余的部分才会进入拆解厂。

　　从生产者责任延伸制度出发，我国于2012年设立废弃电器电子产品处理基金，向电器电子产品生产者收缴资金，补贴废弃电器电子产品回收处理企业。在基金激励下，全国建成109家废弃电器电子产品处理企业，有力推动了节能与综合利用事业的发展。不过由于废旧家电积存量很大，实际报废量远大于预估报废量，基金存在缺口，基金付款还无法有效满足实际需求。据生态环境部统计，2019年，包括废旧家电在内，8276万台废弃电器电子产品进入正规企业规范处理，这意味着还有大量废旧家电未能得到规范处理。为废旧家电找个"好归宿"，关键在贯通废旧家电回收处理产业链，健全回收网络、优化回收渠道、增强处理能力。

　　让废旧家电变废为宝，离不开规范处理。从政策层面看，需尽快完善基金征收补贴政策，研究扩大基金征收补贴范围，提高基金使用管理水平，逐步实现基金收支平衡。从执行层面看，需加强监管，严厉打击企业违规处理、造假骗补、环保不达标等行为，维护市场秩序。对企业而言，需加大研发投入，加强信息化、智能化建设，提高处理产物附加值。公众应当从自我做起，践行环保理念，争做废旧家电回收的支持者和参与者。

　　也应看到，稳定的货源，是回收处理企业的源头活水。废旧家电回收从单个到集中，是典型的逆向物流，需要合理规划设置回收运输中转站，采用全品类回收等方式降低成本。不妨积极利用互联网信息技术，线上线下相融合，探索开展"互联网+回收"，推动传统回收方式与时俱进、提质增效。同时，大型企业可以吸纳、整合小商贩，建立长期稳定的合作关系。

　　不久前，国家发展改革委等部门印发《关于完善废旧家电回收处理体系推动家电更新消费的实施方案》。以此为契机，凝心聚力、多措并举，进一步完善废旧家电回收处理体系，我们就能为美好生活添彩，为环境保护助力。

（2020年07月06日）

中国北斗，写照自主创新的志气

张 凡

> 北斗导航系统从无到有，从弱到强，充分彰显了中国智慧、中国速度、中国精度，更说明只要矢志创新，中国完全可以自主掌握核心技术
>
> 核心技术往往具有通用特点，能够深度融入社会生活，渗透到经济社会发展的各个方面

中国的自主创新再次取得里程碑式成绩。中国北斗，星耀太空！不久前，伴随着长征三号乙运载火箭腾空而起，北斗三号最后一颗全球组网卫星在西昌卫星发射中心升空。"收官之星"成功布阵太空，至此北斗三号全球卫星导航系统星座部署比原计划提前半年全面完成。

"河汉纵且横，北斗横复直。"自古以来，北斗七星就是中国人辨明方向、把握时节的标志。如今，一颗颗北斗导航卫星闪耀天际，组网形成全球卫星导航系统，为人类提供一流的卫星导航服务，指引着人们追逐梦想、走向远方的脚步。北斗导航系统从无到有，从弱到强，充分彰显了中国智慧、中国速度、中国精度，为世界卫星导航的发展贡献了中国方案，更说明只要矢志创新，中国完全可以自主掌握核心技术。

作为中国自主创新的结晶，北斗导航系统的发展历程，浓缩着中国

科技创新的不凡之路，写照着中国人向着星辰大海进发的不屈志气。正如北斗一号卫星总指挥李祖洪所说，"北斗的研制，是中国人自己干出来的。'巨人'对我们技术封锁，不让我们站在肩膀上，唯一的办法就是自己成为巨人。"今天，北斗导航卫星单机和关键元器件国产化率达到100%，北斗导航系统为我们带来的将不仅是更精准的定位、更精确的数据，更是充足的战略底气和安全感。

核心技术往往具有通用特点，能够深度融入社会生活，渗透到经济社会发展的各个方面。北斗导航系统正是这样。不久前，在备受瞩目的珠峰测高中，北斗导航系统就发挥了重要作用。为武汉火神山医院建设提供高精度定位、精确标绘，支持无人机实现精准喷洒等防疫作业的，也正是北斗导航系统。其实，近年来，从在地质灾害多发地区实现实时监测、及时报警，到在广袤田野上大展身手，助力劳动生产效率大幅提升，再到在7万余艘渔船、650多万辆营运车辆上守护交通运输安全，越来越"接地气"的北斗导航系统，正在为各行各业赋能，产生显著的经济效益和社会效益。而数据显示，如今在中国入网的智能手机里，也已经有70%以上提供了北斗导航系统服务。相信随着北斗导航系统广泛进入大众消费、共享经济和民生领域，它将进一步改变人们的生产生活方式，为每一个人的美好生活助力。

从当前看向长远，新冠肺炎疫情冲击加速了数字经济到来的步伐，而数字经济的发展也需要更加精准的导航系统。犹如城市运转离不开水和电一样，时间基准和空间位置基准对数字经济至关重要。许多新型基础设施建设就离不开北斗导航系统的赋能。正如北斗三号卫星总设计师陈忠贵所说，"北斗导航系统是新基建的基建，是基础的基础"。同时，在工业互联网、物联网、车联网等新兴应用领域，北斗导航系统正助力自动驾驶、自动泊车、自动物流等创新应用加速发展。相信未来，随着"北斗+""+北斗"产业体系不断丰富完善，5G、数据中心等新基建也将不断提速，从而开启数字经济与智慧社会的巨大发展空间。

如今，世界上已经有半数以上的国家在全球范围内使用北斗导航系统，中国方案、中国智慧正在随着"太空桥梁"不断延展。未来，

人民时评

闪耀在苍穹的北斗卫星，也将引领人类的梦想和脚步走向更远的远方，为绘就一个更加智能、更加便捷、更加美好的未来，作出应有的更大贡献。

（2020年07月03日）

为中医药创新性发展提供法治保障

王君平

> 深入挖掘中医药宝库中的精华,我们理当拥有与法同行、捍卫法治的坚定信念,让中医药法落到实处,为建设健康中国、实现中华民族伟大复兴的中国梦贡献力量

在新冠肺炎疫情防控中,越在抗疫一线,越能发现中医药独特价值。最近,北京地坛医院采取中西医结合治疗的方式,建立了中医药第一时间介入新冠肺炎治疗的工作机制,中医医生直接到一线参与临床救治工作。对于重症、危重症患者,实行中西医主任双查房制度,共商救治方案,取得良好成效。

今年7月1日是《中华人民共和国中医药法》正式实施三周年。在疫情防控中,中医药法为中医药参与疫情防控工作提供了坚强保障。中医药法第十八条规定,"县级以上人民政府应当发挥中医药在突发公共卫生事件应急工作中的作用""医疗卫生机构应当在疾病预防与控制中积极运用中医药理论和技术方法"。相比2003年抗击非典疫情,中医药在这次疫情防控中的参与度、介入程度前所未有,第一时间有组织成建制地投入到抗疫斗争中,探索形成了以中医药为特色、中西医结合救治患者的系统方案,为打赢疫情防控阻击战作出了重要贡献,中西医结合的中国方案得到了国际社会的高度评价。

中医药是我国的国粹，国粹需要国法来保障。中医药法的实施，使中医药传承创新发展有了法治保障，体现了中国传统文化的特色。中医药法将中医诊所由许可管理改为备案管理；以师承方式学习中医或经多年实践，医术确有专长的人员，由至少两名中医医师推荐，经实践技能和效果考核合格即可取得中医医师资格。医疗机构根据临床需要，凭处方炮制市场上没有供应的中药饮片，或者对中药饮片进行再加工；对医疗机构仅应用传统工艺配制的中药制剂品种和委托配制中药制剂，由现行的许可管理改为备案管理……实践证明，建立符合中医药特点的管理制度，传承好、发展好、运用好中华民族的瑰宝，需要实打实的法律支撑。

法律的生命力在于实施。中医药法实施以来取得了积极成效，同时也要看到，依法发展中医药的理念和思维还有待强化，一些地方的中医药管理体系不健全，中医药法的一些改革创新制度还需加大落实力度，法律明确各级政府的法定职责还需进一步压紧压实。发挥好法治引领、保障和规范的作用，才能让中医药法的规定落到实处。

实现中医药创新性发展，除了深入实施中医药法，还要从多方面营造良好法治环境。以新发突发传染病防治为例，实施中医药法，要与健全国家公共卫生应急管理体系，修订传染病防治法、突发公共卫生事件应急条例等法规同步推进，健全重大疫情应急响应机制，确保中医药及时参与进来、发挥作用，实现中西医结合、中西药并用，全方位彰显中医药的独特优势和价值。

习近平总书记指出，中医药学包含着中华民族几千年的健康养生理念及其实践经验，是中华文明的一个瑰宝，凝聚着中国人民和中华民族的博大智慧。深入挖掘中医药宝库中的精华，我们理当拥有与法同行、捍卫法治的坚定信念，让中医药法落到实处，为建设健康中国、实现中华民族伟大复兴的中国梦贡献力量。

（2020 年 07 月 02 日）

儿童用品安全容不得丝毫马虎

马 原

少年儿童是祖国的花朵，是民族的希望、国家的未来。创造更安全的成长环境、提供更可靠的生活保障，让孩子们健康快乐成长，是家长们的普遍诉求，也是全社会的共同责任。

近年来，儿童用品质量安全形势总体向好，但在校园跑道、儿童玩具、学生文具、校服等方面的质量安全事件仍时有发生，引起社会关注。党中央、国务院对此高度重视，要求切实加强儿童生活和学习用品的质量监管，夯实质量安全保障线。从制定完善认证标准到加强产品抽查检测，从落实产品召回到严把进口产品质量关，相关部门采取有力举措，合力守护儿童健康。国家市场监管总局发布的数据显示，2019年，我国儿童和学生用品质量安全投诉占比下降，合格率上升。

儿童用品安全容不得丝毫马虎。前不久，媒体调查发现，来自多个电商平台的10款儿童地垫中有6款甲酰胺超标，超标最多的高达17倍，其中不少为热销产品。这提醒人们，儿童用品质量问题绝非小事，需要加强治理、久久为功；另一方面也启示我们，只有全社会高度重视，凝聚各方合力、付诸坚实行动，才能切实保障儿童用品质量安全。

从源头消除风险，要为儿童用品质量安全扎紧篱笆。一些儿童用品之所以频现质量隐患，一个重要原因是生产厂家为了追逐利润，导致原材料、生产工艺、检验等环节不达标。对此，市场监管部门、消费者权益保护组织应各司其职，督促企业绷紧质量安全这根弦。近期，国家市场监管总局（标准委）批准成立了全国婴童用品标准化工作组，旨在加快构建协调统一的新型婴童用品标准体系，为保护广大儿童健康安全做好标准护航。

严把质量关，必须压实平台、渠道的责任。如今，儿童用品迭代较快，质检标准出台的速度常常跑不过产品的更新速度。特别是在一些互联网平台上，监管容易跟不上。电子商务法明确，电商平台需对所售商品或服务承担监管责任。平台有义务加强对网售儿童用品的日常监管，从提高售卖准入门槛、严守质量关口、畅通投诉渠道等入手，有效保障产品质量安全。

此外，还应完善缺陷产品召回制度，使其在保护儿童安全、提高企业产品安全意识、完善政府产品安全监管模式等方面发挥更大作用。国务院《中国儿童发展纲要（2011—2020年）》明确提出，健全儿童玩具、儿童用品等的缺陷产品召回制度。加强消费者安全教育，落实好今年开始实施的《消费品召回管理暂行规定》，有助于减少不合格产品对儿童的伤害。对于家长来说，应当从正规渠道购买儿童用品，注重产品的质量安全标识和风险提示信息，努力把不合格产品拦在家门之外。

从长远来看，抓实抓细质量安全保障，有利于促进行业良性发展。据统计，2019年，我国玩具市场零售规模达759.7亿元，同比增长7.8%。落实质量安全责任，从提高竞争力的角度出发狠抓产品质量，更好保护消费者权益，才能促进市场平稳健康发展，更好实现社会效益和经济效益的统一。

儿童健康事关家庭幸福和民族未来。凝聚众智、集聚众力，优化制度环境、提升治理水平，从根本上保障儿童用品的质量安全，我们就能更好守护孩子的安全和健康。

（2020年07月01日）

牢牢稳住粮食安全压舱石

朱 隽

> 夏粮再获丰收，不仅稳住了今年粮食生产的开局，稳住了百价之基的粮价，也稳住了百姓的"米袋子"
>
> 对我们这样一个有着14亿人口的大国来说，农业基础地位任何时候都不能忽视和削弱，端牢中国饭碗至关重要

又是一年麦收时，又是一个丰收季！日前，全国大面积小麦机收已基本结束。据农业农村部农情调度和专家实地调查分析，今年夏粮面积稳定、单产提高，"十七连丰"已成定局。

仓廪实，天下安。夏粮是每年收获的头一茬粮食，对全年粮食生产而言，夺取夏粮丰收是关键一仗。对于中国这样一个大国来说，越是面对风险挑战，越要稳住农业这个基本盘。2020年是全面建成小康社会和"十三五"规划收官之年，决战脱贫攻坚时间紧要求高，落实"六稳""六保"任务重难度大，还要克服新冠肺炎疫情造成的冲击和影响。在这样一个特殊的年份，打赢夏粮丰收这一仗更显意义重大。夏粮再获丰收，不仅稳住了今年粮食生产的开局，稳住了百价之基的粮价，也稳住了百姓的"米袋子"。

这一次丰收，着实来之不易。今年的夏粮生产过程中遇到了不少困难：局部干旱、暖冬旺长、"倒春寒"、病虫害，田间管理的时候又遭遇

了疫情冲击。关键时刻，一系列超常规的政策措施发挥了粮食生产定盘星的作用。中央应对新冠肺炎疫情工作领导小组及时印发《当前春耕生产工作指南》，确保春耕春管农时不误。国家继续实施小麦最低收购价政策，呵护农民耕种管理的积极性。政策稳字当头，夏粮生产稳住了，4亿亩的播种面积为夏粮丰收奠定了坚实基础。

品味这一季的丰收，还有一些指标值得关注。一是单产，今年小麦平均亩产预计可以提高4公斤；二是品质，今年不仅一、二等麦的比重明显增加，而且强筋弱筋等专用麦比例也比上年提高2.8个百分点；三是农机的运用，今年共有1640万台各类农业机械投入三夏大忙，小麦机收率达97%。这些数字，体现着我国粮食综合生产能力的提升。实践中，新农技、新农机的运用，让粮食生产走上了依靠提升单产实现增产的内涵式发展之路；新理念、新方式的实践，让粮食生产从主要追求产量增长和拼资源、拼消耗的粗放经营，转向数量质量效益并重的"绿色增产"、结构优化；基础设施改善、耕地质量提升，把保障粮食安全的能力根基夯得更实。

正是有了粮食综合生产能力的提升，才有了我国粮食产量连续5年稳定在6.5亿吨以上，作为口粮的水稻、小麦自给率达98%以上；才有了我们靠自己的双手解决了世界近20%人口的吃饭问题，取得如此了不起的成就。但也应清醒看到，在今后相当长的一段时间里，粮食供需紧平衡的基本态势不会改变。受制于农业资源禀赋短缺、农业人力资本投资不足、农业经营规模不够经济等因素，我国粮食安全的基础仍有待进一步巩固增强，保障粮食安全的任务还十分艰巨。

今年全国两会期间，习近平总书记在看望参加全国政协十三届三次会议经济界委员时指出："手中有粮、心中不慌在任何时候都是真理。"对我们这样一个有着14亿人口的大国来说，农业基础地位任何时候都不能忽视和削弱，端牢中国饭碗至关重要。正因如此，粮食生产气可鼓不可泄，确保国家粮食安全这根弦一刻也不能放松。越是农业生产形势好的时候，越不能麻痹松懈。我们必须守住18亿亩耕地红线，守牢"谷物基本自给、口粮绝对安全"的安全底线，坚持"藏粮于地、藏粮于技"战略，稳步提升粮食综合产能。

民为国基,谷为民命。粮食事关国计民生,粮食安全是国家安全的重要基础。展望未来,中国有条件、有能力、有信心依靠自身力量筑牢国家粮食安全防线。把饭碗牢牢端在自己手中,稳住粮食安全这块压舱石,我们就有了应对各种风险挑战的强大底气。

(2020年06月29日)

为全球抗疫注入温暖的力量

张　凡

"支持世卫组织就是支持国际抗疫合作、支持挽救生命",这是全世界亟待形成的共识,也是中国积极践行的理念

指尖轻触,就可以为全球抗疫贡献一份力量。不久前,中国人口福利基金会与世界卫生组织联合发起的"世界卫生组织新型冠状病毒肺炎(COVID—19)团结应对基金·中国行动"大型公益筹款项目在北京启动。这一项目通过近20家全国互联网公益平台,面向公众开放筹款,旨在汇聚更多爱心,为全球抗疫助力。

当前,人类正经历二战结束以来最严重的全球公共卫生危机。疫情突如其来,世卫组织从一开始便与各国一起并肩作战。从向各国通报疫情信息、发出疫情警报,到为应对疫情提供技术指导和战略建议;从为有需要的国家和地区协调物资供应,到加快推进研发疫苗、诊断工具和治疗药物……世卫组织在每一个关键时间节点,都本着科学态度,及时提出了专业建议,很好地履行了应尽职责,为领导和推进国际抗疫合作作出了重大贡献,得到了国际社会的高度赞赏。正如国际人士指出的,"面对疫情大流行,世卫组织在国际协调方面发挥了至关重要的作用""世卫组织为全世界拯救生命提供了支持"。

有专家提醒,只要世界上还有一个国家没有控制好疫情,病毒就会向全

世界蔓延。发展中国家特别是非洲国家公共卫生体系薄弱，有的非洲国家甚至全国只有一台呼吸机，帮助他们筑牢防线是国际抗疫斗争重中之重。今年3月份，世卫组织发起"团结应对基金"项目，鼓励个人、企业和慈善机构捐款，主要用于援助非洲等卫生系统脆弱的国家。这些捐款，将会帮助那些拼搏在一线的卫生工作者获得急需的防护装备，帮助医护人员和社区获得科学的防疫信息，帮助那些最脆弱的国家拥有发现、跟踪病毒的能力……可以说，"团结应对基金"是世卫组织为更好协助各国应对疫情而采取的紧急措施，是为挽救人类生命而作出的积极努力，理应得到国际社会支持。

"支持世卫组织就是支持国际抗疫合作、支持挽救生命"，这是全世界亟待形成的共识，也是中国积极践行的理念。一直以来，中国都积极参与全球抗疫行动，坚定支持世卫组织在国际抗疫合作中发挥领导作用。疫情发生以来，中国已先后向世卫组织提供了5000万美元的捐款，设立了20亿元人民币抗疫合作专项基金，并向世卫组织和各国提供了大量物资援助。此次启动"团结应对基金·中国行动"，也是中国进一步支持世卫组织的务实举措，承载着中国共同护佑各国人民生命健康的真诚愿望，彰显着中国推动构建人类卫生健康共同体、推动全球抗疫合作的责任担当。未来，我们将一如既往地坚定支持世卫组织工作，与世界各国携手同心、共克时艰，为彻底战胜疫情而倾尽全力。

人类是命运共同体，团结合作是战胜疫情最有力的武器。面对这场严峻的全球健康危机，我们比以往任何时候都更需要一个强大的世卫组织。世卫组织总干事谭德塞说，"这个世界并不缺乏工具、科学知识或资源来避免大流行疫情的威胁，但缺乏对使用现有工具、科学知识和资源的持续承诺。"疫情以生命为代价告诫我们，无论哪个国家或是哪个人，都需要以守望相助展现人间大爱，以风雨同舟汇聚同疫情斗争的磅礴之力。

山川异域，风月同天。"团结应对基金·中国行动"启动以来，已经有众多网友积极响应，献出爱心。涓涓细流汇成大海，点点星光照亮银河。希望有更多这样的善心和爱意汇聚，为全球抗疫注入温暖的力量，为挽救更多生命点亮希望之光。

（2020年06月23日）

强制报告,织密未成年人保护网

彭 波

关爱保护未成年人,是全社会的责任。不久前,最高人民检察院等9部门共同下发《关于建立侵害未成年人案件强制报告制度的意见(试行)》,规定有关单位和个人发现未成年人遭受或疑似遭受性侵、虐待、欺凌、拐卖等9类不法侵害情形,应当立即向公安机关报案或举报。此举对于持续加强未成年人保护制度建设,构建社会综合预防保护体系,有效预防侵害未成年人犯罪,有着十分重要的意义。

近年来,对侵害未成年人的犯罪,检察机关坚持零容忍、严快准,依法快捕快诉,形成了高压态势,发挥了震慑作用。2017年至2019年,检察机关共批准逮捕侵害未成年人犯罪12.14万人,起诉16.11万人。有关部门在司法实践中发现,侵害未成年人犯罪有其特殊性,需要执法司法机关将其与普通侵害案件区别对待。与成年人相比,未成年人的自我保护意识和能力还不强,不少孩子遭受侵害后不敢、不愿甚至不知道寻求帮助。这也导致一些未成年人多次遭受侵害,有的甚至持续几年时间,造成了不可挽回的后果。建立切实有效的强制报告制度,正是针对此类案件预防难、发现难、取证难等问题所采取的特殊措施。这项措施,有助于避免因为发现不及时而导致的严重影响,有利于防止因为证据灭失而让犯罪分子逃避惩罚。同时,强制报告制度的推行,也有助于提高家长以及老师、医护人员等相关从业人员的责任意识,形成源头预防、及

时发现、高效应急、依法惩处的未成年人保护机制。

强制报告制度重在"强制"二字。事实上,我国刑诉法、未成年人保护法等法律,都对举报侵害未成年人犯罪作出了相应规定。比如未成年人保护法就明确规定,对侵犯未成年人合法权益的行为,任何组织和个人都有权予以劝阻、制止或者向有关部门提出检举或者控告。但是,这些规定过于原则,谁来报告、向谁报告、报告之后怎么处理、如何监督等细节都没有具体规定,"人人有权"在实践中变成了"人人无责"。此次下发的《意见》明确了强制报告义务主体、应当报告的情形,对公安机关的查处和检察机关的监督工作进行了规范,并建立了制度落实的督促和追责机制。此举有效压实了强制报告的主体责任,不仅有利于第一时间发现侵害未成年人线索,及时完善固定证据,有效惩治违法犯罪,也能让遭受侵害的未成年人得到及时、有效的心理干预和司法救助,切实维护其身体健康和合法权益。

强制报告制度的落地实施,让侵害未成年人案件有了法定的"侦查哨"。能否激发相关主体的主观能动性,消除他们担心遭受打击报复的思想顾虑,决定着强制报告制度的执行实效。一方面要组织开展相应培训,促进相关部门和个人充分理解和正确执行这项制度,另一方面也要持续加强宣传,让全社会了解、支持强制报告制度落实,营造全社会关心关爱未成年人的良好氛围。此外,在强制报告制度的实施过程中,也要同步做好涉案未成年人的保护和救助工作,切实保护他们的隐私,避免二次伤害,最大限度减轻不法侵害的影响。

进入新时代,人民群众对未成年人司法保护的期待更高。面临新形势新任务,有关主管部门守土尽责,全社会紧密配合,让伸向未成年人的"黑手"无所遁形,才能为他们在人生的萌芽季节,撑起一方舒枝展叶的晴空。

(2020年06月19日)

筑牢个人信息保护的法治堤坝

姚 辉

如何弥补算法漏洞、为个人隐私和信息安全筑起保护屏障，成为信息时代的一道必答题。强化大数据时代的个人信息保护，从根本上还是要运用法治思维和法治方式

颁布民法典，让个人信息保护实现有法可依，是法治的重要一步，未来还要通过司法实践，真正实现个人信息保护的有法必依

"家里孩子刚出生，每天就有应接不暇的母婴用品广告推送""网上搜了点摄影资料，随后就被铺天盖地的摄影器材广告轰炸""刚浏览几个婚恋平台，微博上就有大量相亲对象照片发过来"……如今，这样的"精准营销"并不鲜见，给人带来困扰。近期，据媒体报道，某社交应用软件疑似不当利用用户聊天数据进行个性化商业推介。尽管事实真相还有待查明，但用户的疑虑难以消解。

随着大数据、人工智能、云计算等技术的广泛应用，基于推荐算法的个性化广告进入日常生活。推荐算法是一种信息技术，企业运用的最初目的在于提升信息传递的精准性，优化用户体验。但在算法面前，如果包含用户个人信息的数据没有经过加密或者脱敏处理，就会埋下安全隐患。如何弥补算法漏洞、为个人隐私和信息安全筑起保护屏障，成为

信息时代的一道必答题。

现代社会，数据已成为一种重要生产资料和宝贵资产。这其中，个人网络行为信息，因其能够转化为潜在消费行为的数据资源，更加具有稀缺性和经济价值，也成为各类网站和手机应用追逐的对象。现实中，有的电商平台要求领取优惠券时提交手机号码，有的商家在线办理会员时要求填写姓名、身份证号，凡此种种，映照着个人信息越来越多地被不同渠道收集。近年来，随着网络安全法、电子商务法的出台，在收集数据时，各类网站和应用程序一般会与用户在线签订服务协议。但正如技术专家所说，面对合规要求和监管压力，平台收集用户信息的方式变得越来越隐蔽。相较于传统的姓名、住址、电话号码等个人信息，诸如浏览痕迹等用户信息的收集行为不易被察觉，某种程度上仍处于监管的"灰色地带"。

习近平总书记指出，"依法治理是最可靠、最稳定的治理"。强化大数据时代的个人信息保护，从根本上还是要运用法治思维和法治方式。针对数据运用、隐私和个人信息保护等问题，不久前出台的民法典开出了"良方"。在保护原则上，民法典规定企业对涉及个人信息的数据收集应取得明确同意，同时遵循合法、正当、必要的原则。在保护范围上，不仅传统意义上的个人信息悉数得到保护，而且"不愿为他人知晓"的私密活动和私密信息也被包含在隐私范畴之内，从而使搜索信息、浏览数据等被纳入隐私权的保护范围。在保护措施上，民法典以反向列举的方式规定了处理隐私和个人信息的禁止性行为，包括不得非法收集、使用、加工、传输他人个人信息，不得非法买卖、提供或者公开他人个人信息，不得处理他人的私密信息等，为信息技术涉足人类生活场景划定了合规底线。在利益平衡上，民法典设计了平衡个人信息保护与信息利用的规范，在加强对隐私和个人信息保护的基础上，对那些为公共利益或者在其他合理必要限度内的使用行为提供了支持。

法律的生命在于实施。颁布民法典，让个人信息保护实现有法可依，是法治的重要一步，未来还要通过司法实践，真正实现个人信息保护的有法必依。相关部门应根据经济社会发展状况，加快开展涉及民法典实施的司法解释清理制定工作，并加大普法力度，让民法典走到群众身边、走进群众心里。同时，各级司法机关要深入学习领会民法典新规定新概念新精神，提高运用民法典维护人民权益、化解矛盾纠纷、促进社会和谐稳定的能力和水平，不断提高审判质量和公信力，为个人信息保护提供坚强司法后盾，努力让人民群众在每一个司法案件中都感受到公平正义。

"法者，治之端也。"随着法治建设的不断进步，我们必能为个人信息筑牢防护堤坝，让新技术、新应用更好造福社会。

（作者为中国人民大学法学院教授、博士生导师）

（2020年06月18日）

推动"云医疗"有序发展

李红梅

> 相较于传统医疗,互联网医院等"云医疗"更为便捷、高效。可以预见,"云医疗"服务会越来越广泛、更加贴合人们的需求,从而成为医疗健康服务供给的重要阵地
>
> "云医疗"是新生事物,而医疗问诊又事关人们的生命安全和身体健康,必须在严谨规范的轨道上运行

前不久,北京协和医院互联网诊疗服务正式上线,引发关注。最近一段时间,各地公立医院纷纷探索"互联网+",积极开展在线诊疗、医保支付、药品配送等服务,让"云医疗"加速进入普通人的生活。

相较于传统医疗,互联网医院等"云医疗"更为便捷、高效。不必奔波到医院,不用长时间排队等候,在手机上申请,就能在线问诊咨询。与线下就诊一样,很多地方已开通医保支付,患者只需缴纳自付费用即可。即使在偏远地区,人们也能和远隔千里的大医院医生连线,享受高水平的医疗服务。新冠肺炎疫情防控期间,"云医疗"以其零接触、不存在病毒交叉感染风险、可及性强等优势,受到青睐。大量患者通过"云医疗"进行了专业咨询,解决了复诊、续药等就医难题。

随着5G、大数据、人工智能等技术的快速发展,互联网在医疗领域

的应用场景越来越丰富,推动了"云医疗"的落地。长期以来,公立医院因规模较大、医疗资源丰富,积累了众多患者,其自办的互联网医院能有效拓展接诊空间,快速吸纳一批"云医疗"用户。可以预见,"云医疗"服务会越来越广泛、更加切合人们的需求,从而成为医疗健康服务供给的重要阵地。

当此之时,如何突出实效,打造好"云医疗"?怎样推动"互联网+医疗健康"产业良性发展?人们认识到,时下,"云医疗"必须明确规范、打通梗阻、升级版本,着力完善流程和操作细节,让各环节顺畅衔接起来。比如,明确线上诊疗规范,制定医生线上接诊流程和要求,建立对医生的激励和约束机制;科学确定互联网医院的服务范围、项目、价格,明确电子处方使用规范、购药流程和监管办法;实现就诊信息、检查化验、电子档案等各环节数据的互联互通,同时确保患者就诊信息安全;等等。

此外,还应加强谋划、创新理念,及时因应实践中面临的新情况、新问题。比如,整合区域内在线资源,形成互联网医院健康联合体;利用"云医疗"推动分级诊疗,促进线上线下融合发展;借助"云医疗"资源,推进医疗机构与疾控机构信息共享联动,助力构建强大的公共卫生体系;运用"云医疗"平台,广泛开展爱国卫生运动和健康科普活动,让人们拥抱健康生活。

善用互联网才能把医院办得更好。在互联网应用无所不在的今天,一些主动投身"云医疗"的医院被更多人关注,赢得了人气和口碑。面向未来,传统医疗行业触网上"云"、拥抱前沿科技,更是大势所趋。另一方面,人们的医疗健康需求与日俱增,更加注重服务质量和服务体验。"云医疗"在改善诊疗服务方面潜力巨大,可以为医院赋能、弥补短板,推动医疗健康服务质量和水平的提升。但也应看到,"云医疗"是新生事物,而医疗问诊又事关人们的生命安全和身体健康,必须在严谨规范的轨道上运行。既创造良好环境鼓励尝试探索,也完善机制、加强监管、多措并举,才能让"云医疗"有序发展、行稳致远。

健康是促进人的全面发展的必然要求,是经济社会发展的基础条件,

是民族昌盛和国家富强的重要标志，也是广大人民群众的共同追求。"云医疗"适应疫情常态化防控的现实需要，也拥有深入发展的广阔前景，必能为维护人民健康提供有力保障，助力健康中国建设。

（2020年06月17日）

降低物流成本，助力经济回暖

刘志强

　　优化"软环境"、提升"硬实力"，通过物流降成本降低其他行业成本、畅通整个经济循环

　　通过不断降成本，无数市场主体将轻装上阵，留得青山，赢得未来，为中国经济发展稳中有进注入强大动力

　　物流是经济的血脉，是畅通国民经济循环的重要环节。《关于进一步降低物流成本的实施意见》出台，有望成为中国经济应对考验、破浪前行的一招"先手棋"。

　　降低物流成本并非新举措，而是一项已经持续推进多年的系统工程。近年来，我国通过推进物流业降本增效、降低制度性成本等措施，使社会物流成本水平得以稳步下降。数据显示，近3年来，交通运输部通过可量化措施分别降低物流成本882亿元、981亿元、805亿元，规模可观、值得肯定。同时也要看到，公路、水路、铁路、海运、航空等不同运输方式之间衔接还不够畅通，部分领域、环节的市场化程度还不高，物流成本仍有不小的压缩空间。

　　新冠肺炎疫情给我国经济带来不小冲击，降低物流成本显得尤为紧迫而重要。疫情防控期间，受运输通道"硬隔离"等影响，物流领域一度出现环节增多、效率下降、人手不足、供给短缺等情况。这既让不少

物流企业面临生产经营困难，也给实体经济企业带来物流成本趋高的压力。针对这一情况，党中央、国务院果断出手、及时部署，采取了一定时期内全国收费公路免收车辆通行费等特殊政策，助力交通物流"先行官"短时间内恢复了正常，有力带动了复工复产、复商复市。下一步，要帮助广大企业应对考验、渡过难关，聚焦与各行各业普遍相关的物流领域是题中之义。这次《意见》出台，目的正在于进一步降低物流成本、提升物流效率，撬动实体经济持续回暖，为生产生活秩序加快恢复提供支撑和保障。

物流打通"大动脉"，需要进一步优化"软环境"，通过深化改革释放制度红利。在《意见》中，有些举措着重打造市场化、法治化的营商环境，比如优化审批、推进通关便利化、治理超限超载、加大道路执法力度、深化铁路市场化改革等，有助于降低物流制度成本；有些举措从土地、资金等生产要素入手，降低物流业发展的要素成本；还有些举措意在向企业让利，直接减轻物流企业负担，比如落实好物流领域税费优惠政策、降低公路通行成本、降低铁路航空货运收费等。当这些方向准、力度大的举措逐步落地之后，物流业的发展环境将持续改善、市场活力将不断增强。

物流畅通"微循环"，需要进一步提升"硬实力"，促进物流企业自身提质增效。长期以来，我国公路货运行业存在"多、小、散、弱"的状况，行业集中度不高，既影响了物流业整体实力提升，也降低了物流系统的运转效率，《意见》的出台有望解决这些问题。其中，培育骨干物流企业，鼓励大型物流企业市场化兼并重组，既适应了疫情影响下行业优胜劣汰加速的趋势，也有利于培育"龙头"带动全行业快速前进；加强信息开放共享，让信息更透明、匹配更精准、组织更科学，将促使物流变得更加智慧高效。此外，推动物流设施高效衔接，降低物流联运成本，也有助于破除多式联运"中梗阻"，让货物在海陆空之间更加便捷自如地辗转腾挪、往来流通。

从物流降成本看向全局，这些年来各方面降成本的政策举措陆续出台，形成支持实体经济发展的强大合力。今年的《政府工作报告》强调，"加大减税降费力度""推动降低企业生产经营成本"，也是着眼于切实降低运营成本,助力市场主体纾困发展。从免征中小微企业养老、失业和工伤保险单位缴费,减免小规模纳税人增值税;到免征公共交通运输、餐饮住宿、旅游娱乐、文化体育等服务增值税;再到减免国有房产租金,鼓励各类业主减免或缓收房租……一系列降成本举措形成组合拳,预计全年为企业新增减负超过 2.5 万亿元。可以预期,通过不断降成本,无数市场主体将轻装上阵,留得青山,赢得未来,为中国经济发展稳中有进注入强大动力。

物流降成本具有很强的杠杆效应,通过物流降成本可以降低其他行业成本、畅通整个经济循环。期待《意见》提出的一项项措施能够落实落细,在助力物流行业日渐回暖的同时,带动物流成本逐步降低,让实体经济运转通畅、行稳致远。

(2020 年 06 月 16 日)

主播人气当以正气筑基

——让直播空间充盈正能量①

盛玉雷

最近一段时间，与直播有关的两则新闻引发关注。一个是中国演出行业协会网络表演（直播）分会向社会公布第五批主播黑名单，50多名网络主播5年内将在行业内禁止注册和直播。另一个是在全国两会期间，针对电商直播出现的一些问题，有代表提出加强直播带货监管的建议。在直播经济欣欣向荣、网络主播红红火火的时候，这无异于一剂"预防针"，也给我们带来新的思考。

直播经济有多火？一组数据直观明了：有人在助农直播中，5秒钟内卖掉了600万只小龙虾和50万个脐橙；有人只是直播一只猫睡觉，就引来2000多万人次围观；单场直播的交易额更是水涨船高，最高达到数亿元……可见，网络直播正在改变人们的生活。尤其是在新冠肺炎疫情防控期间，云综艺、云观影、云养宠等新玩法、新方式层出不穷，带动直播迅速融入人们的日常生活，不少主播成了屏幕里的"熟面孔"。

直播火了，主播红了。人气节节攀升的同时，人们也看到，在一些直播中，本该洋溢正能量的画面，时不时出现一些惊悚恶趣味；本应传播真善美的镜头，却频频上演打擦边球、超出底线的恶俗炒作；本是讲文明风尚的网络空间，竟也成了传播虚假信息的温床、吞吐污言秽语的"垃圾桶"。从格调品位不高的直播内容，到职业素养堪忧的网络主播，不仅成为影响直播经济更上层楼的隐患，也冲击了公序良俗的底线，给网友尤其是青少年网民带来不良的影响。

从本质上来说，直播经济的基础是"流量红利"。对网络主播而言，一部手机可以轻松打开直播入口，但要在这条路上走稳行远并不容易。面对镜头侃侃而谈或许不难，但要聊得既有意思又有意义也并不简单。在能力素质上，主播需要持续投入、时间积累和经验沉淀；在道德品行上，更要经得起诱惑、守得住底线。毕竟，直播经济不是"一锤子买卖"。赢得了第一波关注之后，只有弘扬社会主义核心价值观的网络主播，才能成为成熟市场业态的一部分。谁能全神贯注、精益求精，谁在博取眼球、炒作跟风，直播间的观众看得分明。

流量很重要，但理清直播经济的"流量逻辑"更为关键。纵观那些高质量直播，它们的特色不单单在于追求传统的传播量、曝光量，还在于蕴含信息的承载量、价值的含金量。在主播的一言一行中，了解他们的人生观、世界观、价值观；在直播的每一帧镜头里，发现生活无处不在的惊喜、人人都能创造的精彩。在诠释自己的过程中影响别人、启发别人，这是网络主播这个职业最重要的意义所在。只有正气不衰、才气不凡，才能人气不减、名气不坠。

直播经济迎来了风口，还要飞得更高、更远。今年的《政府工作报告》明确提出，"电商网购、在线服务等新业态在抗疫中发挥了重要作用，要继续出台支持政策，全面推进'互联网+'，打造数字经济新优势。"直播经济正按下加速键。推动直播经济健康发展，需要政策扶持，也需要规范管理。要鼓励创新，加强引导，确保行稳致远，实现可持续发展。

（2020 年 06 月 15 日）

直播带货要筑牢诚信基石
——让直播空间充盈正能量②

张 凡

作为一种新的零售模式,近年来,直播带货风头日盛。新冠肺炎疫情防控期间,直播带货优势进一步凸显,激活了消费市场的"一池春水"。从网红主播"带货"到业界名人亲自出场,再到各种老字号纷纷入驻直播平台,直播带货成为新的风口。但在市场表现火爆的同时,一些问题也随之而来。从夸大其词的虚假宣传,到产品质量的货不对板,从售后服务的难以保障,到刷单、售假等各类乱象,都让消费者在购物中难以安心、放心。中消协的统计数据显示,37.3%的受访者在直播购物中遇到过消费问题,"担心商品质量没保障"和"担心售后问题"是消费者的两大主要顾虑。

从本质上说,"直播经济"是一种"注意力经济"或"体验经济"的延伸。主播个人的影响力、感染力,让消费者对其推荐的产品有着更高的信任度;而即时性、互动性以及社交化的消费场景,又给消费者带来了更便捷、新鲜的购物体验,这样的特性更容易吸引用户,但也更容易藏匿问题。比如,一些主播在"选品"时,只对产品"好不好卖"进行预判,却对产品质量疏于把关,甚至为博人眼球、提升销量,夸张表达、使用"极限广告词"等引导消费者冲动消费;一些平台支付和订单跟踪系统不完善,一旦产生消费纠纷,后期退换货就难以保障;一些商家在售卖伪劣商品后,即采取下架商品、拉黑用户等手段,导致购买者陷入维权困境……如此种种，损害的是消费者的权益，伤害的是直播经济的未来。

直播带货，借助的形式是直播，但最终交易的仍然是产品。产品质量过不过关、服务有没有保障，才是决定用户下一次会不会"买它"的关键。从这个角度来说，直播经济也是"口碑经济""信任经济"，从业者的守法、诚信才是其发展壮大的基石，如果抱着做一锤子买卖的想法，必然无法行之久远。从主播、商家筑牢诚信基石，在产品质量、服务上严格把关，杜绝问题商品进入直播清单，到平台加强对经营者及主播的规范引导，完善消费者投诉举报渠道，再到相关部门加强对网上"带货"行为的监管，只有各方协同发力，才能让直播带货在"阳光大道"上越走越远，让消费者在安全放心的环境中提升消费体验。

越是红火的产业，越要警惕被流量带偏。数据显示，2019年，我国直播电商市场规模达4338亿元。有机构预测，因疫情特殊时期的拉动，今年直播电商规模或将超过9000亿元。作为无数人看好的下一个万亿级市场，直播带货是真正的"风口"还是"一阵风"，取决于其创新力，更取决于其发展走向。在经历"野蛮生长"带来的诸多问题后，如今直播经济的健康持续发展，已越来越引起重视。从人社部拟增设"直播销售员"新职业，将之纳入统一管理，促使其更好为消费者服务，到浙江推动利用区块链技术对直播电商进行监管，助推解决电商交易的诚信问题，越来越多这样的努力汇聚在一起，直播经济的发展前景才能真正令人可期、更加广阔。

诚者，百行之源也。未来，5G、虚拟现实等新技术的不断成熟和发展，将为消费市场带来更大的想象空间。但无论模式、技术如何改变，诚信作为商业的价值基石不会改变。为商业文明注入更多正能量，就能为我们的消费生活带来更多新惊喜。

（2020年06月16日）

流量平台当建价值高地

——让直播空间充盈正能量③

李洪兴

直播助农，让田间地头农产品畅销全国；在线学习，让知识跨越千山万水；分享日常，让生活技能方便你我……近年来，网络直播成为互联网世界的一个"风口"，一个个流量平台纷纷崛起，在产品营销、知识共享、远程办公医疗等方面发挥着积极作用。人们在直播中寻得商机，在直播中觅得便利，也在直播中拓宽出路。

应该看到，网络直播作为发展中的新事物，犹如一个赛车道，直播平台像赛车手，抓住用户注意力就更容易加速冲刺，"直播竞赛"就此展开。当然，这条赛道的门槛和标准参差不齐，出现了一些需要正视、亟待解决的问题。对此，中央网信办等8部门近日集中开展网络直播行业专项整治行动，首批依法依规对44款网络直播平台进行相应处罚，再次释放出坚决治理直播行业乱象的强烈信号。

推动直播行业健康发展，只有全面审视，才能对症下药。看规模，据《2020中国MCN行业发展研究白皮书》，聚合内容创作者的多频道网络（MCN）机构数量已超2万家；据第四十五次《中国互联网络发展状况统计报告》，截至今年3月，我国网络直播用户规模达5.60亿。看特点，直播平台内容同质、功能相似、特色模糊等现象明显。可以说，不少直播平台往往低水平入门、低质量竞争。平台数量多、用户规模大在一定程度上彰显了网络直播的发展活力，但人们更期待去粗取精的发展质量。

互联网行业有个"三角形框架",即服务用户的"产品"、留住用户的"运营"及转化盈利的"流量"。从这个模型出发,无论是产品还是运营,成功与否往往系于流量。可以说,流量生态在很大程度上影响着商业转化价值。但从实践来看,如果直播平台唯流量是从,只顾流量热度、内容热度,不顾质量、不负责任,就会滋生一些违背公序良俗的言行,冲击法律与道德底线。从这个意义上讲,直播平台需要来一场聚焦责任感、价值观的"质量革命"。

直播平台不是法外之地,更不是道德洼地,而应成为责任之地、价值高地。近年来,针对网络直播出现的问题,从平台备案许可到主播实名制认证,从建立直播内容审核制度到履行内容日志信息留存要求,从建立信用等级管理体系到黑名单管理制度,一系列监管与规范、自律与他律的制度在不断完善。今年全国两会期间,有人大代表建议,强化平台的监督管理责任。直播平台是公共平台,不能重流量轻责任、重收益轻担当,这已经成为广泛共识。唯有平衡好平台利益与公共责任,扎紧制度篱笆,平台当好"把关人"、相关部门当好"守门员",这一朝气蓬勃的行业才能真正迎来发展的春天。

开放、共享是互联网的内在精神,越是开放、共享,越应该把价值导向摆在首位,每个直播平台都应该成为价值出口。抗击新冠肺炎疫情期间,不少流量平台科普抗疫知识,传递战疫温暖时刻,为不少行业打开了线上销售之门,在疫情防控中起到积极作用。实践证明,"把握好手里的麦克风",让主流价值充盈直播间,才能让直播平台沃土广袤、蓬勃发展。

(2020年06月17日)

合力筑牢防灾减灾的坚实堤坝

丁怡婷

我国形成了强有力的应急力量体系,综合救援能力得到极大提升,防灾减灾救灾的人民防线在不断筑牢

防灾减灾的跨部门、跨区域等协同联动,不是简单的"物理相加",而应该致力于产生"化学反应",达到"1+1>2"的有机融合

进入6月,我国南方地区发生入汛以来最强降雨过程,广西等地多条河流出现超警戒水位。据预测,今年汛期南北方都将有多雨区,区域性暴雨洪涝重于常年,防汛形势需要引起足够重视。

每年的汛期,对于各级各部门而言都是一场系统性的"大考"。从前期的监测预警、会商研判,到巡查防守、转移避险,再到抢险救援、灾后救助重建等等,防汛救灾的责任链条长,任何一个环节没有抓紧抓到位,都有可能导致严重的灾害损失。实际上,包括暴雨洪涝灾害,我国自然灾害种类多、分布地域广、发生频率高。应对这种"点多面广"的灾情现状,优化配置相关应急资源和力量,协同高效联动,形成工作合力,是题中应有之义。

过去,我国的应急资源往往较为分散,发生重大灾害时,可能各相关部门都会派工作组、进行单项的救灾救援,综合统筹存在不足。2018

年4月，应急管理部正式挂牌，整合了11个部门的13项职责。两年多的时间，应急治理体系和治理能力现代化水平明显提高，灾害应对的整体性协同性在增强。

比如指挥体系，按照统一高效原则，预警响应、灾情会商、信息共享、协调处置等联合指挥机制正在不断完善。在此前的金沙江堰塞湖处置中，应急管理部与自然资源部、水利部、国家能源局等多部委联合会商，派出联合工作组到现场统筹救援工作，既汇聚各方面专业力量，又统筹灾害涉及的川藏两省区的力量，提高了救援能力和效率，最终成功排除堰塞湖险情，实现人员"零伤亡"。

再看力量结构，当前我国有近20万人的国家综合性消防救援队伍，各类专业应急救援队伍、社会应急力量等相互配合、优势互补，形成了强有力的应急力量体系，综合救援能力得到极大提升。不仅如此，防灾减灾救灾的人民防线在不断筑牢。去年超强台风"利奇马"登陆浙江，一位基层信息员的及时预警，让140余名村民及时疏散转移，避免了山体滑坡导致的伤亡。在我国，有70余万名基层灾害信息员奔波在城乡社区，成为解决灾害预警信息传递"最后一公里"的关键力量。

需要看到，防灾减灾的跨部门、跨区域等协同联动，不是简单的"物理相加"，而应该致力于产生"化学反应"，达到"1+1>2"的有机融合。应对自然灾害，需要发挥好应急管理部门的综合优势和各相关部门的专业优势，根据职责分工承担各自责任，确保责任链条无缝对接，才能形成整体合力。比如防汛工作，防汛抗旱指挥部做好统筹协调、气象部门分享雨情旱情数据强化研判、水利部门科学调度水利工程、自然资源部门注意防范滑坡、泥石流等地质灾害等等，各部门各司其职，根据相应优势进行密切配合，才能保障安全度汛。换句话说，只有理顺各个部门相应的职责划分，处理好"统与分""防与救"等多层关系，才能保障防灾减灾既加强协同又统一高效。

防灾减灾、抗灾救灾是人类生存发展的永恒课题，须臾不可松懈。日前，针对西部地区自然灾害多发的实情，西部八省区市应急管理部门

签署省际《应急联动工作备忘录》，共同建立应急协同联动机制。更多条块结合、协同配合的举措还在路上，相信通过一系列"组合拳"，一定能够筑牢防灾减灾的坚实堤坝。

（2020年06月15日）

让文化遗产与生活相遇

陈 凌

> 文化遗产曾有辉煌的过去,也应该有闪光的现在,并且还应充满生机地走向未来

透过一块屏幕,在北京"寻访千年运河",去广东"穿越古今 漫游岭南",到甘肃"一眼千年 云游莫高"……6月13日是文化和自然遗产日,随着这个日子日益临近,各地纷纷推出线上活动,让观众在云端就能了解和体验文化遗产的独特魅力。

灿若星辰的文化瑰宝,是历史的丰碑,是珍贵的记忆。漫步"海上花园"鼓浪屿,我们不一定能想象当年繁盛一时的景象,但一定能在历史风貌建筑散发的闽南韵味、南洋气息和欧陆风情中,感受到中西文化的交融交汇;置身唐代名刹大雁塔,我们可能无法复原"雁塔诗会"的盛况,但一定能在二圣三绝碑、西石门楣上的线刻殿堂图中,领略唐代的盛世辉煌;走近陕西历史博物馆珍藏的"鎏金铜蚕",我们不一定能体验到汉代鎏金工艺的精湛,但一定能在汉代养蚕缫丝之繁盛的故事中,了解先人开辟丝绸之路的伟大壮举。放眼神州大地,人文胜迹总是满载历史,一墙一瓦都是文化,山水之中皆有故事。我们理应像爱惜自己的生命一样保护好历史文化遗产。

每一个文化遗产,既是历史生活的一个片段,更是民族精神的传承

载体。时间无言,但它却会通过一个个文化遗产,铭刻下历史的文脉、民族的记忆、精神的基因。而凝结在文化遗产之中的文明底蕴,不仅构成了我们这个民族的文化基座,还为民族的生生不息、发展壮大提供深厚滋养。铭记历史沧桑,看见岁月留痕,方能更好延续文化根脉。在这个意义上,我们不应让文化遗产"养在深闺人未识",而应让其"飞入寻常百姓家";不仅要保护好文化遗产,更应激活其内在的生命力。

从另外一个角度来看,文化遗产既然是"遗产",那也恰恰说明,它与现代生活,是有距离的。如何缩小这一距离,让文化遗产不只是一件件静止的作品,而是活在当下、活在人们生活里的有生命物品,这也正是需要持续用力的地方。这些年来,从《我在故宫修文物》《如果国宝会说话》等节目热播,到创意视频"文物戏精大会"刷屏,再到《故宫日历》、国家图书馆的《永乐大典》信笺等文创产品热销,这类文化现象也从侧面说明,做好优秀传统文化的"创造性转化、创新性发展",不仅是激活文化遗产生命力的重要方向,也是满足人民群众日益增长文化需求的有效途径。

最好的保护是成为日常所需。历史文化的滋养,既在思接千载、视通万里的历史回眸之中,也在可感、可知、可参与的日常生活之中。当博物馆"打卡"日益成为公众休闲娱乐的重要方式,当故宫开发的文创产品频频卖断货,当陕西剪纸、遂昌龙粽等非遗伴手礼受到顾客青睐,"活起来"的不仅是文化遗产,更有民族的优良传统、文化的历史记忆。文化遗产曾有辉煌的过去,也应该有闪光的现在,并且还应充满生机地走向未来。让文化遗产与生活相遇,让它们亲民而不再"高冷",有趣但不失厚重,这恐怕是擦亮文化瑰宝的必经之路。

值得高兴的是,遗产日期间,多家网络平台将联合举办"非遗购物节"。一边是古老的文化遗产,一边是新兴的互联网业态,非遗"触网"启示我们,文化遗产完全可以融入当代生活。而这,也正是"让收藏在禁宫里的文物、陈列在广阔大地上的遗产、书写在古籍里的文字都活起来"的题中应有之义。

(2020年06月12日)

海南自贸港,制度创新"试验田"

黄晓慧

在海南建设自由贸易港,就是要以更高水平开放促进更深层次改革

"要把制度集成创新摆在突出位置""高质量高标准建设自由贸易港",习近平总书记近日对海南自由贸易港建设作出重要指示,进一步为海南自由贸易港建设指明了前进方向、提供了根本遵循。《海南自由贸易港建设总体方案》(以下简称《总体方案》)正式发布,海南自贸港开启"总蓝图"向"实景图"挺进的大幕。可以说,习近平总书记亲自谋划、亲自部署、亲自推动的这一改革开放重大举措,党中央着眼国内国际两个大局作出的这一战略决策,推动海南站上了发展新起点。

在世界经济深度衰退、经济全球化遭遇逆风和回头浪的特殊背景下,海南自贸港踏上征途,意义非凡。无论是"零关税""低税率""简税制"这些具有自贸港基本特征的政策大礼包,还是人流、物流、资金流、信息流往来自由便利的深层次开放,《总体方案》的核心要义仍是深化改革、扩大开放、升级制度创新。可以说,在海南建设自由贸易港,是推进高水平开放,建立开放型经济新体制的根本要求;是深化市场化改革,打造法治化、国际化、便利化营商环境的迫切需要;是贯彻新发展理念,推动高质量发展,建设现代化经济体系的战略选择;是支持经济全球化,

构建人类命运共同体的实际行动。

近年来,我国批准建立了18个自由贸易试验区,制度创新的红利持续释放,市场主体数量大幅增加,对区域经济的辐射带动能力不断增强。在更深层意义上,自贸试验区有效推进改革向纵深发展,引领了开放新模式和新阶段的实践探索,有力推动了高质量发展。然而,在贸易保护主义抬头的形势下,"单兵突进""微创新"的模式,已很难满足高水平开放、高质量发展的新时代要求,需要一块能发挥改革系统集成作用的试验田。作为我国最大的经济特区,海南正是这块重要的试验田。

海南拥有独立的地理单元和完整的闭合空间,岛内涵盖了城市和农村地区,产业架构齐备。海南有能力构建新的"比较优势",做好高水平对外开放的压力测试和风险防范。过去两年来,海南在"五网"基础设施建设、产业结构调优、极简审批、制度创新等方面取得了一系列成绩,搭建起承接自贸港政策的四梁八柱,为自贸港建设夯实了基础。在海南建设自由贸易港,就是要以更高水平开放促进更深层次改革,打破现有的观念束缚、政策障碍和利益藩篱,为加快完善社会主义市场经济体制探索新路径、积累新经验。

当然,与世界上成熟的自贸港相比,海南仍有较大差距。这既是海南奋楫前行的动力所在,也是海南制度创新先手棋的落子处。但要看到,海南自贸港建设涉及面广、任务量大,是一项长期复杂的系统工程,必须久久为功、循序渐进,既"慢不得"也"急不得"。只有坚持管与放的辩证法,分步骤分阶段实施的推进节奏,不断推动《总体方案》部署的各项政策举措落地实施、产生实效,海南自贸港才能在高标准建设、高质量发展上突出后发优势,将生态优势、开放优势上升为制度优势。

与此同时,建设海南自贸港,离不开敢闯敢试、敢为人先、埋头苦干的特区精神。30多年的经济特区探索,为海南留下宝贵的精神财富,也为海南积累了经验教训。海南自贸港的制度创新,不是实验室里的单株独苗,更不是浅滩戏水、亦步亦趋,而是一往无前地勇闯深水区、无人区。唯有以强烈的历史责任感、使命感,树立制度创新的标杆、探索可推广可复制的经验,才能建成中国特色自贸港。

时间犹如催征鼓,海南自贸港建设必须狠抓落实。以只争朝夕的作风和钉钉子的精神确保干一件成一件，一步一个脚印蹚出一条新时代全面深化改革开放的新路子，方能不辜负历史使命的召唤，不辜负时代机遇的惠顾！

（2020 年 06 月 11 日）

以民法典实施提升"中国之治"

阿斯力格

> 善以保证民法典有效实施为重要抓手推进法治政府建设,
> 善以提高民事案件审判水平和效率来及时回应社会关切,才能
> 让老百姓更有获得感、幸福感、安全感

近日,中央政治局就"切实实施民法典"举行第二十次集体学习。习近平总书记在主持学习时强调,"全党要切实推动民法典实施,以更好推进全面依法治国、建设社会主义法治国家,更好保障人民权益。"这一要求深刻表明,民法典实施水平和效果,是衡量各级党政机关治国理政成效的重要方面。

管子曰:"法者,天下之程式也,万事之仪表也。"从中国历史上第一部比较系统的成文法典《法经》问世,到代表中国古代历史上最高立法水平的《唐律疏议》出台,历史表明,法之盛衰关乎政之治乱,良法向来是治国之重器、善治之前提。今天,汲取中华民族5000多年优秀法律文化,借鉴人类法治文明建设有益成果,系统整合新中国70多年来长期实践形成的民事法律规范……《中华人民共和国民法典》的诞生,宣告中国迈入"民法典时代"。可以说,编纂法典是一个国家、一个民族走向繁荣强盛的象征和标志,是中国法律传统和法治信仰的生动写照,映射出中华民族在法治道路上的不懈奋进。

充分认识颁布实施民法典的重大意义，才能更好推动民法典实施。从实践看，中国经济发展行稳致远，社会生活风清气正，都离不开民法制度夯实基础、与时俱进。正如习近平总书记所说："民法典在中国特色社会主义法律体系中具有重要地位，是一部固根本、稳预期、利长远的基础性法律，对推进全面依法治国、加快建设社会主义法治国家，对发展社会主义市场经济、巩固社会主义基本经济制度，对坚持以人民为中心的发展思想、依法维护人民权益、推动我国人权事业发展，对推进国家治理体系和治理能力现代化，都具有重大意义。"充分把握民法典的中国特色、实践特色、时代特色，才能推动"中国之治"进入更高境界。

实施民法典，是一项系统工程、长期工程，需要各方面共同努力，常抓不懈。履行职责、行使职权、开展工作，各级党和国家机关不仅要考虑民法典规定，还要加强同民法典相关联、相配套的法律法规制度建设。与此同时，维护好民法典权威，严格规范公正文明执法、提高司法公信力是题中应有之义。善以保证民法典有效实施为重要抓手推进法治政府建设，善以提高民事案件审判水平和效率来及时回应社会关切，才能让老百姓更有获得感、幸福感、安全感。

欲茂其枝，必深其根。10次向社会公开征求意见，收到42.5万人提出的102万条建议，民法典诞生就是充分尊重民意的过程。遵循同样的逻辑，民法典要实施好，就必须让民法典走到群众身边、走进群众心里。不管是遇上高空坠物，还是碰到遗产纠纷，抑或遭遇隐私泄露，只有全体社会成员以民法典为遵循，养成自觉守法的意识，形成遇事找法的习惯，培养解决问题靠法的意识和能力，才能让民法典真正成为老百姓保护自身权益的法典。从这个意义上讲，把讲清楚阐释好民法典作为"十四五"时期普法工作的重点来抓，把民法典纳入国民教育体系，方能保证全社会缘法而行，实现法盛人和。

大国治理，机杼万端，法治始终是令人瞩目的关键词。让民法典的规章与精神内化于心、外化于行，融入日常生活，神州大地必将绘就全面依法治国的崭新画卷。

（2020年06月10日）

让"新就业形态"茁壮成长

殷 鹏

新冠肺炎疫情防控期间,一批新技术新业态脱颖而出,也催生了新就业形态。今年全国两会上,有代表委员建议制定规范"新就业形态"的相关法律。对此,习近平总书记强调,新业态虽是后来者,但依法规范不要姗姗来迟,要及时跟上研究,把法律短板及时补齐,在变化中不断完善。

就业向来是关系到国计民生的重大问题,无论"六稳"还是"六保",就业都被摆在突出位置。疫情防控期间,核酸检测员、社区网格员、在线学习服务师、信息安全测试员、互联网营销师、老年健康评估师……一批新就业形态脱颖而出,在为人们的美好生活提供丰富产品和服务的同时,也让许多人的就业和创业有了着落。特别是,随着移动互联网、大数据、云计算等新技术的广泛应用,新的就业形态不断孕育,越来越多劳动者依托互联网为社会提供商品或服务,并获取劳动报酬或收入。把新就业形态培育好,是做好"六稳"工作、落实"六保"任务的重要内容。

与传统就业方式相比,新就业形态特别是互联网新就业形态,在劳动关系、技术手段、组织方式、就业观念等方面,都表现出较大差异。从雇佣关系到合作关系、从操作机械设备到拥抱信息技术、从定时定点劳动到随时随地工作,新就业形态彰显勃勃生机,展现出灵活性强、包容性强、自由度高等特点，在拓宽就业渠道、增强就业弹性、增加劳动者收入等方面，发挥着传统就业形态难以替代的作用。在疫情防控中，新就业形态蓬勃发展，不仅使日常物资供应不断、社会运行有序不乱，还提供了大量灵活就业岗位，减少了经济与就业波动。

作为新事物，新就业形态还不具备我国现行法律所规定的劳动关系的全部要素特征。如何准确界定许多灵活用工中的劳动关系，如何完善新就业形态下的相关社会保障制度，如何打造规范化法治化的就业环境……这些问题关系企业的用工需求、关系新就业形态从业人员的利益、关系消费者的合法权益。这要求我们对待新就业形态需要坚持包容审慎原则，加强对适应新就业形态发展的政策支持体系、社会保障体系、社会治理体系的研究，及时完善相关法律法规、制定相应规章制度，为新就业形态厚植发展土壤、助其释放出更大的潜力与活力。

当前，新就业形态已成为我国吸纳就业的一个重要渠道。国家信息中心统计显示，2019年我国共享经济领域就业保持较快增长，提供服务者人数约7800万，同比增长4%，平台员工数达到623万，比上年增长4.2%。除了创造更多就业岗位，新就业形态还能够提高劳动者收入水平、增加弱势群体就业机会、激发劳动者技能发展。比如，一些残疾人在知识技能共享领域找到就业机会，成为网络主播、设计师、培训师等。就业是最大的民生，保障好新就业形态下就业者的合法权益，是尊重劳动、尊重创造的体现，有助于更好地兜紧民生底线。

从大环境看，我国正处在转变经济发展方式、优化经济结构、转换增长动力的攻关期，新的劳动形态、新的就业方式、新的创业路径会不断涌现出来。积极创造条件培育"希望的田野"，努力让新就业形态茁壮成长，不仅将为兜住民生底线、稳住经济基本盘贡献力量，也将为中国经济行稳致远创造更多可能。

（2020年06月09日）

武汉全民检测结果增添信心

田豆豆

相信检测结果和武汉的绿码,"这是对武汉人民抗疫做出巨大贡献最好的感谢和最大的支持"

日前,武汉市通报了集中核酸检测排查结果,从5月14日0时至6月1日24时,武汉近990万人已接受集中核酸检测,发现确诊患者为零。除6岁以下儿童,武汉市民核酸检测已实现"全覆盖",无症状感染者检出率仅为0.303/万,全市无症状感染者在人群中占比极低,未发现无症状感染者传染他人的情况。武汉全民检测,在新冠肺炎疫情防控常态化背景下具有重要意义。

尽管武汉4月8日已解除离汉通道管制,但无症状感染者的存在,依然让人难以完全放下揪着的心。由于担心与无症状感染者"不期而遇",武汉市民坐地铁、乘公交、逛商场、去餐厅仍有心理压力,线下消费仍不活跃。

习近平总书记在参加十三届全国人大三次会议湖北代表团审议时说:"当前,摆在湖北面前的紧要任务,就是全力做好统筹疫情防控和经济社会发展工作。"如何做好统筹?疫情控制有力,人民恢复信心,才能让湖北经济社会发展真正回归"正常轨道"。信心从何而来?不仅靠呼吁,靠全国人民支持武汉的一片爱心,更要靠科学,靠以事实说话。

武汉的全民检测一方面让几乎所有无症状感染者"浮出水面",接受必要的隔离和治疗;另一方面,也为了解武汉无症状感染者存在数量、所占比例、传染性高低,提供了精准的大数据。大规模检测的结果,甚至好于专家的预期。中国疾病预防控制中心副主任、国务院联防联控机制联络组专家冯子健说:"检测数据说明,武汉地区新冠病毒的传播基本上接近阻断。武汉和全国其他地区疫情反弹传播的风险处于相同水平。"

科学的检测结论,首先让武汉市民自己的信心迅速恢复。连日来,许多武汉市民在朋友圈晒出核酸检测结果,屡屡刷屏。这个"六一"儿童节,许多家长终于敢带着在家"闷"了上百天的孩子去户外踏青,去商场购物,去餐厅堂食,少了后顾之忧。对湖北省和武汉市而言,武汉全民检测可以消除对病毒的担忧,为疫情防控取得彻底胜利奠定基础,为激发消费、恢复经济创造前提条件。从全国层面来说,武汉全民检测再次体现着人民至上、生命至上的价值理念,也为全国范围内统筹疫情防控和经济社会发展注入了信心。正如李兰娟院士所言,相信检测结果和武汉的绿码,"这是对武汉人民抗疫做出巨大贡献最好的感谢和最大的支持"。

同时,武汉全民检测再次展现了中国精神、中国力量、中国效率。社区基层组织动员起来,使得近990万人可以分小区、分楼栋、分时段有序接受采样,体现出强大的动员能力;同时,在检测方法上,武汉集中核酸检测排查以单检为主、混检为辅,混检单次不超过5个样本合并检测。

这样的武汉,这样的武汉人民,正以坚定的信心、崭新的姿态、积极的作为,奋力夺取疫情防控和实现经济社会发展目标双胜利。

(2020年06月05日)

保持加强生态文明建设的战略定力

刘 毅

> 以生态环境高水平保护推动经济高质量发展，才能把绿水青山建得更美，把金山银山做得更大
>
> 统筹考虑疫情对经济社会发展的影响，把握好推进生态环境保护工作的节奏和力度，提高生态环境治理成效，突出依法、科学、精准治污

6月5日"世界环境日"到来之际，有的地方将世界环境日主题"关爱自然，刻不容缓"与中国主题"美丽中国，我是行动者"结合在一起，开启宣传周活动；有的地方将奔跑活动与捡垃圾结合在一起，开展跑捡公益活动；有的地方邀请小学师生走进环境资源巡回法庭，让学生与环保法治"亲密接触"……丰富多彩的活动，传递出一个理念：大家从自己做起、从现在做起，一起来为祖国大地绿起来、美起来尽一份力量。

建设美丽中国，人人都是行动者。今年全国两会期间，首都北京美丽的蓝天白云，在代表委员们的手机里刷了屏。随着京津冀及周边地区大气污染治理持续推进，北京的空气质量显著改善。"十三五"规划明确的9项生态环境保护约束性指标，有力推进落实，其中7项指标已经提前交出合格答卷。放眼全国，空气更清新、河水更清澈、大地更清洁的景象，如今随处可见，人们的生态环境获得感日益增强。这是因为，党

的十八大以来，我国把生态文明建设摆在治国理政突出位置，开展了一系列根本性、开创性、长远性工作，攻城拔寨，闯关夺隘；这是因为，14亿中国人珍爱环境、呵护自然，全力推动生态文明建设进入快车道。

当前，受新冠肺炎疫情冲击和世界经济衰退影响，我国发展面临前所未有的困难挑战。疫情影响下，是否会放松生态环境保护"红线"？在这一特殊时期，习近平总书记先后赴浙江、陕西、山西考察调研，"生态优先、绿色发展"这个鲜明主题贯穿其中。习近平总书记在参加十三届全国人大三次会议内蒙古代表团审议时强调："要保持加强生态文明建设的战略定力"。谆谆叮嘱、语重心长，彰显了党中央推进新时代生态文明建设的意志和信心，也引领全国人民行动起来，朝着全国生态文明建设和经济高质量发展迈出坚定步伐。

保持加强生态文明建设的战略定力，就要充分认识到，保护生态就是发展生产力，保护生态和发展经济并非不可调和的一对矛盾。加强生态环境保护，能对产业结构优化升级和发展方式绿色转型起到倒逼作用，助力推动传统和新型基础设施高质量发展，推动节能环保产业发展壮大。以生态环境高水平保护推动经济高质量发展，才能把绿水青山建得更美，把金山银山做得更大。

保持加强生态文明建设的战略定力，就要坚持方向不变、力度不减、标准不降，确保实现污染防治攻坚战阶段性目标，擦亮全面建成小康社会的绿色底色。不能因为遇到困难和挑战，就动摇、松劲、开口子，放松对环境监管和环境准入的要求。与此同时，也要统筹考虑疫情对经济社会发展的影响，把握好推进生态环境保护工作的节奏和力度，提高生态环境治理成效，突出依法、科学、精准治污。

人不负青山，青山定不负人。良好生态离不开最广泛的绿色行动。各级党委和政府，广大企业和公众，大家勠力同心，坚持不懈推进绿色发展，持续打好蓝天、碧水、净土保卫战，推动形成绿色生产生活方式，定能让全面小康的成色更足，让美丽中国的愿景早日变为现实，为建设一个洁净美丽的世界作出更大贡献。

（2020年06月05日）

互联网发展助力美好生活

喻思南

中国互联网发展在数字经济、技术创新、网络惠民等方面不断取得重大突破,有力推动网络强国建设迈上新台阶

网民人数超 9 亿,互联网普及率接近 65%,网络购物用户规模达 7.10 亿……不久前发布的《中国互联网络发展状况统计报告》显示,中国互联网发展在数字经济、技术创新、网络惠民等方面不断取得重大突破,有力推动网络强国建设迈上新台阶。

中国的互联网事业发展迅猛,取得了令人瞩目的成绩。1997 年,全国上网的计算机不到 30 万台,用户仅 60 多万。今天,中国拥有全球最大规模的光纤和移动通信网络,行政村通光纤和 4G 比例均超过 98%。互联网不仅连接触手可及,使用也更加便捷。20 多年前,大多数网民通过拨号上网,甚至要懂专门的程序语言,如今,从陆地边陲到千里海岛,网络信号全天候覆盖。"信息高速公路"的延伸,及其催生的技术、产品和服务,极大降低了网络的使用门槛:西南山区的农民,在直播平台上卖起了家乡的土特产;天各一方的亲人,通过手机应用视频聊天;足不出户的老人,学会了网上下单购物。这些以往认为遥不可及的场景,已是稀松平常。

随着"互联网+"加速与产业融合,数字经济已成为中国发展的新

引擎。报告显示，我国数字经济规模已达 31.3 万亿元，位居世界前列，占 GDP 的比重达 34.8%。新技术的加速应用，催生了新的产业形态，有力提升经济发展质量、推动产业结构优化升级。疫情防控中，在线教育、在线问诊、网络视频、网络购物、网络音乐等应用的快速增长，充分展现了技术发展带来的新机遇。很多数字企业抓住这一契机，通过商业模式创新、加快数字技术应用等，为产业转型升级提供了重要支撑。

互联网带来开放、互惠、共享。近年来，我国致力于消除"数字鸿沟"，把网络基础设施修进深山、架上高原；科研人员帮老年人、视障者等信息时代的特殊群体开发软件，指导他们上网。眼下，互联网向智能时代跨越，为建设网络强国提供了技术支撑。5G 与教育融合，高清、流畅的通信支持，使偏远山区的孩子能够共享大都市教育资源；借助人工智能技术，将手语翻译成文字，聋哑人有了交流沟通的便捷桥梁。而随着新基建的推进，当前难以覆盖的"网络盲区"也有望进一步消除，更多人将享受到智能时代的普惠服务。

新基建驱动下，新技术、新产品、新业态更新迭代加速，亟待相关行业抓住机遇，迎来新一轮快速发展。比如，疫情防控期间，网络零售激活了农村消费，未来如何更好完善三线以下城市和农村地区的网购基础设施，从而进一步释放市场消费潜力？移动支付更加普及，推动线上线下联动的消费新场景更加丰富，能否进一步拓展在线餐饮、在线旅游、在线家政等网络服务，持续扩大数字消费的边界？全国一体化在线政务服务平台发挥了"数字政府"的作用，能否将好经验加以总结和提炼？等等，都需要我们在实践中进一步探索。

互联网的发展带来无远弗届的力量，为人们带来更多获得感。不久前的一次读书分享活动上，一名盲人按摩师在线分享了她听一本旅行书的心得。她说自己被祖国大江南北美景深深吸引，以后想去海南，在海边的客栈住上一晚，伴着涛声入梦。互联网无障碍技术，帮助更多人拥抱大千世界，实现心中理想，而这，也正是互联网发展的题中之义。

（2020 年 06 月 04 日）

环境有价，损害必须担责

孙秀艳

　　日前，生态环境部组织开展的"生态环境损害赔偿磋商十大典型案例"评选揭晓。入选的十个典型案例，涉及非法倾倒、超标排放、交通事故与安全事故次生环境事件等多种情形，为探索生态环境损害赔偿体制机制提供了实践借鉴。

　　过去很长一段时期，因为缺乏相应的规制，生态环境损害事件发生后，赔偿工作往往陷入"企业污染、群众受害、政府买单"的困局，严重影响生态环境。党的十八届三中全会明确提出对造成生态环境损害的责任者严格实行赔偿制度，并将其作为生态文明制度体系的重要组成部分。在吉林等7个省份自2015年开展改革试点的基础上，2017年8月中央全面深化改革领导小组会议审议通过《生态环境损害赔偿制度改革方案》，授权省级政府、市地级政府为赔偿权利人，要求其对造成生态环境损害的责任者追究损害赔偿责任。由此，"环境有价，损害担责"被确定为制度规定、内化为社会共识。

　　制度的生命力在于执行，关键在真抓严管。生态环境损害事件发生后，最紧迫的工作是生态环境修复，以最大程度减少对生态环境的影响。实际工作中，即便责任认定清晰且没有争议，一些赔偿义务人对逃避赔偿责任抱侥幸心理，认为"拖着拖着就没事儿了"，先认账后翻案、签协议不履行的现象并不鲜见。为了促进生态环境损害赔偿制度落地，各地进行了有益探索——从易到难、反复磋商，磋商结果司法确认，综合运用行政、刑事、民事以及失信联合惩戒、上市公司环境信息披露等手段，给违法企业戴上"金箍"……典型案例中，生态环境主管部门和检察机关、公安机关、司法行政机关紧密配合，确保赔偿义务人履行赔偿责任，及时对生态环境进行有效修复，不仅实现社会效益和环境效益的双赢，更让人们深刻地感受到，生态环境损害担责绝不是一句空话。

完备的制度体系是生态文明建设的重要保障。自2018年全国试行生态环境损害赔偿制度以来，全国共办理生态环境损害赔偿案件945件，涉及金额超过29亿元，形成了一批可供借鉴的经验和做法，标志着生态环境损害赔偿制度改革工作取得实质性进展。生态环境损害赔偿制度改革方案明确"磋商前置"，即生态环境损害赔偿磋商是诉讼的前置条件。通过征集和评选生态环境损害赔偿磋商十大典型案例，总结提炼行之有效、可供借鉴推广的经验做法，充分发挥典型案例的示范引导作用，有助于巩固和深化推进生态环境损害赔偿制度改革成效。

典型案例是一面引以为鉴的镜子，也是一个可资参考的模板。生态环境损害鉴定工作专业门槛高，损害赔偿需要相关方反复磋商，工作难度和压力都很大。有的地方因此存在畏难情绪，生态损害赔偿工作始终没有突破。十大典型案例的评选和发布，对省级、市地级政府当好本行政区域内生态环境损害赔偿权利人，具有重要指导价值。各地不妨学习借鉴典型案例的做法与经验，从严检视问题，精准补齐短板，狠抓推进落实，确保生态环境损害赔偿制度改革工作顺利推进。进一步落实改革责任，强化对生态环境损害行为"零容忍"，依法加强生态环境损害赔偿工作，必能为子孙后代守护好天蓝、水净、地绿的美好环境。

（2020年06月03日）

一步一个脚印坚定前行

彭 飞

> 各地区各部门强化责任担当，推动党中央决策部署和全国两会确定的目标任务落地落实，才能克服疫情带来的不利影响，确保如期全面建成小康社会
>
> 提高化危为机、危中寻机的能力，一步一个脚印坚定前行，我们定能克服重重困难，统筹做好疫情防控和经济社会发展各项工作

"这是一次风清气正、务实高效、催人奋进的大会""我们要认真贯彻落实好两会精神，把营商环境建设得更好""特别时期的两会，为我们提振了信心"……把精神传达下去，把部署落实下去，全国两会胜利闭幕，广大代表委员返回各自岗位，继续砥砺前行。如今，全国各族人民信心更强、底气更足、干劲更大，吹响了决胜全面建成小康社会的冲锋号，向着第一个百年奋斗目标发起冲刺。

受新冠肺炎疫情影响，今年两会会期缩短，活动和场次适当精简，然而会议议程满满、任务不减，代表委员履职尽责的使命担当一以贯之。从审议通过政府工作报告，到表决通过民法典，再到高票通过关于建立健全香港特别行政区维护国家安全的法律制度和执行机制的决定；从提出一系列凝聚智慧的提案议案，到站上"代表委员通道"回应热点问题，

广大代表委员认真履行职责，夜以继日完成工作，大会取得圆满成功。蓝图已经绘就，目标振奋人心，奋斗正当其时。接下来，就要按照两会制定的方案、提出的举措，扎扎实实抓落实、兢兢业业谋发展。

决胜全面小康时不我待，决战脱贫攻坚只争朝夕。从现在起到今年底，满打满算也只剩 7 个月时间，我们不仅面临艰巨繁重的发展任务，同时还面临外防输入压力持续加大、国内疫情反弹风险始终存在、全球疫情和经贸形势不确定性显著增加等风险挑战。越是面对困难，越要崇尚实干；越是紧要关头，越要狠抓落实。如何在常态化防控背景下助力企业复工达产？如何帮助中小微企业渡过难关、走出困境？如何啃下贫中之贫、困中之困的硬骨头？解决一系列现实问题，关键在行动。各地区各部门强化责任担当，推动党中央决策部署和全国两会确定的目标任务落地落实，才能克服疫情带来的不利影响，确保如期全面建成小康社会。

抓工作落实，既要有真抓的实劲、敢抓的狠劲，也要有善抓的巧劲。习近平总书记在看望参加政协会议的经济界委员时强调，努力在危机中育新机、于变局中开新局。这既是看待问题的认识论，也是做好工作的方法论。面对国际市场需求下降，能否助推外贸企业实现转型升级、拓展新的市场和渠道？面对线下业务受阻，可否助力服务业企业在线上打开新的发展空间？面对疫情考验，是否能以此为契机补上各级公共卫生和医疗服务体系的漏洞、短板，推动形成健康文明的生活风尚？提高化危为机、危中寻机的能力，一步一个脚印坚定前行，我们定能克服重重困难，统筹做好疫情防控和经济社会发展各项工作。

形式主义、官僚主义是党和人民的大敌，也是抓落实的梗阻。习近平总书记强调，在务实功、求实效上下功夫，力戒形式主义、官僚主义。全面建成小康社会时间紧、任务重，叠加疫情因素，做好经济社会发展工作难度更大。我们要把时间抢回来，把损失补回来，必须实干苦干，决不能让文山会海拖了后腿、被形式主义误了时机。全国两会前，中办印发《关于持续解决困扰基层的形式主义问题为决胜全面建成小康社会提供坚强作风保证的通知》，聚焦的也是这个问题。落实好《通知》要求，我们就能切实为基层减负，让广大基层干部把更多精力投入到实际工作

中去,确保两会明确的各项政策措施落到实处。

既然选择了远方,便要风雨兼程。全国两会标定新的刻度,让我们重整行装、再度出发,沿着继往开来的道路,凭实干成就梦想,用奋斗赢得未来。

(2020年06月03日)

让绿色释放更多红利

李达仁

> 生态文明建设的重大理论和实践创新,带来了发展理念和发展方式的深刻转变,推动了生态环境保护历史性、转折性、全局性变化

"小康全面不全面,生态环境质量很关键。"在全面建成小康社会和"十三五"规划收官之年,完善生态环境治理体系、持续改善生态环境质量等话题,备受关注。

党的十八大以来,着眼尽力补上生态文明建设这块短板、实现全面小康五位一体全面进步,以习近平同志为核心的党中央作出全面加强生态环境保护、坚决打好污染防治攻坚战的重要部署。一系列重大理论和实践创新,直接推动生态环境保护实现了历史性、转折性、全局性变化。生态文明建设如同一面广角镜,折射出追求绿色生产方式和生活方式的发展理念,照见协同推进人民富裕、国家强盛、中国美丽的大局观、整体观,见证对子孙后代负责、实现中华民族永续发展的历史担当。

当前,污染防治攻坚战已经取得关键进展,"十三五"规划涉及环保的9项约束性指标,有7项已提前超额完成。今年政府工作报告提出"提高生态环境治理成效",显示出巩固成果、夯基固本的施政方略。按照党和国家部署,加快推动生态环境治理体系和治理能力现代化,瞄准突出

生态环境问题加快治理、加紧攻坚，不仅可以不断改善生态环境质量，确保实现污染防治攻坚战阶段性目标，也将为实现美丽中国的宏伟愿景打下坚实基础。

"良好的生态环境是人类生存与健康的基础。"过去5年，中西部22个省区市林业产业总产值达到4.26万亿元，生态扶贫带动300万贫困人口脱贫；贫困地区林草植被持续增加，森林覆盖率平均增长超过4个百分点。实现全面小康、全民健康，建设健康、宜居、美丽家园是一个重要体现。要通过继承和发扬爱国卫生运动优良传统、持续开展城乡环境卫生整洁行动、加大农村人居环境治理力度等举措，切实解决影响人民群众健康的突出环境问题。

"人不负青山，青山定不负人。"全面加强生态环境保护，坚决打好污染防治攻坚战，我们就一定能形成人与自然和谐发展现代化建设新格局，让中华大地天更蓝、山更绿、水更清、环境更优美。

（2020年05月27日）

民法典标注制度文明新高度

贾 宇

> 作为新时代的法典，民法典草案紧扣时代脉搏，回应时代需求，体现时代特征

在整个法律体系中，民法与广大人民群众联系最为密切，涉及社会生活、经济生活的方方面面，与每个人都息息相关。从衣食住行到生产经营等，都受到民法的调整。正因如此，民法典被称为社会生活的"百科全书"、民众权利的"宣言书"，市场经济的"基本法"。

此次民法典草案的审议，是全面依法治国、完善中国特色社会主义法律体系的重要内容。提交审议的民法典草案，集中反映了人民意愿，充分体现了以人民为中心的法治理念。草案系统全面规定民事权利体系，充实了我国民事权利种类，完善了权利保护和救济规则，形成有效的权利保护机制，较好回应了人民的法治需求。民法典草案在编纂过程中，广泛征求各方意见，让所有公民参与、充分表达观点，一些具体规定，如高空抛物伤人、物业服务、隐私保护等，都充分反映了民意。

民法典是一个国家和民族精神的立法表达。草案第一条就明确，要"适应中国特色社会主义发展要求，弘扬社会主义核心价值观"，坚持依法治国和以德治国结合，充分体现我国社会主义法治特征。此外，草案分则规定树立优良家风，重视家庭和睦和夫妻互相关爱；完善遗赠扶养

协议制度，强调尊老、敬老、爱老、助老；细化侵权责任规定，为见义勇为者免除后顾之忧；等等。可以说，民法典草案凸显着中华文化的印记，体现着中华民族的"精气神"，具有鲜明的民族性。

作为新时代的法典，民法典草案紧扣时代脉搏，回应时代需求，体现时代特征。例如，总则中提出"民事主体从事民事活动，应当有利于节约资源、保护生态环境"的"绿色原则"；将数据、网络虚拟财产纳入保护范围，完善电子合同订立、履行规则，细化网络侵权责任，适应现代科技特别是信息科技、互联网高速发展；创造性地单设人格权编，对人格权的内容、边界和保护方式作出详细规定，体现新时代对人格尊严和价值的尊重；等等。我们相信，作为中国法治现代化的标志之一，民法典必将成为新时代制度文明的重要基石。

（作者为全国人大代表、浙江省人民检察院检察长）

（2020年05月26日）

筑牢重大疫病的防火墙

李红梅

预防为主、防治结合，有助于全方位防控疾病，做好居民全生命周期健康管理

5月24日下午，习近平总书记在参加湖北代表团审议时指出，"预防是最经济最有效的健康策略。"今年的政府工作报告，专门开辟"加强公共卫生体系建设"一章，部署改革疾病预防控制体制、强化基层卫生防疫等工作。健全重大疫情防控和治疗协同体系、加强公共卫生队伍建设等话题，经由代表委员议政建言、集思广益，正凝聚成宝贵的改革发展共识。

在疫情防控中，联防联控、群防群治起到了非常关键的作用。这正是公共卫生服务的题中之义，即通过评估、协调、保障、宣传等手段，促进全社会各方面、每个人共同携手，预防、应对危害公众健康的重大疾病。全方位全周期保障人民健康，必须健全公共卫生服务体系，加强预防为主、防治结合机制，努力实现公共卫生服务与医疗服务无缝衔接。

预防为主、防治结合，有助于全方位防控疾病，做好居民全生命周期健康管理。从以往看，重治疗轻预防，关注个体疾病多，关注疾病人群流行性特点较少，使得临床医疗服务得到更多的政策重视和资源倾斜。公共卫生服务不健全，难以将重大疾病预防提前到一级或零级预防，就

无法实现全方位全生命周期的健康管理。医疗服务因素只是影响健康的一小部分原因，只有更加重视环境、社会、心理等公共卫生因素，更加注重疾病预防，才能保证个体健康，系统、科学地守护群体健康。

打通"防"与"治"，一个重要抓手是健全全科医生制度。全科医生是居民的健康守护人，也是实现公共卫生服务和医疗服务有效衔接的重要一环。有了全科医生的把关，重大疫情风险可以提前预警，向公共卫生部门报告，并预检分诊、首诊可疑人群，与上级医疗机构形成分级、分层、分流的救治体系。完善全科医生培养和使用制度，让其在基层发挥预警、防控、救治的作用，将有助于织牢织密疫情防控网。

健全公共卫生服务体系是一项社会系统工程，涉及卫生服务、医疗保障、财政投入、教育培养等各个方面。让公共卫生服务体系成为抵挡重大疫病的防火墙、防洪堤，我们必能守护好人民健康，全面推进健康中国建设。

（2020年05月25日）

困难挑战越大　越要深化改革

洪乐风

> 中国经济乘风破浪、行稳致远，靠的是践行以人民为中心的发展思想，靠的是遵循市场经济规律、善于发挥制度优势

与往年相比，今年的政府工作报告没有提出全年经济增速具体目标。这个着力引导各方面集中精力抓好"六稳""六保"的务实举动，彰显出"以保促稳、稳中求进"的经济工作辩证法，折射出更加重视发展质量和发展效益、努力打开新发展格局的战略定力，有助于走出一条有效应对疫情冲击、实现良性循环的新路子。

临难不避、实干为要。尽管新冠肺炎疫情带来前所未有的冲击，但我国经济展现出巨大韧性，涌现出新的增长点、蓄积了新的动能、释放着新的活力。这些韧性和动能，得益于坚持贯彻新发展理念，持续释放改革开放红利。做好"六稳"工作、落实"六保"任务，并不意味着放松对发展质量的要求，无论是保障就业民生、实现脱贫目标，还是防范化解风险，都要有经济增长支撑，都要向着高质量发展迈进。

无论外部环境如何变化，新发展理念都是指导经济建设的根本遵循。如果说新发展理念是集中体现发展思路、发展方向、发展着力点的"指挥棒"，那么新发展格局就是深化供给侧结构性改革，贯彻创新、协调、绿色、开放、共享理念的"路线图"。下一阶段做好经济社会发展各项工

作,必须把增速和质量有机统一起来,坚定不移贯彻新发展理念,畅通内外部循环、区域合作小循环和经贸往来大循环,构建国内国际双循环相互促进的新发展格局。

政府工作报告指出,困难挑战越大,越要深化改革,破除体制机制障碍,激发内生发展动力。贯彻新发展理念、构建新发展格局,需要在更高起点、更高层次、更高目标上推进经济体制改革。我们不搞"大水漫灌",不用强刺激政策,而是用改革开放办法,稳就业、保民生、促消费、拉动市场、稳定增长,为的就是把我国发展的巨大潜力和强大动能充分释放出来。

中国经济乘风破浪、行稳致远,靠的是践行以人民为中心的发展思想,靠的是遵循市场经济规律、善于发挥制度优势。贯彻新发展理念,构建新发展格局,抓好关键性基础性改革,我们一定能完成"十三五"规划目标任务,为新起点新航程奠定更为良好的经济基础。

(2020年05月24日)

用硬功夫完成硬任务

白 龙

> 越到最后时刻越要响鼓重锤,让扶贫举措更精准、办事作风更端正、把关考核更严格

贫困人口脱贫是全面建成小康社会的底线任务和标志性指标,是一项"必须完成的硬任务"。两会召开之际,代表委员围绕克服新冠肺炎疫情影响、坚决完成剩余脱贫任务、巩固扶贫成果等内容积极建言,为决战决胜脱贫攻坚积聚力量。脱贫攻坚工作本来就艰苦卓绝,收官之年又遭遇疫情影响,各项工作任务更重、要求更高。集中力量啃下脱贫硬骨头,必须下好硬功夫。

当前,脱贫攻坚政策保障、资金支持和工作力量是充足的,扶贫工作也形成了成熟制度,积累了丰富经验。如期完成脱贫攻坚目标任务,关键在于精准聚焦本地实际问题和贫困群众难处。比如,在不愁吃、不愁穿普遍做到之后,困扰民生质量的吃水难、用电难、通信难等问题是否得到较好解决?疫情造成外出务工受阻、扶贫产品销售困难、旅游扶贫无法开展,能否启动一些短平快项目增加群众收入?在今年3月决战决胜脱贫攻坚座谈会上,习近平总书记就"确保高质量完成脱贫攻坚目标任务"作出新的重要部署。打好攻坚战,就要坚决贯彻党中央决策部署,把发展短板补得再扎实一些,把脱贫基础打得再牢靠一些,让脱贫

成效赢得老百姓认可、经得起历史检验。

"其作始也简,其将毕也必巨。"脱贫攻坚是一项较真碰硬的工作,越到最后时刻越要响鼓重锤,让扶贫举措更精准、办事作风更端正、把关考核更严格。各级党委政府和广大干部紧绷责任之弦、夯实作风之基,尤需通过紧抓落实、解决问题来体现。特别是,要坚决杜绝形形色色的形式主义、官僚主义,持续为基层松绑减负,让干部有更多时间和精力投入脱贫攻坚。

反贫困是古今中外治国理政的一件大事。坚决克服新冠肺炎疫情影响,坚决夺取脱贫攻坚战全面胜利,我们就一定能完成这项对中华民族、对人类都具有重大意义的伟业!

(2020 年 05 月 22 日)

履职尽责，体现担当作为

白 龙

> 站在特殊的时间节点上，尤其需要代表委员们汇民声、聚民意、传民情，为夺取疫情防控和努力完成今年经济社会发展主要目标任务双胜利贡献智慧和力量

全国两会的召开，见证着新冠肺炎疫情防控阻击战取得重大战略成果，统筹推进疫情防控和经济社会发展工作取得积极成效。面对突如其来的新冠肺炎疫情，代表委员们奋战在疫情防控和经济社会发展的各条战线。代表委员们履职尽责，体现了大战大考面前的勇毅担当和积极作为。

特殊时期的全国两会，肩负着特殊的任务。今年是决胜全面建成小康社会、决战脱贫攻坚之年，也是"十三五"规划收官之年。站在特殊的时间节点上，尤其需要代表委员们汇民声、聚民意、传民情，为夺取疫情防控和努力完成今年经济社会发展主要目标任务双胜利贡献智慧和力量。

坚持"两手抓"，夺取"双胜利"，离不开代表委员们扎实履职。奋力夺取疫情防控和努力完成今年经济社会发展主要目标任务双胜利，也是对代表委员们履职能力的一次考验，需要拿出"绣花"功夫，把调研做得更深入些，把问题考虑得更细致些。

坚持"两手抓",夺取"双胜利",需要危中寻机、化危为机。许多代表委员表示,疫情对我国经济社会发展带来较大冲击,疫情防控中也有新的机遇、新的增长点。代表委员在日常工作和履职中,应主动作为、建言献策,补齐经济社会发展中的短板,释放科技创新潜能、推动产业优化升级。

今天的中国,田野生机勃勃,工厂机声隆隆,各行各业正在有序复工复产。通过全国两会凝聚共识、谋划良策,我们一定能克服疫情影响,充分激发和释放我国发展的巨大潜力和强大动能,努力完成今年经济社会发展主要目标任务。

(2020年05月21日)

婚姻法变迁见证家国情怀

曹玲娟

> 70年来，在婚姻法的框架下，我国的婚姻家庭制度建设取得了历史性成就，守护了几代人的婚姻生活，浓缩了无数中国人的爱与记忆，汇聚成一条奔流至今的温暖河流

今年是《中华人民共和国婚姻法》正式颁布70周年。近期，各地举办了一系列活动，展示70年来我国婚姻家庭制度建设取得的巨大成就，展现广大群众追求幸福婚姻、美满家庭的历史画面。一个个婚姻故事，一幕幕家庭场景，折射出时代变迁和社会发展。

婚姻关系着个人成长、家庭幸福，关系着社会文明和谐。70年前，新中国第一部法律《中华人民共和国婚姻法》建立了婚姻自由、一夫一妻的新型婚姻家庭制度，确立了男女平等、夫妻互爱、团结和睦的婚姻家庭观，极大解放和发展了社会生产力，促进了社会的全面进步。以此为标志，广大人民群众彻底从旧时代的婚姻制度桎梏中走出，真切感受到了社会主义婚姻家庭制度的温暖。70年来，在婚姻法的框架下，我国的婚姻家庭制度建设取得了历史性成就，守护了几代人的婚姻生活，浓缩了无数中国人的爱与记忆，汇聚成一条奔流至今的温暖河流。

婚姻家庭的时代切面，是国家繁荣昌盛的重要见证，也是社会发展进步多棱镜的重要侧面。一代代人、一个个家庭，与时代大潮奔涌同行，

体现着社会风尚与价值观的时代变迁,也见证了人们生活质量的提高。为了适应经济社会发展的需要,1980年和2001年,我国先后对婚姻法进行了修订和修正,增加了夫妻约定财产制、无效婚姻等内容,完善了对家庭暴力受害者、被遗弃家庭成员的救助制度,在建立和维护平等、文明的婚姻家庭关系等方面发挥了积极作用。即将出台的民法典,将进一步完善我国的婚姻家庭制度,维护公民婚姻权利。在相关法律制度的推动下,人民群众的法律意识和守法自觉性不断提升,公民的婚姻行为更加规范有序、符合法治精神。

"家是最小国,国是千万家"。我们今天关注婚姻和家庭,关注的正是社会细胞的健康、社会肌理的通达,关注的是婚姻家庭视角下的家国关系。不管是写就新时代社会治理大文章,还是追求日常生活的美满,主角都是我们身边的每一个家庭。70年来,从"三大件""三转一响"到现在常见的智能家电,中国人的"婚礼标配"勾勒出时代的沧桑巨变。如今,移风易俗、喜事新办的文明新风正在形成,越来越多的年轻人希望在婚礼上体现对传统文化的传承,正确的婚姻观念和家庭伦理道德日益深入人心。与此同时,民政部门进一步完善婚姻管理制度体系,通过互联网、大数据等技术手段,更好适应社会发展和人民群众需要,为每一个社会细胞的健康幸福营造更好的社会环境。

习近平总书记强调:"无论时代如何变化,无论经济社会如何发展,对一个社会来说,家庭的生活依托都不可替代,家庭的社会功能都不可替代,家庭的文明作用都不可替代。"对国家而言,有着家庭的美满幸福,才有社会的融洽和谐。千千万万个家庭敬老爱幼、夫妻和睦、向上向善,就能为国家发展、民族进步、社会和谐铺就坚实基石。

(2020年05月20日)

共同呵护好孩子明亮的眼睛

张 烁

> 全社会要树立健康第一的教育理念，深化体教融合促进青少年健康发展，处理好学业与爱眼的关系

当前，学校复学复课工作正在有序推进，但仍有部分学生在家以线上的形式学习。由于户外活动大大减少，学习、娱乐等活动转移到网上，不少家长对孩子们的用眼卫生感到忧心。对此，国家卫生健康委员会不久前发布《儿童青少年新冠肺炎疫情期间近视预防指引》，有效指导儿童青少年预防近视。

习近平总书记一直关心青少年视力健康问题，强调"全社会都要行动起来，共同呵护好孩子的眼睛，让他们拥有一个光明的未来"。当前，我国儿童青少年近视率居高不下、不断攀升，且呈现低龄化、重度化、发展快、程度深的趋势。这是一个关系国家和民族未来的大问题，必须高度重视，不能任其发展。有序复学复课，不能忽视孩子的视力健康，全社会要树立健康第一的教育理念，深化体教融合促进青少年健康发展，处理好学业与爱眼的关系。

完成学业、爱护眼睛"两不误"，需要学校合理安排教育教学，让孩子在线时间短一点，也需要家长克制住"报班"冲动，让孩子学业负担轻一点。根据"预防指引"，线上学习时间"小学生每天不超过2.5小

时""中学生每天不超过4小时"。对此，有家长摇头喊难，表示"老师布置作业、孩子完成作业都需要上网，这个时间怎么算都捉襟见肘"。现实中，眼看着春季学期剩余时间越来越短，课业任务尚待完成，学习的紧迫性可以理解，但这不能以孩子健康为代价，用视力换成绩。在控制线上学习总时长的同时，还应安排好活动性休息时间，让孩子在上课之余看看远、望望绿、做做眼保健操，尽最大可能接触自然光线，减缓视疲劳。

保护视力，需要安排好孩子的居家活动，拒绝"电子保姆"。预防孩子近视，家长思想上首先不能"近视"。一些家长也知道电子产品看多了伤眼睛，但常常"火烧眉毛顾眼前"，孩子缠人，就把动画片、电子游戏扔给孩子，家长借此"脱身"。特别是当前新冠肺炎疫情还有很大不确定性，很多孩子仍然不能出门，于是就在动画片和游戏中打发时间。对孩子而言，最好的老师是家长，最好的关爱是陪伴。拒绝"电子保姆"，家长首先要以身作则，放下手机，与孩子多开展互动，增进亲子交流，呵护孩子的眼睛和健康。

保护视力，应当在条件允许的情况下，适当增加户外活动。让孩子到户外阳光下度过更多时间，能够有效预防和控制近视。如果当地疫情防控条件允许，家长可以多带孩子参加户外活动，在小区里跳跳绳、拍拍球、做做健身操。特别是已有近视苗头的孩子，应当进一步增加户外活动时间，延缓近视发展。已经开学的学校，可以错时、错峰安排体育课和"大课间"，保证孩子们每天至少拥有2小时以上的户外活动时间。还可以鼓励有条件的孩子步行上下学、增加户外时间，等等。

防控儿童青少年近视是一项系统工程，也是公共卫生问题，需要政府、学校、医疗卫生机构、家庭、学生等各方面共同努力。全社会应当关心、支持、参与儿童青少年视力保护，营造政府主导、部门配合、专家指导、学校教育、家庭关注的良好氛围，早发现、早干预，帮助孩子养成受益一生的爱眼护眼好习惯。

（2020年05月19日）

博物馆，换个姿势走进千家万户

石 羚

5月18日是国际博物馆日，今年的主题是"致力于平等的博物馆：多元和包容"，展现出从业者对博物馆推动公共文化服务均等化、普惠化的关注。在国内，从"国云展"平台上线，到"为国宝代言"活动，再到"文创节"兴起，围绕博物馆多元包容发展的主题，一系列陈列展览、学术研讨、公众互动活动将陆续开展。这启人深思：如何吸引更多不同年龄、不同职业的受众走进博物馆，博物馆的未来发展应该何去何从？

近年来，我国博物馆行业迎来快速发展的黄金期，在数量与质量两个方面同步发展。博物馆数量从改革开放初期的300多家增加到现在的5300余家，免费开放的博物馆不断增多，为更多人"解封"展柜里的历史、读懂文物里的故事提供便利。而现代科技的赋能，丰富了推介展览的形式，突破了实体展馆的时空限制。以配合疫情防控需要产生的"云端博物馆"为例，全国陆续推出2000余个在线展览项目，仅春节期间浏览量就超过50亿人次。这虽是非常时期的权宜之策，事实上也成为数字博物馆建设的一次集体展示，成为推动文博资源走进千家万户的有益尝试。

面对群众差异化、高质量的精神文化需求，博物馆必须走多元化、包容性发展的路子。博物馆是人类文化的缩影，文化的多样性决定了博物馆及展陈的多样性。我们需要折射中华文明风貌的国家级博物馆，也需要展现"一方水土养一方人"的地方博物馆；需要历史类博物馆，也

需要艺术、自然、民俗等专题性博物馆；需要勾勒一业一时的大展览，也需要关注一人一物的小展陈；需要面向大众的趣味展览，也需要学术性强的专业展陈……各有所长，特点不一，各家博物馆方能茁壮生长，博物馆业才能百花齐放，最终为群众带来更多样的文化大餐。

习近平总书记指出："让收藏在博物馆里的文物、陈列在广阔大地上的遗产、书写在古籍里的文字都活起来。"让文物说话，是增强国家文化软实力的题中之义。一段时间以来，从《如果国宝会说话》的热播，到故宫文创的走红，再到数字敦煌、诗意长安的展示，"博物馆＋综艺""博物馆＋文创"乃至"博物馆＋旅游"的新动向、新业态，赢得各方好评。这也启发人们，"展品＋介绍"不是展览的唯一形态，善于利用群众喜闻乐见的各种形式讲好故事，利用科技、商业等方式传播文化，也是扩大博物馆受众覆盖面的重要方向。

让博物馆走进千家万户，既需要多元的优质内容，也需要多样的表达形式，但形式应该服从于内容。忽略展品背后的文化内涵而过分强调声光电的技术呈现，过分追逐文博资源的商业化利用，都可能影响博物馆发展。国家文物局此前印发的《关于提升博物馆陈列展览质量的指导意见》强调，"提高陈列展览创意策划水平，完善陈列展览从研究、策划、实施到推广的工作流程"。这一要求，正是为了夯实学术基础、提升内容质量，使得文博产品的多元表达更具内涵、更有看点，实现传统与现代的完美融合。

连日来，全国各地博物馆纷纷发起新冠肺炎疫情防控代表性见证物捐赠活动。致敬英雄，可以更深刻地铭记当下；记录历史，也才能更好地观照未来。从历史文化中汲取前行的精神力量，从文物展览中寻找前人与来者的心灵联结，博物馆才能不断发挥应有价值，为更多人带来知识与文化的滋养。

（2020年05月18日）

形成尊法崇法的社会环境

贺小荣

  以判例的形式将法治精神融入人们的日常生活，形成尊法崇法的社会环境

  判例是一个国家法律认知水平的生动注脚，也是法治进步的鲜明标识。日前，最高人民法院发布"大力弘扬社会主义核心价值观十大典型民事案例"，生动诠释了社会主义核心价值观对司法裁判的导引功能，体现了判例在指导、评价、引领公民行为方式方面的独有价值。
  "闹者赢、赖者胜""有理人吃亏、无理人获利"等反常情况，一度影响了人们的法治信心。党的十八大以来，以习近平同志为核心的党中央高度重视公民道德建设，倡导用法治思维和法治方式化解社会矛盾，德法相融、以案明德取得显著成效。此次公布的十大典型民事案例，对于大力弘扬社会主义核心价值观，在全社会弘扬办事依法、遇事找法、解决问题用法、化解矛盾靠法的法治理念，大有助益。例如，英雄烈士是国家的精神坐标，是民族的不朽脊梁，对待英雄烈士的态度是折射民族精神价值的一面镜子。此次公布的典型案例，通过相关判决，直接表达了司法机关在呵护爱国精神和民族气节方面的坚定态度。人民法院通过对英雄烈士名誉权的司法保护，培育和树立全社会崇尚英雄、敬畏英雄、捍卫英雄的习惯和共识。

　　以判例的形式将法治精神融入人们的日常生活，形成尊法崇法的社会环境，有助于为全面依法治国增添内在动力、提供精神支撑。一段时期，因"搀扶摔倒老人反被讹诈"被炒作，导致"扶不扶"成为挑战公众良知和公民道德底线的一道考题。此次公布一个典型案例：路人孙某阻止撞伤儿童的郭某离开现场，后郭某在等候110处理时因心脏骤停死亡，其家属遂起诉请求孙某和物业赔偿40余万元。法院审理认为，路人孙某的行为是其履行公民义务、保护儿童权益、维护公共秩序的正当之举，本身不具有违法性，且其行为与郭某死亡无法律上的因果关系，故法院判决其不承担侵权责任。这一典型案例向全社会昭示，鼓励守望相助、见义勇为的社会风气，将永远是中国司法应当秉持的价值取向。

　　明者因时而变，知者随事而制。对司法机关来说，如何在互联网时代塑造守法环境、净化网络风气，同样是一道考题。比如，个别电商用"暗刷流量"等行为虚构事实，骗取客户信赖，产生纠纷被诉至法院。人民法院认为，"暗刷流量"的行为违反商业道德底线，破坏正当的市场竞争秩序，欺骗、误导网络用户选择与其预期不相符的网络产品，最终减损广大网络用户的利益，判决确认"暗刷流量"的交易无效。人民法院对"暗刷流量"的否定评价，对于构建网络诚信秩序、净化网络道德环境、提高网络治理能力具有深远意义。另外，随着互联网社交媒体的发展和普及，隐私、名誉、荣誉等人格权保护也日益引发关注。人民法院通过相关判决表明：网络虚拟空间并非法外之地，禁止任何人用网络媒介损害公民、法人的人格尊严。

　　社会主义核心价值观是当代中国精神的集中体现，是凝聚中国力量的思想道德基础。推进全面依法治国是一项长期而艰巨的战略任务，也是一场深刻而重大的社会变革，离不开司法的力量。人民法院只有自觉将社会主义核心价值观融入司法裁判的全过程，才能生产出更多承载公平正义的判决，让一个个鲜活的判例成为法治中国进步的时代标识。

（作者为最高人民法院审判委员会副部级专职委员、二级大法官）

（2020年05月18日）

航天"长征"永远在路上

余建斌

火箭呼啸而去、飞船摇曳而落,瑰丽地球和深邃太空之间的一去一回,勾勒出一幕人类探索宇宙的壮丽图景,也开启着中国一个新的航天时代——空间站时代。

5月5日,在海南文昌航天发射场,首次发射的长征五号B运载火箭成功将新一代载人飞船试验船和柔性充气式货物返回舱试验舱送入太空轨道。几天后的5月8日,新一代载人飞船试验船返回舱成功返回。空间站阶段飞行任务的首战告捷,充分证明长征五号B运载火箭可担当空间站建造主力火箭的重任,为全面实现我国载人航天工程第三步发展战略奠定了坚实基础。

航天事业向来是一个国家追求创新发展的生动缩影。上世纪90年代以来,从发射载人飞船将航天员送入太空,到太空出舱、发射空间实验室,中国载人航天工程如今已走到第三步,即"建造空间站,解决有较大规模的、长期有人照料的空间应用问题"。长征五号B运载火箭未来担负着发射空间站舱段的重要使命,首飞意义重大,关系到载人航天工程"三步走"战略目标能否实现。面对新冠肺炎疫情不利影响,航天人克服重重困难,打赢了这场硬仗、关键仗,增添了完成后续任务的强大信心。长征五号B运载火箭的腾空而起,是中国建设航天强国和世界科技强国取得的最新成就,也让人们再一次看到不惧风险挑战、勇于突破、敢于登攀的强大精神力量。

推开空间站时代大门，中国航天展现了坚定不移走中国特色自主创新道路的信心。长征五号B运载火箭发射时间提前公布，最终火箭一秒不差地实现"零窗口"发射。从神舟九号、神舟十号到长征五号B运载火箭……几次任务都将发射时间提前宣布并精准到分，充分显露出了航天人的自信。自信的底气来自于神舟一号飞船发射以来载人航天的16战16捷，也源自于在系统最复杂、安全要求最高的载人航天工程中，质量第一、安全至上的意识始终得到贯彻和坚持。自信既是靠"十年磨一剑"的千锤百炼，更是靠登攀不止、挑战未知的求知若渴。发射成功后，文昌航天发射场大厅屏幕上打出这样一行字：敢于战胜一切艰难险阻，勇于攀登航天科技高峰。奋斗是对奋斗者的奖励，中国航天剑指浩瀚苍穹，"长征"永远在路上。

探索浩瀚宇宙，发展航天事业，建设航天强国，是我们不懈追求的航天梦。从50年前第一颗人造地球卫星"东方红一号"开启太空时代，到今天空间站时代大幕徐徐展开，中国航天再次踏上了新征程。空间站是极其复杂、极具挑战性的一步跨越，但巨大收获也将无可比拟，能够加快中国乃至人类探索、开发、利用宇宙的步伐。空间站和航天技术的飞跃，也能推动航天成果更广更深地造福社会发展和人们生活。作为近地空间的一个创举，空间站的建造将为进一步实现载人探月、火星探测等更长远目标铺下基石，成为航天报国和科技强国建设的一个标志性创新实践。

习近平总书记在给参与"东方红一号"任务的老科学家回信时强调，"不管条件如何变化，自力更生、艰苦奋斗的志气不能丢"。以老一代航天人为榜样，新时代的航天工作者大力弘扬"两弹一星"精神，敢于战胜一切艰难险阻，勇于攀登航天科技高峰，必能跨越星辰大海，实现更非凡的成就。

（2020年05月15日）

消费向上回暖　市场向好企稳

齐志明

消费作为经济发展的重要引擎，不仅正在带动各类工厂、企业、工商业者复工，也推动着企业转型升级和经济高质量发展

走出家门，拥抱山河湖海；"买买买"线上消费火爆，实体消费逐步回流，换季消费需求释放明显；"夜经济"又繁荣起来，街头巷尾烟火气在升腾……"五一"假期是新冠肺炎疫情防控常态化后的首个小长假，涌动着消费的暖流。5月1日到5日，重点零售企业日均销售额比清明假期增长32.1%，呈现向上回暖态势。

作为拉动经济增长的驱动力，消费向上回暖态势明显，直接带动市场向好企稳。"五一"假期的消费数据充分说明，新冠肺炎疫情的影响是暂时的，也是阶段性的。从前期受疫情影响较大的行业看，以探亲游、周边游、郊区游为主题的小长假旅游带动目的地消费，旅游业正稳步恢复；假日期间商超人流明显增加，零售业逐渐回温；堂食、外卖恢复率都在提升，餐饮业冷淡态势得到缓解……疫情不会改变我国消费长期稳定和持续升级的发展趋势，被抑制、被冻结的消费需求正在有序释放出来。亿万消费者的"购物车"，将继续稳步拉动中国经济的"基本盘"。

因为疫情防控需要催生的新型消费、升级消费，也在快速培育壮大，

推动实物消费和服务消费得到有效回补。以直播带货、无接触配送、商圈商街数字化营销等为代表的消费新业态、新模式，在"五一"期间呈现良好发展势头。特别是直播带货强势来袭，推动在线经济人气爆棚。伴随常态化疫情防控需要，"云逛街""云购物""云展览""云走秀""云体验"等在线经济有望得到进一步的巩固和推广，继续刷新公众的消费体验，为各类创业者带来更多商机。

消费回暖是经济回暖的前奏，离不开从企业到政府的把握机遇、主动作为。18小时12分钟，支付总额破百亿元，这是上海市举办的"五五购物节"斩获的喜人成绩。全上海各大电商平台、商业企业、品牌企业广泛参与，形成130多项重点活动和700多项特色活动。据不完全统计，4月30日至5月4日，20多个省区市启动了新一轮消费券投放，规模突破百亿元人民币，涉及餐饮、旅游、家电、汽车、文娱等多个领域。各地齐齐发力、政企携手联动、线上线下结合，各类促消费政策和补贴举措"乘数效应"明显溢出，有效提振商业信心，激活消费市场。

也要看到，消费持续回暖是一个循序渐进的过程，当下制约消费的因素还有不少。如何在落实常态化疫情防控举措的同时保证有序全面生产并促进消费，需要各地各部门继续担当作为、创新治理水平。有效减税降费、优化营商环境、激发消费热点、促进消费升级……打出更精准、更细化的政策"组合拳"，才能畅通以消费为引领的经济循环，强化内需对经济的有力支撑，从而推动消费与供给同步复苏。

消费作为经济发展的重要引擎，不仅正在带动各类工厂、企业、工商业者复工，也推动着企业转型升级和经济高质量发展。面对一段时间以来的新型消费、升级消费发展态势，工信部近日发布《中小企业数字化赋能服务产品及活动推荐目录（第一期）》，鼓励和引导"专精特新"中小企业率先通过数字化赋能成为标杆中小企业，促进企业复工复产、加快转型。进一步提振消费需求，发挥消费引领拉动作用，我们有信心、有能力迎接挑战、克服困难，确保完成决战决胜脱贫攻坚目标任务，全面建成小康社会。

（2020年05月14日）

"云考古"带来的文化体验

闻 白

今年的"五一"小长假,许多网友与考古人一起在"云端",见证了"2019年度全国十大考古新发现"产生的全过程。一段时间以来,利用互联网发布馆藏、介绍展览、选评项目等"云端"文化供给新方式不断涌现,一起开启着文博领域的数字时代。

往年的"全国十大考古新发现"终评会,都是进入最后候选项目的领队或者负责人暂时放下田野考古的手铲,前往北京向同行及评委交流汇报自己的工作。因为新冠肺炎疫情影响,今年的终评会主动创新形式,利用"五一"小长假在网络会议平台全程直播了20个入围项目的汇报展示、专家提问点评以及最后的荣誉揭晓。据不完全统计,观看总量达2278万人次,与"十大考古"相关的网络互动话题总阅读量达到1.66亿人次。"云考古"开创性的一小步,促成了考古文博经由网络满足公众文化需求的一大步,考古人把一个原本属于业界的聚会,变成了与大众共享的活动。

"云端"文博不仅丰富了公共文化服务的渠道和平台,更因其共享性、便捷性扩大了公共文化服务的受益面。通过"云端"漫步、手指触行,公众轻松进入到国家级的考古评审现场,走进考古人的世界。这种文化体验非同凡响:原来考古人要研究从10万年前的旧石器时代到南宋的沉船这么迥然不同的年代;原来考古人既可复原9000年前的玉器生产

技术，又能在看似简单的土层中辨识出4000年前的车辙；原来在地处江淮地区的安徽肥西县三官庙遗址也可以一次性出土那么多夏商时期的青铜器；原来新疆奇台石城子遗址就是史书中的疏勒城……

一个个"原来"的背后，凝结着中国考古人的心血和汗水。他们通过自己的手铲不懈付出和专业攻关，丰富提升着我们的历史文化认知。在直播中，评审专家发出近乎刁钻的专业提问，考古领队的学术解答启人深思，讲述的考古历程同样极为吸引人。"茫茫沙漠中如何找到玉矿遗址？"面对陕西省考古研究院王占奎老师抛出的这一问题，甘肃省文物考古研究所陈国科在"答辩"中回顾了自己寻找玉矿遗址的种种艰辛和孜孜探求未知历史的心路历程，感动了不少网友。许多人现在才知道，有些考古领队和自己负责的项目已经一起走过了一二十年甚至几十年。

文物是不可再生的珍贵资源，属于我们也属于子孙后代，保护文物使命神圣。"考古人为何总是追着盗墓贼跑？"在公众面前谈考古，盗墓总是一个绕不开的话题。每年总有很多重要考古发现是盗掘后的抢救性发掘。即使经历了盗墓的"劫后余生"，许多考古项目还是发现了令人惊艳的文物，能提供丰富的知识与信息，能够产生填补历史空白之类的重大考古影响。这次考古评审直播，有助于正本清源、激浊扬清，建树起保护文物、传承历史文脉的正确态度。

这些年来，我国的公共考古一直在不断创新发展，特别是考古现场直播、考古文博综艺节目、关于考古发现的纪录片、博物馆考古类展览等创新形式不断出现，成为大众文化生活中有滋有味的记忆。当年"全国十大考古新发现"创办的初衷，也是为了面向社会、开放共享，让更多的人了解考古、支持考古事业的发展。如今这初衷并没有变，而且有了更多的可能性，借助互联网这个广阔平台，考古文博工作必会为公众提供更多更优质的公共文化服务。

（2020年05月13日）

致敬新时代最可爱的人

李红梅

"新冠肺炎疫情发生后,广大护士义无反顾、逆行出征,白衣执甲、不负重托,英勇无畏冲向国内国外疫情防控斗争第一线"。在国际护士节到来之际,习近平总书记代表党中央,向全国广大护士致以节日的祝贺和诚挚的慰问,充分肯定其为打赢中国疫情防控阻击战、保障各国人民生命安全和身体健康作出重要贡献,用实际行动践行了敬佑生命、救死扶伤、甘于奉献、大爱无疆的崇高精神。

去时风雪,归来花开。医务工作者越过了冬天,在春天从战场凯旋。国家卫健委的统计数据显示,到湖北参加抗疫战斗的援鄂医疗队员达4.26万名,其中护士2.86万名,占了近70%;"80后""90后"占护士总数的90%;女性护士有2.53万名,占援鄂护士总数的近九成。在疫情防控阻击战中,护士们用专业的护理技术配合医生工作,执行抽血、咽拭子采样、输液、维护穿刺管路、监测设备、床旁透析等医嘱,完成拍背、翻身、搬运物资、24小时护理重症患者等繁重琐碎的工作。在护理躯体病痛的同时,他们还给患者心理支持,舒缓压力,帮助患者树立战胜疾病的信心,为提高患者治愈率、降低病亡率付出了大量努力。"90后""95后"年轻女护士冲锋陷阵,用柔弱的身躯扛起了抗疫的重任,用青春和汗水在抗疫中留下不可磨灭的功绩。

不久前,多名医务工作者获颁第二十四届"中国青年五四奖章"。大

疫如大考，经受住考验的医务工作者，是我们心中的英雄，值得全社会的尊重和爱护。对待归来的医务工作者，各地在多个方面给予关爱。广东多个城市启动"绿色通道"，赴湖北编外医疗人员火线入编；安徽对在疫情防控中作出突出贡献并获得国家表彰的7名同志直接认定高一级职称；多地授予援鄂优秀医务工作者"五一劳动奖章""五四奖章"等荣誉；湖北、山东、北京等地出台政策，优先保障抗击疫情一线医务工作者子女升学；等等。这些倾斜和照顾政策对护士来说，意义重大。

护理工作是卫生健康事业的重要组成部分。多年来，我国一直在努力培养和发展护士队伍，2019年底，全国护士总数达到445万人。护士的能力水平和专业素质也在不断提升，在疫情防控中发挥出重要作用。广大护士与医生有效协作，提高了治愈率，降低了病亡率。今天，随着老龄化加快、慢性病人数量增加，人们对护理的需求更加多元、多样化。住院时，人们需要护士进行专业护理；居家时，老人希望护士上门指导服药、量血压、测血糖、输液、进行生活护理等；一些患者去医院看病也希望护士全程陪同。目前，一些地方着手探索开展家庭护理、上门护理服务，培训护士更多专科护理技能，拓展身心整体护理理念，以期更加贴合人们的需求。我国长期护理保险已在多个城市开展试点，一些商业健康保险也瞄准人们的护理需求。未来，护理服务大有可为，将成为人们健康生活不可或缺的一部分。

在抗击疫情的严峻斗争中，广大医务工作者坚韧不拔、顽强拼搏、无私奉献，展现了医者仁心的崇高精神，展现了新时代医务工作者的良好形象，感动了中国，感动了世界。让我们一起致敬"新时代最可爱的人"，给护士群体更多的关爱，营造更为宽松友好的执业环境，让可爱可敬的护士们更好为健康中国建设添砖加瓦，为提高人民群众的健康水平助力。

（2020年05月12日）

涵养风清气正的司法生态

王松苗

> 坚守公正司法底线，司法人员要刚正不阿，勇于担当，敢于依法排除来自司法机关内部和外部的干扰

筑牢廉洁司法"防火墙"，始终在路上。日前，最高人民检察院召开新闻发布会披露，两年多以来，检察机关落实相关规定，严防领导干部插手干预司法、内部人员过问案件等行为，对过问或干预、插手检察办案、项目安排等5类事项进行报告，目前共收到有关事项报告18751件。制度的严格落实，彰显了司法机关坚守公正司法底线的决心和勇气。

坚守公正司法底线，司法人员要刚正不阿，勇于担当，敢于依法排除来自司法机关内部和外部的干扰。2015年，中办、国办、中央政法委、"两高三部"为贯彻落实党的十八届四中全会决定，先后印发《领导干部干预司法活动、插手具体案件处理的记录、通报和责任追究规定》《司法机关内部人员过问案件的记录和责任追究规定》《关于进一步规范司法人员与当事人、律师、特殊关系人、中介组织接触交往行为的若干规定》，要求对领导干部插手干预司法、内部人员过问案件，以及与当事人、律师等不当接触交往行为，司法人员都要主动记录报告，并进行通报和责任追究。这些规范性文件被称为"三个规定"，是保障司法机关依法行使职权、促进公正廉洁司法的制度安排。

在全面依法治国进程中,落实"三个规定"有助于净化司法机关的工作环境、为司法人员维护公平正义提供更多制度保障。检察机关系统内巡视发现,举凡检察人员办案违纪违法,背后多有"干预、插手"的影子。为了从制度上消除形式各异的过问行为,打消一些司法人员不愿填报、不敢填报相关记录的思想顾虑,最高检先后印发相关实施办法和填报细则,守住"逢问必须记录"的底线。堵死插手、干预的"后门",同时打开社会监督的"大门",通过12309中国检察网等,为群众查询案件信息,提出控告申诉提供方便。常态化的"一月一填报"活动,让越来越多的检察人员从"他律"走向"自律",逐渐养成主动记录报告的习惯。

贯彻落实"三个规定"是中央支持司法机关依法履职的政治要求,是司法机关必须履行的政治责任,不能有半点含糊。修订后的检察院组织法、检察官法等均规定,对领导干部等干预、插手司法办案的,应当全面如实记录报告。党内监督条例、政法工作条例对此也有明确要求。全体检察人员要强化守法意识,形成记录报告的法治自觉。此外,还应形成深入推进司法责任制改革的职业自觉,依法独立公正行使司法权,真正做到"谁办案谁负责,谁决定谁负责"。实践证明,只有责权统一,让司法人员都能对案件质量负责,才能最大限度地释放司法责任制改革的红利。"三个规定"为司法人员依法履职挺直腰杆提供了"护身符",没有理由不自觉执行好。

需要看到,反腐败、抗干扰离不开制度机制,也离不开涵养风清气正司法生态的文化自觉。让"三个规定"铁律生威,重在把日常苦口婆心的教育转化成润物无声的文化,形成"问与不问都一样,依法办事最重要"的社会认同和"逢问必录是铁律,职业伦理要牢记"的职业认同。在司法人员中形成自我净化自我提高的浓厚文化氛围,就能有力推动全面依法治国。

(作者为最高人民检察院办公厅(新闻办公室)主任)

(2020年05月12日)

做好复学复课这道"必答题"

赵婀娜

> 营造一个安全、温暖、朝气蓬勃的校园环境，有赖各地因地制宜、因时制宜，创造性地开展工作

门口处，校长亲自将学生接入学校；校园内，"春风十里不如在校园遇到你"的横幅迎风招展；教室中，老师和同学们戴着口罩彼此亲切问候……最近一段时间，随着北京市高三、初三学生相继重返校园，全国绝大部分地区已陆续复学复课。沉寂许久的校园恢复了往日生机，身穿校服的身影和琅琅的读书声，为一座座城市增添了蓬勃生机与活力。

复学复课，牵动千家万户。中央政治局常委会会议要求，要有序推进学校复学复课，压实学校主体责任，确保师生身心健康。抓实抓细校园疫情防控，确保校园安全复课，是当前教育系统乃至整个社会面临的重要课题。有人将复学复课比喻为统筹推进新冠肺炎疫情防控和经济社会发展这张"考卷"中，必须用心做好的一道"必答题"。营造一个安全、温暖、朝气蓬勃的校园环境，有赖各地因地制宜、因时制宜，精心准备、精细安排，创造性地开展工作。

做好复学复课"必答题"，首先需要各地各级教育行政部门和各个学校精心设计、周密安排，压实学校主体责任。在复学复课过程中，需要做到一校一策、一班一策，将每一个硬件设施、每一项制度安排、每一

份流程设计,都做到万无一失。比如,贵州省高三年级正式复课前,有的学校提前20多天就开始准备,围绕疫情防控征集了八大类100多个问题,从入校时的人脸识别,到登记信息、测量体温,再到餐食准备、餐具消毒等,无微不至、逐一解决。只有将组织保障、制度保障、物资保障、应急保障都做到细之又细,保持科学、严谨的态度,不忽视任何一个细节、不留下一丝隐患,才能让学生安心,让家长放心。

做好复学复课"必答题",离不开全社会密切配合、统筹协作。复学复课是一项系统工程,关系学生、老师、家长等多个群体,牵涉授课、就餐、住宿、交通等多个环节,不仅需要教育系统多想一些、早做一步,更需要全社会各行各业的支持和帮助。比如,在江西,全省各级卫健、公安、交通、市场监管等政府部门协同,建立联防联控和信息共享机制,共同抓好抓实校园交通安全、食品安全等工作。从物资供应到道路交通安全,从疾病诊治到食品卫生,每一项工作都关乎师生健康、校园安全。唯有政府部门、社会各界、学校老师及学生家长齐心协力,才能为学生的复学复课保驾护航。

做好复学复课"必答题",还需要广大教育工作者以师者匠心,躬耕教学。疫情的发生对学生的学习、生活、心理状态都产生了影响。复课后,广大教师需要更加关心、关注学生的心理状态,上好"复学第一课"。同时,通过开展疫情防控、生命安全、卫生健康等主题班会,引导学生分享、总结居家学习生活期间学习体会和成长感悟,厚植家国情怀,激发使命担当。同时,积极帮助学生实现从在线学习到课堂学习的平稳过渡,对于学习上存在困难的学生,及时给予个别化指导和帮助,引导学生尽快适应新的学习环境和学习方式。

"相信归来时,你已成长。"老师们对学生的嘱咐和叮咛言犹在耳。随着越来越多的学生重归校园,时间为孩子们的成长融入厚重的分量。相信在全社会的通力配合和共同努力下,广大学子定会以健康之姿、奋斗之姿,珍惜时光、不负韶华,以优秀学业回报各方的期望。

(2020年05月11日)

大战大考中彰显国企担当

刘志强

> 进一步发挥好国企"顶梁柱"作用,我们将不断战胜各种风险挑战,为维护经济发展和社会稳定大局、全面建成小康社会作出新的更大贡献

央企系统组织6万多名医护人员火速投入新冠肺炎疫情防控一线,煤电油气等领域央企纷纷提出"不断供""不涨价",建筑、交通、旅游等受疫情影响较大领域的央企率先复工复产,相关国有企业全力稳定全球供应链、向海外项目所在国伸出援手……在疫情防控过程中,以中央企业为代表的国有企业全力抗击疫情、有序复工复产,彰显着大国重器的"顶梁柱"作用。

大战大考中的出色表现,植根于国有企业的优良传统。"祖国需要什么,我们就生产什么""国有企业就是要奋斗在党和人民最需要的地方""相比人民群众的生命安全和身体健康,这个代价是值得付出的"……一句句感人肺腑的告白、一幕幕感人至深的场景充分证明,小家服从大家、企业维护国家的大局意识,勇当先锋、迎难而上的担当精神,早已融入国有企业的血脉。这种责任担当,体现在一次次重大自然灾害面前的挺身而出,体现在脱贫攻坚战中的热忱帮扶,也同样体现在抗击新冠肺炎疫情中的冲锋在前。历史不断证明,国有企业不愧是党和国家最可

信赖的依靠力量。

出色表现,依托于国有企业的非凡实力。党的十八大以来,我国国有企业改革发展蹄疾步稳,逐步成为壮大综合国力、促进经济社会发展、保障和改善民生的重要力量。在疫情防控中,一家家国有企业主动请缨,尽锐出战。以武汉火神山医院、雷神山医院建设为例,建筑企业夜以继日不停施工,电力企业24小时不间断供电保电,矿业企业全力筹集建设物资,石油石化企业免费提供柴油和润滑油,通信企业火速建设5G基站……国有企业团结协作,在为抗疫提供有力保障的同时,也展现出强大的技术能力、装备实力、系统作战合力。

习近平总书记指出,"国有企业是中国特色社会主义的重要物质基础和政治基础,是我们党执政兴国的重要支柱和依靠力量""把国有企业做实做强做优,是中国特色社会主义制度优越性得以充分发挥的重要保障"。从产业布局看,目前国企大多分布在关系国家安全和国家经济命脉的重要行业和关键领域。这些国有企业一直以来的稳定发展,为经济社会发展提供了可靠支撑,也为抗疫筑就了"钢铁长城"。从能力水平看,近年来国有企业在高铁、核电、5G等领域相继取得许多重大突破,带动中国制造、中国建造在不少领域走向世界领先地位,推动着国企发展质量效益蒸蒸日上,也让我们在疫情考验面前从容不迫、底气十足。

当前,我国疫情防控向好态势进一步巩固,但许多国有企业也承受着一定压力。越是这种时候,越需要国有企业发挥好经济运行"稳定器"作用。一方面,企业自身要顶住压力、化危为机,通过加强技术创新、调整业务布局、优化商业模式等举措谋转型、补短板,努力实现高质量发展,有效提升竞争实力、抗风险能力;另一方面,要坚定不移深化国企改革,通过建立健全市场化经营机制、推进混合所有制改革、完善国有资产监管体制等改革举措,进一步激发国企活力、对冲疫情影响。进一步发挥好国企"顶梁柱"作用,我们将不断战胜各种风险挑战,以更加出色的表现,为维护经济发展和社会稳定大局、全面建成小康社会作出新的更大贡献。

(2020年05月08日)

返乡入乡创业带动乡村振兴

张志锋

> 在乡村振兴的大背景下,农村的天地更加广阔,就业创业的关键在于盘活资源,激发活力
>
> 打造公平、高效、透明、开放的营商环境,是返乡入乡创业最有力的保障

设立返乡入乡创业专项资金,对符合条件者给予一次性创业补贴;吸纳建档立卡贫困劳动力等实现就业的,给予社会保险补贴、一次性吸纳就业补贴……为最大限度降低新冠肺炎疫情带来的影响,河北省日前出台20条举措,支持返乡入乡创业,带动农民就地就近就业。

就业是最大的民生。做好"六稳"工作、落实"六保"任务,摆在第一位的都是就业。习近平总书记日前在陕西考察时强调,今年是脱贫攻坚决战决胜之年,解决好贫困群众就业问题非常重要。此前,农业农村部等部门联合出台《关于进一步做好返乡入乡创业工作的意见》,推动返乡入乡创业,以创新带动创业,以创业带动就业。河北等地借势发力,通过出台财税政策扶持、金融服务创新、创业用地保障等一系列富有含金量的举措,多策发力,鼓励各方能人、资本返乡入乡,从而让产业在乡村落地,让农民在家门口实现就业。

多渠道促进就业创业,至关重要,刻不容缓。一方面,要帮助农民外出

返岗就业,稳住就业存量;另一方面,也要挖掘本地潜力,通过创业来开发就业增量,方便农民就近上岗,这正是鼓励返乡入乡创业的着眼点。在乡村振兴的大背景下,农村的天地更加广阔,就业创业的关键在于盘活资源,激发活力。乡村的投资空间相对较大,目前的投资力度相对较小,还有比较充裕、灵活的劳动力,乡村的"富矿"有待开掘。守家就业,不再候鸟式迁徙,也是许多农民的心愿。挖掘发展潜力、实现农民心愿,就要把有效投资与扶贫项目相结合,带动更多农民就近就地上班,在家门口实现脱贫增收。

　　回乡创业,选好项目很关键。鼓励能人、技术和资金下乡,首先要选对选准产业。上项目不能随意决定,不能盲目复制外地经验。扶持一个好项目,就像栽下一棵"摇钱树"。以当地资源为基础,以市场为导向,产销对路,乡村创业之树才能"根深叶茂"。例如,笔者在河北各地采访中了解到,地处太行山深处的阜平县骆驼湾,依托绿水青山发展生态旅游,农户出租小院,由企业开发民宿旅游,旺了人气,带来财气;张北规模化发展马铃薯种薯产业,小土豆变成"金豆豆";等等。这些地方的经验说明,充分考虑本地资源禀赋,依托资源优势,才能因地制宜培育产业发展、促进农民增收。

　　扶持创业,政策要不折不扣落实,同时要打造良好的营商环境。各类企业说到底要面向市场,在竞争中求生存、谋发展,最需要的是良好的营商环境。就此而言,打造公平、高效、透明、开放的营商环境,是返乡入乡创业最有力的保障。在这一过程中,要坚持新发展理念,助推乡村高质量发展。鼓励能人、资本下乡,不能捡到篮里都是菜,门槛不可降、标准不能低。项目不能凑合,水平不能将就。要列出负面清单,严把准入关口,尤其警惕落后过剩产能乘虚而入。

　　面对疫情影响,返乡入乡创业也要危中寻机,发展新业态、新产业和新商业模式。比如,电商在城市已经普及,农村还有较大市场潜力。疫情防控期间,基层干部带头直播,为家乡特产代言,为老乡们带货。危中寻机,化压力为动力,才能抓住机遇、借势发力,带动乡亲们一起发展、一起致富,为乡村振兴注入内生动力。

(2020年05月08日)

织密城市治理的"针脚"

张 璁

城市治理不仅是用细心、耐心、巧心"绣"出城市品质品牌的必然之举，更是建设人人有责、人人尽责、人人享有的社会治理共同体的内在要求

小小一个窨井盖，牵动城市治理大话题。不久前，最高法、最高检、公安部联合发布《关于办理涉窨井盖相关刑事案件的指导意见》及典型案例，明确盗窃、破坏窨井盖行为可依法以故意伤害罪、故意杀人罪定罪处罚，通过雷霆手段，遏制窨井伤人事件的发生。

随着我国城镇化率稳步提升，一些"城市病"也伴之而来，以往粗放的城市管理方式日渐捉襟见肘，城市治理的理念变革悄然而至。"一流城市要有一流治理"，推进国家治理体系和治理能力现代化，必须抓好城市治理现代化。比如，围绕窨井盖这一关系群众"脚下安全"的城市细节，更多的治理是以润物无声的方式进行的。近年来，不少地方的路面上出现了"智慧井盖"，通过物联网技术，不仅能第一时间发现丢失等异常情况，还可以监控地下管网水位，及时发出汛情警报。可以说，从智慧"上云"到法治"兜底"，城市治理水平正体现在这一针一线的"绣花功夫"中。

科技进步，助力城市治理变革，也带给群众更多直观感受。特别是

在抗击新冠肺炎疫情中,防控的迫切需要,倒逼各地以数字化转型提升治理能力:对人口流动情况进行"大数据画像",为各地政府部门做好疫情防控、复工复产提供了决策支撑;掏出手机出示"健康码",没有复杂的操作从而节省了大量社会成本;不少政府"窗口"虽然停了,但大量政务服务搬上了网,"网上办、掌上办"的非接触式办理让数据多跑路、群众少跑腿……显而易见,大数据、云计算、人工智能等前沿技术带来的精准高效,正在为城市治理按下"快进键",一座座更"智慧"的城市已初见雏形。

在城市治理中,善用科技力量不等于"唯科技论",还需要制度支撑。城市治理想实现精准施策、靶向发力,不可能只靠科技创新"一条腿"走路,没有制度创新的驱动将会行之不远。政府各部门间的"数据孤岛"如何打破、"条块不顺"如何化解?数字化可以让治理更"聪明",但也可能让城市变"脆弱",数字空间安全防范体系如何同步跟进?当治理实践走在了规则的前面,不少城市治理中的创新举措亟待法律支撑、制度保障,从而补齐法治建设的短板。在实践中不断摸索完善,依靠科技和制度双重创新驱动,才能不断提升城市治理的水平。

城市是人的聚合,城市治理的含金量最终要以群众的获得感、幸福感、安全感来衡量。无论是北京推行的"街乡吹哨,部门报到",还是杭州打造的"城市大脑",背后的逻辑无一不是群众需求倒逼政务流程再造,让治理和服务重心向基层下移,以更多资源下沉来更好提供精准化、精细化服务。与此同时,城市治理以政府为主导,但不能单纯依赖政府,城市未来的打造离不开政府、社会、个人的共同参与,用新时代"枫桥经验"搭起一座城市治理的"连心桥"。

城市治理不仅是用细心、耐心、巧心"绣"出城市品质品牌的必然之举,更是建设人人有责、人人尽责、人人享有的社会治理共同体的内在要求。城市越是发展,人民群众对美好城市生活的要求就越高,下足城市治理的"绣花功夫",织密城市治理的"针脚",才能确保人民安居乐业、社会安定有序。

(2020年05月07日)

"短缺职业"折射经济转型升级

邹 翔

利用新产业新业态发展的契机理顺就业结构,是平衡好人力资源市场职业供求的必然要求

求职者主动出击、提升职业技能,相关企业抓住机遇、转型升级,一定能推动个人和企业实现更好发展,迎来美好未来

"营销员"居于短缺职业排行第一位,紧随其后的是"快递员","缝制机械装配调试工""裁剪工"等5个职业成为新出现的短缺职业……不久前,人力资源和社会保障部发布"2020年第一季度全国招聘求职100个短缺职业排行",为就业市场提供了重要参考,也折射出我国经济转型升级带来的新变化、新特点。

突如其来的新冠肺炎疫情,对我国就业和人力资源市场造成了一定冲击。一方面,部分劳动者找不到合适的工作,就业难题依然存在;另一方面,不少用人单位招不到人、岗位虚席以待。造成供需不匹配现象的主要原因,是疫情防控对人员流动的限制。而随着大量务工人员返岗,企业加快复工复产,以及一系列保民生、稳就业举措的落地实施,供需两端的情况均在逐步改善。短缺职业排行的及时发布,为劳动者求职和用人单位招聘提供了准确、有效的指引,有益于就业市场供需错位问题得到缓解。

新短缺职业的涌现,有助于促进就业、增加职业选择。对于求职者

来说，密切关注劳动力市场供求关系变化，选择较为短缺并且适合自身的职业进行准备，练就"金刚钻"之后自然可以揽得"瓷器活"。对于企业来说，要敏锐把握疫情防控常态化条件下，经济社会各方面的新特点新趋势，积极拥抱新产业新业态。要看到，疫情对产业发展既是挑战也是机遇。一些传统行业受冲击较大，但以大数据、人工智能等数字技术为支撑的新产业新业态迅速"补位"、快速发展，使产业结构、生产方式发生巨大变化，不断培育出新的就业增长点。利用新产业新业态发展的契机理顺就业结构，是平衡好人力资源市场职业供求的必然要求。

平衡好人力资源市场职业供求，需要用好职业技能培训。职业技能培训是全面提升劳动者就业创业能力、解决结构性就业矛盾、提高就业质量的重要举措。疫情防控中，人社部积极组织实施线上培训专项计划，推出覆盖100个以上职业（工种）的数字培训资源，实现实名注册线上培训超500万人次，取得了阶段性成果。新产业新业态的快速发展，对劳动者岗位技能也提出了新的要求，必须加大技能培训力度、加快调整劳动者队伍技能结构、进一步提升技能素养。因此，技能培训内容有必要适当向新兴的短缺职业倾斜，并紧密结合市场需求和企业生产的实际，进一步制定和完善职业培训标准。

正如国际劳工组织指出的，劳动世界的未来并不单单是高技能，中低技能的工作同样不可或缺。生产制造业领域、服务行业职业需求仍然偏紧，就体现了这一特点。"三百六十行，行行出状元"，统筹好新旧短缺职业的技能培训和管理保障工作，让各行各业员工在疫情防控常态化条件下有更多获得感、幸福感、安全感，战胜疫情和经济转型升级之路才能走得更坚实。同时也要认识到，不管脑力活还是体力活，服务业还是制造业，空缺的职位总是为那些踏实奉献、爱岗敬业的人准备的。

就业是最大的民生，无论是"六稳"工作还是"六保"任务，就业都摆在首位。面对新的短缺职业，求职者主动出击、提升职业技能，相关企业抓住机遇、转型升级，一定能推动个人和企业实现更好发展，迎来美好未来。

（2020年05月07日）

防治新冠肺炎见证中医实力

王君平

> 探索防控传染病的现代化之路，中医药不仅要作出应有贡献，而且应该以此为重要契机推动传承创新发展
>
> 继承好、发展好、利用好传统医学，让中华文明瑰宝惠及世界，就能为人类健康贡献更多中国智慧和中国力量

抗击新冠肺炎疫情，中医建取新功，成为我们打赢疫情防控阻击战的"利器"。

中医药防治新冠肺炎，成为中国经验的一大亮点。在日前召开的国务院联防联控新闻发布会上，中国科学院院士、中国中医科学院首席研究员仝小林介绍，武汉市武昌区在社区率先发放中药，探索形成以"中药通治方+社区+互联网"为重点的防疫方法，筑起阻断疫情蔓延的防线。探索防控传染病的现代化之路，中医药不仅要作出应有贡献，而且应该以此为重要契机推动传承创新发展。

疫病动态演变因素复杂，中医治疗新发传染病绝非易事。面对新发突发传染病，如何准确抓住病机，对中医人是一次大考。如果病机抓不准，病因就看不清，方药自然难见效。新冠肺炎患者确诊病例中，超九成的患者使用了中医药。临床疗效观察，中医药总有效率90%以上。可以说，中医药在抗击新冠肺炎疫情中发挥了重要作用。

中医药的运用还体现出两个新特点。一个新特点是进入社区，助力守护社区防控阵地、加固群防群控防线；另一个新特点则是运用大数据、人工智能等新一代信息技术更好发挥中医作用。救疫如救火，关键是控制源头、切断传播。在新冠肺炎疫情救治中，发挥好中医药在治病救人中的作用，使疫情防治关口前移，病人得到及时救治，从而降低转重率、病亡率。加强社区医疗力量，不只是疫情防控的需要，也是实现健康中国战略的需要，这其中一个重要内容就是促进优质中医药资源下沉，让老百姓在家门口看上中医。

中医药传承创新发展，也要注重运用最新科技为其服务。面对如此复杂的疫情，在社区、在隔离点大范围发放中药，医生迫切需要患者服药反馈，患者亟待中医师用药指导。借助大数据，服药的人扫描中药袋上的二维码，生成病例日志，成为中医药获得的第一手数据，从而提供更精确的治疗支撑，使中医药疗效得到客观真实评价。无形助有形，前后方结合，通过大数据、互联网让中医药服务变成数字化医学，通过人工智能、数据挖掘让中医药诊疗规律得到总结、优化。古老的中医药历久而弥新，借助新一代信息技术将焕发出更大生机活力。

习近平总书记强调，"要遵循中医药发展规律，传承精华，守正创新，加快推进中医药现代化、产业化"。继承好、发展好、利用好传统医学，让中华文明瑰宝惠及世界，携手应对全球公共卫生挑战，就能为人类健康贡献更多中国智慧和中国力量。

（2020年04月30日）

"云医疗"助力健康生活

李红梅

> 医保首诊制和预约分诊制是一次突破和创新,有助于打造服务民生的新业态,创新医疗服务模式,更立体、高质、精准地满足人民群众健康需求
>
> 互联网医疗平台需要加速完善,解决好人们关心的问题,从而使医疗服务体系更加便捷、灵活、高效

新冠肺炎疫情防控期间,我国互联网医疗服务量增长迅速。在国家卫健委的委属委管医院中,互联网诊疗比去年同期增加了17倍,一些第三方互联网服务平台的诊疗咨询量增长了20多倍。再加上医保开通医疗服务网上支付、药品配送服务,使得互联网医疗新业态初具规模。

近年来,实体医院自己搭建的互联网医院以及和第三方平台联合搭建的互联网医院蓬勃兴起。在线复诊、咨询、家庭医生签约服务、检查检验、药品配送、医保支付、人工智能等在线问诊及辅助医疗健康服务不断发展。正是在这一背景下,疫情防控期间医院不能正常开诊时,人们才能在家中寻医问诊,慢病重病患者得以买到药品并配送到家。很多医生也纷纷上线,接复诊、接咨询,让这波互联网医疗的红利惠及更多有需要的群众。互联网医疗带来了无接触的专业医疗指导,送来了药品,进行了医保结算,犹如一场及时雨,令患者受益。

支持互联网医疗发展，顺应群众期盼。国家发改委、中央网信办前不久印发《关于推进"上云用数赋智"行动 培育新经济发展实施方案》，首次提出医保首诊制和预约分诊制，并将在试验区开展试点。这是继今年国家卫健委、国家医保局接连发文鼓励提供互联网医疗服务、医保网上支付之后，国家再次出台有力支持政策。医保首诊制和预约分诊制对于我国互联网医疗来说，是一次突破和创新，需要在把握医疗特点、管控风险的前提下进行尝试。迈好这一大步，不仅将有助于打造服务民生的新业态，还将创新医疗服务模式，建设线上线下全链条融合发展的服务体系，更立体、高质、精准地满足人民群众健康需求。

互联网医疗迅速发展的背后，是刚性的民生需求。有人疑问：远程视频能看得清症状吗？如果不拍片、不查血，能诊断吗？事实上，现阶段的互联网医疗不是"云问诊"，而是"云复诊"。很多患者已经在实体医院就诊过，该做的检查化验都做了，网上复诊一方面是了解病情进展，一方面是开药、调药。更多的患者上"云端"是为了咨询医生的专业意见，如果需要进一步检查或手术，医生会告知患者择日转到实体医院就诊，如不能就诊应如何临时处理，等等。这类咨询更像是基层医疗机构的预检分诊，着重判断患者症状的轻重急慢，与线下实体医院形成分级诊疗的服务秩序。在互联网医院平台，则可以直接复诊，开出电子处方，通过医保支付，买到药品。

有关部门有必要对互联网医疗的好做法、好经验加以总结，变成常态化制度，并使其和线下实体服务体系深度融合。比如，平台如何接询，什么疾病可以预检分诊，如何与检查化验、线下手术、医保支付、处方开具、药品配送等环节衔接？又如，对专业医生提供的"网上便民门诊"等服务，能否赋予其更专业的规范和标准，真正进行预检分诊，实现分级诊疗，成为我国医疗服务体系的一部分？随着越来越多人认识到互联网医疗的便利性、实用性，互联网医疗平台需要加速完善，解决好人们关心的问题，从而使医疗服务体系更加便捷、灵活、高效。

习近平总书记强调，"健康是促进人的全面发展的必然要求"。随着

5G网络、人工智能、工业物联网等新基建设施的不断完善，相信"云医疗""云健康"也会逐步进入人们的日常生活，不断满足人们日益增加的医疗健康需求，让生活更加健康美好。

（2020年04月29日）

筑牢公共卫生安全法治防线

杨学博

新冠肺炎疫情防控是对我国国家治理体系和治理能力的一次大考,也对强化公共卫生法律体系提出新的要求。近日,十三届全国人大常委会第十七次会议召开,审议全国人大常委会法制工作委员会关于强化公共卫生法治保障立法修法工作有关情况和工作计划的报告,引发社会广泛关注。

经过多年努力,目前我国已经初步形成包括传染病防治法、突发事件应对法等30多部法律在内的公共卫生法律总体框架,在依法防控疫情、应对突发公共卫生事件中发挥了重要法律保障作用。但是,这次疫情暴露了现有法律存在的短板和不足,比如一些法律之间衔接不够顺畅,一些规定过于原则、适应性弱,等等。因而,针对短板与不足,进行相关立法修法工作,是维护公共卫生安全的题中应有之义。

应该说,传染病特别是新发重大传染性疾病有其自身特点和规律。许多传染病早期发现和诊断有一定困难,缺乏特异性防治手段。仅就传染病分类而言,任何一种突发传染病从发现到被正式确认都需要一个过程,形成准确、全面、完整的认识更是需要一定时间。面对不确定性风险,如何依法做出及时应对,是摆在我们面前的一项挑战。传染病应对是医学上的难题,在法律层面也必然有相应体现,这就需要在立法修法中妥善解决。

"事随势迁,而法必变"。与2003年非典时相比,我国重大传染病防治形势已经发生明显变化，既积累了不少经验和办法，也面临新情况新问题。立法修法本身是一个动态系统。面对不断变化的现实社会生活，法律要更好发挥调整和规范社会关系的作用，必须与时俱进，根据时代发展和实践要求适时适度调整。不久前，全国人大常委会专门召开强化公共卫生法治保障立法修法工作座谈会，强调"要坚持问题导向、系统规划、统筹布局、加快推进，从体系建设的角度进行考虑"，可谓抓住了问题的关键。

习近平总书记高度重视新冠肺炎疫情的依法防控、依法治理工作，明确提出"全面加强和完善公共卫生领域相关法律法规建设""构建系统完备、科学规范、运行有效的疫情防控法律体系"，为我国公共卫生法治建设指明了方向。面对新冠肺炎疫情这样的重大突发公共卫生事件，必须在法治轨道上统筹推进各项防控工作，零敲碎打、头痛医头不行，只顾眼前、不计长远同样也不可取。从体系建设角度着眼，综合考虑立法、执法、司法、守法等各个环节，统筹相关立法修法各项工作，才能实现良好的法律效果和社会效果。

当然，立法修法应立足实际、统筹考虑，区分轻重缓急、合理安排次序，做到立一件成一件、改一条是一条。必须明确和区分不同性质、不同层面的问题，做出科学合理应对：要弄清楚哪些是不够顺畅、不够协调的问题，哪些是过于原则、约束不强的问题，哪些是要解决从无到有、填补空白的问题，哪些是要解决过于僵硬、弹性不足的问题。坚持辩证思维和总体思维，着眼人民整体利益和长远利益，针对不同情况，坚持立改废释并举，综合运用多种方式，推动形成依法开展疫情防控、保障人民生命安全和身体健康的强大合力。

立法是国之大计，既须讲近功，亦应求长效。近年来，全球传染病时而暴发，让人类社会付出了巨大代价，也对公共卫生法治保障不断提出新要求。有效应对新情况新问题，我们既要总结借鉴、补齐短板，也要科学预见、未雨绸缪，把实践证明行之有效的经验做法提炼上升为法律制度，加快建立依法防控的长效机制，有效维护人民健康，确保国家安全和社会稳定。

（2020 年 04 月 28 日）

确保易地搬迁移民安居乐业

朱 磊

> 易地搬迁是解决一方水土养不好一方人、实现贫困群众跨越式发展的根本途径,也是打赢脱贫攻坚战的重要途径
>
> 围绕"移得出、稳得住、住得下去",实现稳定就业,才能更好帮助贫困群众在脱贫致富的道路上加速向前

易地搬迁是解决一方水土养不好一方人、实现贫困群众跨越式发展的根本途径,也是打赢脱贫攻坚战的重要途径。4月21日,习近平总书记在陕西省安康市平利县老县镇锦屏社区考察调研时强调:"搬得出的问题基本解决后,后续扶持最关键的是就业。乐业才能安居。解决好就业问题,才能确保搬迁群众稳得住、逐步能致富,防止返贫。"

目前,全国已经完成易地扶贫搬迁960多万贫困人口,中西部地区还同步搬迁了500万非贫困人口。让这些群众持续增收致富,任务艰巨。习近平总书记多次对完成易地扶贫搬迁建设任务和易地搬迁配套设施建设等作出重要论述和重要指示。在今年召开的决战决胜脱贫攻坚座谈会上,习近平总书记强调,"现在搬得出的问题基本解决了,下一步的重点是稳得住、有就业、逐步能致富"。在这次陕西考察中,习近平总书记再次强调了这一点。

从试点探索到全面推进,再到如今精准脱贫攻坚,我国易地扶贫

搬迁的实践经验告诉我们：群众不仅需要搬得出，还要稳得住、住得下去，才能安居乐业，而这离不开后续的移民培训和就业安置。去年全国易地扶贫搬迁后续扶持工作现场会明确要求，"切实加大对已搬迁群众的后续扶持力度，全力推进产业培育、就业帮扶、社区融入等各项工作"。今年3月，国家发改委等13部委，出台25项易地扶贫搬迁后续扶持政策措施，着力加强安置区产业培育和就业帮扶，从职业技能培训、创办网店、设立扶贫公益岗位等各方面，为搬迁移民安居乐业提供政策助力。

多措并举稳就业、促进务工稳增收，是各地解决好"搬出后"问题的一个重要经验。在宁夏，贫困地区群众整体跨区域搬迁被称为"吊庄移民"，有将村庄直接"吊"过来的意味。银川市就有一个从"苦瘠甲天下"的西海固地区"吊庄"而来的闽宁镇。20多年来，闽宁镇摆脱了"天上不飞鸟，地上不长草"的局面，发展成为拥有葡萄种植、黄牛养殖、菌菇种植等多个产业，6万余人口的乡镇。这一成功，关键就在于充分发挥了劳务带动作用，让搬迁移民驶入幸福生活的快车道。"过去是到银川务工，如今是在家门口打工。"笔者入户走访时，当地百姓话语中由衷流露出幸福感。曾经住土窝、喝苦水的日子一去不返，人人感到生活大有奔头。

对各地来说，发展环境不一，搬迁移民来源不同，发挥产业推动作用需要因地、因时制宜。比如江西提出整体搬迁、梯度安置、差别化扶持的新型搬迁移民扶贫工程，对贫困群众中有劳动能力、家庭经济条件相对较好的，引导他们进县城进园区集中安置；贵州提出"以产定搬、以岗定搬"，针对各类不同条件移民，科学选址，采取差异化安置政策；陕西在扶贫移民过程中，统筹搬迁对象、各类规划建设、相关资金等，以促进人口聚集、资源集中、要素聚合，从而通过移民搬迁有力助推了土地流转，促使家庭农场、专业合作社、股份制现代农业公司蓬勃兴起。把本地优势和群众意愿结合起来、形成合力，才能让发展有声有色，让群众致富奔小康。

当前我国疫情防控向好态势进一步巩固，那些在搬迁移民家门口设置的"扶贫车间"、因地制宜培育的特色产业、落地生根的扶贫企业，正

在积极复工复产。围绕"移得出、稳得住、住得下去",实现稳定就业,才能更好帮助贫困群众在脱贫致富的道路上加速向前,确保完成决战决胜脱贫攻坚目标任务,全面建成小康社会。

(2020 年 04 月 28 日)

让新经济引领高质量发展

陆娅楠

> 以高效、便捷、共享为特点的新经济,彰显了中国产业体系的完备度、适应性与创造力,使中国经济韧性十足
>
> 新技术、新业态的意义不仅在于自身从无到有的创新,更能够对经济发展的各个领域发挥牵引作用,促进更多从有到优的升级

"云端"会议,远程办公,智能施工,直播卖货,机器人配送……这不是科幻电影里的片段,而是当下中国经济的剪影,是网友口中"辛勤耕'云'""努力种'数'"的智慧春天。

这个春天不一般。新冠肺炎疫情突如其来,对我国经济社会发展带来前所未有的冲击,打乱了正常的生产生活节奏,人员聚集和流动减少。然而,疫情既带来了严峻挑战,也为新经济的成长提供了机遇。化危为机,迎难而上,中国企业就能闯出一片新经济的蓝海,让新经济成为统筹疫情防控和经济社会发展的有力支撑。

将疫情防控作为"试金石",新经济让科技抗疫如虎添翼。有的人工智能诊断技术在 20 秒内对疑似病例的 CT 影像进行判读,准确率高达 96%;有的算法将新冠病毒全基因组二级结构预测时间从 55 分钟缩短至 27 秒,提速 120 倍;医疗服务机器人、无人防疫车等 5G 智能设备,服

务全国数千家医疗机构；健康码集纳各类数据，直观显示亿万人的旅行轨迹和人员接触情况……云计算、大数据、人工智能等新技术让疫情防控"耳聪目明"，而疫情防控客观上创造了新技术更多元、更丰富的应用场景。

将复工复产作为"大舞台"，新经济让堵点难点迎刃而解。居家办公、"云端"会议，移动产品助力"停班不停工"；智能工厂、云监工，智能制造支撑"人休机不休"；无人配送、非接触采购，互联网平台满足"宅生活"；订单共享、非接触定制，工业互联网平台承接企业需求，赋能全国多地企业复产复工……以高效、便捷、共享为特点的新经济，不仅"四两拨千斤"助力复工复产，更为柔性转产和产能共享"添薪加柴"，彰显了中国产业体系的完备度、适应性与创造力，使中国经济韧性十足。

这些在疫情防控中涌现的新业态、新模式，看似"应急之举"，实则是经济增长的强大引擎。3月，高技术制造业增加值同比增长8.9%，新经济为制造业恢复元气送上满满能量。一季度，信息传输、软件和信息技术服务业与金融业增加值，合计拉动服务业增加值增长1.2个百分点；全国实物商品网上零售额增速比同期社会消费品零售总额增速高24.9个百分点，线上消费服务迅速补位，对疫情造成的经济活动收缩形成了对冲作用。表现活跃的新经济，既形成高品质产业供给，又满足消费升级的需要，激荡出高质量发展的汩汩动能。

事实上，新经济不仅为应对疫情冲击提供支撑，更能为中国经济转型升级发挥引领作用。数字技术、人工智能等新技术、新业态，其意义不仅在于自身从无到有的创新，更在于它们对其他领域的渗透性和溢出效应，能够对经济发展的各个领域发挥牵引作用，促进更多从有到优的升级。政府部门要通过深化改革措施，进一步打破体制机制障碍，加速新经济与传统产业"大融合"，构建产业链协同复工的"高速路"，为新技术、新业态的勃兴创造更好的制度环境，培育壮大新的增长点、增长极。企业要主动克服"不敢转""不会转""不能转"的问题，积极拥抱变化、主动推动创新。唯有咬定"创新"不放松，坚持"升级"不泄劲，中国经济才能真正实现高质量发展，在狂风骤雨中站稳脚跟、向上生长。

习近平总书记深刻指出,"危和机总是同生并存的,克服了危即是机"。经受住疫情考验的我们,更应学会危中求机、牢牢把握化危为机的主动权,努力让新经济壮大为高质量发展的新支撑、动力源。

(2020年04月27日)

进一步促进消费扩容提质

罗珊珊

电子消费券的使用将加快全社会数字化转型的进程,既推动线上新型消费不断涌现,更能促进线上经济新业态、新模式健康发展

中国超大规模市场优势和内需潜力令世界瞩目,也让中国经济有底气、有能力做到临危不惧

餐饮券、超市券、乡村旅游券、汽车专项补贴……3 月以来,南京、合肥、杭州、郑州等多地推出了形式多样的消费券,取得了积极成效。比如,截至 4 月 9 日,杭州发放的消费券已核销 2.2 亿元,带动消费 23.7 亿元,乘数效应达 10.7 倍;郑州首期发放 5000 万元消费券,发放两日核销 1152.4 万元,带动消费 1.28 亿元,乘数效应达 11 倍。

4 月 17 日召开的中央政治局会议强调,要释放消费潜力,做好复工复产、复商复市,扩大居民消费,适当增加公共消费。相比于直接发放现金,消费券能直接带动消费行为,让政府以较小的财政补贴撬动数倍的消费规模,拉动消费潜力释放的乘数效应更为显著。消费者的用券热情吸引了更多商家和中小企业参与其中,不少商场、超市纷纷推出各类让利促销活动,逐渐形成了全社会促销和全民消费的氛围。可以说,消费券发挥"四两拨千斤"作用,进一步释放了前期被抑制、被冻结的消

费潜力。

发放消费券不仅可以快速提振消费，更重要的是迅速修复需求，带动上下游产业链逐渐复苏，推动企业扩大生产和投资，进而形成正反馈，起到托底经济、帮扶企业、稳定就业等多重作用。目前，各地发放的消费券大多指向受疫情影响较大的餐饮、文旅、健身休闲等服务业和百货商店、购物中心等实体零售，这些行业不仅对消费贡献大，而且还连接着上下游产业链。以餐饮为例，刺激餐饮消费会带来商户加大食材采购，有利于上游种植生产、运输流通行业复苏。消费券犹如一种催化剂，让消费先热起来，进而带动整个经济链条的复苏。

随着线上新型消费兴起，发放消费券的方式也在不断创新。一些地方政府选择通过互联网平台发放电子消费券，消费者在线申领后，可以在支付环节直接抵扣相应金额，申领和使用方便。与传统纸质消费券相比，电子消费券可以实现一城一策、按需定制、灵活调整、公平可溯。通过发放电子消费券，各地区还能根据当地经济形势、产业结构、消费者需求偏好等因素，实时动态调整消费券发放策略，聚焦重点行业和人群，选择消费弹性大、产业链上下游带动作用强的消费品类，实现精准纾困。不仅如此，电子消费券的使用还将加快全社会数字化转型的进程，既推动线上新型消费不断涌现，更能促进线上经济新业态、新模式健康发展。

当前，全国大型农产品批发市场、大型超市、百货商场、品牌便利店、电商平台及快递企业开业率均在 95% 以上；商务部重点监测零售企业 4 月上旬日均销售额比 3 月下旬增长 3.1%，3 月下旬比 3 月中旬增长 0.9%。面对严峻复杂的国际疫情和世界经济形势，我国的消费正在复苏，内需正在提振。应该看到，长期拉动消费市场、挖掘国内市场潜力，还需从完善消费增长长效机制、优化消费环境等方面入手。不久前，国家发展改革委等 23 个部门联合印发了《关于促进消费扩容提质加快形成强大国内市场的实施意见》，提出从市场供给、消费升级、消费网络、消费生态、消费能力、消费环境等 6 个方面促进消费扩容提质，稳定和扩大居民消费。

中国超大规模市场优势和内需潜力令世界瞩目，也让中国经济有底气、有能力做到临危不惧。有消费券的快速"输血",有宏观政策组合拳稳固市场"造血"能力,多管齐下、相互配合,一定能够激发更加活跃、更加强大的国内市场,形成供需两旺的良性循环,为我国经济行稳致远打下坚实基础。

(2020 年 04 月 24 日)

让精神在阅读中丰盈

陈 凌

> 阅读虽不能改变人生的长度，却能延展人生的深度和厚度，还能塑造个人的品质和气象
>
> 因为有智慧，我们才能懂得如何对抗不确定性，在风浪面前有定力、有眼光、不焦虑
>
> 书籍的生命是被阅读唤醒的。越是难啃的经典之作，越需要专注和恒心，也越见精神和修养

"您好，您在外卖平台购买的图书已送达！"在新冠肺炎疫情冲击之下，很多实体书店开始向线上拓展，北京105家实体书店陆续入驻外卖平台，读者可以享受最快30分钟的送达服务。在第二十五个世界读书日到来之际，形式多样的阅读活动，让书香如甘泉一般浸润人们的心灵。

疫情难阻书香，阅读润泽心田。疫情突如其来，打乱了我们正常的生活节奏，但也给"宅"在家里的人们带来了难得的时光。不少人纷纷选择回归阅读，用读书充实生活，从书籍中汲取力量。犹记得，一张患者戴着口罩在武汉方舱医院读书的照片，在社交媒体广为流传。令人动容的不仅是他阅读的那份专注，更是他从阅读中得到的面对疫病的乐观与从容。一位学者说得好，读书的时候，我们的心灵会变得更加辽阔和宽广，坚韧而顽强，也使我们获得温馨、宁静的内心世界以对抗外部世

界的喧哗和浮躁。困难时刻，阅读之所以能给人以力量、给人以希望，也正在于此。

放在更宽广的人生视角看，阅读虽不能改变人生的长度，却能延展人生的深度和厚度，还能塑造个人的品质和气象。阅读为什么能给我们带来气质的变化，塑造我们的性格？原因或许有二：一是因为阅读能给人以知识，二是因为阅读还能给人以智慧。如今，信息唾手可得，获取知识的门槛变低了，但信息芜杂，人声鼎沸。是书籍，而不是碎片化的资讯，能给人以系统化的知识、整体性的思考。同时，面对各种不确定性，阅读让人们在思接千载、视通万里、心游万仞中，获得人生的坐标，更好地审视自己和外在的环境，知道自己该向何处去。因为有知识，我们才能有独立思考的能力，不畏浮云遮望眼；因为有智慧，我们才能懂得如何对抗不确定性，在风浪面前有定力、有眼光、不焦虑。可以说，阅读培育的，是丰盈充实的灵魂世界，是气象万千的精神品格。

其实，读书本身就是一种修养方式。《宋史》曾载，与朱熹、张栻并称"东南三贤"的吕祖谦，少时性情急躁，极易迁怒于人。他正是通过阅读，不断磨练自己的品性，最终在读到孔子"躬自厚而薄责于人"的教诲时，自己心中的忿气"涣然冰释"。我们常说，文以化人，这既是指在古圣先贤的熏陶下，延展精神世界的疆土，也是指以阅读修身养性，用读书淬炼意志品质。读一本好书，如攀登一座高峰。人到半山，固然也能欣赏到美景，但只有继续往上攀爬，才能领略"会当凌绝顶，一览众山小"的无限风光。古人把读书称为"攻书"，认为只有"攻书"到底才能融会贯通，道理正在于此。越是难啃的经典之作，越需要专注和恒心，也越见精神和修养。

一个热爱阅读的人，心中必有"诗和远方"，也自有日常生活的春夏秋冬。阅读从来不是要让人双脚离开大地，从来不是鼓励人们远离生活，恰恰相反，是要让人即便遭遇困难，依然能够勇毅前行，即便知道人生路上总有坎坷，依然能够笑迎挑战。阅读给人带来的，不是消极和虚无，而是希望和力量，是雄健的精神和解决问题的方法。

书籍的生命是被阅读唤醒的。正如有人所言，节日的意义并不仅仅在于纪念，更在于在这一天做具有相同意义的事，从而形成强大的共识生长力和行为影响力。世界读书日的到来，既是一个提醒，也是一份倡导。以书为伴，让阅读成为一种生活方式，我们拥有的，将会是强健的精神筋骨，我们收获的，将会是丰盈的精神生命。

（2020 年 04 月 23 日）

"直播带货"创新消费方式

孔方斌

> 线上新型消费方式不断涌现,在一定程度上弥补了线下消费的不足,起到了扩内需、促消费的作用
>
> 把复工复产与扩大内需结合起来,把被抑制、被冻结的消费释放出来,把在疫情防控中催生的新型消费、升级消费培育壮大起来,使实物消费和服务消费得到回补

这段时间,"直播带货"成为消费热词。4月15日,湖北省30个县的县长在直播间"为湖北拼个单";山东烟台海阳市副市长发起"博士市长助力农产品",视频播放量突破200万;同时,一些公众人物"直播带货"的交易额不断刷新纪录。"直播带货"作为一种线上新型消费,在新冠肺炎疫情防控大背景下正受到越来越多的青睐。

最近,中央政治局召开会议强调,"保持线上新型消费热度不减"。"直播带货"、线上团购、在线教育……疫情防控期间,线上新型消费方式不断涌现,在一定程度上弥补了线下消费的不足,起到了扩内需、促消费的作用,并展现出强大的生命力。随着"直播带货"开始流行,更多用户涌入直播间,尝鲜直播购物;更多企业家与创业者也开始捕捉新的消费热点和商机。

除了营销技巧之外,"直播带货"的流行也有着深层次原因。直播经

济蓄力已久，已有成熟的商业模式；再加上受疫情影响，消费者足不出户推动"宅经济"发展，线下客源稀少促进企业商家转向电子商务谋生存。从直播助农到直播售楼，从直播卖车到直播卖飞机，直播销售的边界不断扩大。直播经济的火热，可谓顺势而成。

当然，"直播带货"能量巨大是一回事，做好直播销售、打造直播生态则是另外一回事。对于消费者而言，"直播带货"在方便购物的同时，也存在虚假宣传、货不对板、假冒伪劣、售后维权等问题。这启示直播电商，不讲诚信可能一时走得快，但绝对走不远。解决诚信问题、涵养行业生态才是制胜之道。此外，中国消费者协会前不久发布报告显示，37.3%的受访消费者在直播购物中遇到过消费问题，但仅有13.6%的消费者进行投诉。网络直播并非法律盲区，市场监管者需尽早完善制度，畅通维权渠道，更好地呵护直播经济的良好生态。

放在疫情防控大背景下来看，推动线上新型消费发展，实现线上线下相融合，对提振经济动能具有非常重要的意义。随着国外疫情持续扩散蔓延，世界经济贸易增长受到严重冲击，我们必须立足于扩大内需、促进消费来应对外部环境变化、稳定经济增长。这就要求把复工复产与扩大内需结合起来，把被抑制、被冻结的消费释放出来，把在疫情防控中催生的新型消费、升级消费培育壮大起来，使实物消费和服务消费得到回补。在这方面，培育以"直播带货"为代表的线上新型消费发挥着重要作用，需要政府部门与电商平台共同为直播经济涵养良好生态，以"直播带货"为突破口带动更多消费。

顺应网络化、数字化、智能化的趋势，不仅能用"直播带货"等方式激活消费一池春水，还能化危为机，实现经济转型升级。

（2020年04月22日）

把好环评这道生态保护重要关口

刘 毅

> 环评质量和生态环境质量、经济发展质量密切相关,质量是环评报告的生命线

我国1979年正式确立环评制度,自2003年9月起施行环境影响评价法以来,建立了比较完善的环评制度体系,在预防环境污染和生态破坏方面发挥了重要作用。不过,进一步提升环评的质量,切实发挥环评的效用,仍然有很多工作要做。

最近,两个关于环境影响评价的事件备受瞩目。一个是,深圳市深圳湾航道疏浚工程(一期)环境影响报告书涉嫌抄袭,把抄袭对象的名字都照抄了上去。这份环评征求意见稿中,竟然出现30多处"湛江"字眼。生态环境部迅即责成广东省、深圳市生态环境部门依法严肃查处,并要求将处理情况及时向社会公开。另一个是,环评未科学评估对珍稀濒危物种绿孔雀等造成影响的云南戛洒江一级水电站,经昆明市中级人民法院判决,建设单位被判立即停止基于现有环境影响评价的水电站建设项目。

环评是生态环境保护的第一道"关口"。但这道重要关口并非无懈可击,现实中仍存在一些环评文件不负责任、粗制滥造和弄虚作假等现象。生态环境部最近通报的信息显示,自2019年11月《建设项目环境影响报告书(表)编制监督管理办法》施行以来,全国共有25家环评编制单

| 人民时评

位和30名编制人员因环评文件质量问题，被采取列入失信"黑名单"和失信记分等信用管理措施。

通过环评，对规划和建设项目实施后可能造成的环境影响进行分析、预测和评估，提出预防或者减轻不良环境影响的对策和措施，并进行跟踪监测，这是国际通行的环保制度。环评质量和生态环境质量、经济发展质量密切相关，质量是环评报告的生命线。环评报告粗制滥造、弄虚作假，对一个区域的生态环境、长远发展可能造成难以逆转的巨大危害。对于建设单位和环评编制单位，生态环境部门应依法依规加强监督管理，加强规范性检查和质量检查，对环评文件质量问题采取"零容忍"的态度，严肃查处。

此外，进一步推进信息公开和公众参与，对去除环评"抄袭""走形式"等沉疴也是至关重要的。环评信息公开透明、公众参与渠道畅通，能够使公众了解规划和项目的情况，监督企业、建设单位履行环境责任，促使环评机构自觉把好环评质量关，更好地为无言的大自然"代言"。

在发展中保护、在保护中发展，是处理经济发展和生态保护的一条重要原则，也是各类工程项目必须遵循的一个重要前提。经济发展不应是对资源和生态环境的竭泽而渔，生态环境保护也不应是舍弃经济发展的缘木求鱼。做规划、上项目时，也不能"萝卜快了不洗泥"，不能把绿色发展、生态环境保护抛到脑后。"人类只有遵循自然规律才能有效防止在开发利用自然上走弯路，人类对大自然的伤害最终会伤及人类自身，这是无法抗拒的规律。"那些为了短期GDP增长而造成"生态赤字""环境透支"的规划和项目，注定不可持续，将来付出的代价可能更大。做环评要"真走心"，不能"走形式"，环评审批要快速高效，但不能忽视质量，这是绿色发展、可持续发展的必然要求。

习近平总书记在浙江考察时强调："实践证明，经济发展不能以破坏生态为代价，生态本身就是经济，保护生态就是发展生产力。"只有切实践行"绿水青山就是金山银山"理念，严格落实环评等环境管理制度，坚决打好污染防治攻坚战，我们才能走上生产发展、生活富裕、生态良好的康庄大道。

（2020年04月21日）

用线上新型消费激活内需

李心萍

> 消费总量的增长、消费结构的升级,为认识中国经济发展打开了一扇窗口
>
> 我们比以往任何时候都更需要依靠内需来稳增长,依靠扩大内需来应对各种风险挑战
>
> 只有深化供给侧结构性改革,增强供给结构对需求变化的适应性和灵活性,扩大有效供给,才能从深层次上解决供需错位问题

近日,国家邮政局公布快递业一季度成绩单:全国快递服务企业业务量累计完成125.3亿件,同比增长3.2%。尤其是3月份,随着快递业服务能力的全面恢复,全国快递服务企业业务完成量达59.8亿件,同比增长23%。快递业务的增长,折射出线上消费的火爆,世界第二大经济体依然具有巨大的消费潜力。

不可否认,新冠肺炎疫情对我国消费造成了较大冲击。与此同时,以直播带货、生鲜电商、在线教育、远程问诊等为代表的线上新型消费不断涌现、业态翻新,展现出强大生命力。今年前3个月,我国实物商品网上零售额同比增长5.9%,占社会消费品零售总额的比重达到了23.6%。

线上新型消费的蓬勃生机让我们看到，疫情之下，虽然消费受到暂时抑制，但消费需求并没有消失，中国市场的潜力依旧巨大。我国拥有14亿人口、4亿多中等收入群体，这是一个规模位居世界前列的大市场。更何况，中国市场的消费升级方兴未艾。我国最终消费占GDP的比重（消费率）刚刚超过50%，与欧美等发达国家消费率高达80%—90%相比，消费仍有很大的提升空间。可以说，中国超大规模的消费市场有待进一步开发，巨大消费能量有待进一步释放。

同时也要看到，消费总量的增长、消费结构的升级，为认识中国经济发展打开了一扇窗口。2019年，消费对国民经济增长的贡献率为57.8%，已连续6年成为拉动中国经济增长的第一引擎。可以说，内需是我国经济发展的基本拉动力，消费成为经济稳定运行的压舱石。就此而言，面对严峻复杂的国际疫情和世界经济形势，我们比以往任何时候都更需要依靠内需来稳增长，依靠扩大内需来应对各种风险挑战。日前召开的中央政治局会议强调，"要积极扩大国内需求。要释放消费潜力，做好复工复产、复商复市，扩大居民消费，适当增加公共消费"。居民消费，毫无疑问是扩大内需的重要方面；不断涌现的线上新型消费，则可以激发牵引效应，激活消费市场的一池春水。

用线上新型消费激活内需，要从需求侧引导其健康发展。疫情冲击，为线上新型消费提供了发展机遇，做大做强线上新型消费正当其时。疫情过后，我国电商行业将迎来新的飞跃，快递业也将顺势而起，更加奠定中国的"电商大国"地位。如今，我们应以克服疫情挑战为契机，对涌现出来的新消费新趋势，妥善加以引导、扶持，在监管上秉承包容审慎原则，在资金、税收等政策上给予关照，助力新业态、新模式蓬勃发展，激活消费新增长点。

用线上新型消费激活内需，要从供给侧更好满足消费需求。线上新型消费不是无源之水、无本之木。线上新型消费的涌现，表面看是企业主动填补需求缺口、转换产能供给，实际包含着优化供给结构、打通产供销环节、畅通经济循环的发展逻辑。这启示我们，要实现促消费、扩内需的目的，供给端的改善也必不可少。只有深化供给侧结构性改革，增强供给结构对需求变化的适应性和灵活性，扩大有效供给，才能更好

满足真实需求和潜在需求，进而从深层次上解决供需错位问题。

消费旺了，产品才有出路，复工复产才能达产增产。把握线上新型消费的发展契机，让线上新型消费跑得更快些，我们就能更好促进消费、激发内生动力，在疫情防控常态化的背景下促进中国经济行稳致远，实现高质量发展。

（2020年04月21日）

稳步推进要素市场化配置改革

袁舒婕

把"数据"列为新型生产要素形态,为中国的数字经济发展提供了支撑

改革只有把打基础、利长远与扩内需、保增长有机结合,才能提高抵御风险的能力,增强发展的协调性和可持续性

不久前,党中央、国务院印发《关于构建更加完善的要素市场化配置体制机制的意见》,分类提出土地、劳动力、资本、技术、数据五个要素领域的改革方向和具体举措,部署完善要素价格形成机制和市场运行机制。《意见》为深化要素市场化配置改革明确了方向和原则,体现了加快完善社会主义市场经济体制的内在要求,对推动经济高质量发展具有重要意义。

党的十八届三中全会明确提出,使市场在资源配置中起决定性作用和更好发挥政府作用。党的十九大明确,将要素市场化配置作为经济体制改革的两个重点之一。在正确处理政府与市场的关系前提下,《意见》强调"市场决定,有序流动",要求"畅通要素流动渠道"。保障不同市场主体平等获取生产要素,推动要素配置依据市场规则、市场价格、市场竞争实现效益最大化和效率最优化,才能让一切创造财富的源泉充分涌流,让一切创新活力竞相迸发。"建立健全城乡统一的建设用地市

场""完善股票市场基础制度""完善主要由市场决定要素价格机制"……"市场化配置"贯穿《意见》始终,就是要消除各类隐性壁垒,让各类要素自主有序流动,健全要素市场运行机制。

同时,推动要素市场化配置,要更好发挥政府作用,做到放活与管好有机结合,提升监管和服务能力。应该认识到,政府发挥作用的方式发生了变化,从"定价格"转变为"定规则",转变为要素市场化配置的规则制定者、秩序维护者、环境保护者。无论是"推动政府定价机制由制定具体价格水平向制定定价规则转变",还是"健全职务科技成果产权制度""完善科技创新资源配置方式",抑或是"畅通劳动力和人才社会性流动渠道""增加有效金融服务供给",都充分体现了最大程度发挥市场决定价格的改革方向,更说明政府应该通过制定规则、完善制度更好发挥作用。

《意见》体现了适应变化、与时俱进的改革方法论。比如说,在数字经济时代,数据发挥着重要作用,在新冠肺炎疫情防控中,数字化不仅起到了重要的支持作用,而且催生了一些线上经济新模式、新业态。无论是信息服务中的算法推送,还是智慧城市建设中的大数据分析,抑或是智能制造领域的智能优化,都离不开数据的提取、存储、转移和分析。有人比喻说,数据是数字经济时代的石油。《意见》把"数据"列为新型生产要素形态,为中国的数字经济发展提供了支撑。与此同时,《意见》要求针对市场决定要素配置范围有限、要素流动存在体制机制障碍等问题,根据不同要素属性、市场化程度差异和经济社会发展需要,分类完善要素市场化配置体制机制。

因地制宜、稳步推进,引导各类要素协同向先进生产力集聚,是推进改革实施的重要方法论。"稳",就是坚持从实际出发,尊重客观规律;"进",就是释放新型要素的活力,推动生产力进一步解放。放在应对疫情冲击的背景下,改革只有把打基础、利长远与扩内需、保增长有机结合,才能提高抵御风险的能力,增强发展的协调性和可持续性。从"着重保护劳动所得",通过扩内需增强经济活力,到"促进技术要素与资本要素融合发展",为促进技术转移转化提供更多金融产品服务,再到"推进政府数据开放共享",《意见》的一系列改革举措,既是为短期应对疫情冲击，更可以长远地促进中国经济转型升级和高质量发展。

全球生产和消费遭受疫情的全面冲击，我国经济社会发展面临新的困难和挑战。坚定推进重大改革，进一步改善营商环境，必将激发全社会的活力和创造力，释放更多市场新动能，为对冲疫情影响、增添中国经济发展后劲提供坚实制度保障。

（2020 年 04 月 20 日）

让新基建释放更大潜能

余建斌

只有产业链各方齐心协力,寻找到技术和商业的最佳契合点,才能建立起良好的 5G 产业生态圈,真正让 5G 助力数字化、网络化、智能化转型

新基建从短期看可以为稳经济、稳增长助力,从长远看可以激发更多新需求、创造更多新业态,推动中国经济转型升级

近日,国内数家移动通信运营商联合发布《5G 消息白皮书》,提出了 5G 消息业务的新设想,将对传统短信服务进行升级——短信不再有长度限制,并能有效融合文字、图片、音频、视频、位置等信息。一旦 5G 消息业务成为 5G 终端必选功能,用户新购 5G 手机后就可以便捷使用这项服务。

作为新型基础设施建设的重要内容,5G 建设可看作是数字新基建的领头羊。移动运营商发展 5G 消息业务的决心,表明 5G 商用步伐正在加快,推动中国成为全球最早实现 5G 商用服务落地的国家之一。当前,5G 基站的加速铺展,5G 应用在智能手机上的加快普及,都说明以 5G 为代表的新基建开始发挥效能。可以说,对于 5G 商用,社会充满期待。

前不久召开的中央政治局常委会会议强调,"加快 5G 网络、数据中心等新型基础设施建设进度"。这意味着新基建将更深入、更广泛地融入

实践，同时也要求行业应用快步跟上新基建提速的节奏。我国的5G网络早已从概念、规划进入实际建设阶段，在新基建提速的大背景下，5G发展更是一马当先。目前市场上5G手机虽已有较大选择余地，性价比也逐步提升，但与4G相比，5G的工业级应用和消费级服务仍然不够丰富。5G消息业务既形成了一个良好的开端，也激发了更高的社会期待：随着5G网络的不断铺设和能力平台的建设，将涌现出越来越多具有良好体验和市场价值的商业应用。

在新基建脚步加快的同时，也要着重关注产业生态建设。以5G为例，一张5G网络，连接了从通信设备厂商、通信运营商、互联网服务提供商，到各行各业实体的上下游产业链，能支撑起一个庞大的新一代信息产业，还能够渗透到其他各个领域，形成强大的溢出效应和牵引效应。只有产业链各方齐心协力，寻找到技术和商业的最佳契合点，才能建立起良好的5G产业生态圈，真正让5G助力数字化、网络化、智能化转型，满足消费者需求和经济转型升级需要，从而创造更大的综合效益和社会价值。

放在统筹新冠肺炎疫情防控和经济社会发展的大背景下，新基建的巨大潜力更显珍贵。在疫情防控期间，云计算、人工智能、大数据等数字技术在医疗服务、科研攻关、在线教育等各个领域发挥了积极作用，在这个过程中培养出来的消费习惯将会延续下去，形成对新基建的强烈需求。可以说，加强以5G为代表的新基建，从短期来看，可以对冲疫情影响，在疫情防控常态化条件下为稳经济、稳增长助力，满足数字经济的需求；从长远来看，历史上每一次大的基础设施建设，都会助力产业发展，新基建也将激发更多新需求、创造更多新业态，推动中国经济转型升级，助力经济高质量发展。

产业数字化、数字产业化赋予的发展新机遇不容错过。通过加快5G网络、数据中心等新型基础设施建设，发挥其赋能作用，激发更多新技术、新应用、新业态，我们就可以牢牢把握机遇，增强有效化解挑战的能力，创造出更大的发展空间和美好未来。

（2020年04月17日）

延伸实体书店的空间触角

虞金星

> 与所能触及的读者距离近些、再近些,与读者的精神联系紧些、再紧些,才能积累自身的竞争优势

如今,一些外卖平台开始卖起"精神食粮",用户可像点外卖一样下单购买书籍或文创产品,由外卖小哥配送。新冠肺炎疫情发生以来,实体书店客流锐减,类似的线上创新更趋活跃。

实体书店的经营创新、转型发展,并非新话题。近年来,随着电子阅读与网上书店的兴起,实体书店面临着越来越大的挑战。无论是入驻外卖平台卖书,还是借助网络直播"带货",种种探索与努力,为实体书店创造了更多发展可能性。尽管实际效果还有待时间检验,但相关探索给人以启示:用好线上平台和资源,发挥好"引流"作用,可以有效延伸实体书店的空间触角,吸引更多人走进书店、亲近书籍。

独特的地理方位和空间存在,为书店的差异化竞争提供了可能。在电子阅读、网上书店的包围之中,如何挖掘"近"的潜力、深耕社区资源,可谓实体书店突围的关键。除了少数影响力超群的知名店面外,大多数实体书店必须依靠周边的客流。无数书店的发展过程证明,不因地制宜则难存,千篇一律则难兴。因此,必须有针对性地做好功课:一定距离内的潜在读者,他们有怎样的知识背景,怎样的阅读需求;怎样选

书、布置店面、提供附加服务，才能更好地服务这些"近处"的读者。

近年来，越来越多的社区书店、校园书店相继涌现。这些书店之所以赢得了稳定的读者，一个重要方面就在于，它们重视并善于为附近读者服务，互动良好。从这个意义上来说，拓展实体书店的发展空间，并不意味着无视距离、试图把远处的消费者尽可能拉到店里，而是要以更绵密的触角，去深度感知一定距离内的潜在读者，进而充分了解他们的需求，更好地满足甚至引导他们阅读。

当然，并不是说一家书店落户在某处，周围的读者就会自动汇集起来。与外卖订餐相似，实体书店也受制于"距离"的运作逻辑。与所能触及的读者距离近些、再近些，与读者的精神联系紧些、再紧些，才能积累自身的竞争优势。为此，那些有助于打开空间触角、与潜在读者交互的方式，都不妨尝试。外卖、直播、读书会、文创空间……这些，已经不再仅仅是增加经济收益的途径，而是一家实体书店得以立足扎根、形成差异化风格的社会资源。打开空间触角，挖掘"近处"的潜力，修炼内功、因地制宜，才有助于形成独特风格，真正赢得读者。

实体，是一种综合性的场景。与电子阅读相比，去书店挑选、购买、阅读纸质书，是一种传统而有仪式感的体验。与网上书店相比，进入一个可以驻足的空间，并在这个空间中人与书相依、人与人相处，也是难以替代的。因此，尽管科技快速进步、社会不断变迁，纸质书印刷并未如一些人当年想象的那样被取代，扶持实体书店也逐渐成为社会共识。作为现代城市的重要文化坐标，实体书店不仅是销售场所，更呼应着人们的精神生活。一批充满生机活力的实体书店，如星辰散落在城市空间，共同承托着一个文明的书香社会。创造良好的环境，让实体书店更好融入当代生活、在竞争中存续发展，这也体现着一个地方文化建设的诚意和内功。

（2020年04月16日）

以党建引领提升物业管理水平

贺 勇

> 强化基层党组织对社区物业服务管理工作的领导，一定能更好破解物业管理难题，不断提升居民生活幸福感，增进人民安居乐业、社会安定有序的和谐局面

北京市人大常委会会议近日通过了《北京市物业管理条例》，并将于今年5月1日起施行。这部法规的制定，是一次在党建引领下社区治理与物业管理融合共进的积极尝试，对于坚持和完善共建共治共享的社会治理体系、推动社会治理和服务重心向基层下移、提升老百姓的获得感幸福感安全感，将起到积极作用。

住宅小区不仅是居民居住生活的基本单元，也是基层社会治理的基本单元。随着经济社会的发展，由物业服务引发的社会管理问题日益凸显。前不久，武汉女子监狱刑满释放人员黄某英感染新冠肺炎进京事件备受社会关注。黄某英之所以能够顺利进入小区，一个重要原因就在于物业管理与基层社会治理存在两张皮现象。根据通报，社区在日常巡逻中已经发现了管理漏洞，即只要是录入该小区系统的车辆，人员可以乘车从地库直接进入小区。疫情来袭，要求物业方面按照新的规定加强外来人员进入小区的管控，但直到事件发生，物业方面一直未落实整改到位。

人民时评

"看得见的管不着，管得着的看不见。"一方面反映出以物业服务为基础的社会治理架构有待完善，需要重新思考兼具自治管理、市场运行、公共服务和社区治理等多重属性的物业服务的定位和作用；另一方面，也反映出当前的物业服务、管理理念和制度措施已不能完全适应现阶段的公众要求和社会治理需求，迫切需要按照党的十九届四中全会精神，从完善城市治理体系和治理能力的角度创新制度设计，破解现实难题。

人民群众在哪里，民生需求在哪里，党建就应该覆盖到哪里。社区是党委和政府联系、服务群众的"最后一公里"，物业服务管理水平直接影响到社区的生活环境、关系居民的幸福指数。建立健全社区党组织领导下的居委会、业委会、物业服务企业等共同参与的协同治理机制，有利于最大程度把党的政治优势、组织优势转化为社区治理优势，更好地贯彻落实以人民为中心的发展思想。

党建引领物业健康发展，也是推动社区治理创新发展的生动实践。党的十九届四中全会提出，推动社会治理和服务重心向基层下移，把更多资源下沉到基层，更好提供精准化、精细化服务。将党建工作融入物业管理，推进物业服务企业和业主委员会等多元主体共同参与基层社会治理，有助于兼顾各方利益，调动各方积极性，推动物业管理工作从行业管理向社会治理转变，形成社区治理合力。"党建也是生产力，抓好党建添活力"。对物业服务企业来说，做好党建工作，有助于激发党员的先锋模范作用，提升服务质量和水平，塑造企业文化软实力。

在实践中，北京市多个辖区都已对以党建引领物管行业健康发展进行了探索。西城区明确基层党组织在物业服务管理工作中发挥领导核心作用，东城区将党建引领物业管理纳入社区治理试点，怀柔区创新"红色物业"管理体系……为了更好发挥立法引领、推动、规范、保障作用，《北京市物业管理条例》提出，社区党组织派代表参加业主大会筹备组、推荐业委会委员，物业项目负责人应当及时到所在地居（村）委会报到并接受监督、指导。这些规定，充分体现了经验总结和科学前瞻的立法原则，体现了以解决问题为导向、与改革决策相衔接的立法要求，体现了引领和推动社会治理与改革的立法价值。

围绕发展抓党建,抓好党建促发展。强化基层党组织对社区物业服务管理工作的领导,一定能更好破解物业管理难题,不断提升居民生活幸福感,增进人民安居乐业、社会安定有序的和谐局面。

(2020年04月15日)

复工复产,动起来更要转得好

吴秋余

> 在解决了前期"如何复工"的问题后,现在需要解决后期"复工何为"的问题,让复工复产成为可持续过程,让经济既动起来更转得好
>
> 供给与需求、生产与消费可谓相互依存、共生共荣,这就需要把复工复产与扩大内需结合起来

最近公布的一组统计数据备受关注。98.6%,这是截至3月28日全国规模以上工业企业平均开工率;超过80%,这是截至4月10日中小企业复工率。当前我国新冠肺炎疫情防控阶段性成效进一步巩固,复工复产取得重要进展,经济社会运行秩序加快恢复。日前召开的中央政治局常委会会议强调,"千方百计创造有利于复工复产的条件,不失时机畅通产业循环、市场循环、经济社会循环"。

应该看到,国际疫情持续蔓延,世界经济下行风险加剧,不稳定不确定因素显著增多,企业复工复产面临新的困难和挑战。供应链受阻、资金链紧张、订单减少、销售困难,成为不少企业复工复产路上的障碍。现代市场经济的组织和运行,犹如一架庞大、复杂而又精密的机器,任何链条运转不畅,都可能导致整架机器效率降低。这说明,在解决了前期"如何复工"的问题后,现在需要解决后期"复工何为"的问题,确

保复工复产有原料可供应、有资金可周转、有需求可支撑,让复工复产成为可持续过程,让经济既动起来更转得好。

对各地来说,当务之急是加大复工复产政策落实力度,真正让中央的政策惠及广大市场主体。疫情发生以来,一系列支持企业复工复产的政策措施密集出台,其中,仅税费优惠政策就多达4批21项,1—2月份已实现减税降费4027亿元;央行采取定向降准、专项再贷款等措施,为复工复产提供低利率资金支持。政策不会自动落地,而需要主动作为,才能把政策红利转化为经济活力。各地各部门要发挥自身优势和主观能动性,主动帮企业解难题。比如,不少地方的税务部门通过税收大数据"搭桥",打通上下游产业链,仅浙江省就为400多户困难企业找到了8000多家原材料替代供应商,让复工复产的链条运转更加顺畅。

作为市场肌体最活跃的细胞,中小微企业对于经济血脉畅通意义重大。中小微企业个头虽小,但数量众多,提供了大量就业岗位,是稳增长、惠民生的重要基础。与此同时,中小微企业抗风险能力又较为脆弱,一笔贷款、一张订单,都可能直接决定企业的生死。应对疫情冲击,一个重要的原则是要确保企业能复苏起来。只要企业能复苏起来,就业就有保障,资本、劳动力就不会退出经济运行链条,等到经济形势好转,就能迅速恢复潜在增长能力。正是考虑到中小微企业的特殊状况,既要畅通政策传导,让中小微企业及时得到阳光雨露的滋养;更要针对受影响较大的困难行业出台有针对性的措施,让企业增强抗压能力。

经济发展需要考虑供给与需求的平衡,如果只有供给而没有需求,经济同样会陷入停滞;唯有形成供需良性互动,经济循环才能畅通。正因此,在国际疫情蔓延导致外部需求下降的背景下,国内需求拉动经济增长的作用将更加突出。需求影响供给、消费影响生产;同时,有供给才有就业,有生产才有收入。供给与需求、生产与消费可谓相互依存、共生共荣,这就需要把复工复产与扩大内需结合起来,把被抑制、被冻结的消费释放出来,把在疫情防控中催生的新型消费、升级消费培育壮大起来,使实物消费和服务消费得到回补。

回首来路,中国经济从来都是在经历风雨中发展起来、在应对挑战中成长壮大的。让复工复产持续推进,让经济动起来、转得好,把超大规模的市场优势和内需潜力激发出来，把高质量发展的巨大潜力和强大动能充分释放出来，就能有效应对外部环境变化对经济发展的冲击，推动中国经济平稳健康发展。

（2020年04月15日）

掌控时间，找回健康睡眠

智春丽

"现在是晚上 10 点，离这届年轻人入睡还有 4 小时。"在某社交平台上，关于"报复性熬夜"的话题引发热议。网友们留言倾诉，白天属于自己的时间太少了，晚上不熬夜的话"不甘心"。不久前，一项关于"你为什么熬夜"的调查也印证了这一点。在受访者中，排名首位的原因是"追剧、刷手机，舍不得睡"，其次为"焦虑，睡不着"。

事实上，熬夜也有从年轻人向其他年龄段人群扩展的趋势。前不久，中国睡眠研究会调查了新冠肺炎疫情防控期间中国居民睡眠状况。结果显示，尽管睡觉时长增加了，但零点以后睡觉的比例显著上升；面对"如果睡不着会干什么"这一问题，61% 的人回答"玩手机"。电商数据显示，近年来，助眠产品销售火爆，有的人"边熬夜，边养生"。心理学专业人士指出，报复性熬夜是出于过度补偿心理机制，即个体为了克服某方面的缺陷，采取过度行动以求解脱。不少人在忙碌一天后，无视身体疲惫信号，似乎只有到了夜深人静时悠然独处，才能缓释焦虑。

选择熬夜，往往是主客观因素叠加的结果。除去被迫熬夜的加班族、育儿族，在信息无远弗届、无所不在的媒介环境下，很多人熬夜是沉迷于手机、受困于信息茧房。热搜话题瞬息万变，网剧综艺争奇斗艳，短视频包罗万象……刷不完的精彩，让人"根本停不下来"。有专家解释，一些人明知熬夜不好却仍"身不由己"，是心理资源不足的表现，白天自制力用完了,夜晚便"缴枪卸甲"。另外,荷兰学者研究发现,熬夜是拖延症的一种表现,有睡眠拖延症的人做其他事情也容易拖延。

如此看来,尽管熬夜提供了舒缓情绪的可能,其负面效果却不容轻视。更加自律,提高对时间的掌控力,才能找到更适合自己的生活节奏。

我们需要重估睡眠的价值。无论在虚拟空间遨游了多久,快乐、放松、平静等精神状态,终究还是以身体健康为前提。科学研究证实,人体内存在着控制昼夜节律的分子机制,"生物钟"确实存在。一项针对大学生的研究表明,熬夜会加重焦虑。当前,人类正面临新冠肺炎疫情全球大流行,在病毒面前,健康体魄自带的免疫力是抗击疫情的重要防线。国家卫健委发布的《应对新型冠状病毒肺炎疫情心理调适指南》强调"规律作息",正是因为良好的睡眠有利于增强免疫功能。真正重视睡眠,努力实现良好作息,有效减少熬夜,才能守护身体健康。

我们需要重建对时间的感知。如果说工业社会生产了区别于农业社会的"标准时间",人们对时间的感知趋向精确,信息社会则使时间变得碎片化。随时随地、永远"在线",继而发展成熬夜,可说是应对"信息过载"的某种调适。然而,信息流无休无止,时间和注意力相对稀缺,只有找到平衡点、学会按下"暂停键",才能为自己节省出休息时间。不妨尝试借助软件控制手机使用时长、固定休息时间等方法,增强对时间的把控力。

"夜深了还不想睡"的理由有很多,比如,生怕会错过什么。然而,熬夜玩手机、看信息、刷视频,也许会错过更多——譬如清晨的一缕阳光,抑或精力充沛的美好一天。让我们学会掌控时间,找回健康的睡眠,把握自主的人生。

(2020年04月14日)

补齐医疗废物处置短板

李红梅

处理医疗废物是疫情防控的重要一环,也是一道公共卫生防线。医疗废物的安全高效专业处置,关系着疫情防控的成效

新冠肺炎疫情发生以来,医疗废物处置需求激增、压力加大。据生态环境部4月6日通报,1月20日至4月4日,全国累计处置医疗废物23.2万吨,目前全国医疗废物处置能力为每天6070.6吨。作为疫情防控的"末端",如何确保医疗废物应收尽收、应处尽处,妥善进行无害化安全处置,事关疫情防控成果的巩固。

医疗废物是指医疗卫生机构在医疗、预防、保健以及其他相关活动中产生的具有直接或者间接感染性、毒性以及其他危害性的废物。不同于普通的废物、垃圾,医疗废物若处置不当,其作为传染源极易引发污染事故,危害周边居民健康,影响当地经济发展。依据《中华人民共和国传染病防治法》《医疗废物管理条例》等法律法规,国家推行医疗废物集中无害化处置,医疗机构应有专人或部门负责医疗废物处置,并对接医疗废物集中处置机构,进行分类收集、消杀、转运、处置。

按照国家卫生健康委要求,疫情期间,医疗机构在诊疗新冠肺炎患者及疑似患者、发热门诊和病区(房)产生的废弃物,包括医疗废物和生活垃圾,均应当按照医疗废物进行分类收集。疫情发生以来,各地医

疗废物迅速增加，尤其是武汉市，最高峰医疗废物的产生量达到每日240多吨，处置压力巨大。在不少城市，医疗废物处置单位处于超负荷运行或满负荷运行的状态。在这种背景下，各地积极应对，采取增加移动处理设备、水泥业跨界补位、跨区域协调处理等多种方式提高医疗废物的应急接收和处置能力。但这种应急"补位"也提示我们，当前相关集中处置设施和能力还存在短板，不能满足现实需求。

处理医疗废物是疫情防控的重要一环，也是一道公共卫生防线。医疗废物的安全高效专业处置，关系着疫情防控的成效。今年2月21日召开的中央政治局会议提出，加快补齐医疗废物、危险废物收集处理设施方面短板。不久前，国家卫生健康委、生态环境部、住房和城乡建设部等十部门印发《医疗机构废弃物综合治理工作方案》，要求加强集中处置设施建设，在2020年底前实现每个地级以上城市至少建成1个符合运行要求的医疗废物集中处置设施；到2022年6月底前，实现每个县（市）都建成医疗废物收集转运处置体系。《方案》也提出，完善信息交流和工作协同机制，促进医疗机构产生的各类废弃物及时得到处置。攻坚克难、务实行动，把相关措施落细落实，才能切实提升处置能力、消除各类风险隐患。

对于传染病疫情期间的医疗废物，实现其完全无害化处理，必须达到无死角、零疏漏、全防控的最高等级处置水准。这要求我们加快补齐短板，同时建立长效机制，巩固疫情防控成果，积极顺应疫情防控常态化的形势。一方面，加大集中处置设施的建设力度，为每个区域配备足够的处置设施或集中转运体系。与此同时，努力提质增效，更好满足处置需求。比如，采取信息化手段，使收集、转运等各环节高效协作，对各类医疗废物进行精准分类，提高安全环保科学回收处置技术，等等。此前，一些地方存在输液瓶（袋）被不规范回收、非法倒卖的现象，在此次补短板的过程中，也应同步治理，确保辖区内医疗机构输液瓶（袋）回收和利用全覆盖，并做到闭环管理、定点定向。

不弃微末，方可标本兼治。完善医疗废物处置机制、守好"末端"防线，不仅能满足疫情防控需求，也将推动提升公共卫生管理能力，更好保障人民群众生命安全和身体健康。

（2020年04月13日）

激活高校教师中的"银发力量"

赵婀娜

> 鼓励地方政府和社会力量积极参与,着力构建可持续发展的长效机制,从而实现优秀银龄教师成规模的跨省流动、向薄弱地区流动、长期稳定流动

前不久,教育部印发《高校银龄教师支援西部计划实施方案》,拟面向西部地区行业、产业、企业急需的紧缺专业,遴选组织一批高校优秀退休教师支教、支研。方案显示,今年将从部分教育部直属高校遴选120至140名退休教师支援中国石油大学(北京)克拉玛依校区、塔里木大学、滇西应用技术大学。这项"银龄计划",不仅体现了加强西部高校教师队伍建设、补齐西部高等教育短板的努力,也旨在探索一种以资源流动解决教育发展不平衡问题的全新途径。

西部地区是全面建成小康社会、打赢脱贫攻坚战的难点和重点,更是我国发展重要回旋余地和提升全国平均发展水平的巨大潜力所在。作为"西部之光"访问学者项目、中西部高等学校新入职教师国培示范项目、"千名中西部大学校长海外研修计划"等人才招募和培训计划的有益补充,遴选一批高校优秀退休教师支教、支研,有利于提升西部高校教师队伍的总体水平。从某种意义上讲,这也有助于缓解长期以来困扰西部地区教师队伍人才"留不住"的现实矛盾,从人才数量和人才结构上,

加快补齐短板、强化弱项。

以资源流动解决教育发展不平衡问题，效果值得期待。通过持续实施该计划，可以号召更多高校优秀退休教师，继续发挥自己的政治优势、经验优势和专业优势，助力西部高校提升立德树人、队伍建设和科研创新的能力，推动西部地区高校"双一流"建设。另一方面，可以鼓励退休教师在支教、支研的过程中，带动更多西部地区青年教师快速成长，既实现对西部高校教师数量的直接补充，也在"传帮带"的过程中，做到"授人以渔"。

立足于计划的持续、稳定推进，特别是结合此前针对农村义务教育学校实施的《银龄讲学计划实施方案》的情况来看，吸引更多退休教师加入"银龄计划"，还需辅之以有效的激励机制。以人才定位确定退休教师的补助标准，充分考虑退休教师的身体状况与家庭实际，及时配套细致周全的政策保障，才能免除他们的后顾之忧。实践中，应当鼓励地方政府和社会力量积极参与，着力构建可持续发展的长效机制，从而实现优秀银龄教师成规模的跨省流动、向薄弱地区流动、长期稳定流动。

教育是塑造灵魂、塑造生命、塑造人的工作，基于丰富的教育实践，退休教师对于理想信念、道德情操、扎实学识、仁爱之心等好教师的基本特质，对于教育的责任所系和方法规律，有着更为真切的理解和把握。从他们当中遴选一批优秀代表充实到西部教师队伍一线，不仅是给予退休教师以发挥余热的机会，更拓展了社会人力资本。因此，该计划也为应对人口老龄化、进一步开发老龄人力资本提供了有益参照。架设通道，让退休人才利用其知识经验创造更多社会价值，也能够有效提高我国的整体劳动参与率，并在全社会倡导和弘扬老有所为的风尚。

桑榆未老，余霞满天。开拓创新、久久为功，激活高校教师队伍中的"银发力量"，我们就能更好补齐教育短板、激发教育活力。

（2020年04月10日）

托底民生，多措并举稳就业

李心萍

稳就业，要辩证看待危与机，善于抓住危中之机；在关注短期总量的同时，还应理顺就业结构

千方百计、多管齐下，用好人口素质提升所孕育的新一轮人才红利，就业不仅稳得住，也必将推动经济蓬勃发展

支持多渠道灵活就业，鼓励农民工就地就近就业，扩大高校毕业生招聘规模……这段时间，各地各部门落实"政策包"，打出"组合拳"，保存量、拓增量、畅供需多措并举，全面强化稳就业举措。

就业关乎国计民生，更关乎千家万户。新冠肺炎疫情发生以来，习近平总书记高度关注疫情对就业形势的影响，对稳就业作出一系列重要指示，深刻指出，"越是发生疫情，越要注意做好保障和改善民生工作，特别是要高度关注就业问题，防止出现大规模裁员"。稳就业既是稳经济、稳预期，也是稳民生、稳信心。应当看到，疫情使企业生产经营活动受限，使稳就业压力进一步凸显；同时也要看到，疫情引发的经济冲击是短期的和局部的，我国经济长期向好的基本面没有改变，稳定就业的基础条件也没有改变。可以说，很多就业岗位只是暂时受疫情影响，随着生产生活秩序的恢复，岗位也将逐步释放。

企业是就业的基础，企业稳则就业稳。随着一系列政策措施的实

施，复工复产有序推进。截至 3 月 28 日，全国规上工业企业平均开工率为 98.6%，人员平均复岗率为 89.9%；开工步伐明显加快，带动劳动力需求陆续恢复，就业形势也随之逐步改善。当前，境外疫情持续蔓延，世界经济贸易增长受到严重冲击。我们要谨防全球需求下滑，对出口型中小微企业造成冲击。中小微企业贡献了我国 80% 以上的就业岗位，但抗风险能力较弱，为了应对疫情冲击，国家出台了一系列有力措施帮助中小微企业渡难关。随着经济形势的发展变化，我们还需随时调整工具箱，加大政策对冲力度，力争将疫情的影响降到最低。

稳就业，要辩证看待危与机，善于抓住危中之机。疫情期间，新经济成为亮点，绝大多数在线企业不但没有受到影响，反而拓展了发展空间。尤其是互联网经济、云服务中新业态的发展，保证了中国经济社会在疫情中的有效运转。化危为机、抢抓机遇，加快推进包括 5G、数据中心、工业互联网等新型基础设施建设进度，出台更多支持性政策，鼓励新经济加快发展，就能培育经济和就业新增长点，为劳动者创造更多的就业创业机会。与此同时，从疫情防控实践出发，应允许企业对工作制度进行探索调整，根据其自身经营状况灵活决定用工政策，让灵活就业形式更加多样化，吸引更多劳动者加入其中。

稳就业，在关注短期总量的同时，还应理顺就业结构。近年来，我国劳动力市场出现较大变化。在供给端，2013 年劳动力人口总量到达顶点，劳动供给出现拐点；在需求端，现代化的生产体系下，以人工智能为代表的新技术，在替代劳动力方面影响深远。受疫情影响，产业结构、生产方式、生活方式、用工需求等都在发生变化，健康消费成为新热点，线下场景加速线上化，非接触型经济快速发展。这些，意味着对劳动者岗位技能的要求也在发生变化。因此，必须加大在职培训和技能培训力度，加快调整劳动者队伍技能结构，进一步提升技能素养。从长远看，还应深化教育体制改革，落实就业优先战略和就业优先政策，使教育与劳动力市场在数量、结构和质量上更好匹配。

截至去年末，我国劳动年龄人口约 9 亿，就业人员 7 亿多，受过高

等教育和职业教育的高素质人才有 1.7 亿。盘子大、压力大，但机遇更大。千方百计、多管齐下，用好人口素质提升所孕育的新一轮人才红利，就业不仅稳得住，也必将推动经济蓬勃发展。

（2020 年 04 月 10 日）

让中医药瑰宝惠及世界

王君平

病毒没有国界，疫情不分种族。中医药是中华文明的瑰宝，有实力为全球战疫贡献中国智慧、中国方案

以此次抗击疫情为契机，与其他国家携手打造"健康丝绸之路"、加强传统医药领域的合作，中医药将发挥更大作用，助推民心相通

最近，在美国纽约一家中药房，店员正忙着用中药秤为顾客称金银花、桂枝等草药。新冠肺炎疫情在全球多点暴发以来，国际社会日益关注中医药抗疫功效，中医药在海外市场升温。

抗击新发传染病是没有硝烟的战争。非典、甲流、埃博拉出血热……人类面对新发传染病，每一次都可谓遭遇战，而疫苗和特异性抗病毒药的研发却需要一定的时间周期。应对新冠肺炎疫情，我们同样面临相似难题。令人眼前一亮的是，中医药筛选出临床证实有效的"三药三方"：金花清感颗粒、连花清瘟胶囊、血必净注射液和清肺排毒汤、化湿败毒方、宣肺败毒方。据统计，我国新冠肺炎确诊病例中，7万余人使用了中医药，占91.5%。临床疗效观察显示，中医药总有效率达90%以上。

面对新发传染病，中医药为何能有"药"和"方"？原因在于，中医运用的是整体性、调和性思维。以清肺排毒汤为例，中医立足"排毒"

而非"杀毒",因而老药依然能派上新用场。中医通过清热、化湿、解毒的方法,改变病毒生存的环境,抑制病毒在体内生长,提高人体的免疫力,从而达到"正气存内,邪不可干"的目的。疫情来袭,中医往往能发挥"扶正祛邪"的作用。这次抗击新冠肺炎疫情,中医药功不可没。在新冠肺炎治疗中,中医药介入早、参与度高的地方,患者的病亡率相对较低。实践证明,中医药是打赢疫情防控阻击战的利器。

病毒没有国界,疫情不分种族。在应对这场全球公共卫生危机的过程中,构建人类命运共同体的迫切性和重要性更加凸显。让中医药瑰宝惠及世界,是我国作为负责任大国的担当,更是中华民族文化自信的体现。中国及时主动同世卫组织合作,分享中医药参与疫情防控经验,并把最新版本的新冠肺炎中医药诊疗方案翻译成英文,在国家中医药管理局官网全文公开。有关组织和机构已经向意大利、法国等十多个国家和地区捐赠了中成药、饮片、针灸针等药品和器械。中医药是中华文明的瑰宝,有实力为全球战疫贡献中国智慧、中国方案。

在世界范围内,中医药正在得到越来越多的认可。去年5月,第七十二届世界卫生大会审议通过《国际疾病分类第十一次修订本》,首次将起源于中医药的传统医学纳入其中。但值得注意的是,长期以来,由于文化差异等原因,中医药容易被误读。疫情期间,为避免因滥用出现不良反应,患者最好在中医师的指导下合理用药。尽管中医药已经传播到200多个国家和地区,但中药在一些发达国家还未能以药品身份面世。以此次抗击疫情为契机,与其他国家携手打造"健康丝绸之路"、加强传统医药领域的合作,中医药将发挥更大作用,助推民心相通。

中医药学包含着中华民族几千年的健康养生理念及其实践经验,凝聚着中国人民和中华民族的博大智慧。应对全球卫生挑战、推进国际卫生合作、推动完善全球公共卫生治理,中医药潜力无限,必将日益发挥独特而重要的作用。

(2020年04月08日)

以市场导向推动科技成果转化

喻思南

> 科技成果转化改革步入深水区,未来的关键在于充分发挥市场在资源配置中的决定性作用,疏通技术和市场协同创新网络中的现实堵点

科技部发布的全国技术市场交易快报显示,2019年我国技术合同成交额首次超过2万亿元。这一令人瞩目的成绩单,既反映了市场对技术的强烈需求,也显示出我国科技成果转化蕴藏的巨大潜能。

当前,国家把科技创新放在创新驱动发展的核心位置,大量激励成果转化、创新创业的改革举措密集出台,激发了全社会的创新活力。放眼全球,新一轮科技革命和产业变革正加速演进,技术成果直接转化为生产力和经济效益的周期缩短。从国内看,我国产业升级需求迫切,对技术创新成果应用的需求同样变得迫切起来。国际科技发展的态势和我国经济社会发展的现实背景,为促进科技成果转化、创造更好的技术市场生态环境,提供了重大机遇。

连年攀升的技术市场交易额十分喜人,但也应看到,我国科技与经济联系不够紧密的深层次问题仍有待进一步破解。随着科技成果"三权"的下放,以及股权激励、作价入股等措施实施,科技成果"有没有权转""有没有意愿转"已经不再是拦路虎。"有没有成果转"以及"是否

转得顺",成为新的改革课题。科技成果转化改革步入深水区,未来的关键在于充分发挥市场在资源配置中的决定性作用,疏通技术和市场协同创新网络中的现实堵点。

促进形成科技成果转化良性循环,必须让市场在创新资源配置中起决定性作用。无论是围绕某一核心技术成果开发产品,还是将技术用于改进、提升产品或服务的特定性能,都不是单一的技术问题,而是一个涉及需求、定价、开发、设计、推广等多要素的复杂系统。这不是简单地对接洽谈就能实现的,而必须立足市场这个主场域,发挥市场对技术研发方向、路线选择、要素价格、各类创新要素配置的导向作用。唯有通过市场的手段,让技术得以作为一种市场要素自由流通,才能降低交易成本,让技术创新端和产品供给端紧密配合,对产业发展形成有力支撑。

在科技成果转化的链条上,每个节点、每个主体都不可或缺,企业、高校、科研院所等创新主体都应发挥好各自职责。一头是科研探索,一头是产业需求,二者有天然的差异。发挥市场在科技成果生态链条上的驱动作用,有助于建立以市场需求为导向的成果产出机制,引导高校、科研院所面向世界科技前沿、面向经济主战场、面向国家重大需求展开科技攻关。在鼓励自由探索的同时,科研立项应强化成果转化意识,从源头提高创新资源的利用效率,避免出现大量重复、低质量、缺乏转化价值的成果。

以市场导向疏通科技成果转化链条,还需处理好政府和市场的关系,厘清两者的职责边界。建立以企业为主体、市场为导向、产学研深度融合的技术创新体系,有赖于用好改革这个科技创新引擎的"点火器",完善政策支持、要素投入、激励保障、服务监管等长效机制,构建起、维护好支撑推动科技成果转化的生态环境。总体上来讲,相关管理部门应该有所为、有所不为,切实加强引导、当好裁判、做好服务。

习近平总书记指出,"中国要强盛、要复兴,就一定要大力发展科学技术,努力成为世界主要科学中心和创新高地。"唯有一个高效的科技成果转化生态,方可提供高质量科技供给,打通从科技强到产业强、经济强、国家强的通道,支撑现代化经济体系建设。把更多科技成果应用在经济社会发展主战场,充分涌流的创新力量必能助推中国号巨轮驶向光辉未来。

(2020年04月07日)

做好无症状感染者防控工作

李 拯

> 针对国内外疫情防控形势新的重大变化,将应急措施和常态化防控相结合,及时完善防控策略和应对举措,进一步做好无症状感染者防控工作

根据国家卫生健康委的数据显示,截至4月1日24时,尚在医学观察的无症状感染者为1075例。无症状感染者的出现,为疫情防控带来新的挑战。对此,日前召开的中央应对新冠肺炎疫情工作领导小组会议要求,"及时完善防控策略和应对举措,进一步做好无症状感染者防控工作,推动经济社会发展早日步入正常轨道"。

"无症状感染者"是指无临床症状但核酸检验呈阳性者。由于存在"假阳性"等问题,无症状感染者需要进一步诊断鉴别。是否纳入确诊病例,则需要进一步论证。但有一点是确定的:当前巩固疫情防控成果,防止出现防控漏洞,必须突出做好无症状感染者监测、追踪、隔离和治疗工作。

从战略角度来看,对无症状感染现象,需要高度重视但不必过度恐慌。正如钟南山院士所言,由于中国本土新增确诊人数维持在低位,很多省份已经清零,所以就目前这个阶段来说,中国不存在大量的无症状感染者。因此,我们既不能认为疫情在总体控制住之后就可以高枕无忧,

也不必因为出现相关病例就感到恐慌。

从战术角度来看，对无症状感染现象，需要顺应疫情防控常态化新形势，统筹做好各项工作。由于没有临床症状，无症状感染具有更强的隐蔽性。这无疑增加了识别和防控的难度。对此，我们要有针对性加大无症状感染者筛查力度，同时公开透明发布信息，坚决防止迟报漏报，并做好患者出院后复查、复阳人员医学管理等工作。

这其中，尤其需要重视信息及时公开。中央应对新冠肺炎疫情工作领导小组会议强调，"各地要坚持公开透明发布信息，不允许为了追求病例零报告而瞒报漏报，这既有利于引导公众做好防护，也有利于积极有序推动复工复产。"确保疫情统计数据及时真实准确，才能让无症状感染者一经出现就能得到有效治疗和隔离，阻断传播风险。

无症状感染现象，也对统筹做好疫情防控和经济社会发展工作提出更高要求。当前，境外疫情呈加速扩散蔓延态势，世界经济贸易增长受到严重冲击，经济发展特别是产业链恢复面临新的挑战。在疫情防控常态化的条件下，积极的财政政策要更加积极有为，稳健的货币政策要更加灵活适度。对各地而言，对消费该刺激要刺激，对企业该支持要支持，对就业该保障要保障，努力把疫情造成的损失降到最低限度。

针对国内外疫情防控形势新的重大变化，将应急措施和常态化防控相结合，及时完善防控策略和应对举措，进一步做好无症状感染者防控工作，我们就能为疫情防控夯实基础，为经济运行保驾护航。

（2020 年 04 月 03 日）

在学生中弘扬劳动精神

张 烁

　　劳动是成功的必由之路、创造价值的源泉。劳动教育是中国特色社会主义教育制度的重要内容，直接决定社会主义建设者和接班人的劳动精神面貌、劳动价值取向和劳动技能水平。

　　前不久，中共中央、国务院印发《关于全面加强新时代大中小学劳动教育的意见》，强调劳动教育是中国特色社会主义教育制度的重要内容，就全面贯彻党的教育方针，加强大中小学劳动教育进行了系统设计和全面部署。《意见》的出台，让全社会进一步认识到加强劳动教育的重要意义，有利于推动劳动教育与德育、智育、体育、美育相结合，更好发挥劳动育人功能，促进学生形成正确的世界观、人生观、价值观。

　　习近平总书记强调，"要在学生中弘扬劳动精神，教育引导学生崇尚劳动、尊重劳动，懂得劳动最光荣、劳动最崇高、劳动最伟大、劳动最美丽的道理，长大后能够辛勤劳动、诚实劳动、创造性劳动。""德智体美"之外，为什么还要强调"劳"？动手实践、出力流汗的劳动教育，对一个人的成长意味着什么？现实中，一些青少年中出现了不珍惜劳动成果、不想劳动、不会劳动的现象，根源就在于劳动教育被淡化、弱化。事实上，挥洒劳动的汗水、体味劳动的艰辛，才能收获劳动的快乐，也才能真正理解劳动的内涵。

　　劳动教育具有树德、增智、强体、育美的综合育人价值。通过劳动教育，使学生能够理解和形成马克思主义劳动观，牢固树立劳动最光荣、劳动最崇高、劳动最伟大、劳动最美丽的观念；体会劳动创造美好生活，体认劳动不分贵贱，热爱劳动，尊重普通劳动者，培养勤俭、奋斗、创新、奉献的劳动精神；具备满足生存发展需要的基本劳动能力，形成良好劳动习惯。实践证明，爱劳动、会劳动不仅不会耽误学习，反而能够促进学习，有助于人的全面协调发展。

面向未来，应当更加注重把劳动教育纳入人才培养全过程，贯通大中小学各学段。特别需要注意的是，一定要将劳动教育与智育区别开，防止用文化课的学习取代劳动教育。幼时启蒙劳动意识，感知劳动乐趣，体会劳动光荣；稍大时增加劳动知识技能，适当参加生产劳动；再大时增加职业体验，理解劳动创造价值……在个体成长成才的道路上，劳动教育不仅能提升就业创业能力，还有助于让受教育者树立正确择业观，涵养不畏艰辛、崇尚奋斗、甘于奉献的精神。

也应创造条件，实现劳动教育实施途径多样化，贯穿家庭、学校、社会各方面。对家长来说，应鼓励孩子自觉参与、自己动手，在衣食住行中掌握必要的家务劳动技能，让孩子从小养成爱劳动的好习惯。学校应开齐开足劳动教育课程，科学设计课内外劳动项目，采取灵活多样形式，激发学生劳动的内在需求和动力。全社会都应注重发挥协同作用，开放实践场所，搭建活动平台，支持学生走出教室，动起来、干起来。

劳动创造美好生活。今天，人类劳动的形态已经发生了巨大变化，开展劳动教育也须与时俱进。以《意见》印发为契机，全面构建体现时代特征的劳动教育体系，广泛开展劳动教育实践活动，我们就一定能引导学生树立正确的劳动观，在劳动中提升综合素质、促进全面发展，努力成长为担当民族复兴大任的时代新人。

（2020年04月02日）

加大宏观政策调节和实施力度

洪乐风

在对中国经济保持信心与定力的同时,需要及时、全面研判疫情影响,增强逆周期调节的预见性、前瞻性,加大宏观政策对冲力度

让政策转化为红利,关键在于落实,在于和时间赛跑,在具体实施中加大力度,切实把疫情造成的损失降到最低限度

近日召开的中央政治局会议,分析国内外新冠肺炎疫情防控和经济运行形势,研究部署进一步统筹推进疫情防控和经济社会发展工作。会议指出,要加大宏观政策调节和实施力度。当前疫情正在全球蔓延,难免会对中国经济产生冲击。我们在对中国经济保持信心与定力的同时,需要及时、全面研判疫情影响,增强逆周期调节的预见性、前瞻性,加大宏观政策对冲力度。

受疫情影响,今年一季度外部需求较快下降,扩大内部需求尤其是消费需求成为当务之急。一方面,疫情暴发后催生的各类线上新型消费方兴未艾,应当尽快分析特征、总结规律,在加强监管的基础上有效引导,发掘好潜力、保持住势头。另一方面,在确保安全的前提下,实体商店的消费必须逐步恢复,这对生活服务业、传统产业都将产生提振作用。扩大居民消费也要合理增加公共消费,把钱花到刀刃上。

可以预见，相关消费行为将在线上、线下同步展开，但对库存消化、复产达产的拉动是阶段性的，可能会冷热不均。比如，电影院暂时停业，在线家庭影院大有可为；旅游业受到冲击，直播博物馆正在吸粉。对这些消费热点要密切监测、抓住机遇。从就业看，有就业才有可持续收入，才能从源头刺激消费、扩大内需。返程务工人员及个体工商户等，亟待更有针对性的帮扶措施，实现稳岗增收。

复产达产、稳岗增收，都离不开企业成本的降低、预期的优化及营商环境的改善。此次财政与货币政策的相机抉择，明确指向为企业及时减负，要求落实好各项减税降费政策，比如"对月收入10万元以下的，季收入30万元以下的小店免征增值税"等。而央行再贷款再贴现给商业银行，相当于释放基础货币保持流动性充裕，是对实体企业的直接助力。贷款延期还本付息也是特殊时期的特殊对策，适当延期能极大降低中小企业的现金流压力。引导贷款市场利率下行更能以"真金白银"有效缓解融资难融资贵，实实在在降成本。让政策转化为红利，关键在于落实，在于和时间赛跑，在具体实施中加大力度，切实把疫情造成的损失降到最低限度。

保增长、保民生，扩大内需中的投资需求是重要方面。在一揽子宏观政策措施中，改革开放以来第三次提出将发行特别国债，与"云经济""宅经济"相关的新型基础设施建设亟待迈出更大步伐。"新基建"并不能孤军奋战，要遵循市场规律和产业规律，与传统基建有机结合，共同注入新动能新活力、催生新模式、打开新空间。脱贫攻坚是拓展内需的又一战场，要在田间地头加大工作力度，在补短板强弱项中激活发展潜能，在增进人民福祉中增加发展后劲。

面对未来国际经济形势，我们必须做好应对各种复杂困难局面的准备。各级领导干部要把思想和行动统一到党中央决策部署上来，抓紧抓实抓细各项工作。要看到，再科学、精准的逆周期调节政策，有效发挥作用也要看落实、看具体实施中的力度。始终坚持市场化、法治化的原则落实调控，更多运用全面深化改革的办法提质增效，就一定能闯关夺隘、不断向前，努力完成全年经济社会发展目标任务。

（2020年04月02日）

为湖北务工人员返岗复工创造条件

陈 凌

> 帮湖北籍员工畅通返岗复工渠道,为他们破除返岗就业"隐性壁垒",不仅是"在湖北最艰难的时期搭把手、拉一把"的重要内容,也是推动当地经济社会秩序加快恢复的题中应有之义

杭州出台政策,与湖北实现健康码互认;深圳规定,对持有湖北健康绿码,且符合条件的人员,不再实施14天居家或集中隔离;苏州成立"湖北省低风险地区'点对点'返岗复工工作专班",采取"点对点、一站式"服务,帮助湖北籍务工人员安全返岗……近段时间以来,随着全国疫情防控形势持续向好,各地纷纷优化调整防控措施,为湖北籍员工返岗复工畅通渠道。这些温暖举措,既是守望相助的具体实践,也为当地企业复工复产提供了有益助力。

"坚持在家不出门,我为防疫做贡献。"武汉封城后,有市民在朋友圈里如此相互鼓励。在抗击新冠肺炎疫情这场严峻斗争中,湖北特别是武汉人民识大体、顾大局,不畏艰险、顽强不屈,自觉服从疫情防控大局需要,主动投身疫情防控斗争。正是因为有了湖北特别是武汉人民的牺牲和奉献,有了他们的坚持和努力,才推动形成了今天疫情防控的积极向好态势。可以说,湖北人民特别是武汉人民,为打赢疫情防控阻击战作出了重大贡献。

人民时评

当前，各地有序推动复工复产，正值用工高峰。湖北是劳务输出大省，大量外出务工人员，既是各自家庭的经济支柱，也为当地经济社会发展贡献着智慧和力量。从这个角度看，帮湖北籍员工畅通返岗复工渠道，为他们破除返岗就业"隐性壁垒"，不仅是"在湖北最艰难的时期搭把手、拉一把"的重要内容，也是推动当地经济社会秩序加快恢复的题中应有之义。正因此，四川省人社厅此前明确要求，用人单位在发布招聘信息时不得含有歧视湖北籍或其他高风险地区人员的内容，也不得在同等条件下不予录用湖北籍或其他高风险地区身体健康、符合条件的人员；广东肇庆等地送上暖心服务大"礼包"，全力帮助湖北籍员工纾困解难、有序返岗。这是立足当下的应对之举，更是施之长远的正确做法。

毋庸置疑，推进复工复产，有效防控疫情是必不可少的先决条件。然而，做好疫情防控工作与返岗复工并不矛盾，关键在于各项措施精准到位。经评估，截至3月27日24时，湖北全省除武汉市城区，均为低风险市县。这也意味着，只要措施得当、保障有力，湖北多数地区是有条件推动人员有序流动的，而各地也是有条件为湖北籍外出务工人员返岗复工打通堵点、清除障碍的。

中华民族是一个命运共同体，历来有不畏艰险、直面挑战的勇气智慧，历来有在艰难困苦中同舟共济、众志成城的优良传统，是历经磨难、百折不挠的民族，也是守望相助、团结一心的民族。我们有一千条理由照顾好湖北务工人员，没有一条理由让他们的返岗复工之路遭遇障碍。各地要用实际行动暖心地道一句，"我的湖北朋友，欢迎回来"。

（2020年04月01日）

以新型举国体制助力重大科技创新

余建斌

不久前,新冠肺炎国内首批疫苗开启临床试验,108名志愿者分组进行注射。疫情发生以来,从获得病毒全基因组序列并快速分离出新冠病毒毒株,到迅速推出多种检测试剂产品;从筛选一批有效药物和治疗方案并推荐到临床一线用于救治,到采取多条技术路线并行推进疫苗研发……全国范围内跨学科、跨领域的科研团队迅速行动起来,加紧攻关,取得了重大突破,为抗击疫情贡献了巨大力量。

同疾病较量,最有力的武器就是科学技术;战胜大灾大疫,离不开科学发展和技术创新。然而,攻克新冠病毒,需要组织跨学科、跨领域的科研团队,科研、临床、防控一线相互协同,产学研各方紧密配合,这是一个涉及面广、要求高、难度大的系统工程。如何使这一系统工程取得最优成效?发挥新型举国体制优势十分关键。战疫打响之际,由政府、高校、科研机构、科技企业等共同组成的战疫团队,发扬拼搏奉献的优良作风、严谨求实的专业精神,快速响应、多招制敌,既显示了这个领域关键核心技术的储备实力和科技长期积累的厚实底蕴,也凸显出我们国家集中力量办大事的制度优势。

实践证明,无论是应对事关国家安全和发展、事关社会大局稳定的重大风险挑战,还是在激烈的科技创新竞争中抢占制高点、掌握主动权,始终离不开关键核心技术的强力支撑。但是,"关键核心技术是要不来、买不来、讨不来的",最终还是要靠自己。从"两弹一星"的举世瞩目,到航空航天等领域的集中攻关,新中国成立70多年来的科技成就表明,关键核心技术的研发涉及多种资源的协调、多条线路的协同和多个团队的创新,往往需要政府和科技部门的有效组织和引导,特别是在打造"国之重器"时,甚至需要倾注举国之力。放眼未来,不论是加快提高疫病防控和公共卫生领域战略科技力量和战略储备能力,还是完善平战结合的疫病防控和公共卫生科研攻关体系,都更加需要我们不断用好和完善新型举国体制这个独特优势。

完善关键核心技术攻关的新型举国体制,深化科技体制改革是题中应有之义。既要加大协同创新力度,充分发挥社会主义制度优越性;也要通过市场的决定性作用来优化资源配置,使举国体制更加科学、集约、有效。达成这一目的,就需更好处理政府和市场的关系,让更多的创新要素向企业集聚,激发市场主体的创新活力;让一代代创新的主力军不再被"束手束脚",以人才"第一资源"支撑引领高质量发展;让创新大门打得更开,积极主动用好全球创新资源……破除束缚创新的利益藩篱、机制壁垒,我们的自主研发能力和核心技术会更加强健,也更经得起风雨考验。

创新的种子已经播撒,创新的激情正在升腾,创新的中国风华正茂。只争朝夕,不负韶华,发挥市场经济条件下新型举国体制优势,既着眼当前急需加大科研攻关力度,又放眼长远加强战略谋划和前瞻布局,我们一定能突破核心技术的瓶颈,掌握更多具有自主知识产权的核心科技,拿出更多"硬核"产品,助力国家发展。

(2020年03月31日)

致敬"新时代最可爱的人"

李洪兴

> 援鄂医疗队员虽然开始有序撤离,但疫情防控不能丝毫松劲。疫情还没有结束,越是在这个时候,越要慎终如始
>
> 让"为生命站岗,为健康守门"的白衣天使们更好弘扬医者仁心,让"敬佑生命、救死扶伤、甘于奉献、大爱无疆"的崇高精神熠熠生辉

随着疫情防控形势逐步转好,援鄂医务人员从近日起开始分批撤离,首批49支援鄂医疗队、共计3787人离汉返程,受到家乡热烈欢迎。这些医务人员是为疫情防控拼过命的英雄。如今,他们使命完成、有序撤离,人们通过致敬和礼赞表达感激感动。

"一方有难,八方支援"。疫情发生后,武汉和湖北作为防控的重中之重,全国330多支医疗队、超过4万名医务人员驰援湖北、支援武汉。援鄂医疗队员们白衣执甲、逆行出征,为打赢湖北保卫战、武汉保卫战作出了重大贡献。他们展现了医者仁心的崇高精神,展现了新时代医务工作者的良好形象。

人们不会忘记他们在战疫前线的奋战画面。隔离病区里,医生和患者用"碰肘礼"互相鼓励;重症监护室里,一位老爷爷用颤颤巍巍的手向医生敬礼……与生命赛跑的瞬间,战斗过的病区、医院、城市,留下

了累累硕果和依依不舍。犹记广大医务人员奔赴战场时高呼"等我们凯旋",此时"守一城,护一国"的使命正在他们手中完成。救死扶伤、大爱无疆,医务人员不愧为光明的使者、希望的使者,是"新时代最可爱的人"。

援鄂医疗队虽然开始有序撤离,但疫情防控不能丝毫松劲。当前,湖北和武汉疫情防控形势发生积极向好变化,取得阶段性重要成果,初步实现了稳定局势、扭转局面的目标。医疗队的有序撤离与救治任务的完成情况密切相关,现在方舱医院已经全部休舱、一些定点医院的救治任务暂告段落,具备了有序撤离的条件。同时,疫情还没有结束,防控任务依然艰巨繁重,越是在这个时候,越要慎终如始。

面对撤离中的医务人员,武汉市民在阳台上齐呼"感谢",武汉大学许下了赏樱花的"三年之约",湖北麻城市承诺所有景区及星级酒店免费开放给来援的医务人员及其家人……谢意不分大小,皆是源自心底,医务人员会记住他们战斗过的地方,人们更会在他们摘下口罩的那刻起记住他们的样子。面向未来,切实保护、关心、爱护广大医务人员,各地务必及时足额兑现防控一线人员补助,从各个方面为他们提供支持保障,让"为生命站岗,为健康守门"的白衣天使们更好弘扬医者仁心,让"敬佑生命、救死扶伤、甘于奉献、大爱无疆"的崇高精神熠熠生辉。

在回程途中,陕西国家紧急医学救援队的一名队员拍下武汉的日出,"这么美的太阳,一定会有一个好天气"。的确,连续的日日夜夜,我们经历过很多艰难险阻,但从来没有被压垮过,而是愈挫愈勇,不断奋起。有党中央的坚强领导、有英雄的中国人民、有无畏的白衣战士,只要我们不放弃、敢攻坚,胜利必将不远,希望就在前方。

(2020 年 03 月 30 日)

科学素养也是"免疫力"

张 砺

随着各地复工复产有序推进，一批号称可以抵御病毒、预防新冠肺炎的商品在网络和实体店热卖，有的打着"高科技"旗号，有的则是人们熟悉的"老面孔"。但这些所谓的防疫"神器"靠谱吗？

据调查，这些商家口中神乎其神的"黑科技"，都是典型的"噱头大于内容"。不仅难言科学，更跟抵御病毒不搭边。倘在平时，大伙恐怕还会有所警惕、多问一句，但面对疫情，就可能"宁可信其有"了。事实上，各路商家也恰恰是抓住了大众对新科技的好奇和推崇心理，制造信息不对称，引得大家纷纷解囊。这样的套路，与其说是"商业营销"，不如说是"借疫生财"。

对夸大功效、误导购买的行为，需要各地市场监管部门主动出击、从严处罚、形成震慑。但我们对这一问题的思考，不能停留于执法层面。需要看到，从非典时期的板蓝根，到日本福岛核泄漏事件引发的食盐抢购，每有突发事件来临，诸如此类的"抢购"就会再现。如此这般，除了不确定性所带来的信息获取焦虑，也折射出一些人科学素养亟待提升的现实。

近些年来，高科技日益改变着我们的生活，新技术新概念层出不穷，但与此同时，各种"伪科技"产品也鱼目混珠。比如，科技热词"区块链"被一些不法分子借机炒作，以"虚拟币"之名行"传销币"之实；一些保健品企业进行虚假宣传；非法培训机构的"量子波动速读"骗局，也忽悠了不少家长……在信息时代，知识的"保质期"越来越短，"折旧率"越来越高，但越是如此，就越需要对新事物、新概念秉持一份冷静甄别的理性意识，涵养一份"透过现象看本质"的科学精神。看文章别被"标题党"牵着走，遇到新信息不妨多方求证、避免踏进陷阱。当科学素养的"免疫力"不断增强，伪科学的"病毒"自然式微。长此以往，更多人便能涵养起科学理性的思维定力。

近年来，公众科学素养水平快速提高，但在不同人群中还存在不平衡现象，需要进一步厚植求真务实、善辨真伪的科普土壤。突如其来的疫情，映照出一些人科学素养的不足，却也无比真实地告诉大家，这样的重大公共卫生事件，也是最好的科普课堂。我们看到，在抗击疫情的过程中，一些专家以"硬核大白话"收获一众粉丝，在答疑解惑的同时，提振战胜疫情的信心；一些网站推出系列科普防护知识，通过接地气的问答方式，帮大家敲开了新冠病毒的"坚硬外壳"；一些应用程序发布"实时疫情"，基于数据产品的分析解读，让大家面对疫情多了些笃定。事实证明，多开动脑筋、多创新思路，科普也可以有另一种打开方式。

战胜疫情离不开科学，既要加强科研攻关，也需要我们在防控中坚持科学态度、树立科学精神。提升公众科学素养，让科普更接地气，必将剥开"伪科技"的外衣，种种"神器"也就没有市场。

（2020 年 03 月 27 日）

精准防疫，让城市动起来

张 凡

唯有下足更精准的"绣花"功夫，才能保证疫情防控和复工复产"齐头并进"

基层是防疫的第一线，也是复工复产的第一线。落实精准防疫、精准复工举措，对基层干部、下沉干部提出了更高的要求

居家、户外，通风良好、无人员聚集时可不戴口罩；在办公、购物、乘坐公共交通工具时，中、低风险地区的人们应随身备用口罩，在与他人近距离接触时佩戴，在高风险地区佩戴一次性医用口罩……近日，国务院联防联控机制印发《公众科学戴口罩指引》，对不同人群在不同场景下如何选择和使用口罩提出科学建议，及时回答了很多人关注的口罩"何时可以不戴""何时必须戴"等具体问题。

一份科学详细的"指引"，符合当前疫情防控形势变化和复工复产的需要，也有利于更精准地进行个人防护和疫情防控，体现着科学防疫、精准防疫的严实态度。当前，全国疫情防控形势持续向好，大部分省份已下调疫情应急响应级别，绝大多数地区已是低风险地区。在这样的形势下，既不能对不同地区采取"一刀切"的做法、阻碍经济社会秩序恢复，也不能不当放松防控、导致来之不易的持续向好形势发生逆转。像一只

小小口罩的摘戴一样，因时因势调整标准、分级分类精准到位，才能在确保防疫安全的同时，推动生产生活秩序全面有序恢复。

　　精准防疫，既要到位，也要防止过犹不及。当前，一些地方在推动生产生活秩序恢复的道路上，还面临着一些"堵点""断点"。加快建立同疫情防控相适应的经济社会运行秩序，当务之急是要做好疫情防控，让疫情防控适应新形势的变化从而更加科学。如今，不少地方已经根据形势变化，适时动态调整优化防控措施。比如，山东省规定低风险区域全面放开人员、交通管控，企业和项目开复工无需备案；成都市推动居民小区生活性服务业和装饰装修、增设电梯等项目有序复工复产……分区分级精准复工复产，打通堵点、清除障碍，有助于提高复工复产效率，促进消费释放和人气回升，让我们的城市动起来，经济活起来。

　　当然，因时因势调整工作着力点和应对举措，并不意味着放松疫情防控之弦。当下，唯有下足更精准的"绣花"功夫，才能保证疫情防控和复工复产"齐头并进"。数据显示，目前我国商贸流通行业复工营业情况总体向好，但百货商场、购物中心、住宿餐饮、美容美发等领域复工率还有客流的恢复依然偏低，这也从一个侧面说明，人们对出门消费、恢复正常生产生活秩序依然存在着不少顾虑。在这种情况下，只有将一条条严、深、细、实的防疫措施落实到生产生活的各个环节中，坚决防止疫情反弹，才能真正化解人们的担忧，让人们增强信心，尽快回归正常生产生活状态。

　　基层是防疫的第一线，也是复工复产的第一线。落实精准防疫、精准复工举措，对基层干部、下沉干部提出了更高的要求。当前，一些省份选派数万名干部到企业担任防疫联络员，指导监督疫情防控，为企业解决复工难题；一些省份对企业和建筑工地等实行干部包保，建立"一企一策""一项一策"等服务机制……扎根生产一线，快速响应诉求，有助于为疫情防控和复工复产提供优质服务。但同时要注意，在让基层扛起更多责任的同时，也要坚持实事求是、一切从实际出发，为基层干部减轻不必要的负担。

　　卫星遥感数据显示，近期中国夜间灯光数据正在不断回升。是每天数十万恢复营业的商铺，是人们复工复产的忙碌脚步，是无数人众志成

城的坚持与付出,让我们的夜间灯光愈加璀璨,让中华大地生机勃勃。继续把各项工作抓实抓细抓到位,我们一定能全面战胜疫情,恢复经济发展活力,为全面建成小康社会、打赢脱贫攻坚战奠定坚实基础。

(2020年03月27日)

把握向好大势

陆娅楠

> 坚持"两手抓",夺取"双胜利",新产业、新业态、新模式的亮眼表现,为今年中国经济开局增添了一抹亮色
>
> 疫情对当前中国经济的影响是短期的,不会改变中国经济长期向好的基本面

实物商品网上零售额同比增长3%,占社会消费品零售总额的比重达到了21.5%;3D打印设备、智能手表等电子产品产量增长都在100%以上;单晶硅、多晶硅产量分别增长45%和35%左右……1—2月份,互联网经济发展良好,不仅在疫情防控、物资调配、民生保障等方面大显身手,也推动新动能形成较快成长的态势。坚持"两手抓",夺取"双胜利",新产业、新业态、新模式的亮眼表现,为今年中国经济开局增添了一抹亮色。

然而,突如其来的新冠肺炎疫情,不可避免会对经济社会造成较大冲击。比如,1—2月份国内生产需求明显下降,就业物价压力上升,等等。即便如此,我们看到,生产需求体量可观,超大规模经济的优势没有改变;基础工业和防疫物资保障有力,强大的经济发展韧性没有改变;生活必需品和公用事业品供应充足,供求关系总体平衡没有改变;互联网经济发展良好,新动能较快成长的态势没有改变;宏观调控对冲政策有力

有为，完成全年目标的信心没有改变。所以说，疫情对当前中国经济的影响是短期的，不会改变中国经济长期向好的基本面。

回望新中国成立70多年历程，我们曾经历洪水、地震、非典疫情的考验，也曾面对国际金融危机、贸易摩擦的挑战。然而，任凭雨骤风狂，中国经济从未"停航"。各项数据表明，中国1—2月份国民经济经受住了新冠肺炎疫情冲击，疫情对中国经济的短期冲击不改全年经济持续稳中向好的大趋势。

判断中国经济的潜力，既要看"点"，也要看"面"。从前两月的数据看，中国经济遭受了较大损失，主要指标增速都在下滑。但是1—2月份经济体量占全年总量较小。按往年数据测算，1—2月规模以上工业企业增加值、出口等占全年比重不足15%，固定资产投资占比更低，不足1/10。这就意味着，我们完全有机会在后期弥补经济损失。

把脉中国经济的活力，既要看"表"，也要看"里"。判断中国经济活力从表面看，1—2月经济受了损失，但这并不意味着我们丧失了生产能力，丢掉了多年积累的产业基础，不再具有超大规模市场优势。恰恰相反，汽车制造商转产口罩，服装产业制造防护服，5G高清直播医院建设，饭馆、加油站卖蔬菜……战疫期间，中国经济展现出强大的供给能力、适应能力和修复能力。有外媒采访了40位亚太和欧美地区经济学家，他们普遍对中国经济前景表示乐观。

探究中国经济的动力，既要看"形"，也要看"势"。疫情对消费的冲击明显，但消费需求并没有消失。待到疫情控制后，被暂时抑制的消费需求将逐步释放。看看大家的朋友圈，计划探亲、聚会的不在少数，盘算"下馆子""看景点"的也有，不就是最佳证明？更何况，在传统服务业受到影响的同时，中国的"宅经济""智生活""云办公"等新动能爆发增长，线上消费和智能经济等新业态快速发展，不仅对冲了疫情的不利影响，更为高质量发展开拓新空间。可以说，世界第一人口大国动力澎湃，迈向全球最大国内消费市场的脚步不会停歇。

风物长宜放眼量。3月以来，全社会用发电量明显回升，湖北以外地区规上工业企业目前的复工率已超过95%，中国经济正逐步回归正轨，并展现出更为强劲的韧性。正如诺贝尔经济学奖得主罗伯

人民时评

人民日报评论年编 2020

特·默顿所说,中国经济具备战胜风险和挑战的良好条件,长期向好的趋势不会改变,相信经历此次疫情后,中国经济未来发展将变得更加健康。

(2020年03月25日)

新型基础设施建设正当其时

刘志强

"新基建"是稳投资、扩内需、拉动经济增长的重要途径，也是促升级、优结构、提升经济发展质量的重要环节

比起传统基建，"新基建"的技术性、专业性以及市场不确定性相对较强，需要更加有效地发挥各方合力、集聚创新智慧

智能制造、工业互联网、远程办公，助力企业复工复产；在线逛街、网上购物、无人配送，点燃消费热情……突如其来的疫情，给经济社会发展带来一定冲击，同时也带来了"云经济""宅经济"的走红，激发了数字经济的潜力，提高了全社会对信息网络、数据处理能力的需求。从近期中央召开会议多次提到，到上海、广东、浙江等省市在今年的重点建设项目中纷纷列入，涵盖5G、工业互联网、物联网等领域的新型基础设施备受关注。

作为数字经济的发展基石、转型升级的重要支撑，"新基建"的加快推进本就是经济高质量发展的应有之义。疫情带来的变化和影响，更凸显了其紧迫性与重要性。

"新基建"是稳投资、扩内需、拉动经济增长的重要途径。经过连续多年大规模投资，交通、能源、水利等传统基建领域的存量基数已经很高，再维持高速增长并不现实。与之相反，面向未来的"新基建"却是刚刚起步、空间巨大。据预测，单是5G网络，到2025年的建设投资便

将累计达到1.2万亿元。尽管眼下"新基建"的投资规模还比不上传统基建领域，但后劲十足。前不久，中共中央政治局常务委员会召开会议，指出"加快5G网络、数据中心等新型基础设施建设进度"。可以预计，"新基建"将逐步带动数字经济的繁荣，不断孕育新的建设需求，进而撬动更大规模投资、形成正向循环。

"新基建"也是促升级、优结构、提升经济发展质量的重要环节。近年来，我国一直致力于抓住新一轮科技革命机遇，大力发展数字经济，推动产业优化升级。在此基础上，进一步加快新型基础设施建设，将会使得5G手机、车联网终端、智能家居等新产品更受市场青睐，"栖息在云端"的新技术更有用武之地，也将加速信息技术与实体经济深度融合，使我国产业的数字化、网络化、智能化转型步伐更加稳健。

总的看，加快建设新型基础设施，不仅有利于扩大有效投资、带来新的经济增长点，还能助力实体经济转型升级、激活发展新动能，可谓一举多得、正当其时。同时，我们也要把握"新基建"与传统基建的异同点，科学施策、精准发力，把步子迈得又快又稳。

"新基建"与传统基建都具有公共性、通用性、基础性，需要政府在规划布局、政策引领等方面发挥应有作用。为此，有关政府部门应当提前研判、提早谋划，做好顶层设计，加强部署协调，引导各方在"新基建"中共绘"一张图"、同建"一张网"，从源头上避免重复投入、盲目推进，让建设更有章法。

比起传统基建，"新基建"的技术性、专业性以及市场不确定性相对较强，需要更加有效地发挥各方合力、集聚创新智慧。这就要求我们打破过去基础设施投资中的"玻璃门""弹簧门"等体制机制障碍，同时，也要出台财税、金融、产业等方面政策，发挥好政府性投资"四两拨千斤"的作用，引导和鼓励有意愿有实力的企业特别是民营企业参与进来，让新型基础设施领域投资形成可持续发展的良性模式。

"不求近功，不安小就。"有宏观层面统筹协调、有力引领，有微观层面多点突进、积极作为，相信新型基础设施建设将步入快车道，为现代产业体系厚植根基，为中国经济发展点燃新引擎。

（2020年03月24日）

筑牢国境卫生检疫的法治防线

徐 隽

只有做到源头管控从严从紧、防疫布局事无巨细，才能让防范境外输入既有力度又有温度

近日，最高法、最高检、公安部、司法部、海关总署联合印发《关于进一步加强国境卫生检疫工作依法惩治妨害国境卫生检疫违法犯罪的意见》，明确六类行为以妨害国境卫生检疫罪定罪量刑，其中包括：拒绝执行流行病学调查、隔离、留验等措施，不如实填报健康申明卡，交通工具负责人拒绝接受卫生检疫，等等。五部门的《意见》发得及时、针对性强，释放了严惩刻意隐瞒等行为的强烈信号，有利于织密外防输入的法治之网。

当前，许多省份实现了本土现有确诊病例和疑似病例"双清零"，全国疫情防控形势持续向好、生产生活秩序加快恢复的态势不断巩固和拓展。然而，国际疫情快速蔓延带来的输入性风险增加。3月13日，中国新增境外输入病例超过新增本土病例。严防境外疫情输入，是当前"控增量"的当务之急，是疫情防控工作的重中之重。

此前北京、郑州等地发生了多起境外输入病例因隐瞒实情导致大量密切接触者被隔离的情况。防范疫情境外输入，必须采取更加果断、管用的措施。

根据此次出台的《意见》，海关要对符合国境卫生检疫监管领域刑事案件立案追诉标准的案件，及时办理移送公安机关的相关手续，不得以行政处罚代替刑事处罚；公安机关要对新冠肺炎疫情防控期间发生的妨害国境卫生检疫犯罪快侦快破；人民检察院要加强对妨碍国境卫生检疫犯罪案件的立案监督。做好行刑衔接、加快案件侦办、强化检察职能，同时加强沟通协调、坚持过罚相当、维护公平正义，有利于对怀着侥幸心理逃避海关检疫的入境人员敲响警钟，震慑违法犯罪，实现法律效果与社会效果的和谐统一。

防范疫情境外输入，除了严厉打击隐瞒症状、隐瞒行程等行为，还有许多繁杂细致的工作要做。比如，缓解机场等口岸因加强入境检疫带来的人员聚集、滞留现象；对入境人员加强法治教育和疫情防控宣传；进行点对点闭环式接驳转送，确保入境人员规范地接受隔离观察；加强核酸检测和症状排查，及时发现确诊病患和密切接触者；完善医疗、集中隔离观察期间产生费用的处理办法，等等。只有做到源头管控从严从紧、防疫布局事无巨细，才能让防范境外输入既有力度又有温度。

夺取抗击新冠肺炎疫情最终全面胜利，必须坚持联防联控，筑牢依法防控的铜墙铁壁。贯彻落实《意见》要求，就要夯实国境卫生检疫防线，坚决遏制疫病疫情通过口岸扩散传播，巩固拓展全国疫情防控的有利局面和良好势头；同时在航班、海关和社区之间织起无缝衔接的防控之网。只有各方面加强协同配合，及时互通共享信息，主动担当作为，才能避免入境人员游离在防控网络之外，将疫情输入的风险降到最低。

（2020年03月23日）

让全民医保更好保障病有所医

李红梅

> 随着医保制度改革的进一步细化落实,不仅将实现应保尽保,也将更加高效、精准地保障人民群众的基本医药需求

医保基金是人民群众的"保命钱",医保制度的改革关系到每一位参保人。近日,中共中央、国务院印发《关于深化医疗保障制度改革的意见》。《意见》指明了今后一段时间医疗保障制度改革的方向,为全面建立中国特色医疗保障制度描绘了路线图。

医疗保障是民生保障的重要内容。党中央、国务院对此高度重视,持续健全完善医疗保障制度。特别是党的十八大以来,医疗保障制度改革持续推进,在破解看病难、看病贵问题上取得了突破性进展。目前,我国已建立了世界上规模最大的基本医疗保障网,全国基本医疗保险参保人数达13.5亿人,参保率稳定在95%以上;医疗保障基金收支规模和累计结存稳步扩大,整体运行稳健可持续。同时,随着人民群众对健康福祉的需要日益增长,医疗保障领域发展不平衡不充分的问题逐步显现,表现为制度碎片化、待遇不平衡、保障有短板、监管不完善、改革不协同等方面,亟须进一步深化改革。

党的十九大报告提出,要完善统一的城乡居民基本医疗保险制度和大病保险制度,全面建立中国特色医疗保障制度。深化医保制度改革意

见的出台，体现出党中央研究部署国家治理急需的制度、满足人民对美好生活新期待必备的制度的深谋远虑和人民情怀。《意见》从增进民生福祉出发，围绕坚持和完善中国特色社会制度，明确了深化医保制度改革的目标、原则与方向，发出了医保制度从有到好、从广覆盖到高质量的改革动员令。随着新一轮医保改革大幕开启，人民群众的健康福祉和医疗获得感，将获得坚实的制度支撑。

《意见》部署的医保总体改革路线图，可以用"1+4+2"来说明。"1"是改革目标，力争到2030年，全面建成以基本医疗保险为主体，医疗救助为托底，补充医疗保险、商业健康保险、慈善捐赠、医疗互助共同发展的多层次医疗保障制度体系。"4"和"2"犹如医保的"四梁两柱"，即健全待遇保障、筹资运行、医保支付、基金监管4个机制，完善医药服务供给和医疗保障服务2个支撑。如果说基本医保制度是一栋大厦，此前全力扩面，覆盖了全民，大厦从无到有，主体初步建成；今后，通过统一制度、完善政策、健全机制、提升服务，将使医保的"四梁两柱"更加成熟定型，大厦更加稳固。

坚持保基本、促公平、筑底线、可持续，是此轮深化医保制度改革的重要特征。《意见》直面现实焦点、难点问题，提出的改革举措针对性强，可操作性也很强。例如实行医疗保障待遇清单制度，有利于缩小地区待遇差距；通过提高年度医疗救助限额、合理控制政策范围内自付费用比例等措施，进一步减轻贫困群众医疗负担；针对药品耗材价格虚高、欺诈骗保等群众反映强烈问题，提出深化药品、医用耗材集中带量采购制度改革……可以预见，随着医保制度改革的进一步细化落实，不仅将实现应保尽保，也将更加高效、精准地保障人民群众的基本医药需求。

民生无小事，枝叶总关情。医保制度既要照顾到参保人的需求，又要确保基金不花超、花得好、花得精准有质量。这意味着改革不可能一蹴而就，而是要结合中国国情，增强医保、医疗、医药联动改革的协同性，不断提升治理能力，确保医保制度高效运转。用持续不断的深入改革，全面建立中国特色医疗保障制度，必能更好保障人民群众病有所医，为健康中国建设奠定坚实基础。

（2020年03月23日）

开展国际合作 携手抗击疫情

程雨田

正是中国社会各界的艰苦努力,为世界各国防控疫情争取了宝贵时间

除了严格的防控举措,世界各国还需有效开展联防联控、疫情监测、信息共享、医疗援助等国际合作,进而凝聚起战胜疫情的强大合力

病毒是全人类的共同挑战。近日,国家卫生健康委与世界卫生组织以多地视频连线的形式,共同举办了一场分享防治新冠肺炎中国经验国际通报会。会议期间,中方专家深入解读最新版新冠肺炎防控方案和诊疗方案,一些国家和国际组织代表发言积极评价中国疫情防控成效,希望从中借鉴经验做法,更好应对这一全球公共卫生挑战。

疫情发生以来,中国的抗疫努力有目共睹。我们不仅采取了最全面、最严格、最彻底的防控举措,而且提出了早发现、早报告、早隔离、早治疗的防控要求和集中患者、集中专家、集中资源、集中救治的救治要求,举国上下万众一心、众志成城,打响了一场疫情防控的人民战争。目前,全国疫情防控形势持续向好、生产生活秩序加快恢复的态势不断巩固和拓展。可以说,中国的防控策略、方法、技术、标准和案例经受了实战检验,受到国际社会的高度肯定。

这些强有力的措施,不仅在对中国人民健康负责,同时也是对世界公共安全的巨大贡献。用创纪录短的时间甄别出病原体,及时主动同世界卫生组织和其他国家分享有关病毒基因序列,邀请世卫组织等相关专家前往武汉实地考察,积极回应各方关切,加强与国际社会合作……疫情当前,中国用实际行动展现了公开、透明、负责任的大国担当,以抱诚守真诠释了人类命运共同体的丰富内涵。正是中国社会各界的艰苦努力,为世界各国防控疫情争取了宝贵时间。

病毒的危害程度不仅取决于病毒本身,也取决于如何应对。世界卫生组织卫生紧急项目负责人表示,虽然各国应对疫情的措施不完全相同,但仍可从中国学习宝贵经验。比如,采用大规模方舱医院收治轻症患者,以往没有哪一个国家采用过,在人类抗击传染病的历史上也没有先例,却用最快的速度、最小的成本,达到了迅速扩大收治容量的目的。实际上,从统一高效的指挥体系,到科学精准的防控策略,从关口前移、重心下沉的防控模式,到为了人民、依靠人民的抗疫理念……中国在疫情防控中的经验做法,正在为全世界范围内战胜疫情贡献智慧和方案。

截至3月19日,全球受新冠肺炎疫情影响的国家和地区已达166个,确诊病例累计突破20万例。针对疫情的传播严重程度和部分国家防控力度不够的现状,世界卫生组织发出警示,呼吁国际社会充分利用中国争取来的"机会窗口"。除了严格的防控举措,世界各国还需有效开展联防联控、疫情监测、信息共享、医疗援助等国际合作,进而凝聚起战胜疫情的强大合力。

新冠肺炎疫情的防控再次表明,人类是一个休戚与共的命运共同体。在经济全球化时代,各国相互联系、相互依存的程度空前加深,各种传统安全和非传统安全问题还会不断带来新的考验。唯有牢固树立人类命运共同体意识,齐心协力、守望相助,才能应对各种全球性风险挑战,共建美好地球家园。这既是携手合作、并肩同行的时代潮流,也符合人类社会发展的历史逻辑。

不久前,谭德塞表示,"如果我们现在就采取行动,这场史无前例的疫情是可以被击败的。要做到这一点,需要在全球团结和协作的驱

动下,作出前所未有的回应。"在疫情这一共同威胁面前,没有谁可以独善其身。唯有彼此间信赖、相互间合作,人类才能在考验下勇毅前行。

(2020年03月20日)

更好发挥数字化抗疫作用

肖 擎

面对疫情,我们需要从顶层设计上多推出务实、管用、灵活、高效的信息化举措,让大数据在战疫中跑出速度、力度和温度,跑出战果、成果、效果

扫描健康码,社区工作人员精准排查来往人员;在机场、车站、码头,用大数据实现旅客行踪可追溯;五色疫情图让地区疫情形势一目了然……新冠肺炎疫情发生以来,从疫情信息统计分析,到流动人员健康监测,再到疫情态势研判,大数据技术助力筑牢疫情防控网,为科学防控、复工复产、民生保障等提供了有力支撑。

利用信息化手段精准防控疫情蔓延,考验着城市数字化管理能力。其中,既有成果显著的应用经验,也有值得记取的不足。比如媒体报道的"10份证明文件抵不过1个健康码"的个体遭遇,暴露出认码不认证的"一刀切"思维,以及数据同步延迟背后的系统衔接问题。又如,健康码投入使用,但一城一码,也给城市之间人员流动带来互通互认的难题。在复工复产稳步推进、地区间产生大量人员流动的情况下,解决好这些问题,需要在政策动态调整中统筹考量。

大数据不只是技术运用,其核心价值在于服务社会、服务百姓。通过大数据建立平台,确立规范,只是第一步,许多后续工作都需要具体

的人用心、用情、用力去完成。尽管认码通行便于工作,但难免出现码不符实的个别情况,像江苏交通防控组确立的"有码认码、无码认单"原则,就能解决这个问题;尽管各地防控要求不同、健康码生成的标准不一,甚至只能证明受检者当时的状况,但在其他措施的配套下,还是能够确保码实相符,因而多个省份开展健康码跨省、跨区域互认,促使全国一盘棋协同治理。这说明,面对问题,多一些"马上就办"的意识,多一些"无缝对接"的行动,就能提高疫情防控效率,解决群众所需所盼。

习近平总书记强调,"要鼓励运用大数据、人工智能、云计算等数字技术,在疫情监测分析、病毒溯源、防控救治、资源调配等方面更好发挥支撑作用。"这次疫情是对我国治理体系和治理能力的一次大考,其中就包括了对数字化治理能力的考验。实践中,我们已经卓有成效地形成"让数据多跑路,让群众少跑腿"的格局。这一"多",立足的是数据快速便捷的优势,这一"少",凸显的是提升治理效能、优化公共服务的理念。面对疫情,我们需要从顶层设计上多推出务实、管用、灵活、高效的信息化举措,让大数据在战疫中跑出速度、力度和温度,跑出战果、成果、效果,从而更好满足人民群众的普遍需求,实现好统筹推进疫情防控和经济社会发展的现实要求。

与此同时,数字化治理也需贯彻"精准施策"的要求。面对千差万别的现实情况、海量的信息处理、大量的人员流动,不能寄望于"一键操作",不能按照某一简单标准"一刀切"。在快速反应中做足绣花功夫,在增添便利中绘好工笔画,在责任担当中干好精细活,不断解决云端战疫的"最后一公里"问题,进一步打通疫情防控和复产复工中的人流、物流堵点,才能让人民群众从跑起来的大数据中尽享技术应用的红利。

打赢疫情防控阻击战、实现既定经济社会发展目标,每一步都很关键,每一个环节都很重要。凡事多想一步,行动再快一步,服务更进一步,抓实抓细每一项工作,才能在重大突发公共事件治理中,以创新思维把每一块砖石都砌牢,把每一根梁木都立稳。

(2020年03月19日)

筑牢艺考招生公平之基

赵婀娜

今年,受新冠肺炎疫情影响,各有关高校推迟了艺术类专业校考工作。教育部日前召开视频会议要求,为防止校考引发大规模的人员流动和聚集,有关高校要科学制订校考工作方案,对于与专业考试要求相关度不高的专业、省级统考已覆盖的专业,尽量减少校考专业范围。对于拟继续组织校考的高校,鼓励高校采取考生提交作品、网上视频面试等非现场考核方式进行考核。这一要求,引起各方关注。

疫情当前,采用省级统考成绩、减少校考专业范围,看似应急之举,实则改革之需。此举一方面将疫情防控放在首位,确保师生生命安全和身体健康,另一方面也延续了鼓励省级统考,逐步推动平行志愿录取、最终提升艺术类招生质量与水平的改革方向。近年来,艺术类考试招生改革的重点,就是引导社会理性看待"艺考热",扭转部分考生视艺考为成名捷径的心态,改进投档模式、优化招录程序等。特别是近几年来,随着文化课成绩门槛的提高和省级统考的推进,更释放了艺术类人才招生培养向提升质量、规范发展、科学公平积极迈进的信号。

通过艺术考试,选拔和培养一批"为时代画像,为时代立传,为时代明德"的高水平文化艺术人才,是新时代广大高校承担的使命,也是众多考生实现梦想的途径。对于广大考生来说,经过教育部和省级考试机构多年努力,现已建成的艺术专业省级统考覆盖了大多数艺术专业,

绝大部分考生可直接凭省统考成绩录取。这种方式为考生及其家庭带来便利，免去"赶考"与"陪考"的奔波劳顿。而且，以省统考成绩为录取依据，推动艺术专业平行志愿的实行，可最大限度减少线上考生掉档，维护考生权益和考试公平。

对于相关高校来说，控制校考规模、提升考试效率、严格招生管理，是推动高校招生体系科学化规范化建设的必要举措，既维护了高校招生的公平公正、科学高效，也能加快提升高校招生的现代化水平。同时，艺考作为社会高度关注的民生问题，面对各方期待，需要确保各环节公平公正，切实保障每一位考生的权益。对于广大高校来说，提高考务组织能力、确保相关环节安全、严谨、公正，就显得尤为迫切和重要，这也是守护考试公平及社会公平的重要底线。

确保艺考公平公正，一方面要通过加强考生身份审核，严格规范测试程序、鼓励"考评分离"、强化监督管理等方式严格考试过程管理，做到层层确认，环环把关；另一方面，对于一些农村和贫困地区等不具备网络和智能终端的考生，高校需要积极采取多项措施进行兜底保障，让广大考生站在同一起跑线上，做到"一个也不能少""一个也不能落"。更重要的是，要通过提高作弊成本，有效遏制少数考生的作弊动机和行为，严格防范和处理内部人员违反招生规定行为和营私舞弊行为，让作弊和违规"不敢为""不能为"，营造风清气正的考试环境和招生秩序。

艺术类招生考试担负着选拔艺术人才、哺育艺术幼苗的重任。期待战疫期间的艺考能够交出一份令考生和社会满意的答卷，也期待日益完善、规范的艺术类专业招生，在公平公正的基础上选拔和培育出更多优秀艺术人才，夯实我国文艺事业繁荣发展的人才之基。

（2020年03月18日）

在"火线"上淬炼党性

吴新星

"火线"提拔、"火线"入党,对党员干部个人而言,是一种崇高的荣誉,也是一种巨大的鼓舞

"火线"提拔、"火线"入党,形成了崇尚英雄、崇尚实干、崇尚奉献的激励导向

武汉拟"火线"提拔10名战疫干部,广州在疫情防控第一线发展党员70名,河南坚守抗疫一线的583名白衣战士"火线"入党……新冠肺炎疫情发生以来,医护人员、基层干部、公安民警、社区工作者中涌现出一大批先进分子,他们在战疫最前线经受考验、砥砺担当,面向鲜红党旗浴火淬炼、砥砺初心,展现着新时代共产党员的本色。

千锤百炼的钢最硬,风吹雨打的松最挺。这次新冠肺炎疫情,传播速度快,感染范围广,防控难度大。越是严峻的斗争,越能考验党员的政治素质、党性原则、初心使命。各级党组织和广大党员、干部以守护人民群众生命为职责,以冲锋在前、英勇奋战为使命,充分发挥了战斗堡垒作用和先锋模范作用。在疫情防控最紧张的时刻,许多党员医护人员、党员基层工作者冒着常人无法承受的巨大风险和困难,扛起最危险、最艰巨的任务,经受住了"火线"检验,尽显人民情怀和英雄本色。

关键时刻冲得上去、危难关头豁得出来,才是真正的共产党人。习

近平总书记明确指示："对在斗争一线表现突出的入党积极分子，可火线发展入党。"中共中央印发《关于加强党的领导、为打赢疫情防控阻击战提供坚强政治保证的通知》，提出在疫情防控第一线考察、识别、评价、使用干部的重要要求。开展"火线"提拔干部、"火线"吸纳党员工作，意义深远，影响重大。这是充实干部队伍和党员队伍、发挥党员先锋模范作用的必然要求，也能凝聚起先锋示范、共克时艰的磅礴力量，为打赢疫情防控阻击战提供了坚强组织保证。

"火线"提拔、"火线"入党，对党员干部个人而言，是一种崇高的荣誉，也是一种巨大的鼓舞。在抗击疫情过程中，不管是于危难时抢救生命还是于细微处保障民生，不管是冒着风险靠前指挥调度还是辛劳工作日夜执勤站岗，一个个抗疫战士，平日里便是岗位上的先锋，在"火线"经受灵魂的洗礼和非凡的考验，更见真心和信念，更显忠诚与担当，经过党支部研究同意、上级党组织批准，在严格把关之下，光荣地加入了党组织，也为抗疫一线党组织注入新的战斗力量。

一个党员就是一面旗帜。"火线"提拔、"火线"入党，形成了崇尚英雄、崇尚实干、崇尚奉献的激励导向，鼓舞更多信念坚定、为民服务、敢于担当、勇于冲锋的党员干部涌现出来，在疫情防控一线形成了守初心、担使命的战斗热潮。当前，在统筹推进疫情防控和经济社会发展工作中，广大党员、干部需要像那些优秀共产党员一样，增强必胜之心，坚决防控疫情；增强责任之心，积极担当作为；增强仁爱之心，纾解群众忧难；增强谨慎之心，防范风险挑战。9000万党员用行动展现初心使命、政治本色，凝聚14亿人民的意志和力量，任何困难都难不住中国。

打赢疫情防控阻击战，是一场大战，更是一场大考。哪里有困难，哪里就有党旗飘扬；哪里最危险，哪里就有党徽闪耀。广大党员干部牢记人民利益高于一切，把投身防控疫情第一线作为践行初心使命、体现责任担当的试金石和磨刀石，一定能在经受"火线"考验中增强党性、提升本领，努力创造经得起历史和人民检验的光荣业绩。

（2020年03月17日）

在春天植下绿色希望

李 斌

春暖花开，万物复苏。福建年度植树造林任务完成过半，河北雄安新区"千年秀林"计划再发力，宁夏已完成近七成造林作业设计及审批……刚刚过去的植树节前后，在防控好疫情的基础上，全国国土绿化行动渐次展开，在春天里培植下新的绿色希望。

"草木植成，国之富也。"今年是新中国植树节设立的第四十二个年头。过去40多年来，我国造出了全世界面积最大的人工林，成为全球森林资源增长最多的国家。这一历史性、世界性的成就，同广泛开展国土绿化行动、动员全社会参与义务植树密不可分。与森林资源增长同样宝贵的，是生态文明意识与观念的深入人心，是"一任接着一任干"实干哲学的不断传承，是"绿水青山就是金山银山"理念的践行。

发展林业是全面建成小康社会的重要内容，是生态文明建设的重要举措。"众人拾柴火焰高，众人植树树成林。"义务植树不仅是全民参与生态文明建设的一项重要活动，而且是一项法定义务。同时应该看到，一方面，人们改善生态的愿望、爱绿植绿护绿的自觉性越来越强，城乡居民居家植绿、种养花草已成习惯，植纪念树、造纪念林成为风尚；另一方面，各地城镇周边、交通便利的地方已基本完成绿化，可用于义务植树的地块越来越少，宜林地大多处于远离城镇、交通不便的区域，人们参加义务植树越来越难。如何创新义务植树方式，成为新的课题。

近年来，造林绿化、抚育管护、自然保护、认种认养、设施修建、捐资捐物、志愿服务……不断创新的方式，正在让全民义务植树工作向更深层次、更广领域、更大范围发展。特别是，伴随着互联网应用的推广普及，"网络植树"已经成为可能，不仅增进了义务植树的群众性和广泛性，而且激发了义务植树的成就感和荣誉感。许多地方通过全民义务植树网，向当年完成植树义务的人颁发尽责电子证书，这不仅是激励人们参与义务植树的一种手段，也是新形势下义务植树工作的一项创新。

让一个节日最大化实现其设立初衷，除了发布节日主题，也需要涵养节日文化和节日习俗。就植树节而言，除了植一棵树、留一片绿，致敬植树先锋、治荒典型、治沙楷模也可以固定为节日习俗。我们没有办法像生态守护者一样天天"长"在林地沙地里，把植树的使命看得比生命更重，但完全可以成为生态守护者的守护者，褒扬和传承他们的精神，支持和扶助他们的事业。十年树木，百年树人，种树的道理也是育人的道理。开展有意义、有意思的森林实践课、生态教育课，在孩子们心中种下一棵绿色树苗，这也是植树节的题中之义。

"纤纤不绝林薄成，涓涓不止江河生。"只有日积月累植树造林的潜功，才能造就青山叠翠、江山如画的显功。当前，我国生态欠账依然很大，缺林少绿、生态脆弱仍是一个需要下大气力解决的问题。全国动员、全民动手、全社会共同参与，用足植树造林、增绿护绿的功夫，我们就一定能不断创造更可持续的发展条件和更加宜居的生活环境，建设好天更蓝、山更绿、水更清的美丽中国。

（2020年03月16日）

暖心措施为战疫一线工作人员加油鼓劲

邹 翔

> 实实在在的精神关怀、物质补助、心理抚慰,既是对疫情防控一线人员付出心血和汗水的充分肯定,也是对忠于职守、乐于奉献、实干担当等先进品质的有力褒扬

近日,中央应对新冠肺炎疫情工作领导小组印发《关于全面落实疫情防控一线城乡社区工作者关心关爱措施的通知》,指导各地各部门对坚守岗位、英勇奋战的城乡社区工作者进行关爱、补助、保障和慰问,激励广大社区工作者不畏艰险、勇往直前。

疫情发生以来,近400万名城乡社区工作者奋战在65万个城乡社区的疫情防控一线,平均6个社区工作者守护着一个社区,每名社区工作者面对350名群众,足见社区防控任务之繁重、工作之辛苦。摸排人员往来情况,上门进行健康监测,做好公共场所清洁消毒,宣传防疫知识,保障居家隔离群众基本生活需求……方方面面内容,无不需要社区工作者把责任践行到每一个环节、每一个家庭。广大城乡社区工作者坚守岗位、日夜值守,在各个社区筑起了疫情联防联控、群防群控的关键防线,为遏制疫情扩散蔓延作出了重要贡献。

疫情当前,奋战在一线的医务工作者、解放军指战员、社区工作者、公安干警、基层干部、下沉干部、志愿者和居民群众,都配得上人们最

诚挚的敬意。实实在在的精神关怀、物质补助、心理抚慰，既是对疫情防控一线人员付出心血和汗水的充分肯定，也是对忠于职守、乐于奉献、实干担当等先进品质的有力褒扬。让英勇者享其荣，让实干者得实惠，让奋斗者有奔头，可以释放出奖优评先、激励担当的强烈信号，推动疫情防控各项工作形成争做先锋、爱岗敬业、崇尚实干的浓厚氛围。

贴心暖意看得见、关怀保障实打实，这是党中央关心关爱基层干部、医护人员、城乡社区工作者等疫情防控一线人员的鲜明态度和重要要求。此次《通知》明确要求改善一线城乡社区工作者的防护条件，并切实保障他们的身心健康。轮休、补休等方式不仅是对社区工作者们的关爱，其实本身就是疫情防控的一种科学举措。从适当发放工作补助到加强关爱慰问，再到对成绩突出者大胆使用，《通知》从物质奖励、福利待遇和精神褒扬等方面多措并举，为各地落实关心关爱要求指明了方向。

全面落实关心关爱措施，需要注意基层导向和效果导向，务必合情合理、对接实际。疫情防控成效系于精准，关心关爱政策同样需要精准聚焦，真正落实到社区（村）"两委"成员、社区（村）专职工作人员等一线城乡社区工作者上。无论关爱慰问还是表彰褒扬，都要根据贡献的大小而不能论资排辈，向在一线冲锋陷阵的工作人员倾斜，避免出现张冠李戴、走形变样。同时应注意到，除了专职工作人员外，广大社区（村）志愿者也在疫情防控一线做了大量工作，对他们的关心关怀同样是落实《通知》要求的应有之义。

医护人员冲锋陷阵、救死扶伤，基层民警日夜值守、护佑万家灯火，社区工作者任劳任怨、保一方平安……在疫情防控这场战斗中，各条战线各个职业都为疫情防控作出了积极贡献。给予他们物质上支持、精神上鼓励、身心上照顾，将各项关怀关爱、服务保障工作落到实处，一定能凝聚起打赢这场疫情防控人民战争、总体战、阻击战的磅礴力量。

（2020年03月16日）

为建设美丽中国提供制度保障

刘 毅

> 生态文明体制机制改革不断向纵深挺进，关键在于坚持问题导向，针对突出问题对症部署改革举措，开出治本良方

小智治事，大智治制。中办、国办近日印发《关于构建现代环境治理体系的指导意见》，对"构建党委领导、政府主导、企业主体、社会组织和公众共同参与的现代环境治理体系"作出全面部署。这一重要文件，为加快推动环境治理体系和治理能力现代化，为推动生态环境根本好转，明确了任务目标，指明了落实路径。

生态环境是关系党的使命宗旨的重大政治问题，也是关系民生的重大社会问题。党的十八大以来，我国生态文明建设进入了快车道，生态环境保护发生历史性、转折性、全局性变化，一个重要经验，就是建立生态文明体制。从国土开发保护制度、空间规划体系，到自然资源资产产权制度、资源有偿使用和生态补偿制度，再到环境治理体系、绩效考核和责任追究制度，搭建起生态文明体制的"四梁八柱"。此次《意见》着眼加快推进生态文明顶层设计，提出到2025年形成导向清晰、决策科学、执行有力、激励有效、多元参与、良性互动的环境治理体系，成为指引环境治理领域改革的纲领性文件。

环境治理是系统工程，既需要综合运用行政、市场、法治、科技

等多种手段,也需要明晰政府、企业、公众等各类主体权责,形成全社会共同推进环境治理的良好格局。《意见》将"多方共治""多元参与"放在突出位置,有助于充分调动方方面面保护生态环境的积极性、主动性。明确责任、各负其责、协同治理,才能握指成拳、形成合力。就健全领导责任体系,《意见》明晰了中央、省和市县的责任,要求制定实施中央和国家机关有关部门生态环境保护责任清单,深化生态环境保护督察。针对健全环境治理企业责任体系,《意见》在依法实行排污许可管理制度、推进生产服务绿色化、提高治污能力和水平、公开环境治理信息等方面,作出具体规定。打出这些实招硬招,将进一步压实治理责任。

习近平总书记指出:"改革是由问题倒逼而产生,又在不断解决问题中而深化"。生态文明体制机制改革不断向纵深挺进,关键在于坚持问题导向,针对突出问题对症部署改革举措,开出治本良方。《意见》要求,全面完成省以下生态环境机构监测监察执法垂直管理制度改革。动体制、动机构、动人员的垂直管理制度改革全面完成,将实现对地方生态环境保护管理体制的根本性变革,确保生态环境机构监测监察执法的权威性、有效性。完善公众监督和举报反馈机制,防止恶意低价中标,建立排污企业黑名单制度,设立国家绿色发展基金……一系列针对较薄弱环节提出的切实可行举措,有望补上环境治理体系的短板。

推进环境治理体系和治理能力现代化,既要抓改革,也要抓落实。一方面,须加快制度创新、增加制度供给,解决体制机制不健全、法律法规不严密等问题;另一方面,须强化制度执行、确保制度落地,让制度成为不可触碰的"带电高压线"。地方各级党委、政府和有关部门必须结合本地区发展实际,进一步细化落实构建现代环境治理体系的目标任务和政策措施,确保重点任务及时落地见效。

中国的生态环境保护,是伴随改革开放的步伐掀开历史篇章的。经过不懈努力,我国生态环境质量持续改善。同时也要看到,我国环境容量有限,生态系统脆弱,污染重、损失大、风险高的生态环境状况还没有根本扭转,生态环境仍然是全面建成小康社会的突出短板。加快推动生态环境治理体系和治理能力现代化，持续改善生态环境质量，提供更多优质生态产品，才能不断满足人民日益增长的优美生态环境需要，不断开创美丽中国建设新局面。

（2020年03月13日）

脱贫攻坚，咬定目标加把劲

顾仲阳

今年脱贫攻坚原本就有不少硬仗要打，眼下遭遇疫情挑战，更需要咬定目标加把劲，统筹兼顾抓落实。思想上不能盲目乐观，行动上不能放松懈怠

这些天，脱贫攻坚战场不断传来振奋人心的消息：截至今年3月5日，中西部22个省区市中，已有10地贫困县全部脱贫摘帽；国家发展改革委透露，"十三五"规划的易地扶贫搬迁建设任务已基本完成，共有900多万贫困人口告别恶劣生存环境、乔迁新居。

好消息鼓舞士气，更加坚定了我们决胜全面小康、决战脱贫攻坚的信心和决心。眼下，打赢脱贫攻坚战只剩下不到10个月时间。时不我待，迫切需要统筹抓好疫情防控和脱贫攻坚，扎实推进脱贫攻坚各项重点工作。一些深度贫困县，易地扶贫搬迁建设任务刚刚完成，下一步需要加紧做好培训就业等大量后续工作。贫困县摘帽后，也需要建立监测和帮扶机制防止返贫和新发生贫困，更好巩固脱贫成果。把短板补得再扎实一些，把基础打得再牢靠一些，才能高质量打赢脱贫攻坚战，让全面小康社会成色更足。

"万众一心加油干，越是艰险越向前。"这是扶贫开发工作应有的精气神。同时，一些盲目乐观、松劲懈怠的思想需要警惕。比如，认为过

去几年每年减贫超千万人，今年完成剩余的500多万人脱贫任务，易如反掌。又如，认为既然完成脱贫任务没问题，疫情当前刚好歇一歇、缓一缓、等一等。对于这些认识上的偏差，我们必须保持清醒，脱贫攻坚收官战绝非轻轻松松冲一冲就能打赢的。剩下未脱贫的贫困县、贫困人口虽然数量不多，但都是贫中之贫、困中之困，是最难啃的硬骨头。攻克最后的贫困堡垒，需要采取非常之计，拿出非常之举，使出非常之力，尽最大努力求取全胜。

整体看，疫情对脱贫攻坚的负面影响是暂时的、局部的、可控的。但在局部地区，对尚未脱贫户等特定群体，这种负面影响还是不小的。比如，不少贫困群众未能像往年那样过完春节就及时外出务工，短时间收入减少；为了配合防控，不少发展乡村旅游、从事个体工商、开展电商创业的贫困户增收步伐受阻；有些家庭还要背负住房、教育、医疗等较大支出压力。如果不能有针对性地进行全盘谋划、精准施策，千方百计拓宽农民致富增收渠道，即便已经脱贫的农民群众也存在很大的返贫可能。这提醒各地各部门，必须坚持底线思维，充分认识当前脱贫攻坚工作的严峻性和复杂性，准确判断形势变化，把服务保障工作做在前头。

在做好防控的同时，努力克服疫情对脱贫攻坚的负面影响，是当务之急。必须贯彻好党中央决策部署，坚持"利民为本"，联系本地实际解决好现实问题。贫困地区富余劳动力在家"闲得慌"，但沿海地区不少工厂复工遭遇"用工荒"；一些贫困户"卖菜难"，而很多在家隔离的城市居民却"买菜难"……类似这样的问题，有赖更好发挥东西部扶贫协作、电商扶贫、消费扶贫等机制，缓解供需矛盾。对受疫情影响比较重的未脱贫户，尤其要加大精准帮扶力度。一手抓疫情防控，一手抓脱贫攻坚，"两手硬"才能"两手赢"。

行百里者半九十。今年脱贫攻坚原本就有不少硬仗要打，眼下遭遇疫情挑战，更需要咬定目标加把劲，统筹兼顾抓落实。思想上不能盲目乐观，行动上不能放松懈怠。只有采取更加精准有力的举措，激发更加沉稳务实的担当，我们才能如期全面打赢脱贫攻坚战。

（2020年03月12日）

党员捐款凝聚抗疫力量

孟祥夫

连日来，响应以习近平同志为核心的党中央号召，全国广大共产党员为支持新冠肺炎疫情防控工作踊跃捐款。截至3月4日，全国已有4128万多名党员自愿捐款，共捐款47.3亿元。一场爱心"接力跑"，让无数善心和爱意汇聚成汩汩暖流，在神州大地奔涌流淌。

越是在最危难的时候，越是需要真情和互助，越是需要榜样和引领。从1998年抗洪抢险，到2003年抗击非典，从2008年抗震救灾，到此次防控新冠肺炎疫情，每一次灾情发生后，每一次群众危难时，广大党员或是捐款捐物，或是交纳特殊党费，同群众一道凝聚起共克时艰的信心和力量。小到几十上百元，大到数千上万元，都是广大党员对抗击疫情的无私支持，是对有困难的群众雪中送炭。"沧海横流，方显英雄本色。"从闻令而动、冲锋在前，到守土有责、守土担责、守土尽责，再到自发踊跃捐款捐物，关键时刻共产党员豁得出来、冲得上去，发扬优良作风，坚守初心，用朴实的行动诠释了对党和人民的忠诚。

目前，捐款活动仍在进行中，越来越多党员参与进来，彰显出我们党强大的动员力、感召力、凝聚力。捐款活动既是个人的自愿，更是出于党性的自觉。安徽萧县石林乡崔阁村93岁的老党员杨正伦将平日积攒的钱交到党支部书记手中；云南宣威市盘龙村有着71年党龄的何积仁和68年党龄的余祥祯，夫妇二人捐款14万元。不少老党员也纷纷伸出援助之手，历经沧桑而初心不改，饱经风霜而本色依旧，展现出共产党人的崇高境界和高尚情怀。从党的自身建设看，大灾大难之时的特殊捐款，犹如一次特别的组织生活，让广大党员从自愿捐款的义举中净化心灵、升华思想，初心使命因此得到磨砺，政治觉悟因此得到增强。

"荣誉不是挂在墙上看的，而是激励和鞭策，疫情当前，我要贡献自己的力量。"这是一名党员的朴实表达。不久前刚在郑州做完手术的河南远大锅炉有限公司党支部书记赵国强，专程赶回家乡西华县，向县红十字会捐款10万元；湖南桂东县人民医院内一科护士长李春来将获得的全县"首届劳动模范和先进个人"奖金全部捐了出去，"让这笔钱发挥最大的作用"……最是善意暖人心。在疫情防控关键时刻的党员捐款活动，生动显示出党与人民群众心连心、同呼吸、共命运的血脉情深。用爱心唤醒爱心，用善意传递善意，让乐善好施、扶贫帮困、互帮互助的中华民族美德，得到了新的传承和弘扬。

涓涓细流，汇成大海；点点星光，照亮银河。全党同志自发捐款所折射的精神境界，所释放的强大正能量，不仅深远地影响广大党员，也将不断辐射社会各界和人民群众。14亿中国人民是一个休戚与共的命运共同体，只要党群同心、共克时艰、团结奋斗，一定能打赢疫情防控这场硬仗。

（2020年03月11日）

战"疫"中擦亮"迷彩底色"

倪光辉

> 和平年代远离战火和硝烟,为党分忧、为国尽责、为民奉献就是最好的历练

抗击疫情,是一场没有硝烟的战斗。细心的人发现,在3月2日国务院联防联控机制举办的新闻发布会上,受邀请的军队有关负责人均着迷彩服出席,这在以往的发布会中并不常见。特殊时期的这个细节,彰显出人民军队不惧风险的战斗精神和全力打赢的战斗姿态。

当祖国和人民需要的时候,人民子弟兵总是奔向最危险的地方。疫情发生后,人民军队坚决贯彻党中央、中央军委和习近平主席的决策部署,始终牢记全心全意为人民服务的根本宗旨,迅速启动联防联控工作机制,全力以赴支援疫情防控。从加强领导指挥、军地协同到集中力量火速驰援武汉,从全力以赴科学救治患者到调运物资做好综合保障,从组织应急科研攻关到积极开展国际合作,面对新中国成立以来在我国发生的传播速度最快、感染范围最广、防控难度最大的重大突发公共卫生事件,人民军队再次展现了闻令而动、敢打硬仗的过硬作风,展现了国家生力军、人民守护神的使命担当,展现了与人民同呼吸、共命运、心连心的鱼水深情。

这是一组充满力量的数字:从农历除夕开始,军队先后抽调450名和950名医护人员统一编组,承担武汉火神山医院医疗救治任务;2月

人民时评

13日，军队增派2600名医护人员支援武汉抗击疫情；全军63所定点收治医院开设收治床位近3000张，1万余名医护人员投入一线救治。就像一位军医所说的，"共产党员要率先上，革命军人更要冲在前"，全军官兵闻令而动、听令而行，军队医护人员勇挑重担、不惧挑战，退役军人"若有战，召必回"，广大民兵"散则为民、聚则为兵"，这场疫情防控阻击战处处都能看到军人冲锋的身影。与时间赛跑，和病魔较量，人民子弟兵为战"疫"烙印下敢打硬仗、敢于胜利的迷彩底色。

这场大战大考成为人民军队检验战斗力、精气神、初心使命的试金石。为缓解因疫情给武汉市带来的货运压力，报中央军委批准，根据中部战区命令，湖北省军区立即协调空降兵军某部、中部战区空军某基地、空军航空兵某师、空军预警学院、中部战区陆军某舟桥旅、陆军勤务学院训练基地等驻军部队和军事院校，紧急抽调130辆军用卡车、260余名官兵，组成驻鄂部队抗击疫情运力支援队，力保武汉市生活、医疗物资配送。用非常短的时间，集结不同兵种部队运力，全力保障人民生活，充分彰显出人民军队听党指挥、能打胜仗、作风优良的品质，映照着人民利益高于一切的初心。

"宜将剑戟多砥砺，不教神州起烽烟。"积极投身支援地方抗击疫情，不但能全面检验部队的应急应战能力，而且可以锤炼摔打部队，对军队备战打仗本身也是一次实践锻炼和实战促进。空军成体系、大规模出动现役大中型运输机执行紧急空运任务，检验了中国空军快速机动能力和远程投送能力。军事医学研究院集中力量展开应急科研攻关，取得了阶段性成果，见证维护人民生命安全、维护国家战略安全的政治自觉。和平年代远离战火和硝烟，为党分忧、为国尽责、为民奉献就是最好的历练。

身着戎装不负使命，向着信仰砥砺前行，来自军队的"最美逆行者"，被老百姓亲切地称为"可以托付生命的人"。"军民团结如一人，试看天下谁能敌。"全军部队发扬服务人民的优良传统，积极发挥先锋队、突击队作用，打好疫情防控阻击的军政协同仗、军民团结仗，就一定能完成好党和人民赋予军队的疫情防控任务，书写新的胜利篇章。

（2020年03月10日）

确保安全生产责任"不悬空"

丁怡婷

安全没有小事，责任重于泰山。当前安全生产处于爬坡过坎期，越是推动经济发展、企业做强，越要绷紧安全生产这根弦、摆正安全和发展的位置

前不久，中办、国办印发《关于全面加强危险化学品安全生产工作的意见》，从安全风险管控、全链条安全管理、企业主体责任落实、基础支撑保障、安全监管能力等方面作出部署，着力解决危险化学品安全生产基础性、源头性、瓶颈性问题。《意见》全面系统、坚决有力，为加快实现危险化学品安全生产治理体系和治理能力现代化提供了遵循。

党的十八大以来，我国安全生产工作取得积极进展，事故总量、较大事故起数、重特大事故起数实现"三个持续下降"。与此同时，各类事故隐患和安全风险交织叠加，影响公共安全的因素依然存在。以化工行业为例，我国是世界化工第一大国，但中小化工企业占比80%以上，行业整体安全条件差、管理水平低，重特大事故时有发生，安全与发展不平衡不充分的矛盾问题十分突出。《意见》的出台，正是要完善和落实危险化学品安全生产责任和管理制度，加强源头治理、综合治理、精准治理，为经济社会发展营造安全稳定环境。

责任制是安全生产的关键抓手。去年发生的江苏响水天嘉宜化工有限

公司"3·21"特别重大爆炸事故，就暴露出有关地方和部门落实安全生产职责不到位、管业务与管安全脱节、对非法违法行为打击不力和企业主体责任不落实、违法违规等突出问题，教训极其深刻。抓而不实等于白抓，落实安全生产责任容不得一丝半点的侥幸和懈怠。鉴于危险化学品生产、贮存、使用、经营、运输、废弃处置等流程极其复杂，此次《意见》提出应急管理部门和生态环境部门以及其他有关部门建立监管协作和联合执法工作机制，密切协调配合。这一制度设计有利于发挥好应急管理部门的综合优势和各相关部门的专业优势，确保了责任链条无缝对接，形成整体合力。

责任不悬空，有赖于强化法治措施。一些企业无视法律法规、不顾安全生产责任，与安全监管执法处罚宽松软有很大关系。一些行业的某些环节也存在安全监管盲区，容易导致监管缺位、无法可依。《意见》明确提出，积极研究修改刑法相关条款，推进制定危险化学品安全和危险货物运输相关法律，修改安全生产法、安全生产许可证条例等。加大执法司法力度，严格责任追究，让法律红线更明晰、法治之剑更锋利，才能有效防范事故风险。

责任不悬空，也离不开专业力量的提升。拿化工行业来说，全国危险化学品生产企业实际控制人和主要负责人中有化工背景的只有30%左右，安全管理人员中有化工背景的不到50%。缺乏相应的专业背景，日常管理和检查停留在听听汇报、走走过场，如何找准薄弱环节和风险隐患，把问题解决在萌芽之时、成灾之前？发现问题，解决问题，需要切实提升管理水平。无论是化工企业还是相关部门，对安全生产规律特点、重点环节安全管控、危险化学品事故专业救援等内容，一定要心中有数、手中有术，确保责任落实到位。

安全没有小事，责任重于泰山。当前安全生产处于爬坡过坎期，越是推动经济发展、企业做强，越要绷紧安全生产这根弦、摆正安全和发展的位置。充分发挥制度优势，将责任抓得更细更实更精准，确保思想认识上坚定到位、制度保证上严密周全、技术支撑上科学先进、监督检查上严格细致，我们才能够守牢安全生产这条红线。

（2020年03月09日）

把"三农"领域短板补得更实

常 钦

今年是全面建成小康社会目标实现之年、全面打赢脱贫攻坚战收官之年。脱贫攻坚质量怎样、全面小康成色如何,很大程度上要看"三农"工作成效。

"越是面对风险挑战,越要稳住农业,越要确保粮食和重要副食品安全。"习近平总书记不久前对全国春季农业生产工作作出重要指示强调,各级党委要把"三农"工作摆到重中之重的位置,统筹抓好决胜全面建成小康社会、决战脱贫攻坚的重点任务,把农业基础打得更牢,把"三农"领域短板补得更实。这一重要指示,为确保农业生产不误农时、平稳发展,实现今年经济社会发展目标任务提供了重要遵循。

应该看到,疫情不可避免会对经济社会造成较大冲击,一些地方农业生产遭遇农资到村到店难、雇工难等问题。准确研判、科学对冲疫情影响,是做好今年"三农"工作的前提。综合看,疫情的冲击是短期的、总体上是可控的,我国农业生产、农产品供应、农村产业发展、农民增收的基本格局和总体势头不会发生改变。只要下好先手棋,因时而变、随事而制、多措并举、不违农时,就可以最大程度减少疫情带给农业生产的负面影响。做好"三农"工作就是稳住基本盘,发挥"三农"压舱石作用就可以稳住经济社会发展大局,为决胜全面小康、决战脱贫攻坚奠定坚实基础。

农谚里讲："人误地一时，地误人一年。"农时不等人，在严格落实分区分级差异化疫情防控措施的同时，全力组织春耕生产，是"三农"工作当务之急。从节气上看，惊蛰刚过，冬小麦陆续返青起身，菜园果园茶园也要及时管理，春季农业生产进入关键期。引导农民群众分时下地、分散劳动，农资公司无接触配送肥料、种子、农药，农技人员线上指导春播春耕，电商网站开辟"爱心助农"农产品销售专区……农业发展和疫情防控并不冲突，统筹兼顾采取有针对性的措施，一手抓疫情防控，一手抓农业生产，就能以"两手硬"实现"两不误"。

做好今年"三农"工作，必须把农业基础打得更牢。尽管我国粮食总产量连续5年超过1.3万亿斤，但农业基础依然薄弱，存在农产品供求结构不平衡、要素配置不合理等问题，需要进一步增强农业生产能力和抵御风险能力。一方面，坚持藏粮于地，稳住耕地数量、提升耕地质量，提升农田抗灾能力，确保任何时候都能产得出、供得上；另一方面，坚持藏粮于技，提升农业科技创新水平，突破农业关键核心技术，加快应用高产高效绿色技术，增强粮食生产能力和防灾减灾能力。

全面建成小康社会，最突出的短板在"三农"。今年中央一号文件对标全面建成小康社会目标任务，提出加快补上农村基础设施和公共服务短板的8项举措，涉及公共基础设施建设、供水保障、人居环境整治、教育医疗文化等方面。思路已经清晰，方法已经明确，只有严格执行、付诸实功，实实在在解决农民群众生活之困、生产之忧，才能打牢基础、补齐短板。必须把功夫下在前面，把风险降到最低。

农村稳则天下安，农业兴则基础牢。在做好疫情防控的同时，抢农时、打基础、补短板，有序做好"三农"各项重点任务，我们一定能够确保粮食安全、促进农民持续增收，为实现今年经济社会发展目标任务打好基础。

（2020年03月06日）

防疫战也是科技战

王君平

病毒基因测序，验明新冠病毒的"正身"；检测试剂盒的推出，病症不再难以识别发现；分离病毒毒株，为疫苗研发奠定基础……打赢新冠肺炎疫情防控的人民战争、总体战、阻击战，科技是重要支撑，科研工作者是重要力量。近日，习近平总书记在北京考察新冠肺炎防控科研攻关工作时强调，"人类同疾病较量最有力的武器就是科学技术，人类战胜大灾大疫离不开科学发展和技术创新。"

与时间赛跑，同病毒较量。经过艰苦努力，疫情防控形势积极向好的态势正在拓展，与科学防治、精准施策密不可分，与广大科技工作者特别是医学工作者的迎难而上、无私奉献密不可分。习近平总书记强调，要"加快科技研发攻关"，要"把新冠肺炎防控科研攻关作为一项重大而紧迫任务"。当前，疫情防控正处在最吃劲的关键阶段，进一步用好科技这把抗疫利器，我们才能掌握与病毒较量的主动权。

新冠病毒是一种怎样的病毒，从哪里来，如何传播？作为一种新发传染病，我们对新冠肺炎的认识还比较初步。传染源、传播致病机理等理论研究能否取得重大突破，能否筛选出针对新冠肺炎预防或治疗的有效药物，是全社会乃至全世界关注的焦点。必须调动科研院所、高校、企业等的积极性，进一步加大药品和疫苗研发力度，在确保安全性和有效性的基础上推广有效的临床应用经验，力争早日取得突破。病例分析研究和防控策略完善也需要进一步强化，及时总结推广有效诊疗方案、管用防控指南，为防控策略的优化提供科技支撑。

时间不等人，防疫争分夺秒，效果导向应当摆在最优先的位置。办好科技领域内的大事，集中力量办大事的制度优势应当充分发挥作用，推动强强联合、协同攻关。与此同时，医学创新的环境也需要进一步优化。应当看到，技术创新绝非一日之功，在任何时候都需要尊重科研规律。药物研发是一个艰苦漫长的过程，短时间开发一款全新化合物药物是不现实的，安全性与疗效是急不来的。任何临床研究，都要在保证患者和一线医务人员生命安全的前提下开展。越是渴望取得科研成果，越需要加强对科研规范性、合理性方面的把关，注重严谨的科学设计和伦理规范。

"盖有非常之功，必待非常之人。"人是科技创新最关键的因素。战胜疫病，离不开科技支撑、人才保障。新冠肺炎疫情发生以来，科研战线组织精锐力量，聚焦主体任务，广泛动员全国高校、院所和企业参与，全国一盘棋全力推进科技攻关，努力推出切实有效管用的科研成果，体现出为国家分忧、为人民解难的家国情怀。下一步，我们还需要在全社会积极营造鼓励大胆创新、勇于创新、包容创新的良好氛围，既推崇成功也宽容失败，帮助科研人员减轻压力、放下包袱。相关部门必须抓好部门协同、研审联动、特事特办、合法合规、加强服务等各项工作，主动对接和协调解决科研一线的实际问题。

历史地看，在人类与疫病的斗争中，防疫战也是科技战。加快科技研发攻关，切实提高疫情防控的科学性和有效性，使先进科技成为诊疗疫病的制胜利器，使科学态度成为群防群控的力量源泉，我们抗疫之战必将获胜！

（2020 年 03 月 05 日）

坚定信心夺取双胜利

宋光茂

在新冠肺炎疫情防控形势依然严峻的当下，经济新热点却正在战"疫"中加速萌发，经济新动能也正在加快成长。疫情对经济的影响，如同罩上了一层"磨玻璃影"，如果看不透就会一叶障目，失去转型发展的良机。综合评估疫情影响，必须避免片面、超越切面，用全面、辩证、长远的眼光看待我国发展，把握住我国经济长期向好的基本面。

疫情过后的中国经济，科技之翼将更加有力。纵览战"疫"情况，先进科技、创新成果大显身手：大数据筛查密切接触者，AI 智能机器人在新建的医院里穿梭送药，无人机在各地疫情防控中发挥重要作用，5G 视频远程会诊、远程办公等成为新选择……可以想见，这些科技创新成果，必将在疫情过后的经济生活中找到更多应用场景，为经济高质量发展增加新动力。

疫情过后的中国经济，会受到补偿性需求强力带动。疫情压制了部分消费需求，这其中不少是"迟到"了但不会"缺席"。人们追求美好生活的消费需求虽然暂时蛰伏了，但疫情消散之后，酒店还会去住、景区还会去游、衣服还是要买，吃穿住用行的基本消费需求都会重新释放。投资受疫情影响"延时"了，但也不会就此"错过"。疫情暴露出我国经济结构上一些急需补足的短板，这正是新的投资机会。外贸出口也会在疫情过后产生补偿性需求。世界市场离不开中国制造，许多外国企业生产链也依赖中国的原材料或半成品。外贸出口恢复正常后，对中国经济的拉动依然会强劲。2003年非典过后也是如此，当年进出口贸易迅速反弹，实现了全年37.1%的高增长。

疫情过后的中国经济，宏观调控政策会更好保驾护航。宏观政策重在逆周期调节，现在的政策基调已经明朗，积极的财政政策更加积极有为，稳健的货币政策更加灵活有效。已经出台的财政贴息、大规模降费、对中小微企业实行资金保障和税收优惠等政策，各地都在尽快落实，不少已经收到成效。随着政策效果进一步显现出来，逆周期调控政策将为战胜疫情和恢复生产提供有力支撑。

更重要的是，疫情过后，人们必将有更足的干劲。中华民族从来没有被压垮过，从多灾多难中历练出了不屈不挠、愈挫愈勇的民族性格，不断在磨难中成长、从磨难中奋起。经历疫情防控阻击战，必将激发中国人民众志成城、不畏艰险的信心和意志。企业家群体不仅为疫情防控捐款捐物慷慨解囊，也竭尽全力做好复工复产。信心决心方面的"动力增量"，是我们不能忽略的危中之机，是我们持续前行的动力之源。

中国已是GDP近百万亿元的庞大经济体，活力足、韧性强、回旋余地大，一次疫情可能让经济偶感风寒，但绝不会伤筋动骨。当然，疫情的短期冲击也不可小觑。疫情还没有结束，制造业还没有完全复工，服务业还没有完全复苏，物流业还没有完全复原，上下游产业链之间环环相扣的运转还没有整体重启。但也正因如此，我们更需要拥有看透"磨玻璃影"的眼力，洞察中长期经济走势的脑力，"变压力为动力、善于化危为机"，夺取疫情防控阻击战和实现今年经济社会发展目标的双胜利。

（2020年03月04日）

以"网格化"助力精准治理

彭 波

> 强化社区防控网格化管理,需要以信息技术为抓手、以精细化管理为目标,充分整合基层资源,实现社区疫情的精准防控

社区是疫情联防联控、群防群控的关键防线。中央政法委不久前印发《关于进一步发挥基层综治中心和网格员作用筑牢疫情防控第一道防线的通知》,对各级党委政法委和乡镇(街道)政法委员统筹协调有关基层力量,共同参与疫情防控提出明确要求。这对于推动防控力量向社区下沉、向网格延伸,在法治轨道上推进疫情防控,有着重要意义。

疫情发生以来,我国基层治理体系发挥了巨大作用。党员干部冲锋在前,网格员、社区工作者等积极投入疫情防控工作,通过网格化管理,将一个个社区和街道打造成为严密、安全的"抗疫堡垒",为维护人民群众生命安全和身体健康作出了突出贡献。作为基层治理的一个创新,早在2003年非典疫情防控时,网格化管理就曾发挥过重要作用。当前,随着信息化技术的发展,网格化管理日益成为一种新型城市治理模式。也正因此,习近平总书记强调要"强化社区防控网格化管理"。落实这一重要指示精神,需要以信息技术为抓手、以精细化管理为目标,充分整合基层资源,实现社区疫情的精准防控。

经过多年实践和探索,我国基层网格化管理已经积累起比较成熟的

经验。尤其是信息化、大数据、物联网的快速发展，早已让基层网格融入了社会治理的大格局。当前，一些地方全面启动网格化管理，把居委会、业委会、物业以及社区、民警等各方面力量组织起来，建立起立体的防控工作体系，实现地毯式排查，并做好监测、消毒、通风和卫生环境整治等各项日常防控工作。接下来，还要进一步统筹整合现有的基层力量，推动相关部门协调联动，共同做好收集信息、研判形势、解决诉求、化解风险等工作。

以网格化管理精准防控疫情，需要善用互联网、大数据等技术手段。在疫情防控中，许多地方运用技术手段，结合本地实际，推出了一系列举措，比如用无人机巡逻、用社区APP收集信息等，取得了很好的效果。未来，有必要进一步完善数字化管理模式，缓解基层人手不足的压力。比如，在收集核查信息时，能不能搭建线上便捷渠道，减少信息重复采集录入，及时响应群众需求？一些地方人手有限，能否引导社会组织积极参与，协助开展疫情防控工作？一些地方信息化程度相对不足，能否开发一些软件或小程序，方便网格员开展工作？等等。

推动防控力量向社区下沉、向网格延伸，不仅仅是防控人员的下沉，更是防控重心的下沉、防控资源的下沉。这需要基层干部找准中央要求与本地实际的结合点。现实中，一些地方存在网格员忙于应付各种表格和要求，真正的防控工作顾不过来的情况，还有个别地方出现过度管控，忽视法治要求的现象。对此，中央政法委的通知要求，及时推动纠正形式主义、官僚主义倾向，明确网格员的具体任务，疫情防控期间网格员原则上由所在社区调度，避免多头指挥。同时，要求引导社区运用法治方式和法治思维开展疫情防控相关工作，避免出现过度管控做法。把这些要求落实到位，才能让这些"好心好意，好费力气，好不容易"的基层干部和网格员真正把好事办好。

网格化管理是基层社会治理的创新。通过疫情防控检验和完善社区网格化管理机制，补短板、堵漏洞、强弱项，才能更好激发我们的治理效能，彰显制度优势，坚决打赢疫情防控阻击战。

（2020年03月04日）

精准稳妥推进复工复产

刘鑫焱

> 精准稳妥推进复工复产，需要相关政策措施因势而动，紧跟疫情防控的新进展、新形势，提高政策"契合度"，实现疫情防控和复工复产的良性互动

当前，全国疫情防控形势积极向好的态势正在拓展。2月26日召开的中央政治局常委会会议强调，要精准稳妥推进复工复产。落实这一要求，需要各级党委和政府精准施策，把各项工作做细做扎实。

精准稳妥推进复工复产，对各地是一个不小的挑战，现实中也存在一些问题和困难。比如，一些地方工人返工和工厂复工的手续复杂、责任不清、效率低下；一些企业面临工人短缺、材料短缺、部件短缺等问题；相邻地区政策要求不一，尤其是在流通环节，缺乏有效的协调统一机制，产业链各环节协同复工复产的难度较大……在确保疫情防控到位的前提下，如何精准稳妥推进复工复产？这就需要相关政策措施因势而动，紧跟疫情防控的新进展、新形势，提高政策"契合度"，实现疫情防控和复工复产的良性互动。

针对现实中存在的问题，2月26日召开的中央政治局常委会会议要求，要提高复工复产服务便利度，取消不合理审批。会议还要求，要总结经验，把一些好的政策和做法规范化、制度化。随着疫情形势出现积

极变化，我们需要及时总结前期的防控经验措施。有效、管用，符合当下防控形势的，要继续坚持和巩固；不符合当前形势、制约复工复产的，要及时纠正。党委和政府要从本地实际出发，及时、精准出台契合防控形势、适用有效的政策措施，释放积极信号，恢复社会信心和良性运转，为复工复产提供有力的政策支撑，营造良好的外部环境。

在有效防控疫情的前提下，各地需要充分利用现有资源，创造条件解决当下复工复产面临的问题。客观而言，疫情防控影响既有的经济社会运行秩序，而有效的新秩序还未成形，这就要求各地因势利导、创造性开展工作。比如，创新工作方式、方法，制定科学、有效的区域联动机制，降低企业因疫情防控而增加的成本和风险；运用互联网平台，建立小微企业和个体工商户服务专栏，使各项政策易于知晓、一站办理；落实分区分级精准复工复产要求，分业态、分行业有序推动企业复工复产，从而最大限度降低疫情对经济社会发展的影响。

对各地来说，把支持复工复产的各项工作做细做扎实，还需要从实际出发、从细处着手，务求实效。比如，山西太原日前利用第三方网络交易平台，开展了"复工放心餐免费配送"计划：动员符合条件的本市餐饮单位积极开展网上供餐业务，设立"复工惠民食堂"点餐专区，并免除配送费用，无接触安全配送，解决了复工复产人员的就餐问题。这一看似平常的举措，解决了不少企业的后顾之忧。领导干部应该深入企业、深入基层、深入一线，及时掌握并消除复工复产的障碍、困难，疏通执行政策措施的堵点、难点，填补政策措施的缺陷、不足，努力提高政策措施的质量和效果。

统筹做好疫情防控和经济社会发展，既是一次大战，也是一次大考。各级领导干部拿出责任担当之勇、科学防控之智、统筹兼顾之谋、组织实施之能，才能切实抓好工作落实，在大战中践行初心使命，在大考中交出合格答卷。

（2020年03月03日）

对创新能力的评价突出创新质量和实际贡献

赵婀娜

> 优化学术生态,真正打造有利于高等教育高质量、内涵式发展,满足新时代对教育改革发展要求的评价体系

作为一种文献索引系统,SCI 被国内外广泛使用,但其并非评价学术水平与创新贡献的直接依据,过度追求 SCI 论文相关指标,将造成学风浮夸浮躁、急功近利等问题。对此,教育部、科技部不久前印发《关于规范高等学校 SCI 论文相关指标使用树立正确评价导向的若干意见》,对破除论文"SCI 至上"提出明确要求。

破除论文"SCI 至上",已成为社会各界的普遍呼吁。一段时间以来,SCI 论文相关指标成为学术评价以及职称评定、绩效考核、人才评价、学科评估、资源配置、学校排名等方面的重要指标,使得一些高等学校科研工作出现了过度追求 SCI 论文相关指标,甚至以发表 SCI 论文数量、高影响因子论文、高被引论文为根本目标的现象。优化学术生态,真正打造有利于高等教育高质量、内涵式发展,满足新时代对教育改革发展要求的评价体系,是新时代教育改革发展、建设教育强国和科技强国的必然要求。

尽快扭转"论文挂帅""SCI 至上"等现象,需要从根本上解决评价指挥棒问题。此次印发的《意见》强调,要"准确理解 SCI 论文及相关指标,深刻认识论文'SCI 至上'的影响",要求"规范各类评价活动"。

《意见》指出，改进学科和学校评估，对创新能力的评价突出创新质量和实际贡献，审慎选用量化指标；优化职称（职务）评聘办法，不把SCI论文相关指标作为职称（职务）评聘的直接依据，以及作为人员聘用的前置条件。同时明确，扭转考核奖励功利化倾向，学校不宜对院系和个人下达SCI论文指标的数量要求，取消直接依据SCI论文相关指标对个人和院系的奖励；科学设置学位授予质量标准，学校不宜以发表SCI论文数量和影响因子等指标作为学生毕业和学位授予的限制性条件；等等。

破除论文"SCI至上"，不是否定SCI，更不是反对发表论文，而是为了树立正确的评价导向，加快构建科学、规范、高效、诚信的评价体系，营造潜心研究、追求卓越、风清气正的科研环境。树立正确政策导向，才能从根本上纠正科技创新中的价值追求扭曲、学风浮夸浮躁等现象。一方面，鼓励高校科研人员发表高水平、高质量、有创新价值、体现服务贡献的学术论文，在国际学术界发出中国声音；另一方面，在学术评价中，不简单以SCI论文相关指标来判断创新水平，通过定性与定量相结合的综合评价方式，让评价突出科学精神、创新质量、服务贡献，才是更为科学、理性的方向。

营造风清气正的科研环境，还需要进一步探索建立科学的评价体系。建立健全分类评价体系，针对不同类型的科研工作，提出各自评价的侧重点，明确论文在其中的不同权重；完善学术同行评价，引导评审专家不简单以SCI论文相关指标代替专业判断，负责任地提供专业评议意见，并倡导建立评审专家评价信誉制度；规范评价评审工作，大力减少评估评审事项，评价指标和办法要充分听取意见，实行代表作评价，并遵循同行评价原则等等。

高等学校承担着立德树人的根本任务，应该在引领社会风气，弘扬先进文化，培育创新氛围上率先行动。只有坚持科学评价导向，才能真正释放高校科研人员的创新活力，为教育发展和科技进步装上强大引擎，从而促进高校科技创新进一步面向世界科技前沿、面向经济主战场、面向国家重大需求，作出更大贡献。

（2020年03月02日）

用法治革除滥食野生动物陋习

杨学博

新冠肺炎疫情发生以来,关于滥食野生动物的突出问题及对公共卫生安全构成的重大隐患,引发社会各界广泛关注。2月24日,十三届全国人大常委会第十六次会议表决通过了关于全面禁止非法野生动物交易、革除滥食野生动物陋习、切实保障人民群众生命健康安全的决定,确立了全面禁止食用野生动物的制度,体现了落实党中央重大决策部署、顺应民心民意的责任担当。

习近平总书记在2月3日的中央政治局常委会会议上强调,食用野生动物风险很大,但"野味产业"依然规模庞大,对公共卫生安全构成了重大隐患。在疫情防控的关键时刻,全国人大常委会通过专门决定,十分必要,十分重要。

从源头控制风险,当务之急是以雷霆之势强化法律责任,全面禁止非法野生动物交易、全面禁止滥食野生动物,避免在疫情防控的关键阶段,因一时口腹之欲导致"次生风险"。决定明确提出,违反野生动物保护现行法律规定的行为,"在现行法律规定基础上加重处罚";对决定增加的违法行为,"参照适用现行法律有关规定处罚";同时,要求有关部门落实执法管理责任,严格查处违反本决定和有关法律法规的行为。决定的立法指向明确,"全面"与"从严"贯穿始终,体现了更严格的管理、更严厉的打击,给心存侥幸者、铤而走险者以当头棒喝。

管住滥吃的嘴，扩大法律调整范围是关键。决定将野生动物保护法规定的野生动物范围以外的、在野外环境自然生长繁殖的陆生野生动物也纳入规范，进一步扎紧了制度的篱笆。同时，决定也区分了非法滥食和合法食用的边界，明确了国务院畜牧兽医行政主管部门依法制定并公布畜禽遗传资源目录。基于这一规定，对于一些养殖利用时间长、技术成熟、人民群众已广泛接受的人工养殖动物，即可列入目录，属于家畜家禽。此举兼顾了公共卫生与经济发展，体现了实事求是、立足实际的立法精神，保证了执法层面的可操作性。

除了在法律层面规制非法交易和滥食等违法行为，决定还倡导社会各界在移风易俗上共同努力。前几天，一项名为"禁食野生动物，争做自律青年"的倡议活动在线上启动，引发社会关注。很多人都在思考：疫情之后，我们的生活方式应做出什么样的改变？应该推动形成这样的观念：在现代社会，滥食野味就是不文明、不健康、不道德的表现。从长远来看，应从文化传统和饮食习惯层面入手，引导公众摒弃食用野生动物的陋习，养成科学健康文明的生活方式。

"夫自古通天者，生之本"。在中国传统文化中，人的生命活动与自然界的变化是息息相关的。今天，越来越多的人已经形成共识：人和野生动物都是自然的一部分，与自然一起构成生命共同体；保护野生动物，就是保护人类；善待野生动物，就是善待我们自己。从内心深处敬畏自然、尊重生命，减少对野生动物的侵扰，实现人和自然的和谐共生、和平共处，这是我们面向未来的现实选择，也是生态文明建设的题中应有之义。

（2020年02月28日）

全力确保"菜篮子"稳产保供

常 钦

小小菜篮子,装着大民生。不久前,国务院联防联控机制新闻发布会介绍,从全国情况来看,重点"菜篮子"产品市场供给总体充足,市场运行基本平稳,市场价格有涨有跌。农业农村部相关负责人表示,将组织引导有关协会和企业开展产销对接和营销,畅通流通渠道,努力将疫情影响降到最低。

"菜篮子"稳产保供连着城乡两头,关系群众一日三餐。习近平总书记强调,积极组织蔬菜等副食品生产,加强物资调配和市场供应。春节以来,受疫情影响,许多地方居民"菜篮子"有了新变化:在线买菜成为新选择,网上订单量大幅增长,无接触配送流行;社区微信群成了蔬菜代购群,统一采买,志愿者送菜上门。运用多种途径保障群众生活、稳定社会预期,为打赢疫情防控阻击战、保持经济社会大局稳定提供了有力支撑。

近期,居民"菜篮子"供应总体稳定。具体体现为:价格稳,蔬菜价格小幅波动,鸡蛋、鸡肉价格比春节前有所下跌;产量稳,预计全国冬春蔬菜在田面积8400多万亩、产量约1.7亿吨,均比去年同期增加2%左右。牛羊肉、禽蛋、水产品等生产稳定,生猪生产止降回升。同时应看到,当前部分地区蔬菜、水果等"菜篮子"产品出现供需阶段性和区域性失衡。为此,国家近期密集出台了一系列关于"菜篮子"稳产保供的针对性政策，严格落实"菜篮子"市长负责制，明确责任分工，打通制约生产供应的堵点和难点，从根本上提升"菜篮子"产品稳产保供和流通能力。

从供给侧来看，"菜篮子"连着"菜园子"，关系农民的钱袋子，从田头到餐桌的高效供给对于促进产业发展、农民持续增收至关重要。农时不等人，眼下是春耕春管的关键阶段，防疫不松劲，也要不误农时搞好农事活动，抓好"菜园子"，确保产得出、供得上。冬春蔬菜要及时采收，适时倒茬，扩种速生蔬菜。针对鲜叶菜需求上涨，城市周边可扩大速生叶菜生产，加强就近调运，增加叶菜供应；农业企业和农民合作社对农村劳动力灵活调配使用，尽快恢复正常生产活动。

确保"菜篮子"稳产保供，需要畅通鲜活农产品"绿色通道"，保障高效供给。农产品供应链受疫情影响较大，促进蔬菜快速有序流通是当务之急。为打通农产品出村上行"最初一公里"，今年的中央一号文件提出，启动农产品仓储保鲜冷链物流设施建设工程。加强基础设施补短板，才能确保蔬菜运得走、不积压。"最后一公里"梗阻问题影响消费者满意度，要持续优化服务，还要提升物流、物业、配送终端等环节对接效率和合作水平。

针对一些城市蔬菜供不应求，而部分蔬菜产地流通不畅之间的矛盾，解决之道在于促进产销有效对接，打通流通堵点。发展农超对接、农社对接、直采直供等形式，可以减少中间环节，提升流通质量。当前，线上购物需求旺盛，电商优势更加明显。多个电商平台或是直播带货，或是专项补贴，在线上实现产销对接，打开农产品的畅销之路。

当前，疫情防控到了最吃劲的关键阶段。各地要在狠抓疫情防控的同时，抓稳产保供，抓好生产、畅通渠道、加强对接，全面提升"菜篮子"稳产保供能力，为打赢疫情防控阻击战和完成今年经济社会发展目标作出应有贡献。

（2020年02月27日）

"智慧城市"建设助力疫情防控

钟 山

当前,疫情防控正处在关键阶段。应该看到,疫情确实会对经济社会发展产生短期影响,但是客观上也会促进线上学习、线上办公等新业态、新模式的发展。前不久,上海率先发布《关于进一步加快智慧城市建设的若干意见》,正是把握危中之机的体现。

运用互联网、大数据、人工智能等信息技术手段,可以推进城市治理制度创新、模式创新、手段创新,提高城市科学化、精细化、智能化管理水平。这在疫情防控中得到了充分体现。比如,中国航天科工集团子公司承担了浙江省际疫情检查站点的软件部署及现场设备搭建任务,平均每天监测车辆3000多台、9000余人次,发挥了智慧检查站助力疫情防控的作用。又如,"杭州办事服务"APP第一时间上线"防控疫情"板块,让疫情公开透明。再如,江苏苏州吴中区运用智慧城市"大脑",为人民群众与政府部门之间的沟通提供线上平台,使得百姓足不出户就可享受政务服务,减少了人口聚集和交叉感染的风险。

智慧城市可以通过城市"大脑"实现公共数据集中汇聚,建立健全跨部门数据共享流通机制,既高效调动资源,又优化政府治理。从当下看,通过系统建设智慧城市,可以有效降低人员聚集,避免人工传递数据而产生的错误、延迟等问题,也可以提前研判预警、有效防控疫情;从长远看,则可以全面促进城市治理升级、推动数字经济发展。就此而言，各地政府不妨立足当前，通过智慧城市建设助力疫情防控；更着眼长远，通过智慧城市建设促进政府治理升级、经济结构优化。

智慧城市建设，体现着系统工程的方法论。统筹完善城市"大脑"架构，以大网络大系统大平台建设为导向，推动各部门、各区县专用网络和信息系统整合融合；加快推进城市运行"一网统管"，紧扣"一屏观天下、一网管全城"目标，加强各类城市运行系统的互联互通。可以说，系统思维、整体思维贯穿始终，运用大数据、云计算、人工智能等新一代技术整合各项资源，有助于推进国家治理体系和治理能力现代化。

同时，智慧城市建设要贯彻落实以人民为中心的发展思想。无论是完善"一网通办"总门户功能，扩大移动端受惠面，不断拓展各类服务场景，健全政务应用集群，还是将"企业服务云"作为企业服务"一网通办"重要组成，面向全规模、全所有制、全生命周期企业，都是为了促进群众办事更加方便、营商环境进一步优化。顺应新一轮信息技术和科技革命发展浪潮，全面推进智慧城市建设与城市发展战略深度融合，推动智慧城市建设迈上新台阶、发挥新效能，才能更高水平满足人民对美好生活的向往，更高质量助力经济转型创新发展，更高效率提高城市管理和社会治理水平。

（作者为中国工程院院士、中国航天科工集团有限公司科技委顾问）

（2020年02月26日）

中国童书"走出去"的启示

张 贺

> 文化"走出去"必须坚持市场竞争，使其中的优秀之作脱颖而出，才能具备走向海外的能力，否则是走不远、走不快、走不稳的

不久前，由中国作家陈佳同创作的童书《白狐迪拉与月亮石》被英国《金融时报》评为"2019最佳童书"。近年来，越来越多的中国儿童文学和图画书走向世界。从引进版占据优势地位到今天原创作品逐渐提升市场份额并走向世界，中国童书产业正在上演一场"逆袭"的好戏，既成为文化自信的有力注脚，也给中国文化"走出去"提供了有益启示。

中国童书走出去，既依赖于高质量的创作和设计，也得益于多样化的国际出版合作。《白狐迪拉与月亮石》是国际知名出版人巴里·坎宁安引进的第一本中国原创童书，这位曾经挖掘出J.K.罗琳等优秀作家的出版人坦言："中国视角下的情节、引人入胜的行动和巧妙的人物设计都通过幽默温暖的文本语言，吸引更多世界各地的读者。"2019年，中国大百科全书出版社的《中国儿童太空百科全书》与斯洛伐克的奥拉出版公司达成合作协议，后者曾拿着样书请资深科普出版人审阅，结论是："这本中国百科全书内容扎实可信、质量上乘。"可以说，高品质的中国童书能够赢得国外读者的喜爱，未来必将获得越来越多的推广渠道。

中国是世界上人口最多的国家,也是世界上少年儿童最多的国家。中国家长对儿童阅读的关注度和需求量都非常之高,因此,中国童书市场是世界少有的单一超大规模图书市场。这样一个超大市场,使得中国童书起印数远超国际同行,那些具备了市场号召力的优秀作品往往畅销数百万册。旺盛的市场需求和庞大的销量所创造的"规模效应",能够使中国优秀出版企业迅速增强实力。实际上,"走出去"做得好的文化企业无一例外都在国内做得风生水起。这提示我们,"走出去"应首先立足于国内,通过国内市场积聚实力,为走向海外奠定基础。

中国童书产业是一个高度市场化的产业,全国580余家出版社中有520多家从事童书出版,百舸争流。同时,激烈的市场竞争也极大激发了中国作家和中国出版人的创造性、积极性。在与国外优秀童书同台竞技中,他们既学到了先进经验,又熟悉了国际版权贸易规则,为"走出去"创造了条件。在温室中是长不出参天大树的,正是市场化竞争极大提升了中国童书的品质。这提示我们,文化"走出去"必须坚持市场竞争,使其中的优秀之作脱颖而出,才能具备走向海外的能力,否则是走不远、走不快、走不稳的。

总之,只要我们坚持立足国内、充分竞争,就一定会有越来越多优秀的原创作品涌现出来,就一定会有越来越多的中国童书走向世界,更好讲好中国故事。

(2020年02月25日)

为疫情防控筑牢法治堤坝

徐隽

在法治轨道上推进疫情防控工作，是全面推进依法治国的应有之义，是推进国家治理体系和治理能力现代化的重要体现，有助于凝聚全社会打赢疫情防控阻击战的磅礴力量，更好守护人民群众生命安全和身体健康

习近平总书记强调，疫情防控越是到最吃劲的时候，越要坚持依法防控，在法治轨道上统筹推进各项防控工作，保障疫情防控工作顺利开展。在疫情防控关键阶段，中央依法治国办、中央政法委等六部门联合发布"两高两部"制定的《关于依法惩治妨害新型冠状病毒感染肺炎疫情防控违法犯罪的意见》，依法惩治相关违法犯罪，为疫情防控筑牢法治堤坝。

当前，疫情防控工作到了最吃劲的关键阶段。然而，一些地方却出现了抗拒疫情防控措施、暴力伤医、制假售假、哄抬物价、造谣传谣等违法行为，严重影响疫情防控工作有序开展。比如，有的人在排查询问和就诊过程中不承认有湖北旅居史，导致医护人员被隔离；有的人躲避测温检查，抓伤民警，等等。依法查办妨害新冠肺炎疫情防控违法犯罪案件，才能更好维护社会秩序、保障人民群众身体健康和生命安全。

国有国法。不遵守疫情防控规定，绝不是个人的事情，相关行为不

仅影响本人健康，还危害他人安全，扰乱社会秩序，给疫情防控造成被动，让无数人的努力付诸东流。隐瞒病情、拒绝隔离、故意传播，绝不只是"私德"问题，严重的将构成犯罪，受到法律的严惩。为此，《意见》明确，已经确诊的新冠肺炎病人、病原携带者，拒绝隔离治疗或者隔离期未满擅自脱离隔离治疗，并进入公共场所或者公共交通工具的，以以危险方法危害公共安全罪定罪处罚；其他拒绝执行卫生防疫机构依照传染病防治法提出的防控措施，引起新型冠状病毒传播或有传播严重危险的，以妨害传染病防治罪定罪处罚。相关规定依法有据且有现实意义，有助于防范病毒蔓延传播。

疫情暴发后，医务人员作为疫情防控的中坚力量，冲锋在前、直面风险。加大对医务人员的司法保护力度，是全社会的共同心声。《意见》积极回应社会关切，明确规定在疫情防控期间，故意伤害医务人员造成轻伤以上的严重后果，或者对医务人员实施撕扯防护装备、吐口水等行为，致使医务人员感染新型冠状病毒的，以故意伤害罪定罪处罚。同时，《意见》还对随意殴打医务人员，采取暴力或者其他方式公然侮辱、恐吓医务人员，以不准离开工作场所等方式非法限制医务人员人身自由等违法行为及其法律后果作出了明确规定。这将有利于更好维护医务人员职业尊严、提振士气，为医务人员带来司法的关怀。

在法治轨道上推进疫情防控工作，是全面推进依法治国的应有之义，是推进国家治理体系和治理能力现代化的重要体现，有助于凝聚全社会打赢疫情防控阻击战的磅礴力量，更好守护人民群众生命安全和身体健康。全社会都应该理解、支持、自觉配合有关部门采取的防控措施，落实早发现、早报告、早隔离、早治疗的要求，构建疫情防控的铜墙铁壁。同时，在法治轨道上统筹推进防控工作，各项措施不仅要合乎防控目标，而且要遵循"比例原则"，把对人民群众正常生活的影响降到最低。执法过程中，在确保工作更加高效的同时，也要付出更多耐心，确保严格规范公正文明执法，让法治成为疫情防控中的基本共识和行为准则。

（2020年02月24日）

筑牢疫情防控的"社区防线"

李红梅

> 各级党委和政府要充分发挥社区在疫情防控中的阻击作用，把防控力量向社区下沉，加强社区各项防控措施的落实，使所有社区成为疫情防控的坚强堡垒

一个体温计、一筐蔬菜、一盒鸡蛋，还有米面油……现在，全国有许多社区工作者、志愿者每天为居家隔离的居民送去生活必需品，随访健康状况，为居民提供引导就医、转诊、咨询等服务。他们的无私奉献，是新冠肺炎疫情防控中的动人风景，不断筑牢着疫情防控的"社区防线"。

习近平总书记指出，"社区是疫情联防联控的第一线，也是外防输入、内防扩散最有效的防线。"把社区这道防线守住，就能有效切断疫情扩散蔓延的渠道。充分调动和利用社区力量，配合收治的医疗机构进行分级分类分层管理，就可以形成有力而广泛的联防联控、群防群控战线。各级党委和政府要充分发挥社区在疫情防控中的阻击作用，把防控力量向社区下沉，加强社区各项防控措施的落实，使所有社区成为疫情防控的坚强堡垒。

把防控力量向社区下沉，需要充分发挥基层党组织的动员能力。社区分布广泛、人口众多，要真正把防控力量下沉到社区，就要充分发挥基层党组织战斗堡垒作用和共产党员先锋模范作用，把基层党组织和广

R 人民时评

大党员全面动员起来，发扬不畏艰险、无私奉献的精神，坚定站在疫情防控第一线，做到哪里任务险重哪里就有党组织坚强有力的工作、哪里就有党员当先锋作表率。充分发挥基层党组织横向到边、纵向到底的动员能力，才能把社区居民发动起来，让网格化管理发挥效用，让"早发现、早报告、早隔离、早治疗"落实落细，构筑起疫情防控的人民防线。

把防控力量向社区下沉，需要保障人力物力，也需要专业知识。应该看到，对于未发现病例或未暴发疫情的社区来说，多投入人力即可加强社区防控力量。但对于出现疫情的社区来说，社区工作者需要具备一定的专业公共卫生知识。因此，在排查出密切接触人员后，需要社区卫生服务机构医务人员主导随访管理，开展预检分诊，引导发热人员到发热门诊就医。同时，需要为社区工作者提供足够的防护物资，才能为预检分诊创造条件，确保发热人员尽快就诊，实现应收尽收的目标。

把防控力量向社区下沉，还需要创新基层治理，凝聚防控合力。如今，信息化发展迅速，很多社区利用新一代信息技术开展人员摸排，甚至用无人机检测体温；家庭医生通过电话、APP、微信开展咨询，随访密切接触者。这些手段大大加强了社区力量，使社区防控工作更加高效。同时，社区防治和医院救治高效协同，才能形成应对疫情的强大合力，遏制疫情扩散蔓延。

社区工作人员在抗击疫情的一线，帮我们保护家园，理应得到社会各界的尊重和关爱。要保障他们的生活、心理健康，让他们踏踏实实地投入抗疫前线。齐心协力、共克时艰，筑牢疫情防控的"社区防线"，我们就一定能打赢疫情防控的人民战争、总体战、阻击战。

（2020年02月21日）

中国空间站彰显创新精神

余建斌

迈向空间站时代的大门，记录着中国航天科技的发展进步，也说明中国走出了一条促进航天科技发展的成功之路

经过 7 天的海上航行，专为空间站研制的长征五号 B 运载火箭于不久前运抵文昌航天发射场，按计划在 4 月中下旬把新一代载人飞船试验船送入太空，为后续的载人飞行进行技术试验。这将是长征五号 B 大火箭的首飞，同时也意味着空间站在轨建造任务从此拉开序幕。

经过近 30 年的不懈努力，锲而不舍地追逐梦想，中国载人航天已推开空间站时代的大门。从 1999 年第一艘无人试验飞船神舟一号成功往返太空、2003 年中国人第一次飞出地球，到 2008 年首次太空出舱、2016 年 33 天太空驻留……一个个仿佛仍在昨日的经典瞬间让人难忘，也串起中国人钟情飞天、圆梦飞天的壮美轨迹。如今，空间站梦想近在咫尺，这既是对长久执着的一个回报和勉励，也将激发我们对更广阔世界的想象、对更辽远深空的探索。

迈向空间站时代的大门，记录着中国航天科技的发展进步，也说明中国走出了一条促进航天科技发展的成功之路。在追逐航天梦想的路上，中国还是追赶者，载人航天"三步走"的规划立足自身条件，不超前、不浮躁，照顾国情，考量当时科技实力，也对未来发展趋势有所前瞻。

空间站是中国载人航天工程"三步走"发展战略的第三步，每个阶段水到渠成，写满了一个个梦想与智慧、追求与勇气交织的故事；每一步扎扎实实，背后是不甘人后的进取精神。这既让人感叹远见者的眼光，也感佩创新者的精神。

如同首任中国载人航天工程总设计师王永志在载人航天工程启动20周年时所描述的，空间站的建成和运营将成为我国建设创新型国家的一个重要标志。强烈的创新意识则在规划的蓝图上涂抹出让人叹服的技术突破，积攒出跨越发展的底气和经济高效的产出。一个典型的创新案例是，在空间站建造必需技术——交会对接技术试验中，我国科研人员创造性地研制了天宫一号作为交会对接目标，减少了飞船的发射次数以降低成本，同时提前实现了空间实验室的部分试验目标。

从创新的角度来看，空间站的建设不仅彰显了探索未知的情怀，更重要的是占据未来数十年乃至更长时间的科技制高点。中国载人航天近30年的发展历程，不仅有空间站和航天技术自身的飞跃，还带动众多科学和工程技术领域的进步和突破，带来了航天成果造福社会和普通人的无数美好场景。正因如此，建成和运营的中国空间站，重心将向挖掘科学价值倾斜。它将成为一个国家太空实验室，在如此独特环境下的太空科学技术实验平台上，全世界的科学家都将有机会用珍贵的太空资源致力于科学发现，运用中国的空间站造福人类。

航天任务风险高、难度高，未来要在不到3年时间内连续实施10余次航天飞行任务，来完成建造并运营近地载人空间站并不容易。要实现技术跨越发展、科学应用效益不断提升，空间站阶段任务仍面临不少挑战。对无止境的宇宙探索来说，建成空间站也只是未来征程中的一个起点。和梦想同行的我们，需要更大的智慧和勇气，既仰望星空也脚踏实地，来探寻更多的奥秘，收获更美好的未来。

（2020年02月20日）

努力实现今年经济社会发展目标任务

陆娅楠

> 辩证看待疫情对经济的影响,疫情固然会造成短期冲击,但我们也能把压力转化为转型升级的动力
>
> 从长期来看,疫情的冲击是短期的,我们完全有底气、有条件、有能力实现今年经济社会发展目标任务

当前,疫情防控正处于关键时期,有两种经济现象值得关注。一方面是线下消费旺季转淡,特别是交通运输、文化旅游、酒店餐饮和影视娱乐等服务业受疫情影响较大,另一方面则是线上消费、线上娱乐、线上教育日益火爆,推动新业态、新模式发展得更加壮大。两相对比,可见需要辩证看待疫情对经济的影响,疫情固然会造成短期冲击,但我们也能把压力转化为转型升级的动力。

面对新冠肺炎疫情这只"黑天鹅",不能掉以轻心,必须严阵以待。今年是全面建成小康社会和"十三五"规划收官之年,经济社会发展任务十分繁重。我国又正处在转变发展方式、优化经济结构、转换增长动力的攻关期,结构性、体制性、周期性问题相互交织,"三期叠加"影响持续深化,经济下行压力加大。在这样的情况下,尤其需要在做好防控工作的同时统筹抓好改革发展稳定各项工作,密切监测经济运行状况,聚焦疫情对经济运行带来的冲击和影响,围绕做好"六稳"工作,做好

应对各种复杂困难局面的准备。把解决问题的措施准备得更充分一些，才能把疫情的影响降到最低。

从长期来看，疫情的冲击是短期的，我们完全有底气、有条件、有能力实现今年经济社会发展目标任务。疫情的扰动是阶段性的，我国经济长期向好的基本面没有变。现在中国经济接近100万亿元规模，这么大的体量不是疫情短期冲击能撼动的。世界银行、国际货币基金组织也接连发声，对中国经济继续展现较强韧性表示有信心。我们有党的坚强领导和中国特色社会主义制度的显著优势，有改革开放以来积累的雄厚物质技术基础，有战胜非典疫情的成功经验，14亿人坚定信心、同心同德，一定能打赢疫情防控阻击战，保持经济运行在合理区间。

对冲疫情的短期冲击，我们有充足的政策空间，让市场尽快恢复常态。针对复工复产推迟有可能给企业造成的短期困难，宏观政策已经加大了逆周期调节力度。稳金融政策如同"及时雨"，财政部联合多部门首次实施专项再贷款与财政贴息，政策捆绑发力，企业的实际融资成本有望降至1.6%以下。各地援企稳岗政策相继出台，对不裁员或少裁员的参保企业，返还其上年度实际缴纳失业保险费的50%，稳就业政策也送上"定心丸"。这些政策组合拳将大大缓解企业压力，增强市场信心、稳定投资预期。

对冲疫情的短期冲击，我们既有回旋余地，也能趁势而上，让产业链协同发力，实现转型升级。订单压力巨大，倒逼以往各自为战的上下游企业加快形成基于物联网的跨地域产业联盟；传统消费下滑，倒逼餐饮企业发力线上订餐，培育社区消费新增长点；既有销路受阻，倒逼更多果农、菜农拥抱电子商务，拓宽产品销路……挑战不少，但应对挑战的办法更多。补短板、强弱项、抓机遇，经历过无数大风大浪的中国经济定能履险如夷。

风物长宜放眼量。看待中国经济发展，应该坚持全面看、辩证看、长远看。如同大河奔腾，其间虽不免回环曲折，但终不能改变大河东流的奔腾之势。一手抓紧防控疫情，一手抓好经济运行，我们一定能妥善应对疫情的短期冲击，确保实现今年经济社会发展目标任务。

（2020年02月19日）

推进刑事法治文明的坚实一步

支振锋

> 即将施行的社区矫正法,是贯彻落实党的十九届四中全会提出的加强系统治理、依法治理、综合治理、源头治理,不断完善社会主义法治体系的体现

不久前,社区矫正法正式公布,定于今年7月1日起施行,这是我国首次就社区矫正工作进行专门立法,不仅为社区矫正工作提供了法律依据,也完善了我国刑事实体法、程序法和执行法三位一体的法律体系,迈出了推进我国刑事法治文明的坚实一步。

打击犯罪,才能保障国家安全和社会公共安全,保护公民的人身权利、财产权利、民主权利和其他权利。同时,对于一些犯罪情节较轻且有悔罪表现的初犯、偶犯、过失犯,以及一些特定情况下的未成年人犯罪,在进行惩罚的同时,也要给予适当的宽容和关心。这就需要坚持专群结合,充分利用各种社会资源,在判决、裁定或决定确定的期限内,在社区内矫正其犯罪心理和行为恶习,使其能够更好接受教育和改造,从而顺利回归社会,重新成为社会的正常一员。

社区矫正作为非监禁刑罚执行活动,目的是使被判处管制、宣告缓刑、假释和暂予监外执行的罪犯顺利融入社会,预防和减少犯罪。近年来,我国社区矫正工作取得很大进展。2003年天津等地开始试点社区矫

正工作，2009年在全国全面试行，2014年又在全国进一步全面推进。截至2019年底，全国累计接受社区矫正对象478万，累计解除矫正对象411万。从数据来看，社区矫正对象有90%以上都是缓刑犯，社区矫正期间的再犯罪率一直控制在0.2%的较低水平。应该说，社区矫正工作对维护社会和谐稳定，节约国家刑罚执行成本，推进平安中国、法治中国建设，促进司法文明进步，发挥了重要的作用。

作为我国社区矫正工作最重要的立法成果，社区矫正法改变了我国社区矫正立法层级不高、过于分散、规范化和体系化不强的状况，为新时代社区矫正工作提供了法律遵循。以问题为导向，该法开宗明义界定了社区矫正的任务和目标，确定矫正对象为"被判处管制、宣告缓刑、假释和暂予监外执行的罪犯"，明确了社区矫正的主管部门、矫正机构和人员。该法特别注重对社区矫正对象个人信息及未成年社区矫正对象的特殊保护。可以说，这是一部适应时代发展、充满温度和力度的法律。

从理论到实践循环往复、螺旋上升的辩证法，是我国法治建设的重要经验。社区矫正工作的实践开展和制度完善，都是在中央统一部署和综合统筹下进行的。社区矫正工作多次被写入中央司法体制改革相关文件。特别是党的十八大以来，相关工作驶入快车道。2013年，党的十八届三中全会决定进一步明确提出"健全社区矫正制度"。即将施行的社区矫正法，既是对社区矫正工作实践经验的总结，解决了实践中出现的一些突出问题，促进社区矫正的规范发展，也是贯彻落实党的十九届四中全会提出的加强系统治理、依法治理、综合治理、源头治理，不断完善社会主义法治体系的体现。

法安天下，德润人心。社区矫正法的施行，必将为推进平安中国、法治中国建设发挥重要作用，把我国制度优势更好转化为治理效能。

（作者为中国社会科学院习近平新时代中国特色社会主义思想研究中心研究员）

（2020年02月18日）

对口支援，下好全国一盘棋

桂从路

建立对口支援机制，正是在党中央统一指挥、统一协调、统一调度下，坚持全国一盘棋的细化措施

把集中力量办大事的制度优势充分发挥出来，为战胜疫情奠定了坚实基础

迅速出台援助方案、迅速动员力量、迅速投入防疫战场，检验着各地区各部门的政治站位和大局意识

针对湖北省医疗资源紧张和病人住院需求大的情况，国家卫健委统筹安排19个省份对口支援湖北省除武汉市外的16个市州及县级市。这一重要举措，体现出对湖北省加强新冠肺炎患者救治工作的全力支持，展示出维护好人民群众生命安全和身体健康的坚定决心，彰显了社会主义集中力量办大事的制度优势。

当前，疫情防控工作到了最吃劲的关键阶段，湖北省特别是武汉市依然是疫情防控的重中之重。坚决遏制这一地区疫情蔓延势头，事关全局。最近一段时间，湖北孝感、黄冈、随州等多个地级市确诊人数不断增加。这些城市由于医疗资源相对缺乏等原因，接连出现了救援物资告急等情况。疫情防控任何一环都不能忽视，必须采取有力举措遏制疫情蔓延、打赢阻击战。建立对口支援机制，划定"责任田"，对口提供援助，

人民时评　　　　　　　　　　　　　　　　　人民日报评论年编2020

有助于缓解湖北医疗资源紧缺的局面，凝聚战胜疫情的强大合力。

习近平总书记强调，疫情防控要坚持全国一盘棋。建立对口支援机制，正是在党中央统一指挥、统一协调、统一调度下，坚持全国一盘棋的细化措施。这次疫情防控阻击战打响以来，全国各地组建的医疗队迅速集合出发，仅支援武汉的医护人员就有上万人；在武汉火神山医院、雷神山医院的施工任务中，来自全国各地的建设力量、建设物资迅速汇聚；军队保证医疗物资和人员有效投送，抽调大量医护人员奔赴抗疫前线……正是因为坚持全国一盘棋，我们迅速调动了各方资源，把集中力量办大事的制度优势充分发挥出来，为战胜疫情奠定了坚实基础。正如世界卫生组织总干事谭德塞所赞叹的，"中方行动速度之快、规模之大，世所罕见"。

对口支援机制，我们并不陌生。在2008年汶川地震后，北京、广东、山东、浙江等18个省市迅速行动，支援四川灾区，短短几年时间，帮助当地干部群众重建家园。在脱贫攻坚过程中，东西部扶贫协作给予贫困地区人力物力财力上的支持，各级机关、企事业单位的对口帮扶、倾心援助，书写下"最成功的脱贫故事"。事实证明，重大任务面前，对口支援机制是行得通的，也是有实效的。在这一机制下，举全国之力攻坚克难，放眼全球没有其他哪个国家能够做到。集中力量办大事，正是我们国家制度和国家治理体系的显著优势，也是我们打赢疫情防控阻击战的重要法宝。

对口支援机制的建立，为受援地区解了燃眉之急、点燃了希望之灯。对于援助省份来说，在把本地区疫情防控工作做好、做扎实的同时，必须以更大力度、投入更多人力物力财力支援湖北抗疫。当前形势下，这对任何一个省份来说都不是一件轻松的事情。连日来，各地区都在努力派出医疗队、捐赠物资，体现了"一方有难、八方支援"的守望相助精神。把这种精神进一步转化为落实对口支援要求的行动，不讲价钱、全力以赴，迅速出台援助方案、迅速动员力量、迅速投入防疫战场，检验着各地区各部门的政治站位和大局意识。

对口支援机制公布之后，网友在社交媒体上纷纷留下暖心话语，为制度优势点赞，为疫情防控加油。疫情发生以来，广大党员、干部、群

众积极响应党中央号召,坚定信心、顾全大局、自觉行动、顽强斗争,以行动践行了"人心齐,泰山移"的哲理。在这场必胜的战斗中,凝聚更大力量、付出更坚实努力,胜利一定不会遥远。

(2020 年 02 月 14 日)

疫情冲击不会改变经济向好趋势

洪乐风

> 疫情防控不仅是一场医药卫生领域的阻击战,更是包括经济工作在内的全方位的总体战,在做好防控工作的同时也要统筹抓好改革发展稳定各项工作
>
> 坚持全国一盘棋,发挥好集中力量办大事的制度优势,及时分析、迅速行动,我们就能妥善应对疫情冲击,统筹平衡好疫情防控和经济发展,推动中国经济行稳致远

相关部门紧急出台金融救助办法,多地区迅速部署小微企业扶持举措,财税、海关、社会保障等多项政策应急调整……新冠肺炎疫情发生以来,各地各部门出台了一系列应急措施,有效引导了社会预期,增强着人们对中国经济的信心。

习近平总书记在北京市调研指导新冠肺炎疫情防控工作时强调,要统筹推进经济社会发展各项任务,在全力以赴抓好疫情防控同时,统筹做好"六稳"工作。疫情防控不仅是一场医药卫生领域的阻击战,更是包括经济工作在内的全方位的总体战,在做好防控工作的同时也要统筹抓好改革发展稳定各项工作,特别是要抓好涉及决胜全面建成小康社会、决战脱贫攻坚的重点任务。应对复杂严峻的风险挑战,不能缓一缓、等一等,只有主动出击、统筹兼顾才能战胜困难,把对经济发展的影响降

到最低。

实事求是地讲,突如其来的疫情,给一些行业企业和大众消费带来了不同程度的影响。但是,影响是暂时的,也是阶段性的,有关政策支持工作正在逐步取得成效,我们完全有信心、有能力战胜疫情、提振经济。与2003年抗击非典时相比,今天中国经济的规模与质量、物质基础以及应急处置能力、宏观调控体系,都已经取得显著进步。这是中国经济发展的韧性与潜力所在,也是胜利的信心与底气所在。

紧扣"六稳"要求,供给侧最紧要的经济任务就是切实维护正常经济社会秩序,确保疫情防控一线医疗物资的供应,确保城乡居民生活必需品的供应,保障城乡居民用能需求,避免生活物资供应紧张引发担忧、带来疫情之外的次生问题。同时也要在安全可靠前提下,积极推动企事业单位复工复产,抓好在建项目复工和新项目开工。尤需强调的是,要稳妥处理劳资关系,既切实减轻企业负担,又维护职工合法权益,兼顾各方利益、调动各方积极性,从而保持产业链的总体稳定。

一手抓防疫,一手促发展,需求侧必须着力稳定居民消费,这是对冲疫情影响的重要着力点。春节期间,居家群众蛰伏了大量的消费潜力,比如对健康生活相关产品与服务的需求,对互联网经济、线上服务的需求等,一经有序释放必将形成新的产业牵引力。此外,涉及决胜全面建成小康社会、决战脱贫攻坚的重点任务,一经分解落地、产生效益,也将形成新动能。作为消费大国,中国经济发展的回旋余地广阔,迫切需要我们开动脑筋、想尽办法,刺激城乡消费,实现化危为机。

中国经济长期向好发展的趋势不会改变。在内外部风险挑战交织下,我们也要做好宏观经济监测预警,密切监测经济运行状况,聚焦疫情对经济运行带来的冲击和影响。在疫情防控的战斗中,继续迎风向前、顶住下行压力,就必须按照中央政治局常委会会议的要求,围绕做好"六稳"工作,做好应对各种复杂困难局面的准备。坚持全国一盘棋,发挥好集中力量办大事的制度优势,及时分析、迅速行动,我们就能妥善应对疫情冲击,统筹平衡好疫情防控和经济发展,推动中国经济行稳致远。

"最关键的问题就是把落实工作抓实抓细",是习近平总书记和党中央对疫情防控的重要要求,也是统筹兼顾搞好宏观调控的重要遵循。在党中央的集中统一领导下,团结一心、同舟共济,坚定有力、毫不懈怠,我们必将打赢疫情防控阻击战,奋力实现高质量发展。

(2020年02月13日)

汇聚起守望相助的力量

桂从路

新型冠状病毒感染的肺炎疫情威胁着每一个人的健康，疫情面前没有旁观者，为了自身的安全、亲人的健康、同事的幸福、社区的安宁，需要每个人自觉投入战斗

就像一束光簇拥另一束光，爱的力量亦会众人拾柴火焰高。每个人做出自己的贡献，就能形成相互依偎、彼此支撑的强大力量

当前，湖北省特别是武汉市仍然是全国疫情防控的重中之重。在武汉关闭公共交通的当天，出现了一个特殊的司机群体。除了统筹安排6000辆出租车，还有大型打车平台的部分车辆在交管部门备案出行，司机们冒着被感染的风险，义务接送医护人员、帮助运送物资。

"不是不怕感染，停了，医护人员怎么上班？"朴素的话道出司机们义无反顾的力量来源。为海军医疗队驻地食堂做饭的 4 名退伍军人志愿者，以实际行动践行着"若有战，召必回"的誓言；在火神山医院，首批物业志愿者连夜开展保洁工作；武汉街头参与物资运送的志愿者，有的每天工作 14 小时以上，经手的货物多达 100 余箱、超 1 吨重……不惧风险、不计回报，用热血和赤诚守护脚下这片土地，为的是守到春暖花开、山河无恙。

实际上,志愿者的参与,社会力量的支持,是打赢疫情防控阻击战不可或缺的一环。新型冠状病毒感染的肺炎疫情威胁着每一个人的健康,疫情面前没有旁观者,为了自身的安全、亲人的健康、同事的幸福、社区的安宁,需要每个人自觉投入战斗。从深入到具体社区的社工,到守护在村口的农民,再到给隔离人员配送蔬菜、生活用品的志愿者,每个人都做到尽己所能,就能让联防联控、群防群治的网络织得更牢更密。

疫病无情,人间有爱。危难关头,守望相助的力量正在汇聚。在抗击疫情主题音乐短片《坚信爱会赢》中,一幅画面戳中无数人的泪点:很多护士因为长时间佩戴口罩和护目镜,脸上已经留下了深深的印痕。就像一束光簇拥另一束光,爱的力量亦会众人拾柴火焰高。北京5岁小朋友都颖心和父亲都晓杰共同创作了一幅白衣天使的插画,每一笔都传递着崇高的敬意——"这个世界不存在超级英雄,不过是闪着亮光的普通人"。快递小哥、外卖员、出租车司机……各行各业的人们以自己的方式同心战"疫",组成了"我们共同的敌人是疫情,我们共同的期望是平安"的命运共同体。

刚刚过去的这个春节,无数坚守与奉献,护佑着人们回家的路。2月2日,纪录片《我在19公里处等你》正式上线,讲述了一个平凡而感人的"团圆故事"。大年三十,铁路工作者李三保又没能回家,他与妻子女儿短暂相聚,一座设有"K19"公里标的桥见证了李三保一家的团圆时刻。从确保道路通畅的"轨道医生""铁路蜘蛛侠",到雪域高原巡逻戍边的战士,再到为城市"美容"的环卫工人,有人回家,就有人守护回家的路。每个人做出自己的贡献,就能形成相互依偎、彼此支撑的强大力量。

截至2月7日,"你守护大家,我守护你"的微博话题总阅读量超过7亿次,人们在致敬一线医护人员、基层工作者、志愿者的同时,也以各种方式在线上线下贡献自己的力量。没有什么比爱和希望更有力量,14亿人心手相连,任何困难都可以战胜。

(2020年02月10日)

制度优势提振防疫信心

桂从路

> 雷神山、火神山两座医院的建设过程，体现了重大战役中高超的指挥调度、统筹协调能力。迅速设计谋划、迅速动员建设，这正是我们制度优越性的生动体现

武汉火神山医院和雷神山医院的建设，最近一直牵动人心。在这场与疫情竞速的建设任务中，从五湖四海汇聚而来的建设者们日夜奋战、齐心协力，诠释了"中国速度""中国力量"。两座医院的建成，不仅能够有效缓解武汉当地医疗资源紧张的局面，让更多患者得到及时有效的救治，于全国防控大局而言，也是一个充满正能量的信号，燃旺了全国人民打赢疫情防控阻击战的信心。

新型冠状病毒感染的肺炎疫情来势汹汹，疫情防控已经到了刻不容缓的时候。在这个紧要关头，十余天两座医院拔地而起，可以说是奇迹。一方面，这两座医院不是搭建几个板房、把病人集中起来那么简单，而是要符合传染病防控的各项标准，相关的配套设施要求都很高；另一方面，在如此短的时间内，建设难度超过施工单位以往任何一次任务。然而，疫情就是命令，任何防控举措都慢不得、等不得。面对挑战，肩负责任，各方人员圆满完成既定建设任务。支撑壮举的，是强大的建设能力、物质调配能力，是重大战役中高超的指挥调度、统筹协调能力。迅

速决策部署、迅速设计谋划、迅速动员建设，这正是我们制度优越性的生动体现。

惟其艰难，方显勇毅。越是艰难的任务，越能检验能力水平，越能激发人的责任担当。两座医院的快速建设，构筑起疫情防控前线的坚强堡垒，离不开建设团队、施工团队的辛勤付出。从除夕夜上百台挖机抵达现场，一夜间完成土地平整任务，到建设工人放弃春节休假，24小时轮班作业，再到党员工人"我们一定不负嘱托，保证质量、保证工期"的庄严宣誓……建设者们夜以继日的劳作奉献，创造了令人惊叹的建设奇迹。他们的分秒必争，见证中国人的众志成城、齐心协力，灾难面前挺立起不屈的精神脊梁。

亿万人民高度关注两座医院的建设。在施工过程中，数以千万的网友透过网络直播成为"云监工"。他们给行走在工地上的施工机械起了好听的绰号，通过一句句温暖人心的留言给疫情防控一线送上祝福。"云监工"的背后，何尝不是一份乐观和信心。这份信心从何而来？或许就来自在与疫情的赛跑中，更多像火神山、雷神山医院建设的感人壮举，更多像"新增治愈患者不断增加"的捷报频传。当前，从中央到地方，从医护人员、专家团队到每一个普通人，都投入到了疫情防控的主战场，有党中央的坚强领导，有全国人民的齐心协力，这场人民战争我们一定能打赢。

火神山、雷神山医院的建设过程令人振奋，但是疫情防控还没到松口气的时候。将两座医院建设中的干劲和速度，转化成我们抗击疫情的坚定信心和强大力量，以更大力度投入到疫情防控阻击战中来，我们就一定能祛散疫情阴霾、让阳光温暖人心。

（2020年02月06日）

推广 AED，织就更完善急救网

智春丽

如果说 AED 是挽救生命的利器，健全的急救体系则是覆盖更广泛的保护网。在这张网上，每个人都是一个节点，"只有人人都有救人能力，人人才有获救机会"

自现代心肺复苏术逐步创立推广以来，急救挽救了千千万万"不应过早停止的呼吸和心跳"，急救体系成为社会文明程度的一个重要标志

深圳地铁各线路已配备 500 多台 AED（自动体外除颤器）、多次成功救人，北京市人大代表建议立法推动布设 AED，南京制定了在 2021 年前布置 1000 台 AED 的计划……一段时间以来，有关 AED 的报道频频见诸报端，相关话题引发关注。

AED 是一种能够自动识别异常心律并给予电击除颤的急救设备，抢救心跳骤停患者的成功率远高于徒手心肺复苏。因其操作简单且内置语音提示，便于非专业人员使用，AED 也被誉为"救命神器"。去年 7 月印发的《健康中国行动（2019—2030 年）》明确提出："完善公共场所急救设施设备配备标准，在学校、机关、企事业单位和机场、车站、港口客运站、大型商场、电影院等人员密集场所配备急救药品、器材和设施，配备自动体外除颤器（AED）。"在网上搜索"AED"，有成功施救的案例，

有通俗易懂的视频教程，还有能显示附近 AED 位置的小程序。这些，体现出公众急救意识的增强、急救体系的完善，映照着全社会对生命安全的高度关注。

推广 AED 确有现实必要性。国家心血管病中心发布的《中国心血管病报告 2018》显示，估计我国每年发生心脏性猝死 54.4 万例。目前，我国 AED 的普及率还很低。媒体调查发现，公众对 AED 的认知水平不高，不会使用、不敢使用的情况普遍存在。设备配置不足、急救知识普及度不高、施救者心存顾虑等因素，都是推广 AED 所面临的障碍。

与消防设备不同，公共场所配备 AED 并非强制要求，多以鼓励和倡导为主。由于 AED 设备耗资不菲，谁来出资、怎样维护成为现实问题。从国外实践来看，法律强制性要求有力推动了公共场所 AED 设备普及。据报道，有关部门正在推动普及 AED 入法，各地也在积极行动。例如，深圳已出台《深圳市"十三五" AED 配置使用实施方案》，北京市卫健委相关负责人表示将来北京的每个地铁站都要配备 AED。

有了设备，使用设备的人也很关键。如果说 AED 是挽救生命的利器，健全的急救体系则是覆盖更广泛的保护网。在这张网上，每个人都是一个节点，"只有人人都有救人能力，人人才有获救机会"。近年来，我国全民应急救护知识水平有了很大提升，但持有急救培训证书的人员比例仍然偏低。在普及急救知识方面，补短板的任务十分紧迫。此外，还应保护救助人的救人意愿。其实，民法总则作出了"免责"规定：因自愿实施紧急救助行为造成受助人损害的，救助人不承担民事责任。在现实中，应当褒奖见义勇为行为、加大普法宣传力度，努力打消救助人的疑虑。

自现代心肺复苏术逐步创立推广以来，急救挽救了千千万万"不应过早停止的呼吸和心跳"，急救体系成为社会文明程度的一个重要标志。有理由相信，在各方携手努力下，我们一定能织好急救之网，更加有力地托举生命安全。

（2020 年 02 月 05 日）

在新台阶迈向高质量发展

周人杰

> 越来越殷实的"家底"值得骄傲,但成绩容不得半点自满和懈怠,我们决不能有"小富即安"的心态,决不能有喘口气、歇歇脚的念头

"振奋人心!""了不起!"2019年,中国GDP总量超99万亿元,稳居世界第二位,人均GDP首次迈上1万美元新台阶,引发广泛关注。在内外部环境错综复杂的背景下,中国经济砥砺前行,14亿人口大国取得历史性飞跃:从量的角度看,这一成就标志着综合国力进一步增强,对世界经济和人类发展进步的贡献进一步加大;从质的角度看,标志着社会生产力水平进一步提升,人民生活质量进一步提高。振奋之余,有哪些经验值得总结?百尺竿头,又该如何再进一步?

这是宏观调控来之不易的结果。去年以来,世界经济的动荡源和风险点明显增多,国内经济结构性体制性周期性问题交织,我们全力做好"六稳"工作,一方面以我为主、稳中求进、顺势而为,另一方面科学研判形势,实施了有力、有度、有效的逆周期调节。正是前瞻性、针对性、有效性不断增强的宏观调控,有力增强了中国经济的韧性,让我们的人均GDP迈上了1万美元的台阶,实现GDP增速6.1%。在党中央坚强领导下,继续创新和完善宏观调控,我们有信心有能力让经济运行始终保

持在合理区间。

这也是新发展理念结出的硕果。发展理念是发展行动的先导，决定发展的成效乃至成败。近年来，我们坚持贯彻新发展理念，转变发展方式，实现了发展质量和效益不断提升。"一带一路"建设、京津冀协同发展、长江经济带发展成效显著，美丽中国建设稳步推进，三大攻坚战取得关键进展，供给侧结构性改革提质增效……我们不断激发内生动力和创新活力，取得国民经济质和量的稳步提升。下一步抓发展，仍要实打实地将创新、协调、绿色、开放、共享的新发展理念落到实处，着力补短板、强弱项，继续推进"放管服"改革，扩大高水平对外开放，建设现代化经济体系。

这更是社会主义基本经济制度的成果。公有制为主体、多种所有制经济共同发展，按劳分配为主体、多种分配方式并存，社会主义市场经济体制等社会主义基本经济制度，既体现了社会主义制度优越性，又同我国社会主义初级阶段社会生产力发展水平相适应，是党和人民的伟大创造。正是这一伟大创造，解放和发展了社会生产力，持续改善了人民生活，推动我国综合国力的不断提高。改革开放40多年来，中国占世界经济比重从1978年的1.8%跃升至2012年的11.4%，再到2019年的15.9%。站在新的起点上，把党的领导落实到国家经济治理各领域各方面各环节，处理好政府和市场关系，坚持"两个毫不动摇"，才能让制度优势进一步转化为治理效能，让社会主义制度的巨大优越性持续转化为经济治理水平的提高与人民福祉的增进。

同时也应清醒认识到，"人均GDP"不等于"人均可支配收入"，我们距离共同富裕的目标还有很长的路要走。不要忘记，最大的发展中国家的基本国情没有变，中国仍处于中等收入国家行列。不要忘记，收入分配体制改革亟待突围，城乡差距、区域差距、行业差距等问题仍需下大力气解决。不要忘记，中国这个"新万元户"还是低标准的、不平衡且不充分的，高质量发展任重道远。就此而言，越来越殷实的"家底"值得骄傲，但成绩容不得半点自满和懈怠，我们决不能有"小富即安"的心态，决不能有喘口气、歇歇脚的念头。

行百里者半九十。迈上新台阶、踏上新征程，亟待我们将量的增进

和质的提升有机统一起来，努力把高质量发展这个根本要求贯穿宏观调控、全面深化改革的全过程。始终坚持以人民为中心的发展思想，戒骄戒躁、艰苦奋斗，我们就一定能够确保全面建成小康社会圆满收官，为坚持和完善中国特色社会主义制度作出新的更大贡献。

（2020年01月23日）

以服务品质留住付费会员

白光迪

在会员制盈利模式下,追求利润无可厚非,但要想健康成长、行稳致远,关键还是要提供高品质服务,不断增强用户黏性

"会员去广告"仍受广告骚扰,会员之上还有"超级会员",会员到期后自动续费……一些互联网企业推出的付费会员服务,没有给消费者带来应有的实惠和便利,存在名不副实、暗藏猫腻等现象。如何有效整治乱象、确保服务质量,推动网络付费会员模式平稳健康发展,成为广大用户关心的话题。

作为一种商业模式,付费会员制存在已久。以明确专属权益为基础,通过收取一定费用,吸引消费者加入会员,既有助于商家获得稳定客源,也能为消费者带来实实在在的好处,可以实现双赢。近年来,随着互联网应用的快速发展,网络付费模式日渐兴起,一些新情况、新问题也随之产生。比如,有的网络平台表面上承诺了周到的专属服务,背后却布设套路,想方设法让用户多充值、多看广告。类似做法,影响了服务品质和用户体验,不利于平台的长远发展。

从某种意义上说,一些拥有独家内容资源、产品资源、渠道资源的互联网平台,在普通用户面前往往具有强势地位。在这种背景下,付费会员的权益保障容易存在薄弱环节。以视频网站为例,消费者付费成为

会员,核心目的在于"去广告"、影视剧抢先观看,而一些网站聚焦短期业绩的提升,侧重于拿下"爆款产品""流量明星",付费会员仅属于"二次开发",消费者的体验对网站收益影响不大,因此不重视优化会员用户的体验。甚至有人认为,只要有营销话题、搜索热度就会有流量,无论服务质量如何,粉丝都会掏钱购买。其实,这是十分短视的。

在会员制盈利模式下,追求利润无可厚非,但要想健康成长、行稳致远,关键还是要提供高品质服务,不断增强用户黏性。现实中,有的视频网站视用户为朋友,注重内容产品的质量与网站浏览体验,积累了良好口碑,在激烈的竞争中脱颖而出,助推付费业务快速增长。事实证明,短期的营销策略虽然能让企业迅速变现,但从企业经营的角度来看,"赚快钱"远没有"得人心"更重要。加深对付费会员模式的理解,跳出业绩数字的窠臼,把用户体验纳入企业战略规划之中,建立健全付费会员管理办法,才能超越传统会员变现模式,促进自身和行业的规范发展。

面对付费会员热,消费者应保持"冷思考"。随着经济社会的发展,人们对精神文化的需求日益增长。从过去购买一本小说犹豫不决到愿意为一档网络节目开通会员,今天,我们的消费能力在提升,理性消费、依法维权的意识也应树立起来。生活中,一些消费者辨识能力不强,在进行会员消费时并未仔细阅读相关条款,不加甄别地选择价格相对较低的服务,最终落入"续费陷阱"之中。在利益受损时,不少人"自认倒霉",放弃维护自身权利。付费会员模式的完善有赖于市场竞争、行业发展,也离不开消费者的判别与"用脚投票"。当越来越多的人专注品质消费,就能鞭策相关企业想方设法优化会员服务。

与此同时,网络付费会员模式还亟待加强监管与治理。一方面,多措并举、形成合力,明确权责边界、出台相关制度、开展专项整治,切实加强多方位全时段监管。此外,畅通维权渠道,加强对投诉举报的大数据分析,让消费者明白消费、放心消费。展望未来,在全社会携手努力下,网络付费会员模式拥有广阔发展前景,必将为网络经济的蓬勃发展注入新动力。

(2020年01月22日)

依法治欠,为农民工"护薪"

张 凡

> 制度的生命力在于执行,强化责任、细化落实,让制度的篱笆越扎越密、越扎越紧,才能在实践中压缩恶意欠薪的空间

临近春节,为了让广大农民工顺利拿到工资、高高兴兴回家过年,各地各部门深入开展根治欠薪冬季攻坚行动,不断增强治理欠薪的力度。前不久,《保障农民工工资支付条例》正式公布,并将于今年5月1日起正式施行。《条例》的制定,必将有利于进一步规范农民工工资支付行为,更好保障农民工按时足额拿到工资。

改革开放40多年来,广大农民工活跃在经济建设的各个领域,已经成为我国产业工人的主体,是国家现代化建设的重要力量。农民工也是家庭的"顶梁柱",用自己的双手撑起一个家。解决拖欠农民工工资问题,体现着社会治理水平,更关乎万千家庭冷暖。近年来,从督促企业与农民工依法签订劳动合同,到加强农民工工资支付情况的日常监督,从建立和实施拖欠农民工工资"黑名单"制度,到畅通农民工维权法律途径,在多方努力下,治理欠薪工作取得了显著成效。数据显示,2019年,各地查处的欠薪违法案件数、涉及劳动者人数和金额,分别比2018年下降了33.1%、50.8%和50.4%,拖欠农民工工资多发高发的态势得到了明显遏制。

也应看到,由于一些行业生产组织方式不规范等原因,拖欠农民工

工资问题尚未得到根本解决。如何避免"年年欠薪,年年清欠,年年讨薪",建立清欠与根治拖欠农民工工资的协调联动机制?在强化长效机制的运用上"下力气",从法律和制度上"找药方",显得尤为重要。此次《条例》的出台之所以备受瞩目,就是因为它是近年来治理欠薪工作成功经验的制度化提升,是依法治欠的重要体现和制度保证。比如,针对农民工欠薪问题频发的工程建设领域,《条例》作出特别规定。从提出专用账户制度、破解"没钱发"难题,到实行总包代发模式谨防工资被截留、明确"怎么发"的方式,再到推动农民工实名制、解决"发给谁"的问题……制度的完善,有助于规范程序、填补漏洞,切实保护农民工的合法权益,为确保农民工按时拿到"辛苦钱"建立起长效机制。

制度的生命力在于执行。现实中,还须警惕"上有政策,下有对策"等现象。据报道,在国家明确要求设立农民工工资专户、专款专用后,个别承包商竟然想出"统一设置密码,统一上交管理"的办法,导致100多名农民工工资被冒领、挪用。这说明,治理欠薪问题是一项系统工程,容不得任何一个环节出现疏漏。强化责任、细化落实,让制度的篱笆越扎越密、越扎越紧,才能在实践中压缩恶意欠薪的空间,让"护薪"行动更有力、更有效。

如今,我国有2.88亿农民工,他们在农村与城市、沿海与内陆之间迁徙流动,构成了一幅壮阔的时代图景,成为社会活力的重要来源。长期以来,广大农民工以自己辛勤的劳动、坚韧的付出,为国家的城镇化、现代化事业贡献着青春与汗水。面向未来,我们要切实保障他们的劳动报酬权益,更要为他们搭建广阔的发展舞台。多措并举,加强职业技能培训、提升农民工就业能力,逐步提高社保、医疗等保障水平,解决随迁子女教育问题,才能让农民工既不苦于工资拖欠,也不忧虑个人发展,从而踏实打拼、安心奋斗。

"我和工友们都太高兴了,终于可以和家里人有个交代、过个好年了!"一位拿到被拖欠工资的农民工难掩喜悦。读懂这份激动背后的艰难,让社会治理更有温度,我们就能开创依法治欠新局面,为更多奔跑者、追梦人撑腰鼓劲。

(2020年01月21日)

巩固拓展减税降费成效

吴秋余

> 减税降费不是权宜之计，而是深化供给侧结构性改革、推进经济高质量发展的重大决策，是减轻企业负担、激发市场主体活力的重大举措

深化增值税改革后，我国月均净增一般纳税人 8.88 万户，相当于改革前的近两倍。最新公布的减税降费成绩单里，这一数据引人关注。比起数万亿的减税降费数字，8.88 万户的企业增长数量可能并不醒目，却意味着更大规模减税降费给中国经济带来勃勃生机和强大活力。

习近平主席在 2020 年新年贺词中指出，"减税降费总额超过 2 万亿元"。2019 年，我国出台了规模空前的减税降费政策，有效稳定了市场预期、释放了发展潜能，成为宏观政策逆周期调节的利器。从供给侧看，增值税税率明显降低，制造业及其相关环节在增值税减税规模中占比近 70%，小微企业普惠性减税约 2500 亿元，有效减轻了实体经济负担。税费"红包"为众多企业加大研发投入、实现转型升级注入动力。从需求侧看，个人所得税起征点提高叠加专项附加扣除这两步改革，直接让普通百姓钱包鼓起来，有效激发了居民消费潜力，进一步增强了内需拉动经济的主引擎作用。国家税务总局的数据显示，2019 年减税降费共拉动全年 GDP 增长约 0.8 个百分点。在国内外风险挑战明显上升的复杂局面

下，这样的成绩难能可贵。

然而，正如一枚硬币有两面，减税降费给财政收入带来的压力也显而易见。据测算，2019年全年减税降费预计将超2.3万亿元，这一数字已超过2003年全国财政收入。在减税降费政策影响下，去年全国税务部门组织的税收同比增长1.8%，明显低于2018年9.5%的增速。在当前经济面临下行压力的背景下，一些人不免担心，如此大规模的减税降费，会不会带来财政风险？继续落实减税降费政策，还有多少空间？

作为国家财政收入的主要来源，税收一头连着政府的"钱袋"，一头连着企业和个人的"腰包"。但是，跳出税收看税收，用发展眼光、长远思维放眼量，减税降费带来的并不一定是财政收入持续减少。根据拉弗曲线理论，税收收入多少一般取决于两个因素，即税率高低和税基大小。短期看，税基不变的情况下，降低税率确实会造成收入减少，但从长期看，减税往往能促进企业发展和经济增长，从而扩大税基，使得税收收入增加。

近年来的改革实践不断证明，短期财政收入高一点还是低一点，并非评价经济好坏的绝对指标。通过减税降费，把原来由政府支配的财力更多留给企业，是另一种形式的财政支出，能够更好激发经济"细胞"活力，产生"四两拨千斤"的成效，有利于保持财政收入持续平稳增长。这既是深化供给侧改革的应有之义，也是积极财政政策的重要使命。可以说，更大规模减税降费带动经济更高质量发展，经济高质量发展又为减税降费提供更大财力空间，最终将实现减税降费与经济增长良性循环、比翼齐飞。

"要巩固和拓展减税降费成效，大力优化财政支出结构"，去年底召开的中央经济工作会议，对今年减税降费做出重要部署。减税降费不是权宜之计，而是深化供给侧结构性改革、推进经济高质量发展的重大决策，是减轻企业负担、激发市场主体活力的重大举措。巩固拓展减税降费成效，既要有"不畏浮云遮望眼"的境界，不被眼前财政收入波动所困，更要有"咬定青山不放松"的定力，以更扎实举措、下更大气力做好减税降费工作，不断增强全社会的获得感，为高质量发展提供更充沛动力。

（2020年01月20日）

铁路春运之变彰显发展哲学

陆娅楠

随着交通网的跨越式发展，中国春运已从"不得不完成的运输任务"变成"充满商机的服务市场"

春运之变证明，我们不仅有能力解决发展中的问题，而且能在解决问题中实现更好的发展

一年一度的春运大幕已经开启。高铁包车、扫码进站、无纸出行、智能乘车……这些过去想都不敢想的"新潮流"，让今年的铁路春运更显品质。

有品质的铁路春运，在几十年前甚至十几年前，都还无法奢望。上世纪80年代，改革开放的春风吹暖了外向型经济，"打工潮"涌动，也催生出中国独有的春运。到了千禧年，"孔雀东南飞"声势浩大，可国家铁路营业里程不足5.9万公里，平均时速不足57公里，每逢春运，"一票难求"成了民生痛点。即便有了票，逼仄的绿皮车里拥挤不堪，连卫生间常常都挤满了人，"走得了"是旅客的唯一期盼，也是铁路部门的最大焦虑。

在当时的不少观察者看来，中国春运这种世界级大迁徙，将是永远无解的难题。然而谁又能想到，今年春运，中国铁路日均旅客发送量将突破1100万人次，约是2000年该数据的3倍多。中国春运是如何破解这道世界级难题的？对这一问题的回答，一定程度上彰显着中国的发展哲学。

大运量的背后是强大的运力支撑。近十几年来,我们集中力量办大事,持续大规模推动铁路建设,使国家铁路营业里程超过13.9万公里,织出一张让群众集中从容出行的铁路网。特别是运行时速世界第一、发车频次世界第一的高铁网,显著提升了铁路运力,大幅缩短了旅途时间,使启程回家的日子有了更多选择。比如从北京到郑州,高峰期一天就有124趟车,快车、特快、动车、高铁一应俱全,为春运从"能走就行"升级到"走得称心"提供了有力保障。

以车之两轮为喻,如果说品质的"左轮"是运力,那么"右轮"就是服务。火车站前彻夜排队买票的长龙,随着网上购票、电话订票的出现和普及成为历史;候车大厅边臭味熏天的厕所,因"厕所革命"旧貌换新颜。今年,电子客票在高铁推广,免去旅客取票烦恼,还有扫码过闸、车载WiFi、高铁订餐、积分换票……这些过去难以想象的服务举措,如今在中国遍地开花,春运渐渐变得贴心暖心。

随着交通网的跨越式发展,中国春运已从"不得不完成的运输任务"变成"充满商机的服务市场"。如今提到春运,企业的兴奋多于头痛。春运是旅客最多、消费需求最多元化的时段,也是运输企业挖掘新赢利模式、培育新客户群体的重要时刻。纾解春运中旅客的痛点,就能换来服务的亮点;弥补春运中运输的短板,就能带来业务的新增长点。将春运中积攒的经验、挖掘的潜力,借鉴到端午、"五一"、"十一"等假期,才有了这些节日近年来单日客流高峰不断超越春运、运输收入节节攀升的新局面,助力人口大国壮大假日经济。从这个层面看,春运是中国百姓享受假期的黄金时段,更是运输企业提质增效的时间窗口。

回头看,春运变"财富",靠的还是发展。发展是一个不断解决问题的过程,发展中的问题也只有靠发展才能解决。中国的国情具有特殊性,不少经济社会现象在全世界都没有先例。要破题,只能靠我们自己找出路;要解题,只能坚持问题导向、结果导向,不漠视、不推诿、不掩盖、不拖延,一步一个脚印干出来。破题解题虽难,但春运之变证明,我们不仅有能力解决发展中的问题,而且能在解决问题中实现更好的发展。

(2020年01月20日)

打通快递进村"最后一公里"

贾 亮

> 农村市场潜力巨大,既是快递业发展的一片蓝海,也是促进乡村振兴的有力抓手
>
> 推进快递进村,除了发挥市场作用,还需要在政策层面给予更多扶持,打造更多有效的利益调节杠杆

要过年了,从网上给山东老家的岳父买了点年货,岳父高兴之余却有些烦恼,因为快递只能送到镇上,每次取件都要靠摩托车骑行十多里路。更令他遗憾的是,村里大量种植的核桃、苹果、小米等农产品无法通过快递发出去,只能等着人来收购,价钱自然压得很低。快递进村,已经成为很多农民的期待。

不久前,一个好消息从全国邮政管理工作会议上传来:截至2019年底,全国乡镇快递网点覆盖率已经达到96.6%。2020年,国家邮政局将推进"快递下乡"换挡升级,基本实现"乡乡有网点"。在此基础之上,国家邮政局还将启动"快递进村"工程,并为此制定三年行动方案。从升级"快递下乡"到推进"快递进村",这意味着,未来,即便是偏远贫困地区的村民,也能跟城里人一样享有快递的便利。同时会拓展更多渠道,让工业品下乡、农产品进城的"毛细血管"更畅通。

实现"快递进村"的目标并不容易。农村不比城市,快递服务集约

程度低，不少山路难走、有些人家难找，再加上快递单量相对较少，成本控制难度较大。因而许多快递公司通过快递网点加盟来触达村级市场，但一些快递公司分配给网点的利润空间不足，导致违规收费、服务不规范等现象时有发生。

比如，在投递环节以超过派送范围或经营困难为由，强行向收件人加收快件投递费；收件人自取快件时，无正当理由向收件人额外收取保管费；未经收件人同意，快件放置乡镇网点或其他代收点，不按约定名址投递到人，等等。尽管国家邮政局对这些现象进行集中整改，取得了一定效果，但未能将问题"断根"。如何打通快递进村"最后一公里"，成为摆在企业、行业、政府面前的共同课题。

推进快递进村，行业责无旁贷，企业机不可失。近年来，各大电商平台收获下沉市场的果实，得益于农村消费升级，也离不开乡村快递这支"催化剂"。奉化水蜜桃、榆林红枣、阿克苏糖心苹果、盐池滩羊……各地特色农产品在各大快递企业货源结构中的地位愈加重要。因而，无论是承接网购下乡，还是推动农产品进城，农村快递市场潜力巨大，既是快递业发展的一片蓝海，也是促进乡村振兴的有力抓手。对于企业来说，早规划，早行动，合理调配已有资源，最大限度实现精细化布局，方是赢得未来的选择。

推进快递进村，除了发挥市场作用，还需要在政策层面给予更多扶持，打造更多有效的利益调节杠杆。能否推动县域邮政网络设施资源社会共享，如何支持邮政、快递企业与产业链上的企业合作，建立县、乡、村消费品和农资寄递网络体系，怎样鼓励快递企业在业务量较少的乡镇建立合作网点……一系列问题考验着各方合作的智慧。只有形成资源共享、成本共担的农村市场格局，才能逐步缩小城乡寄递服务水平差距，不断提升农民的获得感。

中国特色社会主义进入新时代，乡村迎来了难得的发展机遇，天地广阔大有作为。希望越来越多的快递品牌，能把业务延伸到田间地头，助力乡村振兴。

（2020年01月17日）

探索"高精尖缺"人才培养新机制

赵婳娜

"培养什么人、怎样培养人、为谁培养人"是新时代高等教育面临的根本问题,也是深化教育改革的初心所在。日前印发的《关于在部分高校开展基础学科招生改革试点工作的意见》(也称"强基计划"),力图通过积极探索对学生多维度考核评价,对这一问题进行有效解答,从而为国家重大战略领域输送更多优秀后备人才。这是高考综合改革的重大举措,也是人才选拔培养机制的重大创新探索。

人才是实现民族振兴、赢得国际竞争主动的战略资源。当前,世界新一轮科技革命和产业变革孕育兴起,抓住和用好这一机遇,最重要的战略资源就是人才。对高校来说,解决服务国家重大战略需求的高水平人才紧缺问题,需要以国家重大战略需求为导向,进行人才选拔和培养的一体化、创新性设计。实施"强基计划",正是立基于此,逐步构建形成基础学科拔尖创新人才选拔培养的新机制。这是新高考在新时代的新突破,集中体现了新高考的改革方向。

和以往相比,"强基计划"展现了新时代高校人才选拔与培养的"精"与"准"。与以往自主招生主要选拔"具有学科特长和创新潜质"的定位不同,"强基计划"更精准聚焦国家重大战略需求,正是力求从综合实力和基础学科相对较强的高水平大学人才选拔入手,采取系统化培养方式,破解长远发展的瓶颈问题,体现高校人才选拔培养与国家发展战略的同

心同向。

"强基计划"展现了新时代高校人才选拔与培养的"通"与"新"。不同于过去自主招生录取学生与普通录取学生在培养方式上的趋同,"强基计划"为学生单独制定培养方案,实行导师制、小班化培养,鼓励国家实验室、前沿科学中心等吸纳录取学生参与项目研究,并探索本—硕—博衔接的培养模式。此举不仅可增强学生的荣誉感和使命感,激发入选学生潜力,还可进一步促进高校将人才选拔与学科建设、人才培养与科学研究结合起来,推动高校教、研、学的协同发展。"强基计划"还强化了对于综合素质评价的使用,此举将为探索破除"五唯"、建立科学的教育评价导向贡献实践路径。

此外,"强基计划"还展现了新时代高校人才选拔与培养的"稳"与"实"。教育既是国之大计、党之大计,也是民生之本、民生之基,高校招生选拔牵动着社会公众的关切。因此,稳妥推进改革,确保考试招生公平公正是考试招生制度改革的重中之重。"强基计划"充分借鉴此前上海等地高考综合改革试点的成果,严控学校和规模,并提出严格高校考核、加强信息公开、加强违规查处等具体举措,既突出了高考的核心地位,让改革稳健审慎,也保证了人才选拔与培养的质量,确保公平公正。

在科技与人才竞争日趋激烈的今天,"强基计划"为高校夯实基础研究和选拔培养拔尖创新人才提供了重要支撑。我们期待通过该项计划的实施,高校能进一步完善基础学科拔尖创新人才选拔培养的有效机制,培养更多服务于国家重大战略需求的"高精尖缺"人才,为实现中华民族伟大复兴的中国梦贡献力量。

(2020年01月16日)

以科技创新筑牢强国之基

姜 赟

让当科学家成为无数中国孩子的梦想，让科技工作成为富有吸引力的工作，未来祖国的科技天地必然群英荟萃，未来科学的浩瀚星空必然群星闪耀

近年来，我国科技体制改革步伐加快，人才评价、科技成果转化、科研诚信、科研管理等方面的政策不断出台，让各类创新主体迸发强劲活力

新型制浆技术实现砍更少的树造更多的纸，精准测控养殖让虾肥鱼美，创新成矿理论开辟找铜新天地……近日，国家科学技术奖励大会落下帷幕，各地掀起了弘扬科学精神、讲好科学家故事的热潮。人们对获奖科技工作者的致敬、国家对科学家的褒扬，成为中华民族追求科技创新的生动注解。

"盖有非常之功，必待非常之人。"大会上，两位国家最高科学技术奖获得者备受瞩目：一位是"干惊天动地事，做隐姓埋名人"的第一代核潜艇总设计师黄旭华，另一位是"凭黄牛风格、具赛马精神"的国际著名大气科学家曾庆存。时至今日，在国家最高科学技术奖的名单中，已有33名科学家。他们始终保持矢志不渝、赶超先进的报国情怀，始终坚守心无旁骛、严谨务实的科研品格，始终砥砺迎难而上、协同攻关的学术信念，不

仅推动了中国科研事业的长足进步，也在人们心中竖起矢志奉献的灯塔。

令人欣喜的是，得益于发达的人才根系、良好的成长沃土，我国科技事业青蓝相继、人才辈出。从今年的获奖项目中可以看出，青年人才已成为我国基础研究领域的生力军。与基础研究高度相关的国家自然科学奖，2019年度获奖成果完成人平均年龄44.6岁，比2018年下降了2岁；最年轻的团队平均年龄只有35岁。青年人最具创新潜能，他们有理想、有本领、有担当，国家就有前途，民族就有希望。激发青年科技工作者胸怀报国富民之志、传承老一辈科学家勇攀高峰、敢为人先的攻坚精神，中国科技创新就能不断筑牢强国之基。

近年来，我国科技体制改革步伐加快，人才评价、科技成果转化、科研诚信、科研管理等方面的政策不断出台，让各类创新主体迸发强劲活力。刚刚过去的2019年，从嫦娥四号登陆月背到长征五号遥三运载火箭成功发射，从北斗导航全球组网进入冲刺期到5G商用加速推出，科技体制的锐意改革与科技人员的奋发进取交相辉映，结出丰硕成果，书写了我国科技发展史上的新篇章。实践证明，只有以改革激活科技工作者的创新活力，防止繁文缛节把科学家的手脚捆住，杜绝无谓事务把科学家的精力耽误，才能最大限度激发科技作为第一生产力所蕴藏的巨大潜能。

科技竞赛如同马拉松，却又需要短道速滑的拼劲。当下，世界主要国家都在寻找科技创新的突破口，抢占未来科技发展的先机；我国经济社会转型、高质量发展进入关键时期，推动科技创新成为经济社会发展的迫切需要。广大科技工作者需要以国家科学技术奖获得者为榜样，洞察变革于端倪，把握先机于初始，引领方向于"无人区"，肩负起历史赋予的重任，勇做新时代科技创新的排头兵，努力建设世界科技强国。

科技创新大潮澎湃，千帆竞发勇进者胜。激发科技创新的力量，不仅仅是科技界的事，还需要全社会的共同努力。营造全社会崇尚知识、热爱科学、尊重人才的氛围，让当科学家成为无数中国孩子的梦想，让科技工作成为富有吸引力的工作，未来祖国的科技天地必然群英荟萃，未来科学的浩瀚星空必然群星闪耀。

（2020年01月16日）

公正司法让见义勇为更有底气

支振锋

> 用司法为见义勇为者保驾护航,才能消除挺身而出时的顾虑、扶危济困后的麻烦,才能让善行得到奖赏、让善意得到呵护、让善良得到弘扬
>
> 扶老助幼、解困纾困等义举,是社会期待的高尚行为,是皆应秉持的道德原则,也应是司法制度着力塑造的社会价值

老人与儿童相撞后要离开,遭劝阻时猝死,老人家属将劝阻者和物业公司诉至法庭。不久前,河南省信阳市平桥区人民法院就刘某、郭某甲、郭某乙等诉孙女士、某物业公司生命权纠纷一案公开宣判,驳回刘某等三人的诉讼请求。法律给了因仗义执言而被卷入官司的信阳市民孙女士一个明确的肯定,引发舆论点赞。

公正是法治的生命线,司法公正对社会公正具有重要引领作用。法院的这一判决之所以广受赞扬,就在于它尊重事实、恪守法律,合乎法律和逻辑地判明,孙女士劝阻撞人男子离开的方式在正常限度内,符合常理;在对方倒地后,立即拨打急救电话,对最终的结果没有过错,不具有因果关系,不构成侵权;而且男童玩耍的场所并无不当,亦未影响正常通行和公共秩序,因此物业公司也无需担责。判决论证充分,依法公正,很好地体现了法律与道德的相得益彰。司法对仗义执言者的支持,

必将有利于营造见义勇为的社会氛围。

司法公正以看得见的正义，得到社会公众的广泛认同。也是在最近，辽宁省康平县人民法院作出判决，为一位救助老人的店主免责。这位店主为在药店买药时突然昏厥的老人做心肺复苏时，不慎导致老人受伤。可以说，一系列弘扬社会正气的判决，不仅让无数关注案情的公众暖意融融，更传递出司法为义举撑腰的价值导向。

见义勇为是彰显社会正能量的美德善行，是具有文明共识的人类义举。扶老助幼、解围纾困等义举，是社会期待的高尚行为，是皆应秉持的道德原则，也应是司法制度着力塑造的社会价值。老人倒地了，扶起时会不会担心被"碰瓷"；孩子遇险了，救人者会不会顾虑被讹诈？化解一系列社会现实问题，既需要完善社会诚信机制，也离不开司法机关对正义的坚守。用司法为见义勇为者保驾护航，才能消除挺身而出时的顾虑、扶危济困后的麻烦，才能让善行得到奖赏、让善意得到呵护、让善良得到弘扬。

当然，对司法机关来说，当时的场景难以再现，以证据拼成的"法律事实"未必能完全等同于"客观事实"。尽管如此，即便遇到事实无法完全查清而具有争议的类似民事案件，司法也并非束手无策。在恪守法律和程序，尊重证据和常理，强调逻辑和事理的基础上，坚持"谁主张、谁举证"的民事举证规则，以社会主流价值观防止事实认定的扭曲，成为对司法者专业素养和职业伦理的检验，使司法判决体现正确价值导向，更好为良心善举撑腰打气，让社会正义更有底气。

（2020年01月15日）

法律之盾让执法者更有底气

张 璁

> 社会的和谐安宁关乎广大人民群众的切身利益，这有赖于民警在每一次执勤和出警中，以实际行动筑牢平安之基
>
> 全面推进依法治国，依法惩治袭警违法犯罪、维护民警执法权威，不仅仅是政法机关的使命所在，也是全社会的责任

日前，公安部举行新闻发布会，通报《关于依法惩治袭警违法犯罪行为的指导意见》有关情况。这是我国第一份由最高人民法院、最高人民检察院、公安部联合出台的专门惩处袭警违法犯罪行为的规范性文件，舆论高度关注。

"公安队伍是一支有着光荣传统和优良作风的队伍，也是一支英雄辈出、正气浩然的队伍。"和平时期，公安队伍是牺牲最多、奉献最大的一支队伍。无论是防范金融风险、打击"盗抢骗""黄赌毒"等违法犯罪，还是守护绿水青山、维护网络安全、处理交通事故等，广大公安干警不仅"能破案""快破案"，还在"防发案""防事故"上出实招、下硬功夫，是人民群众安全感的坚定守护者。然而与此同时，在依法履职过程中，人民警察遭受违法犯罪分子暴力侵害、打击报复的事件时有发生，近年来出现过多起袭警案件。此次《意见》的出台，正体现了国家对民警依法履职的保护。

执法是全面依法治国的重要一环。与其他执法力量相比，人民警察

处在社会矛盾冲突的前沿，执行职务中遭受暴力侵害的危险程度明显更高。人们还记得，2017年的除夕夜，黑龙江哈尔滨民警曲玉权在执勤出警过程中遭歹徒袭击不幸牺牲。警察权是国家公权力的重要组成部分，警察执法权来自法律赋予，代表国家行使执法权。因此，袭警行为不仅侵害民警的生命健康安全权利，更是对国家正常管理秩序的破坏，从根本上损害的是国家法律权威。

为民警正当执法"撑腰"，是对每一个公民正当权利的保护。社会的和谐安宁关乎广大人民群众的切身利益，这有赖于民警在每一次执勤和出警中，以实际行动筑牢平安之基。正如有网友所说，当你感觉到岁月静好的时候，是因为有人替你负重前行。过去在实践中发现，对袭警违法犯罪行为缺少统一的入罪、量刑标准，各地对法律的理解也有差异，致使一些行为性质恶劣的袭警犯罪分子逃脱法律制裁或被从轻处罚。针对这一情况，为准确贯彻执行刑法规定，此次出台的《意见》进一步明确对此类案件的定性和处罚，对适用暴力袭警的情形、从重处罚的情节等内容予以明确规定，突出可操作性，体现对袭警违法犯罪行为的严惩，从而形成有效震慑。严惩袭警违法犯罪行为，维护民警执法权威，有利于保障民警更好地履行保护人民群众的职责。

对公安队伍来说，"打铁也要自身硬"。《意见》强调，人民警察要严格按照法律规定的程序和标准正确履职，特别是要规范现场执法，以法为据、以理服人，妥善化解矛盾，谨慎使用强制措施和武器警械。同时也要认识到，全面推进依法治国，依法惩治袭警违法犯罪、维护民警执法权威，不仅仅是政法机关的使命所在，也是全社会的责任。这既需要全警努力，也需要全社会理解支持，努力形成人人尊法守法、自觉配合执法的良好社会氛围。

只有为执法者撑起法律之盾，才能避免让民警"流血又流泪"，更好守护人民安全感，筑牢"平安中国"基座。相信《意见》的发布实施，必将更加坚定广大民警依法履职、服务人民的信心和勇气，增强广大民警的职业荣誉感和自豪感，为进一步严格规范公正文明执法发挥重要的推动作用。

（2020年01月14日）

推动聚合支付平台规范发展

邹晨莹

在充分吃透技术原理、吸收专业意见的基础上,因时因事不断进行调整,才能提升监管的专业性、有效性和前瞻性

如今,扫码购物这样的消费场景,和柴米油盐一样成为百姓日常。细心的消费者已经注意到,以前商家柜台上分别摆着微信、支付宝、百度钱包等多个第三方支付二维码。但现在,很多商户只放一个二维码,就能接入所有拥有牌照的支付平台。各家第三方支付的聚合通道,被称为聚合支付平台。

从效果来讲,聚合支付化解了移动支付"最后一公里"的不便。对于消费者来说,支付更简单,不用再选择扫哪家的二维码,使移动支付更方便;对于商家来说,收银更便捷,且不用对每个支付工具进行分类对账。因而聚合支付获得市场各方青睐。然而,由于聚合支付平台处于无牌照运营阶段,不需要缴纳备付金,做一个应用即可接入第三方支付平台,进入门槛几乎为零,这也埋下了一些风险。

堵住监管漏洞,让技术更好发挥正面效应,需要社会治理精准发力。一些聚合支付平台"剑走偏锋",以聚合支付为名,行非法网络支付之实,或截留商家资金卷款跑路,或利用所谓的"资金池"从事违法犯罪活动,严重扰乱金融市场秩序。不久前,在公安部统一指挥下,公安机关破获

多起非法网络支付案件，打掉一批非法聚合支付平台。其中，深圳爱贝信息技术有限公司打着"聚合支付"的幌子，从事非法资金支付结算业务，截留商家资金，涉案金额92亿余元。如何推动聚合支付平台的规范发展，成为一个重要课题。

事实上，早在2017年，央行就下发《关于开展违规"聚合支付"服务清理整治工作的通知》，2018年全国金融标准化技术委员会就聚合支付安全技术规范征求意见，相关标准从安全技术、安全管理、风险控制等方面做出明确规范。但随着聚合支付向纵深发展，在事前准入、事中监督、事后处罚等方面的监管体系亟待细化完善，相应的准入标准、法规条文需要尽快研究出台。

监管亮剑和创新创业并不矛盾，而是为了更好推动新业态稳健发展。对监管来说，最重要的是在刚性和弹性之间寻求最优解，在精准精细上下功夫，不能搞"一刀切"。在机制上，能否坚持系统治理，整合力量，避免"各管一段"的治理模式？在市场上，能否推动条码支付互联互通尽快实现，形成更加开放、公平有序、更为健康的支付产业生态？这些问题需要从实际出发进行考量。实践证明，在充分吃透技术原理、吸收专业意见的基础上，因时因事不断进行调整，才能提升监管的专业性、有效性和前瞻性。

监管和包容并不相悖，这是各方对待创新的基本共识。少了积极包容，移动支付的应运而生便无从谈起；没有审慎监管，移动支付难以长远健康发展。影响力较大的平台理应坚守作为支付中介的定位，树立服务用户的意识；行业内部亦需引导和支持平台完善管理、守法经营，以日渐健康规范的姿态前行。打造行业自律、政府监管协同的共治格局，才能真正拓宽支付行业未来发展的广阔空间。

让新产品、新技术、新服务摆脱"成长烦恼"，考验社会治理能力。答好这道治理命题，既要多方合力探索适应技术发展的风险防范体系，更要构建与创新趋势相匹配的社会治理体系，从而消除潜在风险，推动新业态健康规范发展，更好满足群众期待和需求。

（2020年01月13日）

靠创新力量支撑共享经济更好发展

桂从路

共享经济要想走得更稳、行得更远，还要靠创新力量做支撑

冬天是共享单车使用的淡季，但共享单车涨价的新闻却引发热议。最近，有用户发现，青桔、摩拜以及哈啰等共享单车的起步价悄然提高到1.5元，一次骑行往往要花费2元到3元。共享单车"不约而同"调整计价规则，让许多用户感慨，"这个价格还不如去坐公交车"。

对于共享单车涨价，许多人是有心理预期的。近年来，外卖行业、网约车出行领域抢占市场的比拼，让人们认识到这样一种市场策略：通过补贴和低价策略吸引用户、培养消费习惯，再通过提价来获取可观利润。共享单车兴起的初衷是解决出行最后一公里的问题，当拥有巨大用户规模的共享单车也加入涨价行列，势必会增加部分用户日常生活的成本。作为共享经济的标杆，共享单车涨价也促使人们思考，共享经济如何才能走得更稳、行得更远。

新生事物的发展，大多有一个从快速生长到有序规范的过程。当资本热潮褪去、行业重新洗牌，共享单车市场趋于理性，涨价似乎是必然选择。一方面，在结束了前期烧钱补贴比拼和无序竞争之后，市场格局逐渐稳定，从"疯狂扩张"转向"理性经营"，定价也就回归到正常区间。另一方面，高损耗、高运维成本和重资产扩张模式使得共享单车企业成

本高企，通过涨价提升运营收入弥补亏损、增强变现能力也是一个迫切选择。从这个意义上讲，共享单车涨价既是市场趋于理性的表现，也是破解发展难题的现实之举。

涨价有其客观原因，但未必是长久之计。从行业发展来看，伴随中国城市化进程加快，优质社会服务短缺的问题将进一步凸显，共享经济通过调配社会闲置资源实现最大化利用，其市场规模远未达到天花板，随时可能出现下一个"风口"。近年来，共享单车在快速发展过程中，的确暴露出了一些问题，比如押金难退降低用户信任、商业模式单一变现能力有限，再比如过量投放造成资源浪费、无序摆放带来秩序混乱。不断升级的治理为共享单车划定了健康轨道，但是对企业来说，解决这些问题不能完全靠涨价。随着共享单车由增量争夺转入存量竞争，资本扩张的上半场结束，通过比拼服务来吸引用户的下半场刚刚开始。

市场优胜劣汰，最终的评价标准掌握在用户手里。当前，共享经济正由粗放式发展走向精细化运营。在这样的阶段，谁能提供更优质的服务，谁能带来更好的消费体验，谁就能获得长久竞争力。近年来，一些共享单车公司通过大数据、物联网等技术，优化车辆调度、运营维护，实现了投放数量、骑行需求与停放管理之间的动态平衡和效率最大化。还有一些领域瞄准细分市场，深挖用户个性化需求，提供多样化出行服务，走出了一条换道超车之路。这启示运营者，除了调整价格，更要通过精细化经营和科学管理，来提升服务质量和水准，获得用户认可。

进一步看，共享经济要想走得更稳、行得更远，还要靠创新力量做支撑。这种创新不光是简单的商业模式创新，更要在技术研发、运营管理、智能水平等多个方面发力，从而降低企业运营的成本、提高产品和服务的竞争力。通过不断激活创新的基因、保持创新的能力，企业才能立于不败之地，共享经济才能更好造福社会和消费者。

（2020年01月13日）

用制度为"居有所安"护航

何 娟

> 住房和城乡建设、发展改革、公安、市场监管、金融监管、网信等部门形成合力,进一步织密监管网络,才能让更多人的安居梦照进现实,不断提升人们的获得感、幸福感和安全感

住有所居,居有所安。居住问题关乎人民福祉,关系经济社会发展,既是民生问题也是发展问题。不久前,住房和城乡建设部等 6 部门印发《关于整顿规范住房租赁市场秩序的意见》,多措并举规范住房租赁市场主体经营行为,保障住房租赁各方特别是承租人的合法权益。这一意见,让租房群体权益保障制度化、常态化,顺应了广大人民群众"有得住"更要"住得好"的美好生活需要。

近年来,数量庞大的流动人口持续抬升着对住房租赁的需求。群众的需求就是政府努力的方向,从住建部提出租购并举的住房制度、推动住房租赁规模化和专业化发展,到党的十九大报告明确"房子是用来住的、不是用来炒的"定位,再到各级政府部门相继出台培育、发展、规范住房租赁市场的相关举措,政府大力扶持住房租赁市场的发展。正是在这样的背景下,住房租赁市场春江水暖,机构品牌大量涌现,成为银行、产业资本以及开发商等竞相追逐的"风口"。

发展的过程,也是不断解决问题的过程。正如《意见》指出的,一

方面，我国住房租赁市场快速发展，为解决新市民住房问题发挥了重要作用。另一方面，住房租赁市场秩序混乱，房地产经纪机构、住房租赁企业和网络信息平台发布虚假房源信息、恶意克扣押金租金、违规使用住房租金贷款、强制驱逐承租人等违法违规问题突出，侵害租房群众合法权益，影响社会和谐稳定。因此，在加大住房租赁供给的同时保障市场"池净水清"，成为广大租客的热切期待。

为规范住房租赁市场秩序，住建部以问题、目标和结果为导向，不断加大对违法违规房地产开发企业和中介机构查处曝光的力度。尤其是2019年6月以来，住建部在全国范围内开展整治住房租赁中介机构乱象工作，并取得了初步成效。2019年6月1日至10月15日间，31个省（区、市）共排查住房租赁中介机构27140家，查处违法违规住房租赁中介机构1853家，通报曝光违法违规典型案例217起，有力打击了住房租赁市场的违法违规行为，成效显著，充分显示出党和政府整顿住房租赁市场的决心，保障人们居有所安。

治标更要治本，促进住房租赁市场健全和完善，不仅要解决问题，更要建章立制，将"当下改"和"长久立"结合起来。由此而言，《意见》吸收了专项整治的好经验好做法，对住房租赁服务提供市场主体、网络平台、监管部门、地方政府的责任进行了明确，对房源发布、房源质量、合同规范、服务费用收取、动态监管、金融管控等多方面提供了指导性意见，为住房租赁市场的健全提供了制度遵循，不仅有利于巩固阶段性整治成果，也将促进住房租赁市场主体行为的规范和良好市场秩序的建立。

住房租赁市场建设和完善是一项长期性、系统性工程。城市政府对整顿规范住房租赁市场秩序负主体责任。住房和城乡建设、发展改革、公安、市场监管、金融监管、网信等部门形成合力，进一步织密监管网络，才能让更多人的安居梦照进现实，不断提升人们的获得感、幸福感和安全感。

（2020年01月10日）

进一步激发市场蕴藏的活力

吴秋余

改革春风唤醒的，是涌动在每一个角落的创造活力；开放大门迎来的，是世界对中国经济发展的信心和期待。

观察中国经济的成色，既要用好望远镜，登高望远看清发展大势；也要用好显微镜，耐心细致检验微观经济活动状态。

2019年，全国新设市场主体2179万户，日均新设企业达到2万户，再创新高，活跃度为70%左右，市场活力进一步增强。最新公布的市场主体发展数据，再次验证了中国经济不仅"颜值高""体格壮"，而且"气质好""活力旺"。

企业是经济的基本细胞，细胞活力四射，经济才会身强体健。中国经济迈向高质量发展，动力之源就来自一个个企业释放的强大活力。刚刚过去的2019年，尽管面临国内外风险挑战明显上升的复杂局面，中国经济始终保持着稳中向好的发展态势，不仅在宏观层面体现出大盘稳、结构优，更在微观层面表现得亮点纷呈、活力十足。日均新设企业2万家这个重要指标，折射出中国经济坚定迈向高质量发展的动力源泉。

草木繁荣，正因土壤优良。日均新设企业达到2万户，说明营商环境不断优化。与日均新设企业数量快速增长相呼应，我国营商环境世界排名也从2014年的96位上升到31位，提升65个名次。快速提升的数据，

展现出营商环境对企业发展的巨大推动力。简政放权,行政审批事项削减超过40%,企业开办、不动产登记等事项办理时间压缩50%以上,让企业轻松办事、专心发展;减税降费,2019年全年实际规模超过2万亿元,占GDP的比重超过2%,让企业轻装上阵、逆风起飞;强化法治,加大知识产权保护力度,外商投资法和优化营商环境条例正式实施,让企业预期更稳、信心更足。

"我们全面深化改革,就是要激发市场蕴藏的活力"。今天,全面深化改革、全面扩大开放,不断为高质量发展注入生机与活力。2019年,《关于营造更好发展环境支持民营企业改革发展的意见》《关于促进中小企业健康发展的指导意见》等政策措施不断出台,一系列困扰企业发展的"老大难"问题得到有效破解,让民营企业得到更多阳光雨露的滋养。与此同时,面对经济全球化遭遇的问题,中国坚定以开放求发展,将开放大门越开越大,与全球共享发展机遇。2019年前11月,全国新设立外商投资企业36747家。改革春风唤醒的,是涌动在每一个角落的创造活力;开放大门迎来的,是世界对中国经济发展的信心和期待。

澎湃的微观活力,标注着中国经济转型升级的铿锵脚步。提高研发费用税前加计扣除比例、支持科技型中小企业加快创新发展、科创板鸣锣开市……一项项扶持企业创新发展的实招,将蕴藏在企业的创新活力激发出来,不断为高质量发展添能蓄势。从C919六架试飞机全部首飞成功,到5G正式启动商用;从全球最薄柔性触控玻璃,到世界最大船用曲轴,企业作为技术创新主体的地位不断巩固,释放出加速新旧动能转换的澎湃动力。世界知识产权组织发布的《2019年全球创新指数报告》显示,我国创新指数位居世界第十四位,成为唯一进入前20名的中等收入经济体。

习近平总书记指出,"激发市场活力,就是要把该放的权放到位,该营造的环境营造好,该制定的规则制定好,让企业家有用武之地。"推动高质量发展,就要激活每一个细胞的发展潜能,汇聚起高质量发展的强大势能。

(2020年01月09日)

从"新京张"看百年巨变

陆娅楠

1909年10月2日，中国自主设计建设的第一条铁路——京张铁路正式通车，打破了中国人不能自建铁路的论调。2019年12月30日，世界上首条时速350公里的智能高铁——京张高铁正式通车，开启了世界智能高铁的先河。

"莽莽神州，岂长贫弱？曰富、曰强，首赖工学。"这是"中国铁路之父"詹天佑在《敬告青年工学家》中的疾呼。百余年，从这里出发，又在这里梦圆。京张线上的一草一木可以作证，京张之变、铁路之强，正如习近平总书记深刻指出的："从自主设计修建零的突破到世界最先进水平，从时速35公里到350公里，京张线见证了中国铁路的发展，也见证了中国综合国力的飞跃。"

回想京张铁路动工时，竟没有一寸铁路是中国自己造的，甚至有外国人狂妄地断言，"中国造此路之工程师尚未诞生！"如今，航拍中国，具有完全自主知识产权的"复兴号"如银龙穿梭，3.5万公里高铁网让身处天南海北的中国人"远在天涯，近在咫尺"。自主建成世界上海拔最高的高原铁路、荷载最重的重载铁路，拥有世界上运营时速最快的智能铁路，自动驾驶、智能体检的高铁面世……一项项填补空白的"世界之最"，正是中国人攻坚克难、矢志创新的最佳写照。

在积贫积弱的旧中国，"老京张"的修建可谓步履维艰。由于八达岭

段坡度较大、施工装备有限、投入经费不足,工人靠肩挑手凿才打通了长度仅一公里的八达岭隧道,为此,詹天佑不得不设计了省工却耗时的"人"字形铁路。而"新京张"配备最大台车、最智能盾构机、最快铺轨机,全周期智能建造、智能运维,12公里的新八达岭隧道内更建成了埋深102米的"世界最深高铁站"。施工装备与建造技术之变,正是中国跻身建造强国的生动缩影。

京张铁路百年跨越,彰显了社会主义制度的巨大优越性。新中国成立之初,国内铁路犹如"万国机车博物馆",总里程仅2万公里左右,其中一半还处于瘫痪状态。人们知道"要想富,先修路",但面对崇山峻岭,财力不足,如何能够"钻山入地"?核心技术买不来、求不到,如何实现自主研发、后来居上?事实证明,只有集中力量办大事,才能把好钢用在刀刃上。全国一盘大棋,打破部门界限,众人握指成拳,让中国高铁建设势如破竹。同样依靠这一法宝,中国用几十年时间走完发达国家几百年走过的工业化历程,创造了现代化历程中的发展奇迹。

京张高铁通车,不仅是铁路之变,更将带来发展巨变。人们说:高铁投资在路上,效益却在路外。高铁发车频次多、速度快,能大幅带动人流、信息流,增强中心城市对周边城市的辐射带动作用。高铁使沿线旅游业更热、服务业更火,这将大幅刺激消费,撬动沿线产业结构调整,加快区域融合和乡村振兴的步伐。尤其在京津冀协同发展的背景下看,"老京张"到"新京张"的嬗变更显影响深远。

在京张高铁的首发列车上,有一群前往北医三院崇礼院区的医生。他们感叹:"过去往返崇礼,路上要颠簸七八个小时,医生的时间精力都浪费在路上;有了高铁,更多优质医疗资源可以下沉,河北小县城的乡亲们可以在家门口就享受北京的优质医疗。"随着崇礼医院升级国家区域医疗中心,这座"山连山、沟套沟"的县城还将被赋予医疗康养产业新竞争力,冰雪小镇的未来明明就是暖意融融。交通先行、产业扎根、健康开花、就业结果,这正是京张高铁给百姓带来的最真切的福利。

(2020年01月08日)

编纂凝聚中国智慧的民法典

徐 隽

近日,7编加附则、84章、1260条的《中华人民共和国民法典(草案)》在十三届全国人大常委会第十五次会议上首次亮相,引起社会广泛关注。这也是民法典各分编草案与2017年制定的民法总则"合体"后,首次以完整版中国民法典草案的形式呈现。

民法典被誉为社会生活的百科全书,是一个国家经济社会发展的真实写照,也是一个民族精神文化的集中体现。编纂中国人自己的民法典,是新中国成立以来几代法学家的梦想。如今,十三届全国人大常委会第十五次会议决定将民法典草案提请2020年召开的十三届全国人大三次会议审议,实现这个梦想已进入最后冲刺阶段。

新中国成立后,我国民事立法以婚姻法为开篇,开启了全新的进程。改革开放后,以民法通则、合同法、物权法、侵权责任法等的制定为标志,我国民事立法速度加快、种类完善、科学有效。在法治实践中,我们积累了宝贵的法治经验,编纂民法典应当继承和发扬优良传统。比如,民法总则是在民法通则的基础上修改而成,如今又与民法典各分编"合体",并作适当调整;继承编,保留了父母作为第一顺位的法定继承人,同时,对近年来新出现的打印遗嘱的效力作出界定。可以说,民法典草案处处彰显着在继承中发展、在守正中创新。

法律是时代精神的体现,必然反映着最为鲜明的时代特征。今天,

我国编纂民法典,与19世纪法国民法典、德国民法典的编纂有着显著不同。在21世纪编纂民法典,必须回应这个世纪人类面临的共同问题,比如协调经济发展与环境保护的关系、解决互联网和人工智能发展给隐私保护带来的冲击、用法治手段应对高风险社会带来的侵权威胁,等等。可以看到,从民法典草案规定履行合同应当避免浪费资源、污染环境和破坏生态,到将人格权独立成编,再到制定高空坠物侵权责任分摊规则等,民法典草案努力回应时代需要,为应对人类共同面临的挑战提供了中国智慧、中国方案。

作为社会生活的百科全书,民法典既是生活时代精神的生动体现,也是民族精神的立法表达。民法典因其对经济社会生活影响的广泛性,必然承载着一个民族共同的记忆,彰显着这个民族鲜明的精神特质。翻看民法典草案,大到规定弘扬社会主义核心价值观,小到强调禁止高利放贷;从抽象地规定公序良俗,到具体地要求赡养父母、抚养未成年子女,民法典草案用一个个法条映照出中华民族的精神内涵和价值追求。

编纂民法典,一项重要任务,就是将民事权利法定化、具体化。在民法典草案中,不仅有传统的财产权、人身权,还有新兴的人格权;不仅对权利的具体内容作出规定,而且对权利遭受侵害时如何救济提出方案。在民法典草案中,很容易读到对个体权利的尊重、对个体尊严的维护、对个体发展的保障。

目前,民法典草案正向全社会公开征求意见。全社会关心关注民法典编纂,积极为编纂民法典建言献策,我们就一定能如期完成党的十八届四中全会提出的民法典编纂任务,形成一部立足中国、放眼世界、体现时代特点、凝聚民族精神的法典。

(2020年01月07日)

为人才搭"桥梁"竖"阶梯"

张 凡

> 推动劳动力和人才社会性流动体制机制改革,是要让每一个人都有人生出彩的机会、梦想成真的舞台

劳动力、人才只有像水一样流动起来,才能使社会充满生机活力。近日,中办、国办印发《关于促进劳动力和人才社会性流动体制机制改革的意见》,围绕创造流动机会、畅通流动渠道、扩展发展空间、兜牢社会底线等方面作出顶层设计和制度安排,为促进劳动力和人才流动注入强劲动力。

合理、公正、畅通、有序的社会性流动,是经济持续健康发展的有力支撑,是社会和谐进步的重要标志,是实现人的全面发展的必然要求。改革开放以来,党和国家持续深化经济、政治、社会体制改革,推进教育、就业、社会保障、户籍等制度深层次变革,为人的自由流动架设起一座座"立交桥",实现了社会性流动从计划到市场、从单一到多元的历史性转变。比如,高考制度恢复,打开了劳动者通过奋斗实现个人价值和职业发展的关键窗口;再比如,城镇化推开、就业市场打开和社会管理松绑,农民开始大量进入城市追逐梦想。而合理有序的流动,也让亿万人民梦想成真的舞台更加宽广,奋斗成功的渠道更加通畅。

"吸引人才、留住人才、用好人才,最好的环境是良好体制机制。"《意

见》首次构建了促进劳动力和人才社会性流动的政策体系框架，既聚焦推动经济高质量发展，创造更充分、更高质量流动机会，又注重解决当前社会性流动机会、渠道、空间等方面的问题，无论对于进一步解放和发展社会生产力，还是增强个人通过努力奋斗改变命运的动力，实现人的全面发展，都具有重要意义。

促进人才流动，既要注重"改革发力"破除障碍，也要注重"服务助力"留住人才。《意见》提出一系列有针对性的举措，比如全面取消城区常住人口300万以下的城市落户限制；再比如，推进常住人口享有与户籍人口同等的教育、就业创业、社会保险、医疗卫生、住房保障等基本公共服务，探索推进门诊费用异地直接结算等，都是要通过改革和服务的双重牵引，让人才既"流得动"又"留得下"，激发社会性流动的活力。

实现人才全面发展，不仅要搭建好横向流动的"桥梁"，还要竖立起纵向发展的"阶梯"。除了为人才流动护航，《意见》还着眼于推动人才职业生涯发展，为人人皆可成才、人人尽展其才营造良好环境。比如，聚焦技术技能人才和基层一线人员发展，提出拓展基层人员发展空间、加大对基层一线奖励激励力度、拓宽技术技能人才上升通道等举措，这对于解决基层人才用不好、晋升难等"老大难"问题，对于打通技术技能人才上升通道的"天花板"等，都具有积极意义。同时，《意见》还多方面促进贫困人口、失业人员、困难群体等实现社会上升，也让人们更清楚地看到，我们推动劳动力和人才社会性流动体制机制改革，是要让每一个人都有人生出彩的机会、梦想成真的舞台。

党的十九届四中全会指出，我国国家制度和国家治理体系具有"坚持德才兼备、选贤任能，聚天下英才而用之，培养造就更多更优秀人才的显著优势"。构建合理、公正、畅通、有序的社会性流动格局，让单向度的时间拥有多维的可能，让一个人的人生可以容纳不同的风景，就能为各类人才铺就成长进步、施展才华的舞台，汇聚起实现中华民族伟大复兴的强大力量。

（2020年01月06日）

多方发力，破解蓄电池回收难题

桂从路

近年来，我国新能源汽车产销呈现快速增长，与此同时也带来了汽车动力蓄电池回收的新问题。据报道，目前我国新能源汽车动力蓄电池已经进入规模化退役期，到 2020 年，退役电池累计约为 25 吉瓦时。面对如此庞大的数量，如何做好新能源汽车电池回收、置换等工作，成为一道现实考题。

在新能源汽车快速发展的大环境下，答好这道考题颇为紧迫。相比较传统燃油车，新能源汽车以其节约燃油能源、减少废气排放的优点，成为行业发展趋势。倘若电池回收的问题得不到有效解决，不仅可能造成严重的资源浪费和环境污染，对新能源汽车行业的健康发展也将带来负面影响。正因如此，从启动新能源汽车国家监测与动力蓄电池回收利用溯源综合管理平台，到在试点省份探索建立蓄电池回收体系，再到制定汽车回收行业标准、加大技术研发力度，政府和企业的未雨绸缪，都是为了让退役电池能得到更好回收和利用。

蓄电池回收，难点不在于"要不要"，而是"如何做"。单从回收环节来看，如何平衡车主、车企的利益就是不小难题。从车主角度，换个电池动辄好几万，二手车置换卖不上价，究竟是留车换电池，还是"止损"换新车，令不少车主陷入两难，也降低了主动参与回收的意愿。从车企角度，根据规定，汽车生产企业是电池回收的主体、负有监督责任，但

能不能把电池回收回来，主动权却不在自己手中。当然回收电池只是第一步，进一步来看如何实现有效的梯次利用？如何避免拆卸报废带来的环境污染？把这些问题解决好，方能规避可能出现的风险、最大化提高资源使用效率。

对于这些难题，从中央到地方已经开展了不少有益的尝试。2018年发布的《新能源汽车动力蓄电池回收利用试点实施方案》提出，到2020年，要建立完善动力蓄电池回收利用体系，建设一批退役动力蓄电池高效回收、高值利用的先进示范项目，研究提出促进动力蓄电池回收利用的政策措施。政策大方向早已明确，具体如何做，需要各地因地制宜、探索创新。短期来看，需要通过政策供给，在厘清各个主体回收责任上下功夫，保证电池准确地回收到位。长远来看，需要发挥市场主体作用，在销售、回收、再利用、技术研发等全产业链条发力，让电池回收的制度更完善、监管更严密，让市场有活力、车主有动力。

蓄电池回收，既是一个行业发展面临的困境，也是如何提高治理能力的课题。随着新经济、新领域、新业态层出不穷，老问题得到化解，但一些新的挑战也随之而来。不仅仅是新能源汽车，比方说共享经济带来的安全风险和城市管理难题，再比如大数据、人工智能等发展给个人隐私保护带来隐患，应对这些挑战，无不考验治理者的智慧。治理需要不断升级，跟上快速发展的脚步。不断优化管理方式，补齐制度短板，下足"绣花"的功夫，我们才能推动新经济、新业态行稳致远。

党的十九届四中全会提出，必须加强和创新社会治理，完善党委领导、政府负责、民主协商、社会协同、公众参与、法治保障、科技支撑的社会治理体系。这启示我们，形成多方参与的合力，是做好新能源汽车电池回收工作的治本之策。从政府到行业，从企业到用户，切实履行责任，汇聚市场主体最大合力，才能不断攻克发展难题。

（2020年01月03日）

根治欠薪彰显治理温度

李 斌

加快建立确保农民工拿到"辛苦钱"的长效机制，努力构建和谐劳动关系，从根本上实现不敢恶意欠薪、不能恶意欠薪

有法治保障、治理给力，就能把农民工合法权益维护好、劳动尊严捍卫好，就能让他们体面劳动、舒心工作、全面发展，抵达新的人生高度，创造新时代更大功绩

临近年关，农民工兄弟有没有足额拿到工资过个安心年，总会牵动人们关注的目光。近期，各省区市纷纷开展根治欠薪行动，多措并举打击欠薪违法行为。按照计划，根治欠薪冬季攻坚行动还剩下一个月，欠薪"清零"进入倒计时。

保障农民工劳动报酬权益，关系劳动者的切身利益，关系社会公平正义与和谐稳定。从根源上看，治理拖欠农民工工资问题，不单单是厘清谁应给钱、给多少钱的分配问题，还是一个确保劳资双方权责对等、依法维护劳动者权益的法治问题。因此，既需要在治理层面进行一揽子监管和执法，从规范企业用工管理到大力普法扫盲，从严格劳动保障监察执法到加强司法救助，各部门集中行动、各司其职、协同治理，统筹日常执法和专项整治；也需要从制度层面进行发力，加快建立确保农民工拿到"辛苦钱"的长效机制，努力构建和谐劳动关系，从根本上实现不敢恶意欠薪、不能恶意欠薪。

从当下的根治欠薪冬季攻坚行动看，各省区市统一行动，各相关部门互相配合，形成了集中整治拖欠农民工工资问题的合力，切实维护了农民工的劳动报酬权益。初步统计显示，2019年度根治欠薪冬季攻坚行动开展的第一个月，各地共处理欠薪案件6654件，共为8.1万名农民工追发工资待遇10.75亿元。实践中，无论是推广建筑工人实名制、落实发放工资"谁承包谁负责"原则，还是设立农民工工资保证金、建立农民工工资专用账户制度，各地许多创新性举措，不断压缩恶意欠薪的存在空间，切实发挥了抓源头、控过程、治末端的治理效能。

党的十九届四中全会提出，健全劳动关系协调机制，构建和谐劳动关系，促进广大劳动者实现体面劳动、全面发展。实现这一要求，制度建设是保障。因而，根治欠薪多发、欠薪难追讨的现象，必须把促进社会公平正义、保障农民工福祉作为一面镜子、一把尺子，审视和测量各方面体制机制和政策规定，哪个环节还薄弱就补齐哪个环节。比如，不久前国务院常务会议通过《保障农民工工资支付条例（草案）》，提出"建立拖欠农民工工资'黑名单'，对拒不支付拖欠工资的可依法申请强制执行，涉嫌犯罪的移送司法机关处理"。通过"黑名单"制度，构筑"一处失信、处处受限"的联合惩戒大格局，必将大大增加欠薪行为的违法成本，从源头上形成震慑力。

长期以来，农民工以其辛勤付出、诚实劳动，为国家的工业化、城镇化进程作出重要贡献。从全力帮助农民工讨薪，到推进随迁子女就地入学、养老医疗保险异地结付，再到推动非户籍人口落户，实现好、维护好、发展好农民工的合法权益，也见证着使改革发展成果更多更公平惠及全体人民的初心。有法治保障、治理给力，就能把农民工合法权益维护好、劳动尊严捍卫好，就能让他们体面劳动、舒心工作、全面发展，抵达新的人生高度，创造新时代更大功绩。

习近平总书记强调："公平正义是我们党追求的一个非常崇高的价值，全心全意为人民服务的宗旨决定了我们必须追求公平正义，保护人民权益、伸张正义。"不断织密公平正义的守护网，将推动拖欠农民工工资问题得到根治，也将创造一个更加公平正义的社会环境。

（2020年01月02日）

R 人民观点
R 评论员观察

人民日报评论年编·2020
评论员观察

人民日报社评论部 编

人民日报出版社
北京

图书在版编目（CIP）数据

人民日报评论年编 . 2020. 人民论坛、人民时评、评论员观察 / 人民日报社评论部编 . —北京：人民日报出版社，2021.1

ISBN 978-7-5115-6713-0

Ⅰ.①人… Ⅱ.①人… Ⅲ.①《人民日报》－时事评论－2020－文集 Ⅳ.① D609

中国版本图书馆 CIP 数据核字（2020）第 230681 号

书　　名：	人民日报评论年编·2020·评论员观察
	RENMIN RIBAO PINGLUN NIANBIAN·2020·PINGLUNYUAN GUANCHA
编　　者：	人民日报社评论部
出 版 人：	刘华新
责任编辑：	曹　腾　高　亮
封面设计：	阮全勇
出版发行：	人民日报出版社
社　　址：	北京金台西路2号
邮政编码：	100733
发行热线：	（010）65369527　65369509　65369510　65369846
邮购热线：	（010）65369530　65363527
编辑热线：	（010）65369523
网　　址：	www.peopledailypress.com
经　　销：	新华书店
印　　刷：	涞水建良印刷有限公司
开　　本：	710mm×1000mm　1/16
字　　数：	1325千字
印　　张：	92
版次印次：	2021年1月第1版　2021年1月第1次印刷
书　　号：	ISBN 978-7-5115-6713-0
定　　价：	218.00元（共三册，含光盘）

编辑说明

评论是报纸的旗帜和灵魂。2020年，人民日报评论紧紧围绕党和国家工作大局，聚焦宣传重大主题，充分发挥舆论引领作用；坚持问题导向，从热点事件、现象中提炼、设置议题，在答疑解惑、润物无声中凝聚共识；弘扬主旋律、传播正能量，以恒定价值对话社会舆论，以主流声音构建主流叙述，在党心和民意的同频共振中保持朝气、锐气；注重思想高度和理论深度，坚持创新表达，让舆论引导更接地气，让党报声音更加响亮，体现了人民日报"中流砥柱"和"定海神针"的作用。

本书汇集了"人民论坛""人民时评""人民观点""评论员观察"四个专栏2020年刊发的全部文章，其中"人民论坛"198篇，"人民时评"255篇，"人民观点"65篇（"人民观点"文章的作者均为人民日报评论部，不再一一标明），"评论员观察"98篇，并附有电子版，敬请读者参阅、指正。

人民日报社评论部
2021年1月

目 录

人民观点

百年变局，中国担当引领潮流	/3
乘风破浪，中国力量砥柱中流	/6
坚持党的全面领导，走上发展新征程	
——用好"十三五"发展宝贵经验①	/9
坚持以人民为中心，不断满足新期待	
——用好"十三五"发展宝贵经验②	/12
坚持新发展理念，加快构建新发展格局	
——用好"十三五"发展宝贵经验③	/15
坚持深化改革开放，持续注入新动力	
——用好"十三五"发展宝贵经验④	/18
坚持系统观念，握牢发展主动权	
——用好"十三五"发展宝贵经验⑤	/21
进入新发展阶段，伟大复兴历史进程大跨越	
——认识和把握新发展阶段①	/24
社会主要矛盾变化带来新特征新要求	
——认识和把握新发展阶段②	/27
不断满足人民群众对美好生活的需要	
——认识和把握新发展阶段③	/30

R 评论员观察

我国经济长期向好的基本面没有改变
　　——深刻认识和把握新发展阶段④　　　　　／33

彰显优势，凝聚发展伟力
　　——"十三五"经济社会发展的启示①　　　／36

提质增效，增强综合国力
　　——"十三五"经济社会发展的启示②　　　／39

脱贫攻坚，奔向全面小康
　　——"十三五"经济社会发展的启示③　　　／42

生态文明，描绘美丽画卷
　　——"十三五"经济社会发展的启示④　　　／45

扩大开放，共建一带一路
　　——"十三五"经济社会发展的启示⑤　　　／48

民生改善，成就美好生活
　　——"十三五"经济社会发展的启示⑥　　　／51

文化繁荣，汇聚精神力量
　　——"十三五"经济社会发展的启示⑦　　　／54

在一张白纸上演绎精彩
　　——努力续写更多"春天的故事"①　　　　／57

勇立潮头　开拓进取
　　——努力续写更多"春天的故事"②　　　　／60

永葆"闯"的精神、"创"的劲头、"干"的作风
　　——努力续写更多"春天的故事"③　　　　／63

聚焦人民对美好生活的向往
　　——努力续写更多"春天的故事"④　　　　／65

必须坚持全方位对外开放
　　——努力续写更多"春天的故事"⑤　　　　／68

坚持底线思维，做到有备无患
　　——打好应对变局、开拓新局主动战①　　　／71

科学研判运筹，提高决策水平
　　——打好应对变局、开拓新局主动战②　　　／74

加强制度应对，增强治理效能
　　——打好应对变局、开拓新局主动战③　　　／77

扛起政治责任，永葆斗争精神
　　——打好应对变局、开拓新局主动战④　　　／80

善于改革突破，积势蓄力新征程
　　——打好应对变局、开拓新局主动战⑤　　　／83

人无精神则不立，国无精神则不强
　　——大力弘扬伟大抗疫精神①　　　／86

生命至上，不惜一切代价护佑生命
　　——大力弘扬伟大抗疫精神②　　　／89

举国同心，激发万众一心的团结伟力
　　——大力弘扬伟大抗疫精神③　　　／92

舍生忘死，敢于压倒一切困难
　　——大力弘扬伟大抗疫精神④　　　／95

尊重科学，做到求真务实开拓创新
　　——大力弘扬伟大抗疫精神⑤　　　／98

命运与共，秉承"天下一家"理念
　　——大力弘扬伟大抗疫精神⑥　　　／101

百年风雨，历史和人民选择了中国共产党
　　——伟大征程上的中国共产党和中国人民①　　　／104

人民至上，中国共产党没有自己的特殊利益
　　——伟大征程上的中国共产党和中国人民②　　　／107

自我革命，得到中国人民的衷心拥护
　　——伟大征程上的中国共产党和中国人民③　　　／111

天下一家，推动构建"人类命运共同体"
　　——伟大征程上的中国共产党和中国人民④　　　／114

直面挑战，为人类进步事业而奋斗
　　——伟大征程上的中国共产党和中国人民⑤　　　／117

人不负青山　青山定不负人
　　——共同建设我们的美丽中国①　　　／121

绿水青山就是金山银山
　　——共同建设我们的美丽中国② /124
青山就是美丽　蓝天也是幸福
　　——共同建设我们的美丽中国③ /127
山水林田湖草是生命共同体
　　——共同建设我们的美丽中国④ /130
让制度成为不可触碰的高压线
　　——共同建设我们的美丽中国⑤ /133
建设美丽家园是人类的共同梦想
　　——共同建设我们的美丽中国⑥ /136
抓"六保"促"六稳"　形成发展新动能
　　——奋力实现经济社会发展目标任务① /139
不负绿水青山　方得金山银山
　　——奋力实现经济社会发展目标任务② /142
民生无小事　枝叶总关情
　　——奋力实现经济社会发展目标任务③ /145
决胜全面小康　决战脱贫攻坚
　　——奋力实现经济社会发展目标任务④ /148
织密防护网　筑牢健康坝
　　——奋力实现经济社会发展目标任务⑤ /151
切实把对上负责与对下负责统一起来
　　——让干部有更多时间和精力抓落实① /154
坚决防止新的形式主义
　　——让干部有更多时间和精力抓落实② /157
守住精文减会的硬杠杠
　　——让干部有更多时间和精力抓落实③ /160
监督检查是为了解决问题
　　——让干部有更多时间和精力抓落实④ /163
政策接地气才能真落地
　　——让干部有更多时间和精力抓落实⑤ /166

决不能亏待"干将""闯将"
　　——让干部有更多时间和精力抓落实⑥　　　　／169
"属地管理"不是责任转嫁
　　——让干部有更多时间和精力抓落实⑦　　　　／172
敢于斗争　敢于胜利
　　——凝聚抗击疫情的精神力量①　　　　　　　／175
同舟共济　守望相助
　　——凝聚抗击疫情的精神力量②　　　　　　　／178
勇于担当　甘于奉献
　　——凝聚抗击疫情的精神力量③　　　　　　　／181
把握规律　崇尚科学
　　——凝聚抗击疫情的精神力量④　　　　　　　／184
开放合作　命运与共
　　——凝聚抗击疫情的精神力量⑤　　　　　　　／187
坚定信心，让梦想照进现实
　　——鼓起决胜全面小康精气神①　　　　　　　／190
求真务实，书写历史新篇章
　　——鼓起决胜全面小康精气神②　　　　　　　／192
扎实苦干，用奋斗成就未来
　　——鼓起决胜全面小康精气神③　　　　　　　／195

评论员观察

冬奥筹办，高质量发展的生动写照	邹　翔／201
"直达机制"完善宏观经济治理	周人杰／203
多措并举巩固脱贫攻坚成果	盛玉雷／206
把绿色发展的底色铺好	李洪兴／209
提升家政服务业规范化职业化建设水平	何　娟／212
推动汽车消费向"使用管理"转变	周人杰／215
筑牢"中国之治"的法治基石	白　龙／218

抓紧抓实抓好就业工作	彭　飞／221
依靠创新塑造发展新优势	周人杰／224
善用系统观念开好顶风船	周人杰／226
满怀信心向未来	李　拯／229
进博会，见证中国扩大开放的决心	桂从路／232
理念引领，发展格局深刻变革	
——"十三五"经济社会发展观察①	李　斌／235
创新驱动，发展动力换挡升级	
——"十三五"经济社会发展观察②	何　娟／238
协调优化，发展空间拓展重塑	
——"十三五"经济社会发展观察③	李洪兴／240
绿色筑底，生态文明深入人心	
——"十三五"经济社会发展观察④	石　羚／243
开放扩大，内外联动潜能无限	
——"十三五"经济社会发展观察⑤	桂从路／245
共享引领，全面小康不落一人	
——"十三五"经济社会发展观察⑥	周人杰／248
新职业，彰显经济发展活力	
——生活新亮点折射"十三五"辉煌成就①	白　龙／250
新品牌，中国制造乘势而上	
——生活新亮点折射"十三五"辉煌成就②	陈　凌／253
新出行，带动文旅产业升级	
——生活新亮点折射"十三五"辉煌成就③	盛玉雷／256
新通信，智能生活加速到来	
——生活新亮点折射"十三五"辉煌成就④	彭　飞／259
新服务，数字技术开创未来	
——生活新亮点折射"十三五"辉煌成就⑤	桂从路／262
"放管服"改革助力开好顶风船	周人杰／265
相约服贸会　共享新机遇	陈　凌／268
传承抗战精神　书写灿烂明天	桂从路／271

织牢野生动植物保护安全网	石　羚 / 274
涵养"恒念物力维艰"的道德品质	张　凡 / 276
防汛救灾见证风雨同舟的力量	何　娟 / 279
以更昂扬姿态书写改革开放新篇	姜　赟 / 281
致敬抗疫英雄　汲取前行力量	陈　凌 / 284
习惯"一手撑伞，一手干活"	何　娟 / 286
跟党走　为人民　能胜利	邹　翔 / 288
以非常之功打好这场硬仗	
——凝聚脱贫攻坚的精气神①	李浩燃 / 291
坚定信心，风雨无阻向前进	
——凝聚脱贫攻坚的精气神②	彭　飞 / 294
收官之战需要绷紧弦鼓足劲	
——凝聚脱贫攻坚的精气神③	李洪兴 / 297
持之以恒扛起万钧重任	
——凝聚脱贫攻坚的精气神④	盛玉雷 / 300
脱贫摘帽是新生活新奋斗起点	
——凝聚脱贫攻坚的精气神⑤	桂从路 / 303
中国碗要装中国粮	张　铁 / 306
以"理论自觉"坚定制度自信	盛玉雷 / 309
依靠改革应对变局开拓新局	彭　飞 / 312
"三支一扶"，在基层播撒青春梦想	彭　飞 / 315
把百年奋斗延伸到未来	李　斌 / 318
短视频，监管和责任不能"短"	陈　凌 / 321
赋予传统节日新的时代内涵	张　凡 / 324
"公筷公勺"彰显文明新风	李洪兴 / 326
为高质量发展增添动力	洪乐风 / 329
民法典，让生活更美好	彭　飞 / 332
我们能够战胜任何艰难险阻	李洪兴 / 335
以更大政策力度对冲疫情影响	周人杰 / 337
用辛勤劳动托举全面小康	李　拯 / 340

评论员观察

以行动参与爱国卫生运动	盛玉雷 / 343
为复工复产拧紧"安全阀"	邹　翔 / 346
不失时机畅通经济社会循环	周人杰 / 348
微光成炬，志愿力量温暖人心	石　羚 / 350
平凡劳动者的不平凡作为	李　斌 / 353
在一线长才干练本领	彭　飞 / 355
为稳定全球供应链贡献中国力量	陈　凌 / 358
坚持两手抓　夺取双胜利	
——统筹做好经济社会发展各项工作①	李　拯 / 360
落实分区分级精准复工复产	
——统筹做好经济社会发展各项工作②	盛玉雷 / 363
用逆周期调节对冲疫情影响	
——统筹做好经济社会发展各项工作③	周人杰 / 366
稳就业需要打好"组合拳"	
——统筹做好经济社会发展各项工作④	石　羚 / 369
脱贫攻坚战，坚决不松劲	
——统筹做好经济社会发展各项工作⑤	李洪兴 / 372
为复工复产创造良好条件	
——统筹做好经济社会发展各项工作⑥	彭　飞 / 375
为春耕备耕提供更多保障	
——统筹做好经济社会发展各项工作⑦	张　凡 / 378
在疫情防控中书写"民生答卷"	
——统筹做好经济社会发展各项工作⑧	桂从路 / 381
稳住外贸外资基本盘	
——统筹做好经济社会发展各项工作⑨	陈　凌 / 384
全力做好北京疫情防控工作	李　斌 / 387
落实分区分级精准复工复产	李洪兴 / 390
突出重点，带动全方位工作的推进	
——把疫情防控工作抓细抓实①	李　拯 / 393

统筹兼顾，实现协同联动

　　——把疫情防控工作抓细抓实② 　　　　　桂从路 / 396

分类指导，做到精准高效防控

　　——把疫情防控工作抓细抓实③ 　　　　　石　羚 / 399

分区施策，完善差异化防控策略

　　——把疫情防控工作抓细抓实④ 　　　　　盛玉雷 / 402

在做好疫情防控同时抓好春耕备耕 　　　　　　　李浩燃 / 405

抓牢抓好脱贫攻坚 　　　　　　　　　　　　　　李洪兴 / 408

防控疫情，下好全国一盘棋 　　　　　　　　　　桂从路 / 411

统筹做好疫情防控和经济社会发展 　　　　　　　陈　凌 / 413

城乡一体，抓实抓细疫情防控 　　　　　　　　　李　拯 / 416

携手合作　抗击疫情 　　　　　　　　　　　　　李洪兴 / 418

坚定信心，坚决打赢疫情防控阻击战

　　——做好当前最重要的工作① 　　　　　　　彭　飞 / 420

同舟共济，汇聚疫情防控强大合力

　　——做好当前最重要的工作② 　　　　　　　张　凡 / 423

科学防治，让各项举措更有力有效

　　——做好当前最重要的工作③ 　　　　　　　陈　凌 / 426

精准施策，把疫情防控抓实抓细

　　——做好当前最重要的工作④ 　　　　　　　李　拯 / 429

扛起责任，把初心写在抗疫一线

　　——做好当前最重要的工作⑤ 　　　　　　　石　羚 / 431

人人有责，疫情防控从我做起

　　——做好当前最重要的工作⑥ 　　　　　　　盛玉雷 / 434

防控疫情，展现坚守与奉献的力量 　　　　　　　李　拯 / 436

在年味中感受文化的魅力

　　——新春之际话新风① 　　　　　　　　　　盛玉雷 / 438

在和谐中呈递文明的名片

　　——新春之际话新风② 　　　　　　　　　　张　凡 / 440

评论员观察

在团圆中传承优良家风
　　——新春之际话新风③　　　　　　　李　斌／442
开放合作，引领世界经济持续发展
　　——写在习近平主席"达沃斯演讲"
　　三周年之际①　　　　　　　　　　桂从路／445
创新发展，为全球经济增长添动能
　　——写在习近平主席"达沃斯演讲"
　　三周年之际②　　　　　　　　　　白　龙／448
协同联动，推动各国共享发展成果
　　——写在习近平主席"达沃斯演讲"
　　三周年之际③　　　　　　　　　　李浩燃／451
全面从严治党，凝聚磅礴伟力　　　　　白　龙／454
激发走好新时代长征路的不竭动力　　　李　斌／457
作风建设永远在路上　　　　　　　　　李浩燃／460
实现生态效益、经济效益的最大化　　　石　羚／462
让广大基层干部轻装上阵　　　　　　　李　斌／465
让"金色名片"永远熠熠生辉　　　　　姜　赟／468

人民观点

百年变局,中国担当引领潮流

  历史长河奔腾不息,时代潮流不可阻挡,人们用奋斗标注时间的意义

  回顾极不平凡的 2020 年,风雨无阻向前进的中国跨越艰难险阻,在人类的伟大时间历史中创造属于中华民族的伟大历史时间

  在前进的道路上,一个改革不停顿的中国必定会继续创造"当惊世界殊"的奇迹,一个开放不止步的中国必定会为世界增添发展新动能

  历史长河奔腾不息,时代潮流不可阻挡,人们用奋斗标注时间的意义。战疫情、斗洪峰,应变局、开新局……回顾极不平凡的 2020 年,风雨无阻向前进的中国跨越艰难险阻,在人类的伟大时间历史中创造属于中华民族的伟大历史时间。

  观察中国发展,要看中国取得了什么成就,更要看中国为世界作出了什么贡献。2020 年,面对世纪疫情和百年变局交织,中国无惧回头浪、勇开顶风船,以自身的发展为不确定的世界注入确定性。这一年,我们如期完成新时代脱贫攻坚目标任务,现行标准下农村贫困人口全部脱贫,提前 10 年实现联合国 2030 年可持续发展议程的减贫目标;这一年,我们

成为全球唯一实现经济正增长的主要经济体,外贸进出口和利用外资逆势增长,为全球经济复苏贡献中国力量;这一年,我们稳步推进共建"一带一路",成功签署区域全面经济伙伴关系协定,在开放中书写中国的务实担当……一张人民满意、世界瞩目、可以载入史册的答卷,标注着"中国之治"的新境界,也印证了"中国的奋斗就是全人类的奋斗,中国的经验对全人类非常重要"。

沧海横流,方显英雄本色。面对这场二战结束以来人类经历最严重的全球公共卫生突发事件,习近平总书记向世界庄严宣示:"中方秉持人类命运共同体理念,愿同各国分享防控有益做法,开展药物和疫苗联合研发,并向出现疫情扩散的国家提供力所能及的援助。"无论是在全球抗疫的关键时刻"中国邮包"火速派发、"中国专家"陆续出征、"中国经验"倾囊相授,还是承诺疫苗研发完成并投入使用后将作为全球公共产品优先向发展中国家提供,都让世人看到一个负责任大国的担当。"中国以实际行动帮助挽救了全球成千上万人的生命,以实际行动彰显了中国推动构建人类命运共同体的真诚愿望",这样的认知已经成为国际共识。

有人将2020年的关键词总结为"变"。的确,新冠肺炎疫情全球大流行使世界百年未有之大变局加速演进,单边主义、保护主义上升,国际格局深刻调整,不稳定不确定因素明显增多,很少有哪一个年份像2020年这样让我们感受到变化如此迅速、变革如此深刻。然而变化之中不变的是,中国坚定不移站在历史正确的一边。从在深圳经济特区建立40周年之际宣示"锐意开拓全面扩大开放",到克服重重困难举办服贸会、如期举行进博会,推动世界经济尽快复苏;从在联合国成立75周年纪念峰会上重申中国将始终做多边主义的践行者,到金砖国家领导人视频会晤上作出"努力争取2060年前实现碳中和"的庄严承诺……站在人类何去何从的十字路口,是奉行你输我赢还是寻求合作共赢,中国用行动给出了答案。

纽约联合国总部的中国厅,悬挂着一幅中国绘画作品,名为《互动的世界》,寓意着中国与世界的关系。当日益走近世界舞台中央,我们更加懂得"中国的发展离不开世界,世界的繁荣也需要中国",更加自信"中国发展是属于全人类进步的伟大事业",也更加坚定了推动构建人类命运

共同体的决心。党的十九届五中全会擘画了中国未来发展蓝图，提出要"坚持实施更大范围、更宽领域、更深层次对外开放，依托我国大市场优势，促进国际合作，实现互利共赢"。适应新形势新要求，我们提出构建以国内大循环为主体、国内国际双循环相互促进的新发展格局，这不仅是中国自身发展需要，而且将更好造福各国人民。在前进的道路上，一个改革不停顿的中国必定会继续创造"当惊世界殊"的奇迹，一个开放不止步的中国必定会为世界增添发展新动能。

1935年，红军长征即将抵达陕北时，毛泽东同志登上岷山峰顶写下"太平世界，环球同此凉热"的动人诗句。如今，全面建成小康社会胜利在望，中华民族伟大复兴向前迈出了新的一大步，社会主义中国以更加雄伟的身姿屹立于世界东方。面向"十四五"时期，立足新发展阶段，向着全面建设社会主义现代化国家进军，向着为世界和平与发展不断贡献中国智慧、中国方案、中国力量，历史必将不负我们的壮志雄心。

（2020年12月31日）

乘风破浪，中国力量砥柱中流

极不平凡，因攻坚克难而铭心刻骨，因奋斗而荡气回肠；一张答卷，写下战风斗雨的韧性，绘就凯歌以行的壮阔

乘风破浪的中国姿态，最能展现中国共产党政治领导力、思想引领力、群众组织力、社会号召力

前行路上，不管什么艰难险阻，不论何种沟壑丛林，只会锤炼中国人民的凝聚力、创造力，只会激励中国人民披荆斩棘、奋勇前进

新故相推，日生不滞，时间的年轮又添新的一环。"今年是新中国历史上极不平凡的一年""交出了一份人民满意、世界瞩目、可以载入史册的答卷"，前不久召开的中央经济工作会议作出如此判断。极不平凡，因攻坚克难而铭心刻骨，因奋斗而荡气回肠；一张答卷，写下战风斗雨的韧性，绘就凯歌以行的壮阔。

这一年，历史必将铭记。春节未至，新冠肺炎疫情袭来，艰苦卓绝的历史大考，考出了家国同心、万众一心。庚子之夏，遭遇1998年以来最严重汛情，28个省份遭受洪涝灾害影响，各地各部门以汛为令、闻汛而动，取得防汛救灾重大胜利。决胜之年，即便疫情汛情"加试"，我们依然如期完成了新时代脱贫攻坚目标任务，困扰中华民族几千年的绝对

贫困问题得到历史性地解决。是千千万万的英雄，是万万千千的我们，凝聚起战胜一切艰难险阻的磅礴伟力。

这一年，步伐始终铿锵。百年不遇的疫情袭击全球，世界经济陷入深度衰退……面对冲击、挑战，中国保持战略定力，付出艰苦努力，成为全球唯一实现经济正增长的主要经济体，三大攻坚战取得决定性成就，科技创新取得重大进展，改革开放实现重要突破，民生得到有力保障。是以习近平同志为核心的党中央坚强领导，是全党全军全国各族人民团结奋战，书写了令世界刮目相看的中国答卷，显示了中国的强大修复能力和旺盛生机活力。

乘风破浪的中国姿态，最能展现中国共产党政治领导力、思想引领力、群众组织力、社会号召力。今年以来，在抗疫大战中挺身而出，在大汛大灾中勇毅担当，在危机中育先机、于变局中开新局，风雨来袭时，中国共产党始终是中国人民最可靠的主心骨。历史昭示未来，身处历史关头，面对重大考验，只要坚持党的全面领导，把广大人民群众紧紧团结在党的周围，充分调动一切积极因素，广泛团结一切可以团结的力量，发挥集中力量办大事的制度优势，我们就一定能化危机、应变局，乘风破浪，勇往直前。

爬坡过坎、滚石上山，中国人民有着不屈不挠的意志力。百年来，在中国共产党的领导下，中国人民经千难而不懈奋斗、历万险而锲而不舍，我们才能在列强侵略时顽强抗争，在山河破碎时浴血奋战，在一穷二白时发愤图强，在时代发展时与时俱进，中华民族才能始终屹立于世界民族之林。挑战与苦难吓不倒中国人民，只会让中国人民更加坚强。今年以来，纵有大灾大难，我们风雨同舟、共克时艰；纵有逆风逆水，我们改革以破、开放以进；纵有"卡脖子"难题，我们以"奋斗者号"深潜万米、"嫦娥五号"探月取壤、"九章"横空问世激发科技自立自强。前行路上，不管什么艰难险阻，不论何种沟壑丛林，只会锤炼中国人民的凝聚力、创造力，只会激励中国人民披荆斩棘、奋勇前进。

"历史的道路，不全是坦平的，有时走到艰难险阻的境界，这是全靠雄健的精神才能够冲过去的。"今天的中国，正处于由大到强的关键阶段，面临的内外压力会越来越大。2021年，"十四五"开局，全面建设社会主义现代化国家新征程开启，许多事情，明知难为而必须敢为；许多矛盾，反复较量但仍须交锋。"山再高，往上攀，总能登顶；路再长，走下去，定能到达。"立足新发展阶段，贯彻新发展理念，构建新发展格局，我们要比任何时候精神更饱满、士气更振奋、力量更澎湃。

新时代是奋斗者的时代，新征程是追梦人的征程。2021年，是我国现代化建设进程中具有特殊重要性的一年。前进道路上，永葆"闯"的精神、"创"的劲头、"干"的作风，才能以优异的成绩迎接建党100周年，写下中华民族伟大复兴的绚丽篇章。

（2020年12月30日）

坚持党的全面领导，走上发展新征程

——用好"十三五"发展宝贵经验①

> 风雨来袭之时，中国共产党是中国人民最可靠的主心骨；披荆斩棘之路，中国共产党是复兴征程上最坚强的领导核心
>
> 越是任务艰巨，越是风险挑战增大，越要把党的领导这个最本质特征坚持好、这个最大优势发挥好

经过8年持续奋斗，我们如期完成了新时代脱贫攻坚目标任务，现行标准下农村贫困人口全部脱贫，贫困县全部摘帽，消除了绝对贫困和区域性整体贫困，近1亿贫困人口实现脱贫。这一令全世界刮目相看的重大胜利，是中国共产党领导全国各族人民不懈奋斗、合力攻坚的伟大成果。

站在两个五年规划交汇的时间节点回望，决胜全面建成小康社会取得决定性成就，根本在于坚持党的全面领导。"十三五"时期，以习近平同志为核心的党中央勇立潮头，推动中国经济社会发展跃上新的大台阶，带领中华民族阔步走向全面小康，引领中国号巨轮驶向高质量发展航程，在新时代写就浓墨重彩的篇章。5年来，神州大地的巨变、社会发展的跨越，见证着党总揽全局、协调各方的统领作用，彰显着党的执政能力、领导水平的决定作用。历史已经证明并将继续证明，中国特色社会主义最本质的特征是中国共产党领导，中国特色社会主义制度的最大优势是

中国共产党领导。

任何奋斗目标都不会轻轻松松实现。在这栉风沐雨的5年，我们经受住一次次压力测试。面对经济下行挑战，贯彻新发展理念，坚持高质量发展，破除了"速度焦虑"，摆脱了短期刺激依赖；身处世界动荡变革期，坚定站在历史正确的一边，高擎开放发展、合作发展、共赢发展的大旗；面对突如其来的新冠肺炎疫情，展开一场气壮山河的疫情防控阻击战，构筑起疫情防控的坚固防线……实践充分证明：风雨来袭之时，中国共产党是中国人民最可靠的主心骨；披荆斩棘之路，中国共产党是中华民族复兴征程上最坚强的领导核心。

现在，我们比历史上任何时候都更加接近实现中华民族伟大复兴的目标。但是，前进道路不会是一片坦途。向外看，世纪疫情和百年变局交织，全球经济陷入严重衰退，单边主义、保护主义、霸凌行径上升，我们将面对更多逆风逆水的外部环境；从内看，我国已转向高质量发展阶段，但发展不平衡不充分问题仍然突出，重点领域关键环节改革任务仍然艰巨，许多方面还存在短板、弱项。进入新发展阶段，贯彻新发展理念，构建新发展格局，越是任务艰巨，越是风险挑战增大，越要把党的领导这个最本质特征坚持好、这个最大优势发挥好。

"善为国者必先治其身"。习近平总书记强调："坚持党的领导，必须不断改善党的领导，让党的领导更加适应实践、时代、人民的要求。""十三五"时期，从反腐败斗争取得压倒性胜利到全面从严治党深入推进，党内政治生态明显好转；从推进党和国家机构改革到制定《中共中央政治局关于加强和维护党中央集中统一领导的若干规定》，党的全面领导制度不断健全；从"不忘初心、牢记使命"主题教育深入开展到执政的"八个本领"全面增强，党的创造力、凝聚力、战斗力显著提升……这是加强党的全面领导的成果，也是未来改进完善的方向。立足新发展阶段，如何不断提高贯彻新发展理念、构建新发展格局能力和水平，如何确保党中央决策部署有效落实，如何完善党和国家监督体系，是继续强化党的全面领导的必答题。

第一个百年奋斗目标实现胜利在望，第二个百年奋斗征程即将开启，

历史的指针指向新的刻度。百年大党风华正茂,在以习近平同志为核心的党中央坚强领导下,14亿中国人民向着发展新征程坚毅跋涉,必将夺取全面建设社会主义现代化国家的伟大胜利。

(2020年12月22日)

坚持以人民为中心，不断满足新期待

——用好"十三五"发展宝贵经验②

  从"一个也不能少"的庄严承诺，到"两不愁三保障"的目标底线，再到"摘帽不摘责任"的长远谋划，彰显了中国共产党的初心使命

  人民的美好生活需求日益增长，更要兼顾生存与发展、物质与精神、效率与公平，以惠民为民的"升级版"不断增强人民群众的幸福感

  前不久，中共中央政治局常务委员会召开会议，听取脱贫攻坚总结评估汇报。习近平总书记指出，党中央坚持人民至上、以人为本，把贫困群众和全国各族人民一起迈向小康社会、一起过上好日子作为脱贫攻坚的出发点和落脚点。从"一个也不能少"的庄严承诺，到"两不愁三保障"的目标底线，再到"摘帽不摘责任"的长远谋划，彰显了中国共产党的初心使命。

  发展为了人民、发展依靠人民、发展成果由人民共享，是中国共产党这一百年大党带领人民攻坚克难、矢志前行的底气所在。"十三五"时期，我们党把人民对美好生活的向往作为奋斗目标，将为人民谋幸福的初心化作前行动力。数据是最好的证明。2019 年，我国居民人均预期寿命达到 77.3 岁，基本医疗保险覆盖超过 13.5 亿人，人均 GDP 超过 1 万

美元；这5年，各类家庭经济困难学生约3.9亿人次获得资助，城镇新增就业人数累计超过6000万人，全国棚改开工超额完成2000万套目标……"十三五"时期，一个个民生难点得到解决，一个个美好梦想得以实现，为"十四五"时期中国乘风破浪奠定坚实基础。

我们党推动经济社会发展，归根到底是为了不断满足人民群众对美好生活的需要。"十三五"时期，无论是实现中华民族摆脱绝对贫困的千年梦想、举国上下打响疫情防控阻击战等反映时代巨变的宏大叙事，还是大力实施减税降费、基本医保全面联网等保障民生的改革举措，或者是政务APP持续优化、切实解决老年人运用智能技术的困难等事关群众切身利益的小事，我们党从人民群众普遍关心、反映强烈、反复出现的问题出发，让更多发展成果惠及人民。事实证明，坚持以人民为中心，是我国发展的宝贵经验和必须遵循的重要原则。

习近平总书记指出："以人民为中心的发展思想，不是一个抽象的、玄奥的概念，不能只停留在口头上、止步于思想环节，而要体现在经济社会发展各个环节。"在人民日报评论部发起的"我身边的'十三五'"征稿中，网友分享了"山里娃能上网课""防霾口罩闲置下来""音乐会在家门口上演"等故事。各级政府以新作为回应人民群众的新期待，满足多层次多样化需求，让"教育资源均衡""蓝天也是幸福""推进全域旅游"等成为美好生活的题中应有之义。进入新发展阶段，人民的美好生活需求日益增长，更要兼顾生存与发展、物质与精神、效率与公平，以惠民为民的"升级版"不断增强人民群众的幸福感。

不懈奋斗归于人民，不竭动能源于人民。早在"十三五"规划编制过程中，广大群众就通过网络、电话、微信平台建言献策。"十三五"时期，在城市建设的工地，在基层治理的一线，在脱贫攻坚的战场，在民主恳谈的会场，亿万群众依法通过各种途径管理国家事务，用汗水与智慧为经济社会发展添砖加瓦。党的十九届四中全会将"坚持以人民为中心的发展思想，不断保障和改善民生、增进人民福祉，走共同富裕道路"作为我国国家制度和国家治理体系的显著优势之一。只要不断发挥制度优势，激发人民群众的积极性、主动性、创造性，我们就一定能汇聚起战无不胜的磅礴之力。

为民谋福初心不变，改善民生永无穷期。回眸"十三五"，"以人民为中心"的发展思想贯穿于中国发展的方方面面、时时刻刻。展望未来，我国发展环境面临深刻复杂变化，更要始终锚定民心这个最大的政治，全心全意为人民服务。始终坚持以人民为中心，我们党就一定能团结带领亿万人民，共同书写更加壮阔的时代答卷。

（2020年12月23日）

坚持新发展理念，加快构建新发展格局

——用好"十三五"发展宝贵经验③

在加快构建新发展格局中实现更大作为，关键是要做到创新发展、协调发展、绿色发展、开放发展、共享发展的一体把握、协同推进

既要从战略和全局高度把握新发展理念，又要立足具体领域扎实推进实践创新，才能以新发展理念引领新发展格局在形态上成型、功能上成熟、运行上成势

"十三五"时期，中国走过一段殊为不凡的历程。新时代脱贫攻坚目标任务如期完成，全面建成小康社会胜利在望，中国创造、中国制造、中国建造全球瞩目，对世界经济增长贡献率达30%左右，美丽中国建设成效显著……经过5年奋斗，我国经济实力、科技实力、综合国力和人民生活水平跃上新的大台阶，中华民族伟大复兴向前迈出了新的一大步。这一历史性的跨越，离不开新发展理念的科学指引，离不开广大党员干部和人民群众对新发展理念的自觉践行。

2015年，习近平总书记在主持起草"十三五"规划建议时，创造性地提出了创新、协调、绿色、开放、共享的新发展理念。一场关系我国发展全局的深刻变革全面开启，开辟了中国发展新境界。5年来，创新发展动力澎湃，一大批重大原创成果实现从"跟跑"到"并跑""领跑"

的转变；协调发展不断优化，纵横联动东南西北中，统筹打造创新平台和新增长极；绿色发展扎实推进，生态文明建设力度之大前所未有；开放发展引领潮流，更高水平对外开放塑造国际竞争新优势；共享发展惠及民生，脱贫攻坚取得重大胜利。实践表明，新发展理念是管根本、管全局、管长远的理论指导和实践指南，是确保我国经济社会持续健康发展的重要法宝。

发展是一个不断演进和变化的进程，"十四五"时期我国将进入新发展阶段。从外部环境来看，当今世界正经历百年未有之大变局，我国发展的外部环境日趋复杂。从国内发展来看，我国已经转入高质量发展阶段，发展不平衡不充分问题仍然突出，发展中的矛盾和问题集中体现在发展质量上。从发展逻辑来看，从规模速度型粗放增长转向质量效率型集约增长，从要素投资驱动转向创新驱动，这是实现高质量发展的必由之路。立足新发展阶段，无论是满足人民日益增长的美好生活需要，还是实现经济发展从"有没有"转向"好不好"，抑或是"塑造国际合作和竞争新优势"，都需要我们把新发展理念贯穿发展全过程和各领域，实现更高质量、更有效率、更加公平、更可持续、更为安全的发展。

适应新发展阶段新要求，加快构建新发展格局，坚持新发展理念是一以贯之的方法论。在加快构建新发展格局中实现更大作为，关键是要做到创新发展、协调发展、绿色发展、开放发展、共享发展的一体把握、协同推进。要深刻认识到五个方面的发展理念既相互贯通又相互促进，是具有内在联系的集合体，其中创新是第一动力、协调是内生特点、绿色是普遍形态、开放是必由之路、共享是根本目的。我们既要从战略和全局高度把握新发展理念，又要立足具体领域扎实推进实践创新，才能以新发展理念引领新发展格局在形态上成型、功能上成熟、运行上成势。

新发展理念要落地生根、变成普遍实践，关键在各级领导干部的认识和行动。认识上不到位，就容易产生思想偏差、落实走样；行动上不深入，就容易让新发展理念浮于表面、流于口头。各级领导干部要从党和国家事业的全局出发，深刻理解新发展理念的科学内涵和精神实质，把践行新发展理念贯穿领导活动全过程，落实到决策、执行、检查等各项工作中；要以辩证思维把握新发展阶段面临的新机遇新挑战，以系统

观念摸准规律、认准方向、找准路径、把准关键,以问题导向和目标导向破解发展中的难题,不断提高践行新发展理念的能力和水平。

中国的发展,前后相续。展望"十四五",立足新发展阶段、构建新发展格局,坚定不移贯彻落实新发展理念,我们必将推动中国经济乘风破浪、行稳致远,在全面建设社会主义现代化国家的新征程上创造新的历史伟业。

(2020年12月24日)

坚持深化改革开放,持续注入新动力

——用好"十三五"发展宝贵经验④

全面深化改革从夯基垒台、立柱架梁,到全面推进、积厚成势,再到系统集成、协同高效,一路蹄疾步稳、勇毅笃行,在新起点上实现了新突破

强化有利于提高资源配置效率、有利于调动全社会积极性的重大改革开放举措,才能持续增强发展动力和活力

不久前,上海市浦东新区开展"一业一证"改革试点得到批复,在改革系统集成协同高效方面积极探索;海南自由贸易港首张"零关税"商品清单正式执行,以改革促开放又迈出重要一步;签署《区域全面经济伙伴关系协定》,我国加入世界上人口最多、经贸规模最大、最具发展潜力的自由贸易区……一系列重要领域和关键环节的重大成果,成为我国"十三五"时期推动更深层次改革、实行更高水平开放的生动写照。

逢山开路、遇水架桥,"十三五"见证了全面深化改革的奋进华章。5年时间里,我们注重解决体制性的深层次障碍,推出一系列重大体制改革,有效解决了一批结构性矛盾,很多领域实现了历史性变革、系统性重塑、整体性重构;注重克服机制性的梗阻问题,打通理顺了许多堵点难点,增强了全社会发展活力和创新活力;注重从经济社会发展需要出发,从老百姓身边事改起,适时推出一批切口小、见效快的政策性创

新，解决了民生领域许多操心事烦心事。"十三五"时期，全面深化改革从夯基垒台、立柱架梁，到全面推进、积厚成势，再到系统集成、协同高效，一路蹄疾步稳、勇毅笃行，在新起点上实现了新突破。

顺应历史潮流、贡献中国智慧，"十三五"时期全面扩大开放步履更加坚定。自贸试验区数量增至21个，服务贸易规模连续多年保持世界第二，连续两年跻身全球营商环境改善最快的前10个经济体之列……5年来，我国坚定不移扩大对外开放，开放的大门越开越大，开放水平不断提升。尤其是今年以来，尽管受到新冠肺炎疫情影响，我国扩大开放的步伐仍在加快，海南自由贸易港建设总体方案、深圳进一步扩大改革开放的实施方案发布实施，商签高标准自由贸易协定、培育进口贸易促进创新示范区、保护知识产权、高质量共建"一带一路"等举措都取得了积极进展，充分体现了我国同世界分享市场机遇、推动世界经济复苏的真诚愿望。

实践再一次证明，改革开放是决定实现"两个一百年"奋斗目标、实现中华民族伟大复兴的关键一招。当今世界正经历百年未有之大变局，我国正处于实现中华民族伟大复兴关键时期，我们党正带领人民进行具有许多新的历史特点的伟大斗争，形势环境变化之快、改革发展稳定任务之重、矛盾风险挑战之多、对我们党治国理政考验之大前所未有。只有坚定不移推进改革，坚定不移扩大开放，加强国家治理体系和治理能力现代化建设，破除制约高质量发展、高品质生活的体制机制障碍，强化有利于提高资源配置效率、有利于调动全社会积极性的重大改革开放举措，才能持续增强发展动力和活力。

习近平总书记强调，"在整个社会主义现代化进程中，我们都要高举改革开放的旗帜，决不能有丝毫动摇"。改革开放只有进行时没有完成时。一方面，发展环境越是严峻复杂，越要坚定不移深化改革。当前，改革又到了一个新的历史关头，必须以更大的政治勇气和智慧，坚持摸着石头过河和加强顶层设计相结合，不失时机、蹄疾步稳深化重要领域和关键环节改革，更加注重改革的系统性、整体性、协同性，提高改革综合效能。另一方面，我国正在加快形成以国内大循环为主体、国内国际双循环相互促进的新发展格局，这不是封闭的国内循环，而是开放的国内国际双循环。站在历史正确的一边,锐意推进全面扩大开放,我们才能在开放中创造机遇,在合作中破解难题,同世界各国一道实现互利共赢。

闯关夺隘拓新局,正是扬帆搏浪时。党的十九届五中全会将"坚持深化改革开放"纳入"十四五"时期经济社会发展必须遵循的原则,把"改革开放迈出新步伐"作为"十四五"时期经济社会发展主要目标之一。立足新发展阶段,坚持新发展理念,构建新发展格局,坚定不移全面深化改革,坚定不移扩大对外开放,我们就一定能抢抓发展机遇、实现互利共赢,为全面建设社会主义现代化国家新征程注入不竭动力。

(2020年12月25日)

坚持系统观念，握牢发展主动权

——用好"十三五"发展宝贵经验⑤

> 经济社会体系是一个普遍联系、多维多元的复杂系统，坚持系统观念，既是马克思主义理论的观点和方法，也是我们在实践中总结出的重要经验
>
> 对于每一名党员干部而言，坚持系统观念，善于运用系统方法抓改革、谋创新、促发展，既是时代的客观要求，也是提高工作本领的题中应有之义

"现在很多公司都在中国寻求增长"。近期，一篇外媒文章发出如此感慨。在全球跨境直接投资大幅下降的背景下，1至11月，中国实际利用外资以美元计同比增长4.1%，一大批大项目在华增资扩产。外资逆势增长，既是世界对中国经济发展投下的信任票，也是中国统筹推进新冠肺炎疫情防控和经济社会发展交出的成绩单。坚持系统谋划、统筹兼顾，正是中国克服疫情冲击、经济发展率先恢复的密码之一。

善弈者谋势，善谋者致远。坚持系统观念，发展地而不是静止地、辩证地而不是形而上学地、全面地而不是片面地、系统地而不是零散地、普遍联系地而不是单一孤立地观察事物和把握问题，是唯物辩证法的内在要求，也是共产党人战胜风险挑战、不断从胜利走向胜利的重要认识论和方法论。经济社会体系是一个普遍联系、多维多元的复杂系统，坚

持系统观念,既是马克思主义理论的观点和方法,也是我们在实践中总结出的重要经验。

有学者总结,中国的现代化之路,与西方国家的一大区别,就在于"超大规模"。作为一个大国,中国之大,既意味着我们有规模优势、能集中力量办大事,也意味着各地情况不同、禀赋各异,需要协调各方、综合平衡。从强调"注重改革的系统性、整体性、协同性",到要求"树立'一盘棋'思想,把自身发展放到协同发展的大局之中",再到提出"领导干部要胸怀两个大局,一个是中华民族伟大复兴的战略全局,一个是世界百年未有之大变局",党的十八大以来,以习近平同志为核心的党中央坚持系统谋划、统筹推进党和国家各项事业,根据新的实践需要,形成一系列新布局和新方略,带领全党全国各族人民取得了历史性成就。习近平总书记深刻指出:"系统观念是具有基础性的思想和工作方法。"党的十九届五中全会将"坚持系统观念"作为"十四五"时期经济社会发展必须遵循的原则之一,这是我们党在总结实践经验基础上作出的重大理论概括。

开启新征程,扬帆再出发。"十四五"时期,我国将进入新发展阶段,开启全面建设社会主义现代化国家新征程。"全面"既是重点,也是难点。一方面,我们要建设的社会主义现代化是全面发展、全面进步的现代化,"十四五"时期推动经济社会发展,有很多系统性工作摆在我们面前。从系统观念出发,统筹推动经济社会各领域发展,才能促进人的全面发展和社会全面进步。另一方面,错综复杂的国际环境带来新矛盾新挑战,我国发展环境面临深刻复杂变化,社会主要矛盾变化带来新特征新要求,发展不平衡不充分问题仍然突出,经济社会发展中很多矛盾问题相互交织,"牵一发而动全身"。这也决定了,我们必须加强前瞻性思考、全局性谋划、战略性布局、整体性推进。如此,方能抓住"落一子而满盘活"的关键环节,把发展的主动权牢牢握在我们自己手中。

难走的路是上坡路,难开的船是顶风船。习近平总书记强调,"今后一个时期,我们将面对更多逆风逆水的外部环境,必须做好应对一系列新的风险挑战的准备。"越是逆风逆水,越是风急浪高,越要坚持系统观念。对于每一名党员干部而言,坚持系统观念,善于运用系统方法抓改

革、谋创新、促发展，既是时代的客观要求，也是提高工作本领的题中应有之义。把"坚持系统观念"贯穿工作实践各方面全过程，锚定远景目标、系统谋划推动，我们就一定能不断攻坚克难，谱写事业发展的新篇章。

（2020年12月28日）

进入新发展阶段,伟大复兴历史进程大跨越

——认识和把握新发展阶段①

经过"十三五"时期的发展,中华民族伟大复兴向前迈出了新的一大步,为全面建设社会主义现代化国家创造了有利条件

深刻认识和把握新发展阶段的新特征新要求、新矛盾新挑战,就要着力构建以国内大循环为主体、国内国际双循环相互促进的新发展格局,有效化解外部冲击带来的影响,充分发挥我国超大规模市场优势,在危机中育先机、于变局中开新局

国家统计局数据显示,10月份,我国经济运行延续稳定恢复态势,四季度经济增长可能进一步加快;在全球外商直接投资大幅收缩的情况下,我国前三季度实际使用外资同比增长5.2%。中国为一个不确定的世界注入了确定性,引发全球瞩目。

面对新冠肺炎疫情考验而能浴火重生,经历风险挑战而能凤凰涅槃,中国不仅没有被疫情击倒,反而迸发出更加强大的发展势能。疫情的"压力测试",测出了中国发展的韧性与后劲,显示了中国的强大修复能力和旺盛生机活力,人们增强了对"十四五"时期光明前景的坚定信心。当"十三五"收官、"十四五"启航,我国将进入新发展阶段。这是全面建设社会主义现代化国家、向第二个百年奋斗目标进军的新征程,在我国

发展进程中具有里程碑意义。

习近平总书记强调："进入新发展阶段，是中华民族伟大复兴历史进程的大跨越。"从历史上看，中国共产党建立近百年来，团结带领中国人民进行一切奋斗，就是为了把我国建设成为社会主义现代化强国，实现中华民族伟大复兴。在近百年的接续奋斗中，我们党带领中国人民，把一穷二白的旧中国变成了世界第二大经济体。新中国成立70多年艰辛探索、改革开放40多年的伟大实践，我们党对建设社会主义现代化国家在认识上不断深化、战略上不断成熟、实践上不断丰富，奠定了在新发展阶段全面建设社会主义现代化国家的基础。

从发展实践来看，"十三五"时期的发展，为开启全面建设社会主义现代化国家新征程提供了坚实保障。从经济发展来看，2016年到2019年，中国经济年均经济增长率达到6.7%，预计2020年国内生产总值将突破100万亿元；从民生改善来看，5575万农村贫困人口实现脱贫，基本医疗保险覆盖超过13亿人，基本养老保险覆盖近10亿人。同时，文化事业和文化产业繁荣发展，社会保持和谐稳定，疫情防控取得重大战略成果。这些成绩充分说明，经过"十三五"时期的发展，我国经济实力、科技实力、综合国力跃上新的大台阶，中华民族伟大复兴向前迈出了新的一大步，为全面建设社会主义现代化国家创造了有利条件。

从新发展阶段看向未来，我们既要看到我国发展总体态势是好的，我们完全有基础、有条件、有能力取得新的伟大胜利；也要看到当前诸多矛盾叠加、风险挑战增多，我国发展面临前所未有的复杂环境。当前和今后一个时期，我国发展仍然处于重要战略机遇期，但机遇和挑战都有新的发展变化。从国际看，当今世界正经历百年未有之大变局，新冠肺炎疫情全球大流行使这个大变局加速演变，保护主义、单边主义上升，世界经济低迷，全球产业链供应链因非经济因素而面临冲击，国际经济、科技、文化、安全、政治等格局都在发生深刻调整，世界进入动荡变革期；从国内看，我国已转向高质量发展阶段，继续发展具有多方面优势和条件，同时我国发展不平衡不充分问题仍然突出，重点领域关键环节改革任务仍然艰巨。深刻认识和把握新发展阶段的新特征新要求、新矛盾新挑战，就要着力构建以国内大循环为主体、国内国际双循环相互促进的新发展格局，有效化解外部冲击带来的影响，充分发挥我国超大规模市场优势，在危机中育先机、于变局中开新局。

经过几代人接续奋斗，我们即将完成脱贫攻坚任务、全面建成小康社会、实现第一个百年奋斗目标，开始向第二个百年奋斗目标进军。回首近百年奋斗历程，我们始终在克服困难和挫折中发展壮大；进入新发展阶段，我们也一定能应对新挑战、把握新机遇，书写全面建设社会主义现代化国家新篇章。

（2020年12月03日）

社会主要矛盾变化带来新特征新要求

——认识和把握新发展阶段②

> 用全面、辩证、发展的眼光认识社会主要矛盾变化，要看到这是经济社会发展规律使然、生产力进步必然，增强解决矛盾的紧迫感和责任感
>
> 进入高质量发展阶段，我国需求条件、要素条件和潜在增长率发生重要变化，需要更加注重发展质量和效益的提升

进入新发展阶段，我们将开启全面建设社会主义现代化国家的新征程。深刻认识把握新发展阶段，就要深刻认识把握我国社会主要矛盾变化带来的新特征新要求。

党的十九届五中全会系统分析我国发展环境面临的深刻复杂变化，提出"我国已转向高质量发展阶段""继续发展具有多方面优势和条件，同时我国发展不平衡不充分问题仍然突出"。当前，随着我国经济社会快速发展，人民群众对美好生活的需要也不断提高。我国发展中不平衡不充分问题突出表现在：创新能力不适应高质量发展要求，农业基础还不稳固，城乡区域发展和收入分配差距较大，生态环保任重道远，民生保障存在短板，社会治理还有弱项。要看到，我国仍处于并将长期处于社会主义初级阶段，仍然是世界上最大的发展中国家，发展仍然是我们党执政兴国的第一要务。无论是实现人民群众对美好生活的向往，还是破

解"发展起来以后的问题",抑或是跨过"进一步发展绕不开的坎",都需要牢牢把握社会主要矛盾变化带来的新特征新要求,迎难而上、奋勇前进。

认识和把握社会主要矛盾转变,关键在于坚持辩证唯物主义和历史唯物主义的世界观、方法论。改革开放40多年来特别是党的十八大以来,我国发展取得举世瞩目的成就,这是我国社会主要矛盾发生关系全局的历史性变化的原因所在。进入新发展阶段,发展不平衡,主要是各区域各领域各方面存在失衡现象,制约了整体发展水平提升;发展不充分,主要是我国全面实现社会主义现代化还有相当长的路要走,发展任务仍然很重。用全面、辩证、发展的眼光认识社会主要矛盾变化,既要看到这是经济社会发展规律使然、生产力进步必然,也要看到这些矛盾已经构成制约我国发展的突出短板,必须增强解决矛盾的紧迫感和责任感。

2019年,我国国内生产总值接近100万亿元大关,人均国内生产总值突破1万美元。当前,发展中的矛盾和问题集中体现在发展质量上。这就要求我们必须把发展质量问题摆在更为突出的位置,着力提升发展质量和效益。推动高质量发展是遵循经济发展规律、保持经济持续健康发展的必然要求,是适应我国社会主要矛盾变化和全面建成小康社会、全面建设社会主义现代化国家的必然要求。经济发展规律表明,一个国家进入工业化中后期,只有实现发展方式从规模速度型转向质量效益型,才能顺利完成工业化、实现现代化。进入高质量发展阶段,我国需求条件、要素条件和潜在增长率发生重要变化,需要更加注重发展质量和效益的提升。只有大力提高发展质量,才能解决好我国社会主要矛盾,以更加平衡更加充分的发展满足人民美好生活需要。

习近平总书记强调:"高质量发展就是体现新发展理念的发展,是经济发展从'有没有'转向'好不好'。"新发展理念是管全局、管根本、管长远的导向。"十三五"时期,我们大力实施创新驱动战略,为中国经济注入澎湃动能;坚持统筹协调,不断增强发展整体性、联动性;持续构建绿色发展方式和生活方式,进一步破解资源约束趋紧、环境污染严重、生态系统退化的问题;坚定不移全面扩大开放,以高水平对外开放打造国际合作和竞争新优势;践行以人民为中心的发展思想,使发展成果更多更公平惠及全体人民。实践充分证明，坚定不移贯彻落实新发展理念，着力推动经济发展质量变革、效率变革、动力变革，就能推动中国经济在高质量发展的壮阔大海中劈波斩浪、行稳致远。

聚焦发展中的不平衡不充分问题，既要坚定必胜信念、保持历史耐心和战略定力，也要坚持问题导向和目标导向相统一，付出持之以恒的努力。锚定高质量发展的目标，增强落实新发展理念的行动自觉，着力固根基、扬优势、补短板、强弱项，我们定能为全面建设社会主义现代化国家开好局、起好步。

（2020年12月04日）

不断满足人民群众对美好生活的需要

——认识和把握新发展阶段③

> 切实解决好人民最关心最直接最现实的利益问题，更好满足人民对美好生活的向往，才能不断提高人民群众的获得感、幸福感、安全感
>
> 既要把人民对美好生活的向往作为奋斗目标，也要尊重人民群众首创精神，不断从人民群众中汲取智慧和力量

入冬后天气渐冷，北方城市已经供暖，南下旅游也日益火热；"15分钟生活圈"在上海浦东不断完善，各项公共服务在步行15分钟范围内均可获得；湖北武汉启动"江豚回归江城"工作，旨在打造人与自然和谐共生的生态环境……广袤大地上，处处展现着幸福生活的画卷。

习近平总书记强调："为了不断满足人民群众对美好生活的需要，我们就要不断制定新的阶段性目标，一步一个脚印沿着正确的道路往前走。""十四五"时期我国将进入新发展阶段，人民对美好生活的向往呈现多样化、多层次、多方面的特点。如何进一步提高人民收入水平？如何让老百姓在教育、医疗、养老、住房、食品药品安全等方面更满意、更顺心？如何完善社会治理体系，建设人人有责、人人尽责、人人享有的社会治理共同体？怎样打造天蓝地绿水清的人居环境？切实解决好人民最关心最直接最现实的利益问题，更好满足人民对美好生活的向往，

才能推动人的全面发展、社会全面进步,不断提高人民群众的获得感、幸福感、安全感。

让老百姓过上好日子是我们党一切工作的出发点和落脚点。未来一个时期,国内市场主导国民经济循环特征会更加明显,经济增长的内需潜力会不断释放。加快构建新发展格局,必须牢牢扭住扩大内需这个战略基点,进一步畅通国民经济循环。一方面,我国拥有14亿人口,持续优化分配结构,推动消费升级,将进一步释放国内消费对经济增长的带动作用;另一方面,我国基础设施、生态环保、新型城镇化等领域投资空间巨大,加快这些领域投资建设,不仅将显著提高人民生活品质,也将为扩内需提供强劲动力。持续深化供给侧结构性改革,在扩大内需上下更大功夫,就能在提高人民生活品质的同时,显著提升我国经济自主性和发展质量。

美好生活,不仅意味着更高的生活品质,也意味着必须在更深层次增进民生福祉,促进全体人民共同富裕。当前,决战脱贫攻坚取得决定性成就,全面建成小康社会胜利在望。但我们也必须清醒认识到,我国发展不平衡不充分的问题仍然突出,巩固拓展脱贫攻坚成果的任务依然艰巨,城乡区域发展和收入分配差距较大,促进全体人民共同富裕是一项长期任务。为此,党的十九届五中全会将坚持以人民为中心作为"十四五"时期经济社会发展必须遵循的原则,强调坚持共同富裕方向,明确提出到2035年"全体人民共同富裕取得更为明显的实质性进展"的远景目标,提出实现巩固拓展脱贫攻坚成果同乡村振兴有效衔接、推动区域协调发展等一系列重大举措。共同富裕是社会主义的本质要求,是人民群众的共同期盼。把促进全体人民共同富裕摆在更加重要的位置,脚踏实地,久久为功,我们就一定能向着这个目标不断迈进。

我们既要把人民对美好生活的向往作为奋斗目标,也要尊重人民群众首创精神,不断从人民群众中汲取智慧和力量。近日,全国劳动模范和先进工作者表彰大会召开,授予1689人全国劳动模范称号、804人全国先进工作者称号,他们中有夜以继日进行攻关的科研工作者,也有聚焦实业、矢志创新的企业家,有奋战在脱贫攻坚一线的驻村书记,也有穿梭于大街小巷的快递小哥。这些优秀劳动者代表,是各行各业奋斗者的缩影，是人民力量最直接的体现。奋进新时代，踏上新征程，就要不断激发全体人民积极性、主动性、创造性，充分汲取人民群众创新创造活力，为经济社会发展注入强大动能。

民惟邦本，本固邦宁。全心全意为人民服务是我们党的根本宗旨，这一点到任何时候都不会改变。深刻认识人民对美好生活的向往，增强解决发展不平衡不充分问题的针对性，始终做到发展为了人民、发展依靠人民、发展成果由人民共享，我们就一定能在新发展阶段创造新辉煌、铸就新伟业。

（2020年12月07日）

我国经济长期向好的基本面没有改变

——深刻认识和把握新发展阶段④

> 信心和底气，源于党的坚强领导和我国社会主义制度能够集中力量办大事的制度优势
>
> 信心和底气，还源于长期以来我国积累的雄厚物质基础、丰富人力资源、完整产业体系、强大科技实力，以及我国拥有全球最大最有潜力的市场

前不久，国家统计局公布10月份经济运行主要数据，其中，10月餐饮收入4372亿元，同比增长0.8%，增速年内首次转正。餐饮业的不断回暖、消费市场的日益复苏，显示出中国经济的强大韧性和旺盛活力，注解着中国经济稳中向好、长期向好的基本趋势。

"十三五"收官、"十四五"启航，我国将进入新发展阶段。在新发展阶段，我国经济长期向好的基本面没有改变，将为经济转型升级、实现高质量发展奠定坚实基础，为战胜各种风险挑战筑牢坚强堤坝，为全面建设社会主义现代化国家提供有力支撑。

中国是个大国，大国的一大优势，就是有充足的回旋空间来抵御风险挑战。当前我国经济面临周期性因素和结构性因素叠加、短期问题和长期问题交织、外部冲击和新冠肺炎疫情冲击碰头等多重影响。越是在这个时候，越要用全面、辩证、长远的眼光看待我国发展，越要增强信

心、坚定信心。习近平总书记强调:"尽管国际国内形势发生了深刻复杂变化,但我国经济稳中向好、长期向好的基本面没有变,我国经济潜力足、韧性大、活力强、回旋空间大、政策工具多的基本特点没有变,我国发展具有的多方面优势和条件没有变。"面对疫情严重冲击,我国经济经受住压力测试,成为疫情发生以来第一个恢复增长的主要经济体,在疫情防控和经济恢复上都走在世界前列,显示了中国的强大修复能力和旺盛生机活力,显示了我国经济潜力足、韧性强、回旋空间大。实践证明,我们有坚强决心、坚定意志、坚实国力应对挑战,有足够的底气、能力、智慧战胜各种风险考验。我们完全有信心、有底气保持经济社会良好发展势头。

信心和底气,源于党的坚强领导和我国社会主义制度能够集中力量办大事的制度优势,这是实现经济行稳致远、社会安定的根本保证。新中国成立以来,我们之所以能攻克一个又一个看似不可攻克的难关,创造世所罕见的经济快速发展奇迹和社会长期稳定奇迹,究其根本,就在于我们有中国共产党的坚强领导,能充分发挥我们的制度优势。党的坚强领导,不仅能着眼于中国经济发展的长远利益和整体利益,而且能根据经济运行中的问题进行灵活、适时的逆周期调节,确保经济不出现大的颠簸。有了"主心骨",就能把亿万人民凝聚起来,激发出万众一心、众志成城的磅礴力量,进而确保中国特色社会主义制度具有强大的政治领导力、思想引领力、群众组织力、社会号召力。这是中国经济发展奇迹的政治保障,也是中国经济抵御风险挑战、赢得长远未来的关键所在。

信心和底气,还源于长期以来我国积累的雄厚物质基础、丰富人力资源、完整产业体系、强大科技实力,以及我国拥有全球最大最有潜力的市场,这是我们推动经济发展和抵御外部风险的根本依托。分析经济形势,既要看"点",更要看"面";既要看"形",更要看"势"。从"面"而言,我国经济家底丰厚。经过70多年特别是改革开放以来的发展,中国已经成为世界第二大经济体、制造业第一大国、货物贸易第一大国、商品消费第二大国、外资流入第二大国、外汇储备第一大国。我国经济的规模性、生产制造品类的齐全性,使外生冲击难以动摇中国长期稳定发展的坚实基础。从"势"来看,我国仍处在成长上升期,发展的内生

动力依然强劲。如今,我国正处在新型工业化、信息化、城镇化、农业现代化同步发展进程中,拥有 14 亿多人的消费市场,在满足人民日益增长的美好生活需要、解决发展不平衡不充分问题的过程中,所产生的需求将会是全面的、巨大的、持久的。如此大的消费潜力和创新创业潜能,将为经济持续增长提供强劲动力。

我国经济长期向好的基本面,是由我国制度优势、经济基础、发展潜力等多种因素共同决定的,是长期起作用的基本格局。回顾历史,中国经济从来都是在经风历雨中发展起来、在应对挑战中成长起来的。进入新发展阶段,保持定力、坚定信心,乘势而上、开拓进取,中国经济将始终充满活力,奔涌向前。

(2020 年 12 月 08 日)

彰显优势，凝聚发展伟力

——"十三五"经济社会发展的启示①

> 中国特色社会主义制度，为开辟中国之治新境界提供了坚实基础和有力保障
>
> "十三五"的实践充分证明，中国特色社会主义制度植根中国大地、具有深厚中华文化根基、深得人民拥护，是当代中国发展进步的根本制度保证
>
> 中国特色社会主义制度是我国在长期实践探索中形成的，需要毫不动摇地坚持和巩固、与时俱进完善和发展

国之兴衰系于制，民之安乐皆由治。全面深化改革取得重大突破，全面依法治国取得重大进展，全面从严治党取得重大成果，国家治理体系和治理能力现代化加快推进……"十三五"时期，中国特色社会主义制度展示出强大生命力和巨大优越性，凝聚起推动经济社会发展的磅礴伟力。

"十三五"时期决胜全面建成小康社会取得决定性成就，这是新时代中国发展征程上流光溢彩的篇章。中国特色社会主义制度，为开辟中国之治新境界提供了坚实基础和有力保障。习近平总书记指出："在'十三五'的实践中，中国共产党领导和我国社会主义制度的优势进一步彰显，新发展理念更加深入人心，广大党员干部政治品质和斗争精神

斗争本领得到锤炼，全国各族人民精神面貌更加奋发昂扬，为开启全面建设社会主义现代化国家新征程提供了有力政治保证和强大奋进力量。""十三五"的实践充分证明，中国特色社会主义制度植根中国大地、具有深厚中华文化根基、深得人民拥护，是当代中国发展进步的根本制度保证。

中国共产党领导是中国特色社会主义最本质的特征，是中国特色社会主义制度的最大优势。从强调"建设雄安新区是一项历史性工程"，推动雄安新区建设，到深圳经济特区建立40周年之际向世界宣示，中国将在更高起点上推进改革开放；从京津冀协同发展、长江经济带发展、粤港澳大湾区建设、推进海南全面深化改革开放，到深入推进东北振兴、长三角一体化发展、黄河流域生态保护和高质量发展……"十三五"时期，以习近平同志为核心的党中央从党和国家事业发展的战略全局出发，不断深化对治国理政规律的把握，推动中国特色社会主义制度优势持续转化为治理效能。

党的十九届四中全会从13个方面系统总结了中国制度的显著优势。这既是理论层面的概括提炼，也是生动实践的深刻总结，更是亿万人民的切身感受。"十三五"时期，一系列管全局、管根本、管长远的制度成果落地生根：对健全党的全面领导制度作出明确规定，实施国防和军队改革，全面建立河长制、湖长制，产权制度改革把"有恒产者有恒心"写进中央文件，农村土地所有权、承包权、经营权"三权分置"得以完善，制定颁布民法典……5年间，正是由于发挥了制度管全局、管根本、管长远的作用，中国特色社会主义的航船才能够始终保持战略定力，在危机中育先机、于变局中开新局，努力实现更高质量、更有效率、更加公平、更可持续、更为安全的发展。

习近平总书记指出，衡量一个国家的制度是否成功、是否优越，一个重要方面就是看其在重大风险挑战面前，能不能号令四面、组织八方共同应对。"十三五"时期，世界进入动荡变革期，经济全球化遭遇逆流，保护主义、单边主义上升，世界经济低迷，我国经济下行压力加大，发展道路并不平坦。从稳经济、促发展，到战疫情、斗洪峰，再到化危机、应变局，我们党不断增强驾驭风险本领，健全各方面风险防控机制，牢牢把握工作主动权，推动经济迈向高质量发展，保持社会大局稳定。运用制度威力应对风险挑战的冲击，成为国家治理体系和治理能力现代化的深层逻辑，激发风雨无阻向前进的强大力量。

中国特色社会主义制度是我国在长期实践探索中形成的，需要毫不动摇地坚持和巩固、与时俱进完善和发展。面对即将开启的新征程，必须不断推动中国特色社会主义制度更加成熟更加定型，把我国制度优势更好转化为国家治理效能，动员和激励全党全国各族人民战胜一切艰难险阻，谱写更加辉煌的中国之治新篇章。

（2020年11月11日）

提质增效，增强综合国力

——"十三五"经济社会发展的启示②

"十三五"时期，以新发展理念为引领，中国经济在壮阔海域中开拓出更加光明的高质量发展新航程

中国经济运行始终保持稳的主基调，稳住了基本面，筑牢了基本盘，稳中向好、长期向好的基本趋势没有改变，为复杂多变的世界注入稳定性和确定性

衡量一个国家的综合国力，科技创新是重要指标。前不久，科技部发布的数据显示，在世界超算TOP500排名中，我国超级计算机台数占到45%；我国新能源汽车总保有量超过400万辆，占全球50%以上；我国5G基站数已经超过60万个，5G技术核心专利数世界第一……不断跳动的数字、不断增多的"第一"，见证大国创新的坚实步伐，标注"十三五"时期经济社会发展取得的丰硕成果。

当前，"十三五"规划目标任务即将完成，全面建成小康社会胜利在望，中华民族伟大复兴向前迈出了新的一大步，社会主义中国以更加雄伟的身姿屹立于世界东方。"十三五"时期，在以习近平同志为核心的党中央坚强领导下，面对错综复杂的国际形势、艰巨繁重的国内改革发展稳定任务特别是新冠肺炎疫情冲击，中国经济经受住了一次次"压力测试"，交出了一份靓丽的成绩单。2019年国内生产总值达到99.1万亿元，

预计今年将超过100万亿元大关；2019年全国居民人均可支配收入达30733元，比2015年增长39.9%……5年砥砺奋进，我国经济实力、科技实力、综合国力跃上新的大台阶，续写了中国奇迹，彰显了中国力量。

习近平总书记指出，我国已进入高质量发展阶段，经济发展前景向好。"十三五"时期，以新发展理念为引领，中国经济在壮阔海域中开拓出更加光明的高质量发展新航程。港珠澳大桥飞架三地，北京大兴国际机场凤凰展翅，时速600公里高速磁悬浮试验样车在试验线上完成系统联调联试，一项项惊艳世界的重大工程标注中国发展的速度；C919大型客机飞上蓝天，"中国天眼"开放运行，北斗导航系统正式开通，5G网络加速成型，密集涌现的国之重器见证创新发展的高度……既有量的合理增长，又有质的稳步提升，更有结构的持续优化，中国经济在保持中高速奔跑的同时，"体格"更强健、含金量更充足。

能不能在危机中育先机、于变局中开新局，检验一个国家的综合实力和发展能力。"十三五"时期，中国经济运行始终保持稳的主基调，稳住了基本面，筑牢了基本盘，稳中向好、长期向好的基本趋势没有改变，为复杂多变的世界注入稳定性和确定性。今年第三季度，我国经济延续第二季度复苏态势，实现正增长。国际货币基金组织近期发布报告，中国将是全球唯一实现正增长的主要经济体。成绩背后，是中国经济的旺盛活力和强劲动力。过去5年，从深化供给侧结构性改革到实施创新驱动发展战略，从坚定不移扩大内需到持续优化产业结构，我们努力破解发展难题、厚植发展优势，在转变发展方式、优化经济结构、转换增长动力上取得重大突破，为我国经济行稳致远、劈波斩浪提供源源不断的动力支撑。

"十三五"时期，我国经济实力、科技实力、综合国力之所以跃上新的大台阶，根本在于以习近平同志为核心的党中央坚强领导，统筹国内国际两个大局，科学认识和把握发展规律，具有驾驭复杂局面的卓越能力。实践充分证明，以推动高质量发展为主题，必须坚定不移贯彻新发展理念，以深化供给侧结构性改革为主线，坚持质量第一、效益优先，切实转变发展方式，推动质量变革、效率变革、动力变革，使发展成果更好惠及全体人民，不断实现人民对美好生活的向往。

当前和今后一个时期,我国发展仍然处于重要战略机遇期。进入高质量发展阶段的中国,制度优势显著,治理效能提升,经济长期向好,物质基础雄厚,人力资源丰富,市场空间广阔,发展韧性强劲,社会大局稳定,继续发展具有多方面优势和条件。站在新的历史起点上,保持战略定力、坚定必胜信心,朝着既定目标奋勇前进,我国经济社会发展一定能创造新的更大奇迹。

(2020年11月12日)

脱贫攻坚，奔向全面小康

——"十三五"经济社会发展的启示③

打赢脱贫攻坚战，历史性解决绝对贫困问题，既是中华民族的千年梦想，也是践行以人民为中心发展思想的集中体现

正因为始终坚持人民主体地位，坚持共同富裕方向，做到发展为了人民、发展依靠人民、发展成果由人民共享，5年来，我们才能推动减贫事业不断取得新进步，迈上新台阶

"脱贫攻坚成果举世瞩目，五千五百七十五万农村贫困人口实现脱贫"，党的十九届五中全会审议通过《中共中央关于制定国民经济和社会发展第十四个五年规划和二〇三五年远景目标的建议》，对"十三五"时期我国脱贫攻坚取得的显著成效给予高度评价，为全党全国各族人民再接再厉、一鼓作气，打赢脱贫攻坚战，如期全面建成小康社会、实现第一个百年奋斗目标注入了信心和动力。

习近平总书记强调，没有农村的小康，特别是没有贫困地区的小康，就没有全面建成小康社会。今年5月，四川大凉山昭觉县阿土列尔村村民某色达体和妻子走下2556级钢梯，告别连续5代人居住的"悬崖村"。从攀藤梯、爬钢梯，到上楼梯、坐电梯，过去5年，大凉山腹地昭觉县5万多群众告别大山，成为"全面小康路上一个也不能少"的生动写照。"十三五"时期，在以习近平同志为核心的党中央

坚强领导下，全国大力实施精准扶贫、精准脱贫方略，投入更多资源，措施更加精准。从2015年到2019年，全国建档立卡贫困人口从5575万人减少到551万人，贫困发生率从5.7%降至0.6%，区域性整体贫困基本得到解决。今年，中国将消除现行标准下绝对贫困，提前实现联合国2030年可持续发展议程减贫目标，创造了人类反贫困史上的中国奇迹。

打赢脱贫攻坚战，历史性解决绝对贫困问题，既是中华民族的千年梦想，也是践行以人民为中心发展思想的集中体现。"十三五"时期，我国以前所未有的力度和规模推进脱贫攻坚，从"全面小康路上一个也不能少"的庄严承诺，到每年就打赢脱贫攻坚战召开座谈会，针对不同阶段问题部署目标任务；从牢牢兜住"两不愁三保障"目标底线，到"摘帽不摘责任、摘帽不摘政策、摘帽不摘帮扶、摘帽不摘监管"的长远谋划，一系列理念、行动，说到底，就是为了让每个困难群众都过上好日子。正因为始终坚持人民主体地位，坚持共同富裕方向，做到发展为了人民、发展依靠人民、发展成果由人民共享，5年来，我们才能推动减贫事业不断取得新进步，迈上新台阶。

消除绝对贫困的"中国答卷"，彰显了中国的制度优势和治理优势。我们在脱贫攻坚进程中总结形成的中国经验和中国方案，具有深远世界意义。"十三五"时期，我们之所以能战胜挑战，取得前所未有的减贫成就，一个重要原因就是我国建立起五级书记抓脱贫攻坚体制，实施了精准扶贫、精准脱贫方略，走出一条中国特色的减贫道路。在资源匮乏、灾害易发频发、基础设施严重滞后的高山区，易地扶贫搬迁为困难群众开启新生活；在具备一定自然资源基础的偏远地区，产业扶贫、电商扶贫为困难群众打开致富门路；在生态环境好、拥有特色景观的地区，旅游扶贫把绿水青山变成金山银山……正因如此，联合国秘书长古特雷斯将中国誉为"减贫领域的世界纪录保持者"，精准扶贫理念被写入联合国大会文件。

当前，我们距离实现现行标准下农村贫困人口全部脱贫、贫困县全部摘帽的目标仅一步之遥。打赢脱贫攻坚战，事关全面小康的质量和成色，也关系到我们在"十四五"时期国民经济和社会发展中开好局、起好步。迈向新征程，我们将接续奋斗，努力实现巩固拓展脱贫攻坚成果同乡村振兴有效衔接，更好解决发展不平衡不充分问题，促进全体人民共同富裕，书写更加灿烂美好的新篇章。

（2020年11月13日）

生态文明，描绘美丽画卷

——"十三五"经济社会发展的启示④

"十三五"时期是迄今为止生态环境质量改善成效最大、生态环境保护事业发展最好的 5 年

我国把生态文明建设放在突出地位，融入经济社会发展各方面和全过程，努力建设人与自然和谐共生的现代化

不久前，生态环境部公布了第四批国家生态文明建设示范市县名单，87 个市县入选。从云南楚雄到江苏宜兴，从黑龙江漠河到广西东兴，越来越多的地方登上生态文明建设"光荣榜"，共同描绘出一幅青山常在、绿水长流、空气常新的美丽中国画卷，彰显了"十三五"时期我国生态文明建设的巨大成就。

习近平总书记强调，"像保护眼睛一样保护生态环境，像对待生命一样对待生态环境。""小康全面不全面，生态环境质量很关键。""十三五"时期既是全面建成小康社会的决胜阶段，也是生态文明建设的重要时期。中国以一系列有力举措，交出了一份令世人惊叹的绿色答卷：2019 年单位 GDP 能耗比 2015 年下降 13.2%，全国 337 个地级及以上城市空气质量优良天数比率达 82%，地表水质量达到或好于Ⅲ类水体比例达 74.9%……一个个数字记录下"十三五"时期生态领域的根本性变化、历史性成就。5 年来，防治污染、修复生态、节约资源，环境保护各项工

作取得重要进展;山变绿了、江河清了、雾霾少了,人民群众获得感、幸福感和安全感持续增强;优化结构、转换动能、提高能效,高质量发展绿色根基不断夯实。可以说,"十三五"时期是迄今为止生态环境质量改善成效最大、生态环境保护事业发展最好的5年。

我国生态文明建设之所以能够再上新台阶,根本在于习近平生态文明思想的科学指引。党的十八大以来,以习近平同志为核心的党中央将坚持人与自然和谐共生作为新时代坚持和发展中国特色社会主义的基本方略之一,将建设美丽中国作为全面建设社会主义现代化国家的重要目标,将打好污染防治攻坚战列入决胜全面建成小康社会三大攻坚战。在一系列考察调研中,从青山到绿水,从草原到沙地,从森林到海洋,习近平总书记始终牵挂着生态文明建设的方方面面;从整改祁连山局部生态破坏问题,到修复长江生态环境,再到建设好海洋生物多样性湿地生态区域,习近平总书记对生态文明建设亲自部署、亲自推动。"生态兴则文明兴"的历史纵深,"山水林田湖草是生命共同体"的系统思维,"共谋全球生态文明建设"的全球视野,"用最严格制度最严密法治保护生态环境"的法治手段,为美丽中国建设指明方向。

环境就是民生,青山就是美丽,蓝天也是幸福。"十三五"时期的生态文明建设实践启示我们,良好生态是最普惠的民生福祉。生态环境问题归根结底是发展方式和生活方式问题。为此,我国把生态文明建设放在突出地位,融入经济社会发展各方面和全过程,努力建设人与自然和谐共生的现代化。14亿人民是绿色发展的受益者,更是生态文明的建设者。"十三五"时期,政府、企业、个人自觉践行绿色发展理念,使生态文明建设成为人人有责、共建共享的工程;改造传统行业,淘汰落后产能,各地追求高质量的绿色GDP;新能源车、共享单车随处可见,垃圾分类、杜绝浪费蔚然成风,人们将绿色低碳融入生活……上下同心、干群同力,以自上而下的制度设计和自下而上的全民行动,汇聚出最强大的"绿色合力"。

举一纲而万目张。习近平总书记指出:保护生态环境必须依靠制度、依靠法治。我国生态文明建设正处于压力叠加、负重前行的关键期,生态环境保护形势仍十分严峻,不容丝毫松懈。近年来,从生态环境损害

赔偿到中央生态环境保护督察，从生态保护红线监管到生态文明建设目标评价考核，从大气污染防治法修订到民法典体现绿色发展理念，中国正在构建起最严格的生态文明制度体系。在全面建设社会主义现代化国家新征程上，我们将持续加强总体谋划、搞好顶层设计，以刚性约束倒逼习惯养成，提升生态环境治理效能，让绿色成为发展底色，把伟大祖国建设得更加美丽。

（2020年11月16日）

扩大开放,共建一带一路

——"十三五"经济社会发展的启示⑤

从打造对外开放新平台,到构建开放型经济新体制,再到加快构建新发展格局,中国新一轮高水平对外开放日益跑出加速度,擘画出一幅全面开放新图景

面向未来,我们将坚定不移奉行互利共赢的开放战略,既从世界汲取发展动力,也让中国发展更好惠及世界

第三届中国国际进口博览会上,一项项高端装备展示创新科技,多种智能产品全球首发,引来国内外媒体聚焦。在新冠肺炎疫情全球蔓延、世界经济持续低迷的非常时期,这一全球贸易盛会在确保防疫安全前提下如期举办,宣示了中国推动更高水平开放的脚步不会停滞,体现了中国同世界分享市场机遇、推动世界经济复苏的真诚愿望。

习近平总书记多次强调,开放带来进步,封闭必然落后。改革开放40多年来,以开放促改革、促发展,是我国现代化建设不断取得新成就的重要经验。"十三五"时期,我国对外开放持续扩大,共建"一带一路"成果丰硕。5年来,在国内外发展条件和环境深刻变化的情况下,中国坚持站在历史正确的一边,坚定维护和推动经济全球化,践行开放发展理念,对外开放取得新的重大成就,奏响了中国与世界各国合作发展的新乐章。我们以"一带一路"建设为统领,丰富对外开放内涵,提高对

外开放水平，协同推进战略互信、投资经贸合作、人文交流，努力形成深度融合的互利合作格局，开创了对外开放新局面。

"中国开放的大门不会关闭，只会越开越大。"中国对外开放是全方位、多层次、宽领域的，致力于发展更高层次的开放型经济，正在加快推动形成全面开放新格局。21个自贸试验区形成"雁阵"，海南自由贸易港扬帆起航；外贸新业态新模式蓬勃发展，跨境电商综合试验区增加到105个；外商投资法和优化营商环境条例正式施行，全国和自贸试验区外资准入负面清单条目分别压减至33条和30条；金融业、制造业、服务业等领域开放扩大，资金、人才、科技等领域国际合作拓展……从打造对外开放新平台，到构建开放型经济新体制，再到加快构建新发展格局，中国新一轮高水平对外开放日益跑出加速度，擘画出一幅全面开放新图景。

推进"一带一路"建设是"十三五"规划的重要内容。中欧班列被誉为"钢铁驼队"，开辟了欧亚大陆"一带一路"沿线国家新的陆路运输和国际贸易通道，成为"一带一路"建设的亮丽名片。截至今年10月，中欧班列运行线路已达73条。数据显示，随着共建"一带一路"不断走深走实，中国已同138个国家和30个国际组织签署200份合作文件，共同开展超过2000个合作项目。如今，越来越多国家参与共建"一带一路"，一条条公路铁路、一架架桥梁隧道向远方延伸，一片片工厂园区、一座座医院学校拔地而起，勾勒出一道道精谨细腻的工笔画线条，奏响了一曲曲和合共生的华美乐章。特别是新冠肺炎疫情防控期间，很多项目为促进当地经济社会恢复作出重要贡献。

"一花独放不是春，百花齐放春满园。"当前，世界经济发展面临诸多复杂挑战，但各国走向开放、走向合作的大势没有改变。习近平主席在第三届中国国际进口博览会开幕式上的主旨演讲中强调，"我们要携起手来，共同应对风险挑战，共同加强合作沟通，共同扩大对外开放。"构建以国内大循环为主体、国内国际双循环相互促进的新发展格局，决不是封闭的国内循环，而是更加开放的国内国际双循环，不仅是中国自身发展需要，而且将更好造福各国人民。党的十九届五中全会指出，实行高水平对外开放，开拓合作共赢新局面。面向未来，我们将坚定不移奉行互利共赢的开放战略,既从世界汲取发展动力,也让中国发展更好惠及世界。

开放是一种经验、智慧,也是一种气质、境界。实践证明,过去40多年中国经济发展是在开放条件下取得的,未来中国经济实现高质量发展也必须在更加开放的条件下进行。汇聚众智众力、顽强拼搏进取,锐意开拓全面扩大开放,在开放中创造机遇,在合作中破解难题,我们定能风雨无阻向前进,同世界各国一道携手创造人类更加美好的明天。

(2020年11月17日)

民生改善，成就美好生活

——"十三五"经济社会发展的启示⑥

> 以保障和改善民生为出发点和落脚点，突出抓重点、补短板、强弱项，"十三五"时期，以人民为中心的发展思想贯穿于中国阔步前进的每一个瞬间
>
> 聚焦人民群众普遍关心关注的民生问题，采取更有针对性的措施，一件一件抓落实，一年接着一年干，才能让人民群众获得感、幸福感、安全感更加充实、更有保障、更可持续

民惟邦本，本固邦宁。增进民生福祉是我们党坚持立党为公、执政为民的本质要求。党的十九届五中全会高度评价决胜全面建成小康社会取得的决定性成就，"人民生活水平显著提高"是其中的重要方面。

习近平总书记强调，要始终把人民安居乐业、安危冷暖放在心上。民生改善既反映着国家发展的宏大叙事，更连接着亿万人民美好生活的切身感受。"十三五"时期，我国各项民生事业不断繁荣发展，各项民生指标不断改善，带来了实实在在的变化。2019年中国居民人均预期寿命达到77.3岁，比2015年提高0.96岁，主要健康指标总体上居于中高收入国家前列；高等教育进入普及化阶段，重点高校招收农村和贫困地区学生专项计划累计招生近52万人，困难群体受教育权利得到更好保障；城镇新增就业超过6000万人；建成世界上规模最大的社会保障体系；基

本医疗保险覆盖超过13亿人,基本养老保险覆盖近10亿人……以保障和改善民生为出发点和落脚点,突出抓重点、补短板、强弱项,"十三五"时期,以人民为中心的发展思想贯穿于中国阔步前进的每一个瞬间。

民心是最大的政治。让老百姓过上好日子是我们一切工作的出发点和落脚点。"十三五"时期民生领域的成就启示我们,聚焦人民群众普遍关心关注的民生问题,采取更有针对性的措施,一件一件抓落实,一年接着一年干,才能让人民群众获得感、幸福感、安全感更加充实、更有保障、更可持续。5年来,我们从人民群众普遍关注、反映强烈、反复出现的问题出发,拿出更多改革创新举措,把就业、教育、医疗、社保、住房、养老、食品安全、生态环境、社会治安等问题一个一个解决好。新冠肺炎疫情防控期间,上至108岁的老人,下至出生仅30个小时的婴儿,我们不放弃一名患者,不放弃任何希望,一个个"生命奇迹"见证着中国共产党"人民至上"的价值理念。正是把"符合人民根本利益"作为发展的价值尺度,把"人民对美好生活的向往"作为奋斗目标,国家的发展进步才能最大范围地凝聚共识、最大程度地激发力量。

"人民是历史的创造者,是我们的力量源泉。"如果说,"一切为了人民"回答了"为谁发展"的价值问题,那么"紧紧依靠人民",则回答了"靠谁发展"的动力问题,不断激发出蕴藏在群众中的创造活力与创新潜力。提出新发展理念,"共享发展"是重要内容,就是要"做到发展为了人民、发展依靠人民、发展成果由人民共享";全面深化改革,目的是"让人民群众有更多获得感";全面依法治国,"努力让人民群众在每一个司法案件中感受到公平正义"……世界上很少有哪个政党,能像中国共产党这样,把为人民服务庄严地写进党章,把人民对美好生活的向往作为奋斗目标,把以人民为中心的发展思想贯穿于政策制定、经济发展、社会建设等各个方面。5年来,推进简政放权、优化营商环境,为更多年轻人创业提供舞台;推动经济转型升级,不断催生经济新业态、新模式,为人们提供了更多新职业与可能性。既有"一切为了人民"的价值取向,又有"紧紧依靠人民"的不竭动力,"十三五"时期的这一发展经验,具有普遍的启示意义。

保障和改善民生没有终点,只有连续不断的新起点。习近平总书记

强调，谋划"十四五"时期发展，要坚持发展为了人民、发展成果由人民共享，努力在推动高质量发展过程中办好各项民生事业、补齐民生领域短板。迈上新征程，我们将继续坚持把实现好、维护好、发展好最广大人民根本利益作为发展的出发点和落脚点，坚持发展为了人民、依靠人民，以更大发展成就，让人民群众的获得感、幸福感、安全感得到更大提升。

（2020年11月18日）

文化繁荣，汇聚精神力量

——"十三五"经济社会发展的启示⑦

> 丰富多彩的文化生活，琳琅满目的文化产品，百花齐放的文艺园地，共同营造出文化事业和文化产业繁荣发展的生动景象
>
> 文化建设在正本清源、守正创新中取得历史性成就、发生历史性变革，为人民群众提供了昂扬向上、多姿多彩的精神食粮

一个国家、一个民族的强盛，总是以文化兴盛为支撑的。回顾"十三五"时期的文化建设，艺术创作硕果累累，公共服务体系建设取得重大进展，文化遗产保护水平稳步提升，文化旅游与经济社会融合发展步伐加快，中华文化影响力进一步扩大……丰富多彩的文化生活，琳琅满目的文化产品，百花齐放的文艺园地，共同营造出文化事业和文化产业繁荣发展的生动景象。

习近平总书记强调，"文化是一个国家、一个民族的灵魂。文化兴国运兴，文化强民族强。没有高度的文化自信，没有文化的繁荣兴盛，就没有中华民族伟大复兴。"中国特色社会主义是全面发展、全面进步的伟大事业，没有社会主义文化繁荣发展，就没有社会主义现代化。"十三五"时期，从传承发展优秀传统文化到繁荣发展社会主义文艺，从构建现代

公共文化服务体系到深化群众性精神文明创建活动,我国社会文明程度不断提高,公共文化服务水平持续提升,现代文化产业体系日益健全。文化建设在正本清源、守正创新中取得历史性成就、发生历史性变革,为人民群众提供了昂扬向上、多姿多彩的精神食粮,为新时代坚持和发展中国特色社会主义、开创党和国家事业全新局面提供了强大正能量。

衡量文化产业发展质量和水平的重要标准,是看能不能提供更多既能满足人民文化需求、又能增强人民精神力量的文化产品。在北京故宫博物院,"紫禁城里过大年""上元之夜"等活动精彩纷呈,给观众带来一场场文化盛宴;在内蒙古苏尼特右旗,乌兰牧骑队员在戈壁草原辗转跋涉,为当地农牧民送去欢声笑语;在湖南湘西土家族苗族自治州,"非遗+扶贫"打开乡村发展新思路,老百姓过上了"守着娃,绣着花,养活自己又养家"的幸福生活……数据显示,截至今年6月,我国共建成基层综合性文化服务中心56万个,覆盖率超过95%;2019年全年国内旅游人数达60.06亿人次,比上年增长8.4%。不断涌现的文化生活新方式,覆盖城乡的高水平公共文化服务网,早已融入人民群众的日常,成为美好生活的一部分。

文化自信是更基础、更广泛、更深厚的自信,是更基本、更深沉、更持久的力量。"十三五"时期文化事业和文化产业繁荣发展的根本在于,以习近平同志为核心的党中央把文化建设提升到一个新的历史高度,把文化自信和道路自信、理论自信、制度自信并列为中国特色社会主义"四个自信",把坚持马克思主义在意识形态领域指导地位的制度确立为中国特色社会主义制度体系的一项根本制度,把坚持社会主义核心价值体系纳入新时代坚持和发展中国特色社会主义的基本方略。实践证明,只有坚定文化自信,推动中华优秀传统文化创造性转化、创新性发展,继承革命文化,发展社会主义先进文化,才能不断铸就中华文化新辉煌,建设社会主义文化强国。

人无精神则不立,国无精神则不强。在"十三五"规划的收官之年,突如其来的新冠肺炎疫情带来严峻挑战。这场与病毒的较量,是物质的角力,也带来精神力量的激发。中国人民和中华民族以敢于斗争、敢于胜利的大无畏气概,铸就了生命至上、举国同心、舍生忘死、尊重科学、命运与共的伟大抗疫精神，诞生了一批感人至深、凝心聚力的优秀文艺作品。由此更能深刻理解，统筹推进"五位一体"总体布局、协调推进"四个全面"战略布局，文化是重要内容；推动高质量发展，文化是重要支点；满足人民日益增长的美好生活需要，文化是重要因素；战胜前进道路上各种风险挑战，文化是重要力量源泉。

当前，我们比历史上任何时期都更接近实现中华民族伟大复兴的目标，更有信心和能力铸就中华文化新的辉煌。站在新起点、奋进新征程，进一步坚定文化自信，增强文化自觉，不断满足人民群众精神文化生活新期待，我们就一定能开创中国特色社会主义文化建设新局面，为做好党和国家各项工作提供强大的价值引领力、文化凝聚力和精神推动力。

（2020 年 11 月 19 日）

在一张白纸上演绎精彩

——努力续写更多"春天的故事"①

> 40年来,深圳等经济特区把不可能变成了可能,向世界展示了我国改革开放的磅礴伟力
>
> 创办经济特区是我国改革开放的一项伟大创举,是经过实践检验、推进改革开放行之有效的重要方法,彰显着中国的制度优势和治理智慧

"经济特区不仅要继续办下去,而且要办得更好、办得水平更高。"在深圳经济特区建立40周年庆祝大会上,习近平总书记高度评价深圳等经济特区创造的辉煌成就,深刻总结经济特区40年改革开放、创新发展积累的宝贵经验,对经济特区在更高起点上推进改革开放作出了重大战略部署。四十载波澜壮阔,新征程催人奋进,更多"春天的故事",将在这里铺展开来。

总书记指出:"深圳是改革开放后党和人民一手缔造的崭新城市,是中国特色社会主义在一张白纸上的精彩演绎。"正如英国《经济学人》评价:"全世界超过4000个经济特区,头号成功典范莫过于'深圳奇迹'。"然而,看似寻常最奇崛,成如容易却艰辛。由一座落后的边陲小镇到具有全球影响力的国际化大都市,由经济体制改革到全面深化改革,由进出口贸易为主到全方位高水平对外开放,由经济开发到统筹社会主义物

质文明、政治文明、精神文明、社会文明、生态文明发展，由解决温饱到高质量全面小康……深圳特区用40年时间实现了"五大历史性跨越"，走过了国外一些国际化大都市上百年走完的历程。这其中，有改革的艰辛也有转型的阵痛，有制度的突围也有观念的突破，每一次跨越都不是轻而易举的，每一步前行都付出了艰辛的努力。

蛇口"开山炮"的历史巨响在今天仍然震撼人心，"空谈误国、实干兴邦""时间就是金钱、效率就是生命"的时代呼声沉淀为精神基因。新中国土地拍卖"第一槌"，迈出了中国城市土地管理制度改革的关键一步；率先在全国进行劳动用工制度改革，为发挥人口红利、人才红利创造了条件；创建证券交易所，开启了资本市场的发展空间……40年来，深圳等经济特区把不可能变成了可能，向世界展示了我国改革开放的磅礴伟力。先行先试、大胆探索，必然会面对未知风险和不确定性，但经济特区总是以不断深化改革、扩大开放寻找创新的解决方案，不仅形成了敢闯敢试、敢为人先、埋头苦干的特区精神，更为全国改革开放提供了示范和样本。

创办经济特区是我国改革开放的一项伟大创举，是经过实践检验、推进改革开放行之有效的重要方法，彰显着中国的制度优势和治理智慧。经济特区可以在小范围进行局部的改革探索，在取得好的改革成效后，又通过强大的国家能力在全国范围进行推广，实现局部的阶段性改革开放和加强顶层设计的辩证统一，分散了社会风险、减少了决策阻力、降低了治理成本、形成了示范效应，能够以较小的成本取得较大的改革成效。正因如此，深圳等经济特区40年改革开放实践，不仅深化了我们党对中国特色社会主义经济特区建设规律的认识，也为世界贡献了中国方案、中国智慧、中国经验。

对一段历史的最好致敬，就是书写新的辉煌历史。当今世界正经历百年未有之大变局，我国正处于实现中华民族伟大复兴的关键时期。与此同时，改革又到了一个新的历史关头，很多都是前所未有的新问题，推进改革的复杂程度、敏感程度、艰巨程度不亚于40年前，深圳等经济特区有责任也有能力率先破题、作出示范。对深圳而言，建设中国特色社会主义先行示范区，这是一道必须答好的考题。有党中央的坚强领导，

有制度优势的保障,有敢闯敢试、敢为人先、埋头苦干的精神,经济特区将继续发挥引领示范作用,为全面建设社会主义现代化国家、实现第二个百年奋斗目标作出新的更大的贡献。

四十载惊涛拍岸,九万里风鹏正举。经济特区的沧桑巨变是一批又一批特区建设者拼搏奋斗干出来的。在新起点上,经济特区广大干部群众要坚定不移贯彻落实习近平总书记重要讲话要求和党中央决策部署,永葆"闯"的精神、"创"的劲头、"干"的作风,才能续写更多"春天的故事",创造让世界刮目相看的新的更大奇迹。

(2020年10月26日)

勇立潮头 开拓进取

——努力续写更多"春天的故事"②

支持在符合国土空间规划要求的前提下，推进二三产业混合用地；支持在资本市场建设上先行先试；进一步放宽前沿技术领域的外商投资准入限制……近日，《深圳建设中国特色社会主义先行示范区综合改革试点实施方案（2020—2025 年）》发布，27 项目标任务涵盖各个领域，为深圳在更高起点上推进改革开放拓展了新空间。经济特区在新起点上再出发，深化改革是最重要的关键词之一。

一部经济特区建设史，就是一部大胆地试、大胆地改的改革史。从第一个进行分配制度改革，到第一个实行工程招标，再到第一个改革人事制度，深圳的一项项全国"第一"，映照着改革决心，激荡着创新活力。从率先出台税利分流措施激发国企活力，到率先实行大部委制，再到率先实行环评审批告知承诺制，厦门的一次次探索，撬动了城市命运轨迹的改变。经济特区的发展历程形成了重要的改革方法论，即每当遇到问题难题、遭遇风险挑战，就把问题导向作为改革的动力和方向，运用改革方式破解难题、激发活力。经济特区在局部进行改革突破，既书写了勇立潮头、开拓进取的壮丽篇章，更推动改革开放大潮席卷神州大地，使得改革开放成为最大的社会共识、最鲜明的时代标识。

改革永远在路上，改革之路无坦途。今天，改革决心依旧、改革激

情依然，但改革的语境发生了巨大变化。从外部看，当今世界正经历百年未有之大变局，新冠肺炎疫情全球大流行使这个大变局加速演进，经济全球化遭遇逆流，保护主义、单边主义上升；从内部看，我国正处于实现中华民族伟大复兴的关键时期，改革又到了一个新的历史关头，很多都是前所未有的新问题，推进改革的复杂程度、敏感程度、艰巨程度不亚于40年前。新形势需要新担当、呼唤新作为。无论是应对外部环境变化，还是解决内部发展问题，都需要与时俱进全面深化改革，依靠改革应对变局、开拓新局。深圳等经济特区作为改革的试验田，更应增强引领改革风气之先的使命感、责任感，继续为全国层面的改革提供先行先试的经验，为形成以国内大循环为主体、国内国际双循环相互促进的新发展格局提供动力支撑。

惟改革者进，惟创新者强，惟改革创新者胜。习近平总书记深刻指出，"如果说创新是中国发展的新引擎，那么改革就是必不可少的点火器"。在深圳，改革创新举措不断推出。坚定不移贯彻新发展理念，就能通过改革释放制度优势，最大限度激发创新活力，实现更高质量、更有效率、更加公平、更可持续、更为安全的发展。

与时俱进全面深化改革，需要坚持摸着石头过河和加强顶层设计相结合，不失时机、蹄疾步稳深化重要领域和关键环节改革，更加注重改革的系统性、整体性、协同性，提高改革综合效能。今天，改革已是一个复杂的系统工程，牵一发而动全身，一个领域的改革以另一个领域的改革为前提，因此改革不能单打独斗、零敲碎打，而应该注重整体推进、形成整体效能。比如，营造更好的营商环境，涉及各个政府部门和专业领域。截至目前，深圳累计推出近250项"秒批"事项和近200项"无感申办"事项，实现政务服务事项100%进驻网上办事平台，真正做到了"一网通办""全城可办"。全面深化改革，更需要突出"全面"这两个字的分量，形成各个领域改革相互配合、协同高效的良好局面。

深圳前海，曾经"三天一层楼"的深圳速度已经被"平均三天一项制度创新"的改革效率刷新。一路拼、一路闯、一路领跑，深圳等经济特区已经站上新的历史起点。与时俱进全面深化改革,将改革开放进行到底,深圳等经济特区一定能不负重托,为全国改革开放提供引领作用和示范效应,承担起新时代的历史使命。

(2020年10月27日)

永葆"闯"的精神、"创"的劲头、"干"的作风

——努力续写更多"春天的故事"③

不到 15 平方公里的深圳粤海街道,展示一座城市的创新高度。这里诞生了华为、腾讯、中兴、大疆,如今又吸引百度、阿里巴巴、小米、字节跳动把国际总部或大湾区总部落地于此。粤海街道所在的南山区,每平方公里创造 32.6 亿元 GDP。以经济密度论英雄,以发展效率论能耐,敢于"做第一个吃螃蟹的人",这是深圳 40 年来勇立潮头、开拓进取的一个缩影。

回首 40 年非凡历程,敢闯敢试、敢为人先、埋头苦干,始终是深圳等经济特区不变的精神气质,也始终是深圳等经济特区不断创造发展奇迹的重要支撑。四十载波澜壮阔,新征程催人奋进。习近平总书记强调:永葆"闯"的精神、"创"的劲头、"干"的作风,努力续写更多"春天的故事",努力创造让世界刮目相看的新的更大奇迹!这是对深圳等经济特区精神品质的深刻总结,更是对经济特区在新征程上创造新的历史伟业的殷切期待。

只有敢于走别人没有走过的路,才能收获别样的风景。经济特区从一建立,血液里就流淌着"闯"的基因。没有先例可循,特区就创造先例;没有经验可资借鉴,特区就先行先试、大胆探索。今天的人们,对"绩效工资""发行股票"等名词耳熟能详,这都源于深圳等经济特区的探索。从在全国首次实行住房商品化改革、敲响土地拍卖"第一槌"、首次取消票证,到近年的应届毕业生落户"秒批"、"前海模式"的制度首创,无数

个"第一",化作深圳这座城市成长的坐标,也成为中国改革开放的路标。今天,从"先行先试"到"先行示范",深圳等经济特区踏上了"二次创业"的新征程。再开新局、再蹚新路,"闯"的精神依然不可或缺、至关重要。

由"闯"起步,靠"创"加速。深圳在短短40年时间里,就实现了由一座落后的边陲小镇到具有全球影响力的国际化大都市的历史性跨越,这样的发展奇迹背后,是逢山开路、遇水架桥的敢闯敢试,更是创新创业创造的活力奔涌。十几年前,外媒报道深圳时的常用标签是"世界工厂",标准配图是流水线上装配国外知名品牌手机的工人;而如今,"创客之都""创新之城"等,成为深圳新的称呼。想当年,深圳建市之初,科技基础几乎为零,全市只有两名技术人员,深圳企业多以"三来一补"为主;而今天,深圳全社会研发投入占GDP比重达4.9%左右,每天有71件发明专利获得授权。从制造到创造,从跟跑到领跑,一个个企业在创新浪潮中千帆竞渡,一批批人才在抢抓创新高地中勇攀高峰。今天的经济特区,有足够大的舞台供企业去创新、去创业,有足够宽容的环境让人才去挑战、去冒险。"改革开放、创新发展",这是历史发出的时代召唤,更是千载难逢的历史机遇。

深圳的发展奇迹,不是喊出来的,而是实干出来的。深圳蛇口工业区竖起的"空谈误国,实干兴邦"醒目标牌是最好的宣示。从"三天一层楼"的深圳速度,到"三天一制度"的深圳效率;从"时间就是金钱,效率就是生命"的"蛇口春雷",到"一年一个样"的前海蝶变,都是奋斗托举着深圳的发展,是实干成就了今天的深圳。历史属于奋进者,时间不会辜负实干家。站在新的历史关口,今天的我们,依然需要激发实干精神,发扬"干"的作风。

一切早已开始,一切也远未结束。在深圳市委大院门前,"拓荒牛"脚踏实地、蓄力前进;在前海片区桂湾河畔,前海石见证城市新变、沧海桑田;在深圳蛇口改革开放博物馆,"向前走,莫回头"六个大字印在墙上,格外醒目……勇当真抓实干的奋进者、敢闯敢试的开拓者、攻坚克难的搏击者、坚忍不拔的创新者,闻鸡起舞、日夜兼程、风雨无阻,我们必将在接续奋斗中书写新的辉煌。

(2020年10月28日)

聚焦人民对美好生活的向往

——努力续写更多"春天的故事"④

翻开深圳经济特区发展成绩单，2019年居民人均可支配收入6.25万元，比1985年增长31.6倍；民生领域支出占财政支出的比重达66%；建成公园超过1000个，森林覆盖率稳定在40%以上……每一个数据背后都是人民群众沉甸甸的获得感，折射出人民底色和民生温度。

坚持以人民为中心的发展思想，让改革发展成果更多更公平惠及人民群众，这条经济特区40年改革开放、创新发展积累的宝贵经验，映照共产党人为人民谋幸福的价值追求，标注经济特区的发展逻辑、动力源泉和价值指向。从第一个正式打破"大锅饭"，到第一个推进住房制度改革；从率先实现全民医保、养老保险全覆盖，到在全国率先实现全市域消除黑臭水体……坚持一切为了人民、紧紧依靠人民，深圳实现了由解决温饱到高质量全面小康的历史性跨越，创造了人民生活改善的"加速度"。也正是因为不断擦亮发展的民生底色，为更多人搭建梦想成真的广阔舞台，激发蕴藏在人民群众中的创造伟力，推动深圳实现了由一座落后的边陲小镇到具有全球影响力的国际化大都市的历史性跨越。

从改革开放的"试验田"，到中国特色社会主义先行示范区，深圳经济特区站在了新的历史起点上。习近平总书记深刻指出，"人民对美好生活的向往就是我们的奋斗目标。经济特区改革发展的出发点和落脚点都要聚焦到这个目标上来。"当前,我国正处于实现中华民族伟大复兴的关键时期,经济已由高速增长阶段转向高质量发展阶段,社会主要矛盾发生变化,人民对美好生活的要求不断提高。如何克服不平衡不充分的发展矛盾?如何满足人们的美好生活需要?经济特区要肩负起先行先试的使命,瞄准"幼有善育、学有优教、劳有厚得、病有良医、老有颐养、住有宜居、弱有众扶"目标,打造民生幸福标杆,蹚出高质量发展的新路。

生活得好不好,人民群众最有发言权。真抓实干践行以人民为中心的发展思想,必须从人民群众普遍关注、反映强烈的问题出发,拿出更多改革创新举措。就拿住房问题来说,近年来,深圳率先推出"二次房改",按照市场商品房占40%左右,人才住房、安居型商品房、公共租赁住房各占20%左右的供应结构,构建"4+2+2+2"的住房供应与保障体系,计划至2035年建设筹集170万套住房,公共住房不少于100万套。聚焦民生关切、坚持问题导向,以把就业、教育、医疗、社保、住房、养老、食品安全、生态环境、社会治安等问题一个一个解决好作为发展突破口,才能让人民群众的获得感成色更足、幸福感更可持续、安全感更有保障。

如果说"一切为了人民"回答了经济特区发展的价值指向问题,那么"紧紧依靠人民"则回答了力量源泉问题。坚持以人民为中心,尤须尊重人民群众首创精神,不断从人民群众中汲取经济特区发展的创新创造活力。经济特区的活力不是计划出来的,而是无数个体打拼奋斗出来的。经济特区打开了国家的一扇窗口,也为人们提供了创业发展的机遇。农民离开家乡,从全国各地汇聚到经济特区的生产线上;大学生投身创新创业创造的浪潮,到经济特区追求梦想。改革的年代是激情和梦想的年代,是奋斗和创造的年代,无数蜿蜒细流激起层层浪花,共同汇聚成推动时代前行的奔腾洪流。"人民是历史的创造者,是真正的英雄"。在更高起点上推动改革开放,就要进一步释放制度红利,最大限度激发人民群众的创新创造活力。

深圳莲花山公园有一道远近闻名的人文风景:每逢周日清晨,很多市民就会自发汇集到莲花湖边纵情放歌——歌唱祖国繁荣,歌唱美好生

活。这样的美好生活不是天上掉下来的,而是几代人真抓实干、埋头苦干得来的。把蕴藏在人民群众中的巨大能量释放出来,经济特区一定能一往无前,创造新的更大奇迹。

(2020年10月29日)

必须坚持全方位对外开放

——努力续写更多"春天的故事"⑤

回顾深圳经济特区 40 年的跨越发展,"开放"是一个至关重要的视角。不久前,深圳发布了一组亮眼的外贸数据:今年 1—8 月,深圳进出口总值达到 1.88 万亿元,同比增长 2%;仅今年上半年,全市设立了外商投资企业近 2000 家,吸收合同外资近 80 亿美元,实际使用外资超 40 亿美元,同比增长了 5%。可以说,持续对外开放不仅给经济增长带来强劲支撑,也为长远发展奠定坚实基础。

在深圳经济特区建立 40 周年庆祝大会上,习近平总书记深刻总结经济特区 40 年改革开放、创新发展积累的宝贵经验,其中重要一条就是"必须坚持全方位对外开放,不断提高'引进来'的吸引力和'走出去'的竞争力"。40 年来,深圳积极利用国际国内两个市场、两种资源,积极吸引全球投资,外贸进出口总额由 1980 年的 0.18 亿美元跃升至 2019 年的 4315 亿美元,年均增长 26.1%,实现了由进出口贸易为主到全方位高水平对外开放的历史性跨越。

开放带来进步,封闭必然落后。如果说改革彰显的是深圳"杀出一条血路"的勇气,那么开放则显示出深圳敞开胸襟、拥抱世界的决心。1981 年,深圳发出编号为"0001"的中国合资企业营业执照,"三来一补"打开了这座城市参与全球市场竞争的大门。吸引国外资金,引进管理经验,完善法治体系,优化营商环境……40 年的时间,在开放中吸引各方资源，以全球坐标定位自身发展，深圳实现了由一座落后的边陲小镇到具有全球影响力的国际化大都市的历史性跨越。目前，深圳拥有全球第三大集装箱港、亚洲最大陆路口岸，与50多个国家的80多个城市结为友好城市或友好交流城市。一个个对外开放的举措，成为这座城市旺盛活力的写照。

今天的深圳，已经完成了从引进模仿到开放创新、从外向驱动到内外并举、从低端代工到高端制造的飞跃，正在加快构建更高层次的开放型经济体系。以前海蛇口自贸片区建设为引领，由商品和要素流动型开放向标准、规则等制度型开放转变；以"一带一路"建设为契机，企业"走出去"的步伐和力度不断加大；以"国际人才高地"为目标，引进具有国际水平的战略科技人才、科技领军人才、青年科技人才和高水平创新团队……可以说，深圳作为中国开放的窗口，开放的大门只会越开越大；作为与世界共享机遇的窗口，吸引力只会越来越强。

当前，我国正在形成以国内大循环为主体、国内国际双循环相互促进的新发展格局。新发展格局不是封闭的国内循环，而是开放的国内国际双循环。站在新的历史起点上，深圳开放的舞台更大、发展的机会更多。一方面，需要在建设更高水平开放型经济新体制上下功夫，深化对内经济联系、增加经济纵深，增强畅通国内大循环和联通国内国际双循环的功能；另一方面，还要探索更加灵活的政策体系、更加科学的管理体制，加强同"一带一路"沿线国家和地区开展多层次、多领域的务实合作。与此同时，越是开放越要重视安全，统筹好发展和安全两件大事，增强自身竞争能力、开放监管能力、风险防控能力。

一花独放不是春，百花齐放春满园。经济特区建设40年的实践离不开世界各国的共同参与，也为各国创造了广阔的发展空间、分享了发展利益。当今世界正经历百年未有之大变局，世界经济面临诸多复杂挑战，我们决不能被逆风和回头浪所阻，要站在历史正确的一边，坚定不移全面扩大开放，推动建设开放型世界经济，推动构建人类命运共同体。面向未来，唯有锐意开拓全面扩大开放，才能获得更庞大的市场空间，激发经济增长的巨大潜力；才能进行更细致的分工协作，培育创新发展的无限生机；才能促进更多元的文化融合，展现互利共赢的合作理念。

不久前，一家国际知名科技企业落户深圳市南山区，在谈到布局原因时该企业负责人表示：选择这座城市就是因为它的开放性。开放的深圳，开放的经济特区，必将创造让世界刮目相看的新的更大奇迹，为世界经济增长带来新的更多机遇。

（2020年10月30日）

坚持底线思维,做到有备无患

——打好应对变局、开拓新局主动战①

> 一个国家必须具有开顶风船、走上坡路的能力,能够应对外部冲击而保持可持续发展
>
> 防风险,本身就是在促发展,能不能防范化解重大风险,是衡量领导干部治理能力的重要标准

一个国家的发展,越在风急雨骤时,越能展现底气、成色。今年8月份,包括社会消费品零售总额、工业增加值累计增速等指标实现年内首次正增长,我国经济延续二季度以来的复苏态势。取得这些成绩,正是因为我们能够率先控制住新冠肺炎疫情传播,有效防范化解风险,为经济复苏创造了前提条件。

今年以来,习近平总书记在多个场合强调要有效防范化解风险。在看望参加全国政协十三届三次会议的经济界委员时,习近平总书记强调,"要牢固树立安全发展理念,加快完善安全发展体制机制,补齐相关短板,维护产业链、供应链安全,积极做好防范化解重大风险工作"。在6月份召开的专家学者座谈会上,习近平总书记强调,"要强化底线思维,增强忧患意识,时刻防范卫生健康领域重大风险"。在中央深改委第十五次会议上,习近平总书记强调,"要站在历史正确的一边,坚定不移扩大对外开放,增强国内国际经济联动效应,统筹发展和安全,全面防范风险挑

战"。一系列深刻论断，都要求我们抓好发展、安全两件大事，提高防范化解风险的本领能力，着力防范化解重大风险，确保发展在安全的轨道上稳步前行。

"备豫不虞，为国常道"。今年以来，无论是疫情突袭还是洪涝灾害，都说明发展之路不可能一帆风顺，必然会遇到这样那样的风险挑战。一个国家必须具有开顶风船、走上坡路的能力，能够应对外部冲击而保持可持续发展。面对波谲云诡的国际形势、复杂敏感的周边环境、艰巨繁重的改革发展稳定任务，我们必须始终保持高度警惕，既要高度警惕"黑天鹅"事件，也要防范"灰犀牛"事件；既要有防范风险的先手，也要有应对和化解风险挑战的高招；既要打好防范和抵御风险的有准备之战，也要打好化险为夷、转危为机的遭遇战阻击战。

习近平总书记多次强调，要坚持底线思维，不回避矛盾，不掩盖问题，凡事从坏处准备，努力争取最好的结果，做到有备无患、遇事不慌，牢牢把握主动权。坚持底线思维，是我们应对错综复杂形势的科学方法，更是有效防范化解重大风险的治理智慧。坚持底线思维，对可能出现的最坏情形有充分的预见和准备，时刻保持如履薄冰的谨慎、见叶知秋的敏锐、未雨绸缪的忧患，才能做到"明者防祸于未萌，智者图患于将来"。既要高度警惕和防范自己所负责领域内的重大风险，也要密切关注全局性重大风险，力争把风险化解在源头，不能让小风险演化为大风险，不能让个别风险演化为综合风险，不能让局部风险演化为区域性或系统性风险。

2018年1月，在学习贯彻党的十九大精神专题研讨班开班式上，习近平总书记列举了8个方面16个具体风险。在经济社会领域专家座谈会上，习近平总书记强调，"国内外环境的深刻变化既带来一系列新机遇，也带来一系列新挑战，是危机并存、危中有机、危可转机"。现阶段，必须做好应对一系列新的风险挑战的准备，做到有备无患、防止患而无备。比如说，当前我国经济形势总体是好的，但稳企业、保就业压力还比较大，房地产、金融领域仍需警惕风险；极端天气频发，重点领域隐患排查、提前部署人力物资，都需要压实责任；在常态化疫情防控背景下，还需要防止个别地方发生聚集性感染风险，同时还要从预防重大突发公共卫

生事件的底线出发,补齐卫生健康领域的短板。用"显微镜"来发现风险,把问题想得更细一些,用"放大镜"来评估后果,把危害想得更严重一些,才能精准研判、妥善应对各领域风险。

防范化解重大风险,是各级党委、政府和领导干部的政治职责,要坚持守土有责、守土尽责,把防范化解重大风险工作做实做细做好。应该认识到,防风险,本身就是在促发展,能不能防范化解重大风险,是衡量领导干部治理能力的重要标准。这就需要强化风险意识,常观大势、常思大局,科学预见形势发展走势和隐藏其中的风险挑战;需要提高风险化解能力,透过复杂现象把握本质,加强战略性、系统性、前瞻性研究谋划,抓住要害、找准原因,果断决策,善于在危机中育新机、于变局中开新局;需要有充沛顽强的斗争精神,敢于斗争、善于斗争,保持斗争精神、增强斗争本领,以"踏平坎坷成大道,斗罢艰险又出发"的顽强意志,应对好每一场重大风险挑战,切实把改革发展稳定各项工作做实做好。

古语云,"安而不忘危,存而不忘亡,治而不忘乱"。树立底线思维,安不忘危、防患未然,我们就能从底线出发,看到"坏处"、解决"难处"、争取"好处",推动中国号巨轮乘风破浪、行稳致远。

(2020年09月24日)

科学研判运筹,提高决策水平

——打好应对变局、开拓新局主动战②

> 我们有坚强决心、坚定意志、坚实国力应对挑战,有足够的底气、能力、智慧战胜各种风险考验
>
> 领导干部必须学会与风险共舞,增强防范化解风险的科学研判与决断运筹的能力
>
> 只有科学决策,才能实施有针对性的风险防范化解措施,筑牢"防火墙"、切断"传导线",打好化险为夷的战略主动战

2020年,殊为不易。突如其来的新冠肺炎疫情,多地发生的严峻汛情,全球经济深度衰退的世情,给我国经济社会发展带来巨大的挑战。然而,经过全国上下艰苦努力,我国疫情防控取得重大战略成果,防汛救灾和灾后恢复工作取得积极成效,8月份经济保持稳定复苏态势,积极变化在累积增多。这充分表明,我们有坚强决心、坚定意志、坚实国力应对挑战,有足够的底气、能力、智慧战胜各种风险考验。

在前进的道路上,我们面临的风险考验只会越来越复杂,甚至会遇到难以想象的惊涛骇浪。彩虹和风雨共生,机遇和挑战并存,这是亘古不变的辩证法则。当前,世界百年未有之大变局加速演进,这为中华民族伟大复兴战略全局带来了新的发展机遇、生长空间、资源条件,同时也带来了新的外部环境风险。领导干部必须学会与风险共舞,增强防范

化解风险的科学研判与决断运筹的能力。

在抗疫斗争中,关闭离汉通道无疑是危急关头最重要的决策。1月22日下午,习近平总书记审时度势,作出重要指示,要求立即对湖北省、武汉市人员流动和对外通道实行严格封闭的交通管控。"作出这一决策,需要巨大政治勇气,但该出手时必须出手,否则当断不断、反受其乱。"习近平总书记的话掷地有声。这启示领导干部,危机发生出乎意料,做出决断时间紧迫,要处变不惊、当机立断,既不能存畏惧心理、抱侥幸心态,也不能对风险的信号反应迟钝,对危机的处理举棋不定,而要做到"快而准""全而强""智而勇"。

面对波谲云诡的国际形势、复杂敏感的周边环境、艰巨繁重的改革发展稳定任务,风险和隐患时刻需要我们警惕。在疫情防控中,我们准确把握疫情形势变化,立足全局、着眼大局,及时调整防控策略,让我国在疫情防控和经济恢复上都走在世界前列。这启示领导干部,只有科学决策,才能实施有针对性的风险防范化解措施,筑牢"防火墙"、切断"传导线",打好化险为夷的战略主动战。其中关键在于防范在先、发现在早、处置在小,主动深入现场,找到风险之源、危机之点;深入群众,了解不同群体的诉求,为精准施策找到依据,绝不能在情况不明、底子不清的情况下盲目决断。

党的十八大以来,党中央各项决策都严格执行民主集中制,都注重充分发扬党内民主,都是经过深入调查研究、广泛听取各方面意见、进行反复讨论而形成的。把我们这样一个大党大国治理好,要掌握方方面面的情况,这就要靠发扬党内民主,靠各级党组织和广大党员、干部广泛听取民声、汇聚民意。民主决策绝不是走流程拖延决策,集体研究更不是领导免责决策。面对风险,民主决策是为了发挥集体智慧的作用,领导干部需要建立快速反应的组织决策机制,尽早确定风险的性质,选择可行的方案,并根据应急动向和效果反馈,因情施策,不断调整对策。

运用法治思维和法治方式是防范化解重大风险的关键。领导决策需要将处理风险确定的工作思路、方案、采取的工作措施与相关的政策法规一一对照,看有没有与法律法规、政策纪律相悖之处。否则,滥用权力、任性行事,只会事与愿违,留下处理的"后遗症"。如果没有参照,就需抓紧完善相关立法，扎紧风险防范的法律制度篱笆。

"继续在人类的伟大时间历史中创造中华民族的伟大历史时间"，这是习近平总书记在2020年春节团拜会上讲话的结束语，也是党和人民不畏风险、直面挑战的庄严宣示。各级领导干部不断积累防风险化危机的智慧和才干，面对风险迎难而上顶得住，面对危机挺身而出扛得住，中国必将无惧各种风吹浪打，走向更加光明的未来。

（2020年09月25日）

加强制度应对，增强治理效能

——打好应对变局、开拓新局主动战③

> 面对风险挑战，在相关制度的规范和引领下，坚定信心就能临危不乱，方向明确就能凝聚共识，各司其职就能形成合力，有条不紊就能提高效率
>
> 制度建设是一个动态演进、发展完善的过程，必须毫不动摇坚持和巩固、与时俱进完善和发展、不折不扣遵守和执行

衡量一个国家的制度是否成功、是否优越，一个重要方面就是看其在重大风险挑战面前，能不能号令四面、组织八方共同应对。

在惊心动魄的抗击新冠肺炎疫情斗争中，党政军民学闻令而动，东西南北中各就各位，全国迅速形成统一指挥、全面部署、立体防控的战略布局，最大限度保护了人民群众生命安全和身体健康，夺取了抗疫斗争重大战略成果。在艰苦卓绝的防汛救灾大考中，各级党委和政府紧急行动，人民解放军和武警部队冲锋在前，广大干部群众团结奋战，防洪救灾体系发挥重要作用。事实证明，我国社会主义制度具有非凡的组织动员能力、统筹协调能力、贯彻执行能力，能够充分发挥集中力量办大事、办难事、办急事的独特优势。

国之兴衰系于制，民之安乐皆由治。习近平总书记强调，"我们要打赢防范化解重大风险攻坚战，必须坚持和完善中国特色社会主义制度、

推进国家治理体系和治理能力现代化,运用制度威力应对风险挑战的冲击。"新中国成立70多年、改革开放40多年,我们之所以能成功应对一系列重大风险挑战、克服无数艰难险阻,关键就在于有一套行得通、真管用、有效率的中国特色社会主义制度体系。历史实践启示我们,从"预见风险"到"遇见风险",只有加强制度应对、筑牢制度防线,才能经受住一次次压力测试,不断化危为机、浴火重生。

制度带有全局性、稳定性,管根本、管长远。一套成熟有效的制度,不仅能够在抵御风险时"图之于未萌,虑之于未有",还能在化解风险中对症下药、综合施策。面对风险挑战,在相关制度的规范和引领下,坚定信心就能临危不乱,方向明确就能凝聚共识,各司其职就能形成合力,有条不紊就能提高效率,既能打好防范和抵御风险的有准备之战,也能打好化险为夷、转危为机的战略主动战。

制度是否成熟和优越,归根到底要靠治理成效来说话。释放制度威力,重在将制度优势转化为应对风险挑战的治理效能。运用制度既要政治过硬,也要本领高强。在防范化解风险过程中,如何及时纠正偏离制度的"苗头性、倾向性"问题,如何防止"一亩三分地"意识的干扰,如何消除制度执行中的利益掣肘,唯有切实把严格执行制度作为一个原则来坚持、作为一项责任来履行、作为一种能力来培养,将其贯穿于履行职责、行使权力、推进工作的全过程,才能促进制度建设和治理效能更好转化融合。

"明者因时而变,知者随事而制。"也要看到,制度建设是一个动态演进、发展完善的过程,必须毫不动摇坚持和巩固、与时俱进完善和发展、不折不扣遵守和执行。以疫情防控为例,这次疫情应对也暴露出一些短板和不足。比如,国家应急管理体系还需进一步健全,国家储备体系效能有待优化,城市公共环境治理还存在一些死角,等等。对此,我们既要端稳"望远镜",也要架起"显微镜",抓紧补短板、堵漏洞、强弱项,该坚持的坚持,该完善的完善,该建立的建立,该落实的落实,持之以恒推进国家治理体系和治理能力现代化,加快建立健全国家治理急需的制度、满足人民日益增长的美好生活需要必备的制度,推动中国特色社会主义制度更加成熟更加定型,进一步增强应对风险挑战的能力。

彩虹和风雨共生，机遇和挑战并存，这是亘古不变的辩证法则。前进的道路上注定崎岖不平，但只要善用制度优势、发挥制度威力，我们就有信心有能力应对一切风险挑战，在克服困难中发展壮大，在改革创新中走向未来。

（2020 年 09 月 28 日）

扛起政治责任，永葆斗争精神

——打好应对变局、开拓新局主动战④

> 只有经受严格的思想淬炼、政治历练、实践锻炼，在复杂严峻的斗争中经风雨、见世面、壮筋骨，才能真正熔炼成为烈火真金
>
> 只要勇于进行具有许多新的历史特点的伟大斗争，无论什么风浪都打乱不了我们发展的节奏，任何艰难险阻都阻挡不了我们前进的步伐

在北斗三号全球卫星导航系统正式开通时，相关负责人表示，"北斗三号建成以后，我们已经着手下一代北斗建设发展。"刚刚抵达既定的目标，又向着下一个目标进发，这种"踏平坎坷成大道，斗罢艰险又出发"的斗争精神，既是我们实现弯道超车、书写创新奇迹的秘诀所在，也是我们化危为机、克服风险挑战的必然要求。

越是伟大的事业，越是充满艰难险阻。习近平总书记曾告诫全党，"我们面临的各种斗争不是短期的而是长期的，至少要伴随我们实现第二个百年奋斗目标全过程"。今年以来，无论是突如其来的新冠肺炎疫情，还是严峻的防汛形势，抑或是逆风逆水的外部环境，无不警示我们，中华民族伟大复兴，绝不是轻轻松松、敲锣打鼓就能实现的，实现伟大梦想必须进行伟大斗争。当前，我国正处于实现中华民族伟大复兴关键时

期,改革发展正处在攻坚克难的重要阶段,在前进道路上,我们面临的重大斗争不会少,必须以越是艰险越向前的精神奋勇搏击、迎难而上。

敢于斗争、敢于胜利,是中国共产党人鲜明的政治品格,也是我们的政治优势。有人曾发现一个规律:越是遇到困难的时候,中国共产党越是具有凝聚力,越是能够吸引群众积极靠拢过来。原因何在?就是因为每当面对风险挑战的时候,共产党人总是能直面挑战、迎难而上。新冠肺炎疫情突如其来,广大党员干部发出"我是党员我先上"的担当强音,挺身而出、冲锋在前;汛情严峻,水位猛涨,关键时刻,各地党员干部向着迎战洪水最前沿火速集结,与洪峰较量、与风雨搏击。哪里有困难,哪里就有党员干部的身影;哪里有需要,哪里就有党旗飘扬、党徽闪耀。也正是因为共产党人的这种鲜明政治品格,让人民群众有了应对挑战、战胜困难的主心骨,让群众深切感受到"跟党走"是赢得未来、赢得主动的最好选择。

"千人同心,则得千人之力"。党员有朝气,党就有活力;党员敢担当,党就有力量。让我们这么一个百年大党始终风华正茂,要靠每一名党员干部来实现。"遇到困难不绕,碰到麻烦不溜,红军作风不能丢。"面对艰巨繁重的脱贫任务,一位扶贫干部如此自勉。越是面对挑战,越是遇到困难,越是需要发扬斗争精神、坚定斗争意志。抓好常态化疫情防控、推动高质量发展、保障和改善民生、打赢脱贫攻坚战、治理生态环境、应对重大自然灾害……哪个不需要斗争精神?哪个不需要攻坚克难?"大事难事看担当,逆境顺境看襟度。"我们决不能不愿斗争,当"好好先生""开明绅士",决不能不敢斗争,"躲"字当头、"推"字当先,而应时刻保持"明知山有虎,偏向虎山行"的斗争姿态,勇立潮头、奋勇搏击。还应看到,斗争精神体现在战时、也体现在平时,每一名党员干部都要以奋发有为、拼搏奋斗的姿态立足岗位、干事创业,众志成城守护和创造美好生活。

化险为夷、变中突破,顺利实现我们党确定的目标任务,光有勇气是不够的,盲打莽撞是不可能取得胜利的。我们既要敢于斗争,也要善于斗争。"略裕于学,胆经于阵。"斗争本领不是与生俱来的,不会随着党龄增加、职务升迁自然提高。只有经受严格的思想淬炼、政治历练、实践锻炼，在复杂严峻的斗争中经风雨、见世面、壮筋骨，才能真正熔炼成为烈火真金。正因此，广大党员干部要主动投身到各种斗争中去，多经历"风吹浪打"，多捧"烫手山芋"，当几回"热锅上的蚂蚁"，练胆魄、磨意志、长才干。在游泳中学会游泳，在斗争中学会斗争，我们才能做到守土有责、守土尽责，召之即来、来之能战、战之必胜。

路是闯出来的，事业是拼出来的。习近平总书记强调："凡是危害中国共产党领导和我国社会主义制度的各种风险挑战，凡是危害我国主权、安全、发展利益的各种风险挑战，凡是危害我国核心利益和重大原则的各种风险挑战，凡是危害我国人民根本利益的各种风险挑战，凡是危害我国实现'两个一百年'奋斗目标、实现中华民族伟大复兴的各种风险挑战，只要来了，我们就必须进行坚决斗争，毫不动摇，毫不退缩，直至取得胜利。"只要勇于进行具有许多新的历史特点的伟大斗争，无论什么风浪都打乱不了我们发展的节奏，任何艰难险阻都阻挡不了我们前进的步伐。

（2020 年 09 月 29 日）

善于改革突破，积势蓄力新征程

——打好应对变局、开拓新局主动战⑤

  坚定不移深化改革、扩大开放，加速构建新发展格局，就能为跨越坎坷赋予"乱云飞渡仍从容"的回旋韧性，为开启全面建设社会主义现代化国家新征程积势蓄力

  积厚成势、蓄势待发、谋势而动，考验着把握规律的智慧、洞察世界的眼界和果断决策的魄力

  《关于推进对外贸易创新发展的实施意见》《关于新时代振兴中西部高等教育的若干意见》《关于进一步规范医疗行为促进合理医疗检查的指导意见》……前不久，中央全面深化改革委员会第十五次会议审议通过了一系列方案。习近平总书记强调："要继续用足用好改革这个关键一招，保持勇往直前、风雨无阻的战略定力，围绕坚持和完善中国特色社会主义制度、推进国家治理体系和治理能力现代化，推动更深层次改革，实行更高水平开放，为构建新发展格局提供强大动力。"

  当今世界正经历百年未有之大变局，新冠肺炎疫情使大变局加速演进，国际环境日趋复杂，经济全球化遭遇逆流，一些国家单边主义、保护主义盛行，我们必须在一个更加不稳定不确定的世界中谋求我国发展。我国已进入高质量发展阶段，经济发展前景向好，同时发展不平衡不充分问题仍然突出，实现高质量发展还有一些短板弱项。"必须发挥好改革

的突破和先导作用，依靠改革应对变局、开拓新局，坚持目标引领和问题导向，既善于积势蓄势谋势，又善于识变求变应变"，习近平总书记的重要指示为推动改革更好服务经济社会发展提供了重要方法论。

风险挑战越是严峻复杂，越要坚定各方面深化改革的决心和信心。从经济下行的"压力测试"，到疫情汛情的"突发加试"，再到外部环境的"逆风逆水"，我们之所以能够在疫情防控和经济恢复上都走在世界前列，在于我们有百年大党淬炼的强大优势、70多年社会主义建设形成的宝贵经验、40多年改革开放积蓄的雄厚基础，还在于这些年，全面深化改革从夯基垒台、立柱架梁，到全面推进、积厚成势，再到系统集成、协同高效，不断在新起点上实现新突破。坚定不移深化改革、扩大开放，加速构建新发展格局，就能为跨越坎坷赋予"乱云飞渡仍从容"的回旋韧性，为开启全面建设社会主义现代化国家新征程积势蓄力。

形势在变、任务在变、工作要求也在变，领导干部必须善于识变求变应变。近段时间以来，湖北出台"1+N"系列文件，立足推动疾病预防控制体系改革、公共卫生体系建设；浙江加大"放管服"改革力度，既助企纾困又激发市场主体活力；广东要求健全应急物资保障制度体系，推动应急物资储备中心地级市以上全覆盖……各地密集打出深化改革"组合拳"，既是因应变化、立足当下的应对之策，又是危中寻机、着眼长远的主动作为。改革由问题倒逼而生，又在解决问题中深化。瞄准经济社会运行中不断变化的实际问题，改革就有了靶心和方向。

下好化危为机"先手棋"、打好转型升级"主动仗"，领导干部也要善于积势蓄势谋势。积厚成势、蓄势待发、谋势而动，考验着把握规律的智慧、洞察世界的眼界和果断决策的魄力。应对"三期叠加"，如何推进数字经济、智能制造等战略性新兴产业？统筹"两个大局"，如何加快构建新发展格局？面对第二个百年奋斗目标，如何在全面建成小康社会的基础上乘势而上？实现长远、全局目标，解决结构性、体制性、周期性问题，要在战略上布好局、在关键处落好子，加快推进有利于提高资源配置效率的改革，有利于提高发展质量和效益的改革，有利于调动各方面积极性的改革。使各项改革朝着加快形成新发展格局聚焦发力，才能将发展的主动权牢牢把握在自己手中。

"勇于自我革命,是我们党最鲜明的品格,也是我们党最大的优势。"改革开放之所以能成为决定当代中国命运的关键一招,拥有一支能够自我净化、自我完善、自我革新、自我提高的队伍至关重要。全面深化改革必须抓住"关键少数",领导干部冲破思想观念障碍、突破利益固化藩篱,练就改革创新本领、破除因循守旧弊病,磨砺担当尽责的"头雁精神"、避免推诿塞责的"鸵鸟心态",方能确保改革在愈进愈难之际步步前进,在愈进愈险时履险如夷。

一路风雨兼程,一路披荆斩棘,中华人民共和国即将迎来71华诞。71年来,我们创造了举世罕见的经济快速发展奇迹和社会长期稳定奇迹。"中华民族历史上经历过很多磨难,但从来没有被压垮过,而是愈挫愈勇,不断在磨难中成长、从磨难中奋起。"这种精神印刻在抵御外侮、实业救国的奋斗中,磨砺于抗击疫情、抗洪救灾的淬炼里,更闪耀于深化改革、锐意创新的征程上。以更大的力度全面深化改革,我们就一定能在危机中育新机、于变局中开新局,为中华民族更美好的明天蓄势加劲。

(2020年09月30日)

人无精神则不立,国无精神则不强

——大力弘扬伟大抗疫精神①

> 伟大抗疫精神之所以伟大,因为它是战风斗雨凝结而成的,是无数人攻坚克难沉淀而来的
>
> 当此滚石上山、爬坡过坎之际,最需要激发精神的力量、坚定必胜的信心,伟大抗疫精神为此提供了重要的思想资源

全国抗击新冠肺炎疫情表彰大会举行之际,一段视频在网上刷屏。长安街上,钟南山、张伯礼、张定宇、陈薇四位抗疫英雄乘坐礼宾车,在国宾护卫队的护卫下前往人民大会堂。网友纷纷留言:最高礼遇!以国之名,致敬!国家表彰的,是一种悬壶济世、舍己为人的责任担当;人们致敬的,是一种敢于牺牲、无私奉献的精神境界。

人无精神则不立,国无精神则不强。在表彰大会上,习近平总书记的话语铿锵有力:"在这场同严重疫情的殊死较量中,中国人民和中华民族以敢于斗争、敢于胜利的大无畏气概,铸就了生命至上、举国同心、舍生忘死、尊重科学、命运与共的伟大抗疫精神。"伟大抗疫精神,同中华民族长期形成的特质禀赋和文化基因一脉相承,是爱国主义、集体主义、社会主义精神的传承和发展,是中国精神的生动诠释,丰富了民族精神和时代精神的内涵。

惟其艰难,才更显勇毅;惟其笃行,才弥足珍贵。作为一种难以预

知的天灾，新冠病毒让人类措手不及。与这个"新型的未知病毒"作斗争，难度堪称前所未有：如何在对病毒知之甚少甚至一无所知的时候开展防控？如何在人员大规模流动的春节假期阻断病毒？如何收治数目庞大的新冠肺炎患者？……有人形象地说，中国参加了一场突如其来的"闭卷考试"。但超乎想象的困难，并没有压倒中国人民，反而激发起敢于斗争、敢于胜利的精气神。伟大抗疫精神之所以伟大，因为它是战风斗雨凝结而成的，是无数人攻坚克难沉淀而来的。当一个人拥有了这样的精神，必将信心满怀、步履坚定；当一个国家拥有了这样的精神，必将众志成城、战无不胜。

同困难作斗争，是物质的角力，也是精神的对垒。在最艰难的时刻，伟大抗疫精神汇聚起强大力量。这是一种面对困难时无所畏惧的信念。"若有战，召必回，战必胜"，南方医科大学南方医院医疗队主动请战，誓言铿锵；"备战有我！冲锋有我！胜利有我！"湖南中医药大学第一附属医院的共产党员，决心坚定。这是一种经历风雨时勇往直前的行动。年逾八旬的钟南山院士挤上高铁餐车，星夜兼程，赶赴武汉；张定宇在自己身患渐冻症、妻子感染的情况下，仍战斗在与病毒斗争的第一线。这是一种战胜风险时守望相助的温情。武汉快递小哥汪勇在疫情防控期间自发接送上下班的医务人员，并送上热腾腾的盒饭；一位"90后"项目工程师，瞒着父母奔赴雷神山医院建设工地。不分男女老幼，不分工作岗位，14亿人无所畏惧战病毒、齐心协力斗疫魔，充分展现了中国精神、中国力量、中国担当。凭借这样的精神，有什么困难不能战胜，又有什么胜利不能赢取？

惟有精神上站得住、站得稳，一个民族才能在历史洪流中屹立不倒、挺立潮头。在疫情防控期间，"武汉必胜、湖北必胜、中国必胜"的强音响彻中华大地，这是一个国家挺立于灾难的姿态，这是一个民族无惧于挑战的自信。现在，疫情仍在全球蔓延，国内零星散发病例和局部暴发疫情的风险仍然存在，夺取抗疫斗争全面胜利还需要付出持续努力。从更大层面来看，当今世界正经历百年未有之大变局，我国发展的内部条件和外部环境正在发生深刻复杂变化，我们将面对更多逆风逆水的外部环境。当此滚石上山、爬坡过坎之际，最需要激发精神的力量、坚定必胜的信心，伟大抗疫精神为此提供了重要的思想资源。在全社会大力弘扬伟大抗疫精神，就是要激发起亿万人民战胜一切风险挑战的斗志，使之转化为全面建设社会主义现代化国家、实现中华民族伟大复兴的强大力量，为实现既定奋斗目标注入不竭动力。

进入9月，武汉约140万名中小学、幼儿园学生开学，安静了许久的校园又重新响起"上课""起立""老师好"的声音。那个富有生机活力的武汉又回来了。这是一座英雄的城市。弘扬伟大抗疫精神，让顽强拼搏、不屈奋斗激荡在每个人心间，我们就一定能以不可阻挡的磅礴气势，战胜前进路上的一切风险挑战，实现中华民族伟大复兴的中国梦。

（2020年09月11日）

生命至上,不惜一切代价护佑生命

——大力弘扬伟大抗疫精神②

> 一个个治愈数字,一个个生命奇迹,正是中国共产党执政为民理念的最好诠释,正是中华文明人命关天的道德观念的最好体现,正是中国人民敬仰生命的人文精神的最好印证
>
> 生命至上不仅是价值追求更是国家行动,这得益于新中国成立以来特别是改革开放以来长期积累的综合国力,得益于危急时刻能够最大限度运用我们的综合国力

"在保护人民生命安全面前,我们必须不惜一切代价,我们也能够做到不惜一切代价""为了保护人民生命安全,我们什么都可以豁得出来",在全国抗击新冠肺炎疫情表彰大会上,习近平总书记高度概括伟大抗疫精神,深刻阐释"生命至上"理念,再次向世人宣示中国人民深厚的仁爱传统和中国共产党人以人民为中心的价值追求。铿锵之音、坚定之声,在经历艰苦卓绝历史大考的人们内心久久回荡。

人民至上,生命至上。疫情突如其来,习近平总书记从一开始就强调要"始终把人民群众生命安全和身体健康放在第一位"。截至目前,31个省区市和新疆生产建设兵团累计确诊8.5万多病例,治愈超过8万人。从新生婴儿到怀胎七月的孕妇,从百岁老人到伴有基础疾病的重症患者,从海外留学生到来华外国人员,一个个治愈数字,一个个生命奇迹,正

是中国共产党执政为民理念的最好诠释，正是中华文明人命关天的道德观念的最好体现，正是中国人民敬仰生命的人文精神的最好印证。不放弃一名患者，不放弃一丝希望，护佑人的生命、尊重人的价值、维护人的尊严，这就是人民至上，这就是生命至上。

"只要是为了人民的生命负责，那么什么代价、什么后果都要担当"。疫情防控初期，正值阖家团圆的春节，为尽快阻断疫情传播，确保人民群众生命安全和身体健康，以习近平同志为核心的党中央果断决策，采取一系列重要举措。管控一座千万级人口城市的人员流动，世所罕见；给流动中国按下"暂停键"，会有一系列现实问题迎面而来；春节后复工每延迟一天，全国国内生产总值就将损失1500亿元……一边是生命与健康的保卫战，一边是经济和治理的遭遇战，天平的两端都重压如山。但人的生命高于一切，从果断关闭离汉离鄂通道，到延长春节假期、企业和学校延期开工开学，再到有序推动复工复产、毫不放松抓好常态化疫情防控，每一次审时度势的决策，都彰显巨大的政治勇气和高超的政治智慧。为了生命，不惜代价，正是因为中国共产党的根本宗旨是全心全意为人民服务，我们的国家是人民当家作主的社会主义国家。

有这样一个故事，令人难忘。一位70岁老人身患新冠肺炎，10多名医护人员精心救护几十天，终于挽回了老人生命，治疗费用近150万元，全部由国家承担。生命重于泰山，只要有抢救需要，人员、药品、设备、经费全力保障：从新冠肺炎患者和疑似患者的治疗费用无需个人承担，到呼吸机、防护服、救护车等各类医疗物资全国调运，再到粮油、蔬菜、水果等各类生活必需品八方汇集。人力组织战、物资保障战、科技突击战、资源运动战……生命至上不仅是价值追求更是国家行动，这得益于新中国成立以来特别是改革开放以来长期积累的综合国力，得益于危急时刻能够最大限度运用我们的综合国力。

无私无畏，大爱大义，无数普通人挺身而出，守护生命。广大医务人员白衣为甲、逆行出征，承受着身体和心理的极限压力，用血肉之躯筑起阻击病毒的钢铁长城；广大科研人员奋力攻关，各行各业扛起责任、冒疫奔忙；2977.1万名党员冲在抗疫一线，396名党员、干部英勇献身，以生命捍卫生命。在病毒肆虐面前，没有后退只有冲锋，没有妥协只有

战斗,那些除夕夜在请战书上按下的手印、那些口罩在面颊勒出的血痕、那些偷偷写好又悄悄藏起的遗书,都留在了人们的记忆里。我们之所以能够什么都豁得出来,正是因为敬佑生命早已化入民族基因、精神骨髓。

在这场波澜壮阔的抗疫斗争中,中华民族以排山倒海的磅礴伟力,书写生命至上的中国奇迹。人民至上、生命至上,紧紧依靠人民、一切为了人民,我们就一定能够使最广大人民紧密团结在一起,以顽强不屈的意志和坚忍不拔的毅力,不断创造中华民族新的历史辉煌。

(2020 年 09 月 14 日)

举国同心，激发万众一心的团结伟力

——大力弘扬伟大抗疫精神③

全国人民心往一处想、劲往一处使，把个人冷暖、集体荣辱、国家安危融为一体，绘就了团结就是力量的时代画卷

举国同心的背后，是集中力量办大事的制度优势；团结一致的内核，是我国国家制度和国家治理体系的优越性

这是一次由先锋引领的冲锋，这是一场人人都是参与者的人民战争。1499名"全国抗击新冠肺炎疫情先进个人"当中，有义无反顾的医务工作者，有闻令而动的人民解放军指战员，有忠诚履职的公安民警，有不辞辛劳的科研人员……他们的感人事迹可歌可泣。在他们身后，亿万中华儿女肩并肩、心连心，筑起了阻挡病毒的钢铁长城。

在全国抗击新冠肺炎疫情表彰大会上，习近平总书记强调："举国同心，集中体现了中国人民万众一心、同甘共苦的团结伟力。"闻令而动，紧要关头挺身而出；白衣为甲，血肉之躯筑牢抗疫堤坝；枕戈待旦，平凡坚守点亮希望之光……面对生死考验，面对长时间隔离带来的巨大身心压力，广大人民群众生死较量不畏惧、千难万险不退缩，或向险而行，或默默坚守，以各种方式为疫情防控操心出力。长城内外、大江南北，全国人民心往一处想、劲往一处使，把个人冷暖、集体荣辱、国家安危融为一体，绘就了团结就是力量的时代画卷。

举国同心，体现为一方有难、八方支援的统筹协调。武汉和湖北是疫情防控阻击战的主战场，我们举全国之力实施规模空前的生命大救援。北协和、南湘雅、东齐鲁、西华西……4万多名医务人员奔赴抗疫前线；兵"桂"神速、"湘"互扶持、竭"晋"全力……19个省区市对口帮扶除武汉以外的16个市州；山东大葱、辽宁白菜、陕西苹果……各家把最好的粮食蔬菜水果往湖北送。有网友生动地说：在举国支持下，武汉穿上"最坚硬的铠甲"，赢得最艰难的战役。聚沙成塔、握指成拳的物质保障，同舟共济、守望相助的精神力量，成为打赢湖北保卫战、武汉保卫战的重要支撑。

举国同心，体现为人人参与、个个行动的全国动员。数百万名医务人员奋战一线，400多万名社区工作者日夜值守，180万名环卫工人起早贪黑，460多万个基层党组织冲锋陷阵，7955.9万名党员自愿捐款83.6亿元……一个个令人震撼的数字，记录下战疫英雄在各自岗位的勇敢与奉献。顾全大局的广大群众自觉遵守防控部署，戴口罩、勤洗手、不聚集、宅家里，合力阻断病毒传播渠道。世卫组织总干事高级顾问布鲁斯·艾尔沃德感慨地说：为了自己的国家和世界的安全，每一位中国人都展现了强烈的责任感与合作精神。聚涓滴之力，护山河无恙。14亿人众志成城，让抵御疫情的人民防线坚不可摧，让中国必胜的铿锵旋律响彻云霄。

衡量一个国家的制度是否成功、是否优越，一个重要方面就是看其在重大风险挑战面前，能不能号令四面、组织八方共同应对。在疫情面前，各个地方能够相互支援，各条战线能够彼此配合，各个群体能够守望相助，万众一心的团结背后，是以习近平同志为核心的党中央总揽全局、协调各方，发挥了坚强领导核心作用。我国社会主义制度具有非凡的组织动员能力、统筹协调能力、贯彻执行能力，能够充分发挥集中力量办大事、办难事、办急事的独特优势。举国同心的背后，是集中力量办大事的制度优势；团结一致的内核，是我国国家制度和国家治理体系的优越性。

抗疫斗争再次证明：中国人民是具有伟大团结精神的人民。中国人民从亲身经历中深刻认识到，团结就是力量，团结才能前进。从抗洪抢险，到抗击非典，再到抗震救灾，中华民族在风霜雨雪中淬炼出的伟大团结精神,也是我们在复杂环境中化危为机的动力源泉。着眼当下,如何夺取抗疫斗争全面胜利,如何确保完成决胜全面建成小康社会、决战脱贫攻坚目标任务?必须依靠亿万中国人民团结一致、共同奋斗。我们坚信,在党中央坚强领导下,14亿人民群策群力、凝心聚力,就没有什么目标不能实现,没有什么挑战不可战胜。

不久前,国际媒体评论,"中国的增长机器再次像疫情前那样轰鸣起来"。14亿人民是我们战胜疫情、不断前行的最大底气。从抗疫斗争中凝聚"人心齐,泰山移"的精神伟力,激发"一方有难、八方支援"的家国情怀,中国号巨轮就一定能在发展的航程中乘风破浪、一往无前。

(2020年09月15日)

舍生忘死,敢于压倒一切困难

——大力弘扬伟大抗疫精神④

　　这种舍生忘死的牺牲,显现着无私付出、甘于奉献的崇高品格

　　中国人民所具有的不屈不挠的意志力,是战胜前进道路上一切艰难险阻的力量源泉

"风也有,雨也有,风雨无阻,向前走。"不久前,记录波澜壮阔抗疫斗争的大型纪录片《同心战"疫"》播出,主题曲《风雨无阻》唱出了中国人民面对汹涌疫情时不惧风雨、不畏险阻的精神气概,舍生忘死、不屈不挠的顽强斗志。

在全国抗击新冠肺炎疫情表彰大会上,习近平总书记强调:"舍生忘死,集中体现了中国人民敢于压倒一切困难而不被任何困难所压倒的顽强意志。"从"不计报酬,无论生死"的请战书,到"哪里需要我们,我们就到哪里去"的宣誓词,从写下"如有不幸,捐献我的遗体研究攻克病毒"的95后护士,到率先进入污染区、坚持"和患者战斗在一起"的"50后党员先锋队"……面对疫情,中国人民没有被吓倒,而是用明知山有虎、偏向虎山行的壮举,书写下可歌可泣、荡气回肠的壮丽篇章。

今天的中国,校园书声琅琅,街道车流如织,工厂机器轰鸣,乡村谷米满仓。这样岁月静好的生活,背后凝结着多少舍生忘死的冲锋,多

少不计得失的坚守,多少默默无闻的奉献,多少壮怀激烈的牺牲！"等我好起来,大家再一起工作",在抗疫战场,武汉市武昌医院院长刘智明的生命定格在51岁；留给妻子最后一句话,内蒙古自治区突泉县公安局育文派出所民警何建华倒在了疫情防控第一线……在这场艰苦卓绝的抗疫斗争中,有数百名逆行者、坚守者献出了宝贵的生命。他们以生命赴使命,用大爱护众生；他们用肩膀扛起如山的责任,用血肉之躯筑起了阻击病毒的钢铁长城。这种舍生忘死的牺牲,显现着无私付出、甘于奉献的崇高品格,成为14亿人民刻骨铭心的共同记忆、敬仰敬佩的精神脊梁。

世上没有从天而降的英雄,只有挺身而出的凡人。从为国为民牺牲的抗疫先锋,到千千万万为抗疫操心出力的普通百姓,正是无数人以平凡的坚守,投身不平凡的战斗,我们才能将一个个不可能变成可能,交出令世人惊叹的"中国答卷"。在工人无法返岗的情况下,苏州的袁传伟一个人扛起一整条生产线,不分日夜坚持了16天,终于完成来自武汉的200套消毒设备订单；面对交通停运无法返岗的难题,24岁的女医生甘如意骑行4天3夜辗转300多公里,终于返回武汉战疫一线……在他们身上,我们看到"疫情无情人有情"的人间大爱,更看到中国人民敢于压倒一切困难而不被任何困难所压倒的顽强意志。中华民族能够经历无数灾厄仍不断发展壮大,从来都不是因为有救世主,而是因为在大灾大难前有千千万万个普通人挺身而出、慷慨前行！

"天行健,君子以自强不息。"回望过去,经过血与火的考验,历经苦和难的磨砺,中华文化熔铸了最坚韧的精神气质,中国人民形成了顽强不屈的民族品格。此次病毒突袭,无数人或向险而行,或默默坚守,生死较量不畏惧、千难万险不退缩,抗疫斗争伟大实践再次证明,中国人民所具有的不屈不挠的意志力,是战胜前进道路上一切艰难险阻的力量源泉。在实现中华民族伟大复兴的新征程上,必然会有艰巨繁重的任务,必然会有艰难险阻甚至惊涛骇浪,但只要我们发扬这种舍生忘死、敢于压倒一切困难的大无畏精神,只要我们紧紧依靠人民、一切为了人民,充分激发广大人民顽强不屈的意志和坚忍不拔的毅力,就一定能无往而不胜,从胜利走向胜利。

抗疫烈士彭银华的妻子钟欣，受邀参加了全国抗击新冠肺炎疫情表彰大会。当听到抗疫勇士中"有永远无法向妻子兑现婚礼承诺的丈夫"时，钟欣的眼泪夺眶而出。钟欣说，等女儿长大了，要把英雄爸爸的事迹讲给她听，要把这场战疫中的精神与力量传递下去。伟大抗疫精神，不仅要在英雄的儿女身上传递，更应激荡在每个人心间，激励每个人百折不挠拼搏、顽强不屈奋斗，汇聚起实现中华民族伟大复兴的强大力量。

（2020年09月16日）

尊重科学,做到求真务实开拓创新

——大力弘扬伟大抗疫精神⑤

秉持科学态度、尊重科学规律、坚守科学认知、实施科学举措,展现了中国人民崇尚科学的理性态度与务实精神

提升全社会文明程度和科学素养,才能用千千万万个文明健康的小环境,筑牢常态化疫情防控的社会大防线

在不久前播出的《开学第一课》上,中国疾控中心流行病学首席专家吴尊友介绍,健康宝、大数据应用等技术为复工复学提供了有力保障;北斗三号导航卫星首席总设计师谢军讲述,北斗在火神山医院、雷神山医院建设中实现高精度定位、精确测绘,助力"十天建成一所医院"的中国速度;复旦大学附属华山医院感染科主任张文宏送上"少年儿童卫生健康宝典",强调公共卫生意识的重要性……可以说,尊重科学的精神,不仅体现在新冠肺炎疫情防控的全方位全过程,而且体现在日常生活的方方面面,成为伟大抗疫精神的重要组成部分。

在全国抗击新冠肺炎疫情表彰大会上,习近平总书记强调:"尊重科学,集中体现了中国人民求真务实、开拓创新的实践品格。"面对前所未知的新型传染性疾病,我们秉持科学精神、科学态度,把遵循科学规律贯穿到决策指挥、病患治疗、技术攻关、社会治理各方面全过程。科学技术是人类同疾病较量最有力的武器,人类战胜大灾大疫离不开科学发

展和技术创新。正是坚持科学地防、科学地控、科学地治、科学地管,在统筹疫情防控和经济社会发展中充分运用现代科技,我们才能取得抗击新冠肺炎疫情斗争重大战略成果、创造人类同疾病斗争史上又一个英勇壮举。

人类与病毒的较量,某种程度上也是科学和时间的竞速。在没有特效药的情况下,我们实行中西医结合,先后推出八版全国新冠肺炎诊疗方案,筛选出"三药三方"等临床有效的中药西药和治疗办法,被多个国家借鉴和使用;在疫情突如其来的时候,我们注重科研攻关和临床救治、防控实践相协同,第一时间研发出核酸检测试剂盒,加快有效药物筛选和疫苗研发;我们准确把握疫情形势变化,从"四早""四集中"到联防联控、群防群控,从实行分区分级差异化防控到抓好常态化疫情防控,因时因势制定重大战略策略。坚持向科学要答案、要方法,秉持科学态度、尊重科学规律、坚守科学认知、实施科学举措,展现了中国人民崇尚科学的理性态度与务实精神。

"新技术是中国遏制疫情的秘诀之一!"在谈到中国防疫的经验时,一名外国专家这样总结。充分运用大数据分析和AI算法,可以形成精确的疫情地图,而健康码的运用,为护航常态化疫情防控背景下的人口流动提供了支撑;在中国科学技术馆上线的抗击新冠肺炎疫情网络专题展览里,从解码"看不见的敌人",到讲解如何层层筑牢防线,科学精神在反复宣讲中深入人心。事实上,无论是抢建方舱医院,还是多条技术路线研发疫苗;无论是开展大规模核酸检测、大数据追踪溯源和健康码识别,还是分区分级差异化防控、有序推进复工复产,都是对科学精神的尊崇和弘扬,都为战胜疫情提供了强大科技支撑。

也要看到,科学是对抗疫情的利器,也是每个普通人必须具备的文明素养。涵养文明健康科学的生活方式,不是简单的清扫卫生,而是人居环境、饮食习惯、社会心理健康、公共卫生设施的全方位改善;不是单纯的科学普及,而是换位思考、理性判断的思维训练。对勤洗手、多锻炼等健康生活常识不能再忽视了。深入开展爱国卫生运动,加强公共卫生设施建设,提升全社会文明程度和科学素养,才能用千千万万个文明健康的小环境,筑牢常态化疫情防控的社会大防线。

"我们的生存依赖于科学"。今年3月,联合国教科文组织举行的一场线上会议上,100多个国家科学部门的代表达成了共识。在疫情仍在全球蔓延、国内零星散发病例和局部暴发疫情的风险仍然存在的情况下,坚持尊重科学、相信科学,善于依靠科学、运用科学,我们一定能汇聚起战胜疫情的坚实力量,早日夺取抗疫斗争全面胜利。

(2020年09月17日)

命运与共,秉承"天下一家"理念

——大力弘扬伟大抗疫精神⑥

> 国际社会秉持人类命运共同体理念,坚持多边主义、走团结合作之路,方能携手应对各种全球性问题,共建美好地球家园
>
> 抗疫斗争伟大实践再次证明,构建人类命运共同体所具有的广泛感召力,是应对人类共同挑战、建设更加繁荣美好世界的人间正道

"无症状感染者的传染性如何?""如何结合临床症状、影像学检查、核酸检测三者进行确诊?"8月底,在几内亚首都科纳克里的抗疫现场,中国专家组不仅考察了医院,还专门走访居民居住点、贸易市场等,只为能提出因地制宜、切合实际的防疫建议。中几友好医院院长桑迪感慨,中国专家给我们带来治疗的新理念、新知识。这是中国对外抗疫援助的一个缩影。

在全国抗击新冠肺炎疫情表彰大会上,习近平总书记强调:"命运与共,集中体现了中国人民和衷共济、爱好和平的道义担当。"面对疫情在全球蔓延,我们发起了新中国成立以来援助时间最集中、涉及范围最广的紧急人道主义行动,为全球疫情防控注入源源不断的动力,充分展示了讲信义、重情义、扬正义、守道义的大国形象,生动诠释了为世界谋

大同、推动构建人类命运共同体的大国担当！

面对新冠肺炎疫情这场全球性危机，我们秉承"天下一家"的理念，不仅对中国人民生命安全和身体健康负责，也对全球公共卫生事业尽责。毫无保留同各方分享防控和救治经验，宣布向世界卫生组织提供两批共5000万美元现汇援助，向32个国家派出34支医疗专家组，向150个国家和4个国际组织提供283批抗疫援助，向200多个国家和地区提供和出口防疫物资……我们在自身疫情防控面临巨大压力的情况下，尽己所能为国际社会提供援助，有力支持了全球疫情防控。中国以实际行动帮助挽救了全球成千上万人的生命，彰显了推动构建人类命运共同体的真诚愿望。

共同抗击新冠肺炎疫情使人们更加深刻地意识到，人类是荣辱与共的命运共同体，重大危机面前没有任何一个国家可以独善其身，团结合作才是人间正道。从长远看，人类终将战胜疫情，但这样的重大突发公共卫生事件不会是最后一次，各种传统安全和非传统安全问题还会不断带来新的考验。风险挑战面前，单打独斗没有出路。任何自私自利、嫁祸他人、颠倒是非、混淆黑白的做法，不仅会对本国和本国人民造成伤害，而且会给世界各国人民带来伤害。国际社会秉持人类命运共同体理念，坚持多边主义、走团结合作之路，方能携手应对各种全球性问题，共建美好地球家园。

抗击疫情不仅是维护全球公共卫生安全之战，也是维护世界经济繁荣之战。面对疫情对全球生产和需求造成的全面冲击，中国经济经受住了"压力测试"，率先开始复苏，为世界经济注入了信心与动力。举办2020年中国国际服务贸易交易会，积极筹备第三届中国国际进口博览会；推动中欧班列开行数量逆势增长，打通物资"补给线"；加大力度向国际市场供应原料药、生活必需品、防疫物资等产品，架起一道牢固"生命线"……中国始终强调团结合作与加强国际宏观经济政策协调的重要性，坚定维护全球产业链供应链稳定畅通，为尽快恢复世界经济做出了重要贡献。

抗疫斗争伟大实践再次证明，构建人类命运共同体所具有的广泛感召力，是应对人类共同挑战、建设更加繁荣美好世界的人间正道。现在，疫情仍在全球蔓延，世界经济仍面临很大不确定性。无论是夺取抗疫斗争全面胜利，还是推动世界经济早日重现繁荣，我们都要始终坚定不移推进疫情防控国际合作，坚定维护多边贸易体制、推进经济全球化，推动形成更加包容的全球治理、更加有效的多边机制、更加积极的区域合作，共创人类发展的美好明天。

大道不孤，大爱无疆。挑战面前，各国人民越来越意识到彼此之间相互联系、相互依存，人类命运共同体理念更加深入人心。相信，只要各国同舟共济、守望相助，就没有克服不了的困难，就没有解决不了的问题，就没有跨越不了的难关。

（2020年09月18日）

百年风雨，历史和人民选择了中国共产党

——伟大征程上的中国共产党和中国人民①

> 每当风雨来袭，中国共产党的领导总是最重要的保障、最可靠的依托；每次风雨过后，中国人民对中国共产党更加拥护和信赖，对中国制度更加充满信心
>
> 中国共产党植根于中国的大地与人民，为中国人民谋幸福、为中华民族谋复兴，这是中国共产党人与生俱来的初心和使命，也是激励中国共产党人不断前进的根本动力

历史常常以惊心动魄留下深刻印记，也常常以波澜壮阔写下厚重篇章。2020年，面对新冠肺炎疫情这一全球性危机，以习近平同志为核心的党中央，坚持"把人民群众生命安全和身体健康放在第一位"，带领全党全国交出了一份感天动地的优异答卷，在疫情防控和经济恢复上都走在了世界前列。

重大危机是考验执政党执政理念、执政效能的试金石。人们纷纷感慨，疫情防控阻击战取得的重大战略成果，集中展现了中国力量、中国精神、中国效率，极大激发了民族自豪感、自信心、凝聚力，充分彰显了中国特色社会主义制度的政治优势。这个政治优势的根本，就是中国共产党的领导。近百年来，在中华民族内忧外患时挺身而出，在新中国百废待兴时艰苦创业，在改革发展经历风雨时勇毅担当，每当风雨来袭，

中国共产党的领导总是最重要的保障、最可靠的依托;每次风雨过后,中国人民对中国共产党更加拥护和信赖,对中国制度更加充满信心。

近百年来中国的发展变化早已证明,中国共产党的领导是历史的选择、是人民的选择。回首过去,中国共产党紧紧依靠人民,跨过一道又一道沟坎,取得一个又一个胜利,为中华民族作出了伟大历史贡献。中华人民共和国的成立,让中国摆脱了"覆屋之下、漏舟之中、薪火之上"的境地,让人民彻底告别了"为奴隶、为牛马、为犬羊"的命运;社会主义制度的确立,实现了中国历史上最深刻最伟大的社会变革,为国家发展进步奠定基础,让人民翻身做了主人;改革开放的推进,以40多年的时间,让中国跨越了西方国家几百年的发展历程,国家实现"弯道超车",人民过上美好生活,这在人类历史上也不多见。事实无可辩驳地证明,正是有中国共产党这个坚强领导核心,中国人民的自由幸福才不断抵达新的高度。

"没有共产党就没有新中国"。这已在神州大地上传唱了70多年,不仅唱出了全国人民的心声,也饱含着深厚历史底蕴。中国共产党成立前后,曾有300多个政党和政治团体先后登上过中国的政治舞台,但大都在大浪淘沙的历史潮流中销声匿迹了。只有中国共产党,从50多名党员发展成为9100多万名党员的世界第一大执政党,并团结带领中国人民创造了世所罕见的经济快速发展奇迹和社会长期稳定奇迹。正如习近平总书记豪迈宣示的,"当今世界,要说哪个政党、哪个国家、哪个民族能够自信的话,那中国共产党、中华人民共和国、中华民族是最有理由自信的。"

任何政党的兴衰存亡,归根结底取决于它在推动历史前进中的作用,取决于人民群众对这种作用的认可程度。"中国共产党并不曾使用什么魔术,他们只不过知道人民所渴望的改变,而他们拥护这些改变。"1946年出版的《中国的惊雷》中,美国记者白修德和贾安娜得出的结论,直到今天仍在被一次次验证。中国共产党植根于中国的大地与人民,为中国人民谋幸福、为中华民族谋复兴,这是中国共产党人与生俱来的初心和使命,也是激励中国共产党人不断前进的根本动力。不同于西方政治学意义上的普通政党,中国共产党作为长期执政党,不是几年才活跃一次的选举动员力量。中国共产党既要满足人民眼前的、局部的利益，又要考虑人民长远的、全局的利益，这需要真奋斗真本事、大格局大情怀。

进而言之，历史和人民之所以选择了中国共产党，就是因为中国共产党始终是中国最广大人民根本利益的忠实代表，是中国人民和中华民族的主心骨；就是因为中国共产党人以行动表明自己是最忠诚、最热烈、最彻底的爱国者，是中华民族利益最坚定的捍卫者。翻开党的十九大报告，无论是社会主义现代化强国的新目标，还是我国社会主要矛盾的新变化，立足的无不是民族的福祉，回应的无不是人民的期盼。放眼世界，有哪个政党能像我们党这样始终对时代保持敏感，又有哪个政党把人民的幸福如此真切地写在自己的旗帜上？最近，美国一家知名公关公司发布信任度调查显示，中国民众对本国政府信任度达95%，在受访国家中高居第一。什么是民心？这就是民心。什么是人民的选择？这就是人民的选择。

今年10月，中国共产党第十九届中央委员会第五次全体会议将在北京召开，会议将研究关于制定国民经济和社会发展第十四个五年规划和二〇三五年远景目标的建议。习近平总书记作出重要指示强调，"把加强顶层设计和坚持问计于民统一起来""切实把社会期盼、群众智慧、专家意见、基层经验充分吸收到'十四五'规划编制中来"。新中国成立以来，从"一五"计划到"十四五"规划，中国共产党人一步一个脚印、奋斗永不停步。纵观世界，有哪个政党能这样坚持不懈地对一个国家的建设发展进行科学的长远规划？"为中国人民谋幸福、为中华民族谋复兴"，伟大事业赋予中国共产党人的格局与胸襟，远非那些汲汲于眼前功利的党派和政客所能想象。千秋伟业，百年只是序章，还有更多艰难险阻需要我们去攻克，还有更大胜利等待我们去夺取——赢得了伟大历史性胜利的中国共产党和中国人民，必将在新时代赢得更伟大的历史性胜利！

（2020年08月18日）

人民至上,中国共产党没有自己的特殊利益

——伟大征程上的中国共产党和中国人民②

中国共产党为什么"能"?根本原因就在于,中国共产党始终与人民心心相印、与人民同甘共苦、与人民团结奋斗

站在最广大人民这一边,站在历史正确的一边,就能始终拥有面向未来、面对挑战、永立潮头的不竭动力

始终坚持一切为了人民、一切依靠人民,把民心当作最大的政治,把人民作为执政的最大底气

没有比梦想更加激荡人心的力量,没有比追梦更加铿锵有力的步伐。2020年的中国,在坚决打赢疫情防控阻击战的同时,也在争分夺秒地向贫困堡垒发起最后总攻。决胜全面小康、决战脱贫攻坚,这是14亿中国人民的共同期盼,也是中国共产党向人民、向历史作出的庄严承诺。

"党团结带领人民进行革命、建设、改革,根本目的就是为了让人民过上好日子,无论面临多大挑战和压力,无论付出多大牺牲和代价,这一点都始终不渝、毫不动摇。"今年全国两会期间,习近平总书记在参加内蒙古代表团审议时的重要讲话掷地有声。为什么我们党会把"让人民过上好日子"作为一切行动的根本目的?正是因为中国共产党"除了工人阶级和最广大人民群众的利益,没有自己特殊的利益"。这是由马克思

主义政党的性质决定的,我们党谋的就是"绝大多数人的利益";这也是中国共产党的信仰决定的,从诞生之日起,我们党就把"为中国人民谋幸福、为中华民族谋复兴"作为初心使命。人民,唯有人民,才是中国共产党的根基所在、血脉所系。

以脱贫攻坚为例,党的十八大以来,以习近平同志为核心的党中央,从全面建成小康社会要求出发,全面打响了脱贫攻坚战,中国贫困人口从2012年年底的9899万人减到2019年年底的551万人,贫困发生率由10.2%降至0.6%,连续7年每年减贫1000万人以上。今年脱贫攻坚任务完成后,我国将有1亿左右贫困人口实现脱贫,提前10年实现联合国2030年可持续发展议程的减贫目标,世界上没有哪一个国家能在这么短的时间内帮助这么多人脱贫。如果没有坚守全心全意为人民服务的根本宗旨,如果没有秉持人民至上的价值理念,怎么能创造这样的人间奇迹?

中国共产党成立近百年来,由小到大、从弱到强,团结带领人民攻克了一个又一个看似不可攻克的难关。一个初创时只有50多名党员的马克思主义政党,何以成为一个拥有9100多万名党员的世界第一大执政党,并能经受起长期执政考验、改革开放考验、市场经济考验和外部环境考验?一个曾经四分五裂、战乱频仍的国家,何以在短短几十年里从饥饿、混乱、贫弱,走向独立、自由、民主、统一和富强,"取得了旧中国几百年、几千年所没有取得过的进步"?中国共产党为什么"能"?根本原因就在于,中国共产党始终与人民心心相印、与人民同甘共苦、与人民团结奋斗。顺应人民求幸福、民族求复兴的潮流,站在最广大人民这一边,站在历史正确的一边,就能始终拥有面向未来、面对挑战、永立潮头的不竭动力。

"时代是出卷人,我们是答卷人,人民是阅卷人。"这是70多年来中国共产党人对"为谁执政、靠谁执政"问题的郑重回答。"共产党是为民族、为人民谋利益的政党,它本身决无私利可图",不谋私利才能谋根本、谋大利,才能从党的性质和根本宗旨出发,从人民根本利益出发。党的十八大以来,从"人民有所呼、改革有所应"的全面深化改革,到"不让一个人掉队"的精准脱贫,从"刮骨疗毒、壮士断腕"的反腐

败斗争，到"功在当代、利在千秋"的生态文明建设，正是因为始终把人民对美好生活的向往作为奋斗目标，中国共产党人才能以"功成不必在我"的无私境界和"功成必定有我"的历史担当，团结带领人民不断取得新的历史性成就，创造了震撼世界的中国奇迹，书写下温暖人心的中国故事。

有这样一组统计数据，令人感动：在新冠肺炎疫情防控过程中，全国3900多万名党员、干部战斗在抗疫一线，1300多万名党员参加志愿服务，近400名党员、干部为保卫人民生命安全献出了宝贵生命。人们常常以"特殊材料制成的人"来赞誉共产党员，其所以特殊，最突出的表现，就在于中国共产党没有自己的特殊利益；共产党员常常以"紧急时刻、党员先上"要求自己，就在于每个人在入党时都宣誓"随时准备为党和人民牺牲一切"。环顾全球，世界上很少有哪个政党像中国共产党这样，在理论上鲜明提出、在实践中明确要求以人民利益为出发点和落脚点；很少有哪个政党像中国共产党这样，把公而忘私、奉献牺牲作为对党员的基本道德要求。正是这种无私的精神境界、强大的人格力量，让中国共产党始终保持持久的向心力，让鲜红的党旗始终能凝聚起各种力量，把中华民族变成一个坚强的命运共同体。

含德之厚，比于赤子。中国共产党人的为民初心，源自植根人民的根本立场，更建立在马克思主义的科学理论之上。历史唯物主义告诉我们，人民群众是推动人类社会历史发展的最终决定性力量，是历史的创造者和书写者，是真正的英雄。一个政党只有与人民同心、同行，才能顺乎潮流、乘风破浪。1934年，面对国民党反动派的疯狂"围剿"，毛泽东同志底气十足地说："真正的铜墙铁壁是什么？是群众，是千百万真心实意地拥护革命的群众。"2020年，面对新冠肺炎疫情的严峻挑战，习近平总书记深情感慨，"战胜这次疫情，给我们力量和信心的是中国人民。"从嘉兴南湖上的一条小船，到承载着14亿人民希望的巍巍巨轮，中国共产党之所以能够发展壮大，中国特色社会主义之所以能够不断前进，就在于始终坚持一切为了人民、一切依靠人民，把民心当作最大的政治，把人民作为执政的最大底气。

得民心者得天下。始终把人民摆在至高无上的地位，不断增强人民的获得感、幸福感、安全感，我们党就能始终得到人民群众的信任和拥护，始终保持马克思主义政党的先进性和战斗力，始终成为引领中国社会发展进步的核心力量！

（2020年08月19日）

自我革命，得到中国人民的衷心拥护

——伟大征程上的中国共产党和中国人民③

> 中国共产党之所以伟大、之所以成功、之所以充满奋进力量，其中一个重要原因在于，拒绝自满、永不停滞，保持了勇于自我革命的精神
>
> 中国人民的利益和期待，正是中国共产党推进自我革命、坚决向腐败宣战的根本动力

最近，美国一家知名公关公司发布信任度调查显示，中国民众对本国政府信任度达95%，在所有受访国家中高居第一。这一数据从一个侧面表明，中国共产党作为执政党，得到14亿人民的衷心拥护和坚定支持，正引领民族复兴之路越走越宽广。

现实是一面镜子，映照着政党能力与执政绩效，而过去、现在与未来一脉相承。回溯这个百年大党的苦难辉煌史，从石库门到天安门，从50多名党员发展到9100多万名党员，其内在活力和旺盛生机令世人惊叹——善于自我净化、自我完善、自我革新、自我提高，具有极强的纠错和修复机能。习近平总书记深刻指出："勇于自我革命，从严管党治党，是我们党最鲜明的品格"。正因如此，中国共产党才能不负初心使命，不畏艰难困苦，不惧风雨洗礼，始终赢得人民的信任支持。

历史长河滚滚向前，大浪淘沙，始见真金。早在1940年，出于对国

民党升官发财、酒色逸乐作风侵蚀的警惕,毛泽东同志就提出"我们要养成一种新的作风——延安作风"。相比"党部成了衙门,党员成了官僚""精神堕落,只知道做官"的国民党,中国共产党以良好的党风带动政风、军风、民风,被外国观察家评价为"中国的希望"。近百年来,从大革命失败紧急召开八七会议,到延安整风巩固全党团结统一,从新中国成立之初果断处理腐败分子刘青山、张子善,到拨乱反正、以极大政治勇气纠正"文革"错误,从推进改革开放这个"关键一招",到新时代作出全面从严治党重大战略部署……中国共产党之所以伟大、之所以成功、之所以充满奋进力量,其中一个重要原因在于,拒绝自满、永不停滞,保持了勇于自我革命的精神。

自我革命,犹如拿起手术刀给自己动手术,是刀刃向内、刮骨疗毒,这无疑是痛苦的、艰难的,因此格外需要思想上的高度自省、行动上的高度自觉。中国共产党为什么能做到这一点?习近平总书记深刻指出:"我们党之所以有自我革命的勇气,是因为我们党除了国家、民族、人民的利益,没有任何自己的特殊利益。"正所谓"无私者无畏",中国共产党的伟大不在于不犯错误,而在于从不讳疾忌医,敢于直面问题,勇于自我革命,为了人民的利益而坚持真理、修正错误。"凡是影响党的创造力、凝聚力、战斗力的问题都要全力克服,凡是损害党的先进性和纯洁性的病症都要彻底医治,凡是滋生在党的健康肌体上的毒瘤都要坚决祛除",这是中国共产党的信念追求,也是中国共产党的力量所在。

"胜人者有力,自胜者强"。一个强大的政党,是在自我革命中锻造出来的。世界上的政党林林总总,秉持"勇于自我革命"理念的并不多见。党的十八大以来,从查处高官巨贪打"老虎",到惩治基层腐败拍"苍蝇",从"天网""猎狐"推进反腐国际追逃,到加强巡视、审计利剑高悬……中国共产党反腐败斗争一步一步取得"压倒性胜利"。翻开中国历史,没有哪个时代,反腐败的力度如此强大;遍览世界各国,没有哪个政党,反腐败的决心如此坚定。"不是没有掂量过。但我们认准了党的宗旨使命,认准了人民的期待""不得罪腐败分子,就必然会辜负党、得罪人民"……习近平总书记的话语振聋发聩。中国共产党的性质和宗旨,决定了党同腐败现象冰炭不能同器、水火不能相容;中国人民的利益和期待,正是中国共产党推进自我革命、坚决向腐败宣战的根本动力。

有外媒评论，中国共产党的反腐败成绩，是"足以同在中国这样一个世界上人口最多的国家解决温饱问题、极大消除贫困相提并论的一个巨大贡献"。事实胜于雄辩：当今世界，没有哪个国家有中国这样的反腐力度和成效，也没有哪个国家能够像中国这样，在强力肃贪反腐的同时保持社会大局稳定向好。这一切，如果没有人民的衷心拥护和支持，是完全不能够想象的。始终从人民群众的根本利益出发，不掩饰缺点、不回避问题、不文过饰非，主动地进行自我革命，这正是我们党赢得时势人心、创造人间奇迹的关键所在。

延安时期，毛泽东同志同黄炎培先生有过著名的"窑洞对"，毛泽东同志曾坚定地说："我们已经找到新路，我们能跳出这周期率。"经过几十年的实践，中国共产党确实能够打破这样的定律。这正是因为，一方面，我们党以信仰、价值铸魂，始终与人民血肉相连，得到最广大人民的拥护和支持；另一方面，我们党有制度保障、有民主监督、有自我革命，这样就能够做到有缺点克服缺点、有问题解决问题、有错误承认并纠正错误。面对复杂多变的国内外形势，我们还会遭遇各种难以预料的风险挑战，但只要始终坚持以人民为中心，永远保持自我革命的勇气和行动，就能让我们的党永远风华正茂。

1945年春，党的七大在延安杨家岭的中央大礼堂召开，会场墙壁的旗座上写着八个字："坚持真理，修正错误"。不忘初心、牢记使命，才能勇于自我革命。在新时代，以党的自我革命推动党领导人民进行的伟大社会革命，我们党就能始终赢得人民的衷心拥护，引领承载着中国人民伟大梦想的航船破浪前进！

（2020年08月20日）

天下一家,推动构建"人类命运共同体"

——伟大征程上的中国共产党和中国人民④

  大党之大,不仅仅在于体量大、块头大,更在于胸襟大、担当大

  中国共产党的成功,不仅对中国人民、中华民族具有重大意义,而且具有现实和深远的世界意义

"人类是休戚与共、风雨同舟的命运共同体,唯有相互支持、团结合作才是战胜危机的人间正道。"大疫当前,人们更能体会习近平总书记这句话的深刻含义。

近日,英国医学期刊《柳叶刀》发表社论,点赞中国抗击新冠肺炎疫情的行动,并认为中国的防疫经验可供世界其他国家学习借鉴。在突如其来的新冠肺炎疫情面前,中国的理念和行动有目共睹、有口皆碑。从毫无保留地同国际社会分享防控经验和诊疗方案,到承诺待中国新冠疫苗研发完成并投入使用后,将作为全球公共产品;从建立30个中非对口医院合作机制,到落实"暂缓最贫困国家债务偿付倡议",中国始终秉持人类命运共同体理念,与世界各国并肩作战、共克时艰,始终为国际组织和其他国家提供力所能及的帮助,为全球抗疫贡献中国智慧、中国力量。一个个务实的行动,让世界感受到什么是大国担当,也生动诠释着什么是人类情怀。

当人类的共同敌人新冠病毒迅速在全球蔓延时,人们更加深刻地体会到构建人类命运共同体的重大意义。"构建人类命运共同体",这一由习近平总书记在2013年首次提出,并在党的十九大报告中再次强调的重大理念,既来自"天下一家"的中华文化传统,也彰显着一个百年大党的世界胸怀。面对新冠肺炎疫情这一全球性危机,中国共产党不仅坚持以"生命至上、人民至上"对14亿中国人民负责,也坚持以"守望相助、同舟共济"对全球公共卫生事业尽责。今年4月2日,中国共产党同世界上100多个国家230多个政党联合就加强国际抗疫合作发出共同呼吁,表达携手合作、共克时艰的政治意愿。共同呼吁从提出想法到最后发表,用时不到10天,创造了政党交往史上的一个纪录。

中国共产党是为着中国人民幸福、中华民族复兴而诞生的,因此始终坚持"集中力量办好自己的事情",但中国共产党人从来都不是狭隘的民族主义者,一直把为人类作出新的更大贡献作为自己的使命。"中国应当对于人类有较大的贡献。""中国共产党是世界上最大的政党。大就要有大的样子。"这样负责任的宣示,生动地诠释了中国共产党人胸怀天下的大境界、贡献人类的大担当。大党之大,不仅仅在于体量大、块头大,更在于胸襟大、担当大。放眼世界,很少有哪个政党能像中国共产党一样,把"推动构建人类命运共同体,推动建设持久和平、共同繁荣的和谐世界"写入自己的章程。今天,当中国对世界经济增长年均贡献率接近30%,当中国让8亿多人口摆脱贫困、对全球减贫贡献率超过70%,任何尊重事实的人都会承认,中国共产党的成功,不仅对中国人民、中华民族具有重大意义,而且具有现实和深远的世界意义。

有学者指出,认识中国,需要了解中国作为一个"文明型国家"的内在气质。中华文明从不自囿于一族一地,而是以"天下"为思考单位,历来讲求"天下一家",主张民胞物与、协和万邦,憧憬"大道之行,天下为公"的美好世界。同样,认识中国共产党,也要看到中国共产党从成立之日起,既是中国先进文化的积极引领者和践行者,又是中华优秀传统文化的忠实传承者和弘扬者。中华优秀传统文化强调和合理念,崇尚"和而不同""以和为贵",有着"海纳百川,博采众长"的胸怀,主张"己所不欲,勿施于人""美美与共,天下大同"。这种深厚的文化基因,正是中国共产党推动构建人类命运共同体的深层密码。

"不要人夸颜色好，只留清气满乾坤。"党的十九大后，在同中外记者见面时，习近平总书记以诗言志，吟咏墨梅不慕虚名、绽放清芬的品格，传递中国共产党坚定自信、埋头苦干的意志。毋庸讳言，尽管中国对世界和平与发展的贡献举世瞩目，但相伴而来的并不只有鲜花和掌声，各种抹黑唱衰的论调也时有出现。然而，事实胜于雄辩。就拿共建"一带一路"来说，根据全球金融市场数据提供商路孚特发布的报告，截至2020年第一季度，已规划或在建"一带一路"项目共计3164个，总金额达4万亿美元。因为共建"一带一路"合作，马尔代夫有了第一座跨海大桥，东非有了第一条高速公路，白俄罗斯第一次有了自己的轿车制造业，希腊比雷埃夫斯港重回欧洲大港地位……中国共产党不仅将推进"一带一路"建设写入自己的章程，更以言必信、行必果的诚意和担当，坚定不移通过推动中国发展给世界创造更多发展机遇、通过深化自身实践探索人类社会发展规律并同世界各国分享，张开双臂欢迎各国人民搭乘中国发展的"快车""便车"。

"中华人民共和国万岁，世界人民大团结万岁"。高悬于北京天安门城楼上的巨幅标语，生动体现着中国共产党和中国人民的世界观。顺应时代发展潮流、把握人类进步大势、顺应各国人民共同期待，在推动构建人类命运共同体的伟大进程中，中国共产党和中国人民将一如既往为世界和平安宁作贡献，一如既往为世界共同发展作贡献，一如既往为世界文明交流互鉴作贡献！

（2020年08月21日）

直面挑战,为人类进步事业而奋斗

——伟大征程上的中国共产党和中国人民⑤

> 作为中华优秀传统文化的忠实传承者和弘扬者,中国共产党立志为人民谋幸福、为民族谋复兴、为世界谋大同,深知和平的可贵,也具有维护和平的坚定决心
>
> 积极争取和平的国际环境发展自己,又以自身的发展更好地维护世界和平、促进共同发展,始终是中国坚定不移的国家意志

当今世界,和平与发展仍然是时代主题,但国际环境日趋复杂,不稳定性不确定性明显增强,保护主义、单边主义、民粹主义愈演愈烈,霸权思维、霸凌行径变本加厉,气候变化、战乱恐袭、饥荒疫情等风险日益突出……世界怎么了?人类怎么办?人类又一次站在了何去何从的十字路口。

"横空大气排山去,砥柱人间是此峰。"这些年来,每当世界发展遭遇逆风、寒流,中国共产党总是带领中国人民迎难而上,努力在不确定性中创造确定性,为世界注入强大正能量。一方面,为世界和平与发展贡献中国智慧和中国方案,着眼国际形势发展变化,提出推动构建人类命运共同体、推动构建新型国际关系、共建"一带一路"、正确义利观、新安全观、全球治理观、文明观等一系列重要理念、重要倡议。另一方面,

以实际行动维护世界和平，宣布设立为期 10 年、总额 10 亿美元的中国—联合国和平与发展基金，并于 2016 年正式投入运行；始终致力于通过谈判、协商方式处理领土问题和海洋划界争端，同 14 个邻国中的 12 个国家彻底解决了陆地边界问题；积极参与重大国际和地区热点问题解决，发挥了建设性作用。

习近平总书记指出，"中国共产党是为中国人民谋幸福的党，也是为人类进步事业而奋斗的党。"这不仅是一个大党的豪迈宣示，也是人们每天见证的鲜活事实。今天，随着中国综合国力和国际影响力快速提升，国际上有些人担心中国会走"国强必霸"的路子，一些人提出了所谓的"中国威胁论"。这既有认知上的误读，有根深蒂固的偏见，也有力量消长带来的心理失衡，还有出于维护自身既得利益的刻意歪曲。历史和现实一再证明，中国睡狮已醒，"但这是一只和平的、可亲的、文明的狮子"。

一个民族最深沉的追求，一定要在其薪火相传的民族精神中来进行基因测序。中华民族是热爱和平的民族，血液里没有侵略他人、称霸世界的基因。2000 多年前，张骞带着一支和平使团从长安出发，打通了东方通往西方的道路，完成"凿空之旅"，带给世界的是"使者相望于道，商旅不绝于途"，而不是侵略扩张；600 多年前，郑和下西洋时，率领的是当时世界最庞大的舰队，带去的是丝绸、茶叶和瓷器，而不是战争。"己所不欲，勿施于人"，近代以来，中华民族饱受列强欺凌，对战争和动荡带来的苦难刻骨铭心，因此绝不会将自己曾经遭受的苦难强加给其他国家与民族。作为中华优秀传统文化的忠实传承者和弘扬者，中国共产党立志为人民谋幸福、为民族谋复兴、为世界谋大同，深知和平的可贵，也具有维护和平的坚定决心。

正因如此，在中国共产党的领导下，中国将坚持自身和平发展载入宪法，成为世界上第一个作出这一庄重承诺的国家。从上世纪 50 年代提出和平共处五项原则，到改革开放以来作出和平与发展成为时代主题的科学判断，再到新时代提出构建人类命运共同体的重大倡议，中国始终按照中国人民的愿望，不断发展进步并为人类做出新的更大贡献。作为历史上曾经遭受欺凌、蒙受屈辱的发展中大国，中国发展的目的是赢得尊严和安全，让历经苦难的人民过上好日子。在追求这个目标的过程中，中国自然而然地发展了、强大了。作为体量巨大、人口众多、国情复杂、治理难度世所罕见的最大发展中国家，中国在经济快速发展的同时保持社会长期稳定，这不仅是中国共产党带领中国人民创造的伟大奇迹，也是对世界和平与发展的最大贡献。

"世界好，中国才能好；中国好，世界才更好。"这是中国共产党人朴素而深刻的世界观。中国今天的发展成就得益于和平稳定的外部环境，中国未来的发展仍然需要长期稳定的国际环境。中国走和平发展道路，不是外交辞令，不是权宜之计，不是战略模糊，而是思想自信和实践自觉的有机统一，是坚定不移且值得信赖的人民选择和国家承诺。历史上确有国家因强而霸，但国强必霸决不是历史定律。用西方一些国家的发展经验评判中国，把西方一些国家的发展逻辑套用于中国，得出的结论必然荒谬失真。新中国成立70多年，中国没有主动挑起过任何一场战争和冲突，没有侵占过别国一寸土地；改革开放以来，中国主动裁减军队员额400余万；这些年，中国国防支出占GDP平均比重约为1.3%，在联合国安理会常任理事国中处于最低水平，与此同时，中国已成为联合国第二大维和预算摊款国和经常性预算会费国。积极争取和平的国际环境发展自己，又以自身的发展更好地维护世界和平、促进共同发展，始终是中国坚定不移的国家意志。

让老百姓过上好日子，这是中国共产党人的不变初心，也始终是中国发展的最大目标。在追求这个目标的过程中，中国找到了一条正确的发展道路，即中国共产党领导下的中国特色社会主义道路。这条道路始终得到中国人民最广泛、最坚定的支持，同时也造福这个世界、惠及世界各国人民。中国共产党和中国人民对中国特色社会主义制度有着强大自信，同时尊重世界各国人民自主选择的发展道路，无意同任何国家进行制度竞争，无意同任何国家搞意识形态对抗。中国不"输入"外国模式，也不"输出"中国模式，不会要求别国"复制"中国的做法，而是充分尊重其他国家选择的不同发展道路。中国共产党和中国人民也坚决反对妄图改变中国的不切实际做法，坚决反对人为制造所谓"新冷战"，当年冷战给世界人民带来的创伤和痛苦绝不应重演。

2021年，我们将迎来中国共产党成立100周年。回首百年，中国共产党领导中国人民所进行的伟大奋斗彪炳史册，为人类和平与发展作出的重大贡献有目共睹。面向未来，无论国际形势如何变化，中国共产党将带领中国人民，坚定不移走和平发展道路，持之以恒做世界和平的建设者、全球发展的贡献者、国际秩序的维护者，不断为建设更加美好的世界贡献智慧和力量！

（2020年08月24日）

人不负青山　青山定不负人

——共同建设我们的美丽中国①

习近平生态文明思想回答了中国发展最重要的时代之问，也契合了经济转型升级的规律、顺应了人们对美好生活的期待

一个村庄的变化，可以折射一个国家的变迁。上世纪70年代开始，浙江安吉开山采矿，环境遭到严重破坏。2005年8月15日，时任浙江省委书记习近平在安吉余村考察时强调"绿水青山就是金山银山"。理念一变天地宽。如今，15年过去，安吉余村"不卖石头卖风景"，成为"安且吉兮"的宜居宜业宜游之地。

"绿水青山就是金山银山"的理念，如今已经成为全社会的共识。余村代表的，是中国的绿色奇迹。这是发生在身边的改变：去年，北京PM2.5年均浓度创下2013年监测以来的最低值，全国重点城市PM2.5平均浓度比2013年下降43%。这是体现在发展中的数据：全国森林覆盖率由新中国成立初期的8.6%提升到22.96%，2017年中国单位国内生产总值二氧化碳排放比2005年下降约46%。这是被世界赞叹的经验：全球从2000年到2017年新增的绿化面积约1/4来自中国；河北塞罕坝林场建设者、浙江省"千村示范、万村整治"工程等，接连荣获联合国最高环境荣誉"地球卫士奖"。中国向世界递出的"绿色名片"，既真实可感也影响深远，为世界生态文明建设作出卓越贡献。

"走向生态文明新时代,建设美丽中国,是实现中华民族伟大复兴的中国梦的重要内容。"党的十八大以来,从加快推进生态文明顶层设计和制度体系建设,加强法治建设,建立并实施中央环境保护督察制度,到大力推动绿色发展,深入实施大气、水、土壤污染防治三大行动计划,率先发布《中国落实2030年可持续发展议程国别方案》,实施《国家应对气候变化规划(2014—2020年)》,我国生态环境保护发生了历史性、转折性、全局性变化。

中国的生态文明建设成效为什么大?最根本的就在于习近平生态文明思想的指引。在"五位一体"总体布局中生态文明建设是其中一位,在新时代坚持和发展中国特色社会主义基本方略中坚持人与自然和谐共生是其中一条基本方略,在新发展理念中绿色是其中一大理念,在三大攻坚战中污染防治是其中一大攻坚战。这体现了我们党对生态文明建设规律的把握,体现了生态文明建设在新时代党和国家事业发展中的地位,体现了党对建设生态文明的部署和要求。习近平生态文明思想,为推动生态文明建设提供了思想指引,为共同建设美丽中国确立了价值导航。

强调"绿水青山就是金山银山",不以牺牲生态环境为代价换取经济的一时发展,为兼顾经济发展和环境保护指明出路;强调"良好生态环境是最普惠的民生福祉",坚持生态惠民、生态利民、生态为民,不断满足人民日益增长的优美生态环境需要;强调"用最严格制度最严密法治保护生态环境",加快制度创新,强化制度执行,让制度成为刚性的约束和不可触碰的高压线;强调"山水林田湖草是生命共同体",把大自然当成一个相互依存、相互影响的系统,全方位、全地域、全过程开展生态文明建设;强调"共谋全球生态文明建设",深度参与全球环境治理,形成世界环境保护和可持续发展的解决方案……习近平生态文明思想既有蓝图规划,也有具体路径;既有战略层面的认识论,也有战术层面的方法论;既有立足中国的长远眼光,也有放眼全球的宽广视野,指引中国生态文明建设破浪前行。

中国用几十年时间走完了发达国家几百年走过的工业化进程,与此同时,发达国家一两百年间逐步出现的环境问题也在中国集中显现。从这样的大背景来看,习近平生态文明思想回答了中国发展最重要的时代

之问，也契合了经济转型升级的规律、顺应了人们对美好生活的期待。习近平生态文明思想是习近平新时代中国特色社会主义思想的重要组成部分，成为从政府到社会、从干部到群众的广泛思想共识。在国家发展规划制定中，绿色成为鲜明的底色；在各级党委和政府的决策中，经济和环保兼顾的生态优先、绿色发展之路成为自觉选择；在广大党员干部和群众的心里，天蓝水绿成为美好生活的重要组成部分。

"人不负青山，青山定不负人"。中国已经确定时间表：确保到2035年，生态环境质量实现根本好转，美丽中国目标基本实现；到本世纪中叶，建成美丽中国。有习近平生态文明思想的指引，全国上下共同推动生态文明建设，就一定能创造更多生态治理的绿色奇迹，建成青山常在、绿水长流、空气常新的美丽中国。

（2020年08月10日）

绿水青山就是金山银山

——共同建设我们的美丽中国②

  强调"绿水青山就是金山银山",就是要尽最大可能维持经济发展与生态环境之间的精细平衡,走生态优先、绿色发展的路子

  越是面临困难挑战,越要增强生态文明建设的战略定力,越要向绿色转型要出路、向生态产业要动力

在吉林梨树县,要求"一定要采取有效措施,保护好黑土地这一'耕地中的大熊猫'";在宁夏贺兰县,称赞稻渔空间乡村生态观光园"水资源利用效率提高了,附加值也上来了";在山西太原,叮嘱坚持治山、治水、治气、治城一体推进,持续用力,再现"锦绣太原城"的盛景……近期,习近平总书记每到一地考察调研,绿色发展都是一项重要内容。把绿水青山变成金山银山,是总书记的关切,也是各地生动的发展实践。

"绿水青山就是金山银山"的理念,从提出到现在已经15年了。这一历久弥新的理念,随着时代车轮滚滚向前,愈益彰显出强大的生命力。这一理念的创造性就在于,它不是用排他性的眼光来看待经济发展和环境保护之间的关系,而是在绿水青山和金山银山之间打开一条通道,指出了一种兼顾经济与生态、开发与保护的发展新路径。一段时间里,一些地方要么走"先污染,后治理"的老路,要么片面追求环保、干脆不

搞经济发展了。这两种做法都是在绿水青山与金山银山之间做单项选择，都是不可取的。强调"绿水青山就是金山银山"，就是要尽最大可能维持经济发展与生态环境之间的精细平衡，走生态优先、绿色发展的路子，形成包括绿色消费、绿色生产、绿色流通、绿色金融等在内的完整绿色经济体系。

实际上，放在现实语境中来看，经济发展与生态环保完全可以实现相互促进、彼此提升。以山西为例，该省围绕自身生态环境做起绿色发展大文章。在山西右玉，林木绿化率从0.26%增至56%，不毛之地变成塞上绿洲，生态牧场、特色旅游鼓起村民"钱袋子"。在山西汾阳贾家庄村，曾经的村办工业厂区转型为集工业文化创意、乡村民俗旅游、康体养老休闲于一体的文化生态旅游村，贾家庄生态园成为国家4A级旅游景区，村民人均收入大幅提高。实践充分证明，绿水青山既是自然财富、生态财富，又是社会财富、经济财富，保护生态环境就是保护生产力，改善生态环境就是发展生产力。

充分挖掘绿水青山的经济效益，不是权宜之计，而是应对风险挑战、实现高质量发展的长久之策。当前，受新冠肺炎疫情冲击和世界经济衰退影响，我国发展面临前所未有的困难挑战。然而，越是面临困难挑战，越要增强生态文明建设的战略定力，越要向绿色转型要出路、向生态产业要动力。借助电商，贵州赤水的春笋、甘肃兰州的百合、湖北秭归的脐橙走出深山、走出乡村，最大限度降低了疫情对产销的影响；疫情防控取得重大战略成果之际，城市近郊游、森林旅游、休闲康养等率先回暖，释放无限商机；绿色产业能吸引大量就业，为落实保居民就业任务提供助力……抓住机遇、放眼长远、务实行动，我们定能克服困难、化危为机，充分运用生态优势应对变局、开拓新局。

今年是全面建成小康社会收官之年，也是脱贫攻坚决战决胜之年。在绿水青山中"寻宝"，是打赢脱贫攻坚战的有力抓手。对许多贫困地区来说，最大的资源就是生态资源，最大的优势就是生态优势，深挖绿水青山这座富矿，才能尽快摆脱贫困、实现小康。数据显示，依托森林旅游，全国有110万建档立卡贫困人口年户均增收3500元。全国通过发展旅游实现脱贫的人数占脱贫总任务的17%—20%，越来越多的贫困群众吃上旅游饭,过上好日子。端稳端好绿水青山这个"金饭碗",我们的脱贫攻坚成果将更加巩固、更可持续。

"绿水青山就是金山银山"的理念,为我们平衡发展和环保的关系提供了思想指引和行动指南,不仅引领中国走出了一条兼顾经济与生态的新路子,也为其他发展中国家提供了有益借鉴。沿着这条从绿水青山中开辟的道路,我们一定能让未来的中国既有现代文明的繁荣,也有生态文明的美丽。

(2020年08月11日)

青山就是美丽　蓝天也是幸福

——共同建设我们的美丽中国③

　　强调"良好生态环境是最普惠的民生福祉",顺应了人们对美好生活的新期待,体现着先进的生态理念和浓厚的为民情怀

　　一个人的力量或许有限,但乘以14亿这个基数,就能迸发出建设美丽中国的磅礴伟力

绿水逶迤,青山相向,草木繁盛,花鸟为邻。这般的田园诗意,凝聚着人们对绿色美好生活的共同向往和追求。

民之所盼,政之所向。习近平总书记强调,"环境就是民生,青山就是美丽,蓝天也是幸福"。坚持生态惠民、生态利民、生态为民,让老百姓吃得放心、住得安心,为老百姓留住鸟语花香田园风光,既是让群众共享发展成果的必然要求,也是增进民生福祉的题中应有之义。习近平总书记强调"良好生态环境是最普惠的民生福祉",顺应了人们对美好生活的新期待,体现着先进的生态理念和浓厚的为民情怀。

随着人们生活水平的提高、生活条件的改善,生态环境在群众心中所占比重不断提高。以前是"盼温饱",现在是"盼环保",过去是"求生存",如今是"求生态",人人都期盼享有更加优美的生态环境,人人都希望享受更多优质的生态产品。近日,重点流域水生态环境保护"十四五"规划编制工作推进会召开。生态环境部相关负责人表示,要通

评论员观察

过"十四五"乃至更长一段时间的努力,让越来越多的河湖能够水清岸绿、鱼翔浅底,成为美丽中国不可或缺的组成部分。河流干净,空气清新,抬头有蓝天,出门有公园,散步有绿道,能在城市中感受到四季光阴的变化,能在乡村中体验到山水田园的风光,这理应成为幸福生活的组成部分。

近年来,各地持之以恒,把解决突出生态环境问题作为民生优先领域,让良好生态环境成为美好生活的增长点。浙江安吉县鲁家村从整治环境卫生出发,苦干多年,让道路泥泞、垃圾遍地的村容村貌,变成"开门就是花园、全村都是景区";内蒙古阿尔山,曾经的伐木工成了护林员,"无边林海莽苍苍,拔地松桦千万章"的自然风光,吸引如织游人;福建宁德、河南安阳、安徽马鞍山等近400个城市开展国家森林城市建设,人们可以推窗见绿,与森林比邻而居……各地把环境保护摆在突出位置,在污染治理上狠下功夫,让"抬头仰望是清新的蓝,环顾四周是怡人的绿"的美好愿景,逐渐成为现实。联合国环境署经济学家、塞内加尔环保专家蒂埃里·德奥利维拉评价,中国的森林覆盖率逐年提高,北京的蓝天越来越多,这些都是民众看得到、感受得到的,中国绿色发展政策取得了明显成效。

生态质量就是生活质量,生态环境就是发展环境。发展环境除了制度建设之外,生态文明也是其中的重要内容。一座生态宜居、绿意盎然的城市,对企业、人才都更具吸引力,能吸引来更多投资和资源。比如,改革开放后,深圳走上了高速发展的道路,工业企业、居住人口爆发式增长,成为制造业重镇。但与此同时,入河污染物却大大超过水环境容量,一些河流成为"黑臭河"。2016年,深圳打响治水提质攻坚战,不仅让河清水美重现,还沿河打造出了生态廊道、休闲漫道等,实现功能型河道向服务型城市公共空间转变。生态向好,生活向上,发展向前。深圳持续变好的宜居环境,既为城市居民营造了触手可及的幸福生活,也让这座城市成为吸引人才和产业的"强磁场"。由此可见,生态持续向好,发展才有后劲,城市才有活力,幸福生活和可持续发展也才更有支撑。

更应看到,良好生态环境是最公平的公共产品,人人都是受益者,人人也都是参与者。一个人的力量或许有限,但乘以14亿这个基数,就能迸发出建设美丽中国的磅礴伟力。增强绿色低碳意识,将环保融入日常生活,从爱惜每一滴水、节约每一粒粮食做起,从随手关灯、绿色出行等点滴小事做起,从"我们"出发,从"我"做起,绿色方能成为动人的色彩,美丽中国方能铺展开新的画卷。

美好的生活,从来不止于经济,还在于舒适的人居环境、普惠的生态产品。让森林走进城市,让绿色遍布乡村,让河湖扮靓山川,祖国山河将闪耀更加悦目的颜色,未来生活将展现更加动人的图景。

(2020年08月12日)

山水林田湖草是生命共同体

——共同建设我们的美丽中国④

> 生态本身就是一个有机的系统,生态治理也应该以系统思维考量、以整体观念推进,这样才能顺应生态环保的内在规律
>
> 面对自然资源和生态系统,不能从一时一地来看问题,一定要树立大局观,算大账、算长远账、算整体账、算综合账

梳理近年来生态文明建设取得的成绩,综合性、系统性是一个鲜明特点。有沙漠的绿化,毛乌素沙地茫茫沙海变成大片绿洲;有水和大气的治理,黄河水质明显改善,全国重点城市空气质量明显提升;有生态文明体制改革的推进,各项制度不断完善。按照系统思维推进生态环保,日益成为共识。

党的十八大以来,习近平总书记从生态文明建设的整体视野提出"山水林田湖草是生命共同体"的论断,强调"统筹山水林田湖草系统治理""全方位、全地域、全过程开展生态文明建设"。推进生态文明建设,需要符合生态的系统性,坚持系统思维、协同推进。"沙进人退"转为"绿进沙退",各自为战转为全域治理,多头管理转为统筹协同,生态环境保护领域之所以发生历史性变革、取得历史性成就,一个重要原因就在于牢固树立、深入践行了"山水林田湖草是生命共同体"的系统思想。

理念是行动的先导。系统治理全面落实在各项改革和制度建设中。

在污染防治中，顺应空气、水流变动不居、跨区流动的特点，更加强调不同地区之间的协调联动、相互配合，防止各自为政、以邻为壑；在环境治理中，划定生态环保红线、优化国土空间开发格局、全面促进资源节约等各方面齐头并进，更加注重不同领域之间的分工协作，避免某一个方面拖后腿；在生态文明体制改革中，更加注重各项制度之间的关联性、耦合性，生态治理的宏观体制、中观制度、微观机制都在不断完善，治理体系更加完整、治理能力更加优化。生态本身就是一个有机的系统，生态治理也应该以系统思维考量、以整体观念推进，这样才能顺应生态环保的内在规律，取得生态治理的最优绩效。

"山水林田湖草是生命共同体"的系统思想，要求我们树立生态治理的大局观、全局观。习近平总书记深刻指出："人的命脉在田，田的命脉在水，水的命脉在山，山的命脉在土，土的命脉在树"。由山川、林草、湖沼等组成的自然生态系统，存在着无数相互依存、紧密联系的有机链条，牵一发而动全身。无论是哪个地方、哪个部门，无论处于生态环保的哪个环节，都应该意识到，自己的行为会经由生态系统的内部传导机制影响到其他地方，甚至影响到生态环保大局。因此，面对自然资源和生态系统，不能从一时一地来看问题，一定要树立大局观，算大账、算长远账、算整体账、算综合账，如此才能形成系统性的治理，实现生产、生活、生态的和谐统一。

"山水林田湖草是生命共同体"的系统思想，要求我们在生态环境治理中更加注重统筹兼顾。长期以来，生态环境保护领域存在各自为政、九龙治水、多头治理等问题。如果种树的只管种树，治水的只管治水，护田的只管护田，就很容易顾此失彼，生态就难免会遭到破坏。统筹山水林田湖草系统治理，旨在从系统工程和全局角度寻求新的治理之道，不能头痛医头、脚痛医脚、各管一摊、相互掣肘，而是通过统筹兼顾、整体施策、多措并举，推动生态环境治理现代化。打通地上和地下、岸上和水里、陆地和海洋、城市和农村、一氧化碳和二氧化碳，对山水林田湖草进行统一保护、统一修复，必将为打好污染防治攻坚战、建设美丽中国夯基筑台、保驾护航。

"暮春三月，江南草长，杂花生树，群莺乱飞"。在那些流传千古的诗句中，美好的环境从来都是由多重元素组成的，有花、有树、有群莺。今天，我们推进生态文明建设，更应遵循"山水林田湖草是生命共同体"的系统思想，下大力气推动生态环境整体性保护和系统性修复，让美丽中国呈现多元之美、系统之美。

（2020年08月13日）

让制度成为不可触碰的高压线

——共同建设我们的美丽中国⑤

党的十八大以来，推进生态文明建设的一个鲜明特色，就是注重发挥制度管根本、管长远的作用

强化制度执行，关键在真抓，靠的是严管，把制度权威性牢固树立起来，避免制度成为"稻草人"，真正把生态领域的制度优势转化为治理效能

一个成功的环保故事背后，常常隐藏着一个制度文明的故事。浙江杭州的西溪湿地，全国首个国家湿地公园在这里诞生，当地通过实施一套整体保护、系统修复、综合治理的制度举措，一改河道淤塞、水质恶化的自然环境，重现"一曲溪流一曲烟"的诗画美景。用制度文明为生态文明保驾护航，正在逐渐成为共识。

习近平总书记强调，"用最严格制度最严密法治保护生态环境"。这句话蕴含着推动生态文明建设的方法论智慧。当前，生态文明理念深入人心，但理念要转化为行动，还需要相应的制度保障。在现实语境中，重发展、轻保护的观念在一些地方仍然存在，环保容易陷入"说起来重要，做起来不要"的困境。针对这些问题，需要运用制度的刚性划定红线，为环境保护的贯彻落实提供制度保障。

党的十八大以来，推进生态文明建设的一个鲜明特色，就是注重发

挥制度管根本、管长远的作用。相继出台《关于加快推进生态文明建设的意见》《生态文明体制改革总体方案》等宏观层面改革方案，建立生态文明建设目标评价考核、生态环境损害责任追究等中观层面制度设计，推进河（湖）长制、禁止洋垃圾入境等微观层面制度安排……生态文明顶层设计和制度体系建设，为推动生态环境保护发生历史性、转折性、全局性变化提供了制度保障。党的十九届四中全会专门就"坚持和完善生态文明制度体系，促进人与自然和谐共生"进行部署。不断织密织牢制度之网，一定能让生态文明建设在制度化、法治化轨道上行稳致远。

"制度的生命力在于执行"。建章立制只是走完了第一步，如果没有有效的治理能力、执行能力，再好的制度也难以发挥作用。正因如此，习近平总书记强调，"对任何地方、任何时候、任何人，凡是需要追责的，必须一追到底，决不能让制度规定成为'没有牙齿的老虎'。"令在必信，法在必行。从甘肃祁连山生态破坏事件，到陕西秦岭违建别墅事件，在这些事件的处置中，中央三令五申、一查到底，释放出"让制度成为刚性的约束和不可触碰的高压线"的强烈信号。强化制度执行，关键在真抓，靠的是严管，决不能搞罚酒三杯、选择性执法。把制度权威性牢固树立起来，避免制度成为"稻草人"，才能真正把生态领域的制度优势转化为治理效能。

从更深层看，强化制度执行，除了事后严惩的震慑，还需要有事前的抓手，建立制度执行的监督机制。在这方面，环保督察发挥着重要作用。"对一些突出生态环境问题整治态度不够坚决、工作还不到位""生态环境总体脆弱、保护任务依然繁重""生态环境保护力度与中央要求和群众期盼仍然存在差距"……前不久，第二轮首批中央生态环境保护督察组，向福建等6个省市和中国五矿集团有限公司等两家中央企业反馈了督察情况。在对全国31个省（区、市）开展的第一轮督察中，行政和刑事拘留2264人，直接推动解决群众身边的生态环境问题15万余个。环保督察敢于动真碰硬，敢于直面问题，让环保法律法规长出了"钢牙利齿"，让环境保护从软约束变成不可逾越的红线。去年，《中央生态环境保护督察工作规定》印发，正是为了把环保督察的好经验、好做法固定下来，形成施之长远的治理效应。

只有实行最严格的制度、最严密的法治,才能为生态文明建设提供可靠保障。把生态文明制度体系构建好、完善好,并把各项制度落实到位,青山常在、绿水长流、空气常新的美丽中国建设,步伐会更坚实,成果会更丰硕。

(2020年08月14日)

建设美丽家园是人类的共同梦想

——共同建设我们的美丽中国⑥

中国的绿色行动将对世界产生巨大的正面推动，为全球生态文明建设作出贡献，中国的绿色奇迹将造福全人类

中国对全球生态文明建设的贡献，是行动的贡献、成绩的贡献，更是理念的贡献、经验的贡献

面对气候变化、海洋污染、生物保护等全球性环境问题，同舟共济、并肩同行是人类唯一的选择

今年5月通过的《中华人民共和国民法典》总则第九条规定"民事主体从事民事活动，应当有利于节约资源、保护生态环境"。从民法上确认绿色发展的原则，是中国对世界民法体系的一个贡献，更为全球生态文明建设贡献了中国智慧。

习近平总书记强调，"共谋全球生态文明建设，深度参与全球环境治理，形成世界环境保护和可持续发展的解决方案"。身处同一个地球，头顶同一片蓝天，生态文明建设关乎人类未来，建设绿色家园是人类的共同梦想。保护生态环境、应对气候变化需要世界各国同舟共济、共同努力，任何一国都无法置身事外、独善其身。习近平总书记从全球高度来看待中国的生态文明建设，多次向世界分享中国绿色发展的成功经验，并向世界各国发出走好全球生态文明之路的"绿色邀约"。这些努力，正

是为了凝聚并肩而行的力量，共同建设人类的美好家园。

从生态环境保护事业看，中国所取得的历史性成就、所发生的历史性变革，也是为人类文明作出的杰出贡献。在人类现代化进程中，到目前为止实现工业化的国家不超过30个，人口不超过10亿，而中国十几亿人口的现代化进程在历史上是没有的。可以说，在这个拥有14亿人口的最大发展中国家推进生态文明建设，由于体量之大、规模之巨，其影响本身就是世界性的。从全球臭氧层保护贡献最大的国家，到世界节能和利用新能源第一大国，再到治理大气污染速度最快的国家、全世界污水处理能力最大的国家之一，一个个来之不易的成绩说明：中国的绿色行动对世界产生巨大的正面推动，为全球生态文明建设作出贡献，中国的绿色奇迹将造福全人类。

中国对全球生态文明建设的贡献，是行动的贡献、成绩的贡献。从推动《巴黎协定》生效实施，到设立气候变化南南合作基金，从发起建立"一带一路"绿色发展国际联盟，到将绿色发展合作计划纳入中非"八大行动"，中国同世界各国开展环保交流合作，形成了多层次、多渠道、多领域的合作局面。面对生态保护和经济发展的考题，中国以身作则进行节能减排、转型升级，在阵痛中前行，加速经济社会绿色转型；面对以邻为壑的零和博弈思维，中国主张"己所不欲，勿施于人""美美与共，天下大同"，通过政策对话、人员培训、平台搭建等多种方式积极参与国际环境事务，成为全球生态文明建设的重要参与者、贡献者、引领者。

中国对全球生态文明建设的贡献，更是理念的贡献、经验的贡献。在今年的世界环境日前夕，国际人士纷纷肯定中国生态文明建设的示范作用："制定长期规划和发展战略，并严抓落实，值得其他国家学习借鉴""塞罕坝从荒漠变森林的经验对我们很有借鉴意义""'千村示范，万村整治'工程不仅在中国，在世界上也属于范例，发展中国家可以从中有所借鉴"。共享单车、光盘行动等绿色环保的生活方式，库布其、三江源等生态样本的成功经验，生态补偿、环保督察等构成的生态文明制度体系，"绿水青山就是金山银山""山水林田湖草是生命共同体"等绿色发展的价值理念……从理念到经验，从生活方式到制度文明，中国向世界全方位展示了推动绿色发展的中国方案。如今，"绿色发展""生态文明"等已被纳入联合国文件,成为更多人的共识。

面对气候变化、海洋污染、生物保护等全球性环境问题,同舟共济、并肩同行是人类唯一的选择。中国将继续推动绿色发展,共筑生态文明之基,推动全球生态文明之路越走越宽广。

(2020年08月17日)

抓"六保"促"六稳" 形成发展新动能

——奋力实现经济社会发展目标任务①

"今年疫情原因,经济影响大吗?"习近平总书记在参加十三届全国人大三次会议内蒙古代表团审议时问得真切。"如今九成都返京复工了,当地就业也拓宽了出路,养殖合作社搞得红火。""绿色农畜产业'铺路架桥',马铃薯、燕麦都打出了名气。"内蒙古代表团的代表答得实在。会场里亲切的互动,折射出统筹疫情防控和经济社会发展工作的成效,凝聚起应对危机中掌握工作主动权、打好发展主动仗的共识。

面对新冠肺炎疫情,中国经济经历了一次"压力测试"。向外看,世界经济衰退,国际贸易和投资萎缩,国际金融市场动荡、国际交往受限、经济全球化遭遇逆流、一些国家保护主义和单边主义盛行、地缘政治风险上升,我们必须在一个更加不稳定不确定的世界中谋求发展;向内看,我国经济正处在转变发展方式、优化经济结构、转换增长动力的攻关期,面临着结构性、体制性、周期性问题相互交织所带来的困难和挑战,疫情冲击下的经济运行面临较大压力。

然而,中国经济从来都是在经风历雨中发展起来、在应对挑战中成长起来的。从九八抗洪、抗击非典、抗震救灾,到亚洲金融危机、国际金融危机、国际经贸环境变化,回顾中国经济发展历程,风风雨雨是常态,但风雨过后总能更加茁壮。问题和困难吓不倒勤劳智慧的中国人民。"大风大浪见多了,这点风雨,我们还真不怕!"一名企业负责人看着忙碌的工厂，信心十足；"眼前的困难压不垮我们。"一位村党支部书记坚信勤劳会让日子越过越好；"抓实落细'六稳''六保'，让群众直接感受到温度与力度。"一位市长督促各项措施落实到位……挑战是阻挡弱者的高山，更是冶炼勇者的熔炉。面对灾难时顽强不屈，历经风雨时步履坚强，中国经济就能乘风破浪、行稳致远。

奋发有为，我们有这样的底气。它来自"保"的举措：财政赤字规模比去年增加1万亿元，发行1万亿元抗疫特别国债，特殊举措稳住发展基本盘；两年职业技能培训3500万人次以上，优先稳就业保民生，兜牢基本民生底线；支持既促消费惠民生又调结构增后劲的"两新一重"建设……今年《政府工作报告》提出一揽子"硬核"举措，将"六保"作为今年"六稳"工作的着力点，让海内外看到了中国战胜困难的实招。它来自"稳"的基础：我国具有全球最完整、规模最大的工业体系、强大的生产能力、完善的配套能力，拥有1亿多市场主体和1.7亿多受过高等教育或拥有各类专业技能的人才，还有包括4亿多中等收入群体在内的14亿人口所形成的超大规模内需市场。中国经济这片汪洋大海，再大的狂风骤雨也掀不翻、吹不垮。

不惧风雨，我们有这样的信心。历史经验表明，再大的危机中也孕育着新机，再多的变局中也可以开启新局。疫情防控期间，育新机开新局的故事每天都在发生。老字号餐馆主动"触网"，增设外卖窗口；一些制造企业抓住海外产能空档，加快进口替代；一些企业"放低身段"，通过云平台在小订单中找到大市场；远程办公、直播电商、在线文娱等"宅经济"迅速崛起；智能制造、5G商用、医疗健康等新产业表现抢眼。这些化危为机的现实反映在经济数据上，是4月份工业企业利润明显改善，市场销售继续好转，进出口贸易的表现超乎预期……事实证明，只要善于从眼前的危机、眼前的困难中捕捉和创造机遇，中国经济就能着力壮大新增长点、形成发展新动能，始终激荡澎湃活力。

在前进道路上，千难万难，只要改革创新就不难。今年以来，关于构建更加完善的要素市场化配置体制机制的意见、关于新时代加快完善社会主义市场经济体制的意见、海南自由贸易港建设总体方案等接连印发，形成全面深化改革、全面扩大开放新格局。《政府工作报告》也释放出依靠改革激发市场主体活力、增强发展新动能的强烈信号。危机出难题，改革来作答。如果说，40多年前，改革开放这个"关键抉择"，让困顿中突围的中国踏上了崭新历程，那么今天，改革开放这一"活力之源"依然会激发源源不断的力量，让风雨中前行的中国实现新的飞跃。

再滂沱的风雨，在浩瀚的天空下终将放晴；再泥泞的征途，在奋力的前行中必能抵达。习近平总书记在看望参加政协会议的经济界委员时深切瞩望："不断去探索，不断去奋斗，不断去克服困难，使我们走上实现新阶段新目标的新道路。"在危机中育新机、于变局中开新局，中国经济创新力和竞争力必将迈上一个新台阶。

（2020年06月08日）

不负绿水青山　方得金山银山

——奋力实现经济社会发展目标任务②

> 跨越生态文明建设的关口,要牢固树立绿水青山就是金山银山的理念,做好转变发展方式和生活方式的文章
>
> 越是困难挑战加大,越要增强生态文明建设的战略定力,越要向绿色转型要出路、向绿色创新要动力

"露天煤矿还有多少?"习近平总书记在参加十三届全国人大三次会议内蒙古代表团审议时问道。在得到来自锡林郭勒的霍照良代表"还有一些"的回答后,总书记追问:"今后不再上了?"霍照良十分肯定地回答:"不再上了!全盟六成以上区域都划入生态保护红线范围了。""留在那儿,子孙后代可以用。"习近平总书记颔首赞许。一问一答间,思考的是人与自然和谐共生的辩证法则,谋划的是中华民族永续发展的根本大计。

祖国的一山一水、一草一木,时时牵挂在习近平总书记心头。新冠肺炎疫情防控期间,习近平总书记赴浙江、陕西、山西考察,在繁花似锦的之江大地,要求"把绿水青山建得更美,把金山银山做得更大";在绿意盎然的三秦大地,指出"人不负青山,青山定不负人";在山峦叠翠的三晋大地,强调"要牢固树立绿水青山就是金山银山的理念"……在世界经济深度衰退、中国经济历经"压力测试"、绿色发展面临考验的关

键时刻，这些重要指示起到了定盘星的作用，充分展现了党和国家坚定不移走生态优先、绿色发展之路的信心和决心。

党的十八大以来，在习近平生态文明思想的指引下，生态文明理念日益深入人心，污染治理力度之大、制度出台频度之密、监管执法尺度之严、环境质量改善速度之快前所未有。也要看到，今日之中国，生态文明建设仍处于关键期、攻坚期、窗口期。受疫情冲击，生态发展和环保工作面临诸多困难，但我们也要用全面、辩证、长远的眼光来看待。疫情防控期间，一家专注污废水资源化的公司在科创板上市，股价开盘涨幅达 96.99%；脱贫攻坚战中，柞水木耳、平利茶叶、大同黄花以"绿"生"金"，带动贫困人口脱贫增收；"五一"小长假，浙江安吉县余村的客栈几乎天天客满……从资本市场、脱贫战场、旅游现场几个方面来看，绿色经济释放发展红利，生态建设昭示美好未来。由此而言，跨越生态文明建设的关口，更要牢固树立绿水青山就是金山银山的理念，做好转变发展方式和生活方式的文章。

越是困难挑战加大，越要增强生态文明建设的战略定力，不动摇、不松劲、不开口子。要看到，一个地方的生态环境保护，不仅关系自身发展质量和可持续发展，而且关系全国生态环境大局。不能因为经济发展遇到一点困难，就开始随意动铺摊子上项目、以牺牲环境换取经济增长的念头，甚至想方设法突破生态保护红线。这不仅会让多年努力前功尽弃，而且可能造成长期不可逆的影响。在疫情防控常态化前提下，各级党委和政府统筹好经济社会发展与污染防治攻坚的关系，把握好快与慢、加与减、破与立、当下与长远的辩证法，至关重要。绿色发展决不能因包袱重而等待、困难多而不作为、有风险而躲避、有阵痛而不前。

越是困难挑战加大，越要向绿色转型要出路、向绿色创新要动力。多年来，生态文明体制改革立起"四梁八柱"，中央环保督察"咬住问题不放松"，政绩考核不再简单地"以 GDP 论英雄"……我国生态文明建设的顶层设计、总体部署和严格措施，为发展构筑起"绿色谱系"，为转型积聚起"绿色动力"。放眼神州，贵州赤水的春笋、甘肃兰州的百合、湖北秭归的脐橙，绿色农产品更受欢迎；新能源汽车、绿色智能家电、智能家居，绿色智能产品更受青睐；在集中 60% 以上 5A 和 4A 级旅游风景名胜区的中西部地区,森林旅游、休闲康养等绿色产业飞速崛起;人力、技术、资金等要素向低碳方向流动,数字经济正在绿水青山间孕育……只有推动农业经济转型,促进工业经济提升,孕育三产新业态,才能让绿水青山的中国,实现高质量发展的跃升。

山峦层林尽染,平原蓝绿交融,城乡鸟语花香。这样的自然美景,既带给人们美的享受,也是人们走向未来的依托。不负绿水青山,方得金山银山。坚持一张蓝图绘到底,筑牢生态文明之基,走好绿色发展之路,才能建设美丽中国,让人民生活更加幸福。

(2020年06月09日)

民生无小事　枝叶总关情

——奋力实现经济社会发展目标任务③

> 无论面临多大挑战和压力，无论付出多大牺牲和代价，让人民过上好日子这一点始终不渝、毫不动摇
>
> 保障和改善民生没有终点，只有连续不断的新起点，14亿人汇聚的民生需求点都是经济增长点

"两万人的就业方向都是什么？"习近平总书记在看望参加全国政协十三届三次会议的经济界委员时，得知刘永好委员计划今年在他的企业内新增两万人就业，关切地询问。"养猪、食品加工和物流。今年5月以前新招了一万人，打算再招一万人。"刘永好这样回答。会场里的一问一答，体现出习近平总书记对就业这一最大民生的高度重视，传递着保障和改善民生的鲜明导向。

民生无小事，枝叶总关情。翻开历史的照片，许多瞬间刻印在人们心中。湘西十八洞村的围炉夜话，河北阜平农民炕上的盘腿而坐，湖北新冠肺炎疫情防控考察时"武汉人喜欢吃活鱼"的殷殷叮嘱……习近平总书记念兹在兹的，始终是人民群众，始终是人民对美好生活的向往。党的十八大以来，无论是织就世界上规模最大、覆盖人口最多的社会保障网络，还是攻克世界最复杂的扶贫难题，抑或是兑现疫情防控阻击战中"人民至上、生命至上"的承诺，以习近平同志为核心的党中央始终

把群众安危冷暖放在心上，千方百计为群众排忧解难。这是以人民为中心的发展思想的生动写照，是当代共产党人初心使命的深刻书写。

当前，受疫情影响，世界经济深度衰退，我国经济下行压力加大，保障与改善民生的困难增多。但无论面临多大挑战和压力，无论付出多大牺牲和代价，让人民过上好日子这一点始终不渝、毫不动摇。疫情防控期间，习近平总书记多次强调要"切实保障基本民生"，要求"实实在在帮助群众解决实际困难"，明确"落实就业优先战略和积极的就业政策"。今年的《政府工作报告》围绕保障和改善民生，作出了具体部署。下一阶段，加强公共卫生体系建设，提高基本医疗服务水平；扩大低保保障范围，对城乡困难家庭应保尽保；做好高校毕业生、退役军人、农民工、城镇困难人口等重点群体的就业工作……每一项工作，都需要各级党委、政府保有"时不我待、只争朝夕"的紧迫感；每一个任务，都需要各级领导干部增强"守土有责、守土担责、守土尽责"的责任心。

民生工作面广量大，任何一件小事乘以14亿人口都是一项巨大挑战。这就要求抓落实、谋发展、促民生，必须找准政策发力点、提高治理精准度。一方面要坚持问题导向，从群众最关心、最直接、最现实的事入手，老百姓期盼什么，就朝什么方向努力。另一方面要坚持底线思维，着力解决好民生领域存在的突出短板和薄弱环节，在"稳"和"保"的基础上积极进取。从各地实践来看，广东为620家重点企业落实"一对一"服务，累计助其新招员工超过14万人；湖北武汉设置1800万元的专用消费券，支持低保、特困和建档立卡贫困人口等困难群众；安徽、河南、陕西等多地出台支持大学生创业就业政策，在招聘规模、担保贷款、培训补贴等方面给予倾斜……事实证明，办法总比困难多。在群众操心事、烦心事、揪心事上持续用力，拿出更有针对性的务实举措，就一定能够战胜眼前困难、实现长远目标。

人民的期盼是经济社会发展的"指南针"，民生绝不是只有投入没有产出的"纯福利"。实际上，把人民的事办好了，把百姓的困难解决了，经济增长就有持久的动力。从贫困人口脱贫释放的巨大消费潜力，到2亿多老龄人口催生的"银发经济"，从城镇老旧小区改造激发的市场新需求，到教育、医疗等产业广阔的发展前景，保障和改善民生没有终点，

只有连续不断的新起点,14亿人汇聚的民生需求点都是经济增长点。正如习近平总书记所指出的:"从解决好人民群众普遍关心的突出问题出发推进全面小康社会建设,符合推进供给侧结构性改革的要求,有利于创造新的增长点、提高长期增长潜力,而新的增长点就蕴含在解决好人民群众普遍关心的突出问题当中。"

"中国共产党把为民办事、为民造福作为最重要的政绩,把为老百姓做了多少好事实事作为检验政绩的重要标准"。对于一个始终以人民为中心、为人民谋幸福的政党来说,民生改善只有进行时,没有完成时。聚焦"幼有所育、学有所教、劳有所得、病有所医、老有所养、住有所居、弱有所扶"目标,一件接着一件办,我们一定能在发展中保障和改善民生,不断增强广大人民群众的获得感、幸福感、安全感。

(2020年06月10日)

决胜全面小康　决战脱贫攻坚

——奋力实现经济社会发展目标任务④

  突如其来的新冠肺炎疫情，给决战决胜脱贫攻坚带来了挑战，各项工作任务更重、要求更高，需要我们一鼓作气、乘势而上，保持攻坚态势、强化攻坚责任

  脱贫摘帽不是终点，而是新生活、新奋斗的起点，要以更大决心、更强力度推进工作，以时不我待的紧迫感抓好落实

  "我那时饿着肚子问周围的老百姓，你们觉得什么样的日子算幸福生活？他们讲了几个心愿。"在看望参加全国政协十三届三次会议的经济界委员时，习近平总书记回忆起陕北黄土高原上老百姓对幸福生活的目标。从"能吃饱肚子"到吃上"净颗子"，从"想吃细粮就吃细粮，还能经常吃肉"到"干活挑着金扁担"，一个个目标背后，寄托着老百姓的朴素心愿，更凝结着中国共产党人孜孜以求的奋斗目标——"社会主义道路上一个也不能少，全面小康大家一起走！"

  全面建成小康社会，是不屈不挠、长期奋斗的果实，更是启航新征程、扬帆再出发的动员。改革开放以来，逐步实现了7亿多贫困人口稳定脱贫。党的十八大以来，我们誓言"全面小康一个都不能少"，以前所未有的力度打好三大攻坚战，织密全球最大社会保障网，创造了连续7年每年减贫1000万人以上的奇迹。这样的成绩单，让人震撼更让人动容。

一路走来,我们书写了最成功的脱贫故事、形成了精准扶贫的科学方略、构建了高效运行的治理体系,这是我们今天奔向全面小康的重要支撑。打赢脱贫攻坚战,中华民族千百年来存在的绝对贫困问题,将在我们这一代人的手里历史性地得到解决。从摆脱贫困到总体小康再到全面小康,一代又一代人为了梦想执着奋进,今天的我们,有无比充足的信心、底气和能力去实现这一目标。

行百里者半九十。脱贫攻坚越往后,难度越大。一方面,剩余脱贫攻坚任务艰巨。到今年2月底,全国还有52个贫困县未摘帽、2707个贫困村未出列、建档立卡贫困人口未全部脱贫,主要集中在"三区三州"等深度贫困地区。虽然同过去相比总量不大,但这些地区自然条件恶劣、贫困程度深、致贫原因复杂,是贫中之贫、困中之困,是最难啃的硬骨头。另一方面,巩固脱贫成果难度很大。已脱贫的9000多万建档立卡贫困人口中,近200万人存在返贫风险,边缘人口中,有近300万人存在致贫风险,全国易地扶贫搬迁近1000万贫困人口,也还需做好后续扶持工作。而突如其来的新冠肺炎疫情,给决战决胜脱贫攻坚带来了挑战,各项工作任务更重、要求更高。"胜非其难也,持之者其难也。"不打折扣完成"硬任务",巩固已有脱贫成果,需要我们一鼓作气、乘势而上,保持攻坚态势、强化攻坚责任,让全面小康得到人民认可、经得起历史检验。

狭路相逢勇者胜,越是艰险越向前。任务明确,时间有限,2020年已经近半,如何写好"脱贫答卷"?除了实干,别无他途。"吃得了黄连苦、解决问题不怕辣,日子才会比蜜甜",地处武陵山集中连片特困地区的重庆市石柱土家族自治县,靠着发展黄连、辣椒、蜂蜜等产业,实现脱贫摘帽。"没有劈不开的柴,没有刨不平的板",正是靠着这股不服输的奋斗精神,曾经山高坡陡、土地贫瘠的江西省井冈山市神山村,不仅成功脱贫,而且旧貌换新颜,书写下了"神气"故事。实干是最质朴的方法论,苦干是最简单的成功秘诀。长风过隘口,奋斗正当时。以不获全胜决不收兵的信念,以攻城拔寨、只争朝夕的斗志,以不破楼兰终不还的勇气,争分夺秒,响鼓重锤,克难上之难、攻坚中之坚,我们才能把疫情耽误的时间抢回来,将中华民族千百年来"民亦劳止,汔可小康"的憧憬变为现实。

"脱贫只是第一步,更好的日子还在后头。"今年全国两会召开前夕,大凉山深处的"悬崖村"——四川昭觉县阿土列尔村的 84 户贫困户,告别了祖辈生活的悬崖,搬进了易地扶贫搬迁集中安置点,开启了新生活。脱贫摘帽不是终点,而是新生活、新奋斗的起点。目标在前、旌旗猎猎、使命催征,锚定"一个都不能少"的目标,以更大决心、更强力度推进工作,以时不我待的紧迫感抓好落实,脱贫攻坚"这项对中华民族、对人类都具有重大意义的伟业"一定能完成,中国人民的生活一定会芝麻开花节节高、一天更比一天好!

(2020 年 06 月 11 日)

织密防护网　筑牢健康坝

——奋力实现经济社会发展目标任务⑤

> 抗疫的中国答卷,以奇迹般的应对实践证明,我国的医疗卫生体系和公共卫生突发事件应急体系总体上是有效的
>
> 织密织牢公共卫生防护网,重在医防协同、要在平战结合、关键在基层、网底在基层

"十堰这次一共有多少确诊病例?""病亡率多少?"在参加十三届全国人大三次会议湖北代表团审议时,习近平总书记关切地问。当得知病例数和病亡率都相对较低时,他又追问"如果不是像新冠肺炎这样的重大传染病,一般情况下可以应付得了吧?"在得到"完全可以"的答复后,习近平总书记欣慰地点点头。问答之间透见出人民生命安全与身体健康在总书记心中沉甸甸的分量,彰显着公共卫生在治国理政中十分重要的位置。

面对新中国成立以来我国遭遇的传播速度最快、感染范围最广、防控难度最大的重大突发公共卫生事件,在以习近平同志为核心的党中央坚强领导下,中国人民奋勇抗疫,付出巨大代价和牺牲,用三个月左右的时间取得了疫情防控阻击战重大战略成果。抗疫的中国答卷,以奇迹般的应对实践证明,党的十八大以来,在新时代党的卫生健康工作方针指导下,我国公共卫生事业发展改革成果经受住了考验,我国的医疗卫

生体系和公共卫生突发事件应急体系总体上是有效的。

　　人类终将战胜疫情，但重大公共卫生突发事件对人类来说不会是最后一次。"备豫不虞，为国常道。"善治国者，莫不是防祸于未萌、图患于将来。要看到，此次应对疫情，也暴露出我国公共卫生体系中存在的一些短板，比如公共卫生事业投入不足、专业人才缺乏、社会力量有待激活，等等。针尖大的窟窿能漏过斗大的风，只有强化底线思维，增强忧患意识，构建起强大的公共卫生体系，健全预警响应机制，全面提升防控和救治能力，织密防护网、筑牢健康坝，才能切实为维护人民健康提供有力保障。

　　织密织牢公共卫生防护网，重在医防协同，要在平战结合。预防是最经济最有效的健康策略。无论是今年的《政府工作报告》，还是刚发布不久的《抗击新冠肺炎疫情的中国行动》白皮书，都把疾病预防控制体系作为一项重要的改革内容。时不我待，各地着眼疫情防控常态化实际，正在不断查缺补漏，构建公共卫生的"钢铁防线"。在江西，高效运转、各地联动的公共卫生临床中心呼之欲出；在河北，一张着眼长远的卫生应急体系建设"蓝图"正在绘就；在湖北十堰，整合疾控部门有关职能、增强整体战斗力的公共卫生体系改革正在推进……公共卫生体系建设按下"加速键"，医防协同、平战结合的机制体系必将得到全面提升。

　　织密织牢公共卫生治理网，关键在基层，网底在基层。只有把基层建设成为公共卫生的坚强堡垒，才能防止小病酿成大疫。这次疫情突如其来，导致湖北省和武汉市医疗资源产生缺口，警醒我们要改变"重医院、轻社区"的发展倾向，加强城乡社区卫生服务体系。目前，许多地方正在开展优化医疗卫生资源布局的有益尝试，提升区县级疾控中心实验室检测能力，增强社区全科医生的力量，推行乡镇卫生院人员"县管乡用"，提升基层疾病诊治与卫生治理能力，使之成为群众治病防病的"主阵地"。可以说，筑牢65万个城乡社区的防病堤口，就是筑牢14亿人口的健康大坝。

　　立足当下、着眼未来，构建强大的公共卫生体系，才能奏出人民健康民族昌盛的奋进乐章。当前，由于工业化、城镇化、人口老龄化的不断发展，由于疾病谱、生态环境、生活方式的不断变化，我国仍然面临

多重疾病威胁并存、多种健康影响因素交织的复杂局面，建设健康中国任重道远。深入开展爱国卫生运动，综合整治城乡环境卫生；建设有利于健康的生态环境、实施食品安全战略，满足群众的"蓝天向往"，保障百姓的"舌尖安全"；深入实施健康扶贫工程，不让一名群众因健康问题在奔小康的征程中掉队……只有让公共卫生体系建设与其他健康政策联动起来、环环相扣，才能推动健康中国迈上一个新的台阶。

身体健康是立身之本，人民健康是立国之基。时刻防范卫生健康领域重大风险，持续推进公共卫生体系建设，我们就一定能守护好人民健康。

（2020年06月12日）

切实把对上负责与对下负责统一起来

——让干部有更多时间和精力抓落实①

做好当前各项工作,就要把上级要求与群众期待结合起来,发挥积极性主动性创造性,以群众口碑作为最终评价标准,全面贯彻落实党中央决策部署

"进一步把广大基层干部干事创业的手脚从形式主义的束缚中解脱出来""切实把对上负责与对下负责统一起来,决不做自以为领导满意却让群众失望的蠢事"。不久前,中办印发《关于持续解决困扰基层的形式主义问题为决胜全面建成小康社会提供坚强作风保证的通知》,直指问题,整治精准,正当其时,在广大党员干部中引发强烈反响。

我们党同形式主义、官僚主义的斗争,一直在路上。党的十八大以来,习近平总书记就加强党的作风建设,力戒形式主义、官僚主义作出一系列重要指示。从下大力气解决形式主义、官僚主义问题,到要求把干部从一些无谓的事务中解脱出来,让基层干部轻装上阵,一直是以习近平同志为核心的党中央高度关注的问题。正因如此,党中央将 2019 年定为"基层减负年",取得明显成效。同时也要看到,形式主义、官僚主义之弊非一日之寒,从根子上减轻基层负担也非一日之功。此次印发的《通知》再次强调解决形式主义问题,是我们党驰而不息抓作风建设的有力体现。

突如其来的新冠肺炎疫情，给我国经济社会发展带来前所未有的冲击。做好当前各项工作，就要把上级要求与群众期待结合起来，发挥积极性主动性创造性，以群众口碑作为最终评价标准，全面贯彻落实党中央决策部署。应该看到，在这场重大斗争中，各级党组织和广大党员、干部增强"四个意识"、坚定"四个自信"、做到"两个维护"，自觉践行初心使命，勇于担当、攻坚克难、无私奉献，充分展现出新时代共产党人的政治本色，让党旗在疫情防控和复工复产第一线高高飘扬。但也要看到，现实中也有一些干部片面理解"对上负责"，甚至把"对上负责"和"对下负责"对立起来：有的落实上级指示不过夜，在群众利益面前却不担当不作为；有的执行政策层层加码、搞"一刀切"，对政策具体落实情况却不关心不过问。凡此种种，不仅损害着人民群众的利益、消耗着基层干部的精力，也让"对上级负责"，变成了"为自己打算"。

其实，对群众负责就是对上级负责，二者是有机统一的。早在2006年，时任浙江省委书记的习近平同志就撰文指出，"对各级领导干部来说，对上负责与对下负责从来都是统一的、不可分割的，对党负责，就是对人民负责；对人民负责，就是对党负责。两者统一于对党和人民事业的高度负责之中"。比如，在常态化疫情防控中全面推进复工复产达产，是党中央的明确要求，事关企业发展、群众生活；完成决战决胜脱贫攻坚目标任务，关乎全面建成小康社会，关系到每一个贫困家庭。只有在工作中把对上负责与对下负责统一起来，在每项工作中去感受民生冷暖，在政策举措中惦记着万家忧乐，真正为群众做实事、办好事，才能找准工作的方向、自身的定位，在群众中留下好的口碑，也才能让人生奋斗拥有更高思想起点、不竭精神动力。

基层干部身处服务群众的最前沿，是贯彻党的方针政策的骨干，是群众了解党和政府工作的窗口，是打通联系服务群众"最后一公里"的关键环节。中央聚焦形式主义官僚主义问题开展全面检视、靶向治疗，就是要切实为基层减负，让基层干部有更多时间和精力抓落实。当前，疫情防控和经济社会秩序恢复持续向好，扎实做好外防输入、内防反弹工作，破解复工复产难点、堵点，尤其需要上下同心、狠抓落实。各地在制定执行复工复产政策时，能否深入到群众中去，到田间地头、工厂车间踏实调研，避免出现"被迫的形式主义"，比如"填表抗疫""盖章复工"；在完成决战决胜脱贫攻坚目标任务时，能否既压担子、也搭梯子，为基层干部做好工作、生活、安全等各方面保障？深化拓展基层减负工作、切实关心关爱基层干部，才能充分调动广大党员干部干事创业的积极性主动性创造性，凝聚起决战决胜的磅礴力量。

习近平总书记在陕西考察时，一张"五级书记同框"的新闻图片在社交媒体刷屏。从党的总书记，到村党支部书记，同时出现在产业扶贫第一线，共抓扶贫。有网友感慨"上下同欲者胜"，表达出我们党闯关夺隘、不断赢取新胜利的坚定信心。面对新形势新任务，始终坚持对上负责与对下负责的一致性，心无旁骛抓紧抓实抓细各项工作，我们就能实现目标导向、问题导向、效果导向有机统一，更好地从危机中捕捉和创造机遇，确保完成决战决胜脱贫攻坚目标任务，全面建成小康社会。

（2020 年 05 月 11 日）

坚决防止新的形式主义

——让干部有更多时间和精力抓落实②

> 反对形式主义,既要彻底清除旧的形式主义,也要坚决防止新的形式主义
>
> 把问题是不是得到解决和群众有没有得到实惠作为衡量标准来考核,我们才能让各种形式主义无处遁形

党中央确定 2019 年为"基层减负年",着力解决困扰基层的形式主义问题,让基层干部轻装上阵,取得明显成效。在统筹推进新冠肺炎疫情防控和经济社会发展工作中,各级党组织和广大党员干部充分展现出新时代共产党人的政治本色。也要看到,形式主义官僚主义是一个顽症,不可能毕其功于一役。一些困扰基层的形式主义问题依然存在,还出现了一些新动向新表现。比如,有的地方发文件红头改白头、正式改便笺,实际发文数量不降反增;有的虽然推行"无会月",但只是简单地把这个月的会议移到下个月。

前不久,中办印发《关于持续解决困扰基层的形式主义问题为决胜全面建成小康社会提供坚强作风保证的通知》,开宗明义写到,"进一步把广大基层干部干事创业的手脚从形式主义的束缚中解脱出来,为决胜全面建成小康社会、决战脱贫攻坚提供坚强作风保证"。《通知》既针对"多头重复向基层派任务要表格、执行政策'一刀切'"等形式主义老问

题老现象，也剑指"数字脱贫、虚假脱贫"等新动向新表现，体现了"驰而不息、落实落细"的精神，贯彻了"全面检视、靶向治疗"的要求，对于反对形形色色的形式主义，有着很强的针对性和指导性。

反对形式主义，既要彻底清除旧的形式主义，也要坚决防止新的形式主义。以工作留痕为例，这本来是一项反对形式主义、强化工作落实的督导举措，但在实践中，一些地方过分讲究和要求"痕迹"，就导致了新的形式主义。有群众反映，为了落实"河长制"定期到现场巡查的要求，有的基层干部一次带上好几套衣服，到现场后依次穿上，拍照后上传微信，以证明自己履行了职责。还有一些地方在扶贫工作中，过去对派驻的第一书记、帮扶工作队进行填表考勤，但由于管理松散，许多都是来一次就把一周的考勤表都填了，为了避免这种形式主义，后来要求第一书记和帮扶工作队队员必须每天早上来签到，然而第一书记和帮扶工作队是要常驻在村子里的，每天跑到乡镇耽搁那么多时间和精力就是为了考勤签到，这显然也是一种形式主义。

无论是哪种形式主义，从其结果来看，都是花拳绣腿、徒有其表；究其实质而言，都是脱离实际、远离实践。换句话说，形式主义的一个重要特征，就是不解决实际问题，光围着形式打转转。其实，无论是减少发文，还是精简会议；无论是工作留痕，还是督导落实，都是为了解决一个个具体问题，都是为了给群众带来切实利益。在这个意义上，求真务实是形式主义的天敌，在"务实"上下功夫，从实处着眼、用实干考量、用实绩说话，才能铲除形式主义生根接枝的"土壤"，也才能让形式主义问题得到及时整治。

"善除害者察其本，善理疾者绝其源"。《通知》既有"对下"的要求，把"只表态不落实、维护群众利益不担当不作为"等列入整治范围，也有"对上"的举措，明确要求"坚持从讲政治高度整治形式主义官僚主义，从领导机关和领导干部抓起改起"。上下贯通、共同发力，落实好《通知》要求，方能既解决表层问题、也解决深层问题，让干部心无旁骛抓紧抓实抓细各项工作。今年脱贫攻坚要全面收官，小康社会要全面建成，原本就有不少硬仗要打，现在还要努力克服疫情影响，必须绷紧弦再加把劲。越是面对严峻形势，越来不得半点虚的，越需要坚持实事求是。把

问题是不是得到解决和群众有没有得到实惠作为衡量标准来考核，我们才能让各种形式主义无处遁形，凝聚起广大党员干部担当作为的磅礴力量，为决胜全面建成小康社会、决战脱贫攻坚提供坚强作风保证。

（2020年05月12日）

守住精文减会的硬杠杠

——让干部有更多时间和精力抓落实③

把时间抢回来,把损失补回来,就要有只争朝夕的干劲,有一天当两天用的精气神,决不能让文山会海拖后腿、误时机

整治文山会海并不只是压缩数量,还要提高文件、会议的质量,把精文减会的效果转变为贯彻落实的动能

"中央层面继续发挥示范带动作用,守住精文减会的硬杠杠,对各地区各部门发文开会情况实施动态监测"。不久前,中办印发《关于持续解决困扰基层的形式主义问题为决胜全面建成小康社会提供坚强作风保证的通知》,强调要切实防止文山会海反弹回潮,提出了确保发文开会数量比2019年只减不增的刚性约束。明确的要求、务实的举措,彰显了党中央整治文山会海顽疾的决心。

2019年是"基层减负年","严格控制层层发文、层层开会"是其中一项重要工作,开展一年来成效显著。据统计,2019年党中央、国务院发文数量都减少了30%以上,省区市文件和会议平均压缩39%、37%,中央和国家机关分别压缩39%、33%;来自全国基层观测点的蹲点调研数据显示,去年当地收到上级文件和本级发文平均减少31%,本级召开的会议数量平均减少35%。实践证明,把精文减会落到实处,基层干部就有更多精力服务群众、推动发展。

但也要看到,形式主义、官僚主义问题具有复杂性和长期性,解决起来不可能一蹴而就。削"文山"、填"会海",既要巩固已有成果,还要防止文山会海以新形式出现。比如,原本发红头、走办公系统的文件摇身一变,以"白头"、便笺的形式发到基层;同一议题会议层层重复开,现场会议少了,视频会议却多了起来。这提醒我们,整治文山会海不能有打好一仗就一劳永逸的想法,也不能有初见成效就鸣金收兵的念头。防止用形式主义做法解决形式主义问题,对在发文开会方面改头换面、明减实不减的,及时督促纠正,才能确保文山会海不会反弹回潮,从而形成崇尚实干的风气,让减负成果更好转变为干事热情。

《通知》指出:"加强对疫情防控、复工复产工作中发文开会的统筹管理"。任何一项政策,只有放在特定的时代语境下,才能更加深刻地理解其价值。如今,放在统筹推进疫情防控和经济社会发展的大背景下,就能更深刻地理解中央强调精文减会的深意。今年是全面建成小康社会和"十三五"规划收官之年,也是脱贫攻坚决战决胜之年,突如其来的新冠肺炎疫情给我们完成既定目标任务带来挑战,做好经济社会发展工作难度更大。我们要把时间抢回来,把损失补回来,就要有只争朝夕的干劲,有一天当两天用的精气神,决不能让文山会海拖后腿、误时机。从抓好常态化疫情防控,到做好复工复产达产、复商复市,从坚决打好打赢三大攻坚战,到解决贫中之贫、困中之困,都需要最大限度激发干部的实干精神和奋斗热情,用扎扎实实的实干对冲疫情影响、实现既定目标。

开会、发文都是推动工作的手段,本身必不可少。不少基层干部反映,基层并不是怕开会、发文,而是怕开和自己关系不大的会,怕发不切实际、内容空洞的文,更怕上下一般粗,缺乏针对性,又层层加码、滥提基层无法落实的任务要求。可见,整治文山会海并不只是压缩数量,还要提高文件、会议的质量。湖南长沙为发文、会议制作负面清单,什么样的文该发、不该发,什么样的会该开、不该开,一目了然;山东菏泽规定会议讲话等材料必须提前准备,做到目标明确、措施具体,能现场办公、电话调度解决问题的,决不集中开大会。各地精文减会的经验表明,持续整治文山会海,确保开会、发文聚焦真问题、解决真问题,才能真正为基层减负，为广大基层干部松绑，把精文减会的效果转变为贯彻落实的动能。

习近平总书记强调，"我们中国共产党人干革命、搞建设、抓改革，从来都是为了解决中国的现实问题。"广大基层干部处于与群众直接接触并解决问题的最前沿，各地区各部门不仅要给予关心关爱，也要为他们提高工作效率、解决具体问题提供支持。把基层干部从一些无谓的事务中解脱出来，让他们心无旁骛地担当作为、真抓实干，就能为全面建成小康社会和打赢脱贫攻坚战筑牢坚实基础。

（2020 年 05 月 13 日）

监督检查是为了解决问题

——让干部有更多时间和精力抓落实④

> 多到现场看，多见具体事，多听群众说，既着重发现落实中存在的问题，又及时了解有关政策需要完善的地方，把督查检查考核工作做得更好更有成效
>
> 发现问题、触碰问题、解决问题，更好发挥督查检查考核的激励鞭策作用，就能切实减轻基层负担，进一步激发干部崇尚实干、担当作为的精气神

近日，中央纪委国家监委通报了8起形式主义、官僚主义典型问题。其中一则案例是，某省住建厅在精准脱贫"农村危房改造回头看"专项行动中部署工作草率，在2个多月时间内仅此项工作就先后4次发文更改工作要求、表格内容和上报时限，令基层无所适从，加重基层负担。在督查检查考核工作中，是浮于表面、流于形式，还是求真务实、注重实效？回答好这个问题，才能保证督在关键、查在要害、考在实处。

督查检查考核工作是推动党的理论和路线方针政策、党中央决策部署贯彻落实的重要手段，是改进党的作风、激励广大干部担当作为的重要举措。中办近日印发《关于持续解决困扰基层的形式主义问题为决胜全面建成小康社会提供坚强作风保证的通知》，明确提出"进一步改进督查检查考核方式方法"，就是要革除督查检查考核中的形式主义、官僚主

义，真正发挥督查检查考核的"指挥棒""风向标"作用，更好激励干部担当作为。

实际上，两年前中办就印发了《关于统筹规范督查检查考核工作的通知》。经过一段时间的努力，督查检查考核工作中名目繁多、频率过高的情况得到明显改善，但实际操作过程中重点不突出、针对性不强的问题仍然存在。比如，明明是同一件事，却有六七个部门要求报六七个不同的表格，"项项要落实，个个要抓紧，都是上级部门，都得罪不起"。倘若只管出题点题，不管答题解题，势必令地方和基层应接不暇、不堪重负，这不利于集中精力抓落实，形式主义、官僚主义问题也仍然难以真正克服。

"我们中国共产党人干革命、搞建设、抓改革，从来都是为了解决中国的现实问题"，习近平总书记的这句话发人深省。督查检查考核是为了发现问题、解决问题，更好地促进干部履职尽责、干事创业。《通知》明确要求，"从重过程向重结果转变，从以明查为主向明查暗访相结合转变，从一味挑毛病、随意发号施令向既发现问题又帮助解决问题转变"。因此，督查检查考核的"指挥棒"必须精准，要督在实处、查在"七寸"、考在要害，不能只紧盯开了几次会、写了多少工作日志、记了多少台账、拍了多少"留痕"照片，而要多到现场看，多见具体事，多听群众说，既着重发现落实中存在的问题，又及时了解有关政策需要完善的地方，把督查检查考核工作做得更好更有成效。

增强督查检查考核科学性、针对性、实效性，还要持续改进方式方法，不断降低成本、提高效率。比如说，国务院"互联网+督查"平台开通上线一年多来，累计收到留言700多万条，相关部门采取"不发通知、不打招呼、不听汇报、不要陪同，直奔现场、直面问题"的实地核查方式，看到了真实情况，听到了真实声音。又如，在疫情防控期间，"健康码"等大数据应用发挥了重要作用，一些好的方法、经验值得总结推广。事实证明，充分利用大数据等信息技术提高督查效率和质量，探索运用"互联网+督查"，让数据多"跑腿"，让干部群众少"跑路"，有助于降低督查检查考核的制度成本，把干部从一些无谓的考核程序中解脱出来，让干部有更多时间和精力干事情、抓落实。

在中国历史上,考核在国家治理中扮演着重要角色。古人讲考核,"询事考言,循名责实""其为法则精而密,其施于事则简而易行",注重的就是简便而有实效,这也为今天做好督查检查考核提供了思想资源和治理资源。发现问题、触碰问题、解决问题,更好发挥督查检查考核的激励鞭策作用,就能切实减轻基层负担,进一步激发干部崇尚实干、担当作为的精气神。

（2020年05月14日）

政策接地气才能真落地

——让干部有更多时间和精力抓落实⑤

把"各负其责"变成"各自为政",看似履职尽责了,却不顾政策执行的实效,更是典型的形式主义、官僚主义

在制定政策、分配任务时,必须充分考虑基层实际、理解基层难处,要设身处地为基层干部着想,多听取他们的意见建议

一些地方的政策看上去很好,到了基层却难以执行;几个部门的政策相互矛盾,让基层干部无所适从……针对基层干部抓落实中的痛点,不久前印发的《关于持续解决困扰基层的形式主义问题为决胜全面建成小康社会提供坚强作风保证的通知》给予了"靶向治疗",要求着力提高调查研究实效,避免"空中政策""本位政策"。

"上面千条线,下面一根针"。基层处于行政体系的"终端"和治理体系的"底盘",不论是抓紧抓实抓细新冠肺炎疫情防控工作,还是决战决胜脱贫攻坚目标任务,归根结底要靠基层去落实。越是在这个时候,在制定政策的过程中,越是要避免不接地气、脱离实际,越是要避免政出多门、多头管理,越是要加强沟通协调、避免出台的政策相互打架。防止政策在虚耗中陷入空转,就能让基层干部更好轻装上阵。

现实中,一些政策为什么会"空"?为什么会相互打架?表面上是

行政体系的衔接和效率问题,根子却在形式主义、官僚主义。缺乏调查研究,坐在办公室"拍脑袋决策",脱离现实解决不了实际问题。把"各负其责"变成"各自为政",看似履职尽责了,却不顾政策执行的实效,更是典型的形式主义、官僚主义。

习近平总书记强调,"要聚焦形式主义、官僚主义问题开展全面检视、靶向治疗,切实为基层减负,让干部有更多时间和精力抓落实"。近年来,党中央持续解决困扰基层的形式主义问题,取得的成效有目共睹,在这次疫情大考中得到充分检验。但也要看到,形式主义、官僚主义之弊非一日之寒,从根子上减轻基层负担也非一日之功。不同程度存在的"空中政策""本位政策"消耗了宝贵的时间和精力,成为困扰基层的一大顽疾。有基层干部说,最怕有的上级部门缺乏调研就出台政策,政策出台之后又一味地强调数字、进度和事后检查。此次《通知》要求加强源头治理和制度建设,进一步把广大基层干部干事创业的手脚从形式主义的束缚中解脱出来。对政策制定中的形式主义问题开展靶向治疗,可谓切中肯綮、正当其时。

避免"空中政策""本位政策",首先应增强政策针对性和可操作性,关键在于全面深入了解实际情况,加强对调查情况的分析研究。调查研究是我们党的优良传统和作风,也是做好领导工作的基本功。绝大多数领导干部也能理解其重要性和必要性,但在具体实践中,有的却奉行"经验主义"和"本本主义",有的即便调研也是走马观花、蜻蜓点水,这样制定出的政策难免会"水土不服"。这次印发的《通知》既有"发扬求真务实作风"的宏观要求,也有"多开展随机调研、蹲点调研、解剖麻雀式调研"的方法指导,更有"力戒搞形式、走过场""不作秀,不走'经典路线'"等禁止性规定,具有很强的指导性、针对性和现实性。各级干部必须对照《通知》要求抓好落实,真正在调研工作中沉下心来、扑下身子。

进而言之,避免"空中政策""本位政策",目的是把基层干部从形式主义的束缚中解放出来。这就要求在制定政策、分配任务时,必须充分考虑基层实际、理解基层难处,要设身处地为基层干部着想,多听取他们的意见建议。这不仅仅是决策方法的问题,也检验着对待基层的态度和立场。作为上级部门，为基层减负不能停留在口号上，而要落实到行动中，始终和基层想在一起、干在一起，千方百计为基层干部抓落实创造良好条件。

今年是全面建成小康社会和"十三五"规划收官之年，叠加疫情影响，各项工作难度更大。越是任务繁重，越需要增强统筹兼顾之谋、组织实施之能，越需要激发基层干部干事创业的积极性。坚决克服形式主义、官僚主义，让基层干部轻装上阵，就能在统筹推进疫情防控和经济社会发展的大战大考中，汇聚磅礴之力。

（2020年05月15日）

决不能亏待"干将""闯将"

——让干部有更多时间和精力抓落实⑥

> 目标在前、使命催征,尤其需要以正确的用人导向引领干事创业导向,让崇尚实干蔚然成风,让干事创业活力奔涌
>
> 为奋斗者拓展流动渠道,为担当者提供精神关爱,才能让广大干部安心、安身、安业,始终保持奋发有为的朝气、攻坚克难的锐气

疾风知劲草,板荡识诚臣。在新冠肺炎疫情防控中,表现突出的区县副职升任"一把手",昼夜奋战的社区党委书记获得晋升,扎根基层的下沉干部被破格提拔……在战疫一线发现人才、选拔人才,彰显"有为者有位"的激励作用,是对拼搏奉献者的大力褒扬,也树立起激励担当作为的鲜明导向。

在统筹推进疫情防控和经济社会发展工作的关键时刻,在决胜全面小康、决战脱贫攻坚的紧要关头,尤其需要干部站出来、豁出去、冲上前。近日,中办印发《关于持续解决困扰基层的形式主义问题为决胜全面建成小康社会提供坚强作风保证的通知》(以下简称《通知》),就完善干部担当作为的激励机制提出一系列重要举措。加大正向激励力度,正是为了深化拓展基层减负工作,激发广大干部锐意进取、奋发有为的精气神,将我国发展的强大动能充分释放出来。

R 评论员观察

干部干部，干字当头。从党的十九大提出"坚持严管和厚爱结合、激励和约束并重"，到《关于进一步激励广大干部新时代新担当新作为的意见》对建立容错纠错机制提出要求，再到《关于解决形式主义突出问题为基层减负的通知》将"三个区分开来"具体化，党中央作出的一系列决策部署，都旨在为干事创业创造良好的制度环境和价值导向。今年要决战决胜脱贫攻坚，要全面建成小康社会，原本就有不少硬仗要打，现在还要努力克服疫情影响，必须绷紧弦再加把劲。目标在前、使命催征，尤其需要以正确的用人导向引领干事创业导向，决不能亏待敢于和善于攻坚克难的"干将""闯将"。这样，就能让崇尚实干蔚然成风，让干事创业活力奔涌。

对干部最大的激励是正确用人导向，有基层干部说："这激励那激励，用好干部最给力"。《通知》专门对完善干部担当作为激励机制提出了一些新的要求和举措，提出要精准审慎实施谈话函询和问责，及时纠正滥用问责、不当问责及以问责代替整改等问题。应该看到，刚性约束强调的往往是底线要求，要真正把干部的积极性、主动性、创造性充分激发出来，还要持续抓好激励干部担当作为有关政策措施的具体落实。在干部创新有为时，给予提拔重用；在干部攻坚遇阻时，及时雪中送炭；在干部遭遇挫折时，打开容错空间……为奋斗者拓展流动渠道，为担当者提供精神关爱，才能让广大干部安心、安身、安业，始终保持奋发有为的朝气、攻坚克难的锐气，争当开疆拓土的闯将、英勇善战的干将。

看一位党员干部是否担当作为，既要看日常工作中的担当，又要看大事要事难事中的表现；既要看平时，也要看特殊时期、特别事件中的作为。《通知》明确强调，"在统筹推进疫情防控和复工复产、打好三大攻坚战等重大斗争中考察识别干部"。从目前形势来看，在疫情防控常态化背景下实现既定奋斗目标，需要付出比常规时期更加艰苦的努力。在这样的特殊时期，各级党组织更应注重在严峻斗争实践中考察识别干部，汇聚起广大干部闯关夺隘、攻坚克难的强大合力；广大党员干部也应深刻认识到减负不是减担当、减责任，更不是降低工作标准和要求，自觉把初心落在行动上、把使命扛在肩膀上，提高担当作为的硬本领。

习近平总书记指出："对干部既要严格要求又要关心爱护，激励广大

党员、干部在危难时刻挺身而出、英勇奋斗,在大战中践行初心使命,在大考中交出合格答卷。"实践证明,实干者受尊重、不吃亏的地方,往往是风气正、事业兴的地方。让能干事、会干事、干成事的干部获奖励、得提拔、受重用,使他们更有盼头、更有劲头、更有奔头,我们就能以担当带动担当,以作为促进作为,为全面建成小康社会注入不竭动力。

(2020年05月18日)

"属地管理"不是责任转嫁

——让干部有更多时间和精力抓落实⑦

只有建立健全责任清单,划定"属地管理"事项责任边界,才能防止"属地管理"变味走形

有了明确权责边界,基层治理就能责任分明、有序运转;有了更多资源支持,基层干部就能更有底气、更加主动

为基层减负,规范"属地管理"是重要方面。"属地管理",就是根据所在地域确定具体管理机关,从守土有责的角度确保治理有效。作为行政管理的重要手段,"属地管理"在明确责任、推动工作落实方面发挥着积极作用。同时也要注意一种倾向:一些地方和部门以"属地管理"为由,把一些自己职责范围内的、风险大的、棘手的工作推给基层,导致基层不堪重负。

对此,《关于持续解决困扰基层的形式主义问题为决胜全面建成小康社会提供坚强作风保证的通知》明确强调:"厘清不同层级、部门、岗位之间的职责边界,按照权责一致要求,建立健全责任清单,科学规范'属地管理',防止层层向基层转嫁责任。"应该说,"属地管理"的制度设计初衷是好的,如果执行到位,能够实现守土有责、守土担责、守土尽责。然而,如果把"属地管理"泛滥化,以属地之名"压担子""甩包袱",把分内工作、应担责任向下传导,与落实工作、提升治理的目标背道而

驰，这就是改头换面的形式主义、官僚主义。

有基层干部反映，"属地管理"是个筐，什么都可以往里装。有的乡镇一年签订的责任状、任务书多达四五十份，信访、国土、环保、安监等工作一股脑全都"属地化"；本应条块协同、上下联动，有的地方和部门却把该自己承担的工作和责任层层转移到基层，有些部门理直气壮当起"裁判员"。有人如此感慨："名曰'属地管理'，实为推诿扯皮。责任担当抛脑后，只向易事招手。"凡此种种，不仅让"属地管理"走了形、变了味，更导致基层出现"能力有限，责任无限"的错位。看似层层压实任务，实则层层转嫁责任；看似逐级落实工作，实则在"甩包袱"。

"属地管理"之所以出现泛滥化，一个重要原因是职责不清、边界不明，因此科学规范"属地管理"，关键在于厘清职责边界。有这样一个基层治理案例：山东省高密市朝阳街道社区网格员在巡查时，发现一个小区有违章建筑，网格员向"乡呼县应"平台发起呼叫。平台指挥中心向"响应"部门派单，相关部门分别根据职责作出处理。至此，一个违建执法事项闭环办理完成，前后总共不超过10个工作日。当地干部感慨，"建立起'乡呼县应'机制，有效解决了乡镇'看得见管不着'、职能部门'管得着看不见'的问题"。实际上，只有建立健全责任清单，划定"属地管理"事项责任边界，才能防止"属地管理"变味走形，才能真正为基层干部减负、让基层治理优化。

基层治理是国家治理、政策落实的"最后一公里"，基层干部是我们党执政大厦地基中的钢筋。当前，无论是新冠肺炎疫情防控，还是复工复产，无论是脱贫攻坚，还是污染防治，都迫切需要加强基层治理体系和治理能力现代化建设，都需要科学规范"属地管理"，真正发挥"属地管理"的治理效能。为此，《通知》既强调"放权赋能"，"推动更多社会资源、管理权限和民生服务下放到基层，人力物力财力投放到基层"；也强调"权责一致"，"各级领导机关要打破开展工作的传统路径依赖，切实把领导方式和工作方法转到现代、科学、法治的轨道上来"。有了明确权责边界，基层治理就能责任分明、有序运转；有了更多资源支持，基层干部就能更有底气、更加主动。

习近平总书记指出，"干部就要有担当，有多大担当才能干多大事业，尽多大责任才会有多大成就"。防止以"属地管理"为由搞责任转嫁，也是在要求各级领导干部担当起该担当的责任。在制度设计上厘清权责，在资源分配上放权赋能，就能进一步把广大基层干部干事创业的手脚从形式主义的束缚中解脱出来，为决胜全面建成小康社会、决战脱贫攻坚提供坚强作风保证。

（2020年05月19日）

敢于斗争　敢于胜利

——凝聚抗击疫情的精神力量①

　　中国交出的战疫答卷,彰显"越是艰险越向前"的勇毅,彰显"不破楼兰终不还"的坚韧,彰显面对困难敢于斗争、敢于胜利的精神

　　当一个人拥有了这样的精神,将信心满怀、步履坚定;当一个国家拥有了这样的精神,将众志成城、战无不胜

　　一场突如其来的疫情,一次异常严峻的考验。面对来势汹汹的新冠肺炎疫情,无数人在党和人民最需要的地方冲锋陷阵、顽强拼搏,在平凡工作岗位创造不平凡成就,展现了无惧风雨的英雄本色,书写了可歌可泣的动人篇章。

　　艰难困苦,玉汝于成。"中华民族是历经磨难、百折不挠的民族,困难和挑战越大,凝聚力和战斗力就越强。我们有能力、有信心、有把握,既要彻底战胜疫情,还要完成既定经济社会发展目标任务。相信中国战胜这次疫情后,将更加繁荣昌盛。"习近平总书记的铿锵话语,以巨大的勇气与必胜的豪情,坚定了亿万人民战胜疫魔的决心与信心。时间为证!山河为证! 2020年初,在以习近平同志为核心的党中央的坚强领导下,经历过无数次惊涛骇浪的中国人民,以敢于斗争、敢于胜利的奋斗精神,打响了一场疫情防控的人民战争、总体战、阻击战。

评论员观察

这些场景，或许已刻印在我们脑海，每每重温却仍然让人震撼。1月23日，"九省通衢"武汉停运公共交通、暂时关闭离汉通道，昔日充满烟火气的城市，一夜之间按下暂停键；农历除夕，陆军军医大学援鄂医护人员连夜集结，在飞机宽大的机翼下拍下合影，每个人脸上都如此坚毅；武汉火神山、雷神山医院建设工地昼夜不息，白天车来人往、入夜灯火通明，病房如魔术般拔地而起……这是一个国家面对灾厄时的不屈身姿，这是一个民族历经风雨时的坚强步履。从"疫情防控正处于胶着对垒状态"，到"疫情蔓延势头得到初步遏制"，再到"全国疫情防控形势持续向好、生产生活秩序加快恢复的态势不断巩固和拓展"，中国交出的战疫答卷，彰显"越是艰险越向前"的勇毅，彰显"不破楼兰终不还"的坚韧，彰显面对困难敢于斗争、敢于胜利的精神。

敢于斗争、敢于胜利，是一种面对困难时无所畏惧的信念。武汉必胜！湖北必胜！中国必胜！这是疫情发生以来，响彻大江南北、长城内外的磅礴声音。"若有战，召必回，战必胜"，南方医科大学南方医院医疗队主动请战，誓言铿锵；"备战有我！冲锋有我！胜利有我！"湖南中医药大学第一附属医院的共产党员，决心坚定……从重症病房争分夺秒的救治到城乡社区挨家挨户的排查，从工厂车间加班加点的生产到科研实验室夜以继日的攻关，我们没有后退只有冲锋，没有妥协只有战斗！必须打赢，一定能打赢，这便是面对疫情冲击时不屈不挠的中国，这便是面对风险挑战时万众一心的中国人民。拥有这种精神的国家和人民，有什么困难不能战胜，又有什么胜利不能赢取？

敢于斗争、敢于胜利，是一种经风历雨时勇往直前的行动。风险挑战面前，党中央统一指挥、统一协调、统一调度，坚持全国一盘棋、调动各方积极性，展现出强大的决策部署能力、统筹协调能力、组织动员能力，把亿万人民拧成一根绳、结成一条心，极大振奋了精神、鼓舞了士气、统一了行动。关键时刻，党中央紧急部署，330多支医疗队、超过4万名医务人员先后驰援湖北；各地建设力量迅速集结，短时间内建好了武汉火神山、雷神山医院和一批方舱医院；防控物资有缺口，工信部门迅速摸排家底，发动企业生产，商务部门全力保障物资调度；劳动力返岗有困难，交通部门组织铁路专列、长途包车……疫情考验面前，

各地区各部门在党中央坚强领导下,快速行动、密切配合,举国上下迅速反应、全面应对,再一次彰显出大战大考时中国敢打硬仗、善作善成的制度优势、国家能力。

没有哪一条奔腾向前的江河,不曾经历无数溪流艰辛而漫长的汇集,不曾跨越千山万壑的阻挡。漫长而曲折的征途中,敢于斗争、敢于胜利的精神品质,是最可宝贵的。当一个人拥有了这样的精神,将信心满怀、步履坚定;当一个国家拥有了这样的精神,将众志成城、战无不胜。从历史中走来,我们对风险和挑战并不陌生,对奋斗和胜利更不陌生。从战洪水、防非典,到抗地震、化危机,在中华民族伟大复兴的大江大河里,每一个水滴都折射着顽强拼搏,每一块礁石都见证着不屈奋斗。有了敢于斗争、敢于胜利的精神,才有了大江大河浩浩荡荡、不可阻挡的磅礴气概,才有了走向中华民族伟大复兴的大势所趋。

珞珈山上,樱花已经盛放;东湖之畔,春风吹绿柳条。神州大地,城市车水马龙,乡村绿意盎然,中国正在恢复往日的生机与活力。一个伟大的民族,永远都是生生不息的;一个伟大的国家,从来就是勇往直前的。面对风险挑战,我们迎难而上、勇敢应对、敢战能胜,必将夺取疫情防控和经济社会发展的双胜利,也必将在淬炼中书写新的历史、迎来新的辉煌。

(2020年03月30日)

同舟共济 守望相助

——凝聚抗击疫情的精神力量②

亿万人民同舟共济、守望相助,筑起一道抗击疫情的钢铁长城,铸就一座令人瞩目的精神丰碑

同舟共济、守望相助的精神力量,来自亿万人民聚沙成塔、握指成拳的爱国之志,彰显了中华民族风雨同舟、患难与共的家国情怀

总有一些不平凡的事件,标注着一个国家的记忆、熔铸于一个民族的精神。今年初,一场没有硝烟的特殊战斗,激发出中华民族携手战胜疫情的顽强斗志。亿万人民同舟共济、守望相助,筑起一道抗击疫情的钢铁长城,铸就一座令人瞩目的精神丰碑。

一位名叫张敏的安徽护士,忍住眼泪放下怀中年幼的女儿,转身奔赴武汉,临走时她说"妈妈要去打怪兽了,很快就回来"。

一位名叫骆名良的火神山医院装修工人,刚领到施工单位发放的7200元工钱加300元补助,就马上买了100多箱牛奶,送给附近同济医院医务工作者和执勤人员。

一位名叫汪勇的武汉快递小哥,在疫情期间自发接送上下班的医务人员,并送上热腾腾的盒饭。

一位不知名的男子驾车经过南京,从车上搬下来一大箱口罩送给执

勤民警。

……

丹心寸意,皆为有情;岂曰无衣,与子同裳。疫情发生后,广大党员干部冲锋在前、英勇奋战,医务人员白衣执甲、逆行出征,人民解放军指战员闻令即动、勇挑重担,广大社区工作者、公安干警、基层干部、下沉干部、志愿者不惧风雨、坚守一线,广大群众众志成城、踊跃参与,展现了令人震撼的行动能力和精神力量。争分夺秒的救治,感天动地的驰援,爱心涌动的奉献,一场疫情激发出的,是中国人民万众一心、和衷共济的伟大精神;一场斗争展现出的,是我们民族在艰难困苦面前不屈不挠、团结奋斗的光荣传统。

"积力之所举,则无不胜也"。同舟共济、守望相助的精神力量,来自亿万人民聚沙成塔、握指成拳的爱国之志,彰显了中华民族风雨同舟、患难与共的家国情怀。抗击疫情期间,截至3月26日,全国有7901万多名党员自愿捐款82.6亿元。正是无数人的暖心壮举,托举起无坚不摧的抗疫合力。"不计报酬、不畏生死、随叫随到!""万众一心,遏制疫情,我们可以!"人们不会忘记医务人员奋勇冲锋的"请战书",不会忘记夜以继日建设火神山、雷神山医院的工人,不会忘记"只要有疫情,一直在"的志愿者,不会忘记默默奉献的平民英雄……同呼吸、共命运,手牵手、心连心,面对疫情,人们唱响了一曲"团结就是力量"的大合唱,激荡出"武汉必胜,湖北必胜,中国必胜"的铿锵旋律,展现了亿万人民团结如一人的中国力量、中国精神。

抗击疫情的斗争,让我们再次看到:中国人民是具有伟大团结精神的人民。同舟共济、团结一心,是中华民族一以贯之的文化基因。也正是因为有这种众人拾柴、涓滴汇海的中国精神、中国力量,才让我们更加坚信,疫情防控阻击战一定能打赢!疫情逐渐散去,前进的脚步永不停歇。面对这场疫情,我们誓言"不获全胜决不轻言成功";面对困难与挑战,我们承诺"确保如期完成脱贫攻坚目标任务,确保全面建成小康社会"。面向未来,可能还会有这样那样的风险挑战,有以习近平同志为核心的党中央的坚强领导,有亿万人民携手同心,磨砺凝心聚力的意志,发扬同舟共济的精神,困难只会让我们更加团结,战胜困难只会让我们不断进步。

"伏久者，飞必高""愿春早来，花枝春满""山河无恙，人间皆安"……这是从全国各地寄往武汉的明信片上的真挚祝福，"隔空"传递着共克时艰的暖心力量。从战胜一个个困难挑战到取得一项项瞩目成就，具有伟大团结精神的中国人民，始终同心同德、同向同行。从疫情防控人民战争、总体战、阻击战中汲取力量、凝聚信心，我们这个民族不仅能在历史的洪流中屹立不倒、奋勇向前，而且一定会以"人心齐，泰山移"的精神伟力，在进行伟大斗争、建设伟大工程、推进伟大事业、实现伟大梦想中书写更壮丽的篇章。

（2020 年 03 月 31 日）

勇于担当　甘于奉献

——凝聚抗击疫情的精神力量③

　　正是各行各业、千千万万个坚守在抗疫一线的奋斗者，勇于担当、甘于奉献，聚涓滴之力，护山河无恙

　　在实现中华民族伟大复兴的征途上，事不避难、义不逃责的决心和以身许国、无私奉献的行动，支撑我们向着一个又一个目标勇毅前行

　　闻令而动，关键时刻挺身而出；逆行出征，血肉之躯筑起抗疫堤坝；枕戈待旦，坚守点亮希望之光……在这场战役中，无数人以担当之勇、奋斗之志，书写下一曲曲荡气回肠的乐章，在挑战中挺起不屈的脊梁。

　　山河无恙，英雄归来。不久前，援鄂医疗队撤离时，武汉市民在窗口挥手高呼：谢谢你们，为我们拼过命。而各地也以最高礼遇，致敬最美身影。贵州援鄂医疗队车队所经之处，市民自发鸣笛迎接；深圳全城亮灯，迎接援鄂医疗队回家；济南机场用"水门礼"，迎接山东医疗队员的航班……就在疫情刚刚发生时，听闻战斗号角吹响，同样是这群身影，有的父母年事已高，有的孩子嗷嗷待哺，还有的新婚燕尔，却依然义无反顾冲向疫情防治最前沿。人们感谢的，是一种悬壶济世的责任担当；人们致敬的，是一种舍己为人的无私奉献。

　　正是各行各业、千千万万个坚守在抗疫一线的奋斗者，勇于担当、

甘于奉献，聚涓滴之力，护山河无恙。在这场战疫中，不论是医护人员还是民警辅警，不论是社区工作者、下沉干部还是志愿者，在关键时刻冲得上去，在危难关头豁得出来，用行动诠释着担当，用辛劳书写着奉献。"最辛苦的岗位，党员必须先上"，是党员干部冲锋在前的身影；"我不能哭，护目镜花了就没办法工作了"，是一位护士面对采访镜头时的坚强；"万家灯火，就是战疫路上最大的动力"，是社区工作者不惧风雨的独白……疫情当前，有人远征前线，也有人守护家园；有临危不惧、挺身而出的英雄，也有默默无闻、点滴奉献的身边好人。疫情面前没有旁观者，每个人都担一份责，献一份力，筑起了阻击病毒的铜墙铁壁，汇聚起战胜疫情的强大力量。

"常思奋不顾身，而殉国家之急。"挑战面前，每一份牺牲和奉献都将融入中华民族的精神血脉，化作穿越风雨的力量。为阻断病源输出，湖北所有地级市相继采取措施，以壮士断腕的精神，为全国乃至全世界赢得抗击疫情的"时间窗口"；各省区市鼎力相助、火线驰援，选最精锐的医生往湖北送，拿最好的物资往武汉运，写下一个个感人的故事；企业员工牺牲与亲人团聚的机会，春节期间加班加点生产口罩等医疗物资；建筑工人为抢工期，牺牲了休息的时间，火神山、雷神山医院如期完工。梁武东、李文亮、刘智明、黄汉明、马承武、郑勇……这些牺牲在抗疫一线的医务人员、基层干部、民警辅警、志愿者们，他们的名字必将铭刻于历史、铭记于人心。无畏、无私、无悔，大仁、大勇、大爱，读懂了没有硝烟的战场上的这些牺牲和奉献，才能读懂什么叫爱国情怀，什么叫家国大义。

伟大的事业需要伟大的精神。在实现中华民族伟大复兴的征途上，事不避难、义不逃责的决心和以身许国、无私奉献的行动，支撑我们向着一个又一个目标勇毅前行。习近平总书记赴湖北省武汉市考察疫情防控工作时强调，在这场大考中磨砺责任担当之勇、科学防控之智、统筹兼顾之谋、组织实施之能。在与疫情的正面交锋中，一个个干部经受住考验，被组织火线提拔；一批批青年扛起最艰巨的任务，在火线光荣入党。从研究新型冠状病毒的科学家，到为民排忧解难的网格员，再到广大党员干部，他们在经风雨中壮筋骨，在见世面中长才干。这场抗疫中

展现出的勇于担当、甘于奉献的精神力量,善作善成的底气,都将熔铸成为我们共同的民族记忆。

草木蔓发,春山可望。正在重新醒来的武汉,湖光潋滟,樱花盛开。汉口火车站迎来首趟返岗复工专列,部分企业恢复生产,停运多时的公交车再次运行……江城武汉的复苏,喻示着这场艰苦卓绝的战役,必将迎来最后的胜利。面向未来,统筹疫情防控和经济社会发展工作的任务依然艰巨,全面建成小康社会的战鼓催征,实现"十三五"规划圆满收官的使命在肩。将这场斗争中凝聚起来的精神力量弘扬到各项事业中去,我们必将开创更加光明的未来。

(2020年04月01日)

把握规律 崇尚科学

——凝聚抗击疫情的精神力量④

秉持科学态度、尊重科学规律、坚守科学认知、实施科学举措,让科学精神的阳光穿越疫情阴霾的笼罩,汇聚起战胜疫情的坚实力量

让尊重规律、崇尚科学成为一种习惯,让我们在科学的土壤里汲取经验和智慧,在自强的信念中凝聚勇气和力量

近段时间,中国科学技术馆上线的抗击新冠肺炎疫情网络专题展览"新的对决",吸引了众多网友点击观看。从解码"看不见的敌人",到讲解如何层层筑牢防线,一场有知识含量更有力量的展览,生动呈现了中国疫情防控以科学为武器护佑人民生命健康的实践。

疫情何以快速扩散?怎样有效防控?新冠肺炎疫情突如其来,令不少人产生了疑惑。"防控新冠肺炎疫情斗争有两条战线,一条是疫情防控第一线,另一条就是科研和物资生产,两条战线要相互配合、并肩作战。"在习近平总书记提出的"坚定信心、同舟共济、科学防治、精准施策"疫情防控工作十六字总要求中,科学防治是重要内容。在抗击新冠肺炎疫情这场同时间赛跑、与病魔较量的对决中,我们秉持科学态度、尊重科学规律、坚守科学认知、实施科学举措,让科学精神的阳光穿越疫情阴霾的笼罩,汇聚起战胜疫情的坚实力量。

"这是一个需要事实而不是恐惧的时刻,是需要科学而不是谣言的时刻",世界卫生组织总干事谭德塞谈到疫情防控时这样表示。要战胜疫情,必须科学地防、科学地控、科学地治、科学地管。人们不会忘记,1月23日,武汉暂时关闭离汉通道,遏制病毒的扩散;从火神山医院到雷神山医院,我们以令世人惊叹的速度建设专门医院、改造方舱医院,解决收治病人难题;我们充分动员社区力量,构筑起联防联控的严密防线;我们普及防护知识、延长春节假期、安排错峰复工复产,尽最大努力保护每一个人的安全……从控制传染源、救治被感染者,到切断传播途径、保护易感人群,我们把握传染病防控规律,将科学精神、科学原则落实到疫情防控方方面面,迅速扭转了疫情扩散蔓延的严峻局面,赢得国际社会的称赞。

科学技术是人类同疾病较量的最有力武器,是战胜大灾大疫的决定性力量。疫情发生后,一系列应急科研攻关迅速展开,一场科学防治之战由此打响。从研究病毒来源和传播特点,到制定优化临床救治方案;从以创纪录短的时间甄别出病原体,到率先研制出核酸检测试剂;从一个多月内7次更新诊疗方案,到新冠疫苗开始进行临床实验;从科学分析疫情传播规律及影响因素,到运用大数据、人工智能等加强人员排查、监测……我们始终坚持向科学要方法、要答案,从而快速认识病毒发展的规律,让一项项科研成果加速涌现,为快速诊疗、科学救治赢得了宝贵的时间。

科学不仅是知识和技能,更是文化和精神。在战疫时刻,我们不仅需要科学技术提供强有力的武器,更需要科学精神涵养求真务实的态度。疫情期间,我们以一场场公开透明的新闻发布会,让真实有效的信息及时抵达;钟南山、李兰娟、张文宏等专家积极发声,让科学出场,用事实说话,分析疫情形势,有力增强了整个社会对疫情的防控意识;鉴于各地疫情发展态势不同,及时增强防控的针对性、科学性……客观认识疫情、科学防治疫情,根据疫情形势因时因势进行调整,让人们关切而不惊慌,相信而日益笃定。这背后是对科学精神的严格坚守,也是对人民生命负责的严谨态度。

疫情以一种特殊的方式,让我们更深入地认识科学、思考科学,也让我们更深刻体会到把握规律、崇尚科学的意义。对个人而言，养成良好的卫生习惯、形成合理的生活方式、涵养健康的心理素质，都离不开科学的助力。而对整个社会而言，卫生系统更健全，医疗事业更先进，科研攻关解难题，同样离不开科学的支撑。从国家实力的增强到国家治理的完善，都需要科学精神的高扬，都需要实事求是态度的彰显。让尊重规律、崇尚科学成为一种习惯，让我们在科学的土壤里汲取经验和智慧，在自强的信念中凝聚勇气和力量。

近日，三张不同颜色的卫星图片，让众多网友感叹"力量感满满"。红色，是中东部工业生产的热值；绿色，是正在不断复苏的耕地；金色，是武汉夜间不灭的灯火。三种颜色，展现着一个经历疫情考验后恢复发展活力的中国，一个蕴含着科学精神、科学力量而生机勃勃的中国。

（2020年04月02日）

开放合作 命运与共

——凝聚抗击疫情的精神力量⑤

> 中国抗疫,不仅是对中国人民生命安全和身体健康负责,也是对全球公共卫生事业尽责
>
> 中国精神,鼓舞世界人民;中国经验,为世界提供有益借鉴;中国力量,为世界战疫注入信心

病毒没有国界,疫情不分种族。新冠肺炎疫情的发生再次表明,人类是一个休戚与共的命运共同体。重大传染性疾病是全人类的敌人,疫情防控阻击战是一场全人类与病毒的较量,人类必须足够强大,才能战胜病毒。

在二十国集团领导人应对新冠肺炎特别峰会上,习近平主席强调,"当前,国际社会最需要的是坚定信心、齐心协力、团结应对,全面加强国际合作,凝聚起战胜疫情强大合力,携手赢得这场人类同重大传染性疾病的斗争。"抗击疫情,同舟共济的合作不可少,命运与共的精神不能缺。

人类只有一个地球,各国共处一个世界。地球是人类的共同家园,人类是命运与共的共同体。中国人民抗击疫情,从一开始就秉持着人类命运共同体理念。疫情发生后,中国及时向包括世卫组织、有关国家和地区性组织在内的国际社会通报疫情信息,以前所未有的速度甄别出病

原体，第一时间同世界卫生组织和其他国家分享有关病毒基因序列，为研制出病毒快速检测工具提供了可能，并同世界各国开展抗疫经验分享和交流。中国抗疫，不仅是对中国人民生命安全和身体健康负责，也是对全球公共卫生事业尽责。中国精神，鼓舞世界人民；中国经验，为世界提供有益借鉴；中国力量，为世界战疫注入信心。

开放合作、守望相助，命运与共、风雨同担，这是人类在历史中淬炼的精神之光。中国人民不会忘记，在中国疫情防控形势最艰难时刻，"山川异域，风月同天""岂曰无衣，与子同裳"的温暖，"中国加油""武汉加油"的呐喊，国外友人捐款捐物的支援，世界各地点亮"中国红"的祈愿。而当一些国家和地区新冠肺炎疫情蔓延之时，中国人民同样感同身受、施以援手。从中国专家团队奔赴国外抗击疫情前线画出一道道"最美逆行之弧"，到向亚洲、欧洲、非洲多国提供检测试剂盒，再到尽一切努力为其他国家采购医疗防护物资提供方便，中国以各种各样的方式，向其他出现疫情扩散的国家和地区提供力所能及的援助。中国人民与世界人民并肩抗疫、携手前行，让人类的文明之光熠熠生辉，彰显了人类命运共同体理念强大的精神感召力。

单则易折，众则难摧。面对疫情，没有哪个国家能够置身事外。在经济全球化时代，这样的重大突发事件不会是最后一次，各种传统安全和非传统安全问题还会不断带来新的考验。唯有全人类共同努力，才能战而胜之。当意大利罗马一小区居民自发举行的"阳台音乐会"响起《义勇军进行曲》时，当西班牙网友在社交网站发起"感谢中国"活动时，世人看到的，不仅是中国作为负责任大国的担当，更是和衷共济、共克时艰的精神力量。团结是铁，团结是钢，团结就是力量。正如来自世界顶级医学科学家的忠告，"战胜新冠肺炎疫情的唯一方法，就是所有国家本着团结与合作的精神共同努力。"当团结合作成为共同选择，当命运与共主导人心，人类战胜疫情的希望之光，就能越燃越亮。

习近平主席强调，国际社会必须树立人类命运共同体意识，守望相助，携手应对风险挑战，共建美好地球家园。疫情是暂时的，合作是长久的。历史将铭记中国人民在面对疫情时所展现的众志成城、共克时艰

的英雄伟力,也将铭记世界各国同舟共济、携手应对危机的共同担当。大道不孤,人类必胜。相信风雨过后,人类命运共同体理念将更加深入人心,团结合作的精神力量将激励更多人勇毅前行。

(2020年04月03日)

坚定信心，让梦想照进现实

——鼓起决胜全面小康精气神①

今天的中国，有着紧紧把握历史机遇期的自信，有着取得更大发展成就的豪迈

神州大地上处处跳动着发展的音符、处处都是活跃的创造。在追梦的脚步声中，新的希望在生长

站在2020年的入口，我们已经能够眺望到胜利航船的桅杆尖头，只要再进一步，就能够迎来梦想成真的时刻

走过万水千山、跨越险滩激流，追梦人的足印标注着历史前进的方向。在新年的第一缕晨光中，中国号航船扬帆起航，驶入更加开阔水域。2020年，注定是又一个不平凡的年份。打赢脱贫攻坚战，中华民族千百年来存在的绝对贫困问题，将在我们这一代人的手里历史性地得到解决。从摆脱贫困到总体小康再到全面小康，一代又一代人为了梦想执着奋进，今天的我们，有无比充足的信心、底气和能力去实现这一目标。

最真诚的信念在岁月洗礼中历久弥坚，最伟大的事业经过时间沉淀方能感受其澎湃力量。改革开放以来，我们实现了7亿多贫困人口稳定脱贫。翻开这样一份成绩单，没有人不为之震撼和动容。党的十八大以来，我们锚定"全面小康一个都不能少"的目标，以前所未有的力度打好三大攻坚战，托举起覆盖近14亿人的全球最大社会保障网，创造了每

年减贫1300多万人的脱贫奇迹,全面建成小康社会的成色更足。栉风沐雨,春华秋实。一路走来,我们书写了最成功的脱贫故事、形成了精准扶贫的科学方略、构建了高效运行的治理体系,这是我们今天奔向全面小康的重要支撑。

今天的中国,有着紧紧把握历史机遇期的自信,有着取得更大发展成就的豪迈。我们深知,中国特色社会主义制度是当代中国发展进步的根本制度保障。党的十九届四中全会,凝练概括了我国国家制度和国家治理体系的多方面显著优势。走在大路上的中国人民,在中国共产党的坚强领导下,朝着既定目标稳步前行,发挥集中力量办大事的优势,调动各方面积极性,以不断完善的治理体系实现了激发活力和集聚力量的有效结合。事实证明,有党中央的集中统一领导,有制度优势的充分发挥,我们就能凝聚起"逢山开路、遇水架桥"的合力,夺取全面建成小康社会的伟大胜利。

江河之所以能冲开绝壁夺隘而出,是因其积聚了千里奔涌、万壑归流的洪荒伟力。实现2020年各项既定目标的信心和底气,来自于亿万人民的奋斗和拼搏。回首过往,正是亿万人民胼手胝足的奋斗,开辟了通往美好生活的康庄之路,以勤劳、智慧和拼搏改变了我们国家的面貌。今天,数以百万的驻村干部、第一书记和困难群众想在一起、干在一起,无数劳动者、创业者为了幸福生活挥洒汗水,各行各业的人们都在努力奔跑、一起追梦,神州大地上处处跳动着发展的音符、处处都是活跃的创造。在追梦的脚步声中,新的希望在生长。

站在2020年的入口,我们已经能够眺望到胜利航船的桅杆尖头,只要再进一步,就能够迎来梦想成真的时刻。葆有"咬定青山不放松"的定力,坚定不获全胜决不收兵的信心,焕发"越是艰险越向前"的干劲,我们就一定能够以人民认可、经得起历史检验的成绩,让全面小康的梦想照进现实。

(2020年01月02日)

求真务实，书写历史新篇章

——鼓起决胜全面小康精气神②

亮眼的成绩单为我们顺利实现各项目标打下坚实基础，也激励我们继续以攻坚之勇和"绣花"之功咬定目标、求真务实，夺取全面建成小康社会的伟大胜利

广大党员干部勇于担当、善作善成，不图虚名、不务虚功，才能提升全面小康的"质感"和"温度"，取得扎扎实实的工作成效

"律回春晖渐，万象始更新。"新年的曙光，标注梦想新的起点。2020年，我们将全面建成小康社会，中华民族千年的梦想，将在我们手中实现。在跋山涉水的关键一程、漫长奔跑的冲刺阶段，尤需我们以求真务实的作风、精准有效的举措，创造得到人民认可、经得起历史检验的实绩。

"全面建成小康社会，一个不能少；共同富裕路上，一个不能掉队。"回望2019年，秉持全面小康"不漏一户""不落一人"的务实作风，我们全面完成了年度脱贫攻坚任务。预计2019年减少贫困人口1000万人以上，340个左右贫困县脱贫摘帽，易地扶贫搬迁建设任务基本完成；"三区三州"建档立卡贫困人口由2018年的172万减少到2019年底的43万，贫困发生率由8.2%下降到2%……亮眼的成绩单为我们顺利实现各项目

标打下坚实基础，也激励我们继续以攻坚之勇和"绣花"之功咬定目标、求真务实，夺取全面建成小康社会的伟大胜利。

习近平总书记强调，全面建成小康社会，不是一个"数字游戏"或"速度游戏"，而是一个实实在在的目标。只有以问题和效果为导向，力戒形式主义、官僚主义，才能朝着目标不断迈进。比如，在脱贫攻坚领域，2020年时间紧、任务重，但决不能使脱贫计划脱离实际随意提前，更不能随意降低脱贫标准，搞数字脱贫、虚假脱贫。又如，在污染防治攻坚战中，各地区各部门需要充分考虑区域发展实际和群众生活实际，切忌搞"一刀切""一阵风"。全面小康必须体现在解决实际问题的过程中，体现在老百姓衣食住行的方方面面。广大党员干部勇于担当、善作善成，不图虚名、不务虚功，才能提升全面小康的"质感"和"温度"，取得扎扎实实的工作成效。

经得起历史检验的全面小康，必须符合科学规律和实际情况。全面建成小康社会是国家整体目标，实现这一目标是对全国而言的。到2020年实现国内生产总值比2010年翻一番，也是对全国而言的，并不要求每个地区都翻番，也不意味着不同地区、不同人群都达到全国平均水平。我国幅员辽阔，各地发展差距较大，生产力发展水平程度不一。要求全国各地绝对地"齐步走"达到全国平均水平并不现实，要求近14亿人都达到同样的收入水平、过上同样的生活更不现实。习近平总书记指出，"有的问题是长期性的，攻坚期内不能毕其功于一役，但要有总体安排，创造条件分阶段逐步解决""既不急躁蛮干，也不消极拖延，既不降低标准，也不吊高胃口，确保焦点不散、靶心不变"。对困难和挑战做足准备，科学合理地制订计划，实事求是地推进工作，尽力而为、量力而行，根据自身实际完成既定的全面建成小康社会目标任务，我们才能如期建成经得起历史检验的全面小康。

"胜非其难也，持之者其难也。"经得起历史检验的全面小康绝不是一时一地的小康，而是可持续、能长久的小康。因此，就要防止脱贫摘帽后工作放松的情况，避免出现撤摊子、甩包袱、歇歇脚等情况。习近平总书记强调，要把防止返贫摆在重要位置。从要求贫困县党政正职要保持稳定、做到摘帽不摘责任，到探索建立稳定脱贫长效机制、强化产业扶贫,再到加大培训力度、让贫困群众有稳定的工作岗位,一系列政策举措着眼长远、聚焦现实,多管齐下提高脱贫质量,进一步巩固脱贫成果。不断提升发展的可持续性,既是全面小康的题中之义,也是我们乘势而上开启全面建设社会主义现代化国家新征程的必然要求。

重要的时间节点是我们的工作坐标。2020 年,我们将见证全面建成小康社会这一中国历史乃至人类发展史上激动人心的重大时刻。坚持实事求是、求真务实,一步一个脚印努力奋斗,我们就一定能如期全面建成小康社会,迈向新的伟大征程。

(2020 年 01 月 03 日)

扎实苦干，用奋斗成就未来

——鼓起决胜全面小康精气神③

越到最后时刻，越要响鼓重锤，咬定目标，精准施策，精准发力，按时按质完成各项既定任务

坚持焦点不散、靶心不变、力度不减，聚焦"硬任务"，敢啃"硬骨头"，才能让全面小康得到人民认可、经得起历史检验

越是任务艰巨，越需要广大干部保持越是艰险越向前的勇气和斗志

光阴流转，勾勒出新的年轮，召唤着新的进发。今天的中国，又一次站在重要的时间节点，再一次呼唤奋斗者的担当。2020年已经走来，脱贫攻坚重任在肩，全面小康曙光在前，尤需鼓起"勇于担当、敢闯敢拼、苦干实干"的精气神，以"等不起、慢不得、坐不住"的紧迫感，迎难而上、闯关夺隘，向着既定目标奋勇行进。

好日子是干出来的。党的十八大以来，党中央把脱贫攻坚摆到更加突出的位置，全党全国上下同心、顽强奋战，书写了"最成功的脱贫故事"。从习近平总书记首次提出"精准扶贫"的考察地湖南十八洞村，到曾被联合国称为"最不适宜人类生存地区之一"的宁夏西海固；从率先脱贫摘帽的江西井冈山，到曾经"苦瘠甲天下"的甘肃定西，我们创造了一个又一个让世界为之惊叹的脱贫业绩。这样的成绩，本身就是对"真

抓才能攻坚克难，实干才能梦想成真"的生动注解，就是对"不获全胜、决不收兵"的有力诠释。

幸福不会从天而降，梦想不会自动成真。越到最后时刻，越要响鼓重锤，咬定目标，精准施策，精准发力，按时按质完成各项既定任务。中央经济工作会议在部署2020年工作时，明确提出"确保全面建成小康社会和'十三五'规划圆满收官，得到人民认可、经得起历史检验"。打赢脱贫攻坚战这场不能输的硬仗，是全面建成小康社会的底线任务，是我们党作出的庄严承诺。只有牢牢按照党中央的决策部署，坚持焦点不散、靶心不变、力度不减，聚焦"硬任务"，敢啃"硬骨头"，确保最后的冲刺不摔跤、不掉速、不跑偏，才能让全面小康得到人民认可、经得起历史检验。

行百里者半九十，越往后脱贫难度越大。正因此，习近平总书记强调："打赢脱贫攻坚战，不是轻轻松松一冲锋就能解决的，全党在思想上一定要深刻认识到这一点。"需要看到，目前，脱贫攻坚依然面临不少"硬任务"，巩固脱贫攻坚成果、易地扶贫搬迁后续帮扶任务仍然较重，松劲懈怠问题仍未完全解决，责任不落实、政策不到位、工作不精准问题仍然存在。不打折扣完成"硬任务"，巩固已有脱贫成果，意味着广大党员干部要一鼓作气、乘势而上，保持攻坚态势、强化攻坚责任，让群众得到看得见、摸得着的实惠，赢得人民认同。

向全面建成小康社会冲刺，是咬紧牙关的时候，是屏息聚力的时候，是比拼意志的时候。越是到了这样的时刻，越需要广大党员干部对症下药、精准施策，同时还要大胆探索、勇闯新路。需要看到，今天人们对美好生活的向往，包含着更多期待：更好的教育、更稳定的工作、更满意的收入、更可靠的社会保障、更高水平的医疗卫生服务、更舒适的居住条件、更优美的环境，等等。为此，我们既要把握2020年这个时间节点，又要注重可持续，做好全面小康与基本实现现代化之间的有机衔接，一张蓝图绘到底，一鼓作气干到底。对于广大党员干部来说，保持昂扬斗志，用奋斗成就未来，我们依然需要继续发扬筚路蓝缕、以启山林那么一种精神，继续保持"空谈误国、实干兴邦"那么一股劲，再接再厉、奋发作为。

今天，我们已走过千山万水，但仍需要不断跋山涉水。越是任务艰巨，越需要广大干部保持越是艰险越向前的勇气和斗志。我们坚信，以坚如磐石的信心、只争朝夕的劲头、坚韧不拔的毅力，乘势而上，尽锐出战，中华民族的千年梦想就一定能够实现。

（2020年01月06日）

评论员观察

冬奥筹办，高质量发展的生动写照

邹 翔

> 筹办冬奥会的过程，是"创造奥运会和地区可持续发展的新典范"的过程，让生态优先、资源节约、环境友好的理念不断扎根生长

走近拔地而起的国家速滑馆"冰丝带"，晶莹剔透的曲面玻璃幕墙像丝带飞舞一般灵动；登上小海陀山远望，国家雪车雪橇中心的赛道犹如一条在山间盘旋舞动的巨龙；在张家口崇礼古杨树场馆群，"冰玉环"牵手"雪如意"，展现着中国风的魅力……北京冬奥会和冬残奥会所有竞赛场馆将于今年年底完工，为举办盛会奠定了坚实基础。

场馆建设、基础设施建设是北京冬奥会筹办工作的重中之重。习近平总书记2017年在北京考察工作时指出："绿色、共享、开放、廉洁的办奥理念，是新发展理念在北京冬奥会筹办工作中的体现，要贯穿筹办工作全过程。"落实这一要求，关键在于充分考虑赛事需求和赛后利用，充分利用现有场馆设施，注重利用先进科技手段，注重实用、保护生态，坚持节约原则，不搞铺张奢华，不搞重复建设。兼具中国传统文化元素和现代科技感的体育场馆，展现着北京2022年冬奥会的办赛理念，也成为推动高质量发展的生动写照。

在北京赛区，"水立方"变身"冰立方"，"鸟巢"将成为开闭幕式的

举办地，五棵松体育馆用6个小时即可实现"冰篮转换"；在延庆赛区，建设者动"第一锹土"之前便与林业专家开展了生态环境本底调查，尽最大努力移栽树木、减少砍伐；在张家口赛区，根据量身定制的生态修复方案，13万平方米的施工坡面全部铺上了"生态毯"。除了建设绿色场馆，构建智慧交通体系、推广低碳出行方式也在如期推进。筹办冬奥会的过程，是"创造奥运会和地区可持续发展的新典范"的过程，让生态优先、资源节约、环境友好的理念不断扎根生长。

筹办冬奥会带来的变化，还体现在冰雪运动大力发展和体育事业长足进步上。过去一段时间，冰雪场地设施数量少、规模小、服务水平不高等问题制约了我国冰雪运动和冰雪产业的发展。如今，随着冰雪运动的推广和各类冰雪运动设施的建设完善，走出家门、走上冰雪，成为越来越多人的选择。室内冰场成为城市繁华商圈"新宠"，校园冰雪运动蓬勃发展，曾经"不出山海关"的冰雪运动加速"南展西扩东进"。当"带动3亿人参与冰雪运动"的愿景一步步成为现实，我国冰雪运动的发展将收获长足动力，有力推动全民健身和全民健康深度融合，助力建设健康中国和体育强国。

冬奥会对主办城市和京津冀协同发展的带动作用也日益凸显。去年底通车的京张高铁将张家口、崇礼、延庆和北京城区串成一线，京津冀一小时生活圈正在形成。"用张北的风点亮北京的灯"，张家口地区的清洁能源将帮助北京冬奥会在奥运史上首次实现场馆绿色电力全覆盖。从共享冬奥机遇、共谋区域发展，到绿色低碳成为场馆建设的底色，再到一批先进技术成果得以展示和应用，北京冬奥会为京津冀协同发展注入强劲动力。

让普通百姓从冬奥会筹办中实实在在受益，提升获得感和幸福感，是冬奥筹办的重要考量之一。在首钢工作20多年的刘博强，如今已转型成为一名制冰师；"90后"夫妻王普与崔立欣把"家"安在国家跳台滑雪中心"雪如意"的建设工地上，在他们看来这是青春该有的样子；曾经的国家扶贫工作重点县崇礼，2019年已有3万多人捧上"雪饭碗"、实现脱贫摘帽……透过一个个可见可感的变化不难发现，冬奥会的筹办正持续释放正能量。我们也相信，北京冬奥会必将在更长时间内为高质量发展添彩赋能。

（2020年12月29日）

"直达机制"完善宏观经济治理

周人杰

在做好"六稳"工作、落实"六保"任务中,"直达机制"以普惠式、精准性的调控方式,大幅提升了企业的获得感

无论是抗击新冠肺炎疫情、应对世界经济的不确定性,还是构建新发展格局,都迫切需要坚持和完善党领导经济工作的体制机制,促进资金畅通、循环畅通、政令畅通

"确保各项纾困措施直达基层、直接惠及市场主体",今年以来,习近平总书记多次就增强宏观政策的针对性和时效性、落实好纾困惠企政策提出明确要求。不久前,国务院召开的部分地方政府负责人视频座谈会提出:"合理把握政策力度、选择政策工具,探索出的经验要继续坚持,今年行之有效的直达机制等改革措施该坚持的要坚持。"经济政策中的"直达机制",本质上是宏观调控的创新与完善,对促进中国经济加快复苏、争取全年经济发展好成绩,具有重要的意义。

今年以来,在统筹推进新冠肺炎疫情防控和经济社会发展工作中,我国创新直达实体经济的货币政策工具,提高了传导效率,对冲了经济下行风险。比如,在逆周期调节中引导市场利率下降,不再单纯依靠传统的降息、降准,而是通过对企业的贷款延期、信用支持等措施,进一步明确目标取向、直面市场主体,切实缓解了融资难、融

资贵。再如，推动财政资金直达和减税降费精准投放，截至10月底中央财政直达资金1.7万亿元已基本下达到位，地方实际支出1.198万亿元，有效增强了基层财力水平，有力支撑了疫情防控、经济社会发展和脱贫攻坚等工作。在做好"六稳"工作、落实"六保"任务中，"直达机制"以普惠式、精准性的调控方式，大幅提升了企业的获得感。

就下一步工作而言，相关经验亟待常态化、制度化坚持下去。一方面，当前国内外形势依然复杂严峻、存在很大不确定性，尽管主要经济指标逐步回稳向好，但市场主体逆风前行的困难仍然不少，需要我们保持政策连续性、有效性和可持续性，努力做到科学预判、主动加力、打通堵点。另一方面，宏观经济政策传导中存在一些问题，究其原因有利益格局的藩篱，有本位主义的掣肘，也有体制机制的不畅。"确保各项纾困措施直达基层、直接惠及市场主体"的要求，具有强烈问题导向和目标导向。我们不仅要根据市场主体需要和形势变化适时优化政策，还要更多解决深层次体制机制问题，在财税金融等领域完善"直达机制"，进而完善宏观经济治理。

畅通国内经济循环同样离不开"直达机制"。过去一段时间，经济运行各环节中存在一些堵点、淤点、难点，资金脱实向虚现象抬头，要素市场化配置与商品流通成本难降。从2018年中央经济工作会议提出的"巩固、增强、提升、畅通"方针，到今年的加大宏观政策调节力度，加强要素保障、产销对接，政策着力点都在通堵点、清淤点、破难点。接下来经济领域补短板、强弱项，仍要牢牢抓住"畅通"二字下好先手棋、推动系统性变革。需要指出的是，"直达机制"不等于"直接买单"。纾困资金直达的目的是为了激发各类市场主体的活力创造力，"把好钢用在刀刃上"，是对政策传导机制的自我革新与优化。建设高标准市场经济体系，需要继续推动有效市场和有为政府更好结合，并推动宏观调控向宏观经济治理稳步提升。

无论是抗击新冠肺炎疫情、应对世界经济的不确定性，还是构建新发展格局，都迫切需要坚持和完善党领导经济工作的体制机制，促进资

金畅通、循环畅通、政令畅通。建立健全各领域"直达机制",强化政策引导、改革创新,我们一定能共克时艰,在新发展阶段开好顶风船、走稳上坡路,赢得中国经济发展的光辉未来。

(2020年12月10日)

多措并举巩固脱贫攻坚成果

盛玉雷

不久前,贵州省宣布剩余的9个贫困县退出贫困县序列。至此,我国832个贫困县全部脱贫摘帽。

2014年,832个贫困县名单公布,面积总和占全国国土面积一半,大约每三个县中就有一个是贫困县,完全没有贫困县的省份只有9个。连续7年,我国每年减贫人口都在1000万人以上,全国贫困人口从2012年底的9899万人减至2019年底的551万人,贫困发生率从10.2%降至0.6%。由此不难理解,中国扶贫事业何以在国际上被誉为"人类历史上最伟大的事件之一"。

办好中国的事,关键在党。党的十八大以来,以习近平同志为核心的党中央团结带领全党全国各族人民,把脱贫攻坚摆在治国理政突出位置,充分发挥党的领导和我国社会主义制度的政治优势,采取了许多具有原创性、独特性的重大举措,组织实施了人类历史上规模最大、力度最强的脱贫攻坚战。经过8年持续奋斗,我们如期完成了新时代脱贫攻坚目标任务,现行标准下农村贫困人口全部脱贫,贫困县全部摘帽,消除了绝对贫困和区域性整体贫困,近1亿贫困人口实现脱贫,取得了令全世界刮目相看的重大胜利。从各负其责、各司其职的责任体系到精准识别、精准脱贫的工作体系,从上下联动、统一协调的政策体系到因地制宜、因村因户因人施策的帮扶体系……中国特色脱贫攻坚制度体系为

脱贫攻坚提供了有力制度保障，充分彰显了中国共产党领导和我国社会主义制度的政治优势。

打好脱贫攻坚战，关键在人，关键在人的观念、能力、干劲、作风。去年底，四川凉山布拖县阿布洛哈村通村硬化路主体工程完工，成为全国最后一个通公路的建制村。在施工现场，"攻坚克难"几个大字格外醒目。在大山深处，在戈壁荒漠，在林海草原，广大扶贫干部与贫困群众啃下"硬骨头"，挑战"不可能"，向一座座贫困堡垒发起总攻。在"宁愿苦战，不愿苦熬"的呐喊中书写奋斗故事，在"乡亲们没脱贫，我们就不走"的心语里留下帮扶佳话，在"逢山开路，遇水架桥"的应对中开辟致富通道……可以说，脱贫攻坚重大胜利的背后，凝聚了全党全国各族人民的智慧和心血，是广大干部群众扎扎实实干出来的。

在脱贫攻坚实践中，党中央坚持人民至上、以人为本，把贫困群众和全国各族人民一起迈向小康社会、一起过上好日子作为脱贫攻坚的出发点和落脚点。各级党委政府以及社会协同发力、合力攻坚，东部西部守望相助、协作攻坚，广大党员、干部吃苦耐劳、不怕牺牲，充分彰显了共产党人的使命担当和牺牲奉献。尤其是今年以来，新冠肺炎疫情突发、汛情突至，脱贫攻坚工作更加艰苦卓绝，脱贫摘帽成绩更显来之不易。山高路险，尤需勇毅前行。疫情防控期间，许多驻村工作队拉起来就是防疫队、战疫队，心系人民群众生命安全和身体健康，也聚焦外出务工、复工复产等发展问题；进入防汛期，广大扶贫干部脱贫攻坚和抗洪抢险一岗双责，及时采取措施防止因灾返贫、因灾致贫。在追求美好生活的道路上，没有任何困难能够阻挡中国人民前进的脚步。

"胜非其难也，持之者其难也。"当前，我国发展不平衡不充分的问题仍然突出，巩固拓展脱贫攻坚成果的任务依然艰巨。一方面，有关部门还要对抽查、普查和考核发现的问题进行整改，查缺补漏、动态清零。另一方面，贫困县摘帽后，要继续推动已脱贫人口的稳定脱贫，做到摘帽不摘责任、摘帽不摘政策、摘帽不摘帮扶、摘帽不摘监管。对存在返贫风险的地方，要加快建立防止返贫监测和帮扶机制，多措并举巩固脱贫攻坚成果；对已经实现稳定脱贫的地方，要推动减贫战略和工作体系平稳转型，统筹纳入乡村振兴战略，建立长短结合、标本兼治的体制机制。

当脱贫摘帽喜报传来，一张脱贫时刻表的圆形海报在网上热传，点赞最多的留言里写道：圆规为什么能画圆，因为脚在走、心不变。让我们咬定目标、一鼓作气，向着梦想成真的时刻进发，进发！

（2020年12月08日）

把绿色发展的底色铺好

李洪兴

> "两山"理念体现出的,是人与自然的和谐共处,是生态保护与经济发展、民生改善的相得益彰
>
> 绿水青山既是自然财富又是经济财富,保护好生态环境就是在涵养经济社会发展的潜力和后劲

前不久,一项发表在《自然》科学期刊上的研究成果表明,中国森林碳吸收量对全球的贡献被低估了。在2019年,一家国际权威科研机构发现,与20年前相比,世界越来越绿了,中国是促进这一改变的重要贡献者之一。坚持不懈植绿造绿、养绿护绿,是中国建设生态良好的地球美好家园的有力体现,也成为中国推动实现人与自然和谐共生的现代化的生动缩影。

党的十八大以来,以习近平同志为核心的党中央把生态文明建设放在突出位置,推动生态环境保护的决心之大、力度之大、成效之大前所未有。回眸"十三五"时期,围绕打赢打好污染防治攻坚战,生态环境保护各项工作都取得重要进展,这是生态环境质量改善成效最大、生态环境保护事业发展最好的五年。数据显示,"十三五"规划纲要确定的关于生态文明的9项约束性指标,有8项在2019年底提前完成,今年前三个季度保持向好态势。从以绿色发展理念为指引构

建绿色生产方式和生活方式,到完善生态文明制度体系,用最严格的制度、最严密的法治保护生态环境,从组建生态环境部、自然资源部,到把"增强绿水青山就是金山银山的意识"写入党章、生态文明写入宪法,一系列打基础、利长远的工作,夯实了美丽中国的制度基石、治理堤坝。

绿水青山就是金山银山。"两山"理念体现出的,是人与自然的和谐共处,是生态保护与经济发展、民生改善的相得益彰。从生态本身的效益和价值看,良好生态本身蕴含着无穷的经济价值,能够源源不断创造综合效益,促进经济社会可持续发展和民生福祉持续改善。以黄河三角洲自然保护区为例,当地把黄河口新生湿地生态系统和珍稀濒危鸟类作为主要保护对象,开展鸟类栖息岛建设,湿地环境得到有效保护和修复。现在,这里已经成为东方白鹳全球最大繁殖地、黑嘴鸥全球第二大繁殖地。生态是财富,保护见力度,切实做到在保护中开发、开发中保护,才能让绿水青山常在、生态优势永续。

人不负青山,青山定不负人。习近平总书记深刻指出:"只有把绿色发展的底色铺好,才会有今后发展的高歌猛进。"让绿水青山和金山银山实现共赢,关键在制度,关键在思路。浙江淳安把保护千岛湖作为第一责任,培育发展大健康、水饮料、有机食品等"深绿产业",形成"以水养鱼、以鱼净水"的格局,实现了生态富民;山东梁山聚焦黄河滩区环境治理,为改善滩区群众的居住和生活环境,把群众搬出"水窝子",实施安置区、产业区和示范区"三区同建";江西赣州推进山水林田湖草一体化保护和修复,累计吸纳4029户贫困户、1.2万余人参与并获得收益……各地实践充分表明,绿水青山既是自然财富又是经济财富,保护好生态环境就是在涵养经济社会发展的潜力和后劲;实现高质量发展,坚持绿水青山就是金山银山理念是题中应有之义。

党的十九届五中全会对"十四五"时期我国生态文明建设提出了更高要求,确立了"生态文明建设实现新进步"的发展目标。以对人民群众、对子孙后代高度负责的态度,矢志保护好生态环境,既是一项功在当代、利在千秋的事业,也是一项任重而道远的系统工程。以更大力度、更实措施构建生态文明体系,完善生态文明领域统筹协调机制,促进经济社会发展全面绿色转型,我们必能不断促进人与自然和谐共生,绘就更加壮阔的美丽中国画卷。

(2020 年 12 月 02 日)

提升家政服务业规范化职业化建设水平

何 娟

> 居民健康意识和消费理念逐步升级,健康监测、居家护理新手段新模式新产品不断涌现,推动家政服务朝着精细化、专业化、科学化的方向发展
>
> 加大家政服务从业人员有效供给,对于更好应对人口老龄化趋势、发展壮大新型消费、满足人民群众对美好生活的需要有着重要意义

如今,聘请专人照看护理老人成为越来越多家庭的选择,但合适可靠的家政服务员却不易寻找。如何提升家政服务业规范化、职业化建设水平,成为一道现实课题。

随着经济社会发展和居民收入水平提高,我国生活性服务业需求激增。我国目前有2.54亿60岁及以上的老年人,4000多万失能、半失能老人。在人口老龄化加快发展的背景下,养老看护、康复护理服务等需求日益增长。同时,居民健康意识和消费理念逐步升级,健康监测、居家护理新手段新模式新产品不断涌现,推动家政服务朝着精细化、专业化、科学化的方向发展。这些,客观上对家政从业人员的素质和技能提出了更高要求。

从现实情况看,尽管我国家政服务业市场规模持续扩张,但仍存在

服务不规范、有效供给不足等问题。当前，我国持证养老护理员仅30万人，人才缺口大。此外，家政服务员尤其是中高端服务员供给不足，持有营养师、健康管理师、康复理疗师等证书的更是少数。究其原因，一方面，职业从业意愿低、人员流动大等因素，制约着家政服务员队伍的壮大；另一方面，行业门槛低、专业人才缺乏、市场意识不足、素质参差不齐等，导致了一定程度上的供需错位。数量、质量两方面的短板，使我国家政服务行业总体上呈现出人难招、人难管、人难留的局面。

养老护理、健康照护、家政服务等生活性服务，一头连接着人民群众对美好生活的需求，一头连接着就业、职业发展等民生诉求。加大家政服务从业人员有效供给，对于更好应对人口老龄化趋势、发展壮大新型消费、满足人民群众对美好生活的需要有着重要意义。《中共中央关于制定国民经济和社会发展第十四个五年规划和二〇三五年远景目标的建议》提出，推动生活性服务业向高品质和多样化升级，加快发展健康、养老、育幼、文化、旅游、体育、家政、物业等服务业，加强公益性、基础性服务业供给。《国家积极应对人口老龄化中长期规划》指出，要多渠道、多领域扩大适老产品和服务供给，提升产品和服务质量。多措并举加快家政服务人员队伍建设，显得尤为紧迫。

近年来，我国在加强家政服务从业人员队伍职业化建设方面做出了许多探索。人社部、民政部联合颁布《养老护理员国家职业技能标准（2019年版）》，对养老护理员的技能要求、入职条件、职业发展空间、晋级时间等进行了诸多调整，提高了职业吸引力。今年10月，人社部等多部门组织实施"康养职业技能培训计划"，计划至2022年，培养培训各类康养服务人员500万人次以上，包括养老护理员200万人次以上，在全国建成10个以上国家级（康养）高技能人才培训基地。一系列务实新举措，为加快补齐护理人才数量和素质短板注入新动能。

夯实家政服务业的人才之基，离不开家政企业和从业人员的共同努力。《关于促进家政服务业提质扩容的意见》提出，加强平台建设，健全家政服务领域信用体系，加大守信联合激励和失信联合惩戒力度。对此，家政企业应与时俱进挑选和培训符合需要的人才，同时加强对从业人员资质的审核和规范监督管理，把好平台关。从业人员也应积极了解市场需求，主动增强专业技能和知识储备。全社会也要树立尊重劳动的氛围，给予这一群体更多理解和尊重。

　　解决问题才是硬道理。汇聚各方合力，打造一支高素质、专业化、数量充足的家政服务人员队伍，才能让更多有需要的家庭招得到人、留得住人，也才能让人民群众的获得感、幸福感、安全感更加充实、更有保障、更可持续。

（2020年11月30日）

推动汽车消费向"使用管理"转变

周人杰

　　无论是坚定实施扩大内需战略、缓解经济下行压力,还是更好满足人民群众购车用车需求、改善民生福祉,都需要进一步挖掘、释放对汽车的潜在需求,都呼唤汽车消费政策的全面转型

　　使用管理,贵在精准,难在精准。说到底是要遵从汽车市场的经济规律、尊重车企的主体地位,更好发挥有为政府的积极作用

　　《中共中央关于制定国民经济和社会发展第十四个五年规划和二〇三五年远景目标的建议》提出,"推动汽车等消费品由购买管理向使用管理转变"。国务院常务会议指出,要稳定和扩大汽车消费,"鼓励各地调整优化限购措施,增加号牌指标投放"。从"购买管理"转向"使用管理",是刺激汽车消费需求、恢复经济正常增长的重要治理转型,亟待政策的配套跟进和各地的支持配合。

　　汽车对大部分家庭来讲都是名副其实的"大件"。回顾"十三五"时期,伴随居民收入的增长、消费的升级,汽车产销保持较快增速,其中新能源汽车的产销尤为快速,连续5年位居全球榜首。安全、科技、环保、自主创新的汽车产品与文化正平稳"驶入"千家万户,汽车产业称得上

国民经济的重要支柱产业。同时,截至今年上半年,我国汽车保有量达2.7亿辆,但人均指标仍不及全球主要经济体,与群众对美好生活的需要和向往仍有不小差距。无论是坚定实施扩大内需战略、缓解经济下行压力,还是更好满足人民群众购车用车需求、改善民生福祉,都需要进一步挖掘、释放对汽车的潜在需求,都呼唤汽车消费政策的全面转型。

要看到,从购买管理转向使用管理,不仅是形势发展的需要,也是因为我们已经具备了相应的治理能力。一个时期以来,全国许多地方特别是一些大城市通过摇号或竞价的方式发放车辆号牌,限制消费者进行汽车消费,其实是一种特定阶段的特定举措。大城市汽车保有量快速增长,容易造成严重的交通拥堵、环境污染,加上公共交通的不完善,导致机动车的激增与道路的承载力之间矛盾尖锐。严格的购买管理暂缓了矛盾堆积,为政策跟进留下了时间。从产业政策看,近两年相关部委先后出台政策,提出破除乘用车消费障碍、由限制购买转向引导使用、完善新能源汽车购置支持政策等。当前我们已经有条件通过减少城市限购、加强使用管理来合理引导居民汽车消费,同时疏解好交通拥堵等矛盾。

比如,交通信息技术中的大数据处理平台,完全能够实现对拥堵的预警与疏导,与收费系统联网又为拥堵费的收缴创造条件,进而推动城市区域内合理交通导流。而特大城市的新城新区、非中心区域乃至农村地区,在管理技术升级后也没必要在汽车销售环节"较劲"。这方面,"十三五"时期全国已有不少创新探索,如北京城区为解决居民停车难推出"五证合一"试点,定向增加新能源车牌向"无车家庭"倾斜,还有城市尝试运用经济杠杆调控。办法总比困难多,加快改革消费税、车辆购置税征收及分配方式,探索完善治理手段和治理水平,交通拥堵、空气污染等城市病并非不能解决。

任何治理转变都不能简单化、一蹴而就,都需要系统考量和稳步推进。与购买管理不同,使用管理更注重政策与改革的全生命周期。比如,汽车流通体制改革应该深入推进,通过完善消费政策、优化消费环境,搞活流通、促进消费。此外农村汽车消费潜力也有待释放,新一轮汽车下乡和以旧换新已在路上,农村居民购买特定车型的补贴优惠力度很大。停车场、充电桩等设施建设,二手车交易便利化,自主品牌技术提升、上下游相关产业的拉动以及使用环节的收费标准等，都离不开各级各类规划指引下的统筹推进、精准施策。

使用管理，贵在精准，难在精准。说到底是要遵从汽车市场的经济规律、尊重车企的主体地位，更好发挥有为政府的积极作用。有规划的严肃性，有治理的科学性，有调控的艺术性，让改革有力有度有效，一定能把好从购买管理转向使用管理的方向盘，增强汽车消费对经济增长的基础作用。

（2020年11月27日）

筑牢"中国之治"的法治基石

白 龙

在中国这样一个超大规模的发展中国家,中国共产党领导的全面依法治国,是国家治理的一场深刻变革,也是中华民族走向伟大复兴不可或缺的坚实保障

沿着中国特色社会主义法治道路,我们党不断推进国家治理体系和治理能力现代化,为"中国之治"铺就法治基石

国之兴衰系于制,民之安乐皆由治。中央依法治国办对内蒙古、黑龙江等8个省区市启动实地督察,重点聚焦党政主要负责人履行法治建设第一责任人职责及法治政府建设情况;国办印发《关于加快推进政务服务"跨省通办"的指导意见》,提出140项"跨省通办"事项清单;各地开展"谁执法谁普法"活动,提升干部群众法治意识……一段时间以来,法治实践领域的一系列举措,成为全面依法治国工作扎实推进的生动注脚,推动"中国之治"不断迈向更高水平。

习近平总书记在中央全面依法治国工作会议上强调,"在法治轨道上推进国家治理体系和治理能力现代化,为全面建设社会主义现代化国家、实现中华民族伟大复兴的中国梦提供有力法治保障"。党的十八大以来,在习近平法治思想的科学指引下,我国社会主义法治建设发生历史性变革、取得历史性成就,全面依法治国实践取得重大进展。改革发展稳定、

内政外交国防、治党治国治军，始终由法治引领、靠法治保障。从抗击新冠肺炎疫情到推动全面深化改革，从助力打赢三大攻坚战到深入开展扫黑除恶专项斗争，法治固根本、稳预期、利长远的保障作用得到充分发挥，服务党和国家工作大局成效显著。

在法治轨道上推进国家治理体系和治理能力现代化，是全面依法治国的重要内容，也是深化改革、推动发展、化解矛盾、维护稳定、应对风险，不断开辟"中国之治"新境界的题中应有之义。以抗击疫情为例，立法、执法、司法、守法各环节全面发力，以法治思维、法治方式为抗击疫情提供了制度保障。面对来势汹汹的新冠肺炎疫情，依据传染病防治法，31个省区市全部启动重大突发公共卫生事件一级响应；最高法、最高检、公安部和司法部联合发布意见，依法严厉打击暴力伤医、制假售假、妨碍疫情防控等违法犯罪行为；全国人大常委会快速启动修法程序。实践证明，在中国这样一个超大规模的发展中国家，中国共产党领导的全面依法治国，是国家治理的一场深刻变革，也是中华民族走向伟大复兴不可或缺的坚实保障。

习近平总书记强调，我国社会主义法治凝聚着我们党治国理政的理论成果和实践经验，是制度之治最基本最稳定最可靠的保障。中国特色社会主义法治道路，来源于丰富生动的法治实践。从推动"放管服"改革，用"权力清单"和"责任清单"明确政府权力边界，到制定监察法，确保监察体制改革在法治轨道蹄疾步稳；从加强产权司法保护，营造风清气正的法治化营商环境，到设立最高人民法院国际商事法庭，为"一带一路"建设等提供法治保障；从不断扎紧依规治党的制度笼子，到法治和德治相得益彰，社会主义核心价值观更加入脑入心……既传承中华优秀传统法律文化又借鉴国外法治有益成果，既蕴含民族精神又符合中国实际，沿着中国特色社会主义法治道路，我们党不断推进国家治理体系和治理能力现代化，为"中国之治"铺就法治基石。

法安天下，德润人心。推进全面依法治国，根本目的是依法保障人民权益。今天，无论是坚持发展"枫桥经验"，为人民群众提供更为便捷优质高效的法律服务，还是以"街乡吹哨、部门报到"模式解决百姓身边事；无论是简政放权、深入推进审批服务便民化，实现群众办事"最多跑一次",还是深化司法体制综合配套改革,"努力让人民群众在每一个司法案件中感受到公平正义",在法治轨道上推进治理现代化,始终着眼于维护人民权益、增进人民福祉。迈入新发展阶段,坚持为了人民、依靠人民,不断满足人民群众对法治的更高期待,必将推动中国特色社会主义制度优势持续转化为治理效能。

（2020年11月26日）

抓紧抓实抓好就业工作

彭 飞

"十三五"时期,以习近平同志为核心的党中央高度重视劳动就业保障工作,大力实施就业优先战略和更加积极的就业政策,就业工作取得丰硕成果

面向未来,聚焦问题、破解难题,让就业方式更多元、空间更广阔、结构更优化,才能实现更加充分更高质量的就业,不断增强人民群众的获得感、幸福感、安全感

办公室里,数字化管理师借助智能办公平台,进行组织人员架构搭建、运营流程维护、大数据决策分析;田间地头,农业经理人现场指导生产,用手机搜集和分析农产品供求信息;日常居家,健康照护师运用医学护理知识与技能,提供高质量照护服务……近年来,一系列新职业不断涌现,为求职者带来更多选择,也为各行各业注入新的发展活力。

就业是民生改善的"温度计"、社会稳定的"压舱石",也是经济发展的"晴雨表"。"十三五"时期,以习近平同志为核心的党中央高度重视劳动就业保障工作,大力实施就业优先战略和更加积极的就业政策,就业工作取得丰硕成果。2016年到2019年,城镇新增就业每年保持在1300万人以上,全国城镇登记失业率和调查失业率均保持在较低水平,就业质量进一步提升,就业结构持续优化,重点群体就业基本稳定,就

业政策服务体系丰富发展，创业带动就业能力显著增强……就业工作取得重大进展，为经济社会发展奠定了坚实基础，生动体现了以人民为中心的发展思想。

习近平总书记强调，就业是最大的民生工程、民心工程、根基工程。"十三五"期间，面对艰巨繁重的脱贫攻坚任务，我们强化就业扶贫，让更多困难群众通过劳动改变生活。2016年到2019年，全国2209万城镇失业人员实现再就业，706万就业困难人员实现就业，1213万建档立卡贫困劳动力实现就业，20.2万户零就业家庭实现每户至少一人就业，牢牢守住了就业底线。面对突如其来的新冠肺炎疫情，我们扎实做好稳就业工作，落实保居民就业任务。从防止出现大规模裁员，到注重高校毕业生就业工作，再到有针对性地开展援企、稳岗、扩就业工作……一系列政策措施密集出台，有效缓解了疫情冲击。事实证明，抓紧抓实抓好就业工作，不仅造福亿万人民，也为社会稳定提供了坚实保障。

不断涌现的新职业，成为"十三五"时期经济社会发展的一个亮点。疫情防控期间，"宅"经济火热，在线学习服务师、网约配送员、互联网营销师等让人们足不出户就能享受高品质生活服务；伴随互联网与工业深度融合，工业机器人系统操作员、智能制造工程技术人员、供应链管理师等进一步提升工业生产智能化、自动化水平；社会分工日益细密，电子竞技运营师、全媒体运营师、康复辅助技术咨询师等引领行业风向……新职业蕴藏新需求、新机遇，也激扬新活力、新动能。加快形成新的人才培养体系，为劳动者提供更优质、更有保障的就业环境，必能更好释放新职业红利，推动经济实现高质量发展。

"十四五"时期，是我国在全面建成小康社会基础上开启全面建设社会主义现代化国家新征程的第一个五年。持续做好就业工作，事关劳动者基本权益和生活幸福，事关国家繁荣和民族复兴未来。如何在扩大就业容量的同时，有效提升就业质量？如何更好保障劳动者权益？如何加快提升劳动者技能素质？如何进一步完善以创业带动就业、多渠道灵活就业的保障制度？面向未来，聚焦问题、破解难题，让就业方式更多元、空间更广阔、结构更优化，才能实现更加充分更高质量的就业，不断增强人民群众的获得感、幸福感、安全感。

就业是大国治理的课题,也是个人实现人生价值的舞台。回答好这一课题、搭建好多彩舞台,我们就可以为经济社会发展注入澎湃动能,不断满足人民对美好生活的需要,开创更加美好的未来。

(2020年11月24日)

依靠创新塑造发展新优势

周人杰

> 我国着力加强基础研究和关键核心技术攻关,大力推动科技与经济社会深度融合,支撑引领高质量发展取得新成效
>
> 谋定后动、精准施策,充分发挥科技创新在百年未有之大变局中的关键变量作用、在中华民族伟大复兴战略全局中的支撑引领作用,我国一定能在危机中育先机、在变局中开新局,不断拓展发展新空间,塑造发展新优势

传统起重机如何变身"起重机器人"?河南新乡一家土生土长的传统制造业企业,近年来通过自我加压深化自主创新,研发的防摇摆技术能将起重机摆幅从 80 厘米降到 5 毫米,可以为火箭提供高精度的吊装转运保障。聚合创新资源,力促产业链、创新链"双链融合",结出了丰硕成果。

"北斗闪耀,泽沐八方",北斗三号全球卫星导航系统正式开通,我国成为世界上第三个独立拥有全球卫星导航系统的国家;"悟源起航,普惠全球",我国自主研发的超导量子计算机和计算云平台上线,可向全世界用户提供真实的量子计算云服务……"十三五"时期,中国经济结构持续优化,动力活力不断增强,奥秘之一就在于燃旺了"创新引擎"。过去 5 年,我国全社会研发经费支出从 1.42 万亿元增长到 2.21 万亿元,技

术市场合同成交额翻了一番，高新技术企业从 7.9 万家增长到 22.5 万家，创新型国家建设取得重大进展。5 年来，我国着力加强基础研究和关键核心技术攻关，大力推动科技与经济社会深度融合，支撑引领高质量发展取得新成效，生动诠释了"创新是引领发展的第一动力"。

在新冠肺炎疫情防控中，各地区各部门落实分区分级精准复工复产；同时，加强要素保障、产销对接，着力保持产业链供应链的稳定性和竞争力。上半年，相对一些行业增速的同比回落，规模以上工业战略性新兴产业、工业高技术制造业增加值同比分别增长 2.9%、4.5%。可以说，正是创新驱动发展战略的进一步发力，带动了新兴产业良好的发展势头，推动了传统产业转型升级，提升了产业基础能力和产业链现代化水平。

当今世界，科技创新已经成为提高综合国力的关键支撑，成为社会生产方式和生活方式变革进步的强大引领。必须清醒看到，核心技术和核心元器件严重受制于人仍是我国发展的隐患，制造业等重要领域"卡脖子"技术短期仍难以攻克，企业创新能力仍不适应高质量发展的要求。要正视现实，做好规划、抓好落实，才能打好这场输不起、必须赢的关键核心技术攻坚战。我们必须既"操其要于上"，下好先手棋，打好主动仗，明确我国科技创新主攻方向和突破口，也"分其详于下"，加速科技成果向现实生产力转化，靠创新来增强产业链的韧性和竞争力。

"坚持创新在我国现代化建设全局中的核心地位，把科技自立自强作为国家发展的战略支撑"。不久前，《中共中央关于制定国民经济和社会发展第十四个五年规划和二〇三五年远景目标的建议》把"坚持创新驱动发展，全面塑造发展新优势"摆在各项规划任务的首位，进行专章部署。这是我们党编制五年规划建议历史上的第一次，也是以习近平同志为核心的党中央把握世界发展大势、立足当前、着眼长远作出的战略布局。谋定后动、精准施策，充分发挥科技创新在百年未有之大变局中的关键变量作用、在中华民族伟大复兴战略全局中的支撑引领作用，我国一定能在危机中育先机、在变局中开新局，不断拓展发展新空间，塑造发展新优势。

（2020 年 11 月 23 日）

善用系统观念开好顶风船

周人杰

> 作为治国理政的重要方法论，坚持系统观念的关键是进行前瞻性思考、全局性谋划、战略性布局、整体性推进

难走的路是上坡路，难开的船是顶风船。"十三五"时期，面对错综复杂的国际形势、艰巨繁重的国内改革发展稳定任务特别是新冠肺炎疫情严重冲击，以习近平同志为核心的党中央坚持系统谋划、统筹推进党和国家各项事业，沉着冷静应对各种风险挑战，引领中国特色社会主义的航船继续乘风破浪、坚毅前行。其中，在调控与改革中开好顶风船的经验之一是坚持系统观念。这是一条具有基础性的思想和工作方法。正因此，党的十九届五中全会将其列入"五个坚持"，这不仅是"十四五"经济社会发展必须遵循的重要原则，更是我们进一步做好经济工作的指导思想。

习近平总书记多次强调，"全面深化改革是一项复杂的系统工程"，要注重"系统性、整体性、协同性""加强改革举措的系统集成、协同高效"。什么是系统观念？在一系列经典著作中，马克思、恩格斯运用辩证唯物主义，系统分析了市场经济、人与自然等的整体联系。毛泽东同志在《矛盾论》中提出，不但要研究每一个大系统的物质运动形式的特殊的矛盾性及其所规定的本质，而且要研究每一个物质运动形式在其发展

长途中的每一个过程的特殊的矛盾及其本质。作为治国理政的重要方法论,坚持系统观念的关键是进行前瞻性思考、全局性谋划、战略性布局、整体性推进。

越是逆风行进,就越需要系统观念。回顾5年来的调控与改革,从认识、适应、引领经济发展新常态,到应对结构性周期性问题交织的"三去一降一补",从区间调控、定向调控,到加强预期引导、依靠改革的办法实施调控,从保持历史耐心和战略定力提高发展质量,到扎实做好"六稳"工作、全面落实"六保"任务……实践证明,中国经济航船越是乘风破浪,就越需要坚持系统观念,越需要注重统筹国内国际两个大局,办好发展安全两件大事,坚持全国一盘棋,更好发挥各方面积极性。

改革开放是复杂的系统工程,驾驭社会主义市场经济是复杂的系统实践,调控不能"零敲碎打",改革不能"孤军突进",既要有战略谋划、顶层设计,又要有基层探索、高效联动。全面建成小康社会后,我们将开启全面建设社会主义现代化国家新征程,我国发展环境面临深刻复杂变化,发展不平衡不充分问题仍然突出,经济社会发展中矛盾错综复杂,必须从系统观念出发加以谋划和解决,全面协调推动各领域工作和社会主义现代化建设。从外部发展环境看,世界已进入动荡变革期,国际经济、科技、文化、安全、政治等都发生深刻调整,中国必须善于提高统筹国内国际两个大局的能力,用系统思维构建新发展格局。

本质上讲,正是因为经济运行中的普遍关联、群众利益间的相互联系,决定了治理者在看问题、做决策、抓落实中必须坚持系统观念。以高质量打好三大攻坚战为例,系统观念是必需的方法论:防范化解各类金融风险的同时,也要鼓励普惠金融、绿色金融,助力缩小收入分配差距;生态建设决不只是单向地"堵"落后产能,还要因地制宜发掘绿色增长点。说到底,系统观念就是按经济规律办事情,既立足当下、又思虑长远,胸中有全局、眼下存一域,有创新精神、不忘底线意识。只有运用好系统观念,我们才能在各领域、各层次、各阶段上实现发展质量、结构、规模、速度、效益、安全相统一。

育先机、开新局,开好顶风船,必须系统谋划、统筹推进各领域工作。

坚持系统观念，努力做到全局与局部相配套、当前与未来相协调、整体推进与重点突破相统一，必能推动中国经济在新发展阶段不断开辟新领域、取得新成就。

（2020年11月11日）

满怀信心向未来

李 拯

> 经过"十三五"时期的发展,我国经济实力、科技实力、综合国力跃上新的大台阶,社会主义中国以更加雄伟的身姿屹立于世界东方
>
> 从"十三五"到"十四五",发展阶段前后相续、发展目标有机衔接,彰显着一个国家现代化进程的生命力和延续性

党的十九届五中全会吹响了夺取全面建设社会主义现代化国家新胜利的号角,乘势而上的中国航向标定、方向明确,既有"十四五"发展规划,也有 2035 年远景目标。回看"十三五",前瞻"十四五",远眺 2035 年,辉煌的成就,宏伟的前景,催人奋进,给人力量。我们坚信,中国的现代化之路会越走越宽广。

5 年的时间跨度,在历史长河中也许很短,但足以在中国发展历程中留下"决定性成就"。从经济发展来看,2016 年到 2019 年中国经济年均增长率达到 6.7%,预计 2020 年国内生产总值突破 100 万亿元;从民生改善来看,5575 万农村贫困人口实现脱贫,基本医疗保险覆盖超过 13 亿人,基本养老保险覆盖近 10 亿人。同时,文化事业和文化产业繁荣发展,社会保持和谐稳定,新冠肺炎疫情防控取得重大战略成果。这些实打实、见真章的成绩,这些看得见、摸得着的变化,充分说明经过

评论员观察

"十三五"时期的发展，我国经济实力、科技实力、综合国力跃上新的大台阶，全面建成小康社会胜利在望，中华民族伟大复兴向前迈出了新的一大步，社会主义中国以更加雄伟的身姿屹立于世界东方。

观察经济社会发展，不仅要看总量、速度和规模，更要看质量、效益和结构；不仅要看"有没有"，还要看"好不好"。2015年到2019年，战略性新兴产业增加值年均实际增长10.4%，经济结构持续优化；污染防治力度加大，生态环境明显改善，这5年我国成为世界上污染治理力度最大的国家；国产航母、国产大飞机、北斗三号全球卫星导航系统等一批国之重器相继诞生，大数据、云计算、5G通信等新产业、新业态不断涌现，以创新为主要支撑的经济体系和发展方式正在形成。新发展理念不仅深入人心、成为社会共识，更贯穿经济社会发展的各个方面，引领着更高质量、更有效率、更加公平、更可持续、更为安全的发展。

从发展成绩往深层看，一系列深层的制度变革正在发生，为未来的长远发展涵养制度优势。以供给侧结构性改革为主线，改革全面发力、多点突破，重要领域和关键环节改革取得决定性成果，全面深化改革取得重大突破；科学立法、严格执法、公正司法、全民守法深入推进，法治国家、法治政府、法治社会建设相互促进，全面依法治国取得重大进展；一体推进不敢腐、不能腐、不想腐，在全党范围内开展"不忘初心，牢记使命"主题教育，全面从严治党取得重大成果……总体而言，国家治理体系和治理能力现代化加快推进，中国共产党领导和我国社会主义制度优势进一步彰显。

从"十三五"到"十四五"，从全面建成小康社会到全面建设社会主义现代化国家，发展阶段前后相续、发展目标有机衔接，彰显着一个国家现代化进程的生命力和延续性。从更大的时间跨度来看，连续14个五年规划（计划），串联起了现代中国波澜壮阔的发展历程。很少有国家能够像中国这样，从如此长远的视角、如此宏大的格局来看待发展，如此科学地制定每一个阶段经济社会发展的奋斗目标，并团结亿万人民群众齐心协力以求之、胼手胝足以赴之。这样一种在长时段内展现出的规划能力、引领能力、发展能力，正是中国制度优势的生动体现，也将继续推动中国号航船乘风破浪、行稳致远。

　　5年的发展，续写了成绩斐然的中国奇迹，彰显了不同凡响的中国力量。在"十三五"和"十四五"的历史交汇点看向未来，我们有能力、有信心跑好"十四五"这一程，必将在全面建设社会主义现代化国家新征程上创造新的辉煌。

（2020年11月04日）

进博会，见证中国扩大开放的决心

桂从路

借助进博会主动扩大进口，让更多企业分享中国发展带来的机遇，这是稳定全球产业链供应链的有力举措

进博会搭建的对外开放平台，为我国高质量发展注入强劲动能，也有助于更好利用国际国内两个市场、两种资源，加快构建新发展格局

新时代，共享未来。"进博会已经成为我们携手中国伙伴合作发展不可或缺的平台""第一届不知道进博会是什么，第二届抢着报名参展，第三届挖箱底也要把最好最新的产品送到进博会""这是非洲企业扩大出口、拓展中国市场的绝佳机会"……即将开幕的第三届中国国际进口博览会，受到来自海内外参展企业的热切期待，吸引着全球关注目光。

人们对第三届进博会的期待，不仅因为这是全球首个以进口为主题的国家级展会，是中国对外开放的一扇窗口，更是因为在新冠肺炎疫情给全球经济带来严重冲击的背景下，这场特殊的"东方之约"将为各国企业搭建合作共赢的平台。新设公共卫生防疫、节能环保、智慧出行和体育用品及赛事等4个专区；展品留购税收优惠力度更大，不仅免征关税，进口环节增值税和消费税也予以免征；首次实施展览品进境"无纸化通关"，允许展后将展品转入海关特殊监管区域开展跨境电商业务……

从今年进博会筹备情况来看，展览面积更大、展区设置更优、展商质量更高将为国内外企业创造更多合作机遇，政策支持力度不断加大，推动进博会"办出水平、办出成效、越办越好"。

习近平总书记强调，"中国开放的大门不会关闭，只会越开越大。"这一点，相信不少参会者都会深有感触。从针对参展人员进出境推出"智慧旅检"，推广进境人员健康申报电子化，到在场馆各验证出入口提供疫情防控一体化服务，实现人员证件信息与体温检测等健康信息自动、精准匹配，再到全面提升证件服务水平，首次实现微信自助查询和证件复用两大功能，为了确保举办一届安全、精彩、富有成效的进博会，中国采取了有力举措、克服了重重困难。从这些努力中，更能够读懂中国扩大开放的坚定决心、看到推动世界经济尽快复苏的中国担当。

借助进博会主动扩大进口，让更多企业分享中国发展带来的机遇，这是稳定全球产业链供应链的有力举措，必将为提振全球经济和促进贸易复苏注入新动力。就拿第三次参加进博会的阿根廷一家牛肉加工厂来说，该厂每天的牛肉产量约为330吨，向中国出口约占七成，正是得益于中国市场强劲需求，疫情防控期间产量和出口量与去年同期基本持平。无论是深耕中国市场多年的"老朋友"，还是带来优质产品服务的"新伙伴"，越来越多企业借助进博会这个平台进入中国市场，获得了实打实的发展红利。不久前，国际货币基金组织（IMF）最新一期《世界经济展望》预测，2020年全球经济将收缩4.4%。面对经济全球化遭遇逆流，保护主义、单边主义上升，世界经济低迷，国际贸易和投资大幅萎缩，中国如期举办进博会，目的就是要同大家携手努力、共克时艰，共同促进全球贸易发展繁荣。

主动扩大进口、坚定不移扩大开放，是因为我们深知"开放带来进步，封闭必然落后"，懂得"未来中国经济实现高质量发展也必须在更加开放条件下进行"。从首届进博会超过40万名境内外采购商云集上海，到第二届进博会累计意向成交金额711.3亿美元，如今，进博会的溢出效应正在不断显现。今年1至8月，上海外商直接投资实际到位金额138.8亿美元，同比增长5.9%。与此同时，成立仅三年的绿地全球商品贸易港，也借进博会"东风"乘势而上，吸引全球64个国家和地区、160余家客商入驻,引进进口商品8万余件,国际贸易年进口额超百亿元。可以说,进博会搭建的对外开放平台,为我国高质量发展注入强劲动能,也有助于更好利用国际国内两个市场、两种资源,加快构建新发展格局。

刚刚闭幕的党的十九届五中全会擘画了中国未来发展蓝图,坚定不移扩大对外开放,这是站在历史正确一边的战略抉择。当前,上海"四叶草"已经张开了拥抱世界的双臂,"越办越好"的进博会必将助力中国经济乘风破浪,助力世界经济走出阴霾、走向复苏。

(2020年11月03日)

理念引领,发展格局深刻变革

——"十三五"经济社会发展观察①

李 斌

"十三五"时期经济社会发展站上新台阶,一个重要原因就在于形成了对发展规律的创新认识,以发展理念转变引领发展方式转变、促进发展效益提升

一年一小步,五年一大步。"十三五"时期放之历史长河不过弹指一挥间,但经济社会发展取得的历史性成就彪炳史册。这是经受前所未有考验、面对世所罕见挑战的五年:"三期叠加"影响持续深化,世界经济增长持续放缓,保护主义引发贸易摩擦,新冠肺炎疫情突袭而至,经济下行压力不断加大。这也是攻坚克难勇担当、砥砺奋进开新局的五年:全面深化改革在重要领域和关键环节上势如破竹,推动经济发展呈现质量变革、效率变革、动力变革,打开了发展新局面。这更是取得历史性成就、发生历史性变革的五年,也为全面建设社会主义现代化国家奠定坚实基础。

以新发展理念为引领,我们对经济发展规律的认识达到了新的高度。作出适应新常态、把握新常态、引领新常态的判断,拓展了"怎么看"的认识论境界;加快形成崇尚创新、注重协调、倡导绿色、厚植开放、推进共享的机制和环境,指明了"怎么办"的方法论路径;建立完善以新发展理念为指导、以供给侧结构性改革为主线的政策框架,推动

形成以国内大循环为主体、国内国际双循环相互促进的新发展格局,确立了"怎么干"的实践论部署……"十三五"时期经济社会发展站上新台阶,一个重要原因就在于形成了对发展规律的创新认识,以发展理念转变引领发展方式转变、促进发展效益提升。五年来,以习近平同志为核心的党中央团结带领全党全国各族人民贯彻新发展理念、推动高质量发展、构建新发展格局,决胜全面建成小康社会、决战脱贫攻坚取得了决定性成就。

以全面深化改革为驱动,高质量发展成为经济社会发展鲜明标识。围绕贯彻新发展理念,全面深化改革在解决发展动力、发展不平衡、人与自然和谐、发展内外联动、社会公平正义等方面问题,出实招、破难题、建机制,为高质量发展提供有力制度保障。创新摆上国家发展全局的核心位置,科技创新对经济社会发展的支撑和引领作用日益增强,为高质量发展注入强大动能;区域协同、城乡一体、物质文明精神文明并重、经济建设国防建设融合等发展协调性进一步改善,提升了发展的整体效能;大力构建绿色发展方式和生活方式,从根本上破解了资源约束趋紧、环境污染严重、生态系统退化的问题;坚定不移全面扩大开放,推动建设开放型世界经济,着力解决发展内外联动问题……从"量的积累"转向"质的飞跃",从"体量优势"转向"质量优势",进入高质量发展阶段的中国,正在朝着更高质量、更有效率、更加公平、更可持续、更为安全的发展不断前进。

以全面建成小康社会为标志,改革发展成果更多更公平惠及人民群众。正是在五年前的党的十八届五中全会上,习近平总书记首次提出坚持以人民为中心的发展思想,聚焦人民群众普遍关心关注的民生问题谋发展、促改革。今天,中华民族千百年来存在的绝对贫困问题即将历史性地得到解决,建成了世界最大的社会保障体系,全面推进幼有所育、学有所教、劳有所得、病有所医、老有所养、住有所居、弱有所扶……正如习近平总书记深刻指出的,"我们追求的发展是造福人民的发展,我们追求的富裕是全体人民共同富裕"。不断满足人民群众对美好生活需要的发展实践,成为全面小康惠及全体人民的有力见证,成为我们党根本宗旨、初心使命的生动写照。

凡是过往,皆为序章。迄今新中国已经实施了13个五年规划(计划),造就了社会主义现代化建设的一个个光辉里程碑,串联起人类历史上人口规模最大、发展速度最快的现代化进程。再有几天,党的十九届五中全会就将在北京开幕,谋划"十四五"乃至更长远一个时期的发展蓝图。开启全面建设社会主义现代化国家新征程、向第二个百年奋斗目标进军,我们必须深刻认识我国社会主要矛盾发展变化带来的新特征新要求,把握发展规律,紧抓发展机遇,不断提高贯彻新发展理念的能力和水平。把梦想的蓝图绘得更好,把改革的鼓点敲得更响,把发展的脚步踩得更实,中国的未来必将不可限量。

(2020年10月23日)

创新驱动,发展动力换挡升级

——"十三五"经济社会发展观察②

何 娟

北斗三号全球卫星导航系统正式开通,"中国天眼"落成启用,港珠澳大桥飞架三地……"十三五"时期,一系列标志性、引领性重大原创成果竞相涌现,对经济高质量发展支撑作用日益凸显。创新发展,无疑是"十三五"时期我国经济社会发展的一个闪亮标签。

抓创新就是抓发展,谋创新就是谋未来。"十三五"时期,以习近平同志为核心的党中央着眼全局、面向未来,作出"必须把创新作为引领发展的第一动力"的重大抉择,大力实施创新驱动发展战略,加快建设创新型国家,不断增强我国经济整体素质和国际竞争力。从推进以科技创新为核心的全面创新,到构建以企业为主体、市场为导向、产学研相结合的技术创新体系,再到加快推进人才发展体制和政策创新,近年来我国不断强化创新驱动发展的顶层设计,努力破除制约创新的思想障碍和制度藩篱,坚持创新发展形成了从发展理念到发展战略再到行动落实的完整链条。如今,以创新为主要引领和支撑的经济体系和发展模式正在形成,推动经济社会发展取得了一系列历史性成就,发生了历史性变革。

创新是引领发展的第一动力,抓住创新便抓住了发展全局的牛鼻子。实施创新驱动发展战略,是加快转变经济发展方式、破解经济发展深层次矛盾和问题的必然选择。习近平总书记在经济社会领域专家座谈会上

强调:"实现高质量发展,必须实现依靠创新驱动的内涵型增长。"坚持创新发展,大力提升自主创新能力,尽快突破关键核心技术,这是关系我国发展全局的重大问题,也是形成新发展格局的关键。中国经济的庞大体量和阶段特征,决定了实现高质量发展既要依靠前沿创新领域的发展,更需要将创新扩散在整个经济体系、各个行业发展中。经济社会发展和民生改善,比过去任何时候都更加需要科学技术解决方案,都更加需要增强创新这个第一动力。唯有把发展基点放在创新上,才能提高国家创新体系的整体效能,推动经济发展的整体效益不断提高。

实施创新驱动发展战略,是应对发展环境变化、把握发展自主权、提高核心竞争力的必然选择。历史和实践表明,"核心技术靠化缘是要不来的"。"十三五"时期,国产航母、国产大飞机、长征五号运载火箭等一批国之重器相继诞生,5G通信、超级计算等产业技术创新取得重大突破,正是坚持自力更生、创新攻关结出的硕果。当前,新一轮科技革命和产业变革方兴未艾,在日趋激烈的国际竞争下,我国仍存在核心技术受制于人、关键领域被"卡脖子"的风险,自主创新能力的重要性愈加凸显。"十四五"时期我国将进入新发展阶段,更加需要坚定不移走中国特色自主创新道路,更好发挥新型举国体制优势,把创新和发展主动权牢牢掌握在自己手中。

科技是国家强盛之基,创新是民族进步之魂。今年9月初,世界知识产权组织发布《2020年全球创新指数报告》,我国创新指数排名从2015年的第二十九名跃升至第十四名,是跻身综合排名前三十名的唯一中等收入经济体。在全面建设社会主义现代化国家新征程上,坚持创新发展,实施创新驱动发展战略,让创新在全社会蔚然成风,必能以科技创新催生新发展动能,助力畅通国民经济循环、构建新发展格局,推动中国经济巨轮驶向更广阔的蓝海。

(2020年10月26日)

协调优化,发展空间拓展重塑

——"十三五"经济社会发展观察③

李洪兴

> "十三五"时期的实践证明,我国经济在增强发展协调性中拓宽了发展空间,在加强薄弱领域中增强了发展后劲,为进入新发展阶段奠定了坚实基础

塔吊林立、工人忙碌、昼夜交替……不久前,一则致敬雄安新区建设者的短视频在网络热传,热火朝天的建设场面让许多人感受到新时代的进取力量。作为京津冀协同发展战略的重要组成部分,雄安新区的高标准规划、高质量建设,成为"十三五"时期协调发展取得重大成就的一个生动例证。

习近平总书记深刻指出:"下好'十三五'时期发展的全国一盘棋,协调发展是制胜要诀。"在协调发展理念指引下,"十三五"时期经济社会发展坚持正确处理发展中的重大关系,着力提高发展的平衡性、协调性和可持续性。出台和实施集中连片特困地区区域发展与扶贫攻坚规划,助力"老少边穷"地区加快发展;乡村振兴战略改善农村生产生活条件,新型城镇化质量稳步提升,城乡发展一体化体制机制进一步健全;从京津冀协同发展到粤港澳大湾区建设、成渝地区双城经济圈建设,从长江经济带发展到黄河流域生态保护和高质量发展,优势互补、高质量发展的区域经济布局正在形成……"十三五"的五年,是我国协调发展、优

化结构的五年，发展整体性、联动性不断增强，厚植了经济社会持续健康发展的根基。

唯物辩证法认为，事物是普遍联系的，事物及事物各要素之间相互影响、相互制约，整个世界是相互联系的整体，也是相互作用的系统。以习近平同志为核心的党中央谋划和引领"十三五"时期经济社会发展，坚持从客观事物的内在联系去把握事物，去认识问题、处理问题，把协调发展作为重要发展手段、发展目标和评价标准，着力推动区域协调发展、城乡协调发展、物质文明和精神文明协调发展、经济建设和国防建设融合发展。促进以人为核心的新型城镇化，不断推进乡村振兴战略，深化文化体制改革、完善公共文化服务体系……一系列重磅举措，不仅直接回应了发展中不平衡、不协调、不可持续的突出问题，而且丰富了我们对协调发展的规律性认识。胸有全局，行有章法。"十三五"时期的实践证明，我国经济在增强发展协调性中拓宽了发展空间，在加强薄弱领域中增强了发展后劲，为进入新发展阶段奠定了坚实基础。

当前，我国正在加快形成以国内大循环为主体、国内国际双循环相互促进的新发展格局，"我国继续发展具有多方面优势和条件，但发展不平衡不充分问题仍然突出"。贯彻落实协调发展理念，处理好发展中的重大关系，是构建新发展格局、实现高质量发展的必然要求。以东西部扶贫协作和对口支援为例，东部帮扶西部完善基础设施、优化产业布局，山村里的农副产品能运出来、卖出去，丰富了市场消费选择，也带动了贫困群众致富。把协调发展理念和部署进一步落实到位，有助于加快优化资源配置、打造超大规模内需市场，使欠发达地区逐渐形成后发优势，使薄弱环节激发后发潜力，进而不断拓宽经济发展的新空间。

"甘瓜抱苦蒂，美枣生荆棘。"从社会主义现代化建设进程看，我国的基本国情、基本矛盾决定了很多发展问题的解决，不可能是那么轻松容易的事。对于发展不平衡不充分问题，我们既需要增强发展意识、过程意识，辩证看待前进路上的矛盾和困难，也需要激发改革意识、效果意识，一步一个脚印补齐发展不协调的短板，提升发展整体效能。以协调发展理念为引领，推动实现区域良性互补、城乡融合发展、物质文明和精神文明全面发展、经济建设和国防建设紧密结合，一定能为"十四五"时期开局起步、打开高质量发展新境界奠定坚实基础。

（2020年10月27日）

绿色筑底,生态文明深入人心

——"十三五"经济社会发展观察④

石 羚

"十三五"时期我国成为世界上污染治理力度最大的国家,生态文明建设取得巨大成就,进一步擦亮全面小康的绿色底色

我国进入高质量发展阶段,还需要继续加快构建生态文明体系,推动我国经济发展质量和效益显著提升

今年 1 月至 8 月,北京市空气优良天数累计达 170 天;陕西省加快能源产业绿色转型,2019 年碳排放强度较 2015 年下降 21%;青海省实施重点流域干支流环境综合整治,湟水河变成"清水河"……一段时间以来,很多地方都传来了或提前、或超额完成"十三五"规划目标的喜讯,描绘出全国生态环境持续改善的美丽图景。

小康全面不全面,生态环境质量很关键。习近平总书记强调:"不能一边宣布全面建成小康社会,一边生态环境质量仍然很差,这样人民不会认可,也经不起历史检验。"正是从这样的政治高度出发,各级党委和政府以壮士断腕的决心、背水一战的勇气、攻城拔寨的拼劲,认真贯彻落实习近平生态文明思想,切实解决人民最关心最直接最现实的生态环境问题。从坚决打赢蓝天、碧水、净土保卫战,到实施保护天然林、退耕还林还草等生态保护重大工程,再到开展排污许可、实行河湖长制、禁止洋垃圾入境,"十三五"时期我国成为世界上污染治理力度最大的国

家,生态文明建设取得巨大成就,进一步擦亮全面小康的绿色底色。

生态环境问题归根结底是发展方式和生活方式问题。要从根本上解决生态环境问题,必须加快形成节约资源和保护环境的空间格局、产业结构、生产方式、生活方式。"十三五"时期,生态旅游、生态农业快速发展,减排增收、变废为宝的企业遍地开花,许多保护区的渔民成为清漂人、伐木工变身护林员,这些事例无不说明:通过技术创新、结构优化、思路转变,生态与经济能够平衡,保护和发展能够双赢。处理好"绿水青山"和"金山银山"的关系,不仅是实现可持续发展的内在要求,而且是推进现代化建设的重大原则。我国进入高质量发展阶段,还需要继续加快构建生态文明体系,推动我国经济发展质量和效益显著提升。

习近平总书记指出:"生态环境是关系党的使命宗旨的重大政治问题,也是关系民生的重大社会问题。"按照"坚持绿色富国、绿色惠民"的要求,"十三五"时期重点解决损害群众健康的突出环境问题,不断满足人民日益增长的优美生态环境需要。"蓝天变多了,空气新鲜了,河水清澈了",道出了"十三五"时期广大群众的共同心声。当普惠的生态福祉逐渐成为现实,又进一步激发了人们投身生态文明建设的热情。2020年度《公民生态环境行为调查报告》显示,68.5%的受访者经常选择低碳出行,超五成在过去一年参加过环保志愿活动。绿色低碳日益融入生活,环保意识日渐浓厚,形成生态文明建设的强大合力。

新时代的生态环境治理是从系统工程和全局角度寻求新的治理之道,强调统筹兼顾、整体施策、多措并举,全方位、全地域、全过程开展生态文明建设。"十四五"时期我国将进入新发展阶段,要构建新发展格局、打造发展新优势,必须坚持绿色发展理念,推动生态文明建设再上新台阶。相信努力推进人与自然和谐共生的现代化,我们一定能赢得中华民族永续发展的美好未来。

(2020年10月28日)

开放扩大,内外联动潜能无限

——"十三五"经济社会发展观察⑤

桂从路

> "十三五"时期,我国经济持续快速发展的一个重要动力就是对外开放。中国对外开放是全方位、全领域的,正在加快推动形成全面开放新格局

不久前,习近平总书记在深圳经济特区建立 40 周年庆祝大会上发表重要讲话,再次向世界宣示"改革不停顿,开放不止步"的坚定决心。支持深圳在更高起点、更高层次、更高目标上推进改革开放,建设中国特色社会主义先行示范区,是党的十八大以来新时代改革开放再出发的生动缩影,也成为"十三五"期间我国对外开放迈上新台阶的有力见证。

"十三五"时期,我国经济持续快速发展的一个重要动力就是对外开放。中国对外开放是全方位、全领域的,正在加快推动形成全面开放新格局。增设 17 个自贸试验区,从沿海省份扩大到中部、东北、西北、西南等区域;制定出台外商投资法等法律法规,连续 4 年修订外商投资准入负面清单;连续下调关税,主动扩大进口,2019 年货物贸易进出口总值达到 31.54 万亿元,稳居全球货物贸易第一大国……"十三五"时期,以习近平同志为核心的党中央统筹中华民族伟大复兴战略全局和世界百年未有之大变局,作出了推进更高水平对外开放、高质量共建"一带一

路"、稳住外贸外资基本盘等一系列重大部署，推动开放理论持续创新、开放制度更加完善、开放水平不断提高，为国民经济和社会发展取得历史性成就作出重要贡献。

开放带来进步，封闭必然落后。开放是国家繁荣发展的必由之路，开放发展注重的是解决发展内外联动问题。提高对外开放的质量和发展的内外联动性，以高水平对外开放打造国际合作和竞争新优势，成为新时代全面扩大对外开放的目标所向。从经济形态看，"十三五"时期吸引外资、对外投资、进出口贸易等领域亮点频出，更加注重内外需协调、进出口平衡、"引进来"和"走出去"并重、引资和引技引智并举，更高层次的开放型经济愈发显现蓬勃活力。从开放格局看，实行高水平的贸易和投资自由化便利化政策，赋予自由贸易试验区更大改革自主权，规划建设海南自贸港，加大西部开放力度，对外开放呈现全方位、多层次、宽领域深入推进的鲜明特征，陆海内外联动、东西双向开放的新格局正在形成。

当前，新冠肺炎疫情全球大流行促使世界百年未有之大变局加速演进，保护主义、单边主义上升，世界经济低迷，全球产业链供应链因非经济因素而面临冲击。但正如习近平总书记强调的，"从长远看，经济全球化仍是历史潮流，各国分工合作、互利共赢是长期趋势"。今后一个时期，尽管将面对更多逆风逆水的外部环境，但"站在历史正确的一边"是中国的坚定选择。中国开放的大门不会关闭，只会越开越大。进入新发展阶段，构建新发展格局，以国内大循环为主体，绝不是关起门来封闭运行，而是通过发挥内需潜力，使国内市场和国际市场更好联通，更好利用国际国内两个市场、两种资源，实现更加强劲可持续的发展。我们必须坚持以改革开放为动力推动高质量发展，坚定扩大对外开放，推动中国经济行稳致远。

中国的发展离不开世界，世界的繁荣也需要中国。今年11月，第三届中国国际进口博览会将拉开大幕，八方宾朋再赴这一场展现中国更高水平开放、推动国际社会合作共赢的"东方之约"。在各国都面临着抗疫情、稳经济、保民生艰巨任务的背景下，中国接连举办服贸会、进博会等重大国际经贸活动，以全面扩大对外开放的务实行动，展现出推动全球经济复苏的中国担当。坚持新发展理念，坚持高质量发展，全面提高开放水平，必能为全面建设社会主义现代化国家新征程开好局、起好步作出应有贡献。

（2020年10月29日）

共享引领，全面小康不落一人

——"十三五"经济社会发展观察⑥

周人杰

> "十三五"时期的发展实践表明，把增进人民福祉、促进人的全面发展作为出发点和落脚点，才能维护社会公平正义，增进人民团结，不断满足人民日益增长的美好生活需要

人民，推动发展的根本力量；民生，经济发展的旨归所在；共享，引领发展的重要理念。探寻"十三五"时期我国经济社会发展取得巨大成就的原因，共享发展是一个重要密码。坚持发展为了人民、发展依靠人民、发展成果由人民共享，作出更有效的制度安排，使全体人民在共建共享发展中有更多获得感，这个"十三五"时期经济社会发展的宝贵经验，值得倍加珍惜，不断丰富和发展。

全面小康是惠及全体人民的小康。农村贫困人口脱贫，是全面建成小康社会的底线任务和标志性指标。据统计，从2016年到2019年，我国累计超过5000万农村贫困人口脱贫，全国建档立卡贫困户人均纯收入由2015年的3416元增加到2019年的9808元、年均增幅30.2%。今年年底，现行标准下农村贫困人口将全部脱贫、贫困县将全部摘帽，绝对贫困问题将历史性得到解决。作为一项光荣而艰巨的历史任务，打赢脱贫攻坚战取得前所未有的成就，彰显了中国共产党领导和我国社会主义制度的政治优势，成为坚持以人民为中心的发展思想的生动写照。

民生系民心，是幸福之基、和谐之源。共享引领发展，重点在于不断提升城乡居民的收入水平与生活质量，满足人民对美好生活的向往。习近平总书记深刻指出："全面建成小康社会突出的短板主要在民生领域，发展不全面的问题很大程度上也表现在不同社会群体民生保障方面。"正是从这样的考虑出发，"十三五"时期各项工作多谋民生之利、多解民生之忧，在发展中补齐民生短板、促进社会公平正义。2019年全国居民人均可支配收入达30733元、比2015年增长39.9%，1.4亿家庭年收入达到10万—50万元，全世界规模最大中等收入群体已经形成。虽然遭受新冠肺炎疫情的冲击，今年前三季度的全国居民人均可支配收入仍达23781元，实际增长0.6%，成为持续提升消费层次、充分释放多样化需求的有力保障。

发展是全体人民共同的事业，发展的过程也是全体人民共享发展成果的过程。习近平总书记深刻指出："我们推动经济社会发展，归根到底是为了不断满足人民群众对美好生活的需要。"从在深刻把握经济社会发展规律的基础上提出共享发展的发展理念，到以此为引领，推动公共服务供给、打赢脱贫攻坚战、健康中国建设、文化教育事业发展、社会保障制度完善等取得喜人成果，短短五年时间，我们党牢牢坚持以人民为中心的发展思想，把宏观调控与基层治理关注的重点，有机结合并集中到解决发展不平衡不充分的问题上。共享发展理念如春风化雨，为经济社会发展厚植起发展优势，增强了发展动力，破解了发展难题。"十三五"时期的发展实践表明，把增进人民福祉、促进人的全面发展作为出发点和落脚点，才能维护社会公平正义，增进人民团结，不断满足人民日益增长的美好生活需要。

"民有所呼，我有所应。"党的十九大报告提出，在全面建成小康社会的基础上，再奋斗十五年，基本实现社会主义现代化。新征程开启在即，坚持以人民为中心，增进民生福祉，我们必将书写无愧于时代、无愧于人民、无愧于历史的新业绩。

（2020年10月30日）

新职业，彰显经济发展活力

——生活新亮点折射"十三五"辉煌成就①

白 龙

人们对美好生活的向往，互联网、人工智能、大数据与实体经济的深度融合，新发展理念的深入人心，催生出一批批新职业，成为"十三五"时期经济社会发展的一个新亮点

迈向未来，必将有越来越多的新职业出现在公众视野，为满足人民美好生活需求、推动中国经济长期向好开辟无限可能

热门景区，游客按照旅游体验师提供的"攻略"预订酒店、规划路线、享受美食；高速公路出口，无人机驾驶员操控无人机实时监测车流量，采集交通大数据；"宅"在家中，在线预约健康管理师对自身健康问题进行分析和解答……"十一"假期，一些新职业群体帮助人们畅享假日生活，折射出我国消费领域的蓬勃活力。

人们对美好生活的向往，互联网、人工智能、大数据与实体经济的深度融合，新发展理念的深入人心，催生出一批批新职业，成为"十三五"时期经济社会发展的一个新亮点。自2015年版《中华人民共和国职业分类大典》颁布以来，人力资源和社会保障部等部门陆续发布了三个批次38个新职业。新职业的悄然兴起，改变了人们的生活。奔走在城市街头的网约配送员，广阔棉田上喷洒脱叶剂的无人机驾驶员，满足顾客个性化需求的食品造型师，为怀有梦想的年轻人提供帮助的创客指导师……

从过去人们常说的"三百六十行"到如今的千行百业,新职业百花齐放,见证了技术进步、产业发展和社会分工的不断细化,成为观察中国经济发展的重要风向标。

一大批具有创新活力的新职业应运而生,折射着发展的新风口。今年全国两会期间,习近平总书记在看望参加政协会议的经济界委员时强调,"疫情突如其来,'新就业形态'也是突如其来。对此,我们要顺势而为,让其顺其自然、脱颖而出。"新冠肺炎疫情防控期间,有些新职业成为疫情防控的生力军。比如,大批呼吸治疗师在抗疫前线为患者提供呼吸治疗,提升了危重患者的救治成功率;大量装配式建筑施工员昼夜不息,以仅用10来天时间的"中国速度"建成武汉火神山医院、雷神山医院。与此同时,当餐饮、旅游业等按下"暂停键","宅经济""云经济"等在疫情防控期间异军突起,令人惊喜。可以说,新职业和新就业形态所代表的新经济、新动能脱颖而出,为中国经济栉风沐雨仍可从容前行提供了底气和支撑。

新职业连接着新需求,蕴藏着新机遇,推动着新经济。新职业的迅速发展,从一个侧面表明中国经济已经从高速增长阶段转向高质量发展阶段,见证着中国经济的活力与韧性。几年前,人们还无法想象,工业机器人操作员、物联网工程技术人员意味着什么。如今这些新职业的出现,一头连着技术革新,另一头连着需求升级,凸显了人们对美好生活的追求越来越高,推动相关行业加速转型升级。比如,随着人们对健康问题的日益重视,健康照护师、出生缺陷防控咨询师、呼吸治疗师等新职业有了用武之地;各类电商迅猛发展,对餐饮、生鲜、药品等网约配送员也将持续有需求。加快形成新的人才培养体系,完善职业保障,为劳动者营造更加宽松、更有保障的就业环境,才能站在新职业的"风口"更好推动经济高质量发展。

"十四五"时期,是我国在全面建成小康社会基础上开启全面建设社会主义现代化国家新征程的第一个五年。新职业及其代表的新业态、新模式,将为中国经济打开更大的发展空间。不久前,国务院常务会议审议通过《关于以新业态新模式引领新型消费加快发展的意见》,为进一步培育壮大各类消费新业态新模式提供政策指引。随着线上线下消费的深度融合，新职业也将迎来新的发展机遇。加快形成以国内大循环为主体、国内国际双循环相互促进的新发展格局，需要把握新职业背后的新风向，顺势而为谋发展，充分挖掘内需潜力，形成新的产业链条，激发国内外市场活力，为经济社会发展带来新的增长点。

浓缩着时代和社会进步、饱含着人们对美好生活向往的新职业，为更多人搭建了人生出彩的舞台。迈向未来，必将有越来越多的新职业出现在公众视野，为满足人民美好生活需求、推动中国经济长期向好开辟无限可能。

（2020年10月14日）

新品牌,中国制造乘势而上

——生活新亮点折射"十三五"辉煌成就②

陈 凌

国产品牌的崛起,折射出"中国制造"不断向"中国质造"和"中国智造"迈进

国产品牌的乘势而上,既是一个"经济故事",也是一个"文化故事"

能进行智能交互、还能识别方言的国产智能电视,以生旦净末丑象征不同功能的中草药牙膏,兼具复古感与时尚气息的服装配饰……不久前,人民日报新媒体策划打造的创意体验馆——"有间国潮馆"第二季迎来大量观众。一系列引领潮流的国产品牌创新产品,不仅吸引许多年轻人前往"打卡",也生动诠释了国产品牌在"十三五"时期的乘势崛起。

纵观近年来的消费走势,以新制造为代表的新国货日益占据消费市场,国内的原创设计产品有了越来越多的粉丝。新品牌崛起,老字号走红,大白兔奶糖、雅霜雪花膏、回力运动鞋等陪伴了几代中国人的老品牌也在创新中焕发出新的活力。《2020中国消费品牌发展报告》显示,过去一年,中国消费者购物车里装着的,八成以上是国产品牌;另有数据显示,去年的"双11",销售额过亿元品牌中,国产品牌有173个,占比近六成。这从一个侧面清晰反映出,我国消费市场国产品牌潮流涌动,国产品牌影响力与日俱增。

R 评论员观察

国产品牌的崛起，折射出"中国制造"在"十三五"时期不断向"中国质造"和"中国智造"迈进。就在几年前，中国消费者在国外买马桶盖、电饭煲、吹风机等生活用品的新闻，一度成为网络热议的话题。消费者舍近求远，不远千里去国外抢购这些产品，某种意义上也提醒我们，随着人们生活水平的提高，消费者对商品的品质和品牌更加重视。在已经实现了"能用""耐用""实用"之后，人们还希望国产品牌能够"好用"。当个性化、多样化消费渐成主流，保证产品质量安全、通过创新供给激活需求的重要性显著上升。也正因此，"十三五"时期的一个重要思路，就是"着力推进供给侧结构性改革，使供给能力满足广大人民日益增长、不断升级和个性化的物质文化和生态环境需要"，强调"加快发展新型制造业""加强质量品牌建设"。

正是依托于中国制造的转型升级和"互联网+"行动计划的深入实施，"十三五"时期，国产品牌发力创新，不断提高供给能力和供给水平，日益受到消费者青睐。过去是注重数量，如今是关注质量和体验；曾经是贴牌代工，现在是创立品牌；以前是大订单、闷头生产，现在是柔性制造、个性定制、工厂与市场精准对接。因时而变，因变而兴。国产品牌不再仅是物美价廉，而是品质和潮流的引领者；国产品牌的流行，不再仅仅是因为规模和成本优势，而是建立在消费者的认可基础之上。从这个角度来看，国产品牌在市场上绽放夺目光彩，是中国制造竞争力日益增强的证明，是供给侧结构性改革取得实效的体现。

如果说消费者需求的变化，为国产品牌开拓了新的发展空间，那么国产品牌的崛起，也在塑造着消费者的审美和文化追求。有人总结，这些年国产品牌的流行有一个明显的特征，那就是"本土审美的苏醒"。故宫文创产品"爆款"频现，陕西剪纸、遂昌龙粽等非遗伴手礼受到顾客青睐，让文物活了起来、让传统文化走进了日常生活；百雀羚、同仁堂等老字号主动拥抱潮流，让经典产品魅力重现、让东方美学得到年轻人的认同。新国货不仅满足着消费者日益多元多样的消费需求，也进一步激发着消费者内心的文化自信。就此而言，国产品牌的乘势而上，既是一个"经济故事"，也是一个"文化故事"。

习近平总书记在企业家座谈会上强调，要勇于创新，做创新发展的

探索者、组织者、引领者,勇于推动生产组织创新、技术创新、市场创新。今天,国产品牌已经站在了一个新的历史起点,中国消费市场足够广阔,为国产品牌创新发展提供了宽广的舞台。瞄准市场需求,主动创新,用更高的标准、更严的要求制造国产商品,深入挖掘文化价值,我们完全有理由相信,国产品牌将赢得更大市场,助力人们向着美好生活不断前行。

(2020年10月15日)

新出行,带动文旅产业升级

——生活新亮点折射"十三五"辉煌成就③

盛玉雷

"十三五"时期,我国文旅产业呈现出消费大众化、需求品质化、竞争国际化、发展全域化、产业现代化的发展趋势

旅游成为串联起自然风景、健身休闲、文化娱乐等内容为一体的综合型度假服务,从景点旅游发展模式向全域旅游发展模式转变

今年国庆中秋假期,全国各地丰富多彩的文旅活动给游客带来不少惊喜。在北京,792 场文化活动、436 场文艺演出及 30 条漫步旅游线路精彩纷呈,"老北京"和"新元素"交相辉映;在上海,基于预约数据的城市文旅系统"云端"助力,消费活跃度、区域活跃度一览无余;在武汉,"致敬祖国"大型灯光秀,以"中国精神""中国力量""中国担当"三个部分,展示这座英雄城市的迷人魅力……从侧重"悦目"到注重"赏心",从线下"充电"到数字"赋能",我国文旅产业正迎来新的发展机遇。

"十三五"时期,随着交通基础设施的完善、城乡居民收入的增长,我国文旅产业呈现出消费大众化、需求品质化、竞争国际化、发展全域化、产业现代化的发展趋势,彰显出生态与人文结合、传统与现代融合、经典与时尚汇合的显著特点。一方面,出境游消费回流,国内游、省内游、周边游长势明显;另一方面,个性化、特色化方式凸显,自驾游、自助游、

精品游、家庭微定制等产品服务受到欢迎。在今天，旅游已成为串联起自然风景、健身休闲、文化娱乐等内容为一体的综合型度假服务，从景点旅游发展模式向全域旅游发展模式转变。

出行观念和出行方式的嬗变，铺就了"十三五"时期文旅产业取得长足发展的文明底色。一趟愉快的出行，既是从一个地方到另一个地方的行程，也是体现绿色、低碳、环保等生活方式和价值理念的过程。对很多人来说，出游之前做一做环保攻略，使出游更加绿色低碳，已经成为生活习惯。比如，短途旅行时尽量不开车自驾，而选择乘坐公共交通工具；入住宾馆时，尽量自备洗漱用品，减少一次性用品的消耗；外出时带上水杯、手绢，少用瓶装水、纸巾，等等。如今，低碳环保成为越来越多城市的文旅名片，除了高架、环线、地铁的"快节奏"，步行观光、城市骑行、从容观展等"慢生活"也吸引了不少游客。可以说，绿色低碳环保的出行风尚，助力山清水秀的美丽中国，也见证了整个社会文明的提升。

好山好水好风光，也是一门好产业。280家5A级旅游景区、30家国家级旅游度假区、300处全国红色旅游经典景区名录、1000个全国乡村旅游重点村……文旅产业交出了一份亮眼的成绩单。欣欣向荣的文旅产业，正在与农业、林业、水利、工业、科技、文化、体育、健康医疗等深度融合，成为一项综合性产业。矗立在滁水河畔的"半条被子的温暖"专题陈列馆，让湖南郴州汝城县沙洲村"七里的山沟八里的坳"广为人知，红色资源打开了当地的发展空间；四川省凉山彝族自治州"悬崖村"将沿山架设索道进行旅游开发，悬崖峭壁成了脱贫致富的通道，乡村旅游红红火火。由此观之，发挥文旅产业的综合带动功能，是衔接脱贫攻坚和乡村振兴的一条纽带，也是实现高质量发展的一种方式。

朝着高质量发展的目标不断迈进，文旅产业线上线下同时开花结果，"老面孔"精彩依旧，"新业态"惊喜不断。新冠肺炎疫情防控期间，以数字经济为驱动，以新型信息技术为背景，以文化、旅游、消费聚集区为载体的新文旅应运而生。文旅产业运用大数据、短视频、直播、虚拟现实等手段，创新文旅消费场景，发展夜间文旅经济，引导和培育网络消费、定制消费、智能消费等消费新热点新模式。比如，国家图书馆推

R 评论员观察

出了线上"服务不打烊,在家免费看"活动,敦煌莫高窟推出了线上免费参观和研学活动。在迈向"十四五"的新征程上,促进文化与旅游资源深度融合,推动产业转型升级,就一定能更好满足新期待、引领新风尚,为人们的美好生活增光添彩。

(2020年10月16日)

新通信，智能生活加速到来

——生活新亮点折射"十三五"辉煌成就④

彭 飞

> 以5G为代表的新的通信技术，不仅为人们的日常生活带来极大便利，也深刻影响和改变了社会生产生活的方方面面
>
> 加快推进5G网络基础设施建设，带动更多行业实现跨越式发展，为实现新旧动能转换和产业转型升级提供了有力支撑

方寸之间，万物互联。说起近年来中国人日常生活的变化，智能手机是一扇很好的观察窗口。亲朋好友通过手机视频聊天，购物时扫一扫完成支付，乘坐公共交通刷手机直接进站，通过手机遥控家电、汽车……智能生活的背后，是移动互联网在中国的快速普及和应用，折射出"十三五"时期通信领域的高质量发展。

当前，人类已经叩响了数字化智能社会的大门。以5G为代表的技术创新，正带来新的科技浪潮。习近平总书记强调，"推进5G、物联网、人工智能、工业互联网等新型基建投资"。"十三五"规划纲要提出，加快突破新一代信息通信领域核心技术，构建现代化通信骨干网络，提升高速传送、灵活调度和智能适配能力。"十三五"时期，从5G技术、量子通信、物联网、卫星导航等领域的重大技术突破，到移动支付、视频电话、直播经济等交互模式创新，再到提速降费、携号转网等释放的政策红利，一系列成果和有利条件极大促进了信息的传递与流动。截至9

月下旬，我国建设开通 5G 基站超 50 万个，5G 用户累计终端连接数超过 1 亿。以 5G 为代表的新的通信技术，不仅为人们的日常生活带来极大便利，也深刻影响和改变了社会生产生活的方方面面。

速率更快、容量更大、时延更低的通信和网络技术，不仅创造了规模空前的信息流、数据流，也重塑了人与人之间沟通交流的方式。新冠肺炎疫情防控期间，大到国与国之间举行会谈、共享疫情防控经验，小到个人在线上课、远程办公、直播卖货，都可以在网络上乃至一部手机上完成。据统计，今年 1 月至 8 月，我国移动互联网累计流量达到惊人的 1039 亿 GB。有机构预测，今年底，我国将拥有全球一半以上的 5G 基站，同期 5G 用户数量将占到全球七成以上。5G，正在改变连接与沟通的方式。

通信事业的全面进步，为欠发达地区夯实了数字化发展的基础。广大农村地区，依托 5G 建设，手机成为"新农具"，通过智慧耕作、直播带货跑出了脱贫攻坚"加速度"。从 2015 年开始，我国先后组织 6 批电信普遍服务试点，累计支持超过 13 万个行政村光纤网络通达和 5 万个 4G 基站建设。截至今年 6 月，全国贫困村通光纤比例从 2017 年不足 70% 提升到 98%，深度贫困地区贫困村通宽带比例从 25% 提升到 98%，提前超额完成"十三五"规划纲要要求的宽带网络覆盖 90% 以上贫困村的目标。信息基础设施的完善，不仅打通了小山村与外界的联系，也为乡亲们打开了致富门路，更为贫困地区融入数字化、信息化发展浪潮创造了可能。

加快推进 5G 网络基础设施建设，带动更多行业实现跨越式发展，为实现新旧动能转换和产业转型升级提供了有力支撑。智能工厂生产线上的传感器，对生产流程和产品质量进行监测，并把信息反馈给制造机器人，有效降低了次品率；智慧码头上，摄像头实时回传高清作业画面，工人无需爬上 50 多米高的司机室，远程就能完成操作；汽车上的摄像头、微型雷达，实时捕捉车辆周围道路交通信息，并结合高精度地图实现车辆自动驾驶……在通信技术的催化作用下，生产、运输等环节的效率也随之发生"质变"，进一步促进新的商业模式产生，带动几何倍数的投资和交易，为扩大内需、构建新发展格局注入强劲动力。

"十四五"时期,是我国在全面建成小康社会基础上开启全面建设社会主义现代化国家新征程的第一个五年。进一步构建更加发达的通信网络,促进通信技术与各个领域深度融合发展,"无物不联网"的智能生活必将加速到来。

(2020 年 10 月 19 日)

新服务，数字技术开创未来

——生活新亮点折射"十三五"辉煌成就⑤

桂从路

新技术、新服务密集推出，新模式、新业态竞相涌现，是我国服务业提质扩容、转型升级的有力见证，构成了"十三五"期间经济社会发展的一大亮点

数字技术推动服务业规模不断壮大、结构不断优化、质量不断提升，这是中国经济的坚实根基，也是高质量发展的底气所在

音乐爱好者可戴上VR眼镜"身临其境"观看演唱会；看电影不佩戴任何装备就能欣赏3D电影；"宅"在家说几句口令，服务机器人就会把冲泡好的咖啡端到桌前……今年9月举办的2020年中国国际服务贸易交易会上，新科技、新服务集中亮相，让人们领略科技的魅力，直观感受到我国服务业发展的丰硕成果。

新技术、新服务密集推出，新模式、新业态竞相涌现，是我国服务业提质扩容、转型升级的有力见证，构成了"十三五"期间经济社会发展的一大亮点。2019年，服务业增加值占国内生产总值比重达53.9%，比2015年提高3.4个百分点。与此同时，顺应数字化、网络化、智能化发展趋势，信息产业等加速成长。2019年，我国服务业数字经济占行业增加值比重已达38%，信息传输、软件和信息技术服务业等新兴服务业

近4年年均增速高达19.4%,在三次产业中数字化水平最高、转型速度最快。数据背后,展现了我国服务业蓬勃发展的良好势头,折射出中国经济的质量与成色。

数字经济引领服务业转型升级,既巩固了服务业在"稳就业、保民生、促发展"上的重要作用,也有力提升了服务供给的品质。比如在养老服务上,AI陪伴机器人、智慧护理床、远程监测手表等智能化适老产品走进千家万户,助力老年人更好安享幸福晚年。疫情防控期间,远程医疗、在线教育、共享平台、协同办公、跨境电商等服务广泛应用,为人们的生产生活带来极大便利。此外,数字经济赋能服务业,还促进了优质服务的均等化、可及性,使偏远山区群众也能享受到便捷的网购服务、优质的教育资源,等等。可以说,服务业数字化步伐的加速,不仅培育出拉动经济增长的新引擎,更跑出了人民美好生活的加速度。

新服务加速发展,是全球科技革命和国内消费升级的必然,也离不开顺势而为、主动作为。特别是在新一轮科技革命和产业变革方兴未艾的当下,物联网、云计算、大数据等现代信息技术应用场景不断拓展,推动服务业创新层出不穷。这一过程中,未雨绸缪才能抢占先机,科学规划才能掌握主动,规范有序才能行稳致远。从将"加快推动服务业优质高效发展"纳入"十三五"规划纲要,到制定出台《"十三五"现代服务业科技创新专项规划》《服务业创新发展大纲(2017—2025年)》等,一系列政策举措的有力引导,推动服务业步入发展快车道,体现了"十三五"期间党和政府驾驭经济社会发展的高超能力、贯彻落实新发展理念的坚定决心。

现在,我国经济社会发展和民生改善比过去任何时候都更加需要科学技术解决方案,都更加需要增强创新这个第一动力。面向未来,数字技术在推动服务业提质增效上大有可为。从需求角度来看,我国拥有世界上最大规模的中等收入群体,人民对更高品质的医疗、教育、卫生等服务需求迫切,新服务成长空间大、市场潜力足、发展前景广阔。从供给侧来看,当前我国服务业仍然面临着优质供给不足、发展不平衡不充分等短板。进一步做大服务业的蛋糕、满足人民日益增长的美好生活需要,必须顺应科技发展的大趋势,激活创新引领的新动能,为现代服业加速成长提供动力支撑。

服务业关乎经济发展，关系人民福祉。数字技术推动服务业规模不断壮大、结构不断优化、质量不断提升，这是中国经济的坚实根基，也是高质量发展的底气所在。着眼"十四五"时期经济社会发展新阶段，把握科技进步大势、加快创新发展步伐，中国经济定能赢得更加光明的未来。

（2020年10月20日）

"放管服"改革助力开好顶风船

周人杰

>打通梗阻、畅通循环,建设市场化、法治化、国际化营商环境,"放管服"改革是不二法门

"要放出活力、放出创造力""从'严进宽管'向'宽进严管'转变""变'人找政策'为'政策找人'"……一年一度的全国深化"放管服"改革优化营商环境电视电话会议,围绕做好"六稳"工作、落实"六保"任务,总结去年以来工作情况,在分析面临的新形势新任务基础上,研究部署下一阶段重点工作。在面临更多逆风逆水外部环境之际,稳住经济基本盘、完成全年发展目标任务,就必须发挥好改革的突破和先导作用,破除瓶颈,汇聚优势,增强动力。

应对变局、开拓新局,"放管服"改革意义重大,更具备大有作为的空间。8月份国民经济克服新冠肺炎疫情、洪涝灾害的双重冲击,多个主要数据由负转正,保持稳定复苏态势,特别是主要就业年龄群体失业率下降等,充分展现了中国经济的强大韧性。这其中,有逆周期调节的得当,有"放管服"改革的得力。更多运用改革的办法提高政策实施的时效性和精准性,要继续落实好财政资金直达机制,创新信贷服务模式,对企业开办、许可审批等开辟通道、锐意革新。改革的方向不变、道路不偏、力度不减,才能既助企业纾困又激发市场主

体活力。

　　逢山开路、遇水架桥，迈入新发展阶段、激发新发展活力，需要"放管服"三管齐下、互为支撑。"放"要放得开，如在一些领域推行承诺制，力促项目依法承诺直接落地。"管"要管得住，要管出公平、管出质量，如对疫苗、药品、特种设备严格监管，对新兴产业创新包容审慎监管、促进发展。"服"要服务好，要服务出便利、服务出实惠，如办税、金融等环节优化助力复工复产。拿出更大勇气、更多举措、更实招数来补短板、堵漏洞、强弱项，政府职能才能真正实现转变，为推动高质量发展注入持久动力。

　　打通梗阻、畅通循环，建设市场化、法治化、国际化营商环境，"放管服"改革是不二法门。一方面要打造更优开放环境，继续放宽市场准入，保障外资合法权益，营造内外资企业一视同仁、公平竞争的市场环境。另一方面要维护全球产业链供应链安全运转，在有效防控疫情前提下，为人员往来、货物通关、跨国经营提供便利，全面推行线上"不见面"办事。迎风浪、汇众流、成江海，努力建设更高水平开放型经济，将营商环境竞争力转化为国际竞争力，我们才能尽快形成全方位、多层次、多元化的开放合作格局。

　　开好顶风船，尤其要善用"转化"的方法。"转化"是中国哲学的精髓，马克思主义哲学同样认为"转化"是辩证法的要义。发展的题目越出越难，改革的文章就要越写越实。比如当前"放管服"改革中的纾困惠企政策，哪些是临时举措需要适时淡出，哪些又是可以长期稳定下来的好办法；又如增强政策协同性针对性，降低企业创新和提效的成本，哪些必须改、哪些不能改，都需要结合具体探索来精准梳理，"转化"为企业和群众满意的改革成果。在不进则退、非进不可的节骨眼上，"转化"思维本质上就是要求我们运用制度的力量应对风险挑战，运用改革的办法不断解放和发展社会生产力，在奋力经受住一次次压力测试的过程中，化危为机、浴火重生。

　　"事者，生于虑，成于务，失于傲"。让改革成为惠企利民的不竭动力，让服务型政府与廉洁政府共同发育、"干事"与"干净"互为表里，打破部门利益和地方保护主义障碍，我们就一定能够在危机中育新机、于变局中开新局,把失去的时间抢回来、把疫情造成的损失补回来,积极探索出未来发展之路,为"十四五"时期打下更为坚实的基础。

(2020年09月23日)

相约服贸会　共享新机遇

陈　凌

举办服贸会，既彰显着中国疫情防控所取得的显著成效，也为经济全球化注入了新动力，提振着全球经济复苏的信心

规模从小到大，影响与日俱增，服贸会的发展壮大，是中国坚定不移扩大对外开放结出的硕果，也彰显着"中国开放的大门不会关闭，只会越开越大"的决心

"全球服务，互惠共享"。这些天，在北京国家会议中心，一块块带有 2020 年中国国际服务贸易交易会标志的展板格外引人注目。它们不仅预告着服贸会即将拉开帷幕，也向海内外嘉宾传递着欢迎热情。作为全球服务贸易领域规模最大的综合性展会、中国服务业对外开放的重要窗口、中国对外开放三大展会平台之一，服贸会备受世人瞩目，此前举行的云路演活动，便已吸引了全球数千家企业参加。

放在世界来看，我们或许更能理解，服贸会为何会受到如此多的聚焦。今年以来，突如其来的新冠肺炎疫情对世界经济产生巨大冲击，让服务贸易发展遭遇严峻形势。与此同时，保护主义、单边主义上升，世界经济低迷，全球产业链供应链因非经济因素而面临冲击。服贸会是疫情发生以来，我国在线下举办的第一场重大国际经贸活动。举办服贸会，既彰显着中国疫情防控所取得的显著成效，也为经济全球化注入了新动

力,提振着全球经济复苏的信心。

事实上,服贸会本身的成长过程,已经足够令人瞩目。服贸会的前身京交会诞生于 2012 年,已成功举办六届。展览面积从首届的 5 万平方米扩大到第六届的 16.5 万平方米;参展企业从首届的 1000 多家增加到第六届的 2100 多家;意向成交额从首届的 601.1 亿美元增加到第六届的 1050.6 亿美元……规模从小到大,影响与日俱增,服贸会的发展壮大,是中国坚定不移扩大对外开放结出的硕果,也彰显着"中国开放的大门不会关闭,只会越开越大"的决心。

服务贸易,包括商业服务、通信服务、金融服务、娱乐文化与体育服务、教育服务等 12 大领域。当前,服务贸易在全球贸易中的地位日益突出,服务贸易发展前景广阔、潜力巨大。从服务贸易本身的特点来看,它具有资源消耗低、环境污染小、就业容量大、附加价值高等特点,日益成为国际贸易的重要组成部分和各国经贸合作的重要领域,为世界经济增长注入了新动能;从国际大趋势来看,全球已进入服务经济时代,2005—2017 年,服务贸易占世界贸易总额的比重从 20.66% 升至 23.69%,重要性与日俱增。从国内发展来看,随着居民收入水平不断提高,服务消费需求旺盛,随着中国经济迈向高质量发展阶段,服贸内生动力不断积聚,服务贸易越来越成为中国消费增长和结构升级的重要驱动力量,我国服务进出口进入了快速增长轨道。可以说,举办服贸会,不仅顺应全球经济发展大势,也能推动中国服务走出去,还能带动更多高品质服务进入中国市场,丰富服务消费市场供给,更好满足人民对美好生活的需要。

中国市场,世界机遇。今天的中国,不仅是世界第二大货物贸易进口国,也是世界第二大服务贸易进口国,服务年进口值占全球 10% 左右。尽管如此,当前我国外贸结构中,服务贸易占比仍低于世界平均水平,这也恰恰反映出,我国服贸比重上升空间大、发展潜力足。无论对于国内企业而言,还是对国外企业来说,这都是大市场、大机遇。再加上,中国不断出台政策措施,着力推动更高水平对外开放,更是为各国企业提供了难得的合作契机。仅以今年上半年数据来看,据商务部统计,今年 1—5 月,在全球服务贸易大幅下滑的情况下,我国服务贸易总体呈现趋稳态势。这既得益于各级政府相关政策的支持，更根源于中国前景广阔的服务贸易市场。

　　一家从第一届京交会就开始参展的企业的相关负责人感慨，借助这个平台，合作伙伴的数量和贸易额都有明显提升，企业在这个平台上感受到了万物互联时代的澎湃力量。以会为"媒"，深耕中国大市场，共享发展新机遇，我们就一定能共同促进全球服务贸易繁荣发展，造福各国人民，推动构建人类命运共同体。

（2020年09月04日）

传承抗战精神　书写灿烂明天

桂从路

14年抗战，千千万万的英雄儿女以血肉之躯筑起拯救民族危亡、捍卫民族尊严的钢铁长城，谱写下惊天地、泣鬼神的爱国主义篇章

纪念抗战胜利、致敬革命先烈，就要振奋民族精神、弘扬爱国主义精神，将个人奋斗叠加为国家发展合力，在追梦圆梦的道路上实现"个人梦"与"中国梦"同频共振

历史与现实的相遇，总能激发震撼人心的力量。特别节目《海报里的英雄》，以我国优秀抗战影片海报为切入点，带领观众从光影中走入英雄的精神世界；山东邹平市百余名中小学生走进抗战遗址，聆听抗战老兵讲述可歌可泣的故事；上海四行仓库抗战纪念馆人潮涌动，游客在这里重温"八百壮士"的战斗经历……抗战胜利75周年纪念日到来之际，各地举办形式多样的活动，让人们在跨越历史的回望中，收获心灵的洗礼、精神的升华。

75年前，日本政府代表在投降书上签字，标志着中国人民长达14年艰苦卓绝的抗日战争画上了句号。这段历史之所以不容忘记，不仅在于这是近代以来中国反抗外敌入侵的第一次完全胜利，更在于其铸就的伟大抗战精神推动了中华民族觉醒和民族精神升华。冰天雪地里吃着草

根、树皮，杨靖宇"既有血，又有铁，只待去冲锋"；面对酷刑和屠刀，坚贞不屈的赵一曼告诫儿子"不要忘记你的母亲是为国而牺牲的"；战斗到生命最后一刻，张自忠"为国家民族死之决心，海不清，石不烂，决不半点改变"……14年抗战，千千万万的英雄儿女以血肉之躯筑起拯救民族危亡、捍卫民族尊严的钢铁长城，谱写下惊天地、泣鬼神的爱国主义篇章。

对历史最好的纪念，就是创造新的历史；对革命先烈最好的致敬，就是赓续他们的精神。习近平总书记指出："伟大的抗战精神，永远是激励中国人民克服一切艰难险阻、为实现中华民族伟大复兴而奋斗的强大精神动力。"抗日战争所凝聚和升华的抗战精神——"天下兴亡、匹夫有责的爱国情怀，视死如归、宁死不屈的民族气节，不畏强暴、血战到底的英雄气概，百折不挠、坚忍不拔的必胜信念"，在这片土地上生生不息，成为中国人民攻坚克难的精神基因和制胜密码。从满目疮痍、一穷二白，到如今世界第二大经济体，从两弹一星挺起民族复兴的脊梁，到中国日益走近世界舞台中央……75年来，在中国共产党领导下，中华民族迎来了从站起来、富起来到强起来的伟大飞跃，迎来了实现中华民族伟大复兴的光明前景。

今天，传承抗战精神、弘扬家国情怀，依然是重大而现实的时代命题。在今年新冠肺炎疫情防控中，广大医护人员白衣执甲、逆行出征，不论生死、不计得失，千千万万基层工作者不辞劳苦、日夜坚守在防控第一线。面对入汛以来多地发生洪涝地质灾害，人民子弟兵闻讯而动、勇挑重担，干部群众团结一心、合力抗灾。正是这种"舍小家、为大家"的爱国担当，"万众一心、众志成城"的坚毅笃行，构筑了护佑人民生命安全、国家繁荣富强的坚实堤坝。无论是战争年代抵抗外来侵略，还是和平年代战风斗雨，爱国始终是中国人的最大公约数。从历史中汲取前进的力量，以精神伟力提升行动自觉，这是我们风雨无阻向前进的力量源泉。

一代人有一代人的使命，一代人有一代人的担当。救亡图存，是腥风血雨年代中国人的共同意志；对今天的我们而言，最大的使命担当就是实现中华民族伟大复兴的中国梦。当前，身处世界百年未有之大变局，

置身"两个一百年"奋斗目标的历史交汇期,面对更多逆风逆水的外部环境、经历着深刻变化的国内发展环境,"船到中流、人到半山"的感受更为明显,"勇于开顶风船,善于转危为机"的要求也更为迫切。中华民族伟大复兴绝不是轻轻松松、敲锣打鼓就能实现的,需要全体中国人民艰苦奋斗,更需要一代又一代人为之努力。对我们每个人而言,纪念抗战胜利、致敬革命先烈,就要振奋民族精神、弘扬爱国主义精神,将个人奋斗叠加为国家发展合力,在追梦圆梦的道路上实现"个人梦"与"中国梦"同频共振。

"把我们的血肉,筑成我们新的长城",民族危亡关头,一首《义勇军进行曲》曾激励中华儿女共赴国难、奋发图强。以爱国情怀构筑精神长城,中华民族才能始终屹立不倒。中华民族创造了具有 5000 多年历史的灿烂文明,也一定能够创造出更加灿烂的明天。

(2020 年 09 月 03 日)

织牢野生动植物保护安全网

石 羚

每个人都将保护野生动植物的观念内化于心、外化于行，我们就能与自然共生，让地球家园更加美好

云南普洱菱瓜塘，发力保护湿地，吸引鹭鸶等鸟类重新到此安家；陕西洋县茅坪村，因为群众环保意识较强，常有野生金丝猴来村里"串门"；山东长岛自然保护区，持续开展海洋修复，多年不见的大叶藻、海萝重现天日……近年来，通过栖息地保护、繁育放归、管理执法等多种方式，我国不少野生动植物数量和分布有所增加，越来越多的地方成为野生动植物的安居乐土。

野生动植物是自然生态系统的重要组成部分，是保障经济社会可持续发展不可缺少的战略资源。保护濒危动植物资源、维护生态平衡，关乎人类生存和发展，也是衡量一个国家和民族文明进步的重要标志。党的十八大以来，习近平总书记高度重视野生动植物保护工作，从关心推动大熊猫、东北虎等珍稀濒危野生动物保护工作，到研究部署国家公园和自然保护地体系建设，为进一步加强野生动植物保护工作指明了努力方向，提供了根本遵循。

这些年来，我国多措并举保护野生动植物，为它们营造更美好的栖居之所。一方面，持续推进森林公园和天然林保护等工程，逐步建立起以自然保护区为主体的野外保护体系，野生动植物栖息环境不断改善。

另一方面，通过兴建保护机构加强濒危物种拯救繁育。目前，相关工作已取得显著成效，近九成的国家重点保护野生动物和植物种类得到保护。2021年，《生物多样性公约》第十五次缔约方大会将于云南昆明举办，体现了国际社会对我国野生动植物保护工作的充分肯定。

保护野生动植物资源，从根本上讲，关键要斩断非法"捕、运、售、购、食"的利益链。从野生动物保护法、野生植物保护条例等法律法规划定红线，到"昆仑""国门利剑"等专项行动迅速出击，各地区各部门打击源头、阻断交易、严惩犯罪，织就野生动植物保护"安全网"。人们常说：没有买卖就没有伤害，而"吃野味"正是非法买卖的重要驱动力。今年，全国人大常委会表决通过关于全面禁止非法野生动物交易、革除滥食野生动物陋习、切实保障人民群众生命健康安全的决定，进一步扩大保护范围，加大处罚力度，将执法覆盖到非法链条的每个环节。给铤而走险者以当头棒喝，方能促进野生动植物繁衍复壮。

保护野生动植物不仅要入法入规，更要入脑入心；不仅要建章立制，更要移风易俗。近年来，我们通过举办"野生动植物日""爱鸟周"等活动，使更多人形成保护野生动植物的共识。未来，还需进一步培养公众的法治意识，从而自觉抵制相关违法行为，从源头上控制不合理消费；培养公众的健康意识，认识到人类对蛋白质的基本生存需求已不需要靠吃野生动植物来获得，"吃野味"没有药效还有风险；培养公众的文明意识，不断纠正陈旧观念，优化生活方式，守护"舌尖上的文明"。为全社会上好法治课、健康课和文明课，是减轻监督执法压力的治本之举，更是保护野生动植物的长远之策。

最近一段时间，几则关于保护野生动物的消息令人动容。为保护江豚，南京修改一处过江通道设计方案；为候鸟"让路"，引江济淮工程航道增加约3.5亿元投资；为保护绿孔雀栖息地，戛洒江一级水电站建设被及时叫停……为动物"退让"，也是为人类谋福；为生态投资，更是为发展增绿。每个人都将保护野生动植物的观念内化于心、外化于行，我们就能与自然共生，让地球家园更加美好。

（2020年09月02日）

涵养"恒念物力维艰"的道德品质

张 凡

种种现象警示我们,"厉行节约、反对浪费"难以毕其功于一役,必须常抓不懈、久久为功

杜绝"舌尖上的浪费",需要个人涵养"恒念物力维艰"的道德品质,更需要综合运用法律、行政、经济、宣传教育等手段,建立长效机制

在河北广平县,机关食堂实行"光盘积分制",累计5次用餐做到"光盘",就会收到食堂赠送的小礼物;在复旦大学,学校安排学生们体验餐盘回收等后勤工作,了解食堂每日剩余餐食处理情况,强化节约意识;在海口,不少餐饮企业推出半份菜、小份菜,引导顾客合理点餐,自觉避免浪费……连日来,全国各地持续推进"光盘行动",企事业单位、餐饮行业、学校社区等积极加强引导,"反对餐饮浪费"正在从共识变为行动。

"俭,德之共也;侈,恶之大也。"勤俭节约是中华民族的传统美德,也是今天依然需要大力提倡的价值理念和生活方式。党的十八大以来,从整顿"舌尖上的浪费",到启动节俭养德全民节约行动,再到发起"光盘行动"唤起餐桌新风,一系列有力举措大力整治浪费之风,取得明显成效。但一段时间以来,也有一些地方餐饮浪费出现"回潮"。不久前,

习近平总书记对制止餐饮浪费行为作出重要指示，引发全社会广泛共鸣、积极响应。从饭店餐馆到外卖平台，从单位食堂到家庭厨房，一项项"厉行节约"的倡议，一个个"反对浪费"的举措，形成"浪费可耻、节约为荣"氛围。

"一粥一饭，当思来处不易；半丝半缕，恒念物力维艰。"我们之所以要强调节约、反对浪费，一方面是因为餐饮浪费触目惊心、令人痛心。据测算，我国城市餐饮业仅餐桌上食物浪费量就高达1700万至1800万吨，相当于3000万至5000万人一年的食物量。另一方面还因为粮食安全面临的多重压力。我国粮食长期处于"紧平衡"状态，全球新冠肺炎疫情所带来的影响更是给我们敲响了警钟。但就是在这样的情况下，还有人在有意无意地浪费粮食。一些人生活习惯奢侈，饭菜稍不可口便全部倒掉；一些人喜欢攀比炫富，觉得"光盘"显得"寒酸"，"剩宴"才是"盛宴"；一些网络平台主播，为了博取眼球、吸引流量，挑战超常食量，甚至不惜假吃、催吐，糟蹋粮食。种种现象警示我们，"厉行节约、反对浪费"难以毕其功于一役，必须常抓不懈、久久为功。

如今，物质日益丰盈，人们不再为"吃不饱饭"担忧，但好传统、好作风不能丢。种种不节约的就餐陋习，令人叹息的餐饮浪费，不仅有悖于勤俭节约的传统美德，也缺乏尊重粮食、尊重劳动的基本文明素养。守护餐桌文明，养成节约习惯，尤须在全社会大力营造"浪费可耻、节约为荣"的氛围。当更多人了解农民"足蒸暑土气，背灼炎天光"的辛劳，在生活中敬畏粮食、珍惜粮食，当更多人懂得"成由勤俭败由奢"的道理，置业治家之时量入为出、拒绝铺张，我们就能以餐桌文明带动社会整体文明水平的提升。

杜绝"舌尖上的浪费"，需要个人涵养"恒念物力维艰"的道德品质，更需要综合运用法律、行政、经济、宣传教育等手段，建立长效机制。比如，一些人本意可能并不想浪费，但一些餐饮企业不提供小份菜品，有的还规定所谓"最低消费"；一些食堂饭菜质量较差，难以满足员工口味、食量等多元化、个性化需求。这些，都容易助长浪费。让"小饭小碗""小餐小盘"常态化，清除那些助长铺张浪费的不合理规定，以智慧化管理优化采购、库存、备餐、服务等各个环节，建立起易于操作的监督机制，等等，才能为减少餐饮浪费提供更多助益。其实，制止餐饮浪费不仅是一次厉行节约的全民行动，更是审视餐饮行业发展、推动其转型升级的一次契机。

"常将有日思无日，莫待无时思有时。"春生夏长，秋收冬藏，每一粒粮食都凝结着耕种者的汗水，都值得敬畏珍惜。居安思危，惜食有食，让"浪费可耻、节约为荣"成为深入人心的价值取向，我们就能仓廪殷实、拥抱更美好的生活。

（2020年08月28日）

防汛救灾见证风雨同舟的力量

何 娟

"人民至上、生命至上"体现在"让我上""有我在"的铿锵话语中，体现在分秒必争的生命竞速中，体现在坚守一线筑牢的抗洪防线中

"在洪水面前，哪有什么博士硕士，我们上了堤坝，都是保卫人民的战士！"近日，国防科技大学一名抗洪战士的话语让人动容。汛情就是集结号，险情就是冲锋号，不分职业、性别、年龄，站上堤坝就是一道防线。面对洪水袭来，广大干部群众挺身而出、迎难而上，以担当奉献筑牢了一道道责任堤坝。

在7月17日召开的中共中央政治局常委会会议上，习近平总书记强调"始终把保障人民生命财产安全放在第一位"，会议强调要"形成省市间、部门间、军地间、上下游、左右岸通力协作的防汛救灾格局"。多地进入主汛期以来，水利、气象、应急等多部门及时发布预警、启动应急响应，山东、江苏、福建等多地官兵紧急驰援江西，长江全流域23座水库拦洪错峰，"千里淮河第一闸"王家坝开闸泄洪……这些正是全国防汛一盘棋、上下游联动、多部门协作的生动实践。可以说，防汛救灾不只是一时一地的应急救援，而是牵涉上下游、干支流、左右岸，涵盖水情监测、研判预警、流域协调、应急抢险、灾后重建等多方面的系统性工程。令人震撼的行动

速度，令人叹服的协同配合，充分彰显着集中力量办大事的制度优势。

汛情紧急，考验责任担当；抢险救灾，见证初心使命。"部队就是要到灾情最严重、群众最需要、险情困难最大的地方去"，这是武警九江支队的抗洪誓师；"一定要第一时间冲上去"，这是一名72岁老党员的宣示。在群众生命财产安全受到威胁的危急时刻，人民子弟兵闻令而动，封堵溃口、加固堤坝、转移群众，将群众稳稳护在身后；党员干部冲在一线，巡堤查险、抢救财物、恢复秩序，让党旗高高飘扬在抗洪一线。"人民至上、生命至上"体现在"让我上""有我在"的铿锵话语中，体现在分秒必争的生命竞速中，体现在坚守一线筑牢的抗洪防线中。

许多画面让我们印象深刻：有人清理裤腿泥水时像打开了水龙头，有人堵住泡泉后浑身泥水，有人彻夜鏖战后在石堆上睡着了。一些声音让人泪目：安徽庐江县消防救援大队政治教导员陈陆被洪水卷走前还在喊，"调头，稳住，不要怕"；湖北武汉新洲区辛冲街道水务服务中心主任舒明智在生命最后时刻叮嘱，"你们不要管我，赶快到堤上去"……他们事不避难、义不逃责，舍小家为大家，书写着一个个以生命护佑生命的感人故事。防汛救灾照见牺牲和奉献，从他们身上，我们读懂了什么叫职责担当，什么叫家国大义。

中国人民是具有伟大团结精神的人民。"如果不是他，很多人可能就没了命。"义务地灾隐患监测员陈光明发出的滑坡预警照片，为当地群众撤离赢得了宝贵时间；"22年前是我，今天还是我"，参与过1998年抗洪的老战士又上了堤；"小时候你守护了我，长大后我来守护大家"，曾在洪水中被救助的"90后"这次挺身而出；"长大后我就成了你"，一家祖孙三代接力上阵……灾难面前，大家战斗在一起，共同守护生于斯长于斯的家园。每个人的行动汇聚起来，接力传递下去，就能凝聚起战胜洪水的强大力量，构筑起"冲不垮"的精神堤坝。

风雨同舟、万众一心，正是我们不断战胜一切艰难险阻的文化基因、精神密码。有以习近平同志为核心的党中央坚强领导，有军民同心、干群协力铸就的强大合力，有同舟共济、守望相助的伟大精神，我们就有足够的底气、能力、智慧战胜各种风险考验。

（2020年08月27日）

以更昂扬姿态书写改革开放新篇

姜 赟

  深圳在改革开放中取得的巨大成绩充分证明，中国特色社会主义道路能够走得通、走得快、走得好

  面向未来，深圳要朝着高质量发展高地、法治城市示范、城市文明典范、民生幸福标杆、可持续发展先锋的战略定位奋力拼搏

  行驶在25.6公里长的深南大道，犹如穿梭在一条时光长廊，两边闪过深圳经济特区40年巨变的记忆与故事。从罗湖国贸大厦拔地而起，到福田华强北的人潮涌动；从南山科技园的崛起，到前海合作区的扩容，这条贯穿东西的"深圳第一路"以日新月异的蜕变，勾勒出40年深圳转型升级的奔腾浪潮，也微缩着一段高歌猛进的城市发展史。光阴荏苒，昭示着这样的信念：改革不停顿，开放不止步。

  回首1979年，南海之滨，虎崖山下，蛇口一声炮响，深圳发展的新篇章由此开启。在社会主义国家建立经济特区，这是一项前无古人的事业。特区人在解放思想中冲破束缚，在改革实践中与时俱进革新观念，孕育了"时间就是金钱、效率就是生命""空谈误国、实干兴邦""敢于冒险、崇尚创新、追求成功、宽容失败"等观念，对当时全国范围内的思想解放产生了重要的带动和促进作用。

思想大解放，推动改革大突破。40年来，深圳在激情燃烧的改革开放进程中闯出千余项全国"第一"。从敲响土地拍卖"第一槌"、建立第一个出口工业区等，到近年的应届毕业生落户"秒批"、知识产权保护改革、"前海模式"的制度首创等，一批批制度改革的"深圳创新"走向全国，以"一子突破"激发"全盘皆活"，以"一马当先"催动"万马奔腾"。可以说，在40多年的改革开放中，深圳一直站在时代的潮头。

历史选择了深圳，深圳也无愧于历史。曾以"三天一层楼"的深圳速度创造奇迹的深圳人，今天津津乐道的是"三天一项制度""一天51件发明专利"。从"科技荒漠"到"创新绿洲"，从"人才洼地"到"人才高地"，深圳平均每平方公里产生13.5亿元GDP，单位产出能耗水耗全国最低，拥有全国第一的商事主体总量和创业密度，研发投入占GDP比重达4.2%……正如英国《经济学人》评价，在全世界超过4000个经济特区中，"头号成功典范莫过于'深圳奇迹'。"从默默无闻的"小渔村"到世界聚焦的"大都市"，深圳在改革开放中取得的巨大成绩充分证明，中国特色社会主义道路能够走得通、走得快、走得好。

当今世界处于百年未有之大变局，深圳有着新的使命。党的十八大以来，习近平总书记亲自谋划、亲自部署、亲自推动粤港澳大湾区和中国特色社会主义先行示范区建设，两次亲临深圳视察指导，多次对深圳工作作出重要指示批示。贯彻落实习近平总书记重要指示批示精神和党中央决策部署，深圳坚持改革开放，前行脚步分外铿锵，不断创写发展新篇。站在新的起点上，深圳还需牢牢坚守改革开放的根与魂，把着力点放到加强系统集成、协同高效上来；要朝着高质量发展高地、法治城市示范、城市文明典范、民生幸福标杆、可持续发展先锋的战略定位奋力拼搏。

实现中华民族伟大复兴，"敢闯敢试、敢为人先、埋头苦干"的特区精神需要持续释放能量。深圳市委大院门前的孺子牛，埋头奋蹄；深圳博物馆老馆前"闯"的巨人雕塑，撑开大门跨步向前。40年来，一颗颗创新种子的播撒，一个个发展奇迹的诞生，无不源于一代代建设者甘当"拓荒牛"、敢于"吃螃蟹"的精神与行动。展望未来，在前进道路上面临的风险考验只会越来越复杂，甚至会遇到难以想象的惊涛骇浪，敢闯

善创的深圳人依然要赓续"杀出一条血路"的豪迈气魄,聚精会神干事创业,共创全球标杆性城市。

40年风雷激荡,时代洪流、国家宏愿、历史选择,再一次于深圳湾畔交汇。风雨无阻向前进,撸起袖子加油干,在重大历史机遇面前,深圳有信心、也有能力,继续全面深化改革、全面扩大开放,为全面建设社会主义现代化国家做出新贡献、书写新篇章。

(2020年08月26日)

致敬抗疫英雄 汲取前行力量

陈 凌

　　没有豪言壮语，只有默默奉献；不计个人得失，只为守护生命健康。每个战疫者，都是英雄

　　在斗争中淬炼，在磨砺中升华，抗击疫情所集中展现的中国精神，培厚了中华民族的精神土壤

　　不久前，在中国医师节到来之际，习近平总书记代表党中央，向全国广大医务工作者致以节日的祝贺和诚挚的慰问。习近平总书记指出，新冠肺炎疫情发生以来，广大医务工作者牢记党和人民重托，义无反顾冲上疫情防控第一线，同时间赛跑，与病魔较量，顽强拼搏、日夜奋战，为抗击疫情付出了艰苦努力、作出了重大贡献，彰显了敬佑生命、救死扶伤、甘于奉献、大爱无疆的崇高精神，赢得了党和人民高度评价。

　　震撼历史的斗争，必然留下震撼历史的篇章。人们不会忘记，80多岁高龄的钟南山挤上高铁餐车，星夜兼程，赶赴武汉；70多岁的张伯礼在胆囊摘除手术后第三天就投入工作；张定宇在自己身患渐冻症、妻子感染的情况下，仍战斗在与病毒斗争的第一线；陈薇临危受命率队紧急赶赴武汉，夜以继日执行科研攻关和防控指导任务。国有危难，他们挺身而出，奋战在疫情防控最前沿；紧要关头，他们迎难而上，用科学托举起生命的希望。为表彰他们的杰出贡献、弘扬他们的崇高品质，国家

主席习近平签署主席令，授予钟南山"共和国勋章"，授予张伯礼、张定宇、陈薇"人民英雄"国家荣誉称号。正如一位网友所言，"以国家名义褒奖抗疫英雄，既是实至名归，也是众望所归"。

回首这段历程，更能感受疫情防控阻击战的艰辛和不易。新冠病毒是一种全新的病毒，被专家称为"最狡猾的病毒"。与这个"新型的未知病毒"作斗争，难度堪称前所未有。沧海横流更显英雄本色。在这个意义上，我们更能理解，钟南山、张伯礼、张定宇、陈薇等"战士"逆行出征、冲锋在前，这是多么无畏的胆略、多么勇毅的行为、多么崇高的境界！他们不愧为抗疫英雄，不愧为民族脊梁！

我们要致敬每一位战疫者。有外国网民感慨，面对空前的疫情，14亿人口，水不停、电不停、供暖不停、通信不停、物资供应不断，社会秩序不乱，中国做到了！把"不可能"变成"一定能"，背后正是一大批"战士"不分男女老幼、不论岗位分工，不惧风雨、坚守奉献、顽强拼搏。他们之中，有大年初一辗转三省，最后徒步80公里赶回岗位的医院护士；有瞒着父母奔赴雷神山医院建设工地的"90后"项目工程师；有坚守一线的党员干部、穿街走巷的快递员、一呼百应的志愿者……面对疫情，无数普通人挺身而出，用平凡星火点亮人间大爱。没有豪言壮语，只有默默奉献；不计个人得失，只为守护生命健康。每位战疫者，都是英雄！

最好的致敬，是努力成为像他们一样的人。在斗争中淬炼，在磨砺中升华，抗击疫情所集中展现的中国精神，培厚了中华民族的精神土壤。今天，站在即将夺取全面建成小康社会伟大胜利、踏上实现第二个百年奋斗目标新征程的历史关口，这样一笔精神财富，将会是我们继续披荆斩棘、奋勇搏击的重要力量来源，将会是我们攻坚克难、开拓前进的重要精神支撑。

"大江来从万山中，山势尽与江流东"。新冠肺炎疫情是新中国成立以来我国遭遇的传播速度最快、感染范围最广、防控难度最大的一次重大突发公共卫生事件。这么严峻的挑战，我们都经受住了，这么困难的时刻，我们都挺过来了，面向未来，从伟大抗疫斗争中汲取力量，学习弘扬抗疫英雄的精神品格，何事不可为，何事不可成！

（2020年08月25日）

习惯"一手撑伞,一手干活"

何 娟

国家大剧院对公众有序限流开放,中国职业篮球联赛开始面向公众售票,全国电影院分区分级恢复营业,跨省(区、市)团队旅游陆续恢复……近日,具有人流聚集特征的场所逐步放开,成为正常生产生活秩序进一步恢复的一个标志,对提振消费需求、提升市场信心具有积极意义。

在全国上下共同努力下,我国疫情防控取得重大战略成果,经济发展呈现稳定转好态势。前不久召开的中共中央政治局会议强调,必须从持久战的角度加以认识,加快形成以国内大循环为主体、国内国际双循环相互促进的新发展格局,建立疫情防控和经济社会发展工作中长期协调机制。这一重要要求,为科学处理好常态化疫情防控与经济社会发展的关系指明了努力方向、明确了目标任务。慎终如始做好常态化疫情防控,努力推动全面复工复产,是必须回答好的现实命题。

从形势与任务看,我国经济形势仍然复杂严峻,局部地区出现零星散发或聚集性疫情,防范疫情反弹任务仍然艰巨繁重。同时也要看到,我国经济潜力足、韧性强、回旋空间大、政策工具多的基本特点没有变,具有维护经济发展和社会稳定大局的有利条件;经过高强度的疫情防控阻击战,我国防控疫情的制度工具和治理优势更趋完备。下一阶段,正如国务院联防联控机制联络组指出的,谋划经济社会发展的基础,要从

"无疫状态"向"适应疫情长期存在"转变；发展方式要从"无疫发展"向"带疫发展"转变。扎实做好"六稳"工作、全面落实"六保"任务，我们有能力、有经验确保疫情不反弹，稳住经济基本盘，兜住民生底线。

有这样一个形象比喻：过去是无疫状态、"晴天"环境，可以放开手脚干活，今后是常疫状态、"雨天"环境，必须"一手撑伞，一手干活"。统筹推进常态化疫情防控和经济社会发展工作，习惯"一手撑伞，一手干活"，我们必须高度重视防范疫情反弹，杜绝任何麻痹思想、厌战情绪、侥幸心理、松劲心态。针尖大的窟窿能漏过斗大的风。各地要严格落实属地管理责任，将风险估计得更严重一些，把缺漏发现得更早一些，把措施准备得更充分一些，更好巩固疫情防控成果，为经济社会正常运转创造有利条件。各经营单位要落实主体责任，根据疫情需要梳理工作流程，堵漏洞、补短板，将疫情防控措施融入各个工作环节。

危中寻机、化危为机，是统筹推进常态化疫情防控和经济社会发展工作的重要方法论。疫情防控期间，在线办公、无接触式配送、云音乐会等新经济、新业态不断涌现，为人们工作、生活、娱乐提供了便利，也为企业发展提供了新机遇。要在总结经验的基础上将好做法、好模式固定下来，以发展的方式降低疫情影响。疫情防控也是人们反思生活方式、涵养健康习惯的契机。本着对自己健康和他人健康负责的态度，每个人都需要严格遵守各项防疫规定，自觉保持安全距离，让自己成为疫情防控链条上坚不可摧的一环。长远来看，公筷制、分餐制、"一米线"安全距离、拒绝野味等，不仅是防控疫情的行之有效方式，也将从根本上提升社会公共文明水平。

世卫组织总干事谭德塞表示，在可预见的未来都无法回到过去的常态。适应疫情可能长期存在的新形势，坚定严防死守的态度，涵养遇事不惊的定力，将疫情防控融入经济社会发展、生产生活细节中，我们就能实现稳增长和防风险长期均衡，在危机中育新机、于变局中开新局。

（2020年08月14日）

跟党走 为人民 能胜利

邹 翔

有党的坚强领导，有民心所向、民意所归、民力所聚作砥柱，人民军队将无往而不胜

2020年已走过200多天，有太多关于军人的场景让人动容：新春佳节凌晨出征抗疫前线，连续抗洪双脚被泡到起皱发白，坚守大堤即便入睡也保持防汛姿态……在疫情防控的关键时刻、在防汛固堤的生死关头，人民军队带给我们直击心灵的感动。

"听党指挥、能打胜仗、作风优良"，人民军队总会在最紧要的关头、最危险的时刻挺身而出。新冠肺炎疫情防控期间，一封封请战书，一个个逆行身影，昭示着"若有战、召必至、战必胜"的战斗精神。近期，全国多地汛情严峻。面对灾情，人民子弟兵再一次冲到抢险救援一线，担当起保障人民生命财产安全、恢复正常生产生活秩序的重任。封堵溃口、转移群众，哪里有险情，哪里就有他们忙碌的身影；加固堤坝、巡坝查险，哪里有他们，哪里就有化险为夷和群众安心。实践一次次证明，人民军队始终是党和人民完全可以信赖的英雄军队，关键时刻豁得出、顶得上、靠得住、战得胜。

因为有方向，所以有力量。面对突如其来的新冠肺炎疫情，习近平主席向人民军队发出为打赢疫情防控阻击战作出贡献的"冲锋号令"。统

帅一声令下,全军迅疾行动。闻令而动、听令而行,党指向哪里就战斗在哪里;勇挑重担、敢打硬仗,党旗飘扬在哪里胜利就在哪里。"只要跟党走,一定能胜利",不仅镌刻在风雨如磐的漫长革命道路上,也彰显于每一次与灾情的搏斗中。火神山医院里,军队支援湖北医疗队的每个临时党支部都是一座"战疫堡垒";鄱阳湖大堤上,抗洪抢险部队组建了上百个"党员突击队",成为承担急难险重任务的"硬核"力量。对党忠诚,造就了人民军队为党和人民冲锋陷阵的坚定意志,也积蓄起所向披靡的强大凝聚力、向心力、创造力、战斗力。

因为可靠而可敬,因为可亲而可爱。防汛救灾中,"武警官兵帮受灾农户抢插晚稻"的报道引发许多人关注。大堤上筑起坚固防洪线,大堤下抢修清淤助生产,能打胜仗,能种地抢收,无怪乎有人说,中国军人是"无所不能"的。为什么"无所不能"?因为把人民的利益高高举过头顶。秉持"百姓的事再小也是大事"的信念,再陌生的技能也能快速学习,任何困难都能够被克服。驰援武汉疫情防控期间,很多患者说,军队医务人员很贴心,像亲人一样。这样的"亲近感",根源正在于军心连着党心民心。军人心中饱含着沉甸甸的人民情怀,危急时刻能御敌千里之外,灾难面前能救人民于水火,守护人民群众利益可以不惜一切代价。

从抗击非典、防控新冠肺炎疫情,到抗洪抢险、抗震救灾,再到支援地方经济社会发展、参与打赢脱贫攻坚战,军民鱼水情在一次次驰援中厚积深化、在一次次扶危济困中沉淀升华。某部队官兵在大堤上抢险奋战时,当地一所学校的老师来到官兵们的住宿点慰问,为他们缝起了破损的衣服,一针一线,穿梭着人民群众对子弟兵的深厚情意;广西桂林一个小女孩向帮助学校清淤的武警战士送上一瓶水并敬少先队礼;安徽歙县考生向执勤官兵集体鞠躬致谢……军人爱民、群众拥军,磅礴的力量就在此间积蓄。

93年前,人民军队在革命洪流中诞生,从诞生之日起始终和人民同呼吸、共命运、心连心。"我要打好这场战役!"一名参加过抗击非典、汶川抗震、援非抗埃的医务老兵,又一次冲锋在抗击新冠肺炎疫情的战场上;"22年前是我,今天还是我","70后"抗洪老兵带着"90后"和"00

后"武警官兵，又一次冲上了鄱阳湖大堤。时代在变、任务在变，不变的是全心全意为人民服务的宗旨。有党的坚强领导，有民心所向、民意所归、民力所聚作砥柱，人民军队将无往而不胜。

（2020年08月04日）

以非常之功打好这场硬仗

——凝聚脱贫攻坚的精气神①

李浩燃

> 习近平总书记强调:"脱贫攻坚任务能否高质量完成,关键在人,关键在干部队伍作风。"面对复杂严峻的形势,更须坚定意志力、激扬精气神,以非常之功打好这场硬仗
>
> 一个堡垒一个堡垒地去拔除,一座山头一座山头地去攻克,我们就一定能汇聚锐不可当的澎湃势能

"全面小康路上一个也不能少"。时不我待,击鼓催征,放眼神州大地,脱贫攻坚收官战激战正酣——

在帕米尔高原腹地,新疆最后一个未接入电网的乡合闸送电,乡亲们彻底告别"用电难";在广西乐业,户户研判工作会及时召开,逐个研判分析现有贫困户的脱贫情况,力保"家家不掉队";在四川北川,重点农户预警监测台账实现动态管理,建起防止返贫"隔离墙"……距离实现脱贫攻坚目标近在咫尺,广大党员干部正带领群众同时间赛跑、与贫困决战,凝聚起激荡人心的奋进力量。

习近平总书记指出:"新中国成立前,我们党领导广大农民'打土豪、分田地',就是要让广大农民翻身得解放。现在,我们党领导广大农民'脱贫困、奔小康',就是要让广大农民过上好日子。"从"翻身得解放"到"过上好日子",真挚的愿望,联结着过去、现在和未来,映照着不变的初心。

从石库门到天安门,从兴业路到复兴路,我们党为人民而生、因人民而兴,走过近百年风雨而风华正茂,正是因为始终把人民放在心中最高位置,永远同人民想在一起、干在一起,千方百计为人民谋幸福。

全面建成小康社会、实现第一个百年奋斗目标,最艰巨的任务就是脱贫攻坚,这是一个最大的短板,也是一个标志性指标。国际经验表明,当一国贫困人口数占总人口的10%以下时,减贫就进入"最艰难阶段"。2012年,中国这一比例为10.2%。这些年来,在以习近平同志为核心的党中央坚强领导下,我们咬定目标、苦干实干,脱贫攻坚取得决定性成就,贫困人口从2012年年底的9899万人减到2019年年底的551万人,贫困发生率由10.2%降至0.6%,展现了中国反贫困斗争波澜壮阔的时代画卷。

"行百里者半九十"。目前,尚未摆脱贫困的,都是贫中之贫、困中之困;叠加疫情影响,产业扶贫面临新情况;在"三区三州"脱贫主战场,还有不少难题亟待破解。最近,频发的洪涝地质灾害也带来新挑战。国务院扶贫办印发通知要求,及时防范化解因洪涝地质灾害等返贫致贫风险,对因洪涝地质灾害造成返贫致贫的及时纳入监测帮扶。习近平总书记强调:"脱贫攻坚任务能否高质量完成,关键在人,关键在干部队伍作风。"面对复杂严峻的形势,更须坚定意志力、激扬精气神,以非常之功打好这场硬仗。

铭记初心,就要增强责任感、紧迫感,时刻将群众安危冷暖记挂在心。习近平总书记曾深情讲述自己对困难群众的牵挂:"他们的生活存在困难,我感到揪心。他们生活每好一点,我都感到高兴。"坚持人民至上,是具体的、实践的。知行合一,强化问题意识,才能真正把初心写在因应困难、解决问题之中,给困难群众带去温暖和希望。

慎终如始打赢脱贫攻坚收官战,事关胜利实现"两个一百年"奋斗目标,事关顺利推进乡村振兴战略,事关积极构建人类命运共同体。脱贫攻坚任务的完成,将是中华民族几千年历史发展上首次整体消除绝对贫困现象,也将让我国提前10年实现联合国2030年可持续发展议程的减贫目标,这是多么了不起的伟业!这样的成就,足以载入人类社会发展史册,也足以向世界证明中国共产党领导和中国特色社会主义制度的优越性。越是接近胜利目标，越是任务艰巨，越需要真抓实干、埋头苦干，以实绩确保脱贫成效经得起人民和历史的检验。

　　冲刺最后一程的冲锋号已经吹响，激励我们不畏险阻、勇于担当，更好把脱贫职责扛在肩上，把脱贫任务抓在手上。初心如磐、使命在肩，拿出啃硬骨头的劲头，保持"敢教日月换新天"的豪迈、"不破楼兰终不还"的韧性，一个堡垒一个堡垒地去拔除，一座山头一座山头地去攻克，我们就一定能汇聚锐不可当的澎湃势能，创造无愧于时代的非凡业绩，兑现我们党向人民向历史作出的庄严承诺。

（2020 年 08 月 03 日）

坚定信心，风雨无阻向前进

——凝聚脱贫攻坚的精气神②

彭 飞

  我国国家制度和治理体系的显著优势，是我们创造减贫奇迹的根本原因，也进一步坚定了我们克服新冠肺炎疫情影响、决战决胜脱贫攻坚的信心

  磨砺"不破楼兰终不还"的意志，焕发"越是艰险越向前"的精神，满怀信心、众志成城，我们终将闯过一道道险关隘口，抵达预期的目标

  易地搬迁，楼房宽敞明亮；村民告别苦咸水，喝上放心水；"车路双通"，全国最后一个不通公路的建制村迎来新的希望……脱贫攻坚战场上喜讯频传，鼓舞干部群众向深度贫困"堡垒"发起最后总攻。从田间地头到扶贫车间，脱贫一线防控疫情不放松、攻坚不停步，传递着火热的干劲、必胜的信心。

  信心，源于我们取得的决定性成就。党的十八大以来，以习近平同志为核心的党中央把脱贫攻坚摆在治国理政突出位置，全面打响脱贫攻坚战，脱贫攻坚力度之大、规模之广、影响之深，前所未有。经过艰苦努力，越来越多的建档立卡贫困人口实现脱贫，一个又一个贫困县实现摘帽。2013年至2019年，贫困地区农民人均可支配收入年均增速高出全国农村平均水平2.2个百分点，贫困群众"两不愁三保障"基本实现、

自我发展能力和动力明显增强。贫困地区基本生产生活条件明显改善，群众出行难、用电难、上学难、看病难、饮水难、通信难等长期没有解决的问题普遍得到解决。来之不易的成就，为彻底消除绝对贫困奠定了基础。

信心，源于我们独特的制度优势。随着中国特色社会主义制度更加完善、国家治理体系和治理能力现代化水平明显提高，决战决胜脱贫攻坚的制度支撑更为坚实。比如，我们坚持全国一盘棋，调动各方面积极性，充分发挥集中力量办大事的显著优势。东西部建立制度性的扶贫协作和对口支援关系，全国自上而下向贫困村派出驻村工作队，"五级书记抓扶贫"层层立下军令状、责任书，专项扶贫、行业扶贫、社会扶贫形成"三位一体"大扶贫格局，构建起中国特色的扶贫制度体系。这些，为如期打赢脱贫攻坚战提供了有力保障。我国国家制度和治理体系的显著优势，是我们创造减贫奇迹的根本原因，也进一步坚定了我们克服新冠肺炎疫情影响、决战决胜脱贫攻坚的信心。

丰硕的脱贫成果，带来精神层面的激励，也沉淀下宝贵经验，锻造出一支支过硬的队伍，增添了我们战胜贫困的底气。全国共派出25.5万个驻村工作队、累计选派290多万名县级以上党政机关和国有企事业单位干部到贫困村和软弱涣散村担任第一书记或驻村干部，为战胜贫困提供了强大的组织保障。广大基层党员、干部通过开展贫困识别、精准帮扶，治理本领明显提高，推动党在农村的执政基础更加巩固。把经过实践检验的制度和举措坚持下去，把练就的本领、能力发挥出来，就一定能取得脱贫攻坚战的最终胜利。

云南一位县委书记如此表达"脱贫摘帽"信心：今年全县整合25亿元扶贫资金，9500名干部进村结对帮扶，"如期脱贫一定行！"脱贫攻坚艰苦卓绝，剩下的都是贫中之贫、困中之困，收官之年又遭遇新冠肺炎疫情、洪涝灾害等影响，所面临的挑战更大，工作任务更重、要求更高。确保如期实现脱贫攻坚目标任务，既要统筹做好疫情防控和抢险救灾工作，严格落实各项防控措施，避免疫情出现反弹，又要统筹灾后恢复重建和脱贫攻坚工作，对贫困地区和受灾困难群众给予支持，防止因灾致贫返贫。当此之际，我们尤须增强信心、迎难而上，绝不能被困难吓倒。

特殊时期，信心比黄金更珍贵。应变局、平风波、战洪水、防非典、抗地震、化危机……回首既往，一次又一次磨难，淬炼的是坚毅的品质，不屈的精神。经过全国上下共同努力，目前我国疫情防控取得重大战略成果，经济发展呈现稳定转好态势，在疫情防控和经济恢复上都走在世界前列。这为打赢脱贫攻坚收官战提供了有力支撑。习近平总书记强调，"只要大家绷紧弦、加把劲，坚定不移把党中央决策部署落实好，完全有条件有能力如期完成脱贫攻坚目标任务"。磨砺"不破楼兰终不还"的意志，焕发"越是艰险越向前"的精神，满怀信心、众志成城，我们终将闯过一道道险关隘口，抵达预期的目标。

"自信人生二百年，会当水击三千里"。脱贫攻坚越到紧要关头，越要有不获全胜决不收兵的必胜信心。时间必将证明，无论什么样的风雨，都无法阻挡中国人民和中华民族的前进步伐，都无法阻挡我们对美好生活、对伟大梦想的不懈追求。

（2020年08月04日）

收官之战需要绷紧弦鼓足劲

——凝聚脱贫攻坚的精气神③

李洪兴

> 正因葆有"立志欲坚不欲锐,成功在久不在速"的耐心与坚韧,一代代人前赴后继、接续奋斗,我们迎来了向贫困堡垒的总攻
>
> 啃下这些"最难啃的硬骨头",必须激发驰而不息的精神,警惕浮躁心态、虚浮作风,更加尊重规律、更加精准施策,进一步突出脱贫攻坚的针对性和实效性

在湖北红安县夏家寨村,深耕油茶产业的致富带头人感慨:"种油茶要有耐心。挺过五年成长期,就是'绿色银行',农民也能有稳定收入。"这给人以启示,扶贫产业需要时间培育,脱贫攻坚也需要久久为功。越是决战决胜、临近收官,越是要有那么一股子韧性与耐力。

习近平总书记强调,脱贫攻坚战不是轻轻松松一冲锋就能打赢的,从决定性成就到全面胜利,面临的困难和挑战依然艰巨,决不能松劲懈怠。"点对点"护送农民工返岗就业,适当提高城乡低保、抚恤补助等保障标准,加强对重点帮扶对象的关注、确保脱贫不脱钩……在统筹推进疫情防控和经济社会发展工作中,各地扎实做好"六稳"工作、全面落实"六保"任务,千方百计为贫困群众排忧解难,努力降低疫情或灾害对减贫进程的影响。当此之际,我们尤须提高脱贫质量、持续巩固扶贫

成果，确保脱贫攻坚战取得全面胜利。

到 2020 年现行标准下的农村贫困人口全部脱贫，是党中央向全国人民作出的郑重承诺。新中国成立以来，我国 7 亿多人口摆脱贫困，书写了举世瞩目的减贫奇迹。特别是党的十八大以来，贫困人口从 2012 年底的 9899 万人减到 2019 年底的 551 万人，贫困发生率由 10.2% 降至 0.6%。目前，我国区域性整体贫困基本得到解决，只剩 52 个贫困县尚未摘帽。这一前所未有的成就，彰显了中国特色社会主义的制度优势，凝聚了亿万人民的智慧和心血。正因葆有"立志欲坚不欲锐，成功在久不在速"的耐心与坚韧，一代代人前赴后继、接续奋斗，我们迎来了向贫困堡垒的总攻。

打赢打好脱贫攻坚这场硬仗，不能停顿、不能大意、不能放松，越是到最后，越要绷紧弦、鼓足劲。收官之战打到这个时候，剩下的都是贫中之贫、困中之困。啃下这些"最难啃的硬骨头"，必须激发驰而不息的精神，警惕浮躁心态、虚浮作风，更加尊重规律、更加精准施策，进一步突出脱贫攻坚的针对性和实效性。

坚持精准扶贫、精准脱贫，是我国脱贫攻坚的突出特点，也是我们摆脱绝对贫困的制胜法宝。自实施精准扶贫战略以来，我们建立精准识别、精准脱贫的工作体系，推动年均减贫人口在 1000 万以上。精准脱贫如同刺绣，必须一针一线绣得精准，针脚精巧绣出特色。今天，还没脱贫摘帽的，要怎么扶、如何帮？已经脱贫退出的，该如何巩固、怎样"保质"？在宁夏，曾有一位扶贫干部被称为当地扶贫办的"数据中心"，他掌握的数据能具体到贫困户养了几只羊、种了几亩马铃薯。越是临近收官，越需要讲究因地制宜、找准症结、把准脉络。精心用心、耐心细心，实事求是、实干笃行，方能绣好脱贫奔小康的锦绣画卷。

脱贫攻坚不会一蹴而就，需要稳扎稳打、尊重规律。脱贫时间表已定，有的地方多干快干的愿望是好的，但应符合客观实际、基本规律。层层加码、急躁冒进要不得，拔高标准、吊高胃口也不可行，更不能为了数字指标而好大喜功、弄虚作假。把握住正确方向，确保目标不变、靶心不散，才能走好脱贫攻坚"最后一公里"。可以说，脱贫攻坚越到最后时刻，越要响鼓重锤、强化作风建设，避免工作重点转移、投入力度

下降、攻坚精力分散。既尽力而为又量力而行，既持之以恒不松劲又保质保量不降格，才能确保脱贫成果经得起历史和人民检验。

决战时刻，难能可贵的是战略定力。脱贫攻坚是实打实的，绝非搞"短平快"就能简单闯关。瞄准特定贫困群众精准帮扶，向深度贫困地区聚焦发力，以更大的决心、更明确的思路、更精准的举措、超常规的力度，众志成城实现脱贫攻坚目标，我们的小康生活就一定会芝麻开花节节高。

（2020 年 08 月 05 日）

持之以恒扛起万钧重任

——凝聚脱贫攻坚的精气神④

盛玉雷

广大扶贫干部深知,自己所投身的,是实现中华民族伟大复兴的历史伟业;自己所扛起的,是亿万人民过上美好生活的万钧重任

越是形势复杂,越要砥砺初心、永葆恒心,坚持任务不减、目标不变、标准不降,继续攻坚克难、勇毅前行

"其作始也简,其将毕也必巨。"进入2020年下半年,脱贫攻坚正在加劲冲刺,奋斗的身影愈加忙碌。在农村基层,不少驻村工作队队员手上总拿个本子,留意群众的难题,记下工作的思考;有的驻村第一书记任期届满,"申请留下来,打完这一仗",一定要亲眼见证乡亲们脱贫致富。决胜脱贫攻坚"最后一公里"的关键阶段,广大扶贫干部不畏繁难、坚毅前行,以持之以恒的劲头与贫困作斗争。

习近平总书记指出:"脱贫攻坚任务能否高质量完成,关键在人,关键在干部队伍作风。"脱贫攻坚战打响以来,全国共派出25.5万个驻村工作队,大量干部被选派到贫困村和软弱涣散村担任第一书记或驻村干部。从大山深林到水田旱地,从戈壁荒漠到林海草原,他们和贫困群众想在一起、干在一起,奔忙于一个个扶贫项目,张罗着一项项致富产业,攻克了一座座贫困堡垒,解决了一道道发展难题。在脱贫攻坚战斗中,

扶贫干部们用艰苦付出和不懈努力，书写了浓墨重彩的篇章。

"你把乡亲当亲人，付出了所有……"在广西融安，当地人用一首歌纪念他们的扶贫带头人蓝标河。这位奋战脱贫一线20多年的"老兵"，用"向人民报告"作为自己的微信名，年仅44岁便倒在了熟悉的扶贫路上。脱贫攻坚的战场，没有枪林弹雨，但要冲锋陷阵；没有炮火硝烟，也有奉献牺牲。黄文秀、王秋婷、柳西周……多名扶贫干部牺牲在脱贫攻坚战场上。明知条件艰苦、困难重重，仍然义无反顾、坚持不懈；心甘情愿奔赴千山万水、服务千家万户，千方百计为群众排忧解难——广大扶贫干部深知，自己所投身的，是实现中华民族伟大复兴的历史伟业；自己所扛起的，是亿万人民过上美好生活的万钧重任。

"以百姓心为心，与人民同呼吸、共命运、心连心，是党的初心，也是党的恒心。"今年以来，疫情突发、洪水来袭，脱贫攻坚工作更加艰苦卓绝。越是风急浪高、山高路险，越考验毅力，越呼唤担当。在新冠肺炎疫情防控期间，许多驻村工作队拉起来就是防"疫"队、战"疫"队，在保障人民群众生命安全和身体健康的同时，想方设法解决贫困劳动力外出务工、土特商品销售运输、扶贫项目复工复产等问题。进入防汛关键时期，灾区扶贫干部坚持"防汛弦正紧，脱贫劲不松"，努力做好受灾和转移群众安置救助工作，果断采取防止因灾返贫、因灾致贫的政策措施，担起脱贫攻坚和抗洪抢险的"双责"。事实证明，越是形势复杂，越要砥砺初心、永葆恒心，坚持任务不减、目标不变、标准不降，继续攻坚克难、勇毅前行。

初心宝贵，恒心难得。对扶贫干部来说，当前所取得的成绩来之不易，但决不能因局部胜利而骄傲、因不凡成就而懈怠。面对复杂多变的国际国内形势，也决不能因困难挑战而畏惧、退缩。面对剩下的贫中之贫、困中之困，还须击鼓催征、再下一城；面对已脱贫人口的返贫风险、边缘人口的致贫风险，还须兢兢业业、确保成色；面对全面脱贫与乡村振兴的有效衔接，还须下苦功、有作为……脱贫攻坚战不是轻轻松松一冲锋就能打赢的。在决战决胜的紧要关头，一如既往保持毅力，一以贯之履职尽责，不停顿、不大意、不松劲，才能如期高质量完成脱贫攻坚任务，夺取脱贫攻坚战全面胜利。

以恒心坚守初心，始终把群众放在心中，把责任扛在肩上，激发勇毅之力、积聚笃行之功，我们就一定能将光荣与梦想书写在大地上，坚决兑现我们党向人民、向历史作出的庄严承诺。

（2020年08月06日）

脱贫摘帽是新生活新奋斗起点
——凝聚脱贫攻坚的精气神⑤

桂从路

> 通过脱贫摘帽后的"接力跑",许多地方跑出了乡村振兴的"加速度",让老百姓的日子越过越红火
>
> 坚持以人民为中心,彰显"让人民过上好日子"的价值追求,自觉把增进民生福祉作为发展的根本目的,这不是阶段性的工作要求,而是我们一以贯之的使命担当

依靠外出务工和发展乡村旅游、种养殖业,云南省临沧市邦佑村2018年实现整村脱贫,但3位扶贫工作队员仍常驻村里,帮助大家解决大事小情。在云南省贡山县,"一越跨千年"的独龙族整族脱贫后,当地在夯实巩固脱贫攻坚成果的基础上,狠抓生态农业、旅游产业、生态保护等六大行动,推动经济社会发展取得新成就。通过脱贫摘帽后的"接力跑",许多地方跑出了乡村振兴的"加速度",让老百姓的日子越过越红火。

习近平总书记指出:"脱贫摘帽不是终点,而是新生活、新奋斗的起点。""终点"与"起点",蕴含辩证思维,体现了我们党造福人民的不懈追求,彰显了接续奋斗、久久为功的境界。当前,我国区域性整体贫困基本得到解决,脱贫攻坚取得决定性成就。沉甸甸的实绩,坚定了我们全面建成小康社会的信心,为实现乡村振兴奠定坚实基础。新起点意味

着新使命、新要求、新作为。面向未来，怎样推动减贫战略和工作体系平稳转型，建立长短结合、标本兼治的体制机制？如何做好乡村振兴这篇大文章，推动乡村产业、人才、文化、生态、组织等全面振兴？回答好这些新考题，关键在于下定决心，以坚定不移的意志开拓进取，竭尽全力为人民谋幸福。

从2000多年前的《诗经》开始，"小康"就成为丰衣足食、安居乐业的代名词，承载着中华民族的美好愿望。我们对小康的认识与追寻，历经时间的洗礼，一步步让梦想照进现实。从"能吃饱肚子"到"吃'净颗子'"，再到"想吃细粮就吃细粮，还能经常吃肉"，陕北黄土高原上老百姓对幸福生活的朴素憧憬，映照着几代人筚路蓝缕的奋斗足迹。从解决温饱问题到彻底摆脱贫困，从总体小康到全面小康，改革开放以来，正是因为咬定小康这个目标不放松，我们不断深化对小康社会的认识，不断丰富小康社会的内涵，激发了打赢脱贫攻坚战的决心意志。

历史性地解决绝对贫困问题，足以彪炳史册。但也应清醒看到，返贫致贫的因素还会存在，相对贫困还会存在。唯有不舍寸功，才能善作善成。据各地初步摸底，已脱贫人口中有近200万人存在返贫风险，边缘人口中还有近300万人存在致贫风险。特别是当前叠加新冠肺炎疫情的冲击和洪涝地质灾害的影响，部分贫困群众生产生活困难可能增多，巩固脱贫成果难度更大、要求更高。因此，既要立足当下补短板、强弱项，切实做到摘帽不摘责任、摘帽不摘政策、摘帽不摘帮扶、摘帽不摘监管，又要着眼长远，激发欠发达地区和农村低收入人口发展的内生动力。这些目标任务没有哪一项是轻轻松松就能完成的，仰赖于更大的力度、更强的决心、更有力的举措。

站在"两个一百年"奋斗目标的历史交汇点上，应充分认识到奋斗的连续性。砥砺决心，就要咬定青山不放松，一锤接着一锤敲。坚持以人民为中心，彰显"让人民过上好日子"的价值追求，自觉把增进民生福祉作为发展的根本目的，这不是阶段性的工作要求，而是我们一以贯之的使命担当。今天，人民群众期盼更好的教育、更稳定的工作、更满意的收入、更可靠的社会保障、更高水平的医疗卫生服务、更舒适的居住条件、更优美的环境……面对人民日益增长的美好生活需要，我们不能有丝毫骄傲自满的念头,更不能有"喘口气、歇歇脚"的想法。目标不变、靶心不移、脚步不停、百尺竿头、更进一步,才能不断增强人民群众的获得感、幸福感、安全感。

党的十九大报告擘画了未来发展蓝图,提出全面建成小康社会后,"乘势而上开启全面建设社会主义现代化国家新征程,向第二个百年奋斗目标进军"。坚定决心不松劲,精神抖擞向前进,立志书写更新更美的篇章,中国人民必将在实现中华民族伟大复兴的历史进程中,创造更加辉煌灿烂的业绩。

(2020年08月07日)

中国碗要装中国粮

张 铁

端稳中国碗，装满中国粮，关键在农民，根本在耕地，出路在科技

稳住粮食安全这块压舱石，把饭碗牢牢端在自己手中，我们就有了应对各种风险挑战的信心和底气

"我十分关心粮食生产和安全""保护好黑土地这一'耕地中的大熊猫'""粮食是基础啊"……近日，习近平总书记在吉林考察，第一站就来到松辽平原，察看玉米长势，了解粮食生产，体现了对于粮食安全的高度重视与深切思考。

食为政首。一把麦子一碗米，在习近平总书记心里都有着沉甸甸的分量。在黑龙江农垦建三江管理局，总书记双手捧起一碗大米，感叹"中国粮食！中国饭碗！"在国家南繁科研育种基地，总书记走进超级水稻展示田，强调"要下决心把我国种业搞上去"。在河南开封张市镇高标准粮田综合开发示范区，总书记仔细查看麦穗灌浆情况，勉励"粮食生产这个优势、这张王牌任何时候都不能丢"……念兹在兹，日夜思之，正是因为人民领袖的认识深刻："十几亿人口要吃饭，这是我国最大的国情。"对于我们这样一个大国来说，手中有粮、心中不慌在任何时候都是真理。

粮食安全是国家安全的重要基础，保障粮食安全是一个永恒的课题。"悠悠万事，吃饭为大"，习近平总书记强调，只要粮食不出大问题，中国的事就稳得住。深入基层，洞悉粮情，把握大势，党的十八大以来，习近平总书记将粮食安全作为治国理政的头等大事，提出了"确保谷物基本自给、口粮绝对安全"的新粮食安全观，确立了"以我为主、立足国内、确保产能、适度进口、科技支撑"的国家粮食安全战略，始终坚持走中国特色粮食安全之路，确保"中国人的饭碗任何时候都要牢牢端在自己手上，我们的饭碗应该主要装中国粮"。

端稳中国碗，装满中国粮，关键在农民，这是一个"谁来种地"的问题。随着农村劳动力的转移，一些地方出现农民老龄化、农村空心化等现象。解决这一问题，核心是要解决好人的问题，关键在富裕农民、提高农民、扶持农民。习近平总书记提出，要加大强农惠农富农政策力度；调动和保护好"两个积极性"，要让农民种粮有利可图、让主产区抓粮有积极性。培养造就新型农民队伍，坚持家庭经营在农业中的基础性地位，改善农业生产条件和装备水平……一系列政策措施破解"谁来种地"的问题，让农业成为有奔头的产业，让农民成为体面的职业，让农村成为安居乐业的美丽家园。

端稳中国碗，装满中国粮，根本在耕地，这是一个"种什么地"的问题。今天的耕地就是明天的饭碗。习近平总书记强调"耕地是粮食生产的命根子"，要求"耕地红线要严防死守"。我国人多地少的基本国情，决定了我们必须把关系十几亿人吃饭大事的耕地保护好，绝不能有闪失。习近平总书记指出："要实行最严格的耕地保护制度，依法依规做好耕地占补平衡，规范有序推进农村土地流转，像保护大熊猫一样保护耕地。"这些年来，我们严守耕地红线、提升耕地质量，耕地相较1996年增加480多万公顷，到2022年将建成10亿亩高标准农田，牢牢稳住了粮食安全的基本盘。

端稳中国碗，装满中国粮，出路在科技，这是一个"地怎么种"的问题。今年全国两会上，习近平总书记谈起当年黄土高原上的老乡们在吃饱吃好基础上的更高愿望，是"干活挑着金扁担"。总书记说："'金扁担'，我把它理解为农业现代化。"这是老乡们的目标，也是粮食安全的重要手段。"保障粮食安全,要加快转变农业发展方式,推进农业现代化""要研究和完善粮食安全政策,把产能建设作为根本,实现藏粮于地、藏粮于技""让农民用最好的技术种出最好的粮食"……从基础设施建设到机械化发展,从生物技术研发到信息技术应用,丰收的画卷背后,是农业科技的"硬核"支撑。

"仓廪实,天下安。"今年,中国夏粮产量达 2856 亿斤,同比增长 0.9%,创历史新高。战疫情、抗洪涝,丰收来之不易。民为国基,谷为民命。稳住粮食安全这块压舱石,把饭碗牢牢端在自己手中,我们就有了应对各种风险挑战的信心和底气,就一定能让"中国号"巨轮行稳致远、破浪前行。

(2020 年 07 月 30 日)

以"理论自觉"坚定制度自信

盛玉雷

> 体悟中国制度的价值意义,才能懂得"中国之治"的来之不易;把握中国制度的显著优势,才能坚定走好中国道路的自信

越是面临风险挑战,越能检验制度的效能。安徽歙县,暴雨突袭阻断道路,当地公安、消防、民兵应急队伍连夜架设浮桥,保障2000多名考生完成高考;湖北黄梅,河堤决口发生险情,上千名空降兵紧急奔赴现场,奋战一昼夜守住大堤。当前,我国进入防汛关键时期,各地各方加强统筹协调,全力抢险救援。从监测预警、堤库排查,到应急处置、受灾群众安置,部署有条不紊,行动迅速高效,再次彰显了中国力量背后的制度优势。

习近平总书记深刻指出,"制度优势是一个国家的最大优势"。体悟中国制度的价值意义,才能懂得"中国之治"的来之不易;把握中国制度的显著优势,才能坚定走好中国道路的自信。前不久,由中央宣传部理论局组织撰写的2020年通俗理论读物《中国制度面对面》出版发行,从理论阐释、新闻视角、问题意识等维度,对中国特色社会主义制度是怎么来的、中国特色社会主义制度为什么好、中国特色社会主义制度如何行稳致远等16个重大问题作出精准解读。这本书权威准确、通俗易懂、

适逢其时，有助于广大干部群众进一步增强理论自觉、坚定制度自信，把智慧和力量凝聚到落实党中央决策部署上来。

能不能防范化解重大风险，是检验制度好坏的试金石。在抗击新冠肺炎疫情的斗争中，从部署周密的应急作战，到气壮山河的生命救援，再到团结互助的全民动员，我们坚持全国一盘棋、统一指挥、统一行动，举全国之力、集优质资源，为战胜疫情形成了合力，让人更加直观地感受到中国特色社会主义国家制度和国家治理体系的巨大优势，更加深刻地认识到中国特色社会主义制度的强大生命力和显著优越性。

制度带有全局性、稳定性，管根本、管长远，体现于"乱云飞渡仍从容"的定力，也蕴含着"咬定青山不放松"的韧性。回首既往，南水北调跨越大半个中国，扶贫脱贫几十年如一日……解析"中国之治"的制度密码，不难发现，只有坚持党的领导，才能"一张蓝图绘到底"，为推进中国特色社会主义事业提供坚强保证；只有坚持以人民为中心，才能有效体现人民意志、保障人民权益、激发人民创造力，凝聚起同心同德、奋勇前行的磅礴力量；只有集中力量办大事，才能把不可能变为可能，创造一个又一个难以置信的奇迹。党的十九届四中全会从13个方面系统总结了我国国家制度和国家治理体系的显著优势，这既是理论层面的概括提炼，也是对实践的深刻总结，激励着亿万人民坚定信念、接续奋斗。

从长远来看，制度有一个动态演进、发展完善的过程，应随着时间、环境、条件的变化而作出相应的调整和改进。比如，针对疫情防控期间暴露出来的短板和不足，我们强化公共卫生法治保障、改革完善疾病预防控制体系、改革完善重大疫情防控救治体系、健全重大疾病医疗保险和救助制度、健全统一的应急物资保障体系；面对繁重的改革发展稳定任务，我们依靠改革应对变局、开拓新局，更加注重制度和治理体系建设，着力解决深层次体制机制问题。及时总结实践中的好经验好做法，加快建立健全国家治理急需的制度、满足人民日益增长的美好生活需要必备的制度，中国特色社会主义制度就能更加成熟更加定型，从而进一步彰显制度优势，迸发生机活力。

"聆听动人故事，发现中国制度的成功秘钥"。观看有关《中国制度

面对面》的动漫微视频,有网友如此感慨。今天,仰望中国特色社会主义制度大厦,我们无比自豪;迈步中国特色社会主义的康庄大道,我们信心满怀。坚定制度自信,激发制度优势,汇聚奋进力量,我们就一定能攻坚克难、勇毅前行,不断开辟"中国之治"新境界,书写改革发展新篇章。

(2020年07月20日)

依靠改革应对变局开拓新局

彭 飞

注重运用改革来突破瓶颈、打破束缚,通过发挥好改革的突破和先导作用来战胜挑战、化解风险

尊重群众首创精神,包容基层先行先试,激发市场主体创新活力,就能汇聚全社会的创新势能

在常态化疫情防控背景下,一系列改革举措振奋人心。"完善医防协同机制""加快推进新一代信息技术和制造业融合发展""建立科学的、符合时代要求的教育评价制度和机制"……既有全面小康的目标引领,也有针对现实的问题导向,正如习近平总书记深刻指出的,"必须发挥好改革的突破和先导作用,依靠改革应对变局、开拓新局"。

在危机中育新机,于变局中开新局,改革是重要抓手。今年2月,在疫情防控最吃劲的时候,习近平总书记主持召开中央全面深化改革委员会第十二次会议,专门对完善重大疫情防控体制机制、健全国家公共卫生应急管理体系作出重要部署。从改革完善疾病预防控制体系,到完善基层公共卫生防护网,一系列改革举措稳步推进,使疫情中暴露出的短板和不足逐步得到有效弥补。发挥好改革的引领和撬动作用,不仅能为战胜疫情提供助力,也有助于把我国发展所蕴藏的巨大潜力充分释放

出来。

回顾改革开放40多年来的历程，凡是在遇到困难的时候，我们都注重运用改革来突破瓶颈、打破束缚，通过发挥好改革的突破和先导作用来战胜挑战、化解风险。面对经济新常态，坚持以供给侧结构性改革为主线，加快建设现代化经济体系；面对社会主要矛盾的变化，大力推进民生领域改革；面对逆全球化思潮和贸易保护主义挑战，持续推进更高水平对外开放……发展出题目，改革做文章，历史和经验启示我们，越是形势复杂，越要通过深化改革增强经济发展内生动力，增强应对挑战、抵御风险的能力。

今年是全面建成小康社会和"十三五"规划收官之年，原本就有很多硬仗要打，受到疫情冲击后挑战更大、任务更重。如何在常态化疫情防控前提下做好经济社会发展各项工作？如何确保"六稳""六保"工作落地见效？如何把满足国内需求作为发展的出发点和落脚点，加快构建完整的内需体系？破解发展难题、解答时代新题，都需要用好"改革"这个重要法宝。把抓好党的十八届三中全会以来部署改革任务的落实同完成"十三五"规划主要目标任务、决胜脱贫攻坚、全面建成小康社会结合起来，把统筹推进常态化疫情防控和经济社会发展工作贯通起来，有针对性地部署推进关键性改革，就能激发出前进动能、释放出发展活力，推动改革更好服务经济社会发展大局。

改革，最本质的要求就是创新。改革创新最大的活力蕴藏在基层和群众中间，对待新事物新做法，要加强鼓励和引导，让新生事物健康成长，让发展新动能加速壮大。在疫情防控期间，智能制造、无人配送、直播带货等新业态新模式展现出强大成长潜力。中央深改委第十四次会议专门审议通过了《关于深化新一代信息技术与制造业融合发展的指导意见》，强调"加快制造业生产方式和企业形态根本性变革""提升制造业数字化、网络化、智能化发展水平"。尊重群众首创精神，包容基层先行先试，激发市场主体创新活力，就能汇聚全社会的创新势能，激扬澎湃的发展新动能，为高质量发展积蓄强大力量。

2020年注定是不平凡的一年。唯其艰难，才更显勇毅；唯其笃行，才弥足珍贵。保持战略定力、增强行动自觉,把已经明确的各项改革举措不折不扣地落实落细,推动全面深化改革向纵深发展,我们就一定能战胜各种风险挑战,书写中华民族奋勇向前的新篇章。

(2020年07月14日)

"三支一扶",在基层播撒青春梦想

彭 飞

"三支一扶"计划是输送人才、培养人才的平台,也是年轻人放飞梦想的舞台。一批又一批高校毕业生发挥所学所长,让青春和才华绽放在农村基层的土地上

随着"三支一扶"工作的持续开展,将会有更多胸怀梦想、勇于担当的年轻人奔赴脱贫攻坚战的主战场、扎根服务群众的第一线,在实践中经风雨、见世面、长才干,为全面建成小康社会贡献青春力量

投身贫困山区的卫生院,把医疗服务带到每一位困难群众身边;发挥专业所长,为养殖户送去急需的防疫知识和养殖技术;扑下身子、扎根泥土,从普通办事员历练为当地发展的带头人……广袤大地上,"三支一扶"人员以及通过"三支一扶"计划成长起来的年轻人,在不同领域和岗位上担当作为、无私奉献,诠释了青春的价值,谱写出一曲曲奋斗赞歌。

自启动至今,"三支一扶"计划已历经15个年头。这项政策专门组织高校毕业生到农村基层从事支教、支农、支医和扶贫工作,取得丰硕成果。相关服务领域,从最初的教育、农业、医疗卫生、扶贫开发,逐步拓展到农技推广、水利、农村文化、就业和社会保障、贫困村整村推进、

基层供销社等。通过"三支一扶"计划，一大批有知识、懂技术、能创新的高素质人才走向基层、走入乡村，为偏远落后地区注入了发展活力。如今，这支人才队伍已达近40万人规模，成为促进基层发展、助力乡村振兴的重要力量。

"三支一扶"计划是输送人才、培养人才的平台，也是年轻人放飞梦想的舞台。长期以来，高校毕业生比较缺乏"基层课""实践课"，而"三支一扶"提供了有效的学习锻炼机会。一位投身"三支一扶"计划的基层干部感慨："非常感谢'三支一扶'平台，它锻炼了我的耐心和毅力，让我很早就明确了自己的人生方向。"在"三支一扶"的催化作用下，一批又一批高校毕业生发挥所学所长，让青春和才华绽放在农村基层的土地上。近年来，报名参加"三支一扶"计划的人数逐年增多。通过"三支一扶"，越来越多年轻人认识到，基层同样大有可为。

今年是全面建成小康社会和"十三五"规划收官之年，改革发展稳定的任务本来就很重，现在又叠加疫情影响，做好各项工作的难度更大。在这样的背景下，"三支一扶"岗位不仅是基层工作的一线，也是脱贫攻坚的前线，具有很强的示范和带动作用。据人社部、财政部消息，今年将招募3.2万名高校毕业生到基层从事"三支一扶"工作，比去年增加5000名。其中，对"三区三州"等深度贫困地区实行招募计划单列，并将52个未脱贫县招募需求全部纳入中央财政支持范围，增加湖北等受疫情影响较大省份招募名额，扩大扶贫和支医服务岗位开发力度。随着"三支一扶"工作的持续开展，将会有更多胸怀梦想、勇于担当的年轻人奔赴脱贫攻坚战的主战场、扎根服务群众的第一线，在实践中经风雨、见世面、长才干，为全面建成小康社会贡献青春力量。

也应看到，继续完善政策措施、健全体制机制，与时俱进推动"三支一扶"工作创新发展，也是一项重要课题。比如，相关人员服务期满后，怎样更好畅通流转渠道，为他们打开更广阔的职业空间？对于扎根深度贫困地区、边远山区的年轻人，如何切实保障他们的基本生活？如何因地制宜，落实好公务员定向招录、考研加分等支持政策？采取务实举措，进一步解决好"三支一扶"人员在工作生活中面临的实际问题，努力提升获得感、免除后顾之忧，就能让他们全身心投入到服务基层、奉献基层的各项工作中去。

"到基层去,到西部去,到祖国最需要的地方去"。这样的精神气质,这样的责任担当,激励着无数年轻人投身基层,用智慧和汗水去浇灌一片片充满希望的土地。时间为证,这一粒粒播撒到乡间的青春种子,必将生根发芽、茁壮成长,写下一个个动人的奋斗故事。

(2020年07月06日)

把百年奋斗延伸到未来

李 斌

> 党员应有党员的样子，这个样子是为党分忧、为国尽责、为民奉献的样子，这个样子是平常时候看得出来、关键时刻站得出来、危急关头豁得出来的样子
>
> 在建党 99 周年之际回望奋斗历程、坚定初心使命，就要把党性修养转化为不竭的奋斗动力，要有穿越风雨见彩虹的信心，要有"不破楼兰终不还"的决心

在建党 99 周年之际，从抚今追昔的党史国史教育、洗礼精神的宗旨使命教育，到重温入党誓词、重读入党志愿书等活动，各地开展丰富多样的学习教育和政治仪式，提升党员干部守初心、担使命的思想自觉、行动自觉，让党旗在党员心中高高飘扬。

共产党员，一个闪亮的名字，一个胸怀人民、肩负家国的信仰者群体。回看近百年来的峥嵘党史，从"邃密群科济世穷"的救国志士，到"甘将热血沃中华"的革命英雄，从"踏平坎坷成大道"的建设大军，到"直挂云帆济沧海"的改革先锋，无数共产党人为救国救民、强国富民作出彪炳千秋的贡献。在决胜全面建成小康社会的征程中，从扶贫一线到改革前沿，从科创攻坚到制造车间，到处都活跃着党员躬身奋斗的身影。在抗击新冠肺炎疫情斗争中，基层党组织和广大党员不畏艰险、冲锋在

前,充分发挥了战斗堡垒作用和先锋模范作用。今天,中华民族伟大复兴展现出前所未有的光明前景,离不开科学理论指导,离不开有坚定理想信念支撑的无数共产党人的不懈努力。

"党员是党的肌体的细胞和党的活动的主体"。党的先进性,来自每一个共产党员的先进表现;党的凝聚力,来自广大共产党员的团结一心;党的执政使命,要靠千千万万党员卓有成效的工作来完成。党和人民的事业发展到什么阶段,党的建设就要推进到什么阶段,党员自身的党性修养和思想改造也就要跟进到什么阶段。这不仅是党的建设的永久性课题,也是"党员"二字本身所蕴涵的使命宗旨的深沉呼唤。习近平总书记在瞻仰中共一大会址时强调:"入党誓词字数不多,记住并不难,难的是终身坚守。每个党员要牢记入党誓词,经常加以对照,坚定不移,终生不渝。"对广大党员干部而言,对党忠诚、为党分忧、为党担责、为党尽责是一生的事业,只有遵守党章党规、坚守入党誓词,加强自身学习修养、党性锻造,才能亮出党员担当、焕发党员风采。

党员应有党员的样子,这个样子是为党分忧、为国尽责、为民奉献的样子,这个样子是平常时候看得出来、关键时刻站得出来、危急关头豁得出来的样子。今年是全面建成小康社会和"十三五"规划收官之年,也是脱贫攻坚决战决胜之年,本来就有很多硬仗要打,突如其来的疫情让各项工作任务更重、挑战更大,必须付出更为艰巨的努力。在建党99周年之际回望奋斗历程、坚定初心使命,就要把党性修养转化为不竭的奋斗动力,要有穿越风雨见彩虹的信心,要有"不破楼兰终不还"的决心。要做到对党忠诚、为党分忧,就要在疫情冲击下有迎难而上的勇气、化解矛盾的高招、解决问题的方法,就要更好统筹推进疫情防控和经济社会发展,就要用实际行动保持经济持续健康发展、社会大局稳定。每位党员干部都能挺身而出、勇挑重担,就一定能汇聚成不可战胜的磅礴力量,坚决打赢脱贫攻坚战,奋力实现今年经济社会发展主要目标任务。

"中国共产党立志于中华民族千秋伟业,百年恰是风华正茂!"现在,我们正处于"两个一百年"奋斗目标的历史交汇期,第一个百年奋斗目标将要实现,第二个百年奋斗目标将要开篇。把初心使命书写在脱贫攻坚第一线,定格在全面小康征程中,我们将把百年奋斗延伸到未来,不断书写这个百年大党的光荣与梦想。

(2020年07月01日)

短视频，监管和责任不能"短"

陈 凌

短视频为青少年打开了一扇通往兴趣和知识的大门。守护青少年健康成长，需要我们在内容上激浊扬清，在管理上引导规范

防止沉迷、保护未成年人，并不是将未成年人排斥在网络之外，而应注重青少年数字能力和网络素养的提升

如今，如果列举几个热门的互联网应用类型，短视频必居其一。闲时"刷一刷"、偶尔"看一看"、随手"拍一拍"……短视频已融入人们的日常生活。对于青少年而言，短视频更是有着不小的影响。

数据更加直观。前不久，共青团中央维护青少年权益部、中国互联网络信息中心联合发布的《2019年全国未成年人互联网使用情况研究报告》显示，2019年，未成年人在互联网上经常收看短视频的比例达到46.2%，较2018年提升5.7个百分点。在这样的背景下，如何让青少年更好接触短视频，成为值得思考的社会课题。

短视频之于青少年，有着独特的意义和价值。互联网互联互通、无远弗届的特点，能让知识跨越山海的阻隔；短视频参差多态、信息量大、趣味性强的内容，能拓展人们认识世界的维度。譬如，借助一块屏幕，非遗技艺能激发孩子们对传统文化的兴趣，偏远地区的学生有了摆脱"土

味外语"的可能，城市里的少年也有机会感受乡间生活的山水乐趣。从这个角度来看，短视频为青少年打开了一扇通往兴趣和知识的大门。

也应看到，青少年正处于人生成长的"拔节孕穗期"，不管是行为习惯，还是价值观念，都容易受到外部世界的影响。从短视频的特性出发考量，一方面，内容丰富多彩，但也存在泥沙俱下的问题。一些色情、暴力等低俗有害信息，会对青少年身心造成影响，而危险动作、整蛊恶搞、吸烟喝酒等不良内容，更是会让青少年受到误导甚至伤害。另一方面，"短小精悍"符合注意力法则，但也存在沉迷上瘾的隐忧。随着算法推荐等技术的应用，平台还能根据用户偏好，推送相应内容，这对于缺少时间管理观念、自控能力较弱的青少年而言，很容易让时间在指尖上流走。守护青少年健康成长，需要我们在内容上激浊扬清，在管理上引导规范。

短视频虽短，但监管不能"短"，平台责任更不能"短"。从开展"清源""净网""护苗"等专项行动，到推进未成年人网络保护条例立法进程，再到指导网络视频平台上线"青少年防沉迷系统"，近年来，国家有关部门在互联网治理上持续发力，以有力举措为青少年营造良好网络生态。不容忽视的是，相对于显性的低俗内容，易沉迷特性、不良价值倾向等比较隐蔽，更难甄别和引导。有家长说，有的短视频平台虽然上线了防沉迷系统，但因为没有准入门槛，无需注册就能随时刷新观看，孩子删除应用程序以后重新下载，就能轻松绕过限制。如何避免漏洞、消除隐患，为青少年构建绿色网络空间，依然需要平台、监管部门等方面继续探索、久久为功。

如果说，防沉迷系统解决的是"不让孩子看什么"，那么，孩子们究竟应当看什么？事实上，技术即便再高超，如果只堵不疏，作用也十分有限，甚至会让青少年产生逆反心理。正如有学者所言，防止沉迷、保护未成年人，并不是将未成年人排斥在网络之外，而应注重青少年数字能力和网络素养的提升。平台提供更多优质内容，家长以身作则、在陪伴中帮孩子培养健康的兴趣爱好，学校引导学生自控自律、健康上网，监管部门规范短视频平台发展，多方携手努力、相向而行，帮助青少年学会分辨、加强自律，才能让他们养成良好的上网习惯，善用短视频助力学习和生活。

"怎样科学佩戴口罩""快递要不要消毒""新冠病毒是如何传播的"……抗击新冠肺炎疫情期间,许多科普短视频不仅普及了科学知识,也提升了公众的科学素养,涵养了理性的社会心态。短视频的快速发展,创造了很多可能性,映照着经济社会的发展进步。我们不必让青少年与短视频"绝缘",而应在治理乱象的同时,帮助青少年培养应用短视频的能力和素养。兴其利、除其弊,才能让短视频成为青少年的良师益友,帮助他们获取知识、开拓眼界、提升能力。

(2020年06月30日)

赋予传统节日新的时代内涵

张 凡

岁月流转，我们的生活方式不断改变，但端午节丰厚的文化意蕴依然富含魅力、润泽心灵

创新方式、丰富形式、有效传承，不断注入新的时代内涵，才能让传统节日有机融入现代生活，真正激活蕴藏在节日中的文化基因

粽香四溢、艾叶流芳，我们即将迎来又一个端午节。在重庆，人们参与"我的端午节"小视频拍摄活动，真实记录身边故事；在宁夏，居民比赛包粽子、绣荷包，"零距离"感受传统文化；在黑龙江，艺术家汇聚"云端"，通过直播展演端午民俗……端午节到来之际，我们重拾熟悉的味道、借助多彩的形式，体会美好的精神内涵，品味厚重的中华民族历史文化。

作为我国四大传统节日之一，端午节历史悠久，传承千载而历久弥新。这一天，人们采叶裹粽、悬挂艾草、饮雄黄酒、戴五彩线，寄托着祈求健康平安的美好心愿；人们争旗鼓、赛龙舟，传递着祈福风调雨顺、国泰民安的朴素情感……尽管地域不同，节日活动特色纷呈，却映照着丰富的文化价值。端午节所蕴含的人文理念，绵延赓续、代代流传，成为共同的文化记忆，体现着对自然、生命、家国情怀的认知与追求。

岁月流转，我们的生活方式不断改变，但端午节丰厚的文化意蕴依然富含魅力、润泽心灵。在疫情防控常态化的背景下，今年端午节期间，一些传统民俗活动无法举办，但这并不会影响节日氛围，反而让我们更深刻地体会到祈愿和顺平安的节日内涵。山东青岛一个社区，居民们自发为战疫一线的志愿者送去飘香的粽子和寓意健康的五彩线，感恩他们守护邻里安全；江苏扬州一所学校，老师们"临行密密缝"，将祝福一针一线缝进香囊送给毕业生，祝愿他们前程似锦、一切安康。超越具体的形式，那些护佑健康的努力、守望相助的温暖、共克时艰的行动，更能彰显端午节所蕴含的文化与价值。

传统节日的到来，促使我们回望生生不息的历史文化，再次体悟文化意涵、民族品格，也让人直面当下，思考如何更好涵养和传承传统文化。今年端午节或许不似往年热闹，但特殊时期也为创新提供了契机。比如，近段时间，多地通过网络直播端午民俗活动，开设网上展演和培训课堂，通过"云上端午"，让传统习俗走近更多年轻人。再比如，为吸引游客，一些地方推动端午民俗文化与旅游业相融合，为景区注入文化元素、文化记忆，充实了内涵、提升了品位。从创新传统文化的表达方式、传播渠道，到充分挖掘传统文化资源的现代经济价值，越来越多的努力汇聚在一起，正在助推传统文化"活起来""火下去"。

某种意义上，我们每一次庆祝传统节日，都是在赋予传统文化新的生命，使其在时间长河的洗礼中，不断闪耀新的光芒。元宵闹花灯，端午赛龙舟，月下穿针乞巧，重阳赏菊登高……多彩的传统节日习俗在继承中创新、在创新中发展，已经成为民族文化的重要载体。传统节日是非物质文化遗产的重要组成部分，保护好传统节日，能够为亿万人民提供丰厚的精神滋养。创新方式、丰富形式、有效传承，不断注入新的时代内涵，才能让传统节日有机融入现代生活，真正激活蕴藏在节日中的文化基因。

"正是浴兰时节动，菖蒲酒美清尊共。"端午节如同一条纽带，将人们联结在一起，共赴一场文化的宴会。让我们珍视祖辈留下的文化遗产，共同感受节日文化的魅力，更好守护传统文化的根和魂。

（2020年06月24日）

"公筷公勺"彰显文明新风

李洪兴

无论从现代文明饮食习惯出发,还是从疾病预防、公共卫生角度而论,使用公筷公勺、推行分餐制都是一场亟待深化的"餐桌革命"

公筷公勺仿佛一面镜子,映照着公共卫生意识与社会文明风貌。疫情防控是对病毒的战斗,也是对生活方式的检验、健康习惯的重塑、文明素养的培育

"用餐实行分餐制、使用公筷公勺""餐饮服务企业应当配备公筷公勺,有条件的应当推行分餐制,引导消费者文明健康就餐"。前不久,《北京市文明行为促进条例》正式施行,明确提倡使用公筷公勺、推行分餐制。不少餐厅积极响应、完善服务流程规范,对用餐客人进行善意提醒。

"公筷公勺""分餐制",看似饮食、生活方面的小事,实则关系卫生健康,体现社会文明程度。新冠肺炎疫情防控期间,越来越多的人意识到,科学防疫、避免病毒交叉感染需要重视细节,而日常用餐环节不容忽视。11位疾控专家曾做过一个实验,测试使用公筷与否对用餐后细菌数量的影响,发现菌落总数最大相差250倍。主动使用公筷公勺、践行分餐制,养成文明就餐良好习惯,能够有效避免"病从口入",降低病毒传播风险。

日前，习近平总书记在主持召开专家学者座谈会时指出，要倡导文明健康绿色环保的生活方式，开展健康知识普及，树立良好饮食风尚，推广文明健康生活习惯。现实中，人们习惯于围坐一桌，你一筷、我一勺。其实，用公筷夹菜、公勺盛汤，有条件时分餐而食，不仅不会影响团聚氛围，还更有利于健康。"一双公筷，健康常在"。无论从现代文明饮食习惯出发，还是从疾病预防、公共卫生角度而论，使用公筷公勺、推行分餐制都是一场亟待深化的"餐桌革命"。以小小的公筷公勺为抓手，改变用餐习惯、树立文明新风，具有重要的现实意义。

文明健康生活方式的养成，并非一日之功，难以一蹴而就。事实上，倡导使用公筷公勺、推行分餐制早已有之，但效果一直不够理想。有专家研究了非典前后居民的健康行为，结果发现，非典期间外出就餐人群中"总是"和"较多"使用公筷者分别为12.1%和24.8%，到2006年3月则分别降至11.2%和22.7%。可见，习惯的培养更非易事。如何改变"疫情来了重视卫生，疫情过后自我放松"，也是一道值得思考的公共课题。

使用公筷公勺、推行分餐制，关键在于落细落实，将其真正融入日常生活。有媒体随机采访了100组路人，"太麻烦""不习惯"是影响推广使用公筷公勺的主要因素。这也提醒人们，使用公筷公勺、推行分餐制，需要从我做起、从现在开始。努力提升自我的卫生意识、健康理念，从文明就餐的点点滴滴做起，就能"习惯成自然"。正如有专家所说，难就难在没成习惯，小众变大众，就不觉得难了。倡导公筷公勺与分餐制是一次全民健康实践，离不开社会成员的共同努力。

制作带有"公"字标识的公筷公勺，提供的公筷比普通筷子长3厘米，严格做好公筷公勺清洗、消毒工作，创建"放心餐厅"作为示范……随着北京、上海、广州等多地积极鼓励使用公勺公筷、推行分餐制，一系列可操作性较强的地方标准与行业指南陆续出台，有力推动文明用餐理念更加深入人心。随着越来越多人参与其中、自觉践行，相信舌尖上的"新食尚"，也能促进文明健康的"新风尚"，让我们的生活更美好。饭前便后要洗手，居家生活勤通风，打喷嚏时捂口鼻，公共场合戴口罩，用餐使用公筷公勺……走向我们的小康生活，这些讲卫生、讲科学、讲文明的好习惯，也应必不可少。

公筷公勺仿佛一面镜子，映照着公共卫生意识与社会文明风貌。疫情防控是对病毒的战斗，也是对生活方式的检验、健康习惯的重塑、文明素养的培育。尊重他人就是尊重自己，保护他人也是保护自己。培养良好生活方式，涵养社会公共文明，我们就能为爱国卫生运动凝聚强大力量，让文明习惯覆盖每一个生活细节。

（2020年06月22日）

为高质量发展增添动力

洪乐风

针对企业恢复生产经营的各种困难和问题，尤其要"靶向治疗"，加强要素保障，推动调整优化，实施一批变革性、牵引性、标志性举措，助力做好"六稳"工作、落实"六保"任务

发展质量有看得见、摸得着的实效，企业利润有增长、负担有下降，群众就业有保障、收入有提高，应该成为检验当前经济工作成效的重要标准

当前，全球新冠肺炎疫情和世界经济形势仍然严峻复杂，我国发展面临的挑战前所未有。今年政府工作报告指出，"坚持以供给侧结构性改革为主线，坚持以改革开放为动力推动高质量发展"。毫不放松常态化疫情防控，着力做好经济社会发展各项工作，"把失去的时间抢回来，努力完成今年的目标任务"，是当前的一项重要任务。只有在着力稳企业、保就业基础上，乘势而上实现更高质量发展，中国经济才能真正转危为安、化危为机。

实现高质量发展，既是新发展理念的题中之义，也是打造新发展格局的必然要求。经济发展不仅看数量，更要看质量，要使相同的增长速度拥有更多高质量的内涵。疫情影响是冲击、是危机，但同样蕴含难得的转机。坚持新发展理念，坚持以供给侧结构性改革为主线，坚持以改

革开放为动力推动高质量发展,是当前维护经济发展和社会稳定大局、构建国内国际双循环相互促进的新发展格局的必然选择。

在新基建、新技术、新材料、新装备、新产品、新业态上不断取得突破,是高质量发展的当务之急。一段时间以来,中国经济产业基础和产业链的现代化,存在"大而不强""连而不紧"等问题。突如其来的疫情,对传统产业优势的巩固、优势产业领先地位的强化,及战略性新兴产业、未来产业的布局,提出了更高更紧迫要求。加强科技创新和技术攻关,强化关键环节、领域和产品保障能力,方能把实体经济特别是制造业做强做优,让新型举国体制优势充分释放出来,以更高级的产业基础、更现代的产业链条挺起发展质量的"脊梁"。

高质量发展要和扩大内需战略紧密结合起来。是否有利于壮大新增长点、形成发展新动能,说到底,要由广大消费者来评判,要在群众"接不接受""满不满意"的维度上来考察。促进新基建、新技术、新材料、新装备、新产品、新业态等的发展,契合的正是当前新型消费、升级消费的需要,有利于企业夯实安身立命之本,有利于满足群众多方位、多层次的新需求。把扩大内需各项政策举措抓实在,激发超大规模市场优势和内需潜力,产业链和供应链的稳定性、竞争力才能顺势大幅提升,供给侧结构性改革的堵点也会随之打通,进而让经济发展方式加快转变的各个环节有效连接起来。

宏观政策实施和全面深化改革,同样对实现高质量发展至关重要。无论是更加积极有为的财政政策、更加灵活适度的货币政策,还是全面强化的就业优先政策,都要在逆周期调节上,紧紧瞄准高质量发展的"靶子"不动摇。新动能的增强、市场主体活力创造力的增进,都离不开重点改革领域的攻坚克难,高质量发展要以全面深化改革为根本动力。针对企业恢复生产经营的各种困难和问题,尤其要"靶向治疗",加强要素保障,推动调整优化,实施一批变革性、牵引性、标志性举措,助力做好"六稳"工作、落实"六保"任务。

习近平总书记指出:"全面建成小康社会,不是一个'数字游戏'或'速度游戏',而是一个实实在在的目标。"发展质量有看得见、摸得着的实效,企业利润有增长、负担有下降,群众就业有保障、收入有提高,应该成为检验当前经济工作成效的重要标准。树立注重发展质量的正确政绩观，咬紧牙关、屏息聚力，真抓实干、埋头苦干，中国经济一定能闯关夺隘、在高质量发展上迈出更大步伐。

（2020年06月04日）

民法典，让生活更美好

彭 飞

编纂民法典是对现行的民事法律规范进行编订纂修，从而打通民事法律体系"血脉经络"，实现对法律条文的"深加工"

民法典的一大亮点，就是将"人格权"单独成编，彰显了21世纪信息社会背景下人格权保护的特殊价值

法与时转则治，治与世宜则有功。法律的生长、完善，离不开其所处历史和文化的滋养

未满8岁的孩子，偷偷用父母银行账户给网络主播打赏10万元，这钱能退么？在小区被高空抛物砸伤，如果找不到扔东西的人，该找谁赔偿？租的房子还没到期，房东却把房子卖了，要求租户搬走，该怎么办？在十三届全国人大三次会议表决通过的《中华人民共和国民法典》中，这些问题都能找到相应法律依据。7编加附则、84章、1260款条文、超10万字内容，这部被誉为"社会生活的百科全书"的法典，必将深刻影响我们生活的方方面面。

民事法律制度有多重要？很多人可能不曾想到，新中国成立后通过的第一部法律，不是宪法、刑法，而是民事领域的婚姻法。社会秩序的建立，人民权利的保障，都有赖于对基本民事法律关系的调整和规范。特别是改革开放以来，社会主义市场经济的发展对民事法律制度提出了

更高要求。只有进一步明确市场主体间的权利义务关系，充分保障公民民事权利，买卖、交易等才能顺利进行。在此背景下，民法通则、担保法、合同法等相继出台，我国民事法律制度日趋完善。

既然民事法律制度已较为完善，为什么还要把与民事相关的法律编纂成一部法典？原来，民事法律调整的主体多、涵盖领域广、关系复杂，相应的法律条文数量也很庞大，其中还有不协调、不一致甚至相冲突的地方。因此，编纂民法典就不是简单的法律汇编，而是对现行的民事法律规范进行编订纂修，从而打通民事法律体系"血脉经络"，实现对法律条文的"深加工"。对已经不适应现实情况的规定进行修改完善，对经济社会生活中出现的新情况、新问题作出有针对性的新规定……经过系统编纂，民法典将发挥"1+1>2"的效果。

法与时转则治，治与世宜则有功。经济社会在不断发展，生活方式在不断变化，社会关系在不断调整，调节社会关系的民法也需要与时俱进。今天中国的民法典可以说是21世纪互联网、高科技时代民法典的代表。民法典的一大亮点，就是将"人格权"单独成编，不仅弥补了传统大陆法系"重物轻人"的体系缺陷，同时彰显了21世纪信息社会背景下人格权保护的特殊价值。如何应对烦不胜烦的骚扰电话？遇到摄像头偷拍该怎么处理？AI换脸、伪造他人声音算不算侵权？这些只有生活在这个时代才有可能遇到的问题，都能在这部民法典中找到答案。由此而言，这部权威、严谨的民法典，又何尝不是一部信息时代的"生活指南"？

法律的生长、完善，离不开其所处历史和文化的滋养。民法典中新设置的"离婚冷静期"，引发不少关注和讨论，这样的"制度设计"本身就彰显着中国传统文化中倡导夫妻和谐、珍视家庭价值的文化观念。此外，民法典还专门引入"优良家风"的表述，同时在商事交易与夫妻关系的平衡中更加凸显了维护家庭和睦的价值取向。类似规定从中国优秀传统文化中汲取养分，不仅体现着"中国特色"，对于世界民事领域的立法也是值得珍视的宝贵财富和经验。

法律的生命在于实施。未来，民法典的实施将是我国法治建设领域中的一件大事，这不仅体现在立法、司法、执法等环节和程序中，也需要每一位公民、每一个民事法律主体参与其中，尊重法律、敬畏规则。只要我们共同努力，这部具有中国特色、体现时代特点、反映人民意愿的法典就一定能发挥最大效用，法治中国建设必能再上新台阶。

（2020年06月01日）

我们能够战胜任何艰难险阻

李洪兴

> 广大代表委员使命在肩、担当尽责,深入调查研究,提出真知灼见,坚定不移把党中央决策部署贯彻落实好
>
> 全国两会的召开,既是科学决策、民主决策的过程,又是发扬民主、集思广益的过程,更是统一思想、凝聚共识的过程,归根到底是实现人民当家作主的过程

脱贫攻坚、健康中国、六稳六保、全面小康、高质量发展……在全国两会即将召开之际,人民网推出 2020 年全国两会热点调查,广大网友踊跃投票选择关心关切的热点问题。在新冠肺炎疫情防控常态化的特殊背景下,即将召开的全国两会,为统筹推进疫情防控和经济社会发展工作献计献策,为打赢脱贫攻坚战、全面建成小康社会凝心聚力,全社会都在高度关注。

面对突如其来的疫情,以习近平同志为核心的党中央把人民生命安全和身体健康摆在第一位,统筹全局、沉着应对,果断采取一系列防控和救治举措,全国上下齐心战疫,用一个多月的时间初步遏制了疫情蔓延势头,用两个月左右的时间将本土每日新增病例控制在个位数以内,用 3 个月左右的时间取得了武汉保卫战、湖北保卫战的决定性成果。当前,统筹推进常态化疫情防控和加快恢复生产生活正常秩序,扎实做好"六稳"工作、全面落实"六保"任务,确保完成决战决胜脱贫攻坚任务,

需要激发信心决心、凝聚干群合力。即将召开的全国两会，将为此集思广益，贡献更多智慧和力量。

因为抗击疫情需要，今年全国两会从3月延迟到5月，但代表委员们履职尽责却没有松懈。在抗击疫情斗争中，广大代表委员奋战在前线：有的与村民一起"管住自己的人、守好自己的路"，实现了村民零感染、春耕全复产的目标；有的作为疾控一线的专家，普及防护知识和技能，一直忙碌在决策咨询和科普第一线；有的身兼数职、恪尽职守，把社区防疫中的居民声音转化为政策建议……为了守护人民生命安全和身体健康，广大代表委员使命在肩、担当尽责，深入调查研究，提出真知灼见，坚定不移把党中央决策部署贯彻落实好。

非常之时行非常之法，更要担非常之责。疫情给经济社会发展带来前所未有的冲击，面对当前的困难、风险和不确定性，广大代表委员以建言资政、凝聚共识为战胜困难挑战贡献才智。针对疫情防控导致企业职工返城无地可住的问题，一位全国人大代表听取企业意见、深入调研，撰写了推动企业正常复工的建议，注明"急转急办"提交给有关部门，当地很快回应并制定了相关规定，推动解决用工短缺、帮助职工返岗。加大"六稳"工作力度，抓好"六保"任务落实进度，代表委员提高政治站位、强化责任担当，结合专业特长、做好调查研究，以高质量的议案提案答好助力经济社会发展的考卷。代表委员行使好人民赋予的权力、履行好参政议政的责任，社情民意就能充分体现在国家治理中，社会主义民主政治的制度效能就会充分显现出来。

思想统一，目标一致，行动才更有力量。全国两会的召开，既是科学决策、民主决策的过程，又是发扬民主、集思广益的过程，更是统一思想、凝聚共识的过程，归根到底是实现人民当家作主的过程。今年是全面建成小康社会目标实现之年，是全面打赢脱贫攻坚战收官之年，全国两会聚焦党和国家中心任务，将把民意呼声、各界智慧、基层经验，更多更好地上升为国家意志，转化为国家行动、政府举措，汇聚起统筹推进疫情防控和经济社会发展的磅礴力量。

（2020年05月20日）

以更大政策力度对冲疫情影响

周人杰

> 必须合理加大调控的力度，抓"六保"、促"六稳"，加快恢复经济社会运行秩序，防止短期冲击演变成趋势性变化，牢牢守住经济发展的底线要求
>
> 在改革中创新调控，在调控中深化改革，我们才能在逆风行进中把制度和市场的优势结合得更充分

当前，新冠肺炎疫情正在全球蔓延，对全球生产和需求造成冲击。面对前所未有的挑战，中国经济在前一阶段经受住了考验，重点项目复工率、制造业采购经理指数等均强劲回升。我们必须把困难估计得更充分，下好先手棋，把党中央各项决策部署抓实抓细抓落地，以更大政策力度对冲疫情影响，以更有力的逆周期调节稳住基本盘，实现国民经济正常运转与高质量发展。

宏观调控讲求相机抉择，重在有力、有度、有效，前瞻性、针对性、有效性要建立在对形势科学分析基础上。一方面，未来一段时间国际经贸交往活跃度将持续低迷，要对冲外需下降的不利影响，必须激活国内市场潜力、畅通内部良性循环、强劲居民消费引擎。另一方面，疫情冲击导致部分企业生产经营困难、重点群体就业压力较大，产业链、供应链等要尽快完成修复、稳定，还要抓住时机优化、升级。因此，

必须合理加大调控的力度，抓"六保"、促"六稳"，加快恢复经济社会运行秩序，防止短期冲击演变成趋势性变化，牢牢守住经济发展的底线要求。

加大政策力度，调控"组合拳"要更有针对性，各地区各部门要在落实上更见真章。比如，针对内外需的突发下降、产业链上下游协同困难、微循环受阻、企业亏损面上升，财政政策再提前下达一定规模的地方政府专项债，货币政策又增加面向中小银行的再贷款贴现额度与定向降准，这都需要抓好落实执行。又如，当下更加突出就业政策，各地不能被动靠财政金融政策层层传导，而需要直接推出各项招生、入伍、企事业单位招聘和基层服务项目的扩招计划，同时尽可能吸纳农村劳动者就地就近就业。确保宏观政策实施效果，地方政府应主动作为，一手加大投资补短板力度、支持制造业改造升级，一手做好人对人、点对点的就业服务，扩大人力资本投入，切实增进普通劳动者的收入水平与消费能力。

加大政策力度，要培育壮大新的增长点增长极，从战略布局完善的高度化危为机。比如，都市圈的郊区新城、数字城市建设及网络型城市群结构拓展、旧城和老旧小区改造，都是扩大内需重要支撑点，都有巨大需求和发展空间。此外，重塑新的产业链条，全面加大科技创新和进口替代力度，打通产学研创新链、价值链，强化公共卫生体系等，都亟待发挥好企业主体作用和政府统筹作用。

更大的宏观政策力度并不意味着"大水漫灌"，而是要分类识别、精准施策，正确处理好政府和市场的关系，畅通生产要素流动渠道，充分发挥市场在资源配置中的决定性作用，更好发挥政府作用。从"放管服"改革到要素市场化配置体制机制改革，都是为了激发政策措施的"乘数效应"，通过更好的营商环境、市场机制，增强企业自身的抗风险能力，实现更高的风险把控力与更少的发展"后遗症"。在改革中创新调控，在调控中深化改革，我们才能在逆风行进中把制度和市场的优势结合得更充分。

"雨过天青云破处，这般颜色做将来。"在以习近平同志为核心的党中央坚强领导下，坚持稳中求进工作总基调，坚持新发展理念，沉着应对纷繁复杂的外部不确定性，我们一定能稳住经济基本盘，培育壮大新的增长点增长极，牢牢把握发展主动权。

（2020年05月06日）

用辛勤劳动托举全面小康

李 拯

始终重视发挥工人阶级和广大劳动群众的主力军作用，在疫情防控常态化的背景下为经济发展注入不竭动力

弘扬劳模精神、劳动精神，践行工匠精神、创新精神，为中国经济高质量发展汇聚强大正能量

使每一位普通劳动者都有人生出彩的机会，才能让一切创造财富的源泉充分涌流，让一切创新的潜力竞相迸发

"中国梦，劳动美"。全国总工会开通"工会就业服务号"，提供近百万人次用工需求信息；在河南，省五一劳动奖重点倾向新冠肺炎疫情防控一线突出贡献者；在浙江，省工会共慰问一线防疫人员115.4万人次……"五一"国际劳动节到来之际，各地各部门推出一系列致敬劳动者、致敬战疫者的活动，激励人民辛勤劳动、攻坚克难，弘扬新时代的奋斗精神。

抗击新冠肺炎疫情斗争中，无数劳动者携手同心，汇聚成抗击疫情的强大合力。10天左右时间建成火神山医院、雷神山医院，背后是4万多名建设者日夜奋战；医护人员白衣执甲、逆行出征，哪怕脸颊被口罩勒出印痕、双手被汗水浸到泛白，也要跑赢时间，"从病毒手里抢回更多的病人"；提前复工为前方提供抗疫物资，快递小哥"我多跑跑腿，大

家就可以减少出门的风险";社区工作者挨家挨户排查、守住社区防控阵地……在以习近平同志为核心的党中央坚强领导下,无数劳动者顽强拼搏、无私奉献,构筑起联防联控、群防群控的严密防线,为复工复产创造了条件。

2020年是全面建成小康社会和"十三五"规划收官之年。受疫情影响,今年各项工作任务更重、要求更高。在这样的大背景下,今年的"五一"劳动节更显意义重大。越是面对疫情影响,越是要崇尚劳动、尊重劳动者,始终重视发挥工人阶级和广大劳动群众的主力军作用,才能在疫情防控常态化的背景下为经济发展注入不竭动力,确保完成决战决胜脱贫攻坚目标任务,全面建成小康社会。

习近平总书记指出,"人世间的美好梦想,只有通过诚实劳动才能实现"。潍柴动力股份有限公司一号工厂首席技师王树军,从"小王"到"王师傅"再到"王工匠",用数十年修炼内功,在很多专业领域打破了国外技术封锁、填补了国内空白;中建七局总承包公司砌筑工人许纪平,立志要在建筑工地学一门手艺,从砌一般墙体的工匠变成了能砌各种造型的多面手,每天的砌砖速度高达4000多块;中国航天科技集团的工程师崔蕴,从一名普通的火箭装配工成长为国家级技能大师……劳动是一切成功的"地基","爱岗敬业、争创一流,艰苦奋斗、勇于创新,淡泊名利、甘于奉献"的劳模精神,穿透岁月历久弥新,为广大劳动者树立了价值坐标。弘扬劳模精神、劳动精神,践行工匠精神、创新精神,才能打造高素质产业工人队伍,为中国经济高质量发展汇聚强大正能量。

焕发广大劳动者的奋斗热情,需要更好保障劳动者权益。党的十八大以来,劳动就业工作在以人民为中心的发展思想的指引下,深化改革创新,使劳动者获得感不断增强。建立以权利公平、机会公平、规则公平为主要内容的社会公平保障体系,营造公平的社会环境,保证人民平等参与、平等发展的权利,使每一位普通劳动者都有人生出彩的机会,才能让一切创造财富的源泉充分涌流,让一切创新的潜力竞相迸发。各级工会组织要更加努力做好维权服务,真正体现"娘家人"的温暖与关怀,助力解决农民工等重点群体就业难问题。

"人间万事出艰辛。越是美好的未来,越需要我们付出艰辛努力"。

涵养崇尚劳动的社会氛围，为保障劳动者权益创造更好制度环境，就能让广大劳动者把奋斗热情投入到经济建设中，激发亿万人民辛勤劳动、诚实劳动的豪情，为全面建成小康社会奠定坚实基础。

（2020 年 04 月 30 日）

以行动参与爱国卫生运动

盛玉雷

> 爱国卫生运动的内容与时俱进、不断丰富，在守护人民群众生命安全和身体健康方面始终发挥着重要作用
>
> 爱国卫生运动之所以具有历久弥新的生命力，一个重要原因就在于它始终植根人民、依靠群众

今年4月，是我国第三十二个爱国卫生月，主题是"防疫有我，爱卫同行"。此前全国爱卫办等9部门发布《动员广大群众积极参与爱国卫生运动的倡议书》，号召人们"积极参与爱国卫生运动，为巩固疫情防控成果继续贡献自己的力量"。

自爱国卫生月启动以来，北京已累计组织80万人次开展周末大扫除、城市清洁日等活动；天津向市民发出"八要八不要"爱国卫生健康文明倡议；河南南阳城市管理部门持续开展专项整治活动……最近，各地各部门结合自身实际情况，广泛动员广大人民群众深入持久参与爱国卫生运动，为抗击新冠肺炎疫情营造良好环境。

爱国卫生运动是政府牵头、多部门合作、全民参与的群众性卫生活动，也是具有中国特色的全民健康促进行动。习近平总书记在考察新冠肺炎防控科研攻关工作时强调："坚持开展爱国卫生运动。这不是简单的清扫卫生，更多应该从人居环境改善、饮食习惯、社会心理健康、公共

卫生设施等多个方面开展工作。"从推进城乡环境整治到完善公共卫生设施，从预防控制重大疾病到倡导健康文明生活方式，近年来爱国卫生运动的内容与时俱进、不断丰富，在守护人民群众生命安全和身体健康方面始终发挥着重要作用。

在疫情防控常态化的大背景下，今年爱国卫生运动更加突出服务传染病防控，具有强烈的现实针对性。历史上，爱国卫生运动是我国防控重大传染病的一个重要法宝，在防控鼠疫、血吸虫病以及SARS等传染病中都发挥了非常重要的作用。抗击新冠肺炎疫情斗争中，我们充分发挥爱国卫生运动的统筹协调作用，抓整治、优环境，抓设施、强基础，抓习惯、促健康，不仅有效改善了环境卫生状况，降低了健康风险，而且及时准确开展疫情防控和健康科普宣传，提升了群众的防控意识。

爱国卫生运动之所以具有历久弥新的生命力，一个重要原因就在于它始终植根人民、依靠群众。这次爱国卫生月活动，明确提出"爱国卫生人人受益，疫情防控人人有责"。只有每个人都承担起应尽的社会责任，参与社会健康治理，才能形成群防群控、全民参与的良好局面。疫情发生后，全国各个社区的广大基层工作者挺身一线，上门逐户排查，努力化解疫情传播风险；外卖小哥化身城市的摆渡人，他们相信"我多跑一单，就减少一分疫情扩散的风险"；还有更多人养成了戴口罩、勤洗手、多通风、少聚集等日常生活习惯，为疫情防控贡献力量……激发"人人皆可为、人人皆能为"的主动性，凝聚"爱国爱家，守望相助""人人动手，美好家园"的社会共识，就能为疫情防控凝聚起磅礴的人民力量，就能让爱国卫生运动生生不息。

当前，我国疫情防控阶段性成效进一步巩固。越是这个时候，越要把疫情防控网扎得更密更牢，堵住所有可能导致疫情反弹的漏洞。深入开展爱国卫生运动，就要针对复工复产后的生产、生活、购物、交通及居家等环境，采取网格化管理、包片包干、分区域分时段推进等方式，做实做细做好环境卫生整治、科普宣传等重点工作，促进全社会齐动手、共参与，提高人民群众文明素质和自我防护能力，从而构筑起群防群控、联防联控的严密防线。

正如爱国卫生月的倡议书所言，"让我们坚韧不拔、持之以恒，全民动员、携手共治，提升文明素质、弘扬时代新风，用健康体魄，建设美丽家园，拥抱幸福生活，共享健康中国！"这是爱国卫生运动的使命，也应是我们每个人的行动。

（2020 年 04 月 16 日）

为复工复产拧紧"安全阀"

邹 翔

越是赶工期、抢进度,越要拧紧"安全阀",确保复工复产既"红红火火",又"平平安安"

从最坏处着眼,做最充分的工作,每一个主体都履职尽责,每一类风险都摸排清楚,每一个环节都严密防范

安全生产事关人民福祉,事关经济社会发展大局,必须警钟长鸣、常抓不懈,丝毫放松不得。

在全国新冠肺炎疫情防控阶段性成效进一步巩固,复工复产取得重要进展的时刻,做好安全生产工作显得尤为重要。习近平总书记近日就安全生产作出重要指示强调,当前,全国正在复工复产,要加强安全生产监管,分区分类加强安全监管执法,强化企业主体责任落实,牢牢守住安全生产底线,切实维护人民群众生命财产安全。

任何时候,安全生产这根弦都不能放松。现在加快复工复产,但仍要坚持外防输入、内防反弹,解决好疫情防控面临的一些新情况、新问题。与此同时,自然灾害等风险交织叠加,安全生产形势依然十分严峻。这提醒我们,绷紧安全生产这根弦必须一以贯之、久久为功。现在,为了把疫情造成的损失追回来,一些企业正在增人手、添设备,加班加点,开足马力生产。越是赶工期、抢进度,越要拧紧"安全阀",确保复工复

产既"红红火火",又"平平安安"。

一线员工是安全生产的关键主体,为复工复产拧紧"安全阀",应当高度关心他们的身体健康和心理状态。与往常相比,在做好疫情防控的同时推进复工复产,需要处理更多的工作内容、安排更复杂的工作流程,也意味着更大的工作压力。同时,一些企业经营面临困难,职工收入与福利待遇可能会受到影响。多重压力叠加,很容易让员工产生焦虑等负面情绪,埋下安全隐患。心理隐患不易被察觉,对安全生产的潜在威胁更大,应及时发现并予以消除。

对相关部门来说,安全监管责任必须压实,各项措施必须落实到位。此前住房和城乡建设部下发通知,疫情防控期间企业安全生产许可证和企业主要负责人等人员安全证书到期的,有效期自动顺延至疫情防控结束。证书自动延期,是解决实际困难、助力复工复产的务实举措,但绝不意味着安全监管可以有丝毫延迟或松懈。在这个特殊时期,必须守住安全底线,落实各项监管制度,压实安全生产责任。

危和机总是同生并存的,克服了危即是机。疫情给企业复工复产、安全生产带来许多新的风险和挑战,也客观上促进了安全生产领域新技术的应用普及。从运用大数据技术及早发现备汛防汛风险,到利用林区热成像检测系统及时准确发现火源火点,再到全国各级应急管理部门线上监测、网上排查各类隐患问题3万余项……疫情防控期间人员接触减少,客观上为新技术、新模式提供了生长空间。抓住机遇、加强创新,让科技元素更好融入企业生产和发展,有利于进一步织密安全生产的防护网。

从最坏处着眼,做最充分的工作,每一个主体都履职尽责,每一类风险都摸排清楚,每一个环节都严密防范,才能守住不发生重大安全生产事故的底线,让复工复产沐浴在安全的阳光下。

(2020年04月14日)

不失时机畅通经济社会循环

周人杰

  切实解决企业经营困难、激发国内有效需求，在常态化疫情防控中继续推动高质量发展

  既打通关节、疏通脉络，又"收放自如、进退裕如"，说到底还要靠改革，依靠全面深化改革优化营商环境、处理好市场与政府的关系

  4月8日，中共中央政治局常委会召开会议，研究部署落实常态化疫情防控举措、全面推进复工复产工作。会议指出，当前我国经济发展面临的困难加大，要求各级党委和政府"不失时机畅通产业循环、市场循环、经济社会循环"。应当看到，在党中央坚强领导和各方面共同努力下，生产生活秩序正在加快恢复，但经济下行压力仍很大，1—2月规模以上工业增加值、社会消费品零售总额、固定资产投资、货物出口增速同比回落均较明显。全面做好"六稳"工作，必须细化举措、打通淤塞节点，尽快畅通经济社会良性循环。

  社会主义市场经济是个有机整体，供给与需求、生产与消费，都高度依赖于机体循环的畅通。当前面临的循环不畅，主要来自于抗击疫情的防控需要，接下来还会面临全球供应链、贸易链的冲击。对此等不得也慢不得。不及时畅通宏观与微观、实体与货币的循环，将会放大疫情

冲击，更难以应对世界经济可能的深度衰退。抓紧梳理分析、一一攻破梗阻，切实解决企业经营困难、切实激发国内有效需求，才能够实现保增长、保民生，战胜不断上升的失业风险，在常态化疫情防控中完善宏观调控、搞好经济建设，继续推动高质量发展。

产业循环和市场循环是相辅相成的关系，是破解当务之急的两大抓手。产业循环的畅通主要集中在供给侧，要想方设法促进要素流通和项目开工建设。比如，有的地方运用政府专项债，钱到位了、土地也批了，可还没有形成实物工作量。让"资金跟着项目走"原则落地、落实，产业"盘子"才能实现滚动发展。市场循环的畅通主要集中在需求侧，要想方设法疏通人流、物流的瓶颈与堵点。比如，新基建中的5G网络可"一业带百业"，各地各部门要以需求为导向，充分考虑市场差异化，精准引导，下好全国一盘棋。重塑产业链条、平衡市场供需，都离不开"有形之手"促"无形之手"舒展如常。

畅通良性循环的另一面是严格管理。流行病学告诉我们，病毒的"势场"，往往与经济的"市场"高度相关，决不能在畅通经济社会循环后，给疫情扩散造成可乘之机。比如，密闭式娱乐、休闲场所，无论低、中、高风险地区均暂不开业。该"一刀切"的莫犹豫，不可因小失大；要因城施策的需精细，亟待"绣花治理"。所以宏观调控与基层防控一样，都需要"该管起来就能够迅速地管起来，该放开又能够有序地放开"。深层次上讲，既打通关节、疏通脉络，又"收放自如、进退裕如"，说到底还要靠改革，依靠全面深化改革优化营商环境、处理好市场与政府的关系，"放得下、接得住、管得好"。

"正气存内，邪不可干。"这是中医学抗击疫情的哲理，是当前和今后一段时间做好经济工作的方法论。集中精力办好自己的事，激发蛰伏的潜力、增强回升的动力，中国经济不仅不会因疫情的冲击伤筋动骨，还会在搏击风浪中强筋壮骨。面对世界百年未有之大变局，只要我们坚定信心、团结一心、迎难而上、主动作为，做好疫情防控百密无疏，搞好循环畅通百战不殆，社会主义市场经济体制优势必然进一步释放，决胜全面建成小康社会、决战脱贫攻坚目标任务一定会完成。

（2020年04月13日）

微光成炬，志愿力量温暖人心

石 羚

> 志愿服务的参与程度，彰显着一个社会的文明素养；千千万万志愿者，展现着泱泱大国的文明形象
>
> 志愿者们身体力行，让爱心在行动中播撒，让正能量在传播中延续，吸引带动更多人参与其中，形成人人为我、我为人人的良好社会风尚

为居民买药，有时得跑好几家药店才能买齐；在超市协助运货，人均每天搬货 2.5 吨；接送医护人员，一天连续奔波十几个小时……"志愿服务关爱行动"在武汉启动以来，大批市民热心参与，"我要报名"的声音打动人心，"让我来做"的承诺坚毅笃定。2 万余名专项招募的志愿者忙碌在江城的各个角落，以点点微光汇集成战胜新冠肺炎疫情的万丈光芒。

在这场疫情防控阻击战中，千千万万志愿者用行动践行雷锋精神、奉献精神，用爱心筑起联防联控、群防群治的坚固防线。他们原本是老师、公司职员、快递员、水电工、学生等，如今有了一个共同的名字——"志愿者"；他们原本都是普通市民，如今却化身为信息员、采购员、宣传员；他们利用休息时间，成为照顾邻居孩子的"临时妈妈"、纾解情绪的"知心姐姐"。从城市到乡村，从线上到线下，一个个"红马甲"在疫

情面前站出来、在关键时刻顶上去，在各个岗位上发光发热，成为防控一线不可或缺的力量。正如习近平总书记强调的，广大志愿者等真诚奉献、不辞辛劳，为疫情防控作出了重大贡献。

疫情面前，没有人是旁观者，每个人都是责任人。面对城市管理、社区防控等千头万绪的工作，基层干部、社区工作者全员上阵、日夜奋战，亟待社会各界补充力量；面对心理疏导、法律援助等任务，除了专业人士全力以赴，也需要志愿服务的补充协助。广大志愿者挺身而出，从事一项奉献社会的工作，承担一份使命光荣的责任。正是志愿者和其他平凡英雄一起，造就了英雄的城市、英雄的国家，加固着全民抗疫的基座。

志愿服务的参与程度，彰显着一个社会的文明素养；千千万万志愿者，展现着泱泱大国的文明形象。从免费为医务人员做盒饭的"雨衣妹妹"，到不幸牺牲的蓝天救援队队员许鹏，从"封城"期间在武汉维系城市交通的6000多名网约车司机，到参与新冠疫苗一期临床试验的108名"疫苗勇士"，广大志愿者为中华民族的精神力量写下生动注脚。下沉社区、造福群众的使命担当，甘冒风险、流血流汗的牺牲奉献，不拿报酬、甚至自掏腰包的大公无私，牺牲小我、成就大我的大爱无疆……这样的精神风貌，正是我们抗击疫情的底气所在、信心所在。

疫情防控是社会治理能力的一次大考。作为社会治理的参与者，志愿者群体更能发挥"哪里需要哪里搬""哪里缺人哪里补"的特点，为社会工作"查缺补漏"。为更好将机动灵活的特点转化为排忧解难的实效，将个人行善的意愿转化为造福于民的行动，疫情发生以来，各地从培训上岗、岗位分配、后勤保障等环节，统一协调志愿服务活动，确保志愿者既能发挥所长、帮助群众，又能服从大局、听从指挥。一个个志愿者与医务人员、执勤民警、基层干部密切配合，形成不留死角、不出纰漏的工作闭环，将疫情防控网越织越密。

有网友说：疫情之下，每个人都是志愿者。1月20日以来，各地开展疫情防控志愿服务项目17.7万个，参与疫情防控的注册志愿者达361万人，记录志愿服务时间1.16亿小时。事实上，除了注册志愿者，还有很多自发参与抗疫的无名英雄，他们向邻居伸出援手，在街道助人为乐，在本职工作之外作出贡献。即便是举手之劳同样值得点赞，他们的默默付出同样值得铭记。独行快，众行远。志愿者们身体力行，让爱心在行动中播撒，让正能量在传播中延续，吸引带动更多人参与其中，形成人人为我、我为人人的良好社会风尚。

春天早已到来，疫情终将过去，很多志愿者也将回到学校、工厂、企业。"聚是一团火，散是满天星。"无论在什么岗位上，志愿服务的经历都将成为他们宝贵的人生财富，那种奉献、友爱、互助、进步的精神都将成为凝聚人心的融融暖意，那种同舟共济、众志成城的合力都将成为国家和社会勇毅前行的坚实支撑。

（2020 年 04 月 09 日）

平凡劳动者的不平凡作为

李 斌

> 全社会众志成城、守望相助、各司其职，团结成为战胜疫情的命运共同体。疫情当前，全世界见证了中国人民坚韧的意志力和非凡的凝聚力
>
> 不论是疫情防控还是经济发展，每一个非凡成就，都是由点滴平凡累积而成；国家的繁荣强大，总是要建立在广大劳动者只争朝夕的奋斗之上

"骑行的勇者，春天的暖流"。一段时间来，外卖小哥、快递小哥成为媒体争相报道的平凡英雄，外卖骑手还被请上了国务院新闻办记者见面会分享武汉抗疫故事。

当疫情突袭而来，经济社会生活不少方面一度按下"暂停键"，工厂延迟复工复产，学校推迟开学，居民进行自我隔离，实现了病毒传播链的有效阻断。然而，生活少不了柴米油盐，生病少不了开方抓药，老百姓足不出户，基本生活需求怎么保障？除了社区工作者，外卖小哥和快递小哥也承担着物资供应运送传递的重任。他们冒着被感染的风险穿梭大街小巷运送蔬菜、药品、餐饭，给人民群众送去的不仅是生活必需，更有人间温暖。他们多跑腿，许多家庭就可以少出门，也就减少了交叉感染的可能，为疫情防控大局做出了贡献。

阻击疫情的前线是战场，提供保障的后方同样是战场。在维护社会基本运转的链条上，在疫情防控阻击战的防线上，像外卖小哥、快递小哥一样扮演着重要角色的群体，还有许许多多。除了在第一线冲锋陷阵的医务人员、防控人员，保洁员、供电员、志愿者、环卫工、出租车司机等群体都在承担重任、默默付出。守护疫情防控大局、维持社会基本运转，他们功不可没。正如一句网络流行语所说，"没有天生的英雄，有的不过是挺身而出的普通人"。这些基层劳动者的奋力担当，是中国战疫经验的重要组成。

在疫情防控中，中国之所以能取得阶段性重要成效，联防联控、群防群控防控体系发挥了至关重要的作用。不管是居家隔离的公众、火线冲锋的医生，还是加班加点的工厂工人、昼夜驰骋的物流司机、奋战不止的志愿者群体，都在为阻遏疫情尽自己一份力。不管是跨行业造口罩的国企、踊跃捐款捐物的民企，还是不遗余力调配慈善力量的各类公益组织，都在竭诚履行社会责任。人心齐，泰山移。全社会众志成城、守望相助、各司其职，团结成为战胜疫情的命运共同体。疫情当前，全世界见证了中国人民坚韧的意志力和非凡的凝聚力。

打赢疫情防控阻击战，经济基础、产业基础是重要因素。无论是互联网送餐服务的坚持不懈，还是邮政快递业的风雨无阻，靠的不仅是个体担当、企业情怀，更包括产业支撑、国家推动所形成的发展合力。正如一些媒体在关注外卖小哥群体时所说，基于人工智能的物流网络展现出惊人的效率，避免发生灾难性的物资短缺。疫情期间，口罩、防护服等紧缺物资之所以快速实现充分供应，居家消费引领的"宅经济"之所以迅速崛起，中国经济产业体系完整、发展韧性足、回旋余地大是根本保障，中国人民勤劳智慧、务实拼搏、开拓创新的民族性格是内在动因。这些也正是中国经受住疫情考验的底气和信心所在。

不论是疫情防控还是经济发展，每一个非凡成就，都是由点滴平凡累积而成；国家的繁荣强大，总是建立在广大劳动者只争朝夕的奋斗之上。展望未来征程，有机遇更有挑战，一起拼搏、一起奋斗，我们就能拥有更加美好的生活，伟大祖国就能风雨无阻、高歌行进。

（2020年04月07日）

在一线长才干练本领

彭 飞

> 建立同疫情防控相适应的经济社会运行秩序尤为紧迫，这不仅需要各级领导干部坚决扛起责任，同时也对领导干部的治理能力和专业能力提出了更高要求
>
> 面对国内外疫情防控和经济形势阶段性变化，领导干部必须因时因势调整工作着力点和应对举措

当前，全国疫情防控形势持续向好、生产生活秩序加快恢复的态势不断巩固和拓展，统筹推进疫情防控和经济社会发展工作取得积极成效，这是全国上下和广大人民群众共同努力的结果。

沧海横流，方显英雄本色。在这场疫情防控的严峻斗争中，各级党组织和广大党员、干部冲锋在前、顽强拼搏，充分发挥了战斗堡垒作用和先锋模范作用。湖北省直机关选派205支党员工作队（组）、2223名下沉党员干部充实社区一线，北京市派出7.4万余名机关企事业单位党员干部参与社区（村）值守，各省区市和部门（系统）在抗疫一线发展的党员已超过9000名……关键时刻冲得上去、危难关头豁得出来，广大党员干部切实做到了守土有责、守土担责、守土尽责，用实实在在的行动为打赢这场疫情防控的人民战争、总体战、阻击战做出了重要贡献。

疾风知劲草，板荡识诚臣。总体看，在抗疫斗争中我们的干部队伍

评论员观察

是好的，是经受住考验的，但也有少数干部表现不佳甚至很差。有的不敢担当、不愿负责，畏首畏尾，什么都等上面部署，不推就不动；有的疲疲沓沓、拖拖拉拉，情况弄不清、工作没思路；有的敷衍应付、作风飘浮，工作抓而不细、抓而不实，仍然在搞形式主义、官僚主义；有的百般推脱、左躲右闪，甚至临阵脱逃。要在战疫中取得最后胜利，必须坚决纠正上述问题。同时，新情况新问题也带来不小的挑战。当前，建立同疫情防控相适应的经济社会运行秩序尤为紧迫，这不仅需要各级领导干部坚决扛起责任，同时也对领导干部的治理能力和专业能力提出了更高要求。

守土有责，也要守土有方。面对国内外疫情防控和经济形势阶段性变化，领导干部必须因时因势调整工作着力点和应对举措。比如，境外疫情持续扩散蔓延，如何完善应对输入性风险的防控策略和政策举措？如何兼顾疫情防控和对外经贸合作，在落实防疫措施前提下为商务人员往来提供便利？在慎终如始打好湖北保卫战、武汉保卫战的同时，如何逐步推进复工复产，除武汉外地区如何稳妥有序解除管控措施？如何促进消费回补和潜力释放，推动上下游、产供销、大中小企业整体配套、协同复工？统筹推进经济社会发展各项工作涉及范围广，涵盖领域多，各级领导干部只有狠抓工作落实、强化忧患意识、提高工作本领，才能增强应对各种复杂局面的综合能力和驾驭能力。

统筹做好疫情防控和经济社会发展，既是一次大战，也是一次大考；既考验各级领导干部能否真正做到守初心、担使命，也考验各级领导干部处理重大危机的能力和水平。尽管在这一过程中暴露出一些短板和问题，但也可以成为广大党员干部，特别是领导干部磨砺责任担当之勇、科学防控之智、统筹兼顾之谋、组织实施之能的一次契机。早在1月份，党中央就印发了《关于加强党的领导、为打赢疫情防控阻击战提供坚强政治保证的通知》，明确指出各级党组织和广大党员、干部要"把投身防控疫情第一线作为践行初心使命、体现责任担当的试金石和磨刀石"。于实践中淬炼，在抗疫一线成长，广大党员干部一定能在这场大考中交出合格答卷。

踏平坎坷成大道，斗罢艰险又出发。我们党在内忧外患中诞生，在磨难挫折中成长，在攻坚克难中壮大。敢于斗争、敢于胜利，是中国共产党人鲜明的政治品格，也是我们的政治优势。各级干部特别是领导干部增强必胜之心、责任之心、仁爱之心、谨慎之心，一时一刻不放松，一丝一毫不马虎，我们就一定能尽快打赢这场硬仗。

（2020年03月26日）

为稳定全球供应链贡献中国力量

陈 凌

有规模巨大的市场、有快速兴起的新产业、有持续优化的营商环境,中国在全球产业链、供应链的综合优势不会减弱,只会增强

中国既为维护全球供应链稳定贡献着中国力量,也为国际企业分享发展红利提供着中国机遇

上海急企业之所急,摸清"问题清单"、提出"解决清单",推动外资行业复工率达到99.9%;广东工信部门梳理出102家制造业重点企业名单,建立复工复产"一对一"跟踪服务机制;江西打通进出口梗阻,推动赣欧班列恢复开行、南昌至比利时列日往返全货机航班复航……随着疫情防控形势持续向好,各地区多措并举,有序推动全产业链加快复工复产。这既为企业化解燃眉之急,也为维护全球产业链、供应链的稳定安全提供了有力支撑。

疫情会对中国产业链产生怎样的影响?会不会影响中国在全球供应链中的地位?新冠肺炎疫情发生以后,国际社会普遍看好中国产业链、供应链的抗压韧性,但也有人担忧,疫情正在全球扩散蔓延,会对中国的产业链、供应链产生冲击。我们该如何理性看待这一问题?

短期来看,疫情对中国经济的影响不可避免,一些行业和企业也会受到一定冲击。尤其是,全球供应链深度融合,你中有我、我中有你,

国外的疫情防控形势，反过来也会对国内产生影响，部分外贸企业可能会遭遇接单难、履约难、国际物流不畅、贸易壁垒增多等问题。

一方面，中国拥有全球规模最大、门类最全、配套最完备的制造业体系，在全球产业链、供应链中占据着重要地位。疫情发生以后，格力电器、美的集团等家电企业纷纷上马口罩生产线，上汽通用五菱仅用76小时就自主生产出全自动化口罩机，中国石化12天建起一座制造口罩原料熔喷布的生产厂……一个个跨界战疫的案例，折射的正是中国完备的制造业体系和上下游配套能力。在生产率和基础设施等因素愈加重要的全球价值链体系里，中国拥有无可替代的比较优势。可以说，短期的疫情不可能也不会撼动中国在全球产业链、供应链中的地位。

另一方面，中国的疫情防控形势持续向好，生产生活秩序加快恢复，包括外资企业在内的重点行业、龙头企业陆续复工复产。这既展现出了中国产业链、供应链强大韧性，更维护了全球供应链安全。不仅如此，中国已经采取一系列政策措施对冲疫情影响，还将出台有针对性的举措。正因此，不但没有出现产业链、供应链因疫情影响从中国向外部大规模转移的现象，反而让中国对全球产业的吸引力更加强劲。

如果把眼光放长，更会发现，中国不仅是全球供应链的重要一环，也是举足轻重的"世界市场"；不仅有帮扶企业的短期举措，更有优化营商环境的长效机制。有规模巨大的市场、有快速兴起的新产业、有持续优化的营商环境，中国在全球产业链、供应链的综合优势不会减弱，只会增强。

事实是最好的答案。中国在稳定全球供应链上展现出的责任和担当，赢得越来越多有远见的国际企业的青睐。丹麦乐高集团今年计划在中国继续开设80家零售门店；特斯拉在复工复产后计划扩大上海超级工厂产能……中国在扩大对外开放中推动复工复产的举措，既为维护全球供应链稳定贡献着中国力量，也为国际企业分享发展红利提供着中国机遇。

"中国经济是一片大海，而不是一个小池塘"。随着企业复工复产进度加快，生产生活秩序有序恢复，外贸产业链、供应链运转畅通，相信每一个人都会对这句话有更加深刻的理解。

（2020年03月18日）

坚持两手抓　夺取双胜利

——统筹做好经济社会发展各项工作①

李　拯

　　面对疫情带来的挑战，我们首先要理性认识，坚定信心，不被问题和困难吓倒

　　密切监测经济运行状况，聚焦疫情对经济运行带来的冲击和影响，做好应对各种复杂困难局面的准备

　　多个省区市下调重大突发公共卫生事件应急响应级别，湖北以外省份新增确诊病例减少，全国规模以上工业企业复工率逐步提高……当前，全国疫情防控形势积极向好的态势正在拓展，经济社会发展正在加快恢复。疫情形势趋缓后，如何统筹好疫情防控和经济社会发展，成为摆在我们面前的一个挑战。

　　在统筹推进新冠肺炎疫情防控和经济社会发展工作部署会议上，习近平总书记明确提出了统筹推进疫情防控和经济社会发展工作的 8 点要求。科学的研判、合理的谋划、精准的部署，为进一步统筹做好经济社会发展各项工作指明了努力方向、提供了根本遵循，坚定了全党全国打赢疫情防控阻击战、实现经济社会发展目标的必胜信心。各级党委和政府要把思想和行动统一到习近平总书记重要讲话、重要指示精神和党中央决策部署上来，统筹推进疫情防控和经济社会发展，做到两手抓、两不误，把时间抢回来，把疫情造成的损失补回来，坚决完成全年经济社

会发展目标任务。

面对疫情带来的挑战,我们首先要理性认识,坚定信心,不被问题和困难吓倒。应该说,这次疫情不可避免会对经济社会造成较大冲击。但也应看到,中国是个大国,韧性强,潜力大,回旋余地大。我们有约百万亿元规模的GDP,有世界上最大规模的中等收入群体,有超过1亿个市场主体,有全球最完整的产业链,这些都是我们经济社会发展的"家底"。综合起来看,我国经济长期向好的基本面没有改变也不会变,疫情的冲击是短期的、总体上是可控的。只要我们变压力为动力、善于化危为机,把我国发展的巨大潜力和强大动能充分释放出来,就能够实现今年经济社会发展目标任务。

面对疫情冲击,我们也必须严阵以待。宏观上看,我国发展处于"三期叠加"之时,面临的风险挑战上升,再叠加这次疫情影响,增加了经济运行的不确定性,做好经济社会发展工作难度更大。从微观上看,住宿、餐饮、旅游、娱乐、客运等消费需求,疫情过后才能恢复。而受疫情影响最大的行业,是传统服务业和劳动密集型制造业,其中多数都是中小微企业,承受风险和冲击的能力不强,目前还面临营业收入减少、员工复工率不高、租金税费压力较大、企业运营成本增加等困难。在这样的情况下,尤其需要密切监测经济运行状况,聚焦疫情对经济运行带来的冲击和影响,做好应对各种复杂困难局面的准备。

这段时间,为推动复工复产、解决企业困难,各地各部门纷纷出台有力政策。财政部联合多部门首次实施专项再贷款与财政贴息,企业实际融资成本有望降至1.6%以下;福建厦门包机包车包专列接员工返程,实现"出家门上车门,下车门进厂门";江苏苏州对承租国有资产类经营用房的中小企业一个月房租免收、两个月房租减半……可以说,相关举措针对性很强。而生长点也在萌发,新动力也在聚集。有学者在讨论疫情会给经济社会带来什么变化时提出,一些企业会浴火重生,一些行业会破茧化蝶。远程协同办公软件迎来新机遇、5G商用加速推进、网络视频步入发展黄金时期、医疗健康网络应用蓬勃发展……可以说,危机与风险也蕴含着机遇。

当前疫情形势依然严峻复杂,防控正处在最吃劲的关键阶段。加强疫情防控这根弦不能松，经济社会发展各项工作要抓紧。准确分析把握疫情和经济社会发展形势，紧紧抓住主要矛盾和矛盾的主要方面，统筹推进疫情防控和经济社会发展工作，我们就一定能战胜疫情，确保全面建成小康社会圆满收官，顺利实现第一个百年奋斗目标。

（2020 年 03 月 03 日）

落实分区分级精准复工复产

——统筹做好经济社会发展各项工作②

盛玉雷

> 无论是政策制定还是企业运营,根据具体问题采取有针对性的措施,才能破解复工复产面临的困境
>
> 统筹推进疫情防控和复工复产,在现实中会遇到两难的选择、轻重的权衡,需要提升把握形势、保持平衡、优化治理的能力

北京推出"定制公交",为复工企事业单位提供定制公交通勤服务;上海推出"点到点"省际复工包车,接回在建工程务工人员;浙江成立补短板稳投资应急专项,保障重大项目推进……当前,各地根据当地疫情形势,为保障复工复产推出系列举措,体现着分区分级、精准复工的方法论。

新冠肺炎疫情发生后,如何在较短时间内整合力量、全力抗击疫情,这是很大的挑战;在疫情形势趋缓后,如何统筹好疫情防控和复工复产,这也是很大的挑战。客观来说,新冠肺炎疫情不可避免会对经济社会造成较大冲击,尤其会对中小企业的生存发展产生一定压力。比如,返城人员减少引发企业用工难,道路通行限制造成物流畅通难,复工时间延迟导致产业协同难,等等。精准识别问题、分区分级施策,才能推动非疫情防控重点地区企事业单位复工复产。

最近，随着疫情防控形势持续向好，广东、甘肃、辽宁、贵州、云南等多个省区市下调应急响应级别，湖北等地继续采取最严格防控措施。这为落实分区分级精准复工复产提供了条件。对低风险地区而言，应尽快将防控策略调整到外防输入上来，全面恢复生产生活秩序；对中风险地区而言，应依据防控形势有序复工复产；对高风险地区而言，则应继续集中精力做好疫情防控工作。根据疫情形势而各有侧重，按照各地情况而精准施策，疫情防控和复工复产就能在全国范围形成分工协作的态势。

从疫情影响来看，不同行业受疫情冲击的程度不一，应对能力也各不相同。对此，既要发挥一般性政策的普惠功能，也要针对各类企业的不同问题精准施策，为企业求新求变提供托举。对涉及国计民生的重要企业，做好疫情防控的同时应尽全力组织复工复产；对智能化程度高的企业，可以采用弹性复工制度。比如，云南将现场招聘会转到线上，通过"视频招聘、远程面试"的方式帮助用人单位缓解"用工荒"；再比如，有的线下餐饮企业与线上电商平台尝试共享员工，合作推出一些新服务、新模式。可见，无论是政策制定还是企业运营，根据具体问题采取有针对性的措施，才能破解复工复产面临的困境，提升应对风险的能力。

统筹推进疫情防控和复工复产，在现实中会遇到两难的选择、轻重的权衡，需要提升把握形势、保持平衡、优化治理的能力。现实中，既不能对不同地区采取"一刀切"的做法、阻碍经济社会秩序恢复，又不能不当放松防控、导致前功尽弃。从简化复工复产确认程序，到开辟外地员工返程绿色通道，从加大支持力度拓宽融资渠道，到协调产业上下游配套供应，各地正充分发挥主动性，有序推动复工复产。由此也可合理预期，只要我们变压力为动力、善于化危为机，有序恢复生产生活秩序，强化"六稳"举措，加大政策调节力度，把我国发展的巨大潜力和强大动能充分释放出来，就能够实现今年经济社会发展目标任务。

湖南一家重型机械制造企业的复工画面引人注目：车间的摄像头自动识别和抓拍未戴口罩、人员聚集等高风险行为；生产线上机械臂自动焊接钢花四射，吊挂系统准确传送各种部件。在这个车间，"安全复工"

和"精准复工"齐头并进。这样的场景让人充满信心：疫情防控不松劲，复工复产马力足，我们就一定能在做好疫情防控的前提下，实现经济社会发展的各项目标任务。

（2020年03月04日）

用逆周期调节对冲疫情影响

——统筹做好经济社会发展各项工作③

周人杰

> 逆周期调节成功与否，取决于对"时"与"势"的判断
> 当此之际，各地政策重在把握好节奏和力度，关键要能精准施策对冲疫情影响

必须科学稳健把握宏观政策逆周期调节力度，是我们在经济工作中形成的重要认识。面对突如其来的新冠肺炎疫情，习近平总书记强调，统筹推进疫情防控和经济社会发展工作，要"加大宏观政策调节力度"，"宏观政策重在逆周期调节，节奏和力度要能够对冲疫情影响"。

连日来，在做好疫情防控工作的同时，各地各部门有序推进企业复工复产，出台了一系列逆周期调节举措对冲不利影响。财政政策方面，自3月1日至5月底，免征湖北省境内小规模纳税人增值税，其他地区征收率由3%降至1%，个体工商户按单位参保企业职工养老、失业、工伤保险的，参照中小微企业享受减免政策等；货币政策方面，下调支农、支小再贷款利率0.25个百分点至2.5%，政策性银行增加3500亿元专项信贷额度，以优惠利率向民营、中小微企业发放等。这些举措必将能为受疫情冲击企业纾困解难，为全年发展目标任务的实现提供有力支撑。

逆周期调节成功与否，取决于对"时"与"势"的判断。疫情不可避免会对经济社会造成较大冲击，还要考虑到叠加春节的季节性因素，

以及外资外贸领域的不利反应，这些都会造成中小企业成本增加、生产迟滞、销售不畅。越是在困难的时候，越要用全面、辩证、长远的眼光看问题。全面看冲击，要认识到经济长期向好基本面不会改变；辩证看冲击，要认识到化危为机可以催生新业态，有利于动能转换；长远看冲击，要认识到影响只是暂时的、局部的，不会演变成趋势性变化。只要密切监测经济运行状况，聚焦疫情对经济运行带来的冲击和影响，强化"六稳"举措，我们一定能守住经济运行合理区间，把疫情影响降到最低。

当此之际，各地政策重在把握好节奏和力度，关键要能精准施策对冲疫情影响。比如，有的地方对除高耗能行业外工商业电价进行阶段性调整，有的地方设立专项再贷款为重点企业提供低利率资金，有的地方对高校毕业生、农民工等重点群体给出"量体裁衣"就业方案，有的地方因地制宜出台扩大内需办法，促进消费回补和潜力释放。靶向越明晰、治理越精细，调控就越能有的放矢，尽快收到成效。同时，无论更加积极有为的财政政策，还是更加注重灵活适度的货币政策，都要把支持实体经济恢复发展放到更加突出的位置，减税降费和信贷优惠都要帮实体企业渡过难关，这正是"逆周期"的深意所在。

高质量发展这个根本要求，什么时候都不能丢。当前企业正在陆续复工复产，关系国计民生的重点领域企业正在开足马力。把失去的时间找回来，需要更加注重提质增效、提高企业劳动生产率。"时间就是金钱，效率就是生命。"只有效率上去了，才能把失去的时间补回来；只有效益上去了，才能在未来争取更多转型升级的机遇。危与机相互转化的条件，不是别的什么，就是全面深化改革，就要在应急调节的处置过程中，靠改革的方法补短板、强弱项，把探索出的经验上升到体制机制层面，在中长期结构性改革中坚持下去。

需要注意的是，任何逆周期调节都必须坚持市场化、法治化的原则。阶段性的保工资、保运转、保基本民生，可以采取行政化方式；局部范围的债务偿还、资金周转、扩大融资，也可以鼓励金融机构创新方式、特事特办。但在具体的实施中，仍要划定红线、审慎评估，避免钻政策空子、跑冒滴漏，甚至扭曲资源配置、酿成新的风险点。唯有不逾矩、不跑偏，才能确保逆周期调节既取得成效又避免风险，确保把好事办好，让企业享受到政策红利。

越是逆流而上,越要增强信心、坚定信心。有党对经济工作的集中统一领导,有改革开放以来积累的雄厚物质技术基础,有14亿中国人民万众一心、众志成城,一定能把疫情冲击控制在短期,保持经济社会平稳健康发展,顺利实现今年的各项目标任务。

(2020年03月05日)

稳就业需要打好"组合拳"

——统筹做好经济社会发展各项工作④

石 羚

  稳就业既是稳经济、稳社会，也是稳民生、稳人心，在疫情防控中更应多措并举、多管齐下，打好稳就业的"组合拳"
  稳就业不光要稳住存量，也要拓展增量；不光要稳住受疫情冲击较大的行业，也要善于从新行业、新业态、新模式中挖掘就业潜力

  就业，一头连着企业运营、宏观经济，一头连着千家万户、民生冷暖。经过全国上下艰苦努力，当前已初步呈现疫情防控形势持续向好、生产生活秩序加快恢复的态势。如何在打赢疫情防控阻击战的同时恢复生产、促进就业，让群众在疫情过后亦可安其职、乐其业，这是对治理的重大考验，也是保障民生的重要目标。

  从"防止出现大规模裁员"，到"注重高校毕业生就业工作"，再到"有针对性地开展援企、稳岗、扩就业工作"，习近平总书记强调，要把"全面强化稳就业举措"作为统筹推进疫情防控和经济社会发展工作的重要任务。做好"六稳"工作，稳就业居于首位。就业是民生之本，也是经济发展的"晴雨表"、社会稳定的"压舱石"，关乎国计民生，更关乎千家万户。做好就业工作，才能尽可能降低疫情对经济社会发展的影响，尽快推动经济发展重回正轨。可以说，稳就业既是稳经济、稳社会，也

是稳民生、稳人心，在疫情防控中更应多措并举、多管齐下，打好稳就业的"组合拳"。

稳就业关键在于稳企业。尤其是广大中小企业，提供了约80%的城镇就业岗位。对中小企业来说，用工难往往与资金支持难、订单交付难、产业链配套难等问题相伴而生。实施好就业优先政策，就要减负、稳岗、扩就业"三管齐下"，统筹起来考虑。近日，从人社部等部门明确阶段性减免企业三项社会保险单位缴费部分，到住建部等部门明确受疫情影响的企业可申请缓缴住房公积金，再到人民银行等部门要求加大货币信贷支持力度，各部门不断丰富政策"工具箱"，强化社保、财政、货币等宏观政策与就业政策协同联动，将有效缓解稳岗压力和现金流紧张等问题，助力企业渡过难关，为稳就业蓄积源头活水。

"支持企业适应群众线上消费需求增加灵活就业岗位""拓宽就地就近就业渠道""新上一批带动就业能力强的项目"……在近期召开的国务院常务会议上，支持多渠道灵活就业是制定相关政策的一个重要出发点。稳就业不光要稳住存量，也要拓展增量；不光要稳住受疫情冲击较大的行业，也要善于从新行业、新业态、新模式中挖掘就业潜力。无论是数字经济、康养产业迎来发展契机，成为吸纳更多就业的"海绵"，还是一些企业实施"共享员工"模式，通过借调待岗员工整合人力资源，这些新思路在稳就业的过程中起到了不容忽视的作用。有关部门应该为企业多渠道灵活就业提供便利，在产业发展中扩大就业，在"应急"的同时推动"升级"。

在疫情防控中实施好就业优先政策，也要围绕重点任务和重点人群，因地因企因人分类帮扶，提高政策精准性。比如说，就地区而言，应严格实行分区分级精准防控，鼓励低风险地区的农民工尽快返岗复工，采取"点对点、一站式"直达运输服务；就行业而言，对缺工严重、稳岗压力大的企业重点帮扶，加大对中小企业尤其是吸纳2亿多人就业的8000多万个体工商户的扶持力度；就人群而言，尤其要重视高校毕业生、农民工等重点群体就业，同时将受疫情影响的就业困难人员纳入援助范围。避免"一刀切"，提高精准性，方能让更多劳动者各尽其才，让更多企业获得充足人力支持，激活复工复产的一池春水。

　　一手防控疫情，一手复工复产，两个战场都不容有丝毫松懈。加大政策调节力度，充分释放发展潜力，政府、企业、劳动者等各方携手共克时艰，我们一定能早日战胜疫情，跑出发展的加速度。

（2020年03月06日）

脱贫攻坚战，坚决不松劲

——统筹做好经济社会发展各项工作⑤

李洪兴

> 今年脱贫攻坚要全面收官，原本就有不少硬仗要打，现在还要努力克服疫情的影响，必须再加把劲，狠抓攻坚工作落实
>
> 脱贫是攻坚战，致富是持久战，脱贫攻坚最后堡垒必须攻克，稳定增收的长效机制更应健全完善

今年是决胜全面建成小康社会、决战脱贫攻坚之年。脱贫攻坚是必须完成的硬任务，突如其来的新冠肺炎疫情，带来了新的困难和挑战。经过全国上下艰苦努力，当前已初步呈现疫情防控形势持续向好、生产生活秩序加快恢复的态势，统筹推进新冠肺炎疫情防控和经济社会发展，一个重要内容就是坚决完成脱贫攻坚任务，确保全面建成小康社会圆满收官。

在统筹推进新冠肺炎疫情防控和经济社会发展工作部署会议上，习近平总书记把"坚决完成脱贫攻坚任务"作为重要工作任务。今年脱贫攻坚要全面收官，原本就有不少硬仗要打，现在还要努力克服疫情的影响，必须再加把劲，狠抓攻坚工作落实。前不久，国务院扶贫开发领导小组印发了《关于做好新冠肺炎疫情防控期间脱贫攻坚工作的通知》，各地各部门也陆续出台针对性举措，都是为了更好对冲疫情对脱贫攻坚的影响。要切实把各项工作抓实、抓细、抓落地，坚决打赢疫情防控阻击

战和脱贫攻坚战。

坚决完成脱贫攻坚任务,就要解决贫困群众外出务工难题。帮助贫困劳动力有序返岗,既关系脱贫攻坚成效,也关系企业复工复产进程。云南发布107.62万个线上招聘岗位,帮助10.59万人次返岗就业;吉林安排5000个公益特岗,对因疫情无法外出务工的贫困劳动力、就业困难人员等给予临时性兜底安置;厦门在甘肃省临夏回族自治州开办的扶贫车间,符合条件的及时转产口罩、防护服,为当地困难群众提供更多就业岗位……从政府到企业,从就业"牵线搭桥"到产业创造更多"饭碗",各地因地制宜、精准施策,实现了企业有工人、劳动力有出路。劳动力就业、工厂复工复产,一头连着脱贫任务、一头连着产业发展,精准对接就是精准"输血""造血",疫情防控期间不失活力,脱贫攻坚才能保持动力。

坚决完成脱贫攻坚任务,就要解决生产发展和产品积压难题。疫情影响下,农畜产品滞销成为一大难题。对此,国务院扶贫办、农业农村部、商务部等七部门联合下发通知,开展消费扶贫行动。在一些地方,面对花市关闭、物流受限,有电商平台将鲜花纳入助农计划,一对一帮扶,很多年轻人预付下单,"云"送花;还有些地方将贫困地区群众发展生产增收脱贫与解决城市"菜篮子""米袋子"问题相结合,销售方式线上线下相结合,消费扶贫与东西部扶贫协作定点扶贫相结合。种得好,卖得出,拓市场,以消费需求带动贫困群众持续增收,才能将疫情的影响降到最低。

坚决完成脱贫攻坚任务,就要加快建立健全防止返贫机制。打赢脱贫攻坚战,继续攻坚与防止返贫同等重要。有数据显示,全国已脱贫的9000多万人中,有一小部分存在返贫风险。部分已脱贫人口抗风险能力相对较弱,深度贫困地区、受疫情影响大的地区,尤须防止因疫致贫、因疫返贫。这需要对已脱贫人口开展全面排查,健全监测预警机制,将返贫人口和新发生贫困人口及时纳入帮扶,对因疫情或其他原因返贫致贫的,要及时落实帮扶措施,确保基本生活不受影响,为巩固脱贫成果提供制度保障。脱贫是攻坚战,致富是持久战,脱贫攻坚最后堡垒必须攻克,稳定增收的长效机制更应健全完善。

疫情冲击之下，脱贫攻坚要寻找新的发力点。电商服务下沉到更多农户，扶贫协作大数据平台实现帮扶对象、帮扶干部、帮扶措施、帮扶资金的智能管理，线上农业知识培训扶贫又扶智……只要有决心、有干劲，办法总比困难多。我们终将战胜疫情，我们也一定能打赢脱贫攻坚战，把全国人民一个不少、一户不落带入全面小康，兑现向人民向历史作出的庄严承诺。

（2020年03月09日）

为复工复产创造良好条件

——统筹做好经济社会发展各项工作⑥

彭 飞

> 坚持上下游贯通，实现各环节配合，做到产业链协同，才能形成复工复产的整体效应
>
> 复工复产既要考虑直接相关的因素，也要考虑间接相关的因素；既要提供政策支持，也要完善配套措施

一组数字，引人注目。97.08%，这是2月20日中国制造业500强企业复工复产率；91.7%，这是2月26日国资委监管的中央企业所属子企业复工率；79%，这是3月4日各省份重点项目复工率……当前，已初步呈现疫情防控形势持续向好、生产生活秩序加快恢复的态势，各地陆续推动企业复工复产，经济社会发展正逐渐步入正常轨道。

推动企业复工复产关系重大，必须统筹好。连日来，从保障企业生产所必需的防护物资，到精简不必要的复工复产审批流程，再到组织包车、包专列接回外地员工，各地各部门采取切实措施，为复工复产创造基础性条件。但也要看到，在推进复工复产过程中还存在不少棘手问题。比如，如何保障原料供应？如何确保物流畅通？这都需要采取有针对性的务实举措，打通人流、物流堵点，放开货运物流限制，确保员工回得来、原料供得上、产品出得去。

经济社会是个有机系统，产业链环环相扣。复工复产不能只盯着局

部,更需全面考量,推动产业链各环节协同复工复产。比如,浙江绍兴柯桥区是全球纺织产业链最完整、集聚度最高的地区之一,上下游涉及近万家各类规模的企业,其中任何一个环节卡壳都可能影响整体复工复产进度。为此,当地采取以龙头企业引领中小企业配套复工、上游整体复工带动下游市场和外贸运转的方式,推动全产业链"应复尽复,贯通复产"。不久前工信部印发的一份指导意见,专门强调了优先支持汽车等产业链长、带动能力强的产业,为的也是在复工复产中实现"以点带面"的效果。坚持上下游贯通,实现各环节配合,做到产业链协同,才能形成复工复产的整体效应。

同时也要看到,复工复产既要考虑直接相关的因素,也要考虑间接相关的因素;既要提供政策支持,也要完善配套措施。比如说,不少企业已经具备开工条件,但产品销路是否畅通、资金流能不能跟上等"开工以后"的问题亟待解决。对此,各地各部门的激励性、支持性配套政策不能"缺席"。山东出台意见,支持企业采取店铺外摆、露天市场等方式发展"露天经济",避免人员聚集的同时促进消费回暖;广东则鼓励有条件的地市出台老旧汽车报废更新补贴政策,进一步提振汽车消费。积极扩大有效需求,促进消费回补和潜力释放,才能从根本上缓解企业的经营压力。同时,加强用工、用地、资金等要素保障,用好中央预算内投资、专项债券资金和政策性金融,才能打好政策组合拳,让企业轻装上阵,提振企业复工复产后的风险抵御能力。

危机中也蕴含着机遇。此次疫情中,那些早已布局线上业务的企业受到的冲击相对较小,智能制造、无人配送、在线消费、医疗健康等新兴产业更展现出强大成长潜力。这启示我们,为复工复产创造良好条件,不仅意味着帮助企业收复存量、恢复常态,也要鼓励企业拓展增量、发展新业态。从搭建网络平台助力企业开展线上视频招聘,到鼓励线下零售企业打通线上销售渠道;从推动制造业实现数字化、信息化、智能化转型,到支持"无人经济"发展,各地各部门拿出实实在在的激励和帮扶举措,危机就能转化为契机,难点也能变成支点,从而撬动传统产业实现改造提升,培育壮大新兴产业。

经济社会是一个动态循环系统,不能长时间停摆。经济社会发展的恢复必然要经历一个过程，不能一蹴而就。在确保疫情防控到位的前提下，遵循市场运行规律，采取更加科学、务实的举措精准稳妥推进复工复产，我们就一定能护航更多企业尽快回归正常经营轨道，在做好疫情防控工作的同时，努力实现今年经济社会发展目标任务。

（2020年03月10日）

为春耕备耕提供更多保障

——统筹做好经济社会发展各项工作⑦

张 凡

> 春播粮食面积占全年粮食面积的一半，事关两季收成，在做好疫情防控工作的同时，也要抓紧开展农事活动
>
> 制定有针对性的政策措施，不断打通农资供应、农民下田等方面存在的堵点，才能为春耕备耕提供更多保障

东风吹绿草，布谷劝春耕。春光渐浓，春耕备耕已从南到北陆续展开。在贵州，农户们在宽阔的坝子里栽植作物；在河南，种植大户加紧进行麦田除草、施肥、灌溉；在三江平原，备耕的人们清积雪、扣大棚……广袤的土地逐渐苏醒，呈现出一派"人勤春来早，田间耕作忙"的生动景象。

习近平总书记强调，要"不失时机抓好春季农业生产"，"越是面对风险挑战，越要稳住农业，越要确保粮食和重要副食品安全"。手中有粮，心中不慌。在我国，春播粮食面积占全年粮食面积的一半，事关两季收成，相关工作绝对不能放松。眼下正是春耕春管的关键阶段，在做好疫情防控工作的同时，也要抓紧开展农事活动。即使是疫情最重的湖北和疫情较重的省份，也要根据实际情况组织农民开展农业生产。只有这样，才能为全年粮食丰收打好基础，把饭碗牢牢端在自己的手上。

受疫情影响，今年春季农业生产面临压力。战疫之下，一些地方"微

循环"不畅,乡村道路不通,导致农资企业复工复产难、农资进村入户难、农民出村下田难等问题不同程度存在。农时不等人,如今春回大地,农事渐起,我们要及时解决影响春耕备耕的突出问题。农业生产场所大多在田间野外,一些不合理限制要取消,为春耕保驾护航。当前,一些地方在融资、用工、原材料保供等方面为农资企业复工复产提供优惠便利;一些地方为运输种子、农药、化肥、饲料等的特种车辆开辟农资保供"绿色通道"、"点对点"配送;一些地区组织安排错时下田、错峰作业……制定有针对性的政策措施,不断打通农资供应、农民下田等方面存在的堵点,才能为春耕备耕提供更多保障。

在疫情的特殊考验下,农机农技的作用更加凸显。开展农机作业服务,更符合当前防疫"不聚集、少走动"的要求,既能解决农业生产用工不足问题,也能提高效率,帮助广大农民轻松种田、科学种田。在江苏淮安市,3台植保无人机在一处麦田上空嗡嗡飞翔,不到半天就完成了1200亩麦田的植保工作。农业农村部农情调度表明,今春农业生产全国预计投入各类农机具达2000万台套以上;预计投入植保无人机超过3万台,北斗定位无人驾驶拖拉机及配套精准作业农机具超过2万台套。从制定政策确保农机作业畅通,到开通春耕农机线上服务平台、提供"不见面"技术服务等,都将在防疫情、抢农时中更好发挥农机农技作用,助力高质量完成春播任务。

开展好春耕备耕工作,防灾减灾不能有丝毫松懈。不久前,中央应对疫情工作领导小组印发《当前春耕生产工作指南》,强调"抓好科学防灾减灾"。对于各地各部门来说,防灾减灾,既要抓好抗旱防涝防冻等工作,做到未雨绸缪;也要监测防治好病虫害,实现治早治小;同时,对于非洲猪瘟、高致病性禽流感等重大动物疫病,也要持续加强防控,构筑起有效的免疫屏障。更多通过网络直播、在线培训等方式普及防灾减灾知识,更好指导农民落实抗灾救灾和灾后恢复生产措施,才能有效减少风险隐患、降低灾害损失,确保夏粮丰收到手,促进畜牧水产养殖业全面发展。

今年是全面建成小康社会目标实现之年,是全面打赢脱贫攻坚战收官之年。全力以赴抓好春季农业生产,对于保持经济社会大局稳定、全面建成小康社会具有重要意义。季节不等人,春日胜黄金。迅速行动起来,搞好春耕生产,我们将为战胜疫情注入更充足的动力,也将用农业丰收为全面小康打下更坚实的基础。

（2020年03月11日）

在疫情防控中书写"民生答卷"

——统筹做好经济社会发展各项工作⑧

桂从路

> 越是困难时刻,越是要增强仁爱之心,当好人民群众贴心人,及时解决群众所急所忧所思所盼
>
> 面对民生难题,要强化对困难群众的兜底保障,坚持应保尽保、保障到位

为打赢疫情防控阻击战,武汉市组织40多家龙头企业、合作社和农产品电子商务平台,在1700多个社区开展团购;上海动员社区工作者、志愿服务人员,为居家隔离人员提供送菜上门服务……在做好疫情防控工作的同时,各地出台一系列惠民举措,努力织牢民生保障安全网。

大疫如大考,如何答好"民生答卷",既是疫情防控的重要一环,也是对治理能力的检验,更是对初心使命的回答。习近平总书记明确要求在疫情防控中"切实保障基本民生",强调"越是发生疫情,越要注意做好保障和改善民生工作"。各级干部特别是领导干部,必须增强仁爱之心,当好人民群众贴心人,及时解决群众所急所忧所思所盼。坚持"以百姓心为心",就要把疫情对民生的影响降到最低,在疫情防控中保持民生温度。

民以食为天。丰富居民"菜篮子",兜住捆紧"米袋子",确保人民群众基本生活物资不断供,是当前阶段的重要任务。从供应来看,我国

粮食总产量连续5年稳定在1.3万亿斤以上,各类企业的稻谷、小麦库存超过国内一年的消费量,全国主要农产品产能和供给充足,绝大多数生活物资特别是食品供应是有保障的,我们完全有能力、有条件做好居民生活必需品保供调度,防止物价过快上涨。也要看到,当前局部地区存在短时间物资供应紧张,疫情一定程度上影响到春耕备耕。落实"米袋子"省长责任制和"菜篮子"市长负责制,既要解决结构性、现实性矛盾,也要化解苗头性、趋势性问题。根据市场供求的变化科学研判、做好政策应对,才能让城乡居民的饭碗端得更稳、更牢。

民生温度体现在抓落实的力度,也体现在政策制定的精度。解决局部地区存在的短时间供应紧张问题,需要针对疫情防控中的实际情况精准施策。比如,安徽、陕西等地公安交管部门开辟绿色通道,确保重要生活物资车辆优先通行;北京指导商家落实经营场所通风消毒、设置排队收银"一米线"、合理控制客流量等措施,让大型商场、连锁超市开工率达到90%以上;各大物流公司加快复工复产,采取"无接触配送"等方式,打通物流最后一公里……在抓好疫情防控的同时,因地制宜、多措并举,鼓励同群众生活密切相关的服务业有序恢复营业,这是保障疫情期间基本民生服务不断档的治本之策。

民生保障也是兜底工作,在疫情防控中保持民生温度,就要寻找"最短的那块板",给予最需要帮助的重点人群特殊关怀。一些特殊群体和困难群众由于抗风险能力较弱,可能会面临一些突发性、紧迫性、临时性的生活困难。比如,因为疫情隔离在家的孤寡老人、困难儿童、重病重残人员等群体,如何保障他们的生活需求?比如,各地医疗资源集中救治新冠肺炎患者,如何确保其他疾病的危重患者得到及时救治?面对这些民生难题,要强化对困难群众的兜底保障,坚持应保尽保、保障到位。把困难考虑得更加充分一点,把帮扶政策制定得更周密一些,才能解决好特殊困难群众的现实难题。

受疫情冲击,许多中小学采取网课方式实现"停课不停学",然而少数农村地区和贫困家庭的孩子,也遇到了流量资费压力大、硬件设备缺乏等方面的问题。民生问题,牵动着每一个人。对此,相关部门及时出台政策,鼓励电信企业向贫困家庭学生推出特惠流量包。这样的暖心举

措体现着为民谋利的温度,彰显着为民解难的态度。采取更有力的举措筑牢民生保障基石,我们就能为最广大群众提供生活保障,在疫情的风雨之后,让老百姓的日子过得更好。

(2020年03月12日)

稳住外贸外资基本盘

——统筹做好经济社会发展各项工作⑨

陈 凌

> 当前新冠肺炎疫情已在全球蔓延，中国稳外贸、稳外资，更是为稳定世界经济作出贡献，体现着一个负责任大国的担当
>
> 继续加强政策支持、加快政策落地，多措并举、优化服务，我们就一定能推动贸易高质量发展，让中国经济的"磁场"魅力不减、引力更强

广东省积极推动重大外资项目复工建设，山东省推动韩资汽车配件企业复工，浙江省义乌市邀请全球外籍采购商前来采购洽谈……疫情冲击之下，各地各部门接连出台帮扶政策、推出务实举措，为外贸稳健发展提供了助力，为促进外资企业继续"深耕"中国市场增强了信心、创造了条件。

在统筹推进新冠肺炎疫情防控和经济社会发展工作部署会议上，习近平总书记明确要求"稳住外贸外资基本盘"，足见稳外贸、稳外资的重要意义。我国是贸易大国，也是利用外资的大国。外贸、外资是经济发展重要动力之一，稳住外贸外资基本盘，既是把疫情影响降到最低的内在要求，也是落实"六稳"工作、努力实现全年经济社会发展目标任务的题中之义。尤为重要的是，当前新冠肺炎疫情已在全球蔓延，中国稳外贸、稳外资，更是为稳定世界经济作出贡献，体现着一个负责任大国

的担当。

新冠肺炎疫情突如其来，可能会让部分外贸企业遭遇接单难、履约难、国际物流不畅、贸易壁垒增多等问题，也难免会给一些外资企业生产经营带来一定的影响和困难。但更要看到，我国的外贸韧性强、竞争力强，特别是企业的创新意识和市场开拓能力都很强。同时，我国经济长期向好的基本面没有改变，我国吸收外资的综合竞争优势没有改变。从长远和总体上看，疫情对供应链、产业链的影响是阶段性的、短期的，中国在全球供应链、产业链的重要地位不会因为疫情影响而改变，中国仍将是全球投资的热土，我们完全有信心、有条件、有能力，保障外贸产业链、供应链畅通运转，稳定国际市场份额。

当今世界，供应链深度融合，产业链环环相扣，一个环节受阻，上下游企业都可能会受影响。作为货物贸易第一大国、外资流入第二大国，中国稳外贸、稳外资的举措，不仅有利于中国经济的健康发展，也有利于世界经济的繁荣稳定。正因此，不少有远见的外国企业纷纷加大在中国的投资，对中国经济投下"信任票"。据统计，1月份，全国新设立外商投资企业3485家，实际使用外资875.7亿元，同比增长4%。下一步，各地各部门要继续用好出口退税、扩大出口信贷、扩大金融开放等政策工具，让外贸企业更有风险应对能力，让外商投资更加增强信心，让供应链、产业链稳稳留在中国。

应对疫情冲击，也是提升服务、优化营商环境的一个契机。面对疫情，北京建立全市金融服务快速响应网络，对外资金融机构提供一站式注册咨询服务和管家式企业服务；上海浦东通过微信、电话、视频会议等"点对点""线连线""屏对屏"的方式，实现防疫期间招商不止步、服务不掉线，推动21个外资重点项目"云签约"落地；山东青岛推动干部下沉企业，包区（市）、包片区、包企业，全力助推企业复工复产……实践证明，优化营商环境，不仅能提振企业信心，也能增强经济的吸引力；不仅是"管当下"之策，也是"谋长远"之计。接下来，还要继续优化营商环境，做好招商、安商、稳商工作，增强外商长期投资经营的信心。

"多亏青白江海关落实7×24小时预约通关并开辟'绿色通道'，木材能够第一时间从入境口岸清关。"成都一家外贸企业由衷感叹,高效通关为企业节省不少成本。继续加强政策支持、加快政策落地,多措并举、优化服务,我们就一定能推动贸易高质量发展,让中国经济的"磁场"魅力不减、引力更强。

(2020年03月13日)

全力做好北京疫情防控工作

李 斌

> 以更加顽强的意志、更加精准的举措、更加务实的作风，把北京的事情办好，就要坚决贯彻党中央关于疫情防控的各项决策部署，落实落细各项防控措施
>
> 一级抓一级、层层抓落实，把责任落实到每一幢楼宇、每一个单元、每一个家庭、每一个人，是防控工作兜紧底线的关键所在

每栋楼按楼门和楼层绘制表格，备注返京人数、隔离时间，社区"战疫地图"让防疫重点一目了然；组建临时指挥部，做好人员调配、及时公布信息、加强服务保障；全力以赴救治患者，加强医用物资和生活必需品应急保供……连日来，伴随着人员返京、复工复产，北京市许多社区和楼宇，毫不放松抓紧抓实抓细防控工作，为有序恢复生产生活秩序打牢了基础。

"全力做好北京疫情防控工作。首都安全稳定直接关系党和国家工作大局。"不久前，在统筹推进新冠肺炎疫情防控和经济社会发展工作部署会议上，习近平总书记对北京疫情防控工作进一步作出明确要求。2月10日，习近平总书记亲临北京抗疫一线调研指导，彰显出对首都疫情防控工作的高度重视、对人民群众生命安全和身体健康的深切关怀。作为

首都,北京做好疫情防控工作责任重大,决不能有丝毫松懈。地位特殊,防控更要认真对待;意义重大,责任更需层层夯实。

作为人口2000万级、市场主体200万级的现代化大都市,北京的疫情防控工作责任重大、任务艰巨。特别是,人员返京、复工复产后,办公楼宇人员密集,公共交通客流量大,人员往来接触频繁,疫情蔓延风险显著增加。"事不避难,知难不难",只有把风险挑战估计得充分一些,把防控措施准备得完备一些,坚决抓好外防输入、内防扩散两大环节,才能最大程度切断传染源、控制疫情波及范围。以更加顽强的意志、更加精准的举措、更加务实的作风,把北京的事情办好,就要坚决贯彻党中央关于疫情防控的各项决策部署,落实落细各项防控措施。

新冠肺炎疫情"是一次危机,也是一次大考",不仅考验精细管理、精准施策的能力水平,也考验全面落实、恪尽职守的责任担当。抓实、抓细、抓落地,是全国疫情防控工作取得积极成效的一条重要经验。疫情发生以来,北京市始终强调压紧压实属地、部门、单位、个人"四方责任"。企事业单位复工复产之时,一级抓一级、层层抓落实,把责任落实到每一幢楼宇、每一个单元、每一个家庭、每一个人,是防控工作兜紧底线的关键所在。按照党中央决策部署有针对性地应对防范,落实落实再落实、严格严格再严格,才能确保疫情防控无死角、无盲区、无漏洞,实现战"疫"和发展两不误。

疫情防控必须坚持全国一盘棋,坚决服从党中央统一指挥、统一协调、统一调度。全力做好北京疫情防控工作,同样需要各地各部门增强大局意识和全局观念,协同北京落实落细各项防控措施。入京通道作为第一道防线,怎么分头做好健康监测和人员管理?如何保障总部企业同外地机构同步复工,实现产业链上下游顺畅运转?居住在"北三县"、工作在北京的上班人员,怎么落实居家隔离观察?不仅京津冀三地需要携手联防联控,其他省份、在京有关部门和单位也要加大对北京疫情防控的支持配合力度。

当前,疫情形势依然严峻复杂,拐点尚未到来,防控正处在最吃劲的关键阶段。非常时期应有非常作风,任何麻痹思想、厌战情绪、侥幸心理、松劲心态都值得警惕。不获全胜决不轻言成功，咬紧牙关、迎难而上、恪尽职守，我们就能更好地统筹推进疫情防控和经济社会发展工作，确保实现全年经济社会发展目标任务。

（2020年03月02日）

落实分区分级精准复工复产

李洪兴

> 统筹做好疫情防控和经济社会发展,各级党委、政府和各级领导干部需要既有责任担当之勇、又有科学防控之智,既有统筹兼顾之谋、又有组织实施之能,切实抓好工作落实。在疫情防控中,只有坚持统筹兼顾的方法论,才能把疫情对经济社会发展的影响降到最低

这次新冠肺炎疫情,是一次危机,也是一次大考。当前,除湖北以外的各省、区、市已经逐步复工复产。交通数据显示,2月底返程客运量将达到约1.2亿人次,3月以后返程约1亿人次。在做好疫情防控工作的前提下,全力支持和组织推动各类企业复工复产,各地正在行动。

复工就是稳就业,复产就是稳经济。截至2月中旬,北京已有近七成大型食品生产企业复产,保障首都群众日常需求;上海市国资委系统监管企业本市地域内职工复工达70万人左右,复工率约80%;除地方政府要求延迟开工的企业外,96家中央企业所属2.3万余户生产型子企业的复工率已超过80%;13家国内主要快递企业已陆续复工,进入正常运营状态……有序复工复产,正在让城乡逐步恢复活力,为经济发展增添动力。

2月23日,习近平总书记在统筹推进新冠肺炎疫情防控和经济社会

发展工作部署会议上的讲话中要求,"落实分区分级精准复工复产。"也就是说,低风险地区要尽快将防控策略调整到外防输入上来,全面恢复生产生活秩序;中风险地区要依据防控形势有序复工复产;高风险地区要继续集中精力抓好疫情防控工作。既不能对不同地区采取"一刀切"的做法、阻碍经济社会秩序恢复,又不能不当放松防控、导致前功尽弃。地方政府唯有精准施策,统筹好疫情防控和复工复产,才能回应社会广泛关切、顺应企业和员工期待。

统筹做好疫情防控和经济社会发展,各级党委、政府和各级领导干部需要既有责任担当之勇、又有科学防控之智,既有统筹兼顾之谋、又有组织实施之能,切实抓好工作落实。最近,各地区各部门陆续推出相应政策措施:发布房租减免政策,帮扶中小微企业渡难关;政府部门发挥大数据优势,为企业对接供应商,保障顺利生产;加大对受疫情影响企业特别是小微企业金融支持力度,金融机构不能盲目抽贷、断贷、压贷……从政务服务到金融支持,从房租税费到用工社保,一系列务实有效的政策,为企业纾困助力,为复工复产护航。在疫情防控中,只有坚持统筹兼顾的方法论,才能把疫情对经济社会发展的影响降到最低。

变压力为动力,方能化危为机。有互联网在线办公平台的统计数据显示:春节后复工第一天,全国上千万家企业、近两亿人开启在家办公模式。2月18日,工业和信息化部办公厅发布《关于运用新一代信息技术支撑服务疫情防控和复工复产工作的通知》,提出指导企业用好信息技术手段和信息化工具,助力企业尽快复工复产。现在,除制造业企业等人员必须返岗才能复工的企业外,越来越多的企业开启了"线上复工""远程办公"模式。一些企业积极创新,开发"免见面"外包服务系统、采取"云签约"等形式,在线上完成业务流程。而一些线上问诊、在线课程、知识付费等新业态,也呈现出快速发展势头。由此可见,防控疫情促使企业数字化转型提速,而数字经济发展也在某种程度上减轻疫情带来的不利影响,并催生出一批新产业、新业态、新模式。

我国经济长期向好的基本面没有改变,疫情的冲击是短期的、总体上是可控的。保持战略定力,不要被问题和困难吓倒,兼顾疫情防控和经济社会发展,统筹抓好改革发展稳定各项工作,就能把我国发展的巨大潜力和强大动能充分释放出来,实现今年经济社会发展目标任务。

(2020年02月26日)

突出重点，带动全方位工作的推进

——把疫情防控工作抓细抓实①

李 拯

有党中央的坚强领导，有党中央对疫情形势的准确判断，各项工作部署及时，采取的举措有力有效，打赢这场疫情防控阻击战，我们完全有信心

做好疫情防控工作，我们既要全盘掌握疫情防控的各方面任务，又要突出重点、抓住主要矛盾；既要注重总体谋划，又要注重牵住"牛鼻子"

当前，疫情防控正在迎来积极变化。湖北以外其他省份新增确诊病例呈下降趋势，新增治愈出院人数呈上升趋势……这不仅说明全国疫情防控取得了积极效果，更有力证明：有党中央的坚强领导，有党中央对疫情形势的准确判断，各项工作部署及时，采取的举措有力有效，打赢这场疫情防控阻击战，我们完全有信心。

习近平总书记在2月12日召开的中共中央政治局常委会会议上强调，"各级党委和政府要按照党中央决策部署，突出重点、统筹兼顾，分类指导、分区施策，切实把各项工作抓实、抓细、抓落地"。这是做好下一步疫情防控工作的重要方法论，为我们坚决打赢疫情防控的人民战争、总体战、阻击战指明了方向、提供了遵循。

"突出重点、统筹兼顾，分类指导、分区施策"，摆在首位的就是"突

出重点"。在任何工作中,我们既要讲两点论,又要讲重点论;没有主次、不加区别,眉毛胡子一把抓,是做不好工作的。面对复杂形势和繁重任务,首先要有全局意识,对各种矛盾做到心中有数,同时又要优先解决主要矛盾、抓住矛盾的主要方面,以此带动其他矛盾的解决。做好疫情防控工作同样如此,我们既要全盘掌握疫情防控的各方面任务,又要突出重点、抓住主要矛盾;既要注重总体谋划,又要注重牵住"牛鼻子"。

湖北和武汉是疫情防控的重中之重,是打赢疫情防控阻击战的决胜之地。武汉胜则湖北胜,湖北胜则全国胜。当前,湖北和武汉疫情形势仍然十分复杂严峻,要采取更大的力度、更果断的措施,坚决把疫情扩散蔓延势头遏制住。这就要求湖北省把疫情防控工作作为当前头等大事,按照集中患者、集中专家、集中资源、集中救治的原则,既要"治已病",尽最大努力收治患者,又要"治未病",做到内防扩散、外防输出。只有集中力量把重点地区的疫情控制住了,才能从根本上尽快扭转全国疫情蔓延局面。

同时,还要围绕提高收治率和治愈率、降低感染率和病亡率,抓好疫情防控的重点环节。这就要求坚决做到应收尽收、应治尽治。对疑似病例、轻症患者应收尽收,才能最大限度减少交叉感染,最大程度降低疫情扩散风险;对重症患者应治尽治,才能最大限度治愈患者,体现对人民群众生命安全和身体健康的责任。接下来,为进一步提升防控成效,既要加大科研攻关力度,加快筛选研发具有较好临床疗效的药物,也要尽快增加医疗机构床位,用好方舱医院。

控制源头、切断传播途径,是传染病防控的治本之策。应该看到,早期接触者往往散落在人群之中,而且是否感染处于"未知"状态,在此情况下要做到早发现、早报告、早隔离、早治疗,对密切接触人员尽可能统一集中进行医学观察,就必须把防控力量向社区下沉,加强社区各项防控措施的落实,使所有社区成为疫情防控的坚强堡垒。社区是疫情联防联控的第一线,也是外防输入、内防扩散最有效的防线。把社区这道防线守住,就能有效切断疫情扩散蔓延的渠道。因而,更需要发挥基层党组织政治引领作用和党员先锋模范作用,发挥横向到边、纵向到底的动员能力,才能把社区居民发动起来,构筑起疫情防控的人民防线。

抓住重点，还要做到因势而谋、应势而动、顺势而为，能准确识别每一阶段的工作重点和主要矛盾。当前湖北仍需集中精力进行疫情防控，而其他省份则需要把重点放在统筹做好疫情防控和经济社会发展上。只要各级党委和政府能够在疫情防控中始终抓住主要矛盾、把握重点工作，就能够用重点工作的完成带动全方位工作的推进，夺取疫情防控阻击战和实现今年经济社会发展目标任务的双胜利。

（2020年02月24日）

统筹兼顾,实现协同联动

——把疫情防控工作抓细抓实②

桂从路

> 注重各个领域、各条战线的统筹兼顾,使得各项政策措施能够协同联动,才能实现整体目标效果
>
> 统筹疫情防控和经济社会发展,要避免一关了之、一停了之的简单化思维,增强"两手抓、两手硬"的能力

4万余名医护人员驰援湖北和武汉,19个省份对口支援湖北省武汉市以外地市,卫生防疫、药物研发、交通运输、银行金融等多个领域协同作战……疫情防控阻击战打响以来,党中央总揽全局、协调各方,将"统筹兼顾"的方法论贯穿始终,形成了步调一致、协同联动的疫情防控局面。

习近平总书记多次就新冠肺炎疫情防控工作作出重要指示,强调"疫情防控要坚持全国一盘棋",指出"疫情防控不只是医药卫生问题,而是全方位的工作",要求"各级党委和政府要按照党中央决策部署,突出重点、统筹兼顾,分类指导、分区施策"。一方面,疫情防控是一个系统工程,单靠哪一个部门、哪一个地区力量远远不够;另一方面,需要在做好防控工作的同时统筹抓好改革发展稳定各项工作,这既是一次大战,也是一次大考。注重各个领域、各条战线的统筹兼顾,使得各项政策措施能够协同联动,才能实现整体目标效果。

统筹兼顾，就要抓好地域统筹，处理好局部和全局的关系，下好疫情防控全国一盘棋。从统计数据来看，当前治愈出院人数不断提升，武汉市重症患者占比已经明显降低，全国除湖北以外新增确诊病例数呈下降态势。这些积极变化令人振奋，但也要清醒地认识到，湖北特别是武汉依然面临着十分严峻的疫情防控形势，中小城市和农村由于医疗资源相对不足，容易成为疫情防控的薄弱环节。这就要求湖北和武汉继续把疫情防控作为当前头等大事，统筹做好各方面疫情防控工作。对于全国其他地区来说，要增强大局意识和全局观念，采取举措既要考虑本地区本领域防控需要，也要考虑对重点地区、对全国防控的影响。

统筹兼顾，就要抓好资源统筹，处理好重点和非重点的关系，集中抗击疫情的优势兵力。连日来，全国近10%的重症医务人员资源已经投入第一线，三个院士团队、全国22个国家紧急医学救援队战斗在最前沿……举全国之力，汇聚优质资源、调集最精锐的力量，充分体现我们打硬仗的决心意志。在这个过程中，更应加强统筹调度，既要确保救援物资发放，坚持把救治资源和防护资源集中到抗疫第一线，也要确保生活物资供应，让在家隔离也不缺少生活必需品；既要落实应收尽收、应治尽治要求，也要分清重症、轻症、疑似等不同病例。抓住主要矛盾同时兼顾各个方面，统筹做好人员调配、资源分配，才能使防控工作有力有序有效推进。

统筹兼顾，就要抓好任务统筹，处理好当前和长远的关系，确保实现党中央确定的各项目标任务。新冠肺炎疫情这只"黑天鹅"的出现，给一些行业和领域带来影响和挑战。但疫情的冲击只是短期的，着眼长远，就需要各级党委和政府统筹抓好疫情防控和改革发展稳定各项工作。当前有序推动各类企业复工复产还面临着哪些困难？如何缓解疫情给企业经营带来的压力、帮助中小微企业渡过难关？高等院校毕业生等群体就业工作如何开展？春耕备耕的关键时节，如何组织好种子、化肥等农资的供应？统筹疫情防控和经济社会发展，要避免一关了之、一停了之的简单化思维，增强"两手抓、两手硬"的能力，既要考虑抗击疫情的各个环节，也要提高工作主动性、系统性、创造性，尽可能减少疫情对经济社会发展的影响，确保如期全面建成小康社会。

善弈者谋势,善谋者致远。坚持统筹兼顾,实现协同联动,我们就能走活全国一盘棋、集中力量办大事,坚决打赢疫情防控阻击战,努力实现今年经济社会发展目标任务。

(2020年02月25日)

分类指导，做到精准高效防控

——把疫情防控工作抓细抓实③

石 羚

> 疫情防控是一个复杂的系统工程，会随着疫情形势变化而产生不同的工作重点
>
> 采取精准防控、精准服务，才能最大限度保护人民群众的生命安全和身体健康，既安人心又暖人心

多次召开会议、多次听取汇报、实地调研指导工作、视频连线抗疫前线……新冠肺炎疫情发生以来，习近平总书记多次就防控工作发表重要讲话、作出重要指示，亲自指挥、亲自部署。从"加强重点地区疫情防控"，到"实行分级分类诊断救治"；从"在确保疫情防控到位的前提下，推动非疫情防控重点地区企事业单位复工复产，恢复生产生活秩序"，到"落实分区分级精准复工复产"，分类指导、精准施策是贯穿其中的重要方法论。

疫情防控是一个复杂的系统工程，包括救护、监测、保障等多项工作，涉及不同区域、不同领域和不同人群，也会随着疫情形势变化而产生不同的工作重点。打赢疫情防控总体战，既要握指成拳，也要看到每个指头的长短；既要集中力量办大事，也要统筹做好各项工作。当前，疫情蔓延势头得到初步遏制，防控工作取得阶段性成效，但全国疫情发展拐点尚未到来，湖北省和武汉市防控形势依然严峻复杂。同时，其他

各个省份及其县区的疫情、发展态势和防控形势是不同的。这就需要针对不同区域情况，制定和完善差异化防控策略，避免一刀切，真正做到分类指导、精准施策，切实把各项工作抓实、抓细、抓落地。

分类指导，首先要做到因地制宜。不久前，国务院联防联控机制印发《关于科学防治精准施策分区分级做好新冠肺炎疫情防控工作的指导意见》，体现着"分类指导"的方法论。湖北省特别是武汉市仍然是全国疫情防控的重中之重，指导意见也明确，"湖北省和武汉市要继续采取最严格的防控措施，坚决防止疫情扩散"。对其他地区而言，指导意见要求分别实施"外防输入""外防输入、内防扩散"和"内防扩散、外防输出、严格管控"的不同策略，并强调"北京市要继续做好防控工作，确保首都安全"。从城乡差异看，要针对大城市人口集中、流动性强，中小城市及农村医疗资源相对紧缺等特点，分别对症下药、全力补齐短板、防止疫情扩散。

分类指导，也要因人施策。如何救治重症、危重症及轻症患者？如何治疗孕产妇、婴幼儿等特殊病例？如何加快疑似病例的检测速度？如何在抗击疫情的同时确保其他疾病患者获得及时医治？这些问题事关不同人群的生命安全和身体健康，考验着医疗资源的调度、配置能力，更考验着政策措施的精准度和有效性。在日常防控工作中，从不同类型小区实施分类管控，到动态管理居民出行，再到加强对高风险人群的排查、对困难群众的关爱，各地摸索出来的好经验、好办法启示我们，采取精准防控、精准服务，才能最大限度保护人民群众的生命安全和身体健康，既安人心又暖人心。

当前，各地企业正在陆续复工复产。如何在疫情防控的同时为复工复产创造良好条件，也要坚持分类指导、精准施策。对于保障城乡运行必需、疫情防控必需、群众生活必需和其他涉及重要国计民生的企业，应优先支持复工复产，其他企业在保证安全的前提下逐步有序复工复产。面对疫情带来的用工短缺、运输困难、市场需求尚未恢复等问题，有关部门应从减税降费、金融服务、保障用工需求等方面精准施策，尤其对中小微企业、受影响较大的行业，要给予差异化支持。

天下大事，必作于细。分类指导、精准施策彰显着各地的治理能力。

当前，疫情防控形势积极向好的态势正在拓展，在做好疫情防控同时抓好有序复工复产，统筹工作任务很重要。各级党委、政府和各级领导干部需要既有责任担当之勇、又有科学防控之智，既有统筹兼顾之谋、又有组织实施之能，让疫情防控工作不断精准化、精细化，我们定能夺取疫情防控阻击战的全面胜利。

（2020 年 02 月 27 日）

分区施策，完善差异化防控策略

——把疫情防控工作抓细抓实④

盛玉雷

全国各地的防控形势并不相同，防控工作各有侧重，防控策略也应有所差异，善用"分区施策"的方法论

各地各部门要增强大局意识和全局观念，把党中央的决策部署和本地区本领域的实际情况结合起来，做好分区分级差异化防控，有序恢复生产生活秩序

当前，疫情防控形势积极向好的态势正在拓展。全国新增确诊病例数和疑似病例数总体呈下降趋势，治愈出院人数增加，尤其是湖北以外省份新增病例减少，疫情防控取得积极成效；浙江义乌国际商贸城开市，福建厦门总工会为外地职工提供免费包车返厦服务，不少地方有序复工复产。坚持从实际情况出发，分区施策、因地制宜，已经成为各地统筹疫情防控和经济社会发展的普遍做法。

当前疫情形势依然严峻复杂，防控正处在最吃劲的关键阶段。应当看到，全国各地的防控形势并不相同，防控工作各有侧重，防控策略也应有所差异。继续毫不放松抓紧抓实抓细各项防控工作，就要按照习近平总书记的要求，善用"分区施策"的方法论。不久前，国务院联防联控机制在新闻发布会上提出，按照实事求是的原则指导各地区根据疫情情况依法依规、科学合理采取有针对性的措施，在有效防控疫情的基础

上有序推进复工复产。这是因地制宜的周密考虑,也是因势利导的务实举措。各地各部门要增强大局意识和全局观念,把党中央的决策部署和本地区本领域的实际情况结合起来,做好分区分级差异化防控,有序恢复生产生活秩序。

分区施策,就要着力做好重点地区疫情防控工作。只有集中力量把重点地区的疫情控制住了,才能从根本上尽快扭转全国疫情蔓延局面。比如,湖北和武汉是疫情防控的重中之重,必须坚决打好湖北保卫战、武汉保卫战,紧紧扭住城乡社区防控和患者救治两个关键,坚决遏制疫情扩散输出,加强力量薄弱地区防控,切实提高收治率和治愈率、降低感染率和病亡率。在防治力量统筹方面,应该把救治资源和防护资源集中到抗击疫情第一线,优先满足一线医护人员和救治病人需要。在重点地区采取更大的力度、更果断的举措,才能把疫情扩散蔓延势头遏制住。

分区施策,就要在非疫情防控重点地区分区分级制定差异化防控策略。根据各地疫情实际情况,科学判断形势、精准把握疫情,才能因地制宜、对症下药。比如,随着复工复产后人口逐步流入,更应全力做好北京疫情防控工作,坚决抓好外防输入、内防扩散两大环节,加强京津冀地区联防联控,尽最大可能切断传染源,尽最大可能控制疫情波及范围。人口流入大省大市要按照联防联控、群防群控的要求,加强对返程人员的健康监测,做好交通工具场站消毒通风等工作,切实做好防控工作。对城乡社区,要加强基层防控能力建设,织密织牢第一道防线。根据各地不同情况分区施策,实事求是开展疫情防控工作,就能进一步巩固全面动员、全面部署、全面加强疫情防控工作的局面。

分区施策,就要更好统筹推进疫情防控和经济社会发展。在推动复工复产过程中,需要落实分区分级原则,突出"精准"两个字。低风险地区要尽快将防控策略调整到外防输入上来,全面恢复生产生活秩序;中风险地区要依据防控形势有序复工复产;高风险地区要继续集中精力抓好疫情防控工作。同时,还应落实分区分级精准防控策略,打通人流、物流堵点,推动产业链各环节协同复工复产。各地情况千差万别、不一而足,统筹推进疫情防控和经济社会发展需要各地治理者拿捏好度,下一番"绣花"功夫。

这次新冠肺炎疫情,是新中国成立以来在我国发生的传播速度最快、感染范围最广、防控难度最大的一次重大突发公共卫生事件。对我们来说,这是一次危机,也是一次大考。把分区施策的要求落细落实,我们就能早日打赢疫情防控阻击战,努力实现今年经济社会发展目标任务。

(2020年02月28日)

在做好疫情防控同时抓好春耕备耕

李浩燃

一方面严格落实各项举措、坚决打赢疫情防控阻击战,一方面不失时机抓好春耕备耕、千方百计保障农业生产

办法总比困难多。战疫情、抢农时,我们有信心也有能力做到"两不误"

草木蔓发,春山可望。迎着春天的脚步,我国自南而北逐步进入春耕时节。

种粮大户戴着口罩开沟排水,为油菜收获、早稻种植做准备;农业服务公司采取"蚂蚁搬家"的方式运送农资进村,用"微物流"打通"最后一公里";农技人员把集中培训变为"对点对户"分散交流,"线上"教种田、地头忙指导……从江南的稻田到华北的麦地,从起伏的梯田到肥沃的黑土地,在严密防控新冠肺炎疫情的同时,人们纷纷忙春耕、勤备耕,开启了新一年的首个农忙季。在祖国广袤的土地上,涌动着的是春潮,播种下的是希望。

民以食为天、食以粮为本,确保粮食安全始终是治国理政的头等大事。今年的中央一号文件提出:"粮食生产要稳字当头,稳政策、稳面积、稳产量。"当前,疫情防控工作到了最吃劲的关键阶段,春耕备耕也处于关键时节。必须清醒认识到,防疫容不得松懈,春耕备耕也

不能耽搁。只有一方面严格落实各项举措、坚决打赢疫情防控阻击战，一方面不失时机抓好春耕备耕、千方百计保障农业生产，我们才能实现粮食播种面积和产量保持基本稳定的预期目标，把饭碗牢牢端在自己手上，也才能稳定人心、增强信心，为经济社会平稳健康发展夯实基础。

保障春耕备耕，首先应进一步加强农村疫情防控工作，落细落实各项措施。客观上，我国农村地区疫情防控存在一些薄弱环节和防控短板。怎样加强网格化管理和地毯式排查？如何更好发挥基层医疗卫生机构的作用？在大棚环境下生产怎样有效加强防护？这些，都需要因地制宜、因时制宜，立足实际情况创造性地加以解决。当前进行春耕备耕，尤其要避免大规模人群聚集式的工作或者活动，尽量采取分散式、错峰式的作业方式，严格按照疫情防控的要求做好自我防护。

促进春耕备耕，关键在于统筹兼顾、凝聚众力、务实高效、不误农时。2月12日召开的中央政治局常委会会议明确指出，当前正值春耕备耕关键时节，各地要抓紧组织好种子、化肥、饲料等农资供应，落实好春管春种措施，夯实农业生产基础。面对紧迫任务，各地区各部门尤须增强问题意识、突出问题导向，迅速行动起来，推出务实举措，优化各项服务，为春耕备耕保驾护航。"突出重点抓好春季田间管理""组织农资进村入店""搞好农机作业准备"……前不久，农业农村部办公厅下发通知，围绕春季农业生产提出八条措施。如何在抓好疫情防控的同时，创造性落实、真正抓实春耕备耕，不仅是一张作风和能力的考卷，也事关今年粮食和农业丰收。

办法总比困难多。战疫情、抢农时，我们有信心也有能力做到"两不误"。因防控疫情要求"少出门、不聚集"，一些农户尝试着通过手机预订化肥，不少农技人员借助网站、APP、微信群等线上手段开展技术服务。对于疫情，既要高度重视，也要科学认识。正如中国疾控中心专家所言，在没有疫情的地方，农业生产就像往年一样，该怎么做还是怎么做；即使有疫情报告的地方，如果劳动生产是在户外、开阔的地方，也没有必要担心劳动生产会造成感染新冠肺炎。

"布谷飞飞劝早耕,春锄扑扑趁春晴。"一年之计在于春,春耕备耕正当时。齐心抗疫、多措并举、不违农时,我们必能唱响春华秋实的优美和声,为决胜全面建成小康社会注入强劲动能。

(2020年02月21日)

抓牢抓好脱贫攻坚

李洪兴

在全力以赴抓好疫情防控的同时，我们还要坚决打赢脱贫攻坚战，确保"全面小康路上一个也不能少"

脱贫要精准，致富应创新，拓展新渠道、借力新技术，打赢脱贫攻坚战必将激发出更大活力

"各级党委和政府要继续为实现今年经济社会发展目标任务而努力。"前不久，中央政治局常委会召开会议研究下一步疫情防控工作时，从大局出发、着眼长远，对抓好涉及决胜全面建成小康社会、决战脱贫攻坚的重点任务，提出了明确要求。战"疫"必将胜利，发展时不我待。在全力以赴抓好疫情防控的同时，我们还要坚决打赢脱贫攻坚战，确保"全面小康路上一个也不能少"。这正需要各地以只争朝夕的劲头，坚持不懈做好各项工作。

在全国省级地方两会上，脱贫攻坚正是一个共同的议题。2019年，全国预计有340个左右贫困县摘帽、1000多万人实现脱贫。地方两会上亮出的脱贫攻坚成绩单，为这一成就写下生动注脚：青海和西藏已实现绝对贫困基本"清零"，甘肃和四川的藏区实现整体脱贫，贵州和云南预计全年减少农村贫困人口的数量都超过百万人……面对新的一年，各地也纷纷表态，陕西表示要"尽锐出战攻克深度贫困堡垒"；贵州提出，将

实施省领导重点挂牌督战；福建则把重点放在完善返贫监测预警机制、加强脱贫攻坚与乡村振兴的有机衔接等方面……明确的目标、清晰的路径、有力的举措，彰显出各地打赢脱贫攻坚战的坚定信心。

对各地来说，确保如期全面完成脱贫攻坚任务，需要因地制宜回答好"扶持谁、谁来扶、怎么扶、如何退"等一系列具体问题，在"精准"二字上下足功夫。近年来，在易地搬迁扶贫、产业就业扶贫、政策兜底保障、第一书记派驻等方面，各地形成了许多好经验好做法，为攻克深度贫困堡垒、巩固脱贫成果奠定了基础。比如很多地方都有的"村播"：通过电商平台的直播，把当地农产品推向市场，为农民脱贫致富带来了红利，为产业扶贫打开了渠道。仅青海一省，2019年电商消费扶贫完成农产品销售就高达2.9亿元。新的一年，脱贫要精准，致富应创新，拓展新渠道、借力新技术，打赢脱贫攻坚战必将激发出更大活力。

人心齐，泰山移。脱贫攻坚、全面小康，要坚持全国一盘棋，决胜的关键也在合力。在这方面，中国形成了多层次、多形式、全方位的扶贫协作和对口支援格局，开创了优势互补、长期合作、聚焦扶贫、实现共赢的良好局面。比如，北京帮扶的西藏拉萨4个县、青海玉树6个县和内蒙古31个旗县、河北23个县全部脱贫摘帽；通过东西协作，贵州蔬菜上了粤港澳大湾区百姓的餐桌，使贵州脱贫攻坚增加了一份力量，大湾区的老百姓也尝到了绿色优质的黔南蔬菜。而在带动西部贫困地区发展的同时，东部地区也不断拓展自身产业发展空间，从而实现互利共赢、共同发展。东西部扶贫协作和对口支援，已经成为中国减贫的重要经验，充分彰显了我们的政治优势和制度优势。

脱贫是拼出来的，致富是干出来的，美好生活是用点滴努力换来的。当前，一些地方还有不少短板待补、还有一些硬骨头要啃，正如贵州省的一位人大代表所说的，"一刻不能停、一步不能错、一天不能耽误"。全面小康的路上，一个都不能少，也意味着每个人都应是脱贫致富奔小康的主体。在甘肃省两会上，藏族女干部张小娟被写入政府工作报告，她踏遍了舟曲县所有贫困村，精准掌握脱贫工作，被誉为舟曲扶贫的"移动数据库"和"活词典"。正是无数投身到一线的扶贫干部，以无私忘我、踏实苦干，凝聚成搬走贫穷大山、赢得美好生活的不竭力量。

评论员观察

突如其来的新冠肺炎疫情，也会给不少地方和领域、不少行业和企业带来一定程度的影响。但惟其艰难，才更显勇毅。面向未来，我们尤需继续咬定目标、一鼓作气，上下同心、顽强奋战，以更加昂扬的精神状态、更加扎实的工作作风，打赢疫情防控阻击战，奋力夺取全面建成小康社会的伟大胜利。

（2020年02月20日）

防控疫情,下好全国一盘棋

桂从路

> 唯有集中力量办大事、走好全国一盘棋,统筹兼顾、协调联动,才能打赢这场没有硝烟的战争

这段时间,一个四川医护人员支援武汉的短视频广为流传。其中的一句话直抵人心:"汶川地震时,全国各地的救援队来支援我们四川,义无反顾,这次的疫情也是一样,所有成都医院都愿意派出自己的救援队……也算一个报恩吧。"一方有难、八方支援,同舟共济、心手相连,全国上下凝聚起众志成城抗击疫情的磅礴力量。

"疫情防控要坚持全国一盘棋""各级党委和政府必须坚决服从党中央统一指挥、统一协调、统一调度",这样的要求,正是要形成全国各地共同防控疫情的工作格局和强大合力。从宏观来看,做好疫情防控工作,直接关系人民生命安全和身体健康,直接关系经济社会大局稳定,也事关我国对外开放,必须从全局入手、从顶层谋划,提高政治站位、增强大局意识、强化全局观念。从执行层面来看,疫情防控不只是医药卫生问题,而是全方位的工作。作为一项系统性工程,唯有集中力量办大事、走好全国一盘棋,统筹兼顾、协调联动,才能打赢这场没有硝烟的战争。

在疫情防控的关键时期,常有暖心的消息传来。山东大学齐鲁医院医疗队组织编写了一套《国家援鄂医疗队武汉方言实用手册》和《国家

援鄂医疗队武汉方言音频材料》，以解决山东人到湖北听不懂当地方言的问题，其中"过早"对应"吃早餐"、"针打完了"对应"液体滴完了"等内容，让人感受到"在一起"的温情，更展现出各地方言虽不相同、但共同凝聚为中国一个整体的力量。现在，19个省份全力支援湖北各地市加强病人救治工作，延续着对口支援制度的效率，见证着一方有难八方支援的守望相助，更体现了社会主义集中力量办大事的制度优势。

"每个人的力量是有限的，但只要我们万众一心、众志成城，就没有克服不了的困难"。坚持全国一盘棋，不是全国一个样，而是根据各地疫情形势的不同分类施策，形成区域之间的分工协调、良好配合。湖北省特别是武汉市仍然是全国疫情防控的重中之重，必须把疫情防控工作作为当前头等大事，坚决遏制疫情蔓延势头。全国其他地区在做好疫情防控工作的同时，要统筹抓好改革发展稳定各项工作，为企业复工、学校开学等创造条件。坚持全国一盘棋，既要处理好整体和局部的关系，又要在变化发展中抓住主要矛盾、抓住矛盾的主要方面。统筹推进经济社会发展各项任务，才能完成今年既定发展目标。

各地区各部门必须增强大局意识和全局观念，坚决服从中央应对疫情工作领导小组及国务院联防联控机制的指挥。各地区各部门采取举措既要考虑本地区本领域防控需要，也要考虑对重点地区、对全国防控的影响。唯有跳出自己的一亩三分地，从全国视野来看当地疫情防控，才能让全国一盘棋真正发挥作用。

"坚持全国一盘棋，调动各方面积极性，集中力量办大事"的显著优势，在抗洪抢险、抗击非典、抗震救灾等考验中，让我们化危为机。如今，坚持以习近平同志为核心的党中央集中统一领导，把制度优势转化为疫情防控的治理效能，把全国一盘棋的要求落实落细，我们一定能打赢疫情防控阻击战。

（2020年02月19日）

统筹做好疫情防控和经济社会发展

陈 凌

> 一条条"干货满满"的政策措施,给受疫情影响较大的行业和企业带来了"及时雨",树立起正向预期、增强了发展信心
>
> 统筹疫情防控和经济社会发展,我们不妨把问题思考得更充分、把工作抓得更实、把措施落得更细

战疫情、扶企业、稳经济。疫情发生以来,不少地区一手抓疫情防控,一手抓经济社会发展。北京出台 16 条措施,切实减轻疫情对中小微企业生产经营影响;上海推出失业保险稳岗返还、延长社保缴费期等减负政策,帮助企业渡过难关、稳定发展;江苏苏州明确,对承租国有资产类经营用房的中小企业,一个月房租免收、两个月房租减半……一条条"干货满满"的政策措施,给受疫情影响较大的行业和企业带来了"及时雨",树立起正向预期、增强了发展信心。

"统筹做好疫情防控和经济社会发展,既是一次大战,也是一次大考。" 2 月 12 日召开的中央政治局常委会会议强调,各级党委和政府要努力把新冠肺炎疫情影响降到最低,保持经济平稳运行和社会和谐稳定,努力实现党中央确定的各项目标任务。这一明确要求,为在做好疫情防控的同时统筹抓好改革发展稳定各项工作指明了方向。在疫情防控中,我们必须坚持"统筹兼顾""十个指头弹钢琴"的认识论、方法论,努力

R 评论员观察　　　　　　　　　　　　　　　　　人民日报评论年编2020

把疫情对经济社会发展的影响降到最低。

没有公共卫生安全，就难有经济社会良性发展。只有切实做好各项防控工作，打赢疫情防控阻击战，才能为经济社会发展铺平道路。比如，企业复工复产需要考虑口罩供应等一系列问题，如何为企业有序复工复产创造更好条件？各地中小学、幼儿园推迟开学，双职工家庭未成年子女谁来看护？小微企业、民营企业抗风险能力相对较弱，更容易受到疫情冲击，如何让它们在支持和配合疫情防控工作的同时，顺利渡过难关？做好疫情防控工作，必须有系统思维，既要考虑抗击疫情的各个环节，也要重视疫情可能带来的经济社会问题。统筹疫情防控和经济社会发展，我们不妨把问题思考得更充分、把工作抓得更实、把措施落得更细。

另一方面，促进经济社会发展，也才能为疫情防控提供有力保障。发展是解决一切问题的总钥匙，是打赢疫情防控阻击战的重要支撑；只有把经济社会发展工作做好，才能把疫情的影响降到最低。比如，全力支持和组织推动各类生产企业复工复产，加强产需衔接，才能更好保证抗击疫情的物资供应。再比如，确保蔬菜、肉蛋奶、粮食等居民生活必需品供应，保障煤电油气供应，维护正常经济社会秩序，才能稳定社会情绪，形成抗"疫"合力。因此，我们既要密切监测经济运行状况，聚焦疫情对经济运行带来的冲击和影响，也要做好"六稳"工作，以更大的力度、更快的步伐、更有力的措施，把既定的目标实现好。

战"疫"定有胜时，发展不能停步。虽然突如其来的疫情会给不少行业和企业带来影响，但也要看到，全国已经形成了全面动员、全面部署、全面加强疫情防控工作的局面，疫情防控工作正在取得积极成效。中国经济长期向好的基本面没有变。我们有党的坚强领导和中国特色社会主义制度的显著优势，有改革开放以来积累的雄厚物质技术基础，有超大规模的市场优势和内需潜力，有庞大的人力资本和人才资源，全党全国坚定信心、同心同德，一定能战胜各种风险挑战，顺利实现今年经济社会发展目标任务。

关山万千重，山高人为峰。应对风险挑战最好的办法，就是通过真抓实干，化压力为动力，化危机为契机。保持战略定力，兼顾疫情防控和经济社会发展，统筹抓好改革发展稳定各项工作，我们就能推动经济社会平稳有序运行，实现今年经济社会发展目标任务。

（2020年02月18日）

城乡一体，抓实抓细疫情防控

李 拯

做好疫情防控工作，既要集中力量控制住大城市尤其是武汉的疫情，也要做好疫情防控向中小城市、农村地区下沉的各项工作

更好统筹城乡疫情防控工作，就要根据城乡的不同特点分类指导、精准施策，做到因地制宜、对症下药

当前，疫情防控工作到了最吃劲的关键阶段。党中央总揽全局、协调各方，各级党委和政府守土有责、守土担责、守土尽责，全国各地坚持一方有难、八方支援，广大党员干部、医护人员奋战在疫情防控第一线，社会各界纷纷捐款捐物……举国上下共克时艰，汇聚起坚决打赢疫情防控的人民战争、总体战、阻击战的强大合力。

在2月12日中央政治局常委会会议上，习近平总书记强调，要毫不放松做好疫情防控重点工作，加强疫情特别严重或风险较大的地区防控。这几天，各地工厂企业开始陆续复工复产，大城市作为主要的人口流入地，既要防控疫情也要兼顾经济发展。随着疫情形势发展变化，中小城市和农村的疫情防控任务不容忽视。相较于大城市，中小城市和农村医疗资源相对短缺。做好疫情防控工作，就需要更好统筹城乡，在资源分配、人力配置、联动机制等方面更好兼顾大城市与中小城市、农村地区，

既要集中力量控制住大城市尤其是武汉的疫情，也要做好疫情防控向中小城市、农村地区下沉的各项工作。

首先要着力做好重点地区疫情防控工作。湖北省特别是武汉市仍然是全国疫情防控的重中之重。当前，必须围绕提高收治率和治愈率、降低感染率和病亡率，抓好疫情防控的重点环节。湖北省特别是武汉市要着力解决床位和医务人员等医疗资源不足问题，加快改造扩容定点医院，增加重症床位供给，畅通收治转诊通道，全力以赴救治感染患者。19个省份对口支援湖北省武汉以外地市要责任包干、落细落实。同时，北上广深等一线城市，人口集中、流动量大，疫情防控难度也较大。这就需要各大城市全力做好防控工作，确保疫情不蔓延、不反弹。

在疫情防控中，相对大城市而言，中小城市和农村医疗物资和医护人员都更加短缺。中小城市和农村要不断提升防控水平，把疫情阻挡在蔓延之前。

习近平总书记强调，各级党委和政府要按照党中央决策部署，突出重点、统筹兼顾，分类指导、分区施策，切实把各项工作抓实、抓细、抓落地。大城市人口居住集中，中小城市尤其是农村人口居住分散；大城市信息流通、知识丰富，中小城市和农村人口的教育水平和健康素养相对偏低。更好统筹城乡疫情防控工作，就要根据城乡的不同特点分类指导、精准施策，做到因地制宜、对症下药。比如说，农村人口居住分散，这使得无论是村庄隔离，还是隔离之后的物资供应，难度都比大城市大，这就需要充分发挥基层党组织横向到边、纵向到底的动员能力，更好完善乡村治理体系、提升乡村治理能力，坚决遏制疫情向农村蔓延。再比如，需要做好针对中小城市和农村居民的新冠肺炎疫情科普工作，让信息和知识充分流动，促进人们更好养成健康的生活方式。

"统筹做好疫情防控和经济社会发展，既是一次大战，也是一次大考。"无论大城市还是中小城市和农村，都需要按照联防联控、群防群控的要求，切实做好疫情防控工作。全国上下齐心协力，更好统筹城乡工作，统筹疫情防控和经济社会发展，我们就一定能打赢这场疫情防控阻击战。

（2020年02月17日）

携手合作 抗击疫情

李洪兴

> 来自国际社会的支持，讲述着真情交融、命运交织的故事，展现着人类命运共同体意识
>
> 世界各国是安全共同体、健康共同体。越是在经济全球化时代，疫情防控越需要形成合力

病毒无情人有情。一段时间以来，新冠肺炎疫情牵动世界关注目光，抗击疫情成为全人类的共同战役。

2月3日，中央政治局常委会召开会议，研究下一步疫情防控工作，提出"要继续做好同世界卫生组织、有关国家和地区的沟通协调，促进疫情信息共享和防控策略协调"。面对疫情，中国积极回应各方关切，加强与国际社会合作，共同打好这场疫情防控阻击战。

疫情发生以来，中国始终本着公开、透明、负责任的态度及时向国内外发布疫情信息。在这个过程中，中国用创纪录短的时间甄别出病原体，及时主动同世界卫生组织和其他国家分享有关病毒基因序列；采取了最全面、最严格的防控举措，很多措施远远超出《国际卫生条例》的要求。这不仅是在保护中国人民，也是在保护世界人民健康。抗击疫情，中国展现出的坚定决心、采取的有力举措，世界各国有目共睹。正如世界卫生组织总干事谭德塞所评价的，"中方行动速度之快、规模之大，世

所罕见,展现出中国速度、中国规模、中国效率"。

对于正在全力防控疫情的中国,很多国家也给予了支持与帮助。截至2月4日,已有50多个国家的70多位政要以及近20个国际组织的负责人通过致函或其他方式,支持中国抗击疫情;韩国、日本、巴基斯坦等国家向中国捐赠防疫物资;南非一家口罩生产商捐赠3万只口罩;德国学生唱响《让世界充满爱》为武汉送祝福……抗击疫情,世界各国人民诚心诚意选择同中国站在一起。在国际流行病学领域有"病毒猎手"之称的美国教授利普金直言,"积极应对、预防各类传染病威胁是各国科学家的共同使命"。为中国加油、为武汉加油,这些来自国际社会的支持,讲述着真情交融、命运交织的故事,展现着人类命运共同体意识。

"天下一家"。中国人民的命运,与世界各国人民的命运息息相关、休戚与共。印尼海啸、海地大地震、非洲埃博拉疫情,中国政府和人民都给予受灾国无私的帮助与支援;非典疫情、汶川大地震、新冠肺炎疫情,世界各国纷纷伸来援助之手。这样的相互支持、相互信任,生动诠释着人类命运共同体的理念。世界那么大,问题那么多,中国与各国都需要敞开怀抱,尽己所能向面临困境的人们伸出援手。惟有同舟共济、携手合作,才能共同战胜一个又一个挑战。

越是在经济全球化时代,疫情防控越需要形成合力。习近平主席指出,中方愿同世界卫生组织和国际社会一道,共同维护好地区和全球的公共卫生安全。中国的承诺,言必信、行必果;中国的行动,"正在为疫情应对设定一个新的标准"。世界各国是安全共同体、健康共同体,面对重大传染病疫情,只有携手同心、共同应对,才能推进全球卫生事业发展、增进人类健康福祉。

这几天,有网友发现,在一批来自日本的捐赠物资包裹上,写着"山川异域,风月同天"。这句古语,源自唐朝时期的中日交往故事。跨越千年,一衣带水的中日友谊温暖人心。"疫情是一时的,友情是长久的。"有世界各国的鼎力支持,有国际组织和友好人士的大力相助,有中国人民的不懈努力,我们一定能打赢这场疫情防控阻击战。

(2020年02月12日)

坚定信心，坚决打赢疫情防控阻击战

——做好当前最重要的工作①

彭 飞

> 坚决贯彻落实习近平总书记重要讲话、重要指示精神和党中央决策部署，坚定信心、同舟共济、科学防治、精准施策，我们一定能取得疫情防控阻击战的最终胜利
>
> 社会主义制度能够集中力量办大事，调动一切可以调动的资源开展疫情防控，这是打赢疫情防控阻击战的制度优势

新型冠状病毒感染的肺炎疫情防控力度持续加大，但形势仍然复杂严峻，疫情防控仍是当前最重要的工作。党中央总揽全局、协调各方，各级党委和政府坚决贯彻落实，广大党员干部、医护人员奋战在防控疫情第一线，社会各界纷纷捐款捐物……全国上下汇聚起疫情防控的强大合力，为我们打赢这场阻击战注入了强大信心。

疫情发生以来，习近平总书记高度重视，第一时间作出重要指示，并亲自指挥、亲自部署，多次召开会议、听取汇报。从强调"把人民群众生命安全和身体健康放在第一位"，到要求"各级党政领导干部特别是主要领导干部要坚守岗位、靠前指挥"，从部署"全面落实联防联控措施，构筑群防群治的严密防线"，到指出"要及时发布疫情信息，深化国际合作"，一系列重要讲话、重要指示，为各级党委和政府全面动员、全面部署、全面加强疫情防控工作指明了方向，提供了遵循。坚决贯彻落实习

近平总书记重要讲话、重要指示精神和党中央决策部署，坚定信心、同舟共济、科学防治、精准施策，我们一定能取得疫情防控阻击战的最终胜利。

一方有难，八方支援。当前，全国31个省、市、自治区启动重大突发公共卫生事件一级响应，制定落实社区的防控措施，实行"网格化""地毯式"管理；各地医疗队伍、医护人员义无反顾驰援武汉；在基层治理的末梢，群防群治的力量被充分调动起来，普及防控知识、劝导聚会人员……社会主义制度能够集中力量办大事，调动一切可以调动的资源开展疫情防控，这是打赢疫情防控阻击战的制度优势。正如世界卫生组织总干事谭德塞评价的那样，"中方行动速度之快、规模之大，世所罕见""中国采取的很多防控措施远远超出应对突发事件的相关要求，为各国防疫工作设立了新标杆"。

上下同欲者胜，同舟共济者赢。防控疫情是一项系统工程，坚持全国一盘棋，才能在疫情防控中抢占先机。全国一盘棋，首先是党中央统一指挥、各地各部门抓好贯彻落实。大年初一，党中央成立应对新型冠状病毒感染肺炎疫情工作领导小组，统一部署、协调各方。各省份普遍建立由党委政府主要负责同志挂帅的领导体制和多部门参与的联防联控机制。全国一盘棋，还体现在各条战线的优势互补。国家科研攻关专家组第一时间成立，着力在重症救治、疫苗研发等领域开展科技攻关工作；医保和财政部门落实补助政策，确保患者不因费用问题影响治疗；交通运输部门加强管理，阻隔传染渠道，做好旅客退票工作。面对疫情，各地各部门令行禁止、协调联动、步调一致，形成了联防联控的强大合力。

这是一场针对新型冠状病毒感染的肺炎疫情的阻击战，也是事关亿万人民群众生命安全和身体健康的保卫战。在这场必须打赢的战役面前，社会各界、各行各业纷纷行动起来。从写下请愿书、自愿支援湖北的白衣天使，到日夜坚守防控一线的基层党员干部，从加班加点赶制医疗物资的工人，到减少外出、养成良好卫生习惯的普通市民，在疫情面前，点滴付出汇成江海，释放出巨大的能量。只要大家心往一处想、劲往一处使，就能形成一道阻挡病毒、抵御疫情的钢铁长城，共同守护我们的健康、守望我们的家园。

万众一心，没有翻不过的山；心手相牵，没有跨不过的坎。今天，我们掌握了更先进的医疗技术、形成了更成熟的应急机制、积累了更丰富的防控经验，完全有信心、有能力打赢这场疫情防控阻击战。

（2020年02月04日）

同舟共济，汇聚疫情防控强大合力

——做好当前最重要的工作②

张 凡

> 全国上下"拧成一股绳"，齐心协力汇聚起打赢这场战役的强大合力
>
> 正是因为有这样众人拾柴、涓滴汇海的中国力量，才让我们更加坚信疫情防控阻击战一定能打赢
>
> 千千万万人汇聚起来，就能形成战胜一切艰难险阻的强大合力

越是困难时刻，越能见证守望相助的真情；越是紧要关头，越要凝聚同舟共济的力量。当前，新型冠状病毒感染的肺炎疫情牵动着所有人的心。2月3日，中共中央政治局常务委员会召开会议，习近平总书记强调，疫情防控不只是医药卫生问题，而是全方位的工作，各项工作都要为打赢疫情防控阻击战提供支持。

这些天来，面对疫情，全国人民心手相牵，充分彰显出同舟共济、共克时艰的强大力量。"国有战，召必回，战必胜！"疫情发生以来，全社会的医疗力量迅速整合，无数医护人员放弃休假，在最危险的地方坚守；来自全国各地的6000多名医护人员向着武汉进发，不少人是在年夜饭的餐桌上和家人告别的。一封封请愿书、一个个红手印、一张张坚毅的面孔，带给人们无尽的敬佩与感动。当前，武汉市广大医护人员坚守

岗位，奋战在抗击疫情的第一线，正是他们不避险、不畏难，激励着人们共同战胜疫情的斗志。

疫情就是命令，防控就是责任。在医院这个战场之外，还有不计其数的人们，在物资保障、科研攻关、民生供应、基础预防等多方面全力以赴，与疫情竞速。日前，可容纳1000张床位的武汉火神山医院顺利交付使用并正式收治病人。数千名建设者日夜鏖战、克服重重困难，这座医院从开工到交付使用历时10天左右。令人惊叹的速度背后，是一名名建设者日夜兼程的辛勤付出，是各部门、各企业紧急调度、积极配合、相互支持的高效行动，是中国人民众志成城、齐心协力战胜疫情的坚定决心。全国上下"拧成一股绳"，齐心协力汇聚起打赢这场战役的强大合力。

近些天来，我们共同见证了全国各地爱心汇聚形成的暖流，也振奋于各行各业筑牢"责任防线"的坚实举动。浙江湖州83岁的林大爷靠回收废品为生，却为抗击疫情捐了1万块钱，在捐款时还不断强调"不要写我名字，也不要报道我"；春节假期，不少基层干部一接到通知就立即返回岗位，从宣传防疫知识，到加强对流动人员的疫情监测、防控，为构筑群防群治的严密防线贡献着自己的力量……一名坚持为医院送餐的武汉外卖小哥这样说道，"武汉没有电影里的超级英雄，但是有普普通通的这么一些人，他们是了不起的武汉人"。正是因为有这么多普普通通的中国人，正是因为有这样众人拾柴、涓滴汇海的中国力量，才让我们更加坚信疫情防控阻击战一定能打赢！

习近平总书记强调，"紧紧依靠人民群众坚决打赢疫情防控阻击战"。疫情防控关系着每个人的生命健康，而每个人的关注和付出，都将成为战胜疫情的重要力量。抗击疫情刻不容缓，在这场与时间赛跑的战役中，没有人是旁观者，没有哪个环节可以缺失，每个人都是责任人。当前，虽然抗疫一线不断有好消息传来，但疫情防控的形势依然严峻复杂。无论是在前线奋战，还是在后方保障，都应坚守岗位，尽职尽责，一切服从抗击疫情的需要。而对于广大人民群众来说，不断提高防范意识，对非常时期采取的一些非常措施给予更多配合，做到戴口罩、勤洗手、少聚会等等，都是在为抗击疫情做贡献。

在疫情面前,一个人的力量可能是有限的,但千千万万人汇聚起来,就能形成战胜一切艰难险阻的强大合力。让我们携起手来,打赢疫情防控阻击战,让春暖花开的日子早日到来!

(2020年02月05日)

科学防治，让各项举措更有力有效

——做好当前最重要的工作③

陈 凌

对各级党委和政府、广大领导干部来说，做到科学防治，首先要具备科学的治理思维、工作方式

方法越科学，防控就会越有力有效。抗击疫情是一场全民行动，更是一场科学战役

科研人员按照"战时状态"推进科研攻关，社区运用网格化管理经验加强密切接触者管理，家庭成员相互提醒做好个人防护……从农村到城市，从社区到医院，从科研人员到普通个体，全国上下正科学有序地开展新型冠状病毒感染的肺炎疫情防控工作，疫情防控的科学性和有效性不断提高。

2月3日，在中共中央政治局常务委员会召开的会议上，习近平总书记强调，"按照坚定信心、同舟共济、科学防治、精准施策的要求，尽快找差距、补短板，切实做好各项防控工作，同时间赛跑、与病魔较量，坚决遏制疫情蔓延势头，坚决打赢疫情防控阻击战。"这一要求，为做好疫情防控工作提供了重要遵循。这其中，科学防治既是认识论，也是方法论。病毒的复制、感染有其生物规律，要打赢疫情防控阻击战，就要掌握病毒感染的科学知识、懂得疫情的传播规律，在此基础上才能做到科学有序防控。无论是疫情监测、排查、预警等工作的精准到位，还是

防控指挥体系的有效应对；无论是疫情防控中技术手段的更好运用，还是公众对病毒和防控的科学认识，科学化、系统化实施防控，才能有力有效战胜病毒，进一步增强全社会携手抗击疫情的底气和勇气。

贯彻习近平总书记重要讲话、重要指示精神和党中央决策部署，对各级党委和政府、广大领导干部来说，做到科学防治，首先要具备科学的治理思维、工作方式，结合当地实际抓准关键。比如湖北省和武汉市疫情防控事关全局，就更要把救治感染患者和内防扩散、外防输出作为重中之重。尤其是，信息化时代，我们增加了许多技术手段，大数据、云计算、人工智能、人脸识别等，都可以为科学判断形势、精准把握疫情提供坚实支撑，帮助我们根据疫情发展变化情况灵活调整应对政策。

认清病毒才能战胜病毒，科学防治意味着运用科学的武器对抗病毒。连日来，一大批科研工作者勇挑重担、敢于担当，把研究精力投入到各项攻关任务上来，把研究成果应用到战胜疫情中。从科研人员成功研发出检测试剂盒，到浙江省疾控中心在48小时内快速分离出新型冠状病毒毒株；从科技部成立专项领导小组，在临床救治方案的优化方面进行部署，到各地、各方面专家集智攻关、团结协作，加快临床药物筛选、应用，疾控系统争分夺秒进行科研攻关，科研工作者积极投身疫情防控阻击战，为不断完善诊疗方案提供了技术支撑。当前，疫情形势复杂严峻，广大科研人员更要以"与时间赛跑"的紧迫感、以"舍我其谁"的担当，及早研判疫情传播扩散风险，加强溯源和病原学检测分析，加快治疗药品和疫苗研发。唯有如此，我们才能更好依靠科学武器战胜疫情。

科学防治，既要有科学的认识，也要有科学的方法。疫情防控是一项系统工程，需要各个方面、各个防控主体坚持科学的态度、采用科学的方法，坚持精准施策、做好协同配合。比如，救治感染患者，就要按照"集中患者、集中专家、集中资源、集中救治"的原则，将重症病例集中到综合力量强的定点医疗机构进行救治。又如，做好疫情监测、排查、预警等工作，就要有针对性地加强源头控制，对车站、机场、码头等重点场所，以及汽车、火车、飞机等密闭交通工具，采取通风、消毒、体温监测等必要措施。当前，春运返城潮开启，尤其需要防治病毒因为人口流动而进一步扩散；很多地方推迟复工开学，尤其需要更好平衡疫情防控与经济发展的关系。无论是个人、社区，还是政府部门，都应该讲究科学方法、注重精准施策，让各项防控举措更加有力、更加有效。

　　方法越科学，防控就会越有力有效。抗击疫情是一场全民行动，更是一场科学战役。相信科学、尊崇科学、依靠科学，做到依法科学有序防控，同时发挥科技利器作用，针对疫情特点进行精准施策，进一步完善防控机制，群策群力，群防群治，就一定能把疫情的危害降低到最小，打赢这场疫情防控阻击战。

（2020年02月06日）

精准施策,把疫情防控抓实抓细

——做好当前最重要的工作④

李 拯

> 疫情防控要精准研判疫情、分清轻重缓急、辨明主要矛盾,有针对性地解决问题,把工作抓实抓细
>
> 尽快找差距、补短板,让疫情防控工作不断精准化、精细化,同时间赛跑、与病魔较量,我们一定能打赢这场疫情防控阻击战

武汉的会展场馆被改造为方舱医院,集中收治轻症患者;工信部与科技企业联动,运用大数据研判疫情趋势;上海浦东运用无人机远程测量体温,助力社区疫情防控……疫情防控关键时期,全国各地纷纷出台举措,体现出一个共同特点:精准施策,根据疫情防控的不同特点因地制宜、对症下药。

习近平总书记提出的"坚定信心、同舟共济、科学防治、精准施策"十六字要求中,"精准施策"是一个重要方法论。不同地方、不同环节的疫情扩散风险不同、易感人群各异,疫情防控工作的重点自然各不相同;同时,疫情会随时间变化不断呈现新的特点和趋势,也会对其他领域带来次生影响,疫情防控工作需要根据疫情变化而灵活调整。这都说明,疫情防控不能胡子眉毛一把抓,而要精准研判疫情、分清轻重缓急、辨明主要矛盾,根据不同地点、不同时点的不同情况精准施策,有针对性地解决问题,把工作抓实抓细。

精准施策，就要根据各个省份、各个地方的不同情况采取分类施策的方法。湖北省特别是武汉市仍然是全国疫情防控的重中之重。只有集中力量把重点地区的疫情控制住了，才能从根本上尽快扭转全国疫情蔓延局面。这就要求湖北省把疫情防控工作作为当前头等大事，采取更严格的措施，内防扩散、外防输出；与此同时，伴随春节返城潮，其他所有省份要加强对流动人员的疫情监测和防控。随着疫情形势发展变化，中小城市和农村的疫情防控任务不断加重。农村人口居住分散，教育水平和健康素养相对偏低，更需要充分发挥基层党组织横向到边、纵向到底的动员能力，做好疫情防控向农村下沉的各项工作。全国各地把党中央决策部署和当地实际结合起来，就能提高疫情防控效率，形成区域联动、分工协作的全国一盘棋格局。

根据感染人群的不同情况进行精准施治，也是精准施策的重要内容。中央指导组紧急抽调20个省份大型三级综合医院的医学救援队，并在武汉建设"方舱医院"；武汉确定5家定点医院专门收治危重病人，还建设了火神山医院和雷神山医院。这些举措，就是根据病毒感染程度不同，对重症、轻症患者分类施治，尽早实现"集中患者、集中专家、集中资源、集中救治"。精准施治，不仅能提高收治率和治愈率、降低感染率和病死率，也能更好提高医疗资源的使用效率，缓解医疗资源紧缺问题。同时，不仅要"治已病"，更要"治未病"，对所有密切接触人员采取居家医学观察，才能严格落实早发现、早报告、早隔离、早治疗措施，遏制疫情蔓延。

现在，春节返城的人数越来越多，一线城市作为主要的人口流入地，更应提前做好疫情监测、排查、预警等工作，加强源头控制、防止疫情扩散。除了有针对性地对车站、机场等重点场所采取必要措施之外，还可以充分运用大数据、云计算、人工智能、人脸识别等新一代信息技术，更精准、全面地掌握人口流动。把精准施策的要求落实落细，我们就能有效遏制疫情蔓延。

这次疫情是对我国治理体系和能力的一次大考，也是提升治理能力的一个契机。尽快找差距、补短板，让疫情防控工作不断精准化、精细化，同时间赛跑、与病魔较量，我们一定能打赢这场疫情防控阻击战。

（2020年02月07日）

扛起责任,把初心写在抗疫一线

——做好当前最重要的工作⑤

石 羚

各级党委和政府坚决贯彻落实习近平总书记重要讲话、重要指示精神和党中央决策部署,发挥了集中力量办大事的制度优势,筑牢了防控疫情的全国防线

让党旗在防控疫情斗争第一线高高飘扬,充分发挥基层党组织横向到边、纵向到底的动员能力,发挥共产党员先锋模范作用,凝聚起众志成城的强大力量,就能打赢疫情防控的人民战争

在疫情防控的战场上,有很多冲锋在前的身影:山东青岛84岁高龄的杨立梓老人主动申请,在社区摸排情况、发放宣传材料;家在陕西城固的军人何玉朴,因为肩负防疫任务主动取消了原定大年初六举行的婚礼;来自空军军医大学的王新、仲月霞夫妇,顾不上照顾家中老人,同时递交请战书前往武汉……面对疫情,他们舍小家为大家、负责任敢担当。他们有一个共同的名字:共产党员。

疫情就是命令,防控就是责任。2月3日,中央政治局常委会召开会议,习近平总书记对做好下一步疫情防控工作提出明确要求,其中一个重要方面就是,各级党委和政府要"把落实工作抓实抓细"。共产党人的初心和使命不是抽象的概念、空洞的口号,而必须体现在实实在在的

行动中。这场疫情防控阻击战，正是践行初心使命、体现责任担当的试金石和磨刀石。各级党委和政府要展现大局意识和全局观念，广大党员干部要体现宗旨意识和为民情怀，就要把疫情防控工作作为当前最重要的工作来抓，就要在群众最需要的时候挺身而出、英勇奋斗、扎实工作，就要把人民群众生命安全和身体健康放在第一位。

现在正值春运返城潮，各地也开始陆续复工，疫情可能随着人员流动而突破地域限制、产生扩散风险。正因此，做好疫情防控工作，就要坚持全国一盘棋，各级党委和政府必须坚决服从党中央统一指挥、统一协调、统一调度，做到令行禁止。疫情发生后，从纷纷启动重大突发公共卫生事件一级响应，到陆续成立各级疫情防控工作领导小组，再到集中支援武汉，可以说各级党委和政府坚决贯彻落实习近平总书记重要讲话、重要指示精神和党中央决策部署，发挥了集中力量办大事的制度优势，筑牢了防控疫情的全国防线。接下来，各级党委和政府应该继续增强大局意识和全局观念，把落实工作抓实抓细。

在湖北一些地方，疫情有进一步向县域和农村蔓延的势头。这就要充分发挥基层党组织战斗堡垒作用和共产党员先锋模范作用，把基层党组织和广大党员全面动员起来，坚定站在疫情防控第一线，做到哪里任务险重哪里就有党组织坚强有力的工作、哪里就有党员当先锋作表率。在河南信阳，驻村第一书记自愿放弃休假，义无反顾奔赴农村一线，构筑起群防群治的牢固堡垒；在浙江温州，"临时党支部""党员突击队"和"党员志愿服务队"迅速行动起来……让党旗在防控疫情斗争第一线高高飘扬，充分发挥基层党组织横向到边、纵向到底的动员能力，发挥共产党员先锋模范作用，凝聚起众志成城的强大力量，就能打赢疫情防控的人民战争。

从1998年抗击洪水，到2003年抗击非典，再到2008年抗震救灾，每一次应对重大风险挑战，都让干部队伍获得锻炼提升。风险挑战不可怕，可怕的是没有斗争意识、斗争精神、斗争魄力。和平年代或许没有硝烟，但同样有考验、有战场。疫情蔓延，正是共产党员接受考验的时候。保持共产党人敢于斗争的自觉和胆魄，拿出直面风险挑战的勇气，激扬越是艰险越向前的豪气，具备啃硬骨头、挑重担的担当，我们就能构筑起打赢疫情防控阻击战的钢铁长城。

"看到身边的党员率先垂范,我备受感动和鼓舞""如果能在这个时候入党,我感到无比光荣"……在疫情防控中,不少一线工作者申请入党,以庄严的志向锚定人生新航程。入党是一份光荣,更是一份责任。每一个党员干部勇担重任,把初心使命写在抗疫一线,我们必将赢得最终胜利。

(2020年02月10日)

人人有责，疫情防控从我做起

——做好当前最重要的工作⑥

盛玉雷

> 增强健康理念、提升疫情防控知识水平，提高文明素质和自我保护能力，是千家万户抵御疫情的最佳方式
>
> 以非常之战役应对非常之疫情，防控之网必须织得密而又密，政策措施必须施行得严而又严

全国上下共同抗击新冠肺炎疫情之际，一则科普视频广为流传。画面中，一排火柴密集扎堆，点燃其中一根，根根都会被点燃；但只要挪走旁边两根，火势就能被阻隔。这不仅展示出隔离救治的意义，更生动说明每个人都是疫情防控的重要一环。只有环环相扣、人人尽责，才能及时阻遏疫情蔓延的势头。

2月3日，中央政治局常委会召开会议，特别强调"进一步培养居民健康生活习惯"。这也说明，每个人都是疫情防控的主体。自疫情防控阻击战打响以来，白衣天使冲锋在前，建设单位连轴施工，生产企业开足马力，爱心人士捐款捐物……无数人都在为疫情防控贡献力量。在非常时期，对普通人来说，"宅"在家中也是一种责任，保护好自己就等同于保护好他人。也正是出于这样的考虑，新春佳节，有人放弃全家团圆，有人按捺住呼朋唤友的心情，有人"全家总动员"戴好口罩、做好防护，每个人都在用自己的方式，参与这场疫情防控阻击战。

如果说努力提高治愈率是医护人员的职责，那么努力降低感染率、遏制疫情蔓延，则需要每个人从我做起，筑牢健康防线。正是在居家期间，不少人发现好好洗手原来如此重要，经常触摸的电梯按钮、门把手等地方也是防控疫情的重点。勤通风、勤洗手、不聚会、少串门、戴口罩……各地各部门给出的"口诀""指南"，既是阻断病毒传播的科学方法，也包含有益于身体健康的生活习惯。增强健康理念、提升疫情防控知识水平，提高文明素质和自我保护能力，是千家万户抵御疫情的最佳方式。

面对复杂严峻的疫情态势，适度的焦虑可以理解，也能够敦促人们采取更严格的防护措施。但是，焦虑过度，也可能为形形色色的谣言传播提供土壤，引发不该有的"过激反应"。谣言止于智者。不信谣、不传谣，保持理性、尊崇科学，我们就能更加坚定战胜疫病的决心和信心。

以非常之战役应对非常之疫情，防控之网必须织得密而又密，政策措施必须施行得严而又严。政府部门出台严格举措，也需要社会公众多一分理解、多一些配合，形成同舟共济、群防群治的合力。比如湖北黄冈、浙江温州等疫情相对较重的地区，都果断采取了出行管控措施。这虽然给居民的日常生活带来一些不便，但绝大多数人对此表示理解和支持。在一些地方，出现个别人在公共场所不戴口罩、粗暴对抗防控人员等现象，遭到网友批评。防止疫情进一步蔓延，既需要有关部门采取切实有效的措施做好防控、备好预案，也离不开每个人的理解、遵守和执行。唯有如此，才能筑起一道保护自己、惠及他人的生命防线。

病毒无情人有情。有人在网上提问，疫情面前作为普通人的我们应该做点什么？"不添乱""不侥幸""不传谣"收获了广泛认同。无论是居家隔离，还是返城返工，密切关注疫情动态、充分了解相关知识、做好防护措施，每个人都积极参与疫情防控，都为战"疫"增添力量，就一定能打赢疫情防控阻击战。

（2020年02月11日）

防控疫情,展现坚守与奉献的力量

李 拯

> 传统佳节,因坚守而动人;防控疫情,用奋战来回应。最美"逆行者"们,展现出一种超越"小家"、成就"大家"的高尚境界
>
> 战胜疫情是我们共同的目标,互帮互助、共同发力,就一定能形成一个防控疫情共同体,凝聚起打赢疫情防控阻击战的强大合力

这个春节不平常。新型冠状病毒感染的肺炎疫情防控工作全面展开,广大党员干部、医护人员等奋战在防控疫情斗争第一线。各行各业都有人在坚守岗位,为防控疫情提供保障,为万家团圆提供守护。这些最美"逆行者",用他们的坚守与奉献,为人们构筑起一道健康防线。

惟其艰难,才更显勇毅;惟其笃行,才弥足珍贵。从治理的视角来看,在医疗资源有限的情况下最大限度救治患者,在人口流动的背景下最大限度防控疫情,在确保安全的前提下最大限度保障社会生活运行,这是对国家治理能力的巨大考验。疫情发生后,习近平总书记第一时间作出重要指示,亲自指挥、亲自部署;党中央成立应对疫情工作领导小组,在中央政治局常务委员会领导下开展工作;各地坚决贯彻党中央决策部署,纷纷启动重大突发公共卫生事件一级响应……可以说,在疫情防控中,党中央总揽全局、协调各方,各级党委、政府在任务分解、资源配置、

社会治理等方面迅速响应，展现出了坚持全国一盘棋、调动各方面积极性的治理能力，集中力量办大事的制度优势。

面对疫情扩散的风险，坚守是最有力的回答。武汉广大医护人员冲锋在前，全国各地医务工作者成为这个春节最可敬的"白衣战士"；各地支援武汉的医疗队迅速集结，向着武汉出发；曾奉命赴北京小汤山抗击非典的南方医院医疗队主动请战，誓言"若有战，召必回，战必胜"……传统佳节，因坚守而动人；防控疫情，用奋战来回应。春节期间坚守岗位，用自己的行动，承载了多少人的健康；用自己的舍弃，换来了多少家庭的团圆，这不仅体现着敬业与奉献的价值追求，更展现出一种超越"小家"、成就"大家"的高尚境界。

"新春我在岗，工作'不打烊'"。从边疆哨所的解放军战士，到街道上巡防值守的消防官兵，从在交通岗位上确保春运通畅，到在供电所里守护灯火通明，各行各业都展现着坚守与奉献的价值。在坚守岗位的人群中，很大一部分是共产党员。春节期间，一个短视频在网上流传：在疫情防控中，复旦大学附属华山医院感染科召开了一次特殊的组织生活会，党支部书记张文宏说："困难的工作、最辛苦的岗位，党员必须先上，没有商量！"这段话赢得网友一致点赞，正因为"党员必须先上"体现了共产党人应有的担当。让党旗在防控疫情斗争第一线高高飘扬，把投身防控疫情第一线作为践行初心使命、体现责任担当的试金石和磨刀石，就能把党的政治优势、组织优势、密切联系群众优势转化为疫情防控的强大政治优势。

防控疫情，让我们这个春节有了更为特殊的意义。春节是亲情的凝聚，很多人也许无法与家人团圆，但是防控疫情让我们看到了一个更大的"家"。从政府到社会，从医护人员到新闻工作者，战胜疫情是我们共同的目标。互帮互助、共同发力，就一定能形成一个防控疫情共同体，凝聚起打赢疫情防控阻击战的强大合力。

有党中央的坚强领导，有各级党委和政府的有力举措，有医护人员的全力以赴，有每个人的共同参与，各地各部门密切配合与协同，我们一定可以有效防控疫情，让自己的"小家"得享安康，让中国这个"大家"更加安全。

（2020年02月03日）

在年味中感受文化的魅力

——新春之际话新风①

盛玉雷

过年是有关时间的仪式感,也是和文化密不可分的精神依归

无论过去、现在还是未来,过年的盛情不减,过年的文化犹在,过年的味道只会历久弥香

纵然生活在变,环境在变,观念思维也在变,但节日的仪式感没有变,萦绕在心中的真情没有变,流淌在血脉里的文化基因也没有变

"共欢新故岁,迎送一宵中。"再过几天,就是农历春节。天真的孩童翘首以盼,忙碌的游子归心似箭,许久不见的亲朋喜气洋洋。春节是什么?不同的人对此有着不一样的理解。或许是冬日街头绵延不绝的大红灯笼,可能是贴满了万家门楣的吉祥对联,抑或是阖家欢乐的团圆饭桌。但毫无疑问,都少不了地地道道的年味儿。

年味儿是热闹非凡的烟火味儿,也是传承不息的文化味儿。对初来乍到的外国朋友来说,想在新春佳节迅速融入可并不容易。如果说耍狮子、舞龙灯、扭秧歌还能学得有模有样,那么祭祖、赶庙、守岁的习俗就着实有些难以把握了。更不用说,大红的春联有街门对、屋门对之分,精巧的窗花也有角花和团花之别。可以说,春节集祈年、庆贺、娱乐于一身。没有点中华传统文化的熏陶,是很难体会"从腊月初一就开始预

热。一天比一天增温,一天比一天红火,发烧直到年根下"这种过年的感觉的。好在,文化的力量没有边界,越来越多的外国朋友正乐在其中。

走得再远,也要赶赴一年一度的团圆;平日再忙,春节一定要抽出时间走亲访友;逢人脱口而出"过年好",是问候更是祝愿。从虔敬天地到善待万物,从感恩生活到辞旧迎新,过年是有关时间的仪式感,也是和文化密不可分的精神依归。福气、富贵、长寿、平安、好运、兴旺……说说欢欢喜喜的吉祥话,瞅瞅红红火火的民俗画,道尽了日常生活的情感、期望和生机,写满了中华文化的浓缩、淬炼和积淀。

过年是岁月更替,年味儿自然也会常过常新。曾经,它藏在妈妈忙前忙后做的一顿年夜饭中,藏在晚辈孝敬长辈的那一杯酒中,也藏在家家户户都贴上的喜庆对联中。如今,它藏在社交软件的红包里,藏在舒心的休闲活动里,也藏在不管认识不认识,见面都要寒暄说过年好的祝福里。在不少人的眼里,春节的表现形式在不断做减法,为此不免心生忧虑,传统文化的情感会不会失去载体?这年味儿还是不是那个味儿?

其实不必担心。无论过去、现在还是未来,过年的盛情不减,过年的文化犹在,过年的味道只会历久弥香。生活富足了,以饱餐为目的的一顿饭很难再激起热情,但以饱满为契机的年夜饭常常一桌难求;交通便利了,流动的中国不再山水迢迢,但不少人还有着山高水远的牵挂。当墙上倒挂的福字扫进"集五福"的镜头,当移动支付的红包装满"试试手气"的惊喜,当春晚与贺岁档影片同时闪亮荧屏,这些弥漫在春节里的欢声笑语,满是人与人之间的情感、祈福的依托、美好的心愿。纵然生活在变,环境在变,观念思维也在变,但节日的仪式感没有变,萦绕在心中的真情没有变,流淌在血脉里的文化基因也没有变。

不久前春运开启,一则"偷偷回家时家人的反应"的视频让人笑中带泪。有合不拢嘴的喜悦,有飞奔而来的拥抱,有牵肠挂肚的思念。一句"回家过年",寄托了太多情感,承载了多少意义。让我们在即将到来的新春佳节,咀嚼浓郁的年味儿,感受文化的魅力,重温情感的力量。

(2020年01月21日)

在和谐中呈递文明的名片

——新春之际话新风②

张 凡

> 心在一起、家人在一起,春节的情感内涵就不会变,我们代代相传的文化基因就会得以赓续
>
> 一场美好的旅行,不仅要有发现美的眼睛,还要有严于律己的自觉,推己及人的胸怀
>
> 当14亿人的每一分子都能成为文明新风的主体,整个社会的文明素养就会迈上新的台阶

春节临近,有人回故乡,有人去远方,如今,"在路上"成为不少人过年的常态。数据显示,今年春节假期,全国出游人次预计达4.5亿。"反向春运""组团出游",不断"解锁"的团聚新方式,成为春节里一道美丽风景。

无论是到乡村寻找地道"年味",还是凑热闹打卡"网红景点",无论是踏上行程探亲访友,还是到异国他乡享受悠闲假期,如今,人们过年的方式早已不再局限于传统的年节记忆,各种鲜活美好的"新年俗",成为人们在"吃好喝好"之后追求的另一种过节仪式感。"有家的地方就是年,有家人的地方就有团圆",无论是一家人围炉夜话、诉说衷肠,享受天伦之乐、生活之美,还是打点行囊、踏上旅途,收获异乡风情、崭新美景,只要心在一起、家人在一起,春节的情感内涵就不会变,我们

代代相传的文化基因就会得以赓续。

不过,当我们在感受着传统节日的喜庆,憧憬着假期出游的愉悦,收拾着大包小包的行李时,千万别忘了把文明也装入行囊。如今,"出门过大年"的人越来越多,人流聚集,资源限制,风俗殊异,如果因为种种原因导致行为失范、文明失位,再美的风景也将黯然失色。一场美好的旅行,不仅要有发现美的眼睛,还要有严于律己的自觉,推己及人的胸怀。博物馆里,父母时时提醒孩子不要吵闹;高铁行程中,医护人员及时救治生病乘客……这些动人的瞬间,是流动的文明线,是最美的风景线,让我们无论身在哪里,都能体味到和谐美丽的中国年。

文化和民风是一个国家的名片。据测算,今年春节期间,将有超过700万人次出境旅游,同时也会有大量境外游客畅游神州,这一规模庞大的双向流动,是世界感知中国、了解中国的直接途径。每一个行走在外的中国人都是一张中国名片,都是中国文化和国民品格的生动载体。能否让世界看到一个可亲、可敬、可爱的中国,其实就取决于我们的一言一行。近些年来,中国游客文明素质的提升,成为众多国外游客接待机构的共同观感。

有人说,真正的文明是所有人种植幸福的结果。14亿人的文明社会,需要14亿人的共同浇灌。当我们不只在意自己的方便,也考虑他人的感受,"占座""霸座""车闹"的行为就会更少一点;当我们不放纵自己任性逾矩,对自然、文物多一点敬畏,"刻字留名"、攀爬踩踏的破坏就会更少一点;当我们能有更多文明的学习与实践,类似于向飞机发动机扔硬币祈福这样"无知者无畏"的行为就会更少一点;当我们能更深刻地理解"物之不齐,物之情也",文化的冲突、误解就会更少一点。当14亿人的每一分子都能成为文明新风的主体,整个社会的文明素养就会迈上新的台阶。

紫气迎春早,文明气象新。过年是新旧交替的时间节点,也是新面貌新景象的展现。在其乐融融的气氛里,在处处涌动的暖意中,在四处铺展的新景里,让文明举止伴随新春的脚步,在和谐中呈递文明的名片,将心中的善意和道德感化为行动的力量,我们就能在不断向前的行走中,遇见人间最美最暖的风景。

(2020年01月22日)

在团圆中传承优良家风

——新春之际话新风③

李 斌

重新认识和整合家风家教等文化资源,在传承弘扬好文化、好风气中建构属于新时代的春节文化坐标

春节的价值内核经久不变,那就是我们内心中对亲情团聚的依依眷恋、对生活幸福的热切向往

春节期间是考验廉洁风气的重要节点,也是正家风、正家教的宝贵节点

一句"回家过年",牵动着亿万中国人内心最柔软的情愫。新春期间,万家团圆、共享天伦,承载着中华民族共同的文化因子,也创造出弘扬优良家风、开展家庭教育的绝佳契机。

从"忠厚传家久,诗书继世长"到长幼有序、敬老孝亲,从年夜饭"节俭为先"到节日期间与人为善,春节集中体现着家风文化。不论地域归于何处,事亲尽孝、敬老慈幼、祈福纳祥、团圆和睦等好家风是共同追求;不管时代如何变迁,爱国保家、勤俭节约、积德行善、诚实守信等好品质也一脉相承。全家团聚的时刻,共同忆苦思甜,共同亲近传统,示范孩子如何尊敬长辈、礼待他人,教导后辈如何为人处世、修身齐家,每一次对家风的精心书写,最终都会汇入人生的字典,成为受用一生的财富。个人需要在家风中来寻找情感归属,家庭

需要通过家风来增进幸福和睦,春节里的家风家教,成为我们生活里不可或缺的营养剂。

家庭是人们心灵的归宿,家风是社会风气的重要组成。如果轻视了春节的文化意味,把过节仅仅视为"吃、玩、睡、买、游",那么无疑就冲淡了节日的意义。近年来,从中央到地方,许多移风易俗的举措,引导人们回归重家庭、重家风的节日传统。让春节充满浓浓的文化气息,关键就在于重新认识和整合家风家教等文化资源,在传承弘扬好文化、好风气中建构属于新时代的春节文化坐标。

从温饱不足到全面小康,从娱乐单一到文化多元,春节是常新的,家风建设也需要在传承中创新、在创新中传承。节日期间亲子同阅读,传承了"耕读传家"的好家风;全家出游体验异乡文化,创新了"读万卷书,行万里路"的好家风;散步运动强身健体,开拓出"健康过新年"的新家风……过节形式在不断变化,但浓郁年味必定通过一定形式来表达,家风传承就是一个很好的载体。春节的价值内核经久不变,那就是我们内心中对亲情团聚的依依眷恋、对生活幸福的热切向往。

家风正则党风正,家风纯则政风纯。领导干部的家风,不仅关系自己的家庭,而且关系党风政风。党的十八大以来,家风建设被摆在廉政建设重要位置,各级领导干部带头抓好家风,夯实了廉政之基,为全社会的家风建设做好表率。《礼记·大学》中说:"所谓治国必先齐其家者,其家不可教而能教人者,无之。"春节期间是考验廉洁风气的重要节点,也是正家风、正家教的宝贵节点。领导干部当好清廉家风的引领者、践行者,应当"激浊",立好规矩,管好自己,约束家人,不给不良风气以可乘之机;也要"扬清",继承和弘扬中华优秀传统文化,继承和弘扬革命前辈的红色家风,把修身、齐家落到实处。

"不论时代发生多大变化,不论生活格局发生多大变化,我们都要重视家庭建设,注重家庭,注重家教,注重家风"。在团圆中正家风、重家教、树美德,凝聚起春节的文化吸引力,体现出中国人独特的文化传统、文化追求。传承好、发展好家风这个"文化家底",唤醒内心的仪式感、认同感、使命感，我们就能永远记住"回家的路"，不断增进文化自信的力量，使千千万万个家庭成为国家发展、民族进步、社会和谐的重要基石。

（2020年01月23日）

开放合作,引领世界经济持续发展

——写在习近平主席"达沃斯演讲"三周年之际①

桂从路

> 在历史前进的逻辑中前进、在时代发展的潮流中发展,中国始终是全球共同开放的重要推动者
>
> 中国全方位的对外开放,是各国发展的机遇,为世界经济持续发展注入强劲动力

连续举办两届中国国际进口博览会,主动向世界开放市场;推进共建"一带一路",串联起参与各国的发展梦想;推动建设海南自由贸易港、新设一批自由贸易试验区……习近平主席在世界经济论坛2017年年会开幕式发表主旨演讲3年来,中国重信守诺,努力构建更高水平对外开放格局。通过一系列务实举措,中国对外开放的大门越开越大、友好合作的朋友圈越来越广,赢得了世界的认可和赞誉。

在历史前进的逻辑中前进、在时代发展的潮流中发展,中国始终是全球共同开放的重要推动者。去年底召开的中央经济工作会议擘画了当前和今后一段时间中国发展的蓝图,开放是中国经济的鲜明底色,也是中国坚定不移的战略选择。无论是加强外商投资促进和保护,不断缩减外商投资准入负面清单,还是推动对外贸易稳中提质,引导企业开拓多元化出口市场,抑或是推动建设海南自由贸易港、健全"一带一路"投资政策和服务体系,无不传递出中国奉行互利共赢开放战略的坚定决心,

引领中国对外开放继续往更大范围、更宽领域、更深层次的方向走。

中国全方位的对外开放,是各国发展的机遇,为世界经济持续发展注入强劲动力。不久前,智利驻华大使在接受媒体专访时表示,"很高兴智利车厘子成了中国年货"。得益于双边务实合作的深化,近年来,依靠水果产业链生活的150多万智利人因对华贸易而获利。中企承建的比雷埃夫斯港,有望为希腊创造12.5万个直接和间接就业岗位;截至去年10月底,中欧班列累计开行近2万列,将西班牙的生鲜食品、白俄罗斯的牛肉送抵中国百姓餐桌……以更加开放的心态和举措,共同把全球市场的蛋糕做大、把全球共享的机制做实、把全球合作的方式做活,今天的中国成为全球和平发展的"稳定锚"、世界繁荣进步的"发动机"、各国合作共赢的"助推器"。

开放理念为什么能够赢得世界认可,中国的开放战略为何能给世界带来机遇?一个重要原因在于顺应了经济全球化的历史潮流。"事有必至,理有固然。"经济全球化促进了商品和资本流动、科技和文明进步、各国人民交往,是社会生产力发展的客观要求和科技进步的必然结果,不是哪些人、哪些国家人为制造出来的。尽管会出现一些问题,尽管会遇到险滩暗礁,但大江大河奔腾向前的势头是谁也阻挡不了的。历史车轮滚滚向前,时代潮流浩浩荡荡,只有顺势而为,才能挺立潮头、把握未来。面对世界经济发展面临的难题,唯有坚定开放合作信心,共同应对风险挑战,才能让经济全球化的正面效应更多释放出来,更好惠及每个国家、每个民族。

"让世界经济的大海退回到一个一个孤立的小湖泊、小河流,是不可能的,也是不符合历史潮流的""不能一遇到风浪就退回到港湾中去,那是永远不能到达彼岸的"……置身世界百年未有之大变局,站在人类社会何去何从的历史十字路口,习近平主席重要讲话的现实意义和深远影响愈发凸显。各国的利益从没有像今天这样深度融合,和平、发展、合作、共赢的时代潮流不可阻挡,搞保护主义如同把自己关进黑屋子,看似躲过了风吹雨打,但也隔绝了阳光和空气。旗帜鲜明反对贸易保护主义,坚定不移发展全球自由贸易和投资,在开放中推动贸易和投资自由化便利化,这是全球经济持续发展的必由之路。

"积力之所举,则无不胜也;众智之所为,则无不成也。"世界的未来掌握在我们手中,经济全球化遇到的困难和挑战,需要各国共同面对。把握历史发展规律、秉持开放共赢的理念、深化务实合作的行动,就一定能够让世界经济的航船穿越迷雾,驶向更加美好的明天。

(2020年01月15日)

创新发展,为全球经济增长添动能

——写在习近平主席"达沃斯演讲"三周年之际②

白 龙

  创新发展的生动实践,见证着中国对外开放向着更高水平、更宽领域、更深层次迈进

  在经济全球化的时代潮流中,抓创新就是抓发展,谋创新就是谋未来

  共同加强知识产权保护,而不是搞知识封锁,才能更好应对各自和共同的发展挑战

  60个外资项目、投资总额超过73亿美元,涉及集成电路、人工智能、生物医药等多个创新领域、新兴产业……2020年新年伊始,一批外资项目集中在上海签约,其中不乏在去年第二届中国国际进口博览会上颇为"吸睛"的前沿项目。创新发展的生动实践,见证着中国对外开放向着更高水平、更宽领域、更深层次迈进。

  在经济全球化的时代潮流中,抓创新就是抓发展,谋创新就是谋未来。"创新是引领发展的第一动力""紧紧扭住技术创新这个战略基点",以习近平同志为核心的党中央提出实施创新驱动发展战略,成为新的发展阶段立足全局、面向全球、聚焦关键、带动整体的国家重大发展战略。从"嫦娥"探月到"长五"飞天、从"蛟龙"入海到国产航母入列,从"智能高铁"风驰电掣到"中国天眼"开放运行……近年来,中国持续加大

创新投入，全球创新指数排名不断提升，跑出了一条令世界瞩目的创新发展之路。世界知识产权组织发布的《2019年全球创新指数》报告显示，中国排名从2016年的第二十五位迅速攀升至2019年的第十四位，居中等收入经济体首位。

世界经济面临的根本问题是增长动力不足，创新发展是引领世界经济持续发展的必然选择。习近平主席在瑞士达沃斯国际会议中心出席世界经济论坛2017年年会开幕式上的主旨演讲中明确提出："坚持创新驱动，打造富有活力的增长模式"，强调"我们必须在创新中寻找出路。只有敢于创新、勇于变革，才能突破世界经济增长和发展的瓶颈"，为世界经济发展指明了努力方向。

当前，新一轮科技革命和产业变革正处在实现重大突破的历史关口。正如习近平主席在第二届中国国际进口博览会开幕式上的主旨演讲中所强调的："各国应该加强创新合作，推动科技同经济深度融合，加强创新成果共享，努力打破制约知识、技术、人才等创新要素流动的壁垒，支持企业自主开展技术交流合作，让创新源泉充分涌流。"只有打破壁垒，加强数字经济、人工智能、纳米技术等前沿领域合作，共同打造新技术、新产业、新业态、新模式，共同加强知识产权保护，而不是搞知识封锁，才能更好应对各自和共同的发展挑战，让创新成果得以广泛应用，惠及更多国家和人民。

以创新引领发展，中国迈出坚实步伐。近年来，中国不断激发增长动力和市场活力，加大重要领域和关键环节改革力度，让市场在资源配置中起决定性作用，更好发挥政府作用，牵住创新这个"牛鼻子"，推进创新驱动发展战略，推动战略性新兴产业发展，注重用新技术新业态改造提升传统产业，促进新动能发展壮大、传统动能焕发生机。当前，"数字中国"建设方兴未艾，"互联网+"、人工智能等领域收获一批创新成果，分享经济、网络零售、移动支付等新技术新业态新模式不断涌现，深刻改变了中国老百姓生活。"中国已经建立起富有活力的创新生态体系""创新、开放等要素在中国的经济发展中愈发重要，能够将来自全球的人员和技术聚集到一起，创造出更大的动能"……去年底在北京召开的2019年创新经济论坛上，来自全球的各界嘉宾普遍认为，中国的创新发展，正在为全球经济增长增添新动能。

创新需要智慧引领，发展需要开放合作。各国携起手来，加强各领域创新合作，用沟通、开放和包容来破解发展难题，用科技创新为人类进步赋能，定能更好应对未来可能出现的各种挑战，激发经济全球化的不竭动能。

（2020 年 01 月 16 日）

协同联动,推动各国共享发展成果

——写在习近平主席"达沃斯演讲"三周年之际③

李浩燃

> 以更加开放的心态和举措,共同把全球市场的蛋糕做大、把全球共享的机制做实、把全球合作的方式做活
>
> 一花独放不是春,百花齐放春满园。推动构建人类命运共同体是一项伟大事业,关键在于起而行之

新年伊始,来自中国的消息吸引着世界的目光。调整部分商品进口关税,850余项商品实施低于最惠国税率的进口暂定税率;外商投资法正式施行,为更高水平开放奠定更坚实的法治根基;中国和基里巴斯签署共建"一带一路"谅解备忘录,标志着中国同所有10个建交太平洋岛国都签署了共建"一带一路"合作文件……一系列务实的举措,向世界展示了中国推进新一轮高水平对外开放的坚定决心。

"充分利用一切机遇,合作应对一切挑战,引导好经济全球化走向""坚持协同联动,打造开放共赢的合作模式"……3年前的达沃斯世界经济论坛2017年年会开幕式上,习近平主席倡导各方携手努力、共同担当,成为促进全球共同发展的时代强音。思想之光照亮前行之路,今天,世界正经历百年未有之大变局,人们更能深刻感受到关于适应经济全球化、引导经济全球化的中国主张,具有深刻而重大的现实意义。

以更加开放的心态和举措,共同把全球市场的蛋糕做大、把全球共

享的机制做实、把全球合作的方式做活,是中国一以贯之秉持并践行的主张。近年来,从主动出台一系列对外开放新举措到成功举办"一带一路"国际合作高峰论坛,从中国国际进口博览会到亚洲文明对话大会,中国着力推动构建人类命运共同体,积极参与经济全球化进程。中国用实际行动,为推动共建开放共享的世界经济而不懈努力。

一花独放不是春,百花齐放春满园。推动构建人类命运共同体是一项伟大事业,关键在于起而行之。"一带一路"倡议提出以来,从恢弘的"大写意"到精谨细腻的"工笔画",越来越多的国家加入到共商、共享、共建的朋友圈中,中国人民同各国人民不断书写"你中有我、我中有你"的生动故事。疾驰在欧亚大陆上的中欧班列,地中海岸边繁忙的装卸码头,欣欣向荣的中白工业园,非洲大陆高耸的施工塔吊……当初的一粒种子,短短几年便已长成参天大树。如今,共建"一带一路"的朋友圈越来越大,好伙伴越来越多,合作质量越来越高,发展前景越来越好。事实表明,中国倡议的"一带一路"不是口号和传说,而是成功的实践和精彩的现实。

主动作为的高水平开放,带来实实在在的机会和成果。中国扩大开放的姿态自信坚决,步履稳健坚实。在第二届中国国际进口博览会上,累计意向成交金额达711.3亿美元。根据世界银行发布的《2020营商环境报告》,中国营商环境排名上升到31位,提升15位。特斯拉、通用电气、宝马等一大批外资企业看好中国市场,持续增加在华投资。中国走出了一条在开放中谋求共同发展的道路,既促进自身经济增长,也为其他国家带来实实在在的机遇。正如国际观察人士所言,"一个稳定的中国是这个充满不确定的世界的最大稳定源"。

"孤举者难起,众行者易趋。"中国人民深深懂得,在经济全球化时代,没有哪一个国家可以独善其身,协调合作是我们的必然选择。今天的中国,既是品类齐全的"世界工厂",也是规模超大的"世界市场"。世界第二大经济体、第一大货物贸易国、第一大外汇储备国,拥有世界上规模最大的中等收入群体,消费增长潜力巨大……一个全方位对外开放的中国,释放着无穷的发展红利,蕴藏着无限可能。未来之中国,将以更加开放包容的姿态拥抱世界,同各国人民一道,积极推动构建人类命运共同体，不断为人类和平与发展的崇高事业作出新的更大的贡献。

历史是勇敢者创造的，更需众人携手努力、同舟共济。牢固树立人类命运共同体意识，坚持协同联动，打造开放共赢的合作模式，共建开放共享的世界经济，我们就一定能让世界更加美好。

（2020年01月17日）

全面从严治党，凝聚磅礴伟力

白 龙

当今世界正经历百年未有之大变局，中华民族伟大复兴进入关键时期，我们尤需以更高的要求、更高的标准全面从严治党，锻造更加坚强的领航力量.

党要团结带领人民进行伟大斗争、推进伟大事业、实现伟大梦想，必须毫不动摇坚持和完善党的领导，毫不动摇把党建设得更加坚强有力

全面从严治党，永远在路上。不久前，中央纪委印发《关于持之以恒正风肃纪确保2020年元旦春节风清气正的通知》，严查享乐、奢靡问题，强调以严明的纪律筑牢纠治节日"四风"坚固"后墙"。新年伊始，这一通知敲响了纪律的定音鼓，紧上了作风的风纪扣。

2020年是具有里程碑意义的一年。我们将全面建成小康社会，实现第一个百年奋斗目标。当今世界正经历百年未有之大变局，中华民族伟大复兴进入关键时期，我们尤需以更高的要求、更高的标准全面从严治党，锻造更加坚强的领航力量。党的十九大以来，以习近平同志为核心的党中央以彻底的自我革命精神把全面从严治党推向纵深，坚持不懈推动中央八项规定精神落实、驰而不息纠治"四风"，持续坚决清除一切影响党的先进性和纯洁性的消极因素，以好作风、好形象带领人民群众开

辟"中国之治"新境界，凝聚起决胜全面建成小康社会的磅礴力量。

坚持以人民为中心，是全面从严治党的出发点和落脚点。人们还记得，去年10月1日，新中国70华诞盛典群众游行中，"从严治党"方阵彩车上的"中央八项规定精神"元素格外引人注目。这是亿万人民发自内心的认可，也是百年大党一以贯之的承诺。"中央八项规定不是五年、十年的规定，而是长期有效的铁规矩、硬杠杠""要注重防范化解脱离群众、动摇根基的风险，始终保持党同人民群众的血肉联系""着力解决群众最关心最现实的利益问题，不断增强人民群众对党的信任和信心，筑牢党长期执政最可靠的阶级基础和群众根基"……习近平总书记的一系列重要论述，为全面从严治党指明了方向，凸显了持之以恒加强党的作风建设的政治自觉。

作风建设永远在路上，绝不能有松口气、歇歇脚的想法。2019年岁末，中央政治局召开"不忘初心、牢记使命"专题民主生活会，从会前的充分准备，到会上的逐个发言、对照检查、批评和自我批评，为全党严肃政治生活、践行优良作风作出表率，再次表明理想信念是共产党人的政治灵魂，是共产党人初心的本质要求。在"不忘初心、牢记使命"主题教育中，纪检监察机关坚持人民群众反对和痛恨什么，就坚决防范和纠正什么，把解决人民群众反映最强烈的痛点难点、最急最忧最盼问题作为重中之重。以扶贫、民生等各领域专项治理，以"打伞破网"的雷霆手段，不断增强群众获得感、幸福感、安全感，以实际行动擦亮共产党人的初心和使命。

全面从严治党，不断净化政治生态，需要在建章立制上下功夫。党的十九届四中全会强调，深化党的建设制度改革，坚持依规治党，建立健全以党的政治建设为统领，全面推进党的各方面建设的体制机制。落实这一要求，需要以制度为抓手，坚持和完善党和国家监督体系，强化对权力运行的制约和监督，一体推进不敢腐、不能腐、不想腐。构建长效机制，运用好监督执纪"四种形态"，提升监督精准性有效性，以严管厚爱、标本兼治的举措绷紧作风弦、筑牢防腐墙。党要团结带领人民进行伟大斗争、推进伟大事业、实现伟大梦想，必须毫不动摇坚持和完善党的领导，毫不动摇把党建设得更加坚强有力。面向未来，即将迎来百年诞辰的中国共产党必定展现出更加旺盛的生机活力。

尺璧非宝，寸阴是竞。透过时间之海，我们已经看到全面小康社会的桅杆，更有着只争朝夕、时不我待的紧迫感。当此之际，更要坚持全面从严治党，确保全党思想上的统一、政治上的团结、行动上的一致，不忘初心、牢记使命，为决胜全面建成小康社会、实现第一个百年奋斗目标提供坚强保障。

（2020年01月13日）

激发走好新时代长征路的不竭动力

李 斌

  中国共产党作为百年大党，要始终得到人民拥护和支持，书写中华民族千秋伟业，必须始终牢记初心和使命，始终成为中国特色社会主义事业的坚强领导核心

  每一名共产党员都是一粒种子，到人民中间生根、开花、结果，初心使命是起决定作用的政治基因

对历史最好的纪念，是叩问初心、守护初心；对未来最好的宣言，是坚守使命、担当使命。

"我们党要始终得到人民拥护和支持，书写中华民族千秋伟业，必须始终牢记初心和使命，坚决清除一切弱化党的先进性、损害党的纯洁性的因素，坚决割除一切滋生在党的肌体上的毒瘤，坚决防范一切违背初心和使命、动摇党的根基的危险。"在"不忘初心、牢记使命"主题教育总结大会上，习近平总书记强调，全党要以这次主题教育为新的起点，不断深化党的自我革命，持续推动全党不忘初心、牢记使命。事业发展永无止境，共产党人的初心永远不能改变。经过主题教育这场新时代深化党的自我革命、推动全面从严治党向纵深发展的生动实践，一个道理更加深刻：中国共产党作为百年大党，要始终得到人民拥护和支持，书写中华民族千秋伟业，必须始终牢记初心和使命，始终成为中国特色社

会主义事业的坚强领导核心。

"不忘初心、牢记使命"主题教育,是一次理论学深悟透、信仰淬火成钢的思想洗礼,也是一次展现新气象、激发新作为、引领新征程的出征宣示。对广大党员干部而言,不忘初心、牢记使命,不仅意味着"淬火",强化了理想信念和理论根底,强化了宗旨意识和为民情怀;也意味着"赋能",涵养了风清气正的政治生态,提振了干事创业、担当作为的精气神。主题教育不仅促进了全党思想统一、政治团结、行动一致,也增强了人民群众对党的信任和信心。

"初心和使命是我们走好新时代长征路的不竭动力。"回望不平凡的2019年,高质量发展平稳推进,精准脱贫成效显著,"基层减负年"让基层干部轻装上阵,礼赞新中国、奋斗新时代成为浩荡洪流,人民群众获得感、幸福感、安全感稳步提升……这些来之不易的成绩,与全党全国只争朝夕、奋发作为密不可分,与主题教育的洗礼锤炼密不可分。每一名共产党员都是一粒种子,到人民中间生根、开花、结果,初心使命是起决定作用的政治基因。始终做到初心如磐、使命在肩,把初心和使命变成永远奋斗和实干担当的精神力量,正是在新时代不断把党的自我革命推向深入的应有之义。

守初心、励恒心没有完成时,永远在路上。集中性的主题教育虽然告一段落,但推进全党不忘初心、牢记使命,将会常态化、机制化地持续下去。当此世界百年未有之大变局,适逢中国实现"两个一百年"奋斗目标历史交汇期,前所未有的新形势新挑战新要求,决定了全党必须用马克思主义中国化的最新成果统一思想、统一意志、统一行动,以正视问题的勇气和刀刃向内的自觉不断推进党的自我革命,把不忘初心、牢记使命作为加强党的建设的永恒课题,作为全体党员、干部的终身课题。党的十九届四中全会提出,建立不忘初心、牢记使命的制度。制度具有根本性、全局性、稳定性和长期性的特点。答好"永恒课题""终身课题",必须建立不忘初心、牢记使命长效机制,坚持不懈锤炼党员、干部忠诚干净担当的政治品格,永葆共产党人政治本色。

时至今日,越来越多人意识到,新中国之所以发生"当惊世界殊"的历史巨变,中华民族伟大复兴之所以前程光明,最关键原因、最根本保证就在于，中国共产党在革命性锻造中坚定走在时代前列，始终是中国人民和中华民族的主心骨。初心凝聚力量，使命催人奋进，奋斗成就辉煌。全党不忘初心、牢记使命，永远保持对人民的赤子之心，永远保持马克思主义执政党本色，一定能带领亿万人民实现中华民族的伟大复兴。

（2020年01月10日）

作风建设永远在路上

李浩燃

> 只要真管真严、敢管敢严,就能抓出常态、抓出长效
>
> 打赢脱贫攻坚战重任在肩,实现第一个百年奋斗目标近在咫尺,亟待我们进一步整肃纲纪、锤炼作风,激扬广大党员干部担当作为的精气神

查处漠视侵害群众利益问题9.80万起,处理13.01万人,公开曝光87批359起典型案例……近日,中央纪委国家监委公布专项整治漠视侵害群众利益问题阶段性工作成果。相关消息的发布,传递出持续纠治"四风"的强烈信号,引发舆论关注。

形式主义、官僚主义、享乐主义和奢靡之风这"四风"问题,严重违背我们党的性质和宗旨。对此,群众一直深恶痛绝、反映强烈。党的十八大以来,以习近平同志为核心的党中央始终高度重视党风廉政建设,用行动发号令、以身教作示范,言必信、行必果,出实招、动真格,抓早抓小、正风肃纪,标本兼治、驰而不息,推动党风政风为之一振、社情民风为之一新。刚刚过去的2019年,从以实际行动贯彻执行中央八项规定,到一以贯之把作风建设摆在突出位置,从明确提出将2019年作为"基层减负年",到深入开展"不忘初心、牢记使命"主题教育……党中央以彻底的自我革命精神推进全面从严治党,持之以恒抓作风建设,凝

聚起新长征路上重整行装再出发的磅礴力量。

党的作风是党的形象,是观察党群干群关系、人心向背的晴雨表。回溯历史,红军好作风暖了百姓心,"苏区干部好作风"广为传唱,我们党赓续传承的优良作风,堪称一个百年大党的鲜明标识。今天,作风问题无小事,已经成为社会共识;群众对干部清正、政府清廉、政治清明的殷切期盼,正在逐步变为现实。实践有力证明,只要真管真严、敢管敢严,就能抓出常态、抓出长效。

应当清醒看到,尽管我们对作风问题的认识逐步深化、对作风积弊的治理日益制度化,但由于"四风"的危害性、顽固性、反复性,容不得我们有任何"喘口气、歇歇脚"的念头。例如,在基层一些地方,堂而皇之的顶风作案少见了,改头换面的吃喝享乐依然存在;"门难进、脸难看"基本改变了,"事难办"还是照旧;脱贫攻坚取得巨大成效,但在"精准"方面还要下更大功夫。这些问题从一个侧面表明,根治作风病无法一蹴而就、毕其功于一役,只有切实做到踏石留印、抓铁有痕,才能避免陷入"一抓就好转、一松就反弹"的怪圈,以作风建设的新进展、新成效取信于民。

习近平总书记强调:"我们党作为一个在中国长期执政的马克思主义政党,对作风问题任何时候都不能掉以轻心。"关于作风建设,群众最担心的是问题反弹、雨过地皮湿、活动一阵风,最盼望的是形成常态、常抓不懈、保持长效。方此"船到中流浪更急、人到半山路更陡"之时,打赢脱贫攻坚战重任在肩,实现第一个百年奋斗目标近在咫尺,亟待我们进一步整肃纲纪、锤炼作风,激扬广大党员干部担当作为的精气神,为决胜全面建成小康社会汇聚强大动能。"我们共产党人最讲认真",在反"四风"这项长期任务上,我们就是要一抓到底。

作风建设永远在路上,永远没有休止符。笃定"越是艰险越向前"的决心,保持"咬定青山不放松"的定力,坚持不懈推动中央八项规定精神落实、驰而不息纠治"四风",我们必能以好作风护航干事创业,不断开辟"中国之治"新境界。

（2020 年 01 月 09 日）

实现生态效益、经济效益的最大化

石 羚

> 保护长江,是生态课题,更是发展课题。推动长江经济带发展,必须树立正确的发展观

近日,两则关于长江的消息激动人心。一是《中华人民共和国长江保护法(草案)》首次提请全国人大常委会审议,意味着长江保护的立法进程按下快进键;二是自2020年1月1日起,长江流域重点水域开启"常年禁捕",从而更好守护长江生物基因库。在过去的一年里,从生态环境污染治理"4+1"工程进展良好,到综合交通运输体系初步构建,再到体制机制保障更加有力,长江经济带发展各项工作取得明显进展,共护一江清水浩荡东流。

"当前和今后相当长一个时期,要把修复长江生态环境摆在压倒性位置,共抓大保护,不搞大开发""探索出一条生态优先、绿色发展新路子",自2016年1月以来,习近平总书记先后在重庆和武汉召开两次推动长江经济带发展座谈会,从中华民族长远利益出发,为长江经济带发展把脉定向。4年来,各地动真格、出实招、求实效,中华民族的母亲河正在发生巨变。实践证明,保护长江,是生态课题,更是发展课题。推动长江经济带发展,必须树立正确的发展观。

坚持"生态优先,绿色发展"的定位,才能让绿色成为长江的底

色。长江永葆生机，关键要处理好"保护"和"发展"的关系。一段时间里，长江沿线有的地方片面追求经济指标快速增长，导致生态需求与生态供给失衡，反过来制约着民生福祉与发展动力。"生态账户"透支，必须把保护放在更重要位置。保护，不仅仅意味着生态修复、休养生息，从增加生态空间、激发长江活力的角度看，保护本身就是发展。时下，腾退岸线、拆除非法码头、清退污染企业……沿线省市以更严格的标尺衡量发展效益，当发展与保护发生冲突时自觉为保护让路，古人描绘的"巨海一边静，长江万里清"的盛景将再现于广袤大地。

生态保护的成功，依托于创新发展带来的动能转换。在过去，沿线有的地方低端产业比重较高，落后产能体量较大，制约着发展的成色。然而，越是历史包袱沉重，越要有壮士断腕的决心；越有路径依赖的惯性，越要敢于直面"成长的烦恼"。近年来，合肥声谷、武汉光谷、贵阳数谷等新兴产业集群正在长江沿线加快布局，不少城市实现了从"木头财政"到"生态产业"、从"化工锁江"到"创新赛跑"、从"煤的城"到"硅的城"的蝶变。一手做减法、破除旧动能，一手做加法、发展新产业，方能实现腾笼换鸟，使长江经济带成为创新驱动带。

"共抓大保护"需要协调发展、合力攻坚，但难在一个"共"字。11个省市横贯东西，数百条支流辐辏南北，涉及水、路、港、岸、产、城等多个方面，没有一个行业能在发展中独善其身，没有一个地区能独自承担保护长江的重任。从长三角地区强化生态环境共保联治，到东西部产业发展实现对接；从浙江安吉白茶苗在四川青川生根，成为"先富带后富"的缩影，到云南丽江村民在江边种植数百万棵柳树，形成"不能污染江水，下游人还要吃水"的环保自觉……事实证明，各方协同发展，精诚合作，计长远利，算整体账，这条绵延6300多公里的大江才有望实现生态效益、经济效益的最大化。

水质优良比例达到75%以上，森林覆盖率达到43%，基本建成衔接高效、安全便捷、绿色低碳的综合立体交通走廊……2020年，是实现长江经济带发展战略目标的关键之年，也是推动长江经济带发展各项工作爬坡过坎、滚石上山的关键阶段。凝心聚力、攻坚克难，推动长江经济带走好高质量发展道路，长江就能永葆生机，成为中华民族生生不息的重要支撑。

（2020年01月08日）

让广大基层干部轻装上阵

李 斌

为基层减负，在繁文缛节上做"减法"，在勤廉作风上做"加法"，激发基层干部担当有为

无论是制度设计还是干事创业，无论是政策执行还是干部管理，都更加注重实干、实绩、实效，为推进国家治理体系和治理能力现代化夯实微观基础

2019年开展为基层减负工作，成效如何？下沉到基层、和群众面对面的时间多了，坐在办公室的时间少了；规范考核评比、减少督查检查，干事热情更高；会议统筹做"减法"，合并"同类项"……有媒体调研发现，基层不必要的会议、文件、检查考核少了，基层干部服务群众更多了，干事劲头更足了。

2019年3月，中办印发《关于解决形式主义突出问题为基层减负的通知》，明确提出将2019年作为"基层减负年"，树起为基层减负、为实干撑腰的鲜明导向。各地各部门结合"不忘初心、牢记使命"主题教育，把力戒形式主义、官僚主义作为重要内容，大幅减少发文数量、严格控制发文规格，实行会议计划管理、严格控制会议规格，精简考核指标事项、改进督查考核方法，有针对性地为基层松绑减负。为基层减负，在

繁文缛节上做"减法",在勤廉作风上做"加法",激发基层干部担当有为,汇聚起推动改革发展的强大力量。

为基层减负,打开了完善基层治理的切口,夯实了推进国家治理体系和治理能力现代化的基础。基层工作中的形式主义和官僚主义问题,与基层治理中条块不清、权责不明、落实不力、机构空转有很大关系。一段时间以来,改进干部考核标准和方法,厘清责任清单,在政策执行上科学合理划分任务指标……无论是制度设计还是干事创业,无论是政策执行还是干部管理,都更加注重实干、实绩、实效,为推进国家治理体系和治理能力现代化夯实微观基础。

为基层减负,提供了砥砺初心使命的契机,增强了党员干部守初心、担使命的思想自觉和行动自觉。为基层减负是一次提质增效、改进作风的大练兵,使基层干部从冗会冗文、材料报表等繁杂工作中解放出来,有更多时间和精力了解群众需求,回归了联系群众、服务群众的本色。守初心、担使命,为基层减负既是重要目标,又是有力抓手,体现出"撑腰鼓劲、关爱宽容"的组织温度,擦亮了"解民忧、纾民怨、暖民心"的为民初心。基层单位和基层干部减轻了负担和压力、减出了时间和干劲,广大干部群众感到欢欣鼓舞。

基层减负工作成效显著、深得人心,关键原因在于不折不扣抓落实,每一项减负举措都直指基层负担重的堵点、痛点。这本身就是消除形式主义和官僚主义的体现。应当看到,形式主义和官僚主义问题具有复杂性和长期性,欲治病根还需善作善成、久久为功。岁末年初,正是总结既往、开启新年的时间节点,各地区各部门各单位可以以此为契机,深入查摆和整治形式主义和官僚主义痼疾,特别是减负"走过场""务虚功""甩包袱"等问题,让广大基层干部从过多负担、过度问责中彻底解放出来。只有巩固减负成效,建立长效机制,这场整治形式主义、官僚主义的持久战才能不断取得新胜利。

2019年岁末,中共中央政治局召开"不忘初心、牢记使命"专题民主生活会。习近平总书记主持会议并发表重要讲话,就中央政治局贯彻执行中央八项规定精神、解决困扰基层的形式主义问题切实为基层减负提出了要求。贯彻落实习近平总书记重要讲话精神，让广大基层干部轻装上阵、积极作为，就一定能完善基层治理体系，提升基层治理能力，在新征程上书写为人民服务的奋斗篇章。

（2020年01月08日）

让"金色名片"永远熠熠生辉

姜 赟

党的十八大以来,党中央直面党内存在的种种问题和弊端,从制定和执行中央八项规定破题,解决了新形势下作风建设抓什么、怎么抓的问题,推动了全面从严治党,推动了党风、政风、社风好转

广大党员干部唯有拧紧作风螺丝、上紧纪律发条,才能在新时代有新气象、新作为

不久前,中央纪委公开曝光了5起违反中央八项规定精神问题,公布2019年11月查处问题5753起,处理8005人,给予党纪政务处分5779人。从不担当不作为到违规接受旅游安排和收受礼品,从违规组织公款吃喝到违规发放津补贴,一份每年数次的典型曝光,一份每月通报的数据,持续释放纠"四风"一刻不松的强烈信号,展现一种将自我革命进行到底的精神。

2012年12月4日,中共中央政治局召开会议,审议通过了中央政治局关于改进工作作风、密切联系群众的八项规定,一场激浊扬清的风气巨变从这一天开启,自此一以贯之、驰而不息。党的十八大以来,党中央直面党内存在的种种问题和弊端,从制定和执行中央八项规定破题,解决了新形势下作风建设抓什么、怎么抓的问题,推动了全面从严治党,

推动了党风、政风、社风好转。党的十九大之后,党中央又针对新情况新问题,修订了中央八项规定实施细则,继续落实中央八项规定精神。中央八项规定已经成为全面从严治党的重要抓手,成为改变中国政治生态和社会面貌的重要举措,为实现中华民族伟大复兴中国梦提供了有力保障。

中央八项规定持续激荡中国新气象,关键在于以习近平同志为核心的党中央以上率下的示范效应。朴素的家常便饭、严格的"四菜一汤"……在国家博物馆,一张习近平总书记2012年考察河北省阜平县时的晚餐菜单,吸引了众多观众的目光。无论是国内考察调研还是国外出访活动,习近平总书记以行动作号令、以身教为榜样,带头严格执行中央八项规定,为全党树立起典范。中央其他领导同志同样身体力行、以身作则。实践证明,坚持以上率下、发挥示范效应,带动作风建设深入推进,是全面从严治党的一条重要经验。

中央八项规定静水深流、成风化俗,贵在始终坚持揪住老问题、紧盯新动向。从各地通报内容看,一些"老问题"树倒根存。截至2019年12月4日,全国查处31.7万起违反中央八项规定精神问题,违规发放福利、违规公款吃喝、大办婚丧喜庆等五类表现,占比达70.2%。一些"新动向"尤须警惕。比如海南一国有企业与两家餐饮企业签订"试菜费"协议,作为个人招待的定点场所。习近平总书记强调,"中央八项规定不是五年、十年的规定,而是长期有效的铁规矩、硬杠杠。"作风建设永远在路上,任何松口气、歇歇脚的幻想,都是不切实际的。广大党员干部唯有拧紧作风螺丝、上紧纪律发条,才能在新时代有新气象、新作为。

中央八项规定之所以能以好作风助力开辟"中国之治"新境界,一个重要原因在于通过制度形成刚性约束。作风建设每向前推进一步,制度层面就加固一层,灵魂深处便净化一遍。比如新修订的《中国共产党问责条例》,明确将落实中央八项规定及其实施细则精神不力列为问责情形。同时,各地区各部门深入查找制度空白、短板和"模糊地带",为落实中央八项规定精神完善配套措施。再如,各地区各部门结合主题教育专项整治工作,把落实中央八项规定精神贯穿主题教育全过程,对特权现象"穷追猛打",对特权思想"刮骨疗毒"。可以说,通过不断的制度淬火，八项规定产生的效用将更持久。

在庆祝新中国成立70周年群众游行中，"从严治党"方阵彩车上的"中央八项规定精神"元素格外引人注目；国家统计局2019年11月进行的民情民意电话调查显示，96.5%的受调查对象满意中央八项规定及其实施细则精神贯彻执行的总体成效。这是亿万人民发自内心的认可。面向未来，我们需要始终不忘初心、牢记使命，持续发力，再创新绩，让中央八项规定这张"金色名片"永远熠熠生辉。

（2020年01月07日）